汕头年鉴

SHANTOU YEARBOOK

2012

新华出版社

图书在版编目（CIP）数据

汕头年鉴. 2012/《汕头年鉴》编纂委员会编. —北京：新华出版社，2012.12
ISBN 978-7-5166-0254-6
I.①汕… II. ①汕… III. ①汕头市—2012—年鉴 IV.①Z526.53
中国版本图书馆CIP数据核字（2012）第305980号

汕头年鉴 2012

作　　者：《汕头年鉴》编纂委员会
地　　址：汕头市地方志办公室　汕头市海滨路8号市委大院3号楼4楼
电话（传真）：0754-88273161
邮　　编：515036
E-mail：stnj@vip.163.com
责任编辑：蒋小云
照　　排：北京潮星文化传播有限公司
出版发行：新华出版社
地　　址：北京石景山区京原路8号
网　　址：http://www.xinhuapub.com　http://press.xinhuanet.com
邮　　编：100040
印　　刷：北京华邦印刷有限公司
开　　本：889mm X 1194mm 1/16
印　　张：32
字　　数：1050千字
版　　次：2012年12月第一版
印　　次：2012年12月第一次印刷
书　　号：ISBN 978-7-5166-0254-6
定　　价：200.00元

编辑说明

一、根据国务院颁发的《地方志工作条例》第八条规定：以县级以上行政区域名称冠名的地方志书、地方综合年鉴，分别由本级人民政府负责地方志工作的机构按照规划组织编纂，其他组织和个人不得编纂。《汕头年鉴》是中共汕头市委、汕头市人民政府主办，汕头市地方志办公室具体承办，并由全市各单位共同参与编纂的大型资料性工具书。

二、《汕头年鉴·2012》采用分类编辑法，主体内容实行条目化设计，框架结构分为篇目、类目、分目、条目四个层次。全书设特辑、重要报道、汕头大事记、汕头概况、经济、政治、民主法制建设、教科文卫体、社会生活、区县、人物、社会经济统计资料、文献法规选编、附录、索引15篇，共74个类目，175个分目，1242个条目，37个统计表。宣传彩页83版，图片185幅。

三、《汕头年鉴·2012》在保持基本框架相对稳定的前提下，对部分内容进行调整、充实，扩大信息量、提高实用性、增强可读性，突出年度特征和汕头特点。“特辑”内容全部更新，安排7篇专文。“经济”篇的“综合经济管理”类目下调整为宏观经济管理、国有资产管理、物价管理、审计、统计、经济社会调查与监测、工商行政管理、质量技术监督、食品药品监督管理、国土资源管理、环境保护、节能减排、安全生产监督管理、海关、出入境检验检疫等15个分目；“交通·邮政”类目增设航标管理分目；“信息服务业”类目改为“信息业”类目，下设信息化建设、软件和信息服务业、通信业等3个分目。“政治”篇的“汕头市人民代表大会”类目下增设综述、市人大及其常委会会议、重大活动、2011年汕头市人大常委会人事任免一览表等4个分目；“外事·台湾事务·侨务·宗教”类目下调整为外事·港澳事务、台湾事务、侨务、民族·宗教等4个分目。“社会生活”篇的“人力资源·社会保障”类目下调整为人力资源、劳动就业、社会保障等3个分目。“人物”篇下设2011年新任职市领导、全国劳动模范、汕头籍参加全国以上各类比赛冠军运动员、新任荣誉市民、感动汕头十大人物、获国家级奖励的集体和个人等6分目。“文献法规选编”篇下调整设立“文献专载”和“文件法规目录”两个类目。增设“附录”篇，下设汕头市公安局办事指南，汕头市国税局、汕头市地方税务局联合办理税务登记指南，汕头市工商局办理企业登记指南，社会保险办理指南，职工住房公积金办理指南。增设“索引”篇。

四、《汕头年鉴·2012》正文内容由各级各部门各系统提供，经各单位领导审定并加盖公章。重要统计资料均来自市统计部门。《汕头年鉴》的编辑出版，得到了全市各级领导、各有关单位和有关人士的大力支持和协助，在此谨表谢意。本年鉴编印中出现的粗疏、错漏之处，敬请批评指正。

《汕头年鉴·2012》编纂委员会及编辑部人员

名誉主编：陈茂辉　郑人豪

主　　编：孙光辉

常务副主编：林依民

副 主 编：邱奕辉　吴小坚

委　　员：（按姓氏笔画为序）

王小辉　邓东冠　刘少强　孙良胜　杜怀丹

李冰琳　李　翔　杨志刚　吴启煌　吴俊钦

吴健彦　吴楚斌　谷元新　陈向光　陈华佳

陈武南　陈俊凯　陈捷锋　陈新造　陈　鹏

陈镇坤　林广华　林伟雄　林建新　林毅荣

郑晓奇　柯松良　黄小扬　黄建固　黄晖阳

黄腾远　黄煜生　彭建伟　蔡佩侬　蔡炳锐

裴庆科　魏淼新

编辑部主任：彭建伟

执行主任：辛伟贤

编　　辑：李　敏　林婉新　杨　依　张静瓦

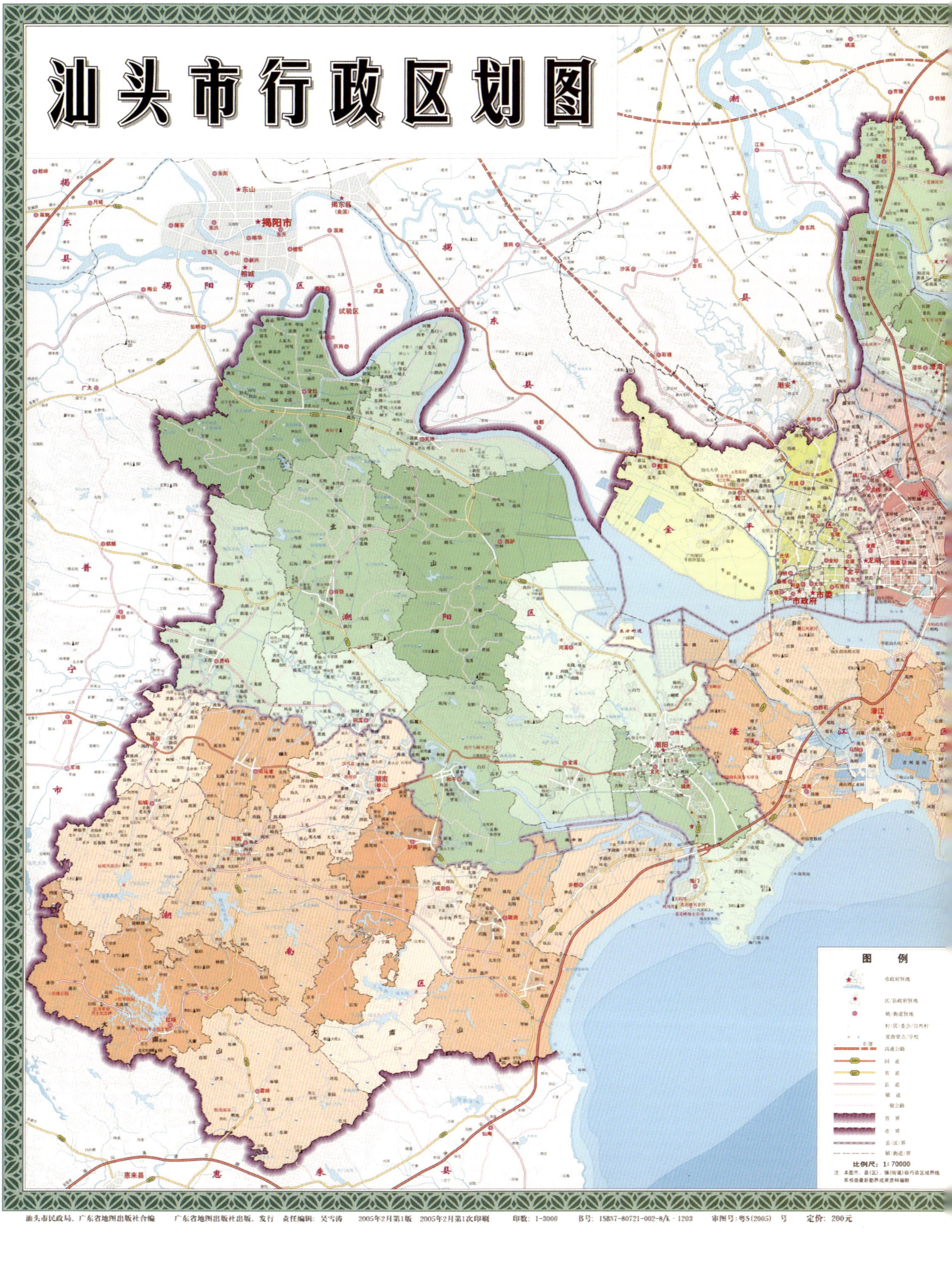

汕头市民政局、广东省地图出版社合编　广东省地图出版社出版、发行　责任编辑：吴雪涛　2005年2月第1版　2005年2月第1次印刷　印数：1-3000　书号：ISBN7-80721-002-8/K·1203　审图号：粤S(2005)　号　定价：200元

饶平县
福建省
澄海区
海山岛
南澳县
南海

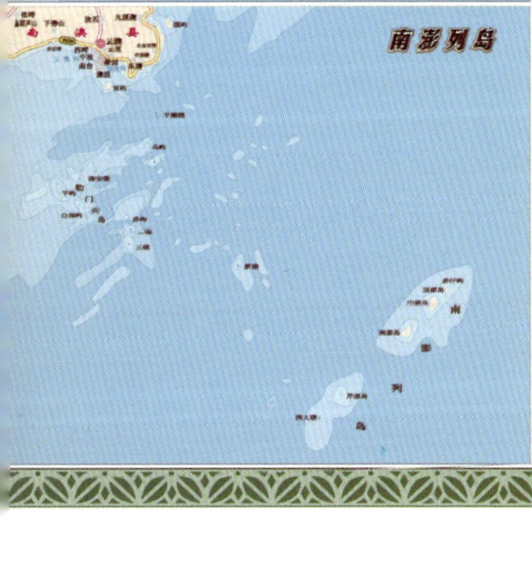
南澎列岛
南澳县

汕头市中心城区图

目录 CONTENTS

特辑 • Special Collections

重要报道 • Focus Report

2011年汕头大事记 • Chronicles of Important Events of Shantou in 2011

汕头概况 • A Brief Introduction of Shantou

● 基本概况

● 经济社会发展概况

● 精神文明创建活动

● 汕头之最

经济 · Economy

● 综合经济管理

政治 · Politics

民主法制建设 · Democracy and Legal System Construction

● 医疗卫生

● 体育

社会生活 • Social Life

各区县 ● The Districts and Counties

人物 • Figures

社会经济统计资料 • Files of Social Economic Statistics

文献法规选编 • Documents,Laws and Regulations

附录 • Appendix

主题索引 • Index

领导关怀

LEADERSHIP CONCERN

▲2011年1月19日，中共中央政治局原常委、中央纪律检查委员会原书记吴官正在市委书记李锋的陪同下考察海滨路亲水长廊。（柯晓摄）

LEADERSHIP CONCERN

▶2011年9月20日晚，中共中央政治局委员、省委书记汪洋在粤东四市党政主要负责同志座谈会上作讲话。（李俊伟摄）

▼2011年9月20日，汪洋率省委常委会民生问题集体调研组第一组在潮南区秋风水库调研，了解水改工程建设情况。（李俊伟摄）

▲2011年11月23日，广东省委副书记、代省长朱小丹出席在汕召开的全省深化体制改革工作会议并讲话。（柯晓摄）

▲2011年7月29日，省政协主席黄龙云率领省市"八一"慰问团慰问驻汕空军某部子弟兵。（柯晓摄）

▲2011年11月21日，省委常委、常务副省长肖志恒在市恒晟商贸有限公司了解平价商店运营管理现状和稳价惠民情况。（市物价局供）

▲2011年10月27日，省委常委、政法委书记、公安厅厅长梁伟发莅汕调研我市打黑除恶专项斗争和社会治安创新管理工作 （黄祖焊摄）

▲2011年4月12日，副省长雷于蓝率领调研组莅汕调研医药卫生事业建设和医改工作。（市卫生局供）

▲2011年9月8日，副省长宋海莅汕出席广东华兴银行股份有限公司成立揭牌仪式。（方淦明摄）

▲2011年4月7至8日，副省长刘昆率领省直有关部门领导莅汕调研我市防汛准备工作和区域性战勤保障中心建设情况。（黄祖煜摄）

▶2011年4月12日，副省长招玉芳莅汕出席广东省推进粤台交流合作工作会议并参观汕台海上直航码头——港务集团珠池港区。（杜一方摄）

Shantou yearbook
汕头年鉴2012
INSIGHTS

大事要闻

NEWS HIGHLIGHTS

▲ 2011年11月27日，中国共产党汕头市第十次代表大会在鮀岛影剧院隆重开幕，市委书记李锋向大会作报告。（柯晓摄）

▼ 大会现场。（李俊伟摄）

▲ 2011年11月30日，汕头市新一届市委常委与记者见面。从左往右依次为：马逸丽、张应杰、徐红、谢泽生、孙光辉、李锋、郑人豪、李学同、郑通声、周镇松、邢太安。（李俊伟摄）

▲ 2011年11月30日，中国共产党汕头市第十届委员会第一次全体会议在市委会议中心举行。全会选举产生中共汕头市第十届委员会常委和书记、副书记。李锋当选为市委书记，郑人豪、孙光辉当选为市委副书记。（柯晓摄）

▲ 汕头市第十二届人民代表大会常务委员会主任、副主任、秘书长合影。（李俊伟摄）

▲ 2011年2月25日，汕头市十二届人大六次会议胜利闭幕，李锋当选市人大常委会主任、郑家汉当选市人大常委会副主任。（黄祖煜摄）

▲2011年9月2日，省委决定郑人豪任汕头市委副书记，提名为汕头市长候选人。市十二届人大常委会第三十六次会议审议决定：郑人豪为汕头市代理市长。（柯晓摄）

▲2011年11月30日，中共汕头市第十届纪律检查委员会第一次全体会议召开，选举产生新一届市纪委常委和书记、副书记。（杜一方摄）

▲ 2011年11月22至23日，全省深化体制改革工作会议在汕召开，省委书记汪洋出席会议并作重要讲话，省委副书记、代省长朱小丹主持会议。（柯晓摄）

▲ 会议现场。（柯晓摄）

▲ 2011年3月24日，国务院批准汕头经济特区范围扩大到全市，自5月1日起正式实施。图为汕头经济特区标志雕塑“升”。（柯晓摄）

▲ 2011年12月29日，在省委、省政府召开的全省精神文明建设表彰大会上，汕头市荣膺第三批“广东省文明城市”称号。（柯晓摄）

▶2011年10月21日，汕头经济特区建立30周年庆祝大会在林百欣国际会展中心举行。图为庆祝大会盛况　。（李俊伟摄）

▲与会领导参观在林百欣国际会展中心举行的《幸福汕头·魅力特区——汕头经济特区建立30周年展览》。（李俊伟摄）

▲ 庆祝大会上，汕头市委书记李锋、汕头市代市长郑人豪分别向第八批“汕头市荣誉市民”颁发了“金钥匙”和荣誉证书。（柯晓摄）

▲ 与会领导参加在锦峰潮汕美食城举行的汕头经济特区建立30周年庆祝活动欢迎宴会暨第17届潮汕美食节开幕式。（柯晓摄）

◀ 2011年10月21日，庄世平先生塑像在华侨公园侨苑揭幕。（李俊伟摄）

▲ 2011年10月19日，汕头大学新体育馆建设项目正式启动。（柯晓摄）

◀2011年10月20日，金凤西路一期工程建设项目举行开工仪式。（李俊伟摄）

▲ 2011年10月20日，“勇立潮头”——庆祝汕头经济特区建立30周年大型主题文艺晚会在林百欣国际会展中心剧场上演。（李俊伟摄）

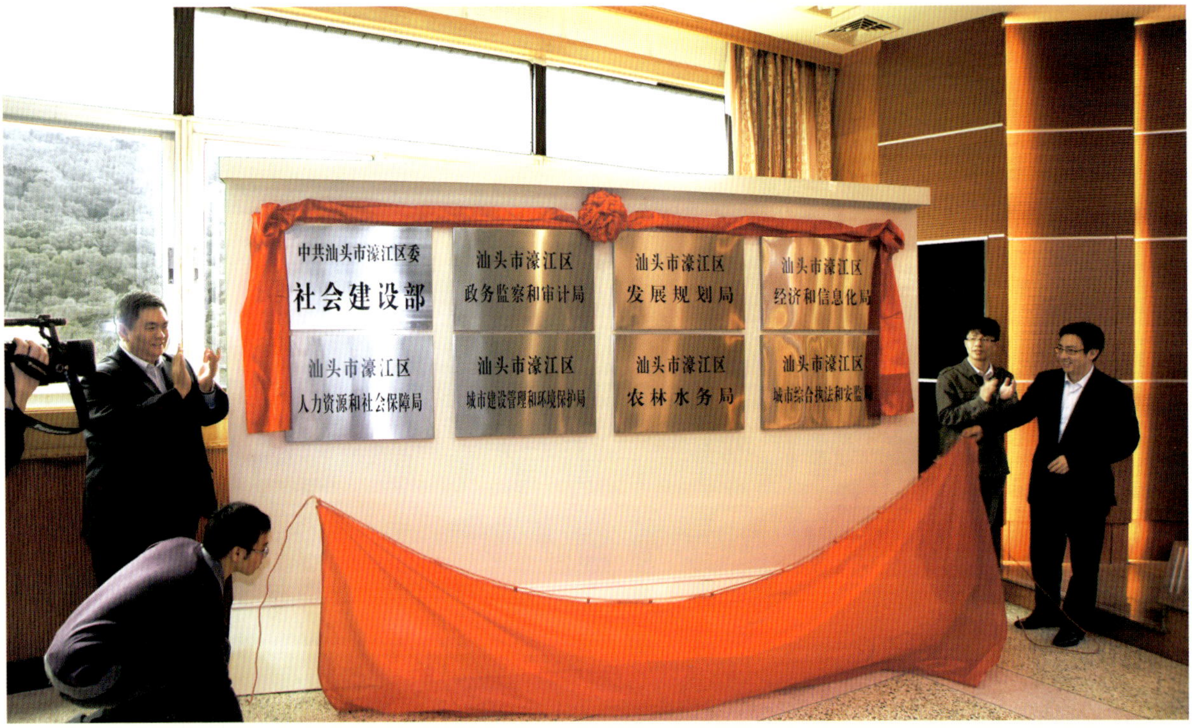

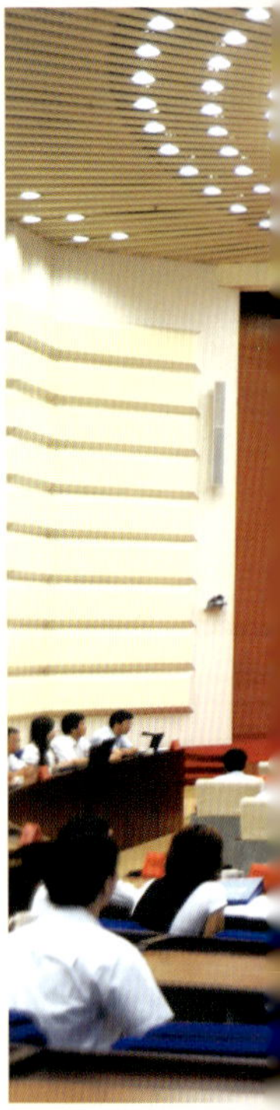

▲ 2011年3月24日，濠江区举行新组建的区党政部门集中揭牌仪式，标志着该区行政体制综合改革全面铺开 。（方淦明摄）

▲ 2011年12月9日，汕头市在鮀岛影剧院召开"治贪、治庸、治懒、治散"专项整治动员大会，在干部队伍中开展为期半年的"四治"专项整治行动。（市纪委供）

2011年9月23日，“汕头市网上行政审批大厅”系统启动仪式在市委会议中心举行。（柯晓摄）

2011年8月10日，汕头市举行党委新闻发言人媒体见面会，图为党委新闻发言人合影。（方淦明摄）

▶ 2011年11月10日，海关总署在汕召开"华南地区海关与日企知识产权意见交流会"。（汕头海关供）

▶ 2011年11月9日，粤东五市一区关贸（保税监管）联席工作会议在汕召开。（汕头海关供）

▶ 2011年12月14日，汕头外砂机场民航运输完美谢幕，图为外砂机场最后一位乘客。（柯晓摄）

2011年11月29日，潮汕机场汕头城市候机楼奠基。（潮汕机场供）

2011年9月28日，汕头市评出“感动汕头十大人物”，并举行颁奖晚会。（方淦明摄）

Trade and Economic Activities

桑梓情怀
Homeland Feelings

友好往来
Friendly Communication

经贸活动
Trade and Economic Activities

▲ 2011年6月28日，香港长江实业（集团）有限公司董事局主席李嘉诚先生在市领导李锋等的陪同下，参观汕头大学医学院附属肿瘤医院。（李俊伟摄）

▲ 2011年10月20日，香港潮属社团总会创会主席陈伟南先生莅汕出席汕头经济特区建立30周年庆祝活动。（林晓摄）

▲ 2011年2月12日，市委书记李锋在汕头迎宾馆会见莅汕访问的泰国中华总商会主席吴宏丰先生。（市外事侨务局供）

▲ 2011年6月9日，市委书记李锋在市委迎宾厅会见莅汕进行商务考察和友好访问的世界张氏总会访问团。（柯晓摄）

◀2011年6月8日，市委书记李锋率领汕头市代表团访问泰国，与泰国潮州会馆陈汉士主席暨诸位侨领合影留念。（市外事侨务局供）

▶2011年6月12日，市委书记李锋率领汕头市代表团访问马来西亚，拜访马来西亚潮州公会联合会。（市外事侨务局供）

◀2011年6月16日，市委书记李锋率领汕头市代表团访问新加坡，拜访新加坡中国商会、新中友协会长潘国驹教授。（市外事侨务局供）

▶2011年10月19日，代市长郑人豪在市迎宾馆会见出席汕头经济特区建立30周年庆祝活动的越南芹苴市人民委员会主席阮青山一行，并互赠纪念品。（外事侨务局供）

◀2011年10月20日，代市长郑人豪会见出席汕头经济特区建立30周年庆祝活动的汕头市友好城市日本岸和田市代表团，并互赠纪念品。（市外事侨务局供）

▶2011年12月7日，P.Overseas 钢铁（大众）有限公司总裁陈玩枝女士，泰国潮州会馆主席陈汉士先生率领的泰国资本市场高级研修班访问团莅汕参观考察。图为市委副书记孙光辉与访问团互赠纪念品。（市外事侨务局供）

▶ 2011年5月17日，汕头东海岸新城战略投资合作开发全面启动暨投资建设合同签订仪式在市委会议厅举行。(柯晓摄)

▶ 2011年10月20日，中信滨海新城暨苏埃通道项目签约仪式及新闻发布会在中信度假村举行。（李俊伟摄）

◀ 2011年10月21日，汕头市人民政府与中远集团、省经信委、万国数据科技控股有限公司在市委会议中心签订战略合作框架协议。（黄祖煜摄）

2011年4月28日，汕头市政府与厦门大学签订战略合作协议。（柯晓供）

2011年2月24日，汕头市与中国空间技术研究院签订战略合作框架协议。（杜一方摄）

2011年5月27日，汕头市政府与中科院广州分院签订战略合作协议。（柯晓摄）

▲ 2011年5月19日，汕头市政府与国家开发银行签订《开发性金融（规划）合作协议》。（柯晓摄）

▲ 2011年10月19日，汕头市政府与中国保监会广东监管局签署《共同推动保险业支持汕头市科学发展合作备忘录》。（李俊伟摄）

▶ 2011年10月19日，中国东方红卫星股份有限公司汕头卫星应用产业园区举行启动庆典仪式。（李俊伟摄）

▲ 2011年10月20日，“汕头·中国锆城”东里片区一期项目在澄海区举行奠基仪式。（柯晓摄）

▲ 2011年6月24日，汕头市政府与中国五矿集团签订战略合作框架协议。（柯晓摄）

▲ 2011年12月27日，五矿粤东物流新城展示中心落成。（李俊伟摄）

▲ 2011年10月15日，汕头市政府与苏宁电器集团签订战略合作框架协议。（柯晓供）

▲ 2011年10月15日，汕头苏宁电器广场举行奠基仪式。（黄祖煜摄）

◀ 2011年9月8日，广东华兴银行股份有限公司正式揭牌成立。（方淦明摄）

▶ 2011年9月13日，汕头市首家村镇银行，广东澄海潮商村镇银行股份有限公司创立。（柯晓供）

◀ 2011年6月3日，汕头至营口集装箱班轮首航。（柯晓摄）

◀ 2011年12月12日，汕头港集装箱突破100万标箱。图为第100万标箱起吊。
(汕头港务局供)

▶ 2011年9月8日，汕头市举办“百城万店无假货”活动示范店授牌仪式。
（李俊伟摄）

▼ 繁忙的汕头市西交物流园区。
（李俊伟摄于2011年5月19日）

Support the Army and
Cherish the People

深入基层
Grass-roots Level

文化建设
Cultural Development

拥军爱民
Support the Army and Cherish the People

抗灾复产
Coping with Disaster and Products Recovery

▲ 李锋到基层调研。（柯晓摄）

▲ 郑人豪到基层调研。（柯晓摄）

Grass-roots Level

郭大钦到基层调研。（市政协办供）

孙光辉到基层调研。（市纪委供）

黄俊潮到基层调研。（市人大办供）

市领导深入基层，
深入实际。

市领导深入基层，
深入实际。

市领导深入基层，
深入实际。

市领导深入基层，
深入实际。

市领导深入基层，
深入实际。

市领导深入基层，
深入实际。

市领导深入基层，
深入实际。

市领导深入基层，深入实际。

▶ 2011年6月29日，汕头市在潮汕体育馆举行庆祝中国共产党成立90周年“幸福歌声献给党”主题歌会。（柯晓摄）

◀ 合唱《咱们工人有力量》。（李俊伟摄）

◀ 在党旗下，老党员重温入党誓词，新党员庄严宣誓。（李俊伟摄）

▲ 2011年5月14日至6月2日，中央电视台新闻中心对“南澳Ⅰ号”水下考古进行第二次大型现场直播。图为考古队员在水下工作后出水。（方淦明摄）

▲ 2011年12月9日，汕头市文化体制改革工作会议召开。（方淦明摄）

2011年10月19日，汕头市召开庆祝汕头经济特区建立30周年新闻发布会。（方淦明摄）

2011年10月19至22日，汕头市举办“记者看汕头”大型集中采访活动，喜迎汕头经济特区建立30周年。（方淦明摄）

2011年10月20日晚，庆祝汕头经济特区建立30周年“勇立潮头”大型主题文艺晚会在林百欣国际会展中心演出。（市委宣传部供）

▲ 2011年10月21日，“幸福汕头·魅力特区汕头经济特区建立30年展览”在林百欣会展中心盛大开幕。（方淦明摄）

◀ 2011年10月21日，“汕头经济特区建立30周年美术书法大展”在市博物馆开幕。（方淦明摄）

◀ 2011年1月11日，汕头市举行“文明生活进万家”系列主题活动暨“文明，让城市更美好”网上大讨论启动仪式。（方淦明摄）

▶ 2011年4月18日，“小手拉大手，文明伴我行”文明礼仪学习实践活动启动仪式在市实验学校举行。（方淦明摄）

◀ 2011年4月28日，“文明生活 幸福阅读”汕头市2011年“书香飘万家”系列读书活动在市委会议中心举行开幕式。（方淦明摄）

▶ 2011年6月23日，“文明城市，幸福汕头”为主题的汕头市第六届企业文化节颁奖晚会在汕头广播电视综合剧场举行。（柯晓摄）

▶ 2011年6月2日，“幸福汕头公众论坛”正式启动，并在汕头供电局举办主题为“说身边事、谈幸福感”的首场论坛。（市委宣传部供）

◀ 2011年8月8日，“汕头系列游”活动启动仪式在市东征军纪念馆举行。活动包括汕头革命史地游、汕头建设成就游、汕头文化景观游等三大主题。（方淦明摄）

2011年11月22日，现代潮剧《雅娘》荣获第十一届广东省艺术节优秀剧目特别奖。（陈玉盛摄）

2011年9月30日，“水墨光影 民族情韵——陈政明中国画展”巡回展在汕头艺苑文化广场岭东美术馆隆重开幕。（柯晓供）

2011年12月28日，“金色旋律”2012年新年（影视名曲）合唱音乐会在汕头广播电视台综合剧场举行。（李俊伟摄）

▶ 2011年7月8日，广东省粤东高级技工学校扩建工程举行落成移交暨技师学院挂牌、校企合作系列活动启动仪式。（柯晓摄）

◀ 2011年6月28日，汕头大学医学院附属肿瘤医院治疗中心启动。（李俊伟摄）

▶ 2011年3月30日，汕头市中心医院门诊综合楼顺利封顶。（市卫生局供）

▲ 2011年9月16日，汕头市第十二届运动会在潮汕体育馆开幕。（李俊伟摄）

▲ 2011年5月21日，“浪漫海湾 幸福扬帆”帆船巡游活动暨“潮人杯”帆船巡游赛开幕式在汕头市国际客运码头隆重举行。（柯晓摄）

2011年1月25日，市委书记李锋带领市拥军慰问团，走访慰问广州军区、广州军区空军和省军区。图为广州军区政委张阳上将与李锋亲切握手。（李俊伟摄）

2011年4月14日，广州军区副司令员邢书成少将在市委书记李锋等的陪同下视察汕头警备区营区。（柯晓摄）

2011年9月3日，广州军区副政委兼南海舰队政委黄嘉祥中将莅汕考察。（柯晓摄）

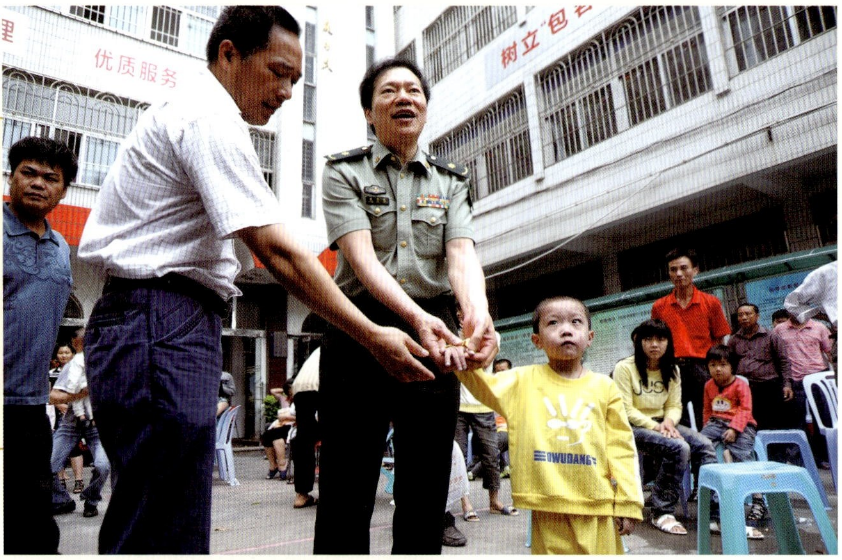

▶ 2011年5月15日，广州军区广州总医院医疗专家小组莅汕，为市贫困家庭先天性心脏病患儿进行术前检查。（柯晓摄）

◀ 2011年1月31日，执行完广州亚运会帆船比赛安保任务返汕的汕头边防支队官兵喜迎新年。（柯晓摄）

◀ 2011年12月12日，汕头市欢送200名新兵离汕入伍。（柯晓摄）

◀ 2011年10月27日，广东省公安厅刑事技术中心粤东（汕头）分中心正式启用。（市公安局供）

▶ 2011年10月8日，汕头市深入开展打黑除恶专项斗争动员大会在市委会议中心召开。（市公安局供）

◀ 2011年9月9日，汕头市召开全市政法机关深入推进“清网行动”动员大会会议。（市公安局供）

2011年10月13日，汕头警察史馆开馆。（市公安局供）

2011年6月14日，获第四届“我最喜爱的人民警察”称号的汕头警察庄宜生载誉归来。（市公安局供）

2011年12月31日，汕头市召开公安机关交警部门业务比武竞赛暨2012年春运动员大会。（市公安局供）

◀ 2011年6月29日，汕头市慈善总会潮商公益基金正式启动。（柯晓供）

▶ 2011年6月30日，以“人人奉献爱心，共建幸福家园”为主题的汕头市第二届“广东扶贫济困日”活动启动仪式暨“扶贫济困万人行”活动在市人民广场举行。（方淦明摄）

◀ 2011年6月30日，汕头市举办“爱心永恒——汕头市第二届‘广东扶贫济困日’募捐文艺晚会”。（柯晓摄）

Shantou yearbook
汕头年鉴2012
cityConstruct

百姓生活

People`s lives

城市建设

City Construction

航拍汕头

Aerial Photos of Shantou

◀ 求职。（李俊伟摄）

▶ 求学。（方淦明摄）

◀ 服饰。（柯晓摄）

▶ 美食。（李俊伟摄）

▶ 安居工程。（李俊伟摄）

◀ 节日市场。（方淦明摄）

◀ 欢乐出游。（柯晓摄）

▶ 海边垂钓。（柯晓摄）

◀ 2011年1月26日，汕头市低收入群众领取临时价格补贴。（市物价局供）

◀2011年7月14日，汕头市举行平价商店等“三项建设”签约授牌仪式。（市物价局供）

▶2011年3月24日，汕头市举行“全民低成本健康工程”合作协议签订仪式。（市卫生局供）

▶2011年6月30日，汕头市举办工资集体协商专题培训班。（市总工会供）

▶ 汕头东区新貌。（李俊伟摄于2011年6月15日）

◀ 汕头市东海岸新城项目建设全速推进，海堤抛石与围堤内吹填同步进行。（柯晓摄于2011年3月29日）

▶ 2011年4月13日，金平区乌桥街道的义务巡逻员开展社区巡逻。（柯晓摄）

◀ 2011年6月6日，汕头市新购的52辆公交车正式投入运行，标志着市委市政府投入200辆新购公交车全兑现。（杜一芳摄）

▶ 2011年12月28日，汕头市公交一卡通全面实施。（李俊伟摄）

◀ ▼ 2011年8月8日，濠江滨海休闲绿道正式启用。（柯晓摄）

Aerial Photos of Shantou

汕头东区（柯晓摄）

Aerial Photos of Shantou

人民广场（柯晓摄）

Aerial Photos of Shantou

中山公园（柯晓摄）

Aerial Photos of Shantou

时代广场（柯晓摄）

Aerial Photos of Shantou

星湖公园（柯晓摄）

Aerial Photos of Shantou

碧石（杜一方摄）

Aerial Photos of Shantou

牛田洋（柯晓摄）

Aerial Photos of Shantou

南山湾（柯晓摄）

特　　辑

SPECIAL COLLECTIONS

◆中共中央政治局委员、省委书记汪洋莅汕调研

◆全省深化体制改革工作会议在汕召开

◆汕头经济特区三次扩围

◆市第十次党代会描绘建设幸福汕头蓝图

◆汕头市全面铺开濠江区行政体制综合改革

◆全市开展“治贪、治庸、治懒、治散”专项整治

◆汕头市荣膺广东省文明城市称号

中共中央政治局委员、省委书记汪洋莅汕调研

9月20日，中共中央政治局委员、省委书记汪洋率省委常委会民生问题集体调研组第一组赴汕头，就民生问题作专项考察调研，并于当天晚上主持召开汕头、汕尾、潮州、揭阳四市党政主要负责同志座谈会。省委常委肖志恒、徐少华、刘联华及有关部门负责人一同参加活动。

调研期间，汪洋先后到潮南区了解潮南经济社会发展、民生工程建设特别是水改工程推进情况；到南澳县了解南澳大桥、供水工程、110千伏苏金输电线路三大跨海工程建设情况；到汕头市职业介绍服务中心，就新形势下如何促进就业和再就业工作做调研；到汕头大学精神卫生中心，了解汕头市救助贫困精神病患者行动和中心的管理新模式。考察中，汪洋强调，保障和改善民生是推进粤东乃至全省发展的根本出发点、关键着力点和最终落脚点。要针对实际情况和薄弱环节以及老百姓关心的热点问题切实抓好民生工作。要继续打牢民生事业发展的经济基础，突出抓好人口计划生育工作，把劳动力转移工作摆上重要位置，因地制宜地抓好城市和农村、发达地区和欠发达地区的民生工作，进一步提高人民群众的幸福感。

汪洋强调，在不同发展阶段，群众的需求重点不一样，尤其在满足物质需求后对精神需求会有更高要求。目前，我们已基本解决了老百姓“吃饱饭”的问题，但其精神文化生活需求，尤其是社会交往、文化娱乐、文化传承等需求还没有很好解决。今后我们在解决民生问题上，既要重视解决群众的物质生活需求，更要重视解决群众的精神文化需求，要开展形式多样的群众性文化活动，建立完善多样化的群众生活性自治组织，不断丰富人民群众的精神文化生活。

9月20日晚上，汪洋在汕头市主持召开汕头、汕尾、潮州、揭阳四市党政主要负责同志座谈会。会上汪洋指出，近年来尤其是党的十七大以来，粤东四市在省委、省政府的领导下，认真贯彻落实粤东地区工作会议、各市现场会精神和粤东地区经济社会发展规划纲要，全面加强经济建设、政治建设、社会建设、文化建设、生态文明建设以及党的建设，各市的工作都取得了显著成效，向“五年大变化、十年大发展”目标迈出了扎实步伐。突出表现为经济发展明显提速，重大项目建设实现重大突破，基础设施建设步伐加快，社会民生不断改善，干事创业的氛围进一步形成。但在充分肯定成绩的同时，也要看到粤东发展存在的不容忽视的问题。如，经济规模较小，人均指标偏低；产业层次比较低，传统产业比重大；社会民生事业亟待加强，城乡居民收入水平仍然偏低；资源环境约束趋紧，发展环境仍有待进一步改善。最重要的是，粤东发展的优势条件和潜力远没有得到充分利用和发挥，发展水平与粤东地区的实际地位明显不适应，如何加快发展仍然是有待粤东干部群众破解的重大课题。

汪洋强调，要认清粤东发展面临的新挑战新机遇，切实增强加快粤东发展的信心和决心。粤东地区作为国家沿海经济带的重要一环，拥有优越的地理条件、深厚的人文底蕴、丰富的侨乡资源、重要的对台优势，面临国家支持东部地区率先发展、支持珠江三角洲地区改革发展、支持经济特区创新发展的宝贵机遇。尤其是去年以来汕潮揭一体化纳入国家主体功能区规划，汕头经济特区范围扩大至全市，汕头、潮州、揭阳列入海峡西岸经济区，国家在广东建设海洋经济发展试点省，深汕特别合作区正式成立等一系列重大的“利好”，为粤东地区创造了新的机遇和更大的发展空间。

汪洋强调，粤东四市新的领导班子尤其是党政主要负责同志，要以强烈的使命感，团结带领广大干部群众，深入贯彻落实科学发展观，围绕加快转型升级、建设幸福广东核心任务，认真落实粤东地区工作会议、各市现场会精神和省委、省政府有关决策部署，团结带领粤东人民在圆满完成“五年大变化”任务的基础上，朝着实现“十年大发展”目标奋勇前进。一要切实振奋精神状态，保持奋发进取的良好风貌。面对新机遇新挑战，粤东人更要弘扬敢闯敢拼的优良传统，切实增强加快发展的信心和动力，以更加昂扬向上、开拓进取的精神状态创造更好的发展业绩。二要处理好继承和创新的关系，保持工作的连续性、稳定性。要坚持继承和创新的有机结合，在继承中创新，在创新中发展，注意把经过实践检验、群众认可的做法用制度机制固定下来、坚持下去、落到实处，创造符合实际、群众满意的业绩。三要注重保持团结和谐的工作氛围，不断加强团结，达到增添干劲、形成合力的目的。四要突出加强法治建设，加大社会秩序的整治力度，创造安全稳定的生活和发展环境。要切实树立和弘扬正气，加快从人情社会向法治社会的转变，创造良好社会氛围和发展环境，给老百姓更强的安全感。

汪洋要求，粤东四市党政主要负责同志要把党和人民的利益放在首位，着眼全局谋发展，扬长避短增活力，坚持“五湖四海”用干部，切实抓好换届工作，在真抓实干上为粤东各市干部树标杆、作表率，切实做到“为官一任，造福一方，利及千秋”。

（汕综）

全省深化体制改革工作会议在汕召开

11月22日至23日，全省深化体制改革工作会议在汕头召开，会议总结了近3年来全省体制改革工作，研究部署当前特别是2012年体制改革重点工作，完善推动科学发展、促进社会和谐的体制机制。

在22日的会议上，省委书记汪洋作重要讲话，省委副书记、代省长朱小丹主持会议，省领导肖志恒、徐少华、张广宁、陈用志、雷于蓝、林木声、刘昆、徐尚武等参加了会议。省人力资源社会保障厅、省住房城乡建设厅、省民政厅分别就《关于深化广东省城乡医疗保障体制改革方案》、《广东省住房保障制度改革方案》、《关于广东省进一步培育发展和规范管理社会组织的方案》作起草说明。省社会工作委员会负责人在会上作了发言。

汪洋说，坚持改革，是推动广东科学发展社会和谐的重要保障。改革是广东的根、广东的魂，是发展的强大动力，是促进发展成本最低、动力最足、效果最持久的方式。广东靠改革开放起家，要实现新的更大发展，必须坚定不移依靠改革开放，决不能躺在过去改革的功劳簿上停顿不前。当前要围绕加快转型升级、建设幸福广东，进一步加大重点领域和关键环节的改革力度。一要大力培育发展和规范管理社会组织。二要围绕建设幸福广东深化住房保障制度和医疗保障制度等民生领域改革。三要围绕完善社会主义市场经济体制推进有关改革。要加强组织领导，注意开展试点并总结推广试点经验，做好督促考评，贯彻群众路线，继续解放思想，锐意创新，在改革中促发展，在发展中促改革，为加快转型升级、建设幸福广东提供有力保障。

在23日的会议上，中共中央政治局委员、省委书记汪洋出席会议，省委副书记、代省长朱小丹在会上作总结讲话。省委常委、常务副省长肖志恒主持会议。张广宁、陈用志、雷于蓝、林木声、徐尚武等出席会议。广州市、深圳市、汕头市和佛山市顺德区主要负责同志作了发言。

朱小丹在总结讲话中指出，汪洋书记强调改革是广东的根、广东的魂，使全省上下进一步增强了对深化体制改革的责任感和紧迫感。会议明确了我省深化体制改革的思路和重点任务，总结交流了我省体制改革的好经验好做法，完善了重点改革方案的政策措施，取得了预期效果。全省各级党委、政府要深入贯彻这次会议精神，特别是要认真学习、深刻领会、贯彻落实汪洋书记的重要讲话精神。一要迅速做好会议精神的传达贯彻工作，进一步形成全省上下齐心协力深化改革的共识和行动。二要突出工作重点，着力在3大重点改革上取得新突破。三要围绕完善社会主义市场经济体制抓紧出台我省经济体制改革"十二五"规划及相关政策。四要切实把大胆探索和稳妥推进有机结合起来，推动改革取得新成效。

市委书记李锋在会上作了题为《锐意改革，重点突破，努力构筑城乡一体化发展的体制机制》的发言，表示全省深化体制改革工作会议在汕头召开，必将为汕头的改革发展注入强大动力。汕头将认真贯彻落实好这次会议精神，学习兄弟城市的先进经验，进一步擦亮特区牌子，破解发展难题，加快构筑城乡一体化发展的体制机制，积极探索科学发展新路子。

李锋表示，去年以来，汕头认真贯彻落实省委、省政府的工作部署，在省有关部门的支持指导下，大力弘扬特区精神，努力构筑城乡一体化发展的体制机制，以濠江区行政体制综合改革和基本医疗保障制度改革为突破口，积极推进城乡一体化相关体制机制改革创新。目前，探索改革初见成效，行政效能、办事效率和服务质量明显提高。

李锋说，汕头以濠江区行政体制综合改革为突破口，努力创新行政管理体制。抓住特区扩大范围的重大机遇，与央企进行战略合作，高标准规划建设濠江新城，同时在濠江区开展以转变政府职能、简政放权为重点的行政体制综合改革试点，建立一套适应城乡一体化发展的行政管理体制，改变"小马拉大车"的状况，使濠江新城"神形兼备"。一是创新"立法放权"，利用特区立法权，由市人大出台濠江区行政体制综合改革的决定，以立法形式明确并固定市级"放权"范围，将市471项经济社会管理和行政执法权限下放到濠江区，非经法定程序，不得随意调整。二是统筹党政机构设置，整合职能相近或交叉的部门职能，精简机构超过三分之一，解决权责脱节等问题，形成"大规划"、"大经济"、"大建设"、"大执法"等综合大部制。三是按照"小政府大社会"的方向，扩大信息公开范围，将政府预决算、政府采购、财政拨款项目等政务信息上网公开。压缩精简50%的行政审批项目。

李锋表示，汕头以基本医疗保障制度改革为突破口，努力创新社会保障制度。针对城乡二元结构明显，社保覆盖率低、社保资源分散的实际，着力打破城乡壁垒，整合社会保障资源，通过"大医保"、"大经办"、"大服务"的改革，改变"撒胡椒面"的状况，努力推进医疗保障基本公共服务均等化，实现惠民利民便民。一是制度设计力求超前，建立健全城乡一体化基本医疗保障制度。二是思路方法力求先进，率先发行具有金融功能的社会保障卡。三是服务网络力求便捷，建立城乡居民基本医疗保障统一经办服务平台。

（汕综）

汕头经济特区三次扩围

汕头经济特区是全国五个经济特区之一。

1980年8月26日，第五届全国人民代表大会常务委员会批准公布了《中华人民共和国广东省经济特区条例》，确定在广东省的深圳、珠海、汕头3个市分别划出一定的区域，设置经济特区。同年8月29日，广东省经济特区管理委员会汕头办事处成立，负责汕头经济特区的各项筹备工作。

1981年7月19日，中共中央、国务院以《中共中央、国务院批转<广东、福建两省和经济特区工作会议纪要>的通知》（中发【1981】27号文）批准，同意汕头经济特区建成以加工出口为主的，同时发展旅游等行业的特区，面积1.6平方公里。具体位置在汕头市区东部龙湖村西北侧的一片沙丘。同年11月14日正式成立了广东省汕头经济特区管理委员会，归汕头市人民政府领导。同年11月21日，广东省委、省政府以《中共广东省委、广东省人民政府批转汕头地委、行署<关于办好汕头经济特区的请示报告>》（粤发【1981】75号）批准，同意汕头经济特区的农业（控制）区面积19.3平方公里，港口（预留）区面积1.7平方公里。

1984年11月29日，国务院以（84）国函字167号文批准，同意汕头经济特区的区域范围作适当调整，调整后的汕头经济特区分为龙湖、广澳两片，共52.6平方公里，其中：龙湖片22.6平方公里，东以新津河为界，西以外环公路（不含公路）为界，北以龙湖加工区至辛厝寮一线为界，南以榕江为界，并包括妈屿岛。广澳片30平方公里，东、南两面以海岸为界，西面以濠江为界，北面以达濠镇（不含镇）沿公路至埭头，并从埭头旁青云山向东北延伸到马山一线为界。

1991年4月6日，国务院以国函【1991】20号文批准，同意将汕头经济特区的范围扩大到整个汕头市区。扩大后的汕头经济特区界线是：东部以韩江支流新津河为界，南部以海岸线为界，西北部以桑浦山分水岭为界，西南部以濠江为界，北部以龙坑山分水岭为界，面积扩大到234平方公里。6个市辖区的面积245.5平方公里，扩大特区范围后，尚有11.5平方公里的面积因不便监管，划在特区范围之外，但仍属汕头市管辖。

2011年3月24日，国务院以国函【2011】30号文批准，同意汕头经济特区范围扩大到汕头全市，经济特区实现全市2064.4平方公里全覆盖。扩围自5月1日起正式实施。特区扩大到全市有利于进一步加快汕头经济特区改革创新和加快发展，解决特区内外发展不平衡、特区发展空间局限和“一市两法”等问题。

汕头经济特区成立30年来，经过三次扩大范围，从南海之滨的一片荒滩起步，建成今天开放、和谐、充满活力的现代海滨城市。全市地区生产总值增长47倍；地方财政一般预算收入增长61.6倍；城市建成区面积比改革开放初扩大20多倍，城乡居民储蓄存款余额增长1483倍。

（年鉴编辑部）

市第十次党代会描绘建设幸福汕头蓝图

中国共产党汕头市第十次代表大会于2011年11月27日至30日召开。大会高举中国特色社会主义伟大旗帜，以中国特色社会主义理论体系为指导，认真总结过去5年工作，研究部署今后5年任务，回顾过去，展望未来，动员团结全市人民，坚持改革创新，推动科学发展，为加快建设幸福汕头而努力奋斗。大会听取市委书记李锋代表中共汕头市第九届委员会所作的题为《坚持改革创新，推动科学发展，为加快建设幸福汕头而努力奋斗》的报告，书面审议市第九届纪律检查委员会工作报告，选举产生新一届市委委员、候补委员、市纪委委员和汕头市出席省第十一次党代会代表，通过关于九届市委报告和市纪委工作报告的决议。

大会充分肯定中共汕头市第九届委员会的工作。认为市第九次党代会以来，在党中央和省委的坚强领导下，市委认真贯彻党的十七大和省第十次党代会精神，深入落实中央和省委的决策部署，按照省粤东工作会议的要求，团结带领全市广大党员和干部群众，振奋精神、共克时艰，加快发展、赶超进位，圆满完成各项任务，基本实现“五年大变化”的目标要求，各项工作取得显著成绩。但也要清醒地看到，对照经济特区的要求，对照区域中心城市的定位，对照人民群众的期盼，还存在明显的差距和不足，面临不少困难和问题，对此必须高度重视，切实加以解决。

大会指出，汕头经济特区不平凡的发展历程使我们深刻认识到：不坚持解放思想，特区的创新发展就失去了灵魂；不坚持改革开放，特区的创新发展就失去了动力；不坚持抢抓机遇，特区的创新发展就失去了先机；不坚持改善环境，特区的创新发展就失去了竞争力；不坚持遵循规律，特区的创新发展就失去了方向；不坚持改善民生，特区的创新发展就失去了目标。只有认真总结经验，始终坚持党的领导，不断加强和改进党的建设，充分发挥党的领导核心作用，才能克服困难、战胜挑战，为特区事业持续健康发展提供根本保证。

大会指出，幸福汕头就是一个经济殷实、精神富足、文化多彩、环境优美、民主法治、社会和谐的全面小康城乡。今后5年是实现“十二五”规划目标，推动科学发展、建设幸福汕头的关键时期。必须坚持以中国特色社会主义理论体系为指导，以科学发展为主题，以转变经济发展方式为主线，以建设幸福汕头为目标，立足新起点，把握新趋势，建立新机制，增创新优势，进一步发挥改革开放的“窗口”和“试验田”作用，走集约化、内涵式发展道路，逐步建立以创新为内在驱动力的发展模式，全面推进经济、政治、文化、社会、生态文明和党的建设协调发展，加快建设创新型特区和区域中心城市，努力走出具有汕头特色的科学发展新路。在全面完成“十二五”规划的基础上，到2016年，全市GDP达到4000亿元，年均增长20%左右；人均GDP达到71000元，年均增长19%左右；地方财政一般预算收入达到280亿元，年均增长26%，一般预算收入得益率达到全省平均水平，大幅度提高税收收入占一般预算收入的比重，经济社会发展总体上赶超全省平均水平，全面实现“十年大发展”目标任务。

大会指出，为实现上述目标要求，要切实做到“六新六大”：一是激发特区发展新活力，努力实现思想观念大转变；二是按照集约化、内涵式发展新要求，努力实现经济发展大飞跃；三是充分挖掘先行先试新内涵，努力实现体制机制大转型；四是探索统筹城乡发展新路子，努力实现城乡面貌大变样；五是发挥侨乡和对台新优势，努力实现开放水平大提高；六是不断满足群众精神生活新期待，努力实现文化软实力大提升。

大会提出，实现建设幸福汕头的战略目标，必须追求“好”、力争“快”、坚持“特”、突出“新”、立足“干”，加大力度推进实施十大战略举措。一是大力推进体制机制综合配套改革，加快建立幸福汕头的战略性制度体系；二是大力推进经济发展方式转变，加快实现城市综合实力的战略性跨越；三是大力推进城乡一体化发展，加快城市发展空间和功能布局的战略性优化；四是大力推进民生事业建设，加快促进民生福祉的战略性改善；五是大力加强社会建设和管理创新，加快和谐汕头的战略性推进；六是大力加强民主法制建设，加快法治环境的战略性转变；七是大力推进文化强市建设，加快文化软实力的战略性提升；八是大力扩大对内对外开放，加快推动开放形式的战略性突破；九是大力推进生态文明建设，加快生态环境的战略性转型；十是大力实施人才发展战略，加快推动高端优质人才的战略性集聚。

大会对市第九届纪律检查委员会的工作予以充分肯定，认为市第九次党代会以来，市第九届纪律检查委员会切实履行职能，积极协助市委抓好党风廉政建设和反腐败工作，对促进经济发展和维护社会大局稳定发挥了重要作用。要求全市各级纪委以中国特色社会主义理论体系为指导，努力践行科学发展观，全面贯彻党的十七大精神，紧紧围绕发展与和谐两大主题，全面履行党章赋予的职责和任务，求真务实地推进反腐倡廉的各项工作。

大会号召，全市各级党组织和广大党员要更加紧密地团结在以胡锦涛同志为总书记的党中央周围，在广东省委的坚强领导下，抢抓机遇，扎实工作，努力推动科学发展，合力谱写幸福汕头的美好新篇章！

（汕综）

汕头市全面铺开濠江区行政体制综合改革

2010年初，汕头市濠江区被列为广东省推广顺德经验深化县级行政体制改革的试点，成为全省行政体制改革先行先试的区域。2011年3月，濠江区围绕打造广东省乃至全国办事效率最好的区域的工作目标，在广东省后发地区率先启动行政体制综合改革，一年来各项改革有效推进，政府办事效率、团队工作效能有了明显提高，为全省其他欠发达地区县级体制改革探索了经验。

以大力简政放权为核心，切实转变政府职能。按照全省富县强镇事权改革精神和《濠江区行政体制综合改革方案》的要求，市向区放权，赋予濠江区相当于地级市管理权限，扩大经济社会管理和行政执法权限，向濠江区下放第一批346项行政管理事项。同时，区向街道放权，扩大基层社会管理和公共服务职能。一方面将由街道承担的经济发展领域的行政审批事项集中由区统一实施，减少管理环节；另一方面依法依规向街道下放部分社会服务和管理事项，加强街道普法宣教、社会维稳、社会服务、基层建设等职能，切实改善和保障民生。

以市区职责关系法制化为突破口，为改革“保驾护航”。充分利用汕头经济特区拥有地方立法权的优势，2011年6月市人大常委会通过了《汕头市人民代表大会常务委员会关于促进和保障濠江区行政体制综合改革的决定》，以立法形式明确并固定市级“放权”范围，开创政府间职责关系法制化先河。2011年7月市政府通过《汕头经济特区促进和保障濠江区行政体制综合改革规定》，规定从2011年9月1日起，濠江区政府及工作部门全面行使汕头市政府及工作部门赋予的经济社会管理和行政执法权限。同时还规定濠江区行政体制综合改革的改革创新措施与汕头市制定的规章有冲突的，可以将改革创新措施方案提请市人民政府批准施行，再按照立法程序及时修改、废止相关的规章，从行政授权层面对濠江区行政体制综合改革给予了最大保障。

以推行大部门体制为重点，发挥物理化学双重反应。结合自身实际适当统筹党政机构设置，对分散在各部门的相同、相近和相关的职能进行有机整合，将原28个党政部门整合为22个，党委机构与政府机构合署办公，形成“大规划”、“大经济”、“大保障”、“大建设”、“大执法”等综合性大部门。同时，在制定各部门“三定”时，整合各部门内设机构，科学合理组建大股室，提高内设机构的行政效能。

以创新体制机制为保证，打造阳光透明服务政府。通过建立健全政府决策咨询制度，提升决策咨询和民意吸纳水平。扩大信息公开范围，逐步推进部门信息网上公开，提高政府公信力。全面实施审判公开、检务公开“阳光工程”，提高司法公信力，促进司法公正。创新行政运行机制，规范党委和政府权力运作。创新监督机制，由纪委向党政部门派驻机构，负责对所驻部门进行纪律和效能监督。创新评估考核机制，探索建立社会力量广泛参与的部门绩效评估机制。建立决策、执行、监督相互制约又相互协调的行政运行架构，打造阳光透明政府。同时，建立健全综合政务服务平台，按照一窗式受理、一站式办结、一条龙服务的要求，分步推进区、街综合政务服务平台的建设工作，同步健全办事制度和程序，优化运行机制，完善便民利民服务形式。已基本完成工程项目建设的行政审批事项的清理工作，初步完成《工程项目建设并联审批流程表》，审批时限将由原来76个工作日缩短为31个工作日。与国内一流的软件设计公司进行合作，设计开发相关平台软件，力求通过优化服务流程，简化办事程序，切实提速提效。

以综合配套改革为支撑，充分发挥改革综合效应。配套推进了财政管理体制改革，通过调整市、区的财税分成比例和增加财政转移支付来提高财力保障，更好地推进改革工作。推进街道行政体制综合改革，强化街道社会管理和公共服务职能，充实街道基层工作力量。全面推进事业单位分类改革，坚持“总体设计、分步实施、先行试点、稳步推进”的原则，在科学定性的基础上对全区事业单位分类实施改革。探索干部人事制度改革，在全市区县一级率先采取“公开推荐提名、差额考察酝酿”等办法选拔区直部门和街道主要领导。加大人才引进力度，通过特殊政策、灵活办法构建引得进、用得好、留得住的人才工作格局。通过系统推进各项配套改革，保障了行政管理体制改革的系统完整性，实现了综合改革预期目标，为濠江区经济社会协调发展和加快发展提供了体制机制保障。

（王冰）

全市开展“治贪、治庸、治懒、治散”专项整治

为深入贯彻落实省委巡视组意见反馈会的有关意见要求，进一步转变汕头市机关作风，提升机关效能，改善投资软环境，根据市委书记李锋的指示精神，在全市集中开展“治贪、治庸、治懒、治散”专项整治行动，行动以治贪固根基，惩治贪污腐败弘扬清风正气；治庸提能力，改变庸碌状态推动发展提速；治懒增效率，严处懒惰现象促进高效服务；治散正风气，整顿松散行为加强队伍建设为工作目标，认真解决干部队伍中存在的突出问题，提振全市党员干部全力推动科学发展，加快幸福汕头建设的工作热情，营造干事创业的良好氛围，活动成效显著，得到广大市民的普遍好评。

2011年12月9日上午，汕头市在鮀岛影剧院召开全市“治贪、治庸、治懒、治散”专项整治动员大会，贯彻落实汕头市第十次党代会精神，结合省委巡视组意见反馈会的意见要求，对全市“四治”专项整治行动进行动员和部署。市委书记李锋在大会上作重要讲话，市委副书记、代市长郑人豪出席大会，市委副书记孙光辉主持会议，市委常委、市纪委书记邢太安对专项整治工作进行部署。动员会后，市委专门成立“四治”专项整治行动领导小组及其办公室，加强对整治工作的领导，并印发整治《实施方案》，对整治的指导思想、工作目标、范围内容、方法步骤和工作要求等进行明确。市“四治”办还通过新闻媒体向社会公布举报、投诉电话，畅通渠道，积极鼓励广大干部群众投诉、举报机关工作人员“贪、庸、懒、散”行为。同时，市“四治”办充分借助报刊、广播、电视、互联网等新闻媒体，组织有关“四治”宣传报道，并制作60条“四治”口号通过报纸、电视进行宣传，大力营造“四治”专项行动的浓厚氛围。

全市各地各部门深入领会动员大会的精神，认真对照市《实施方案》的要求，找准干部队伍作风建设中存在的突出问题，采取强有力措施，扎实、深入、有效地开展整治行动。

12月14日上午，市“四治”办召开第一次全体工作人员会议，确定市“四治”办下设综合组、资料组、宣传组、检查组等四个组，明确职责分工，各职能组就如何更有效开展“四治”专项整治行动提出意见建议。

12月28日上午，市“四治”办召开各区县、市行政服务中心窗口、市工商联、市国资委、市社会保险基金管理局相关人员会议，对开展问卷调查工作进行详细布置，并通过电视、报纸等媒体报道问卷调查开展的情况，公布问卷调查网址，充分发动群众积极参与到“四治”专项行动中来。问卷回收后，交由市统计局和市委党校进行专业的统计分析。

12月29日，市“四治”领导小组办公室召开汕头市“四治”工作汇报会，听取各区县对市“治贪、治庸、治懒、治散”专项整治动员大会精神贯彻落实情况的汇报，研究部署下一段工作。市委常委、市纪委书记邢太安在会上要求，各地各单位要“来真”、“做硬”、“干实”，力争“四治”专项整治行动达到最佳效果。

截至12月31日，全市共接到群众来访112人次、电话投诉166宗、投诉信68件，其中香港同胞投诉2宗。市“四治”办对这些群众投诉进行分门别类，分清急缓易难，采取多种形式进行处理。重点筛选核查了一批重要线索，逐一把核查发现的问题向全市机关通报，并选择典型案例在新闻媒体上曝光。针对可以直接交办的群众投诉，以交办函形式责令有关单位进行处理，共向各区（县）和市直相关单位交办并限时报结果投诉71宗。对16宗涉及企业生产和群众生活急需、紧迫问题的投诉，即时召集责任单位领导到市“四治”办进行现场办公处理。对可以马上解决的问题，即时责令责任单位当场解决；不能现场解决的，责任单位则必须表态限时解决；对属于责任单位问题的当场作出深刻检查，并提出整改措施和解决办法。对于表态马上解决的问题，市“四治”办要求责任单位限时以书面、照片或电话形式进行汇报，市“四治”办即时将处理结果反馈给投诉单位和群众。这一“短、平、快”的处理方式，为群众解决了一批与其切身利益息息相关的问题和困难，受到群众的好评。

（许爽）

汕头市荣膺广东省文明城市称号

汕头市荣膺第三批广东省文明城市称号，也是这次唯一一个获得“省文明城市”称号的地级市。12月29日下午，省委、省政府在广州市珠岛宾馆召开全省精神文明建设表彰大会,省委常委、宣传部长、省文明委主任林雄出席会议并讲话,汕头市委副书记孙光辉上台接受“广东省文明城市”牌匾。

汕头市从2007年启动创建广东省文明城市，市委、市政府高度重视创建广东省文明城市工作，把创文工作摆上突出的位置，列入重要议事日程，按照创建全国文明城市的标准，扎扎实实地开展创建文明城市活动，全市经济发展、环境质量、城市景观、文化建设以及各项社会事业都取得一定成效，社会管理工作得到增强，殡葬改革扎实推进，计划生育、安全生产工作在全省考核达标，2009、2010年全市GDP增长超过全省平均水平，巩固发展了国家卫生城市、国家环保模范城市、国家园林城市、中国优秀旅游城市、全国双拥模范城等专项创建成果，连续两届获得“广东省创建文明城市工作先进城市”称号，市民素质和城市文明程度大幅提升，人民群众也得到较多实惠，幸福指数显著上扬。

2007年底，市委、市政府召开全市创建广东省文明城市动员大会，拉开了汕头创建省文明城市的大幕。全市上下层层发动、级级落实，迅速掀起全民行动、波澜壮阔的创文热潮。2009年9月，汕头市在全市开展创建广东省文明城市“十大行动”，共涉及10大领域几十个行业，直接参与人数超过20万人，掀起了市创文活动的新高潮。2011年9月，市文明委组织举办了“感动汕头十大人物”评选活动，对一批关微式的道德标杆人物进行表彰，并组织系列巡回报告会，以看得见、摸得着、学得到的典型人物与鲜活事例，激励和引领全市人民争当文明市民、共建文明城市，弘扬了爱岗敬业、助人为乐、见义勇为、孝老爱亲的时代道德风尚。为弘扬志愿精神，推动文明创建，市创文办每月一次组织全市机关干部和社会义工开展集中志愿服务活动，清理卫生死角，开展交通劝导，帮扶孤寡病残，目前，汕头共有20多万青年志愿者和社会义工活跃在社会各个领域开展文明志愿服务。

着眼于培养市民的文明习惯，在不同领域组织开展了一系列的文明实践活动，着力提高市民文明素质。在家庭，举办“文明生活进万家”主题活动。针对广大妇女儿童，通过举办家庭文化节、亲子阅读比赛、家庭幸福论坛、文明家庭评选等活动，推动家庭文化和家庭文明建设。在学校，开展“小手拉大手、文明伴我行”文明礼仪学习实践活动。通过编写印发《汕头市文明礼仪手册》，开展文明礼仪征文、文明行为劝导等活动，组织全市中小学生学礼仪、讲文明，并劝导家长遵守公共道德，推动文明礼仪、文明规范进校园、进家庭，形成百万学生学礼仪、全民共建文明城的浓烈氛围。在农村，举办“书中自有致富路”农民读书活动。通过举办农民读书论坛、印发农民致富读本、开展送书下乡等活动，引导农民不买香烛买书籍，争当勤劳文明新农民。

近几年来，汕头市不断加大城市基础设施投入，大力推进一系列城市改造和城市建设项目，狠抓城市长效管理，城市道路、城市景观得到改善，城市环境质量显著提升。同时，推进社会保障房建设，解决了一批困难家庭住房难的问题。落实积极就业政策，加大再就业帮扶力度，全市每年新增城镇就业人数7万多人，每年城镇登记失业率均低于年度控制目标。完善社会保障体系，扩大社保覆盖面，超额完成省下达的年度计划指标。全面推进社区卫生服务网络建设，大力发展社会福利事业，推动了和谐社会、幸福汕头建设。文明，丰富了全体汕头人的生活内涵；文明，已转化为全体汕头人的共同追求。文明，让汕头更美好。

（罗文雄）

重要报道

FOCUS REPORT

- ◆汕头特区“而立”，“百载商埠”重振雄风
- ◆汕头率先就行政程序统一立法
- ◆汕头庆祝经济特区成立30年
- ◆汕头三十而立 历史新起点催生“新汕头”
- ◆勇立潮头谱新篇 汕头转型升级增活力
- ◆而立之年，汕头特区再出发
- ◆汕头迎来前所未有“大特区”时代
- ◆2011年中央、省新闻媒体有关汕头的其他报道一览表

从“杀出一条血路”到“辟出一条新路”,再到努力建设“幸福汕头”

汕头特区“而立”,“百载商埠”重振雄风

新华社记者 车晓蕙 詹奕嘉 林军强

从知名品牌不断涌现,到“汕头板块”崛起资本市场;从民营经济快速发展,到央企纷纷前来寻求战略合作……我国最早的四大经济特区之一的汕头特区经过30年的改革创新,已进入新的历史发展时期。

特区设立30年来,从“杀出一条血路”到“辟出一条新路”,再到努力建设“幸福汕头”,这个有着“百载商埠”美称的滨海城市,正呈现出开放、繁荣、充满活力的新气象。

三十载历经曲折“百载商埠”雄风再振

1981年10月,国务院批准在汕头市郊划出1.6平方公里土地建立经济特区。经过三次扩容,到今年5月,汕头经济特区范围扩大到全市2064.4平方公里。

30年来,汕头实现了历史性跨越,完成了从以农业经济为主向现代工业、服务业综合发展的转变,从半封闭状态向开放、繁荣、充满活力的现代海滨城市的转变。30年间,地区生产总值增长47倍,地方财政一般预算收入增长61.6倍,城市建成区面积扩大20多倍。

汕头特区的发展也曾经历波折。汕头市发展和改革局副局长陈胜全坦言,从1981年到1992年,是汕头特区的初创探索阶段,1992年到1999年是特区的飞速发展阶段,但随后“走私+骗税”的阴影使得汕头经济连续两年出现负增长,一直到2005年全国特区改革座谈会之后才有起色。此后,汕头经济步入快速提升通道。“十一五”期间,汕头经济增速超过广东省及全国平均水平。

近几年,汕头特区显现了可持续发展的能量。在国际金融危机背景下,汕头经济逆势上扬、稳步攀升,近三年的地区生产总值增速接近12%,到2010年突破1200亿元。今年前9月,规模以上企业产值增长17.9%,超过全国和广东省平均增幅。

在资本市场,“汕头板块”异军突起。据汕头市经济和信息化局副局长林明龙介绍,汕头现有上市企业18家,其中17家为民营企业,这些企业一半以上是近一两年才成功上市的。

雄心勃勃的汕头企业家们正创造一个又一个驰名全国的品牌,努力打造“汕头制造”声誉。工艺玩具、日用化工、内衣、印刷包装、轻工机械、音像制品等方面,汕头均为享誉全国的最主要的产业制造基地之一。

在汕头特区步入30岁之际,央企频频与汕头接触,中交集团、华润集团等7家央企已与汕头签订战略合作框架协议,初步计算引资总额达1831.64亿元。TCL、创维、苏宁、万国数据等知名企业和一批有实力、有影响的潮商纷纷在汕头参与开发建设。

广东省委党校副校长陈鸿宇说:“汕头特区历经曲折,而立之年站上了新的起跳点,‘百载商埠’正成为粤东区域具有中心带动作用的综合性城市。”

从“赚快钱”到兴实业

近十年来,汕头开启了脚踏实地谋发展的新阶段,社会风气从一度享受特区优惠政策“赚快钱”,转变为办实业、谋发展。

“汕头这十年走得很稳,因为企业家专心做实业,奠定了发展基础。”拥有“蒂花之秀”“美王”等多个全国知名化妆品牌的广东名臣有限公司行政总监朱国栋说,目前汕头化妆品行业拥有全国三分之一的美容化妆品品牌,销售额占全国一半以上。

以民营企业为主体的汕头经济,因其自我积累、自主创新、自有品牌以及土生土长的植根性,在近年来的各次经济波动中傲立风雪,显示出较强的抗风险能力。如占全国玩具出口额20%的汕头市澄海区,玩具礼品产值近8年来平均年增14%,多次外贸危机都未能阻止澄海玩具高歌猛进的步伐。

一些企业稳扎稳打,发展成为行业翘楚。广东东方锆业目前已在全球同行业中居领先地位,公司副总经理陈恩敏介绍,企业发展的秘诀是先做强、后做大,坚持技术完善、质量过硬之后再扩大规模,确保企业具备核心竞争能力。据悉,去年这家企业总产值6亿元,今年预计可达15亿元。

与此同时,汕头市政府致力体制机制改革和服务创新,为经济良性发展营造良好环境。特区初创时,在国内首开政府机关对企业“24小时内答复”承诺制先河,这种服务企业的理念在此后的发展中一直被遵循、完善。2010年8月,汕头市启动“百人服务团”活动,通过下基层、进企业,实地解决企业“用地难、融资难、用工难”问题。

为营造良好软环境,汕头大力开展行政管理体制创新。濠江区委书记林广华说,只有大胆突破,形成高效的体制机制,才能保障经济的跨越式发展。2011年底前要将区权限范围内的行政审批、许可事项精简50%以上,并将更多

行政审批、许可事项改为登记、备案制。

特区再出发谱写“幸福汕头”新篇章

站在而立之年的新起点上,汕头在加快经济发展的同时,更加注重民生事业,建设“幸福汕头”的大幕已经拉开。

过去,居住在汕头市龙湖区新溪镇六份、西南、十一合等村的村民雨天出门泥泞难行,如今,他们家门口的和平路西段正悄悄地“变脸”。去年,新溪镇委镇政府筹集350万元实施和平路改造工程,赢得群众一致好评。

汕头市委书记李锋告诉记者,建设“幸福汕头”是汕头“十二五”期间的核心任务。据统计,汕头市目前用于民生的资金已占地方财政支出的近七成。2011年,汕头财政优先解决教育、医疗、社会保障和就业等方面的突出问题,全市预算安排民生支出1073271万元,增长幅度达69.69%。根据汕头市“十二五”规划,到2015年,汕头用于民生事业的支出要占财政一般预算支出的80%以上。

今年5月1日,汕头特区面积扩大到全市2064.4平方公里。汕头市代市长郑人豪向记者坦言,扩容后特区统筹城乡发展的任务更加艰巨。汕头市委、市政府正规划建设潮汕二环线高速公路,争取早日实现路通财通。同时,市里正积极统筹居民医保、职工医保和新农合,希望在不久的将来,汕头539万市民人手一张卡,医保、社保和养老保险都用一张卡解决。

汕头正大力实施“东扩、西接、南拓、北联”发展战略,李锋表示,汕头特区未来将大力创新社会发展理念、城市发展模式、产业发展路径、城乡统筹方式和改革开放形式,进一步发挥特区在改革开放中的“窗口”和“试验田”作用,在新的起点上不断加快改革创新、全面扩大开放。

（新华社广州10月20日电）

汕头率先就行政程序统一立法

新华社记者 林军强

记者从汕头市有关会议获悉，汕头市制定《汕头市行政程序规定》，并将于今年５月１日起实施。据了解，汕头就行政程序统一立法，这在全国地市一级和经济特区中尚属首创。

据介绍，行政程序是行政机关行使职权时所应遵循的方式、步骤、顺序和时限，是行政机关合法、公正、高效行使职权的重要保障，是公民、法人和其他组织合法权益的重要措施，也是衡量行政法治的重要指标。

近年来，汕头市已陆续颁布了《汕头市行政执法监督条例》、《汕头市规范行政处罚裁量权规定》、《汕头市人民政府行政决策法律审查规定》、《汕头市人民政府行政决策听证规定》、《汕头市人民政府所属工作部门行政首长问责暂行规定》、《汕头市行政机关规范性文件管理规定》等１０多部规范行政程序方面的地方性法规、政府规章和规范性文件，为经济社会发展提供了法制保障，但在实践中仍存在一些行政机关的行政行为缺少程序规范，个别行政机关及其工作人员存在着不按法定权限和程序行使权力、履行职责的问题。

《汕头市行政程序规定》修改、整合和完善了有关行政程序方面的单项规定，形成一部适应社会经济发展的综合性法规。该规定共分１０章１８２条。内容涵盖了行政程序的原则、行政主体、重大行政决策程序、行政执法程序、非行政许可类审批程序、行政合同、行政指导、行政裁决、行政调解、行政规划等特别行为程序、行政听证程序、行政公开、行政监督和责任追究等政府工作的方方面面。建立了一系列行政程序制度。

据汕头市委常委、常务副市长郑人豪介绍，今年是汕头经济特区成立三十周年，经国务院批准，汕头经济特区范围将于５月１日扩大到全市。汕头在特区范围扩大的同时，就行政程序统一立法，具有开创性和探索性的意义，既为国家层面的立法发挥试验田和示范探索作用并积累经验，又为全面建设幸福汕头，创新发展模式，推动汕头跨越发展打好法治基础。

（新华网汕头4月28日电）

汕头庆祝经济特区成立30年

人民日报记者 李 刚

21日，汕头经济特区成立30周年庆祝大会在广东省汕头市举行，全国各界及海外华人华侨代表1000多人出席了庆祝大会。

30年前的今天，汕头经济特区从龙湖1.6平方公里的

"巴掌特区"起步，如今汕头特区范围已扩至全市2064.4平方公里。1980年汕头全市经济总量仅为10.79亿元，2010年GDP增至1208.97亿元，人均GDP由366元增至23274元；城乡居民储蓄存款余额增长1483倍，达到了1305.62亿元。

（人民日报10月22日）

汕头三十而立 历史新起点催生"新汕头"

中新社记者 李怡青 马真山 陈 妍

三十而立，汕头经济特区奋发有为、砥砺前行。2011年10月21日，汕头市委、市政府在林百欣国际会展中心隆重集会，热烈庆祝汕头经济特区建立30周年。今日的汕头经济特区，正以崭新的英姿阔步迈向新征程。

受中共中央政治局委员、广东省委书记汪洋和省委副书记、省长黄华华的委托，省委常委、常务副省长朱小丹出席会议并作重要讲话。他说，站在新的历史起点上，汕头经济特区发展面临新的发展机遇。汕头经济特区要进一步强化特区意识，主动适应国内外形势新变化、按照国家发展新要求、顺应人民新期待，勇于担当经济特区新的历史使命，以特别之为谋特别之位，继续敢为人先、勇立潮头、改革创新的特区精神，走在解放思想和改革开放的前列，走在落实科学发展观和构建和谐社会的前列。

汕头市委书记李锋在大会上致辞，他向所有关心支持汕头经济特区建设事业的各级领导、海内外乡亲、兄弟城市、国际友人和社会各界人士，致以衷心的感谢和诚挚的敬意。他说，汕头经济特区30年的辉煌成就，凝聚着党中央、国务院和广东省委、省政府的心血和关怀，饱含着全国人民和海内外乡亲的深情和厚谊，蕴涵着历代特区领导和广大特区建设者的智慧和汗水。站在新的历史起点上，作为新一代特区建设者，我们决心大力弘扬特区精神，以当年"杀出一条血路"的勇气，闯出一条科学发展的新路，更好发挥"窗口"和"试验田"的示范带动作用，加快建设幸福汕头。充分发挥国内外大中型企业、本地民资和海内外潮商"三种资源"的作用，加快建设国家海洋综合开发试验区，打造具有较强核心竞争力的现代产业体系。以民生福祉为一切工作的指挥棒，大力推进以改善民生为重点的社会建设，不断丰富群众的物质和精神文化生活，努力让人民群众更好分享改革开放成果。

1981年11月，汕头市划出一片土地创办汕头经济特区。最初汕头经济特区规划总面积1.6平方公里，汕头经济特区在始创的开放建设中，实行"开发一片、建设一片、投产一片、获益一片"的方针，以开发建设龙湖工业区为重点，逐步开发建设了与工业区相配套的港口码头区，农业水产区、金融商业区、住宅区，使特区区域初步形成了相应配套的投资环境。

30年开拓，30年进取，汕头经济特区建立30年来，经济社会发展取得巨大进步，城乡建设面貌发生显著变化，人民生活水平得到极大提高。经过三次扩容，到2011年5月1日，汕头经济特区范围扩大到全市2064.4平方公里。

汕头市委副书记、代市长郑人豪介绍，近年来汕头积极优化改善投资软环境，把提高办事效率作为优化投资软环境的重要举措，今年出台了中国内地地级市第一部《行政程序规定》，通过立法规范办事程序和行政行为，保障行政机关合法、公正、高效行使行政职权。

他说，汕头在中国内地创造了多个"率先"：汕头率先开政府机关实行承诺制的先河，实行24小时审批答复制度。汕头率先出台《汕头经济特区个人独资企业条例》，成为中国内地首部保护个人独资企业合法权益的地方性法规。汕头将继续发扬特区精神，敢闯敢试，推动汕头大发展、大跨越。

海外潮人代表，中国侨联副主席、中国侨商联合会会长、香港亚洲金融集团主席陈有庆先生在此间说，汕头是生我养我的地方，虽然我的事业主要在香港和海外，但我和我的子子孙孙永远都不会忘记——我们的根在汕头。热切希望全球的华商朋友关注汕头、投资汕头、扎根汕头，开创合作共赢的美好未来。

汕头迎来三十周岁生日，25个重大项目近期在汕头"扎堆"签约、奠基、开工和投产。其中10月20日，汕头市濠江区政府与中信房地产股份有限公司进行总投资500亿元的中信滨海新城和苏埃通道项目建设签约仪式。总投资额逾5亿元的中国•汕头美莱顺（国际）内衣城举行落成庆典仪式。中交集团、中核集团、华润集团、中信集团、华能集团、中国空间技术研究院、五矿集团等7家央企与汕头签订战略合作框架协议，初步计算引资总额达1831.64亿元。

汕头经济特区历任市委书记、市长，以及海内外嘉宾、各地企业家共1000多人出席此次大会。

活动期间，汕头举行了爱国侨领庄世平塑像揭幕仪式，推出第十七届潮汕美食节和潮剧精品展演。在特区庆祝大会上，汕头市委书记李锋、代市长郑人豪还为该市第八批共17位"汕头市荣誉市民"颁发"金钥匙"和荣誉证书，表达对他们长期以来以拳拳桑梓情怀关心支持特区各项事业建设发展的敬意。

（中新社10月21日电）

勇立潮头谱新篇 汕头转型升级增活力

经济日报记者 董庆森 廖国良

6月的汕头树木葱茏，满眼的绿意让人心情舒畅。这一派生机勃勃的景象，用来形容当今正加快转型发展的汕头恰如其分。

绿色同样孕育着希望。今天，汕头迎来了新的发展机遇：前不久，国务院正式批准从今年5月1日起汕头经济特区范围扩大到全市，这为解决特区内外发展不平衡、特区发展空间局限和“一市两法”等问题提供了便利。

汕头市委书记李锋说，这是一个难得的发展机遇，是汕头发展史上里程碑式的重大事件，“特区扩围为汕头在新的起点上探索科学发展指明了方向，打开了更为广阔的发展空间，它也促使汕头必须站在更高起点上谋划今后的发展。”这更是一个巨大的挑战，特区扩围为城市转型发展提出了新课题。

发展机遇千载难逢

1980年8月26日，中国首批经济特区建立，开放的气息席卷神州大地。成为经济特区的汕头，其发展备受世人关注。

自设立特区以来，汕头在加快本地经济发展的同时，一直把促进腹地发展当作经济特区的重要责任。把汕头建设成“东南沿海重要港口城市”、“粤东中心城市”的战略定位，就体现出了汕头市委、市政府力图在区域发展中发挥辐射带动作用的探索与思考。

汕头自1860年开埠，有着“百载商埠”的美誉，历来是粤东、赣东南、闽西南的重要出海口和商品集散地。长期在汕头市龙湖区城建部门工作的王瑞忠，是当时汕头经济特区筹建组的6名成员之一，见证了汕头改革开放30年来的发展。他说，与深圳和珠海不同，汕头在设立经济特区时城市已经有了一定规模，“汕头是全国著名的侨乡。侨乡优势是党中央当年决定在这里设立经济特区的重要原因之一，这样有利于引进侨资发展经济。”

创办之初，汕头经济特区仅有1.6平方公里，由于具有政策上的优惠，海外华侨纷纷回乡投资，一批外贸加工型企业如雨后春笋般兴起，特区建设也如火如荼开展起来。王瑞忠说，一时间特区聚集了200多家工厂，5万多名工人。

1984年，汕头经济特区面积扩大为52.6平方公里；1991年，汕头经济特区扩大到整个中心城区，达到234平方公里；今年5月1日，经国务院批准，汕头经济特区范围扩大到全市，面积达到了前所未有的2064.4平方公里。特区的再次扩围，为汕头带来了发展机遇，为进一步调整产业结构，促进各项事业协调发展赢得了巨大的空间。

汕头加快发展的新机遇不仅于此。2010年，国务院下发《全国主体功能区规划》，其中明确提出“强化汕头作为粤东中心城市地位，推进汕潮揭(汕头、潮州、揭阳)一体化，加强粤东地区与福建南部沿海城市在港口、产业等的分工合作与功能互补”；今年年初，国务院在批复的《海峡西岸经济区发展规划》中，正式将汕头列入海峡西岸经济区范围，要求把汕头建设成为海峡西岸南翼的增长极；此外，汕头还被列为广东省建设海洋强省试点城市。

实施特区扩围和城市定位在国家战略层面上的进一步明确，为汕头的发展提供了难得的战略机遇期，它不仅要求汕头要率先实现科学发展，还要在面向广东、面向全国、面向世界，服务粤东、服务闽西南、服务赣东南的坐标体系中着力提升区域中心城市的综合服务功能和龙头作用，要成为开发、开放、创新的先导和示范，在服务别人的定位中，创造自己的发展空间。

可以预见，汕头未来的发展空间无比广阔。

全力建好区域中心城市

广阔的发展空间、千载难逢的战略机遇，汕头市委书记李锋说：“定位的进一步明确，为汕头经济加速起航奠定了良好基础。”

机遇同时伴随着挑战。发展前景清晰可见，挑战也有目共睹，最大的挑战在于，汕头能否真正实现区域中心城市的战略定位。

汕头市市长蔡宗泽说，“汕头要把经济总量做大，一方面要夯实基础，着力转变经济发展方式，加快建立创新驱动的发展模式，统筹城乡发展，探索科学发展的具体路径；另一方面，要加快构筑以战略性新兴产业为引领、现代服务业和先进制造业为主体、蓝色海洋产业为亮点，具有汕头特色的现代产业体系。”

近几年，加速建设的基础设施让汕头区位优势凸显。多条高速公路呈放射状向四周扩散，从不同方向把汕头与粤东腹地连接起来，让汕头成为全国高速公路网上的重要节点；而厦深铁路的建设更让人期待，这条铁路建成运营后，汕头将分别把深圳和厦门纳入两小时经济圈，3个经济特区之间的联系也将变得更加紧密。

如果说基础设施建设拉近了汕头与其他城市之间的距离，那么产业转型升级则增强了汕头发展的动力和辐射力。

以汕头玩具产业为例，汕头是广东玩具生产企业最集中的地区之一，玩具产品外销达70%以上。近年来，受到劳动力成本升高、人民币升值以及国际经济形势波动的影响，汕头的玩具企业深切感受到了来自市场的压力。

如何化解压力？汕头的玩具企业主动转型，探索出了一条自主设计加工、自主品牌生产的发展道路，不但打开了国内市场，其生产的新型玩具也为国外商家所青睐。广东骅威玩具工艺股份有限公司董事长郭卓才说，依靠自主创新，企业将压力转化为发展的动力，让企业具备了参与国际竞争的实力，赢得了新的生存和发展空间。

玩具企业的主动转型与汕头的发展不谋而合。汕头市发展和改革局副局长廖小平说，2010年以来，汕头致力于创新发展模式和发展路径，大力推进现代服务业提速计划、战略性新兴产业倍增计划、传统优势产业提升计划和海洋综合开发计划，注重发挥央企、本地民间资本和海内外潮商“三种资源”的作用，以重大项目为抓手，积极引进了中信、华润等一批战略合作伙伴，大力推动汕头经济转型发展做大做强。据介绍，依托汕头的锆产业基础，着力延长与锆相关的产业链条，“中国锆城”建设已经启动；利用国际海缆登陆站的优势，“数据特区”建设正加紧谋划……这些精心培育的战略性新兴产业都将成为汕头未来的经济增长极。

加快建设幸福汕头

在新的发展阶段，经济特区要继续走在改革开放的前沿，必须继续发扬敢为人先、大胆探索、改革创新的精神。在新的起点上，汕头市委、市政府提出建设“幸福汕头”这一新目标。

把建设“幸福汕头”作为新的发展目标，就是要积极探索新的发展思路，不断深化改革、扩大开放，发挥特区、侨乡、人文、环境、自然等方面的比较优势，提升城市品质，让生活在汕头的群众对发展状况感到满意，对学习、工作和生活环境感到满意，对公平正义、和谐稳定的社会氛围感到满意，对干部作风和机关效能感到满意，对尊重和保障公民权利感到满意，努力实现幸福指数与发展指数同步提升。

“幸福汕头”的目标凝聚了广大人民群众的共同意志。4月份，一家独立机构就居民幸福感对市民进行了等距抽样调查，民众对创建幸福汕头的认同度名列第一。汕头市委书记李锋说，“汕头要率先闯出一条科学发展新路，就必须进一步强化科学发展理念，使经济社会发展的过程，成为广大人民群众共享改革发展成果的过程，成为全体人民创造幸福、分享幸福、提升幸福的过程。”据了解，目前，汕头正在广泛征求意见的基础上，抓紧建立健全包括物质基础、文化内涵、生活品位、公平正义、人文关怀等指标在内的“幸福汕头”评价体系。

建设“幸福汕头”，还需要依靠深化改革开放来推动。为此，汕头经济特区充分发挥改革的“窗口”和“试验田”的作用，逐步深化综合配套改革，为“幸福汕头”建设提供体制机制保障，让“幸福感”在这里落地生根。在这项工作中，汕头提出首先要用好特区试验权和立法权，加大体制机制改革创新力度，以加快行政管理体制改革为突破口，探索行政管理体制新模式；其次，要积极创新工作运行机制，理顺各种工作机制，加强各部门的配合协作，形成一整套畅通、高效运行的工作流程；第三，要不断增强改革的系统性、配套性和实效性，在行政管理体制、社会管理体制、社会保障体制、就业和收入分配制度等方面进行综合配套改革，力求取得新突破、创造新经验。

此外，汕头还高度重视人才工作，大力实施人才发展战略，以完善政策、打造载体、提供平台、强化服务为重点，吸引高层次人才，以高端人才的集聚加快“幸福汕头”建设。他们积极为辖区内的汕头大学等多所大专院校提供办学便利。汕头大学党委副书记、纪委书记罗念潮说，“汕头大学坐落在汕头经济特区，是广东省重点建设的综合性大学，为当地经济社会发展提供高端人才和智力支持，汕头大学义不容辞。”

现在，“幸福汕头”建设已经初显成效，汕头市民对这些变化看在眼里、喜在心头。汕头市委原副秘书长、政研室主任刘锦庭说，“这两年，汕头的变化很大，基础设施更加完备，投资环境进一步改善，前来洽谈业务的外商多了不少，但最重要的还是城乡居民的收入正在提高，群众的幸福感逐步增强。”

三十而立。面向未来，走过30年风雨历程的汕头经济特区站在了一个全新的起点上。

（经济日报2011年7月1日）

而立之年，汕头特区再出发

南方日报记者 方一庆

中核集团将携手广东省经信委和汕头市政府合作，共建战略性新兴产业基地，全力推动产值千亿元规模的“中国锆城”建设；中信集团将在当地大手笔投资500亿元规划建设濠江滨海新城，将于近期铺开南滨片区新城基础设施建设和启动苏埃过海通道建设；充分利用国际海缆登陆站这一独特资源打造的国内首个聚集各种数据中心业务的“汕头数据特区”正加紧推进，将建设成为区域性乃至国际性数据中心……

体制创新之变：打造全国办事效率最高的区域之一

今年9月，汕头市首个网上行政审批大厅正式启动运行。这个旨在打造阳光政府、服务政府的网络平台，让当地广大市民和企业主足不出户、轻点鼠标即可办理有关行政审批事项或非行政许可事项。

目前，该网上大厅已经完成了全市具有行政许可职能的42个单位上网工程，为市民提供的服务包括证照、房产、教育、社保等12个分类共158项；而为企业提供的服务事项则包括企业设立、财税事务、人力资源等18个分类共326项。该网络审批平台犹如一个全天候高效能的办事服务机构，一开通就受到了当地社会各方的好评，被称为是服务联系企业和市民的“热心人”。

这是汕头市改革行政审批，推动网络问政，打造阳光政府迈出的关键一步。据该市有关部门人员介绍，汕头市将以此为平台，加快完善优化整个电子政务系统，着力构建一个便民高效的电子政务环境，让企业和市民享受到全流程电子化的便民服务，为汕头特区扩围后的加快发展提供有力支撑。

以特区之特，作特别之为。汕头还以探索统筹城乡综合配套改革为切入点，扎实推进行政管理、社会保障、城市管理综合执法、公共财政、收入分配、户籍等制度改革，率先在全省实行基本医疗保障业务“一站式”服务等。通过深化体制机制创新，着力建设体制综合改革先行区，营造阳光高效的投资环境。

与此同时，汕头高起点推进行政体制综合改革。通过立法赋权、行政授权、行政委托等方式，使濠江区获得了相当于地级市的经济社会管理和行政执法权限，区政府部门由过去的22个整合为14个，形成“大规划”、“大经济”、“大建设”、“大执法”等综合性大部门，实现经济管理等职能“上移”和社会服务管理等职能“下移”的政府职能“双转移”，增强政府服务和社会建设能力。

针对该市濠江区行政管理体制综合改革试点所取得的成效，汕头市委书记李锋提出，将进一步加快推进行政管理体制改革和富县强镇改革，实行扁平化管理，努力把汕头打造成为全国办事效率最高、服务质量最好的区域之一。

合作理念之变：以民生为切入点，推动区域经济协调发展

在当今区域经济走向聚合共融的时代，作为历史上同宗同源、地理上互为倚靠的汕头、潮州、揭阳三市，加快推动区域经济一体化显得尤为重要。为贯彻落实中共中央政治局委员、省委书记汪洋关于加快汕潮揭一体化的重要指示精神，9月底，汕头党政领导带队到潮州、揭阳学习考察，踏上潮汕三市互动合作、发展共赢的新征程。

目前，汕头市委书记李锋在与潮州党政领导互相走访座谈中提出，汕头将以民生为切入点，全力推进汕潮揭一体化建设。通过建立完善合作机制，绘好合作路线图，精心策划，积极协调一批事关民生、基础设施、教育医疗、社会保障、环境保护、旅游文化等重点合作领域，推动合作对接，全力取得突破，通过加快一体化，使百姓和企业得到真正实惠。

记者采访获悉，为推动粤东交通一体化，打造粤东生活一小时生活经济圈，汕头正加快汕揭高速公路、南澳跨海大桥等工程建设速度，加快建设汕湛高速公路和连接潮汕机场、厦深铁路潮汕站和六区一县的快速环路，加快建设厦深铁路进汕头联络线和潮阳站。积极推进阜鹰汕铁路梅州到汕头段、疏港铁路、粤东轻轨铁路建设，加快形成以高速公路、干线公路、铁路、环市快速通道为主体的交通综合运输体系。大力推进与中远集团等大型企业的战略合作，力争建成广澳亿吨深水大港。增强汕头经济特区和区域中心城市集聚服务功能，积极推动区域经济协调发展。

（南方日报2011年10月20日）

汕头迎来前所未有“大特区”时代

昨举行大会庆祝经济特区建立30周年

南方日报记者 方一庆

30年风雨兼程、岁月如歌；30岁的汕头经济特区蓄势奋发、砥砺前行。今日的汕头经济特区，正以崭新的英姿阔步迈向新征程。昨日上午，庆祝汕头经济特区建立30周年庆典大会在该市林百欣国际会展中心举行；受中共中央政治局委员、广东省委书记汪洋和省委副书记、省长黄华华的委托，省委常委、常务副省长朱小丹出席会议并作重要讲话，要求汕头进一步强化特区意识，继续发扬敢为人先、勇立潮头、大胆探索、改革创新的特区精神，走在解放思想和改革开放的前列，走在落实科学发展观和构建和谐社会的前列，不辜负党中央、国务院和省委、省政府的重托。

朱小丹指出，汕头是我国最早设立的四个经济特区之一，是改革开放的重要“试验田”和“窗口”。30年来，在党中央、国务院和省委、省政府的正确领导下，在全国人民和港澳台同胞、海外侨胞的大力支持下，汕头经济特区建设者以勇立潮头、敢为人先的“拓荒牛”精神，解放思想，开拓创新，抢抓机遇，发奋图强，突破传统体制束缚，不断深化改革开放，经济社会发展取得巨大进步，城乡面貌发生显著变化，人民生活水平得到极大提高，为全国全省改革开放和社会主义现代化建设事业作出了重要贡献。

针对汕头经济特区走过30年发展历程，站在新起点面对的新使命，朱小丹指出，国务院批准汕头经济特区范围扩大至全市，汕头迎来了前所未有的“大特区”时代，发展面临重大战略机遇期。

（南方日报2011年10月22日）

2011年中央、省新闻媒体有关汕头的其他报道一览表

文章标题	发表媒体	发表时间	作者
汕头经济特区范围扩大到全市	中央人民广播电台	5月1日	林映丹、姚坚旭
25个重大项目为汕头特区30周岁庆生日	中国国际广播电台	10月22日	李均、吴少英
汕头“一湾两岸”城市核心区域公布	中央电视台	10月22日	牟堤堤、陈璇真、谢岫峤
“大特区”谋划新空间	羊城晚报	10月22日	王漫琪、杨媛
用特区精神闯出幸福新路	羊城晚报	10月22日	杨媛、王漫琪
濠江将造广东改革样本	广东电台	3月23日	林映丹、姚坚旭
汕头经济特区建立30周年系列报道	广东电视台	10月18日至21日	杜曼、朱思佳、蔡林琳、皮玲玲、林树强、谢岫峤、许远志、官汉波、黄刚
汕头：积极推进城乡医疗保险体制改革	广东电视台	11月24日	郁华、赵彬、王欣莉、蔡林琳、许远志、叶军

2011年汕头大事记

CHRONICLES OF IMPORTANT EVENTS OF SHANTOU IN 2011

一　月

1日　汕头科技馆免费对公众开放。

2日　创维集团董事局主席黄宏生带队莅汕考察。

4日　市委常委、纪委书记孙光辉，纪委副书记、监察局局长许景峰上线汕头广播电视台直播“民声热线”特别节目，现场解答民生热点问题。

11日　汕头超声电子股份有限公司、汕头西陇化工股份有限公司入选国家火炬计划重点高新技术企业。

12日　省委常委、常务副省长朱小丹带领省慰问团莅汕开展送温暖慰问活动，省政府副秘书长李春洪、省发改委副主任张军、省财政厅副厅长危金峰、省总工会副主席张国兴、省扶贫办副主任陈国珊参加走访慰问。市领导郑人豪、刘远珍陪同慰问活动。

同日　“汕头开埠文化游”启动仪式在汕头开埠文化陈列馆举行。

1月12日至2月19日　中共中央政治局原常委、中央纪律检查委员会原书记吴官正莅汕考察。

12日　中国国际航空股份有限公司在汕头正式设立营业部。

14日　香港亚洲电视“黄牌美食团”来汕搜寻潮汕美食，拍摄“潮汕杂咸”专题。

14日至15日　省农业厅副厅长蔡汉雄莅汕检查汕头市2009年度土地卫片执法工作。

15日至16日　全国人大常委会委员、农业与农村委员会副主任委员李乾元、刘振伟同志带领调研组莅汕，就集体林权制度改革、种子法修改、农产品价格形成机制等方面的工作进行调研。

16日至17日　市委九届十次全会在市委会议中心召开，会议学习贯彻党的十七届五中全会、中央经济工作会议和省委十届八次全会精神，回顾总结汕头市2010年及“十一五”时期的工作，部署2011年及“十二五”发展主要目标任务，审议《中共汕头市委关于制定国民经济和社会发展第十二个五年规划的建议》，进一步动员全市干部群众弘扬特区精神，擦亮特区牌子，勇于改革，开拓创新，奋力拼搏，努力推动科学发展，加快建设幸福汕头。全会由市委常委会主持。市委书记李锋代表市委常委会向全会作题为《全力推动科学发展，加快建设幸福汕头》的工作报告。

同日　由省住房与城乡建设厅、汕头市人民政府、省城市规划协会主办的“2009—2010年度广东省城市规划年会”在汕头市举行。

17日至18日　公安部消防局局长陈伟明莅汕检查指导全市消防安全管理工作。

18日　广东亿信融资担保有限公司乔迁揭牌开业。

19日　汕头警备区党委召开九届八次全体（扩大）会议。市委书记、警备区党委第一书记李锋出席并讲话。

20日至22日　省公安厅副厅长张永强，市委常委、政法委书记、公安局长郑通声指挥督战“粤安11”专项行动。

21日　市委、市政府举行“汕头市第12批优秀拔尖人才命名会暨2011年度高层次人才迎春座谈会”，为30名新纳管的市优秀拔尖人才表彰命名。

同日　濠江区银通小额贷款有限公司正式开业。

25日　市委、市政府在穗举行迎春座谈会。

26日　潮阳区文光塔广场落成。

27日　市委、市政府在汕头迎宾馆举行2011年驻汕口岸查验单位迎春座谈会。

同日　2011年潮剧潮艺进市区活动首场演出“潮艺之星”春节晚会在艺都大剧院上演。

28日　市委、市政府在汕头迎宾馆举行军政迎春座谈会。

同日　市委、市政府在帝豪酒店举行2011年各界人士新春座谈会。

二　月

1日至2日　中国国民党曾永权副主席夫人、财团法人礼贤社会福利基金董事长陈丽芬，中国国民党中央评议委员会主席团主席、中华海峡两岸妇女经贸文化交流协会理事长蔡铃兰率领台、港妇女代表团，在省妇联党组成员、巡视员杨洁芝的陪同下莅汕参观考察。

6日至9日　全国政协副主席、民革中央副主席厉无畏莅汕考察。

9日　汕头首个冬季专业动漫同仁文化交流盛会在龙湖翰苑展厅举行。

10日　孟杨任汕头海关党组书记、关长。

10日至18日　中共中央政治局原委员、全国政协原副主席杨汝岱莅汕考察。

12日　泰国会馆永远名誉主席、泰国中华总商会副主席吴宏丰先生及泰国华人青年商会会长李桂雄先生莅汕访问。

15日　汕头城市天气预报开始在中央电视台中文国际频道（CCTV—4）晚上黄金时段天气预报栏目播出，并配播汕头城市景观图。

17日　汕头首票进口《海峡两岸经济合作框架协议》（ECFA）早收计划项下货物在汕头海关驻港口办事处顺利通关。

18日　上海潮汕联谊会名誉团长、上海市人大常委会副主任郑惠强莅汕访问。

20日　汕头海外联谊会七届一次会议暨新春联欢活动在汕头帝豪酒店举行，市委书记李锋致辞，市委副书记邓大荣向本届新增聘的荣誉会长、名誉会长和海外理事代表颁发聘书。

同日　由泰国中华总商会主席吴宏丰捐资1800多万元续建的潮南吴宏丰医院落成。

21日至23日　中国人民政治协商会议广东省汕头市第十一届委员会第五次会议在市委会议中心召开。

22日　省委常委、常务副省长朱小丹莅汕调研扶贫开发“规划到户、责任到人”工作。

22日至23日　日本驻广州总领事馆总领事田尻和宏及副领事小林大吾莅汕访问。

22日至25日　汕头市第十二届人民代表大会第六次会议在鮀岛影剧院召开。会议依法选举李锋为市人大常委会主任。

23日　省国家安全厅厅长张玉庭莅汕调研综治维稳工作。

同日　TCL集团董事长、总裁李东生一行莅汕考察。

23日至24日　国土资源部副部长徐德明莅汕调研。

24日　汕头市与中国空间技术研究院签订战略合作框架协议。市委书记李锋、中国东方红卫星股份有限公司总裁闫忠文在主席台见证签约；市长蔡宗泽与中国空间技术研究院党委书记、中国东方红卫星股份有限公司董事长李开民代表合作双方签字。

27日　汶川县委、县政府赴对口援建市感恩团莅汕，向汕头市委、市政府以及汕头人民对草坡乡的援建表示感谢。

28日　由市委宣传部主办，市文广新局、濠江区委宣传部、区文广新局承办的“红色影片南粤行、万场百部下基层”电影放映活动，在濠江区珠浦文化广场举行汕头分映场启动仪式。市委常委、宣传部部长陈茸出席活动。

同日　汕头——揭阳高速公路汕头段龙湖路段开工。

三　月

1日　汕头市企业职工最低工资标准调整至950元/月。

2日　汕头市中心城区2010年度和2011年第一批550套廉租住房安置抽签。

4日　汕头市举行纪念“三八”节101周年大会暨

“新百年、新女性、新发展”论坛，市领导邓大荣、陈茸、陈香兰、余健明、蔡婵英出席，并为市巾帼文明岗代表和星级妇女学校代表授牌。

7日至8日　由省知识产权局副局长朱万昌为组长的省打击侵犯知识产权和制售假冒伪劣商品（以下简称“双打”）行动督查组莅汕，督查全市“双打”工作。

8日　省公安厅副巡视员张广带领省考评组莅汕检查汕头市2009至2010年食品安全整顿工作情况。

9日　汕头食盐配送中心举行奠基开工仪式。

同日　汕头大围征地拆迁工作全面启动。

同日　约250名低保户和贫困家庭中的18周岁以下先天性心脏病患者接受广州军区广州总医院的专家的义诊，符合手术条件的患者将由市民政局分批分期组织前往广州军区广州总医院接受手术治疗。

9日至11日　省人大常委会委员、农村农业委员会主任委员柳锦州和省海洋与渔业局陈良尧副局长一行12人莅汕，就渔港和渔业船舶立法的有关问题及渔民转产转业议案（第二阶段）执行情况开展调研。

10日　全国爱卫办专职副主任白呼群带领检查组，在省卫生厅副巡视员黄晓军陪同下，检查指导汕头市巩固创卫成果工作。

11日　郴州市市长向力力带领的湖南省郴州市党政考察团一行莅汕。市领导邓大荣、罗仰鹏、孙光辉、郑人豪、廖文松、张应杰在汕头迎宾馆与考察团成员座谈交流。

16日　由省民政厅副厅长骆招群带领的省双拥工作检查组莅汕检查。市长蔡宗泽向检查组汇报工作情况，市领导邓大荣、郑人豪、周镇松出席工作汇报会并陪同检查。

17日　国务院批复《海峡西岸经济区发展规划》，汕头正式列入海西经济区。

同日　中国光大银行汕头支行举行升格分行揭牌仪式。市长蔡宗泽在汕头迎宾馆会见前来参加升格典礼仪式的光大银行广州分行党委书记、行长陈凯慧一行，副市长林梃会见时在座。

21日　汕头市召开公推公选干部工作动员会议。市委书记李锋出席会议并讲话，市委副书记、市长蔡宗泽主持会议。

同日　西陇化工股份有限公司、广东汕头超声电子股份有限公司、广东光华化学厂有限公司等3家企业被命名为国家创新型企业。

21日至22日　中国红十字会副会长王海京莅汕，就汕头市红十字工作开展情况进行调研。

同日　广东南洋电缆集团股份有限公司、广东三凌塑料管材有限公司、广东奥飞动漫文化股份有限公司被省认定为“2010年第二批广东省民营企业（中小企业）创新产业化示范基地”。

23日　濠江区召开行政体制综合改革动员大会。市委书记李锋讲话，市领导郑人豪、余健明出席。作为广东省推广顺德经验、深化县级行政体制改革试点，以及省编办行政体制综合改革联系点，濠江区依法享有“准地级市”管理和执法权限，政府部门从22个（含市垂直）整合为14个。

23日至24日　省政协常委、人口资源环境委员会主任卜新民，省物价局副巡视员陆祥生率领省政协调研组莅汕，展开“运用价格杠杆促进排污权交易和生活垃圾处理产业化”专题调研。

24日　全市统一战线工作会议在市委会议中心召开。

同日　广东省质监局评选出首届广东省标准创新贡献奖40项，汕头高新技术产业开发区东奇汽车科技有限公司制订的Q/SDQ001－2009《（DQ）汽车轮胎气压监测系统(间接式）》企业标准成为汕头市唯一获奖项目。

同日　金平区自2006年开展的创建“广东省可持续发展实验区”通过省科技厅检查组的检查验收。

同日　汕头市与中国科学院深圳先进技术研究院签订合作协议，标志着被列为汕头市2011年十项民心工程之一的“全民低成本健康工程”正式启动。

25日　省林业局局长张育文莅汕调研林业生态建设。

同日　香港新界大埔区潮州同乡会访问团莅汕参观访

问。

27日至29日 澳门中联办文化教育部副部长李正桥率领澳门12家周报期刊的主要负责人莅汕考察交流。

28日 汕头市举行迎接国家环境保护模范城市和国家卫生城市复检工作动员大会。

同日 汕头市统一战线志愿者队伍成立。

30日 市委、市政府召开全市创建广东省文明城市冲刺动员大会。

30日至31日 全国人大常委会法工委副主任王胜明一行莅汕，就当前全国人大启动新一轮民事法修订工作开展调研。最高人民法院副院长奚晓明，省高级人民法院副院长谭玲等一同莅汕调研。

31日 市委召开全体会议，以无记名方式差额票决公推公选3个领导职位的任职人选。

3月31日至4月1日 中国社会科学院副院长、中国地方志指导小组常务副组长朱佳木莅汕，考察汕头市地方志工作。

3月31日至4月1日 省政协副主席覃卫东率领省政协视察团莅汕视察汕头市产业转移工业园建设进展情况。

四　月

6日至7日 省淘汰落后产能工作目标责任考核组莅汕开展2010年度淘汰落后产能工作目标责任考核。

7日 汕头市潮商研究会在汕头迎宾馆举行第一届会员大会。

7日至8日 副省长刘昆率领省直有关部门莅汕调研汕头市防汛准备工作和区域性战勤保障中心建设情况。

7日至8日 广西潮人商会会长方秋潮率领商会考察团一行莅汕参观访问。

11日 省文化厅副厅长杨树带队莅汕调研对外对港澳台文化交流工作开展情况。

11日至12日 中国文联副主席、党组成员、书记处书记廖奔率领中国文联调研组莅汕，就共建大文联工作格局有关问题开展调研。

11日至12日 省农业厅厅长谢悦新、省政府办公厅副巡视员张敬率领省人大农田水利基本建设议案项目检查组莅汕检查。

12日 副省长雷于蓝率领调研组莅汕调研医药卫生事业建设和医改工作。

同日 汕头市“R3、凤屿、官屿、猎屿、龟屿、龟山岛” 6个岛屿列入我国首批可开发无居民海岛名单。除龟屿是用作交通与工业用岛之外，其余五岛从生态保护角度考虑，均适合用于旅游娱乐用岛。

12日至13日 副省长招玉芳率领省有关部门负责人莅汕调研外经贸、旅游等工作。

12日至13日 省文化厅副厅长杜佐祥带队莅汕调研公共文化设施建设情况。

13日 金平区乌桥街道在全市率先创建社区爱心互助会——“乌桥街道二马社区爱心感恩互助会”，为辖区弱势群体提供一个自助互助、回馈社会的平台。

13日至14日 广州军区副司令员邢书成少将就部队安全管理和年度工作开展情况，视察调研军区驻汕部队。

18日 中国林业科学研究院木材工业研究所与宜华木业签订战略合作协议。

同日 汕头市首个诉前联调中心“金平区诉前联调中心”在金平区人民法院成立。

18日至21日 省政协副主席汤炳权、省政协港澳台委员会主任喻军率领省政协调研组莅汕，开展“利用ECFA和海西经济区发展机遇，促进粤东地区经济发展”专题调研。

19日 省综治办专职副主任张庆宏带领综治工作调研组莅汕，对近两年来汕头市综治信访维稳中心三级平台运作情况和开展诉前联调试点工作的情况进行调研。

19日至21日 市人大常委会组织部分汕头市的全国、省人大代表、市人大常委会组成人员到福建省龙岩市和广东省梅州市、潮州市调研韩江流域上游的水源水质保护和利用情况。

21日 第13届中国澄海国际玩具礼品博览会在澄海区展览中心隆重开幕。

同日 省委组织部副部长罗东凯出席中国移动通信集团广东有限公司汕头分公司在帝豪酒店举行“客户跨越400万”新闻发布会。

同日 汕头警察协会女警官分会成立，市公安局交警支队政委陈小红当选第一任会长。

同日 “群兴玩具”在深圳证券交易所正式挂牌上市交易。

21日至22日 省委组织部副部长、省直机关工委书记罗东凯率调研组莅汕，就学习贯彻《中国共产党党和国家机关基层组织工作条例》情况、市直机关工委相关工作情况进行调研。

21日至23日 亚太旅游联合会、国际度假联盟组织、中华生态旅游促进会联合主办“中国旅游品牌”评选活动，授予汕头市“中国最具投资价值旅游城市”荣誉称号。

22日至23日 香港潮州商会青年委员会主任陈光明率领访问团莅汕访问。

23日 “南澳Ⅰ号”水下考古再次启动。央视新闻频道、中文国际频道对“南澳Ⅰ号”水下考古发掘工作进行现场直播。6月9日，2010年全国十大考古新发现在京揭晓，汕头“南澳Ⅰ号”明代沉船遗址成为首个入选全国十大考古新发现的水下考古项目。7月19日，“南澳Ⅰ号”9500余件出水文物交由省博物馆进行处理、保护，“南澳Ⅰ号”2011年阶段性水下考古发掘正式结束。

同日 汕头市首家按五星级标准设计建造的电影院——一帆影城试业。

25日 市政府审议通过《汕头市绿道网规划建设实施方案》。

25日至27日 省政府参事室副主任余庆安率调研组莅汕，就“创新社会管理，加强社会建设”开展专题调研。

26日 省经信委主任杨建初率队莅汕调研工业商贸经济和信息化发展情况，研究部署推进汕头市工业商贸和信息化工作。

同日 市人大常委会审议通过《汕头市人民代表大会常务委员会关于2011年5月1日前制定的经济特区法规在扩大后的经济特区适用的决定》，明确已制定的经济特区法规适用范围。

27日 汕头市召开迎接经济特区扩大范围正式实施干部大会，市委书记李锋作讲话，市委副书记、市长蔡宗泽主持会议并宣读《国务院关于扩大汕头经济特区范围的批复》。国务院批准5月1日起，汕头经济特区范围扩大到全市，即汕头行政区划范围，含龙湖区、金平区、濠江区、潮阳区、潮南区、澄海区、南澳县“六区一县”，经济特区实现全市2064.4平方公里全覆盖。

28日 汕头市政府与厦门大学签订战略合作协议。厦门大学党委书记朱之文、市委书记李锋出席签约仪式并致辞，厦门大学校长朱崇实、市长蔡宗泽代表双方签约。首个合作项目“服务海西、走进战略合作伙伴、送教入军营——厦门大学网络教育2011年春季（南澳）学习班”5月14日在南澳开班。

同日 中央纪委党风室副主任林翼民带领中央、省纪委调研组莅汕，调研农村集体资产、资金、资源“三资”管理工作。

同日 汕头市召开庆祝“五一”国际劳动节大会，表彰一批荣获今年全国“五一”劳动奖章、奖状和省“五一”劳动奖章的先进集体、先进个人。

同日 “文明生活 幸福阅读”汕头市2011年“书香飘万家”系列读书活动暨第六届企业文化节的开幕。

同日 由潮南区人民政府主办，潮南区旅游局、两英镇政府联合承办的“潮南区首届旅游文化美食节”开幕。

28日至29日 著名金融专家、国泰君安证券股份有限公司董事长、党委书记万建华，著名经济学家邱晓华博士和中食肽灵（北京）生物科技有限公司董事长石建兴莅汕考察。

29日 市委、市政府在市委会议中心召开全市农业农村工作会议暨扶贫开发“双到”表彰大会。市委书记李锋出席会议并讲话，市长蔡宗泽宣布市委、市政府《关于表彰2010年度扶贫开发“双到”先进单位和先进个人的决定》，市委副书记邓大荣总结“十一五”期间汕头市农业农村经济发展情况，部署2011年全市“三农”和扶贫开发“双到”工作。

同日 市委、市政府在市委会议中心召开全市人口和计划生育工作会议。市委书记李锋出席会议并讲话，市长蔡宗泽与各区县和市直有关部门代表签订2011年人口与计划生育目标管理责任书和计划生育综合治理工作目标管理责任书。市委副书记邓大荣主持会议并通报全市2010年度人口与计划生育目标管理责任制考评情况。副市长郭大钦作全市人口计生工作报告。

4月28日至5月4日 潮汕文化书展在鸿欣书城举办，共展出500多个品种的潮汕文化图书2000多册。

五 月

1日 中国民间文化杰出传承人、广东省工艺美术大师何汉林耗时三年创作的大型木雕挂屏《百鸟朝凤》，获2011年中国工艺美术“百花奖”金奖。

同日 澄海区委、区政府表彰优秀务工人员，97名企业优秀技能、管理人才和382名优秀务工人员受到表彰，并分别获得每人1万元和5000元的奖励，奖金总额达300万元。

6日 全市镇换届工作动员会召开。

6日至8日 以中央人民政府驻香港特别行政区联络办公室副主任周俊明为荣誉顾问、中联办新界工作部部长陈卓为高级顾问、香港新界潮人总会会长周厚澄任团长的香港新界潮人总会访问团一行500多人赴汕头、潮州、揭阳、汕尾四市参观交流。

9日 世界张氏总会访问团莅汕进行商务考察和友好访问。

10日 全国政协副秘书长、台盟中央副主席黄志贤带领考察组莅汕，就推动粤东地区融入海西经济区，增强与台湾交流合作等情况开展调研。

同日 国家开发银行股份有限公司广东省分行行长吴德礼一行莅汕。

同日 汕头市举行纪念庄世平先生诞辰100周年活动。

同日 全国政协原副秘书长，曾在周恩来、邓颖超身边担任秘书达37年之久的赵炜受邀在岭东美术馆作题为《周恩来 邓颖超 永远激励我前进》的专题演讲。

11日 省委常委、副省长肖志恒率领省直有关单位负责人莅汕调研。

同日 清远市委书记陈家记、市长葛长伟率领清远市党政代表团莅汕参观考察。汕头、清远两市工作交流座谈会在汕头迎宾馆召开。

同日 香港汕头商会会长黄成林率领香港汕头商会访问团莅汕访问。

同日 “中国电信‘天翼宽带’电影惠民”活动启动，副市长郭大钦出席启动仪式。

12日 汕头市统计局发布第六次全国人口普查主要数据公报，汕头市常住人口为539.10万人，10年共增加71.99万人；65岁以上人口37万多，开始进入老龄化社会。

同日 广东华盛塑料有限公司获中国塑料加工工业协会“中国环保塑料包装容器研发生产基地”荣誉称号。中国塑料加工工业协会会长廖正品出席授牌仪式。

13日 中国知识产权研究会和夏野电器科技有限公司联合在汕头市举行智能家居行业专利分析项目成果推广交流会。

13日至16日 汕头市共有11件作品在“中国工艺美术文化创意奖”评审中获2金7银2铜奖。

14日至16日 全国侨联副主席、香港亚洲金融集团董事长陈有庆任团长，香港潮阳同乡会会长陈智文等为副团长的香港潮阳同乡会汕头访问团一行23人莅汕访问。

15日 汕头市潮汕美食节获第二届中国节庆创新论坛暨2011中国品牌节会颁奖盛典“2011十大国际影响力节庆”殊荣。

同日 第四代集装箱船“达飞珊瑚”轮（船长282米、宽32米、吃水11.4米、总吨49810吨）在引航员的引领下顺利进港，这是进靠汕头港长度最长的船舶。

16日至18日 省卫生厅党组成员、省爱卫会委员黄晓军任团长，省爱卫办主任许立凡任副团长的省国家卫生城市复查团莅汕，通过对汕头市国家卫生城市的省级复查。

17日 汕头东海岸新城战略投资合作开发全面启动暨投资建设合同签订仪式在市委会议厅举行。

18日 省公安厅副厅长张永强带队莅汕检查汕头市公安机关开展“断源”行动工作。

同日 “实施城乡一体化战略，推进统筹城乡综合配套改革”专题政治协商会召开，市领导邓大荣、罗仰鹏、余健明、许瑞明、王桂元、方展伟、谢铿、蔡婵英、林依民、张泽华出席。

同日 潮阳姚氏大宗祠（潮阳青年抗日救亡同志会旧址）举行汕头市市级文物保护单位挂牌揭幕仪式。

19日 省委委员、候补委员第八专题组莅汕，针对如何推进全国海洋经济发展试点地区建设进行专项视察。

同日 市政府与国家开发银行签订《开发性金融（规划）合作协议》，由国家开发银行在“十二五”期间向汕头市提供350亿元的综合金融产品服务。

同日 “中国旅游日——汕头幸福游”主题活动启动、国家AAAA景区揭牌仪式以及第四届莲华乡村旅游节开幕仪式在莲华乡村旅游区举行，广东省旅游局副局长张振林参加仪式。

同日 2011年“中国旅游日•南澳风情游”生态旅游文化节开幕式在南澳县文化广场举行。

同日 全市1061个村、社区全面完成“两委”换届选举任务。

20日 “加快转型升级 建设幸福汕头”十二五信息化战略合作框架协议签约仪式在市委大楼会议厅举行。

同日 汕头市援建四川汶川草坡乡工作组结束援建工作。

21日 中国•汕头帆船巡游活动暨首届“潮人杯”帆船赛在汕头国际客运码头启航，来自港澳及内地不同地区的14支帆船代表队竞逐。在南澳岛拉力赛中，“汕头号”获公开组冠军。

同日 “纪念柯玉井诞辰500周年暨太安堂中医药文化科普公益活动”启动仪式在北京钓鱼台国宾馆举行。

同日 汕头市数字电视整体转换启动仪式在锦泰花园会所举行。

23日至24日 由省国土资源厅、农业厅、监察厅、土地开发储备局等省有关部门组成的省政府考核检查组莅汕，对汕头市2010年度耕地保护责任目标履行情况进行考核检查。

24日至25日 广东省政府和省军区联合在汕头市举办全省海防民兵哨所建设观摩活动。

24日至27日 以国家统计局投资司副司长赵培亚为组长的国家统计局企业核查组一行9人，在省统计局副局长欧卫东的陪同下，对汕头市龙湖区40家企业基本情况和主要数据进行核查。

25日 《中国现代科学家》系列纪念邮票第五组发行，其中以汕头籍石油化工学家侯祥麟院士为主题的纪念邮票在汕头向全国首发。

同日 厦门市委常委、宣传部部长洪碧玲率领考察团莅汕参观考察。

25日至26日 由省人大环资委副主任委员郭德勤带领的省人大调研组莅汕，就汕头市获得省政府补助的污水处理设施运营情况进行调研。

26日 市委、市政府和汕头警备区在南澎岛上举行“解放南澎岛革命烈士群雕”和“万国楼”陈列室揭幕典礼，深切缅怀59年前为保卫和解放南澎岛壮烈牺牲的118名革命烈士。

27日 市委召开全市党史工作会议，深入贯彻落实《中共中央关于加强和改进新形势下党史工作的意见》和全国、全省党史工作会议精神，研究部署当前和今后一个时期汕头市党史工作。

同日 市政府与中科院广州分院签订战略合作协议。

28日 省委宣传部副部长、省文明办主任顾作义一行莅汕，就汕头市贯彻落实省委十届七次全会精神和《广东省建设文化强省规划纲要》等情况开展专题调研。

同日 以“医学教育全球化”为主题的第五届“东

西方联盟”（EWA）年会在汕头大学拉开帷幕。

30日 狠抓招商引资和转型升级、加快外经贸发展工作会议在市委会议中心召开。

六 月

1日 汕头市全面禁止人力三轮车在中心城区上路行驶和从事营运活动。

同日 市委常委、纪委书记孙光辉带队到部分国有控股企业，就企业如何进一步加强国有资产管理，确保国有资产保值增值等问题进行调研。

2日 我国化学试剂行业第一家上市企业——西陇化工股份有限公司在深圳证券交易所挂牌交易。

3日 汕头百脑汇数码广场奠基开工。副市长林梃、台湾蓝天电脑集团执行总裁邱显树先生等出席仪式。

同日 中国海运汕头－营口航线集装箱班轮正式首航。副市长张应杰，中海集装箱运输股份有限公司董事总经理黄小文出席首航仪式。

7日 省委副书记、省长黄华华率省直有关部门负责同志莅汕，就汕头市如何贯彻落实省委十届八次全会和粤东四市现场会、工作会议精神，推动汕头经济社会跨越式发展进行调研。

8日至17日 汕头市代表团到泰国、马来西亚、新加坡访问。

9日 市长蔡宗泽带队检查度汛期间堤围在建工程建设进展情况并召开现场会研究解决有关工作。副市长张应杰主持现场会，市纪委副书记、监察局局长许景峰陪同检查。

同日 市长蔡宗泽，市委常委、纪委书记孙光辉带队对城市综合管理情况进行督查，协调解决城市管理存在有关问题。

12日 汕头市红十字会无偿献血志愿工作者服务队成立。

13日 2011年中国气象局华南区域气象中心工作会议在汕召开，中国气象局副局长矫梅燕出席会议并讲话。

同日 以林伟伦为组长的省委第一巡视组在汕头市开展为期两个月的巡视工作。

14日 由省法制办副主任王光辉带领的省调研检查组莅汕，就汕头市贯彻落实《法治广东建设五年规划》实施情况暨运用法治手段化解基层矛盾开展专题调研。

同日 汕头市公安局巡警支队三大队三中队副中队长庄宜生当选第四届“我最喜爱的人民警察”，被公安部授予“全国公安系统一级英雄模范”荣誉称号，受到中共中央政治局常委、中央政法委书记周永康同志的接见。

15日 国家文物局局长单霁翔在广东省副省长雷于蓝等的陪同下，乘船登上“南天顺”打捞平台，看望慰问参与汕头“南澳Ⅰ号”水下考古的工作人员，检查指导水下考古发掘工作。

17日 全市窗口单位和服务行业“创先争优我承诺”活动在市行政服务中心正式启动。

20日 最高人民检察院主办、汕头市人民检察院承办的“全国检察机关惩治和预防渎职侵权犯罪展览汕头巡展”在市区林百欣会展中心开幕。

20日至23日 中央委员、中国残联党组书记、理事长王新宪莅汕参加在汕头市召开的中残联“十二五”精神残疾康复工作研讨会。

22日 省委统战部副部长唐晓萍带领省委联合督查组第一组莅汕，检查《中共广东省委政治协商规程（试行）》的贯彻落实情况。市委副书记邓大荣向督查组汇报工作情况，市政协主席罗仰鹏参加汇报会。

23日 全市区县换届工作正式启动。

24日 市政府与世界500强企业中国五矿集团签订战略合作框架协议。

同日 汕头经济特区报社与广东电网公司汕头供电局签订2011–2012年度整体合作框架协议，并启动“点亮万家灯火 创造幸福生活”活动。

同日 澄海区博物馆新馆开馆。

27日至28日 省委宣传部部长助理章冬梅、省国资委主任助理潘临珠一行莅汕，对汕头市宣传思想和文化产业发展情况开展调研。

28日 全国妇联和李嘉诚基金会在汕头大学联合举办村“两委”女干部培训试点项目座谈会。全国妇联副主席、书记处书记洪天慧，市委书记李锋出席会议。

同日 市委宣传部、市委组织部、市委党校、市委党史研究室、市社科联等单位联合召开汕头市纪念中国共产党成立90周年理论研讨会。

同日 汕头大学医学院附属肿瘤医院TrueBeam治疗中心启用。香港长江实业（集团）有限公司董事局主席李嘉诚、教育部副部长郝平，市领导李锋、郑人豪，中国工程院院士巴德年、李嘉诚基金会董事周凯旋，汕头大学校领导徐小虎、宋垚臻、顾佩华、顾江等出席仪式。

28日至30日 由省教育厅副厅长、党组成员李学明带队的省考核组一行莅汕，对汕头市党政领导干部2009、2010年履行基础教育工作职责的情况进行考核。

29日 市委在潮汕体育馆召开庆祝中国共产党成立90周年大会。

同日 汕头市举行慈善总会潮商公益基金启动仪式。

30日 市委、市政府主办的“爱心永恒——汕头市第二届‘广东扶贫济困日’募捐文艺晚会”在汕头电视台举行，现场共募集善款2.65亿元。至7月15日，共募集到善款3.3亿多元。

同日 汕头市首个党代表工作室在澄海区莲华镇成立。

七 月

1日至4日 台湾桃园县议会经贸文化参观团一行15人莅汕参观访问。

7日 省委常委、副省长肖志恒带队莅汕调研物价、社保等工作。

8日 省、市重点建设项目之一的广东省粤东高级技工学校扩建工程举行落成移交暨技师学院挂牌、校企合作系列活动启动仪式。

8日至14日 以市委副书记邓大荣为团长，副市长张应杰为副团长，有关区县、市直部门、企业单位负责人组成的汕头市党政交流团，赴台考察访问。

11日 由省财政厅副厅长林楚欣任组长的省督查组一行莅汕督查汕头市住房保障工作。

12日 汕头市首个市直党代表工作室在市人力资源和社会保障局成立。

13日 金平区率先在金砂街道和鮀江街道成立2个外来务工人员党支部。

14日 天主教汕头教区黄炳章主教祝圣典礼在天主教汕头教区主教座堂举行。

18日 市委九届十一次全会召开，审议市委、市政府《关于加强社会建设的决定》，明确社会建设的目标任务，着力推进社会建设和管理创新，进一步推动科学发展、促进社会和谐，加快幸福汕头建设进程。

18日至20日 泰国华人青年商会会长李桂雄，泰国警少将、警察总指挥秘书长腊塔蓬等莅汕考察投资环境。

18日至21日 以省政协副主席覃卫东为顾问，省政协常委、人口资源环境委员会主任卜瓣民为组长的省政协考察组莅汕就“韩江流域水资源保护情况”进行专题考察。

19日 广州军区副政委田义功中将率军区工作组，在广东省军区副政委黄善春少将陪同下到汕头警备区调研。

20日 正大集团副总裁、卜蜂莲花香港上市公司副主席李闻海一行莅汕，就加快城市商业综合体建设，推进现代农业综合项目、发展现代物流业等方面的合作事宜进行深入探讨。

23日 汕头市存心义工协会成立。

23日至25日 新加坡潮州八邑会馆会长吴南祥、印尼潮州乡亲公会会长吴福泰莅汕访问。

25日　华宝集团、华宝国际董事局主席朱林瑶一行莅汕考察。

同日　香港投资推广署署长贾沛年一行12人访问汕头，并出席由该署主办、市外事侨务局和市外经贸局协办的“立足香港迈向国际”汕头市企业家商务晚宴活动。

同日　“爱在汶川”演出团到广东的首场演出——汶川县代表团感恩演出文艺晚会在汕头电视台演播厅举行。

25日至26日　省公安厅副厅长张永强、副巡视员李晓清莅汕调研。

26日　中国1型糖尿病研究项目汕头中心正式启动。

28日　由市委主办、市纪委承办的大型户外图片展“反腐倡廉之路”在林百欣国际会展中心开幕。

同日　粤东地区首个民营企业武装部“宜华企业（集团）有限公司武装部”正式成立。

29日　省政协主席黄龙云，省委常委、统战部部长周镇宏，市委书记李锋率领省、市“八一”拥军慰问团看望慰问驻汕空军某部部队官兵。

7月30日至8月4日　由台湾民意代表简东明为领队、国民党中央委员戴锦花为团长的台湾少数民族汕头市参访团一行19人莅汕参观访问。

八　月

1日　汕头警备区在机关综合楼礼堂举办“铸牢军魂跟党走”为主题的军民联欢晚会。市委书记李锋，市委常委、常务副市长郑人豪，驻汕部队领导徐红、胡世军、姜国平、殷立新、李克强、刘志鹤、谢豪生、罗昔为、邱克楠、彭延虎、郑坤弟等与警备区官兵和职工、家属一起观看晚会。

4日　中国银行广东省分行党委书记、行长白志中莅汕考察。

4日至6日　中央纪委驻海关总署纪检组组长胡玉敏莅汕调研。

10日　市委对外宣传办公室在市委办公大楼会议厅举行汕头市党委新闻发言人媒体见面会，市委、市纪委和市委有关工作部门的11名新闻发言人首次集体亮相。

同日　即日起至11月，龙湖区为辖区内60周岁以上老年人免费体检。

11日　省委党史研究室主任陈俊凤一行莅汕，对汕头市重要革命遗址保护情况进行调研。

12日　潮汕历史文化研究中心举行成立20周年纪念会。原广东省委书记、省政协原主席吴南生，市委书记李锋，国际汉学大师饶宗颐，香港潮属社团总会创会主席、市政协名誉主席陈伟南分别题词祝贺。市领导罗仰鹏、陈茸、钟展南、郭大钦、方展伟、谢铿、蔡婵英，香港潮属社团总会创会主席、市政协名誉主席陈伟南，揭阳市政协主席欧汉波，汕头市政协秘书长谢永忠出席纪念会。

15日　首部规范潮汕工夫茶冲泡用茶、选水、茶具、冲泡程式及品饮方法技术要求的规范文本——广东省地方标准《潮汕工夫茶》正式实施。

22日　香港《文汇报》社长王树成一行莅汕访问。

同日　广东省地质局722队承担的《广东省潮汕经济区汕头片区应急水源地地下水资源勘查评价》项目通过验收。通过该项目在汕头发现一个特大型地下淡水水源地，改变汕头市主要依靠地表水（韩江水）作为居民饮用水、水资源单一的现状，是潮汕经济区首次探明的有应急供水意义的备用水源地，大大增强汕头市应急供水能力。

23日　濠江区达濠街道葛洲社区荣膺国务院侨办命名“侨爱新村”，成为粤东地区首个获此殊荣的农村社区。省侨办副主任朱尔武，市委常委、纪委书记孙光辉出席揭牌仪式。

同日　汕头市首个设立党委的社区——濠江区礐石街道珠浦社区党委召开党员大会，选出2名濠江区第三届党代表大会的代表，首次以无候选人、直接选举的方式选举区一级党代会代表。

同日　汕头市2011年“百万贫困白内障患者复明工程”正式启动，300名潮汕户籍贫困白内障患者将接受免费白内障复明手术。

24日 省工商局党组书记、局长卢炳辉一行莅汕调研市场监管和队伍建设等工作。

25日 汕头市安全生产协会正式成立，吴先宏当选为第一届理事会会长。

26日 省中小企业局（省民营经济发展服务局）与金平区政府共同举行共建企业创新服务平台签约暨金平区民营经济发展服务局揭牌仪式，这是粤东首个省地合作共建企业服务平台，也是汕头市第一个成立民营经济服务局的县区。

同日 国家质检总局正式批准在汕头市设立国家家用纺织品安全检测重点实验室。

29日 汕头市十二届人大常委会第三十五次会议第一次全体会议审议通过授予马伟强等17人"汕头市荣誉市民"称号的决定。17位"汕头市荣誉市民"分别是马伟强、马泽琪、马傑雄、许瑞良、张沈文、张植炜、肖晖荣、陈文华、郑合明、郑志才、洪健民、顾佩华、黄炳文、黄楚祺、新道忠志、詹榆、廖烈智。

30日至9月1日 中国核工业集团副总经济师潘启龙带领的考察组一行莅汕开展战略合作调研。

30日 来自哈佛、耶鲁、斯坦福、北大、人大、北师大等中美知名院校的优秀高校毕业生，到汕头市潮阳、潮南两区的11所学校，开始为期两年的支教生活。

31日 中国南方航空集团公司总经理、中国南方航空股份有限公司董事长司献民一行莅汕访问。

同日 粤东地区首家服务功能齐全的汕头市金凤宠物批发市场正式开业。

九　月

1日 《汕头市港口条例》施行。

同日 九三学社汕头市委会换届，罗文鸿当选新一届主委。

2日 郑人豪任汕头市人民政府代理市长。

同日 台盟汕头市第八届支部委员会换届，谢丽玲当选主委。

同日 中国卫星股份有限公司总裁闫忠文一行莅汕考察。

3日 广州军区副政委兼南海舰队政委黄嘉祥中将莅汕考察。

同日 民进市委会召开第七次代表大会，谢铿当选主委。

4日 致公党市委会召开第六次党员大会，王桂元当选主委。

6日 市委、市政府召开全市水利工作会议。

同日 广东海事管理机构与香港海事处定期第十九次会议在汕头开幕。

7日 市委、市政府召开汕头市庆祝教师节大会。

8日 市委召开省委巡视组巡视汕头市工作情况反馈大会。省委第一巡视组组长林伟伦通报巡视汕头市工作的反馈意见，市委书记李锋代表市委、市政府作讲话，市委副书记、代市长郑人豪主持会议。

同日 广东华兴银行股份有限公司正式揭牌成立。10月29日在广州正式全面对外营业，在汕头设立的营业机构同时开业。

同日 农工党汕头市第十二次代表大会召开，许瑞明当选为主委。

9日 民盟汕头市第十四次代表大会召开，徐宗玲当选主委。

13日 汕头市党政领导班子召开专题组织生活会。市委书记李锋主持会议并作重要讲话，市委副书记、代市长郑人豪出席会议并讲话，市委常委、党员副市长出席会议，市政协主席、市人大常委会常务副主任、党外副市长，市纪委副书记、监察局长以及相关部门领导列席会议。

同日 民革汕头市委会召开第十二次党员大会，方展伟当选主委。

13日至15日　中国有色金属工业再生资源有限公司总裁姜松和该公司合作伙伴日本五金矿业株式会社社长彭卜钢、日本同和控股集团有限公司广报企划部部长吉井以及中国社会科学院循环经济与环境预测研究中心副主任、长三角经济技术研究院院长（教授）杜欢政等一行莅汕考察，就贵屿循环经济产业园区合作项目的各项事宜进行研讨。

13日至15日　省关工委副主任陈坚率领省关工委办公室人员和教育厅关工委执行主任梅树德，省关工委调研员、省教育厅关工委常务副主任陈业彬等一行莅汕，就基层关工组织工作和“朝阳读书”活动情况进行调研。

15日　汕头市召开领导干部会议，对市领导班子换届考察工作进行动员部署。市委书记、市人大常委会主任李锋，省委组织部副部长、干部考察组组长罗冀京先后作重要讲话，市委副书记、代市长郑人豪主持会议。

同日　全国首个国家级玩具礼品出口基地——中国玩具礼品出口基地落户澄海。11月24日，澄海国际玩具商贸物流城开工建设。

15日至16日　由省住建厅副厅长陈英松任组长的省督查组一行莅汕，对汕头市住房保障工作进行督查。

16日　汕头市召开迎接省文明城市检查验收动员大会。

16至30日　汕头市第12届运动会在市区举行。

17日　民革汕头市委员会、市政协学习和文史委员会、市社科联和潮汕历史文化研究中心联合举行纪念辛亥革命100周年座谈会。

同日　民建汕头市第十三次代表大会召开，余健明当选主委。

20日　中共中央政治局委员、省委书记汪洋率省委常委会民生问题集体调研组第一组莅汕调研，指出保障和改善民生是推进粤东乃至全省发展的根本出发点、关键着力点和最终落脚点，强调要针对薄弱环节和热点问题切实改善民生，不断满足广大人民群众的物质文化需要。在汕期间，汪洋主持召开粤东四市党政主要负责同志座谈会，要求粤东四市抓住机遇，奋力开创粤东地区科学发展新局面。

21日至25日　由泰国泰中促进投资贸易商会荣誉主席李景河任荣誉团长，泰国中华总商会副主席张朝江任团长的泰国知名企业家访问团莅汕访问。

22日至24日　省人大常委会委员、省人大内司委副主任委员董平波带领省人大调研组莅汕调研检察机关反渎职侵权工作。

23日　汕头市“网上行政审批大厅”正式启动，提供188项大项358项子项网上审批服务。

27日至29日　省委宣传部副部长、省文明办主任顾作义带队莅汕检查创文工作。

28日　“感动汕头十大人物”评选活动举行颁奖典礼，“关微”被授予特别奖，庄宜生等10位被评为“感动汕头十大人物”。

28日　市文明委主办，市委宣传部、市文明办承办的“文明城市•幸福汕头”大型画册首发式暨图片展开幕式在市图书馆举行。

30日　中远太平洋有限公司副主席兼董事总经理王兴如带领代表团莅汕考察。

十　月

8日　市委、市政府召开汕头市上市企业座谈会。市委书记李锋出席会议并讲话，市委副书记、代市长郑人豪主持会议并通报全市经济社会发展情况。

同日　汕头市召开深入开展打黑除恶专项斗争动员大会。

9日　中国五矿集团公司副总裁、中国五矿股份有限公司副董事长孙晓民率考察团莅汕考察。

同日　汕头首家村镇银行澄海潮商村镇银行在澄海区正式成立。

11日　由汕头市委宣传部、汕头特区晚报主办的“汕头城市文化名片”评选活动揭晓。10张汕头城市文化名片为：汕头经济特区、汕头大学、小公园历史街区、陈慈黉故居、东征军纪念馆、潮商、潮菜、潮剧、潮汕工夫茶、汕头话。

12日至13日　由省人大常委会委员、省人大内司委副主任委员梁少芬率领的省人大视察组莅汕，对汕头市综治信访维稳中心三级平台建设情况进行视察。

12日至14日　第十届中国国际玩具及模型展专门设立唯一以地方命名的展馆——“澄海馆”，澄海区200多家玩具企业参展，成为本届展会第一大参展团。

13日　汕头市公安局警察历史馆举行开馆仪式。

14日至15日　香港招商局集团副总裁胡政率团莅汕考察。

15日　代市长郑人豪在市政府大楼迎宾厅会见国家发改委小城镇发展研究中心副主任邱爱军带领的世界银行专家评审团一行，评审团将对澄海区“东里镇利用世行贷款建设经济综合开发示范镇项目”进行评审。

同日　市政府与苏宁电器集团签订战略合作框架协议。市重点建设项目汕头苏宁电器广场举行奠基仪式。

同日　由汕头大学医学院第二附属医院主办的“2011广东骨科学•院士论坛”在汕开幕。

17日　潮州市党政代表团莅汕，就进一步加强交流合作进行座谈。

19日　市政府与中国保监会广东监管局签署《共同推动保险业支持汕头市科学发展合作备忘录》。市委书记李锋，中国保监会广东监管局党委书记、局长黄洪出席签字仪式并致辞。市委副书记、代市长郑人豪与黄洪代表双方签署《共同推动保险业支持汕头市科学发展合作备忘录》。

同日　汕头市举行汕头经济特区建立30周年庆祝活动新闻发布会。市领导郑人豪、谢泽生出席会议并向与会的中央、省、港澳等新闻媒体分别介绍庆典活动相关情况。

同日　市委副书记、代市长郑人豪在汕头迎宾馆会见应邀莅汕参加汕头经济特区建立30周年庆典的越南芹苴市人民委员会主席阮青山率领的代表团一行。

同日　汕头大学新体育馆建设项目正式启动。

同日　高新区华润万家大型商业购物中心项目举行启动庆典仪式。

同日　中国东方红卫星股份有限公司汕头卫星应用产业园区举行启动仪式。

20日　华电国际电力股份有限公司副总经理彭国泉、邢世邦一行莅汕，就进一步推动汕头华电燃煤发电工程项目的建设，拓展更宽领域更高层次的合作进行交流。

同日　市委、市政府在锦峰潮汕美食城举行汕头经济特区建立30周年庆祝活动欢迎宴会暨第17届潮汕美食节开幕式。

同日　“汕头•中国皓城”东里片区一期项目在澄海区举行奠基仪式。

同日　中信滨海新城暨苏埃通道项目在濠江区中信度假村举行签约仪式。22日，举行该项目启动仪式。

同日　龙湖区政府与中国五矿产业园发展有限公司签订《粤东物流新城合作协议书》。

同日　汕头市保障性住房项目——安居工程长兴苑一区首期廉租住房和公租房建设项目举行开工仪式。

同日　代市长郑人豪在君华大酒店会见莅汕访问的日本岸和田市市长野口圣一行。

同日　金凤西路一期工程建设项目举行开工仪式。市领导郑人豪、孙光辉、庄大军、蔡婵英，市纪委副书记、监察局局长许景峰等出席仪式并共同推动吉祥杆。市委副书记、代市长郑人豪宣布工程开工。

同日　由市委、市政府主办，市委宣传部承办，广东省宜华木业股份有限公司协办，北京潮星文化传播有限公司负责策划的“勇立潮头”——庆祝汕头经济特区建立30周年大型主题文艺晚会在林百欣国际会展中心剧场上演。

21日　市委、市政府举行汕头经济特区建立30周年庆祝大会，省委常委、常务副省长朱小丹莅汕出席并讲话。他要求汕头进一步强化特区意识，继续发扬敢为人先、勇立潮头、大胆探索、改革创新的特区精神，走在解放思想和改革开放的前列，走在落实科学发展观和构建和谐社会的前列。近2000海内外嘉宾出席庆祝大会。

同日　市委、市政府在林百欣国际会展中心举行《幸福汕头•魅力特区——汕头经济特区建立30周年展览》暨《给力幸福》一书首发式。全国侨联副主席朱奕龙和市委副书记、代市长郑人豪共同打开“幸福之门”，为《汕头经济特区建立30周年展览》和《给力幸福》新书首发揭幕。

同日 莅汕出席汕头经济特区建立30周年庆祝活动的省委常委、常务副省长朱小丹考察汕头市文化传承与保护工作。

同日 市委副书记、代市长郑人豪会见应邀莅汕参加汕头经济特区建立30周年庆典的中国诚通控股集团有限公司董事、党委副书记李耀强一行。

同日 广东华电丰盛汕头“上大压小”发电项目举行奠基仪式。华电国际电力股份有限公司副总经理彭国泉，市委副书记、代市长郑人豪出席仪式为基石揭幕。

同日 引进国内领先水平的Shopping Mall商业形态的金平区广厦城市综合体项目举行奠基仪式。

同日 市委、市政府在华侨公园侨苑隆重举行庄世平先生塑像揭幕。

同日 汕头市人民政府在市委会议中心举行仪式，与中远集团、省经信委、万国数据科技控股有限公司签订战略合作框架协议。市委书记李锋在仪式上致辞，市委副书记、代市长郑人豪分别与中远集团、省经信委和万国数据公司负责人签订战略合作框架协议。

25日 全国政协常委、社会和法制委员会主任、司法部原部长张福森带领的全国政协专题调研组莅汕调研。

同日 中国联通广东省分公司总经理乔建葆一行莅汕考察。

26日至27日 省人大常委会环资委副主任委员郭德勤率领省人大常委会执法检查组莅汕检查《广东省城市垃圾管理条例》实施情况。

26日 市工商联（总商会）召开第十四次会员代表大会暨第一次执委会议，选举产生新一届领导班子。

27日 省委常委、政法委书记、公安厅厅长梁伟发莅汕调研汕头市打黑除恶专项斗争和社会治安创新管理工作，并召开座谈会听取纪检监察、政法公安等部门关于打黑除恶专项斗争开展情况。

同日 广东省公安厅刑事技术中心粤东（汕头）分中心正式启用。

28日 中行潮商信用卡在汕首发。

29日至31日 全国政协副主席、台盟中央主席林文漪率领由台盟中央副秘书长、研究室主任宋焱，台盟中央参政议政委副主任孔令人，台盟中央办公厅副主任陈静，台盟福建省委副主委江尔雄等组成的台盟中央海西调研组莅汕，就加快海峡西岸经济区先行先试步伐开展专题调研。

31日 市第十二届人大常委会举行第三十七次会议。决定任命江楷鑫为市政府副市长、市公安局局长,赵红为市政府副市长。

十一月

8日 省物价局局长孙庆奇莅汕调研平价商店运营管理情况。

9日 由市政府、汕头海关主办的粤东五市一区关贸（保税监管）联席工作会议在汕头市召开。

10日 汕头市召开促进进口工作会议。

同日 国土资源部党组成员、中纪委驻部纪检组组长王寿祥、监察部驻国土资源部监察局副局长苏振林一行在省国土资源厅厅长陈耀光、副厅长黄奕锋，省纪委驻省国土资源厅纪检组长叶伟龙的陪同下莅汕调研。

同日 汕头市中心城区居民住宅小区供水直抄到户工程动工改造，五年内5万居民将喝上“平价水”。

11日 市委副书记、代市长郑人豪会见莅汕参加中国银行汕头分行与南洋商业银行（中国）汕头分行“渠道共享”启动发布会的南洋商业银行（中国）总裁曾小平一行。

12日至13日 中央纪委驻国家工信部纪检组组长郭炎炎率领国家产业振兴和技术改造专项检查组一行莅汕，抽查汕头市国家专项重点项目决策行为、建设实施和资金管理等实施情况。

16日 汕头市被授予“国家电子商务示范城市”称

号。

21日　省委常委、常务副省长肖志恒莅汕调研汕头市平价商店运营管理现状和稳价惠民情况，力促平价商店持续健康发展。

22日至23日　全省深化体制改革工作会议在汕召开。中共中央政治局委员、省委书记汪洋，省委副书记、代省长朱小丹出席会议并讲话。会议提出要突出抓好大力培育发展和规范管理社会组织、深化住房保障制度改革创新和医疗保障制度改革三大重点改革任务。市委书记李锋在会上作题为《锐意改革 重点突破 努力构筑城乡一体化发展的体制机制》的发言，表示将进一步擦亮特区牌子，破解发展难题，加快构筑城乡一体化发展的体制机制。

23日　中国南方电网公司党组书记、董事长赵建国一行莅汕考察。

同日　广东省加载现金存取、消费等金融功能社会保障卡在汕头首发。

23日至24日　全国政协副主席、民建中央第一副主席张榕明在省政协副秘书长黄庆勇，省人大常委、民建广东省委会专职副主委徐志达陪同下莅汕调研。

24日　广东省重点建设项目、省政府和国家开发银行开发性金融合作协议支持项目之一，澄海国际玩具商贸物流城在澄海区金鸿公路旁开工建设。

同日　省水利厅厅长黄柏青带队莅汕督导检查汕头市农村饮水安全工作。

28日至29日　副省长陈云贤带领调研组莅汕调研产业转移工作。

27日至30日　中国共产党汕头市第十次代表大会召开，李锋当选为市委书记。大会对今后5年全市工作的指导思想、目标任务和十大战略举措作出部署，提出要以科学发展为主题，以建设幸福汕头为目标，加快建设创新型特区和区域中心城市，努力走出具有汕头特色的科学发展新路。主要奋斗目标：到2016年，全市GDP达到4000亿元，年均增长20%左右，经济社会发展总体上赶超全省平均水平。

29日　市委副书记、代市长郑人豪在汕头迎宾馆会见ABB全球中压事业部总监、ABB集团副总裁梅勒司，双方就ABB在汕头投资发展、促进合作事宜进行交流。

十二月

1日　汕头市图书馆免费开放，取消办证费、自修室、电子阅览室上网费等收费项目。

2日至3日　由龙岩市委书记张健带领的龙岩市学习考察团莅汕参观考察。

5日　市委副书记、代市长郑人豪在汕头迎宾馆会见南方广播影视传媒集团总裁、南方影视传媒控股有限公司董事长张惠建，南方报业集团管委会副主任、总经理黄晓东一行。

6日　中信集团总经理田国立一行莅汕考察。

同日　市委副书记、代市长郑人豪在市委迎宾厅会见以原信息产业部副部长杨贤足，原林业部副部长蔡延松，解放军军事科学院政治部宣传部原部长、少将吴子勇，北京市侨办办公室原主任徐永生为荣誉团长、北京潮人商会会长张章笋为团长的北京潮人商会访问团一行。

7日　由泰国P.Overseas钢铁(大众)有限公司总裁陈玩枝、泰国潮州会馆主席陈汉士率领的泰国资本市场高级研修班访问团莅汕参观访问。

9日　全市“治贪、治庸、治懒、治散”专项整治动员大会在鮀岛影剧院召开，将用半年时间开展“治贪、治庸、治懒、治散”专项整治行动，解决干部队伍中存在的突出问题。

12日　汕头港集装箱突破百万标箱庆祝活动在广澳港区举行，汕头港年度集装箱吞吐量首次突破百万标箱，正式跨入“百万标箱港口”行列。

12日至13日　省人大常委会副主任、省总工会主席邓维龙率队莅汕调研工会工作。

13日　市委、市政府召开全市人才工作会议。

14日至15日　全国政协原副主席张思卿莅汕视察。

15日　潮汕机场正式启用。

同日　《汕头市加快总部经济发展的若干意见》出

台，落户汕头市的总部企业将给予财政奖励政策，最高金额达3000万元。

同日　省文化厅党组成员、省文化市场综合执法局局长胡振国率省验收组对汕头市龙湖区外砂镇的火灾隐患整改情况进行检查验收，并对全市“清剿火患”情况进行检查督导。

18日至21日　由省政府总督学、省教育厅副厅长朱超华为领队，省督学吴惟粤任组长的省督导验收专家组莅汕，对汕头市普及高中阶段教育情况进行督导验收。

19日至20日　美国CEO俱乐部深圳分部组织20多位企业家莅汕考察汕头市投资环境。

20日　共青团汕头市第十四次代表大会在市委会议中心举行。

同日　汕头顺利通过国家复审，再次确认命名为“国家卫生城市”。

22日　全省首批设立、粤东地区唯一一家院士工作站——“广东省光华科技电子化学品院士工作站”在广东光华科技股份有限公司正式揭牌。

24日　2011年市政府十件民生实事之一——307辆新公交车全部投放完毕，全市公交线路增至88条。

25日　汕头首家外商投资集团企业——经纬集团在汕头市举行“经纬中国20年回顾与展望”庆祝活动。中联办副主任黄兰发、全国工商联九届副主席王以铭，市领导郑人豪、罗仰鹏、黄俊潮、马逸丽、钟展南，老同志林兴胜、吴波等出席活动。

26日　汕头第七次蝉联省双拥模范城。

27日　五矿粤东物流新城展示中心落成。

28日　新华书店全面完成改制重组。

同日　汕头市举行“公交一卡通”暨汕头移动“鮀城通”启动仪式，中心城区41条公交线路510辆公交车，均可兼容公交IC卡、“鮀城通”移动手机卡、岭南通（须与全省一卡通并网后）三种刷卡方式。

同日　由市委宣传部主办，汕头经济特区报社、汕头广播电视台协办的《幸福广东》新歌发布会在市委会议中心金凤厅召开。

29日　汕头市荣膺广东省文明城市称号。

同日　濠江区首家上市公司广东金明精机股份有限公司在深交所登陆创业板，成为汕头市第19家上市公司。副市长林梃出席上市仪式。

30日　汕头市召开维稳工作会议。

汕头概况

A BRIEF INTRODUCTION OF SHANTOU

基本概况

自然地理

【地理位置】汕头市位于广东省东部，韩江三角洲南端，东北接潮州市饶平县，北邻潮州市潮安县，西邻揭阳市普宁市，西南接揭阳市惠来县，东南濒临南海。全境位于东经116° 14′ 40"—117° 19′ 35"和北纬23° 02′ 33"—23° 38′ 50"之间，市区距香港187海里，距台湾高雄180海里。历来是粤东、赣南、闽西南一带的重要交通枢纽、进出口岸和商品集散地，素有“华南之要冲，粤东之门户”的美称。

【地形地貌】汕头地貌以三角洲冲积平原为主，占全市面积63.62%，丘陵山地次之，占土地面积30.40%，台地等占总面积5.98%。汕头市地处海滨冲积平原之上，处在粤东的莲花山脉到南海之间，境内地势自西北向东南倾斜，整个地形自西北向东南依次是中低山——丘陵，台地或阶地——冲积平原或海积平原——海岸前沿的砂陇和海蚀崖——岛屿。东北部有莲花山脉，西北是桑浦山，西南有大南山。东南部沿海沿出江口处为冲积平原或海积平原和海蚀地貌以及港湾和岛屿的分布。韩江、榕江、练江的中、下游流经市境，三江出口处成冲积平原，是粤东最大的平原。汕头依海而立，靠海而兴，市区及所辖各县（区）均临海洋。汕头海岸线曲折，岛屿多。全市海岸线和岛岸线长达289.1公里，纳入汕头市海洋功能区域工作面积约1万平方公里，是陆域面积的5倍之多。全市有大小岛屿40个，其中南澳23个、潮阳1个、汕头12个、澄海2个、牛田洋2个。最大的海岛是南澳岛，岛西部高峰海拔587米，是汕头的最高峰。南澳岛也是广东省唯一的海岛县，周围有南澎列岛、勒门列岛、凤屿、虎屿等。

【气候】汕头市位于广东省东南沿海，海岸线走向自东北向西南，汕头属亚热带，处于赤道低气压带和副热带高气压带之间，在东北信风带的南缘。汕头市地处亚欧大陆的东南端、太平洋西岸，濒临南海。冬季常吹偏北风，夏季常吹偏南风或东南风，具有明显的季风气候特征。北回归线从汕头市区北域通过。全市属南亚热带海洋性气候。温和湿润，阳光充足，雨水充沛，无霜期长，春季潮湿，阴雨日多；初夏气温回升，冷暖多变，常有暴雨，盛夏虽高温而少酷暑，常受台风袭击；秋季凉爽干燥，天气晴朗，气温下降明显；冬无严寒，但有短期寒冷。年日照2000—2500小时，日照最短为3月份。年降雨量1300—1800毫米，多集中在4—9月份。年平均气温21℃—22℃，最低气温在0℃以上；最高气温36℃—40℃，多出现于7月中旬至8月初受太平洋副热带高压控制期间。冬季偶有短时霜冻。

2011年汕头市年平均气温21.6℃，较常年偏高0.1℃，年极端最高气温36.1℃，出现在8月份；年极端最低气温4.7℃，出现在1月份。年降水量为1028.9mm，较常年偏少36%。年日照总时数2066.9小时，较常年偏多57.7小时。

建置沿革

【历史沿革】汕头市区地处韩江、榕江、练江的出海口，汕头湾把市区分成南北两片。汕头市区古为滨海冲积地。宋时砂尾（今金砂乡）已形成村落，属揭阳县。南片达濠古为潮阳县建制的招收都，元代光华埠一带已有较大渔村，称厦岭。明初设蓬州守御千户所，嘉靖年间置澄海县时随属澄海。因沙脊向海伸延，百姓设栅捕鱼，称沙汕。清康熙年间建沙汕头炮台。雍正年间简称汕头。汕头素有“百载商埠”之称，1858年恩格斯在《俄国在远东的成功》中指出，汕头是“唯一有一点商业意义的口岸。”（《马克思恩格斯选集》第二卷第38页，人民出版社1972年版）汕头1860年1月1日正式开埠，成为近代中国最早对外开放的港口城市之一。1919年冬设汕头市政局。1921年7月成立市政厅，与澄海分治。1930年准予设市，隶属广东省政府。商贸历来比较发达。20世纪30年代，汕头港口吞吐量仅次于上海、广州，居全国第3位；商业之盛仅次于上海、天津、大连、汉口、胶州、广州，居全国第7位。曾有美、英、法、德、日、俄、荷、比等8个国家在汕设立领事馆。从辛亥革命到东征、北伐、“八一”南昌起义，都在汕头留下历史烙印。解放后，1950年3月15日成立汕头市人民政府。1981年经国务院批准，在市区龙湖试办经济特区。1983年12月22日实行市管县制，撤销汕头地区，原地区所属8县1市并入汕头市。1984年11月经国务院批准，汕头经济特区的区域面积扩大为52.6平方公里，分龙湖和广澳两片区。1991年4月，国务院批准汕头经济特区的区域扩大到整个汕头市区，面积234平方公里，并确定于同年11月正式实施。1991年11月，潮汕行政区域调整，潮州、揭阳分设地级市，汕头市总面积2064平方公里，其中市区面积310平方公里。2003年1月29日，国务院批准汕头市行政区划调整。撤销汕头市升平区、金园区，设立汕头市金平区；撤销汕头市河浦区、达濠区，设立汕头市濠江区；撤销县级潮阳市，分别设立汕头市潮阳区、潮南区；撤销县级澄海市，设立汕头市澄海区；将原澄海市的外砂、新溪2

个镇、原金园区高新技术开发区东片区域划归龙湖区管辖。2011年，汕头经济特区范围扩大到整个汕头市，面积2064.4平方公里。目前，汕头是国家卫生城市、国家园林城市、国家环境保护模范城市、中国优秀旅游城市、中国城市信息化50强、国家知识产权工作示范城市、电子商务示范城市、中国品牌经济城市、全国双拥模范城。

资源物产

【地质资源】汕头市所属区域已找到矿产42种，共有矿产地180处。从已有区域地质勘查成果来看，汕头市区域地质的显著特征是中生代侵入岩花岗岩类发育，第四纪海陆交互相及海相沉积发育，与之相关的矿产资源种类颇多，分布较广。与内生成矿作用相关的钨锡多金属矿主要分布在澄海、潮阳等地花岗岩类分布区，与外生成矿作用相关的石英砂、锆英石、钛铁矿等主要分布滨海地带。区内的矿产以钨、稀土、玻璃用砂、建筑用花岗岩、饰面用花岗岩及矿泉水、地下热水等资源相对比较丰富，其勘查开发前景甚好。锡、金、钛铁矿、锆英石、独居石及高岭土、耐火粘土等具有找矿潜力。广泛分布的花岗岩及石英砂、粘土是重要的建筑原料资源。全市土地资源224438.7公顷。全市可供开发的港口有103处，仅南澳岛可供开发的深水港就有7处，市区的珠池、马山、苏埃、广澳等4处港址可建1—10万吨级码头泊位69个。有多处港湾和大片浅海滩涂，10米等深线内浅海滩涂面积74.3万亩，可利用面积46.8万亩，200米等深线内渔场面积5.3万平方公里，适宜海水养殖，滨海盛产海盐。近海已知的鱼类有471种、虾蟹类17种、贝类30多种、藻类近20种。

【旅游资源】汕头市旅游资源（含资源组合）已发现约70余处，大致可归为海、山、潮、侨、庙、史等几类。其中已评定国家AAAA级旅游区4处，国家AAA级旅游区1处，国家级森林公园1处，全国农业旅游示范点1处，省级风景名胜区、自然保护区各1处，省级重点文物，省级旅游度假区4处，其他景点60余处。汕头市近郊桑浦山的海蚀地貌，为中国罕见。礐石风景名胜区是广东省第一批省级风景名胜区，地处韩、榕、练三江汇流出海口，海岸线15公里，陆域面积13.5平方公里，大小峰峦43座，分6大景区，以海、山、石、史、洞为要素，具雄、奇、秀、幽的特点。区内有见证汕头开埠140余年历史的英、法、德、美领事馆、学校和洋楼。该景区位于汕头市区南北城区的中心地带，与北区的高层建筑和海湾大桥、礐石大桥相辉映，其独特的自然风光和人文景观，在省内乃至全国都是较为少见的。文天祥、郑成功、孙中山、周恩来、彭湃、贺龙、叶挺等人，均在潮汕地区留下珍贵的史迹。这些都是汕头的人文资源。汕头寺庙众多，潮阳的灵山寺属省级文物保护单位。汕头市区和妈屿岛的妈祖庙，以及南澳岛的果老山叠石岩，为潮汕的宗教旅游资源。中心城区主要旅游景点有：海湾大桥、妈屿岛风景区、桑浦山风景区、达濠青云岩、龙虎滩旅游度假区、小公园、老妈宫关帝庙、海滨长廊、中山公园、石砲台公园、金砂公园、华侨公园、人民广场、迎宾广场、时代广场、林百欣国际会议展览中心、汕头大学、北回归线标志塔、蓬州古城、翁万达故居、龙泉岩寺庙群、世界贝类陈列馆；潮阳区主要旅游景点有：棉城文光塔、灵山寺、海门莲花峰、宋大峰景区、张鲁庵墓、双忠祠；潮南区主要旅游景点有：仙湖—半天佛、红场、祥符塔；澄海区主要旅游景点有：塔山风景区、莱芜旅游度假区、“岭南第一侨宅”慈黉故居、莲花山温泉度假村、樟林古港、冠山书院、郑王墓；南澳县主要旅游景点有：黄花山森林公园、青澳湾、乌屿、宋井—太子楼、叠石岩、总兵府旧址、钱澳湾、凤屿、风能发电场。2002年底，经群众推荐、专家筛选，在现有景点基础上评出新“汕头八景”，分别为：礐石风景名胜区、汕头海湾、中信高尔夫海滨度假村、桑浦山景区、陈慈黉故居、海门莲花峰、南澳生态旅游区和中山公园。其中，汕头海湾包括二桥（海湾大桥和礐石大桥）、二路（海滨路和南滨路）、二公园（石炮台公园和华侨公园）、游泳跳水馆和人民广场；桑浦山景区以北回归线标志塔为主景点，连结周边的汕大校园、七日红公园和翁万达书院等园区古迹；而南澳则是把整个岛作为一个生态旅游区来入选新“汕头八景”的。

【特色物产】农产品品种繁多，水稻、花生、甘蔗、黄麻是传统大宗产品。盛产各种岭南佳果，潮州柑被誉为“柑橘皇后”，苹果、橄榄、杨梅、油甘、澳榴等是本地名优杂果。是享有盛誉的“蔬菜王国”，四季有优质当令蔬菜应市，包心芥菜、早皇白菜、芥蓝花、椰菜花是本地的特优品种，良种菜籽蜚声海内外。较有名的家禽有狮头鹅、鸥汀鸡、本地黑猪等，尤其以狮头鹅最负盛名，被誉为“百禽之王”。海、淡水产品十分丰富，最名贵的鳗鱼、石斑鱼、鲳鱼、马鲛、对虾、膏蟹、梭子蟹、鱿鱼、牡蛎、紫菜等。选用丰富海鲜为主要原料的潮州菜，以其用料考究、制作精巧、美味独特而风靡海内外。以牛肉丸、猪肉丸、鱼丸“三丸”和蚝烙等为代表的风味食品，脍炙人口。各式凉果和腌制蔬菜都是传统名菜。潮汕抽纱、金漆木雕等手工艺品在国内外享有很高声誉，彩瓷、珠绣、金银饰品等也很著名。

环境质量

【**大气环境质量**】2011年，汕头市区空气质量良好，各项污染指标年日均值均符合国家《环境空气质量标准》(GB3095-1996)二级标准及广东省参考评价值。二氧化硫年日均值0.016毫克/立方米，比去年下降5.9%，二氧化氮、可吸入颗粒物年日均值分别为0.026毫克/立方米、0.059毫克/立方米，分别比上年上升8.3%、1.7%，降尘年月均值5.85吨/平方公里•月，比去年下降7.3%，全年汕头市区共发布城市空气质量日报365份，空气质量级别均为优良。空气污染指数API范围在15～89之间，其中空气质量达到优的天数有155天，占全年42.5%；达到良的天数210天，占全年57.5%。2011年汕头市区酸雨频率4.5%，比上年下降11.3个百分点。南澳县空气质量保持优，二氧化硫、二氧化氮、可吸入颗粒物年日均值均符合国家《环境空气质量标准》（GB3095-1996）一级标准。二氧化硫年日均值0.002毫克/立方米，二氧化氮年日均值0.012毫克/立方米，可吸入颗粒物年日均值0.026毫克/立方米。南澳县全年未降酸雨。

【**水环境质量**】饮用水源水质状况：年内，汕头市区饮用水源水质继续保持良好，各项指标年均值都符合《地表水环境质量标准》(GB3838-2002) Ⅲ类标准。庵埠、新津河、冠山、隆都、河溪水库和秋风水库6个监测点位水质达标率均为100%。

江河水质状况：韩江西溪大衙段、韩江外砂河和韩江东溪水质均达到《地表水环境质量标准》(GB3838-2002) Ⅱ类标准，水质优；梅溪河感潮河段水质为III类，水质状况良好；榕江汕头段水质为Ⅳ类，水质轻度污染，年均值超过《地表水环境质量标准》(GB3838-2002) Ⅲ类标准的指标有化学需氧量1项；练江汕头段水质污染依然严重，水质为劣Ⅴ类，水质各项指标年均值超过Ⅲ类标准的项目有溶解氧、高锰酸盐指数、化学需氧量、五日生化需氧量、氨氮、总磷、氟化物、石油类、阴离子表面活性剂共9项。

跨市河流交接水质状况：韩江西溪潮州市-汕头市交接断面大衙断面水质各项考核指标均达到《地表水环境质量标准》(GB3838-2002) Ⅱ类标准，全年水质达标率均为100%；练江揭阳市—汕头市交接断面青洋山桥断面水质为劣Ⅴ类，年均值超过《地表水环境质量标准》(GB3838-2002) Ⅳ类标准的项目有溶解氧、化学需氧量、五日生化需氧量、氨氮、总磷和氟化物6项。

入海河口水质状况：汕头市五个入海河口监测断面中，韩江的莲阳桥闸和外砂桥闸断面各项监测指标的年均值均符合《地表水环境质量标准》(GB 3838-2002)Ⅲ类标准，水质均为Ⅱ类，水质优；韩江的升平断面和榕江地都断面水质均为Ⅳ类，属轻度污染；练江的海门湾桥闸断面水质为劣Ⅴ类，属重度污染。年均值超标项目有溶解氧、高锰酸盐指数、化学需氧量、五日生化需氧量、氨氮、总磷、氟化物、石油类和阴离子表面活性剂共9项。

近岸海域水质状况：汕头市近岸海域水质良好，全市5个近岸海域功能区点位的水质均满足国家《海水水质标准》（GB3097-1997）相应功能区标准，水质达标率100%。全市6个近岸海域环境质量监测点位中，二类海水比例占83.3%，三类海水的比例占16.7%。

水质自动监测状况：韩江水质自动监测系统汕头子站水质监测结果表明，各项监测指标的年均值均符合《地表水环境质量标准》(GB 3838-2002) Ⅱ类标准。本年度共发布水质周报52期，均达到Ⅱ类水质标准。

【**声环境**】功能区噪声：汕头市区区域环境噪声等效声级平均值为55.7分贝，符合国家《声环境质量标准》(GB3096－2008)中的2类标准值(昼间等效声级60分贝)，等效声级平均值比上年上升0.2分贝，按照城市区域环境噪声质量等级划分属于轻度污染。南澳县城区区域环境噪声等效声级平均值为54.2分贝，低于国家2类标准，等效声级平均值比上年上升0.4分贝，按照城市区域环境噪声质量等级划分属于较好等级。

道路交通噪声：汕头市区道路交通噪声等效声级平均值为68.8分贝，符合国家《声环境质量标准》(GB3096-2008)4a类标准值(昼间等效声级70分贝)，等效声级平均值比上年上升1.0分贝，按照城市道路交通噪声质量等级划分属于较好等级。南澳县城区道路交通噪声等效声级平均值为60.5分贝，达到国家4a类标准，等效声级比上年上升0.2分贝，按照城市道路交通噪声质量等级划分属于好等级。

（纪晓佳）

人口·语言

【**人口**】2011年末，汕头市户籍总人口5294375人，比2010年末增加53232人，增幅1.02%。人口密度每平方公里2565人，同比增加26人。总人口中男性人口2653466人，占50.12%，女性人口2640909人，占49.88%。全市户籍总户数为1185980户，比2010年末增加27115户，增幅为2.34%，户平均人口为4.46人，同比减少0.06人。

汕头市劳动力丰富，按国内劳动年龄（男16-59岁、女16-54岁）计算劳动力人口达330多万人，占总人口的比重在62%左右。总人口中，18岁以下的人口153.83万人，占总人口的比重为29.06%；18岁至35岁的人口155.46万人，占总人口的比重为29.36%；35岁至60岁的人口161.46万人，占总人口的比重为30.50%。人口老龄化趋势明显，60岁及以上的老年人口58.69万人，占总人口的比重为11.09%，65岁及以上的人口达到37万多人，占总人口的比重超过7%。育龄妇女（15岁至49岁）比重较高，人数已达151万人，约占总人口比重28%，据人口计生报表显示，已婚育龄妇女94.53万人，占总人口比重为17.85%。

2011年的人口控制工作，据人口和计划生育部门统计数据显示：户籍人口出生人数为49033人，比去年同期增加144人，出生率为9.36‰，比去年同期减少0.18个千分点；自然增长人数24425人，比去年同期减少16人，自增率为4.66‰，比去年同期减少0.11个千分点。

（陈伟鹏）

【语言】地方方言为潮汕话。潮汕话流行于汕头、潮州、揭阳等市所在的潮汕一带地区，汕头市讲的叫汕头话。潮汕话属于闽南方言的一个支系，与现代汉语有较大的差异。它保存着大量的古汉语语音、声调、词汇及语法特点，也保存着不少古台语底层词，有不少马来语或英语借词。境内少数客家居民也用客家话。

潮汕文化

【潮汕文化】潮汕文化传统悠久，文化积淀深厚，宋时就有“海滨邹鲁”之称。潮剧、潮乐、潮菜和工夫茶等传统文化富有浓郁的地方特色，享誉海内外。潮剧是中国10大戏曲剧种之一，源于宋元南戏的一支，形成于明代，解放后发掘整理的传统剧目1000多个。独具韵味的潮剧唱腔清丽，做工细腻，深受人们喜爱，流行于粤东、闽南及东南亚各国。古朴典雅的潮州音乐，是中原古乐与潮汕民间曲调长期渗透融合形成的地方音乐体系，色彩浓郁、丰富、完整。演奏形式包括弦诗乐、细乐、庙堂乐、笛套古乐、锣鼓乐等，有潮乐弦诗曲牌千首以上，在国内外享有盛誉。潮州大锣鼓曾获得世界青年联欢节金奖。英歌舞是粤东潮汕地区流传的一种民间舞蹈艺术，属汉族广场情绪舞蹈，是由107位身着传奇色彩服装的男子组成的民间舞蹈，被誉为“中国民族舞蹈的根”。潮阳是英歌舞最为盛行的区。1996年11月，潮阳市被国家文化部授予“中国民间艺术（英歌艺术）之乡”的称号。1956、1988年曾两度赴北京表演，反响很大。2005年，潮剧《六国封相》获第七届中国民间文艺山花奖；潮剧《东吴郡主》在第九届省艺术节上获6个一等奖。2006年中央电视台元宵晚会上，汕头市潮汕大锣鼓艺术团的表演，向全国和全世界观众展示了潮汕文化的独特魅力。“南澳Ⅰ号”明代沉船遗址入选2010年全国十大考古新发现。全市共有潮剧、潮州音乐、英歌舞、剪纸艺术、潮州木雕、瓶内画、嵌瓷、灯谜、蜈蚣舞入选“国家级非物质文化遗产”名录。

【汕头精神】在向社会各界广泛征求意见，并获得广大市民广泛认同之后。2005年6月1日，在汕头市委常委、副市长联席会议上正式确定以“海纳百川，自强不息”作为“汕头精神”的文字概括。“海纳百川”取自于林则徐的名句：“海纳百川，有容乃大。壁立千仞，无欲则刚。”寓意为要像大海容纳无数江河水一样的宽广胸襟，以容纳和融合来形成超常大气；“自强不息”出自《周易•乾》中“天行健，君子以自强不息”，指自觉地努力向上，永不松劲。“海纳百川，自强不息”作为汕头精神的表述，既体现了汕头特有的城市地理和地缘特征，也体现了对传统文化、华侨文化、特区文化的传承，更体现了开放、奋斗、图强的精神追求。“海纳百川，自强不息”是一面独具汕头特色的城市精神旗帜。

【市花】1982年12月，由汕头市民直接投票推选，经市长办公会议通过，确定金凤花为汕头市市花。1983年6月，在汕头市图书馆举行市花命名大会。金凤花，学名凤凰木，属豆科，落叶乔木，为庭园树、行道树。夏日开花，娇艳夺目，市区多有栽植。1996年决定再增选多一种市花。经市民投票，从兰花和角花两个候选花种中推选出兰花作为另一种市花。1997年1月，市政府确认兰花（指兰科兰属中墨兰、春兰、四季兰、寒兰、蕙兰等地生兰）与金凤花并列为汕头市市花。汕头养兰历史悠久。兰花具有顽强生命力、高洁形态和深刻的文化内涵，象征特区人的精神风貌，又是潮汕特产，荫生，品种多，与金凤花相映成趣。

侨乡侨情

【侨乡侨情】汕头市是中国经济特区之一，沿海开放城市，全国著名侨乡。临近西太平洋国际航道，距香港187海里，距台湾高雄180海里。处“大珠三角”和“泛珠三角”经济圈的重要节点，也是长三角、珠三角和海峡两岸经济带的重要节点，粤东区域中心城市。

汕头华侨众多。港澳台同胞、海外华侨、华人约340万人，遍布世界40多个国家和地区。有海水的地方就有华人、华侨。有华人、华侨的地方就有潮汕籍乡亲。在港澳地区和海外最具影响力的知名人士有：李嘉诚、谢国民、陈伟南、陈汉士、吴宏丰等侨领。在海外最有影响力的国际组织有：“国际潮团联谊年会”、“国际潮青联谊年会”等。重点的社团有：香港潮属社团总会、泰国潮州会馆、新加坡潮州八邑会馆、马来西亚潮州公会联合会等。汕头在改革开放中具有独特的人缘、地缘、亲缘和商缘优势。中央确定汕头为经济特区考虑到“汕头是因为东南亚国家潮州人多，”（《邓小平文选》第三卷366页，人民出版社1993年版）“汕头为什么被定为特区，一方面更重要的是它有大批散居海外的华侨。”（1994年江泽民同志在北京接见汕头市负责人的讲话）。自改革开放以来，港澳台同胞、海外华侨、华人在汕头捐资60多亿元（含汕头大学），兴办公益事业，促进城乡文教卫生等公益福利事业发展。据不完全统计，目前全市侨属企业逾万家，年产值超过200亿元。其中广东宜华集团、广东奥迪玩具实业公司、广东金刚玻璃科技股份有限公司、广东世聪制衣实业有限公司等一批规模大、档次高的侨资企业已成为推动汕头侨乡经济发展新的增长点。汕头因侨而立，因侨而兴，因港而旺。

（吴旭东 胡汉川）

行政区划

【行政区域界线管理】2011年，汕头市民政局为加强行政区域界线管理，巩固行政区域界线勘定成果，根据国务院《行政区域界线管理条例》的规定、省民政厅《关于做好第二轮行政区域界线及行政管辖范围分界线联合检查工作的通知》（粤民区[2007]9号）和市政府办《转发市民政局关于汕头市2008—2012年行政区域界线联合检查工作实施方案的通知》（汕府办[2007]287号）的要求，圆满完成1条地市级、1条区级和25条镇（街道）级行政区域界线的联合检查工作，分别为：地市级行政区域界线：汕头揭阳线，界线总长204.29公里；区级行政区域界线：龙湖澄海线，界线总长15.038公里；镇（街道）级行政区域界线：金平区7条，总长10.67公里（金厦东方线总长1.015公里；新福鮀莲线总长0.44公里；同益新福线总长0.76公里；大华同益线总长1.36公里；石炮台金砂线总长1.21公里；石炮台大华线总长2.865公里；石炮台东方线总长3.02公里）。濠江区5条，总长14.395公里（礐石滨海线总长0.58公里；马滘滨海线总长6.03公里；马滘礐石线总长0.795公里；达濠马滘线总长6.02公里；马滘广澳线总长0.97公里）。潮阳区7条，总长58.295公里（河溪西胪线总长19.04公里；贵屿铜盂线总长9.105公里；谷饶铜盂线总长9.555公里；西胪铜盂线总长3.895公里；和平铜盂线总长3.4公里；棉北河溪线总长6.875公里；和平西胪线总长6.425公里）。潮南区6条，总长114.155公里（峡山胪岗线总长10.55公里；两英胪岗线总长24.13公里；两英仙城线总长11.08公里；仙城红场线总长21.59公里；两英红场线总长40.495公里；两英雷岭线总长6.31公里）。

按照省民政厅《关于在全省县级以上行政区域界线中开展平安边界创建活动的通知》（粤民区〔2008〕10号）的部署，结合市行政区域界线管理工作的实际，2011年度，经汕头与揭阳、汕头与潮州两条市级平安边界创建工作领导小组认真组织自评，并报省考核合格；市区7条区级界线平安边界创建工作经市验收合格。通过开展界线联合检查和平安边界创建活动，有效地维护了边界地区的和谐稳定。

2011年汕头市行政区划一览表

市辖政区单位	面积（km^2）	辖镇、街道名称	辖社区居委会村委会数量
金平区（辖17街道）	108.71	金砂、东墩、东方、大华、石炮台、金厦、广厦、岐山、月浦、新福、乌桥、光华、永祥、海安、同益、鮀莲、鮀江街道办事处	辖168社区居委会
龙湖区（辖5街道2镇）	103.58	珠池、金霞、新津、龙祥、鸥汀街道办事处和外砂、新溪镇	辖80社区居委会 32村委会
澄海区（辖3街道8镇）	345.23	凤翔、澄华、广益街道办事处和莲上、莲下、莲华、东里、溪南、盐鸿、上华、隆都镇	辖45社区居委会 137村委会
濠江区（辖7街道）	134.88	达濠、马滘、礐石、广澳、滨海、河浦、玉新街道办事处	辖60社区居委会
潮阳区（辖4街道9镇）	667.60	文光、棉北、城南、金浦街道办事处和海门、河溪、和平、西胪、关埠、金灶、谷饶、贵屿、铜盂镇	辖93社区居委会 179村委会
潮南区（辖1街道10镇）	596.42	峡山街道办事处和井都、陇田、成田、司马浦、陈店镇、两英、仙城、胪岗、红场、雷岭镇	辖65社区居委会 167村委会
南澳县（辖3镇）	108.00	后宅、深澳、云澳镇	辖5社区居委会 33村委会
全市合计（市区合计）	2064.4（1956.4）	辖6区1县，37街道、32镇	辖516社区居委会 548村委会

【地名管理】2011年，汕头市民政局继续做好地名公共服务工作，提升地名管理和服务水平。开展泰星庄地名标志的设置工作，设置泰星路等路街地名标牌20块，方便来蓝水星公园游玩的游客。做好地名管理日常各项审批工作。全年建筑物地名命名19个（合美大楼、迅泰工业园、富逸时代商住楼、华逸雅景园、星湖嘉景花园、瑞华园、山海豪庭、盛荟花园、裕通花园东区、裕通花园西区、泰安锦绣江南花园、丰达雅居、凯胜悦景轩、雅泰园、水岸名都家园、新河湾花园、和文雅居、群发科技园、凤凰花园、岭海气化站）；建筑物销名1个（充耀大楼）；办理门牌号码审核31综。

（黄莎克　黄金城）

组织机构及负责人名录

（负责人任职时间截至2011年12月31日）

中国共产党汕头市委员会

书　记　李　锋
副书记　郑人豪 孙光辉
常　委　李学同 谢泽生 郑通声
徐　红 周镇松 张应杰
邢太安 马逸丽(女)
秘书长　张应杰
副秘书长 吴启煌 林建清 陈烈丰
杜更生 陈少麟 周崇凝(女)
翁小庆 林胜全

汕头市人民代表大会常务委员会

主任、党组书记　李　锋
常务副主任、党组副书记　王　芸(女)
党组副书记　黄俊湖 庄大军
副主任　钟展南 庄大军 陈香兰(女)
陈友烈 刘远珍(女) 廖文松
郑家汉
秘书长　章万多
副秘书长　李绿岸 陈健雁

汕头市人民政府

代理市长、党组书记　郑人豪
党组副书记　郑通声
副市长　余健明(女) 郭大钦 林　梃
周镇松 张应杰 江楷鑫
赵　红（女）
副厅级干部　郑炳灶
市长助理　蔡炳锐 徐　凯
秘书长　邱奕辉
副秘书长　李楚平 黄绍生 陈文革
魏森新 张学龙 郑晓奇
张胜光 王槐峰 饶冬晓
林名高

中国人民政治协商会议汕头市委员会

主席、党组书记　罗仰鹏
副主席　许瑞明 王桂元 方展伟
谢　铿 蔡婵英(女) 林依民
张泽华 林合坤
秘书长　谢永忠
副秘书长　郑如华 黄丘克 陈志红
林小斌 李一鸣

中国共产党汕头市纪律检查委员会

书　记　邢太安
副书记　宋荣生 黄辉忠 蔡永明
常　委　曾罗耀 李坚平 蔡武坚
林光梅(女) 郑玩熊

汕头市中级人民法院

院长、党组书记　林　平
副院长　王桂元 林坤池 吴秋茂
郑楚明
纪检组长　李培宏
审判委员会专职委员　周茹茵(女)
林洁明
政治处主任　秦炳城
执行局局长　林治荣

汕头市人民检察院

检察长、党组书记　赖德贵
副检察长、党组副书记　杨宏强
吴少荣
副检察长　郑灶和 刘爱平(女) 罗益平
纪检组长　陈志伟
检察委员会专职委员　蔡少芬(女)
张广生
反贪局局长　罗益平

市委机构

市委办公室

主　任　张应杰
副主任　陈彦峰 罗小苹(女)
郑宏义 李　翔
市保密局
局　长　杜向生
副局长　方晓宏 黄　曦 陈鑫杰
市委办公室机要局
副局长　卢秋全 林　楠
总工程师　林少勇
市信访局
局　长　林胜全
副局长　杨喜强 郑志敏

市委组织部

部　长　李学同
副部长　邓东冠 刘少强 林惠生
陈启桐 卢壁辉 林　曼(女)
市委老干部局
局　长　陈启桐
副局长　吴丰平 黄汝琦

市委宣传部

部　长　周镇松
副部长　陈桂源 黄煜生 李逸夫
市精神文明建设委员会办公室
主　任　陈桂源
副主任　林暹才 熊有元

市委统一战线工作部

部　长　马逸丽(女)
副部长　肖少平 孔德镐 陈烁焕
纪木春(女)

市委政法委员会

书　记　谢泽生
副书记　黄小扬 赖德贵 翁甲洪
林　平 林淮佳 曾海敏
江楷鑫
纪检组长　潘　捷
市社会治安综合治理委员会办公室
主　任　黄小扬
副主任　蔡　芹 杨克明
市610办公室
主　任　林淮佳

副主任　黄鹏翔
市禁毒办公室
副主任　佘英俊

市社会工作委员会
主　任　孙光辉
副主任　谢泽生 张应杰 江楷鑫
　　　　蔡才昂

市委政策研究室
主　任　吴启煌
副主任　李汉元 林遍青

市委台湾工作办公室（市政府台湾事务局）
主　任　李楚兰(女)
副主任　李太刚 黄武雄

市直属机关工作委员会
书　记　翁小庆
副书记　余世林

市直人武部
部长、党委书记　李汉文
政委、党委副书记　叶朝南

市机构编制委员会办公室
主　任　曾建群
副主任　卢建和

市人大常委会机构

办公室
主　任　李绿岸
副主任　顾伟文

市依法治市工作领导小组办公室
主　任　林炳元
副主任　池锐彪

市政府机构

办公室
主　任　邱奕辉
副主任　梁　斌　庄　怀　张健雄
纪检组长　李伟红(女)

市应急管理办公室
主　任　莫开亮
副主任　李　伟 吴灶喜
市无线电管理办公室
主　任　陈　辉
副主任　陈乐生
市打私办
主　任　贺中年
副主任　郭铭珊 洪　光

市政府金融工作局
党组书记、副局长　谢平暄
副局长　胡粤平 陈瑞益
纪检组长　陈　泓

市发展和改革局
局长、党组书记　郑晓奇
副局长　陈胜全 廖小平 吴海澜
　　　　尤朝东
纪检组长　麦锡明
市重点建设项目领导小组办公室
副主任　黄晓欢

市粮食局
局　长　肖永和
副局长　陈惠波 陈武杰

市经济和信息化局
局长、党委书记　林建新
副局长　郑　新 林明龙 宋钢领
　　　　黄育斌 李　俊
纪委书记　黄秋旋

市教育局
局长、党委书记　黄晖阳
副局长　谢　红　胡　冬
　　　　林　健(女)　林运轼
纪委书记　陈亦斌

市科学技术局
局　长　林依民
党组书记、副局长　刘海龙
副局长　张　平 陈伟波 郑兴国
　　　　苏晓生
纪检组长　黄廷纪

市知识产权局
局　长　郑兴国
副局长　陈爱明 谢　彦　陈瑞军

市民族宗教事务局
局长、党组副书记　纪思复
党组书记　纪木春(女)
副局长　陈伟生 孙建宏 吴秀芳(女)

市公安局
局长、党委书记　江楷鑫
副局长、党委副书记　罗美胜
副局长　翁仲明 马冀汕 马汉辉
　　　　詹奕华 郭英杰
纪委书记、督察长　方维民
政治处主任　郑立波
指挥中心主任　郑康宏
指挥中心政委　郭小元
交警支队支队长　肖少鹏
交警支队政委　陈小红(女)
刑警支队支队长　蔡锦荣
刑警支队政委　辛汉初
治安巡警支队支队长　林贤正
治安巡警支队政委　林国平
特警支队支队长　黄文锡
特警支队政委　马发奋

市监察局
局　长　许景峰
副局长　邹玩辉 蔡秀茂 文　琴(女)
　　　　蔡　榕(女)

市机关效能建设领导小组办公室（投诉中心）
主　任　方水裕
副主任　张奕豪

市民政局
局长、党组副书记　王良源
党组书记　陈镇坤
党组副书记　张云良
副局长　刘松明 张伟强 钟岳峰
　　　　赵　炜(女)
纪检组长　江文忠
市民间组织管理局
局　长　张云良
副局长　胡进辉

市司法局
局长、党组副书记　马　翔

党组书记、副局长　林壮华
副局长　林俊杰 蔡德深 邱向丹(女)
纪检组长　和贵礼
市劳教所所长　蔡德深
市劳教所政委　李　明
市劳教所副所长　李镇汉 柯喜奎 钟洪旗

市财政局
局长、党组副书记　官惠林
党组书记　林毅荣
副局长　黄业龙 卢永健 李　宁
纪检组长　许文颖

市人力资源和社会保障局
局长、党组书记　刘少强
副局长、党组副书记　曾建群
副局长　李文坚 彭建平 黄伟鹏 张镇城 陈惠英(女) 黄泽波
纪检组长　杨奕忠

市国土资源局
局长、党组书记　林伟雄
副局长　姚文强 许少涛
纪检组长　曾昭鹏
执法大队大队长　韩映民

市环境保护局
局长、党组书记　黄腾远
副局长　蔡怒潮 陈少明 王建平 蔡礼秋
纪检组长　林必平
总工程师　陈子布

市住房和城乡建设局
局长、党组副书记　徐　凯
党组书记　王德声
副局长　郑丽明(女) 杨鮀生 陈淑雄
纪检组长　黄卡新
总工程师　杨鮀生

市交通运输局
局长、党组书记　吴文兵
副局长、党组副书记　陈少辉
副局长　李树林 余昌枝 杨建锋 范怀礼
纪检组长　倪金柱
市交通运输局综合行政执法局
局　长　余昌枝
副局长　李忠文 陈锡洪

市水务局
局长、党组书记　曾保友
副局长　何财城 余国年 张为东
纪检组长　辜少平
总工程师　王锡雁

市农业局（市林业局）
局长、党组书记　吴俊钦
副局长　吴俊斌 纪桂玲(女) 陈少华 陈　斌 黄华广 张彦鹏 高玉金
纪检组长　谢运余
总畜牧兽医师　林庆添
市畜牧兽医局
局　长　张彦鹏
副局长　陈悦满

市对外贸易经济合作局（市口岸局）
局长、党组书记　蔡佩侬(女)
副局长　许君亮 方伟民 陈冬雷 刘文华(女)
纪检组长　田建忠

市文化广电新闻出版局
局长、党组书记　王小辉
副局长　蔡典歆 王小亮 郑鹤龄 郑宋梨(女) 陈练生
纪检组长　石汀毅
市文化市场综合执法大队
大队长　蔡奕俊
副大队长　谢维龙 杨逢春 王仰江

市卫生局
局长、党委书记　陈俊凯
副局长　林纯良 张少民 陈新泽 叶镇鹏
纪委书记　罗忠杰

市人口和计划生育局
局长、党组书记　黄世烈
副局长　王秀秋 蚁朝芸(女) 江文斌 周碧娟(女) 林丽华(女)
纪检组长　郭洪雄

市审计局
局　长　林毅荣
党组书记、副局长　谷元新
副局长　黄师杰 郭　旭 吴少青
纪检组长　林炎光
总审计师　吴小琦(女)

市外事侨务局（市政府港澳事务局）
局　长　余金富
副局长　陈　鹏 郭伟国 严树宾 陶小平(女)
纪检组长　陈树浩

市统计局
局长、党组书记　陈捷锋
副局长　廖伟雄 鄞腾杰 郑映微(女)

市物价局
局长、党组书记　吴军晖(女)
副局长　董思永 于财起 黄桂芳(女)
纪检组长　方建星

市海洋与渔业局
局长、党组书记　黄文魁
副局长　翁盛深　王　清
纪检组长　梁　森
广东省渔政总队汕头支队
支队长　麦贤仕
政　委　陈潮清
副支队长　李义民 吴　敏

市安全生产监督管理局
局长、党组书记　吴先宏
副局长　陶振和 傅大安 许广圻
纪检组长　翁　健

市旅游局
局长、党组书记　陈华佳(女)
副局长、党组副书记　于临生
副局长　陈　斌
纪检组长　刘向平

市法制局
局长、党组书记　孙良胜
副局长　陈　茜(女) 张少野 林伟标
纪检组长　黄少明

市城乡规划局
局长、党组副书记　魏森新

党组书记、副局长　陈春松
副局长　黄锦林 马清亮
纪检组长　刘　斌
总工程师　李　钊

市城市综合管理局
局长、党组书记　徐　阳
副局长　张文学 陈汉龙 丁伟亮
纪检组长　王天海
总工程师　王　丹
市城市管理行政执法局
副局长　王战涛 柯成杰 陈华武

市食品药品监督管理局
局长、党组书记　陈开成
副局长　黄　勇 林伟忠 郑则儒
郭兰跃
纪检组长　郭兰跃

市政府国有资产监督管理委员会
主任、党委书记　郑木旺
副主任、党委副书记　沈宗敏
副主任　柯华雄 陈岳锋

市人民防空办公室
主任、党组副书记　范升开
党组书记　陈良军
副主任　林武汉 杨宏藩
纪检组长　于德沛

市政协机构

办公室
主　任　谢永忠
副主任　钟慈平 吴哲英

汕头保税区管委会

主任、党委副书记　陈棉生
党委书记　潘英豪
副主任、党委副书记　张华绍
副主任　林荣来 邱少基 刘　辉
纪委书记　程龙超

汕头高新技术产业开发区管委会

主任、党委副书记　王扬泽
党委书记　陈国光
副主任　郑俊义 谢宋彪

市委、市政府直属事业单位

市委党校（市行政学院、市社会主义学院）
校（院）长　孙光辉
常务副校（院）长　朱玲珑
副校（院）长　曾　汉 张明晖
行政学院副院长　张镇城
社会主义学院副院长　孔德镐
纪检组长　刘　勇

市委党史研究室（市地方志办公室）
主　任　吴小坚
副主任　柯松良 彭建伟

市体育局
局长、党组书记　李楚平
副局长　黄　雯(女) 蔡运进
纪检组长　江河然

市机关事务管理局
局长、党组书记　周锡洪
副局长　欧镇文 黄潮通

市企业投资管理服务中心
主任、党组书记　陈汉雄
副主任　张思祥 翁文明 黄若亮
纪检组长　林少忠

市东部城市经济带建设开发管理中心
主任、党组书记　张学龙

市工业经济带开发建设办公室
副主任　黄锡忠 郭耀宇

市广播电视台
台长、党委书记　杜绍茂
副台长　胡克威 郑云明 杜　冰(女)
陈益群
纪委书记　陈镇恒
总工程师　江子沂

市接待办公室
主　任　徐　健
副主任　谢焕群 谢惠蓉(女)
翁楚云(女)

广东潮剧院
院长、党委副书记　蔡少铭
党委书记、副院长　马烈泳
副院长　张怡凰(女)

汕头画院
院　长　王　聪

市档案局（馆）
局（馆）长、党组书记　陈乐群
副局（馆）长　陈建功 林伟雄

汕头经济特区报社
社长、党委书记　陈文波
副社长　蔡　谦
党委专职副书记　侯伟生
纪委书记　苏伟钿(女)
《汕头日报》总编辑　陈文波
《汕头日报》副总编辑　苏伟钿(女)
洪悦浩 林海滨
《汕头特区晚报》总编辑　蔡　谦
《汕头特区晚报》副总编辑　李奕群
黄锐辉
《汕头都市报》总编辑　黄海燕
《汕头都市报》副总编辑　刘剑荣
林昆明 张益安

汕头仲裁委员会
主　任　蔡才昂
副主任　莫少华
纪检组长　姚阿洲

驻北京办事处
主任、党组书记　王旭霞(女)
副主任　赵爱民

驻广州办事处
主任、党组书记　吴钟源
副主任　李友成

驻深圳办事处
主任、党组书记　陈特顺
副主任　陈木忠

汕特证券报价交易中心
副主任　严瑞湘

市地震局
局长、党组书记　施永文
纪检组长　林绵裕

市供销合作总社
主任、党委书记　林志勇
副主任　谢　原　王克护

市港口管理局
局长、党组书记　蔡伟杰
副局长　陈晓峰　曾仕娟(女)
纪检组长　洪理智
总工程师　周江泉
汕头港引航站
站　长　林　璜
副站长　赖在生

市公路局
党委书记　杨焕新
副局长　曹爱民
纪委书记　张东升
总工程师　郭　史
工会主席　杨　卫

市礐石大桥建设总公司
总经理、党组书记　李楚佳
副总经理　李　楠　詹小玲(女)
纪检组长　黄健能

汕头高速公路公司
总经理、党组书记　郑映华
副总经理　卢荣辉　陈梓桢

市北山湾旅游度假区管委会
主任、党组书记　彭快乐
副主任　陈焕文　程万里

市农科所
所长、党委书记　林少华
副所长　许大熊　黄广平　谢奇鹏
纪委书记　黄广平

市中心医院
院长、党委副书记　许海雄
党委书记　许成远
副院长　吴　敏　洪少杰　钟志刚
郑　雨　林本丹　吴淑卿(女)

市卫校（市职工医专）
校　长　郑乃党
副校长　李长驰(女)　陈汉然　林旭凯

汕头职业技术学院
院长、党委副书记　沈民奋
副院长　曾淑琴(女)　郭琳琅(女)
王茂春
纪委书记　蔡　东

汕头文艺学校
校长、党委书记　林锦杭
副校长、纪委书记　林朝辉(女)

汕头工艺美术学校
校　长　柯和顺
副校长　陈小宇　吴烈明

市体育运动学校
校　长　李楚平
副校长　陈　丹　方　霖

市鮀滨职中（汕头外语中专、汕头旅游中专）
校　长　李子华
副校长　吴建光　陈南泥(女)

市金山中学
校长、党委副书记　李丽丽(女)
党委书记、副校长、纪委书记　魏崇兴
副校长　陈俊才　谢树发

市广播电视大学（市业余大学、市职工大学）
校长、党委副书记　刘　文
党委书记　杨　凯
副校长　陈钟麟　陈宇翔

汕头经济管理干部学校
校长、党委书记　郑则彬
副校长　陈庭照　程拱胜　赖辉太
纪委书记　陈庭照

市高级技工学校
党委副书记、纪委书记　张俊辉
副校长　许耀庭　曾燕生　蔡　苗

市社会保险基金管理局
局　长　李文坚
副局长　郑石儿　王永刚　赖常光
黄文锋

汕头特区拍卖行
总经理　朱煜星
副总经理　郭创程

市信息中心
主任、党组书记　林文彪
副主任　陈庆辉　练开发

市礐石风景区管理局
局长、党委书记　郑　强
副局长、党委副书记　林　钢
纪委书记　崔玉华

市环境卫生管理局
局长、党组书记　郑　玮
副局长　彭运璋　张卓生

市市政设施管理处
主任、党组书记　郭郁林
副主任　王继龙　陈锦辉

市园林绿化管理处
主任、党委书记　陈长荣
副主任　林克华　陈日红

市房产管理局
局长、党组书记　刘小钢
副局长　陈少群　陈锡金　郑立标
纪检组长　林耿宇

市路桥收费管理处
主　任　吴彬雄
副主任　谢旭华　陈少珊(女)

市建工造价管理站
站　长　陈朝旭

市旧城区改造办
主　任　黄增强
副主任　陈尔宁　林齐华

汕头公路桥梁公司
总经理　陈少童
副总经理　佘汉聪

市卫生监督所
所　长　杨志忠
副所长　陈少斌

市疾病预防控制中心
主　任　王普生
副主任　黄建晖 谢舜枬 黄建云

市二医院
院长、党委副书记　肖壮伟
党委书记、副院长　胡顺广
副院长　洪树辉 林宜生

市三医院
院　长　何端满
副院长　陈伟生 黄国盛 钟海波

市四医院
院　长　陈泽华
副院长　陈汉良 李宏伟 高镇松

市中医医院
院长、党委书记　郑衍平
副院长　林创坚 陈建华 李　扬

市第一中学
校　长　马寿民
副校长　罗伟新　何大文　吕敬云
苏　红(女)

汕头华侨中学
校　长　林一平
副校长　郑志明 陈　琪(女) 林卫明

市新华书店
总经理　江　宏
副总经理　肖丽君(女) 郑素芬(女)
陈照濠

汕头影艺总公司
副总经理　方时雨　吴卫平

汕头国际海员俱乐部
主　任　张汉文

副主任　章丹鹏　邢　郁(女)

中国乒协汕头市乒乓球学校
校　长　杜绍平
副校长　刘国正

中国游泳协会汕头跳水学校
校　长　翁玉璇(女)

人民团体

汕头市总工会
主　席　刘远珍(女)
党组书记、副主席　高耿浩
副主席　王述宗 陈　菲(女) 周　波
纪检组长　江玩趸

中国共产主义青年团汕头市委员会
书记、党组书记　陈玩雪(女)
副书记　许廷贤 赖恒辉 王江锋
纪检组长　许廷贤

汕头市妇女联合会
主席、党组书记　陈　榕(女)
副主席　邬佳玲(女) 黄丽娇(女)
纪检组长　吴帘青(女)

汕头市文学艺术界联合会
主　席　谢　铿
副主席、纪检组长　许自敬

汕头市科学技术协会
主　席　林依民
党组书记　洪建芬(女)
专职副主席、党组副书记、纪检组长　洪子敏
专职副主席　林怀威 洪祥武

汕头市归国华侨联合会
主席、党组书记　杨鲩生
专职副主席　郑绿野

汕头市残疾人联合会
理事长、党组副书记　邱长奕
党组书记　陈如贤
副理事长　魏瑞卿(女) 黄卫东
张佩娜(女)

纪检组长　欧成铭

中国贸促会汕头市分会
会　长　周武扬

汕头市社会科学联合会
主席、党组书记　马灿龙

汕头市红十字会
会　长　郭大钦
常务副会长　陈爱书

汕头市台湾同胞联谊会
会　长　余东刚
副会长　谢丽玲 黄力平 翁　辉(女)
李太刚 黄益勤

汕头市工商业联合会（市总商会）、市委非公企业工委
主　席　黄茂强
党组书记、副主席　孔德镐
专职副主席　薛建章　杨一冰
市委非公企业工委书记　肖少平
市委非公企业工委副书记　杨一冰

民主党派

中国国民党革命委员会汕头市委员会
主　委　方展伟
副主委　余少玲(女)

中国民主同盟汕头市委员会
主　委　徐宗玲(女)
副主委　刘彦彧 罗晓红(女) 林运轼
王伟深

中国民主建国会汕头市委员会
主　委　余健明(女)
副主委　蔡　苗　陈小海　刘　辉
吴燕珊(女)

中国民主促进会汕头市委员会
主　委　谢　铿
副主委　冯丽娜(女)　杨金耀

中国农工民主党汕头市委员会
主　委　许瑞明

副主委　郑子敏 吴淑卿(女) 杨燕忠

中国致公党汕头市委员会
主　委　王桂元
副主委　李从铸 陈　瑾(女) 黄玉海

九三学社汕头市委员会
主　委　罗文鸿
副主委　王伟忠 杨忠强

台湾民主自治同盟汕头市支部
主　委　谢丽玲
副主委　余东刚

驻汕机关、事业单位

汕头海关
关 长、党组书记　孟 杨
副关长　吕文龙 高建军 蔡少琼 毕会涛
纪检组长　颜好业

汕头出入境检验检疫局
局　长　孙世和
副局长　亢卫民　丁长青　吴隆德
纪检组长　赵京汕

汕头市质量技术监督局
局 长、党组书记　黄红辉
副局长　刘长法　李建明 刘御雄 林子雄
纪检组长　吴辉光

汕头海事局
局　长　李忠华
副局长、党组书记　陈 凯
副局长　陈佳云　赖擎青
纪检组长、党组副书记　周跃华

省粤东航道局
局　长　许宏辉
副局长　沈召榜　余继信
党组副书记　陈建荣
总工程师　马陈林

汕头市工商局
局长、党组书记　周振南
副局长　唐少敏　陈奕杰　方健民 郭洛阳
纪检组长　陈奕杰

汕头市国家税务局
局 长、党组书记　李榕滨
副局长　张伟新　曾小彦　郑贵和 王在文
纪检组长　梁升扬
总会计师　林立宇
总经济师　许锦如

汕头市地方税务局
局 长、党组书记　林达生
副局长、党组副书记　陈德元
副局长　郑友声　吴志坚
纪检组长　庄顺明
总经济师　黄映宣
总会计师　杨啟丰

人行汕头中心支行
行 长、党委书记　林炳华
副行长　江镇平　陈孝斌　李 森 江　宇
纪委书记　陈洁文

汕头银监分局
局 长、党委书记　罗利明
副局长　肖 枫、吴俊毅
纪委书记、党委副书记　张志翔

汕头保监分局
局 长、党委书记　尹江鳌
副局长　徐君良、陈 栋

汕头市盐务局
局 长、党组书记　张 旌
副局长　陈杰扬

汕头市烟草专卖局
局 长、党组书记　林香存
副局长　余岳平、林宏生
纪检组长　林宏生

汕头市邮政局
局 长、党组书记　王松喜
副局长　洪少锋、吴贤伟
纪检组长　洪少锋

汕头市气象局
局 长、党组书记　黄壮茂
副局长　王俊平、曾振文
纪检组长　柯鸿生

南澎列岛海洋生态省级自然保护区管理处
主　任　吴清洁

南澳候鸟省级自然保护区管理处
主　任　林俊鑫

汕头大学
校　长　徐小虎
党委书记　宋垚臻
执行校长　顾佩华
副校长　顾 江　王伟廉　温小波 李 丹　林丹明　乌兰哈斯
党委副书记　徐小虎　罗念潮
纪委书记　罗念潮

汕头医学院
院　长　顾 江
党委书记　石刚刚
副院长　黄东阳、郑秋阳
纪委书记　陈茂怀

粤东高级技工学校
校　长　方 斌
党委书记　何泽雄
副校长　许遵发　卢镇光　刘红成
副书记　廖镇坑

汕头警备区

司 令 员　徐 红
政治委员　胡世军
副司令员　谢豪生
参 谋 长　邱克楠
政治部主任　彭延虎
后勤部部长　郑坤弟

（市委组织部 年鉴编辑部）

经济社会发展概况

【概况】2011年，在党中央、国务院和省委、省政府的正确领导下，汕头市委、市政府认真贯彻落实胡锦涛总书记“七一”重要讲话、视察广东重要讲话精神和中央、省的重大决策部署，坚持以科学发展观统揽全局，进一步树立科学发展理念，努力探索科学发展新模式，紧紧围绕建设幸福汕头这个核心，抢抓特区扩围和发展新机遇，在更高的起点上谋划和推进加快科学发展，采取切实措施积极稳妥调结构，脚踏实地促转变，带领全市人民，振奋精神、共克时艰，积极应对国际金融危机的严重冲击和各种困难挑战，开拓创新，奋力拼搏，成功实现赶超进位，经济运行保持平稳较快增长，经济发展内在动力和活力进一步增强，经济社会发展呈现新气象。

【经济总体实力跃上新台阶】2011年，全市实现生产总值1403.44亿元，比上年增长12.2%，增速高于全国、全省总体水平。全市人均生产总值25958元，比上年增长10.1%。其中，第一产业增加值71.15亿元，增长3.5%；第二产业增加值792.22亿元，增长13.6%；第三产业增加值540.06亿元，增长11.2%。三次产业结构由上年的5.3：56.1：38.6调整为5.1：56.4：38.5，第一、三产业比重下降，第二产业比重提高。地方财政收入216.07 亿元，比上年增长26.7%，其中一般预算收入85.58亿元，增长17.8%（按可比口径增长25.1%）。国民经济和社会发展计划主要总量指标基本达到或超过预期目标。财政得益率6 %。固定资产投资额438.74亿元，增长44.5%，投资增速创1993年以来新高，出现新一轮投资建设大热潮。全市143项重点建设项目完成投资183.7亿元，比上年增加82亿元。全年实现社会消费品零售总额972.21亿元，增长17.8%。实际吸收外商直接投资3.46亿美元，增长35.3%，创十年来新高，增速名列全省前列。外贸进出口总额87.88亿美元，比上年增长19.3%，其中，进口总额28.35亿美元，增长16.6%；出口总额59.54亿美元，增长20.7%。在出口总额中，一般贸易出口43.80亿美元，增长22.6%；加工贸易出口15.56亿美元，增长15.5%。港口货物吞吐量4004.9万吨，集装箱吞吐量110.1万标箱，分别增长14.1%和17.7%，完成货物周转量134亿吨公里。其中对台直航航线开通以来集装箱量年均增长35%，港口发展步入快车道。全市金融机构（含外资）年末本外币存款余额1989.01亿元，比年初增加115.15亿元。其中，单位存款余额527.47亿元，比年初增加17.04亿元；个人存款余额1402.04亿元，比年初增加95.49亿元。金融机构（含外资）年末本外币贷款余额728.18亿元，比年初增加66.66亿元。城镇居民人均可支配收入17473.89元，比上年增长15.1%，农村居民人均纯收入7893元，比上年增长21.1%；城镇登记失业率下降到2.43%。经济结构不断调整优化，城乡一体化发展明显加快，人民生活持续改善。汕头被授予“国家电子商务示范城市”，“国家卫生城市”再次通过复审确认。

【城市发展有新格局】2011年，汕头市先后被确定为国家主体功能区重点开发区域、海峡西岸经济区中心城市、国家海洋经济发展试点地区，区域中心城市地位进一步显现。抓住特区扩围和城市总体规划修编的契机，提升现代城市发展理念，城市规划建设管理呈现新变化。强化城乡总体规划与经济社会发展规划、土地利用总体规划、海洋功能区规划，以及交通、教育、卫生医疗、旅游、文化等专项规划的衔接，加大城市规划力度，以“多规融合”启动新一轮城市总体规划修编，高标准规划“一核多组团”的城市发展新格局和“一湾两岸”的城市形态，城市规划的战略性、前瞻性不断增强。把澄海、潮阳、潮南、南澳三区一县统一纳入《汕头市城市发展战略规划》和《汕头市城市总体规划（2002-2020）》，使规划范围覆盖到全市。完成市、区、镇三级土地利用规划修编，为拓展城市发展空间提供用地保障。启动市场运作、资本运营机制，整合盘活城市优质资源，加强与中信、中交等大型央企的战略合作，重点打造濠江新城、东海岸新城、珠港新城、西部生态新城、中国锆城、粤东物流新城，城市空间结构不断优化。濠江新城首期南滨片区12平方公里土地开发和苏埃湾过海隧道项目奠基启动，东海岸新城已形成陆域面积超7平方公里，珠港新城完成整体规划设计，西部生态新城金凤西路一期工程开工建设。围绕区域交通一体化，积极谋划一批交通基础设施项目，全力推进港口、铁路、高速路网建设，主动与周边城市对接，城市综合服务功能不断提升。广澳港区、海门港区、南澳跨海大桥、厦深铁路汕头段、汕头至揭阳高速公路建设扎实推进，广澳港区5万吨级公用航道投入使用，一期工程2、3号泊位开始试运营。汕揭高速公路汕头段累计完成投资8.45亿元，至月浦出口正式开通。汕头至揭西、揭阳至惠来、潮州至惠州三条高速公路和疏港铁路等工程前期工作加快推进。厦深铁路汕头段累计完成投资15.95亿元，占计划总投资的79.8%。南澳大桥累计投资10.81亿元，完成土建总工程量的86%。南澳引韩供水工程顺利推进，过海电缆项目已竣工并供电。华能海门电厂、汕头大围等一批重大能源、水利、环保基础设施项目加快建设。完成水利建设投资8.8亿元。市区建成区面积184.53平方公里；新扩建道路（含城区内公路）面积1.21万平方米，年末实有道路（含城区内公路）长度1318.65公里；下水道排水管长度1640.28公里。全市电网发购电量150.79亿千瓦时，增长9.8%。中心城区年末拥有出租汽车1166辆，公共交通线路51条，客运量9381.70万人次；轮渡营运船只9艘，客运量367.80万人次。中心城区已建成空气自动监测系统，环境噪声自动监测显示装置2个，烟尘控制区9个；改造和完善生活垃圾填埋场及污水处理站，日处理污水能力58.7万吨；垃圾无害化处理率100%。城市区域环境噪声平均值为55.7分贝。市区建成区绿地面积7721.64公顷，绿化覆盖率41.84%。积极推进城乡一体化示范点建设和“三旧”改造，汕头海岸湿地成为联合国确认的国内首个国际湿地示范区，生态滨海旅游示范区建设顺利推进。

【产业发展加快推进】2011年，汕头市积极推进现代产业体系建设，逐步建立以创新为内在驱动力的发展模式，发展质量效益有新提升。编制实施战略性新兴产业倍增计划、现代服务业提速计划、传统优势产业提升计划和海洋综合开发计划。积极引进一批世界500强企业和中信、中核、中交、中远、中航、中国五矿、华润等一批大型央企参与产业发展。出台《现代产业用地使用权出让办法》、《加强总部经济发展的若干意见》等措施，制定工业产业发展和布局规划，推进产业集聚、高端发展，产业转型升级迈出新步伐。加快建设国家玩具质量监督检验中心（汕头）等一批公共服务平台，促进企业自主创新能力的提升。产业转移工业园入选省示范性产业转移工业园重点园区。汕头卫星应用产业园落地建设。建成4个国家级和4个省级产业基地。形成17个产业集群，澄海玩具礼品、龙湖工艺毛织服装、龙湖输配电设备列入省级产业集群升级示范区，成为国家玩具礼品、化妆品、包装装潢印刷产业重要生产基地。26家企业获得“省优势传统产业转型升级示范企业”称号。27个专业镇传统产业加快改造升级。中国锆城项目首期投资50亿元的核级海绵锆生产基地正加快建设，“锆城”东里片区一期项目举行奠基仪式。与万国数据公司签订战略合作框架协议，加快汕头数据特区项目合作共建。苏宁电器广场、星湖城、华润万家等商业综合体和广厦城市综合体等项目落地建设。世博潮府馆规划落户汕头。全年完成工业总产值达到3005.94亿元，增长14.7%；完成工业增加值735.38亿元，比上年增长14.1%，工业增加值比重达到52.4 %，工业对经济增长贡献率达到60.3%，超过省的考核指标。规模以上工业总产值2251.16亿元，增长18.3 %，规模以上工业产值占全部工业总产值74.9%，比上年提高2.0个百分点；规模以上工业实现销售产值2182.14亿元，增长18.7%；完成出口交货值321.08亿元，增长12.2%；工业产品销售率96.9%，比上年提高0.8个百分点。全市工业用电量91.20亿千瓦时，增长9.4%。全市资质等级以上建筑企业完成建筑业总产值256.29亿元，比上年增长17.1%。实现旅游总收入104.41亿元，增长18.0%。其中旅游外汇收入5071.18万美元，增长1.1%。鼓励扶持企业上市，新增上市企业3 家，上市企业总数19家，另有1家企业已通过发审会，上市公司数名列全省前茅，初步形成了“汕头板块”。专利申请量与授权量分别为12671件和4371件，分别比上年增长32.1%与下降23.6%，专利申请量创历史新高，自主知识产权拥有量居全省前列。高新技术产业产值年均增长21.8 %。新增22家高新技术企业，新增3家国家创新型企业，现有国家级高新企业115家。新增科技成果71项，全部达到或超过国内先进水平，其中，达到国际领先水平3项，达到国际先进水平13项。节能减排取得明显成效，完成年度节能减排目标任务。全年农林牧渔业总产值130.51亿元，增长3.6%。其中，农业产值61.34亿元，增长3.9%；林业产值0.40亿元，增长0.3%；牧业产值30.27亿元，增长4.6%；渔业产值36.04亿元，增长2.3%；农林牧渔服务业产值2.46亿元，增长2.4%。农业现代化建设和产业化经营有新成效。2011年新登记各类企业3218户，其中124户注册资本超过1000万元，投资创业呈现良好势头。

【重点领域改革实现新突破】2011年，汕头经济特区范围扩大到全市，打开了更为广阔的发展空间。积极探索统筹城乡综合配套改革，创新体制机制。加强对国有资源的监管整合运营，严肃规范国土、规划管理，整体推进国企改革和资产盘活，成功吸引一批现代产业项目落户发展。加快推进港口、公交、燃气等行业国有企业改革。大力推动行政管理体制改革创新，濠江区行政体制综合改革取得重大突破，下放471项管理权限，实行大部制，政府部门由22个整合为14个，率先以特区立法形式明确市、区责权划分和调整程序。扎实推进行政管理、社会保障、城市管理、公共财政、收入分配、户籍等制度改革，在全省率先建立城乡一体化基本医疗保障制度，发行具有金融功能的社会保障卡。结合乡镇机构改革，在镇（街道）设立人力资源社会保障所，通过政府购买服务的方式，在村（居）设立人力资源社会保障服务站，“一站式”办理基本医疗保障业务。事业单位分类改革取得新进展。加快地方金融改革步伐。汕头商行重组成功，重组后的新银行广东华兴银行正式挂牌复业；广东澄海潮商村镇银行挂牌开业，成为粤东首家村镇银行；推进投融资体制改革，放宽民间资本准入门槛；潮阳、澄海、南澳3家农信社完成统一法人产权改革；成立9家小额贷款公司。金融服务体系不断健全，金融生态环境逐步改善。积极稳妥推进户籍管理制度改革。积极推进“网格化”城市管理模式试点工作，制定出台汕头市数字化城市管理实施方案。

【**开放合作有新进展**】2011年，汕头市积极推动汕潮揭一体化发展。汕潮揭同城化发展加快推进。加快规划建设潮汕二环线，完善粤东地区高速公路网布局。推动大学路收费站与揭阳炮台收费站、澄海莲阳收费站与潮州黄冈收费站合并，实行单向收费。围绕区域交通一体化，积极谋划一批交通基础设施项目，全力推进港口、铁路、高速路网建设，主动与周边城市对接。牵头推动粤东地区打黑除恶专项斗争联合行动，建立协调合作、快速反应、跨区作战、互相策应、实时作战的联动协作机制。提升区域协作水平。粤台经贸合作试验区申报工作积极进行，对台直航业务进一步扩展，率先在全省出台《汕头经济特区台湾同胞投资权益保障条例》，对台交流合作进一步加强。发挥海西经济区南翼中心城市作用，积极参与海西经济区建设。主动融入珠三角改革发展，广泛参与粤港澳紧密合作，拓展参与中国－东盟自由贸易区合作渠道，积极提升闽粤赣十三市合作水平。圆满完成对口援建汶川地震灾区工作任务。拓宽经贸交流合作领域。市委主要领导带队组团出访泰马新三国，深化交流合作，进一步敦睦乡谊，凝聚侨心，增创侨乡发展新优势。借助汕头经济特区建立30周年庆祝活动、第四届粤东侨博会和第十六届国际潮团联谊年会等平台，加强与海外华侨的联系与合作。招商引资取得新成效。开通汕头至营口航线集装箱班轮，提升汕头港整体竞争力。积极引导海内外潮商设立潮汕投资发展基金、潮汕文化发展基金，以现代经营管理制度，参与基础设施、产业、民生项目的开发建设，发展潮商总部经济。

【**增进民生福祉取得新成效**】2011年，汕头市制定实施《加强社会建设的决定》，编制幸福汕头客观指标评价体系和“十二五”民生发展规划，并纳入政绩考核体系，民生发展目标更加明晰。全力办好十件民生实事工程，切实解决群众关心的劳动就业、社会保障、社会救助、医疗卫生、文化教育、住房保障和公共交通等问题。十件民生实事按时完成年度任务：提前一年完成省下达的80%以上贫困户脱贫任务，城镇居民基本医疗保险和新型农村合作医疗保险实现全覆盖，年人均收入低于1500元的困难家庭全部纳入低保，城镇新增就业人员8.32万人，农村劳动力转移就业7.9万人，解决农村21.7万人饮水安全问题，实施校安工程项目52个，新增公共汽车307部，增加视频监控点5.9万个，建设保障性住房9169套。全市财政投入民生领域支出96.24亿元，占一般预算支出的68.3%。投入22.67亿元办好十件民生实事。教育、文化、医疗卫生等社会事业加快发展。高中阶段教育毛入学率达到85%以上，教育质量进一步提升。设立市、区两级价格调节基金，建立低收入群众临时价格补贴与物价上涨联动机制。大力开展城乡环境卫生综合整治工作，不断完善卫生基础设施，实施“全民低成本健康”工程，提升基层医疗卫生机构服务能力。在全国率先设立“精神病防治康复救助基金”，健全残疾人医疗康复救助体系和保障体系。扶贫开发“双到”工作超额完成省下达的年度指标。人口自然增长率4.66‰。开展社会治安综合治理，扎实推进平安汕头建设。建立健全综治信访维稳三级平台运作管理机制，矛盾纠纷排查调处、现场处置和责任追究制度进一步完善。应急管理、安全生产、食品药品安全、防灾减灾等工作进一步加强，全面完成对口援建汶川草坡乡任务。

【**城市软实力得到提升**】2011年，汕头市大力弘扬解放思想、改革开放的时代文化精神，以国家标准积极创建文明城市，群众性精神文明创建活动蓬勃开展，获得“广东省文明城市”称号。文化事业建设取得新进展，文化设施逐步完善，完成市博物馆新馆装修、市文化馆装修配套、潮剧艺术博物馆等一批重点文化设施项目。文化遗产保护、潮汕历史文化研究成效显著，实施“南澳I号”古沉船水下抢救性发掘，一批项目入选国家非物质文化和档案文献遗产名录，一批文艺精品获得国家和省的奖励。文化产业加快发展，形成动漫玩具、光盘音像、印刷、文具等四大聚集度比较高的文化产业集群。对外文化交流合作不断扩大，社科理论研究逐步加强。公共文化服务体系不断完善，一批公共文化设施建成投入使用，文化共享工程实现镇（街道）基层服务点覆盖率100%。繁荣发展文艺精品创作，《雅娘》、《红头船情缘》两个优秀剧目分别获得省第11届艺术节优秀剧目特等奖和优秀剧目奖。在国内外各项重大体育比赛中，汕头体育健儿共获得奖牌180枚，其中获国际和全国比赛金牌33枚、银牌36枚。成功举办汕头市第十二届运动会，竞技体育和群众性体育活动扎实开展。第4次荣获全国双拥模范城、第6次荣获省双拥模范城称号。

【**依法行政水平进一步提高**】2011年，汕头市政府认真执行市人大及其常委会决议，自觉接受人大的法律监督、工作监督和市人民政协的民主监督。在全国地级市率先出台《行政程序规定》，率先开展行政复议委员会试点工作。进一步优化市行政服务中心服务流程，实施市级建设工程并联审批，配套试行重点（重大）项目全程无偿代办服务制，建立行政电子监察系统，实现省、市、区县、镇街四级联网。按照第四轮行政审批制度改革要求，削减和调整32%的审批事项，保留审批事项171项，取消40项，市级设定的非行政许可审批事项已全面取消。启动建设全市统一的行政审批和公共服务综合信息系统，开通网上行政审批大厅，梳理优化审批流程345项，简化办事程序，规范审批行为，方便企业和群众办事，政务公开和电子政务建设进一步推进。加快建设“汕头网络问政平台”，创新基层管理服务机制。推进富县强镇事权改革，下放审批权限49项。加强民主法制建设，法治环境有新改善。全市“六好”平安和谐社区数量达到250个。普法教育和法律服务工作扎实开展。基层民主政治建设得到加强，村居自治功能逐步强化。

（钟志军）

精神文明创建活动

【概况】2011年是汕头市创建广东省文明城市迎检验收的关键年，根据市委市政府的工作部署和全市宣传工作会议精神，围绕创建广东省文明城市、加快建设幸福汕头的目标，市文明办积极组织各级各部门开展群众性精神文明创建活动，大力推进思想道德建设，广泛开展“文明汕头”系列主题活动，市民素质和城市文明程度大幅提升，得到省检查组的高度肯定，顺利通过创建省文明城市的检查验收。

【创建省文明城市系列活动】2011年，汕头市委市政府高度重视创建省文明城市工作。3月30日，市委市政府召开全市迎检冲刺动员大会，会议下发《汕头市创建广东省文明城市迎检工作方案》、《汕头市公共明指数测评活动工作方案》等文件，提出了用一年的时间，紧紧围绕“一个目标”，突出“三个阶段”，抓好“八项重点工作”，争取各项测评指标达标的迎检总体思路。一个目标：广东省文明城市；三个阶段：全面动员阶段、冲刺提升阶段、迎检验收阶段；八项重点工作：创新城市管理模式、强化交通秩序整治、加快基础设施建设、开展社会治安整治、加快文化设施建设、加快生态环境建设、深化文明区（县）创建、开展“文明生活进万家”主题活动。在市创文工作领导小组的统筹指导下，抽调人员充实市创文办，建立公共文明指数测评组，在全市开展相关城市公共文明的测评和督查工作；以市委办公室、市政府办公室文件下发《关于倒逼完成创建广东省文明城市各项工作的通知》，按照《广东省文明城市测评体系》的指标要求，要求各相关单位制定相应倒逼方案，分阶段倒逼完成各项创建任务；聘请85名城市文明监督员，在全市开展创文巡查督查活动，并设立了文明监督热线，接受市民举报投诉。全年共组织专项检查7次，向有关部门有关方面发出《创文工作督办函》20多份，督查解决社会问题50多项。在汕头广播电视台开设“创建文明城市”专栏，汕头日报开设“掀起创建文明城市新热潮”专栏，汕头特区晚报开设“冲刺文明城市、建设幸福汕头”专栏，营造了浓烈的创文舆论氛围。市检察院、市城管局、市公安局、市交通局、市建设局、中国移动汕头分公司、汕头供电局等部门、企业以及各区县文明办分别在城市各大主干道、出入口、公交候车亭、出租车、大型商业LED等设置了创文宣传标语、公益广告牌等，加大了社会宣传力度。各单位、各社团、各地基层社区纷纷开展创文宣传活动，设置文明创建宣传栏，形成浓烈创文氛围。全年各报共刊登创文稿件300多篇，广播电视台刊播创文稿件100多条；编印《汕头创建文明城市工作简报》100多期，印发创文海报10万份、创文工作手册2万册。

9月27至29日，省文明委检查组对汕头市进行为期三天的创建文明城市工作检查。9月16日下午，市委、市政府召开汕头市迎接广东省文明城市检查验收动员大会，市委书记、市创文工作领导小组组长李锋同志出席会议并作重要讲话，市委副书记、代市长郑人豪同志主持大会，会议下发关于加强市容环境综合整治和创文环境氛围布置的工作方案，对各项迎检工作进行全面部署和分工。为确保各项迎检任务落到实处，9月23日晚上，市委、市政府召开汕头市迎接省文明城市检查验收工作协调会，就各项工作任务进一步明确、细化和落实，全市迅速掀起了迎检冲刺的创文新高潮。市创文办重点抓好“五个一”：一是筹备召开一场创文汇报会，由李锋书记代表市委市政府向省检查组汇报我市近几年创文工作成果；二是制作一部电视宣传片，联合市广播电视台制作一部创文电视宣传片，以富有视觉冲击力的形式全面介绍我市自2007年以来开展创建文明城市活动亮点，为省的检查验收提供生动形象的影视材料；三是制作一本创文宣传画册，以清晰的文字脉络、生动的视觉效果，全面总结展示我市近几年来开展创建文明城市工作的成果和亮点；四是举办一场创文成果图片展，全方位回顾我市开展创建文明城市活动所走过的历程，集中展示全市各级各部门五年来的创文成果；五是开展一场创文重大宣传活动，组织各大新闻媒体开展创文专题宣传及深度报道，加强户外创文氛围布置，着力营造浓烈的创文宣传氛围。认真配合省检查组开展检查验收工作。组织策划5条检查线路。组织协调城管、公安交警和接待部门和受检的相关区县和单位，认真做好检查验收的准备工作，积极配合省检查组开展一系列检查工作。在全市上下的努力下，省检查组通过实地检查、听取专题汇报、参观创文图片展和出席“十大感动汕头人物”颁奖晚会等环节，对汕头的创文工作给予了高度的肯定和评价，汕头市创文工作顺利通过省检查组的检查验收。

【文明教育实践系列活动】2011年，汕头市开展一系列的文明教育实践活动，有效引导和促进了市民文明素质的提升。一是举办系列主题活动，倡导文明生活方式。从1月份开始，在全市举行“文明生活进万家”系列主题活动，大力倡导文明生活理念，引导市民建立科学健康和文明的生活方式。通过举办“文明，让城市生活更美好”网上大讨论活动，万名网民为创建文明城市积极建言献策；举办“文明生活进我家”第十六届家庭文化节，通过举办幸福论坛、家庭文明欢乐行、“五好文明家庭”评选等活动，弘扬了家庭文明新风；大力实施“文明交通计划”，广泛开展“交通知识进万家”宣传活动，引导广大市民提高文明交通意识；举办“文明出租车”、“文明驾驶员”评选活动，打造流动的文明服务窗口，提升城市公共交通形象。二是举办企业文化盛会，壮大企业文明成果。4月至6月，组织全市企业举办以“文明城市、幸福汕头”为主题的汕头市第六届企业文化节。文化节内容包括：举办经济文化讲坛；举办汕头市企（事）业单位综艺比赛，全市共有35个企事业单位共43个精彩节目参赛；举办“文明城市、幸福汕头”汕头市第六届企业文化节颁奖晚会，对获奖的20个优秀节目进行颁奖，精选部分精彩节目进行集中展示。三是举办全民读书活动，打造书香文明汕头。4月至8月，继续在全市开展“书香飘万家”系列读书活动，主题为“文明生活、幸福阅读”。全市各地各领域开展“八大重点”读书活动和200多项社会读书活动。举办“文明城市•书香汕头”图书优惠展销活动。举办“阅读经典名言、抒写幸福人生”——汕头市名言硬笔书法作品展，共展出作品200多幅，出版《经典潮剧老唱片（之二）。潮南区也继续开展农民读书活动。四是开展文明礼仪教育，营造知书达礼氛围。4月到10月，继续在全市开展“小手拉大手、文明伴我行”全市中小学生文明礼仪教育实践活动，加印1万册文明礼仪手册，赠送全市各所中小学校；开展“学礼仪、树新风”文明劝导活动，参与文明城市创建；开展“小手拉大手、文明伴我行”征文活动，评选出100篇“文明礼仪百佳作文”，编印《小手拉大手 文明伴我行》一书。

【公共文明指数测评活动】5月，根据《汕头市公共文明指数测评工作方案》的要求，市创文办组织人员对各区开展公共文明指数测评。测评方式包括：开展实地考察，通过随机暗访的形式，深入到各个区的不同领域、不同角落进行实地检查，并以现场录像、拍照的形式进行打分存档；开展问卷调查。市创文办委托国家调查局汕头调查队深入到机关、企业、学校、社区进行随机问卷调查，共发出并回收问卷调查8000份，并开展创建文明城市的相关宣传活动，普及创文知识；开展资料审查，市创文办通过深入到各区创文办听取各项创文工作汇报并检查创建资料，检查各区完成上级布置的重点创建工作以及区文明办、创文办机构设置和队伍建设情况。通过测评，发现创建工作中存在的一些薄弱环节和问题，市创文办及时把发现的突出问题反馈相关的主管单位，并敦促及时进行整改落实。通过督办督查，各区进一步加强了市政设施、文化设施、公交设施、绿化美化、净化亮化等基础设施建设，组织开展市容环境卫生、社会治安、交通秩序、社会文化环境等系列专项整治行动。在此基础上，各区还把创文与创卫、创模、创宜和创园等工作结合起来，积极探索加强城市管理、推动创文工作的新方法和新路子，有效提高城市公共文明水平。

【群众性精神文明创建活动】5月，市文明办在全市组织开展 “感动汕头十大人物”评选活动。经层层推荐考察、网上投票、专家评选等环节，最后评出庄宜生等10位代表汕头道德标杆的先进人物作为“感动汕头十大人物”。9月28日晚举办“感动汕头十大人物”颁奖晚会盛典，彰显汕头市独特的人文精神和丰硕的道德建设成果。7月，市文明办在全市组织开展广东省精神文明建设先进单位和先进工作者评选推荐活动。按照“自下而上、层层推荐，严格程序、加强把关、差额推荐、优中选优”的原则，至8月30日，向省文明委推荐广东省精神文明建设先进单位和先进工作者的候选单位和候选人有：文明单位8个，文明镇2个，文明村2个，文明社区2个，先进工作者2个。5月至7月，在全市开展全国文明单位、文明村镇评选推荐活动。经过层层推荐筛选，并专门召开市文明网工作会议进行审议投票，最后评出了汕头市检察院、中国移动汕头分公司作为全国文明单位的候选单位，澄海区溪南镇西社村作为全国文明村的候选单位，向中央文明办、省文明办进行推荐。

（罗文雄）

汕头之最

【全国首个国家级玩具礼品出口基地】9月15日，汕头市澄海区人民政府与中国轻工工艺品进出口商会正式签约并举行揭牌仪式，双方携手共建“澄海—中国玩具礼品出口基地”。这是澄海区继“中国玩具礼品城”、“广东省玩具礼品产业集群升级示范区”和“央视动漫玩具生产基地”之后，又一张高含金量“名片”，成为全国首个国家级玩具礼品出口基地。澄海区作为全国闻名的“中国玩具礼品城”、“中国最大的玩具制造基地”之一，国家火炬计划中唯一被认定的“智能玩具创意设计与制造产业基地”，现有玩具企业和相关配套企业3000多家，2010年产值突破200亿元。此次澄海与中国轻工工艺品进出口商会共建“中国玩具礼品出口基地”，将通过政府、商会、企业合力搭建一个公共服务平台，整合政府、行业、企业的优势，推动玩具礼品产业结构调整和转型升级，从更高层次、更广领域、更大范围推动玩具礼品产业发展。

【全国首家联网智能报警系统平台研发成功】8月，汕头市民营科技企业——鼎和科技电子公司自主成功研发出“ORZ人事物互联网智能安防系统”平台。该智能安防系统平台集合无线电通信原理，GPRS通信原理，GPS（卫星）通信原理，GSM通信原理、2.4G无线通信原理，云计算等多项先进的物联网技术，并获得一项发明专利、六项实用新型专利申请，成为国内首家实现对固定资产安全，流动资产安全、人员安全24小时监护为一体的全国社会型联网智能报警系统平台。

【国内首个《玩具用电动机》系列联盟标准】10月，由汕头市澄海区质监局组织制订的《玩具用电动机》系列联盟标准通过专家组审查，成为国内首个《玩具用电动机》系列联盟标准。该系列联盟标准共分为《玩具用电动机 分类及型号命名方法》、《玩具用稀土永磁直流电动机》、《玩具用铁氧体永磁直流电动机》、《玩具用空芯杯永磁直流电动机》。电动玩具、电动童车占澄海区玩具总产量的比重达到５０％以上，现有的行业标准已不能满足现实生产需要，特别是玩具用稀土永磁直流电动机和玩具用空芯杯电枢永磁直流电动机目前还没有标准，以致玩具质量参差不齐。该标准的制订，将确保玩具产品质量，并为下一步升级为国家标准、行业标准，抢占该行业的话语权奠定基础。

【中国第一座冷冻食品“博物馆”】4月，广东汕头台资企业海霸王（汕头）食品有限公司将在汕头兴建的中国第一座冷冻食品“博物馆”——冷藏物流及农副水产品加工基地完成环评立项、总体规划，并进入项目设计和地质勘探阶段。“博物馆”位于汕头市金平区，总用地面积约为160亩，将规划建设农副水产品加工厂房、冷藏仓库、开放型的物流仓储设施，厂房、仓库及物流中心。总投资6亿元人民币，2011年计划投资4000万元。冷冻食品“博物馆”的概念即指这个项目将兴建起大型冻库、米面制品、肉制品、鱼浆制品等现代化食品车间，年生产速冻食品超30万吨，建成后将成为中国最大最先进的冷藏物流加工基地。

【中国最大玩具采购中心】11月24日，由宝供物流企业集团有限公司和广东奥飞动漫文化股份有限公司联合主力投资建设的国际玩具商贸物流城动工兴建。该物流城位于汕头市澄海区金鸿公路旁，占地约600亩，规划建筑面积约75万平方米，总投资超过20亿元。建设内容包括：国际玩具采购和销售中心、国际多功能会展中心、大型现代化物流中心等，以及国际玩具创意设计研发园和生活体验广场、五星级酒店及其它综合配套服务设施。该项目将打造物流、商贸和会展三大平台，依托澄海玩具和毛织品两大支柱产业，结合汕头传统的商贸优势和地理上的区位优势，把物流城建设和培育为中国最大规模和最具现代化的玩具（包括原辅材料）、毛织品的国际采购和销售中心，最具权威性的商品展示和信息中心、最具现代效率的玩具和毛织品供应链一体化产业园区。

【全国地级市率先出台《汕头市行政程序规定》】4月1日，汕头市政府第十二届第79次常务会议审议通过《汕头市行政程序规定》，以市政府令第124号发布，5月1日起实施。《汕头市行政程序规定》的发布实施，开创了全国首个地级市和特区城市行政程序立法先河，对于规范行政行为，保障和监督行政机关合法、公正、高效行使行政职权，保护公民、法人或者其他组织的合法权益，维护公共利益和社会秩序等具有重要意义。

【中国环保塑料包装容器研发生产基地】5月12日，被中国塑料加工工业协会批准为“中国环保塑料包装容器研发生产基地”的广东华盛塑料有限公司举行授牌仪式。广东华盛塑料有限公司现有现代化工业厂房25000多平方米，拥有专用设备生产线30多条，作为“肯德基”、“联合利华”、“康师傅”、“真功夫”等国内外知名企业的指定供应商，其产品质量已达到国际先进水平，产品畅销世界20几个国家和地区。

【广东省第一家国家家用纺织品安全检测重点实验室】8月18日，中国国家质检总局正式批准在汕头市设立国家家用纺织品安全检测重点实验室，这是国家质检总局在广东省批设的第一家国家家用纺织品安全检测重点实验室，也是粤东地区首家国家重点实验室。汕头市现拥有一批纺织产品的名牌企业，但中小民营企业占大多数，原料把关、质量控制和产品研发能力较弱，应对外国技术壁垒的能力十分有限，企业的发展受到技术瓶颈的制约，迫切需要在汕头建设为纺织企业提供强大技术支持的国家重点实验室。该实验室的设立，将为家用纺织品企业提供原料和产品检测、技术研发、信息咨询和技术培训等技术服务，帮助企业加强质量控制，促进企业转型升级，提高传统产业在国际市场上的竞争力。

【全省率先制发加载金融功能社会保障卡“一卡通”】11月23日，由省人力资源和社会保障厅、中国人民银行广州分行、汕头市人民政府联合主办的广东省加载金融功能社会保障卡首发仪式在汕头市举行。该社会保障卡集社保应用与金融应用于一体，既具备信息记录、信息查询、待遇发放等社会保障卡基本功能，同时也具有银行借记卡功能，可以借助金融机构完善的服务网络和准确的服务定位，为持卡人缴纳保费、领取待遇、结算支付和异地社保业务等提供更高效、更便捷的服务，从而更好地实现便民、利民、惠民的目标。汕头市在全省率先发行加载金融功能社会保障卡，是广东省社会保障卡“一卡通”建设与金融服务创新相结合的新起点，对于促进社会保障精确管理和金融创新服务民生，提升人力资源社会保障管理服务水平具有重要意义。

【全省地级市首个驻京团工委】7月30日，共青团汕头市委员会、汕头市青年联合会在北京举行团汕头市委驻北京工作委员会、汕头青联北京委员会成立大会，这是全省地级市首个驻京团工委和青联委员会。近年来，团市委、市青联顺应时代潮流，不断创新工作思路，在团结青年、服务社会、推动发展等方面取得了很大成效，这次成立汕头驻京团工委和青联委员会标志着汕头共青团和青年工作迈入一个崭新阶段。

【全省首批设立院士工作站】11月22日，全省首批设立、粤东地区唯一一家院士工作站——“广东省光华科技电子化学品院士工作站”在广东光华科技股份有限公司正式揭牌。广东光华科技股份有限公司是集电子化学品、化学试剂等专用化学品的研发、生产、销售和服务于一体的国家高新技术企业、国家火炬计划重点高新技术企业、国家创新型企业，是国内化学试剂行业三大领军企业之一。院士工作站以广东光华科技股份有限公司为依托，以产业发展的技术需求为导向，以院士及其创新团队为技术核心，联合攻克关键技术和难题。这不仅将为企业持续健康的发展提供技术支撑和人才保障，也标志着汕头市在利用高端科技资源，打造企业技术创新服务平台，推进政、产、学、研多方合作工作迈上了新台阶。

【西门蜈蚣舞队作为汕头市唯一代表参加广东国际旅游文化节开幕式】11月5日，由国家旅游局、广东省人民政府共同主办的“2011广东国际旅游文化节暨旅游推介会”在韶关市开幕，国家级非物质文化遗产西门蜈蚣舞作为汕头市唯一代表参加广东国际旅游文化节开幕式民间艺术表演。澄海西门蜈蚣舞起源于清同治至光绪年间，是一项广场性的大型动物舞蹈，表演时由一人擎彩珠带引，十五人执蜈蚣，藏身蜈蚣腹下，弯腰屈腿，操纵蜈蚣蜿蜒爬行，穿梭盘绕。

【莲花山温泉旅游度假村获“广东省温泉旅游示范基地”】12月17日，汕头莲花山温泉旅游度假村举行“广东省温泉旅游示范基地”挂牌仪式。“广东省温泉旅游示范基地”评定活动由各温泉旅游单位申报、经各地市旅游局初审和省旅游局综合考评，最终有40家单位获得这一称号，汕头莲花山温泉旅游度假村是汕头市唯一获此殊荣的温泉企业。

【粤东首家通过国家级资质认定的食品检验机构】9月，汕头检验检疫局食品实验室顺利通过国家级资质认定评审，成为粤东地区首家通过食品检验机构资质认定的实验室。汕头检验检疫局食品实验室，作为广东检验检疫局的区域中心实验室，长期为粤东地区进出口食品检验把关，并为应对食品安全突发事件提供技术保障，先后圆满完成奶粉中三聚氰胺、食品中塑化剂等突发食品安全事件的紧急检测工作任务。此次获得食品检验机构资质认可，进一步提升了该室质量管理体系的完整性和有效性，为确保进出口食品检验工作质量打下更坚实的基础。

【粤东地区唯一国家食盐定点生产企业】12月30日，粤东地区唯一的国家食盐定点生产企业——中国国家食盐定点厂汕头食盐配送中心主体工程落成。汕头食盐配送中心总占地面积25亩，规划二期，第一期工程总投资约2500万元，总建筑面积7千平方米，主要包括生产厂房、仓库和业务用房，预计2012年上半年投入使用，建设目标为年产加碘食盐4万吨、食盐战略储备能力1万吨。该项目建成后将彻底改变现有汕头盐业生产落后、仓储不足的被动局面，为保证粤东地区碘盐的正常供应创造良好的条件，同时进一步提高碘盐生产质量和加工水平，让粤东市民更方便吃到“放心盐”。

【粤东首家宠物专业市场】8月30日，粤东地区首家宠物专业市场汕头市金凤宠物批发市场正式开业。金凤宠物批发市场占地2万多平方米，新建设门店300多间，分设观赏鱼、鸟类、猫、狗、花卉、奇石、字画、根雕等多个批发零售区，同时还配建宠物医院、宠物美容、宠物食物、检验检疫、停车等综合服务，可同时容纳400多辆小车停放，场内配备24小时值班保卫，实行全天候保洁，为宠物经营者提供一个集中、安全、优质、稳定的经营场所，也为市民提供一个休闲的生活场所。

（年鉴编辑部）

经　济

ECONOMY

◆综合经济管理

◆财政·税务

◆民营经济

◆农业

◆工业

◆交通·邮政

◆信息业

◆城乡建设

◆对外经济贸易

◆商贸流通服务业

◆旅游业

◆金融

综合经济管理

宏观经济管理

【概况】2011年，汕头市发展与改革局抓住特区扩围的重大历史机遇，立足新起点，围绕“推动科学发展，建设幸福汕头”的核心任务，充分发挥职能作用，加强和改善经济调节基础性工作，推进项目管理、规划编制与实施、体制改革和国民经济动员等工作，切实当好政府参谋助手。

【年度计划编制】2011年，为确保全面完成“五年大变化”考核目标进度，确保按全省落实科学发展观考核中赶超进位的要求，市发展和改革局将经济社会发展计划指标与落实科学发展观考核指标体系及省经济社会发展计划指标有机结合起来，增加了“每万人公交车辆拥有量”、“每万人口医师数”、“城市人均公园绿地面积”、“万元地区生产总值二氧化碳排放量”、“氨氮排放量”、“氨氮化物排放量”等民生和社会发展指标；同时，为加强与上级统计制度的衔接，还增加了“工业增加值”、“批零销售额和住宿餐饮营业额”指标。据此，提出经济社会发展计划建议：在全面完成“十一五”规划目标的基础上，编制本年度全市经济社会发展计划，主要预期目标是：地区生产总值增长15.0%，工业增加值增长14.0%，第三产业增加值增长18.0%，一般预算收入增长20.0%，工业总产值增长14.0%，农业总产值增长3.0%，批零销售额和住宿餐饮营业额增长23.0%，外贸出口增长18.0%，外贸进口增长25.0%，全社会固定资产投资增长38.0%，全社会研究与发展（R&D）经费支出占GDP比重达0.55%，实际吸收外商投资总额增长35.0%，单位生产总值综合能耗、二氧化硫排放量和化学需氧量排放量完成省下达的控制目标，人口自然增长7‰，城镇人口登记失业率控制在2.5%以内，居民消费价格指数涨幅控制在4.0%左右，城镇居民人均可支配收入增长12.5%，农民人均纯收入增长13.0%。2月，通过市委市政府和市人大十二届六次会议批准。

【专项规划编制】2011年3月，汕头市发改局启动《汕头经济特区统筹城乡一体化发展规划》编制工作，落实汕头市政府与厦门大学签定的战略合作协议，并采用联合厦门大学、汕头大学的方式进行规划地编制。7月，与厦门大学、汕头大学签定委托协议，预计2012年底前形成规划送审稿。规划分近期和远期两个阶段，近期指2011–2015年，远期展望至2020年。规划近期目标以经济发展、规划建设、基础设施、社会事业、生态环保、管理体制等方面为重点内容，用文本、图纸、影像、多媒体数据库“四位一体”的方式体现规划成果，其中现代产业功能区和重大项目的空间布局和相关信息用多媒体演示系统展示。

年内，汕头市发改局会同南澳县政府聘请厦门大学组织编制《南澳实验区总体发展规划》，作为争取国务院批准设立实验区的支撑性文件。规划将对实验区的试验内容、可行性、风险预测及可规避性，以及扶持措施等进行深度研究，结合国家赋予横琴岛、前海、平潭岛的特殊优惠政策，组织研究提出需请求国家赋予的优惠政策措施意见。

【重大政策研究】2011年，市发改局牵头组织起草《汕头市加快总部经济发展的若干意见》以及《汕头市总部企业认定办法》、《汕头市发展总部经济扶持资金管理试行办法》、《珠港新城总部园区首期（上市企业总部集聚区）建设方案》三个配套文件，并由市政府印发实施；牵头起草《汕头市加快培育和发展战略性新兴产业的若干意见（送审稿）》，在11月上报市政府；牵头起草《汕头市贯彻〈海峡西岸经济区发展规划〉实施意见》，待《广东省贯彻海峡西岸经济区发展规划实施方案》正式发布后组织出台；牵头起草《汕头市粤台经贸合作试验区建设方案》，并由市政府上报省政府。

【重点建设项目公开征集】2011年9月，汕头市发展和改革局首次通过汕头日报、汕头电视台、汕头市政府门户网站、汕头市发改局门户网站等媒体对外发布《关于征集汕头市2012年重点建设项目的公告》，向社会各界、全市人民征集项目及对重点项目建设的意见建议，这在汕头乃至全省尚属首例。此次征集活动共收到海内外关心汕头发展的人士、团体或组织通过各种形式推荐的项目70多个、建议200多条，经进一步论证后，对可行且当前急需推进的13项纳入汕头市2012年重点建设项目计划（草案）进行实施。

【申请发行城投债】2011年，汕头市在粤东率先构建保障性住房投融资平台，创新“政府＋市场”的保障性住房建设发展新方式，平台以市发改局属下的汕头市城市建设开发总公司作为发债主体，申请发行20亿元城投债。在国家、省发改委的大力支持和帮助下，汕头市通过比选确定主承销商、审计、评级、律师4大机构，在较短的时间内完成申报材料的制作和上报。12月，经国家发改委核准，并与中国人民银行和国家证监会会签后，同意汕头市以市城市建设开发总公司作为投融资平台，首期发行13亿元城投债。于2012年正式发行。

【行政管理体制改革】2011年，市

发改局牵头推进濠江区行政管理体制综合改革试点。出台《濠江区行政体制综合改革方案》，在粤东粤西两翼地区率先开展以转变政府职能、简政放权为重点的行政体制综合改革。出台《汕头市人民代表大会常务委员会关于促进和保障濠江区行政体制综合改革的决定》和《汕头经济特区促进和保障濠江区行政体制综合改革规定》，以立法形式明确并固定市级放权范围，将第一批346项市级行政管理事项下放到濠江区。积极推进富县强镇事权改革，推动简政放权。2月，制订出台《汕头市人民政府行政管理事项放权目录》，将原由市级行使的49项行政管理事项下放区县政府行使。积极探索行政程序综合立法，在地级市率先出台《行政程序规定》，建立了管辖、协助、回避、公开、听证、说明理由、证据、时效等一系列行政程序制度，开创全国较大市和特区城市中行政程序立法的先河。推进"汕头市行政审批和公共服务综合信息系统"建设。9月，正式启动"汕头市网上行政审批大厅"子系统，把全市具有行政许可职能的42个单位，共188项大项358项子项的行政许可和非行政许可事项进行梳理上网，为市民提供的服务事项包括了证照、房产、教育、社保等12个分类、共158项，为企业提供的服务事项包括了企业设立、财税事务、人力资源等18个分类、共326项。继续推进事业单位改革，全市除75个市属单位上报省待审批为行政类事业单位外，市属事业单位分类工作已基本完成。

【创建国家电子商务示范城市】 2011年，汕头市发改局牵头组织开展创建国家电子商务示范城市工作，并以汕头市政府名义上报创建方案。该方案得到国家和省发改委的大力支持，同意汕头突破"近期国家电子商务示范城市的创建暂限于部分副省级城市"的限制。经过近半年时间筹备，汕头市顺利通过了初步评审筛选、国家专家评审、专家评议答辩、部门联审，使汕头从全国上报的众多城市中脱颖而出，被确定为21个国家电子商务示范城市之一。11月16日，在深圳会展中心召开的国家电子商务示范城市授牌大会上，汕头市被授予"国家电子商务示范城市"牌匾，为汕头再添一块国家级"金字招牌"。

【国民经济动员】 2011年，按照市国动委和省经动办的统一部署和工作要求，汕头市启动国民经济动员"十二五"规划编制的前期工作，11月上旬编制完成《汕头市经济动员十二五规划》上报省经动办备案。3月，根据全省经济动员会议精神和省经动办专门部署，按照餐饮制作业和食品配送单位及工业动员保障潜力调查的任务特点要求，采取属地调查的办法，组织对市各辖区内相关企业开展潜力调查工作，共筛选上报了26家符合条件的企业。4月，对涉及能源、交通、卫生等部门的9个动员任务单位开展国防后备力量组织整顿工作，组织整顿动员专业保障队伍17支1316人，5月中旬基本完成整组任务。5月，对市首批给养应急保障动员入选的13个企业进行实地察看，调查了解有关情况，听取企业意见，商讨挂牌的具体办法，协调挂牌企业做好应急预案并建立数据库，6月底完成符合条件企业挂牌11个，上报不符合条件撤销挂牌资格企业2个，按计划完成了授牌工作。从5月下旬开始至7月上旬，组织开展军用物资应急采购供应商推荐上报工作，经摸查筛选符合条件的企业后，推荐上报军用物资应急采购商共10家。

（卢晓燕）

国有资产管理

【概况】 2011年9月7日，汕头市人民政府国有资产监督管理委员会从汕头市经济和信息化局分设、独立进行运作，代表政府履行出资人职责。全年完成国有企业改革户数4户，安置职工1929人、支付安置成本4725万元，批复6家企业的改革思路，协调市财政局解决粮食集团属下米面制品厂等9家企业改革、职工分流安置分期应付的资金，完成2010年度国有资产经营收益3100万元的上缴任务。组织摸查纳入"三旧"改造规划四个重点片区（西港片区、乌桥岛片区、梅溪河两岸、黄厝围片区）看的国有企业土地资源情况，为实施"三旧"改造提供有效依据。

【资产监管及融资】 2011年，汕头市国资委相继出台《关于统筹盘活我市国企资源，加快国企改革，加强国资监管，努力实现国有资产保值增值的工作方案》和《加强国资监管，努力实现国有资产保值增值具体工作细则》，统筹盘活全市国企资源和加强国资监管。把市冷冻厂等9家企业资产划归市城市开发建设总公司管理，构建"城投债"融资平台，为市政府申请发行20亿元"城投债"创造条件；制订《关于创新港口建设机制引进战略合作伙伴加快广澳港区建设的工作方案》，引进中远集团等国内外龙头企业作为战略合作伙伴；审议和协助广东汕头超声电子股份有限公司向省国资委申请非公开发行6800万股票及募集资金；审议和协助汕头港务集团有限公司做好发行短期融资债券的基础工作；报经市政府同意，批准港务集团发行一年期5亿元短期债券。

【引进战略合作伙伴】 2011年，汕头市国资委继续引进国企战略合作伙伴，盘活国有资产。6月29日，与华润燃气投资（中国）有限公司，正式签订《投资合作协议》，商定汕头市二家国有管道燃气企业与华润燃气投资（中国）有限公司合作，成立合资公司；支持和协调汕头港务集团有限公司投资汕头港海门港区华能煤炭中转基地工程项目的建设，《汕头港海门港区华能煤炭中转基地工程项目投资协议》顺利签署；配合推动港务集团公司与中远集团推进广澳港区合作项目。

【国有资产统计及审计】2011年，全市完成国有资产统计报表汇编（审）的市属法人企业241户（包括一级监管企业94户，二级企业147户），被省国资委评为“广东省2010年度国有资产统计工作优秀单位。市国资委加强国企审计工作，年内再筛选6家中介机构进入市国资委清产核资、审计机构备选库，并组织开展对市粮食企业集团公司、市建筑工程总公司和市旅游集团公司3家企业负责人离任审计工作。组织开展企业“小金库”专项治理，全面复查、治理、整改，落实防治“小金库”长效机制。

【国企党建】2011年，汕头市国资委加强属下国有企业党建工作，组织选举出席市第十次党代会代表18名；组织开展企业“发展、党建”双品牌创建活动；发展新党员76名，受市委表彰先进基层党组织4个，优秀党务工作者4名；慰问企业困难党员800多人次资金12万元。

【国企职工生活福利】2011年，汕头市国资委指导市属各国有（集体）企业按照有关政策，解决退休职工医疗保险问题；会同市财政调查落实发放市属国有企业困难补助金约200万元；按政策解决一批职工因企业困难未能发放的计划生育奖励金问题；春节期间，筹集资金9万元，慰问困难职工600多人次；全年发放各项军转慰问金100.68万元，补助、慰问军转人员共889人次；贯彻落实国务院国资委等四部门关于解决国有企业职教幼教机构退休教师生活待遇问题。

【国企安全生产】2011年，汕头市国资委继续做好安全生产工作，制订《市国资委2011年安全生产工作意见》，下发安全生产文件20份。围绕市安委会下达的年度安全生产目标管理考核标准，落实企业安全生产责任制，深化安全生产专项整治，完成市安委会布置的工作任务。全年监管企业没有发生重大安全生产及消防事故。

【国企信访维稳】2011年，汕头市国资委建立健全接访机制及分工责任，全年受理职工来信124件次；来访56批次，273人次；来电108次，化解一批积案。协助完成市领导交办的重点信访案件，维护国资系统企业的稳定，全年没有发生职工越级进京赴省上访事件。

（张纯）

物价管理

【价格走势】2011年，汕头市居民消费价格总指数（CPI）同比涨幅5.3%，与全省持平，低于国家一个百分点。CPI构成的八大类消费价格七升一降，其中食品类价格领涨。在构成汕头市CPI的八大类项目中，食品类权重最大，其价格持续走高，从而推动CPI上行，至7月份见顶，8、9月份出现回落，但市场价格仍然维持高位运行。本轮农产品价格上涨态势，涉及的商品“量多面广”，带有普遍性；上升的幅度比较大，食品类全年上涨9.4%，价格坚挺呈刚性；整体价格上升持续时间长，带有明显的历史阶段性；四季度整体价格冲高回落，成为2011年价格走势的一个拐点。

【价格调控】2011年，汕头市物价局按照国务院和省政府关于稳定消费价格总水平、保障群众基本生活的要求，采取举措，维护市场价格和秩序稳定，保障群众基本生活。1月，按《汕头市价格调节基金管理规定》启动价格调节基金的申报和征收工作，全年从发电上网电量、建筑安装、金融保险、房地产开发、旅店与饮食业等渠道征收价格调节基金3330万元，其中区县389万元。澄海区、潮阳区征收入库金额分别达196万元和142万元。全年共三次启用市级基金920万元发放低收入群众临时价格补贴、扶持平价商店建设65万元。提前完成平价商店等“三项建设”年度计划，全市建成五类平价商店51家，其中依托供销社设立的8家、超市24家、粮油企业10家、农贸市场2家、其它类型7家。扶持建设蔬菜大棚项目9个、总面积1000多亩，扶持建设冷藏设施项目6个。澄海区被省定为全省平价商店建设示范县和市城乡平价商店全覆盖的先行区，已建成13平价商店家。市供销总社共建成平价商店8家。省、市共拔出价调基金300万元进行补贴，落实平价商店用水、用电等价格优惠政策。年内，市物价局会同市民政、财政等六部门，制订出台《汕头市低收入群众临时价格补贴与价格上涨联动机制实施意见》，建立以政府为主导，居民消费价格指数为主要依据，低收入群众为补贴对象，价格调节基金为支撑的联动机制，缓解物价上涨对困难群众生活的影响。全年共3次使用市级价调基金启动联动机制，两次争取省级价调基金，发放临时价格补贴，全市补贴总金额达2020万元，受惠群众近45万人次。通过汕头价格信息网站定期发布主要农贸市场价格信息，为农民提供价格信息服务。落实国家提高2011年稻谷最低收购保护价政策，促进农民增产增收。开展涉及农民工收费、农村教育收费、农村新型合作医疗和医药价格等涉农价费专项检查，规范涉农价费行为，确保惠民政策及时贯彻到位。落实各项价费减免优惠措施。主要减免优惠措施及减免金额有：减免公益性工程项目城市基础设施配套费10095万元；减免出口农副产品及出口纺织品出入境检验检疫费698万元；减免危房改造、学校建设人防易地建设费128.83万元；对符合暂免收费条件的单位和个人免收污水处理费984.33万元、垃圾处理费50万元；对整车运输鲜活农产品车辆优惠路桥通行费150多万元；对符合优惠条件的群体减免公交乘座费用1000多万元；减免下岗失业等社会低收入人员各项其它收费686.84万元，全年合计优惠总金额约1.38亿元。

【价格管理】2011年，市物价局加强价格监测网络建设，全市常年固定和重点监测点达到120个，分别向国家、省监测中心上报市场价格监测数据和动态分析报告120期和252期。实施重大节日、日本地震等重大事件的价格专项监控，防患市场价格异动。全年撰写价格监测分析报告98篇，其中有60篇被市政府采用并在政府网站发布，编印《价格快讯》25期。9月1日，启用新的商品标价签，对自选方式售货实行灵活标价方式，重点推进农贸市场明码标价，改进和规范液化气明码标价，规范出租车燃油附加费标价行为、停车场明码标价行为，贯彻落实商品房明码标价7项具体措施，推进商品房明码标价工作。贯彻落实义务教育阶段免收书杂费、借读费政策，规范中小学校服务性收费和代收费管理。制订出台了规范民办中小学校收费管理的措施，支持区县民办中小学校发展，全市民办中小学达64所，每年为社会提供学位86370个。鼓励公办高中引进非财政性资金，加强教育基础建设，对该类项目新增学位批准其按民校收费，年增加优质学位约2040个。加强医药医疗价格监管。落实降低部分药品最高零售价政策，每年减轻群众药品负担约9700万元 。整合医疗服务价格，制定基层医疗卫生机构一般诊疗费的收费标准，为10元/人次。调整理顺10家医院的病房床位价格。出台物业服务收费管理规定和车辆停放服务收费管理规定，增加管理服务内涵，调整服务收费标准，理顺价格关系。开展涉车收费的清理工作，重点规范涉及出租汽车、货物运输车辆收费管理。

【价格改革】2011年，汕头市继续实施机动车辆路桥收费年票制，年收费达3.4亿元；实行代收外地车辆路桥通行费次票，年增加财政收入2100多万元。对省级产业转移园区实施收费优惠扶持政策，累计减轻企业负担1531万元。建立覆盖全市的污水处理收费和垃圾处理收费制度，每年全市可征收污水处理费1.6亿多元、垃圾处理费2600万元。潮阳区、南澳县建立了垃圾处理收费制度，澄海区率先在汕头市采取用水消费量折算系数法开征垃圾处理费，上述两区一县年征收城市生活垃圾处理费近1000万元。年内，市物价局还帮助3家垃圾发电企业申报上网电价；调整2家热电企业上网电价和供热价格；落实运价油价联动机制，调整出租车燃油附加费；按照保持稳定、就低不就高的原则，审核17条公交线路票价；做好供水定价监审工作，促进中心城区“城中村”和涉农社区供水直抄到户改造工程。全市完成98个社区的水改和同城同价工作，受益居民约8.8万户、40万人。

【价格检查】2011年，市物价局共受理并办结群众价格咨询和投诉836件，查处价格违法案件102件、违法金额738万元，实施经济制裁金额196万元，其中退还用户39 万元，罚没入库 157万元。先后制定出台汕头市农贸市场、燃气行业、停车场、出租车燃油附加费、商品房和餐饮业明码标价等政策措施，规范有关行业明码标价行为，促进明白消费。开展超市明码标价和反价格欺诈、平价商店规范建设、农村电网改造、农村水价执行和供水管网改造、农贸市场和超市摊位费等专项调查和监管工作，引导市场合理收费，规范收费行为。组织开展价格执法专项检查，查处涉及市场、商品房、银行、电力、医药服务、教育，以及“由田纪夫”保健产品等价费违规问题。妥善处置日本地震引发的食盐抢购和涨价风波，维护社会稳定。加强12358价格举报平台建设，及时做好政策咨询回复，妥善处置价格投诉工作，平息可能出现的群体上访事件，化解社会矛盾，维护社会稳定。

【价格服务】2011年，市物价局进驻行政服务中心窗口的行政审批事项全面提速，受理办结各类业务事项208件。全年共完成定调价前成本监审项目10个，涉及被监审单位20个，审核企业上报总成本14.92亿元，核减不应计入定价成本的费用9925万元。全市各级价格认证机构共受理各类价格鉴定（认证）业务3922宗，金额3.13亿元。新增加汕头万年青制药有限公司、白沙禽畜原种研究所为“广东价格指数”平台成员，全市平台成员单位达10家。市价格认证中心及潮阳区、潮南区、澄海区价格认证中心通过省考核，被命名为价格认证机构规范化建设达标单位。汕头价格信息网完成全面升级改版。

（林学群 黄鹏 李汉胜）

审 计

【概况】2011年，汕头市各级审计机关共审计和审计调查264个单位（项目），查出违规金额1.49亿元，损失浪费金额1231万元，处理上交财政5341万元，处理应减少财政拨款及补贴3113万元，处理应归还原资金渠道313万元；移送纪检机关处理2宗、涉及金额406万元；上报并被采用审计信息45篇次，公开审计结果报告5篇。年内，完成新办公地点的乔迁工作，并启动运行“金审工程二期”审计管理系统及办公大楼智能化工程，完成全市7个区（县）审计局与省、市三级网络互联的基础工作。市审计局先后被授予“全省地方政府性债务审计先进单位”、“广东省对口援建汶川地震灾后恢复重建跟踪审计先进集体”、“全省审计宣传通联积极单位”、“2009至2010年度汕头市文明单位”和“汕头市2010年度扶贫开发‘规划到户责任到人’工作先进单位”等荣誉称号。

【债务审计】3月至5月，市审计局按照审计署、省审计厅的统一部署，统筹全局30多位业务骨干对汕头市辖下六区一县地方政府性债务进行全面审计。按照“见账、见人、见物，逐笔逐项审核”原则，对474个单位、2727 份报表、2110笔债务约11万个数据进行审计、审核，全面摸清六区一县地方政府性债务情况，按时保质向上级审计机关提交债务审计数据和审计报告。同时汇总、分析全市债务情况，向市委、市政府提交《强化管理，控制风险，提高绩效—加强我市政府性债务管理的审计建议》的审计专报，为制定加强政府性债务管理的政策措施提供决策参考。市审计局被省审计厅评为地方政府性债务审计先进集体，“澄海区地方政府性债务审计项目”被评为全省债务审计优秀项目。年内，市审计局还牵头组织市教育、财政和7个区（县）政府，全面铺开市、县、乡镇三级公办普通高中债务审计调查和农村义务教育债务审计工作，逐校、逐项、逐笔摸清全市85所公办普通高中的负债规模、形成原因、结构和投向、潜在风险等情况，以及对全市26个乡镇(街道) 250所公办学校的农村义务教育债务进行清理核实和审计锁定工作，并就加强债务管理，促进普高教育持续健康发展和清理化解农村义务教育债务提出意见和建议。

【国有企业审计】2011年，全市审计机关共审计和审计调查17个国有企业，应上缴财政1388万元，虚报或隐瞒转移收入98万元，少列或虚列成本费用11203万元，少计少缴税费254万元；已上缴财政1100万元。此外，市审计局对港务集团、城市开发总公司及超声集团等3家国有企业审计及企业负责人的经济责任审计过程中，摸清这三家政府“投融资平台”试点单位潜在的资产和经营管理优势，提出多项切实可行的审计意见，为市委、市政府确定投融资平台主体和建设“一湾两岸”、“珠港新城”提供决策参考。

【专项资金审计】2011年，全市审计机关对农综发、医疗收费、食品药品、中小学教师待遇“两相当”、舟曲救灾和“广东扶贫济困日”活动捐款等涵盖农业、社保、医疗、教育、赈灾等共38个项目进行审计和审计调查，共审计专项资金总额14.16亿元，审计发现有问题的资金总额1589万元，其中发现：虚列支出100万元，资金滞留闲置812万元，配套资金不落实42万元，其他问题资金635万元；已上缴财政144万元，审计促进拨付资金到位686万元。在对市、区（县）9家公立医院医疗收费专项审计调查中，发现9家公立医院存在超标准收费、重复收费、分解项目收费、虚增耗材多收费359.02万元，审计依法对相关医院进行处理处罚，并对医院药品的定价机制中存在部分药品阳光采购价虚高、部分采购药品在进入医院前的配送环节加价率大的问题提出有针对性的建议和建议。

【固定资产投资审计】2011年，全市审计机关共对18个工程结算项目进行审计，核减工程造价3504万元。同时，圆满完成汶川地震灾后恢复重建跟踪审计任务，推动市政府援建工作顺利完成，按时保质地向省厅上报了三年的审计工作情况总结，受到省厅的高度肯定并被授予“广东省对口援建汶川地震灾后恢复重建跟踪审计先进集体”。汕头市特危房抢险安置工程跟踪审计任务也圆满完成，三年来共完成对15个项目投资额为839万元的工程审核，核减工程造价130万元，核减率为16%。

【经济责任审计】2011年，全市各级审计机关按照中央两办《党政主要领导干部和国有企业领导人员经济责任审计规定》（以下简称《规定》），积极推动深化经济责任审计工作。全年共审计领导干部115人，其中区、县、镇、街道党政主要领导24人，行政事业单位领导干部80人，国有及国有控股企业领导人员11人；查出违规金额5936万元、管理不规范金额47440万元。同时，市审计局还加强对领导干部履责用权的制约，促进依法行政，反腐倡廉。

【审计整改】2011年，市审计局按照“审而要究、审而要改、审而要用”的原则，继续完善政府主导、人大监督、审计督办、部门落实的审计整改机制。通过整改，促进市直有关部门上缴财政专户1937.6万元，市、区两级地税部门追缴入库税款1645.24万元、清缴延期缴纳税费入库9843.32万元，移送纪检监察部门处理的事项中，已被立案侦查并给予党纪处分1人。在10月26日召开的全省审计整改工作会议上，汕头市汇报审计整改工作先进经验。

【内部审计】至2011年底，汕头市内部审计机构已经发展到63个，内部审计人员169名，共完成审计项目

1459个，增加效益919万元、提出审计建议被采纳的有449条，向司法机关移送案件4件。汕头海关督查内审处获“全省内部审计先进集体”荣誉称号，杨魁俊等3名内审人员被评为“全省内部审计先进工作者”。

【审计学会】2011年，汕头市审计学会加强审计理论研究和创新，市审计局提交的论文《试论我国政治体制对经济责任审计的影响和作用》参加省审计厅“经济责任审计研究”课题，获得2011年度优秀审计论文三等奖。学会推荐的《党政主要领导干部经济责任审计中量化环境绩效审计评价的运用》论文参加7月份省审计厅在东莞举行的粤港澳环境审计研讨会。

（李依依）

统　计

【统计“四大工程”建设】2011年，汕头市按照国家和省统计局的部署，专门成立统计“四大工程”建设工作领导小组开展统计“四大工程”（基本单位名录库、数据采集处理软件系统、联网直报系统、企业一套表制度）建设试点工作，在全市范围开展基本单位名录库建设维护与管理。经市统计局摸查核并报国家统计局审定，汕头市共有“三上企业”（规模以上工业企业、限额以上批发零售住宿餐饮企业、资质以内的建筑业企业和房地产开发企业）2826家，全年共发送统计法律事务告知书3021份，基本完成“三上企业”的法律事务告知工作。市统计局还先后组织“三上企业”业务培训21场，培训企业统计员4000多人次，公开招投标采购网络配套硬、软件，广泛发动企业网上直报（全市试点第一阶段上报率达到91.69 %，第二阶段上报率达到97.03%。）为全面实施“四大工程”建设打好基础。

【统计咨询服务】2011年，汕头市统计局着力为党委政府决策服务，及时为党政领导提供月（季）度和年度统计资料，为市委九届十次会议、市第十次党代会、市“两会”的胜利召开提供强有力的统计保障；为总结特区成立30周年成就、“十一五”发展成果、制订“十二五”发展规划以及实现“十二五”第一年良好开局等提供有力的基础数据支撑。针对2011年全市经济任务完成压力大，市统计局强化国民经济核算工作，在抓好季度GDP核算的基础上，从10月份开始将GDP纳入月度重要指标监测，加强预警服务。同时，抓好落实科学发展赶超进位、节能减排、产业转移园区、科技、人口、粮食等各项评价考核工作的统计跟踪监测。全年撰写《汕头统计》16期，4篇统计分析获省局表彰，一些分析文章被多家媒体转载。《汕头统计年鉴》全面改版升级，扩充版面44个，增加大量数据信息，为各级党政和社会各界提供更丰富的统计成果。

【统计制度改革】2011年，市统计局改进国民经济核算方法，建立月度GDP测算制度。执行新的规模以上工业统计标准，实施工业企业财务月报制度，完善工业企业统计台帐。建立服务业统计联席会议制度，明确部门统计职责。扩大能源统计范围，细化能源统计品种，制定了区县季度地区能源消费总量核算制度。执行新的固定资产投资统计标准，建立保障性安居工程统计制度，在全省率先实行建筑业、房地产开发企业联网直报。及时更新维护纳入城镇范围的基层单位字典库，完善私营单位工资抽样调查。扩大贸易统计改革实施范围，加强重要商品购进、销售和库存统计，加大对限额以上个体户统计工作力度，做好新指标的提供和发布工作。继续实施分区县农村住户抽样调查，科学评估农民收入和支出数据。实施扶贫开发监测调查，建立扶贫统计制度。做好社会、科技、环境和文化产业综合统计工作，以及妇女儿童“两纲”规划监测统计工作和人才资源调查工作。

【第六次人口普查圆满完成】2011年，全市各级普查机构在圆满完成第六次全国人口普查入户登记工作的基础上，全面推进人口普查各项后续工作。5月，正式发布第六次人口普查主要数据情况。各级统计部门和人口普查机构通过解读第六次人口普查数据，分析市人口发展的现状与形势，解读人口特点与问题，宣传人口意识、人均观念和人口普查取得的重大成果。并隆重表彰第六次全国人口普查中涌现出来的先进集体和先进个人。

链接：

以2010年11月1月零时为标准时点进行的第六次全国人口普查，汕头市有常住人口5391028人，家庭户1135690户，家庭户人口为5063969人，平均每个家庭户的人口为4.46人。男性人口为2706324人，占50.20%；女性人口为2684704人，占49.80%。0-14岁人口为1201387人，占22.29%；15-64岁人口为3811124人，占70.69%；65岁及以上人口为378517人，占7.02%。具有大学（指大专以上）程度的人口为224461人；具有高中（含中专）程度的人口为783191人；具有初中程度的人口为2031117人；具有小学程度的人口为1828091人，文盲人口（15岁及以上不识字的人）为144460人。

【统计法制建设】2011年，市统计局继续推进统计法制建设，强化全社会统计法制意识，重点增强企业依法履行统计义务的自觉性。积极开展统计法制宣传教育，树立依法统计观念；加强统计执法，维护统计工作秩序；执法人员持证上岗、亮证执法、规范执法，树立统计法制权威，加强监督检查；开展经常性统计执法检查，严肃查处企业统计违法行为，营造有序的统计法制环境；通过全面系统培训，提高统计执法人员素质，打造一支高素质的统计执法队伍。

（张凤琪）

经济社会调查与监测

【概况】2011年，国家统计局汕头调查队充分发挥职能优势，提升调查的公信力，为国家、省、地方各级党政服务。汕头调查队的恩格尔系数和可支配收入被列入全省科学发展观评比考核体系的指标；全年共编发《汕头调查信息》36期，其中《汕头市大学生就业状况与面临困难》获国家统计局广东调查总队优秀统计分析三等奖。向汕头市委市政府报送调查信息和调查报告42篇，采用26篇，得到市领导批示4篇，在市政府采用通报中位列汕头市直部门及中央、省驻汕单位第二名，获得“2011年汕头市政府系统政务信息工作先进单位”称号。调查队还与汕头大学商学院合作调研课题《汕头市居民主观幸福感影响因素研究》，获省总队优秀重点课题二等奖。

【专项调查】2011年，汕头调查队圆满完成城市环境保护满意率调查、公共文明指数测评活动问卷调查、组织工作满意度调查、社会公共服务均等化调查、汕头市居民幸福感调查、广东群众幸福感测评调查、中纪委委托的国有企业反腐倡廉民意调查等7个专项调查。在完成国家、省的调查任务的基础上，调查队还自发开展了日本3•11地震对汕头外贸经济的影响、当前生猪防疫存在问题和建议、物业管理情况调查、大学生就业状况和面临的困难、汕头市房地产开发经营情况、小额贷款公司发展探索等多个专项调查。

【统计法制】2011年，汕头调查队研究制定《法制工作岗位责任制》，明确统计法制工作责任和分工，落实统计行政执法责任制；出台《迟报统计资料违法行为处理办法（试行）》等制度，规范统计执法活动，提高执法活动的质量和水平。年内，按照省总队的部署，组织力量对各专业的统计基层基础和调查数据质量进行全面自查，完成对5个专业7家企业统计基础工作和统计调查数据质量的全面执法大检查。加强统计普法宣传教育，充分利用各种统计调查、年报会议等机会，下发《统计法》宣传单2000多份；启用“企信通”短信群发平台，向调查对象发送普法短信443条，不间断进行短信普法宣传。加强统计执法队伍建设，选派执法干部参加国家统计局举办的法制培训班；举办《统计执法与依法行政》法制讲座，提高调查队伍业务素质和执法水平。

（周振文）

工商行政管理

【概况】2011年，汕头市工商行政管理局把服务发展作为第一要务，进一步强化服务意识，加强政策支持，提高服务水平。通过设立“窗口办”综合受理工商对外业务，推进“一个窗口许可”；围绕促进企业增量提质出台全面实施“十个一批”创新举措和具体目标；依法放宽市场准入，推进网上登记服务等措施促进各类市场主体加快发展。对全市的重点项目和企业主动提供政策支持并实施全程跟踪服务，支持企业股改及上市发展。允许股权、商标权出质，放宽动产抵押登记范围，协助企业融资，支持企业做大做强。全年全市新登记外资企业54户、内资企业190户、私营企业3066户、个体工商户19452户，新登记企业数比上年同期增长8.03%。办理新登记和改制为股份有限公司13户，为企业出具资信证明30份。办理股权出质登记19宗、动产抵押登记146宗，协助企业融资32.04亿元。全市有103户企业升冠省级企业名称、2户企业注册不冠区域企业名称。截至年底，全市共有外资企业1424户、内资企业9061户、私营企业24640户，各类企业注册资本合计超千亿元；共有个体工商户130453户，注册资金19.85亿元。

【市场经济秩序整治】2011年，市工商局按照市政府的部署，开展经济户口清理工作，扶持引导个体工商户转型升级为企业。全年共查处无照经营案件1182宗，引导无照经营补办执照20813户，扶持引导个体工商户升级为企业272户。全面实施基层“网格化”综合监管和“网上年检”，企业网上年检率超过80%。继续推进“无传销社区”创建活动，加强重点场所巡查监控，大力规范直销行为，连续六年被省评为打击传销“四类（良好）地区”。加大对扰乱市场秩序的突出问题整治力度，共查处各类案件1727宗，其中，不正当竞争案件25宗。查处商标违法案件135宗、广告违法案件9宗，全市主流媒体广告违法率低于全省平均违法率。查办市场内违法违规案件25宗。开展“守合同重信用”企业公示活动，确定市级“守合同重信用”公示企业996户。牵头开展市场中介组织防治腐败工作，积极参与开展社会治安综合治理、打击拼装三轮车窝点、取缔“黑网吧”、打黑除恶、扫黄打非、城市管理等整治工作，净化市场环境。全年共办理城市管理热线转办事项207项，查处取缔黑网吧66个，没收电脑410台套。

【食品安全监管】2011年，市工商局继续推进食品安全监管，建立和落实乳制品每周抽检制度，针对市场消费热点和节假日市场，先后组织开展饼干、米面制品等食品抽检234批次，组织抽检乳制品209批次。规范食品流通环节准入管理，全年共核发食品流通许可5947份。先后开展农村食品市场、乳制品市场、酒类市场及清查塑化剂、血燕等专项整治行动，严厉打击流通环节违法添加和滥用食品添加剂等违法行为。共查处食品质量违规案件193宗，移交公安机关立案查处案件2宗。

【商标管理】2011年，汕头市出台《实施商标战略促进经济发展的意见》，市政府成立实施商标品牌建设领导小组，将实施商标战略列入考核各级政府经济和社会发展的重要内容，并对创品牌工作给予财政支持和政策扶持，有力促进汕头商标品牌建设的持续发展。全年全市新认定“中国驰名商标”2件、“广东省著名商标”21件，全市累计注册商标76765件，拥有“中国驰名商标”17件、省著名商标233件，继续居全省前列。在中国（上海）玩具展上，澄海工商部门牵头组织澄海玩具企业“抱团”出击，设立唯一以地方命名的展馆—“澄海馆”，成为本届展会最大、最具规模的地方展团，“澄海玩具”区域国际品牌效应进一步凸显。同时，总结推广“澄海玩具”区域国际品牌创建成功经验，引导外砂酱腌菜、龙湖毛衫等特色产业和农产品创建区域特色产业品牌，“金平食品”、龙湖“蔡社糖果”顺利注册集体商标。澄海区工商局再创“澄海毛衫”区域品牌，在香港服装展上首次组织澄海毛衫企业作为广东唯一一个产地展团抱团参展。

【消费维权】2011年，市工商局加大12315行政执法体系“四大平台”建设力度，对12315投诉举报业务系统进行改造升级，进一步畅通维权渠道、提高维权效率。全面推进12315进商场、进超市、进市场、进企业、进景区“五进”工作，全市首批25个企业和景区挂牌运作。澄海区工商局联合区人行支行设立粤东首个金融消费维权服务工作站；南澳县工商局推进景区维权，在南澳总兵府、宋井等旅游景点设立消费维权服务站。同时，进一步拓宽消费维权举报渠道，组织开展领导干部大接访活动，市、区县工商局两级联动听民声访民意解民忧。全年市工商局12315投诉举报中心共受理消费者申诉、举报、咨询总数15266宗，与去年同期相比减少10%；其中接受消费者咨询13133宗；受理申诉1541宗，与去年同期相比增加72.4%；占商品类投诉前三位的分别为：电器、食品、百货；占服务类投诉前三位的分别为：电信、邮政、互联网服务；受理举报592宗，与去年同期相比减少8.78%；已办结申诉1058宗，已办结举报298宗；为消费者挽回经济损失金额41.53万元，罚没金额23.15万元。

【服务新农村建设】2011年，市工商局落实支农惠农政策，深入开展产业兴农、商标富农、合同帮农、红盾护农等活动，全年全市共登记农民专业合作社21户，对农产品商标“申著”给予重点扶持，截至年底，全市已注册涉农商标2450件，占全市有效注册商标总量的3.76%，其中农产品著名商标13件。指导各县(区)工商局12315维权服务站点建设，主动协助有关职能部门积极推进“一会一站”的建设，开展红盾护农行动，维护“三农”合法权益。

【基层规范化建设】2011年，市工商局认真贯彻省工商局基层规范化建设现场会精神，突出抓好干部大培训工作，先后组织工商所岗位资格认证考试，举办全系统执法办案和商标业务培训班，进一步提升基层队伍专业化水平；逐步推行VI形象识别系统，升级视频会议网络系统和购置计算机等办公设备，基层办公执法环境进一步优化。举办全系统“切实履行食品安全监管职责，努力防范和规避工商行政管理职业风险”巡回讲座，并组织对食品安全监管工作的专项督察，有力推进食品安全整治深入开展。

（张泽民）

质量技术监督

【概况】2011年，汕头市质量技术监督局开展“质量强市”活动，先后印发《汕头市质量强市活动的主要目标和任务分解表》和《汕头市质监系统质量强市活动实施方案》，召开全市质量强市工作领导小组第一次联席会议，制定汕头市质量强市领导小组的会议制度、信息交流制度等工作制度及工作职责，建立起一级抓一级、层层抓落实的目标责任体系。同时，加强名牌培育工作，起草《广东省汕头市政府质量奖评审管理办法（试行）》上报市政府，推进市政府质量奖的实施。完成2010年汕头市工业产品质量状况报告，为市政府宏观经济决策提供参考依据。2011年，全市共有28家企业28个产品评为省名牌产品，现有省名牌产品51家64个产品，名牌总数保持粤东地区首位。

【质量监督】2011年，市质监局开展工业产品生产许可证生产企业分类管理试点工作，对全市工业产品（不含食品类）1266家次企业1664批次产品进行定期监督检验，合格1556批次，批次合格率为93.5%，产品合格率稳定在较好水平。开展纸制品、婴幼儿及儿童服装、学生服、电蚊拍、学生用品（含修正液）、电暖袋、液体加热器、电线电缆、插头插座、危险化学品及其包装物等10个与群众生活密切相关的工业产品质量专项监督抽查。其中，对14家纸制品企业14批次进行监督抽查，合格率100%；对34家婴幼儿及儿童服装企业36批次进行监督抽查，合格率83.3%。同时配合稽查部门对玩具产品开展执法联动抽查；协调配合省质监局开展玩具、文具、鞋类、服装、机械类等产品的省级定期和专项监督抽查。在澄海区政府的支持下，对澄海玩具实行免费定期监督检验。加大产品质量监督后处理力度，后处理覆盖率达到100%。落实国务院办公厅《关于严厉打击食品非法添加行为切实加强食品添加剂监管的通知》要求，进一步加强对食品企业、食品添加剂企业和食品小作坊的监管工作，开展邻苯二甲酸酯专项检查，有针对性抽检了117批次样品，未发现企业采购和使用邻苯二甲酸酯类物质生产加工食品的行为。加强对乳制品及含乳食品的监管，重点做好乳制品检验检测和重新审查发证工作，有3家乳制品企业通过重新审核，获得新的乳制品生产许可证，6家没有按时提出重新审核申请的乳制品获证企业，已被国家质检总局依法注销其乳制品生产许可证。从8月份开始组织开展为期6个月的规范食品企业生产行为、督促企业落实主体责任的专项行动，加强食品企业证后监管。落实食品质量监督检验制度，全年共抽检食品企业708家（包括小作坊），抽检食品2856批次，合格率为85.5%。加强化妆品、食包材等获证企业的证后监管，共抽检化妆品企业145家，抽检产品543批次，合格522批次，产品合格率为96.1%；抽检食包材企业207家，抽检产品535批次，合格496批次，产品合格率92.7%。建立食品生产加工企业（包括小企业小作坊）档案，已登记建档的食品生产加工企业（含小作坊）816家。其中，已获得食品生产加工企业696家、1018张证书，小作坊120家。初步建立食品安全危害预警机制，先后开展传统美食“三丸”、南澳海产品龙须菜、酒类等食品的安全危害因素的调查，有针对性地进行风险监测，为消除食品安全危害提供科学依据。

【**计量监管**】2011年，市质监局在全市继续开展“推进诚信计量、建设和谐城乡”主题行动，共有22家单位实现诚信计量自我承诺，超额完成省质监局下达的任务。对辖区内201家集贸市场、221家卫生医疗站（所）、153家计生服务站在用的强检计量器具实施免费检定，共检定（校准）计量器具12.3828万件（其中强检计量器具8.6562万件），比2010年同期增加6.9%。开展以宾馆酒楼、集贸市场、眼镜店、加油站和液化石油气经营单位为重点的计量执法检查，检查经营单位130家。在“5•20”世界计量日期间，开展“计量实验室开放日”活动和世界计量日宣传活动。协调和推进电能表计量检定工作，承接电能表计量检定任务。加大对定量包装商品的计量监管，落实省质监局工作部署，组织对粤东五市通过“C”标志评价的15家企业生产的45批次定量包装商品进行监督抽查；组织对汕头市辖区的流通领域、生产领域定量包装商品进行监督抽查，共抽查13类商品200个样品。开展定量包装商品生产企业“C”标志评价活动，有2家通过“C”标志评价。推进能源计量工作，制定《2011年汕头市质监局节能减排工作方案》，加强对列入省千家重点耗能企业的巡查，指导企业合理配备计量器具，帮助用能企业建立健全能源计量管理制度和能源计量数据管理制度，督促企业按周期对所配备的能源计量器具进行检定、校准，保证能源计量器具准确可靠。与19家重点耗能企业签订了“十二五”期间“共同推进节能降耗增效工作责任书”，并组织对重点耗能企业能源计量器具配备和管理情况进行考核。抓好计量基础工作，全市建立计量保证体系123家，其中二级计量保证体系企业15家，三级计量保证体系企业108家，推进1家企业测量管理体系工作的开展。对全市计量认证获证机构进行全面监督检查，重点加强机动车安检机构的监管，指导和规范机动车安检机构，组织开展安检机构检测人员能力比对，提高检测水平。

【**标准化监管**】2011年，市质监局以市政府名义出台《进一步加强我市实施技术标准战略工作的意见》、《进一步加强我市农业标准化工作的意见》；制定《汕头市实施技术标准战略“十二五”规划》和《汕头市农业标准化“十二五”规划》。邀请国家标准研究院王金玉、李春田2位专家来汕举办“推进技术标准战略，提高企业自主创新能力”专题讲座。10月份市质监局与澄海区政府签订共建玩具产业标准化示范区合作备忘录，推动澄海玩具产业转型升级。给予在2010年度技术标准战略突出的71家企业73个项目奖励；汕头6家企业7个项目获得省技术标准资助40.5万元。企业参与国家标准、行业标准和省地方标准26项，制定发布《玩具用电动机》系列联盟标准8项，引导企业制定高于国家标准、行业标准18项；推动玩具、针织内衣、洗涤用品等重点工业产品完成采标146项。创建“标准化良好行为企业”9家，市标准与编码所与潮阳局联合编制了创建“标准化良好行为企业”电子和纸质范本和《标准化基础知识》教材。进一步健全标准信息和技术标准数据库，为100家重点企事业单位提供了“标准直通车”免费查询服务，解决企业标准文本查询需求。组织举办标准化培训班19期，共培训1680多人。推动汕头市茶文化协会制定“潮汕工夫茶”省地方服务标准，批准制定《组织机构代码服务规范》等4项省地方标准，开展《潮汕餐饮标准体系研究》。确定制定市农业地方标准、示范区建设等项目48项，完成6个市级农业标准化示范区的考核。推动在建2个省级、6个市级的农业标准化示范区续建。地理标志产品保护工作取得新成效，南澳牡蛎申报项目通过国家总局的专家评审，获得地理标志产品保护。全年受理代码证书15813份，完成续展企业1125家。商品条码胶片制作8568种产品，发展商品条码新成员521家；印刷质量检验5372种；推广数字证书9001家，对37832家单位进行了年检，办理IC卡1894家。

【特种设备安全监察】2011年，市质监局在《汕头日报》刊登《关于进一步落实特种设备生产使用单位安全主体责任的通告》，明确特种设备安全主体责任。对189宗新安装锅炉节能文件进行审查，重点检查锅炉节能工作的落实，对列入淘汰的炉型实行严格监管。联合粤东（汕头、潮州、揭阳）三市开展液化石油气充装质量安全整治工作，对全市56家液化石油气充装单位和3家气瓶检测单位进行检查，全面落实气瓶“两站”质量安全主体责任。组织开展全市液化石油气充装质量监督抽查工作，保证液化石油气充装质量。开展起重机械专项整治回头查工作，组织对900多台未在册电梯进行整治，深化电梯整治成果。强化对检验机构和电梯安装维保单位的监管。解决了汕头第一城住宅区27部电梯超期不检的老大难问题，消除安全隐患。开展特种设备隐患排查工作，消除特种设备重大事故隐患46宗，涉及特种设备248台（套）。组织对人群集聚的商场酒店电梯、公园景点的大型游乐设施进行检查督查，确保节日期间特种设备的安全。修订《汕头市特种设备重特大事故应急预案》，完善全市特种设备应急体系的框架建设，开展应急演练，提高应急救援能力。

【打假治劣】2011年，市质监局先后开展肉制品（瘦肉精）、食品添加剂、塑化剂、液化石油气、民生计量、儿童服装、儿童玩具等19个专项执法检查。全市系统共出动执法人员6809人次，检查生产、加工、经销单位1505家，立案463宗，结案414宗，移送公安机关5宗，移送其他部门3宗。针对“瘦肉精”、“食品非法添加和滥用食品添加剂”、“塑化剂”等食品问题，有针对性地开展专项执法检查，对食品生产企业进行地毯式清查；针对液化石油气质量投诉较多的情况，开展3次液化石油气质量专项检查，对有违法添加二甲醚行为的企业，涉及刑事犯罪的，严格按照规定移送公安部门予以查处，规范液化石油气充装行业。对2010年度立案查处奶制品中添加三聚氰胺的案件3宗案件予以办结，规范含乳产品企业生产行为。加强与名优品牌公司联系，互通信息，联手打击侵犯知识产权和制售假冒产品违法行为；积极挖掘案源，严查侵权违法行为，成功端掉假冒洗涤化妆品生产窝点和涉嫌侵权假冒玩具生产工场8个。发挥“12365”投诉举报平台的作用，受理举报投诉案件151宗。与全市打假成员单位和区县府签订打假责任书，成立工作指导组，进驻潮南区和潮阳区，开展为期3个月的打假指导工作。组织全国13家名优企业在广州召开座谈会议，制定打假扶优合作框架协议。

【技术机构建设】2011年，国家玩具质量监督检验中心（汕头）顺利通过专家评审，正式挂牌投入运作。国家玩具质量监督检验中心大楼建设项目按计划稳步推进，基建工作有实质性进展。日用精细化工产品检验省站（汕头）通过省质监局资质认定现场评审和考核验收。市质计所已有国家玩具质量监督检验中心1个，食品、玩具、服装、精细化工省站4个，已获广东省质量技术监督局资质认定的产品检测能力1214个产品/880个参数/2247个标准，主要有食品、农产品、化妆品、化学试剂、机械产品、电机、轻工产品、玩具、童车、纤维纺织服装产品等检测项目。累计建立了长度、力学、热工、电磁、无线电、理化、光学、声学、时间频率、电离辐射等类别的社会公用计量标准88项，开展计量检定校准项目277项，商品量检测项目1项。通过中国合格评定国家认可委员会（CNAS）认可的产品检测项目1949项，计量校准项目233项。已申报科研项目6项。实验室先后取得美国、日本、澳大利亚、香港、台湾、新加坡、新西兰等国家和地区实验室认可组织的互认。公共技术服务平台建设有新发展，成立潮阳和平音像制品、澄海澄华工艺毛衫服装、莲下日用化工检测技术服务平台；进一步推进潮阳区谷饶镇针织服装专业镇、潮南区峡山镇精细化工专业镇、金平区石炮台街道办包装机械制造专业镇技术检测服务平台的建设。设立“国家玩具质量监督检验中心（汕头）澄海办事处”和“广东省纺织服装产品质量监督检验站（汕头）澄海办事处”。技术服务逐步覆盖汕头所有产业，满足产业发展需要。

（周琦）

食品药品监督管理

【概况】2011年，市食品药品监管局全年共审批发放《餐饮服务许可证》610家，其中延续餐饮服务56家；核发《药品经营许可证》45家，《药品经营许可证》变更87家，换发《药品经营许可证》54家，注销《药品经营许可证》12家，核发GSP证书283份，批发企业

GSP跟踪检查16家，缴销GSP证书2份；核发《保健食品经营企业卫生许可证》76家，变更36家，换证107家，注销17家。5月，市药检所顺利通过广东省质量技术监督局对该所药品、化妆品、保健品和食品共121个参数能力扩项资质认定评审。8月，按照市委、市政府的要求，市食品药品监管局向濠江区人民政府下放有关食品药品监管职能。

【餐饮服务食品安全监管】2011年，市食品药品监管局开展餐饮服务环节食品安全专项整治。以提供火锅、自制饮料、自制调味料等服务的餐饮单位为重点，严厉打击食品非法添加和滥用食品添加剂的违法行为。共出动执法人员2629人次，检查企业1395家次，签订《餐饮服务食品安全承诺书》219份。以小餐饮、火锅店、川味馆及学校、工地等集体食堂为主要对象，加强餐饮服务环节地沟油整治和餐厨废弃物管理工作。组织开展整顿规范小餐饮专项行动，进一步完善小餐饮食品安全监管机制。共发放《告知书》1750份，督促小餐饮企业办理《餐饮服务许可证》245家。全面推进集体食堂食品安全规范管理工作。多次召开现场会，联合市教育局对全市学校（含幼托机构）食堂进行食品安全专项检查，共出动执法人员158人次，检查学校（含幼托机构）59家。完成餐饮服务环节创卫迎检工作和重大活动餐饮安全保障。6月中旬开始，市食品药品监管局从全市系统抽调精干监管力量和车辆，通过错时监管、加班监管等方式，全力开展餐饮服务环节创卫迎检专项行动。共出动执法人员1452人次，检查餐饮服务单位4680家次。根据市委、市政府指示，先后共完成餐饮服务食品安全保障任务13次，累计保障天数达58天，出动执法人员245人次，确保了汕头特区建立三十周年庆祝活动等重大节庆、重大活动餐饮服务食品安全。加强餐饮环节日常监管，严格贯彻执行《餐饮服务许可审查规范》。以食品安全宣传周活动、全市餐饮服务业纪念《食品安全法》实施二周年会议、餐饮食品安全知识讲座和创卫迎检活动为契机，大力开展餐饮服务食品安全宣传教育，共制作食品安全宣传小折页12000份，发放宣传海报、公告800套共3200张，并拍摄了《规范集体食堂管理、确保饮食卫生安全》作为大会专题片。开展餐饮服务食品安全监督抽检工作，对经营范围含制售面点糕点、烧卤熟食项目的餐饮服务单位，集体食堂以及火锅店等重点场所进行抽检，共抽检餐饮服务单位45家，抽查品种共129批次。在全市范围开展餐饮服务环节制售月饼专项抽检，共抽检10家餐饮服务单位提供的26批次的月饼，并及时将抽检结果告知市民。

【药品和医疗器械监管】2011年，市食品药品监管局加强药品生产环节监管，对辖区内6家高危药物生产企业开展不少于两次的现场检查，完成对广东卫伦生物制药有限公司生产的血液制品批签现场抽样30多批次，对17家中药生产企业开展专项检查，对17家生产企业开展药品GMP跟踪检查。共派出驻厂监督员100多人次，驻厂检查企业40多家次。共派出观察员9人次参与GMP延期现场检查。受省食品药品监管局委派对4家企业申报的仿制药生产进行现场动态抽样和考核。对企业变更关键生产设备进行现场验收共7家次。共有52家单位上报药品不良反应监测报告1513份。完成4个医疗机构制剂品种的再注册审核上报工作。加强药品流通环节监管，对64家药品批发企业、795家药品零售企业日常检查。全市已有77家企业纳入电子监管网络，电子网络覆盖率95%。加强基本药物监管。在生产环节，建立完善基本药物品种监管档案，加强药品生产动态监测，加大对基药生产企业电子监管实施工作的督促指导，所有中标基本药物已实施电子监管码。完成5家基本药物生产企业共65个品种的生产工艺和处方核查工作，完成对辖区内所有7家在产的基本药物企业生产和质量监督检查。在流通环节，制定《汕头市食品药品监督管理局国家基本药物流通监管工作实施方案》。对52家属于基本药物配送企业加强监管，实现检查全覆盖。加强特殊药品监管。一是建立健全特殊药品经营企业巡查制度，组织对9家特药经营企业和4家使用特药作为原料生产普通制剂的生产企业进行现场检查；二是通过网络监控、严格麻醉药品精神药品的购用审批等形式，加强特殊药品的日常监管；三是积极配合市禁毒办开展各项工作，围绕职责依法做好麻醉药品和精神药品监管工作。加强药品广告监测。指派专人对各主流媒体进行定期监测。全年共监测广告药品252个品种，其中违法药品广告11个，移送同级工商管理部门11个。4月份，参加全市广告监管联席会议，加强部门查处药品违法广告协调机制。加强医疗器械市场监管。新办医疗器械经营企业（门店）16家，换证33家，变更8家，注销15家；新办医疗器械经营企业（批发）17家，换证 37家，变更24家，注销2家；新开办体外诊断试剂公司6家；对29家医院在用医疗器械进行监督检查。全年医疗器械一类生产企业新办3家，委托核查注册资料4份，首次注册1家，重新注册11家；受省食品药品监管局委托完成5份三类医疗器械产品临床试验真实性核查任务；对5家医疗机构完成制剂监督检查工作；对1家一次性无菌注射器生产企业飞行检查。

【保健食品、化妆品监管】2011年，市食品药品监管局组织开展保健食品生产企业专项检查，全面清查生产企业原料管理和使用情况，共出动56人次，检查企业16家，检查覆盖率100%，未发现非法添加药物、滥用食品添加剂和使用假冒伪劣原料生产保健食品的行为。组织对保健食品生产企业基本情况进行调查、对委托生产或接受委托生产行为进行检查，进一步掌握委托企业和受托企业的动态情况，促使企业完善质量追溯体系。加强对保健食品经营市场的监督检查，共对322家企业进行日常检查；通过GMP审查企业13家，委托生产加工企业3家。对27个品种共180份保健食品样本进行安全风险监测现场抽样。协助省食品药品监管局完成3家企业换证现场检查以及12个保健食品注册、复核检验抽样。开展标签标识检查行动和违法添加西布曲明的“奥露娜牌左旋肉碱银杏胶囊”的监督检查，共出动351人次，检查保健食品批发企业28家，超市11家，保健食品专卖店83家，药店98家，责令78个品种下架。加强对化妆品生产企业的日常监管，完成22个品种67份化妆品样本安全风险监测抽样工作，协助省食品药品监管局对69家新办、换证、迁址、增项的化妆品生产企业的现场审核，配合省食品药品监管局对3个特殊用途化妆品行政许可抽样工作，完成152家化妆品生产企业共35454个品种的非特殊用途化妆品备案工作。开展化妆品市场专项整治。开展严厉打击化妆品非法添加行为专项整治行动，共出动266人次，检查商场11家、化妆品专卖店25家，美容院12家，化妆品生产企业67家。开展化妆品标签标识监督检查，共出动326人次，检查化妆品生产企业67家，商场8家，超市12家，化妆品专卖店27家，发放化妆品宣传小册子等资料800多份。开展对“new york痘痘美肤精华液681”化妆品的监督检查，共出动135人次，检查经营企业36家。部署开展美容美发行业专项检查工作，进一步规范美容美发行业经营秩序。

【稽查打假】2011年，市食品药品监管局继续保持高压态势，严厉打击非法经营、使用假劣药品、医疗器械、保健食品、化妆品的违法行为，为期两年的药品安全专项整治工作圆满完成收官之战。年内，稽查人员共出动2482人次，检查药械单位1877家次，查处违法案件64宗，罚没金额近40万元，取缔无证经营近40家。在专项行动期间，全市食品药品监管部门集中力量开展各类药品专项整治行动。开展打击违法销售含磷酸可待因复方制剂和二类精神药品“盐酸曲马多”的行为，协助公安部门查处违法销售“盐酸曲马多”案件6宗。澄海区食品药品监管局与公安部门紧密配合，共查获无证经营“联邦止咳露”案件3宗。开展非药品冒充药品专项整治，共发现涉嫌违法的产品中食品16个、保健用品6个、消毒产品10个，移送公安涉嫌犯罪案件1宗。开展化妆品、保健食品非法添加专项整治行动，共出动636人次，检查商场58家、化妆品专卖店110家，美容院32家，化妆品生产企业176家，保健食品生产企业16家。开展非法渠道购进药品专项整治行动，共出动436人次，检查药店158家、批发公司32家。全年完成药品抽检1281批次，其中基本药物833批次，医疗器械抽验68批次，保健食品抽验55批次，化妆品抽验280批次，药品评价性抽检合格率超过99%。及时处理群众举报、投诉事项21宗。完成上级交办及兄弟单位协查、核查事项53宗，答复“局长信箱”的网上举报投诉事项18宗。

（林燕卿）

国土资源管理

【概况】2011年，汕头市国土资源局完成审查上报农用地转用和土地征收23宗，面积11224.89亩；获批准的城镇建设用地23宗，面积9735.07亩，年度获得批用地数量创历年之最，保障了汕头市重大建设项目的用地需求。全年全市供应国有建设用地99宗，供应总量6716.07亩。汕头市中心城区上缴市财政土地出让收入15.99亿元。全市土地总面积为2179.95平方公里（326.99万亩），人口密度2473人/平方公里，人均土地面积约0.61亩，人均建设用地面积约0.16亩，人均耕地面积不足0.17亩。汕头市辖区范围内已发现的矿产42种，共有矿产地180处，其中通过地质勘察探明储量的矿产有钨等19种，储量较少，可供开采利用的以建筑用石料及砂土为主。

【土地规划】2011年9月，汕头市新一轮土地利用总体规划修编（2010–2020年）市级规划按国家各部委意见修改完善，经省国土资源厅、国土资源部审核后上报国务院。2011年4月，区县级规划通过省政府审批，并于6月完成备案；镇（街道）级规划于2010年12月通过市政府审批，并于2011年1月完成备案，区县级、镇（街道）级土地利用总体规划修编工作全面完成。

【耕地保护】2011年5月，省政府组成考核组对汕头市2010年度耕地保护责任目标落实情况进行考核，汕头市获得省政府综合三等奖。6月25日，市政府与省政府签订年度耕地保护责任书，确定汕头市2011年耕地保护目标。8月16日，市政府与各区县政府签订2011年耕地保护责任书。5月，市政府颁布实施《汕头市基本农田保护补贴资金管理办法（暂行）》，要求市、区两级财政负责对全市范围内的基本农田保护单位及农户按照每年每亩30元的标准进行经济补贴。组织开展新一轮基本农田调整划定和标志牌设置工作，全市划定基本农田67.57万亩，完成市级初验并申报省级验收。完成全市农用地产能核算工作，为加强农用地质量管理夯实基础。推进开发整理补充耕地项目建设，省级投资项目新增耕地3690亩通过市级初检并上报省级验收，新开工补充耕地项目1680亩，异地购买耕地储备指标10954亩，落实了耕地占补平衡。加强建设项目用地预审，办理用地预审22宗、面积2684.49亩。

【建设用地管理】2011年，市国土资源局组织对全市计划用地情况进行全面调查，摸清用地需求，积极争取省国土资源厅对汕头市用地需求的支持。在省政府2011年度下达汕头市新增建设用地计划指标7626亩（位列全省第三位）的基础上，争取省在年底又分三次追加下达市新增用地指标5287亩，全年共新增建设用地指标12913亩（其中包括省产业转移园等专项指标4287亩）。市国土资源部门对交通、能源、水利、市政、园区、民生、工业、保障性住房等重点项目用地指标优先给予保障，并协调推进土地征收，加快建设用地报批。

【节约集约用地】年内，市国土资源局挖掘存量低效用地潜力，协调理顺中心城区土地涉及抵押查封、职工安置、拆迁补偿、用地置换等历史遗留问题，满足大型城市商业综合体建设和现代产业、总部经济发展用地。十一街区百脑汇、苏宁广场土地按期移交并顺利动工，天山路与长江路交界西北角商业综合体土地出让成交，协商收储龙湖乐园商业综合体土地并发布挂牌公告；开展珠港新城、黄厝围片区土地情况摸查和盘活工作，收回预约出让土地61亩，推进总部经济区一期土地公开出让；推进莲塘工业区、汕头大学南侧、金凤半岛等土地收储配套。修订加强中心城区闲置土地处置的实施意见，完成全市存量、闲置土地的全面清查和标图建档，落实管理责任。加强闲置土地分类处置，中心城区公告收回19宗机关事业单位闲置土地并已部分重新公开出让；征收土地闲置费15宗，金额314.32万元，涉及土地面积181.34亩；以不按合同约定实施行政处罚21宗，罚款305.3万元，涉及土地面积320.03亩。制订出台“三旧”改造国有建设用地协议出让、完善历史用地手续操作办法等四个文件，完成“三旧”改造项目涉及集体建设用地转为国有建设用地审报批3宗，面积112.63亩，获得省政府“三旧”改造二等奖。开展高新、保税、金平、龙湖产业园区节约集约用地评价工作。探索节约集约用地新思路，深化围海造地试点，推动地下空间开发利用，汕头市首宗单独出让地下空间土地使用权——十一街区市民广场地下停车库用地20亩以3300万元成交；鼓励农村宅基地分配制度改革，潮阳区华光村安排53亩用地指标建设楼房化农村公寓。

【土地市场】年内，市国土资源局完善土地市场建设，规范实施建设用地改变规划设计条件补交地价、国有建设用地委托评估和土地储备前期开发等管理规定和操作程序，细化实施行政执法自由裁量权量化标准，完成中心城区200米×200米网格点基准地价体系更新，修订上报市政府出台新的《汕头市地价管理规定》，开展土地矿产资源网上公开交易系统建设。制订上报市政府出台《汕头经济特区现代产业用地使用权出让办法》，建立多部门分工负责、共同把关的差别化土地供应机制，服务和保障现代产业项目落地。

【制度改革】2011年，市国土资源局按照特区扩围和城乡统筹的新要求，积极争取上级土地管理政策支持，联合汕头大学开展土地管理制度改革调研，拟订《汕头市土地管理制度综合改革试点方案》，重点将从深化围海造地试点、探索土地空间权开发利用、完善农村土地管理制度、整合盘活存量闲置土地资源、探索改革建设用地报批方式、建立耕地保护激励机制、加强土地管理基础课题研究等方面开展土地管理制度综合改革试点。《试点方案》经征询市各部门意见修改后报市政府，由市政府报省政府，并根据省政府及省各部门的意见修改完善。

【执法监察】2010年，市国土资源局开展土地矿产卫片执法检查和违法违规用地拆除整改，全市新增建设用地面积7137.38亩（其中耕地2720.06亩）,新增建设用地中违法用地面积508.92亩,违法占用耕地面积305.6亩，所占比例分别为7.13%和11.24%；通过卫片执法共立案查处违法违规用地113宗，拆除违法违规建筑物1.21万平方米，罚款153.36万元，追究刑事责任5人，党政纪处分2人；违法用地立案率、查处率100%，整改率97.4%，结案率97.3%。通过省政府督查组对汕头市2010年度卫片执法查处整改和检查督查验收，获得省政府2010年度土地执法监察考核二等奖。落实动态执法巡查，通过动态巡查共发现各类违法用地185宗，面积241.7亩，其中耕地45.4亩，逐宗发出责令停工通知书进行制止。

【矿产管理】年内，汕头市在原市土地交易中心基础上成立市土地与矿业权交易中心，各区县也相应成立矿业权交易机构，明确市、区（县）两级国土资源部门探矿权、采矿权管理职责和受理申办程序，制订实施矿业权市场管理、交易实施办法和评估机构选定办法。完成12宗采石场登记和全市34家采矿企业年检，收取采矿权出让价款（含新立及延续）459.7万元。加强固体矿山储量年度检测核查，完成12个采石场土地复垦方案评审，对采矿企业提取土地复垦治理保证金，加强矿山环境治理复绿。

【地质灾害防治】年内，推进地质灾害群测群防“十有县”建设，龙湖区和金平区通过省级验收，南澳县和濠江区通过市级验收并上报省国土资源厅。制订实施《2011年度汕头市地质灾害防治方案》，完成全市地质灾害隐患点摸查，加强隐患点监测巡查预警。筹得省、市、区三级专项资金310万元开展地质灾害隐患点治理，完成地质灾害隐患点治理工程9宗，受到省国土资源厅通报表彰。

【地籍管理】年内，市国土资源局开展年度土地变更调查和土地登记规范化检查，结合新的汕头市土地、房屋登记办法取消强制公证的规定修改完善土地房产登记办事程序，中心城区办理土地房产登记2.37万宗，配合房管部门解决了一批商品房确权发证涉及土地遗留问题，联合农业、财政等部门在全市部署加快推进农村集体土地确权登记发证。

【基础工作】2011年，汕头市基础测绘“十二五”规划获市政府批准，“数字汕头”、“金土工程”项目加快推进。加强测绘单位规范化管理，组织测绘项目质量抽查涉及面积100平方公里。加强地图产品和地理信息服务网站监管，依法查处儿童玩具“问题地图”和违规互联网地图服务网站。优化房地产测绘、档案、土地使用税协征等管理服务，加强已征未用土地管理，落实城市管理的部门职责。开展领导干部“四访”、土地接访日等活动，着力化解信访积案。认真办理人大议案、政协提案，做好行政诉讼应诉和行政复议工作。

（陈峰）

环境保护

【概况】2011年，汕头市环保局围绕创模复检、污染物总量减排、强化重污染行业监管等环保中心工作，积极实施环保规划，强化环境法治，创新环境管理，加快环境基础设施建设、生态环境保护和环保能力建设。汕头市空气质量继续保持良好，各项污染指标年日均值均符合国家《环境空气质量标准》(GB3095-1996)二级标准及广东省参考评价值。饮用水源水质符合国家《地表水环境质量标准》(GB3838-2002) Ⅲ类标准。集中式饮用水源地水质达标率100%，城市地表水功能区水质达标率100%。市区区域环境噪声质量符合国家《声环境质量标准》4a类标准值，按照交通噪声质量等级划分属于“好”等级。

【创建国家环境保护模范城市】1月，市环保局结合实际制订《汕头市迎接国家环境保护模范城市复检达标工作方案》报市政府印发。《复检方案》明确市创模达标重点工程建设项目及任务分工、主要整治任务及分工、考核指标资料分工。3月28日，市政府召开全市迎接国家环境保护模范城市复检工作动员大会。全市成立创模创卫督导小组，市环保局制定创模督导方案,根据《复检方案》的要求，将任务分解落实到各个单位和责任人。5月，省环保厅李晖副厅长率领省厅调研组对市创模复检工作进行调研和检查，提出工作指导意见。5月27日，市政府召开创模达标工作领导小组会议，市环保局及时传达贯彻会议精神，特别是针对8项薄弱指标，提出具体工作措施。9月底，汕头市赴省环保专题汇报创模工作。12月份，根据省环保厅意见，汕头市向省环保厅提交创模初检申请。

【环境保护规划编制】年内，市环保局编制实施《汕头市环境保护和生态建设“十二五”规划》、《汕头市“十二五”主要污染物总量控制规划》和《汕头市重金属污染综合防治规划（2010-2015年）》。完成汕头市2012年国民经济和社会发展计划环境保护主要指标，纳入市国民经济和社会发展年度计划中一并实施。贯彻实施《广东省环境保护和生态建设“十二五”规划》，结合汕头市的实际，制定《汕头市列入省环境保护和生态建设“十二五”规划重点工程实施方案》上报市政府印发实施。完成2010年度“城考”工作。与市委组织部联合对2010年度各区（县）政府环保责任进行考核，各区（县）考核结果均为合格。

【环境综合整治】2011年，市环保局不断强化环境监管，把维护环境安全作为“促发展、惠民生”的重要内容，全方位提高环境安全保障能力和突发事件的应对能力。根据国家、省关于开展环保专项行为的工作部署，组织草拟并提请市政府审定印发《关于2011年汕头市整治违法排污企业保障群众健康环保专项行动工作方案》，全面启动全市环保专项行动，将重金属污染整治，特别是铅锌蓄电池企业的整治作为工作重点，采取突击检查、挂牌督办等手段，加大对重点区域和重点污染行业的执法力度。全年市环保局出动执法人员7560多人（次），检查企业1680多家（次），立案处罚47宗，严厉打击环境违法行为，维护人民群众的环境权益。加强饮用水源保护。继续加强中心城区饮用水源保护区定期巡查、通报工作；结合日常巡查工作中发现的污染隐患开展整治。加强流域协作，及时向潮州市通报威胁汕头市饮水安全的污染隐患，继续执行每单月向省厅和潮州市、揭阳市、普宁市政府和环保局通报韩江潮州市—汕头市大衙交接断面、练江揭阳市—汕头市青洋山桥交接断面的水质监测结果，掌握韩江、练江上游来水水质情况。联合有关部门对新津河龙喉洲饮用水源保护区内污染程度进行分析，研究整治意见。与发改局等多个部门联合印发《关于贯彻落实〈全国城市饮用水水源地环境保护规划（2008-2020年）〉的意见》。积极配合做好各级人大代表、政协委员对全市饮用水源保护工作的检查。大力推进辐射环境管理工作。市环保局针对日本福岛核电厂污染事故，组织召开全市辐射环境管理工作会议，加大对放射源环境监管力度和宣传力度，组织各监管单位对辖区内所有涉源单位进行全面安全专项大检查，在深圳大运会期间停止放射源转让、转移和运输，落实监管部门按照应急预案落实值班人员和装备，加强辐射项目审批、许可，加强废旧放射源的收收贮力度，切实加强了辐射监管、防范和消除各种不安全因素，为深圳大运会提供辐射安全保障，确保我市放射源安全。创建生态示范区，积极推进农村生态保护。2011年，市环保局积极制订生态示范区创建计划，开展生态示范区创建的技术指导及验收工作，向省环保厅推荐澄海区东社村和莲华镇申报“国家级生态乡镇”、“国家级生态村”。同时，积极督促禁养区中畜禽养殖场的清理工作。汕头市禁养区3家畜禽养殖场已完成搬迁工作。进一步加强固体废物监管工作。2011年，重点落实6家危险重点企业规范化管理工作基本达到省的整治要求。市环保局重点推进污水处理厂污泥的规范化处置工作，委托技术单位编写《汕头市污水处理厂污泥无害化处置规划（2012-2020年）》。中心城区污泥集中处置工程已完成规划选址，力争2012年底建成投入使用。

【重污染行业专项整治】2011年，全市环保系统继续推进重污染行业整治工作，对2008来开展的重污染行业污染整治情况进行全面总结，针对整治工作中存在的薄弱环节及出现的新情况、新问题，结合创模复检及练江流域污染整治工作，市政府出台对企业“发现偷排第一次停产二个月，第二次停产四个月，第三次吊销排污许可证”的严厉监管措施。积极推进污染整治挂牌督办工作。经过全市各级部门的全方位整治，5月，国家环保部正式发文，解除对我市造纸企业环境违法案的挂牌督办。市环保局积极推进被省挂牌督办的万丰热电有限公司、澄海区溪南乐华造纸厂污染整治工作。通过全面整治，省环保厅于2012年4月份发文正式解除对两家企业的挂牌督办。市环保局积极反映贵屿污染现状，促成市政府召开专题会议，研究部署相关工作。参与贵屿循环经济新城建设规划的论证。根据市领导要求，派出执法人员，采取明查暗访，对发现的污染问题，及时向潮阳区政府通报。积极组织贯彻实施省、市练江污染综合整治方案，及时报送2010年练江污染整治进展及2011年整治方案的报告。市环保局按照《练江污染整治工作方案》的要求，结合实际，起草《关于对练江流域汕头段实行建设项目环保限批的通知》并报市政府批准实施，同时积极督促潮阳、潮南两区政府按照整治方案的要求，实质性地推进相关工作。

【排污费征收】年内，市环保局加大力度，确保排污费征收到位。继续实施《排污费征收使用管理条例》，提高部分污染因子的收费标准，进一步扩大征收面。组织开展对8区（包括高新区、保税区）1县收2010年度排污收费情况进行专题稽查，促进排污费的“依法、全面、足额”征收。全年全市环保系统办理排污申报登记单位4791家，共征收排污费7975.48万元，同比增长1.8%。

【环境信访办理】2011年，市环保局加强环境信访工作，维护群众环境权益。凡重要和重复信访案件均由主要领导亲抓，分管领导带队，各职能部门负责现场依法调查，做到件件有查处、有结果、有回复。同时进一步完善12369环境信访投诉信息处理系统及监察管理信息共享平台建设，每月印发一期《汕头市环境信访工作简报》。全年市环保局共受理环境投诉案件2304宗，投诉量比上年同期增加12.5%，已调处的2235宗，理结率97%。通过处理群众投诉，妥善解决2000多个厂点的污染扰民问题。

【环境监测】年内，做好市区空气质量和韩江水质自动监测工作，做好监测数据的核查和报发，全年共向国家总站、省站上报自动监测数据417032个，通过新闻媒体向社会公众发布空气质量日报预报365份、水质周报共52期、空气质量一周点评共53期。按照国家环保总局对重点城市饮用水源监测的要求和近岸海域监测网的要求全面开展工作，完成水环境监测任务，获取常规监测有效数据共18291个，获得各类噪声监测数据5737个。定期对酸雨监测仪器进行维护，及时上报数据，获得降水监测数据1335个，完成常规降尘监测数据36个。

【环保宣传教育】年内，结合创模宣传开展环保宣传月系列活动，组织“绿色的足迹—献礼特区成立三十年”环境质量新闻发布会，举办“汕头杯”全国文学大赛，启动“低碳减排—给‘家’一个承诺”环保宣传系列活动，引起了社会广泛关注。借助被列入省环境文化建设试点城市的契机，以创模为实践平台和突破口，开展形式多、参与众、影响广的宣传文化活动。做好创模成果的反映，统一制作《国家环保模范城市整改达标调查问卷》，组织各类城市人群约7500人进行创模公众环境满意率调查。做好环境新闻热点宣传，2011年被各级新闻单位采用刊出或播发的稿件共337篇（条）次。

（纪晓佳）

节能减排

【概况】2011年，汕头市坚持以科学发展观为指导，把节能作为加快转变经济发展方式、推进经济转型升级的重点工作，围绕节能目标任务，进一步健全机制、突出重点、强化措施、落实责任，节能工作取得积极成效。全市单位GDP能耗0.524吨标准煤/万元，同比下降3.44%，完成省下达的单位GDP能耗下降3.43%的年度节能目标。汕头市2010年度节能考核结果为“完成”等级，综合排名排全省第6位；龙湖区、南澳县、金平区、澄海区、潮南区、濠江区、潮阳区均为“完成”等级；市重点耗能企业2010年度节能考核工作也全面完成。

【节能规划及实施】2011年，市经信局组织有关职能部门和专家对“十二五”期间全市的节能重点领域、重点行业、重点单位等进行专题研究，全面分析全市能源消费情况、节能目标完成情况，进一步挖掘节能潜力，先后研究、制定《汕头市“十二五”节能规划》、《“十二五”汕头市节能目标分解方案》和《2011年汕头市节能目标分解方案》，并由市政府与各区县政府签订《“十二五”节能目标责任书》，层层分解落实节能指标，明确政府、部门、企业的责任。将省下达的“十二五”节能量指标分解到各重点用能单位并按照市、区分级管理原则落实有关节能工作措施。鼓励各区县根据本地的实际，自行确定一批重点用能单位参照进行节能监管。同时，加强商贸酒店领域节能管理，推进市8家营业面积1万平方米以上的大型商贸企业和年综合能源消费量1000吨标准煤以上的酒店企业实施节能管理，督促省重点用能单位落实相关节能措施。

【节能技术推广】2011年，市经信局继续开展节能技术推广。组织推荐节能技术申报国家和省重点节能技术目录；组织推广重点行业清洁生产技术、节能先进技术和设备；编制并组织实施《汕头市节能技术、设备（产品）推广目录》；组织申报省节能、循环经济发展专项资金；组织2家企业申报认定省第三方节能量审核机构和第三方投资额审核机构；制定实施《2011年汕头市高效照明产品推广实施方案》，全年超额完成省下达的20万只高效照明产品的推广任务；利用2011年市节能专项资金90万元购买高效照明产品，免费向潮南区的低保户发放，全年有11157户低保户受惠。

【节能监察】2011年，市经信局继续开展节能监察工作，对全市10家省重点用能单位实施节能监察；开展淘汰落后设备和工艺专项节能监察，制订实施《2011年汕头市节能监察行动计划》，完成省下达的2家纺织印染企业和8家商贸酒店领域重点用能企业的监察任务；开展19家重点用能单位行业单位产品能耗限额标准执行情况和高耗能落后设备（产品）淘汰情况专项监察；开展强化节能工作加快转型升级百日行动，及时扭转上半年节能形势的不利局面；开展节能减排政策措施实施情况专项检查，督促推进节能工作。

【循环经济试点】2011年，市经信局继续推进循环经济试点城市工作，组织贵屿镇申报认定为第一批省市共建循环经济产业基地；推进贵屿镇循环经济试点工作，贵屿镇《循环经济试点实施方案》通过省经信委组织的专家现场初审并报国家发改委，引进TCL集团、中国有色金属工业再生资源有限公司等战略合作伙伴，基本完成首期500亩的前期工作。

【清洁生产推广】2011年，市经信局制定并组织实施《汕头市“十二五”清洁生产推行规划》和年度计划，辅导30家企业参加2011年自愿清洁生产审核工作，全年共有6家企业通过自愿性清洁生产审核现场验收，有2家企业已认定为第11批广东省清洁生产企业。

（苏介彬）

【污染减排】2011年，根据年度污染减排内容增加畜禽养殖业减排和机动车减排两项内容的实际，市环保局联合农业、公安交警等部门建立日常联系机制，摸查畜禽养殖和机动车污染排放的情况，制定相对应的减排措施。同时，继续保障结构减排措施有效落实，确保污染物新增量得到有效控制。落实专人负责跟踪汕头联泰水质净化有限公司厂外截污配套管网工程、北轴污水处理厂厂外管网（泵站）工程、南区污水处理厂濠江分厂厂区工程进展情况。汕头联泰水质净化有限公司厂外截污配套管网工程利安路工程、泰山路村居、月眉河整治工程施工均已完成；北轴污水处理厂厂外管网（泵站）工程大学路管网全面完工，3#泵站已建成投入使用；南区污水处理厂濠江分厂厂区工程已完成工程量约73%。工艺管道正在分步安装，基坑、地面正加紧进行回填，部分设备正在安装。河浦泵站已开工建设，已完成65%的工程量；河中路管线（府前路～达南路4.9公里路段）、沿江北路（濠城段）已开工建设；南区污水处理厂海门分厂厂区和配套两个泵站已完成土地预审、环评批复和项目核准批复，厂区和管网的征地工作正在进行。全市已有汕头联泰水质净化厂、北轴污水处理厂、澄海区清源水质净化厂、潮阳区污水处理厂、潮南区峡山污水处理厂、潮南区两英污水处理厂和南澳县后江污水处理厂共七座污水处理厂建成投入运行，日处理污水能力从2003年的14万吨增至58.7万吨。严格执行国家、省产业政策，对“两高一资”、产能过剩行业项目严格把关，防止低水平重复建设。2011年全市环保系统共审批建设项目598个，竣工项目“三同时”执行率100%。进一步淘汰印染、造纸等行业的落后产能，有效推进结构减排。根据国家环保部和省环保厅的统一部署，组织开展汕头市整治违法排污企业保障群众健康环保专项行动，成立专项行动领导小组，制定工作方案，同时结合汕头实际印发《汕头市进一步加强淘汰落后产能工作实施方案》和《关于进一深化我市印染电镀等重污染企业环保专项整治工作的通知》，采取突击检查、挂牌督办等手段，加大对重点区域和重点污染行业的执法力度。全年共出动检查人员7560人次，检查企业、单位、门店1680家，实施行政处罚47宗。继续把重点企业开展清洁生产作为污染物总量减排的重要手段，按照省环保厅《关于公布广东省第五批应依法实施清洁生产审核的企业名单的通知》要求，督促企业上报《清洁生产审核工作回执表》和《技术服务合同》，组织对20家纳入第五批强制性清洁生产审核企业的现场检查、督查工作，有13家完成清洁生产审核报告，其中2家完成评估。

（纪晓佳）

安全生产监督管理

【**概况**】2011年，汕头市安全生产监督管理局继续深化“安全生产年”活动，突出预防为主，实现全市安全生产形势持续稳定好转。全年全市各类事故死亡211人、受伤357人，分别比2010年下降4.55%和32.26%，是全省3个未超标的地级市之一；亿元GDP事故死亡率0.17；实现全年全市各类事故死亡总量下降1.4%以上，亿元GDP事故死亡率0.20以下的控制指标。较好地控制非煤矿山、危险化学品、烟花爆竹等高危企业以及重大危险源，实现“零”伤亡事故。年内，组织培训企业主要负责人271人次、安全管理人员747人次、特种作业人员及其他从业人员4831人次。

【**“一岗双责”**】2011年，汕头市安全生产监督管理工作进一步加强，分别印发《中共汕头市委汕头市人民政府关于进一步加强安全生产工作的实施意见》、《汕头市继续深化“安全生产年”活动实施意见》和《汕头市2011年安全生产工作意见》等文件，明确实行各级党政领导干部安全生产“一岗双责”和全年工作的总体思路、工作目标和任务措施，由分管副市长与各区县政府和15个负有重要安全监管职责的市级部门安全生产责任人以签订实施责任书形式，分解量化下达安全生产责任目标和事故控制指标。并建立实施了安全生产控制指标预警制度；定期召开防范重特大安全事故工作会议，分析、布置、督促、检查本市防范重特大安全事故工作；组织对各区县政府和26个市级部门实施2010年度安全生产责任制考核并通报考核结果。依法牵头市公安、监察、总工会等有关部门组成市政府调查组，按照“四不放过”原则，查处2011年潮南“1·8”较大火灾事故、潮阳“2·23”较大道路交通、珠池港“10·30”一般生产安全事故，强化教育警示作用，有力推动各级安全生产“一岗双责”的落实。

【**高危企业监管**】2011年，汕头市安全生产监督管理进一步从源头上完善对高危企业的监管，全年全市危险化学品企业核发许可证4家，变更许可证7家，注销许可证2家，审查经营许可（乙种）15家，生产储存项目设立2家；积极推广先进适用可靠的安全技术设备，2011年全市采石场均实现机械化生产，62家加油站安装了油气回收系统。同时，积极推行安全生产责任保险试点工作，全市28家非煤矿山、35家危险化学品企业责任险参保额5303万元。

【**隐患排查治理**】2011年，汕头市完善隐患排查治理机制，强化事故隐患整改。全年共检查生产经营单位9709家次，排查事故隐患7004处，发出整改指令书534份，立案查处81宗。组织开展元旦、春节、市“两会”、五一节、国庆节等重点时期的安全生产检查督查，督促、协调和解决一些安全生产突出问题。健全完善事故信息报告和调查处理工作制度，及时准确掌控生产安全动态，依法处置各类生产安全突发事件。

【**安全生产保障**】2011年，汕头市安全生产委员会调整充实安全生产专家组成员，成立市安全生产协会，为安全生产提供强有力的智力和技术支持。制订印发《汕头市安全生产事故灾难应急预案》，规定全市生产安全事故应急预案编制、评审、运用、执法等方面任务。组织开展安全生产应急救援演练；推进了运输车辆安装应用卫星定位汽车行驶记录仪工作，2011年全市有4324辆客货汽车安装卫星定位汽车行驶记录仪；争取落实2012年市安全生产专项资金每年500万元，各区县安全生产专项资金共1360万元，切实做好中央财政下拨给市澄海区莲花山钨矿尾矿矿闭库治理项目6124万元专项补助资金的安全使用。

【**安全生产宣传教育**】2011年，汕头市结合开展第十个“全国安全生产月”活动，围绕“安全责任、重在落实”主题，举办安全生产宣传咨询日活动，会同市总工会组织开展“安康杯”活动，在新闻媒体刊发播发一系列新闻报道和专题报道以及公益广告。同时，加强对企业负责人、安全管理人员和特种作业人员的培训教育。年内，借力新华社、《中国安全生产报》、《南方日报》、《广东安全杂志》、《汕头日报》等新闻媒体对汕头市龙湖区安全生产监督管理局项德启同志先进典型的系列宣传报道，把安监理念向社会进行广泛地宣传倡导，使安监工作与企业、群众的距离拉近。

（王延溪）

海　关

【概况】汕头海关是直属海关总署的正厅级机构，关区范围覆盖粤东地区的汕头、汕尾、梅州、潮州和揭阳等5个地级市及其所辖的30个县（市、区），关区面积约3.1万平方公里。关区内设有一类口岸5个，二类海运口岸4个。截至2011年底，关区共设立1个副厅级机构（缉私局）、20个业务职能处室、17个处级隶属海关和驻外办事处，事业单位2个，共有干部职工2000人。

2011年，汕头海关坚持以“继承和发展”为主线，以推动“职责履行”和“责任落实”为核心，夯实基础、强化管理、狠抓落实、凝心聚力、开拓创新，协调推进各项建设。关区全年共监管进出口货物2155.90万吨、比增35.5%，货值163.19亿美元、比增16.0%，监管进出口集装箱近85万标箱、比增1.8%，监管进出境运输工具15.76万辆（艘/架）次、比减11.0%，监管进出境人员29.07万人次、比减1.6%。全关区共实现两税入库约46.59亿元、比增15.35%，再创历史新高。执法评估指标综合排名列全国海关第12位，比2010年的第30位大幅提升。

【通关监管】2011年，汕头海关深入推进业务改革，把出口分类通关的改革扩大至所有业务现场，出口报关单平均海关作业时间比2010年同期大大缩短；进口分类通关改革启动试点，进口报关单平均海关作业时间比2010年同期明显缩短，进出口通关效率进一步提升。“属地申报、口岸验放”的通关模式全面推广应用。修订查验工作实施细则，进一步规范查验操作流程，提高查验工作效能，全年进口报关单查验率下降至4.84%，查获率上升至14.29%。组织开展“两废”综合治理行动，进口固体废物大幅减少，风险得到控制。对已经设立但未验收的24家海关监管场所进行清理，敦促经营人尽快按标准完善相关设施，落实监管场所管理规定。注销若干快件业务运营人的代理报关资格，彻底杜绝快件渠道监管隐患。通过召开关企面对面座谈会、加强评估检查、执行退单制度等手段，着力推动规范申报工作。规范申报率大幅提升，比全国海关规范申报率高出5.9%。

【加工贸易监管】全年内销征税水平、到期合同核销率及近3年备案合同结案率等三项主要指标均保持优异水平。组织关区加工贸易转型升级专题调研，深入分析关区加工贸易发展存在的问题和困难，提出相关建议和对策。大力推进内销征税便利化，全年经批准加工贸易内销征税2.18亿元，比增47.8%，创历史新高。采取措施防范黄金加工贸易的异常增长，并向总署提出加强监控的建议，得到了总署领导和相关司局的重视。进一步理顺深加工结转管理模式，推动关区加工贸易健康发展。

【风险管理和企业后续管理】从建立工作制度、加强业务培训、理顺工作流程，规范具体操作4个方面入手，做好“三查合一”工作。全年稽查补税3066万元。推动风险管理委员会的实体运作，切实提高风险管理实战应用水平，实体性布控有效率列全国海关第18名，省内海关第2名。优化关区企业分类管理工作，结合AA类企业授匾仪式等活动深入开展守法便利宣传。

【征收税款】2011年，汕头海关综合运用风险分析、职能监控、抽样审核等手段，着力规范税收执法。加强对煤炭、废塑料、冻鸡产品、鲜水果等重点敏感商品及关区主要税源商品的日常数据监控和风险分析。加强对高退税率商品归类审核，提高优惠原产地和涉及反倾销反补贴商品管理水平。全年税收入库46.59亿元，比增15.35%。税收核销率、价格水平、原产地审核正确率和减免税审批正确率均保持在最优值，归类等其他应税抽样考核指标也好于2010年水平，实现了“确保质量，做大增量，再创新高”的年度税收工作目标。

【打击走私】2011年，汕头海关进一步加强缉私部门与海关其它业务部门的联系配合，形成打私合力，保持高压态势，切实防范关区内出现系统性、区域性、规模化的走私活动。全年查获走私案件案值、涉嫌偷逃税额及累计上缴罚没收入同比均有大幅增加。开展“清网行动”，制订工作方案，锁定重点目标，实施精确抓捕，提前完成目标任务，完成任务进度在全国海关确定的16个重点单位中排名第1。进一步密切与地方打私办、相关部门的执法合作，及时通报反走私工作动态。妥善处置4起干扰、阻挠汕头海关缉私执法情事。正确应对媒体关于碣石镇非法经营走私旧服装出现反弹的报道，营造有利的舆论环境。完善制度规程，开展考核评估，组织检查点评，规范缉私执法工作，努力实现打击走私法律效果与社会效果的有机统一。

【服务地方经济】2011年，汕头海关在坚持维护垂直领导和依法行政的前提下，主动呼应地方党政决策部署，找准结合点，把握着力点，提升服务地方经济工作的水平。积极跟进并主动介入深汕（尾）特别合作区、揭阳玉石交易所等地方重大项目建设，协助培育粤东外向型经济发展新的增长点。加大对玩具动漫、工艺陶瓷等关区传统特色、优势产业的扶持力度，服务粤东文化产业发展。推进粤东电子口岸建设，成功主办2011年粤东五市一区关贸（保税监管）联席工作会议，加强与地方外经贸部门、联检单位的联系配合，推进大通关建设。全力配合揭阳潮汕机场建设、试运行及转场工作。继续做好口岸码头验收及临时开放工作。积极为地方党政建言献策。向粤东5市报送监测预警信息61篇、调研报告4篇，得到地方党政领导的肯定批示8次。提供支持汕头市融入“海西”建设19项建议。发挥报关协会的中介作用，落实《报关服务作业规范》，为企业提供优质服务。全年粤东5市进出口贸易总值210.6亿美元，同比增长16.8%。

【统计及法制工作】发挥进出口预警监测作用，服务国家宏观决策，全年向总署、分署报送各类分析报告388篇，被中办、国办、总署和分署采用156篇，其中5篇获得温家宝等中央、国务院领导的批示。推动实现执法评估指标分析的常态化、制度化。发挥法制工作全局性、基础性作用。引导全关关员学法、懂法、守法、用法。充分利用“8•8”和“12•4”等契机开展海关法制宣传，深入推进普法工作，4个单位被评为广东省法制宣传教育先进集体。加大知识产权海关保护工作力度。全年查获侵权案件13宗，查获侵权货物约16万件，案值约62万元，查获案值和货物数量同比均大幅提高。以“第13届中国澄海国际玩具礼品博览会”的举行为契机，组织密集宣传，树立海关良好形象。成功举办“海关总署知识产权海关保护执法问题座谈会”和“海关总署华南地区海关与日企知识产权意见交流会”。通过组织行政执法评议考核、做好规范性文件把关审核、积极参与海关立法、加强公职律师队伍建设等多措并举，体现法制工作规范和纠偏的作用。认真做好贸易管制工作。

（李志雄）

出入境检验检疫

【概况】2011年，汕头检验检疫局以推行绩效管理为抓手，创新思路、创新作为，初步建立起质量管理体系、绩效考核体系、评优评先体系三大体系为架构的年度综合评价体系。实现质量管理体系与实际业务管理有效对接，全局23个部门共建立以工作规范和作业指导书为核心的长效机制452项。全年共检验检疫进出境货物13万批、货值69亿美元，检验检疫出入境船舶3943艘次、出入境飞机1555架次、出入境集装箱32万标箱，检疫查验出入境人员近24万人次，签发优惠原产地证2.5万份。全年共检出不合格进出境货物494批，货值3.29亿美元，批次检出率为0.39%，货值检出率为 4.8%；截获检疫性有害生物125批次，其中，薇甘菊、岔翅扁谷盗、六脊坚甲为汕头口岸首次截获的有害生物。全年共新增出口食品注册备案企业9家、对外注册企业21家、出口质量许可企业30家，质量许可证到期换证复查企业90家，对591家企业实行分类管理；成功指导辖区企业通过美国FDA的检查。帮扶凯撒公司和骅威公司两家企业续延出口免验资格；成功承办国家认监委进口食品国外生产企业注册研讨会。

【监管模式改革】2011年，汕头检验检疫局继续推进分类管理及出口工业品合格评定体系建设，探索建立合格评定电子化管理系统。稳步推进出口食品通关验证系统试运行。进一步优化全申报业务模式，组织推广应用集中审单工作，探索在汕头港口岸广澳港区试点海运进口集装箱提货单电子化业务操作，并积极探讨关检业务交流和合作，规范关检相关业务工作，确保汕头辖区内货物在严密监管的条件下实施快速通关，提高通关效率。进一步推动出口工业产品电子监管系统升级推广和分类管理合格评定电子化工作，完成9家企业“出口服装企业分类管理合格评定电子化”试点工作。探索在广澳港区建设“海港集装箱信息平台系统”，该系统被汕头市纳入创建国家电子商务示范城市工作方案；稳步推进出口食品通关验证系统试运行工作；积极推行产地证注册网上审批制度，逐步实现对签证产品生产企业的直接管理。

【口岸卫生检疫监管】2011年，汕头出入境检验检疫局切实做好各项疫情疫病的检测及防控工作，加强出入境交通工具、人员、集装箱、货物和邮件的检验检疫工作；对口岸食品生产经营单位实施重点卫生监督。加强对供港澳活猪养殖场的巡查，进境肉类备案冷库的监管，养殖场、捕捞渔船和苗种培育场的备案、监管工作。完善进境水果、大豆等货物的检验检疫工作规程，做好出境货物木质包装检疫和监管工作。做好进境水果的现场检验检疫工作、室内检验检疫和安全项目检测，加大监卸力度，并对现场查验过程进行视频监控全程录制和留存。全年从进境水果中截获疫情450批次。做好进口煤炭的检验鉴定工作。全年共完成进口煤炭检验163批，710万吨。检出不合格69批，涉及总货值16789万美元，为企业提赔总金额达到4113万人民币。

【打击侵犯知识产权和制售假冒伪劣商品】2011年，汕头检验检疫局在“打击侵犯知识产权和制售假冒伪劣商品”专项行动中，组织开展对出口服装、小型家用、类似用途电器、玩具、鞋靴、家具、箱包六类大宗消费品的抽查。并在玩具商品生产集中地开展商品质量评估工作。同时对辖区155家出口食品备案企业进行检查，共核查进境食用水生动物兽医卫生证书322份、植物检疫证书236份、乳及含乳原料卫生证书83份；在核查输非产品装运前检验证书35份中，发现伪造证书32份。依法查处一些逃避进出口检验检疫、不如实申报、未经检验合格擅自销售等违法案件，严厉打击不法分子的违法违规行为，维护检验检疫秩序，推动企业进一步提高诚信守法意识。在“打击非法添加剂”专项活动中，共出动执法人员340多人次，有力地打击违法违规行为。

【服务地方经济】2011年，汕头检验检疫局大力推进质检总局给予汕头海西检验检疫优惠政策。先后举办10多场专题宣讲会，印发5000多份宣传册。结合汕头特区扩围，率先出台支持和促进特区扩围的十项措施。随后又出台扶持台资企业应对危机、转型的有关政策措施以及支持和促进汕头外贸进口工作的六项措施。在日本大地震、海啸以及核泄漏危机后，成立联合应急小组，深入一线了解日资企业及对日进出口企业生产经营情况，切实采取措施，将日本地震海啸灾害对汕头日资企业及对日进出口企业带来的冲击和影响降到最低程度。采取“多沟通、多扶持、多服务、少打扰”的工作方式，致力提升辖区产品质量档次，有力地促进地方产业集群的健康发展。帮扶企业掌握自贸区优惠政策，引导企业开拓欧盟零关税产品市场，利用零关税促进企业产品扩大出口，提高出口产品在国际市场上的竞争力，全年共为企业减免关税3534万美元。帮助汕头金源米业有限公司获得出口食品生产企业备案资格，成为汕头市首家获得此类资格的大米加工企业。帮促2家企业通过广东局现场核查并向国家认监委推荐对欧盟注册。积极帮扶凯撒公司和骅威公司两家出口免验企业续延资格顺利通过质检总局专家组的现场审查。积极推进宜华公司、星辉公司和群兴公司出口免验的申请和帮促。

【新旧机场检验检疫工作对接】2011年，潮汕机场检验检疫工作历经四年的筹建，在上级局的关心和指导下，汕头检验检疫局加强与揭阳检验检疫局的配合，以“高度负责、主动沟通、同步筹划、全力以赴”的筹建原则，组成九个保障组、六个现场工作组，克服涉及面广、工作量大、技术要求高、时间紧、任务重等困难，按照整体搬迁方案，组织做好潮汕机场口岸检验检疫各项筹备、搬迁工作，顺利实现“一步配置、一夜转场、一次对接”的整体效果，实现潮汕新旧机场检验检疫工作的顺利对接。12月15日，潮汕新机场正式开通运营。上午7时50分至香港航班的检疫查验工作按时开闸，潮汕新机场首航进出港航班查验设施、监控设备、通讯等系统运行正常，标志着潮汕新、旧机场检验检疫工作实现无缝对接。

【检验检疫技术保障】全年共投入实验室检测仪器设备19台（套），共计1008万元。全年各实验室新开检项目达到134项。各实验室在参加的能力验证活动中均取得好成绩，其中食品实验室成为广东系统首家通过食品检验机构资质认定现场评审的实验室。科研制标工作有力推进。全年共申报国家总局项目2项，广东局项目10项，汕头市项目2项；获得汕头市科学技术奖二等奖1项、三等奖2项；获得广东检验检疫局“科技兴检奖”二等奖3项。

【公共服务平台建设】2011年，汕头检验检疫局把争取国家质检总局在汕头批设国家重点实验室作为公共服务平台建设的核心工作抓紧抓实，多次组织骨干力量进行广泛调研和深入研究，结合汕头的特色产业和局的技术特点，对筹建国家重点实验室进行可行性分析，以超前的眼光提出包括纺织品、玩具礼品、化妆品、煤炭和水产品等5个产业集群的国家重点实验室建设方案，并积极做好申报的各项准备工作。8月，国家质检总局正式批准在汕头筹建“国家家用纺织品安全检测重点实验室”，该实验室是广东检验检疫系统第一个国家家用纺织品安全检测重点实验室，也是粤东地区首家国家重点实验室。

（刘　冰）

财政·税务

财　政

【概况】2011年，汕头市财政部门围绕“主题主线”，发挥财政职能作用，服务全市发展大局，积极应对困难挑战，稳增长、调结构、惠民生、抓改革，财政实力稳步增强，民生事业保障有力。全年来源于汕头市的财政收入完成216.07亿元，按可比口径比上年增长26.72%；全市一般预算收入完成85.58亿元，按可比口径增长25.06%，加上税收返还收入13.97亿元、一般预算补助收入43.75亿元、一般预算上年结余收入7.88亿元（根据省批复决算结转下年使用的专项资金）、一般预算调入资金1.52亿元、地方政府债券转贷收入1.98亿元，收入总计154.68亿元。全市完成一般预算支出141.36亿元，加上上解支出3.87亿元、结转下年支出9.37亿元（结转下年使用的专项资金），支出总计154.60亿元。2011年全市财政收支相抵，净结余808万元。

【财政收入】2011年，汕头市各级财税部门加强基础管理工作，加强沟通协调联动，加强对重点地区、重点行业的税源监控，实行领导分片抓收入、财税联席会议等各项制度，深化预算执行分析，密切关注财源变化，依法加强税收征管。积极组织非税收入，推进公共资源盘活运营，做好国有资本经营收益征缴。全力以赴抓收入，实现财政收入平稳增长。全市一般预算收入完成85.58亿元，增长17.81%，按可比口径增长25.06%，其中：税收收入55.78亿元，完成年度预算的87.60%，增长7.75%，按可比口径增长17.29%；非税收入29.80亿元，增长42.77%。市本级一般预算收入完成34.46亿元，增长10.26%，增收3.21亿元。其中：税收收入23.06亿元，增长6.94%；非税收入11.40亿元，增长17.65%。积极争取上级支持，全年共取得省转移支付补助72.77亿元，比上年增加18亿元。按照财政部的统一部署，将按原在财政专户管理的预算外收入纳入预算管理，同时推进综合预算管理改革，非税收入形成的可用财力纳入统一的政府预算体系，增强政府宏观调控能力。

【财政支出】 2011年，市财政部门坚持开源节流，优化支出结构，支持各项事业均衡发展。市本级一般预算支出情况：一般公共服务支出6.44亿元，国防支出1314万元，公共安全支出7.38亿元，教育支出4.51亿元，科学技术支出3771万元，文化体育与传媒支出8837万元，社会保障和就业支出5.46亿元，医疗卫生支出3.69亿元，环境保护支出2.58亿元，城乡社区事务支出2.30亿元，农林水事务支出1.56亿元，交通运输支出3.75亿元，工业商业金融等事务支出1.30亿元，国土资源气象等事务支出3404万元，住房保障支出1.93亿元，国债还本付息支出550万元，其他支出1.56亿元。落实厉行节约的各项措施，严格控制一般性支出，压缩党政机关行政经费，降低行政运行成本，严格控制大型会议、论坛、庆典、节会等活动以及党政机关办公楼等楼堂馆所建设。坚持勤俭办一切事业，把有限的资金和资源更多地用在发展经济、改善民生、加强社会建设上。

【民生支出】 2011年，市财政部门在收支矛盾突出的情况下，进一步优化支出结构，坚持把民生作为公共财政的优先方向，全市财政民生投入资金105.04亿元，增长43.96%，占一般预算支出的66.66%。积极筹措资金，支持办好十件民生实事。落实中央、省关于优先发展教育的相关政策，按照教育支出占财政支出逐年递增1%要求，投入1亿多元，加大义务教育、校安工程投入以及对学前教育、民办教育的支持力度，推进义务教育均衡发展。市财政部门连续4年共投入普高教育专项资金4亿元，有效解决高中阶段教育瓶颈问题。落实基本公共卫生、医疗保障等民生政策，统一城乡居民基本医疗保险标准，落实提高城镇居民医保、新农合补助标准和基本公共卫生投入标准，促进城乡劳动者就业。落实各项强农惠农政策，加大对农民的补贴力度，加大对水利基础设施的投入。着力做好种粮直补、油价补贴等政策性补贴工作，对省下拨的种粮补贴等资金1.73亿元，通过银行“一卡通”及时足额将补贴发放到种粮农民手中。落实规范市直机关工作人员津补贴工作，完成市直机关新增津补贴的发放。三次运用价格调节基金向低保、五保户和企业特困职工家庭发放临时价格补贴，减轻物价上涨对低收入群体的影响。做好困难群众基本生活保障工作，继续实施城乡一体化最低生活保障、农村新型养老保险等生活保障制度。做好重点困难企业改革和职工安置工作，落实资金3940万元推进国有企业改革。认真做好扶贫开发“规划到户、责任到人”对口帮扶工作，下达扶贫专项资金2613万元，促进村集体经济加快发展。大力扶持发展城市公共交通，投入7909万元购置投放一批公交车，增加公交线路，方便市民出行。推进保障性住房工作，及时拨付建设资金1.14亿元，确保中心城区新建保障房项目顺利开工，完成省下达的年度任务。

【支持经济建设】2011年，汕头市财政部门本着优先安排重点的原则，支持重大产业项目建设，全年共拨付资金2.44亿元，支持产业园区建设，推动产业集聚发展，汕头市产业转移工业园被列入全省10大扶优扶强重点园区。拨付产业建设和企业发展各级扶持资金1.20亿元，加快现代产业体系建设，积极培育战略性新兴产业和现代服务业。出台扶持外贸进出口、鼓励发展总部经济财税扶持政策。加大对自主创新、节能减排等的投入力度。创新对企业的扶持方式，大力支持中小企业发展。落实结构性税费减免及出口退税政策，有效减轻企业税费负担，创造公平竞争、规范有序的财税环境。实施家电、汽车下乡、以旧换新等刺激消费政策，全年兑付补贴资金1.04亿元。做好中央扩大内需项目资金管理工作，及时下达、拨付扩内需资金，确保资金安全有效使用。千方百计筹措资金，保证重点建设资金需要。市财政部门全年拨付偿还融资建设贷款、BT回购、省财政金融再贷款等扣款、历史工程欠款、重点项目建设等资金21.52亿元，维护政府融资信用，全力保障重大项目建设资金的落实。

【财政改革】2011年，市财政局推进财政体制改革和管理创新，推进财政科学化、精细化管理，提高财政资金使用效益。争取省财政厅支持，核定汕头市（县、区）财政体制调整返还基数3.72亿元，比原核定数增加3482万元。起草制订濠江区行政体制综合改革财政管理体制调整方案，每年增加财力性转移资金约1.20亿元。争取省财政给予潮阳、潮南两区特殊困难市辖区奖补资金1.19亿元。深化部门预算改革，规范预算编制程序，细化预算编制内容，严肃预算执行，推进预算支出绩效评价，各项重点支出得到较好保障。做好预算公开工作，保障社会公众的知情权和监督权，自觉接受人大、纪检及社会监督。稳步推进基建项目信息管理系统建设工作。新设立的市级预算单位以及市财政拨款项目资金全部纳入国库集中支付管理，基本覆盖纳入部门预算管理的所有一级、二级和基层全额拨款单位。在市直各预算单位中全面推行公务卡改革工作。推进财务核算信息集中监管改革试点工作，全市共830个预算单位纳入国库集中支付管理，其中市直单位274个；共新增90个单位办理公务卡，新增开办公务卡1424张；累计55家单位纳入财务核算信息集中监管改革试点。推进财政支出管理电子平台建设，推行“财政业务信息管理一体化系统”，建立以预算指标控制用款计划，以用款计划控制资金拨付的内部控制制度，提升信息化对科学化、精细化管理的保障能力。升级国库支付管理系统，构建集国库集中支付、财务核算信息集中监管、国库动态监管于一体的财政支出监管大平台。实施非税收入征管电子信息化系统与公安交警系统技术接口衔接，加强和规范非税收入管理，积极推广各种高效、便民利民的缴费方式，提高服务质量。

【财政管理监督】2011年，市财政局继续开展财政专户清理，建立财政国库单一账户体系。规范资金拨付流程，全面清理市级预算单位银行账户。开展对市本级财政性资金投资项目工程预、结（决）算审核，全年共核减节约财政资金1.02亿元。组织实施年度企业所得税税源调查和重点产品国际竞争力调查工作，为下一步企业所得税改革、财税政策调整、关税政策调整提供参考依据。全面组织开展对全市“小金库”专项治理工作。推进“村账镇理”工作，举办全市农村民主理财骨干培训班。制订出台《汕头市市级部门预算项目支出绩效目标管理规程》，对财政支出达到100万(含100万元)以上的项目或跨年度项目支出进行预算绩效评价。全年清收市直财政周转金61万元。加强会计队伍建设，全市共举办农村财会人员财政支农政策培训班44期，培训3857人次，计划完成率101.6%，被省财政厅评为一等奖。

（廖赞燊）

国家税务

【概况】2011年，全市国税税收收入突破100亿元大关，达到106.22亿元，增长13%，增收12.21亿元，其中，国内税收收入突破80亿元大关，达到81.69亿元，增长12.4%，增收9.03亿元；办理出口退（免）税48.07亿元，增长28.15%，其中，出口退税29.47亿元，增长31.8%，免抵调库18.6亿元，增长22.8%；办理固定资产进项税额抵扣6.69亿元；全年国税部门通过各种形式反哺地方的税款和规费达到58.1亿元，相当于同期国内税收收入的七成多，其中，以中央和地方共享税地方分成收入、税收返还收入、代征堤围防护费、教育费附加等形式形成的地方可支配财力达26.6亿元，直接惠及企业的出口退税及税收优惠减免税款31.5亿元，为增强汕头市经济社会发展财力做出积极贡献。

【业务创新】年内，产能预警监控管理在涵盖塑料制品、文教体育用品制造业、纺织业和纺织服装、鞋帽制造业四个行业的同时，逐步在工业用电大户核查、纳税评估等税收管理多个领域推广应用，产能预警监控管理紧密配合自查、约谈、评估等柔性、温和的税收管理方式发挥了良好效应，2011年全市开展各类评估、检查、核查查补税款近1.8亿元，有效将涉税苗头性问题化解在萌芽状态；探索拓展窗口功能，全市范围实现五大涉税业务“同城通办”；深化信息网络应用，3万多户纳税人通过一般纳税人网上认证、小规模纳税人网上申报和电话申报等多元化方式办理涉税事项，全市90%以上的零星税款通过POS机缴纳；力推国地税合作，在全省地级市中率先推行国地税联合办理税务登记、联合纳税评估工作，全年受理联合办证信息6万多条次，联合评估初见成效，降低了税收成本，有效加强了户籍管理和税源监控。以联合办证、评估、税宣、纳税信誉等级评定为主要内容的国地税合作体系日臻完善，逐步形成纳税服务与税收征管业务齐头并进、征纳多方发展共赢的良好格局。

【依法治税】按照依法行政的内在要求，逐步建立起规范执法、执法监督、税务稽查、税法宣传四位一体法治税务机制。开展“依法行政、文明服务”主题实践活动，以64项量化的考核指标对依法行政、税收征管、纳税服务、行政管理等全方位综合绩效考核进行有益探索，全力推进基层依法行政示范单位创建工作；深化税收执法管理信息系统和疑点信息库的推广应用，扎实做好疑点信息核查，推行重大税收执法事项集体审理、税收执法监察、内控机制建设、一案双查，针对570多项税收执法风险点制订了1400多项防范措施，全面建立起重大执法决策事项集体审理制度，市局、区（县）局、分局三级内控体系初步建立；开展打击发票违法犯罪活动、医药流通行业专项整治、税收专项检查，全市查补收入1.10亿元，查处发票违法企业122户，缴获各类虚假发票250多万份；实施税收宣传月集中宣传、日常宣传、专题宣传与上门辅导紧密结合，纳税人税法遵从度进一步提高。

【纳税服务】立足“更新理念、健全制度、丰富内容、塑造品牌”，打造“一厅、一线、一网”纳税服务平台。统一工作规范和办税流程，提高办税服务厅标准化、集约化水平，市行政服务中心国税综合窗口量化考核排名保持全年12个月居全市56个进驻单位前列；加快纳税咨询回复效率，全年12366纳税服务热线和国税门户网站受理咨询2412条次；定期定点定专题举办51期“税务学堂”，全市4700户纳税人参加培训和征纳业务互动；启用电子服务评价系统，开展纳税人满意度调查，全市各窗口单位综合考核平均得分93.08分；向纳税人公开承诺5类16项服务事项，并在标准化模式服务的基础上探索服务细分策略，为上市公司等大企业提供“税企直通车”等个性化服务，同时为由国税部门管理的26户高新技术企业专题进行企业研发创新等内容的税收政策辅导，纳税服务质量显著提高。

【税收征管】将税源专业化管理、风险管理与夯实征管基础同步推进，有效提高了税源控管能力。试点税源专业化管理，分类分级税源管理模式及岗责体系初步形成；开展经济户口、工业用电大户、增值税“五类纳税人”、水产品加工行业、普通发票、出口退税等清理核查，对税负下降、抵扣税额增速异常、出口总额突增、退税率较高等企业进行预警监控分析和纳税评估；采取“抓大、控中、核小”的企业所得税分类管理模式，加强对重点税源、一般税源和核定征收企业的征管；运用多渠道信息加强跨境税源监控和非居民税收管理，反避税工作取得突破性进展，得到总局和省局的表扬，《中国税务报》专题介绍局在资本市场非居民税收管理方面的成功经验；推广应用CA认证系统，自主开发联合办证软件、纳税人自助查询系统，网络管理水平有效提升。2011年，全市新增一般纳税人944户，一般纳税人总户数达到9081户；2010年度企业所得税汇算清缴入库税额9365万元，增长40.3%。全市税收管理专业化、信息化水平进一步提高。

【自身建设】2011年，市国税局统筹规划基层建设，开展信息化建设巡回服务，加强基础设施建设，改善办公生活条件，为基层工作提供人力、资金、技术、制度等全方位保障与服务。基层各单位在“基层建设年”的总体部署下，立足实际，创造条件，努力提高发展质量。澄海区国税局、濠江区国税局、潮南区国税局、金平区鮀江税务分局在分别承担全市国地税联合纳税评估、税源专业化管理、下放出口退（免）税审核审批权限、依法行政示范单位、基层绩效考核等试点和创建工作中，积极探索实践，为全系统积累了宝贵的工作经验。同时，龙湖区国税局推行网上发票验旧，潮阳区国税局倡议举办全区税收宣传专题晚会，保税区国税局结合实际完善征管措施，南澳县国税局多措并举加强风电企业管理，均取得了良好成效。年内，队伍建设和机关管理有效加强，全年共有21个集体、23名同志受到省、市级以上表彰，其中，市局获“2009-2010年度汕头市文明单位”、“汕头市先进基层党组织”、“扶贫开发先进单位”等荣誉称号。

（田芳）

地方税务

【概况】2011年，全市地税系统共组织税费收入116.85亿元，同比增长20.5%，增收19.87亿元。这是在2010年连跨80亿和90亿的基础上，再次实现“两级跳”：先后突破100亿、110亿元大关，再创历史新高。仅一年的税费收入总量，已相当于国、地税机构分设前的十二倍以上，是五年前的2.7倍，创下历史最好水平。同时，先后荣获汕头市文明单位、广东省文明单位等光荣称号，并在全市民主评议政风行风活动中取得第一名的优异成绩。

【税费征收】2011年，新财政体制的实施直接减少市县级库收入的总量约4亿元，新开征契税、耕地占用税、涉外企业城建税和教育费附加、地方教育费附加、价格调节基金等税费项目。年初，出台2011年加强地方税收征管16条措施，年底前又专门研究出台后两个月加强地方级库收入促收的十二项措施，力争用最短的时间挖掘最具潜力的税源，减少财政体制调整对市县级库收入的巨大冲击。2011年，全市地税系统共完成税收收入74.24亿元，增收13.35亿元，增长21.9%，完成省局下达年度任务的105.8 %，完成市县级一般预算收入按可比口径增长26.5%；完成契税、耕地占用税4.83亿元。

【业务创新】成功自主研发全国首个《房地产开发行业土地增值税实

时预征系统》5月底起在全市推行应用，全市应上线的63个项目中，已上线登记项目47个，已测算应缴纳土地增值税项目27个，测算开发项目当期应预缴土地增值税近4亿元，有力的促进了土地增值税的及时足额入库，使土地增值税实现57.6%的较快增长。在全省率先实施国、地税联合办理税务登记，4月份在中心城区实施试点，5月份进一步推广到了全市范围，极大的方便了广大纳税人。深入开展纳税评估，一年来共实现评估收入约4.14亿元；国、地税联合纳税评估也取得初步成效，完成了对澄海区的20户中小型企业的联合评估试点，为进一步在全市全面铺开联合评估工作提供了较好的经验借鉴。继续落实推行“发票在线应用系统”服务体系。全市有82%的领票业户通过系统开具发票，有1790户纳税人应用天翼税通。成功推广应用自助办税服务系统，一年来已有22台终端投入运行使用。完成“汕头市存量房交易价格评估验审计税系统”的开发和试运行，为新一年在中心城区正式推广奠定了坚实的基础，确保提前完成省局布置的任务。

【依法治税】对内，始终把防范税收执法风险摆在突出位置。组织开展一年一度的执法检查活动，专门开展对近几年该局出台的各项加强征管措施执行情况的督导检查，确保增收措施真正执行到位，坚决杜绝和防止有税不收、乱收；对外，依托“地税工商比对平台”和“国地税联合登记平台”数据，积极加强税收户籍清理检查，并重点开展了服务业经济户口清理。同时，加大稽查执法刚性，全年查补税费收入6100万元。继续深入打击制售假发票和非法代开发票专项整治，联合国税、公安等部门在潮南区成功捣毁一特大制造假发票窝点。此外，年底前促成了《汕头市综合治税工作实施办法（试行）》的出台实施，为加强协税护税工作奠定了坚实的制度基础。2011年，该局被评为全市“五五”普法先进集体。

【规费管理】将清理欠费作为当前社保费征管的一项重点工作来抓，分类建立欠费档案，规范追缴欠费操作流程，落实清缴计划，提高了社保费欠费清缴工作成效；积极推进社保费信息化管理，4月份顺利实施社保费前置审核系统上线，实现对申报信息自动进行校验。6月份顺利实现社保费明细到账上线，自动为每一位缴费人进行明细记账，大大提高社保部门的记账准确率，有效维护缴费人的权益。积极协调配合有关部门制订出台《汕头市价格调节基金管理规定》，确定价格调节基金采用“物价核定，地税代征”模式，提请省局支持开发新的价格调节基金磁盘申报模块，顺利实现“大集中”征管系统价格调节基金模块的上线；理顺征收入库的账户设置，一步到位实现ETS入库；辅导企业做好申报缴纳工作，确保市价格调节基金代征工作的顺利进行。着力抓好残疾人保障金年度收入计划的分解落实，对上规模企业开展全面摸查，加强政策宣传，与残联部门建立常态化的沟通协调机制，协助开展年审工作，使残保金在上年度大幅度增长的基础上，继续实现快速攀升，全年征收残保金收入2585万元，同比增长85%，增收1188万元。此外，部署开征地方教育附加，召开动员会，组织开展业务培训和征收系统测试等工作，确保地方教育附加征收工作的顺利开展。一年来，全市地税系统共征收各项规费收入37.77亿元，达到占税收收入将近一半的规模。其中组织社保费收入32.91亿元，增长15.2%，增收4.33亿元；征收教育费附加、残保金等收入4.86亿元。

【纳税服务】先后举办以“走进地税，了解税收”为主题的“地税开放日”活动和第20个税收宣传月主题日活动，组织对教育系统和房地产协会、律师协会等较大型集中性的宣传辅导活动近250多场次，在社会各界和纳税人中取得较好反响。认真组织开展优秀办税服务厅评定和复核，开展突击检查，有力地巩固和带动了办税服务厅规范化建设的深入开展。全市地税20个窗口通过了优秀办税服务厅的评比，3个办税服务厅被省局评为“广东地税一级办税服务厅”，1个窗口被评为广东省青年文明号，3个窗口被评为汕头市青年文明号。同时，高度重视驻市行政服务中心地税窗口的建设，制订《中心窗口岗位职责及相关业务流程指引》，有效提升了中心窗口工作效能，得到了各界的好评。大力加强地税网站和12366纳税服务热线建设，顺利完成了市局网站的改版上线，目前月均访问量达12.7万人次；切实加强12366纳税服务热线的值班管理，做到“有问必有答，件件有回复”。全年人工接听率为92.02%，名列全省第二；电话排队率是9.54%，为全省最低。同时，对新形势下的纳税服务工作进行了全面部署，出台了新OA平台纳税服务事项转办系统、《纳税服务联席会议制度》、《纳税人学校管理办法》等制度，并在《汕头日报》以全版专题形式，大力宣传地税纳税服务工作成效，进一步树立良好地税形象。

（叶琳娜）

民营经济

综　述

【概况】2011年，汕头市民营企业表现出良好的发展态势，全市民营经济增加值占经济总量比重60%；规模以上民营工业企业1401

家，占全市规模以上工业企业的四分之三；规模以上民营工业总产值1421.27亿元，比增21.7%，高于全市规模以上工业产值3.4个百分点，占全市规模以上工业总产值的63%；民营固定资产投资275.67亿元，比增87.3%；民营企业出口31.6亿美元，比增32.1%，占全市出口额53.1%。

【扶持政策】2011年，汕头市以贯彻落实好省委、省政府《关于促进民营经济发展上水平的意见》和市政府《关于进一步鼓励和引导民间投资促进民营经济发展上水平的实施意见》等扶持政策为主线，加大宣讲推介力度，加强政策引导，努力促进民营经济发展上水平。9月，制订出台《关于做大做强做精做专民营企业工作方案》。加大对民营企业的指导扶持力度，规范市场准入规则，扶持民营企业做大做强、做精做专，引导中小企业集群发展，提高创新能力和管理水平，提高竞争力。推动全市各部门发挥资源优势，创新工作思路和合作模式，共同推进汕头市民营企业上水平，民营经济的大发展。

【扶持资金】2011年，市经信局根据国家、省关于申报中央、省中小企业发展专项资金项目的文件要求，组织做好专项资金项目申报和企业推荐上报工作。全年全市中小企业共申报国家和省专项资金项目41个（其中国家项目18个、省项目23个），计划总投资8.48亿元。这些项目实施完成后，预计年可新增销售收入14.23亿元，利润1.65亿元，税收9317万元。年内已有26个项目（含7个国家项目和19个省项目）获得扶持资金1507万元，获扶持的项目包括固定资产建设类项目、专利申请补助项目、自主创新和转型升级项目、创新产业化示范基地项目、服务体系建设项目等。

【市场开拓】2011年，市经信局组织企业参加省经信委开展的“广货全国行”系列活动，共组织18个项目参加“云南行”、“贵州行”、“安徽行”等活动，总合作金额达94.28亿元；参加第七届泛珠三角区域经贸合作洽谈会，有7个项目作为合作成果，总合作金额36亿元；参加粤渝经贸合作活动，有7个项目作为合作成果，总合作金额19.5亿元；组织企业参加第八届中博会，共40家企业参加中外对接，297家企业作为客商参会，成交项目5个，投资金额共4082万元；意向投资项目2个，意向投资金额共3600万元。组织企业参与省“千户民企进广东”大型招商活动，落实14个合作项目，项目总投资金额55.2亿元。

【企业创新平台建设】2011年，汕头市全力推进以企业为主体的技术创新体系建设，打造“国家、省、市”三级企业技术中心、工程技术研发中心，提高企业自主研发能力。11月份分别向省推荐2011年广东省民营企业中小企业创新产业化示范基地5个，2011年广东省中小企业公共（技术）服务示范平台3个、广东省中小企业公共服务示范平台3个。经省评审确认，汕头市粮丰集团有限公司的创新产业化基地被评定为2011年广东省民营企业创新产业化示范基地；广东达诚机械有限公司、广东汕樟轻工机械有限公司和广东卫伦生物制药有限公司等3个创新产业化基地被评定为2011年广东省中小企业创新产业化示范基地；广东天盈信息技术有限公司的云计算应用服务平台被评定为2011年广东省中小企业公共（技术）服务示范平台；汕头市国慧咨询有限公司和汕头市英盛企业管理顾问有限公司的公共服务平台被评定为2011年广东省中小企业公共服务示范平台。到年底，全市共有国家级企业技术中心1个，省级企业技术中心25个，市级企业技术中心58个；省级工程技术研发中心47家，市级工程技术研发中心97家。

【企业推介】2011年，为配合做好《赢周刊》和《南粤巡礼》专栏在汕头市的采访，市经信局建立了市、区县中小（民营）企业主管部门、重点企业宣传负责人和通讯员的组织框架，充分发挥各级在积极推介本地中小企业和民营经济发展的典型经验，提供相关采访线索，重点宣传市中小企业及民营经济发展情况和特点，以及支持中小企业及民营企业发展的政策和措施等情况，营造汕头市民营经济发展的良好舆论环境。

（游澍钿）

个体经济

【概况】2011年，市工商局先后出台《汕头市工商行政管理局关于促进市场主体增量提质的工作意见》和《关于进一步扶持引导个体工商户转型升级为企业的工作意见》，积极支持个体工商户数量增加，质量提升。2011年，全市新登记个体工商户19452户，注册资本数额33513.53万元，与2010年相比，全市新登记个体工商户减少1.16%，注册资本增长4.83%；截止2011年底，全市共有个体工商户130453户，注册资本数额198467.8万元，比2010年底分别增长7.16%、18.3%；截至12月31日，全市共有港澳个体户27户，从业人员57人，资金数额116万元，其中2010年新发展港澳个体工商户7户；全市共有台湾农民个体户4户，从业人员5人，资金数额2.7万元。

【经营领域】从产业结构上看，汕头市个体经济产业分布主要集中在第三产业的批发和零售业。2011年个体工商户第一、二、三产业分别占0.69%、15.77%、83.55%。个体工商户的增量主要集中在传统行业

——批发和零售业、制造业、居民服务和其他服务业。

【批发和零售业个体工商户】2011年，批发和零售业新登记个体工商户13064户，注册资本16459.19万元，与2010相比分别增加0.49%和17.4%，占全年新登记注册个体工商户户数、注册资本的67.16%和49.11%。至2011年底，累计从事批发和零售业个体工商户94017户，占个体工商户总量的72.07%。

【制造业个体工商户】2011年，制造业新登记个体工商户4138户，注册资本11838.04万元，与2010相比分别减少3.34%和7.7%，占全年新登记注册个体工商户户数、注册资本的21.27%和35.32%。至2011年底，累计从事制造业个体工商户20555户，占个体工商户总量的15.76%。

【服务业个体工商户】2011年，居民服务和其他服务业新登记个体工商户799户，注册资本1394.16万元，与2010相比，新登记个体工商户降低12.1%、注册资本增加23.75%，占全年新登记注册个体工商户户数、注册资本的4.1%和4.2%。至2011年底，累计从事居民服务和其他服务业个体工商户5541户，占个体工商户总量的4.25%。

（张泽民）

私营经济

【概况】2011年，市工商局继续加大对私营经济扶持力度，制订出台《汕头市工商行政管理局关于促进市场主体增量提质的工作意见》，通过实施“十个一批”的措施，放宽经营场所要求，降低市场准入门槛，促进市场主体增量提质。全年全市新登记私营企业3066户，注册资本416120.88万元，与2010年相比分别增长9.07%、31.77%。截止年底，全市共有私营企业24640户，注册资本5211234.89万元，比2010年底分别增长5.78%、15.73%，其中制造业和批发零售业分别占到了36.93%和35.64%，依然是市私营企业发展的中坚力量。

【经营领域】从产业结构上看，汕头市私营企业从事第一、二、三产业分别为278户、9188户和15436户，分别占总户数的1.13%、37.29%和62.65%，私营企业主要集中分布在第二、三产业。2011年批发零售业新发展1238户，注册资本75622.2万元；制造业新发展806户，注册资本达67521.4万元；租赁和商务服务业新发展319户，注册资本151515.45万元。

【经营规模】截至年底，私营企业注册资本比2010年底增长31.77%，其中注册资本100–500万元的有4824户，500–1000万元的有768户，1000万–1亿元以上的有1128户，1亿元以上的有53户，分别比2010年同期增长4.3%、4.63%、14.05%、32.5%。注册资本的加大，标志着私营企业的经济实力和市场竞争力的增强。

【组织形式】从私营企业组织形式来看，有限责任公司持续发展，全市2010年底实有私营企业23293户，其中有限责任公司20464户、个人独资企业3930户、合伙企业183户、股份有限公司63户，分别占总户数的83.05%、15.95%、0.74%、0.26%，其中个人独资和合伙企业的比重缓慢下降。

【名牌产品】年内，市政府出台《汕头市关于实施商标战略促进经济发展的意见》，将实施商标战略列入考核各级政府经济和社会发展的重要内容，引导各类企业推进实施商标品牌带动战略，促进企业从单纯依靠资源优势向依靠自主品牌和自主创新的综合优势转变，争创国内外知名品牌。2011年市广东群兴玩具实业有限公司的“QUNXING”牌商标、黑牛食品股份有限公司的“黑牛”牌商标被国家商标局认定为中国驰名商标，广东邦领塑模实业有限公司的“邦宝”牌商标、广东润科生物工程有限公司的“RUNKE”牌商标、广东龙湖科技有限公司的“LONGHU”牌商标、广东绍河珍珠有限公司的“绍河”、“SHAOHE”牌商标等21件商标被认定为“广东省著名商标”，使汕头市的中国驰名和广东省著名商标队伍进一步壮大，提升私营企业市场竞争力和商品知名度。

（张泽民）

农　业

综　述

【概况】2011年，汕头市农业和农村经济有效应对局部严重干旱等自然灾害，克服生产成本上升、市场供求波动等困难，保持良好发展态势，取得明显成效。全市实现农林牧渔业总产值134.52亿元、增长3.9%；农民年人均纯收入7893元、增长21%。粮食播种面积107.17万亩，总产量46.43万吨。其中水稻播种面积75.73万亩，总产量32.90万吨；薯类作物种植面积27.21万亩，总产量12.00万吨；旱粮作物播种面积3.83万亩，总产量1.47万吨，其中玉米播种面积3.78万亩，总产量1.46万吨。蔬菜播种面积67.00万亩、比增0.67万亩，总产量152.78万吨、比增1.76万吨；水果面积19.14万亩、比增0.11万亩，总产量16.7万吨、比增0.45万吨。潮阳区和平镇农民马镇顺播种水稻近1万亩，被国务院评为“全国种粮售粮大户”。澄海区蔬菜播种面积25.98万亩，总产67.00万吨，创值39431万元，占全区种植业总产值的72%，被省人民政府评为“省蔬菜生产先进区（县）”。

（曾锡洪 佘克潮 刘嘉楠）

【种粮补贴政策】2011年，汕头市种粮直补面积64.8165万亩，种粮直补资金518.53万元，其中省级资金259.27万元，市、区县资金各129.63万元；农资综合直补面积64.8165万亩，补贴资金3629.73万元；中央农作物良种补贴面积66.99万亩（其中早稻面积32.85万亩、晚稻面积31.97万亩，玉米面积2.17万亩），补贴资金994万元。全年共发放三项补贴资金合计5142.26万元。

（佘克潮 刘嘉楠）

【农田水利基本建设】2011年，汕头市认真实施农田水利基本建设议案、基本农田整治、基本农田保护示范区建设、农业综合开发以及改造中低产田等项目，全面加快推进围内农田水利基础设施建设。全市共完成投资1420万元，建设整治农田1.22万亩。是年4月，省政府检查组对汕头市“十一五”农田水利基本建设议案项目进行结案检查，充分肯定建设完成情况和建设成效。同时，组织编制《汕头市现代标准农田建设“十二五”规划》，在“十二五”期间，全市现代标准农田建设规划总投资2.72亿元，建设整治面积11.78万亩，其中在重点农业生产区域建设高标准现代农田6万亩。

（佘克潮 刘嘉楠）

【农产品质量安全】2011年，汕头市组织开展农产品质量安全例行监测、监督抽查、专项抽查监测，突出开展草莓、杨梅、水稻等专项监测，切实做好农产品质量安全监测和风险预警工作。全年共检测各类农产品22776批次，其中开展果蔬有机磷类和氨基甲酸酯类的定性检测12794批次，产品合格率为99.65%；开展蔬菜30种农药残留定量检测894批次，合格率为97.31%；瘦肉精定性检测1.45万份，合格率为100%。在三聚氰胺的专项整治中，共抽取检测生鲜乳样品1638份，合格率达到100%。

（林梓喆）

【农业对外交流合作】2011年，汕头市抓住纳入海峡西岸经济区、特区扩围和率先建设经贸合作试验区等有利契机，以潮南台湾农民创业园为平台，以现有现代农业园区和产业基地为基础，积极拓展与海西、台湾、珠三角、闽粤赣等区域的农业交流与合作，逐步拓宽对台农业合作领域。潮南台湾农民创业园经过近几年的发展，园区路网、电网、水网、林网建设日趋完善，进园路和创业大道首期5公里水泥路面在8月底建成通车，全长2884米的进园路周边4条排水主干渠和首期沿海防护林工程完成建设，园内土壤和电力设施得到进一步改善；招商引资效益明显，现已开工建设项目4个，累计投资近7000万元，已签约正在跟踪落实项目8个。同时，实施“一园多区”带动发展模式，以潮南台湾农民创业园为核心，带动辐射全市范围内水果、蔬菜、花卉、畜牧、水产等5个产业拓展指引区和汕头台湾农产品交易中心建设，有效引进了台湾新品种、新技术和先进管理经验，示范带动全市现代效益农业的发展。

（林少嘉 卓光泽）

【扶贫开发“双到”工作】2011年，汕头市对经省确认的59个贫困村、8368户贫困户，加大扶贫开发“双到”工作力度，坚持重落实大投入、重产业促转移、重民生固基本。全年落实帮扶资金12864万元，平均每村投入218万元，其中帮扶到村8930万元，帮扶到户资金3934万元。实施发展生产和公益事业项目306个。至年底，脱贫户数7972户，脱贫率分别占贫困户总数和有劳动力贫困户数的95.3%和97.9%；贫困村村均集体经济收入12.13万元，贫困户年人均收入5847元，提前完成省委、省政府下达的三年内使80%以上贫困户脱贫的目标。

（陈洪佳）

【农村低收入群众住房改建】2011年，汕头市把实施农村低收入群众住房改建列为“十项民心工程”之一，通过以农民自筹为主和政府补一点、银行贷一点、社会捐一点、帮扶单位助一点的办法，来解决全市2711户农村低收入住房困难户的住房改建任务。全年省、市、区三级财政安排4441.5万元作为农村低收入住房困难户住房改建补助资金，农民自筹2496.7万元、社会捐助122.18万元、贷款13.4万元，每户住房改建获得的补助不低于1.5万元。

（张桂成）

【农民专业合作社】2011年，汕头市坚持“因地制宜、因势利导”的方式，以“培育、巩固、规范、提升”为重点，加大宣传引导力度，制定《示范社标准》规范发展，加强合作社业务培训，积极开展“农超对接、农餐对接、农校对接”产销对接活动，推动了农民专业合作社蓬勃快速发展。至年底，全市依法登记的农民专业合作社211家。其中，拥有“三品二标”（有机农产品、绿色食品、无公害农产品、农产品地理标志、注册商标）一项以上的60多家。市级示范社55家，省级示范社23家，国家级示范社1家。全市合作社总成员1万多人，带动非社员农户3万多户，户均增收1200元。

（许燕如）

【减轻农民负担】2011年，汕头市加强减轻农民负担的监督管理，组织开展专项督查，全年没有发生因加重农民负担而引发的恶性案件和严重群体性事件，农民基本实现零负担。探索建立减轻农民负担长效机制，以潮阳区为示范区，以濠江区达濠街道、澄海区溪南镇、潮南区陇田镇、龙湖区新溪镇、金平区鮀莲街道、南澳县后宅镇等6个镇（街道）为示范镇（街道），积极开展村级公益事业一事一议财政奖补示范试点工作。全年全市33个奖补项目竣工验收并发挥效益（总投资5923万元，受益农民30.5万人），共拨付各级财政奖补资金2071.24万元，有效促进村级公益事业加快发展，减轻农民负担，让广大农民群众共享“幸福汕头”建设成果。

（许燕如）

【农村经营管理】2011年，汕头市加强农村集体经济组织与资产管理力度。对全市农村集体经济组织登记发证情况进行全面检查、核实，确保农村土地确权工作的顺利推进。稳步推进农村集体资产清产核资、成员资格界定、内部管理等各项工作，探索推行集体资产股份制改革。加强农村土地承包经营权流转管理和服务工作，探索建立土地承包经营权流转服务中心。全年全市发生土地流转面积24.09万亩，占耕地总面积的40.84%。贯彻落实《农村土地承包经营纠纷调解仲裁法》，指导南澳县开展农村土地承包经营纠纷调解仲裁试点工作。

（许燕如）

【农业龙头企业】2011年，汕头市把推进农业产业化经营作为农业农村经济工作的重要任务来抓，紧紧抓住发展龙头企业这一关键，加强扶持、指导和服务，引导企业做强做大。争取落实省、市资金255万元、区县资金260万元扶持农业龙头企业做大做强，新增汕头市德兴种养实业有限公司为国家级农业龙头企业，新增汕头市澄海区远东国兰有限公司、宏辉果蔬股份有限公司等2家省级农业龙头企业。据统计，全市现有县级以上农业龙头企业78家（包含市级43家、省级13家、国家级4家），以“公司+基地+农户”为主要模式联结带动基地和农户发展特色农产品的种养、加工和销售，有效地带动了传统特色农业形成产业并走向市场，有力地促进农业增效农民增收。

（林喜明）

【现代农业园区】2011年，汕头市继续推动农业园区经济发展，全面规划建设现代农业园区。至年底，建成省级以上现代农业园区16个，面积达6万多亩，园区内农民年人均纯收入达到1.3万元，比全市平均水平增加近1倍。

（谢声鹏）

【名镇名村示范村创建】2011年，汕头市按照省委省政府的统一部署，启动名镇名村示范村创建工作。市委市政府出台《关于打造名镇名村示范村的实施意见》，制定《2011年—2015年创建名镇名村示范村总体规划》和《2011年创建名镇名村示范村实施方案》，确定2011年度创建2个市级名镇（澄海区莲华镇、潮阳区和平镇），14个市级名村（澄海区前美村、濠江区珠浦社区、潮南区东华村、金平区新辽社区等）和一批区（县）级示范村，全年落实市级财政专项资金1850万元，其中每个名镇200万元、每个市级名村100万元，用于名镇和市级名村启动建设、主导产业培育、示范项目补助。建立市、区（县）名镇名村示范村建设联席会议制度，并起草《落实市委市政府关于名镇名村示范村建设实施意见分工方案》，进一步明确全市各有关部门的任务职责。

（刘奕鏦）

【农村综合改革】2011年，汕头市按照省政府《关于推进山区县农村综合改革的指导意见》和全省山区县农村综合改革工作会议精神，积极推进山区县农村综合改革有关工作。市委农办（市农业局）牵头会同市编办、发改、财政等部门，组织协调并指导南澳县结合海岛和山区具体实际贯彻落实，研究制定《南澳县农村综合改革实施方案》，启动农村综合改革。《方案》明确南澳县乡镇突出以生态发展区域为主体功能定位，按照建立服务型、法治型政府的要求，明晰各级功能职责，增强乡镇政府社会管理和公共服务职能，推进农村基本公共服务体系建设，增强山区农村发展活力。

（刘奕鏦）

【新一轮“菜篮子”工程建设】2011年，汕头市按照国务院和省政府有关加强对新一轮“菜篮子”工程建设工作的部署，正式启动全市新一轮“菜篮子”工程建设。4月2日，成立“菜篮子”建设联席会议制度；9月26日，市政府印发《关于汕头市新一轮“菜篮子”工程实施方案的通知》，全面部署“菜篮子”工程建设。

（陈彦）

林　业

【营林生产】2011年，汕头市从建设生态型海滨城市的高度出发，以增加森林面积、增加森林蓄种量为目标，以培育、保护生态公益林为重点，积极筹集资金用于生态公益林体系建设和保护。据统计，全市全年共筹集各类资金2333万元,完成造林建设面积6.2万亩（其中：人工造林0.82万亩，低效林改造2.38万亩，森林抚育2万亩，封山育林1.0万亩），植树14.5万株，绿化村庄140个；育苗499亩、750万株，并对市47.92万亩省级以上生态公益林（包括9.61万亩国家级生态公益林）实施效益补偿和保护。

（姚奕龙）

【义务植树】2011年,汕头市参加全民义务植树人数达到140.57万人次、植树271.78万株。3月11日，市委书记李锋等市党政军领导带领市直机关、驻汕部队官兵与濠江区领导机关的干部、青年、志愿者共600多人到濠江区滨海街道南山湾新建的滨海休闲绿道上开展全民义务植树活动，共种植大叶榄仁、小叶紫薇、水翁、鸡冠刺桐、木麻黄、大红花、非洲茉莉等树苗2850株。

（姚奕龙）

【林业有害生物防控】2011年，汕头市林业部门加强林业有害生物的防控工作。组织开展松材线虫病疫情普查以及濠江区松材线虫病疫区的除治，发现一株砍掉一株，并做无害化处理；常年开展林业有害生物常规检疫对象的疫情监测工作，对松毛虫、椰心叶甲、微甘菊和刺桐姬小蜂等有害生物的发生发展趋势进行预测预报；落实松毛虫防治措施，将松毛虫控制在低虫口密度范围内，确保有虫不成灾；抓好苗圃地的产地检疫和林木种苗及其繁殖材料的调运检疫，办理检疫证书200多宗，杜绝疫区的松木出境，防止森林检疫对象的传播。

（姚奕龙）

【生态景观林带建设规划】2011年9月，根据省政府关于建设生态景观林带的部署，市林业部门组织专业技术人员编制完成《汕头市生态景观林带建设规划(2011-2020年)》。12月26日，规划经第十二届九十三次市政府常务会议审议通过。该规划的生态景观林带建设为“一岛八线一岸三江”，建设总长度580.6公里、总面积195329亩，总投资48050.24万元（简称“1813”工程）。其中:“一岛”指南澳岛；“八线”指深汕高速、汕汾高速、324、206国道、厦深铁路、南滨、金鸿、南澳环岛路沿线；“一岸”指汕头市沿海岸防护林带；“三江”指韩江、榕江、练江两岸景观带。规划建设期为2011年开始，2014年初见成效，2017年基本成带，2020年全部建设完成。

（姚奕龙）

【集体林权制度改革】2011年，汕头市按照省委省政府的工作部署，如期完成全市集体林权制度改革的各项任务，达到“山定权、树定根、人定心”的目的，初步实现“资源增长、农民增收、生态良好、林区和谐”的改革目标，取得显著成效。全市有林改任务的7个区县、52个镇（街道）、515个村（居）委会，涉及林改的集体林地面积94.18万亩，已完成确权发证面积93.1万亩，占林改面积的98.8%，惠及农户40万户；调处山林纠纷49宗、面积14736亩，调处率达81.9%；配套建立林业专业合作组织16家，参加农户237户，经营面积5310亩；基层林业管理机构进一步理顺，林业站从原来的13个增加到53个、且人员全部纳入地方财政核拨。年内，汕头市集体林权制度改革顺利通过省的检查验收，潮阳区、潮南区、南澳县获优秀等次，金平区、濠江区、澄海区获良好等次；潮阳区人民政府、南澳县人民政府和潮南区成田镇人民政府3个单位及林艾晕等8名个人受到省林改领导小组的通报表彰。

（肖海群）

【野生动物保护管理】2011年，市林业部门加大野生动物保护管理力度，组织开展常规巡查，做好野生动物的接收、救护及放生，制止随意侵占破坏湿地和张网捕鸟的行为，打击严重破坏野生动植物资源的违法活动。全年接到市民举报违法张网捕鸟25次，拆除捕鸟网5000平方米；接“110”指令和市民及相关单位求助电话，上门接收各种野生动物100多次，涉及到国家一级保护动物、二级保护动物及“三有”保护野生动物，所有接收、移交动物（死活体）均按照有关规定进行处理；建设完善7个野生动物疫源疫病监测点，对越冬候鸟、本地野生鸟类及其栖息地和繁殖地实施监测，未发现候鸟及其它野生动物疫源疫情。

（林金灶 李泽荣）

【森林防火立法】2011年8月30日，汕头市人大常委会第三十五次会议通过《汕头经济特区森林防火条例》，于2011年10月1日起实行。《条例》突出解决细化上位法的有关规定，使森林防火工作制度更具可操作性；保障森林防火工作经费和森林防火设施建设投入；保障专业、半专业防扑火队伍建设及防扑火工作人员的待遇；授权镇政府、风景区、森林公园管理机构行使部分行政处罚权，加大执法力度；补充有关保护森林防火安全和森林防火设施的规定。

（周少华）

【森林资源保护】2011年，汕头市森林公安组织开展打击各种破坏森林资源的违法犯罪活动，维护林区和谐稳定。至11月30日，全市森林公安机关办理各类案件220宗，其中刑事案件7宗，已起诉5宗；办理林业行政案件213宗，处罚424人次，罚款86万元，收缴国家保护野生动物304只（头）其中一级保护动物12只（头），二级保护动物9只（头）。

（林绿涛）

海洋与渔业

【概况】2011年，汕头市水产品总产量40.84万吨,总产值37.9亿元，分别比上年增长2.2%和12.6%，其中，海洋捕捞产量16.32万吨，下降0.2%；海水养殖产量17.32万吨，增长4.5%；淡水捕捞产量0.34万吨，增长0.4%；淡水养殖产量6.86万吨，增长2.6%。渔业船舶拥有量3121艘，82041吨位，190705千瓦，其中海洋捕捞机动渔船2417艘，74028吨位，165975千瓦；配备AIS避碰终端船渔1551艘，配备IC卡渔船2032艘。水产养殖面积15351公顷，其中海水养殖面积11087公顷，淡水养殖面积4264公顷；新增确权海域19宗，面积479.07公顷；办理海域使用权证书429宗，面积1.3万公顷。广东南澎列岛海洋生态省级自然保护区管理处被授予“汕头市科普教育基地”、“汕头市青少年海洋科普教育基地”。

【规划编制】2011年，汕头市海洋与渔业局委托省海洋资源研究发展中心编制《汕头市海洋经济发展“十二五”规划》，委托厦门大学编制《汕头市海洋综合开发计划》。《规划》已完成编制和专家组的评审。编制《规划》和《计划》，为加快海洋和渔业健康持续发展打下基础。

【无居民海岛开发】2011年，汕头市海洋与渔业局成立无居民海岛使用项目预审工作小组，规范无居民海岛使用项目预审工作。开展海岛地名普查，完成年度计划的31个无居民海岛名称标志设置。确定全市6个无居民海岛（R3、凤屿、官屿、猎屿、龟屿、龟山岛）为首批开发海岛，由国家海洋局统一向社会公布全国第一批开发利用无居民海岛。其中，除龟屿是用作交通与工业用岛之外，其余五岛从生态保护角度考虑，均适合用于旅游娱乐用岛。

【海洋执法监察】2011年，汕头市海洋与渔业局按照上级统一部署，组织开展“海盾”、“碧海”、“护缆”、“陆源入海口联合执法检查”4次专项执法行动。完成年度粤东至珠江口分片巡航执法、海区联合台浅巡航执法、“护渔2011－3”行动和深圳大运会期间亚欧、中美、亚太2号等国际海底光缆的巡护任务。全年共检查用海项目184个、海岛75个，发现海洋违法行为7宗，立案7宗，结案5宗，正在办理案件2宗，办结上年度案件1宗。检查渔船464艘次，办理案件13宗。

【渔民转产转业】2011年，汕头经国家农业部和省海洋与渔业局批准需提前淘汰渔船669艘，上级下拨补助资金4665.71万元。发放渔用燃油补贴资金2.034亿元，补贴渔船2285艘。省人大议案第一阶段下达汕头市渔业产业项目22个，完工项目20个，其中有17个项目通过验收。省财政下达汕头市转产转业安居工程补助资金907.5万元，补助潮阳区海门镇605户渔民住房建设。

【渔港建设】2011年，汕头市渔港建设进展顺利。4月，海门国家中心渔港项目通过交工验收，并加紧做好工程竣工验收工作。至年底，云澳国家中心渔港投入资金2786万元，占合同总造价的58%，渔港两条防波堤的主体工程完成，形成港池基本规模。10月21日，达濠一级渔港建设项目动工建设。

【海洋环境监测】2011年，汕头市海洋与渔业局在全市近岸海域各功能区布设监测站位100个，对近岸海水质量趋势性、沉积物质量监测、榕江和练江等河流入海污染物监测、陆源入海排污口监测、南澳竹栖湾贝类养殖区进行监测，以及开展海水浴场、海洋垃圾、赤潮监测防范，全年获得有效数据2406个，出具具有法律效力的检测报告24份，实现对全市海洋环境质量的及时跟踪和网络化管理。联合国家海洋局汕头环境监测站开展对中信度假村海水浴场水文气象、致病菌等的连续监测监视，并通过汕头电视台发布信息。开展南澳海洋牧场增殖放流、濠江人工鱼礁建设效果等渔业资源常规和专项调查工作，获得调查数据2.5万个。编制并向社会发布年度海洋环境质量公报，为各级政府和群众生产生活提供决策参考和服务。

【海洋资源保护】2011年，汕头市加大海洋资源保护力度，继续开展增殖放流，全年投入资金30.24万元，增殖放流鱼苗17.5尾，救助搁浅海豚2头。联合汕头大学开展《汕头水域中华白海豚种群动态与保护研究》，研究水域中华白海豚种群的数量、分布以及季节性变化等种群动态基本情况。由全球环境基金资助、联合国开发计划署执行、中国国家海洋局和沿海地区实施的中国南部沿海生物多样性管理项目，东山–南澳示范区通过国际评估专家组的终期评估，经过近7年的实践，在消除沿海生物多样性威胁、推进海岸带综合管理和生态保护等方面形成示范经验，提前实现项目最初设计的8年目标，为市海洋自然保护区建设管理提供借鉴。

【水产品质量安全管理】2011年，市海洋与渔业局全面实施水产品质量安全管理。制订出台《初级水产品质量安全事故应急预案》，加大无公害水产品产地认定、产品认证管理和水产品质量安全检验检测。与汕头大学合作完成省下达的水产品质量检验检测任务。全年举办水产品质量安全培训班2期，培训养殖企业技术人员110名。对4万亩主要养殖区域及对虾、鲍鱼、罗非鱼主要养殖品种的主要病害进行定点监测，通过《海洋与渔业信息》月报反馈给有关部门和养殖户，提高水产养殖病害的防控能力和科学监测能力。选择大洋水产品批发市场、澄海区莱芜永源水产养殖场、大顺实业有限公司和大发水产养殖有限公司等单位为试点推行水产品标识管理。全年通过无公害农产品产地认定的水产品生产企业38家，通过认证无公害水产品18个，出具有法律效力的水产品检测报告8份，抽检产地水产品140个次、种苗场36家、超市2个、水产批发市场1个，抽检鳗鲡、南美白对虾等品种，药残抽样179个，合格率100%。

【**渔业科技与推广**】2011年，汕头市海洋与水产研究所参与研究完成的“凡纳滨对虾工程化高效健康养殖技术”项目获2010年度广东省科学技术进步二等奖；市养殖技术推广中心站完成《河口区池塘卵形鲳鲹生态混养技术研究与推广》项目获得汕头市农业技术推广一等奖、市科技进步三等奖；市养殖技术推广中心站承担的《杂色鲍稚鲍暴发性死亡症预防与控制技术》项目，通过省水生动物疫病预防控制中心组织专家组结题验收；广东省绍河珍珠有限公司升级三角帆蚌良种场通过省海洋与渔业局组织的专家验收，被评定为省级良种场；市海洋与水产研究所澄海莱芜基地获“广东省坛紫菜养殖标准化示范区”。

（蔡艳端）

水　利

【**概况**】2011年，汕头市水务局以特区扩围为契机，以“加强水利建设，支撑幸福汕头”为立足点，突出民生民安水利需求，大力加快城乡水利防灾减灾工程建设、病险水库专项除险加固和解决农村饮水安全问题，切实抓好防汛抗旱工作，严格水资源管理，取得了较好的工作成效，水利基础设施建设得到进一步加强，城乡安全供水和水利工程前期工作扎实推进，三防工作有备无患，“双到”扶贫和水利普查工作取得阶段性成效。全市全年完成水利建设投资8.6亿元（其中中央投资0.8亿元、省级投资3.27亿元、市级投入2.76亿元、县及以下投入1.77亿元），共维修加固江海堤围229公里，维修加固山塘16宗，维修排灌渠道312公里，有效改善农田灌溉面积5.75万亩，完成土方312万立方米、石方27万立方米、混凝土12万立方米，改善治涝9.65万亩。

至2011年，全市已建成江海堤围77条，堤长908公里。堤围达20年一遇68.16公里、50年一遇294.93公里、达100年一遇海潮静水位设防标准29.82公里（不含市区城建建设的海堤）。有山塘水库484座，其中中型水库8座，小型水库199座（小㈠型33座、小㈡型166座），总库容3.2118亿立方米（其中小型水库1.2484亿立米），有效灌溉量为1628.20万立方米。共建成大中小型水闸998座，其中大型水闸8座，中型水闸38座，小型水闸952座。已建成泵站共409宗，其中规模上泵站290座；装机总台数478台机组，合共38927千瓦。全市小水电站19座，装机2.2万千瓦，其中规模上水电站年发电总量3755万千瓦时。

【**加快水利改革发展**】2011年，汕头市把学习贯彻党中央、国务院关于加快水利改革发展决定、省委省政府关于加快水利改革发展的决定和中央水利工作会议、全省水利工作会议的精神作为全市水利工作的首位。9月6日，市委市政府召开全市水利工作会议，认真总结汕头市水利改革发展实践经验，分析当前水利工作面临的新情况、新问题，明确今后一段时期全市水利改革发展主要任务，对深入贯彻落实中央一号文件和省委九号文件进行全面部署，动员全党、全社会力量共同推进市水利建设和改革创新，进一步推动科学发展、促进社会和谐，为汕头经济社会发展、建设幸福汕头提供强有力的水利支撑和基础保障。会议规格之高、规模之大、决定事项之重要，在汕头水利建设史上尚属首次。9月22日，市委市政府又出台《中共汕头市委、汕头市人民政府关于加快水利改革发展的实施意见》，指出加快市水利改革发展步伐的重要意义、总体要求和目标任务，制订加快水利建设发展、深化水务体制改革、增加水利资金投入、落实水利工作责任等四方面措施，为全方位实现汕头市水利科学发展、率先发展和跨越发展奠定坚实的政策基础。11月15日，汕头市出台《关于贯彻落实市委市政府加快水利改革发展的实施意见有关工作分工的通知》，对《实施意见》中各项工作涉及的各个责任单位和具体内容进行明确细化，确保《实施意见》落到实处。

【**城乡水利防灾减灾工程**】2011年，汕头市城市水利防灾减灾工程进展顺利，15宗列入省城乡水利防灾减灾工程项目有9宗建设完成并报省水利厅“完工销号”，分别是：市属牛田洋海堤、潮南秋风岭水库、南澳县城市防洪工程、潮南区大龙溪一级水库、潮阳城市防洪工程、潮阳棉北海堤、潮南城市防洪工程、龙湖上蓬围江海堤和濠江东西岸海堤；有5宗工程量完成95%，且进入工程扫尾阶段，分别是：澄海一八围江海堤、澄海苏溪围江海堤、澄海苏北围江海堤、潮阳金关围堤防及潮阳练江堤防；汕头大围六个应急堤段达标加固工程至年底累计完成征地工作总工作量的90%，完成拆迁面积约13.92万平方米，约占总拆迁工作量的78.85%；施工约完成总工程量的18.26%，完成投资约7627万元。

链接：

汕头大围六个应急堤段达标加固工程是省、市城市水利防灾减灾工程建设重点项目之一，包括下蓬围梅溪河左岸、岐山围梅溪河右岸、下蓬围海堤及新津河堤防、岐山围红莲池和西港河左岸堤防、浦围大港河右岸、四千亩围及乌桥岛堤段堤段等六个应急工程，全长92.1公里，列入BT建设的堤段共70.32公里（其中金平区辖内堤段46.73公里、龙湖区辖内堤段23.59公里）。工程概算总投资为13.04亿元，占汕头城乡水利防灾减灾工程总投资额的42%，工程采用BT融资模式建设招投标，按50–100年一遇的防洪（潮）标准进行达标加固，围内受益面积153平方公里，整个工程建成后将承担防御洪水、台风暴潮及围内排涝三大任务，并体现防洪、交通、景观等综合功能。

【第一次全国水利普查】2011年，汕头市按照国家和省关于开展第一次全国水利普查的工作部署和安排，组织开展全市水利普查数据的清查登记，组建水利普查领导小组及其办公室，制订和细化水利普查总体方案、实施方案及各项工作制度，完成全市1182名水利普查“两员”的选聘并深入开展普查宣传工作，完成全市1113个台账名录建设对象确定工作。汕头市通过梳理工作思路、倒排工作计划、细化工作安排和普查对象清查、普查对象名录库建设等做法，为下阶段普查数据的填表上报和成果发布打下基础，受到省检查组的好评。澄海区在第一次全国水利普查中的做法两度作为全省唯一先进区县在省级会议上作经验介绍。

【城乡安全供水工程】2011年，汕头市继续推进农村饮水安全工作，全年完成中央下达的59宗工程建设任务，解决全市21.75万人的饮水不安全问题。从2007年开始实施的农村饮水安全工程建设至年底止，共建设工程97宗，投入建设资金2.60亿元，解决全市68.11万人的饮水安全问题，提前两年完成省定的工程建设任务。全市村村通自来水工程完成潮阳区、潮南区、澄海区和南澳县四个区（县）框架规划编制及上报工作，规划匡算总投资20.67亿元。潮阳引韩、南澳引韩等两大引韩供水工程稳步推进，其中，潮阳引韩供水工程完成加压泵站建设；南澳引韩供水工程完成过海段管道的铺设，南澳段的北面坑水厂和输水管网开始建设，澄海段正积极协调征地、选址事宜，至年底，整项工程完成投资1.28亿元，占总投资的34.5%。

城市供水安全方面，中心城区“城中村”和涉农社区完成水改工作的有138个，占总任务150个社区的92%。年内，经市政府同意，出台《汕头市中心城区居民住宅小区供水直抄到户工作实施方案》，《方案》计划自2011年起,用五年时间，完成中心城区116个建设年限在10年以上的多层住宅小区的供水直抄改造工作。市水质检测中心完成组建并投入使用，确保在2012年7月1日前实现全面达到新国标106项检测能力。

【水政执法】年内，市水务局以纪念“世界水日”、“中国水周”为契机，广泛开展水法规宣传活动，不断增强全民水法意识，营造良好的社会水法制环境。全市出动宣传车6辆，召开座谈会2场，出墙报9期，发放宣传资料5500份，张贴宣传标语300条。结合开展“基层水政执法能力建设年”活动，不断完善制度建设，加强水政监察队伍建设，与潮州市、揭阳市及韩江流域管理局开展联合执法行动；协调龙湖区开展新津河下游出海口河段违章搭建“高脚屋”专项整治行动；严厉打击韩江下游非法采砂、违章搭建等水事违法行为。全年出动人员180多人次，执法车辆58多台次，执法船20多艘次，现场查获违法采砂船49艘，凿（拆）沉违法采砂船16艘，切割输砂带108条；拆除高脚屋27处，面积约6000平方米，专项执法行动取得明显成效，确保市饮用水源和河道堤围的安全。

【防汛防旱防风】2011年，汕头市按照“安全第一、常备不懈、以防为主、全力抢险”的三防工作方针，组织开展三防能力建设年活动。抓早组织协调“三防”各成员单位开展汛前安全大检查，对检查发现度汛有问题急需解决的病险工程，市政府专门下达专项补助资金500万元帮助各地加紧进行抢修；抓早召开全市水利和“三防”工作会议，完善防汛管理责任制，市政府和各区县签订了防汛责任书，在《汕头日报》上向社会公布全市8宗中型水库、35宗小（一）型水库、161宗小（二）型水库和27宗大中型水闸2011年度防汛责任人名单，接受社会监督。组织抓好防汛物料储备，各地采取集中储备、分解到村到工程和挂钩厂家、商店、石场等多种形式予以落实，共储备杉木6965条、麻织袋53.1万条、砂15214方、石22627方，以及救生衣、冲锋舟、橡皮艇、雨衣、照明灯具等其它防汛物资一批。加强抢险队伍建设，组织市民兵轻舟队应急演练，全市共组织7场次以防汛抢险救灾为主题的应急队伍演练，有效提高抢险队伍防洪抗灾技能。加强三防指挥系统维护，主动科学应对各种自然灾害的袭击。全年虽没受到台风袭击，但旱情严重，由于在旱情苗头出现时积极采取措施应对，严格控制水资源调度，做到有计划供水，有效地保障潮阳、潮南和南澳群众的饮水问题。旱情较重的区县还及时启动应急水源工程建设，解决群众用水的燃眉之急。如南澳通过利用过海水管，从澄海莲下镇水厂日引水8000吨，工程在春节前投入使用。

【抗旱工作】2011年，汕头市各地降雨明显偏少，1–5月降水量较常年偏少70～80%。特别是8月份由于长时间处于副热带高压脊控制，全月无透雨，各区县降水量都较常年同期偏少7成以上，为46年来最少。全年水库库区没出现过一场超100毫米的连续降水过程。至12月底全市山塘水库蓄水量只有7261万立方米，仅占正常蓄水量的27.3%，比多年同期平均蓄水量9393万立方米减少22.7%。全市山塘水库一直处于低水位运行，蓄水严重不足，出现较严重的秋冬春连旱。潮南区陈店、司马浦、仙城和潮阳贵屿4镇约40万人口从2010年12月16日开始就实行错时轮流供水。南澳县从9月3日开始实行每周供水一次，供水量为2万方，尽力维持全岛军民最基本生活用水。潮南区农作物受旱面积0.95万亩，其中水田0.52万亩，旱地0.43万亩，主要为部分水稻、生柑、番薯及蔬菜等作物。南澳县0.63万亩农作物和1万多亩果、茶园普遍受旱。旱情出现后，汕头市各地各部门及时加强对水资源的统一管理、科学调度，按照“先生活，后生产”的原则，合理安排现有水源和分配用水量，确保城乡供水安全。潮阳区通过细化用水计划，加大引用境外水量，如海门镇启动购汕自来水，贵屿镇北林村启动购普宁自来水，榕江片区的金灶、关埠、西胪等地加大购榕江水厂的水量，全力确保全区居民用水需求。潮南区制定水库水量调度方案，根据各地生产、生活用水的最低保障需求，对区管水库水源实行“倒计量”调度，实施“错时供水”,合理统筹、科学安排好生产和生活用水，最大限度确保全区供水需求。金溪水厂从10月3日开始将原“供2天停4天”调整为“供2天停6天”。自10月11日开始，秋风、龙溪水系供水范围内的镇、村约100万人口也全部实行错时轮流供水，以应对长时间的干旱。南澳县及时启动应急水源工程建设，从澄海区莲下镇水厂日引水8000吨，利用已铺设的过海水管引韩江水上岛，从根本上解决南澳县“靠天吃水”的问题，并新开挖和启用原挖掘的机井、阳井共52口，尽可能多的为群众提供非食用补充水源。市气象局紧紧抓住热带风暴“南玛都”外围环流影响汕头市的有利时机，在8月29日和30日分别在南澳县和潮阳区进行人工增雨作业，全市普降中雨到大雨，抗旱效果较为明显。经过全市各级各部门的通力协作，旱情得到有效控制和缓解，各项损失降低到最低限度，受到国家防总和省防总检查指导组的好评。

【汕头供水揭阳地都镇】9月30日，汕头市至揭阳市揭东县地都镇供水管正式通水，从该日起汕头市自来水公司每天将向揭阳市揭东县地都镇供水1.5万吨，有效缓解地都镇人民因干旱困扰的用水难问题。

（马之骏）

气　象

【概况】2011年，汕头市气象部门贯彻《国务院办公厅关于加强气象灾害监测预警及信息发布工作的意见》、《关于进一步加强突发事件预警信息发布工作的意见》和省委书记汪洋“继续提高预报水平，努力造福社会”的重要批示精神，加强“四个能力”建设，坚持以公共气象服务为引领，切实做好正面登陆汕头市的热带风暴“莎莉嘉”等灾害性天气和汕头经济特区建立30周年庆祝活动等重大经济社会活动的气象预报服务。出台《汕头市气象事业发展“十二五”规划》，为建设“幸福汕头”提供优质的气象服务。全力以赴开展人工增雨工作，为缓解旱情发挥积极作用。推进气象现代化建设步伐，南澳海洋气象综合探测基地项目开工建设，有主持人的电视天气预报节目正式播出，广东省应急气象频道落地开播，澄海区气象局新观测站投入业务运行，“汕头市党政领导气象防灾决策服务预警短信发布平台”实现分区发布气象预警短信，开通“汕头天气”官方微博开展服务。汕头市气象台、汕头市防雷中心分别被广东省气象局授予“前汛期先进集体”、“防雷减灾工作先进集体”称号；局党总支被市委授予“汕头市先进基层党组织”荣誉称号；柯鸿生荣获广东省气象部门纪检监察审计工作先进个人。

（陈义旭）

【气候特点】2011年汕头市主要天气气候特点：年平均气温21.6℃，较常年偏高0.1℃，年极端最高气温36.1℃，出现在8月份；年极端最低气温4.7℃，出现在1月份。年降水量为1028.9毫米，较常年偏少36%。年日照总时数2066.9小时，较常年偏多57.7小时。影响汕头气候事件主要有干旱、暴雨、龙卷风、雷灾和热带气旋影响等。干旱：出现冬春和夏秋连旱，“无透雨”日数都达到5个月或6个月以上，各区县雨量749.5毫米（南澳）–1193.5毫米（潮阳），较常年偏少30–47%，是有记录以来4个少雨年份之一，全市山塘水库蓄水量严重偏少，部分甚至一度为死水位或干枯，造成潮阳、潮南、南澳部分地方用水紧缺，对工农业生产和人民群众的生活带来不利影响，也给2012年春播工作带来很大的压力。暴雨：6月16日和26日潮阳区关埠镇和谷饶镇分别录日降水量为205.3毫米和179.2毫米；11月18日潮阳区日降水量113.0 毫米。暴雨造成全市多处出现内涝，交通受阻，航班延误，蔬菜和水果出产也有不同程度的损失。也为全市带来丰沛的雨量，各区县月雨量均创历史同期新高，山塘水库库容大致增加2成左右，干旱地区基本解除旱情。龙卷风：6月16日16时至18时，潮阳、潮南区出现局部强对流天气，其中潮南区胪岗镇泸溪村和陇田镇18时前后出现龙卷风天气（陇田镇录得极大风力15米每秒），造成房屋倒塌12间、损坏124间、轻伤2人、受灾4585人。雷灾：6月24和

25日出现雷雨天气，造成中心城区和澄海区出现雷电灾害， 24日晚，汕头市达濠区公安分局遭受雷击，整栋大楼停电，消防系统损坏，损失约5万元；汕头市金平区潮汕路108号金威啤酒（汕头）有限公司遭受雷击，位于单位北边地磅6个传感器全部损坏，损失约1.5万元。25日22时多，澄海区添丰彩印有限公司遭受雷击，损坏冲剪机2台，厂房起火，经抢救仓库部分被烧坏，烧掉产品一批，同时雷击造成附近100米内电器损坏，损失100多万元。热带气旋：全年对汕头市有影响的热带气旋有3个，分别是1103号“莎莉嘉”、1104号“海马”和1105号“米雷”，影响程度都属于轻度，全市只造成个别测站出现8级阵风，其中1104号“海马”6月22日在阳江登陆，造成全市性暴雨。

（林家声 陈义旭）

【人工影响天气】2010年10月1日至2011年5月1日，汕头市出现秋、冬、春连旱，全市平均降水量177.2毫米，比常年同期偏少320.4毫米，南澳、潮阳、潮南等地水库蓄水量比常年同期偏少43%，生产生活用水资源紧缺。面对严峻旱情，市委、市政府高度重视，市气象局、人工影响天气办公室根据市委、市政府的要求，全天候密切监视天气变化，对人工增雨作业的各项工作进行了周密部署，抓住一切有利天气时机开展人工增雨作业，从5月22日至10月10日成功实施人工增雨作业14次。经评估，增加降水量约2000万吨，为缓和旱情发挥积极作用。

（陈义旭）

工 业

综 述

【概况】2011年，汕头市经信局认真贯彻落实全省经信工作会议、市委九届十次全会和第十次党代会精神，积极实施“三大计划”，全力推进节能降耗，大力扶持民营经济，全面实施产业转移，抓好经济运行监控，加大工业投资，大力推进信息化工作，实施扩大内需工程，工业保持平稳较快增长。全年工业总产值突破3000亿元大关，达到3005.94亿元，比增14.7%；完成工业增加值735.38亿元，比增14.1%，占地区生产总值的比重由上年的52.3%上升为52.4%。其中，规模以上工业产值2251.16亿元，比增18.3%；规模以上工业增加值545.11亿元，比增18%，两项指标增幅均为10年来最高，超额完成《汕头市2011年国民经济和社会发展计划》目标任务。同时，效益同步增长，全市规模以上工业完成销售产值2182.14亿元，比增18.7%，工业产品销售率为96.9%；1–11月规模以上工业经济效益综合指数214.25%，比上年同期提高8.59个百分点。

【经济运行监控】2011年，市经信局加大对全市经济运行的监控，确保经济平稳增长。做好省直通车服务重点企业信息员培训和信息平台报送工作，开展清理经济户口工作，在全市推广使用粤Ⅲ车用柴油。加强用电形势预测，探索实行个性化错峰用电，制订《错峰用电实施方案》和《各类限电序位表》，不断完善细化错峰用电应急预案；协调解决濠江区省直通车企业用电问题，实行个性化错峰用电，各方面均非常满意；及时协调解决华能汕头电厂、万丰电厂电煤抵港靠卸问题，确保电力生产。加强市级重要商品储备管理，协助做好省级冻肉储备管理，指导市储备企业开展应急演练。针对日本地震可能引发海水核污染传言造成部分地区群众抢购食盐现象，积极协调盐务部门，加大调配力度，确保食盐供应。召开全市生猪屠宰管理工作会议，制订实施《2011年汕头市生猪屠宰专项整治工作方案》，全年共出动1920多人次，整治重点区域52处，检查生猪定点屠宰企业460家次，取缔私屠滥宰窝点6家，拆除私宰设施34处，共查获“白板肉”832公斤，生猪5头，通过当地公安机关对3名违法人员进行刑事拘留。召开全市酒类管理工作会议，制订实施《2011年汕头市酒类市场整治工作方案》和《汕头市酒类市场专项行动》，共出动1468人次，检查厂家商铺1978个次，抽检23批次，查处制贩假酒案件22个，涉案金额20.6万元。做好报废汽车回收监督管理，配合市环保局做好机动车污染专项整治工作，全年报废汽车回收企业共回收拆解正常报废车辆1090台，其中，汽车861台，摩托车229台。加强民爆企业及直属企业安全管理，签订安全责任书，编制应急预案并组织演练，制订实施《汕头市开展民爆物品销售行业严厉打击非法违法经营建设行为专项行动工作方案》。

【产业结构调整】年内，召开全市技术进步工作会议，清理2006～2011年投资1000万元以上在建技改项目127项，总投资38.95亿元；抓好项目竣工验收工作，有9个省技术创新项目和24个技术改造项目通过竣工验收，完成项目投资9.2亿元。分解落实2011年全市工业投资和工业技术改造投资目标任务，制订实施《汕头市推动工业投资实现重大突破工作方案》，制订《汕头市加快培育和发展战略性新兴产业的若干政策措施》。积极组织企业参加省“千户民企进广东”大型招商活动，共14个合作项目，总金额55.2亿元，已有8个项目顺利履约。按照市委市政府推动建设“中国锆城”部署和省经信委汕头工作现场会精神，制订省市共建工作方案，于2011年10月21日，市政府与省经信委签订“省市共建战略性新兴产业基地（汕头锆产业）”框架合作协议。加快技术创新平台建设，联合市财政局、科技局组织认定第4、5、6批共29家市级企业技术中心，申报认定3家省级企业技术中心。推荐装备制造业和玩具制造业列入省产业转型升级突破点，会同市科技局制订《关于汕头市装备制造业转型升级突破点工作方案》和《关于汕头市玩具制造业转型升级突破点工作方案》。推荐26家企业列入“省优势传统产业转型升级示范企业”，其中5家为龙头企业；申报认定市工艺美术学会为省传统工艺美术产业保护和发展基地；组织金平机械装备产业集群申报列入省第5批产业集群升级示范区。指导运用优惠政策，争取各级财政资金，支持企业技术改造和技术创新。全年技术改造备案核准项目79项，项目计划总投资25.1亿元，比增33.7%；办理进口设备减免税技改项目31项，总投资4.8亿元，拟引进设备297台套；共65个项目获国家、省、市财政扶持资金5415万元。

【省示范性产业转移园建设】2011年，市经信局履行市“双转移”办公室主任单位的职责，制订实施《2011年汕头市产业转移重点工作计划》，起草《调整优化全市产业园区功能布局，推动高新区、保税区转型升级的工作方案》，提出各工业园区的产业布局导向。牵头完成省2010年度产业转移考核工作，为“达标”等级。积极做好参评竞争工作，于2011年6月21日，汕头市产业转移工业园通过竞争入选广东省产业转移园10大重点产业园区，获得省用地指标和3000万元专项资金的扶持。推动省示范园的招商引资和园区基础设施建设，各片区建成企业30家，总投资98.84亿元；在建企业27家，总投资30.8亿元；已签订投资合同项目34个，总投资额364.3亿元。

【淘汰落后产能】年内，市经信局开展淘汰落后产能工作，报请市政府建立汕头市淘汰落后产能工作联席会议制度；制订《汕头市淘汰落后产能工作考核办法》，制订实施《汕头市2011年淘汰落后产能计划》和《汕头市“十二五”期间淘汰落后产能计划》；编制全市电力、水泥、造纸、印染、化纤、电镀等六个行业落后产能技术设备的淘汰时限和淘汰范围；确定全市2011年淘汰目标任务，经省经信委和市政府批准后，将淘汰任务和拟淘汰企业名单在市政府门户网站进行公告；积极指导企业争取上级关闭小企业补助资金支持；对纳入淘汰计划的企业进行检查验收。全年共淘汰落后产能企业28家，其中，造纸行业11家，产能11.66万吨；印染行业17家，产能4155万米。

【政风行风建设】2011年，市经信局积极做好市行政服务中心窗口派驻及业务受理工作，全年窗口办理318个项目，办结率100%。对照2010年度市政风行风评议团提出的6项整改建议，认真开展局民主评议政风行风工作“回头查”活动，获市评议团“满意”评价。继续开展工程建设领域项目信息公开和诚信体系建设工作，进一步调整完善“工程建设领域项目信息公开专栏”，规范各部门发布相关信息工作。

（胡瑞强　林旭辉　陈泽）

纺织服装业

【概况】2011年，全市规模以上纺织服装企业576个，完成工业产值474.71亿元，比增20.9%，占全市规模以上工业总产值21.1%。上半年，纺织服装业国际市场需求稳定，汕头纺织服装的出口延续2010年的增势，除2月份外，单月出口增幅均保持在30%以上。下半年欧美日主要市场经济低迷，外需下滑，加之劳动力成本上涨、主要原材料价格波动、资金短缺及人民币升值等不利因素影响，导致纺织品服装出口增速有所回落。但汕头市全年纺织服装出口量仍然较大，增幅也较高，全年出口16.9亿美元，增长20.4%。

【2011年全国经编技术交流会在汕召开】2011年全国经编技术交流会于7月20日在广东汕头召开，中国纺织工业协会副秘书长、中国产业用纺织品行业协会会长李陵申受邀参加了大会并致辞。本次会议旨在促进经编技术的发展与交流，为经编行业开拓更宽阔的市场。与会代表围绕国内和国际经编行业的现状及发展趋势、经编新原料及其产品开发、经编新装备的使用和性能研究、信息技术在经编企业中的应用、花边生产管理及经营等业界热点问题开展了交流研讨。会议期间，与会代表还前往“中国针织内衣名镇”谷饶参观考察汕头市中绣机械有限公司、汕头市伟兴发织造有限公司、滋兴泰织造有限公司等经编机械和经编织造企业。

【国家家纺重点实验室落户汕头】8月18日，中国国家质检总局正式批准在汕头设立国家家用纺织品安全检测重点实验室，这是国家质检总局在广东批设的第一家国家家用纺织品安全检测重点实验室，也是粤东地区首家国家重点实验室。汕头市纺织产品企业众多，但中小民营企业占大多数，原料把关、质量控制和产品研发能力较弱，应对外国技术壁垒的能力十分有限，企业的发展受到技术瓶颈的制约。该实验室的成立将为家用纺织品企业提供原料和产品检测、技术研发、信息咨询和技术培训等技术服务，帮助企业加强质量控制，促进企业转型升级，提高传统产业在国际市场上的竞争力。

【中国•汕头美莱顺（国际）内衣城落成】10月20日，中国•汕头美莱顺（国际）内衣城落成。该内衣城占地面积38亩，总投资5.2亿元人民币，规划建筑面积十多万平方米。是粤东首个现代化、国际化的内衣、家居服饰及面辅料配件商贸城，包括一万多平方米会展中心、两千间商铺、综合大楼、空中花园商务休闲区、近万平方米的停车场；数字化通讯和信息传输系统、全天候安防保障系统；配套有物流中心、金融服务、产品检测服务、时尚发布、多功能会议厅、现代化办公区；搭建商贸物流平台、产学研合作平台、技术信息交流服务平台、产业信息化服务平台，可供采购商和入驻厂商免费使用。美莱顺（国际）内衣城建成投入使用，有利于整合国内外的市场资源和产业资源，降低原产地的市场拓展成本，增强内衣企业及其产品的竞争优势、推进区域品牌的建设，推动纺织服装这一传统产业的转型升级、促进产业集群从工业聚集向时尚化都市发展。

（胡瑞强 林旭辉 陈泽）

化工塑料业

【概况】2011年全市规模以上化工塑料企业332个，工业产值365.27亿元，比增21.9%，占全市规模以上工业总产值16.2%。

【中国环保塑料包装容器研发生产基地落户汕头】5月12日，“中国环保塑料包装容器研发生产基地”授牌仪式暨环保塑料一次性杯“南翔华盛”新品牌发布会在广东华盛塑料有限公司举行。广东华盛塑料有限公司建有厂房25000多平方米、专用设备生产线30多条，作为“肯德基”、“联合利华”、“康师傅”、“真功夫”等国内外知名企业的指定供应商，产品质量已达到国际先进水平，产品畅销世界20几个国家和地区。2011年公司通过中国塑料加工工业协会的审核，批准授予“中国环保塑料包装容器研发生产基地”荣誉称号。

【西陇化工成功上市】在发审委2011年3月28日召开的2011年第58次会议上，西陇化工股份有限公司的首发申请（IPO）获通过。2011年6月2日在深圳交易所中小板成功上市。本次在深交所发行5000万股，占发行后总股本的比例为25%，发行后总股本为2亿股。用于“年产50000吨节能PCB试剂生产线建设项目”、“年产10000吨超净高纯试剂技术产业化项目”及“高端化学试剂工程技术研究开发中心建设项目”等其他与主营业务相关的营运资金项目，以适应未来高端化学试剂的发展。三项目拟使用募集资金总额为2.8亿元。西陇化工股份有限公司是化学试剂行业在技术工艺和产品质量、管理及综合配套、品牌等方面拥有诸多竞争优势企业。公司在20多年的化学试剂研发与生产中不断加大技术开发、技术创新和企业创新体系的建设的力度，使其在化学试剂领域拥有多项核心技术，拥有自主知识产权的专利24项，其中发明专利11项；2006年公司顺利通过了质量（ISO9001:2000）、环境（ISO14001:2004）、职业安全（OHSAS18001:1999）三合一认证，成为国内少数几家率先通过“质量、环境和职业安全”三合一认证的化工企业之一。

（胡瑞强 林旭辉 陈泽）

食品加工业

【概况】2011年全市规模以上食品医药企业109个，工业产值162.48亿元，比增14.9%，占全市规模以上工业总产值7.2%。水产品出口加工业是汕头市食品加工业的重要支柱，汕头也是广东重要的水产品出口基地。2011年，全市有水产品出口企业近30家，水产品出口量首次突破9万吨，达到9.4万吨，创汇6.65亿美元，同比增长4.7%和24.8%。其中，“汕头鳗”出口保持“零事故”，“万亚”牌冻虾畅销欧盟市场。

【建设冷冻食品“博物馆”】广东汕头台资企业海霸王（汕头）食品有限公司拟在汕头建起中国第一座冷冻食品“博物馆”—冷藏物流及农副水产品加工基地。“博物馆”投资6亿元人民币，位于汕头市金平区，总用地面积约为160亩，规划建设农副水产品加工厂房、冷藏仓库、开放型的物流仓储设施，厂房、仓库及物流中心。2011年4月完成环评立项、总体规划，已进入项目设计和地质勘探阶段，2011年全年投资4000万元。冷冻食品“博物馆”的概念即指这个项目将兴建起大型冻库、米面制品、肉制品、鱼浆制品等现代化食品车间，年生产速冻食品超30万吨，建成后将成为中国最大最先进的冷藏物流加工基地。

【出口水产品研讨会在汕召开】2011年9月23日，由Intertek天祥集团与汕头市水产行业协会共同主办，食品伙伴网和我要测网站协办的“打破贸易壁垒、水产品技术解决方案”研讨会在汕头市举行。本次会议旨在分析国际技术性贸易壁垒，协助汕头地区水产品出口企业降低产品风险、并安全顺利进入国外市场。包括汕头市海洋与渔业局、汕头市对外经济贸易局、汕头市进出口公平贸易局等政府机构的领导以及汕尾市五丰水产食品有限公司、汕头鳗联股份有限公司在内的近20家企业代表参加此次会议。针对汕头水产品出口频频受到国外技术性贸易壁垒的影响，Intertek天祥集团主要从认证、检测和检验等三个方面为参会企业提供详细的解决方案。

（胡瑞强 林旭辉 陈泽）

机械装备业

【概况】2011年全市规模以上机械装备业企业97个，工业产值134.45亿元，比增16.9%，占全市规模以上工业总产值6%。

【2011塑料中空制品行业市场与技术交流会在汕召开】2011年5月14－15日，由中国塑协中空制品专委会主办、广东金明精机股份有限公司赞助的“2011塑料中空制品行业市场与技术交流会暨中空制品专委会第二届二次会员大会”在在汕头市金海湾大酒店召开。来自全国中空制品产业链的150多名企业负责人出席本次会议。本次论坛探讨了中空制品行业的未来发展方向，交流新设备、新技术，推广新的原辅材料，促进中空制品生产企业加强技术研发和与上下游产业链保持可持续发展，对于中空制品行业的健康发展到积极作用。

【印刷、涂布设备前沿技术交流会在汕召开】10月15日，汕头市华鹰软包装设备总厂有限公司借助25周年厂庆之际，邀请国内外的行业知名包装企业代表、专家及学者参加“华鹰25周年厂庆庆典暨印刷、涂布设备前沿技术交流会”。交流会地点设在汕头市金海湾大酒店黄金殿会议厅，出席此次会议嘉宾涵盖了国内外包装业的管理、生产、销售、使用、研究等各个领域。会上，各单位就企业融资方案、涂布技术的发展、节能减排等问题进行探讨。

【广东金明精机股份有限公司成功上市】2011年10月21日，广东金明精机股份有限公司IPO过会，公司成立于1987年，是一家集研发、设计、生产和销售于一体的专业塑料机械制造商。公司产品薄膜吹塑及中空成型设备、多层共挤以及模头、螺杆、风环等关键核心技术领域，均处于国内领先水平，已获11项国家级新产品奖，省级市科技进步奖共26项，荣获62项技术获国家专利授权。公司的多层共挤技术已广泛应用于农膜、医疗输液袋、环保石头纸、糙面土工膜、汽车油箱等高端领域。公司研发实力雄厚，产品享誉海内外，不仅畅销全国各地，还远销东南亚、北美、南美、中东、非洲等42 个国家和地区，并以卓越的性价比，成为全球极具竞争力的优秀塑机制造商。

（胡瑞强 林旭辉 陈泽）

工艺玩具业

【概况】2011年全市规模以上工艺玩具企业244个，工业产值250.23亿元，比增30.8%，占全市规模以上工业总产值11.1%。全年全市玩具出口货值8.64亿美元，比去年同期增长29.5%，再创出口新高。2011年汕头玩具业的发展得益于亚太地区消费能力的大幅提升和中国与东盟地区签订自由贸易区协定的实施开拓了东南亚地区的玩具消费市场。除香港和欧盟外，东盟已成为汕头市玩具出口的较大市场。此外，汕头市名优龙头出口玩具企业的领军效应明显。民营企业占到汕头玩具出口企业的90%以上，辖区内4家玩具上市公司报检出口货值占辖区出口货值的18.8%。但是由于全年汇率不稳定，在订单增长、出口交易额增加“双丰收”的利好形势下，工艺玩具企业的利润却出现下降。

【广东群兴玩具股份有限公司成功上市】4月21日，深交所发布公告，包括广东群兴玩具股份有限公司在内的三只新股将于4月22日登陆中小板。群兴玩具也成为目前国内继奥飞动漫、星辉车模、高乐股份、骅威股份之后第五个成功上市的玩具企业。作为国内最大的自主品牌电子电动玩具企业之一，群兴玩具的主营业务是电子电动玩具的研发设计、生产及销售业务。经广东省玩具协会排名显示，公司电动童车市场占有率居国内自主品牌企业第二位；公司电脑学习机、电动车市场占有率均处于国内自主品牌企业的领先地位。群兴玩具拥有134项专利，另有6项申请专利，并获得“国家火炬计划汕头澄海智能玩具创意设计与制造产业基地骨干企业”、“民营科技企业”、“广东省创新型试点企业”、“广东省工程技术研究开发中心”、“广东省自主创新标杆企业”、“广东省省级企业技术中心”等多项认证和荣誉。群兴玩具本次拟公开发行3380万股，新建电子电动塑料玩具生产基地项目，建成后将很好地解决公司当前所面临的产能不足问题，同时优化产品结构，提升盈利能力与市场地位，对公司的未来业务发展具有重要意义。

【中国玩具礼品出口基地落户汕头澄海】9月15日上午，中国轻工工艺品进出口商会与广东省汕头市澄海区人民政府举行共建“中国玩具礼品出口基地”签约及揭牌仪式。双方表示，行业和政府将加大力度扶持基地企业，建立更强大的公共服务平台，促进企业研发设计能力、自主品牌和营销网络的建设。在出口基地共建过程中，中国轻工工艺品进出口商会与澄海区联系更加密切，合作更加深入，争取到更多的国家政策支持，进一步促进出口基地产业链的完善，优化基地产业结构，增强产业竞争优势，取得良好的经济效益和社会效益。

（胡瑞强 林旭辉 陈泽）

电子通讯业

【概况】2011年全市规模以上电子信息业企业72个，工业产值93.42亿元，比增8.2%，占全市规模以上工业总产值4.1%。

【南洋电缆】2011年，广东南洋电缆集团股份有限公司实现营业总收入20.78亿元，同比增长11.95%。南洋股份在汕头、广州拥有三个生产基地的基础上，并加紧着手在天津兴建第四个生产基地，形成南北呼应的市场格局。公司组建广东省电线电缆工程技术研究开发中心，并已申请专利19项，共完成产学研合作项目1项，新产品开发14项，有4个项目被列入市科技计划项目，1个产品被认定为广东省自主创新产品。同时工程中心向公司推出的各项新产品、新技术，均产生良好的经济效益和社会效益。其“特种电缆和超高压电缆创新产业化基地”被省民营经济发展服务局、省中小企业局认定为“广东省中小企业创新产业化示范基地”。公司先后在郑西高铁、京石高铁、厦深高铁、广州地铁、北京奥运地铁、北京地铁房山线、南京地铁、深圳地铁、新白云机场、深圳机场、北京机场3号候机楼等重点工程建设中中标。

【汕头超声】2011年，广东汕头超声电子股份有限公司营业收入32.93亿元，连年入围中国电子信息百强企业排名，成为国内最大的印制线路板龙头企业之一。公司独立主持的电容式触摸屏研发及产业化项目，计划总投资3462万元，在企业现已实现小批量生产基础上，继续开展产品技术优化研发及产业化推广应用，添置关键设备形成年产电容式触摸屏42万片的产业化能力，满足了高档智能手机、PMP等便携式电子产品配套需要，切实增强我国平板触控显示产业国际竞争力。公司产品远销美国、欧盟、澳大利亚、日本等发达国家和香港地区。经国家人事部批准，建立粤东地区首家企业博士后科研工作站。公司的开发中心是广东省省级重点工程技术研究开发中心。

（胡瑞强 林旭辉 陈泽）

印刷包装业

【概况】2011年，全市规模以上包装印刷企业132个，工业产值146.33亿元，比增13.9%，占全市规模以上工业总产值6.5%。

【汕头东风印刷股份有限公司上市首发申请获通过】12月21日，证监会公告称，汕头东风印刷股份有限公司上市首发申请获通过。东风印刷是国内烟标印刷生产的龙头企业，主营业务为烟标印制及相关包装材料的设计、生产与销售。东风印刷此次拟发行5600万股，发行后总股本5.56亿股，拟于上交所上市。公司获得过美国包装设计最高奖“世界之星”奖，公司创始人黄炳文还获得过中国印刷技术协会最高奖“毕昇”奖。公司已在印刷产业技术研发、防伪技术开发以及新材料应用等领域，拥有了激光全息图像载体的定位印刷设备和方法等25项专利，其中发明专利11项。该公司在研发上取得的突破，获得了社会各界的充分认可。2011年获得“2010年中国十大烟标最佳工艺创新奖”、“2010年中国十大烟标金奖”。在《印刷经理人》杂志2011年中国印刷100强评比资料中，东风印刷营业收入为13.6亿元，位列百强第15位。未来3年，公司将在现有生产工艺的基础上，全力推行绿色环保印刷的概念，通过继续强化公司研发体系，提高产品的竞争力和产品附加值，培育新的利润增长点，争取保持较高的增长速度，实现企业快速发展的目标。

（胡瑞强 林旭辉 陈泽）

音像材料业

【概况】2011年，全市规模以上音像材料企业21个，工业产值45.74亿元，比增15.6%，占全市规模以上工业总产值2%。汕头市目前有光盘生产线172条，光盘出口总量10.15亿片，占全国20%以上、广东省50%以上，远销世界90多个国家和地区，潮阳区的和平镇成为仅次于台湾的全球第二大可记录光盘生产基地。但是随着闪存技术的快速发展，以U盘、移动硬盘等为代表的闪存存储器已非常普及，在使用上也更加便捷，空白光盘作为便携存储工具的功能不断弱化，市场份额开始缩小，出口开始下降。据海关统计，2010年汕头市出口空白光盘8.4亿张，比2009年下降8%，2011年1月份同比下降更是超过2成。影响汕头市光盘产业的主要因素是原材料价格上涨、人民币升值和劳动力成本上升。2011年音像材料企业工业产值有15.6%的增长，但企业的利润空间被严重压缩，加之融资、土地、人才、技术等困难的制约，汕头市光盘产业未来发展不容乐观。

（胡瑞强 林旭辉 陈泽）

电力工业

【概况】2011年，汕头市上网的火、风电厂总装机容量42.238万千瓦。汕头供电局现管理110千伏及以上输电线路1933千米，500千伏变电站2座、变电容量250万千伏安，220千伏变电站12座、变电容量444万千伏安，110千伏变电站57座、变电容量525.3万千伏安，为粤东地区最大的地市级电网。售电量146.28亿千瓦时，增长10.25%；供电最高负荷266万千瓦，增长10.3%。

【为民服务创先争优】2011年，汕头供电局围绕“提高电力供应能力，切实保障民生用电，提升客户满意水平，促进社会和谐稳定”的总体目标，紧紧抓住局被南方电网公司赵建国董事长确定为为民服务创先争优挂钩联系点，以及澄海供电局作为广东电网公司廖建华总经理挂钩联系点的契机，以“牵手行动”为载体，成立58支为民服务小分队，“六走进”（即走进农村服务三农、走进社区心系居民、走进学校关爱校园、走进医院真诚服务、走进企业惠及客户、走进困难家庭帮扶群众）收集问题215个，解决问题150个，着力打造具有汕头特色的活动品牌。

【**供电服务**】2011年，汕头供电局在全省首推95598电话预约上门办理业务，创造性提出“易通电”和“速复电”，其中“易通电”大幅度缩短客户报装接电时间40%以上，“速复电”实现城网故障客户平均恢复送电时间不到1小时。创造性提出“为客户节约一度电是每个员工的职责”，自主研发的客户节能服务系统向客户送达节电建议书近万份，为企业节约用电、降低成本提供技术帮助。不断加强管理和技术创新，2011年全市用户平均停电时间11.41小时,同比下降37.12%;城市用户平均停电时间2.79小时,同比下降23.42%。发挥中心市区低压集抄全覆盖优势，推进线损精细化管理，全年综合线损率2.92%，达到国内领先水平。在广东省省情调查研究中心“广东省地方政府公共服务（40项）公众评价”中供电局在汕头总分排名第一。《汕头市居民幸福感调查报告》显示，供电服务得分在公共服务满意度中高居首位。

【**安全生产**】2011年，汕头供电局全面落实安全生产责任制，规范安全生产风险管理体系建设，强化风险分析，落实风险预控措施，注重闭环管理，探索建立风险管控的科学联动机制。全年未发生人身伤亡事故，未发生恶性误操作事故。至12月31日实现连续安全记录1715天。安全生产风险管理体系建设达到三钻水平，潮阳、澄海、南澳局的体系建设水平达到二钻，为央企探索建立现代安全生产管理体系作出积极贡献。在支援深圳大运会保供电中，汕头供电局周密部署，多措并举，确保“零停电”、“零事故”、“零差错”。

【**电力建设**】2011年，汕头供电局在电网建设上高度重视主配网之间、城农网之间的协调发展，优化电网发展规划和资金安排，切实保障和改善民生项目用电，全年基建投资完成7.84亿元。500千伏惠州祯州(惠东)输变电、220千伏胪潮线路等工程完成投产，完成汕头“十二五”110千伏及以下配电网，汕头农网改造升级三年（2010－2012年）规划，汕头市“十二五”二次系统滚动规划；汕头“十二五”配网自动化等规划的编制工作。开展中心城区电网规划纳入城市控制性详细规划的工作。500千伏胪岗变电站荣获“2011年度中国电力优质工程奖”、并被评为“南方电网公司2011年度基建优质工程”。配网开工计划、进度和投产情况均排名全省第一，110千伏广澳港变电站工程、新建大埕配电房工程均被评为“样板工程”。

（杜晓丹）

【**华能汕头电厂**】地处广东电网东部末端，是粤东地区首家跨入百万千瓦级电厂行列的大型火力发电企业。2011年，完成发电量70.85亿千瓦时，同比增长0.69%；实现销售收入29.62亿元，同比增长1.17%；上缴税收2.46亿元。截止2011年底，累计发电777.20亿度，上缴税收35.08亿元。年内，华能汕头电厂坚持“以人为本、安全发展”的理念，以创建本质安全型企业为抓手，全面、深入落实各级安全生产责任制，大力推进本质安全管理体系、全员安全教育培训、现场作业风险管控、承包商安全管理“四大工程”建设，成效显著。全厂全年未发生人身轻伤及以上事故和设备事故；设备累计等效可用系数91.95%；累计利用小时5904小时，同比增加40小时；2号、3号机组连续运行记录均超过300天，3号机组创造了投产以来连续运行347天的新纪录。加大投入，强化设备改造和节能减排工作，致力打造城市电厂。年内，完成投产以来规模最大的1号机组75天的A+级检修工作，实施汽轮机通流改造、给水泵电泵改汽泵、锅炉空预器改造、锅炉高温再热器改造、机组DCS系统改造、汽轮机监测保护系统（TSI）改造、汽机DEH改造、脱硫GGH改造等一批重大节能、安全技改项目，设备安全可靠性和运行经济性大幅提升。1号机组经过大修改造后，供电煤耗下降约13.83克/千瓦时，厂用电率下降约2.87个百分点，年可节约标煤约2.3万吨左右，节能效果显著。全厂全年完成综合厂用电率6.08%，同比下降0.39个百分点;综合供电煤耗318.19克/千瓦时，同比下降1.03克/千瓦时。全厂3套脱硫系统运行稳定，平均脱硫效率为92.23%，投运率为99.29%；除尘效率为99.7%，投运率为100%；旁路挡板关闭运行，环保达标排放，成为汕头市唯一一家“广东省五星级环保诚信企业”。

（赵琼莉）

【**华能海门电厂**】华能海门电厂是南方电网首个百万千瓦级超超临界节能环保型绿色电厂，单机容量1036MW全国最大，各项经济技术环保指标引领行业，机组在广东省节能调度排序第一。华能海门电厂工程是汕头有史以来单项投资最大的工程项目，1、2号机组分别于2009年6月底和9月底投产发电。电厂积极培育创新型企业，共申请国家专利38项，其中APS一键启停、采用小汽机驱动引风机等科技项目获得了国家级科技进步奖，电厂荣获国家级企业现代化管理创新一等奖；海门电厂是全国首批脱硫脱硝与主体工程同步投运百万千瓦机组电厂，1、2号机组工程环保设施投入7.74亿元，占工程投资10.5%，被广东省环保厅授予“环保诚信企业”称号，成为华能首批“优秀节约环保型燃煤电厂”；电厂积极建设科普教育基地和潮汕文化展厅，助推地方文明建设，为构建和谐幸福汕头做贡献。2011年海门电厂安全稳定发电，全年累计发电量155.48亿千瓦时，厂用电率、供电煤耗等能耗指标和各项环保指标达到国内最好水平。取得了良好的经济效益、社会效益和生态效益。

（邱丹芳）

烟草业

【概况】汕头市烟草专卖局、广东烟草汕头市有限责任公司成立于1985年，1999年改制组建广东烟草汕头市有限责任公司。下辖澄海区烟草专卖局（公司）、潮阳区烟草专卖局（分公司）、龙湖区烟草专卖局（分公司）和南澳县烟草专卖局（公司）。2011年全年共销售卷烟73.1亿支，累计实现税利73726万元，其中利润41542万元。

【营销管理】2011年，全市烟草系统各单位不断加强和改善宏观调控，坚持严格规范不松懈，积极推进网上订货、精准营销和培育“532”、“461”知名品牌建功立业活动等重点工作，推进“和美”服务品牌建设，深化控制千条户、提高入网率和电子结算率三项工作，扎实推进明码标价、创优达标等工作，全力争取实现卷烟经营上水平，确保卷烟经营正常运转，整体呈现出销售进度正常、结构更加优化、品牌培育健康发展、库存总体合理、税利大幅度增长的态势。

【服务品牌建设】2011年制定《和美服务品牌运行机制》和《和美服务品牌管理机制》，从服务标准、服务流程、服务规范、服务传播、服务评测等层面出发，打造服务品牌建设内容体系。“和美服务”以“明德善行，创者无疆”的企业文化为引领，践行“两个至上”行业共同价值观，以建设“严格规范、富有效率、充满活力”的汕头烟草为目标，增强核心竞争力，全面提升卷烟网络运行质量，提高客户满意度。其核心价值是“唯真至善，唯诚至美”，基本内涵体现为：真情服务、诚信服务、责任服务、满意服务。建设“和美服务”品牌内容框架包括：服务理念识别规范（MI），品牌形象视觉传播规范（VI），服务行为识别规范（BI），服务质量管理。

【专卖管理】年内，市烟草专卖局认真落实“反扩散、防反弹”的卷烟打假战略部署，准确把握形势特点，加强任务落实，加强督导检查，推动全市卷烟打假、专卖内管、市场监管等工作扎实开展。全年查获大型烟机制假窝点8个，缴获制假烟机22台、嘴棒机4台、3000型包装机1台、小型卷烟膜包机1台，查获运输中转仓储假冒伪劣烟草专卖品案件39宗、印刷假冒卷烟商标案件 15宗、假烟4171万支、假冒卷烟商标标识1678万张、烟丝（烟叶）165吨以及原辅料一批。市局侦破符合国家局网络案件标准的“11•26”及“2•24”两个互联网非法销售假烟案，澄海、潮南、潮阳分别破获符合省局网络案件标准的“12•27”、“3•25、8•06”和“8•28”系列销售假烟案，龙湖破获符合国家局网络案件标准的“3•20”非法销售卷烟注册商标标识案，全市破获网络制售假烟工作取得突破性进展。

【业务培训】全年市烟草专卖局自主举办“135”工作法、专卖技能竞赛备战、物流配送7S现场管理、专卖稽查员素质拓展等培训班15个，参训员工达755人次，组织职业技能鉴定4批共223人次，组织鉴定培训班4期，参训164人次。

（刘婷）

盐　业

【概况】汕头市盐务局、汕头盐业总公司一套班子、两块牌子、职能分设、合署办公，下辖市区分局、澄海分局、潮阳分局、潮南分局、濠江区盐务局、南澳县盐务局（市区分公司、澄海分公司、潮阳盐业公司、潮南分公司、濠江分公司、南澳盐业公司）；管理青洲盐场。2011年，汕头市盐务局围绕“以人为本，提高经济效益，增强竞争能力，构建和谐汕头盐业”这一核心，全面落实各项工作目标任务，经济效益稳步提高，各项工作取得可喜成绩，连续6年来实现了国有资产保值增值。全年全市原盐产量27111吨，同比增产10587吨，增幅64.1%；原盐场存11806吨。盐的销售总量是29153吨，其中食用盐总销量为20812吨，同比增销1532吨，增幅7.95%。小包装盐销售10253吨，超额完成年计划，同比增销56吨，增幅0.55%。食用盐销量、食品加工用盐销量、小包装盐销量和多品种盐销量同创历史新高。至12月底,全市盐商品库存7331吨，其中食盐库存5356吨。

【专营管理】2011年市碘盐覆盖率为97.16%，比2010年上升1.56%；居民合格碘盐食用率为95.5%，比2010年上升2.78%。3月16日，汕头各地区陆续掀起食盐抢购风潮，市面上一度出现食盐脱销的局面。

汕头市盐务局迅速召开会议安排部署应对措施，第一时间通过市政府在电视台发布公告，消除群众对食盐紧缺的顾虑，并通过门市限量供应、媒体宣传、24小时开工加大小包装碘盐生产、巡查市场严打假冒伪劣食盐和提价销售行为等措施，迅速平息抢购风波，确保食盐安全及市场供应。丰富食盐品种，满足市场需求。一方面在加碘海精盐的基础上，增加加碘日晒盐、非碘精制盐等普通食盐品种，在保证市面上有普通食盐的同时，推出自然晶盐、海水自然晶盐、低钠盐、营养盐、澳洲湖盐雪晶盐等多品种盐，以满足市场不同的需求。通过加大生产和营销力度，使全年销量再创新高。积极推进汕头食盐配送中心建设。汕头食盐配送中心占地面积25亩，规划二期，第一期建筑总面积约7000平方米，总投资约2300多万元，计划建设为食盐加工分装能力4万吨/年、食盐储备规模1万吨/年的加工配送中心。项目于2010年3月9日奠基开工，并于该年底顺利完成第一期厂房和综合楼7000平方米。预计2012年上半年可竣工并投入使用。

【盐政管理】2011年，市盐务局加大对全市各商贸市场、超市和部分用盐厂家的巡查、检查，发现问题及时处理；与工商、质监、卫生等部门协作，多次组织食盐市场检查专项整治行动，重点清理整顿城乡结合部、农贸产品批发市场、食盐零售店档，全年共检查市场3819个，检查店档18338个，查处各类盐业违法案件45宗，查获违法盐产品约2211吨，罚没款15640元。

【食盐安全宣传】在2011年的“3.15消费者权益日”和“5.15全国防治碘缺乏病日”，市盐务局与工商、质监、卫生、教育等部门组织开展形式多样的碘缺乏病防治知识宣传，接受群众咨询；通过电视、广播、报刊等媒体跟踪报导；在食盐批发、零售店设立宣传栏或宣传公益标语；发放碘缺乏病知识和盐业有关法规条例的宣传资料；公布咨询、举报电话，全年共接到群众咨询电话近千个，形成全社会共同关心碘缺乏病和食盐安全的良好氛围。

【质量管理】年内，市盐务局继续完善ISO9001:2008质量管理体系，严格落实岗位责任制，要求各部门按质量管理体系文件规定进行实施；健全各项规章制度，进一步提高质量管理水平和质量保证能力；做好ISO质量管理体系的换证审核工作，通过对审核过程中发现的不合格项进行整改，进而从总体上提高公司的管理水平，11月份顺利通过外审。在食盐生产加工方面，推进规范化管理，确保食盐安全，做到每批进出厂的盐产品都必须抽检化验，原料盐不合格的该退货就退货，不合格产品一律不得出厂；在仓储管理上做到碘盐、非碘盐、工业盐分堆存放，碘酸钾指定专人保管、专库存放；工作人员出入车间严格换工作服和拖鞋，保持生产环境的整洁。在安全生产方面，贯彻落实领导干部“一岗双责”制度，积极开展隐患排查治理，以“安全生产月”行动为抓手，进行安全生产大检查，确保重大节日期间及台风暴雨等灾害天气的人员财产安全，并加大宣传培训，增强了群防群治能力，实现安全生产“零事故、零伤亡”的工作目标。

（廖彦冰）

交通·邮政

综　述

【概况】2011年，汕头市各级交通运输部门努力为“十二五”开好头、起好步。各方面工作取得新实效，路桥收费继续创新高，共征收3.83亿元，比增11.2%。船舶运力发展创新高，公交车辆投放量创新高，对台直航创新高，各项交通经济指标均保持两位数增长。

运输生产方面，港口货物吞吐量超4005万吨，增长14.1%;集装箱吞吐量110.1万标箱,增长17.7%,集装箱吞吐量首次超过100万标箱,进入世界港口集装箱吞吐量100强；公路水路总货运量3577万吨，增长15.8%；货物周转量134亿吨公里，增长31.47%，总客运量3161万人，增长14.47%；旅客周转量86亿人公里，增长15.83%。航空、铁路运输方面。南航汕头公司共运送旅客214.7万人次，比增6.35%；货邮运输量13725.5吨，总周转量20887.19万吨公里，比增4.29%；客座率81.83%，比增2.03%。机场旅客吞吐量190.2万人，增长10.1%。汕头铁路旅客吞吐量117.1万人，增长1.6%。

交通基础设施建设方面，完成交通基础设施投资13.3亿元。汕揭高速公路建设经多方协调，强力推进征地拆迁，加强施工协调组织，2012年1月8日月浦段实现通车，结束汕头10年没新通高速公路的历史，龙湖段正加紧推进。南澳大桥累计完成投资11亿元，完成总工程量近80%。国省道改造工程加紧实施，省道潮汕路汕揭高速月浦出口至大学路口段主体工程已完成，国道324澄海段改造工程已通车。省道和惠公路一期一标段以及县道两铜线改造工程等项目在2012年春节前正式通车。农村公路建设稳步推进，市、区、镇各级共同努力，全年新建通往自然村和农村作物区、经济区公路84.08公里。危桥改造加快，全年完成改造公路危桥9座，在建5座。厦深铁路汕头段累计完成投资15.67亿元，占总投资额的78.4%。桥梁工程完成92.1%，隧道工程完成86%，路基工程基本完成。广澳港区两个5万吨级泊位全面建成投产。

公路、港口、航道、航空设施管理养护得到加强，礐石大桥、金凤路桥等重点交通基础设施保持较好技术状态，航道水深保证率100%，航标维护正常率100%。潮汕机场汕头城市候机楼正式启动建设。

交通综合执法进一步加强，2011年共查处各类违法违章行为6130宗。其中，非法营运汽车482辆，非法营运二轮摩托车2585辆，违章出租车899辆次（本市违章出租车539辆，异地经营出租车321辆，假冒出租车39辆），违规经营客车784辆，违规经营货车1220辆（其中，联合公安交警治理超限运输货车625辆，卸货吨位11753.52吨），查处私设站点140家，无证经营业户20家。

交通规划工作全面开展，《综合运输体系发展十二五规划》、《汕头海事局贯彻<广东海事局“十二五”发展纲要>实施意见》、《汕头港打造“亿吨大港”规划纲要》、《汕头港“十二五”发展规划》已经编制完成。《汕头港总体规划》的环境影响报告书已通过国家环保部批复。《公共交通规划》按“公交都市”的规划元素，已形成初步成果。《汕头市交通运输局人才发展计划》（2012-2016）已启动实施。《综合运输体系中长期发展规划》抓紧编制。

筹建项目前期工作取得较大进展。全年纳入省交通运输厅年度计划并下达补助资金共13类2.25亿元。南澳大桥投资规模调整获省批准，省交通运输厅增加补助资金2319万元。一批重点项目前期工作取得突破性进展。汕湛高速公路汕头至揭西段项目2011年11月份获国家发改委核准；揭阳至惠来高速公路、潮州至惠州高速公路汕头段等项目前期工作全面加快；潮汕二环高速公路线路规划经省交通运输厅评审并建议纳入省高网，启动工可前期工作。厦深铁路联络线突破了项目工可“环评”瓶颈，完成省级层面的报批手续，上报铁道部审批。厦深铁路谷饶站扩大规模顺利获批。广澳港区二期工程和广澳港区2万吨级石化码头工程各项支撑性文件陆续获批。与此同时，国道206大学路段、国道324潮阳、潮南段，省道司神公路、省道凤湾线等一批内外通道前期工作也加快启动推进。

道路运输市场秩序整治取得新成效。交通行政综合执法以“网格化”、“精细化”、“数据化”、“信息化”为抓手，严格执法，文明执法，连续开展打击非法营运等整治行动。同时，推动出台《汕头经济特区出租汽车管理规定》，不断深化以出租车为重点的道路客运秩序整治；交通执法在加强路面巡查执法的同时，加大暗访力度，加快完善快速处理投诉机制；开辟交通“执法监督台”，在新闻媒体曝光违法违规行为，直面困难，强力执法。

民生交通服务上新水平。加大公交车投放力度，全年新投公交车307辆，为历年之最，圆满完成市政府为民办实事任务。全年新增恢复公交线路15条，开通潮汕机场快巴，公交出行分担率为12.3%，在海滨路等主干道新建一批公交站牌亭，完成IC卡系统的升级改造，启动全市一票制公交线路一卡通，编制全市公共交通线路图，启动建设公交GPS和3G视频监控平台。与此同时，统筹城乡公共交通，加快推进城乡公交一体化。已开通农村公交线路38条、营运车辆350辆。全市40个镇已经全部实现客运通车，圆满完成省政府下达的三个100%目标任务（镇有客运站、村有候车亭、有条件的行政村通客车）。

道路运输结构进一步优化。更新客车95辆，客运车辆技术状况有提升；落实农村客运扶持政策，全市有25条县际班线共205辆客车调整为农村客运班车。

空运、水运发展创新高。南航汕头公司扩规模、增运力，春节前投放波音737-800型飞机1架，客机合计达到11架。水运生产量继续创新高。货运量802.8万吨，周转量1016875万吨公里；新增船舶27艘，13.1万吨位，同比增16%；运力规模达40.8万吨位，同比增26.3%。；加快船型调整，船舶吨位朝大型化、科技化方向发展，年内投产的5万吨级货船是市历史单船吨位最大的船舶，新增油船20艘6221吨。对台直航运量继续创新高，全年直航94个航次，运输集装箱32720标箱，其中重箱20880标箱，比增25.8%及42.9%；社会效益经济效益显现。

安全生产方面，春运期间旅客运输和工程施工安全生产实现“零事故”，全年事故宗数则同比下降16.7%。做好交通应急保障，春运、黄金周、大运会、节假日、台风等极端天气和重要时期，全市各级交通运输部门千方百计增运力、保畅通、抢运输、提服务，努力提升应急保障能力。并较好完成交通战备保障任务。

（陈永斌）

港口建设

【港口规划】2011年，汕头市港口管理局按照加快港口从内海湾向外海湾转移的总体部署要求，全力推进广澳港区、海门港区的建设。《汕头港总体规划》环境影响报告书通过国家环保部批复，为该规划争取获得部省正式批复创造条件。与此同时，《广澳港区控制性详细规划》、《珠池港区城市化改造专题研究报告》的征求意见稿已经编制完成。

【重点项目建设】2011年，汕头市扎实推进港口重点项目建设，广澳港区防波堤工程完成招投标，基本具备开工条件。广澳港区航道一期工程5万吨级单向航道全面完成，航道二期工程10万吨级单向航道按照广澳港区二期工程10万吨码头项目的进度情况，开展项目前期工作编制单位的招标工作。广澳港区一期工程两个2万吨级泊位（2#泊位和3#泊位，水工结构按5万吨级设计）全部建成并投入试运行，联检大楼正加紧建设。广澳港区二期工程（2个10万吨级和1个1万吨级集装箱码头及其配套设施）和广澳港区2万吨级石化码头工程的各项支撑性文件已陆续获批和正在加紧推进。海门煤炭中转基地、丰盛电厂煤码头、新大华石化码头等一批重点项目的建设和前期工作积极开展。

【港口建设引进战略合作伙伴】10月21日，汕头市政府和中远太平洋集团公司签署《汕头市人民政府–中国远洋运输（集团）总公司战略合作框架协议》，正式引进中远太平洋集团公司全面参与汕头港基础设施建设，为汕头港口加快发展创造条件。

（刘伟）

港口管理

【概况】2011年，汕头市港口管理局通过组织港口企业开拓腹地，加强组船揽货力度，在巩固原有航线的基础上大力开辟新航线；并与高雄港签订合作意向书建立战略合作关系，大力扶持对台直航航线做强做大；创造条件支持暹逻燃气有限公司LPG码头和砻石得源燃气码头复产，积极协调华美油脂公司进口大豆船舶靠泊，深化服务配合完成华能海门电厂港口工程的竣工验收等扎实有效的措施，确保港口生产继续保持较快增长势头。全年汕头港货物吞吐量迈上4000万吨新台阶，共完成4004.9万吨，同比增长14.1%，其中：内贸货物吞吐量2969.5万吨、同比增长18.4%，外贸货物吞吐量1035.4万吨、同比增长3.4%；集装箱吞吐量完成110.1万标箱，同比增长17.7%。其中，对台直航航线全年共完成94个单航次32720标箱，其中重箱20880标箱，同比增长分别为25.84%和42.9%。汕头港跨入“百万标箱港口”行列，成为省第五个突破百万标箱的港口，标志着汕头港集装箱已经初步进入规模化发展阶段，进一步巩固汕头港作为国家沿海重要港口的地位。

【港口立法】2011年2月14日，汕头市第十二届人大常委会举行第三十二次会议，通过《汕头市港口条例》，并报省人大常委会批准。5月31日，广东省第十一届人大常委会第二十六次会议批准该《条例》。《汕头市港口条例》共分六章53条，是2004年《港口法》实施以来首个地级市出台的港口法规，也是《汕头经济特区港口管理暂行规定》出台后的一部适应汕头市港口工作新要求的法规。条例于9月1日起正式施行。

【港政管理】2011年，市港口管理局按照《港口法》的有关要求，严格把好港口经营许可关，对港口经营企业进行全面安全条件审查， 26家完成港口经营许可换证工作；强化安全生产责任；严格危险货物港口作业准入和作业审批，全年共审批危险货物作业船舶757艘次，总货量108.8万吨；组织安全检查84场次，落实整改隐患74项；加强安全生产应急救援体系建设和事故应急演练，确保港口安全生产态势保持稳定。完成港口保安设施资格年度核验，举行港口设施保安演习，加强港口统计工作，港口统计工作获交通运输部优秀单位称号。加大对航道疏浚管理的力度，随时对航道进行扫浅，确保航道水深达到维护要求，确保主航道安全畅通。

（刘伟）

航道管理

【概况】广东省粤东航道局是广东省航道局直属正处级事业单位，设有汕头航标与测绘所、潮州航标与测绘所、揭阳航标与测绘所、澄海航标与测绘所4个下属单位，负责汕头市、潮州市、揭阳市三市范围内航道的维护管理和建设任务。主要航道有韩江、榕江、练江等内河航道及南澳、饶平、惠来沿海航道。航道总里程1122.5公里，其中内河1–7级航道480公里、8–9级内河航道598公里、沿海航道44.5公里；维护一线航标276座，其中内河标223座、沿海标53座，代管二线航标235座。2011年，粤东航道局着力抓好航道维护管理主业，扎实抓好道、标、闸、船日常维护管理和专项工程、站场建设。全年完成项目投资费用852.8万元。实现航道水深保证率100%，航标维护正常率100%。

【航道维护管理】2011年，粤东航道局加强韩江春运期和枯、洪水期重点河段的“战枯保通”和防洪抢险工作，完成航道扒沙工程量20490立方米，浅滩疏浚工程量25200立方米，并及时调标改槽，保障航道安全畅通，避免了塞船现象的发生。加强榕江航道维护管理，加大巡查密度，发现问题及时处理，消除管理盲区，确保航道安全畅通；配合地方政府部门打击违章采砂和捕捞等破坏水上运输安全的行为，及时清理碍航渔网渔桩和乱闪灯光，共清除碍航渔桩70根和渔网一批，维护良好的水上运输环境，确保榕江航道不发生因维护失误而引发的事故。强化沿海航道维护管理，组织开展沿海航道测量，完成南澳后江水道6座海标设置任务，为拓展沿海航道管理空间打好基础。

【航标维护管理】2011年，粤东航道局严格执行省航道局航标维护管理办法，加强一、二线航标的正常维护，做到确保一线，提高二线，保证每座标志标位准确、颜色鲜明、助航功能正常发挥，提高航道部门的社会影响力。实施航标灯器技术改造，对粤东航道局辖区各主要航道的灯器全面进行更新换代，更换成节能高效、可靠性好的一体化航标灯。拓展辖区航标配布，全年在榕江南河榕华大桥上游再增设航标6座，设标里程延伸19公里。在惠来县龙江河再增设航标2座，进一步改善龙江河下游出海航道的通航环境。完善航标维护基础管理，强化航标器材、记录等基础工作。

【船舶维护管理】2011年，粤东航道局高度重视抓好船舶维护管理，加强船舶动态管理和量化管理，提高船机的管理水平，各用船单位认真抓好船舶三级保养，保持船舶良好的技术性能，达到“三清四无四不漏”的总体要求，期末船舶完好率100%，优秀率100%，省航道局领导多次进行突击检查都给予好评；根据需要合理调配船舶，满足生产管理用船需要；认真抓好船舶更新和报废，解决船舶老龄化问题；合理安排船舶上排修理，修船计划100%完成；重点加强沿海航标巡检船的新船维护保养工作，制定配套好管理办法，提高该船的维护质量和使用效能；组织力量配合上级做好韩江、榕江航道整治配套维护管理船舶选型和设计工作。

【航道行政审批及监管】2011年，粤东航道局履行航道行政管理职能，加强跨、拦、临河建筑物通航标准和技术要求审批，全年共受理跨、临河建筑物审批10宗，水上水下施工作业许可审批10宗，做到建设一宗、审批一宗、监管一宗，有效杜绝违规建设行为。加强航道资源保护工作力度，局成立巡查监管办公室，专门负责航道巡查监管工作；继续落实航道巡查监管三级管理责任制，各基层单位在一线的巡查监管，按照每月不少于4次、领导参加不少于1次、每季度至少1次全面巡查的方法执行，对辖区内的违法行为做到及早发现，及时报告，把问题解决在萌芽状态。全年累计开展航道巡查377天次、参加人员2048人次、巡查航道里程1.34万公里，实施现场监管工程项目9宗，已完工5宗，纠正违规项目1宗。加强与地方交通、水政执法部门开展联合执法行动，打击违章搭建破坏航道资源的现象，改善通航环境。

【航道建设项目】2011年，粤东航道局全力推进辖区航道建设项目进展。主动做好韩江中下游航道整治主体工程建设的配合工作，确保韩江中下游航道整治主体工程在10月份顺利开工建设；省航道局下达的韩江中下游航道整治配套工程汕头业务用房建设在9月份顺利封顶，进入收尾和后期装修阶段，潮州业务用房也已封顶；船舶工程进入招投标阶段，码头、航标、水位站等项目完成施工设计，招标文件、信息化工程正在编制和优化设计方案。配合省航道局做好韩江桥梁通航标准的研究工作，推荐适合韩江流域航行的船型。配合榕江航道（包括濠江航道）升级整治工程，完成工程可行性报告评审。配合抓紧南澳沿海航道维护基地的选址和征地工作，推进澄海航测所莲阳航道站站房建设。

（林少雄）

航标管理

【概况】汕头航标处为广东海事局下属的正处级单位，管辖直线范围228海里，即从福建诏安湾角至深圳大鹏湾大鹏角（117° 19′ E～114° 30′ E）海域。辖区内主要有汕头港、海门港、潮州港、汕尾港和惠州港等大大小小10多个港口，下设汕头航标站、海门航标站、南澳航标站、汕尾航标站、三百门航标站、大亚湾航标站、航标养护中心等7个单位。2011年，汕头航标处紧紧围绕航海保障中心，贯彻落实科学发展观，实施人才强处、科技强处、质量强处战略，认真做好辖区导助航设施的维护管理工作，为辖区水上交通安全提供了可靠的航海保障。全年管理航标407座，航标维护正常69235座天、失常13座天；雷达应答器正常工作61320小时，雾号工作435小时40分钟；航标正常率99.98%、航标维护正常率99.99%、DGPS台信号可利用率99.88%、辖区AIS可用率99.99%，各项指标都达到交通运输部颁发的标准和南海海区要求。全年共受理专用航标设置行政许可9宗，全部顺利通过审批和效能验收。

【航标管理】2011年，汕头航标处严格把好航标维护质量关，做好日常航标巡检、维护工作；采取日常不定期抽检与集中综合检查相结合的方式，加强对航标维护质量的督查；通过运行质量管理体系、推广利用新科技等手段，提升航标维护质量和效率；优质完成航标年度保养、鹿屿差分台和自动识别系统的年度维护保养任务；切实加强春节、春运、雾季、五一、大运会等关键时期、重要时期的航标维护管理力度；成功完成设置“顺运”轮应急沉船标等海上应急反应任务，实现了安全生产无责任事故的目标。

【服务地方发展】2011年，汕头航标处大力配合汕头市东部经济带建设，抓紧做好汕头东部经济带河口治理及综合开发项目施工水域航标的设置审查和验收工作，为该项目提供良好的施工环境，有效引导过往船舶安全航行和施工船舶安全作业，保障施工水域的水上交通安全。执行专用航标巡查制度，专用航标每季度巡查率≥80%。加大对辖区内专用航标的检查和督促整改工作力度，督促礐石大桥完成桥梁助航标志的改造设置工作，为通过礐石大桥区域航行的船舶提供通航警示服务，减少了船舶碰撞桥梁的机率，使礐石大桥成为粤东地区首座通过桥梁助航标志效能验收的大桥，为粤东其他大桥设置桥梁助航标志提供参考和借鉴。配合海门中心渔港建设，与汕头市海洋与渔业局、潮阳区海洋与渔业局及中心渔港建设单位的专家进行实地考察，研究该中心渔港配套航标的建设方案，对海门港航道灯浮进行调整。支持南澳渔业经济发展，接管南澳海洋与渔业局芹澎、顶澎、赤屿三座渔业灯桩，并对芹澎灯桩进行改造，提升其助航效能。

【航标科技应用】2011年，汕头航标处充分利用自动识别系统（简称“AIS系统”）为水上交通安全提供服务。多次为海事调查、水上救助等工作提供及时、准确的AIS数据。开展榕江、韩江AIS基站补点工程的勘察工作，完成关埠宅美、达濠磊口2座基站的设备接入和调试。在辖区水域相关浅点位置设置两座AIS虚拟航标，作为传统航标的有力补充。在南海海区首次引进AIS一体化灯器，该灯器内置AIS收发装置，可通过AIS网络发布航标位置、名称等基础信息，并实现电压、电流等基本参数的回传，在汕头港5号浮标、11号浮标等航标上安装使用，发挥明显的效果。在辖区内33座浮标上安装使用遥测遥控一体化灯器，通过遥测遥控技术实时采集航标工作状态、位置等信息，全面监控航标设备的运行状态，提高航标维护反应速度。研发运用GPS定位电池。该电池具有防盗功能，还能反馈实时位置、电池电压等信息，能够实现部分遥测功能，已安装到辖区75座航标、12艘渔船上。加强对差分全球定位系统（简称“DGPS系统”）的管理，做好鹿屿差分台的日常管理工作，利用无线电指向标向播发台发DGPS修正信息，向用户提供高精度的助航信息服务。

【航标设施建设】2011年7月22日，南澳航标设施补点工程正式开工，该工程是交通运输部海事局下达的航测专项项目，建成后将为南澳周边海域的航标维护管理工作提供更加有力的硬件支持，进一步增强南澳海域的航海保障能力。

（王思龙）

海事管理

【概况】2011年，汕头海事局针对辖区事故发生时有反复的情况，加强安全规律性研究，加大隐患排查治理力度。通过加大对交通密集区、横水渡、施工作业区等重点航段、重点水域的现场监管，开展打击违法沙石船、非法渡运、加强防范商船渔船碰撞、船检质量监督、安全生产年和应急双基建设等专项检查活动，进一步维护了水上交通安全秩序。通过加强通航安全论证、把好深吃水船舶安全进出港、加强航道和码头水深监督，加大巡航清障力度、利用AIS、CCTV、海巡船艇等跟踪检查手段及措施，促进了船舶安全航行。辖区安全形势继续保持稳定，全年辖区监管船舶进出港40818艘次（外国籍船舶1358艘次）。发生运输船舶一般等级以上水上交通事故8宗，沉船2艘，死亡5人，直接经济损失2138万元，无发生重特大安全事故和有海事监管责任的事件。开展外轮安检25艘次，海船安检406艘次，河船安检150艘次，滞留各类船舶24艘次。审批各类船员证书1799本，组织各类考试49期1122人次。检验船舶384艘次25.8万总吨。查处违法行为79宗，罚款29.6万元。

【服务地方发展】2011年，汕头海事局主动介入，积极服务涉水重点项目建设，为南澳大桥、东海岸新城、厦深铁路榕江特大桥、濠江大桥、苏埃通道、“南澳I号”考古打捞等省、市重点工程建设提供海事服务。大力支持广澳港口岸通过对外开放验收，支持汕头港新开通国际集装箱班轮航线。继续推行船舶诚信管理和绿色通道等举措，推出便利对台海上运输新举措，对台直航集装箱吞吐量年均增长35%。积极帮扶航运企业发展。加大对新造船和外地转入船舶的支持力度，全年新增船舶64艘。积极参与福建船厂异地船舶检验。提供海事窗口和咨询服务。拓展市行政服务中心窗口办理项目，提升服务水平，排名靠前。开发辖区航路图、电子海图，完善海事管理数据库。服务人民群众水上活动需求。为帆船巡游、国际马拉松游泳赛、乡村龙舟竞赛等涉水活动提供水上安全保障服务，加强渡口渡船和封闭水域的现场监管，保障出行安全。支持推进辖区游艇业务稳步发展。依法办理船舶抵押权登记17宗，支持航运企业融资超过6亿元。年内，顺利接管港建费征管工作。

【应急救助】年内，市海事局履行“两防一救”职责，健全水上应急反应机制，完善水上应急管理各类预案和工作指南，建立辖区应急专家库和事故调查专家组，组织开展与厦门海事局、东海飞行大队的水上应急演练。全年搜救责任区内共组织海上搜救57次，协调出动船艇、飞机253艘（驾）次，获救船舶40艘次，救起556人，搜救成功率96.7%，创历史最好成绩。

【区域海事管理合作】2011年，市海事局与辖区航运公司开展“安全发展”共建活动，指导、帮助辖区航运公司健全安全与防污染工作制度。推进区域海事管理协作发展，在榕江、韩江建立流域、片区联动机制，资源共享、信息互通，形成监管合力。与厦门海事局签订《共建平安和谐海域合作协议》，联手打造台湾海峡中南部平安和谐海域。与地方政府加强横向交流，主动融入地方发展，在项目用地、参政议政等方面得到地方政府的大力支持。

【**海事保障建设**】年内，投资4700万元的“汕头南澳海事监管基地”建设实现交工验收。投资2300万元的“汕头船舶交通管理系统工程”完成“一中心两站点”的主体建设，正着手设备安装调试和人员培训工作，即将投入使用。投资3500万元的汕头溢油应急设备库工程即将通过部规划司的审查。潮阳海事处、南澳培训基地、局电子考场等10个修缮项目全面完成。配套一批现场监管设施和装备，海事执法装备和监管手段进一步提升和完善，海事信息化建设获得新进展。

（黄常泰）

水上运输

【**概况**】2011年，汕头市有水运企业15家，个体经营户 28家，拥有营运船舶 148艘，运力40.8万吨位（其中万吨级以上船舶10艘），比上年净增8万吨位；全市国内水运服务企业39家，国内船舶管理业5家，国际船舶代理企业32家，无船承运企业11家，全球20强航商有11家在我市设立业务机构。轮渡企业2家，船舶9艘，客位4349。全年水运货运量805.8万吨，货运周转量102.5亿吨公里，分别增长19.5%和34.65%，货运周转量占全市综合运输周转量的76.5%。

【**水运产能再创新高**】2011年，汕头市抓住国家扩大内需的机遇，大力发展大型沿海货轮。全年货运量、周转量继续创新高；新增船舶27艘，13.1万吨位，同比增16%；11月由汕头市帝远海运有限公司投资建造的5万吨级新造船舶“帝坤”轮在江苏连云港市正式首航，为汕头市历史单船吨位最大的船舶，实现单船吨位创新高；新增油船20艘6221吨；对台直航94个航次，运输集装箱32720标箱，其中重箱20880标箱，比增25.8%及42.9%。

（陈永斌）

公路建设

【**概况**】至2011年底，汕头市公路总里程为3805.2公里，高速公路67.4公里，一级公路233公里，二级公路439.3公里，三级公路1014公里，四级公路2035.8公里，等外路15.6公里。公路密度达到184.3公里/百平方公里。全年公路建设完成投资11亿元。南澳大桥建设顺利推进，全年完成投资2.02亿元,累计完成投资10.58亿元。省道237线和惠公路大修工程以及国道324线澄海路段改造工程开工建设。汕头至揭阳高速公路汕头段加快推进，月浦互通立交路段建设进展顺利，已累计完成投资5.84亿元，占计划总投资的29%。全年共完成农村公路建设里程133公里，完成投资8000万元。全市实施危桥改造，第一轮列入改造的桥梁53座，已完成危桥改造50座，3座正在抓紧施工中。新一轮的危桥改造29座，部分已经开工改造。

【**地方公路建设**】2011年，全市地方公路共有重点建设项目11个，完成竣工通车项目1个 8.99公里，续建项目2个5.7公里，在建项目3个30公里，县道公路改造13公里,完成投资5350万元。两铜线两英至峡山路段8.966公里大修工程建成通车，全程实现路面按一级公路技术标准升级为水泥高级路面，共累计投资8500多万元。埔谷线谷饶路段改造11公里。陈沙公路延长线建设加快推进。依照市政府下达的危桥改造计划，对排查出的66座地养危桥整治改造工作分两批进行：第一批41座改造计划已全面完工；第二批25座地方公路危桥改造计划中，已有9座顺利完成，5座在建,6座完成施工图设计，5座正在进行设计,完成的占36%，完成和开工的项目占计划的56%。

【**农村公路建设**】2011年，全市农村公路建设项目计划204个共195公里，至2011年底已完成152个132.4公里（其中2011年完成84.08公里），在建42个52.9公里；完成和在建的占计里程95%，累计投资1.12亿元。

（陈永斌）

【**干线公路建设**】2011年，全市完工及在建项目：国道324线澄海莲阳桥至迎宾路口路段路面改造工程澄海城区路段约4公里路面主体工程年底前完成并开放交通，累计完成工程量13000万元。国道324线澄海莲阳桥至迎宾路口路面改造工程，预算投资金额19973万元，于2010年9月动工，计划2012年第三季度全面完工。该项目全长6.59公里，路幅宽度41米–65米，起于澄海区莲阳大桥，终于龙湖区外砂迎宾路口。澄海区路段长4公里，双向10车道；龙湖区路段长1.23公里，双向6车道，莲阳、外砂两座大桥长1.36公里保持现状，双向6车道。本改造工程在保持现有道路平面线形、路幅总宽度不变的前提下，调整车道数和分隔带宽度，按一级公路技术等级结合城市道路功能设计，铺筑沥青混凝土路面，提高绿化档次，改造沿线路灯、交通信号灯，完善监控设施。省道237线和惠公路大修工程一期一标段深汕高速公路田心立交出口至陈沙公路路段6.35公里，该标段于2010年5月份动工，2012年春节前全面完工并开放交通。预算金额6989万元。省道233线潮汕路路面大修工程新乡路口至月浦平交出口路段长5.8公里，于2011年10月中旬动工，用不足2个月的时间，顺利完成市政府提出在12月15日前完成机动车道主体工程施工并开放交通的目标要求，拉通市区通往潮汕机场的快速通道。省道233线潮汕路路面大修工程全长7.3公里，预算金额11281万元，已累计完成工程量约7300万元，计划2012年6月底全面完成。省道336线南澳环岛公路安保工程全面完工，累计完成建安工程量1658万元，有效提高南澳环岛公路的安全通行保障能力，美化道路景观；省道336线南澳环岛公路安保工程于2010年6月动工，2011年11月交工。

【高速公路建设】2011年，根据市政府的统一部署和要求，汕揭梅高速公路建设办公室积极协调市、区各有关部门和建设单位强力推进征地拆迁和建设工作，完成建设投资5.88亿元，汕揭梅高速公路三标段2011年12月底前按既定目标顺利建成并开放交通；二标段于2011年2月底动工建设，进展顺利；一标段完成项目部驻地建设，进入施工组织阶段。

【公路养护】2011年，市公路局认真贯彻落实《公路小修保养工作制度》，按照《公路养护技术规范》的要求，积极开展预防性、周期性养护，加强上路巡查，落实“四勤”(勤查、勤养、勤管、勤修)养护，及时修复缺损设施。加强养护工程的科学管理，按照道路的不同状况、病害的轻重缓急，采取相应措施及时处治，节约工程投资，尽量减少灾害重复发生，各项养护技术指标保持稳定的较高水平。严格执行《公路桥梁养护管理工作制度》，重视桥涵养护，加强动态观测检查，保障桥梁安全畅通。上下联动，通力合作，狠抓落实，扎实做好迎“国检”准备工作，完成干线公路中修项目整治8宗38.6公里，国道大修项目2项，省道安保工程1项，干线公路路容路貌明显改观，规范化管理进一步加强。认真做好电子地图下行轨迹路线采集和公路基础数据库的更新维护，积极推进养护“大道班”软硬件建设，养护信息化管理水平明显提高。开展路网状况排查，完成“十二五”灾害防治工程、安保工程和危桥改造工程项目的编制上报，建立《汕头市公路路网改造工程项目库》。

【危桥整治】2011年，汕头市新增四类危桥5座，全市经公路局排查并经省局核定危桥共23座。至年底，已完成整治14座，在建2座，2座列入大学路改造工程实施改建与维修加固，新增5座危桥正在做施工图设计，争取尽快落实改建。

【路政管理】2011年，汕头市公路局加强队伍建设力度，制定出台《汕头市公路局公路路政人员着装管理规定》，路政人员统一换发新式制服，统一路政执法车辆外观标识，规范着装行为和执法车辆管理。为路政人员申办执法证件，优化路政审批程序。全年办理路政许可30宗，办结率100%，没有接到群众投诉意见。开展形式多样的“五法一规”专题培训，为全局近200名路政人员举办2期路政管理业务培训。开展《公路安全保护条例》宣传，加大公路监管力度，积极做好重点项目建设管线管道迁移、路灯改造等工作，协调交警部门维持施工交通秩序，保障重点项目建设顺利推进。组织交通标志标线和安全设施调查摸底，投资263万元更新完善公路配套设施。投入绿化资金170万元，建设生态景观道路。加强年票征收管理，全年共征收年票25357万元，同比增长17%。

【安全生产】年内，市公路局深入开展“安全生产年”主题活动，以有效地防范和减少各类安全事故，实现安全发展为目标，扎实抓好安全生产和消防安全工作：突出落实安全生产责任制和“一岗双责”制。根据局领导职责分工，进一步明晰职责，层层分解，层层签订责任书，确保职责明确，责任落实。突出隐患排查整治，开展定期和不定期的安全生产检查，深化以危桥和危险路段为重点的安全隐患专项整治。突出渡运、施工现场等重点部位的安全监管，加强对莱长渡口航线航区海域天气讯息的及时收集掌握，加强渡船维修保养，确保渡船处于良好的适航状态。严格落实安全责任制、规章制度、安全操作规程的监督检查，有效防止“三违”（即违章指挥、违章作业、违反劳动纪律）现象的发生。加强国省道施工路段的安全监管，认真落实“三同时”（即新建、改建工程项目安全设施必须与工程项目同时设计、同时施工、同时投入使用）工作制度，规范和完善各种安全警示标志和防护措施，确保施工路段交通安全畅通。莱长渡口新客滚船建造进度加快，莱长渡口所安全航行9600航次，渡运各类机动车辆21万台次、乘客107万人次，与去年同比分别增长12.9%、15.4%、13.3%。突出应急体系建设，制订一系列应急预案，全面落实应急管理责任制，成立应急抢险队伍，建立应急物资储备库，加强宣传教育与培训工作，组织多科目应急演练，提升安全意识，全面推进安全责任、安全文化建设，保持安全生产平稳发展。

【生产经营】年内，路桥工程总公司在积极推进历史遗留问题解决的同时，先后参加33个项目投标，中标承揽广西永贺高速公路等7个项目，合同总额约9.7亿元，完成施工产值3.5亿元，全年上缴各项税费1000多万元，超额完成年度经营任务，取得多项施工技术革新成果，银行授信实现“零”的突破，职工社保医保遗留问题逐步解决。质监站围绕“以人为本，保平安，树标杆，求发展，促和谐”的工作目标，先后承揽S335线揭东霖磐立交至揭阳高新区段等6个大项目监理和二广高速公路等项目桩基检测，准确及时完成试验项目4010组，取得ISO 9001-2008质量体系认证，推行高速公路建设“双标管理”，获省交通厅、省公路局审批通过的3个项目已进入实质性实施阶段。设计院以稳定发展为主题，先后承揽陆河县县道X133线千秋门至营下路段改建工程等一批项目建设勘察设计，完成公路工程勘察设计38项80公里，桥梁400延米；晋升公路设计甲级资质，增强发展后劲。莱长渡口所实现增收节支，全年实征过渡费3330万元，同比增长16.7%，完成年度计划101%。材料机械供应站、机修厂等单位积极谋求发展，保持队伍稳定。

（陈远文）

公路运输

【概况】至2011年底，全市拥有营业性客货汽车3.19万辆，其中客汽车1480辆、总客位5.33万客位，分别比上年增长4.9%和7.8%；客运线路合计247条（高速公路客运线路111条），其中：跨省线路105条，跨市线路84条，跨县区线路23条）。旅游包车142辆，6126客座。全市公路营运货车达到3.04万辆、总吨位16.31万吨，分别比上年增长7.5%和5.5%，其中集装箱车增加154辆，达到1365辆。全年完成公路客运量2925万人次，旅客周转量61.80亿人公里，分别比上年增长15.2%的19.6%；公路货运量2770万吨，货物周转量31.33亿吨公里，分别比上年增长14.79%和22.22%。2011年底，全市客运站19个，其中一级站3个，二级站2个，三级站8个；建成农村候车亭884个。有一定规模的货运站7个，其中西交货运站年货运吞吐量已达到288万吨。

【道路运输结构优化】2011年，汕头市道路运力结构进一步优化。客运汽车继续向高速化、专业化、高级化迈进，营业性客车中高级客车比重达到56.9%。全市上规模的专业货运企业共71家，8125辆货车，其中注册为物流运输企业共10家，共467辆货车，货运企业逐渐向物流企业转变。集装箱运输加快发展。农村客运通达率进一步提高。2011年新增农村客运线路1条，使农村客运线路总数达到46条、营运车辆448辆，全市现有驾培业户33家，其中一类2家，二类9家。全年共培训教练员624人次，核发IC卡《从业资格证书》3500本。

【车辆维修业】2011年底，全市共有车辆维修业户828家，其中汽车维修业户587家，摩托车维修业户241家。一类汽车维修业户45家，二类汽车维修业户142家，三类汽车维修业户400家。一类摩托车维修业户1家,二类摩托车维修业户240家。

（陈永斌）

城市公共交通

【概况】至2011年底，全市有公交企业14家，职工1702人；全市新增公共汽车307辆，中心城区新增公共汽车共239辆，各区县新增公共汽车68辆；核准线路95条，实际营运线路89条，营运里程1645.15公里；公交车辆1109辆，折合1198.5标台，万人拥有公交车5.4标台；年客运量1.2亿人次以上。

【公交行业监管】2011年，汕头市加大公交车投放力度，全年新投公交车307辆，为历年之最；开通潮汕机场快巴，新增恢复公交线路15条。全市公交线路达到89条，公交运送量超1.2亿人次，公交出行分担率为12.3%。中心城区（金平、龙湖、濠江区）部分老公交线路更换成新车，恢复和新开通11条公交线路，公交线路达到51条，延伸调整6条公交线路，线路里程达到975.43公里，营运车辆678辆，折合824.9标台，万人拥有公交车7.1标台，年客运量约1亿人次，中心区内公交站点500米半径覆盖率达到95%以上。中心城区的所有主次干道（东西6条、南北12条主次干道）均开通公交线路，形成以火车站和客运中心、广厦新城、汽车客运总站、时代广场、金凤坛、人民广场等为中心的公交枢纽站，绝大多数市民出行可以转乘一次到达城区内目的地。海滨路等主干道新建一批公交站牌亭，完成IC卡系统的升级改造，启动全市一票制公交线路一卡通，编制全市公共交通线路图，启动建设公交GPS和3G视频监控平台，公交服务朝着信息化、智能化和便民化方向发展。

【出租车行业管理】2011年底，全市出租车企业有22家，车辆为1532辆，营运司机3331人。其中：中心城区15家，出租车1154辆，司机2474人；潮阳区2家，128辆，司机292人；潮南区1家，100辆，司机304人；澄海区2家，100辆，司机183人；南澳县2家，50辆，司机78人。

【出租车驾驶员管理】2011年，依照《汕头经济特区出租汽车管理规定》有关驾驶员持从业资格证上岗营运的规定，市交通运输局制订了《关于换发从业资格服务证的工作方案》，全市出租车驾驶员按辖属范围由各区县交通局和市公交所办理，将“服务证”在9月1日前统一换发为“从业资格服务证”。

（陈永斌）

铁路运输

【概况】2011年，广梅汕铁路汕头站完成旅客吞吐量120万人次，比上年增加10.0%；汕头北站完成货物吞吐量60万吨，比上年减少15.0%。在经过2010、2011年春运试点之后，从2012年1月1日起，广梅汕铁路汕头站正式实行车票实名制。自2011年12月24日起，旅客在12306.cn网站可购买广梅汕铁路汕头站列车车票。

【厦深铁路汕头段】2011年厦深铁路汕头段累计完成投资15.67亿，完成总计划的78.4%。桥梁工程完成92.1%，隧道工程完成86%，路基工程基本完成。厦深铁路联络线是省政府和铁道部合作建设的重点项目，已突破项目工可“环评”瓶颈，完成省级层面的报批手续，上报铁道部审批。厦深铁路谷饶站扩大规模顺利获批。

（郑伟丹）

民用航空

【概况】2011年，汕头机场公司共保障航班17903架次，同比增长7%；完成旅客吞吐量190.2万人，同比增长10%；完成货邮行吞吐量2.33万吨，同比增长2%。

【汕头机场安全营运38年】2011年，汕头机场公司制订《专项保障任务工作布置程序和落实标准》，先后开展汕头机场围界加固、跑道除胶和鸟害综合防治工作，联合地方相关部门进行孔明灯专项治理，保证本场飞行安全。出台《汕头机场航空器机坪运行管理规则》，狠抓机坪运行安全。加强与驻场空军、民航单位的沟通协调，及时化解运行冲突和矛盾，促使老机场安全生产始终保持平稳态势，汕头机场38年安全运营画上了圆满的句号。

【潮汕机场落成通航】2011年12月14日，汕头机场结束当天航班后转场到揭阳潮汕机场运营。15日，潮汕机场落成通航。16日，举行潮汕机场落成通航庆典仪式。潮汕机场于2009年6月16日正式动工建设，2011年12月建成，12月15日正式启用。潮汕民用机场位于揭阳市揭东县砲台镇与登岗镇之间，是汕头、潮州、揭阳三市的中间位置，距离三市市区各20公里左右，机场服务半径为整个粤东地区，辐射闽南、赣南地区。机场占地面积5081.7亩，飞行区远期按4E级规划、本期按4D级标准建设，跑道长2800米、宽45米，可起降波音767飞机，为全天候开放机场。航站楼建筑面积5.5万平方米，停机坪面积16万平方米，共有21个停机位，12座登机桥，设计年旅客吞吐量450万人次。潮汕机场已开通航线25条（国内航线18条、国际地区航线3条、不定期国际包机航线4条），通航城市28个，有7家航空公司运营（国航、东航、南航、春秋、天津、山东以及捷星航空），日均航班量50多个班次。

（郑瑞娜）

邮　政

【概况】2011年，汕头邮政共实现邮政业务总收入3.49亿元，同比增长18.2%。邮政三大板块业务齐头并进，邮务类板块业务共实现收入5358.5万元，比增8.70%，包裹、报刊发行、集邮、电子邮政等业务均保持两位数的增长势头；邮政金融板块业务共实现收入2.34亿元，比增23.85%，全市邮储余额累计达86.5亿元，比2011年净增14亿元；邮政速递物流板块业务共实现收入5182.1万元，比增4.91%。在业务继续实现快速发展的同时，区域发展也更加协调，澄海、潮南、潮阳、南澳等县域邮政业务均保持两位数以上增速，南澳的增速最高，达到34.2%。

【邮政通信网建设】年内，市邮政局初步形成“一个中心（即粤东邮政邮件及信息处理中心）、三大基地（即邮务类发展基地、速递物流发展基地、邮政金融发展基地）、服务网点遍布城乡”的发展格局。市邮政局通过实施普邮邮件大集中和粤东区域“大同城”邮运网的优化，增强汕头邮区中心局的辐射能力，加快粤东区域内部邮件物品的运递速度和时限。继续推进重点项目“汕头邮政速递物流邮件处理中心”建设，项目投资近4000万元，前期“三通一平”工作已经铺开，建成后将有效提升汕头邮政速递物流的处理能力，带动粤东区域物流业务的发展。

【服务平台建设】2011年7月，市邮政局份全面启动 “邮政便民服务站”项目的建设，在便民服务站“一站式”实现办理缴交电费、水费、煤气费、手机充值、邮政汇款、支付宝、代办交通违章罚款等十几项与生活息息相关的业务，极大地方便广大市民的日常生活。其中，与电力局联手打造“十分钟电力缴费生活圈”，倍受市民欢迎和赞赏。截止年底，全市已建成便民服务站815个，网点遍布全市各区县、城镇和农村。汕头邮政还结合邮政便民服务站项目，参与“乡乡设所、村村有站、户户有箱”工程建设，已启动的有“村邮站”建设、城镇空白邮政服务网点补建、信报箱维护建设等项目。

【邮政现代化】2011年，市邮政局共投入近1000万元资金，用于全市邮政营业服务网点和投递服务站点的建设，并逐步拓宽物品配送寄递、产品宣传推广、品牌形象传播、资金金融服务四大“绿色通道”建设；拓展“邮乐网”、“自邮一簇”等新兴电子商务；完善

“四网合一”（金融网、综合网、办公网、视频监控网）信息网络；加快报刊、邮储、汇兑等专业数据信息计算机处理的“统版”工程；实现量收系统、OA综合办公系统等信息系统顺利上线。逐步实现从传统邮政向现代化邮政发展转变。

（谢名亮）

信息业

信息化建设

【概况】2011年，汕头市信息化工作努力探索科学发展新模式，开展电子政务管理、现代信息服务业、信息化与工业化融合、农村信息化等相关工作，全力推进全市信息化进程。市经济和信息化局加紧编制《国民经济和社会信息化“十二五”规划》，把信息化与工业化融合作为工作重点，构建起汕头市现代产业体系，并指导全市国民经济和社会信息化建设。

【电子政务】2011年8月8日，汕头市召开行政审批和公共服务综合信息系统总体设计方案验收评审会，国家、省、市信息化专家和省经信委的有关领导参加评审会，并通过对设计方案的验收评审，标志着市行政审批和公共服务综合信息系统建设取得阶段性成果。该系统整合资源，优化重组业务流程，采用信息技术，强化行政效能监察建设，创新管理模式，可实现网上依法行使行政许可权和规范行政许可行为，对全面提高政府部门依法行政与公共服务的能力和办公效率，具有重要的意义。9月23日，“汕头市网上行政审批大厅”系统启动上线，并在2012年1月1日正式上线应用。该系统整合全市具有行政许可职能的42个单位，共188项大项358项子项的行政许可和非行政许可事项进行梳理上网，除提供网上办事指南、表格下载、网上申请、网上查询和网上咨询等基础功能外，在设计上还采用人性化的分类导航模式，实现体贴周到的办事全流程服务帮助和灵活智能化的联想搜索，此外更结合手机提供安全便捷的短信应用通知服务和手机版的系统登录服务模式。汕头市的企业和市民将可以通过汕头市政府门户网站的网上行政审批大厅，享受市政府提供的方便高效的便民服务。在2011年度广东省政府网站评估和行政许可事项网上办理率测评中，汕头市在“行政许可事项网上办理率”项目上一举取得全省第二名的好成绩，同时“网上行政审批大厅”系统还荣获“地方最佳实践奖”。

（王策略）

【电子商务】2011年，汕头市电子商务交易规模约150亿元，开展电子商务交易的工商注册登记企业2000多家，全市大中型企业开展电子商务的比例约为80%，全市有15家经国家工信部认定的ISP（互联网接入提供服务商），经ICP（互联网内容提供服务商）备案的各种类型网站数突破10000大关。“汕头国际电子商务应用平台”、“塑料商网”、“中华内衣网”、“网上书店”等平台都成长为区域性品牌推广的市场中坚，在全国同行业中有较高的知名度。粤东电子口岸全面实现互联互通，资源共享，跨部门、跨行业、跨地区的数据交换，业务覆盖粤东五市大中小型进出口企业及运输企业。全市共有在电子口岸入网登记的有效企业用户2667家，网上支付累计约16亿税款。

年内，汕头市委、市政府高度重视“国家电子商务示范城市”创建活动，积极向上级反映汕头在电子商务方面的条件和优势，经各有关部门积极争取上级支持，同意汕头突破“近期国家电子商务示范城市的创建暂限于部分副省级城市”的限制，组织材料申报。经专家评审、专家评议答辩、部门联审，汕头被确定为21个国家电子商务示范城市之一。11月16日，国家发改委在深圳会展中心召开“国家电子商务示范城市、国家物联网云计算试点示范、国家创新能力建设”授牌大会，汕头被授予“国家电子商务示范城市”称号。

（林航）

【信息化和工业化融合】2011年，市经信局继续加强政府的引导、协调和服务职能，积极开展中小企业信息化推进工作，努力形成政府引导、社会推动、典型带动、广泛宣传的良好环境。经推荐、专家评审、实地考察和公示等程序，广东星辉车模股份有限公司的注塑喷涂生产的数字化改造工程、汕头市超声仪器研究所有限公司的SIUI装备数字化信息化管理项目、汕头华兴冶金设备股份有限公司的铜精密设备生产与制造执行系统一体化项目、广东汕樟轻工机械有限公司的凹版彩印生产流程数字化改造、广东金明精机股份有限公司的企业网络及ERP系统建设、广东自动化电气集团有限公司的汕自计算机信息管理系统、广东拉芳日化有限公司的拉芳集团信息化管理提升项目等7个项目被认定为为“2011年广东省信息化与工业化融合‘4个100’示范工程”，广东拉芳日化有限公司被认定为广东省信息化与工业化融合4个100示范工程标杆企业。

【农村信息化】2011年，市经信局继续紧紧抓住省大力扶持农村信息化建设的机遇，着力推进全市农村信息化建设。经宣传发动、企业申报、省经信委组织专家评审，全市共有广东迈科医学科技有限公司的基于居民健康档案和区域卫生信息平台的基层医疗卫生信息系统、汕头市南澳县经济和信息化局的南澳县农村社会管理信息化建设项目、汕头市易峰软件科技有限公司的水菜交易结算信息平台、广东天盈信息技术有限公司的“回归自然，绿色食品”农产品电子商务平台等四个项目获得2011年省农村信息化建设专项扶持资金110万元。

（王策略）

软件和信息服务业

【概况】2011年，市经济和信息化局抓住机遇，加强协调，突出汕头市的重点和特色，强调与珠三角地区的差异化，重点突破，加强各类项目的规划引导、组织实施，突出项目跟踪、监督管理，促进全市现代信息服务体系发展。加强对2008、2009年已中标项目跟踪检查，总结项目建设经验，推广项目成果。各项目承担单位按计划正常开展工作，部分项目已取得阶段性的进展。2008年的五个项目已顺利通过省经信委组织验收。在省经济和信息化委员会组织的2011年度全省现代信息服务业公开招标活动中，汕头市积极组织企业踊跃参与招投标，广东高科达科技实业有限公司、汕头市龙湖省级民营科技园技术创新中心、广东天亿马信息产业有限公司的粤东现代信息服务业集聚基地支撑公共服务平台、凯撒（中国）股份有限公司的广东省品牌服装行业首家成功实施的SAP项目——凯撒SAP项目、广东南洋电缆集团股份有限公司的基于线缆企业库存控制与生产过程自动化管控的开发与应用、广东毅科数码科技有限公司的智能化图档管理系统、汕头市易动通信科技有限公司、广东天盈信息技术有限公司的“盈动力”云计算服务平台等五个项目中标，共获得1010万元的专项扶持资金。

【“百场千企”巡回交流系列活动汕头站启动】为展示汕头市信息服务行业和软件行业的发展成果，促进IT产业的快速健康发展，加快信息化与工业化相融合，2011年12月3日下午，由广东省经济和信息化委员会、汕头市人民政府共同主办、市经信局承办的广东省信息化与工业化融合牵手工程“百场千企”巡回交流系列活动汕头站启动仪式暨汕头市首届云计算产业论坛在汕头金海湾大酒店隆重举行。活动内容包括广东省信息化与工业化融合牵手工程“百场千企”巡回交流系列活动汕头站启动仪式、汕头市首届云计算产业论坛、汕头市信息服务和软件行业协会十周年庆典、汕头市电子商务产业联盟揭牌、汕头市信息服务和软件行业协会云计算分会成立仪式等。

（王策略）

通信业

【概况】2011年，全市完成邮电业务总收入50.78亿元，增长7.2%。电话交换机总容量741.39万门，接入网设备容量84.52万门。全市城乡固定电话用户140.18万户，移动电话总用户（包括储值卡用户）587.29万户。每百户拥有住宅固定电话118.20户，每百人拥有移动电话（包括储值卡用户）110.93户。计算机互联网络总用户78.75万户，增长17.9%。

【汕头电信】2011年，中国电信汕头分公司以移动、宽带、3G业务、增值及综合信息服务四大增长点带动全业务发展。ICT、IDC业务实现跨越式发展，收入完成率分别为172.3%、136%；非话收入同比增长7%；行业应用超额完成年度预算目标20%。全年业务收入完成年度预算的100.01%，同比增长4.64%。分公司连续6年荣获“汕头市纳税大户”称号，2011年纳税总额1.0746亿元。

移动业务方面，充分发挥3G网络优势，融合宽带业务和3G手机应用，推进流量经营，成功打造3G品牌效应，移动业务收入同比增长6.17%。到2011年年底，汕头分公司成为本地第二大手机运营商和3G用户份额本地行业第一的运营商。宽带业务方面，通过启动“提速灭K”（对现有512K宽带用户以免费体验1M速率1年）及12M、20M大带宽市场等措施，强化宽带提速工作，塑造高带宽差异化优势，到2011年年底，汕头分公司天翼宽带3G用户超100万。进一步强化与政府及行业的合作，2011年参与承建“数字城管试点运营平台”等汕头政务、企业信息化建设项目共16个，推出“中国电信行业信息化汕头体验基地”，为中小企业提供公共（技术）服务示范平台，“旺铺助手”及“天翼税通”2个行业应用完成率全省第一。5月与市政府签订“加快转型升级，建设幸福汕头”十二五信息化战略合作框架协议。12月份启动“宽带中国•光网城市”，推出电子政务、行业信息化、教育信息化和农村信息化4大类12个信息化大项，推动汕头“国家电子商务示范城市”建设，开启“智慧汕头”的新里程。

网络建设方面，2011年总投资额为2.814亿，其中投资1.8亿元对宽带网络进行全面的升级改造，大力推进光纤化转型战略。在城市新建区域规模推进FTTH，一步到位建设全光网络，实现光纤到用户；城市现有区域采用FTTH薄覆盖+平移的模式改造，实现用户提速100M。至2011年底全市城域网出口240G，主干光节点达到1116个，配线光节点1189个，接入光缆总规模达到32万纤芯公里，覆盖18.3万用户，兑现“光网城市”承诺；移动网络日臻完善，2011年新增C网无线基站76个、室内分布点49个，改造室内分布点22个，新建WIFI热点94各，3G网络面覆盖率为99.88%，实现100%行政村通3G。

2011年分公司完成深圳大学生运动会、汕头特区30年庆典、“南澳一号”考古直播等重大活动通信保障及日本“3.11”大地震业务抢修工作。汕头海缆站利用国内段长途资源，克服海缆双断难题，成功打通汕头到上海的路缆通道。

（陈旭英）

【汕头移动】2011年，汕头移动全面推动市场、网络、管理、文化协调发展，总用户数达到463万，同比增长12.84%，为国家和地方创税分别超过3亿元和9000万元。

年内开展“跨越400万”、“特区30年”、“感恩二十载”三大主题营销活动；推出“暖心价+亲情号码”等惠民活动，开展生产中心建设及短厅改造，营销支撑规模由十万级向百万级跃升。全力支持创建“国家电子商务示范城市”，推进“无线城市”建设，协同组建产业联盟促进会，打造全市网上行政审批大厅，启动B2B电子商务新模式，上线一站式电子商务平台“鮀城通”网站，上线“医保通”等十大重点业务，成功开展智能交通、治安卡口、市公安局三四级网、平安龙湖、平安校园等ICT项目建设。

推进粤东区域生产中心、省市两级仓库等重点项目的投资建设。构建面向客户感知的质量管控体系，创新实践51项，并作为全省科技创新重点项目，被推选参加2012年中国移动研发计划评审。开展IP化容灾改造、电源“安心行动”、“信息化五步走”、基站“双百战役”等专项保障。

年内，为市玩博会、水下考古、特区30周年庆典等重大活动和重要节日提供优质通信保障28项，此外，还荣获全国“安康杯”竞赛优胜班组称号。2011年，汕头移动先后荣获全国文明单位、广东省工人先锋号、广东移动“五五”普法先进单位一等奖等各类荣誉称号近50项。

（赵晓彦）

【汕头联通】2011年，中国联合网络通信有限公司汕头市分公司（以下简称汕头联通）认真根据中国联通集团公司实施“3G领先和一体化创新战略”的统一部署，以“市场一线为先、精细管理、效益为王”作为公司上下的行动纲领，以扩大规模为重点，以变革创新为动力，以提升效能为抓手，以队伍建设为保障，一手抓市场，一手稳根基，努力打造适应3G时代的运营组织与运营能力，实现了汕头联通发展新跨越。连续五年获得“诚信单位”、连续七年获得“守合同重信用企业”等荣誉称号。

2011年，汕头联通全面整合公司的全业务资源，落实网络资源投放承诺和服务支撑承诺，扎实开展各项建设工作和维护工作。在WCDMA（3G）、GSM（2G）网络全面覆盖市区和县城区的基础上，进一步完成重点乡镇区和国道全线的建设，网络覆盖水平不断提升，重点区域局部深度覆盖，进一步扩展乡镇广度覆盖，大幅度提高网络速率；在传输本地网建设上，重点完成本地城域网规划改造，显著改善基础网络健壮性，为市民提供稳定、优质的网络体验，为市“数字汕头”建设做出积极的贡献，并以卓越的WCDMA（3G）优势，推动市向以新一代通信、物联网和云计算等新兴行业为基础的“智慧城市”理想迈进。

2011年，汕头联通客户俱乐部组织的“乒临城下 风云再起”第二届中国联通乒乓球挑战赛（汕头赛区）活动以及“水果达人”竞赛、“沃惠生活”电影《变形金刚3》首映场活动等丰富多彩的Iphone俱乐部活动等，都受到了广大联通客户和市民群众的欢迎。以“信息生活的创新服务领导者”为定位，在固定和移动通信领域都进行了广泛的研究，与市政机关各单位、各知名单位都进行广泛的深入交流和合作。汕头分公司与信息产业局签订“汕头市农村综合信息服务站”建设合作协议；与省公司合作SI用友致远软件公司共同召开展会，吸引近40家党政军单位、上市公司和渠道伙伴；还与广发银行联合开展了“广发联通联名卡产品发布会”暨“办联名卡送联通IPhone手机活动启动大会”，汕头电视台、本地主流报刊都对本次盛会进行了报道。

汕头联通党委在上级党委的正确领导下，以纪念建党九十周年及践行“为民服务争先创优”系列活动为契机，有效引领和助推党建和精神文明建设，涌现了一批优秀共产党员和先进基层党组织。积极参与社会公益活动，响应市政府的号召，做好“规划到户责任到人”扶贫济困活动，并积极组织员工参加“无偿捐血”、“绿色义工”“美丽汕头我们爱你”植树活动等社会公益活动，树立热心公益、关爱社会的企业形象。

（汕头联通）

城乡建设

综　述

【概况】2011年，汕头市住房和城乡建设系统围绕“加快建设幸福汕头”的目标，迎难而上，奋力拼搏，全市住房和城乡建设事业取得了较好成效，实现了“十二五”的良好开局。一是城市建设投融资方式取得新突破。在市委、市政府确定由市住建局牵头、以市城市建设开发总公司作为投融资平台申请发行城投债后，市住建局充分发挥牵头作用，在市有关部门的通力协作下，用最短的时间完成了申报材料的制作和上报；并多次上省赴京沟通协调，于去年12月份获国家发改委核准发行13亿元城投债。二是保障性住房建设取得新进展。加大保障房建设力度，教师公寓38亩、安居工程94亩、华新城63亩等中心城区三个保障房项目如期开工建设；筹集各类保障性住房9169套，发放租赁补贴501户，完成省任务的104%。房地产市场秩序进一步规范，新成立企业8家，通过资质延续审查194家，注销16家房地产企业。完成商品房投资57亿元，销售额68亿元。三是绿道网规划建设迈出新步伐。完成礐石、海滨路、中山东路、牛田洋、南山湾35公里的绿道网示范段建设。尤其是发动我市建筑民营企业捐资1338万元，捐建了融景观、休闲、娱乐于一体的礐石绿道，成功引入经营主体，并于2012年春节前对市民游客开放。四是重点市政基础设施建设加快推进。金凤西路一期启动建设，海滨路改造景观工程全面完成，跃进路、同益路和博爱路等道路应急整修工程交付使用，市区往潮汕机场方向各路段标志牌全部翻新，东厦泵站、利安泵站及北轴、南区污水处理厂管网工程加快施工，大华路、跃进路改造等项目前期工作积极推进，礐石大桥、海湾大桥两侧环境整治启动建设。全年完成市政投资4.5亿元，新建道路1.2万平方米，新建下水道3523米，新增绿化6万平方米。五是建筑业转型升级迈上新台阶。继续推进"走出去"战略，打造市内、省内、省外三个"汕头建筑业"。完成施工产值约256.3亿元；外向度达75%；增加值56.8亿元；上缴税金逾20亿元，其中转移外税约5亿元；全市建筑业吸纳城乡劳动力30多万人，90%务工人员来自农村，每年为农民创收50多亿元。创建一批国优、省优、市优工程。市建安集团承建的惠州富力丽港中心项目获"鲁班奖"，实现汕头创鲁班奖"六连冠"。六是全力推进宜居城乡创建。精心编撰集联排、双拼、独立农居、多层公寓等16套方案的《潮汕新农居》，引导农民逐步形成文明、健康的生活方式；举办《潮汕新农居》首发式，向全市的乡镇和村居免费发放。开展各区县创宜绩效考核，6个社区获"省级宜居示范社区"称号；制订千村环境卫生整治行动方案和提高城市化发展水平行动计划报市政府审定。七是启动国有土地上房屋征收和补偿工作。积极谋划启动西堤路改造工程房屋征收补偿试点工作；完成4个旧城改造项目，竣工新楼21幢，竣工面积25万平方米，回迁居民138户。八是管道燃气建设步伐加快。完成中心城区燃气专项规划修编，推动与华润集团进行战略合作，投资1.35亿元的得源塔头气库建成投入使用。全年投资1亿元，铺设市政管道28公里，新增用户11818户。九是执行力建设进一步提升。扎实开展创先争优活动，党的思想、组织和作风建设进一步加强。三次成功上线"民声热线"，解决一批群众反映强烈的热点问题。深入开展"治贪、治庸、治懒、治散"专项整治行动，政风行风建设取得明显成效，行风评议活动获全市第二名好成绩。开展行政审批制度改革，将涉及濠江区所有审批及日常管理事项予以下放；探索重点项目并联审批制度，机关效能提速增效。全年受理事项2052项，即到即办1785项，即办率87%，提前办结率100%，实现零投诉。

（彭兰阶）

城乡规划

【城市规划审议】2011年，汕头市城市规划委员会召开会议3次，审议通过《汕头市珠港新城总部经济园区（一期）控制性详细规划》、《汕头市南山湾首期生活配套区控制性详细规划》、《汕头市台商投资区濠江片控制性详细规划（修编）》等17个项目；建筑与环境艺术委员召开会议1次，审议通过《汕头市苏宁电器广场商业综合体规划方案》1个项目；发展策略委员会召开4次会议，审议通过《蓝水星*红星美凯龙综合项目》、《潮汕路岐山客运站南侧地块调整容积率等规划条件》、《汕头市南山湾产业园区控制性详细规划（修编）》、《汕头市高新片区改造控制性详细规划》、《汕头市龙湖区夏桂埔-周厝塭片区控制性详细规划》等16个项目。

【城市发展战略规划编制】2011年5月，汕头市政府决定城市总体规划修改工作分城市发展战略规划、专题研究、城市总体规划修改三个阶段开展，在城市总体规划正式修改之前，先开展《汕头市城市发展战略规划》编制工作，战略规划将抓住汕头经济特区扩围的契机，一步到位覆盖全市六区一县2064平方公里，在战略层面上寻求大特区发展的新思路、新突破，为城市总体规划修改提出重要依据。汕头市城乡规划局按照汕头市政府批准的工作方案，积极组织开展《汕头市城市发展战略规划》公开咨询竞赛工作，公开邀请国内知名的规划研究机构参与规划编制竞赛，按照"公平、公开、公正"的原则，经过市政府遴选，确定南京大学城市规划设计研究院、广东省城乡规划设计研究院、深圳市城市规划设计研究院有限公司+广州中大规划设计研究院（联合体）等三家实力强、技术硬、理念新的规划编制单位为规划编制竞赛单位，开展汕头市城市战略发展规划的编制工作，于2012年3月中旬提交方案成果，3月底进行专家评审，4月底完成规划综合成果。

【一湾两岸规划】2011年，汕头市城乡规划局继续做好该规划的编制完善工作。从2010年8月组织开展《汕头内海湾"一湾两岸"概念设计》方案竞赛以来，设计优胜单位华南理工大学建筑设计研究院按照专家评审意见，综合其他两个设计方案的优点，进行多轮补充完善，并向汕头市委、市政府有关领导作专题汇报。

【珠港新城规划】9月23日，汕头市城乡规划局组织编制的《珠港新城总部经济园区（一期）控制性详细规划》经市政府常务会议批准正式实施；《珠港新城控制性详细规划》也已经完成规划草案，城乡规划局和市住建局、市城市建设开发总公司正在开展珠港新城城市设计竞赛，将根据城市设计方案竞赛情况进一步修改完善。珠港新城是“一湾两岸”南岸核心区，规划的出台对贯彻落实汕头市委、市政府关于实施大型项目投资拉动，推动一批战略合作项目落户珠港新城的城市发展战略，推进建设汕头市新的城市中心和城市发展核心功能区起到积极作用。

【濠江新城规划】5月23日，《汕头市中信滨海新城战略概念规划》经市政府批准通过。年内，汕头市城乡规划局按照市委市政府的工作要求认真做好《濠江滨海新城战略概念规划》和《中信南滨湾城市设计》方案的审查工作，从推进全市城乡一体化发展的角度出发，按照新的研究角度和先进的规划理念，提出综合审查意见上报市政府，为规划的进一步深化和完善提供有力的保障。

【厦深铁路潮阳站规划】11月，《厦深铁路潮阳站及周边地区控制性详细规划（草案）》批前征询意见公示。厦深铁路潮阳站建设是省、市2011年度重点建设项目之一，市规划局按照市政府要求，组织规划编制单位对潮阳站周边片区规划进行调整和优化，围绕站前广场、客流、物流等要素，从更大的区域上着手编制该片区的控制性详细规划，分步实施，以解决该项目面临的建设时间紧迫，又为该项目今后发展留出应有空间的矛盾。

【控制性详细规划】2011年，汕头市城市规划局组织开展《汕头市中心城区西片区专题规划研究》，专题研究成果将作为下阶段汕头市中心城区西片区有关规划工作的重要基础依据。同时结合金平区政府组织开展的《汕头市（金平区）西片区概念规划》，积极推进《桑浦山龙泉岩片区专项控制规划》、《汕头大学南侧片区控制性详细规划》、《牛田洋综合服务区控制性详细规划》等的编制工作。3月，《牛田洋综合服务区控制性详细规划》和《汕头大学南侧片区控制性详细规划》项目完成初步方案并进行公示，市城乡规划局也对规划草案提出审查意见。

【“三旧”改造规划】2011年，市城乡规划局组织开展汕头市“三旧”改造专项规划（补充规划）编制工作，已完成规划方案的设计及公示程序。继续做好“三旧”改造控制性详细规划编制工作，全年共编制中心城区“三旧”改造控制性详细规划26项，总编制规模1019.18公顷。其中，高新改造片区、珠峰路南侧片区等规划已经市政府批准；汕樟路中段西侧片区、珠湖加工区等规划已经市规划委员会审议通过，待上报市政府批准；大华路2号仓库改造片区、新湖村改造片区等规划已完成初步草案。

【专项规划】2011年，汕头市城市规划局共组织编制专项规划11项。其中，根据汕头市政府的工作要求，市城乡规划局组织编制了金凤西路（大学路-揭阳市界）和金砂西路（潮汕路-揭阳市界）道路选线规划、11街区市民广场地下车库详细规划；配合市中心城区禁摩工作，组织编制中心城区摩托车换乘停车场规划，并上报市政府。组织开展汕头市第11街区修建性详细规划修编，邀请广东省规划设计研究院、华南理工大学建筑设计研究院、汕头市城市规划设计研究院等三家编制单位开展规划编制，进行多方案比选，邀请6位城市规划、建筑专家进行评审，并将3个规划方案上报市政府审定。

【村庄规划】2011年，市城乡规划局组织省级村庄规划试点申报工作，全市列入试点的村共有205个。结合全市扶贫开发“规划到户、责任到人”帮扶工作，市城乡规划局在澄海区、潮阳区、潮南区及南澳县选取28个有代表性的村庄作为新农村规划建设示范点，分批分期分类型进行规划编制，2011年已开展5个村庄的规划编制工作，并形成规划成果。继续推进中心城区村庄整治规划编制工作，已组织编制47个村居（社区）规划，批准11个村居规划。培训镇、村基层规划管理干部，组派村镇干部参加省住建厅举办的培训活动；举办省第四十四期全省村镇规划建设管理人员培训班和工作交流会，组织各地学员实地考察汕头市城市绿道网建设和新农村示范点建设成果。

【城乡规划信息化】2011年，市城乡规划局继续推进全市规划管理信息系统二期项目的建设，已完成项目启动的前期工作，包括项目建设方案的专家评审、项目立项、项目备案、启动资金落实、政府采购申请和公开招投标工作等。完成汕头市城乡规划局公众网站改版工作，确保网站有较高的安全性和浏览速度。做好工程领域项目信息公开专栏报告工作，在公众网站设置“工程建设领域项目信息公开专栏”，与市政府网站专栏链接，及时将各部门报送的项目进行校正上报，同时通过局公众网站，把局机关职能、服务事项、政策法规等事项在网上公布。

【城乡测绘工作】2011年，汕头市中心城区南岸1:1000地形图修测成果通过评审验收，并开展中心城区北岸东西片区 1:1000地形图修测成果、南岸1:1000和1:2000地形图数字化成果评审验收准备工作。启动新一轮地形图修测更新工作，完成南岸1:1000的全部修测任务。组织开展汕头市域1:1万地形图数据拼合整理，形成格式、图层统一的汕头市1:10000地形图框架（面积为2604平方公里），为汕头市城市发展战略规划编制提供有力的保障。支持配合市城管局启动的“数字城管”前期准备工作，对“数字城管”试点片区（约5平方公里）的城市基础数据及市政部件展开普查。完成韶关市新雪域冷链物流园1：500用地地形图、潮安县特色产业基地测绘等项目。

【规划法制建设】2011年，市城乡规划局继续推进《汕头市城乡规划条例》的立法工作，按照特区扩围后的新形势、新要求对条例草案进行进一步修改完善，形成《汕头经济特区城乡规划条例(草案修改稿)》，同时，研究制订《汕头市城市规划管理技术规定》经广泛征求意见后再修改完善上报市政府。由市城乡规划局组织研究起草的《进一步加强城乡规划管理工作的意见》、《汕头市城市建设用地性质和容积率调整规划管理办法》、《汕头市中心城区“三旧”改造项目公共服务设施配套规划实施细则》等规划管理规范性文件草案，年内市政府已印发实施。

【规划许可】2011年，市城乡规划局进一步完善建设项目审批制度，优化审批流程、简化审批程序、提高审批效率，把所有许可项目全部纳入中心的窗口管理，实行一个窗口对外。全年共核发《建设项目选址意见书》6宗（用地面积合计288亩），核发《建设用地规划许可证》72宗（实用地面积共3731亩），核发《临时建设用地规划许可证》3宗（3宗，实用地面积共72亩），核发《建设工程规划许可证》140宗（建筑面积合计273.4393万平方米），核发《临时建设工程规划许可证》35宗（建筑面积合计7.261万平方米），审查修建性详细规划75宗。组织、参加工程验、复线194宗，规划验收62宗。

【规划监督】2011年，市城乡规划局落实好城乡规划管理、监督检查的职责，加强对规划区域建设工程的检查监督，确保违法建设早发现、早告知、早制止、早处理。全年共查获各项违法建设167宗，总建筑面积19.8万平方米，其中报建工程5宗，建筑面积528平方米。未报建工程162宗，建筑面积约19.7万平方米。提请市行政执法部门进行依法处理162宗，共复函市城市管理行政执法局作出违法建筑性质认定80宗，依法对市城市管理行政执法局提请的1宗案件实施强制拆除。

（邱二庆　周建雄）

东部城市经济带建设

【概况】汕头东海岸新城项目以河口治理、海堤建设为切入点，从汕头港导流防沙堤至澄海莱芜岛，东西长13公里，南北纵深1.5-2.5公里，规划面积约24平方公里，其中围海造地面积20平方公里。项目定位为未来汕头新城市中心区、行政总部中心、现代服务业集聚区、创意产业园区和生态型滨海新区，配套居住、文化、旅游、休闲等功能。项目将建成百年一遇防洪潮海堤21公里、高标准市政大道和海滨景观带16公里，建设红树林生态公园，实现城市形态由内海湾向具有内外海湾特色的滨海新城转变。项目力争在“十二五”期间基本完成各片区围海造地和重大基础设施配套建设，构筑快捷对外交通网络和新区局部雏形。

汕头市东部城市经济带建设开发管理中心于2007年5月批准成立，为市政府直属正处级参照公务员管理事业单位，加挂汕头市东海岸新城建设开发指挥部办公室牌子。管理中心编制15名，内设人秘科、项目管理科、工程管理科3个职能科室。主要负责东海岸新城规划区内各类建设项目的监督、管理和服务，以及相关项目的筹划申报、组织协调、实施建设等管理工作，存量土地的具体管理工作等，同时承担市东海岸新城建设开发指挥部日常管理工作。

【项目启动】2011年，汕头市东部城市经济带建设开发管理中心围绕市委市政府的决策部署，牵头市相关部门与中国交通建设股份有限公司充分协商，制订东海岸新城战略合作项目投资建设主体招标工作方案及招标文件，并组织实施。4月15日，项目在广州建设工程交易中心开标评标定标，中国交通建设股份有限公司被确定为中标人。4月29日，发出中标通知书。5月17日，投资建设合同签订，标志着东海岸新城战略合作项目全面启动并进入加快发展阶段。2011年，汕头市东部城市经济带建设开发管理中心按照项目投资建设目标要求，会同中交（汕头）公司拟草《汕头东海岸新城项目投资建设目标倒逼管理近期重点工作计划表》，并报市政府批准实施。重点工作共48项，主要包括：协助中交股份在汕注册全资子公司—中交（汕头）东海岸新城投资建设有限公司；完成项目投资建设主体变更；研究明确中交方提出的项目施工总承包主体问题；移交全部工程资料；完成新津片区水利工程监理招标，变更各片区水利工程勘测设计、监理合同主体；完成水利工程质量监督登记和施工报建手续；施工船舶水上水下施工许可；落实到位项目资本金约6.2亿元；配合中交股份完成项目110亿元国开行融资贷款额度报批工作；完成在建工程保险投保，全力确保战略合作项目稳步推进。

【项目工程建设进度】2011年，汕头市东部城市经济带建设开发管理中心针对该项目的新津、新溪、塔岗围三个片区已形成全面施工建设局面的情况，督促中交（汕头）公司增加技术力量，调遣经验丰富的施工作业队伍进场，开辟新津片区海堤基础处理，新津河河口改道，龙津闸站，新溪片区东、西闸站施工，塔岗围片区东堤堤基及莱芜避风塘清淤等工作面，到场施工的大型绞吸船共6艘，其他水上施工船舶30多艘，配置大型搅拌站5座、大型预制场6个，陆上施工设备200余台套，参与管理和施工作业人员近2000人；已累计投入建设资金约18.2亿元，完成土地吹填约3600万立方米，形成陆域面积超7平方公里,海堤抛石约260万立方米，形成抛石堤超13公里；扭王块预制约14万立方米，完成吊装超5公里，现场具备一定规模形象。

【项目资金运作管理】2011年，管理中心坚持对项目前期费用资金专账核算，财政专户封闭式管理，自觉接受财政、审计部门的监管，已按规定上缴新津片区项目前期费用2.54亿元。已完成项目阶段性审计、接受省审计厅专项审计。按照投资建设合同规定，配合中交（汕头）公司开展项目投入情况的尽职调查和跟踪审计，协商研究项目建设资金监管工作。同时，进一步加强对工程设计、概预算、招投标、工程变更及验收等重点部位和环节的事前监督和问责工作，努力打造阳光工程、优质工程。

（林元泽）

工业经济带建设

【概况】汕头市工业经济带位于汕头市南部沿海，东起保税区、广澳港，西至潮南区陇田、井都临海片区，规划面积11800公顷。汕头市工业经济带由濠江临港片区、潮阳经济开发试验区和潮南工业走廊三个产业组团构成，以石油化工、能源为主导，集高新科技、装备制造、海洋产业于一体，配套完善物流、旅游和商贸等产业，构建现代化海滨工业新城。汕头市产业转移工业园，是以汕头市规划建设的工业经济带为空间载体，依托汕头保税区及广澳、海门港区，在深圳龙岗（汕头潮南）产业转移工业园的基础上，整合潮阳经济开发试验区，河浦中心工业区，规划建设用地面积为2184公顷，全部符合现行土地利用总体规划。产业园分濠江片、潮南片、海门片、广澳片四个片区。2011年6月21日，汕头市参与省产业转移工业园重点园区遴选工作并成功入选省产业转移工业园十大重点园区。

汕头市工业经济带开发建设办公室，为市政府直属正处级事业单位，负责统筹协调工业经济带和产业转移工业园开发建设的各项工作，负责南山湾产业园和疏港大道的开发建设。产业转移工业园濠江片区、潮南片区、潮阳片区和广澳片区分别由所在区政府和保税区管委会负责开发建设。汕头市产业转移工业园管委会办公室、粤台产业园区开发建设机构与市工业经济带开发建设办公室合署办公，实行一套班子、一套人马、多个牌子。

【工业园建设进展】2011年，市工业经济带开发建设办公室以汕头市产业转移工业园入选省重点园区为新起点，多渠道筹集资金，全面推进园区基础设施建设，各片区全年合计投入基础设施建设资金19.81亿元。其中濠江片基础设施基本完成；潮南片首期基础配套设施已完成总工程量的98%。园区各项基础设施日臻完善，已投入环保设施建设资金3.74亿元，铺设污水管网22.8公里。具备企业进园建设和投产的条件。园区在建企业59家，投资额92.3亿元。已签订投资合同的项目31个，投资额147亿元。签订意向项目6个，投资额55亿元。全年完成工业总产值112.37亿元。

【省示范园濠江片区】省示范园濠江片区纳入规划面积4.4平方公里，主要建设濠江电子电路工业园和滨海工业区，濠江区政府在此再规划建设广澳物流园2770亩。片区投入基础设施建设资金8亿元，基础设施建设已基本完成；建成项目15个，用地1448.3亩，企业投资14.0799亿元。

【省示范园潮南片区】省示范园潮南片区纳入规划面积0.77平方公里，重点发展数码电子、IC制造产业、服装生产和加工，轻工制造等产业。片区投入基础设施建设资金2.25亿元，铺设污水管网22.8公里，首期基础配套设施已完成总工程量的98%。已引进企业15家，计划投资额9.6亿元，进园企业中有7家正在建设。

【省示范园潮阳片区】省示范园潮阳片区纳入规划面积11.71平方公里，已开发建设12467.29亩（约8.31平方公里）。重点发展电子信息、装备制造、产品包装、物流交换等产业。建成项目6个，投资约305.25亿元，在建项目2个，计划投资约0.6亿元。

【省示范园广澳片区】省示范园广澳片区纳入规划面积4.92平方公里，引进企业13家，用地721.4亩，完成投资额12亿元，2011年实现工业总产值36.2亿元。

【南山湾产业园和疏港大道建设】南山湾科技园及疏港大道项目计划总投资约27亿元，至2012年2月底，已投入资金15.72亿元，完成预算总投资的58%。园区珠河路以北获批土地2552亩已基本完成平整，疏港大道濠江大桥已开工建设。2011年2月，第二批2家企业（三菱管材聚乙烯管材项目、天际电器智能电子烹调器具及电子元器件项目）落户园区，这6个项目计划投资约30亿元，已完成投资额4.1亿元。另外，要求入园、正在跟踪洽谈的项目共约30个，总投资额约222亿元。

（林碧媛）

重点项目建设

【概况】2011年，汕头市安排重点建设项目143项，总投资1080亿元，年度计划投资323亿元。至年底累计完成投资326.1亿元，完成年度投资183.7亿元，2011年重点建设项目完成投资为历年之最，比2010年增加82亿元。其中，海门电厂一期3、4号机组、汕头大围加固工程、东部城市经济带新津外砂河口治理及综合开发工程、贵屿废旧电器综合利用产业示范园（一期）、粤东高技北山湾校区扩建工程等21项工程列入广东省2011年重点建设项目。在143项重点建设项目中，竣工投产或完成主体工程的有32项，完成或超额完成年度投资计划的有62项，已开工或奠基的有40项。按项目性质分，交通基础设施项目21项，当年完成投资18.91亿元；能源基础设施项目6项，当年完成投资57.13亿元；市政基础设施项目9项，当年完成投资5.95亿元；水利基础设施项目7项，当年完成投资8.78亿元；园区基础设施项目8项，当年完成投资24.58亿元；现代服务业项目27项，当年完成投资30.76亿元；重点工业项目38项，当年完成投资20.84亿元；社会事业项目15项，当年完成投资10.42亿元；环保生态基础设施项目7项，当年完成投资5.4亿元；农业项目5项，当年完成投资0.89亿元。

【东海岸新城综合开发项目】该项目通过引进战略投资投资者，以一体化投资建设、土地收益共享的模式，建成粤东中央商务区和世界有名、国内一流的生态型海滨新城，是汕头市“十二五”重点建设项目之一。项目位于汕头市龙湖区珠池街道、新溪镇，澄海区凤翔街道周边海域及新津、外砂河口。总投资151.3亿元，由世界500强企业中国交通建设股份有限公司投资建设，主要建设内容为河口治理工程、滩涂开发工程、围内排涝工程和市政基础设施工程等，资金来源由公司自筹和国家开行贷款。建设周期为2009年～2018年。工程于2009年8月开工建设。至2011年底，累计完成投资20.90亿元，占投资总额的14%，2011年度完成投资12.65亿元；基本完成新津、新溪和塔岗围三个片区海堤主体工程和新溪片区围内吹填工程，形成陆域面积约7平方公里；完成海堤抛石约260万立方米，形成抛石堤超13公里。

【汕头百脑汇数码广场】该项目为汕头市“十二五”城市商业综合体重点项目之一，位于汕头市长平路与华山路西南角。建设规模为总建筑面积15.67万平方米，其中：商场5.62万平方米（含地下一层1.62万平方米），办公6.80万平方米，地下二、三层停车场3.24万平方米。项目总投资6.37亿元，以数码电子产业交易为主体，集商铺经营、会议展览、信息服务、营销推广、电子商务、现代物流、教育培训、技术交流、综合商场、写字楼等功能为一体，为台湾蓝天电脑集团独资兴建，资金来源由公司自筹。建设周期为2011年～2013年。项目于2011年6月动工建设。至2011年底，完成投资4.10亿元。项目建成后，将促进汕头IT产业新发展，引领整个粤东IT产业升级。同时对推动汕头市产业转型升级，壮大产业规模和加快现代服务业将发挥积极的作用。

【汕头苏宁电器广场项目】该项目为汕头市“十二五”城市商业综合体重点项目之一，位于汕头市长平路和金环路交界的东南角，总建筑面积14.85万平方米，包括商业、金融、酒店、文化娱乐设施、企业总部办公及商务办公设施、地下室(停车场)，其中1～7楼裙楼主要为商业，涵盖电器旗舰店、购物中心、国内外高端商业品牌店、餐饮、电影院，建筑面积约5.35万平方米；8～23楼塔楼为办公、共建设两栋，其中一栋为SOHO办公模式，建筑面积约5万平方米。项目总投资10亿元，建设周期为2011年～2013年，项目于2011年10月奠基开工。项目建成后，将成为汕头市地标性建筑之一、城市会客厅及粤东商业零售市场的标杆。

【蓝水星·红星美凯龙综合开发项目】该项目是汕头市“十二五”重点建设项目之一。项目位于汕头海湾大桥东侧，建设用地285亩，总建筑面积为183.82万平方米(地上建筑面积138.59万平方米)，包括：A区大型综合商场，建筑裙楼首层为方特乐园配套停车场及商场(商场面积3000平方米)；建筑裙楼2层为大型综合商场，裙楼二层以上建酒店式公寓、产权式酒店、商务办公楼各1幢，地下一至三层为裙楼及上建配套的停车场；B区大型综合商场1幢，裙楼建筑为1～3层为大型综合商场，裙楼三层以上建酒店式公寓3幢、商务办公楼1幢，地下1至3层为裙楼及以上建配套的停车场。项目总投资98.65亿元，由汕头市蓝水星乐园有限公司和红星家具集团有限公司合作投资建设，首期投资23.03亿元，总建筑面积41.12万平方米。建设周期为2011年～2016年，项目建成后将成为汕头市一张新名片和城市新景点。

【龙光世纪大厦】该项目是汕头市“十二五”重点建设项目之一，由广东龙光集团引进世界500强企业喜达屋集团，联手打造汕头“喜来登”五星级酒店商务群。项目位于长平路公信路交界南国商城对面，毗邻林百欣国际会展中心和时代广场，总建筑面积9.3万平方米，是一座集五星级酒店、商业、办公于一体，配套各种大中型会议场地、高级商务中心、中西宴会厅、健身运动中心、游泳池、SPA养生馆等设施的大型商务综合体。项目总投资3.04亿元，由龙光地产开发建设，资金来源由公司自筹和贷款。项目建设周期为2010年～2012年，项目自2009年12月开工建设，至2011年底，主体结构完成封顶，累计完成投资1.89亿元，占总投资的62%。预计2012年6月项目可竣工，建成后将成为汕头市的一张靓丽名片、粤东地区的一颗耀眼明珠。

【贵屿废旧电器综合利用产业示范园（一期）】该项目被列为广东省废弃电器电子产品集中处理场试点建设和广东省第一批省市共建循环经济产业基地，是汕头市“十二五”重点建设项目之一。项目位于贵屿镇华美、仙马、联堤、东洋、西美、南安片区，总占地2500亩，首期建设的华美片区占地500亩，包括“一园、一市场、四大业务区和四大中心”（即废旧物资集散交易市场、废弃电器电子产品集中处理区、废旧塑料再生综合利用区、危险废物处理区、综合废物处理区以及国际环保技术研发交流中心、产业园人才培训中心、产业园综合服务管理中心和产业园物流配套中心）。总投资7亿元，建设周期为2011年～2015年。至2011年底，项目一期前期工作基本完成，已确定进入园区投资合作的企业有中国有色金属工业再生资源有限公司和TCL集团股份有限公司，累计完成投资3.12亿元，占投资总额44.6%。项目建成后，将在三年内完成所有废弃电器产品回收处理单位进入园区，实行“集中拆解、集中治污”，实现规范的环保圈区管理，使原有污染得到有效处理。

【美莱顺内衣城】该项目是潮汕地区首个现代化、国际化的内衣及其面辅料商贸城。项目位于汕头市潮南区324国道峡山路段，占地面积38亩，建筑面积15万平方米，包括会展中心、商铺、综合大楼、空中花园商务休闲区、停车场等及配套的物流中心、金融服务、产品检测服务、时尚发布、多功能会议厅、现代化办公区。项目总投资5.20亿元，建设周期为2010年～2013年，分两期开发建设，首期美莱顺内衣城主体大楼，包括停车场、1～4层商铺、5～7层多功能会展中心和商务休闲中心、9～12层展示办公楼、内衣城广场和交通、通讯、数字化信息网络系统、物流中心等软硬设施建设。项目于2010年12月开工建设，至2011年底，首期工程已竣工，进入外墙和室内装修阶段，累计完成投资2亿元。

【广东移动粤东区域生产中心】该项目是广东省第六届“山洽会”上的签约项目。项目位于汕头市南山湾产业园B02单元地块，建筑面积为20万平方米，包括建设IDC信息产业示范园、粤东客户服务中心、管理研发中心三大功能实体。项目分二期进行建设，一期建筑面积13.20万平方米，其中，传统通信系统机房5万平方米，新型通信系统机房3万平方米，粤东客户服务中心2.20万平方米，研发及管理配套机房3万平方米；二期建筑面积6.8万平方米，其中，传统通信系统机房2万平方米，新型通信系统机房3万平方米，研发及管理配套机房1.8万平方米。项目主要建设内容：传统通信系统，包括：核心网设备机架1260个、业务网设备机架730个、数据承载网设备机架680个、传送网设备机架2450个、IT支撑系统设备机架2430个、动力配套机架1200个；新型通信系统，包括：IPTV机架1480个、云计算机架950个、物联网机架1680个、移动宽带机架2160个、动力配套机架1230个；粤东客户服务中心；研发及管理配套用房。项目总投资8亿元，资金来源由公司自筹，建设周期为2011年～2014年。预计2012年上半年可开工建设，项目建设后，将使汕头成为粤东区域国际通信枢纽中心。

【华能海门煤炭中转基地工程】该项目是汕头市“十二五”重点建设项目之一，也是2011年“广东省与中央企业战略合作座谈会暨签约仪式”上的现场签约项目，位于汕头市潮阳区海门镇龙头山，依托已建成的华能海门电厂1、2号机组海域工程设施，在环抱形防波堤形成的良好水域内建设新的装卸煤码头。项目规划新建3千吨级综合码头和5万吨级、7万吨级煤码头各1个，对已建的5万吨级1号煤码头改造升级至15万吨级，并配套相应的转运堆场、进港航道及机械设备。项目建设周期为2011年～2015年，分两期建设，其中至2013年上半年，新建7万吨级煤码头及配套的煤炭中转堆场、皮带廊道及转运站等，实现年煤炭通过能力1340万吨；至2015年，15万吨级码头和航道升级改造以及新建的5万吨级煤码头建成投入使用，年中转量将达到2270万吨。项目计划总投资24.42亿元，由华能国际电力股份有限公司、中国电力投资集团公司、汕头港务集团有限公司按60：20：20占股合资兴建。至2011年底，已投入项目前期资金37100万元，完成了10万吨级港池航道炸礁、7万吨级煤码头沉箱的预制安放等工作。

国家发改委办以发改基础〔2011〕3255号文核准批复，项目于2012年将全面启动建设。项目建成后除满足华能海门电厂6台百万千瓦机组每年1200万吨发电用煤需求外，每年仍有约1000万吨的煤炭接卸转运能力，可通过疏港铁路、疏港公路及海运方式中转，满足粤东内陆腹地的梅州及江西等地的煤炭中转运输需求。

【厦深铁路汕头段】工程于2008年10月1日正式开工建设。至2011年底，累计完成投资15.95亿元，完成总投资额的近八成，其中2011年度完成投资1.41亿元，完成年度计划31.2%。主要工程完成情况：虎山隧道和赤头岭隧道完成100%；榕江特大桥江南段完成93.7%；龙寮隧道及特大桥完成83.5%；青山大桥完成95.6%；谷饶三座大桥完成86.2%；浮山特大桥完成91.8%；砂埔特大桥0-40#完成53%；大埔顶隧道完成93.7%；三尖峰隧道完成98.9%；韩江特大桥澄海段完成98.5%；路基工程已基本完成。预计2013年可全面完工。

【国道324线莲阳桥至迎宾路口路面改造工程】该工程系贯通澄海与汕头中心市区的大动脉，属国道324线的穿城路段。工程起点位于澄海区莲阳桥，终点于龙湖区迎宾路路口，全长6.59公里，共有大桥2座，小桥11座，涵洞36道。工程按照城市一级公路双向10车道规划设计，铺筑沥青砼路面，其中澄海段4.62公里，双向10车道；龙湖段1.97公里，双向6车道。工程总投资2亿元，资金来源由省、市、区财政拨款。建设周期为2010年～2012年，工程于2010年9月开工建设。至2011年底，累计完成投资9265万元，占总投资的46%，其中2011年度完成投资6165万元；澄海城区段东侧改造路段2.3公里开放通车，路灯、中央绿化带路缘石等配套工程已基本完成；西侧路面施工也已全面展开施工；累计完成路基工程91%、路面基层工程79.7%、沥青砼路面50.3%。

【省道233线汕头段葫芦市至新乡路面改造工程】改造工程起点位于潮汕路葫芦市，终点于金平区新乡，全长7.317公里，路幅全宽52米。全线按一级公路6车道技术标准建设，设计速度80公里/时，采用沥青砼路面。项目总投资1.25亿元，资金来源为上级补助和本级财政拨款。工程于2011年10月开工建设。至2011年底，完成投资6300万元，占投资总额的50.6%；已完成汕头市区至月浦路段主线路面改造，市民可从潮汕路直接到达汕揭高速公路月浦出入口，半个小时左右即可到达潮汕机场。

【南澳大桥】工程于2009年1月20日开工建设。至2011年底，累计完成投资10.81亿元，占总投资额的98%；其中2011年度完成投资2.02亿元，完成年度计划91.8%。工程前期工作已基本完成，第一、四施工合同段已完成主体工程并进入收尾阶段；第二施工合同段完成全部基础施工并铺装桥梁近6公里，累计完成工程量84%；第三施工合同段移动模架现浇箱梁17跨，主桥墩承台开始施工，累计完成工程量57%。经过近两年的建设，大桥即将实现主体合龙。

【南澳岛引韩供水工程】工程于2010年12月正式开工建设。至2011年底，南澳制水厂已完成该项工程总量的55%；南澳段输水管线已累计完成铺管6085米；跨海段输水管线已完成施工建设任务；澄海侧工程征地协调工作正加紧进行；累计完成投资1.96亿元，占总投资额的52.7%，其中2011年度完成投资1.81亿元，完成年度计划90.6%。

【现代标准农田建设项目】汕头市“十二五”期间计划建设现代标准农田6万亩，工程总投资6000万元，资金来源由省、市财政拨款和区财政自筹解决。2011年主要建设内容是：在潮阳区西胪镇，澄海区盐鸿镇、溪南镇、莲上镇计划建设面积1.22万亩，包括排灌渠16.89万米，机耕路7.88万米，过路涵管122宗，分水闸67宗，引水渡槽3宗，交通便桥1座。项目于2011年1月开工建设，至2011年底，建设完成排灌渠约7.45万米，机耕路约6.70万米，过路涵管51宗，分水闸27宗，引水渡槽1宗，完成投资1420万元，完成年度投资118.33%。

【汕头市电网项目】该项目是广东省城网改造和农网完善重点工程项目。项目总投资25.40亿元，建设周期为2009年～2012年，工程主要建设内容是：建设500千伏线路42千米；220千伏线路177千米，变电容量126万千伏安；110千伏线路138千米，变电容量108万千伏安；及以下配网输变电工程。工程于2009年年初开工建设，经过近2年的建设，至2011年底，500KV惠州祯州（惠东）输变电工程汕头段、220KV汕头潮南两英站第三台主变电站扩建工程、220KV汕头成田（胪岗）输变电工程、4个110KV输变电项目已竣工投产，汕头胪岗（潮南）变电站配套220KV线路、汕头坝头（洲畔）输变电部分线路已投产，累计完成工程投资额21.47亿元，占总投资额的84.5%，其中2011年度完成投资10.81亿元，完成年度计划117.47%。

【城镇保障性住房项目】围绕建设“幸福汕头”和“十二五”期末城镇住房保障覆盖面达到20%目标，“十二五”期间全市计划筹建廉租住房3104套、经济适应住房595套、公共租赁住房5800套，项目总投资14.25亿元，资金来源由市、区

（县）财政自筹。2011年全市计划筹建廉租住房1559套、经济适用住房1257套、公共租赁住房4800套、限价商品住房1000套，共8616套；发放租赁住房补贴629户。至2011年底，全市筹建廉租住房1781套，9.33万平方米，其中新建1763套，购买、改建和租赁18套，已竣工115套（含购买、租赁）；新开工经济适用住房1151套、11.16万平方米，其中新建1032套，购买119套，已竣工251套（含购买）；筹建公共租赁住房5591套、26.29万平方米，其中新开工1447套、7.19万平方米，清理4144套、19.10万平方米；新开工限价商品房1000套、8500平方米；发放租赁住房补贴712户；累计完成投资3.58亿元，占投资总额的25%，其中2011年度完成投资3亿元，完成年度计划374.75%。

【云澳国家中心渔港】云澳渔港是广东省台湾渔船重点停泊区和避风区，经过多年建设，已形成各地渔船停泊、避风、补给、渔货交易、贸易往来的重要区域，2004年在此建成“台湾渔船综合码头”。2009年5月8日，正式获农业部批准建设为国家一级渔港。项目位于汕头市南澳县，总投资5793.24万元，建设规模包括：建设码头250米，新建南防波堤705米，西防波堤380米，护岸341米，执法办证中心1000平方米，港池航道疏道14.5立方米，灯塔2座，以及通讯导航、供电、供水、消防、环保等配套设施。国家农业部以农办渔〔2010〕14号批准建设。项目于2010年10月开工建设，预计建设工期为3年。至2011年底，累计完成预制块体6640块和沉箱45件；完成西防波堤堤心石抛填 380米，外坡四脚空心方块安装1200块，扭王块安装537块；完成护岸抛填堤心石238米；完成南防波堤抛填堤心石705米，外坡扭王块安装4519块；完成港池疏浚8万方；灯塔工程完成90%；累计完成投资3952万元，占总投资的68%，其中2011年度完成投资3832万元。项目建设后，将形成59万平方米的避风水域，不仅能够满足南澳县渔船的停泊，而且能为粤东、闽南、台湾等地渔船提供停泊和后勤补给等服务，并将进一步完善南澳县标准渔港布局，推进南澳海洋综合开发。

【附二医疗中心大楼项目】项目位于东厦北路北段汕头大学医学院第二附属医院内东北侧。建设规模为5.04万平方米，其中，裙楼4层（局部5层），每层3360平方米；主楼18层，每层约1865平方米；地下室二层1.09万平方米。项目规划1至5层为妇幼、生殖中心、手术、微创中心、血液透析及门诊等，6至17层为住院部，地下一层设中心供应室、设备房及停车库，地下二层平时为停车库战时为人防，地下二层共可停车186辆。项目总投资2.97亿元，资金来源由医院自筹解决，建设周期为2009年～2012年。项目于2009年9月4日开工建设。至2011年底，主体结构已顺利完成封顶，转入室内外装修阶段，累计完成投资2.68亿元。项目投入使用后，可新增床病床640床，全院病床数将达1200张以上。

【金山中学小磐石校区校舍】项目位于市金山中学校园北侧的小磐石片区，占地面积30亩，总建设面积1.82万平方米，包括教学综合楼、实验楼、学生宿舍、体艺馆、运动场及配套设施等。项目总投资1.18亿元，资金来源由银行贷款、省市普及高中配套补助资金及学校自筹。建设周期为2010年～2012年。工程于2010年10月动工建设，至2011年底，学生宿舍楼已竣工，体艺馆和实验楼完成主体结构，教学楼内外装饰、屋面、楼地面已完成，累计完成投资6430万元，完成投资总额的54.5%，2011年度完成投资3600万元。项目建成后，可提供近1000个优质高中学位。

【澄海区洁源垃圾发电厂】工程于2011年初开工建设，至2011年底，已完成烟囱施工，冷却塔、综合泵房、清水池主体结构，栈桥基础承台砼垫层浇筑，垃圾池渗沥液池0米以下墙体、腹板梁浇筑，主厂房烟气净化间37米层浇筑工程。工程完成投资额8000万元。

【柯士达仓储物流项目】项目位于濠江区广达大道西侧，占地面积约166.17亩，建设规模为5.60万平方米，包括仓库、业务用房、生活服务用房、堆场等。项目总投资1.60亿元，资金来源为企业自筹，建设周期为2009年～2011年。工程于2009年开工建设，至2011年10月，工程已经全部竣工验收，投入使用。投产后，该物流园区年可进口货物约20多万吨，贸易额可达到9000万美元，年集装箱吞吐量7200个标箱以上，解决就业人数150人。

【广澳港区联检大楼】项目位于汕头港广澳港区内，占地31.6亩，建设规模为2.36万平方米，为一栋15层框剪结构大楼，集生产、办公和联检业务于一体。项目总投资5815万元，资金来源由公司自筹，建设周期为2010年～2012年。项目于2010年3月开工建设。至2011年底，累计完成投资4300万元，占总投资额的74%，其中2011年度完成投资3300万元，工程主体1～16层框架结构已竣工，内外装饰已基本完成。预计2012年底可投入使用，届时，将实现报关报检及船舶联检“一站式”服务，大大方便进出口企业报关报检，提高通关效率。

【丹樱生态旅游农业开发项目】该项目通过引进各种先进的高科技技术，大力发展高科技农业、环保农业、园林农业、观赏农业，打造粤东地区乃至全国知名的“可复制式”的原生态旅游观光区。项目位于濠江区河浦大道中段南侧，占地4000亩，总投资2亿元，资金来源由公司自筹，项目建设周期为2011年～2015年。项目于2010年10月开工建设，至2011年底，累计完成投资5000万元，占总投资的25%，其中2011年度完成投资4000万元，已完成观光环形竹道走廊、小东竹亭厅、花海观光茶座竹亭的建设，新增草莓种植园、冬天种植的向日葵花海和扩种波斯菊园，并对园区部分设施及基础设施进行修缮。

（卢晓燕）

建筑业

【概况】2011年，全市拥有建筑企业230家，其中一级资质企业26家，二级资质企业62家。全年完成施工产值约256.3亿元，比增18.9%；其中外出施工产值192亿元，比增19.2%，外向度达75%；增加值56.8亿元，比增20.1%；上缴税金逾20亿元，其中转移外税约5亿元，比增28.5%；全市建筑业吸纳城乡劳动力30多万人，90%务工人员来自农村，每年为农民创收50多亿元。一批实力强、规模大、业绩优的施工企业被纳入“特级资质企业后备库”，14家企业资质升级增项。一级施工企业完成产值172亿元，占总产值67.2%。完成公路桥梁、水利水电、港口航道等专业工程产值超50亿元。全年新设立房地产开发企业8家，办理资质延续手续194家，不予延续16家。完成商品房投资57亿元，销售额68亿元。

【建筑市场管理】年内，市政府出台《关于进一步加强我市政府投资建设工程施工招标投标管理的意见》；住建局牵头起草施工企业诚信综合评价制度、预选承包商名录管理规定等两个规范性文件上报市政府审定。中心城区全年办理交易登记115项；在局备案实行公开招投标项目29个，造价12.12亿元，实现招标率和公开招标率两个100%。开展建筑业企业资质动态核查，撤销6家不合格企业的《建筑业资质证书》；按分工认真开展工程建设领域突出问题专项治理。严格工程造价管理，积极推进建设工程“二价备案”制度。

【工程质量安全管理】2011年，汕头市建筑工程质量稳步提高，创建一批国优、省优、市优工程。市建安集团承建的惠州富力丽港中心项目获“鲁班奖”，实现汕头创鲁班奖“六连冠”，汕头建筑企业的施工技术水平已跨入国内先进行业。进一步落实企业建筑施工安全生产主体责任，组织开展建筑施工“安全生产年”活动，保持建筑安全生产形势持续稳定。组织开展草坡乡援建项目质量“回头看”活动，草坡乡小学、乡卫生院和文化站等项目房屋结构安全可靠、建筑功能完善、观感质量良好。创新性开发建筑工人安全教育动漫游戏软件，寓安全教育于动漫游戏中，提高一线工人安全施工意识。

【勘察设计】2011年，市住建局开展勘察设计市场整治，严格实施勘察设计招投标备案、初步设计审查和施工图审查制度。完成11个项目勘察设计招标备案和15个项目初步设计、96个项目施工图设计文件及69个项目勘察报告的审查，及时纠正383条违反国家强规条文行为。扶持企业做强做大，3家企业晋升资质，粤东勘察院获工程勘察综合甲级资质。开展工程创优评优活动，繁荣建筑设计创作，11个项目获省设计大奖。精心编撰集联排、双拼、独立农居、多层公寓等16套设计方案的《潮汕新农居》；举办《潮汕新农居》首发式，向全市的乡镇和村居免费发放。加强工程档案管理，全年接收2500卷档案入库。

【燃气市场管理】2011年，市住建局出台加快瓶装燃气便民服务点建设措施，统一店面标识、统一服务规范、统一管理制度，建成便民服务点153个；开展燃气市场整治，建立企业经营信用档案，公示24个方面企业不良行为；加强瓶组间管理，消除安全隐患。取缔无证经营点26个，查扣钢瓶650只，送检钢瓶48.5万只。

【保障性住房建设】2011年，汕头市中心城区三个保障性住房项目如期开工建设。市住建局积极创新机制，探索“政府+企业+市场”的保障性住房建设发展新模式，充分发挥市城市建设开发总公司实施公益性项目的优势，将教师公寓38亩、华新城限价房63亩项目交由该司投资建设，以期打破以往“财政兜底”的传统格局；安居工程94亩项目由市安居工程发展总公司作为建设主体。上述3个保障房项目均于去年10月底如期开工，确保完成全省下达的目标任务。

【建筑节能】2011年，市住建局严格执行建设工程节能设计审查、施工监管和验收备案登记“三制度”；新建项目建筑节能设计审查率和施工执行率均达到100%，顺利通过全省建筑节能执行标准专项检查。全年使用散装水泥88万吨、新型墙材35万立方米，综合利用粉煤灰95万吨。经折算，全年节约能源3.25万吨标煤，减少二氧化碳排量566.8吨、粉尘排放1.05万吨，经济效益和社会环境效益非常明显。陈惜芳同志被评为全国散装水泥行业统计工作先进个人，苏钿陞同志被评为广东省节能先进个人。

【科技创新】2011年，汕头市各建筑企业大力实施科技兴业战略。全年全市国家专利申报18项，取得4项国家、20项省级工法和7项国家、多项省级QC成果；省二建通过实施“质量年”目标管理，实现全年项目工序一次性过关、工程质量合格率100%；金东海公司在长沙理工大学设立工程技术研发中心，3个研发课题处于国内领先水平；建安实业与中国石油、南方电网等大企业实施战略合作。认真抓好人才队伍建设。全系统共有63人获高级职称、115人获中级职称，541名专业人员通过注册考核。认真做好中职学历班、非全日制教学的教学和管理。完成5295人的继续教育、岗位培训及技能鉴定，免费培训100名燃气送气工。市建设职校鉴定站被评为国家示范鉴定站。

（彭兰阶）

城市管理

【数字化城市管理试点】2011年，汕头市城市管理局按照市委市政府的工作部署，着手开展“数字化城管”试点工作，在中国电信汕头分公司、北京数字政通科技股份有限公司、汕头市测绘研究院等单位的支持下，用3个月时间完成搭建信息系统、软件开发、试点范围城市部件测绘及1万多件部件建立数据库工作，开展坐席员和信息采集员培训和制订试点相关管理制度，并从市政和电信部门抽调4人作为监督指挥系统坐席员，从市政、园林、环卫部门抽调8人组建城管监督员队伍。7月21日，数字化城管试点工作系统正式上线运作，至年底试点平台共受理城管监督员上报问题903条，有效立案案卷709条，已解决问题694条，办结率97.88%。立案案卷属部件类的76件，其中市容环境6件，道路交通2件，公共设施36件，园林绿化32件；事件类案件633件，占受理案件的89.28%，试点范围内城市管理成效较为明显，市容市貌有较大改观。通过城管监督员在责任网格内的巡查，发现问题的时效显著提高，并且通过系统快捷交办各相关部门和单位，使案卷得到迅速处理，初步做到了第一时间发现问题，第一时间解决问题的效果。10月12日，市城管局举办市数字化城市管理知识讲座，邀请住建部数字城管新模式领导小组成员、北京数字政通科技股份有限公司董事长吴强华先生主讲，约150人参加学习。同时，研究草拟《汕头市数字化城市管理实施方案》上报市政府审定印发。

【12319城管服务热线】2011年，市城管局进一步完善12319城管热线系统功能，修改和调试 5个项目，开发增设系统子功能6项；健全系统知识库，共增补相关法律法规及规范性文件5部，更新部门工作信息7条。组织部分二、三级平台联络员、工作人员进行业务培训，加强转办事项的跟踪督促，提高热线服务质量和工作效率。全年共接听市民来电2.06万个，生成事项转各承办单位办理2.52万个，各承办责任单位共办结2.10万宗；做好每周10条工作信息登报工作，全年发出51期工作信息（共510个问题），有477个问题已得到解决，33个问题正在抓紧协调和依法处理中，登报问题办结率为93.53%，群众满意度为90.3%。

【城市管理考核和效能监督】2011年，市城管局进一步研究完善城市管理考核办法，按照机构改革后部分单位职责调整的实际，重新明确市卫生局、食品药品监督管理局等单位的职责划分。完成《汕头市城市管理考核办法》和《汕头市城市管理考核表》（2011）的修订工作，并与各责任单位签订新一轮城市管理责任书。全年对中心城区各考核责任单位实施季度考核3次、年终考核1次，非中心城区三区一县半年和年终考核各1次。按照《汕头市城市管理效能监督暂行办法》规定，对一批市民反映强烈、部门久拖未决的12319服务热线登报事项进行督办，全年共督办登报信息未办结事项407个，向承办责任单位发出《整改通知书》39份涉及270个事项，《督办通知书》47份涉及137个事项，达到以考核和监督促进城市管理工作的目标。

【城市环境综合整治】2011年，市城管局围绕“创卫”、“创模”复检，“创文”迎检工作的主线，开展以“市容六乱”、占道经营、人力三轮车、“黑烧烤”、城市“牛皮癣”等系列大型专项整治行动，不断完善路段层级化管理，加强对各重点部位的日常执法监管，及时纠正、查处各类影响市容环境秩序的违法违章行为。组织6支联合整治队伍查处非法上路行驶营运的人力三轮车，共取缔回收人力三轮车4365辆，其中取缔3602辆，回收763辆。组织专项联合整治队伍，开展为期一个月的建筑工地运输车辆专项整治行动，共检查建筑工地76处，责令现场整改18处，限期整改13处，查处违章车辆2辆次，并依法给予行政处罚。组织联合执法队对中心城区违章占用公共场地设置户外广告设施遗留问题进行清理，属过渡期满后未自行拆除的广告设施实行强制拆除，共拆除大型户外广告设施7处（共9块，其中支架式6块、立柱式2块、龙门架1块）、督促违章户外广告设施权属单位自行拆除12处（共26块，其中支架式22块、龙门架2块、立柱式2块）。全年共组织开展执法专项整治行动68场次，完成各类重大活动期间的市容保障工作54场次。出动人力3.80万人次，车辆1.20万车次；教育纠正各类违章行为46万多宗，实施处罚4390宗，罚款177.61万元；拆除各类违法违章搭建物7876平方米；查处违章张贴城市“牛皮癣”行为87宗，查扣未经检疫的“私宰肉、病害肉”4685公斤；实施停机87部，实施行政处罚60宗。在重大节庆和全市性重要活动期间，组织在市区人民广场、时代广场等主要部位区域和主要道路摆设鲜花14.8万盆，发动市区近40个单位和各酒店、宾馆在单位门口摆设鲜花，共同营造优美的道路绿化环境。

（陈斯蓉）

市政公用事业

【概况】2011年，汕头市市政公用事业不断完善，一批市政公用项目顺利完工。年内，海滨路改造工程中地质条件最复杂、施工难度最大的吊桥段顶管施工难题经攻克，横贯并关系到中山东路道路结构安全的污水干管已顶通，景观工程全面完成；跃进路、同益路和博爱路应急整修工程等项目交付使用，市区往潮汕机场方向各路段标志牌全部翻新，金凤西路一期工程启动建设，东厦泵站、利安泵站及北轴、南区污水处理厂管网工程加快施工，大华路、西堤路改造项目和礐石大桥、海湾大桥两侧景观环境整治前期工作加快推进，全年完成市政投资4.5亿元，新建道路1.2万平方米，新建下水道3523米，新增绿化6万平方米。

（彭兰阶）

【10年期13亿元城投债获核准】2011年，市政府成立由市住建局为牵头单位的工作机构，印发实施方案，以市城市建设开发总公司作为投融资平台，申请发行20亿元城投债。在市发改等部门的通力协作下，通过比选确定了主承销商、审计、评级、律师四大机构，做好投融资平台的资产重组策划工作，用最短的时间完成了申报材料的制作；多次上省赴京沟通协调，于去年12月份获国家发改委核准发行13亿元城投债。

（彭兰阶）

【宜居城乡建设】2011年，提请市政府出台创宜实施方案，召开工作会议，对全年创宜工作进行部署。开展各区县创宜绩效考核、公众满意度调查和专家实地考察；开展宜居社区、宜居城镇、宜居村庄创建评选活动，做好省创建宜居城镇、宜居村庄迎检工作。龙湖区珠池街道金晖社区等6个社区获“省级宜居示范社区”，澄海区东里镇和潮南区成田镇大寮村分别获得首批广东省宜居城镇、宜居村庄称号。牵头制订全市千村环境卫生整治行动方案和提高城市化发展水平行动计划报市政府审定。

（彭兰阶）

【市政设施维护】全年全市共维修沥青路面（含步道）3.23万平方米，清疏养护下水道597.47公里，改造下水道257.7米、沟井166座，补缺沟井盖627个，完成市区78座水闸、7座泵站及堤围栏杆等涵闸设施的维护管养工作，完成桥梁72座、道路551.11万平方米的日常巡查管理及零星维修工作。维修路灯1.24万盏（个）、改造电缆和线路2707米，维修路灯控制箱故障42处，检修路灯线路故障518处，更换故障电缆5777米，补装灯杆检查门250个，悬挂红灯笼571杆共1713个，清除灯杆、控制箱乱张贴的“牛皮癣”、悬挂物、广告牌1.26万处，清洗灯具1039套，油漆路灯杆901杆、油漆庭园灯灯座125座，配合园林部门修剪衡山路、华山路等遮挡路灯灯光的树枝，市区路灯亮灯率平均达到99%以上。加强城市景观照明设施管理维护，确保城市夜色景观整体效果。推进管网统建工作，全年完成工程量约123.42孔公里。

（陈斯蓉）

【市政设施管养】2011年，市城管局继续推进排水清疏改革、实行考核激励机制，对《排水作业综合考核实施细则》进行细化，把下水道主管清疏、应急任务处理、安全生产等列入考核内容，进一步完善排水清疏工作考核制度，并按照考核结果进行奖惩。推进市政设施管养市场化，继续将龙湖沟和龙湖沟引水渠、港区排洪沟和新河沟（含二线沟）河道保洁等管养任务，通过公开招投标确定管养单位。公开拍卖出让长平路、黄山路、天山路路灯杆灯箱广告设置使用权（含经营权）并已进入合同履行阶段。南区后方管养基地建设项目上半年顺利试产。濠江区25米以上市政设施也已移交濠江区政府管理。

（陈斯蓉）

【垃圾处理】2011年，汕头市雷打石环保电厂项目建设加快推进，项目总投资约5亿元，日焚烧处理生活垃圾1200吨（中心城区北岸日产生活垃圾），发电装机容量为18～24MW，年发电量约1.5亿千瓦时，资金来源采用建设—运营—移交（BOT）市场化运作模式进行融资，已完成项目用地意见书及蓝线图、项目用地总体规划调整、地质灾害评估、矿产压覆调查、林地使用可行性报告编制，用地预审等前期工作；项目环评报告书通过省环保厅审批，项目水土保持方案通过省水利厅审批，项目电力接入系统方案已报省电网公司审批；基本完成项目申请报告及项目节能报告的编制。实施建设雷打石生活垃圾卫生填埋场渗沥液处理系统升级改造工程，该项目采用工程总承包EPC（设计、设备采购、施工及代运行）模式实施，已完成生化系统池组的改造和设备安装，新建膜处理和脱水车间浇筑，生化段调试和菌种培养，超滤、纳滤和反渗透设备安装，并进入调试阶段；完成投资1100万元，获得第二批中央预算内投资750万元。建设雷打石生活垃圾卫生填埋场填埋气体回收利用精制生物燃气项目，该项目采用BOO方式投资，一期总投资1496万元，资金由项目投资主体山东十方环保能源股份有限公司自筹解决，主要建设内容为填埋场内集气井110座，集气站15座，净化提纯系统设备一套；已完成项目环评审批、规划许可审批、项目施工交易备案及施工许可等手续，完成工程土建及设备安装等工作，并进入试产阶段。

（陈斯蓉）

【桥梁管理】2011年，市城管局委托专业部门对全市桥梁进行结构检测，根据检测结果和检测单位的意见建议，加强日常巡查管养，并完成杏花桥维修加固工程项目环评、可研、立项、施工图设计和预算审核定案；做好石林桥、金龙人行天桥维修加固的前期工作；委托汕头市城建工程设计院编制了杏花桥、金湖桥、乌桥、光华桥、解放桥、迴澜桥防撞设施的初步设计方案和项目概算书；做好中泰立交桥桥梁结构检测，及石林桥、杏花桥桥梁监测的招标准备工作。

（陈斯蓉）

【照明管理】2011年，市城管局完成广达大道LED路灯工程、金砂路配套金鸿公路路灯、长江路北侧路路灯以及嵩山路路灯改造等一批路灯工程，新增路灯78杆。利用路灯杆灯箱广告设置使用权出让收益回拨资金改造长平路（衡山路—泰山路）110杆危旧路灯。全年改建路灯228盏、新装路灯1216盏。

（陈斯蓉）

【燃气管理】2011年，颁布实施《汕头市中心城区燃气专项规划修编》，积极推动与华润集团进行战略合作；投资1.35亿元的得源塔头气库建成使用，投资6300万元的岭海气化站建成供气，储存20万立方米的暹罗广澳气库复产，首艘5万吨级液化石油气气船抵汕，完成30多个住宅小区管网和一批市政燃气管道建设。投资1亿元，铺设市政管道28公里，新增用户11818户。

（彭兰阶）

【旧城改造】2011年，市旧城改造办公室积极谋划启动西堤路改造工程房屋征收补偿试点工作，完成西港片区、西片区改造项目规划编制及上报工作，完成4个旧城改造片点、25 宗拆迁。全年竣工新楼21幢，竣工面积25万平方米，回迁居民138户。

（彭兰阶）

【“水浸街”改造】2011年，市城管局针对市区7处暴雨时出现积水路段的问题进行研究，制订“一路一策”改造实施方案，完成了衡山路（世贸花园、金砂东路—明珠广场）、黄河路（市公安局前）、长江路与嵩山路交叉口4个水浸点的改造，其余长江路（黄山路—泰山路）、衡山路（珠合市场、韩江路口）等3个水浸点尚未改造。同时，解决了跃进路、衡山路、外马路、长江路、海滨路及新兴路等部分路段积水瓶颈问题，暴雨时部分路段积水问题得到明显缓解。

（陈斯蓉）

【汕樟北路龙湖段续建工程】2011年，汕樟北路龙湖区路段（乐山路~泰山路）续建工程建设内容包括征地、房屋拆迁、道路、下水道、截污干管、路灯、绿化和交通的建设改造等。道路全长1395米，宽度按37-40米实施。年内完成铺设铺设截污干管各1019米、排污管1288米，完成下水道工程80%；浇筑砼路面约24000平方米，完成道路工程50%。完成工程投资合计2400万元，占总工程量的40%。征地工作经过努力，克服各种困难，年内与沿途官一大村、鸥下、鸥上、洋滨、如龙等乡村签订征地补偿协议。拆迁方面摸查拆迁房屋122户，已签订房屋拆迁补偿协议93宗，完成总户数的75%，跟踪落实已签订房屋拆除92宗；在不影响道路拉通拉直建设的情况下放弃7户；尚未拆迁户22宗，其中5户因要求解决土地问题或漫天要价成为“钉子户”。

（陈斯蓉）

【绿道网建设和管理】2011年，汕头市成立由市住建局牵头的汕头市绿道网规划建设领导小组办公室，出台《汕头市绿道网规划建设实施方案》，召开专题工作会议，确保绿道网规划建设工作有序推进。已完成的海滨路、中山东路、牛田洋、濠江区和礐石等35公里绿道网示范段，兼顾生态型、郊野型、都市型三种类型。市住建局作为礐石绿道的建设主体，积极发动建筑和房地产企业捐建，花园集团、联泰集团、长平房产、欣利房产、金东海集团、升达混凝土和龙光公司等7家民营企业捐资1338万元，为项目建设提供了资金保障。礐石绿道示范段结合景区东入口改造，建设汕头规模最大的攀岩壁、滑板基地，最长的休闲栈道，最大的生态型停车场，营造宜人景观环境，打造“绿化+步行道+自行车+服务站”四要素组成的公共公间，并通过公开招商确定经营主体，进行市场化运营。

（彭兰阶）

【风景名胜区管理】2011年，市礐石风景区管理局引进国内旅游规划顶尖机构巅峰智业集团，开展礐石风景名胜区规划修编工作；投入100多万元，完成景区停车场、桃源垃圾转运站等基础设施建设；加强景区综合整治，查纠违章1158项；全年经济收入比增20%。北山湾片区规划抓紧修编，并开展该片区的招商引资工作。

（彭兰阶）

市容环境管理

【概况】2011年，市环保局围绕巩固发展"创卫、创模、创园"工作成果，迎接"创卫、创模"复审和创建广东省文明城市工作的工作目标，全市环卫作业单位落实对城区（含非中心区）1526万平方米道路的"一普扫二保洁"作业，做到"五定、四化、三到位"；重点部位和路段增加中午、上半夜保洁班次；主干道路保洁时间在14小时以上；对主次干道坚持晴天每天至少洒水降尘降温作业一次；街道（居委）、物业管理单位上门收集居民生活垃圾，区环卫部门上门收集沿街单位和商铺生活垃圾，做到垃圾日产日清，全市年清运并处理居民生活垃圾69.77万吨；落实公共厕所、垃圾转运站、果皮箱等环卫设施的清洁及管理；全年清理汕头港水域垃圾杂物1315余吨。全年共投入资金726万多元，购置小型道路保洁车20部、后装压缩式垃圾转运车11部、压缩转运站专用垃圾转运车1部、道路清扫车2部、多功能道路高压洗扫车1部、小型装载机1部，有效提高环卫专业队伍道路巡回保洁和开展环境卫生突击整治能力。

【环境卫生管理机制建设】2011年，市环卫局在开展环卫作业质量检查评比工作基础上，建立"市质检组现场检查、现场通知、现场督导，区环卫部门第一时间组织落实针对性环境整治"的联动方式，进一步完善"横向到边、纵向到底、协调联动、无缝衔接"的环卫管理运行机制，推行"制度化、规范化、长效化、科学化"管理，同时积极配合做好穿越中心城区公路清扫保洁作业纳入环卫管理并实行市场化运作的相关工作，建立实行环卫作业市场化运作的道路清扫保洁作业检查考核制度，完善城市环境卫生作业质量监管体系，督促指导各区环卫局和直属各单位落实城市环境卫生网格化管理，做好公路卫生保洁"一边倒"、"数字城管"试点和"门前三包"责任制等相关工作的检查指导，加强日常环卫工作以及实行环卫作业市场化运作的道路清扫保洁作业的日常质量检查，提高环卫作业质量，提升城市环境卫生整体水平。市环境卫生管理局全年共组织全市性环境卫生质量检查20次、专项检查30多次，印发《卫生质检通报》20份；办结12319城管服务热线交办事项61宗、"数字化城管"平台交办事项70宗，受理办结各类意见建议和投诉件35件、新闻媒体曝光问题13个。澄海、濠江区积极探索垃圾收运处理长效机制，建立健全城乡生活垃圾清运系统。

【环境卫生整治】2011年，在建党90周年、汕头经济特区建立成立30周年庆祝活动、市第十次党代会以及迎接"创卫、创模"复审、创建广东省文明城市等重要活动、重大节日期间，市、区环卫部门以城市主次干道、城市出入口、城乡结合部、集贸市场周边等区域为重点开展环境卫生整治活动，圆满完成各项环卫保障任务。同时，按照市城管办的要求，组织人员对城乡结合部环境卫生状况进行检查，并就检查发现的环境卫生问题代拟《整改通知》4份，督促相关责任单位立即组织清理整治。全年累计出动人员近万人次、机械车辆2600多部次，清理垃圾杂物7500多吨，清除街招广告近8万张（处），清理城市道路两侧无法落实责任人的零星废土废料约548吨，纠正违规处置、堆放建筑垃圾行为312宗。

【环卫设施配套建设】年内，推广市、区、街道三级合作建设管理环卫设施模式和垃圾压缩转运站建设运行模式，推进城乡结合部、城中村环卫设施配套建设，加快城乡环卫设施一体化进程。全年新建公厕2座、压缩式垃圾转运站2座、常规垃圾转运站1座，改造压缩式垃圾转运站1座，修缮公厕、转运站4座；开工建设2座压缩式转运站、1座常规垃圾转运站，启动4座常规垃圾转运站建设工作；结合创建无障碍城市活动，完成第二批5座无障碍公厕改造工作。全年增设更换中心城区主要路段两侧具有分类收集功能的果皮箱464只、维护修缮138只，并在主次干道分车绿带公共汽车候车亭设置果皮箱100只。汕头市雷打石环保电厂建设项目环评报告书、水土保持方案已获评审通过，基本完成项目申请报告及项目节能报告的编制；完成雷打石生活垃圾卫生填埋场渗沥液处理系统升级改造工程并进入试运行阶段，雷打石生活垃圾卫生填埋场填埋气体回收利用精制生物燃气项目建设完工并进入试产阶段；澄海区洁源垃圾焚烧发电厂建设项目正稳步推进土建工作，累计完成投资7424万元。潮南区司马浦镇建成1座垃圾压缩转运站并投入使用，陈店镇1座垃圾压缩转运站在建，潮阳、潮南区积极踏勘选址，寻找垃圾无害化处理场地。

（林阳阳）

城市园林绿化

【第八届国际园林博览会"汕头园"建设】2011年，汕头市组团参加重庆第八届国际园林博览会，完成汕头展区"汕头园"的建设，"汕头园"通过选取潮汕建筑文化"四点金"和"下山虎"等潮汕民居特色作为创作元素加以提炼，配以滨海水景设计、现代手法的玻璃曲桥以及十幅汕头城市文化历史名片壁画等，展示汕头历史文化的深厚底蕴，体现海洋文化、华侨文化和潮商文化等内涵，受到海内外游客较高评价。

【园林绿化建设】2011年，汕头市巩固发展创园成果，推进园林绿化建设，协同完成广东锦峰集团出资的蓝水星西侧高压走廊378亩绿化带建设；由广东龙光集团出资建设的儿童公园（西园）、汕头东豪投资有限公司出资建设的儿童公园（东园）建设项目委托市规划设计院进行详细规划，并结合庆祝特区建立30周年庆典活动先完成沿泰山路的宽30米景观带的建设。星湖公园绿化景观设施改造工程完成招投标并实施改造工作，人民广场绿化景观设施改造工程完成立项、预算编制等工作。广泛发动市区各单位、各部门开展义务植树活动，全年约出动100万人次，植树248.91万株。认真完成树木迁移、补种、新种工作，对外马路中心医院外围、中山东、海滨路各路口、金环西路、水质净化厂南侧平台等路段补种树木4814株；对中山东南侧绿带华月线电缆敷设工程施工区域绿化恢复补种树木共1.92万株，合计补种灌木面积700多平方米；中山东路南侧绿带部分缺损绿地补种蟛蜞菊1800多平方米，滨港路绿地改种红檵木50余平方米（900株）。加强绿化法制建设，巩固城市绿化成果。组织起草了《汕头经济特区城市绿化条例》，已经汕头市第十二届人民代表大会常务委员会第三十七次会议审议通过并于2012年1月1日起施行。同时就有关汕头经济特区建设项目配套绿化工程投资比例和城市绿化收费问题，形成《关于贯彻执行<汕头经济特区城市绿化条例>有关问题的通知》（送审稿）呈报市政府审定。组织起草了《汕头市绿道管理暂行办法》（送审稿）上报市绿道网规划建设领导小组办公室，以加强绿道管理，发挥绿道功能，保护和改善生态环境。

【市政道路绿化维护】年内，开展绿化卫生综合整治，对市区道路草坪、履带、树穴杂草和垃圾进行修剪清理，全年清运杂草、枯枝等垃圾杂物共1.15万车次。开展绿化修剪，对市政道路分车绿带的灌木球、公共绿化平台的绿篱色块进行修剪，全年修剪灌木球9.76万株、绿篱色块33.6万平方米；对时代广场、人民广场、嵩山路、新河沟平台、韩江路北侧绿化带、金泰立交桥下绿化带、疏港路绿化带、中山东路两侧绿化带、污水厂北侧中间绿地、金泰立交桥下绿化带、韩江路分车绿带等地方的蟛蜞菊及台湾草等进行修剪，全年共修剪27.7万平方米。全年对市区主次干道、绿化平台等公共绿地的乔灌木施肥7870公斤，喷药583.5公斤。组织对市区危树、死树进行处理，全年共处理枯死危树255株。做好苗圃苗木的自繁自育和引种繁育工作，培植菊花、千层金、狗尾花、百日红、白蝴蝶、彩叶草等近20个品种，全年育苗分床1.63万株，花木生产近2万株（盆），乔木出圃1744株，灌木出圃1747株，花木出圃6040盆（株）。

【公园管理】全年坚持“三优一满意”标准，做好游园接待服务工作。各公园新增或更新安全、指引、植物介绍等各类牌示，增设园灯、坐椅、果皮箱，修整园区设施，促进设施“破、锈、旧”现象的整体改观。开展园容园貌清理整治行动，各公园清运树枝垃圾杂物1787车次，修剪乔灌木8400株，修剪绿篱色块3.7万平方米，修剪草地约20.5万平方米，清理杂草26.9万平方米，摆设时花15.2万盆。各公园节日游园和文化花事活动丰富多彩，全年共组织各类节日游园和文化花事活动14项。中山公园、华侨公园、金砂公园、石炮台公园共接待服务游客512万人次，其中优待免费人数399万人次、节日游园70万人次。

【公园基建维修】2011年，汕头市公园基建维修项目主要有：中山公园完成溜冰场的改造和4D动感电影院的建设，同时对溜冰场和影院周边环境进行改造；对大操场重新平整复绿，补种中心园区的绿化缺株。华侨公园积极主动做好庄世平塑像纪念广场建设工作，完成广场地面铺设、塑像基座、石碑、灯光监控等项目，并配合有关部门做好建设方案的评审、塑像安装等工作；做好主景区跌水池的修复改造，增设喷水设施喷水42支、水下灯84盏、水下蛇管灯饰300米；对侨苑的园路进行改造，铺设石板路面562平方米。金砂公园做好浸春湖沿岸、云竹朝露、童乐宫、东门景区、西门伏虎区、凤楼片区、晚亭问月、南峰金潼等区域的绿化改造补种工作。石炮台公园对入口东面环境进行改造，铺设石板300平方米，补种福建茶、黄心榕、小叶榕、垂叶榕、胡椒木、满地黄金等，同时改造柯达园绿化120平方米。

【市区第25届群众菊花展览】11月18日至12月18日，在华侨公园举办市区第25届群众菊花展览。菊展以“绿色•宜居”为主题，参展单位31家，展出菊花及其他花卉4.5万盆，共200多个品种。展出菊花数量多、长势好，以园林、菊花造景为主，辅以建筑小品、灯光灯饰工艺、民俗民情等，布展富有特色，吸引了较多市民游客观赏。

（陈斯蓉）

房产管理

【保障性住房建设】4月8日，市房管部门牵头贯彻落实全省保障性安居工程会议精神，于4月底前将市住房保障目标任务分解下达到各区县。制定住房保障工作方案，报经市政府常务会议审议通过并下发贯彻执行。确定并公布中心城区廉租住房保障对象和经济适用住房供应对象标准。组织开展公共租赁住房摸底工作。会同市有关部门对非中心城区的保障性住房进行检查，召开督查座谈会，通报各区县住房保障任务完成情况。报请市政府召开市住房保障工作领导小组扩大会议，对各责任单位完成目标责任任务情况进行督办，部署2012年住房保障工作。配合有关部门做好城投债发行相关工作。成立市住房保障中心工作机构，配备专职人员。会同有关部门起草《汕头市公共租赁住房管理暂行办法》、《汕头市"三旧"改造中推进廉租住房建设实施细则（试行）》，出台《汕头市落实住房保障、稳定房价和个人住房信息系统建设工作约谈问责暂行办法》，规范住房保障工作的管理、操作流程和问责机制。推进中心城区华新城、教师公寓和安居工程等政府投资保障性住房建设项目。做好收购空置商品房和二手房、受让市商行"以房抵债"房产及清理市直闲置房产等工作。

【房地产市场调控】年内，市房管部门报请市政府按时公布本市2011年度新建住房价格控制目标。按国家和省要求，落实全市、中心城区、三区一县新建住房价格控制工作的责任主体，并采取有针对性政策措施和工作模式。报请市政府印发《汕头市进一步控制新建住房价格工作意见》（汕府办〔2011〕83号），成立市房地产市场调控和住房保障工作联席会议及房地产市场调控工作协调组，并要求区县政府参照市的做法落实房地产市场调控相关工作。建立房价调控信息通报制度，每季度向市各有关部门、有关区县政府发出季度新建住房价格调控情况通报。经市政府第82次常务会议审议同意，上报2011年中心城区建设1000套限价房的方案，并组织实施。报市政府颁布实施《汕头市中心城区限价商品住房管理规定(试行)》。完成年度房价控制目标，全市2011年新建商品住房均价涨幅控制在15%以内，房价水平与市社会经济发展水平较为协调。

【个人住房信息系统建设】年内，根据全国和全省"个人住房信息系统建设工作会议"精神及有关文件要求，市房管部门编制《汕头市个人住房信息系统建设工作方案》，就本市个人住房信息系统的建设目标、任务和相关要求做科学规划和安排，报市政府审定后印发相关部门。启动汕头市个人住房信息系统建设的前期调研工作，对非中心城区房地产信息系统建设情况进行初步了解，督促三区一县改善存在问题。邀请有关专家进行分析研究，结合省住房和城乡建设厅最新文件精神，对本市房地产业务管理信息系统建设规划方案进行公开招标，并做好相关准备工作。

【产权登记发证】2011年共办理商品房初始登记81幢，6270套，建筑面积55.94万平方米；办理房屋产权登记核发《房地产权证》23746份，建筑面积240.18万平方米；办理抵押权及抵押权预告登记共12590宗，金额33.83亿元，其中商品房抵押权预告登记5186宗、金额12.15亿元，房地产抵押权登记7399宗、抵押贷款金额17.98亿元，在建工程抵押权登记5宗、抵押贷款金额3.7亿元。办理商品房、存量房交易预告登记5039宗。办理注销他项权登记8501宗，涉及金额38.57亿元。协助司法机关查封、续封房地产764宗，解封房地产874宗。《汕头市房屋登记办法》经市政府常务会议审议通过，于2011年8月1日正式颁布实施，配套出台《汕头市房地产登记办事程序及工作时限》的规定。

【房地产市场管理】2011年，中心城区核发《商品房预售许可证》31宗，建筑面积129.43万平方米；办理现房销售备案30宗，建筑面积34.7万平方米。房地产交易登记22462宗，建筑面积214.6万平方米，金额87.36亿元，同比分别减少了13%、21%、增加6%。其中商品房交易登记12195宗，建筑面积105万平方米，金额59.26亿元，商品住房成交均价5369元/平方米；二手房交易10267宗，面积109.6万平方米，金额28.1亿元，住房成交均价2651元/平方米。全市商品住房成交141万平方米，均价在4900元/平方米左右，完成本年度房价控制目标。监管商品房预售款约35亿元。受理国有、集体房地产交易登记491宗，交易费收入98.20万元（其中挂牌成交199宗），面积10.70万平方米，交易额1.90亿元；拍卖成交45宗，结算成交金额2926.10万元，拍卖业务费收入164.71万元。协助征收和代征各项税款约2.77亿元。年内，市房管部门还加强房地产市场管理，落实日常巡查和年度巡查制度，建立房地产市场秩序监管长效机制，应用商品房预售款监管信息系统，对预售款归集和使用进行自动化统计和监管，监管的商品房项目无一出现"烂尾楼"现象。成立市房地产估价师和经纪人学会，为房地产经纪管理提供新平台。举办2011汕头房地产展示展销会，促进楼市在宏观调控下持续健康发展。

【公房管理与房改】全年完成在管公房普查3734座，95万平方米，查列危险房屋1068座，14万平方米。投入维修资金230万元，维修危旧房屋约1594座，受益约4948户。并对1676户撤离后涉及的危房落实封存、扶堵、拆除或原地大修等措施。发布《关于加强危险房屋管理的通告》，明确危房管理、抢险的责任主体，以促进不同责任主体各自加强对危房的管理。结合"三防"工作要求，落实防御超强台风和特大洪水应急预案，加强危房排查、抢险工作，向危房户发出《危房撤离通知书》，及时动员危房户撤离，确保人民群众生命财产安全。组织对在管公房及廉租住房进行清理整治，治理转租、转借、无故拖欠租金、无正当理由长期闲置、改变使用性质等违规行为。修改完善《汕头市市区房地产租赁管理暂行办法》，规范房地产租赁管理行为。

【物业行业管理】全年办理物业服务企业资质审批事项35宗，其中：暂定三级资质12宗，评定三级资质12宗，变更资质内容10宗，办理外来物业服务企业备案1宗；办理了物业服务区域和物业服务合同备案共39宗；办理7个小区业主委员会备案。调研、起草《汕头市物业管理条例》（草案送审稿）报市政府审议。会同市物价局研究制定《关于规范和调整实行政府指导价物业服务收费标准的通知》等五个文件，规范汕头市物业服务收费问题。先后两次出台《汕头市住宅专项维修资金管理实施办法》相关配套文件，完善操作程序。中心城区住宅专项维修资金开户达20719户，缴存金额共5029万元。办理答复十二届六次会议《关于规范小区汽车停放管理，建设幸福家园的建议》和市政协十一届五次会议《关于规范我市物业管理的建议》议案。引导物业管理企业创建品牌，有8个小区评为“汕头市物业服务示范小区”，推动行业自律及诚信建设。调处汕头第一城、金丰华庭等住宅小区物业管理服务纠纷。

【解决房产历史遗留问题】在2010年大规模解决商品房确权发证遗留问题的基础上，继续做好剩余商品房项目的登记发证工作。是年新认定商品房遗留问题符合分户登记发证项目6个、22幢房产，办理分户登记发证2619份，建筑面积23.92万平方米。解决了东湖街71、74号、春泽庄中区16幢等项目的发证问题。同时，全面清理上世纪70年代末至90年代初各历史时期不同登记单位已办理收件未发证、存在产权异议和申请土地使用权证的历史遗留积件2803宗，分门别类登记造册，对其中能够处理或有联系方式的800宗已办结515宗，正在办理285宗。

“新梅里”遗留问题在省、市的高度重视下，经房管部门和相关职能部门大量的协调做工作，2011年取得突破性进展。95户拆迁户中共协调解决了87户拆迁户的回迁安置遗留问题，余下8户拆迁户因与金田公司在回迁安置涉及的收购、增购价格和补偿多年未能回迁的损失等问题上未能达成一致意见，在抓紧协调解决中。困扰10多年的新梅里旧城改造项目遗留问题基本得到妥善解决，有效地维护社会稳定。

【房产管理基础服务】2011年启用存量房网上签约系统，保障存量房交易安全。按照国家住房和城乡建设部对汕头房地产信息系统建设情况的验收意见和上级对房地产信息公开发布工作的要求，继续深化和完善市场信息系统，进入部署实施阶段。建立基准房价（存量房交易评估审验计税体系）的建设，为今后探索房产管理信息系统与其他管理领域的应用合作和信息共享打下基础。开展政府职能性房地产评估业务工作的同时，贯彻落实国家房地产宏观调控政策、规范房地产评估市场行为以及加强征税管理，联合市地税局完成汕头市中心城区基准房价（存量房交易评估审验计税体系）及修正体系的编制工作，该体系将于2012年1月起实施，并推广到全市范围全面应用。为解决长期困扰本市二手房交易评估管理难的问题打下良好的基础。全年完成土地房产评估业务共3058宗，总建筑面积86万平方米，总估值46亿元。

房屋安全鉴定。做好学校、医院等机关企事业单位及个人委托的房屋质量鉴定，及时发现房屋的安全隐患，提出科学、准确的处理意见，防范于未然。全年共受理房屋委托鉴定160宗，鉴定房屋共500幢、建筑面积约40万平方米。开展白蚁防治进社区活动，广泛宣传白蚁防治科普知识。全年共受理业务约1300宗，业务和收入实现五年连续增长。2011年汕头市白蚁防治所被广东省白蚁学会评为2009-2010年度先进单位。

（叶少群）

住房公积金管理

【管委会全体会议】2011年7月21日上午,汕头市住房公积金管理委员会2011年度第一次全体会议在市政府召开，会议由市住房公积金管理委员会副主任、市房管局局长刘小钢同志主持，市委常委、常务副市长、市住房公积金管理委员会主任郑人豪同志在会议上作重要讲话。会议对2010年以来市住房公积金管理的工作进行总结，听取各有关单位的情况报告，审议通过住房公积金2010年度增值收益分配方案、年度决算及2011年度住房公积金归集、使用计划等有关事项，并研究确定2011年的工作思路和工作重点。

【公积金存贷】年内，督促部分区财政部门将财政核拨核补单位住房公积金纳入财政预算，及时足额拨付。简化办事程序，取消职工提取住房公积金需由“单位审核”和“银行核实账户余额”等二个办事环节,实现“立等可取”。发挥住房公积金个人贷款利息低、免公证、免保险、提前还款免违约金的优势，加大宣传力度，通过整合流程、缩短办事时限；提供二手房个贷由担保机构进行阶段性担保的平台，达到快速放款的目的，解决二手房售房者的担忧。去年公积金业务情况：当年归集额16.49亿元，比上一年增长27.04%；累计归集额84.10亿元，余额52.73亿元。当年职工提取额6.55亿元，历年累计提取额

31.37亿元。当年实际连续缴存人数14.96万人，实际缴存率47.07%，比上一年增长4.17%，全年新增21719人；全市已建立住房公积金账户人数（含封存户）已达20.87万人，覆盖率达65.65%，比上一年增长3.09%。当年个人住房公积金贷款2264宗，放款金额5.54亿元，分别比上一年增长94.17%、109.21%；历年贷款宗数5064宗，贷款余额为9.79亿元。个贷逾期率为零。

【资金安全运作】通过个贷、购买国债、定期存款等渠道，促进住房公积金保值增值。完善内外监管机制，并设立专门机构，做好个贷审批、贷后跟踪维护等工作，控制个贷风险，对资金、工作时限等实行指标化管理，确保住房公积金的安全运作。2011年实现可分配住房公积金增值2467.82万元，同时从2010年度增值中上缴市财政1430.48万元万元作为市廉租住房建设补充资金，历年累计上缴4756.7万元作为市廉租住房建设补充资金。

（郭松）

对外经济贸易

对外贸易

【概况】2011年，汕头市进出口总额87.9亿美元，同比增长19.3%。其中出口59.54亿美元，同比增长20.7%；进口28.35亿美元，同比增长16.6%；实现贸易顺差31.2亿美元。汕头市与186个国家（地区）发生贸易往来，主要出口市场依次为：香港、美国、日本、菲律宾、阿联酋、英国、马来西亚、加拿大、沙特阿拉伯、巴拿马。主要进口市场为：日本、台湾省、美国、韩国、德国、泰国、沙特阿拉伯、新加坡、英国、马来西亚。按企业性质划分，外资企业出口22.83亿美元，同比增长10.1%，进口11.48亿美元，同比增长3.3%；私营企业出口31.61亿美元，同比增长32.1%，进口13.84亿美元，同比增长21.4%；国有企业出口336亿美元，同比增长9.0%，进口1.51亿美元，同比下降2.1%；集体企业出口1.38亿美元，同比增长10.6%，进口775万美元，同比增长12.4%。按贸易方式划分，一般贸易出口43.80亿美元，同比增长22.6 %，进口15.78亿美元，同比增长7.1%；加工贸易出口15.56亿美元，同比增长15.5%，进口10.13亿美元，同比增长20.4%。按进出口商品划分，主要出口商品有：机电产品、服装及衣着附件、玩具、家具及其零件、箱包及类似容器等；主要进口商品有：初级形状的塑料、机电产品、纺织纱线织物及制品、苯乙烯、废塑料等。

【外贸市场拓展】2011年，市外经贸局积极开拓国内外市场。7月，组织企业参加省政府在香港举办“2011年粤港经济技术贸易合作交流会”；9月，组织企业参加省政府在广州举办“2011年广东省与世界500强和大型外资合作交流会”；10月，组织企业参加由省政府和香港政府在华沙主办的“2011粤港—波兰经济技术贸易合作交流会”。11月，组织企业参加省政府在韶关举办的“2010广东国际旅游文化节暨泛珠三角旅游招商会”。

【外贸企业备案登记】2011年，汕头市共办理新登记对外贸易经营者234家，其中民营私营233家，外商投资企业1家。截止年底，汕头市办理对外贸易经营者登记共有3400家企业，其中民营私营3061家，国有、集体278家，外商投资企业61家。

【外贸扶持资金】2011年，汕头市共核拨外向型民营企业发展资金200万元、中小企业国际市场开拓资金(2010年度资金，2011年核拨)1011万元、农轻纺出口基地建设资金155万元、广东省国际市场开拓专项资金(2010年度资金，2011年核拨)418.7万元、“走出去”专项资金486.4万元、加工贸易转型升级各类专项资金850万元、“两新”产品专项资金1451万元、服务贸易专项资金77.6万元、国家进口贴息222.45万元、省进口贴息345万元。同时，与市财政局联合制订出台《汕头2011年促进外贸稳步发展鼓励措施》，争取1000万元外经贸扶持资金促进企业发展。

【电子商务平台】2011年，“汕头国际电子商务应用平台” 经过两年多的建设，已经实现“区域、政府、市场”三大属性，基本具备四大功能(区域商务宣传功能、数据分析监控功能、全流程贸易服务、政府公共信息服务功能)，初步显现五大效应(促进电子商务普及化、促进企业与政府的管理与决策数据化、促进进出口贸易电子商务的全流程化、促进电子商务的诚信化、促进电子政务与电子商务融合化)，同时也创新了政府决策、管理及服务形式，推动企业效益提升与营销转型，促进了地区经济发展。

【科技兴贸战略】2011年，市外经贸局积极实施“科技兴贸”战略，先后举办外经贸企业“两新”业务培训班和促进进口政策宣讲会，约200家企业的负责人及业务骨干参加培训。全年全市登记技术进口合同6个，合同总额49.72万美元；技术出口合同8个，合同金额307.3万美元。

【加工贸易】2011年，全市加工贸易进出口总额25.69亿美元，增长17.4%，占全市进出口总额的29.2%。加工贸易出口15.56亿美元，增长15.5%，占全市出口总值的

26.1%。其中进料加工出口12.77亿美元，增长14.4%；来料加工出口2.78亿美元，增长20.6%。加工贸易进口10.13亿美元，增长20.4%，占全市进口总值的35.8%。其中进料加工进口7.82亿美元，增长19.2%；来料加工进口2.31亿美元，增长24.6%。

（钟颖）

对外经济合作

【概况】2011年，市外经贸局积极响应国家实施“走出去”战略，创新发展观念，抢抓发展机遇，“抢、拓、扩”三策并施，积极开拓国际市场，大力做好宣传，用好用足政策，千方百计搭建对外投资服务平台，引导和鼓励企业“走出去”参与国际竞争，推动企业“走出去”对外投资业务跨越发展。全年新批设立境外企业16家，投资总额2116万美元；增资5家，增资金额682.03万美元。历年累计设立境外企业87家，中方投资总额20867.08万美元。自2007年以来，连续五年被省外经贸厅授予外经工作奖二等奖。

【境外投资】2011年，汕头市企业境外投资主要是到香港、东盟地区、中东、美国、欧洲、非洲等国家和地区；经营范围有针织服装、日用品、办公用品、户外用品、餐具系列产品、塑料制品、洗涤用品、化妆品、护肤品、香水、电子产品、五金交电、各类紧铟件、建筑材料、建筑机械、水果、蔬菜等批发零售；橡胶种植、橡胶制品生产及销售；进出口贸易。玩具、礼品和工艺品展示中心；矿产品德勘查、开采、加工、检验及销售等。对外投资呈现四大亮点：投资规模实现跨越式大突破；投资方向上实现大突破；境外营销网络建设及品牌推广力度都有较大突破；企业到境外投资建设实业型生产基地不断升温。

【对外承包工程】2011年，汕头市建安（集团）公司中标中国驻巴哈马使馆馆舍新建工程（工程造价近2891万元人民币），工程于2011年下半年开工，工期预计两年。

（钟颖）

吸引外资

【概况】2011年，全市批准设立外商直接投资项目46个，同比增长31.43%；合同外资金额47274万美元，同比增长16.23%；实际吸收外资金额34563万美元，同比增长35.26%。其中，合资企业22个，合同外资金额1161万美元，实际吸收外资金额3271万美元，同比增长43.91%；合作企业1个，合同外资金额-4万美元，同比下降104.60%，实际吸收外资金额877万美元，同比下降55.77%；外资企业23个，合同外资金额47512万美元，同比增长30.10%，实际吸收外资金额23893万美元，同比增长13.79%；外商投资股份制企业减少合同外资金额1395万美元，同比下降134.14%，实际吸收外资金额6522万美元，同比增长2074.00%。全年全市外商直接投资项目、合同外资和实际吸收外资三项主要指标实现二位数增长，而且合同外资和实际外资没有出现倒挂现象，实际吸收外资金额增长35.26%，超额完成省市下达预期工作目标的0.26个百分点，增幅位居全省第二位。合同外资金额增长16.23%，完成省市下达预期工作目标的81.28%。全市外商投资主要体现大规模项目增多、增资扩产项目增多和服务业项目增多等三大亮点。2011年实际吸收外资实绩创下2000年以来的最好水平。

【外资企业规模】2011年，汕头市外商直接投资项目中生产型12家、非生产型项目34家。外商直接投资主要来源为：香港36家，合同外资金额60204万美元；台湾省2家，合同外资金额156万美元；马来西亚2家，合同外资金额298万美元；文莱1家，合同外资金额77万美元；日本1家，合同外资金额50万美元；塞舌尔1家，合同外资金额26万美元；瑞士1家，合同外资金额37万美元；澳大利亚1家，合同外资金额2万美元；投资性公司1家，合同外资金额181万美元。

（钟颖）

口岸管理

【概况】2011年，市口岸局按照汕头市委市政府召开的全市大通关工作会议精神积极做好口岸的管理、协调等工作，督促有关单位对存在问题及时予以整改，推动口岸大通关工作的顺利开展；口岸各查验部门及大通关其他成员单位，加强政策法规的宣传，引导企业利用政策，守法经营。积极采取有效措施，努力提高工作效能、优化大通关环境，有力地促进了外向型经济的发展。汕头港货物吞吐量完成4004.9万吨，同比增长14.1%。其中进出口货物1035.4万吨（进口796.5万吨、出口238.9万吨），同比增长3.4%；集装箱吞吐量完成110.1万标箱，同比增长17.7%。其中进出口集装箱58.9万标箱、同比增长24.5%。汕台海上货运直航共航行94航次，完成进出口集装箱32720标箱，同比增长25.84%。其中重箱20880标箱，同比增长42.90%。全年入境的外国人数以及港澳台同胞人数140632人，旅游外汇收入5071.18万美元，比上年的5015.77万美元增长1.1%。

【口岸综合管理】2011年，市口岸局以市委市政府的工作重点为中心，针对口岸运作中出现的问题，加强口岸现场的管理、协调和服务，进一步改善口岸通关环境，确保口岸安全畅通。加强与海关、检验检疫、边检、海事等部门的工作联系，营造良好的通关环境。汕头暹罗燃气能源有限公司码头顺利通过口岸验收。该码头实现正式对外开放，对汕头暹罗燃气能源有限公司的生产乃至我市经济发展将起到积极推动作用。年内，广澳港区口岸查验"一站式服务"综合办公楼顺利封顶。

（钟颖）

汕头高新技术产业开发区

【**概况**】2011年，汕头高新区进一步深化建设"四个基地、一个示范区"的发展思路，突出以破解园区发展瓶颈为重点，以壮大高新技术产业规模为主攻方向，以加快招商引资为突破口，以重大项目建设为推动力，积极实施区域发展战略，调整优化经济结构，稳步推进产业发展。东片区全年完成工业总产值47亿元，同比增长10%；其中26家规模以上企业完成工业产值37亿元，占全区工业总产值的79%；外贸出口总额首次超亿美元，达到1.0382亿，同比增长6%；实际利用外资379万美元，同比增长61%；完成固定资产投资约2.1亿元，与2010年同期基本持平。全年实现税收收入1.55亿元，同比增长28.8%，全区财政一般预算收入4822万元，同比增长33.3%。

【**科技创新服务平台建设**】2011年，汕头高新区继续优化汕头市博士后、留学回国人员创业园和国家863软件专业孵化器广东基地粤东站、广东软件园粤东基地为主要载体的创新创业环境，与清华大学科技园签署战略合作伙伴协议，共同建设科技项目孵化基地，做大做强创新创业服务平台，吸引更多科技项目入驻研发。园区科技项目孵化基地面积达10000平方米以上,并已有53个具有自主知识产权和科技含量较高的研发项目入驻孵化。同时，入驻高新区软件园企也达到23家。2011年，积极组织区内科技能力强的优势项目向上级申报科技发展专项扶持资金，共获得省、市专项扶持资金1245万元，全年新增省、市级工程研发中心3家。

【**科技人才引进**】2011年，汕头高新区积极引进一批高新区急需和紧缺的高层次人才，并以此带动广大用人单位引进更多的高层次人才和创新科研团队进驻创业发展，提升高新区自主创新能力和产业竞争力。先后出台《汕头高新技术产业开发区关于引进高层次人才和创新科研团队的工作意见》和《汕头高新技术产业开发区引进高层次人才和创新科研团队实施办法（试行）》，并以最高年薪50万元率先面向国内外公开招聘高层次人才。

【**重点项目建设**】2011年，汕头高新区以"保增长、促升级"为工作重心，大力推动重点产业和重点项目的落地建设，并有"汕头航天技术应用产业园区"、"华润万家大型商住购物中心"和"广东东研网络科技有限公司广电三网融合接入设备产业化基地"三个项目列为庆祝汕头经济特区建立30周年的庆典项目。其中，汕头航天技术应用产业园区作为中国空间技术研究院与汕头市政府的战略合作项目，在庆祝汕头经济特区成立30周年之际正式启动建设，该园区的启动建设将极大地推动卫星通信、卫星导航、卫星遥感等战略性新兴产业在汕头发展。华润万家大型商住购物中心项目既是进一步落实中国华润集团与市政府在省第六届"山洽会"上签订的战略框架协议的重点项目，也是高新区"三旧"改造（一期）的首个项目，该项目的建成将为园区提供1500个左右的就业岗位。

【**电子信息产业**】2011年，汕头高新区东片区电子信息企业实现产值20.8亿元，占全区企业总产值的44%，成为推动区域经济增长和可持续发展的重要载体和骨干力量。东片区现有8家国家认定的高新技术企业中有7家是电子信息企业，初步形成以奥星光通信设备有限公司、利侨电子设备有限公司、德昕科技有限公司、广东自动化电气集团有限公司、航宇电子技术有限公司、广东东研网络科技有限公司等一批具有一定规模和科技含量较高的区域电子信息产业领头企业。高新区光纤电缆生产基地规模达到年产光纤电缆250万纤芯公里，进入全国同行业的前6名。

（许维林）

汕头保税区

【**概况**】2011年，汕头保税区经济运行总体平稳。全年实现地区生产总值23.1亿元，比增12%，五年间年均增长14.67%；工业产值36.2亿元，比增12.7%，年均增长25.41%。进出口指标增幅居于全市各区县首位，进出口总额2.67亿美元，比增48.3%。其中进口额1.53亿美元，比增41.7%；出口额1.14亿美元，比增58.8%。工商税收1.62亿元，比增17.9%，年均增长34.8%；一般预算收入5784万元，比增12.85%，年均增长32.73 %。全年完成固定资产投资2.4亿元，比增32%，年均增长8.6%。引进一批新能源、新材料项目，增强了经济发展后劲。区内投入项目23个，投资总额近30.4亿元，计划新增工业产值80多亿元。一批新兴战略性产业列入省现代产业500强、市十大创新企业、市重点跟进项目，高新技术产业发展取得了新成效。

【**招商引资**】2011年，区管委会主要领导多次带队，主动上门走访香港、深圳及本地知名企业，推介保税区投资环境及政策，争取项目入区发展。并做好历年签约项目的跟踪落实，成功引进伟达工业城、锂电池、PVB胶膜SGP胶片、LED节能环保等一批新能源、新材料项目。积极组织企业参加各类经贸活动，开拓市场空间，组织协助威尔信、卜高通美、西电等企业参加广交会。全区企业注册资本大幅增长，全年注册资金7204万美元，比增423%。其中外资企业（含增资）注册资金2239万美元，扭转上年外商企业零注册的局面；内资企业（含增资） 注册资金4965万美元，比增265%。国内资金占全年注册资金的70%，成为保税区吸纳投资的主要来源。合同外资1088万美元，比增44.5%，实际吸收外资1313万美元，比增85.7%。

【重点项目建设】2011年，汕头保税区召开全区重点项目引进和建设工作会议，筛选23个项目（投资总额30.4亿元）作为全区重点引进和建设项目，并落实专人跟踪服务。组织实施《汕头保税区促进项目引进、建设工作方案》，督促项目单位认真落实《汕头市重点项目建设工作责任制度》，制订具体工作安排表，明确倒计时工作计划，确保重点项目管理目标责任制落实到位。

【优化投资环境】2011年，汕头保税区继续加大区内闲置土地的处理力度，分门别类，区别处理，下大力气解决好历史遗留问题，变劣势为优势。加强与市商行等银信部门的协调，促进土地资源集约化，营造可持续发展空间，实现共赢。积极采取措施，开源节流，挖掘潜力，培养税源，增加收入。同时严格支出管理，逐步形成财政运行的良性循环，促进经济持续健康发展。加强安全生产和消防安全宣传、培训、检查和演练活动，落实责任制，建立健全综合治理长效机制，确保区域安全稳定。

【企业扶持政策】2011年，汕头保税区加大对科技创新型企业的扶持力度，对属于国家鼓励发展的新兴产业、自身带有上市意愿的企业，制订相关优惠政策措施，引导和支持企业发展。多次安排企业参加市金融工作局组织的培训活动，并对企业办理增资扩股提供指导和服务。加强与市有关部门的有效协调沟通，尽力解决制约企业经营发展的问题。

【综合保税区申报】2011年，在市委市政府、汕头海关的大力支持下，区管委会主要领导多次带队前往广州、北京向上级有关部门汇报工作，争取海关总署、国家相关部委及省有关部门的支持，尽快启动综合保税区会审程序。5月中旬，市政府召开专题会议，研究保税区申报综合保税区有关问题，并赴汕头海关与海关领导就此问题进行座谈达成共识，要求市各有关部门密切配合、相互支持，全力完成转型升级任务。

（陈涛）

商贸流通服务业

经贸活动

【概况】2011年，汕头市全力推动内源型经济加快商贸业发展。推进家电下乡、以旧换新工作，全年家电下乡销售71470台，销售额15566万元；家电以旧换新销售121717台，销售额43371万元，扩大就业200多人。推进“万村千乡”市场工程，新增省级配送中心项目2个和国家级农家店82个，实现汕头市“国家级万村千乡市场工程”零的突破。参加省经信委组织的“广货全国行”系列活动，共组织18个项目参加“云南行”、“贵州行”、“安徽行”活动，总合作金额达94.28亿元；参加第七届泛珠三角区域经贸合作洽谈会，有7个项目作为合作成果，总合作金额36亿元；参加粤渝经贸合作活动，有7个项目作为合作成果，总合作金额19.5亿元。全年批零销售额和住宿餐饮营业额比增24.2%，社会消费品零售总额972.21亿元，比增17.8%，各区县增幅在16.1%～18.9%之间，城镇、乡村消费市场呈现协调、均衡发展态势。

（林旭辉）

【家电下乡以旧换新】2011年，市经贸局继续推进以扩大内需、促进消费、搞活流通为重点家电下乡和以旧换新工作的深入开展。加大政策的宣传力度。为进一步推动省家电下乡和家电以旧换新工作深入开展，积极配合省部署的省市联动宣传工作。3月份在澄海区举办“家电下乡以旧换新”促销系列活动，进一步加大宣传力度，营造良好的社会氛围。5月份在南国商城广场举办“2011年家电下乡和家电以旧换新省市联动宣传推广”为主题的促销月活动。充分发挥各大新闻媒体的作用，加大对国家政策的宣传，全市共印发宣传单张20多万份，张贴宣传海报3万多张，并组织新闻媒体、电视台、电台进行了跟踪报道，扩大宣传效果。国庆节前，组织对六区10多家网点的抽查，对经营不规范的网点现场予以批评和纠正，同时还取消违规的网点46家。通过检查监督，规范企业的经营行为，杜绝利用家电下乡活动推销假冒伪劣产品现象。

（林旭辉）

【生猪屠宰和酒类市场管理】2011年，市经贸局召开了全市生猪屠宰管理工作会议，制订实施《2011年汕头市生猪屠宰专项整治工作方案》，全年共出动1920多人次，整治重点区域52处，检查生猪定点屠宰企业460家次，取缔私屠滥宰窝点6家，拆除私宰设施34处，共查获“白板肉”832公斤，生猪5头，通过当地公安机关对3名违法人员进行刑事拘留。召开全市酒类管理工作会议，制订实施《2011年汕头市酒类市场整治工作方案》和《汕头市酒类市场专项行动》，共出动1468人次，检查厂家商铺1978个次，抽检23批次，查处制贩假酒案件22个，涉案金额20.6万元。

（林旭辉）

【第13届中国（汕头）国际食品博览会】 11月18－28日，由汕头市人民政府、中国食品工业集团、香港食品商会联合主办，汕头市经济和信息化局、汕头市超市供应商协会、汕头林百欣国际会议展览中心共同承办，香港四洲（集团）协办的第13届中国（汕头）国际食品交易博览会在汕头林百欣国际会议展览中心举行。本届盛会为粤东地区2011年度最具规模、最具档次、最具专业性的经贸活动。展会共设国际标准展位550个，共吸引了来自国内外近400家企业参展。展会期间共有近3000名专业人士莅会，观展人数超过60多万人/次，日高峰人流量超过8万人/次。展会达成了多项供货和合作意向。

（林航）

供销合作社

【概况】 2011年，汕头市供销社系统认真落实省市党委政府和上级供销社的工作部署，把握新时期供销社工作的职能定位，以推进城乡流通服务网络建设为重点，以提高为农服务能力为核心，深化改革，务实进取，全系统发展态势平稳，各项工作稳步推进。本年度全系统农资商品供应总量10万吨，经营农副产品3.2亿元。

【城乡流通服务网络建设】 2011年，汕头市供销社按照全国总社和省社的统一部署，继续推进“新网工程”（即新农村现代流通服务网络工程）建设，重点打造农资、农副产品、日用消费品、再生资源回收利用四大现代经营服务网络，全系统共分批改造390个农家店，建成9条商品一条街，创办10个商品配送中心，设立145家农副产品直营店和加盟店，发展32家农资连锁店，初步建成了覆盖区县、乡镇、村三级的经营服务网络。濠江区供销社和潮阳区谷饶供销社的“日用消费品现代流通服务网络”被列入中央专项资金扶持的范围。全年共发展3家涉农龙头企业，完善13个庄稼医院和一批农科服务站，兴办农民专业合作社11家，专业合作社总数达130家，组织汕头市农资行业协会协同本系统农资企业不定期开展送肥药下乡、田头农技讲座、农科知识培训等活动。强化了龙头带农、服务便农、合作兴农、协会护农工作。

【社有企业改革】 2011年，汕头供销社继续推进社有企业改革，将一批劣势企业集中统一管理，减少费用开支。同时培育新型核心龙头企业，精心培育打造汕头新供销商贸连锁有限公司，使该公司逐渐发展成为一家集农副产品连锁经营、农产品冷链配送、电器进出口、再生资源回收利用、海产品加工、煤炭经营以及资产经营等于一体的大型综合企业，并承担实施城乡流通服务网络建设、发展合作经济和服务三农等重要任务。至年底，全系统共有5家企业被省供销社认定为龙头企业。社有企业为在做好全市农资商品供应的同时还完成政府下达的3200吨化肥和300吨农药的年度储备任务。

【农副产品平价商店建设】 2011年，汕头市供销社积极履行社会责任，全力建设农副产品平价商店，稳定市场物价，保障民生民安。至年底，在市区共建设平价商店8家，主营粮油、蔬菜、肉品、蛋品、干果等群众生活必需的农副产品，所有平价商店坚持平价经营，发挥引导和稳定市场物价作用。同时，为推动农超对接，汕头市供销社加大力度发展各类农副产品专业合作社，培育3个大型农产品生产基地，形成供销社特有的“专业合作社+生产基地+平价商店”的生产经营模式。通过实现农超对接，减少中间环节，降低商品流通损耗和采购成本，保证新鲜、优质、安全、平价的农副产品供应。

（吕婵宾）

粮食储备管理与流通

【粮食宏观调控】 2011年，汕头市粮食总量平衡，市场稳定。市粮食局通过加强对汕头（粤东）粮食交易批发市场的引导和扶持，促使场内粮食经营量大幅提高，吸引产区粮食企业入场经营，促进粮食产销协作，增加市场粮源供应，确保全市的粮食安全。同时，抓好粮油市场信息报送网络建设和应急网络建设，完善粮食预警、应急保障机制。适时组织对粮食市场进行监督检查，以确保各种数据的准确性和可靠性，为加强粮食宏观调控打下基础。修订完善粮食应急执行方案，落实应急成品粮储备和部分食用植物油储备。全市共落实确认应急加工企业13家、运输企业6家、供应网点73家。确保应急时随时有成品粮油及时投放市场，后续应急粮油加工及时跟上供应。根据省、市关于推进稳价安民“三项建设”工作的有关部署和要求，紧密联系市粮食系统的实际情况，积极推进粮油平价商店建设，通过市政府价格调控联席会议的组织协调。全年全市已经认定的粮油平价商店11家。

【粮食法制建设】2011年，根据《粮食流通管理条例》和《汕头市市级储备粮管理办法的规定》，市粮食局强化对在库储备粮的管理，加强储备粮轮换审批、竞价交易、轮换价差审核、入库成本核定和监督检查等日常性的仓储管理工作。通过加强管理，全年剔除轮换因素，全面完成省下达的地方储备粮规模，在库储备粮全部符合国家规定的保管年限。年内，还联合市发改局、财政局草拟《汕头市市级储备食用植物油管理实施细则（试行）》报市政府批准实施，使食用植物油储备的日常管理步入法制化的轨道。推进依法管粮，加强对国家政策性粮食购销活动的监管，购置重金属检测设备，对各级地方储备粮的出入库增加检测重金属指标，确保在库储备粮的质量安全，认真贯彻落实军粮供应政策，推进争创军粮供应管理工作排头兵工作。完成每年二次的春秋季普查和安全生产专项检查，确保安全生产无事故。完成国家统一部署的食用植物油库存检查，通过检查市食用植物油帐帐相符，帐实相符。根据全市粮油仓储企业特点和结合开展春秋粮食库存普查，推进全市各储粮单位开展创建粮油仓储规范化管理优秀企业的活动，组织学习有关粮油仓储规范化管理知识，制订各项规章制度并认真实施，有效提高企业仓储管理水平，确保储粮安全。

【粮食流通体制改革】2011年，汕头市全面落实粮食工作政府负责制，明确政府的粮食安全责任，通过届满前的粮食安全责任考核，粮食考评四项指标全面完成。市粮食局结合粮食企业存在的实际问题和地方财力困难的实际，研究提出推进市直国有粮食企业改革的意见专题上报市政府。同时，积极争取给予承担储备粮的企业免征土地使用税和房产税的优惠；协助粮食批发市场和南永油脂项目取得中央专项补助；抓好粮食产销和成本利润调查，提出粮食流通过程中存在的主要问题和政策建议专题上报省局；联合市发改局、财政局草拟《汕头市粮食流通奖励办法》上报市政府印发实施。

【粮食流通基础设施和物流体系建设】2011年，市粮食局通过加强粮食流通基础设施和物流体系建设，提高汕头市粮油仓储物流企业的硬件设施水平。市南永油脂和粮食批发市场项目全力推进；省储备粮汕头直属库5万吨项目完成勘探；濠江区蜈田粮库改建工程已完成住户搬迁工作；西港粮食物流中心项目已上报省发改委，要求争取中央的专项补助；南澳县投资1800万元，建设4000吨储备粮库项目已正式启动；潮南区计划征地约40亩，投资约3670万元的建库计划已立项列入该区十大民生工程之一；汕头市粮油品质检验所正按国家粮食局专家组现场考核的要求全力推进各项工作，争取通过国家粮食局的考核认证，成为汕头国家粮食质量监测站。

（周厚年 许自忠）

旅游业

综 述

【概况】2011年，汕头市旅游局抓住市获授“广东省旅游综合改革示范市”称号这一契机，进一步转变旅游发展观念，以建设幸福汕头为目标，以科学发展为主题，以建设生态滨海旅游示范区为主线，继续加强宣传推介、资源整合和项目开发建设，努力提升旅游服务质量，全力推进汕头旅游业发展。全年实现接待过夜游客903.84万人次，同比增长15.55%，旅游收入104.42亿元，同比增长18.02%。

【旅游行业规模】截至2011年底，汕头市共有各类住宿设施近500家，床位数约3万张。其中星级饭店有38家（五星级3家，四星级7家，三星级19家，二星级8家，一星级1家）；拥有旅行社66家，其中具有出境游资质的旅行社6家；有旅游景区（点）20多处，其中国家A旅游景区5处（4A级旅游景区4处、3A级旅游景区1处）；另有国家级森林公园1处，全国农业旅游示范点1处，省级风景名胜区1处。全市有19家“旅游推荐单位”，涵盖餐饮、购物、娱乐等方面，旅游服务接待体系完善。全市旅游直接从业人员近3万人，旅游业为社会创造近10万个就业岗位。

【旅游接待与收入】2011年，全市接待入境旅游者14.06万人，比上年增长5.1%，旅游外汇收入5071.18万美元；入境旅游客源市场情况：台湾同胞9127人、香港同胞43561人、澳门同胞692人、外国人87252人。2011年，全市接待国内游客889.78万人，其中旅行社接待58.60万，国内旅游收入101.12亿元，比上年增长15.6%；旅行社组团情况：省内游42.11万人，省外游25.82万人。2011年，全市组团出境游44332人，比上年增长33.98%；出国出境（包括香港、澳门和台湾）旅游的基本情况是：香港20186人，澳门5897人，台湾2137人，海外各国16112人。2011年春节黄金周，全市共接待旅游者总人数99.07万人次，同比增长2.02%，其中过夜游客11.16万人次，同比增长14.81%；一日游接待游客87.91万人次，同比增长0.59%；旅游总收入4.10亿元，同比增长28.51%。2011年五一小长假，全市共接待旅游者总人数32.29万人次，同比增长19.28%，其中过夜游客4.96万人次，同比增长18.66%；一日游接待游客27.33万人次，同比增长19.4%；游总收入1.18亿元，同比增长23.86%。2011年国庆旅游黄金周，全市共接待旅游者总人数104.87万人次，同比增长18.9%，其中过夜游客9.65万人次，同比增长17.2%；一日游接待游客95.22万人次，同比增长19.1%；旅游总收入3.07亿元，同比增长18.5%。

【省旅游综合改革示范市建设】1月21日，汕头市获省政府授予“广东省旅游综合改革示范市”称号，汕头市成为广东省“中国旅游综合改革示范区”建设工作的重要组成部分。市旅游局以获授“广东省旅游综合改革示范市”为契机，充分调动全市重视旅游、发展旅游的积极性，加大对旅游业的资金投入，进一步转变旅游发展观念，完善旅游体制机制，运用较大市立法权制订有利于旅游业发展的地方法规，形成发展合力，做大做强旅游产业，推进汕头市建设粤东区域旅游中心城市步伐，发挥旅游业在建设幸福汕头中应有的作用。

（庄为建 蔡琛）

景区景点建设

【旅游资源保护和开发】2月1日，《汕头市旅游资源保护和开发条例》正式施行。市旅游局组织开展形式多样的宣传贯彻活动，使全市旅游行政管理人员和广大旅游从业人员充分认识实施《条例》的重要性，深刻领会和准确把握《条例》的基本内容和精神实质。通过宣贯活动，将全市范围内的旅游资源的保护和开发管理纳入法制化轨道，进一步规范旅游资源的保护和开发行为，禁止破坏旅游资源的违法行为，强化监督管理，更加有效保护和合理开发、利用市旅游资源，促进旅游业的可持续发展。

【红色旅游区建设】6月20日，由澄海区人民政府和市旅游局主办的“汕头市红色主题旅游活动启动仪式暨西浦早期革命活动史迹陈列室开放仪式”在澄海西浦村大自然休闲农庄举行。此次建成开放的西浦早期革命活动史迹陈列室，集中展示澄海西浦村及莲花山一带早期国内革命斗争活动史迹，成为弘扬和培育民族精神、加强青少年爱国主义教育、建设社会主义先进文化的又一载体。6月26日，全国红色旅游工作协调小组办公室副主任胡呈军莅汕考察市红色旅游开展情况并给予充分的肯定。

【乡村旅游区建设】2011年，汕头市乡村旅游建设取得新进展。莲华乡村旅游区获得年度广东省旅游重大项目竞争性扶持资金300万元，通过发挥扶持资金的引导作用，推动建设农家乐、绿道网、兰花产业园等丰富乡村旅游内容的休闲度假项目，形成政府积极引导、企业自主经营、农民热情参与的乡村旅游发展格局，拥有广东省首批特色旅游镇、广东省生态镇、全国优美乡镇、中国兰花名镇、国家AAAA级旅游区等金字招牌的乡村旅游区；1月，由广东集味村集团投资建设的汕头市丹樱生态旅游区完成第一期工程建设并对外试业，景区占地面积4000余亩，是市乡村旅游区建设的又一个重点项目；大自然休闲农庄年内以建设西浦早期革命活动史迹陈列室为契机，进一步扩大景区规模，充实景区内容，规划启动二期绿野农庄项目建设。

【绿道网建设】2011年，濠江滨海休闲绿道网已完成从中信度假村往东延伸至濠江出海口的东西屿总长6.8公里的绿道建设，拥有海滩、绿林、湿地、草地和池塘等自然景观，是全市绿道网建设的示范点和粤东首条以健康环保、回归淳朴自然的滨海休闲绿道，为市民提供一个旅游休闲、康体、娱乐的好去处。濠江滨海休闲绿道网总体规划100公里，从南山湾滨海启动，环绕濠江海峡两岸，连接青云岩山地休闲公园、巨峰旅游景区、礐石风景区和叠石山景区等主要景点。

【潮汕美食城建设】10月，广东锦峰集团公司以粤东首家大型主题公园“汕头方特欢乐世界•蓝水星”为依托，投资兴建的锦锋潮汕美食城建成试业，并成功承办了汕头经济特区建立30周年庆祝活动欢迎宴会暨第十七届潮汕美食节。锦锋潮汕美食城通过集中展示潮汕老字号、潮汕特色小吃、潮汕名菜等潮汕美食的特色和精髓，进一步推动潮汕美食旅游的发展。

（庄为建 蔡琛）

旅游宣传与促销

【旅游宣传】2011年，市旅游局加大旅游宣传力度。深入开展“浪漫海湾 休闲汕头”主题旅游宣传活动；联系、协调汕头天气和城市旅游景观从2月15日起在中央电视台中文国际频道（CCTV-4）天气预报节目播出，背景为汕头标志性旅游景观图像；协助中央电视台《新闻联播》等栏目对南澳一号明古沉船水下考古进行现场直播；邀请央视、浙江卫视等来汕拍摄专题旅游宣传片，中央电视台《快乐汉语》栏目拍摄并播出“游滨海汕头，学快乐汉语”13集旅游系列片，中央电视台二套财经频道《消费主张》栏目和中央电视台国际中文国际频道《远方的家》栏目分别播出汕头旅游、美食专题，浙江卫视《爽食行天下》拍摄并播出了2期汕头美食节目，亚视本港台《May姐真识食》拍摄并播出6集汕头美食旅游节目；

中国旅游卫视《粤来越开心》、南方卫视《粤游越精彩》、福建电视台公共频道《城市慧生活》、人民网等栏目也分别拍摄、播放汕头专题、旅游采访节目；《香港商报》、香港《东周刊》、《南方都市报》、《游遍天下》、《马来西亚潮社人文汇集》等来汕采访并在上述杂志报纸刊登了汕头旅游专版专刊，在境内外掀起汕头旅游热潮。

【旅游推介活动】2011年，市旅游局组织参加了2011中国（昆明）国际旅游交易会、2011中国（西安）国内旅游交易会、2011广东国际旅游文化节、2011中国（广东）国际旅游产业博览会、粤赣旅游交流会、第七届（厦门）海峡旅游博览会、海峡旅游景区大联盟成立大会暨海峡旅游景区通票发行仪式等一系列国内外旅游交易会及互动推介活动，进一步扩大汕头旅游的影响力，提升汕头旅游的知名度。在第二届中国节庆创新论坛暨2011中国品牌节会活动上，潮汕美食节被评为“十大国际影响力节庆”；在“中国旅游品牌世界之旅•香港峰会暨中国国际旅游投融资洽谈会”上，汕头市被评为“中国最具投资价值旅游城市”。汕头市旅游局荣获2011中国（广东）国际旅游产业博览会“优秀组织奖”，汕头花车荣获2011广东国际旅游文化节花车巡游三等奖。

【旅游节庆活动】2011年，市旅游局通过举办一系列特色旅游节庆活动，带旺旅游市场，拉动消费，促进了旅游与文化、旅游与体育、旅游与农业、旅游与工业的结合，同时也深度挖掘、开发和利用旅游资源，形成一批休闲特色游景区（点），延伸汕头旅游产品链，实现旅游经济与生态效益、社会效益的多赢发展。3月12日，由市旅游局、市妇联、濠江区政府主办的汕头市2011“春满鮀城”生态旅游节开幕仪式在丹樱生态旅游区举行，全市共有南澳岛、礐石风景区、农业科学园、华侨公园、大自然休闲农庄等多个生态旅游区参与这一节庆活动，集中引导市民和游客提升生态文明理念，进一步推动生态旅游新发展。在2011年首个“5•19中国旅游日”，市旅游局策划启动“中国旅游日 汕头幸福游”主题系列活动。举办“浪漫海湾 幸福扬帆”中国•汕头帆船巡游活动暨“潮人杯”帆船巡游赛；“2010建行杯汕头旅游好新闻”；“2010汕头市最受欢迎旅游节庆活动、旅游景区（点）”颁奖仪式；莲华乡村旅游区国家4A级旅游区授牌仪式暨第四届乡村旅游节；“中国旅游日•南澳风情游”旅游文化周活动；旅游景区（点）免费或优惠开放活动等一系列“中国旅游日 汕头幸福游”活动。作为系列活动重头戏的“潮人杯”帆船巡游活动吸引来自香港、台湾、深圳、厦门等地的16支帆船队前来参加，展示汕头美丽的“一湾两岸”城市景观和良好的旅游资源、投资环境，展示汕头滨海旅游的魅力。在本次活动中，全市大部分景区免费对游客开放或实行门票5折优惠，《汕头日报》、《特区晚报》、《汕头都市报》和市邮政局《完美生活》刊登5•19旅游专版及惠民措施，汕头旅游网发布5•19旅游专题，大量市民游客参团出游，引爆汕头旅游市场。6月20日，由市旅游局和澄海区政府主办的“汕头市红色主题旅游活动启动仪式暨西浦早期革命活动史迹陈列室开放仪式”在澄海西浦村大自然休闲农庄举办，拉开开展红色主题旅游活动的序幕，加快红色旅游发展步伐。10月20日，由市旅游局作为主要承办单位的汕头经济特区建立30周年庆祝活动欢迎宴会暨第十七届潮汕美食节开幕式在锦峰潮汕美食城举行，国内外1000余名领导和嘉宾出席了欢迎晚宴和开幕仪式。活动为众位来宾献上了台富有潮汕文化特色的美食和文化盛宴，充分展示汕头经济特区独具特色的城市形象和美食文化。为期7天的美食节共吸引约50万游客、市民前往品尝，获得良好的社会效益和经济效益。潮汕美食节已成为汕头旅游的品牌之一。此外，还举办第三届汕头市濠江桃花节，2011潮阳•西胪杨梅节，濠江、澄海薄壳节，第十三届国际食品博览会暨汕头国际美食嘉年华、第六届中华名茶博览会、第四届旅游产品博览会、“汕头开埠文化游”启动仪式以及2011国际超级小姐世界大赛粤东赛区总决赛等等一系列旅游节庆活动。

【旅游服务热线】1月14日，市旅游局与中国电信汕头分公司合作开通114旅游服务热线，全天候为游客提供旅游咨询、订票、订房、投诉等服务，这是省首个地级市与电信部门合作开通的旅游服务热线。自开通以来，月均访问量达十万人次以上，给游客和市民的出行和游乐提供极大的便利并得到广泛好评，在全省率先实现了人工24小时旅游公共信息服务。

【编印旅游宣传资料】2011年，市旅游局与中国电信汕头分公司联合编印《汕头旅游黄页》（2011-2012），集合汕头市六区一县精品旅游景点信息和人文、自然、娱乐资讯，结合了吃、住、行、游、购、娱六要素，为市民游客系统地了解汕头旅游环境、全面获得各类旅游资讯提供便利。在金平区委、区政府和市旅游局的支持下，金平区旅游局组织有关人员编印出版《跟我逛汕头》一书，该书内容涵盖金平、龙湖、濠江辖区最经典热门的旅游景点、食宿信息和最新交通路线资讯，激情呈现汕头静逸内敛的188个经典景致，深度挖掘鮀城古色诗居的66个神往之地，为广大市民和游客朋友提供一个了解汕头过去和现在的渠道，受到广大市民和游客的热烈追捧。此前，金平区旅游局还编印了《跟我逛金平》一书，这是区县旅游攻略类工具书的首次尝试。

（庄为建 蔡琛）

旅游行业管理

【旅行社管理】2011年，汕头市新成立龙珠、金秋、安泰、康华、春之旅和厦门逍遥旅行社汕头分社等6家旅行社；注销江南旅行社、广东和平国旅汕头分社；新办理出境游委托代理7家，终止出境游委托代理3家；办理旅行社变更16次；旅行社服务网点备案5个。根据《汕头市奖励旅行社组织游客进入汕头旅游实施办法》，市旅游局、市财政局对2010年度组织游客来汕旅游成绩突出的9家旅行社进行奖励，分别是：组织接待总量奖（旅总、海岛、青旅、瀛南），特色创意奖（旅总、汕头假日、康辉、好风光、海岛）。开展旅行社责任保险统保工作，召开粤东四市旅行社风险防控暨事故处理研讨会，全市旅行社责任保险统保工作达到90%以上。做好国内游、出境游和赴台旅游相关工作，实行出境旅游组团社、分社和委托代理社总经理约谈制度，先后多次开展专项检查和规范工作。针对市旅游车辆不足情况与市交通运输局协商并提出建议，增加了20多块旅游车牌。

【旅游饭店管理】9月9日至12月3日，市旅游饭店星级评定委员会按照国家和省旅游饭店星级评定委员会工作部署组织对全市星级饭店进行复核。至年底，全市星级饭店共有38家，本年度应复核饭店38家，实际复核35家，其中评定性复核15家，一般性复核20家。延期复核3家，经复核，限期整改2家，取消星级1家。全年全市星级饭店共投入更新改造资金总计约1.59亿元。客房平均出租率为61.23%；营业收入总额6.80亿元，其中客房收入3.57亿元，餐饮收入1.97亿元，其它收入2亿元。6月，市旅游局还组织星级酒店开展2010版饭店星级标准培训宣贯工作，组织人员参加国家、省旅游局举办的新标准培训班。

【旅游推荐单位管理】2011年，市旅游局根据汕头市旅游推荐单位管理办法和相关标准，扎实推进旅游推荐单位工作，全市共推荐19家餐饮、购物企业，为旅行社及游客提供有特色、有保障的餐饮、购物服务。为挖掘汕头旅游资源，带动相关产业发展做出新的尝试和努力。

【旅游教育培训】2011年，汕头市旅游局启动汕头市旅游系统“十百千万”大规模教育培训从业人员工程。“十百千万”培训规划项目主要包括选择“十”所省内外旅游院校作为教育基地，联合开展旅游系统从业人员培养、培训工作；动员“百”家旅游企业自行开展员工培训；培养“千”名旅游系统业务骨干；培训“万”名旅游从业人员。培训工程共开展各类培训超过100场次，全市旅游从业人员基本上都接受了1次以上的职业素质培训。同时，市旅游局还组织开展全市导游员年审教育培训，对全市导游员进行继续教育培训，提升导游员的综合素质和业务水平。

【旅游市场秩序整顿】2011年，市旅游局共检查、走访旅游企业85家，检查旅游广告60余份，各种旅游合同150余份，旅游团队档案80余份，旅游团队30余个，普遍开展旅游服务质量问卷调查。发出5份整改要求，下发《责令限期整改通知书》2份。对违法违规企业进行立案调查3宗，行政处罚案件结案1宗。牵头和联合政府其他相关部门对全市的旅游包车、旅游车辆、旅游合同进行执法大检查。要求旅游企业和旅游从业人员开展签订诚信公约、承诺诚信服务、阳光报价等行业自律活动。引导游客理性消费、理性维权，全年共接到旅游投诉案件21宗，符合受理条件的投诉案件21宗，结案率100%。继续完善旅游质监所投诉电话接听制度和投诉案件的受理、处理和转办制度，依法按程序处理各类旅游投诉，保证假期节日旅游投诉电话24小时畅通。

【旅游安全管理】2011年，市旅游局先后布置开展节假日安全生产大检查。根据市政府的要求，制定《汕头市旅游安全生产工作“一岗双责”制度》，明确安全生产责任人。推动旅游企业健全、落实安全管理各项制度，严格执行旅游安全技术规程和标准，彻底排查治理安全隐患，认真解决安全管理上存在的突出问题和薄弱环节，有效防范和坚决遏制旅游安全事故发生，全年安全生产无事故。

【旅游行业协会】5月30日，汕头市旅游协会第四届会员（换届）大会在龙湖宾馆举行，新一届会员单位共60家，选举产生了以张汉林为会长的新一届理事会。5月31日，汕头市旅游酒店第四届会员（换届）大会在金海湾大酒店举行，新一届会员单位共41家，选举产生以范秀森为会长的新一届理事会。

（庄为建 蔡琛）

金 融

综 述

【概况】2011年，中国人民银行连续六次上调存款类金融机构人民币存款准备金率、连续三次上调金融机构人民币存贷款基准利率。面对国家货币政策持续趋紧，全市金融系统在认真贯彻国家货币政策基础上，继续加大金融支持地方经济建设力度，金融业运行继续保持平稳态势。银行业金融机构存贷款稳步增长，保险业继续保持稳健发展，证券期货市场交易平稳，企业改制上市成效突出，地方金融改革发展稳步发展，金融业增加值持续增加，全年实现增加值24.91亿元，增长4.14%。

2011年度，全市新增银行业金融机构2家（均为总部），分别为广东华兴银行（由汕头市商业银行重组）和广东澄海潮商村镇银行。至年底，全市共有银行业金融机构19家，其中政策性银行1家，国有控股商业银行5家，股份制商业银行4家，外资银行3家，邮政储蓄银行1家，农村信用社4家，村镇银行1家，营业网点645个，其中法人机构13家，一级分行5家，二级分行9家，支行及以下营业网点618家。银行业从业人员10200人。

2011年，全市银行业金融机构资产负债保持增长，不良贷款继续“双降”，利润保持增长态势。至年末，全辖资产总额2242.85亿元，比年初增加262.14亿元；负债总额2147.31亿元，比年初增加202.44亿元。各项存款余额达到1998.91亿元，比年初增加170.26亿元，增长9.27%。各项贷款余额764.16亿元，比年初增加102.67亿元，增长15.52%。全辖不良贷款余额41.97亿元，比年初减少4.76亿元；不良贷款率5.49%，比年初下降1.57个百分点。辖内银行业累计实现税前利润23.07亿元，同比增盈5.73亿元，同比增幅33.04%。

截至2011年底，全市有证券机构11家，证券营业部22家，投资者证券账户数71.58万户，全年累计交易额4989.13亿元。全市有期货机构（营业部）4家，投资者开户数2976户，全年累计代理交易额4278.34亿元。

2011年，全市有3家企业在深交所挂牌上市，其中中小板2家，创业板1家，IPO直接融资16.76亿元；至年底，全市共有A股上市公司19家，上市公司总数在全省排名第三位。19家上市公司总股本共55.43亿股，总市值596.38亿元，比年初增长－26.44%，环比增长－9.95%。

截至2011年底，全市共有保险主体机构26家，较2010年增加1家，各级分支机构121家，保险机构从业人员9300人。全市保险业资产总额153.65，同比增长13.62%；累计实现保费收入48.44亿元，同比增长6.13%；各项赔付支出11.36亿元，同比增长33.92亿元。全市保险机构围绕大力推动科学发展、加快建设幸福汕头的战略目标，积极发挥保险业在保障经济发展、支持民生建设、辅助社会管理的服务功能，全年提供财产风险保障2867亿元，并为部分市政工程提供风险保障，积极应对台风暴雨等自然灾害并做好理赔工作。积极发展农房统保和能繁母猪保险，累计承保农房保险53.8万户，有效服务于新农村建设。积极参与社会保障体系建设，累计为全市城乡居民提供医疗健康保障792万人次，计3257万元。

截至2011年底，全市新增小额贷款公司3家，总数达到9家，实现全市各区、县域小额贷款公司“全覆盖”，注册资本金合计9.02亿元，全年累计发放小额贷款1907笔，贷款金额21.49亿元，贷款余额9.66亿元。全市登记规范整顿的5家融资性担保公司全面通过审核，新设立融资担保公司4家，总数达到9家，累计注册资本金6.61亿元。

（市金融工作局）

人民银行汕头市中心支行

【概况】2011年，中国人民银行汕头市中心支行紧紧围绕“推创新、抓实效、促改革、谋发展”的工作思路，贯彻执行稳健货币政策，切实维护地方金融稳定，积极提升金融服务水平，不断拓展基层人民银行的履职空间，主动发挥促进地方经济发展的积极作用，力促区域金融一体化，争当区域金融发展排头兵。至年末，全市金融机构本外币各项存款余额1989.01亿元，比年初增长6.15 %；本外币各项贷款余额728.18亿元，比年初增长10.08%；国际收支顺差40.16亿美元，同比增长26.77%；结售汇顺差38.07亿美元，同比增长37.25%。

【货币政策】2011年，人行汕头中心支行不断丰富“窗口指导”内涵，努力疏通货币政策传导渠道，及时反馈准备金率和利率政策调整效应，引导信贷资金向中小企业、农村经济等薄弱环节以及保障性住房建设、文化产业发展等重点项目倾斜，增强货币信贷政策导向作用；通过建立农村金融产品和服务方式创新专项监测报告制度，力促农村金融改革发展，积极推进村镇银行建设，加大金融支持“三农”力度；通过“政府主导、人行牵头、部门参与、市场运作”，组建由银行业金融机构信贷业务骨干组成的地方金融顾问团，严格执行涵盖区县政府、行业协会及银行业金融机构等渠道的企业申报推荐制度，推进实施“增信融通”计划，提升金融机构针对中小企业的服务水平，有效改善中小企业融资环境。

【维护地方金融稳定】2011年，人行汕头中心支行贯彻重大事项报告制度，开展银行业金融机构稳健性评估工作，加强辖区地方金融机构风险监测工作，加强辖区贷款大户和上市公司风险监测，积极探索运用综合执法结果对金融机构实施经营状况综合评价，切实推进辖区金融稳定基础性工作；切实加强各项金融执法监督工作，维护正常的金融运行秩序；做好广东华兴银行加入人民银行金融服务与管理体系各项工作;在职责范围内积极配合相关部门做好汕特农信联社改革方案制订工作，努力推进汕头特区农村信用联社改革进程；积极配合地方政府和监管部门推动停业整顿城信社及信托投资公司的市场退出工作。截至12月31日，汕头辖区澄海、潮南、南澳共12个停业整顿城信社和挂靠营业部完成市场退出程序。

【金融服务】2011年，人行汕头中心支行不断完善提高金融服务能力。6月15日，人民银行潮阳支行发行库顺利恢复运行，有效服务当地经济发展；11月23日，在汕头举行广东省加载金融功能IC社保卡首发仪式，通过与汕头市人力资源与社会保障部门加强合作，共同推动加载金融功能社会保障IC卡推广工作；积极组织和动员金融机构、政府部门和企事业单位开办集中代收付业务，有效缓解公众缴费难、银行排队难，以及政府部门和企事业单位委托收费难等问题；进一步在农村地区和工厂厂区推广设置“转汇通”自助终端，全市有58家企业设置并开通“转汇通”自助终端，解决近5万名农民工汇款难问题；协同地方国税部门试行通过运用POS机方式缴纳零星税款，有效扩大财税库银横向联网覆盖面，方便零星、临时纳税人缴纳税款，提高预算收入入库效率；进一步规范业务运作，认真完成日常支付结算业务，提高清算水平；深化粤东区域金融合作，启动澄海区金融消费者权益保护工作，不断改善地方金融生态环境。

【外汇管理与服务】2011年，人行汕头中心支行大力推进人民币跨境贸易结算，至年末，辖区人民币跨境结算业务量达56.75亿元，超额完成任务，帮助企业解决通过境外银行或非银行渠道换汇结算中周期长、汇兑风险大和汇兑差价损失等问题，减少结算环节，节约汇兑成本，增加贸易利润；不断推进货物贸易外汇管理改革，对企业进出口货物和贸易收支资金流实行核查，根据企业合规情况，实施分类管理，并动态调整分类结果，简化进口付汇手续；放宽进口贸易信贷管理，重点扶持生产设备和能源的进口企业，将进口预付货款基础比例由30%提高至50%，方便企业根据自身经营状况合理安排对外支付；进一步放宽进口付汇名录管理，支持尚未取得对外贸易经营权企业的进口付汇业务；便利加工贸易企业对外付汇，解决“三来一补”企业转型升级涉及的进口料件结转付汇、开展内销所获得人民币收入对外付汇问题，支持加工贸易企业尽快实现转型升级；支持企业开展先进设备进口融资租赁，帮助企业在使用先进进口设备同时减少资金占用；不断加大辖区外汇管理和检查力度，营造公平有序的外汇市场环境。

（金植然）

银行监管

【概况】2011年，汕头银监分局围绕“防风险、保稳健、调结构、抓改革、促转变、强效能”开展工作，有效促进辖区银行业金融机构提高竞争力和风险管控能力，促进汕头经济社会实现较快发展。全辖银行业金融机构在落实中央宏观调控政策过程中，积极优化信贷结构，调整信贷投向，有效促进市信贷稳定而持续增长。全年全辖银行业金融机构运行总体稳定，各项存款稳步增长，不良贷款余额和比率继续实现“双下降”，利润保持增长态势。案防工作有效开展，全年实现零案件发生。年内，汕头银监分局办公场所由原来借用人民银行汕头市中心支行地方办公，搬迁至汕头市天山路55号金书大厦10-12层办公。

【银行业机构改革】2011年，汕头市银行业金融机构改革发展取得重大突破。8月26日，广东华兴银行股份有限公司在汕头顺利挂牌开业，标志着停业整顿长达10年之久的汕头市商业银行终于成功重组。广东华兴银行股东包括侨鑫集团、粤财控股等企业，注册资本50亿元人民币，注册地和总部设在汕头市，运营总部设在广州。汕头市商业银行是国内最后一家完成风险处置的城市商业银行，其成功重组并更名广东华兴银行标志着汕头银行业改革发展迈出新的步伐。 7月25日，广东澄海潮商村镇银行股份有限公司获广东银监局批准筹建。9月22日，经批准同意开业。10月9日，正式挂牌营业。成为市设立的首家村镇银行。该行由主发起人广东揭阳农村商业银行股份有限公司与广东金皓环保装备有限公司等7个法人、自然人共同出资1亿元人民币组建。该行的成立标志着汕头市农村金融服务体系更加完善。汕头市澄海农村信用联社和南澳农村信用联社拟改制农村商业银行工作有序推进。澄海农联社改制前期工作已基本完成，南澳农联社改制工作也在积极筹备之中。汕头特区农村信用联社改革方案也正积极酝酿。

【汕头市银行业协会成立】12月15日，由工商银行汕头分行等8家银行业金融机构发起的汕头市银行业协会成功组建并召开成立大会暨第一届会员大会，协会的成立对辖区银行业自律互助起到良好的推动作用。

【银行业监管】2011年，汕头银监分局继续积极实施监管通报制度，进一步加强与银行双向交流机制建设，及时传达国家有关金融政策、方针、规定等新精神和监管工作要求及需关注的风险。在汕头银监分局的引导下，辖区各银行业金融机构积极落实中国银监会“三个办法一个指引”贷款新规，按照贷款新规的要求改进业务管理流程，建立“实贷实付”精细化信贷管理模式，确保信贷资金进入实体经济，提高信贷投放效能。各银行业金融机构积极争取上级行的支持，及时调整信贷结构，积极扶持辖区符合国家调控政策和产业政策的企业，大力支持环保型、节约型、技术型新兴产业，推动汕头经济结构调整和协调发展。落实支持中小企业发展的“六项机制”，推进中小企业贷款业务的开展，有效缓解了中小企业融资需求。

【金融风险防控】2011年，汕头银监分局加强风险督导。严控政府融资平台贷款风险，加强对政府融资平台贷款的监测和调研分析，继续完善和加强与各有关部门沟通协调机制，定时校对和汇总辖内政府融资平台贷款清理处置的总体情况及相关报表数据，密切跟踪落实平台贷款风险化解工作。当年，辖区政府融资平台贷款风险基本可控。加强对房地产行业贷款风险、异地贷款风险、贷款集中度风险，不良贷款反弹等问题的关注。密切关注和监测辖区银行业金融机构异地大额贷款风险，加强对重点行业如房地产相关行业授信风险监控，防止银行信贷大起大落。要求银行业金融机构高度重视信贷风险管控，关注部分行业产能过剩和资产价格泡沫问题，从严把握信贷政策界限。银行业案防工作深入有效开展。通过督促辖区银行业金融机构加强案件风险排查工作，加大制度执行力度，有效强化案防长效机制建设。当年全辖银行业金融机构实现零案件发生。对保险机构违规驻点银行机构销售保险业务的情况进行暗访，并及时通报暗访结果和提出监管意见，督促有关银行业金融机构依法合规开展业务，有效防范纠纷和风险。密切监控辖内银行业金融机构与融资性担保机构业务合作情况，规范两类机构合作事项，积极配合市政府金融工作局对辖内融资担保公司清理整顿和验收工作。

（王创波）

地方金融

【概况】截至2011年底，汕头市共有农村信用合作社4家，营业网点262个，从业人员2476人。农村信用合作社资产总额280.58亿元，比上年末增加37.89亿元；各项存款余额221.60亿元，占全市银行业金融机构的11.26%，比年初增加28.87亿元；各项贷款余额160.09亿元，占全市银行业金融机构的22.67%，居全市金融机构首位，比年初增加18.4亿元。其中，中小企业贷款余额124.62亿元，比年初增加18.84亿元；涉农贷款余额127.28亿元，比年初增加15.78亿元。不良贷款余额38.44亿元，比年初减少2.91亿元；不良贷款占比24.01%，比年初下降5.19个百分点。农村信用合作机构全年累计实现账面利润13888万元，净利润11747万元，上缴税收（所得税）2142万元。

至年底，全市有小额贷款公司9家，累计注册资本金9.02亿元，全年发放小额贷款21.49亿元，贷款余额9.66亿元。全市有融资性担保公司9家，累计注册资本金6.61亿元。另外，全市有村镇银行1家，资产总额30405.44万元，设立营业网点1个，员工28人。

【汕头市商业银行成功重组】2011年，市金融工作局在汕头市商业银行重组工作协调领导小组和重组复业筹备组及处置汕头市商业银行历史遗留问题工作组的领导下，全力推进债权清收处置和债务清偿等各项基础工作。加强与国家有关部门和省委、省政府及省有关部门的沟通汇报，认真反复研究制订重组工作方案，及时跟踪重组工作进展情况，扎实做好重组复业的各项筹备工作。经过多方不懈努力，汕头市商业银行最终成功实现重组，重组后的新银行广东华兴银行于2011年9月8日挂牌开业。

【农村信用合作社】2011年，面对国家实施稳健货币政策与地方贷款刚性需求并存、整体流动性过剩与地方局部结构性资金偏紧并存的情况，汕头市农村信合机构在认真贯彻国家货币政策基础上，紧密结合地方经济形势，积极开展金融创新，加大信贷资金投放力度，大力支持地方经济发展。根据地方经济发展需求，以信贷规模调控为契机，加大涉农和中小企业贷款投放力度。其中，中小企业贷款余额124.62亿元，比年初增加18.84亿元；涉农贷款余额127.28亿元，比年初增加15.78亿元。围绕信贷投放“投量充分，投向合理，控制有效，调节有度”的要求，落实资金倾斜及优惠措施，优先解决涉农和国家鼓励发展产业的信贷需求。按照“双向选择、风险可控”的原则，择优扶持涉农龙头企业，增强信贷支农的社会效应。同时，根据地域、季节、行业等不同因素，分别制定涉农信贷投放重点，满足差异化、多样性、全方位的融资需求，促进县域经济和特色经济发展。通过设立中小企业服务中心，优化信贷流程，简化贷款手续，提高放贷效率，为小微企业提供周到服务。同时，以数据大集中系统上线为契机，加大中间业务创新力度，积极开通手机银行、网上银行、支付宝卡通、卡收通、银银自助转帐等业务，致力改善农村支付服务环境。

【小额贷款公司】2011年，龙湖

区、澄海区分别新设立小额贷款公司两家，实现小额贷款公司在全市各区（县）“全覆盖”。全市小额贷款公司全年发放贷款不良率为零，有效促进了辖区“三农”和小微企业发展，成为银行信贷不可或缺的补充。为推动小额贷款公司加快发展，政府职能部门围绕“全覆盖”的目标，针对南澳县经济发展特点，积极加强指导，严格审核把关，使南澳县小额贷款公司设立工作顺利获得核准；同时，根据各区经济发展和融资需求，协调推动龙湖区、潮阳区设立了第二家小额贷款公司；大力支持小额贷款公司增资扩股及与银行融资，本年度有两家小额贷款公司增资合计1.5亿元、向银行融资合计8000万元。在业务稳步发展的同时，通过加强经常性监测，开展现场检查和定期召开情况交流会，小额贷款公司内控机制和监管机制逐步健全，服务辖区经济社会发展能力不断提升。

【村镇银行】2011年10月9日，广东澄海潮商村镇银行挂牌开业，成为粤东四市首家村镇银行。至年底，广东澄海潮商村镇银行资产总额30405.44万元，负债总额20938万元。各项存款余额20746万元，年末贷款余额2010万元，所有者权益9467万元，亏损533万元。

【融资担保公司】2011年，汕头市申报规范整顿的5家融资担保公司全部通过审核，另申请设立并获核准的4家，全市融资担保公司总数达到9家，注册资本金6.61亿元。为推动融资担保体系建设，切实缓解中小企业融资难，有关职能部门及时成立工作机构，认真制订工作方案，抓紧开展规范整顿工作，加快推动申报规范整顿5家融资性担保公司获得核准。同时，支持鼓励民营资本投资设立融资担保机构，加强融资担保机构的监督管理和业务培训，引导融资性担保公司规范健康发展。

（市金融工作局）

银行业选介

【工商银行汕头分行】截至2011年末，中国工商银行汕头分行全行总资产达到430亿元，同比增加35.3亿元。全行各项存款余额415亿元，比年初增加38亿元；本外币各项贷款余额104亿元，比年初增加12亿元。全年新设立网点4个，迁建网点2个，进一步提高对经济发展潜力区域的网点覆盖面。全年新设立24小时自助银行9家，新投放自动取款机24台、存取款一体机33台，进一步拓宽服务空间。与此同时，提升队伍整体服务技能。适应客户需求综合化、多元化的大趋势，以基本服务规范、跨专业多产品知识、服务技巧为主要内容，开展大规模的专项培训工作，着力提升一线员工“一站式”服务能力。针对本地中小企业“融资难”、“担保难”的问题，积极推介以真实贸易、劳务等交易项下的订单或应收帐款为还款来源的融资业务；先后研发推出了“小额便利贷”、“谷饶内衣贷”、“网贷通”“商户联保”等创新产品，有效满足中小企业不同用途、不同担保方式的融资需求。同时，灵活运用表外业务工具满足本地优质企业的资金需求。全年向各类客户累放融资达126亿元。

（黄晖）

【农业银行汕头分行】2011年，汕头农行业务发展全面提速，经营业绩明显提高，市场地位持续回升，实现了“纵向提升、横向进位”目标。全年实现拨备前利润4.4亿元，同比增盈1.6亿元，增幅60%，完成率进入全省农行前五行列；在农总行等级评定中实现晋级，获得省行“等级行晋级优胜单位”的嘉奖。同业市场地位明显回升，行拨备后利润、中间业务收入、各项存款和各项贷款等核心指标的四行存量市场份额，分别比上年度提高了5.4个百分点、3.1个百分点、1.05个百分点和1.35个百分点。全市有遍布城乡的营业网点68个，从业人员1400多名，是汕头区域内经营辐射面最广、服务领域最宽的商业银行。2011年，在市场营销机制上，建立以分行、支行、网点为三级分层营销体系，细化各级营销维系团队的市场职责，并选拔一批具业务素质好、责任心强、有活力、有拓展能力的员工充实到前台岗位，着力解决制约经营转型的瓶颈问题。以“分类指导、突出重点、稳健发展”为原则，大力发展中小企业信贷业务，加快对中心城区工业园区，潮阳、潮南、澄海区支柱产业，产业转移园区等中小企业密集地带的信贷投入，帮助当地印刷包装、纺织服装、工艺玩具和化工塑料等外向型企业渡过难关。同时，该行积极向上级行申请，将相关集团性客户的部分开发项目列入总行级、省行级的重点信贷支持项目，优先配置专项贷款规模，近年来,累计投放项目贷款30多亿元；并建立起包括东部城市经济带项目在内的信贷投放储备40多亿元，积极为汕头当地经济的发展注入新动力。

（陈贤广）

【中国银行汕头分行】2011年，中国银行汕头分行辖属61个机构网点、14个自助银行和245台ATM机、中银自助通等自助设备遍布汕头各区，从业人员总数1281人。截至2011年底，行资产总额345.49亿元；本外币各项存款余额333.27亿元，比上年底减少35.79亿元；本外币各项贷款余额149.50亿元，比上年底增加8.66亿元；全口径授信不良余额和不良比率为6757万元和0.452%，比上年底分别下降499万元和0.06个百分点，授信资产质量呈股改以来最好水平。全年实现营业利润5.59亿元，同比增盈0.26亿元，增幅4.88%；2011年度该行入库税款（含国、地税）共计1.45亿元。年内，成功促成中省行与中国五矿（汕头）粤东物流新城发展有限公司签订50亿元战略合作协议，对中交东海岸新城项目也已获得中总行审批同意参加银团贷款。为华能海门电厂、华能汕头风电、汕头市自来水总公司、暹罗燃气等关系国计民生和地方经济发展的重要客户项目提供近4亿元的信贷资金支持。在国内率先推出面向全球潮商的中国银行“潮商信用卡”，并专门配套本地潮语客服专线等贴心服务，充分发挥金融促进经济发展重要作用。专门成立中小企业业务中心，推进中型企业信贷业务平行作业，开通小微企业信贷项目随到随审“绿色通道”，创新推出针对小微企业非传统抵质押物的融资担保模式，创新开发针对专业市场和特色产业集群的标准化授信方案，并积极探索网商融资业务模式，2011年累计发放授信89亿元，缓解企业“融资难”。主动参与汕头市金融社保IC卡项目建设，在全省率先发行首张具有金融功能的社会保障卡，借助银行网点为群众享受社保待遇提供便捷服务。积极推广跨境贸易人民币结算业务，成功办理汕头地区首笔对公和对私业务；创新银保合作方式，及时引进加保业务，助力出口外向型企业开拓国际市场；创新推出中银保“创新型国内贸易信用保险”项下国内融信达、预付款项下国内应付账款融资等业务，强化本地特色行业市场竞争力。

（李霖）

【建设银行汕头分行】截至2011年末，建行汕头市分行全口径存款余额306亿元，比年初新增11.6亿元；各项贷款余额100.07亿元，比年初新增7.95亿元；实现考核利润4.83亿元，上缴各项地方税费5100万元，中间业务净收入2.71亿元；不良贷款额461万元，比年初下降3186万元；不良率0.05%，比年初下降0.35个百分点，资产质量当地四行最佳；全辖员工人数达到1122人，共设有网点53个。全辖累计共布设自助设备141台，新增自助设备42台。2011年，个人住房贷款余额18.50亿元，其中住房公积金贷款业务实现跳跃式性发展，全年累计投放4.7亿元，新增4.0亿元，新增余额相当于业务开办以来前三个年度的新增总额。年内，全力做好地方政府的金融服务工作，承担为全市公务员代发工资、教师代发工资、交警罚款代收费、行政非税代收费、公积金归集、企业安全生产风险抵押金归集、住宅维修资金归集等大量的社会性、公益性业务。2011年，累计完成财政公务卡发卡3146张，为汕头市政府推行效能政府提供了良好的产品平台。为教育管理部门量身定制了民办教育安心宝产品，并与与汕头市潮阳区教育局、潮阳实验幼儿园签订《民办教育保证资金托管协议》，率先在建行广东省分行开办了民办教育保证的托管业务。在信贷规模偏紧的情况下，将信贷资源向经济带、电力、能源等地方经济“大动脉”倾斜。调整客户结构积极支持优质企业项目需求，服务上市和拟上市公司以及行业龙头企业做强做大，2011年全年投放新增非贴现人民币贷款25亿元。优先支持中小企业，保持原有较宽松的信贷条件，8月份对小企业经营架构进行调整，在中心城区新成立龙湖片区和金平片区两个经营团队，并加强对澄海区域的小微企业的扶持力度。至年底，累计支持小企业客户347个，贷款余额超过18亿元。专门设置了专营机构中小企业客户部，建立“信贷工厂”业务模式的小企业经营中心，实行“充分授权、高速审批”，平均1至2个工作日即可完成中小企业贷款项目的审批工作，为中小企业发展加速。创新推出“速贷通”、“成长之路”两大中小企业品牌和“网络银行联贷联保”、“融资租赁保理”等一系列适合中小企业的创新产品，多渠道支持中小企业发展。推出“集体土地个人抵押贷款”、“自然人联保联贷”、“个人与企业联合贷款”、“U信贷个人信用贷款”等系列产品，2011年度个人消费经营类贷款投放占全部个人类贷款投放的比例由2010年底的26.8%提升至的33.6%。以贸易融资为依托，解决进出口企业结算难、融资难等问题，带动国际业务做大做强，全年跨境人民币结算量突破7亿，业务量为2010年的近10倍；实现国际结算量16亿美元，同比增长59%。

（吴锐鸿）

【交通银行汕头分行】2011年，交通银行汕头分行辖下有27家营业网点，从业人员625人。全行人民币各项存款余额126.2亿元，创历史新高；实现经营利润1.22亿元；缴纳税收2171万元；全年全行办理“全国通”结算业务超过45.3万笔；更换、布设自助设备11台；全年家易通业务交易量超过7亿元。年内，将超过70%的信贷资金用于支持民营企业发展，先后向宜华集团、南洋电缆、猛狮集团、金东海等知名民营提供授信支持，至2011年末，全行累计发放贷款29.86亿元，其中企业贷款累计投放23.66亿元（民营企业累计投放22.31亿元），个人贷款累计投放6.2亿元，有效地解决当地中小企业融资难问题。加大对当地重点建设项目的支持力度。为华能国际、华润风能、港务集团等一批当地建设工程项目提供了超过3.69亿元的授信支持；全年累计发放电力、玩具、纺织、印刷、食品等行业贷款3.88亿元。

（金宇）

【广东发展银行汕头分行】2011年，广发银行汕头分行根据国家经济金融政策及上级行年度工作部署，以深化推进总行各项改革措施为动力，以聚力发展为主题，认真落实更名换标和企业文化推广的各项中心工作；全力加强市场拓展；全面提升管理水平，切实强化风险管理，积极推进金融创新，业务稳步发展并实现安全运营。截至2011年底总资产106.28亿元；本外币各项存款103亿，全年储蓄存款实现13.7%的增长；年末各项贷款余额35亿元；全年信用卡新增发卡37327张，累计发卡突破34万张。对3家物业形象差、服务功能低的网点的搬迁改造，并通过增设自助银行、电子银行等设施，提升服务水平。年内，积极支持地方经济发展。采取措施调整信贷结构，整合有效资源，腾出信贷空间，支持有迫切需求的优质企业。按贷款方式、信用等级、贷款期限三项指标综合确定贷款利率水平，对于信用等级高、担保措施完善的优质客户给予一定程度的利率优惠，降低优质企业融资成本。设立小企业金融中心，进一步提高授信审批效率。加强风险、内控管理，实现全年安全运营。

（林丹瑜）

【农业发展银行汕头分行】2011年，面对国家宏观调控政策形势，农发行汕头分行切实履行政策支农职能，主动调整信贷投放节奏，狠抓落实风险防控措施，继续坚持“两轮驱动”的整体业务布局，即以巩固粮油政策性收储主体业务为基础，加大中长期贷款项目营销力度，努力实现业务可持续发展。全年累计发放粮油贷款近2亿元，支持企业落实粮食轮换计划和政策性粮食跨省移库计划。认真履行好库存监管职责，确保粮食和信贷资金的安全。主动加强与政府有关部门的沟通协调，按计划收回老价差占用的贷款，有效化解潜在风险。加大中长期项目贷款的服务支持和营销储备力度，在做实融资平台的基础上，及时调整营销策略和管理方案，把关注民生工程、促进地方发展作为项目支持服务重点，跟进并完成潮阳区护城河道路建设工程二期项目贷款申报和资金支付工作，推动融资平台存量贷款风险覆盖问题的整改落实。积极做好澄海区莲阳桥闸重建工程项目后续贷款办理工作，支持市综合性水利枢纽工程的顺利完成。主动宣传信贷支农政策，及时介入濠江滨海新城建设，并开展初步洽谈合作。不断强化客户服务工作，在配合省行营业部做好汕头市六大围8亿元水利建设项目信贷资金支付工作中，积极探索和解决资金支付管理遇到的相关问题，确保信贷资金真正用于水利工程建设。积极落实“双单作业”，进一步拓宽中间业务品种，实现中间业务收入同比增长。抓好风险日常监测和分析管理，落实好各项规章制度。多措并举清收不良贷款，充分运用减免表外欠息清收不良贷款等政策推进不良贷款取得新进展，实现不良贷款余额及占比“双下降”目标。大力推进客户“一站式”服务，从贷款办理到支付结算有针对性地提出服务方案与服务流程，进一步规范和优化客户服务工作。加大内外部宣传力度，发挥信息的上传下达以及外部宣传作用。利用征信宣传月、反洗钱宣传周等专项活动，不断增强社会责任意识，提升外部形象。

（吴晓虹）

保险监管

【概况】2011年，汕头保监分局实施“粤东崛起，重点突破”发展策略。分析保险业滞后现状、存在问题和面临形势，制订实施《粤东保险业“十二五”发展规划》，明确建设汕头区域保险中心的目标。并创建月度发布的“粤东保险景气指数”，制订粤东《中小保险机构不对称发展战略指引》和《促进非车财产险健康快速发展的指导意见》，引领粤东保险业的发展。

【保险业监管】2011年，汕头保监分局实施“综合治理，制度为本”的监管策略，全年共处罚机构7家次，处理责任人6人次，罚款共计58万元，吊销兼业代理许可证1家，监管谈话20多次。分局通过组织开展“保险监管法规制度宣讲”；组织行业普法宣传和法制教育工作；开展行政许可、销售误导、积压赔案、数据真实性四项清查活动；对各保险主体贯彻落实保监会、省保监局监管制度情况逐项摸查；制订出台粤东《保险市场区域轮动检查制度》、《稽查案件整改复访制度》等制度；集中开展防灾防损排查；加强风险监测，下发风险提示函；指导行业协会组织开展监管制度执行情况、电销业务合规情况等自查互查；推动四地市行业协会改革工作，指导汕头协会初步建立起保险赔案信息共享机制等措施，加强对全市保险行业的监管力度。

【服务平台建设】2011年，汕头保监分局实施“内外并举，多轮驱动”营造公平、公正的从业环境。积极推动市政府与省保监局共同签订《共同推动保险业支持汕头市科学发展合作备忘录》；与汕头市治贿办联合出台《关于进一步打击利用保险业务从事商业贿赂行为的通知》。在《汕头日报》刊发保险业改革发展和服务地方建设的长篇通讯；在《汕头特区晚报》开辟“保险，让生活更幸福”每周宣传专栏，实施“五个一”专项宣传行动。加强与公安、检察院、法院沟通，推动建立打击保险欺诈的合作机制。与汕头市仲裁委联合印发《关于在粤东保险业进一步推行仲裁法律制度的意见》。同时，市保监局着力改进保险服务，开展“保险经营全流程调查”，摸清保险经营服务流程，掌握风险环节。推动保险机构加快处理积压赔案，涉及24376件，金额2.73亿元。出台《粤东四市机动车辆保险查勘理赔服务质量评价制度》，试行《车险小额赔案快速理赔服务"一二三"标准》。开展"3.15"保护消费者权益活动、局长接访活动。

（杨娉）

保险业选介

【概况】2011年，汕头保险业围绕"转方式、促规范、防风险、稳增长"的总体要求，扎实开展各项工作，实现"十二五"良好开局。市场运行平稳健康。截至年末，保险业资产总额达153.65亿元，同比增长13.62%；保费收入48.44亿元，同比增长6.13%。其中，产险公司保费10.27亿元，同比增长24.41%；寿险公司保费38.17亿元，同比增长2.09%。累计赔付支出11.36亿元，同比增长33.92%。共有保险主体26家，各级分支机构121家；从业人员9300人，保险中介机构9家。结构调整逐步见效。产险业务中非车财产险保费1.75亿元，同比增长22.4%，增速同比提高12.6个百分点；人身险业务新单期缴率29.05%，较上年同期提高3.64个百分点；10年期及以上新单期缴业务占比55.06%，较上年同期提高11个百分点。保险风险有效控制。产险公司应收保费率0.31%，同比下降0.04个百分点，批退率1.21%，同比下降0.33个百分点；寿险公司退保率1.88%，明显低于警戒线。汕头保险业为经济社会发展构建保障网，取得积极成效。年内，提供财产风险保障2867亿元，累计赔付支出3.78亿元。为"一湾两岸"、珠港新城、跨海大桥等多项工程建设提供风险保障。在"莎莉嘉"台风、"4·16"暴雨、"8·7"善业服饰重大火灾等重大灾害中及时理赔，帮助受灾企业和群众迅速恢复生产生活。发展农房统保和能繁母猪保险，积极服务新农村建设，累计承保农房保险53.8万户。在汕头学生坠楼、澄海校园斗殴伤亡事件等突发事件中积极化解纠纷，维护社会稳定。积极参与社会保障体系建设，为792万人次城乡居民提供医疗健康保障3257亿元。在保险业参与医疗保障体系建设"湛江模式"的基础上，积极探索创新，探索城乡一体化医疗保障制度建设新路子，预计覆盖城镇职工和城乡居民480多万人，涉及保费资金4800多万元。

（杨娉）

【人保财险汕头市分公司】中国人保财险汕头市分公司2011年实现保费收入3.47亿元，同比增长18.4%，是粤东地区首家保费规模过3亿元的财产保险主体。公司全年累计承担保险风险责任金额1184亿元，支付赔款1.64亿元，同比增长51%；上缴税费2380万元，同比增长18.6%；代扣车船税2100万元。2011年，公司着力增强服务地方经济发展和幸福社会建设能力，成效显著。支持经济发展方面，承保汕头市东部城市经济带水利工程，向企业推广企财险基本险与责任险、意外险、家财险等一揽子保险服务，为项目建设及企业发展保驾护航。服务民生保障方面，公司积极参与社会保障体系建设，为我市城乡居民和城镇职工提供高额医疗费用补充保险服务。服务"三农"建设方面，公司积极做好政策性农房保险、能繁母猪保险等涉农保险业务的承保理赔工作，全市农房保险统保率达90%，促进了保险惠农支农工作的有效落实。

（王琪）

【平安产险汕头中心支公司】中国平安财产保险汕头中心支公司成立于1997年3月，成立15年来，充分利用平安集团的技术平台和品牌优势，促进业务的发展和服务质量的提升。2011年，公司紧抓多个基础设施项目启动和进出口贸易迅猛增长的机遇，着力扩大保险覆盖面，全年实现保费收入3.19亿元，同比增长35%，实现利润 2300万元，取得规模和效益的双跨越。在业务健康发展的同时，公司针对理赔难问题，推出了"承诺不变，服务升级"的服务承诺，通过一天赔付、免费救援、上门代收理赔资料等具体项目，优化服务品质。

（王晖）

【太平洋产险汕头中心支公司】中国太平洋财产保险股份有限公司汕头中心支公司自1994年成立以来，充分发挥大公司实力雄厚的优势，切实为地方经济保驾护航，在市场上享有良好的信誉和实力品牌。2011年，太平洋产险汕头中心支公司秉承"诚信天下、稳健一生、追求卓越"的核心价值观，以"推动和实现可持续的价值增长"为经营理念，着重强化理赔服务。全年实现保费收入12291万元，同比增长20.42%，综合成本率80.21%，综合赔付率45.91%，经营效益良好。多年来持续为本地一批上市公司等企业提供保险服务，2011年赔偿经济损失达5168万元，保险保障功能更加突出。

（陈文璇）

【中华联合汕头中心支公司】中华联合财产保险股份有限公司汕头中心支公司成立于2004年，是汕头市四大财产保险公司之一，目前在龙湖、潮阳、潮南和澄海设立了分支机构。公司产品覆盖机动车辆、企业和家庭财产、短期人身意外和健康等多个领域，为广大客户的生产生活提供风险保障。2011年实现保费收入5248.25万元，同比增长7.4%。成立以来，公司践行"服务至上、信守承诺、回报社会"的服务宗旨，在"珍珠"台风等重大自然灾害中，主动处理、迅速赔付，赢得社会各界的认同。开业至今，累计处理各类赔案约6.28万件，提供经济补偿近2亿元。同时，2011年车险电销业务正式启动，为广大汽车用户提供了更大的便利。

（叶明芳）

【**大地财险汕头中心支公司**】中国大地财产保险股份有限公司汕头中心支公司成立于2005年2月，下设5家营销服务部。2011年，公司实现保费2902万元，同比增长8%，自留满期赔付率为55.08%。车险服务方面，2011年推广RAS（车险理赔快速定损系统）定损，目前RAS定损覆盖率已达98.3%，同时小额赔案结案周期进一步下降至10.9天，72小时结案占比达47%。非车险方面，按照全省校方责任险统保方案，主要承保潮阳地区的校方责任险，通过采取上门收集资料的方式，受到学校和学生家长好评。

（林佳文）

【**安邦财险汕头中心支公司**】安邦财产保险股份有限公司汕头中心支公司成立于2006年5月26日，成立以来，公司始终坚持“客户第一、速度第一”的业务方针，力求为客户提供更专业、更全面、更多层次的金融服务。2011年，安邦财险汕头中心支公司实施“235”速赔方案（3000元（含）2日内、3000元至10000元（不含）3日内、10000元以上案件在5日内完成理赔系统结案），有效提高了理赔效率，公司服务品牌影响力进一步扩大。

（庄丽洁）

【**中国人寿汕头分公司**】中国人寿保险股份有限公司汕头分公司是汕头市最大的保险机构，下辖澄海、潮阳、潮南、南澳等四个支公司，公司员工及营销员达3700人。2011年，中国人寿汕头分公司全年实现总保费24亿元，保费收入占全市保险业市场份额的64.5%。在稳步推进业务发展的同时，中国人寿汕头分公司致力于服务地方经济社会建设，全年向地方缴纳营业税、个人所得税等各种税款达5068万元，处理理赔案件1.1万件，赔付支出7987万元，理赔平均时效3.34天，真正发挥保险行业社会“稳定器”的作用。积极履行社会责任，开展心连心夏令营、少儿文艺演出等多项公益活动，为汕头公益事业作出了应有贡献。

（耿星）

【**平安人寿汕头中心支公司**】截至2011年，中国平安人寿保险股份有限公司汕头中心支公司共设立分支机构7家，销售网点基本覆盖汕头市辖内各县区。全年总保费收入4.60亿元，同比增长3.04%，其中个人代理渠道新单规模保费突破一个亿，代理人队伍超过1500人。2011年，共受理赔付案件901宗，赔付金额总计716.45万元，3日结案率为100%。公司坚持创造行业服务新标准，如“P-STAR五星级服务品牌”、MIT移动展业模式、多渠道保全服务等，服务水平始终保持行业领先。同时，积极参与公益植树、慈善捐款、爱心献血活动等社会公益事业，获得市民的认可和好评。

（杨奕）

【**泰康人寿汕头中心支公司**】泰康人寿保险股份有限公司汕头中心支公司成立于2002年1月，目前下设机构4家，分布在澄海区、潮阳区、濠江区和潮南区。业务方面，自成立以来一直保持较快增长，2011年实现保费收入3.51亿元，同比增长16.22%。服务方面，以需求为导向，主推养老型、教育型分红年金产品、“一张保单保全家”的特色家庭保单和传统保障性险种；同时推出了以“在线网络报案”、“康乃馨住院探视”、“异地理赔”、“VIP客户上门服务”、“理赔短信即时通知”等为特色的一套服务举措，有力提升了服务品质。

（蔡浩杰）

【**太平人寿汕头中心支公司**】太平人寿保险有限公司汕头中心支公司成立于2007年6月，现下辖潮南支公司和澄海营销服务部。2011年实现保费收入8600万，同比增长9.5%。公司坚持以客户需求为导向，协助客户做好理财规划和风险规划之余，更为客户提供各种制式和非制式服务。除定期举办各种客户服务活动外，还设置了独具特色的VIP客户体检、生日服务、健康讲座等一系列高端客户服务活动，有效提升了客户满意度。同时，为担负起社会责任，公司积极响应汕头慈善总会等慈善机构发起的社会捐助活动，长期助力社会公益事业，进一步发挥了保险“社会稳定器”的作用。

（王赟）

【**平安养老汕头中心支公司**】2008年2月，平安养老保险股份有限公司汕头中心支公司获批成立，是首家入驻粤东的专业养老保险公司。公司主营团体业务，涵盖企业年金、团体商业养老保险、团体健康险及意外伤害险等。2011年公司实现保费收入2047.86万元，实现了持续健康发展。自成立以来，公司连续多年承保汕头市城镇职工及居民高额补充医疗保险，为广大企业职工提供医疗、意外保障，优质的服务一直以来都得到广大市民的肯定和好评。

（钟璇琼）

【**中宏保险汕头中心支公司**】中宏保险汕头中心支公司是一家中外合资人寿保险公司，于2010年4月正式开业。截至2011年12月，实现保费收入598.58万元，营销员172名。公司致力于为国内消费者提供卓越服务，以国内消费者的需求为导向，不断推进产品创新，其产品连续在各类评比中获得嘉奖；通过开发短信服务系统、VIP客户季刊等，为客户提供更高效、便捷的服务，不断提高服务品质。作为充满社会责任感的企业，公司积极投身各项社会公益事业，极具特色的社会关怀承诺日活动更是深受大众及媒体好评。

（范倩茹）

证券期货业

【概况】2011年，全市有3家企业在深交所挂牌上市，其中中小板2家，创业板1家，IPO直接融资16.76亿元；截至年底，全市共有A股上市公司19家，其中主板4家，中小板11家，创业板4家，上市公司总数在全省名列前茅，19家上市公司总股本共55.43亿股，总市值596.38亿元，比年初增长－26.44%，环比增长－9.95%。至年底，全市有证券机构14家，证券营业部25家，投资者证券账户数71.58万户，全年累计交易额4989.13亿元，其中股票类交易额4106.09亿元。全市有期货机构（营业部）4家，投资者开户数2976户，全年累计代理交易额4278.34亿元。

【企业改制上市】2011年，市金融工作局按照市委、市政府年初提出的任务目标，充分发挥汕头市民营经济比较发达的优势，积极培育上市后备资源，加强与上级有关部门和中介机构的联系，积极出台和落实各项扶持措施，对企业改制上市实行奖励，构建推动企业上市的长效机制；加强宣传和组织发动，召开推动企业改制上市研讨会，邀请省金融办、广东证监局、深交所及有关中介机构的领导和专家为企业提供专题辅导；深入企业开展调研，帮助解决实际困难，为企业改制上市开辟“绿色通道”，有效推动汕头市企业加快上市。全年全市新增上市公司3家，IPO直接融资达到16.76亿元。上市公司总数达到19家，居省内地级市前茅；其中，中小板、创业板企业家数居国内地级以上城市前茅。9月22日，在湖北武汉召开的第七届地方政府企业改制上市工作经验交流会上，汕头市作为全国先进地区之一作经验介绍。

【证券期货市场管理】2011年，市金融工作局抓住国家政策机遇，积极开展调研分析，先后就汕头市发行城投债、准市政债、中期票据等债务融资工具开展调研。其中，市政府城投债发行相关工作正式启动，成立了市城投债发行工作领导小组，完成相关平台搭建，积极推进20亿元城投债发行的筹备工作。加强对证券期货市场的协调管理。市公安、监察、国资、财政、金融等部门加强协调配合，建立依法打击和防控内部交易工作制度，有效维护地方证券期货市场秩序，证券期货市场保持稳步发展。截至年末，全市证券机构累计交易额4989.13亿元，期货机构累计代理交易额4278.34亿元，交易额居全省前茅。

（市金融工作局）

政　　治

POLITICS

◆中共汕头市委员会

◆汕头市人民代表大会

◆汕头市人民政府

◆政协汕头市委员会

◆中共汕头市纪委

◆民主党派和工商联

◆人民团体

◆外事·台湾事务·侨务·宗教

◆地方军事

中共汕头市委员会

综述

【2011年全市工作主要成果】2011年是汕头经济特区成立30周年，也是中国共产党建立90周年、“十二五”规划开局之年。市委在党中央、国务院和省委、省政府的正确领导下，认真贯彻落实胡锦涛总书记“七一”重要讲话、视察广东重要讲话精神和中央、省的一系列重大决策部署，紧紧围绕建设幸福汕头这个核心，以特区扩围为契机，以改革创新为动力，积极应对复杂多变的宏观经济形势，抢抓机遇、完善思路，团结拼搏、真抓实干，经济建设、政治建设、文化建设、社会建设以及生态文明和党的建设取得了新的成绩，实现“十二五”良好开局。

一是围绕科学发展主题，建设幸福汕头的战略部署进一步明确。进一步提升发展理念，完善发展思路。积极主动争取国家、省的支持，着力谋划和推进扩大汕头经济特区范围取得重大进展。3月24日，国务院正式批准汕头经济特区范围扩大到全市，从5月1日起正式实施，把加快汕头经济特区的改革创新和科学发展再一次上升为国家战略，为汕头打开更为广阔的发展空间，创造极为难得的发展机遇。精心编制《中共汕头市委关于制定全市国民经济和社会发展第十二个五年规划的建议》和《汕头市国民经济和社会发展第十二个五年规划纲要》，对创新发展模式、推动跨越发展作出了部署。胜利召开市第十次党代会，对汕头经济特区30年来的发展历程和认识体会进行深入回顾总结，科学分析并回答“什么是幸福汕头”、“为什么要建设幸福汕头”、“怎样建设幸福汕头”等若干重大问题，进一步完善建设幸福汕头的战略构想。

二是突出转变发展方式主线，结构调整步伐进一步加快。着力推进现代产业体系建设，出台《加强总部经济发展的若干意见》、《现代产业用地使用权出让办法》，制定实施战略性新兴产业倍增计划、传统优势产业提升计划、现代服务业提速计划、海洋综合开发计划等产业发展计划，充分发挥国内外大中型企业、本地民资和海内外潮商“三种资源”的作用，大力推动产业优化升级。积极引进一批世界500强企业和大型央企参与产业发展，与中信、中核、中交、中远、中航、中国五矿以及华润、苏宁电器、万国数据等国内外大型企业开展战略合作取得重大进展。大力扶持本土企业做大做强、做专做精。新增上市公司3家，累计上市企业达到19家，上市公司数名列全省前茅，初步形成“汕头板块”。加快推动产业集聚发展，产业转移工业园入选省产业转移工业园重点园区，一批工业园区基础设施加快建设。完善自主创新体系，加快建设国家玩具质量监督检验中心（汕头）等一批公共服务平台。全力推进贵屿新城建设。汕头被授予“国家电子商务示范城市”称号。

三是推进体制机制创新，深化改革力度进一步加大。以统筹城乡综合配套改革为着力点，进一步发挥特区在改革开放中的“窗口”和“试验田”作用。制定实施濠江区行政体制综合改革方案，通过立法赋权、行政授权、行政委托等方式，使濠江区获得相当于地级市的经济社会管理和行政执法权限。在全国地级市中率先出台《行政程序规定》，开展第四轮行政审批事项清理，简化办事程序。推行扁平化行政管理，加快建设“汕头网络问政平台”。推进富县强镇事权改革，下放审批权限49项。整合城镇居民基本医疗保险和新型农村合作医疗，建立城乡统一的居民基本医疗保障制度，在全省率先制发加载金融功能的社会保障卡“一卡通”。积极推动统筹城乡的金融、土地等综合配套改革。完成汕头商行重组。制定出台汕头市数字化城市管理实施方案。加强对国有资源的监管整合运营，加快推进国有企业改革。

四是实施城乡一体化发展战略，大特区城市规划建设水平进一步提高。抓住特区扩围和城市总体规划修编的契机，强化城乡总体规划与经济社会发展规划、土地利用总体规划、海洋功能区规划等专项规划的“多规融合”。打造“一核多组团”的城市发展新格局，加快珠港新城、东海岸新城、濠江新城、西部生态新城、南澳岛的规划建设。完成市、区（县）、镇三级土地利用规划修编，部署加快宜居城乡创建工作，推动“三旧”改造规划，有效拓展城乡发展空间。积极探索构建城市投融资平台，积极筹划和争取发行第一期城投债。完善现代综合交通运输体系，一批重大港口、交通、能源、水利基础设施项目建设扎实开展，一批环保设施建设取得重大进展，企业污染和贵屿、练江区域环境污染整治力度加大。大力整治贫困村村容村貌，加快建设一批样板社区，农村生态保护及海洋环境保护得到加强。获得“广东省旅游综合改革示范市”称号。

五是不断扩大开放，区域协作和对外经贸合作水平进一步提升。按照省关于推进汕潮揭一体化的要求，主动与周边城市对接，积极探索三市合作新模式，全力推进区域交通一体化建设，牵头推动粤东地区打黑除恶专项行动。发挥海西经济区南翼中心城市作用，积极申报粤台经贸合作试验区，进一步扩展对台直航业务，在全省率先出台《汕头经济特区台湾同胞投资权益保障条例》。主动融入珠三角改革发展，广泛参与粤港澳紧密合作，拓展参与中国－东盟自由贸易区合作渠道，积极提升闽粤赣十三市合作水平。圆满完成对口援建汶川地震灾区工作任务。市委主要领导带队出访泰马新三国，学习考察当地成功经验，深化交流合作，增创侨乡发展新优势。借助汕头经济特区建立30周年庆祝活动、第四届粤东侨博会和第十六届国际潮团联谊年会等平台，加强与海外华侨的联系与合作，引导海内外潮商设立潮汕投资发展基金、潮汕文化发展基金参与汕头开发建设。

六是加强以改善民生为重点的社会建设，发展成果惠及百姓进一步扩大。编制“十二五”民生发展规划。加大民生领域投入，全市公共服务和民生领域财政支出达到96.24亿元，占财政总支出的68.3%。办好十件民生实事，切实解决群众关心的热点难点问题。全市高中阶段毛入学率超过85%，引进“全民低成本健康”工程，城镇居民医保和新农保实现全覆盖，蝉联“国家卫生城市”称号。扎实推进扶贫开发“规划到户，责任到人”工作，完成省下达的80%以上贫困户脱贫任务。就业形势保持稳定。建设保障性住房9169套，提前超额完成省下达任务。设立市社会建设工作委员会，出台《中共汕头市委、汕头市人民政府关于加强社会建设的决定》，加强和创新社会管理。加强社会治安综合治理，全市社会治安状况明显改善。制订《重大事项社会稳定风险评估机制的意见》，出台《汕头市信访工作责任追究暂行办法》，畅通群众依法表达诉求的渠道，成功处置海门镇群体性事件，社会大局保持稳定。

七是重视城市软实力建设，文化强市意识和市民文明意识进一步强化。不断提高市民文明素质、提升社会服务、改善城市环境，荣获“广东省文明城市”称号。举办“感动汕头十大人物”评选表彰和巡回演讲等系列活动，在全市营造学典型、创文明的良好社会氛围。召开全市文化体制改革工作会议。实施“南澳I号”古沉船水下抢救性发掘，一批项目入选国家非物质文化和档案文献遗产名录，一批文艺精品获得国家和省的奖励。文化产业快速发展，对外文化交流合作不断扩大，社科理论研究逐步加强。扎实推进文化惠民工程，公共文化服务体系不断完善。成功举办汕头市第十二届运动会。

八是抓好民主法制建设，经济社会发展环境进一步优化。坚持中国特色社会主义政治发展道路，不断丰富社会主义民主政治参与形式。切实加强和改进党对人大工作的领导，强化人大及其常委会依法履行职能，及时清理特区立法，有效解决法规适用上的“一市两法”问题。把人民政协事业纳入科学发展大局去部署和推进，召开全市政协工作会议，出台《中共汕头市委关于进一步加强人民政协工作的意见》，为汕头市人民政协履行职能、发挥作用注入强大动力，人民政协围绕中心、服务大局、凝聚力量的重要作用进一步加强。研究制定《法治汕头建设五年规划》，深入开展法治城市、法治区（县）创建活动。召开全市“五五”普法总结表彰暨“六五”普法动员大会，全面部署“六五”普法工作。运用好特区立法权，促进和保障濠江区行政体制综合改革的立法开创了当年立项、当年调研、当年审议通过的先例。不断加强统一战线和党管武装工作，蝉联全国“双拥模范城”、省“双拥模范城”称号。

九是全面推进党的建设，科学执政能力进一步增强。抓好市、区（县）、镇、村领导班子换届工作，进一步加大竞争性选拔干部和干部交流轮岗力度，一大批优秀领导人才走上各级党政岗位。全面开展干部教育培训工作。深入开展创先争优、镇（街道）党组织建设年、村党组织建设年活动，基层党建工作得到有效加强。扎实开展纪念建党90周年系列活动，评选表彰100个先进基层党组织和100名优秀共产党员、优秀党务工作者。召开全市人才工作会议，编制出台《汕头市中长期人才发展规划纲要（2010－2020）》及各项人才计划和配套政策，全面实施人才强市战略。扎实推进汕头特色惩治和预防腐败体系建设，积极开展“治贪、治庸、治懒、治散”专项整治行动，干事创业的氛围日益浓厚。认真落实民主集中制，严格落实重大决策社会稳定风险评估工作机制，决策机制更加科学完善。

（汕综）

市委全委会及其他重要会议

【市委九届十次全会】1月16日至17日，中共汕头市委九届十次全会在市委会议中心召开。全会由市委常委会主持。全会认真学习贯彻党的十七届五中全会、中央经济工作会议和省委十届八次全会精神，回顾总结汕头市2010年及“十一五”时期的工作，部署2011年及“十二五”发展主要目标任务，动员全市干部群众弘扬特区精神，擦亮特区牌子，勇于改革，开拓创新，奋力拼搏，努力推动科学发展，加快建设幸福汕头。全会审议通过《中共汕头市委关于制定国民经济和社会发展第十二个五年规划的建议》和《中国共产党汕头市第九届委员会第十次全体会议决议》。市委书记李锋代表市委常委会向全会作工作报告，并作总结讲话；市委副书记、市长蔡宗泽作《中共汕头市委关于制定国民经济和社会发展第十二个五年规划的建议》（稿）的起草说明，并就全市经济工作作讲话。

【市委九届十一次全会】7月18日，中共汕头市委九届十一次全会在市委会议中心召开。会议深入贯彻党的十七大、十七届五中全会和胡锦涛总书记在庆祝中国共产党成立90周年大会上的重要讲话精神，全面落实省委十届九次全会的战略部署，明确社会建设的目标任务，着力推进社会建设和管理创新，进一步推动科学发展、促进社会和谐，加快幸福汕头建设进程。全会由市委常委会主持。市委书记李锋代表市委常委会作报告。市委副书记、市长蔡宗泽作总结讲话。会议书面传达学习省委十届九次全会精神。市委副书记邓大荣就《中共汕头市委、汕头市人民政府关于加强社会建设的决定》的起草情况作了说明。全会审议《中共汕头市委、汕头市人民政府关于加强社会建设的决定》（稿）、市委常委会《2011年上半年工作报告》和《2010年市管党费收缴、管理和使用情况报告》。濠江区、市委政法委、市民政局负责同志分别在会上发言。

【市委十届一次全会】11月30日，中共汕头市委十届一次全会在市委会议中心举行。全会选举产生中共汕头市第十届委员会常委和书记、副书记，李锋当选为市委书记，郑人豪、孙光辉当选为市委副书记。全会还通过新一届市纪律检查委员会第一次全体会议关于市纪委常委和书记、副书记的选举结果。市委书记李锋在会上讲话。他指出，把建设幸福汕头的奋斗目标变成行动，把宏伟蓝图变成现实，需要长期而艰辛的努力。建设幸福汕头，关键在班子，关键在队伍，关键在狠抓落实上下功夫。新一届市委受任于汕头经济特区建立30周年、特区范围扩大至全市、“十二五”规划开局之年的关键时刻，有幸担当推动科学发展、建设幸福汕头的历史重任，职责光荣、使命神圣，一定要承前启后、继往开来，不辱使命、不负重托，团结带领全市人民，加快建设幸福汕头，努力开创汕头更加灿烂美好的明天！

【经济特区扩大范围正式实施干部大会】4月27日，汕头市迎接经济特区扩大范围正式实施干部大会在市委会议中心召开。会议认真学习贯彻《国务院关于扩大汕头经济特区范围的批复》精神，动员全市广大干部群众加快改革创新和科学发展，奋力实现思想观念大转变、经济发展大飞跃、体制机制大转型、城市面貌大变样、开放水平大提升、人民生活大提高，谱写推动科学发展、建设幸福汕头的新篇章。市委书记李锋作讲话，市委副书记、市长蔡宗泽主持会议并宣读《国务院关于扩大汕头经济特区范围的批复》。

【庆祝中国共产党成立90周年大会】6月29日，汕头市委在潮汕体育馆召开庆祝中国共产党成立90周年大会，回顾党的光辉历程，表彰先进基层党组织、优秀共产党员和优秀党务工作者。市委书记李锋在会上讲话，强调在中国共产党成立90周年的历史节点上，在汕头经济特区迈进而立之年、开启“十二五”规划新征程的重要时刻，必须牢牢抓住特区扩围的重要契机，进一步强化特区意识、弘扬特区精神、焕发特区活力，凝心聚力，真抓实干，深入推进创先争优，全面开创汕头改革创新和科学发展的新局面。省委第一巡视组组长林伟伦出席大会。

【市委理论学习中心组专题学习会】9月1日，市委理论学习中心组举行专题学习会，学习贯彻胡锦涛总书记视察广东重要讲话和全省干部大会精神，动员全市干部群众进一步统一思想，开阔思路，以更强的改革精神、更浓的开放意识、更好的发展环境，不断开创推动科学发展、建设幸福汕头新局面。市委书记李锋主持会议并讲话，强调要按照省委的要求和部署，在全市上下迅速掀起学习胡锦涛总书记重要讲话精神的热潮，在贯彻落实讲话精神上取得实效，在转变作风上取得新突破，在换届工作中营造良好风气，全力加快改革创新和科学发展步伐。

【全市领导干部大会】9月2日，汕头市委召开全市领导干部大会。会议由市委书记李锋主持，受省委常委、组织部部长李玉妹的委托，省委组织部副部长林存德宣读广东省委关于汕头市政府主要领导调整的决定，郑人豪同志任汕头市委副书记，提名为汕头市市长候选人；蔡宗泽同志不再担任汕头市市长职务，免去其汕头市委副书记、常委、委员职务。李锋、蔡宗泽、郑人豪先后在会上讲话，一致表示坚决拥护省委的决定。

（汕综）

市委重要决策

【十二五规划的建议】1月27日，市委印发《关于制定国民经济和社会发展第十二个五年规划的建议》（市委九届十次全会通过），认真总结“十一五”发展成绩和经验，分析国内外形势新变化，把握汕头阶段性发展新特征，对制定汕头市国民经济和社会发展第十二个五年规划提出建议，明确提出汕头市“十二五”发展的指导思想、基本要求、奋斗目标和主要任务。指出制定“十二五”规划，必须高举中国特色社会主义伟大旗帜，以邓小平理论和“三个代表”重要思想为指导，深入贯彻落实科学发展观，进一步解放思想，弘扬特区精神，勇于先行先试，以科学发展为主题，以加快转变经济发展方式为主线，以改革创新为动力，以建设幸福汕头为目标，积极探索统筹城乡一体化发展新路子，在加快建设区域中心城市上取得新进展、实现新突破、迈上新台阶，充分彰显特区城市的引领作用。

【濠江区行政体制综合改革方案】3月28日，市委、市政府印发《汕头市濠江区行政体制综合改革方案》。《方案》贯彻落实《中共广东省委办公厅、广东省人民政府办公厅印发〈关于推广顺德经验在全省部分县（市、区）深化行政管理体制改革的指导意见〉的通知》（粤办发〔2010〕34号）等文件精神，明确濠江区行政体制综合改革的指导思想、基本原则、主要任务，对创新“立法放权”、探索市区职责关系法定化、依法赋予濠江区相当于地级市的经济社会管理和行政执法权限，创新“大部制”实现形式、规范政府权力运行、优化区街职责结构、推进相关配套改革、发挥改革综合效应等作出部署。明确要求濠江区重点在扩大区级管理权限、加快社会体制改革、实现大部制体制、全面创新体制机制以及推进相关配套改革等五个方面大胆创新突破，力争成为全市、全省乃至全国办事效率最高、服务质量最好的区域之一。

【加强和改进党史工作】3月28日，市委印发《关于加强和改进新形势下党史工作的意见》。《意见》明确提出，汕头党史资源十分丰富，各级党委要高度重视党史工作，围绕党和国家工作大局，进一步优化党史征集研究的内在基础，强化党史资政育人的根本任务，提高党史队伍综合能力，创新党史工作传播手段，拓展党史工作发展领域，扩大党史工作社会影响，努力使全市党史工作走在全省前列。

【换届工作】6月20日，市委印发《中共汕头市委关于做好区（县）领导班子换届工作的通知》。《通知》明确全市做好区（县）领导班子换届工作的指导思想、工作要求、时间安排、主要工作措施和组织保障。提出要以提高领导水平和执政能力为目标，以谋划和推动科学发展、选好配强领导班子为重点，严格依照法律法规和有关章程，充分发扬民主，推进干部人事制度改革，严肃换届纪律，切实把政治上靠得住、工作上有本事、作风上过得硬、人民群众信得过的优秀干部选拔到领导岗位上来，把区（县）领导班子建设成为坚定贯彻党的理论和路线方针政策、善于领导科学发展的坚强领导集体，为汕头市顺利实现“十二五”规划目标、建设幸福汕头提供坚强的组织保证。7月3日，市委批转市人大常委会党组《〈关于认真做好区（县）、镇两级人民代表大会换届选举有关工作的意见〉的通知》。《通知》明确做好区（县）、镇两级人民代表大会换届选举工作的指导思想和原则、时间安排、主要工作措施和组织保障，提出要坚持党的领导、充分发扬民主、严格依法办事的原则，保证换届选举的正确方向，调动选民的积极性，确保换届选举依法有序进行。

【法治汕头建设五年规划】7月22日，市委印发《法治汕头建设五年规划（2011－2015年）》。《规划》明确未来五年法治汕头建设的指导思想、总体目标、基本原则、主要任务和组织保障。提出从2011－2015年，经过五年的法治建设，实现社会主义法治理念深入人心，全社会法律意识和法律素质全面提高，宪法和法律权威得到普遍尊崇和维护，自觉学法守法用法的社会氛围基本形成；各级领导干部科学执政、民主执政、依法执政不断提高，党委依法执政、政府依法行政、司法公平正义、民主政治完善、法律服务质优、企业依法经营、基层单位依法自治、社会和谐稳定，经济社会法治化管理水平全面提升。2014年基本建成法治政府，2015年初步建成法治市。

【加强社会建设】7月29日，市委、市政府印发《关于加强社会建设的决定》。《决定》明确加强社会建设的重大意义、指导思想、基本原则和发展目标。提出要着力保障和改善民生，构建基本公共服务体系；创新社会管理方式，构建保障有力的公共安全体系；健全和规范基层管理服务，构建完善的社区治理体系；最大限度地激发社群活力，构建规范有序的社会组织管理体系；深化社会管理体制机制改革，构建政府与社会共商、共建、共治、共享的制度体系；推进城乡协调发展，构建一体化服务统筹体系；加强民主法治和思想道德建设，营造公平正义的社会环境；健全实施体制，保障社会建设整体长效推进。

【打造名镇名村示范村】9月2日，市委、市政府印发《关于打造名镇名村示范村的实施意见》。《意见》明确名镇名村示范村建设的总体要求、目标任务和基本原则，建设标准和内容，创建工作程序，组织领导和保障措施。要求从2011年起，每年全市创建2个名镇，每个区（县）创建2个市级名村，每个镇创建1－2个区（县）级示范村。力争到2015年，全市有20%的镇建成名镇，10%的村建成名村，30%以上的村建成不同层次、不同类型、各具特色、标准较高、具有广泛代表性的示范村，引导和带动全市新农村建设上水平、上档次。

【加强安全生产工作】9月6日，市委、市政府印发《关于进一步加强安全生产工作的实施意见》。《意见》明确加强安全生产工作的总体要求和目标任务，要求充分认识进一步加强安全生产工作的极端重要性，进一步强化各级党政领导干部共同推进安全发展的责任，严格落实企业安全生产主体责任，加强安全生产政策法规引导，增强安全生产保障能力，努力开创汕头市安全生产工作新局面。

【加快水利改革发展】9月23日，市委、市政府印发《关于加快水利改革发展的实施意见》。《意见》要求充分认识加快水利改革发展的重要性和紧迫性，明确加快水利改革发展的总体要求、目标任务和具体措施。提出要经过五到十年的努力，建成具有汕头特色的堤防达标、工程坚固、水量充裕、水质优良、生态文明、防洪防水保障高、洪涝灾害影响小、社会服务功能强、人水和谐、民生平安的现代水利体系。

【法制宣传教育第六个五年规划】9月28日，市委、市政府发出《转批〈市委宣传部、市司法局关于在全市开展法制宣传教育的第六个五年规划（2011－2015）〉的通知》。《通知》明确全市2011—2015年法制宣传的指导思想、主要目标、工作原则、主要任务、对象要求、步骤安排、主要工作措施和组织保障。提出要通过深入扎实的法治宣传教育和法治实践，深入宣传宪法，广泛传播法律知识，提高全市公民法律意识和法律素质，增强公务员特别是领导干部社会主义法治理念，提高依法执政、依法行政能力和水平，提高社会法治化管理水平，促进社会主义法治文化建设，提高全社会对法治理念的认同度，增强依法办事的能力，推动形成自觉学法守法用法的社会环境。

【政治协商规程】11月1日，市委印发《中共汕头市委政治协商规程》。《规程》明确中共汕头市委同市各民主党派、无党派人士的政治协商，以及中共市委在市政协同市各民主党派和各界代表人士的政治协商的指导思想、原则、内容、形式、程序、保障和考核。要求围绕中心，服务大局，把政治协商纳入决策程序，从提高党的执政能力、发展社会主义民主政治、构建社会主义和谐社会、推进中国特色社会主义伟大事业的战略高度，切实推进政治协商的制度化、规范化、程序化，实现科学决策、民主决策、依法决策，推动汕头科学发展。

【做好新形势下群众工作】11月8日，市委印发《关于做好新形势下群众工作的实施意见》。《意见》提出，做好群众工作是党的宝贵经验和政治优势。要求紧紧依靠群众，充分激发人民群众建设幸福汕头的主人翁精神，着力关心和维护群众切身利益，加强和创新制度建设，畅通民意诉求沟通表达渠道，加强和改进对群众工作的领导。要使全市人民成为建设幸福汕头的参与主体和受益主体，形成人人共建幸福汕头、人人共享幸福汕头的良好局面，完成好“十二五”规划各项任务，实现十年大发展，加快建设区域中心城市。

【中长期人才发展规划】11月14日，市委、市政府印发《汕头市中长期人才发展规划纲要（2010－2020年）》。《纲要》明确2010－2020年期间汕头人才发展的指导思想、战略部署、总体目标和主要任务，提出十二项重大人才计划、制度、政策保障和具体组织实施措施。要求到2020年，培养和造就规模宏大、结构优化、布局合理、素质优良、效能明显的人才队伍，人才发展环境进一步优化，体制机制更加完善，人才在引领和支持汕头经济社会发展中的关键作用得到充分发挥，把汕头建设成为具有特殊政策、特殊机制、特殊环境的人才特区，确立区域性人才集聚中心地位。

【加强和改进村党组织建设】11月24日，市委印发《关于进一步加强和改进村党组织建设的意见》。《意见》要求建立责任明晰、领导有力、运转有序、保障到位的工作机制，建设守信念、讲奉献、有本领、重品行的干部队伍，提升村级组织建设的规范化、科学化、制度化水平，完善区（县）、镇、村三级联动的后进村整顿转化长效机制，增强村党组织在农村中的政策宣传、社会管理、公共服务功能，深化创先争优、城乡统筹、党建扶贫活动。要进一步加强和改进村党组织建设，充分发挥以村党组织为核心的基层组织推动发展、服务群众、凝聚人心、促进和谐作用。

【市直党政机关领导班子考察和调整配备】12月12日，市委印发《关于市直党政机关领导班子考察和调整配备的意见》。《意见》明确市直党政机关领导班子考察及调整配备的指导思想、基本原则、考察范围和时间安排、考察内容、考察程序和组织保障。要求严格执行《党政领导干部选拔任用工作条例》，以选好配强领导班子为重点，以优化结构、提高素质、增强活力和整体功能为目标，坚持德才兼备、以德为先用人标准，充分发扬民主，推进干部人事制度改革，严肃组织人事纪律，切实把政治上靠得住、工作上有本事、作风上过得硬、人民群众信得过的优秀干部选拔到领导岗位。

【加强和改进新形势下工商联工作】12月31日，市委、市政府印发《关于加强和改进新形势下我市工商联工作的意见》。《意见》要求统一思想，深刻认识加强和改进工商联工作的重要意义，进一步增强责任感和使命感；要深刻理解、正确把握工商联工作的基本要求，不断拓展工作领域；要以“两个健康”为出发点和落脚点，充分发挥工商联组织的作用；要以改革创新精神不断加强工商联建设，努力增强履行职责能力；要高度重视，加强和改善对工商联工作的领导，支持工商联工作创新发展。

（汕综）

市委重要活动

【与大型企业开展战略合作】2011年，汕头积极引进一批世界500强企业和大型央企参与产业发展，与中信、中核、中交、中远、中航、中国五矿以及华润、苏宁电器等国内外大型企业，以及厦门大学、中科院广州分院、国家开发银行等机构开展战略合作取得重大进展，苏宁电器广场、星湖城、华润万家等商业综合体和广厦城市综合体等项目落地建设，城市发展的动力进一步增强。

3月14日，市政府与中国核工业集团签订战略合作框架协议，共同推进包括核级锆等项目的建设和发展。

4月28日，市政府与厦门大学签订战略合作协议，建立长期稳定的战略合作伙伴关系，在发展研究、科技合作、教育培训、文化建设等方面开展全面合作。

5月16日，市政府与中国交通建设股份有限公司签署东海岸新城项目投资建设合同，明确由中交集团以一体化投资建设、土地收益共享的模式，负责投资建设新津、新溪、塔岗围三个片区的海堤、吹填造地等水利工程和市政干道及连接桥梁，静态总投资约151.3亿元。

5月19日，市政府与国家开发银行签订《开发性金融（规划）合作协议》，由国家开发银行在“十二五”期间向汕头市提供350亿元的综合金融产品服务。

5月27日，市政府与中科院广州分院签订战略合作协议。双方将充分发挥各自优势，建立长期稳定的战略合作伙伴关系，近期将在人才引进、科技转化、共建新兴战略性产业示范区等方面开展战略合作。

6月24日，市政府与中国五矿集团签订战略合作框架协议，该集团将拟斥资550亿元在汕头龙湖区建设粤东物流新城。

10月15日，市政府与苏宁电器集团签订战略合作框架协议。根据协议，市政府将支持苏宁电器集团在汕头投资建设苏宁广场、苏宁电器广场、现代化物流配送中心等项目，参与汕头市发展建设。

10月21日，市政府在市委会议中心与中远集团签订战略合作框架协议。根据协议，市政府将与中远集团在航运、码头物流、交通基础设施建设、装备制造等方面建立全面战略合作伙伴关系。

10月21日，市政府在市委会议中心与省经信委签订战略合作框架协议。根据协议，市政府将与省经信委按照“省市联动，合作共建”的原则，在锆产业发展等方面加强合作，联手共建战略性新兴产业基地。

10月21日，市政府在市委会议中心与万国数据科技控股有限公司签订战略合作框架协议。根据协议，市政府将与万国数据科技控股有限公司合作共建“数据特区”，将汕头建设成为具有国际竞争力的服务外包和云计算产业基地。

10月22日，中信滨海新城暨苏埃通道建设项目在濠江区中信度假村举行签约仪式。中信房地产股份有限公司将在濠江区168平方公里的土地上投资超过500亿元，全力打造“生态型的汕头南岸新城、现代服务业发达的粤东首邑、亚太高端文化商务休闲之都”，并配套建设国内第一条一级公路兼城市道路功能的水下盾构隧道——苏埃通道，为汕头南北两岸开辟新的过海通道。

【赴各区县调研】3月9日至20日，市委书记李锋先后带队深入金平、龙湖、濠江、潮阳、潮南、澄海等地调研，检查各地贯彻落实市委九届十次全会、市人大政协“两会”精神特别是重点项目推进和村（社区）“两委”换届选举工作进展情况。调研期间，李锋一行分别察看汕揭高速公路沟南段施工现场、省道和惠公路至田心互通立交段路面大修工程、潮阳区引韩工程加压泵站，濠江区南山湾工业园，金平区金刚玻璃科技股份有限公司，龙湖区11街区苏宁电器粤东总部综合体和百脑汇商业综合体项目、广东益德环保科技有限公司，潮南区美莱顺内衣城、喜达兴实业有限公司，广东奥飞动漫衍生品新生产基地、“中国锆城”东里锆材项目和广东星辉车模生产基地，以及金平区鮀莲街道莲华社区、潮南区陇田镇东华村、潮阳区和平镇和舖村、金堡中学、澄海区东里镇河美村等。每到一处，李锋都与当地领导、企业负责人、工程施工人员、村（社区）干部群众亲切交谈，详细了解2011年以来各地加快发展的思路，推进重点项目建设的举措以及项目建设过程中急需解决的问题，共商推动科学发展、建设幸福汕头大计。调研中，李锋一行还分别听取金平、龙湖、濠江、潮阳、潮南、澄海区委、区政府有关工作情况汇报，他对各级党政推动发展的思路、干事创业的劲头、狠抓落实的力度，特别是各地采用“目标倒逼任务、时间倒逼程序”，加强领导，落实分工，明确责任，确保经济社会加快发展、重点项目顺利推进的做法和成效，给予了充分肯定，强调要解放思想、更新观念，以创新的理念、饱满的热情、超常规的举措，推重点、抓落实，强基础、谋大局，为全面完成2011年各项工作任务、实现“十二五”发展良好开局打下坚实基础。在听取各区关于村（社区）“两委”换届选举工作情况汇报后，李锋要求各地要加强组织领导，坚持标准，严格程序，讲究方法，稳步推进，“一村一策”切实解决重、难点村（社区）存在问题，选好配强村（社区）“两委”领导班子，确保换届选举工作依法依规、平稳有序推进。

5月6日下午，李锋带队到金平区就加强和改进社会管理，做好“创文”和“创卫”、“创模”迎检等工作进行调研。李锋先后实地察看金厦街道百合园社区和岐山街道寨头社区，并召开座谈会听取有关情况汇报。李锋强调，要创新社会管理，做好统筹规划，整合资源力量，夯实基层基础，建立长效机制，推动经济社会全面协调可持续发展，加快建设幸福汕头。

5月21日，市委书记李锋带队到南澳县，就重点项目建设进展情况以及南澳整体规划和发展思路开展调研。李锋一行先后察看南澳大桥工地、南澳供水工程工地、云澳国家中心渔港和黄花山国家森林公园，并听取南澳县委、县政府的主要负责人关于南澳的整体规划和发展思路的汇报。李锋指出，南澳要把握汕头特区扩围契机，主动融入大特区发展格局，强化特区意识，高起点做好城市形态功能、开发运营和旅游资源等方面的规划，将现有资源统一捆绑、整体运营，把南澳这片风水宝地保护好、利用好、管理好、发展好。

【市委中心组读书交流会集中学习《命运》一书】5月13日，市委召开中心组读书交流会，集中学习《命运》一书，以进一步增强改革开放的特区意识，弘扬“敢闯、敢冒、敢试、敢为天下先”的特区精神，加快汕头科学发展，建设幸福汕头。市委书记李锋在会上强调，敢闯敢试、敢为人先的特区精神是推动特区发展的不竭动力，在特区建立30周年的节点上，重温改革开放先驱们波澜壮阔的奋斗史，我们必须清醒地看到经济特区正面临着政策从特殊性到普遍性、改革从灵活性到规范性的历史性转变，要紧紧抓住特区范围扩大到全市的契机，学习、继承和大力弘扬特区精神，以当年“杀出一条血路”的勇气，闯出一条科学发展的新路。会上，与会人员畅谈了学习心得体会。大家认为，《命运》一书深刻地阐明了一个道理，没有“敢闯、敢冒、敢试、敢为天下先”的特区精神，就没有经济特区建设30年的伟大成就。站在新的历史起点，要进一步增强责任感和紧迫感，把个人命运和城市发展、国家发展联系在一起，解放思想，改革创新，再创特区新辉煌。

【出访泰马新】6月8日至17日，市委书记、市人大常委会主任李锋率汕头市代表团出访泰国、马来西亚、新加坡三国，分别到中国驻泰马新大使馆汇报工作，拜访泰国中华总商会、泰中促进投资贸易商会、泰中友好协会、泰国潮州会馆、泰国华人青年商会，马来西亚中华总商会、潮州公会联合会、马六甲潮州会馆、柔佛潮州八邑会馆，新加坡中国商会、新中友好协会、潮州八邑会馆等华人社团和马来西亚财政部副部长林祥才先生，实地参观考察盘谷银行、正大集团、泰万盛冷冻食品（大众）有限公司、金狮集团等知名企业，并到新加坡市区重建局、星桥国际学习取经。副市长周镇松及市有关部门负责人随团出访。这次出访是李锋到汕头上任后首次率团访问泰马新三国。访问活动把敦睦乡谊、凝聚侨心与增进相互了解、推动经贸交流、促进侨务工作有机结合起来，气氛浓，影响广，效果好，获得了圆满成功，是一次发挥华侨优势，加强与泰马新等东盟国家战略合作，擦亮特区牌子，促进互利共赢的友谊之旅、乡情之旅、学习之旅、经贸之旅。

【会晤李嘉诚先生】6月29日，市委书记李锋在汕头大学会见香港长江实业（集团）有限公司董事局主席李嘉诚先生，双方就进一步加强合作，共谋家乡发展进行深入探讨和交流。座谈中，李锋高度赞赏李嘉诚先生的远见卓识和崇高善举，对他长期以来关心支持汕头发展表示衷心感谢和由衷敬佩，并向李嘉诚先生介绍汕头近期经济社会发展的良好态势，指出汕头发展有利条件很多，党中央、国务院和省委、省政府对汕头关爱有加，为汕头的发展指明了方向，注入了动力；海内外乡亲十分关注支持汕头的发展；国内大型央企纷纷看好汕头、投资汕头；广大干部群众正以特区扩大范围为契机，进一步擦亮特区牌子，全力推动汕头实现跨越发展。希望李嘉诚先生一如既往关心支持汕头发展，给予更多关注和指导。李锋表示，市委、市政府支持汕头大学改革发展的态度和决心是一贯的、毫不动摇的，目前正在调整汕头大学周边用地功能，腾出更大的空间办学；加大汕大周边环境整治力度，营造优良的法制环境、人文环境和软环境；借助汕大平台，深化“政产学研”合作，把人才、科技力量转化为第一生产力；把汕头大学作为汕头干部培训基地，深入开展“千名村官进大学”培训计划。在听了李锋的介绍后，李嘉诚先生对汕头发展的新思路、新理念给予肯定，表示将认真研究与汕头合作事宜，全力关注支持汕头加快发展，寄望汕头抓住特区扩围机遇，乘势而上，发展得更好、更快，展示特区城市、区域中心城市的生机活力。李嘉诚先生特别强调，办好汕头大学是他超越人生的心愿，表示将再捐资支持汕大向更高层次发展，把汕大办成国内一流、国际有名的高等学府，为国家、为家乡培养更多高层次的人才。

【赴有关部门调研】7月26日下午，市委书记李锋带队到汕头海关和市城市综合管理局调研。在汕头海关调研期间，李锋简要介绍近期汕头经济社会发展情况，充分肯定汕头海关工作卓有成效，对汕头海关一直以来大力支持地方经济的发展表示感谢。他强调，当前汕头正处在加快发展的关键时期，要推动科学发展、推进社会建设、扩大对外开放，离不开海关的服务与支持。市委、市政府将完善发展思路，提升发展理念，结合汕头实际，积极支持、配合好海关的各项工作，共同营造良好市场经济秩序。希望汕头海关一如既往关心、支持汕头的发展，携手推动汕头大开放大发展。汕头海关关长孟杨对汕头市委、市政府一直以来给予海关工作的关心和支持表示感谢。她指出，汕头海关将继续认真贯彻落实海关总署的决策部署，呼应汕头市委、市政府的重大决策，进一步优化海关监管和服务，努力在推动汕头经济社会发展、建设幸福汕头中发挥海关应有的作用。在市城管局调研期间，李锋察看“数字化”城管试点工作，并听取有关工作汇报。李锋对城管部门的工作成效给予肯定，并对长期工作在城市管理一线的广大干部职工表示衷心感谢。他强调，要牢固树立以人为本的理念，创新体制机制，积极推进数字化、网格化城市管理工作，充分发挥政府与社会组织、市场机制之间的协同作用，全面提高城市管理能力， 共建和谐社会环境。

（汕综）

信访工作

【概况】2011年，汕头市委、市政府高度重视信访工作，市委常委会议多次就有关信访工作进行专项研究，制定《汕头市领导干部阅批群众来信制度》；召开全市信访工作会议，就推动全年信访工作上新台阶作出全面部署；市委书记李锋主持召开专项工作会议，针对涉军群体上访态势和反映诉求，研究部署进一步做好涉军人员稳定工作的意见和措施。全市各级各部门结合区（县）换届工作，在领导层面上调整信访工作分工，加强对信访工作的组织领导；紧紧围绕省、市的工作部署，深入推进领导干部“四访”活动，大力推行联合接访机制，加大解决民生信访突出问题和信访积案力度，切实维护群众的合法权益，形成信访工作齐抓共管的良好局面。汕头市各级信访部门夯实工作基础，强化工作责任，落实工作措施，全市信访形势总体保持平稳。全年市和区（县）两级受理群众的信访总量超过2万件。市信访局共承办国家和省信访局交办、转送的信访事项3162件；接待群众到市委、市政府上访共650批次5955人次，批次同比增加13 %、人次同比增加3%；其中集体上访227批次5387人次，批次同比增加28%、人次同比增加8%；受理群众来信1474件次；市委书记直拨电话、市长专线电话共受理群众来电2455件次，市长电子信箱共受理电子邮件1621件次。

【领导干部“四访”活动】2011年，汕头市坚决贯彻《关于领导干部定期接待群众来访的实施意见》，全年共有12位市领导定期接访群众974批次3088人次，群众信访问题得到解决或信访环节办结的779宗。在全国“两会”期间、清明节前后开展党政领导分类接访活动，市领导郑人豪、郑通声等分别接待反映涉土涉财、涉法涉诉等问题的上访群众。各区（县）也因地制宜做好领导接访、约访、探访、下访等工作。全年市、区（县）、街道（镇）三级领导干部接待群众来访8634批次20148 人次，上门探访慰问重点人员1679人次，下基层巡访检查1435人次，化解长期积累的信访突出问题和苗头隐患732宗，解决群众反映强烈的现实问题295宗。

【化解信访积案活动】2011年5月上旬至12月底，汕头市组织开展“化解信访积案活动”，要求各地各部门围绕群众信访热点、难点，对本地区、本部门的信访积案进行全面清理，逐案施策，最大限度地推动“事要解决”，最大限度地减少信访“存量”。5月25日，汕头市信访局召开专项工作会议，贯彻落实全省信访积案交办、信访事项终结工作会议精神，部署全市信访积案清理和信访案件“三级终结”工作。同时，把强化领导干部包案处理信访案件作为化解信访问题的有效手段，抓实抓好。市委、市政府主要领导亲自带头包处大案、难案，其他市级领导“一岗双责”具体抓，解决分管领域的信访问题。各区（县）落实领导包案410宗，化解287宗，有效减少各种不和谐因素。

【重要敏感时期信访维稳工作】2011年，汕头市全力以赴做好全国“两会”、纪念中国共产党成立90周年、深圳大学生运动会、汕头特区成立30周年及市第十次党代会等重大庆典活动、重要敏感时期的信访维稳工作。成立市、区（县）两级信访维稳工作临时领导小组，制定市信访维稳工作方案，切实加强对敏感时期信访维稳工作的领导和协调；成立市、区（县）应急劝返小组和市驻京信访工作组，制定应急预案，全力做好各项应急处置工作。全面开展各级领导干部公开接访活动和进门探访活动，完善劝返工作机制，加强值班和信息报告制度等。针对个别地区发生群众进京非正常上访的情况，汕头市立即作出快速反应，市领导召开紧急会议，分析形势，研究扭转被动局面的意见措施。各地各部门认真做好进京上访人员的劝返接回、疏导稳控工作。通过上下联动、共同配合、严防死守、千方百计把工作做在基层、把群众稳在当地，实现重要敏感时期没有发生群众越级进京非正常赴省集体上访的目标。

【完善信访责任追究机制】2011年，汕头市重新修订出台《汕头市信访工作责任追究暂行办法》，确保各项信访工作责任制的落实。各区（县）也认真研究落实信访责任追究的机制和办法，潮南区出台《关于进一步加强我区信访工作的意见》，金平区出台信访问题责任划分规定等，有效推动信访案件的按期办理。市信访局组织市信访督查专员及市信访局有关人员组成多个督查小组，先后分赴7个区（县）和18个市直单位开展督查活动112场次，指导推动各地各有关部门的信访工作。

（王晓韩）

调研工作

【概况】2011年，汕头市委政策研究室紧紧围绕市委中心工作和任务，并根据年初确定的调研课题和市领导交办的专题，针对汕头经济社会发展的重大、热点和难点问题，深入基层开展形式多样的调查研究。通过调研，提出一些具有针对性和实用性的意见建议，为市委、市政府的决策提供参考。全年完成的调研报告主要有：《关于我市推进城乡统筹综合配套改革的调研报告》、《对我市保障性住房建设的几点建议》、《积极推动群众工作 促进社会和谐稳定》、《关于推进我市城市网格化管理的调研报告》等专题调研。其中《关于汕头经济特区加快推进社会管理体制改革的调研报告》被列入汕头市2011年度哲学社会科学规划项目。同时，搜集整理《社会建设资料汇编》（之一、之二、之三）供市委主要领导参考；通过调研，起草《中共汕头市委 汕头市人民政府关于加强社会建设的决定》、《中共汕头市委关于做好新形势下群众工作的实施意见》2份文稿作为市委文件。

【**起草重要报告和文稿**】2011年，市委政策研究室完成市委、市政府领导讲话材料和重要文稿主要有：在市委九届十次、十一次全会上的讲话，中国共产党汕头市第九届委员会第十次、十一次全体会议决议（草案），在中国共产党汕头市第十次代表大会上的报告，中国共产党汕头市第十次代表大会关于第九届委员会报告的决议，在市委十届二次全会上的报告等有关文稿；在全省深化体制改革工作会议上的发言、在广东省第六届“山洽会”汕头市承办工作总结会议上的讲话、在百人服务团总结大会上的讲话、在省人大十一届四次会议分组讨论上的发言；关于抢抓特区扩围历史机遇推动汕头科学发展的情况汇报、关于汕头市加入世贸组织以来应对情况的汇报、关于做好扩围后汕头经济特区工作的汇报、向国家扩大特区范围调研组的情况汇报、关于汕头市实施“双转移”的情况汇报；关于制定全市国民经济和社会发展第十二个五年规划的建议、关于战略投资合作项目问题调研的方案、关于加强社会建设的调研方案、关于做好市委九届十一次全会筹备工作的方案；关于规划建设贵屿现代化循环经济新城的情况报告、关于汕头市落实省委常委会改善民生问题调研工作交流会精神的报告、关于落实省委常委会改善民生12项具体工作的报告等报告和文稿。其中关于汕头市开展社区教育的报告，市委、市政府主要领导都在该报告作了批示。

【**组织协调“幸福汕头”课题研究**】2011年2月，汕头市委市政府委托深圳•中国幸福研究院开展幸福指标评价体系课题研究，市委政研室负责组织协调课题研究，并从市委政研室、市民政局、财政局、统计局等单位抽调人员成立“幸福汕头”指标评价体系及民生“十二五”规划建议编制工作领导小组办公室，配合“幸福汕头”课题组实地调研、召开座谈会、问卷调查、“幸福汕头”课题汇报等相关工作。这是近年来汕头市层次较高的一大课题。经过深入调查研究、分析和反复修改，最后形成《“幸福汕头”客观指标评价体系研究报告》、《汕头市民生“十二五”规划建议》、《汕头市居民幸福感调查报告》3个研究成果。

【**办好政研刊物**】2011年，汕头市委政策研究室围绕市委中心工作，精选精编刊物和画册。通过全市调研资料工作平台，精编《汕头政研》，及时将市直各部门、各区县的调研成果刊登，为各单位提供交流借鉴，全年共编辑《汕头政研》12期，刊发各类调研文章64篇。认真做好《汕头画册》2011年卷的编辑工作，作为汕头重大活动的宣传资料，为宣传汕头，推介汕头发挥了重要作用。办好内部刊物《决策参考》，既有外地经验，又有针对汕头的热点、难点问题提建议，使刊登的内容力求更加具有参考价值，提供给市委市政府领导参考。全年共选编《决策参考》14期，反映很好。其中，第9期刊登的《关于老港区岸线码头泊位利用的考量》，市政府领导作了批示。

（郑洵彬）

组织工作

【**各级领导班子换届工作**】2011年，汕头市1061个村（社区）“两委”和32个镇、7个区（县）领导班子换届选举任务全面完成。2011年11月，市第十次党代会选举产生新一届市委领导班子；2012年1月，召开市十三届人大一次会议和市政协十二届一次会议，完成市人大、政府、政协换届工作。抓早工作谋划，夯实换届基础。在换届工作启动之前，抽调精干力量，专门进行为期两个多月的大规模换届调研摸底工作，基本摸清全市各级领导班子和干部队伍现状，形成较高质量的调研报告供市委决策参考；提早一年在全市开展村党组织建设年活动，做到调查摸底、组织整顿、干部储备“三先行”，打牢村（社区）“两委”换届基础，得到省委组织部的充分肯定；深入广泛开展专题谈心谈话活动，做到各级班子成员谈心谈话全覆盖，为实现平稳换届、和谐换届发挥了重要作用，该做法也在全省有关换届选举工作会议上作了经验介绍；市委、区（县）委以及镇（街道）党（工）委根据中央和省委有关文件精神，及时研究制订并出台村（社区）、镇、区（县）三级换届工作文件及工作方案。抓实扩大民主，体现群众公认。优化代表委员结构，工人、农民、专业技术人员和妇女代表的比例比上届有所提升。创新党代表产生方式，“公推直选”产生10名市第十次党代会代表；各区（县）结合实际，“公推直选”选举产生41名区（县）党代会代表；有6个镇通过“直接选举”产生464名镇党代会代表。做好选举出席省第十次党代会代表工作和推荐党的十八大代表工作。扩大民主参与范围，除按规定安排“两代表一委员”参加民主推荐之外，参加民意调查参与面占区（县）“两代表一委员”的96.9%。创新民主测评内容，对现任班子成员进行民主测评增加“提拔任职、继续留任、转人大政协安排、降职使用”等栏目，广泛了解干部群众对干部进退留转的意见。注重群众公认，换届中新进班子人选民主推荐得票数均排名靠前，并超过应参加人数的三分之一。抓好创新举措，用改革的办法把人选选准用好。对干部的德进行专项测评，把测评结果作为干部选拔任用的重要依据。采取竞争选拔方式产生新进领导班子成员人选。加大干部交流力度，推进市直机关与区（县）之间交流力度，新任区（县）党政正职和区（县）“五长”均不在本人成长地任职，在一个地方任职时间过长及工作需要的，也实行交流任职。抓牢纪律要求，确保风清气正。坚持教育在先、警示在先、预防在先，广泛宣传、严格执行“5个严禁、17个不准、5个一律”的换届纪律和市委“态度要坚决、行动要迅速、措施要具体、查处要严肃”的要求，扎实开展换届“零投诉、零上访、零违纪”示范创建、换届风气评议团评议、换届风气专项督查、换届纪律问卷调查、换届风气民主测评、换届纪律知晓度测试等六项活动。市党政领导班子带头以“正确对待进退留转、确保换届风清气正”为主题召开专题组织生活会，李锋书记在多个会议上反复强调换届纪律，并代表市领导班子成员就模范执行换届纪律向全市干部群众作出公开承诺。各级党委和广大组工干部以及换届考察组都相应作了公开承诺。通过印发换届纪律温馨提示卡、发送手机短信、发表多篇社论、简报、在新闻媒体开辟专栏等多种形式，广泛宣传换届政策和纪律要求，提高换届纪律的知晓度。全市各种调查和测评结果显示，换届纪律知晓率达到100%，严肃换届纪律取得明显成效，表现为“三高一降”，即换届纪律知晓度高、大会选举成功率高、干部群众满意度高、换届年举报量下降。汕头市率先印制的严肃换届纪律温馨提示卡和《严肃换届纪律保证换届风清气正文件资料摘编》小册子被挑选参加中组部“各地严肃换届纪律好措施好做法实物集中交流展”，严肃换届纪律的做法在全省专项会议上作典型发言。

【**创先争优活动**】2011年，结合实施“十二五”规划，开展“我为‘十二五’开好局做贡献”主题实践活动，引导基层党组织和广大党员立足本职岗位，积极投身到推动“十二五”规划实施的各项工作中去，全年全市各级各部门有153项工作受省以上表彰和肯定。结合纪念建党90周年，召开汕头市庆祝中国共产党成立90周年大会，评选表彰100个先进基层党组织和100名优秀共产党员、优秀党务工作者，举办“幸福歌声献给党”主题歌会，向50年以上党龄老党员寄送南粤“七一”纪念奖章，向30年以上党龄老党员寄送“七一”贺卡，组织开展重温入党誓词暨新党员宣誓仪式。开展“创先争优我承诺”、改善民生承诺、领导点评和以“创优服务在一线”为主题的“窗口单位服务年”活动，着力提升窗口单位和服务行业为民服务水平。积极稳妥推进党代表任期制和党代表工作室建设，抓好濠江区党代会常任制试点工作，组织市、区（县）党委委员就重大事项开展调研活动。在全市“两新”组织党组织中开展以“双责双带双促”为主题的创先争优活动，并就探索通过特区立法的形式推进“两新”组织党建工作进行专题调研。在全市镇党委（街道党工委）以“三优化一提升”（优化发展理念、优化知识结构、优化工作作风，提升执行能力）为主要内容的镇街道党组织建设年活动。深化拓展村党组织建设年活动，以市委文件下发《关于进一步加强和改进村党组织建设的意见》。加大宣传力度，在《汕头日报》开展每月“一专题、一专稿、一专版”宣传报道，编发创先争优活动《简报》233期，新华社、新华网、人民日报、南方日报、广东电视台等先后52期（次）报道汕头市创先争优活动有关做法；积极发挥党员干部现代远程教育作用，新建4个市级远程教育大型LED户外示范站点，摄制并在电视台播出《红色记忆—革命遗址的故事》系列电教片30集，两部远程教育课件在全省评比中获奖。

【**干部人事制度改革**】2011年，汕头市加大竞争选拔干部力度，首次采用“人机素质测试”、大评委制、评委实名打分、考生封闭管理等创新举措，公开选拔13名副处级年轻干部、女干部、党外干部到区（县）挂职锻炼，其中有9名干部在换届中当选新一届区（县）党政领导班子成员；以“双推双考双票决”方式公推公选市交通运输局局长等3名正处级领导干部；结合公安局机构改革实际，采取“两推一评”方式竞争选拔25名市管干部。2011年，市、区（县）、镇（街道）三级通过竞争选拔产生的领导干部共704名，占新提拔人数的63%。其中委任制领导干部通过竞争选拔方式产生的，市直机关235人、区（县）直机关426人，分别占新提拔总人数的62.2%和65.7%，均超过1/2和1/3的目标。新一届区（县）、镇两级党政领导班子成员人选通过竞争选拔方式提名27名，占新进党政领导班子总人数的37.5%。强化干部考核促进科学发展的倒逼作用，采取实绩考核、民主测评、群众满意度评价（社会公认度评价）三位一体的方法，首次组织对7个区（县）和133个市直独立考核单位2010年度领导班子和领导干部落实科学发展观情况进行年度考核。突出重基层导向，在区（县）领导班子换届中，新进班子成员中从“具有2年以上基层工作经验”的人选中选拔的共有21名，占87.5%。在镇级换届中，采取“两推两考两票决”方式，在村党组织书记、大学生村官、乡镇站所负责人、企事业单位负责人中选拔产生12名镇领导班子成员。从基层工人、农民中考录公务员7名，基层“两代表一委员”中考录公务员1名。深化和拓展提高选人用人公信度专项活动，加强对各区（县）和市直单位开展提高选人用人公信度专项活动的指导、督促，做好2010年度选人用人公信度调查测评工作，把“一报告两评议”工作扩展到有用人权的市管各单位，共有119个市直单位的394名新选拔任用干部被评议。进一步加大干部监督管理力度，抓好四项监督制度的贯彻实施，认真做好干部选拔任用有关事项报告审核工作，切实加强领导干部离任审计工作，加强同干部选拔任用工作联席会议单位的沟通联系，征集干部信息18批共227人。

【干部教育培训工作】2011年，汕头市加强对干部教育培训工作的谋划，制定出台《汕头市贯彻〈2011-2015年广东省大规模培训干部计划〉的实施办法》等文件，对今后五年的干部教育培训工作进行全面部署。深化拓展“锤炼坚强党性培训工程”，在党性教育培训基地、系列教材、师资队伍、培训机制建设等方面形成“十一个一”党性教育培训体系，该工程获得“全省首届组织工作创新项目奖”。以学习现代产业基础知识为重点开展大规模培训干部工作，组织举办主体班次等各类培训班，积极选派干部参加中央、省各类培训。全年全市各级共举办各类培训950多期次，培训干部14万多人次；选调参加中央、省各类培训班次26期100多人次，大规模培训干部工作取得扎扎实实的成效。7月，在全省干部教育培训工作会议上，市委书记李锋就汕头市大规模培训干部的经验做法做了专题介绍。

【人才工作】2011年，编制出台《汕头市中长期人才发展规划纲要》，召开全市人才工作会议，提出具有汕头特色的“十二项人才计划”，确立2010-2020年汕头市人才发展的战略布局。研究制订《规划纲要主要任务分工方案》，出台《汕头市优秀拔尖人才目标管理考核办法》，研究起草《市优秀人才奖励制度》和《人才奖励专项资金管理制度》，进一步完善汕头市高层次人才建设制度体系。继续实施市优秀拔尖人才“双服务”活动和六大人才素质提升计划。

【老干部工作】2011年，汕头市在431个离退休干部党支部中开展以创建五好支部、争当四好党员为内容的“创先争优”活动；组织老干部隆重纪念建党90周年庆祝活动；进一步完善离休干部离休费保障机制、医药费保障机制和财政支持机制。为21名抗日战争时期参加革命工作的正科级及以下的离休干部提高享受副县（处）级政治、生活待遇；为878名解放战争时期参加革命工作的副科级及以下的离休干部提高享受正科级政治、生活待遇；为各个时期参加革命工作的离休干部生活补贴标准每人每年再增发一个月的基本离休费。市委老干部局和金平区委老干部局被评为全省老干部工作先进单位；吴丰平、李益然、江创和被评为全省老干部工作先进个人。

【组织部门自身建设】2011年，结合省委组织部“创新、创优、创品牌”活动，制定出台汕头市《关于创建组织工作品牌项目的实施办法》，以项目化管理形式，着力挖掘和培育一批组织工作示范项目。教育引导组工干部在换届工作中讲党性、重品行、作表率，开展各级组织部门严守换届纪律公开承诺活动，开通组织部长信箱，积极回应干部群众关切。完成中组部党建研究所交办的“县级城区基层党组织设置与活动方式研究”调研课题并获奖；加强全市组织工作重点课题调研，形成《2011年汕头组织工作研究文稿》。坚持从严治部、从严律己、从严带队伍，在全市组织部门深入开展“学党史、强党性”、“学先进、见行动”、“治贪、治庸、治懒、治散”专项行动等活动，建立健全工作责任制，切实执行“十严禁”铁律。建立新闻发言人制度和网络骨干宣传队伍，组织新闻发言人、新闻助理和网络宣传骨干参加培训；在《汕头日报》组织刊发的领导班子换届工作系列评论性文章获全省组织工作好新闻奖。龙湖、濠江区委组织部被评为全省组织系统先进集体，4位同志被评为优秀组工干部，在全省组织部长会议上受到表彰。

（许东伟）

宣传工作

【概况】2011年，汕头市宣传思想文化战线按照市委、市政府的工作要求，高举中国特色社会主义伟大旗帜，坚持以邓小平理论和“三个代表”重要思想为指导，深入贯彻落实科学发展观，按照“高举旗帜、围绕大局、服务人民、改革创新”的总要求，充分发挥宣传思想文化工作在统一思想、凝聚人心、营造氛围、推动发展等方面的重要作用，唱响主旋律，打好主动仗，弘扬特区精神，展示城市形象，宣传思想文化工作科学化水平不断提高，为推动科学发展、建设幸福汕头提供有力的思想保证、舆论支持、精神动力和文化条件。深入开展创先争优活动和建设学习型党组织活动。在中山大学举办两期宣传干部研修班，组织宣传干部参加学习培训活动。全年宣传思想文化系统共有213个单位和个人获得省级以上的荣誉称号和表彰，涌现一大批先进单位、先进个人和优秀作品。

【中国共产党建党90周年庆祝活动】2011年，围绕庆祝中国共产党成立90周年，市委宣传部对在全市范围开展庆祝活动进行周密安排部署，研究制订《汕头市革命史迹宣传工作计划》，开展爱国主义教育基地网上主题宣传，策划组织11项重点活动。6月28日，召开汕头市纪念中国共产党成立90周年理论研讨会，来自市直有关部门的负责同志、社科界的专家学者和各行各业的实际工作者围绕主题，分别从党的基本经验在党史的体现、构建和谐社会、加强理论学习、加强社会建设等角度畅所欲言，气氛十分热烈；共收到论文70多篇，经过专家评审，共评出52篇作为入选论文参加本次研讨会。组织参加全省第十届“好歌献给党——百歌颂中华”歌咏活动，汕头市合唱团在总决赛中获得金奖（第一名）。举办“幸福歌声献给党”群众歌咏比赛，历时近4个月，吸引观众近10万人次。广泛发动全市党员干部参加“全国党建知识竞赛”活动。各新闻媒体开设庆祝建党90周年专题栏目，推出《追寻红色记忆》、《重访红色遗迹》、《红色的足迹》等系列专版和系列报道，拍摄《红色记忆——革命遗址背后的故事》等电视专题片，各大网站以专题形式展示建党90周年的光辉历程和辉煌成就。

【汕头经济特区扩大范围和建立30周年庆祝活动】2011年，围绕汕头经济特区扩大范围和建立30周年，市委宣传部策划举办“勇立潮头”大型文艺晚会、“幸福汕头•魅力特区”主题展览、潮剧精品展演、汕头美术书法大展、“我是特区人”系列论坛以及知识竞赛等系列活动，出版《汕头特区30年》纪念册和《给力幸福》、《汕头经济特区建立30周年优秀论文集》等专题出版物。组织“30同庆谱华章——汕厦媒体交流活动”，兄弟特区开展互动主题宣传；策划“记者看汕头”异地采访活动，100多名海内外媒体记者应邀莅汕开展集中采访，在海内外主流媒体推出70多个专版和专题，在7家重点网站推出6个专题网页和30多篇专稿，主题宣传影响广泛。创新突破形式载体，组织宣传标语征集活动，收到全国19个省、自治区和直辖市的应征作品近2000条；举办“给力幸福”博文大赛，评出“十大幸福博文”；组织“幸福汕头”航拍活动，摄制《幸福请柬》城市形象片，以新的理念和创意生动展现汕头新形象。

【理论学习】2011年，汕头市以各级党委中心组理论学习为龙头，深入开展建设学习型党组织活动，深入推进学习型党组织建设，制定理论学习计划和指导意见，积极倡导良好的学习风气。市委中心组全年共开展20次专题学习会，分别邀请清华大学教授孙立平、中国政法大学教授应松年、省政府应急办主任纪家琪、省社科联党组书记王晓、省社科院研究中心主任丁力等为市委中心组作专题报告。结合汕头经济特区扩大范围和建立30周年，组织《命运》一书的读书交流会，认真谋划汕头经济特区的未来发展。

【理论宣传】2011年，汕头市组织市委宣讲团到市直单位和各区（县）开展学习贯彻党的十七届六中全会、市委九届十次全会、市第十次党代会精神等主题宣讲100多场，受众10多万人次。举办“幸福汕头公众论坛”，共有国有企业职工、企业青年、农村群众、非公企业职工、青年学生、社区群众等6个专场，在全社会弘扬科学的幸福文化。开展“2011汕头市社会科学普及周活动”，举办“我眼中的幸福”摄影作品展、“我心中的幸福”短信征集等活动，组织“辉煌的成就、伟大的历程”图片展和民生民安、社会热点咨询活动。在党员干部中推广使用“网络学习天地”和“3G学堂”，拓展理论宣传阵地。

【理论研究】2011年，汕头市组织广大社科工作者围绕汕头经济特区扩大范围和建立30周年、建设幸福汕头、建设文化强市、推进社会建设等重点任务开展理论研究，召开专题理论研讨会，推出一批研究成果，为市委、市政府的决策提供智力支持和理论参考。制订出台市哲学社会科学“十二五”规划，繁荣发展社会科学事业。

【新闻宣传】2011年，汕头市围绕庆祝汕头经济特区扩大范围和建立30周年，以“创新特区优势 建设幸福汕头”为主题，分别策划“奋进30年 汕头新形象”、“加快发展 汕头再出发”和“幸福汕头 再创新辉煌”3个专题宣传，组织开展“春天的故事”大型异地采风活动、“今日新汕头”宣传周和“唱响主旋律”专题策划报道等一系列新闻宣传活动，从各个侧面、各个层次对汕头经济特区30年建设成果、建设幸福汕头的成效和前景进行展现。围绕中国共产党汕头市第十次党代会，分三个阶段报道党代会重要意义、解读党代会报告精神实质、深化党代会提出的工作任务和发展目标的宣传，营造盛会浓烈氛围，引导全市上下积极投身幸福汕头建设热潮。围绕纪念中国共产党建党90周年、招商引资、重点项目建设等主题和活动，精心组织主题新闻宣传活动，积极营造浓烈氛围。

【舆论引导】2011年，汕头市组织媒体及时报道国家有关做好物价、房价、医疗改革、教育改革、反腐倡廉等问题的政策法规，把公众的关注更多地吸引到各项调控政策实施的正面效果上，着力消除社会的焦虑和恐慌情绪。配合全市创建省文明城市、国家卫生城市以及三轮车退出营运等重要工作，组织开展专题宣传报道，进一步统一思想，动员社会力量，积极掀起加强城市综合管理宣传热潮。

【对外宣传】2011年，汕头市抓住庆祝汕头经济特区扩大范围和建立30周年契机，在港澳华文媒体开展专题报道，组织《潮人》杂志设立“今日汕头”对外宣传专栏，组织“幸福汕头”航拍活动，拍摄制作城市形象宣传片《幸福请柬》,策划制作电视专题片《潮汕风——特区30年》，通过广东电视台国际频道、珠江频道境外版、香港版和家娱频道等4个频道，向全世界数十个国家和地区播出，展示汕头良好的城市形象与文化魅力。举办“记者看汕头”大型集中采访活动，邀请了中央、省、香港、澳门以及兄弟特区100多名媒体记者莅汕采访汕头经济特区建立30周年庆祝活动盛况，创下集中采访规模新高。借助省第四届粤东侨博会、2011年世界大学生运动会等活动平台，大力开展对外宣传活动。协调香港《大公报》编辑出版“今日汕头”系列宣传专版，合作推出“给力十二五•建设幸福汕头”专题采访报道活动，配合香港《文汇报》做好“广东转型 探路中国”大型系列报道之“汕头篇”组稿工作。全年开展对外文化交流22批次，交流人数达863人，演出189场。市话剧团、市杂技团首次出访美国、印尼等国家进行交流演出。

【社会宣传】2011年，汕头市结合宣传教育日、节假日等以及全市性的重要活动，积极指导、协调、配合各有关单位开展社会宣传，营造声势。与市环保局联合开展“六•五”环保宣传日系列宣传活动，提高市民的环保意识。牵头开展汕头市创建宜居城乡宣传工作。与普法办等单位联合开展“五五”普法宣传教育和检查验收活动。配合市双拥办做好全国、省双拥模范城检查考评资料准备等相关工作。与市民政局等相关单位一起做好“十一五”期间殡改考核验收工作。联合市计生局开展元旦春节期间人口计生集中宣传服务活动。配合做好“安全生产”、“禁毒”等宣传月活动。

【网络宣传】2011年，汕头市在一潮网开设“喜迎中国共产党成立90周年”专题网页，用专题报道、评论文章、图片、文字资料、视频等形式解读中央精神，报道和展示建党90周年以来党所取得的辉煌成就，转载刊发干部群众的美好寄语和心声。制作“‘党的知识知多少’有奖问答”网页，引导广大党员干部回顾党史、增强党性。在大华网开辟“我看文化强市”专题论坛，发动、引导网民结合本市实际情况畅谈文化建设成果，为建设文化强市出谋划策。继续开展“创先争优”网上宣传活动，积极营造良好的网络舆论氛围。

【舆情管理】2011年，汕头市认真落实属地管理，正确应对突发事件引发的网络舆情。针对“3•28交通事故”、“汕头中医院‘冷血博客’”和“三轮车工友集体上访事件”等涉汕舆情，及时组织正面引导，发布官方权威信息，最大限度降低负面影响。积极协调市公安局和信息产业局等职能部门，加强网络信息管理，及时删除有害信息，切实维护舆情稳定。

【文明创建活动】2011年，汕头市多次召开会议对创建工作进行研究、动员和部署。在全市开展城市公共文明测评和专项督查，形成倒逼机制。聘请城市文明监督员，设立文明监督热线，开设媒体宣传专栏，并在城市主干道、出入口、公共场所开展公益宣传，形成浓烈的创建氛围。举行“文明生活进万家”系列主题活动，举办“文明城市，幸福生活”第六届企业文化节，举办“文明生活进我家”第十六届家庭文化节，广泛开展“交通知识进万家”宣传活动，举办“文明出租车”、“文明驾驶员”评选活动，大力倡导文明生活理念；举办“文明，让城市生活更美好”网上大讨论活动，形成万名网民为创建文明城市积极建言献策的浓烈氛围；在全市中小学校中开展文明礼仪教育实践活动，形成百万学生讲文明、全民共建文明城的良好局面；开展“书香飘万家”系列读书活动，围绕“文明生活、幸福阅读”主题，在全市各地各领域开展“八大重点”读书活动和200多项社会读书活动。组织开展各种文明创建评比，有17个单位、2名个人被评为全国、全省精神文明建设先进单位、先进工作者。12月，省委、省政府授予汕头市“广东省文明城市”称号，历时5年的创建工作取得阶段性成果。

【主题实践活动】2011年，汕头市举办“感动汕头十大人物”评选表彰活动，评出庄宜生等10位代表汕头道德标杆的先进人物，在全市营造学典型、创文明的良好社会氛围。开展“百城万店无假货”创建活动，营造文明有序、诚信守法、公平交易的商贸环境，授予沃尔玛深国投百货有限公司汕头南国分店为示范店，授予汕头市爱富兰家具有限公司等4家商贸企业为示范店提名单位。组织发动市企业参评“广东十大和谐企业”，宜华企业（集团）有限公司获此荣誉称号。组织开展外来工汕头系列游活动，包括汕头革命史地游、汕头建设成就游、汕头文化景观游三大主题，进一步加强对广大外来务工人员的人文关怀。

【文化惠民】2011年，汕头市完成市博物馆新馆装修、市文化馆装修配套、潮剧艺术博物馆等一批重点文化设施项目，新建、改扩建、配套完善一批基层文化设施。文化共享工程实现乡镇、街道基层服务点覆盖率100%。农村电影放映、农家书屋建设顺利达标，初步构建起广播电视公共服务体系。全市各级公共图书馆、博物馆、文化馆（站）等公共文化设施全面实现免费开放。以“幸福汕头”为主题，组织举办新年音乐会、迎春文艺活动、送戏下乡和“汕头市扶贫济困日捐款文艺晚会”等。扶持优秀剧目创作，新编潮剧《雅娘》、《红头船情缘》获得省第11届艺术节优秀剧目特等奖和优秀剧目奖。组织参加省第八届少儿艺术花会，获得2金3银的优异成绩，汕头市少儿艺术团荣获“广东省少儿艺术培训示范基地”称号。

【文化体制改革】2011年，汕头市制定《汕头市文化体制改革工作方案》，为全面推进全市文化体制改革工作提供政策依据。以超常规举措推进文化体制改革，市和区（县）新华书店按照省的要求，在年底前全面完成改革重组任务，汕头市成为全省第一个全区域完成新华书店改制重组任务的地级市。各区（县）电影公司也在年底前全面完成转企改制工作。

【文化产业】2011年，汕头市文化产业继续呈现良好发展势头，成为全市国民社会经济的重要增长点，音像材料、印刷包装、工艺玩具三大文化产业实现工业产值共计442.3亿元，同比增长23.0%，占八大支柱产业工业产值26.4%。其中，音像材料生产企业实现工业产值45.74亿元，同比增长15.6%；印刷包装企业实现工业产值146.33亿元，同比增长13.9%；工艺玩具生产企业实现产值250.23亿元，同比增长30.8%。

【职业道德建设】2011年，汕头市在全市新闻战线组织开展“杜绝虚假报道、增强社会责任、加强新闻职业道德建设”专项教育和“走基层、转作风、改文风”活动，提高新闻媒体和新闻报道的公信力、亲和力和影响力。

【阵地建设】2011年，汕头市加大新闻发布力度，完善“今日汕头”新闻发布平台，建立党委新闻发言人和网络发言人工作机制，形成新闻发布体系。汕头市委各部委均已设立新闻发言人。借助汕头特区报社海外版的《中国新闻》专版、《潮汕乡情》专栏和汕头电视台的《潮汕风》、《潮坊》等专题栏目，充分发挥报社海外版和电视外宣栏目的阵地作用，积极探索开展城市形象宣传的新渠道和新载体。

（张博宇）

统战工作

【概况】2011年，汕头市委专门召开全市统一战线工作会议，会议再次以市委名义召开，规格高、范围广、内容新，体现出市委对统战工作的重视。研究部署统战工作新任务，市委常委会多次听取关于全市党派、宗教、工商联等涉及统一战线重大事项的情况汇报，市党政领导多次出席统战重要会议和重要活动，有关部门给予统战工作大力支持，有力地提升统一战线的地位和影响。换届后，汕头市市级和金平、濠江、潮南3个区由常委兼任统战部长，为统战部门更好履行职能、发挥作用创造条件。市委统战部贯彻落实全国全省统战部长会议精神，主动适应新形势新要求，紧密围绕全市发展总体目标，及时更新思路、创新举措，推进统一战线各领域工作开展，取得明显成效。

【统一战线“我为幸福汕头建功业”系列行动】2011年，汕头市把开展“我为幸福汕头建功业”系列行动作为统一战线工作头号任务，广泛发动各方力量为建设幸福汕头集智聚力。统一战线各单位各部门先后开展形势教育和政治引导学习会、座谈会、交流会等活动近100场次。广泛凝聚本地和海内外三大潮商力量，推进市潮商总部经济基地建设，努力拓展汕头特区扩围发展新空间。接待海外潮属社团和潮籍乡亲访问团20多批、共2000多人次，激发海外乡亲参与家乡建设的热情。港澳台同胞、海外侨胞、民营企业、各地潮汕商会和热心人士积极响应省、市关于开展第二届“广东扶贫济困日”活动的号召，多渠道捐赠近2亿元。牵头粤东四市在《南方日报》刊登专版报道建功业情况。联合汕头电视台、经济特区报社开辟“我为幸福汕头建功业”专栏，挖掘和宣传建设幸福汕头的典型风采，提升统一战线的影响力。继续牵头办好汕头市贫困家庭大学生第四学年助学金发放仪式。8月17日下午，市委统战部在市委会议中心举行汕头市贫困家庭大学生助学金发放仪式，由捐资人和捐资人代表向受资助的161名贫困家庭大学生颁发每人5000元的助学金。

【多党合作和政治协商工作】2011年，汕头市委统战部联合市委组织部做好市政协换届人事工作，并协助做好市政协十二届一次会议组织工作，确保会议顺利召开。9月份，协助各民主党派市委会、台盟支部按时完成换届，分别选举产生新一届领导班子成员，夯实多党合作的基础。协助各民主党派市委会加强组织建设和机关建设。精心举办2011年度汕头市各民主党派、有关团体负责人暑期座谈会，围绕如何搞好政治交接、加强班子建设、提升履职能力等方面进行深入交流，强化多党合作的意识。进一步贯彻落实《中共汕头市委政治协商规程》，支持统一战线成员参政议政，有力地服务党政工作中心，此项工作得到6月份莅汕检查的省委联合督查组的高度评价。组织民主党派、无党派代表人士参加市委市政府和有关部门举行的各类民主协商会、情况通报会、座谈会、征求意见会，就加强社会建设、制定“十二五”规划、特区扩围发展等重大决策和问题建言献策，为服务党政科学决策提供参考。

【非公有制经济领域统战工作】2011年，汕头市贯彻落实《中共中央、国务院关于加强和改进新形势下工商联工作的意见》，进一步推动工商联更好发挥作为党政联系非公有制经济人士的桥梁纽带作用。指导做好市工商联（总商会）换届有关工作。10月26日，市工商联（总商会）第十四次会员代表大会暨第一次执委会议隆重举行，选举产生工商联（总商会）新一届执委会和领导班子。推进非公有制企业构建和谐劳动关系主题活动，指导开展“访百家企业，促转型升级”活动，切实为企业发展排忧解难。指导牵头组织产品展销会、经贸洽谈会等活动，加强同各地潮汕商会和工商企业界的联系，促进经贸往来，拓宽商机渠道。指导召开汕头市工商联系统人大代表、政协委员座谈会，提高工商联界别提案质量，更好地建言献策。进一步发挥工商联维权援助和仲裁联络处作用，加强对知识产权保护和维权工作的宣传。加强非公有制经济人士思想政治工作，指导非公有制经济组织创先争优活动深入开展，推进非公有制经济代表人士综合评价体系建设，引导争当优秀中国特色社会主义事业建设者。

【民族和宗教工作】2011年，汕头市积极营造民族团结进步氛围，增强广大干部群众维护民族团结的自觉性。贯彻落实国务院《宗教事务条例》，不断提高宗教工作水平。协助宗教团体加强自身建设，开展和谐寺观教堂创建活动，引导各宗教活动场所坚持健康文明的发展方向。指导举办2期宗教团体和宗教活动场所负责人安全消防培训班，促使安全消防工作在宗教界中逐渐形成常态化，汕头宗教领域已连续7年保持安全无事故。引导宗教界发扬乐善好施、扶危济困的优良传统，积极开展“百寺扶千户”、慈善助学、绿色环保等慈善公益活动，投入善款超过170万元。

【海外联谊工作】2011年，汕头市加强海外联谊载体建设。在2月份召开汕头海外联谊会七届一次会议，聘请海内外潮属社团首领、潮籍知名人士和侨界新一代人物担任荣誉职衔，进一步巩固老朋友、广交新朋友。加强海外交流工作。通过“走出去、请进来”，密切与港澳各潮属社团和重点人士的联系，沟通了信息，增进了感情。做好香港新界潮人总会访问团、黄大仙区潮籍乡亲访问团等港澳社团和知名人士的来访接待工作。组团赴港澳参加香港广东社团总会、香港潮侨塑胶厂商会、海外潮人企业家协会、旅港澳头同乡会等社团的庆典活动。12月18日至19日，市委常委、统战部部长马逸丽率团拜访香港潮属社团总会、香港潮州商会、香港汕头商会、香港潮商互助社、香港潮阳同乡会、香港澄海同乡联谊会，拜会知名人士陈有庆、陈伟南先生和香港新界、九龙东、九龙西、港岛区潮人联（总）会的首领。通过举行在汕港澳人士中秋座谈会、配合做好汕头经济特区30周年庆典活动的有关联络接待工作等活动，既敦睦乡情乡谊，又宣传推介汕头良好投资环境。做好3名港澳人士报评第八批“汕头市荣誉市民”的推荐工作。协助在汕成功举办“浪漫海湾、幸福扬帆”——中国•汕头帆船巡游活动暨首届“潮人杯”帆船赛。

【探索开辟统战工作新领域】2011年，汕头市主动适应统战工作社会化发展新趋势，不断创新工作方式，为服务加强社会建设、构筑幸福汕头贡献力量。探索社区统战新路子，开展“统战工作进社区”试点工作，有效地调动社区统一战线成员参与幸福社区、和谐社区建设的活力。搭建志愿服务新载体，在全省率先组建汕头市统一战线志愿者队伍，开辟助推经济社会发展新途径。创建统战基地新平台，促使国民革命军东征军总指挥部、政治部旧址申报为“广东统一战线基地”，进一步挖掘整合统战资源。4月13日，分别在市委会议中心举行汕头市统一战线志愿者队伍授旗仪式、在汕头市东征军革命史迹陈列馆举行“广东统一战线基地”挂牌仪式。市委统战部把文化统战作为统一战线服务文化强市新的着力点，协助开展爱国侨领庄世平先生诞辰一百周年纪念活动、联合举办首届韩江诗歌节和“潮人杯”全国书画大赛等一系列活动，在社会上引起广泛关注，有效地扩大汕头城市知名度，增强海内外潮人凝聚力。

【扶贫开发工作】2011年，市委统战部和市民宗局加强“规划到户、责任到人”挂钩帮扶工作力度，充分发挥统一战线的优势和作用，注重整合统战资源，启动并实施“五大计划”：充分发挥民主党派人士作用，实施智力扶贫计划；充分发挥非公经济人士作用，实施基金扶贫计划；充分发挥宗教界人士作用，实施爱心扶贫计划；充分发挥海外侨胞作用，实施乡情扶贫计划；充分发挥统战部门联动作用，实施同心扶贫计划。初步摸索出一条充分发挥“大统战”特色和优势，构建“大扶贫”工作格局的新路子，产生了良好的经济效益和社会效益。扶贫开发“双到”挂钩联系点被省确定为“插红旗”单位。与扶贫开发“双到”工作开展之前相比，潮南区红场镇虎空村无论是在村集体经济、村民的收入方面，还是在村基础设施和村容村貌方面都有了长足的进步和变化。截止年底，全村贫困户实现100%脱贫，提前一年超额完成省下达的三年80%脱贫的目标任务。

（吕舜芝）

党史工作

【概况】2011年,市委党史研究室积极争取市委领导的重视，以建党90周年作为契机，结合汕头经济特区建立30周年庆祝活动，以编写《中共潮汕地方史》（第二卷）为重点，在资料征集、专题研究、史志宣传、史迹保护等方面取得新成效，进一步扩大了党史工作的影响力。全年，共出版发行《汕头党史与方志》4期，约36.6万字。

【市委研究部署党史工作】1月，市委常委会召开会议，听取全市党史工作汇报，研究新时期加强党史工作措施，切实解决党史工作存在的困难。3月25日，市委发出《关于加强和改进新形势下党史工作的意见》。5月27日，市委召开全市党史工作会议，部署当前和今后一个时期全市党史工作。市委书记李锋在会上做重要讲话，要求全市各级党委要加强对党史工作的领导，健全和落实党委领导党史工作的制度；充分发挥党史部门职能作用，积极构建“大党史”工作格局；要切实加强党史工作机构和队伍建设，为党史工作提供有力保障。各级党史部门要围绕中心、服务大局，努力开创全市党史工作新局面，以史鉴今以史资政，为加快科学发展、建设幸福汕头服务。8月9日，市委办公室印发《汕头市党史工作五年规划》（2011—2015年），为汕头市新一轮党史工作健康、科学发展规划蓝图、提供保障。进一步扩大党史工作的影响力，推动全市党史工作迈上新台阶。

【党史征集研究】2011年，《中共潮汕地方史》（第二卷）编写人员多次前往市、省档案馆查阅、征集资料，共征集到社会主义时期党史资料约20万字。9月底，完成《中共潮汕地方史》（第二卷）的第二次修改，约32万字。金平区、澄海区、南澳县已启动中共地方史第二卷编写工作，至12月，澄海区率先完成初稿的编写并送审。出版党史书籍2部。即：中国抗战损失课题调研成果丛书的《汕头市抗战时期人口伤亡和财产损失》，由中共党史出版社出版；由市委组织部牵头，市委党校、市委党史研究室编写的汕头市干部锤炼坚强党性培训基本教材之一《新民主主义革命时期潮汕党史选编》读本。深化对新民主主义革命时期党史研究，论文《弘扬苏区精神创新社会管理》荣获由中央党史研究室第一研究部、中国社会科学政治研究院、人民日报理论部、苏区精神研究会等9单位联合主办的第4次全国苏区精神研讨会优秀论文奖。

【党史宣传教育】2011年，是中国共产党成立90周年。市委党史研究室以建党90周年作为契机，结合汕头经济特区建立30周年庆祝活动，推动史志宣传、史迹保护工作。《汕头党史与方志》在稿件组织、栏目设计、版面安排上，结合纪念建党90周年、汕头经济特区成立30周年出版专辑、专栏。继续推进党史进课堂、进网络活动，为市委党校处级班、中青班、科级班及市委办公室、市政协办公室、市劳教所等单位的党员群众讲授新民主主义时期中共潮汕地方史。与市委组织部、汕头电视台联合制作30集电视专题片《红色记忆——革命遗址的故事》。通过汕头市革命遗址所蕴藏的感人故事，展现烽烟岁月里共产党人的风采和崇高精神，给后辈以教育和启迪，于建党90周年之际在汕头电视台播出。分别与汕头电视台、《汕头日报》、《汕头特区晚报》、《汕头都市报》联合推出“闪光的足迹”和“建国英模”电视专题报道、《追寻红色记忆——纪念中国共产党建立90周年特别报道》、“潮汕党史风采录”栏目、大南山革命根据地专题报道。配合市委组织部，市委宣传部编写《“党的知识知多少”有奖问答题》。与市委宣传部联合召开建党90周年研讨会。配合广东电视台，推出“二次东征在潮汕”、“策应南昌起义军进入潮汕”的相关报道。完成“汕头经济特区三十周年建设成果图片展”脚本审读等有关工作。为汕头电视台30集“纪念汕头经济特区创办30周年系列专题片”提供资料及历史人物采访线索。市委党史研究室还积极向市委领导汇报革命遗址普查情况。市委市政府对革命遗址保护高度重视，4月，市委常委谢泽生、副市长郭大钦带队到部分革命遗址进行现场调研，并召开“市若干重要革命史迹保护工作协调会议”，部署做好市第一批重要革命史迹抢救和保护工作。市长郑人豪多次带队到中共中央至中央苏区交通线汕头交通中站旧址实地考察，主持召开专题会议，研究旧址抢救、保护和利用措施。

（陈琦）

党校工作

【概况】2011年，汕头市委党校（市行政学院、市社会主义学院）现有编制内在岗人员92人，离退休人员62人。其中，参照公务员管理的机关工作者48人，事业编制的专职教师23人，工勤人员21人。在教学科研基本力量即专兼职教师队伍中，博士2人（专职1人，兼职1人）、硕士15人（专职9人，兼职6人），副教授14人（专职11人，兼职3人）、讲师8人（专职8人）。另聘请客座教授9人。10月，市委对校（院）主要领导做了调整，市委副书记孙光辉兼任校（院）长，朱玲珑担任常务副校（院）长、机关党委书记。年内，面向全国招录4名博士、硕士学历的公务员，其中博士1名，硕士3名。

【教学工作】2011年，汕头市委党校在校本部举办主体班40期，培训学员共2866人次。其中，主体班次18期（处级进修班、处级读书班、科级班、中青班、高知班等，以及建设幸福汕头、应急管理法制等专题班），培训学员882人次；与市各有关单位、区县等联合举办的班次22期，培训学员1984人次。行政学院全年举办专业技术人员高级研修班、汕头市公务员初任培训班、汕头市公务员全员培训班、专业技术人员继续教育培训班等班次62期，参训学员达23569人次。在市委市政府和市直主管部门的支持下，市一级公务员初任培训、全员培训、师资培训全部集中到市行政学院，市一级公务员专题培训和市一级专业技术人员继续教育培训绝大部分集中到市行政学院，使市行政学院真正成为全市公务员各类培训和专业技术人员继续教育培训的主渠道和主阵地。随着培训规模的攀升，质量的提高，影响的扩大，中央和省驻汕一些单位的公务员培训，也开始向市行政学院汇聚。年内，汕头海关和昆明海关新关员培训在市行政学院举办。

【科研工作】2011年，汕头市委党校共发表科研文章88篇，其中，发表于国家级刊物及中文核心期刊等层次较高刊物的论文有21篇，在省级刊物发表33 篇，在市级刊物发表34篇。获得省级奖项8项，市级奖项2项；三项省级立项课题、两项市级立项课题通过结项鉴定。年内，市委党校加大教学互动的力度，特别是在课题调查研究阶段，学员的主体地位进一步强化。29期中青班分成若干课题组开展专题调研，调研报告在《大潮学刊》专刊发表，送市委、市政府及有关部门决策参考。

【深化改革】2011年，汕头市委党校实行教学板块负责人制度，尝试板块教学的破冰之旅。逐步优化教学布局，完善教学方法。为适应现代教育培训发展趋势，校（院）在班次设置方面，摸清全市干部情况和形势需求，设置培训班次，分层次，分类别，设置了培训班、进修班、轮训班、读书班、专题研讨班等，学制和内容各有差别。在课程设置方面，全年重点突出几个模块：基础理论与党性教育、十二五规划、转变经济发展方式、社会管理创新、执政能力建设、行政法治。上半年重点放在“转变经济发展方式”，下半年重点放在“社会管理创新”。在教学方法方面，更广泛地引入现代教育培训理念和模式，尝试和铺开案例教学、情景教学、访谈式教学、现场教学。特别在下半年推进板块教学，通过听课、自学、分组交流、现场教学、学员论坛等多种方式，让学员集中一段时间对一个大的问题有深入学习和探讨。对于行政学院举办的每一类、每一期的培训班次的培训内容的确定，教学专题的设计，师资力量的选配，都力求确保突出针对性、实用性和可操作性。在课程设置上，每一个具体的培训班次，都按照专题教学来设计，并且力求使专题教学内容契合汕头市发展实际，契合参训学员的岗位需求。年度公务员全员培训，是以转变经济发展方式为主题，组织授课教师集体备课，把转变经济发展方式的一般要求与汕头实际情况结合起来，以市委市政府出台的相关规划和政策为框架指导，专门研究汕头转变经济发展方式该做什么，该怎么做，然后细分形成具体的教学专题，并印发相关讲义。在教学方法上，尽管多数班次都是50人以上甚至过百人的大班制，但还是想尽一切办法，创造条件，推行教学改革，尽可能减少传统的讲授式教学模式，铺开案例式教学、现场教学、访谈教学等现代教学模式，激发参训学员学习知识、思考问题、交流看法的主动意识。举办的专业技术人员《创新能力培养》高级研修班，学制只有3天，但在讲授创新基本理论的基础上，组织创新技能实操演练，创新力实际案例分析，现场教学等多场教改课，使参训学员在创新意识、创新思维、创新技能等诸多方面，都有所收获。通过“五严一好”改革学员管理工作。一是严把学员入学报名关；二是严把学员入学教育关；三是严把学员考勤关。四是严格执行每课一评的评课制度；五是严格执行加强学风建设的有关要求；六是做好学员学习档案的反馈工作。

（林丹华）

市直机关党的工作

【概况】中共汕头市直属机关工作委员会（以下简称“市直工委”），内设办公室、组织部、宣传部和市直机关纪工委及市直人武部。2011年管辖的基层党组织2394个，其中党委122个，党总支151个，党支部2121个；党员38653名。

【机关党的思想文化建设】2011年，汕头市直工委组织广大党员和干部职工深入学习贯彻党的十七届五中全会和省委十届八次全会精神，围绕“加快转型升级、建设幸福广东，努力探索科学发展新路”等八个专题开展理论学习，把思想和行动统一到中央、省委、市委的部署上来。3月，市直工委召开“市委九届十次全会精神”宣讲会，邀请市委党校副教授郑良泽为市直机关党组织负责人作报告。11月，市第十次党代会召开后，市直工委创新理论学习形式，通过举办理论知识竞赛，在市直机关掀起学习宣传贯彻市第十次党代会精神的热潮。组织市直各单位开展形式多样的群众性精神文明创建活动，有2个单位被评为全国文明单位、4个单位被评为广东省文明单位，1位同志被评为广东省精神文明建设先进工作者。发动市直有关单位参加市第六届企业文化节企事业单位综艺大赛，获得1个一等奖、3个二等奖、4个三等奖。结合纪念建党90周年，组织参加“幸福歌声献给党”歌咏比赛，有2个合唱团各获得金奖和银奖。抓好市直机关法制宣传教育工作，工委被评为“2006－2010年全省法制宣传教育先进单位”。8月，市直工委与市体育局、市围棋协会联合在东山湖举办“泰恩康杯”汕头市第四届围棋名流赛。

【机关党的组织建设】2011年，汕头市直工委重视抓好各单位机关党组织的换届选举和党务干部配备，指导7个市直单位的机关党委完成了改选换届。举办入党积极分子培训班3期，培训入党积极分子638名。全年市直共发展新党员1289名，其中在生产第一线的385名，妇女679名，35岁以下1140名。继续搞好党务干部培训，4月，组织100名市直党务干部参加全市党务骨干培训班；6月，开展“《条例》学习宣传月”活动，围绕学习贯彻中央新修订的《中国共产党党和国家机关基层组织工作条例》和省委的《意见》，举办示范培训班；8月，举办市直单位党组织换届选举工作培训班，200名党组织副书记或组织委员（党办主任）参加培训；举办党内统计培训班1期，培训党务干部203名。继续组织市直机关深入开展创先争优活动，全年市直共有3.68万名党员、2285个基层党组织按要求搞好专题学习和民主评议党员工作，推动党组织履行职责创先进、党员立足岗位争优秀。

【市直党代表会议】11月11日，汕头市直工委召开中共汕头市直属机关代表会议，选举产生市直出席中国共产党汕头市第十次代表大会代表154名，其中，党员领导干部105名，占68.2%；专业技术人员28名，占18.2%；先进模范人物21名，占13.6%。女同志44名，占28.6%。50岁以下（含50岁）的党员98名，占

63.6%。同时，还推荐汕头市出席省第十一次党代会代表推荐人选45名。

【市直党代表工作室】7月12日，汕头市直第一个党代表工作室在市人力资源和社会保障局举行揭牌仪式。党代表工作室是各级党代表履行代表职责、联系党员群众的工作平台，定期开放，实行党代表轮流驻室接待党员群众制度以及回复责任制度。市直单位的党代表约200人，业务性质各异，代表分布广泛。组建市直党代表工作室，拓宽了党代表与基层党员群众的沟通渠道。

【机关党风廉政建设】2011年，汕头市直各单位党组织坚持标本兼治、综合治理、惩防并举、注重预防的方针，突出重点，推进机关廉政建设，结合纪律教育学习月活动，引导机关党员干部廉洁从政，筑牢遵纪守法的思想基础。12月，为贯彻全市“四治”专项行动的部署，工委提出《关于在市直机关开展“戒贪、戒庸、戒懒、戒散”教育实践活动的意见》，以戒贪保廉洁、戒庸提能力、戒懒增效率、戒散聚合力，进一步加强机关作风和效能建设。市直纪工委加大办信办案工作力度，全年收到群众举报及市纪委信访室批转的信访件共20件，办结14件；共审理党员干部违纪案件4宗4人，其中科级干部2人。

【市直武装工作】2011年，汕头市直工委切实加强对市直人武部党的建设和队伍建设的指导，确保其较好完成各项民兵军事和战备工作任务。5月至11月，分期分批组织干部民兵训练，其中高炮骨干训练受到警备区通报表彰。加强武器装备管理，抓好安全检查，全年没有发生任何事故。抓好战备教育，强化战备意识，落实战备值班。推进民兵组织建设，集中时间抓民兵整组工作，开始在非公有制企业组建民兵组织，拓展了民兵工作领域。抓好民兵政治工作和国防教育，对1200余名大中专学生进行军训。完成年度转业军官的预备役登记、统计工作。

（黄植龙 王勃）

机构编制

【概况】2011年，汕头市扎实推进市、区（县）政府机构改革收尾工作。全力配合濠江区推进行政体制综合改革。进一步深化简政强镇事权改革，全市乡镇（街道）机关机构改革基本完成。积极稳妥推进事业单位分类改革。市属事业单位分类工作基本完成。全面加强社会工作的组织和机构建设，努力夯实机构编制网络管理基础平台。

【行政体制综合改革】2011年，汕头市积极探索创新，推进行政体制改革深化工作。配合濠江区推进行政体制综合改革。完成濠江区机构设置的批复，指导濠江区编办做好区直部门“三定”制订工作，协助有关部门向濠江区下放行政管理事项共346项。

【简政强镇事权改革】2011年，汕头市全面完成市、区（县）政府机构改革工作。进一步深化简政强镇事权改革。批准各区（县）乡镇（街道）机构改革方案，敦促各区（县）下放权限，优化机构和岗位设置，创新体制机制。全市乡镇（街道）机关机构改革基本完成。稳步推进社会体制改革。市和各区（县）均成立了社会工作委员会，全面加强社会工作的组织和机构建设。

【事业单位分类改革】2011年，汕头市全市事业单位除263个上报省审批为行政类事业单位外，已有1929家确定了类别，占81.5%。

【机构编制实名制管理】2011年，汕头市全面铺开机构编制实名制管理。积极推进机构编制网络管理平台建设，按时完成机构编制实名制信息库建立工作，全市实名制人员信息库顺利通过省编办评估。严格执行机构编制出入编登记管理制度，开展机构编制监督检查工作。

【事业单位登记管理】2011年，汕头市积极稳妥推进事业单位分类改革。基本完成市属事业单位分类工作。切实加强对事业单位法人承担民事责任能力及资金总额的审查和开展业务活动情况填报内容、格式的规范，将年检项目纳入市政府行政审批电子监察网管理。

（黄锡坚）

汕头市人民代表大会

综述

【概况】2011年，汕头市人大常委会紧紧围绕市委关于加快改革创新、推动科学发展、推进社会建设、建设幸福汕头这一中心工作，坚持党的领导、人民当家作主和依法治国的有机统一，切实履行宪法和法律赋予的职责，扎实推进依法治市、加快法治汕头建设，推动人大工作再上新水平。

【自身建设】2011年，汕头市人大常委会及其机关围绕建设幸福汕头和特区扩围，认真学习市委书记李锋在特区扩围动员会上的讲话精神，加强学习和培训，进一步改进工作作风，不断加强自身建设，为更好依法履职打下坚实基础。深入开展调查研究。在制定法规、作出重要决议决定、提出意见和建议之前，坚持进行深入、充分的调研，广泛听取各方意见尤其是基层群众的意见。年内，常委会及其工作机构开展工作调研14次。通过调研，使常委会最大限度地了解群众的真实意愿，提升常委会议事效率和议事水平，保证常委会各项工作能反映民意、集中民智。加强作风建设。重视加强机关思想作风建设，扎实开展纪律教育学习月和争先创优活动，人大机关干部队伍素质进一步提高。充分调动干部职工的工作积极性，进一步加强机关执行力。切实抓好机关扶贫开发“双到”工作，5月，挂钩点潮南区红场镇伍田村道路肩排水沟建设等4个扶贫项目投入使用，扶贫工作通过了省、市检查组检查，得到省、市扶贫办的充分肯定。全年共受理、转办和交办人民群众来信535件次，接待人民群众来访215批526人次，接听群众来电反映问题250件次。

（陈苑莉）

市人大及其常委会会议

【市第十二届人民代表大会第六次会议】2011年2月22日至25日，汕头市第十二届人民代表大会第六次会议在汕头市区举行。至本次会议召开前为止，汕头市第十二届人民代表大会共有代表398名，出席本次会议的代表382名。会议听取和审议汕头市人民政府工作报告；审查和批准汕头市国民经济和社会发展第十二个五年规划纲要；审查汕头市2010年国民经济和社会发展计划执行情况与2011年计划草案的报告，批准汕头市2011年国民经济和社会发展计划；审查汕头市2010年预算执行情况和2011年预算草案的报告，批准汕头市2011年本级预算；听取和审议汕头市人民代表大会常务委员会工作报告；听取和审议汕头市中级人民法院工作报告；听取和审议汕头市人民检察院工作报告。会议批准上述7项报告并通过相应决议。会议接受徐红、陈兴池等2位同志因年龄或工作变动原因辞去市人大常委会委员职务。会议以无记名投票方式，依法补选李锋为汕头市十二届人大常委会主任、郑家汉为汕头市十二届人大常委会副主任、叶先华、张殿义为汕头市十二届人大常委会委员。

【市第十二届人民代表大会常务委员会会议】2011年，汕头市人大常委会共召开7次会议。

2月14日，市第十二届人大常委会举行第三十二次会议。市人大常委会代理主任王芸主持会议。会议听取市人大法制委员会关于《汕头市港口条例（草案修改稿二稿）》修改情况的报告，表决通过《汕头市港口条例》，报省人大常委会批准后施行；会议审议通过市十二届人大常委会代表资格审查委员会关于代表出缺情况和补选代表的代表资格审查报告；听取关于市十二届人大六次会议有关事项的说明。审议通过拟提请市十二届人大六次会议预备会议通过的市十二届人大六次会议议程（草案）、拟提请大会预备会议通过的市十二届人大六次会议主席团和秘书长名单（草案）、拟提请大会预备会议通过的市十二届人大计划预算委员会副主任委员、委员调整名单（草案）（讨论稿）、拟提请大会预备会议通过的市十二届人大议案审查委员会委员调整名单（草案）（讨论稿），审议拟提请市十二届人大六次会议审议的市人大常委会工作报告（稿）。会议还通过其它人事任免事项。

4月26日至27日，市第十二届人大常委会举行第三十三次会议。市委书记、市人大常委会主任李锋主持会议。会议审议通过《汕头市人民代表大会常务委员会关于2011年5月1日前制定的经济特区法规在扩大后的经济特区适用的决定（草案）》。听取市政府关于《汕头市森林防火条例（草案）》的说明、关于《汕头市台湾同胞投资保障条例（草案）》的说明、关于《汕头市城市绿化条例（草案）》的说明，对上述法规草案进行分组审议。会议听取和审议市政府关于建立汕头市低收入群体补贴与物价上涨应对机制的议案（第46号）办理方案的报告，同意市人大常委会财政经济工作委员会的初审报告。会议听取市政府关于汕头市贯彻实施《中华人民共和国食品安全法》情况的报告。

6月27日至28日，市第十二届人大常委会举行第三十四次会议。市人大常委会常务副主任王芸、副主任钟展南分别主持会议。会议分组审议《关于促进和保障濠江区行政体制综合改革工作的决定（草案）》，表决通过《汕头市人民代表大会常务委员会关于促进和保障濠江区行政体制综合改革的决定（草案表决稿）》。会议还对《汕头经济特区森林防火条例（草案修改稿）》、《汕头经济特区台湾同胞投资保障条例（草案修改稿）》进行分组审议。会议听取和审议市政府关于2010年汕头市本级决算草案的报告、关于2010年汕头市本级预算执行和其他财政收支的审计工作报告，同意市人大常委会财经工委相关初审报告，通过关于批准2010年汕头市本级决算的决议。听取市政府关于2010年汕头市本级预算外资金收支使用和管理情况的报告。会议听取和审议市政府关于大力发展总部经济和现代服务业的议案（第45号）办理方案的报告，同意市人大常委会财政经济工作委员会的初审报告。会议分别听取和审议市政府关于汕头市贯彻实施《中华人民共和国药品管理法》、《中华人民共和国海洋环境保护法》情况的报告；听取市政府关于汕头市贯彻落实《中华人民共和国妇女权益保障法》情况的报告以及汕头市现代农业园区建设情况的报告。会议通过有关人事任免事项。

8月29日，市第十二届人大常委会举行第三十五次会议。市人大常委会常务副主任王芸主持会议。会议审议通过《汕头市第十二届人民代表大会常务委员会关于市第十三届人民代表大会代表名额分配和选举问题的决定》。决定规定汕头市第十三届人民代表大会代表名额为405名，各区县应于2011年11月底以前选出市第十三届人民代表大会代表。会议听取市人大法制委员会关于《汕头经济特区森林防火条例（草案修改稿）》、《汕头经济特区台湾同胞投资保障条例（草案修改稿）》修改情况的报告并进行分组审议，表决通过《汕头经济特区森林防火条例》、《汕头经济特区台湾同胞投资保障条例》。上述二部法规均自10月1日起施行，《汕头经济特区森林防火管理规定》同时废止。听取市人大法制委员会关于《汕头经济特区绿化条例（草案）》审议结果的报告，对该法规草案修改稿进行分组审议。会议听取和审议市政府关于提请审议授予马伟强先生等17人“汕头市荣誉市民”称号的议案，同意市人大常委会华侨外事工作委员会的初审报告，决定授予马伟强等17人“汕头市荣誉市民”称号。会议听取和审议市政府关于汕头市2011年上半年国民经济和社会发展计划执行情况的报告和市人大常委会财政经济工作委员会相关初审报告，针对计划执行中的主要问题提出意见和建议。会议听取和审议市政府《关于加快国道324线潮阳、潮南路段改造的议案（第9、11、13、38、40号议案）办理方案的报告》，同意市人大常委会财政经济工作委员会的初审报告，通过相应的决议。会议听取市政府关于2010至2011年度汕头市社会保险基金收支使用和管理情况的报告、关于汕头市2011年重点建设项目进展情况的报告和关于汕头市非物质文化遗产保护情况报告。会议还通过有关人事任免事项。

9月2日，市第十二届人大常委会举行第三十六次会议。中共汕头市委书记、市人大常委会主任李锋主持会议。会议审议通过有关人事任免事项。

10月31日，市第十二届人大常委会举行第三十七次会议。中共汕头市委书记、市人大常委会主任李锋，市人大常委会常务副主任王芸分别主持会议。代市长郑人豪向会议作关于提请江楷鑫等同志职务任免的报告，市委常委、组织部部长李学同就市政府有关人事任免事项作了说明。会议审议通过有关人事任免事项。会议听取市人大法制委员会关于《汕头经济特区城市绿化条例（草案修改稿）》修改情况的报告并进行分组审议，表决通过《汕头经济特区城市绿化条例》，该法规自2012年1月1日起施行。会议通过关于召开汕头市第十三届人民代表大会第一次会议的决定。会议决定，市十三届人大一次会议于2012年1月5日至10日（含预备会议）在市区举行。会议听取和审议市政府关于汕头市2011年1至9月预算执行情况的报告和市人大常委会财政经济工作委员会相关初审报告，针对预算执行中的主要问题提出意见和建议。会议听取和审议市政府《关于提请审议<关于加强法治宣传教育的决议（草案）>的议案》，同意市人大常委会内务司法工作委员会相关审查意见，通过相应的决议。

12月21日至22日，市第十二届人大常委会举行第三十八次会议。市人大常委会副主任王芸主持会议。会议听取市政府关于《汕头经济特区节约能源条例（草案）》、《汕头经济特区道路交通安全条例（草案）》的说明和市人大常委会财政经济工作委员会、内务司法工作委员会的审查意见，对上述法规草案进行分组审议。会议审议表决通过市十二届人大常委会代表资格审查委员会关于市十三届人民代表大会代表资格的审查报告。会议听取关于市十三届人大一次会议有关事项的说明。会议审议表决通过拟提请市十三届人大一次会议预备会议通过的市十三届人大一次会议议程（草案）；市十三届人大一次会议主席团和秘书长名单（草案）；市十三届人大计划预算委员会主任委员、副主任委员、委员名单（草案）；市十三届人大议案审查委员会主任委员、副主任委员、委员名单（草案）。表决通过拟提请大会通过的市十三届人大法制委员会主任委员、副主任委员、委员人选名单（草案）。会议审议表决通过市十二届人大常委会工作报告（稿），提请市十三届人大一次会议审议。表决通过关于列席和邀请列席市十三届人大一次会议人员的决定。会议决定市十三届人大一次会议设立100个旁听席。会议听取和审议市政府关于市十二届人大六次会议代表议案、建议办理情况的报告。听取市政府关于汕头市“三旧”改造专项规划和公共设施配套情况的报告、市检察院关于汕头市检察机关开展诉讼活动法律监督工作情况的报告。听取市政府关于2010年汕头市本级预算执行和其他财政收支审计查出问题整改情况、关于建立汕头市低收入群体补贴与物价上涨应对机制的议案（第46号）办理方案落实情况、关于大力发展总部经济和现代服务业的议案（第45号）办理方案落实情况、关于整治交通秩序的议案（第4、19号）办理方案落实情况的书面报告。会议还通过有关人事任命。

（陈苑莉）

重大活动

【立法工作】2011年，汕头市人大常委会认真贯彻以公民权利和政府职责为本位的立法理念，围绕全市的工作大局，更加注重地方特色、注重法规“立、改、废”相结合，积极探索，开拓创新，不断提高立法的民主化和科学化水平。2011年，市人大常委会共制定法规4件（其中经济特区法规3件，较大市法规1件）、法规性决定2件，废止法规3件。其中，市人大常委会第33次会议审议通过的《汕头市人民代表大会常务委员会关于2011年5月1日前制定的经济特区法规在扩大后的经济特区适用的决定》，则是针对汕头经济特区范围扩大至全市的形势，及时地对汕头自拥有立法权以来制定的经济特区法规、较大市法规及法规性决定进行清理，其中适用于扩大后的汕头经济特区法规7件，暂不适用5件，不适用3件，废止5件，将由新法规取代的5件，有效解决了法规适用上的“一市两法”问题。市人大常委会第34次会议审议通过的《汕头市人民代表大会常务委员会关于促进和保障濠江区行政体制综合改革的决定》，很好地运用了特区立法权，创新立法机制、工作思路和调研方法，实现当年立项、当年调研、当年审议通过的立法过程，及时为濠江区行政体制综合改革提供有力的法制保障和支持。市人大常委会第35次会议审议通过的《汕头经济特区森林防火条例》，则是整合完善多年来汕头市在森林防火管理方面的成功经验和做法，并结合特区扩围，将拟列入较大市立法的森林防火法规草案上升为特区法规，从更高的法律层面上对防火工作予以规范。在立法工作中，立法部门注重扩大公民有序参与的渠道，增强立法的民意基础。坚持走群众路线，通过报刊、网络等媒体向社会公开征集本年度立法项目的建议。所有法规案，都采取书面征求意见、召开座谈会等多种形式广泛征求社会各阶层、各群体的意见。注意防止立法中的“部门利益倾向”。注重规范执法程序和行使职权的程序，保障行政相对人的合法权益。对关系公众切身利益的重要法规草案，坚持在汕头日报上全文刊登，征求社会各界意见，为立法工作奠定民意基础，促进立法质量提高。

【专项视察】2011年，汕头市人大常委会充分运用监督权、重大事项决定权，对事关汕头长远发展、事关国计民生的问题进行专项视察，体现出谋长远、管大事、重民生的特点。首先是高度关注汕头市转型升级工作，把对重点项目建设的视察列为2011年常委会的工作重点。在8月份，听取了市政府关于重点项目建设进展情况的报告；10月份，又组织对全市电网建设工程、汕揭梅高速公路汕头段等项目的视察，要求市政府及有关部门解放思想，创新机制，攻坚克难，解决好项目建设遇到的土地和资金问题。视察引起市政府高度重视，促进市政府进一步采取措施，扎实推进重点项目建设进度。其次是重视高科技效益农业在经济转型发展中的作用，6月份，组织对现代农业园区建设情况进行检查并听取市政府的报告；10月份，又组织对潮南台湾农民创业园建设等项目进行视察，要求市政府和有关部门发挥好各类农业示范园区的示范引领作用，推广高科技效益农业项目；组织对潮阳关埠镇农田水利基础设施建设项目、国家农业综合开发溪南镇项目和莲下镇项目进行视察，要求市政府推进农田水利基础设施建设。第三是高度关注民生热点问题。10月份，组织开展对汕大附属二医院医疗中心大楼项目、中心医院综合门诊大楼项目的视察，促进项目早日投入使用，缓解群众看病难的问题；组织对汕头市实施《中华人民共和国药品管理法》情况进行专项检查，针对药品违法违规经营和出售假劣药品的现象时有发生，部分药品价格虚高等问题，提出加大监管引导力度，巩固完善“两网”建设，提高安全用药水平，加强专业技术队伍建设等建议。

【专题调研】2011年4月，汕头市人大常委会组织在汕头的部分全国、省、市人大代表，有关部门、专家及媒体组成共50多人的调研组，行程1200多公里，跨韩江流域广东、福建两省和潮州、梅州、龙岩三市，对韩江源头和整个韩江水系的水资源保护和利用进行调研，全面深入考察韩江流域水资源利用和水污染的现状，提出水资源保护与利用的思路和对策并形成调研报告，受到省人大和省政府高度重视，使韩江水资源保护问题被省政府列入广东省“十二五规划”。4月12日，组织对汕头市实施《中华人民共和国食品安全法》情况进行调研，指出全市食品安全管理的基础还比较薄弱，食品安全执法装备、技术检验检测设施、队伍人才建设仍不够完善等问题，要求各级政府和相关职能部门进一步加大执法力度，依法保障人民群众食品卫生安全。5月6日，组织调研全市仲裁工作开展情况，并听取市人民检察院关于全市检察机关开展诉讼活动法律监督工作情况的报告，切实加强对“两院”工作的监督。

【代表工作】2011年，汕头市人大常委会努力为代表依法履职创造条件，抓好代表意见建议的督办工作，进一步发挥人大代表密切联系群众的优势，推动一批群众关心的热点和难点问题的解决。全方位、多渠道地为代表履职搭建平台。认真抓好代表履职培训，针对特区扩围后代表履职的需要，组织本届第五次人大代表培训班，共有98人参加，受到代表的欢迎。及时将市人大常委会工作要点、立法计划、人大信息资料寄送到代表手中，为代表开展活动、执行职务提供丰富的信息。精心组织代表开展闭会期间的活动。组织在汕头的省、市人大代表就扶贫开发“规划到户、责任到人”等工作进行4场大型调研和视察活动。活动中代表所提出的措施和意见建议受到省人大的高度重视，对市政府和有关部门的工作起到很好的监督、支持和促进作用。高度重视代表议案建议办理。市十二届人大六次会议大会主席团通过代表议案3件、建议79件。市人大常委会及时交办并抓好跟踪督办工作，办理工作取得明显效果。重点抓好3件议案的办理，推动议案早见成效：《关于建立汕头市低收入群体补贴与物价上涨应对机制的议案》涉及减轻低收入群体生活负担问题。4月，常委会通过决议，要求市政府采取积极措施促使议案及早发挥作用。市政府按照决议要求，出台《低收入群众临时价格补贴与价格上涨联动机制实施意见》并于8月5日起施行，全市已经有11万多名低保和“五保”对象受惠。高度重视对关于加快推进国道324线潮阳、潮南路段改造议案的督办，截至年底，国道324线潮阳梅花至潮南新庆路段大修工程已完成“工可”编制、环境影响评估和节能评估，已上报省申请立项。省同意按省最高补助标准（每公里400万元）补助国道324线潮阳和平至潮南峡山路段改线项目。

【重大事项和人事任免】2011年，汕头市人大常委会共依法作出决议、决定9项，任免干部58名，授予17名友好人士为“汕头市荣誉市民”称号。推进换届工作依法开展。2011年是市、区县、镇三级人大代表换届选举年，常委会在市委的直接领导下，坚决贯彻中央“5个严禁、17个不准、5个一律”和省、市纪律规定，严格按照新《选举法》的规定，及时布置，认真做好各项准备工作，切实加强指导和协调，推进全市换届选举工作依法有序进行。11月底前，全市7个区县、32个镇按时依法顺利完成换届选举工作。

（陈苑莉）

2011年汕头市人大常委会人事任免一览表

时间	会议		任、免、辞职务
2011. 2. 14	第32次会议	苏耀光	辞汕头市人民政府副市长
		张应杰	任汕头市人民政府副市长
		郑健杨	任汕头市中级人民法院审判员
		柳春升	任汕头市中级人民法院审判员
		郭斯标	免汕头市中级人民法院审判员
		丁宏发	免汕头市中级人民法院审判员
2011. 4. 26	第33次会议	叶先华	任汕头市人大常委会选举联络人事任免工作委员会主任 免汕头市交通运输局局长
		张殿义	任汕头市人大常委会教育科学文化卫生工作委员会副主任
		陈兴池	免汕头市人大常委会选举联络人事任免工作委员会主任
		徐红	免汕头市人大常委会内务司法工作委员会副主任
		吴文兵	任汕头市交通运输局局长
		陈向光	免汕头市发展和改革局局长
2011. 8. 29	第35次会议	吴东升	任汕头市中级人民法院立案庭副庭长
		曾锡林	免汕头市中级人民法院审判员

		杨娟	免汕头市中级人民法院审判员
		刀震泉	任汕头市人民检察院检察委员会委员、检察员
		张广生	任汕头市人民检察院检察委员会委员、检察员
		陈民	任汕头市人民检察院检察员
		李向东	任汕头市人民检察院检察员
2011.9.2	第36次会议	蔡宗泽	辞汕头市人民政府市长
		郑人豪	代理汕头市人民政府市长
2011.10.31	第37次会议	江楷鑫	任汕头市人民政府副市长、市公安局局长
		赵红	任汕头市人民政府副市长
		邱奕辉	任汕头市人民政府秘书长
		郑晓奇	任汕头市发展和改革局局长
		黄腾远	任汕头市环境保护局局长
		王小辉	任汕头市文化广电新闻出版局（版权局）局长
		陈捷锋	任汕头市统计局局长
		魏淼新	任汕头市城乡规划局局长
		陈少宏	免汕头市人民政府秘书长
		郑通声	免汕头市公安局局长
		刘长有	免汕头市环境保护局局长
		姚英杰	免汕头市文化广电新闻出版局（版权局）局长
		李一鸣	免汕头市统计局局长
		朱家栋	免汕头市城乡规划局局长
		陈歌今	任汕头市中级人民法院审判委员会委员、审判员
		陈瑞琳	任汕头市中级人民法院立案庭庭长
		李惠松	任汕头市中级人民法院刑事审判第一庭庭长 免汕头市中级人民法院立案庭庭长
		黄权	任汕头市中级人民法院审判监督庭庭长、审判委员会委员
		黄伟炫	任汕头市中级人民法院审判委员会委员
		林玫	任汕头市中级人民法院审判员
		林立	任汕头市中级人民法院审判员

		陈维强	免汕头市中级人民法院刑事审判第一庭庭长、审判委员会委员、审判员
		陈林玉	免汕头市中级人民法院审判监督庭庭长、审判委员会委员、审判员
		李庆元	任汕头市人民检察院检察委员会委员
		李岳鹏	任汕头市人民检察院检察委员会委员
		刘俊辰	任汕头市人民检察院检察员
		钟灵	任汕头市人民检察院检察员
		郑斐	任汕头市人民检察院检察员
		张朝广	任汕头市人民检察院检察员
		陈玮琳	任汕头市人民检察院检察员
		黄莹	任汕头市人民检察院检察员
		陈民	免汕头市金平区人民检察院检察长
		刀震泉	免汕头市龙湖区人民检察院检察长
		李向东	免汕头市澄海区人民检察院检察长
		吴胜球	免汕头市濠江区人民检察院检察长
		张广生	免汕头市潮阳区人民检察院检察长
		杨汉金	免汕头市潮南区人民检察院检察长
		陈武松	免南澳县人民检察院检察长
		曾涛	免汕头市人民检察院检察委员会委员、检察员
		黄灿辉	免汕头市人民检察院检察委员会委员、检察员
		陈辉光	免汕头市人民检察院检察员
		黄海声	免汕头市人民检察院检察员
2011. 12. 21	第38次会议	杨汉金	任汕头市金平区人民检察院检察长
		吴胜球	任汕头市龙湖区人民检察院检察长
		曾涛	任汕头市澄海区人民检察院检察长
		陈武松	任汕头市濠江区人民检察院检察长
		陈辉光	任汕头市潮阳区人民检察院检察长
		黄灿辉	任汕头市潮南区人民检察院检察长
		李珩	任南澳县人民检察院检察长

汕头市人民政府

综述

【全市工作总体要求】2011年是“十二五”的开局之年。市政府坚持以科学发展观为指导，以“建设幸福汕头”为目标，在全市人民的共同努力下，抢抓经济特区范围扩大至全市域的契机，解放思想，开拓创新，推动经济社会持续加快发展。

【2011年全市经济社会发展的主要目标】2011年，汕头市地区生产总值增长15%，工业增加值增长14%，第三产业增加值增长18%，一般预算收入增长20%，工业总产值增长14%，农业总产值增长3%，批零销售额和住宿餐饮营业额增长23%，外贸出口总额增长18%，外贸进口总额增长25%，全社会固定资产投资额增长38%，实际吸收外商投资总额增长35%，人口自然增长率7.5%。，城镇登记失业率控制在2.5%以内，居民消费价格指数涨幅控制在4%左右，城镇居民人均可支配收入增长12.5%，农民人均纯收入增长13%。

【2011年全市经济工作重点】2011年，汕头市经济工作重点共有8个方面。

①推进产业转型升级。实施新兴产业倍增计划。引进中核集团规划建设“中国锆城”。规划建设澄海创意动漫文化产业基地，加快推进金刚玻璃太阳能生产线、合成云母产业基地、数字化超声仪器生产基地、广东移动粤东区域生产项目、新型环保防伪包装材料项目建设。优化产业空间布局，加快省示范性产业转移园濠江电子电路工业园、潮南产业转移工业园、南山湾科技园和潮阳经济技术开发试验区建设。实施现代服务业提速计划。加快推进红星美凯龙、百脑汇资讯广场、苏宁电器粤东总部等一批大型商业综合项目和美莱顺内衣城、龙湖现代物流园、宝供（澄海）物流城建设。力争汕头商行重组成功并复业经营，汕特农信社启动改革重组，潮阳区、澄海区村镇银行顺利开业，中信银行、东亚银行在汕设立机构。规划建设新会展中心。大力发展旅游业，推进建设广东省旅游综合改革示范市工作。实施传统优势产业提升计划。加强质量强市工作。创新政产学研合作发展模式，促进政府、企业和高等院校、科研机构建立技术联盟和产业联盟。积极推进省市共建玩具礼品产业基地、机械联盟项目、纳米印刷产业化基地建设。构建各类公共服务平台，加快国家玩具质量监督检验中心、中国检验检疫科学研究院（汕头）玩具安全研究中心、粤东云计算中心、潮南粤东纺织服装创新基地建设。继续加强技术创新专业镇建设，鼓励和支持企业创品牌，推动品牌产品企业做强做大。实施海洋综合开发计划。加快海洋综合开发规划编制工作，推进广东省海洋综合开发南澳试验县建设，打造粤东海洋经济区。重点加快华能海门电厂3、4号机组，海门港区粤东煤炭中转基地，海门、云澳中心渔港，达濠一级渔港，南澳海洋风机建设，积极培育海洋生物制药、海洋化工、海水淡化和综合利用等产业。提升现代农业发展水平。重点规划建设澄海莲华花卉、濠江观光农业优势产业带，加强台湾农民创业园招商引资，加快台湾农产品交易中心、丹樱生态旅游农业开发项目和南澳海洋生态种养基地建设。全力推进汕头大围六个应急堤段达标加固工程等重点水利项目建设。狠抓节能减排和生态保护。做好国家环保模范城市复检工作。继续推进重点领域和重点企业节能，坚决打击违法排污行为，加快淘汰落后产能。推进环保基础设施建设，完善龙珠水质净化厂等7座污水处理厂管网配套，完成南区污水处理厂濠江分厂主体工程、澄海区洁源垃圾发电厂项目，开工建设谷饶污水处理厂、南区污水处理厂海门分厂、市雷打石环保电厂，加快中心镇及练江流域污水处理设施建设。积极推进贵屿镇国家循环经济试点、省市共建循环经济工业园建设。严格环保准入，深入推进重点流域区域污染防治，加强饮用水源和生态环境保护，提高环境安全保障水平。

②全力加快城市化进程。突出规划的先导作用。加快推进城市总体规划修编和“一湾两岸”、濠江新城、珠港新城、西片区等一系列重点片区的规划编制工作。超前谋划澄海、潮阳、潮南、南澳的城乡规划，一步到位把规划覆盖到全市城乡，推进城乡规划一体化。加快城市开发建设步伐。引进中信集团加快濠江新城建设，启动苏埃湾过海隧道、安海路等南区重大基础设施建设和土地一级开发。深化与中交集团的战略合作，全力加快东海岸新城建设开发步伐。引进战略合作伙伴，投资建设以高新产业、综合服务业、国际湿地保护区和生态示范区为重点的西部生态新城。加大对闲置土地和国有存量土地的清理整治力度，进一步盘活土地资源。调整珠池港区功能，规划建设珠港新城，重点发展总部经济和高端服务业。抓紧大学路路面改造、潮汕路大修工程，缓解潮汕机场、厦深铁路开通后的交通压力。建设金鸿公路、磊广大道路灯配套工程。加强城市管理。加强宜居城乡建设绩效考核。改造金砂路金砂公园两侧、华山路和珠江路的“水浸街”。推进汕樟北路、泰山路等道路延伸工程。启动西堤路、潮阳路等一批市政道路改造。加快推进磊口大桥等7座公路危桥拓宽改建，确保年底前全部完工。加大“治摩”力度，全面取缔人力三轮车，

改善交通秩序。着力创新城市管理体制，推行网格化的城市管理模式，进一步建立健全城市管理长效机制。深入有效开展城市环境综合治理，巩固国家园林城市成果，确保顺利通过国家卫生城市复查。大力推进“三旧”改造。有计划地建设一批具有汕头特色的“三旧”改造示范点，重点启动龙湖工业区创意产业园、海滨文化公园、小公园历史建筑风貌保护区、旧城区西片区、西港－光华片区、乌桥岛片区、梅溪河沿岸等一批旧城改造项目。推进村庄整治，争取每年整治10%的村（居）。

③深化重点领域改革。深化行政管理体制改革。加快推进濠江区大部制改革试点工作，深化市县级机构改革。推进事业单位分类改革和人事制度改革。深化审批制度改革，进一步优化工程建设项目审批流程。加快建设行政审批和公共服务综合信息系统，建成覆盖全市各级政府的电子政务平台，推动网上审批、网上服务、网上办公。创新政府公共服务提供方式，培育发展社会组织，积极推进政府购买公共服务。深化财税和投融资体制改革。注重培植税源，大力推进综合治税工作，强化税收征管。不断完善财政管理体制，调整和优化财政收支结构，扩大公共财政覆盖范围，逐步增加公共服务支出。引入市场竞争机制和资本运营理念，整合盘活各种政府有形资产和无形资产，建立科学、高效、可操作的投融资平台，实现多元化经营城市。加快国企改革，加强国资监管，确保国有资产保值增值。推进统筹城乡综合配套改革。积极争取国家批准汕头经济特区范围扩大到全市，支持我市开展统筹城乡综合配套改革。重点推进城乡一体化发展，争取在土地制度改革、户籍制度改革等方面赋予汕头先行先试试验权，探索新型城市化和城乡一体化发展新路子。稳步推进富县强镇事权改革，扩大区县、镇级政府经济社会管理权限。完善基层社会管理体系，强化城乡自治组织自我管理功能。创新引才用才机制。加快出台吸引培养高层次人才的意见，打破身份、人缘、地域界限，面向海内外吸引优秀高端人才来汕干事创业。建立健全以政府奖励为导向、用人单位和社会力量奖励为主体的人才奖励体系，重奖有突出贡献的人才。建立健全科学的人才评价机制，修订完善来汕高层次人才专业技术职务资格认定制度。强化人才服务保障，建立引进人才“一站式”服务平台，启动人才公寓建设，努力解决家属就业、子女读书、医疗保障和居住等问题。促进民营经济发展上水平。加强和改善服务，优化民营经济发展环境。拓宽民间资本投资领域，鼓励引导民间资本进入基础设施、战略性新兴产业、现代服务业和民生事业。加大政策支持力度，扶持中小企业外贸出口、技术改造和技术创新、创立名牌、上市融资，力争2011年有3—5家企业上市。

④进一步提高开放合作水平。深入实施外向带动战略。加强与潮籍华侨新生代的联络沟通，吸引海内外潮人潮商回乡投资兴业，积极打造潮商总部集聚地。不断优化贸易结构，继续组织和支持企业开拓国际市场，千方百计扩大外贸进出口。加快“走出去”步伐，鼓励支持企业开展境外加工生产、承包工程和劳务合作，培育本土跨国公司。加快广澳港区口岸查验“一站式服务”办公楼建设，进一步改善通关环境。争取国家尽快批准建设综合保税区，推动保税区与广澳港区港联动。率先建设粤台经贸合作试验区。充分运用检验检疫特殊优惠政策和支持措施，发挥对台直航航线作用，推进粤台、汕台经贸合作。全力推进粤台合作南山湾科技园、粤台物流园区、广东省海峡两岸合作南澳实验区和台湾农民创业园等载体建设，加强与台湾产业对接。以打造文化旅游品牌为重点，拓展汕台社会文化交流的深度与广度。加快打通对内对外通道。规划建设连接全市六区一县的快速干线，形成全市域快速交通网络。力争南澳大桥年底合拢。加快建设汕头至揭阳高速公路汕头段和汕头城市候机楼，确保与潮汕机场同步投入使用。争取开工建设汕头至揭西、揭阳至惠来、潮州至惠州高速公路汕头段。加快建设厦深铁路进汕头站联络线，加紧规划建设厦深铁路潮阳（谷饶）站场，配套建设快速通道，确保与厦深铁路同步建成。积极做好阜鹰汕铁路梅州至汕头段、汕头港疏港铁路等一批项目的前期工作。积极引进大型码头运营商和航运龙头企业参与广澳深水港建设，完成广澳港区控制性详规和珠池港区功能调整专项论证的编制、报批工作，开工建设广澳港区防波堤工程，加快2个10万吨级集装箱泊位、10万吨级航道工程、2万吨级石化泊位前期工作。

⑤努力推进基本公共服务均等化。推动教育均衡化发展。加快普及高中阶段教育，投入8.05亿元，完成卫生学校新校区、金山中学小砻石校区等26个高中阶段学校校舍建设项目，大幅增加高中阶段学位。推进义务教育均衡发展。大力发展学前教育，恢复和兴办一批公办幼儿园，力争每个中心镇（街道）都有1所以上中心幼儿园。重视特殊教育。支持办好汕头大学、粤东高级技工学校，提高汕头职业技术学院办学水平。进一步落实中小学教师福利待遇“两相当”，妥善解决中小学代课教师转岗和解除劳动关系的问题。加强医疗卫生建设。加快农村三级医疗卫生服务网络和城市社区卫生服务机构建设，实施基层卫生人才队伍建设工程，力争每千人口医生数和每千人口病床数分别达到1.35人和2.42张。加快建立基本药物制度。推进公立医院改革。继

续加强疾病预防控制，防止重大传染性疾病发生流行。大力开展群众性爱国卫生运动，扎实推进农村改水改厕。加快发展文化体育事业。扎实推进文化强市的各项工作。做好新华书店改革重组和市直文艺院团改革工作。加强公共文化设施建设，投入200万元，新建、改扩建10个乡镇街道综合文化站，确保全市乡镇综合文化站达标率85%以上。投入450万元，完成市博物馆新馆配套验收并对公众正式开放。建设有线数字广播电视网络、高清互动数字电视工程。继续实施广播电视村村通、农村电影放映、农家书屋等文化惠民工程。抓好潮汕文化（汕头）生态保护区的申报和建设，实施文化遗产保护工程。办好第12届市运会。加快推进社区体育健身工程，积极创建城市体育先进社区。提升社会保障水平。加大社保扩面征缴力度，努力实现应保尽保。提升社会救助水平，着力提高低保补助水平。加大城乡社会福利设施建设力度，大力发展慈善事业。实施积极就业政策，加强基层就业服务平台建设，力争100%的镇（街）、80%的社区具备基本公共就业服务功能。进一步完善创业工作体系，推动创业带动就业。完善医疗救助制度，积极发展社会慈善医疗救助，力争覆盖全市所有困难家庭。

⑥着力提高人民生活水平。增加城乡居民收入。着力提高低收入劳动者工资水平，全面建立与经济发展及物价增长联动的最低工资标准调整机制。适当调整机关事业单位职工工资，加快推进事业单位实行绩效工资。逐步提高企事业离退休人员收入水平，缩小区域内公职人员收入差距和社会不同阶层收入差距，有效扩大中等收入者比重。加大对特殊群体的救助。建立健全城乡低收入困难群众社会救助体系，加大法律援助和法律救助力度。妥善解决农村“五保户”和特困户的生活困难问题。重视发展养老事业，加快构建适度普惠型社会福利服务体系，力争把低保困难家庭中年龄在70岁以上的老年人列入高龄津贴范围。重视解决优抚对象、困难群众生活保障问题。着力改善人民生活环境。建立经常性严打工作机制，持续整治社会治安重点地区和突出问题，切实增强人民群众的安全感。拓宽群众利益诉求渠道，加强与上访群众的情感交流，深入开展人民调解工作，全力维护社会稳定。严格企业安全生产主体责任，强化安全生产监督管理，进一步深化重点行业领域隐患排查治理。加大安全生产执法监察力度，增强安全生产保障能力，坚决遏制较大以上事故发生。引进华润集团参与市国有管道燃气企业的改制，整合中心城区其他燃气企业，全面推进中心城区燃气管道建设。进一步整顿和规范市场经济秩序，加强市场价格监管，切实抓好食品安全等专项整治。加强人口计生管理，提高人口素质，稳定低生育水平。继续推进殡葬改革。

⑦扎扎实实办好十件民生实事。一是做好扶贫开发“规划到户、责任到人”工作，投入7000万元，完成2511户以上贫困户脱贫任务，提前一年实现省下达的80%以上贫困户脱贫的目标。二是增加就业岗位，加强就业培训，实现城镇新增就业8.3万人，安排农村劳动力参加职业技能培训2.05万人，新增转移本市农村劳动力7.6万人。三是继续实施校舍安全工程，投入2.25亿元，完成各区县校安工程项目52个、18.44万平方米。五是引进“全民低成本健康”工程，投入190万元，改善农村基层医疗单位检查和信息化水平，上半年在濠江、南澳14个基层医疗单位试点，下半年在澄海、潮阳、潮南18个单位开展。六是扎实推进城乡社会保险。投入4.86亿元，建立商业保险与城镇居民基本医疗保险、新型农村合作医疗有机结合的城乡居民一体化医疗保险体系，力争全市基本医疗保险覆盖率达到90%以上；投入1.73亿元，推进龙湖、澄海、潮阳、潮南新型农村社会养老保险试点工作，确保2011年新型农村社会养老保险制度覆盖率达到60%以上；出台解决企业未参保人员纳入企业职工基本养老保险问题的实施办法，解决城镇职工养老遗留问题。七是加大社会救助力度。投入1.47亿元，将全市人年均收入低于1500元的困难家庭全部纳入低保；投入1068万元，为1000名贫困精神病患者、6岁以下残障儿童、贫困白内障患者提供免费康复救助治疗；投入270万元，资助300名贫困家庭先天性心脏病患儿接受手术治疗。八是加快建设保障性住房。投入3.4亿元，筹建廉租住房1330套、经济适用住房245套、公共租赁住房2000套，新增发放租赁补贴489户，改造国有林区棚户区和国有林场危旧房29户；投入4066.5万元，完成2711户农村低收入危房户改造任务；投入250万元，为100户农村低保户修建住房。解决城乡群众饮水安全问题。投入4000万元，解决农村10万人饮水安全问题；投入8500万元，基本完成中心城区“城中村”和涉农社区供水直抄到户、同城同价改造工程；投入1500万元，启动中心城区居民住宅小区供水直抄到户改造工程，2011年完成15个多层住宅小区改造任务。九是加快发展城市公共交通。投入4亿元，确保新增公共汽车300部，力争新增公共汽车800部，配套建设公交站场，恢复、增开一批公交线路，改善群众出行条件。十是加强社会治安综合治理，投入820万元，增加视频监控点500个，力争今年“两抢一盗”发案率同比下降10%；投入2.2亿元，加快智能交通监控系统建设，加强交通秩序集中整治，力争全年交通事故宗数同比下降5%。

⑧增强政府推动科学发展能力。提高科学民主决策水平。认真落实人大及其常委会各项决议决

定，坚持向人大及其常委会报告工作，自觉接受监督。认真接受人民政协的民主监督，主动听取各民主党派、工商联、无党派人士和各人民团体的意见建议。完善重大事项决策的规则和程序，推行行政决策过程和结果公开。加大行政决策法律审查和规范性文件管理力度，推进政府决策的科学化、民主化、法治化。大力推进依法行政。加强政府立法、行政复议和行政执法监督，推进行政复议委员会试点工作，发挥行政复议解纷功能。加大清权确权力度，编制行政权力运行流程图，规范行政自由裁量权行使程序，推进行政权力公开透明运行。深入开展法制宣传教育，提高全民法律素质。综合运用调解、仲裁等法律机制，促进社会矛盾的化解。加强政府执行力建设。健全行政问责机制，重点问责不作为和乱作为，做到有责必问、问责必严。加强行政监察和审计监督，规范权力运行，重点加强涉及公共利益事项的监督。建立绩效考核评估机制，尽快形成有效的激励机制，提高各级政府部门的行政效能。深入开展双拥创建活动，密切军政军民关系。切实改进机关作风，密切联系群众，问政于民，真心实意为群众多做好事实事。完善各级政府应急组织体系建设，加强各类突发事件预测预警和信息收集报送工作，提高突发事件处置能力。

【全市经济社会取得的主要成果】 2011年，汕头市经济社会共取得6个方面的主要成果。

①经济综合实力迈上新台阶。2011年全市生产总值1403.44亿元，增长12.2%；规模以上工业总产值2251.16亿元，增长18.3%；全社会固定资产投资438.74亿元，增长44.5%；社会消费品零售总额达到972.21亿元，增长17.8%；港口货物吞吐量和集装箱吞吐量分别突破4000万吨、110万标箱；地方财政一般预算收入85.58亿元，增长17.8%；城镇居民人均可支配收入17473.89元，增长15.1%；农民人均纯收入7700元，增长18.1%。

②城市发展有新格局。积极谋求汕头在国家层面的发展定位，先后被确定为国家主体功能区重点开发区域、海峡西岸经济区中心城市、国家海洋经济发展试点地区，区域中心城市地位进一步显现。完成市、区、镇三级土地利用规划修编，为拓展城市发展空间提供用地保障。加大城市规划力度，以“多规融合”启动新一轮城市总体规划修编，高标准规划“一核多组团”的城市发展新格局和“一湾两岸”的城市形态，城市规划的战略性、前瞻性不断增强。启动市场运作、资本运营机制，整合盘活城市优质资源，加强与中信、中交等大型央企的战略合作，重点打造濠江新城、东海岸新城、珠港新城和西部生态新城，城市空间结构不断优化。濠江新城首期南滨片区和苏埃湾过海隧道项目奠基启动，东海岸新城已形成陆域面积约7平方公里，珠港新城完成整体规划设计，西部生态新城金凤西路一期工程开工建设。围绕区域交通一体化，积极谋划一批交通基础设施项目，全力推进港口、铁路、高速路网建设，主动与周边城市对接，城市交通功能不断提升。城市发展水平不断提高，2011年荣获“国家电子商务示范城市”、“广东省文明城市”称号。

③产业发展有新举措。积极推进现代产业体系建设，编制实施战略性新兴产业倍增计划、现代服务业提速计划、传统优势产业提升计划和海洋综合开发计划。积极引进一批世界500强企业和大型央企参与产业发展。出台《现代产业用地使用权出让办法》、《加强总部经济发展的若干意见》等措施，推进产业集聚、高端发展，产业转型升级迈出新步伐。加快建设国家玩具质量监督检验中心（汕头）等一批公共服务平台，促进企业自主创新能力的提升。形成17个产业集群，澄海玩具礼品、龙湖工艺毛织服装、龙湖输配电设备列入省级产业集群升级示范区，成为国家玩具礼品、化妆品、包装装潢印刷产业重要生产基地。鼓励扶持企业上市，上市企业达到19家，名列全省前茅。2011年新登记各类企业3218户，其中124户注册资本超过1000万元，投资创业呈现良好势头。

④重点领域改革有新突破。创新机制，加强对国有资源的监管整合运营，严肃规范国土、规划管理，整体推进国企改革和资产盘活，成功吸引一批现代产业项目落户发展。大力推动行政管理体制改革创新，启动濠江区行政体制综合配套改革，下放471项管理权限，实行大部制，政府部门由22个整合为14个，率先以特区立法形式明确市、区责权划分和调整程序。加快地方金融改革步伐，汕头商行重组成功；广东澄海潮商村镇银行挂牌开业，成为粤东首家村镇银行；潮阳、澄海、南澳3家农信社完成统一法人产权改革；成立9家小额贷款公司，金融服务体系不断健全，金融生态环境逐步改善。

⑤增进民生福祉有新成效。制定出台《加强社会建设的决定》，编制幸福汕头客观指标评价体系和“十二五”民生发展规划，并纳入政绩考核体系，民生发展目标更加明晰。全市财政投入民生领域支出96.24亿元，占一般预算支出的68.3%。开展社会治安综合治理，扎实推进平安汕头建设。设立市、区两级价格调节基金，建立低收入群众临时价格补贴与物价上涨联动机制。教育、文化、医疗卫生等社会事业加快发展。2010年确定的10件民生实事按时完成年度任务：提前一年完成省下达的80%以上贫困户脱贫任务，城镇居民基本医疗保险和新型农村合作医疗保险实现全覆

盖，年人均收入低于1500元的困难家庭全部纳入低保，新增就业8.3万人，解决农村68.1万人饮水安全问题，实施校安工程项目52个，新增公共汽车307部，增加视频监控点5.9万个，建设保障性住房9169套。

⑥依法行政水平有新提升。认真执行市人大及其常委会决议，自觉接受人大的法律监督、工作监督和市人民政协的民主监督。在全国地级市率先出台《汕头市行政程序规定》，率先开展行政复议委员会试点工作。进一步优化市行政服务中心服务流程，实施市级建设工程并联审批，配套试行重点（重大）项目全程无偿代办服务制，建立行政电子监察系统，实现省、市、区县、镇街四级联网。按照第四轮行政审批制度改革要求，削减和调整32%的审批事项。启动建设全市统一的行政审批和公共服务综合信息系统，开通网上行政审批大厅，方便企业和群众办事，政务公开和电子政务建设进一步推进。

（林玩雄）

市政府重要会议

【市政府全体会议】2011年9月19日，汕头市政府召开全体（扩大）会议，学习和贯彻9月13日市党政领导班子专题民主生活会和9月5日市政府党组扩大会精神。市委副书记、代市长郑人豪强调，科学发展、快速发展是汕头当前和今后一个时期的第一要务，是全市人民的共同期盼，必须以“人一之我十之，人十之我百之”的加倍努力来推动跨越发展，实现赶超进位。

会议指出，当前汕头正处于重要发展时期，面临着新一轮的发展机遇，同时也面临不少新的挑战，必须勇于正视存在的问题，敢于迎接百舸争流的区域竞争挑战，振奋精神，迎难而上，奋力破解发展难题，努力推动汕头加快发展。一是创新观念，先行先试，继往开来，增强大局意识、效率意识和廉洁意识，开创政府工作新局面。二是要千方百计推进重点项目建设，谋划推进一批产业项目，不断壮大经济总量。推进一批重点交通基础设施项目，不断增强汕头市的辐射能力和带动能。三是要加快转型升级，构建现代产业体系，推动产业结构调整。做强做大民营经济，进一步落实扶持中小企业的各项政策，引导企业集群发展，推动企业上规模、上档次。整合园区资源，以功能布局引导产业布局，推动产业向园区集聚发展。四是要强化管理，规范经济发展秩序，加大经济户口清理力度，强化税收征管，加强国土资源开发管理。五是要以民为本，增进民生福祉，加大民生投入，加快推进公共服务均等化，让教育、医疗、卫生、住房保障等公共服务向农村、向基层延伸覆盖，让城乡居民共享发展成果，要认真抓好10件民生实事，确保全面如期完成。

【全市经济分析会】2011年4月27日，汕头市政府召开全市经济分析会，总结分析汕头市第一季度经济形势，研究解决存在的突出问题，部署下阶段的经济工作。市长蔡宗泽强调，做好2011年的经济工作形势紧迫，各地各部门要牢固树立打硬仗的思想，全力确保上半年经济发展实现时间过半、任务过半。

会议指出，2011年来全市投资增长强劲，投资结构不断优化，经济发展的内生动力和后劲不断增强。但同时必须清醒看到，2011年全市经济运行开局不尽人意，主要经济指标完成年度目标任务的进度仍不理想。会议要求，一是要加大力度清理经济户口，客观真实地反映全市经济发展成果。二是要“引进来”和“走出去”齐头并进，加大力度提升我们外贸的量与质。三是在财税工作方面，要按照年度目标的要求，增强大局意识、责任意识和危机意识，进一步强化税收管理和财政收支管理，确保完成全市一般预算收入增长20%目标任务。四是民生任务非常重，将投入22.73亿元，集中力量办好10个人民群众最关心关注的热点难点问题，具体项目情况已经向社会公布，一定要按期按质完成。

2011年7月27日，市政府召开全市经济形势分析会，总结分析汕头市上半年经济形势，研究解决存在的突出问题，部署下半年经济工作。市长蔡宗泽强调，各地各单位一定要统一思想，认清形势，千方百计抓进度抓突破，努力实现年度预期目标。

会议指出，2011年以来全市经济运行情况总体保持平稳，上半年完成GDP640.08亿元，增长10.9%，增速高于全国、全省增长水平。经济先行性、保障性指标表现良好，投资拉动成效初显，工业经济保持稳步增长。同时，上半年经济运行中仍存在着主要指标完成年度预期目标情况不理想、第三产业增长乏力、重点项目建设进展不平衡、财政收支矛盾突出等问题。会议要求，各地、各部门一是要加快推进重点项目建设，按照责任要求，对照时间表，采取超常规办法，千方百计抓进度、抓突破，奋力冲刺预期目标。二是要扶持引导民营企业转型升级，把发展壮大民营经济放在优先的位置，加强对民营企业的扶持、服务和引导，研究制订针对性扶持措施，引导企业加强产学研合作，鼓励引导企业上市。三是要加大外经贸工作力度，加强招商引资，全面提高利用外资质量和水平，加大对外贸企业服务，引导企业“走出去”，大力发展境外投资。四是要进一步加强经济规范化管理，加强税收征管，强化部门协作，提高经济预警预测能力，抓好经济户口清理，加强统计工作特别是服务业的统计。五是要继续保障和改善民生，全力以赴，加快推进保障性住房、中心城区“城中村”和涉农社区供水直抄到户、智能交通监控系统等建设项目，确保每件实事都落到实处，给全市老百姓一个交代。

2011年10月26日，市政府召开全市经济分析会，认真总结分析汕头市前三季度经济形势，研究解决存在的突出问题，部署下阶段的经济工作。市委副书记、代市长郑人豪强调，做好今年的经济工作，时间紧、任务重，要真抓实干，抓好落实，抓出实效，全力以赴确保各项经济指标任务的完成，顺利实现赶超进位。

会议指出，2011年以来全市经济运行总体上呈平稳增长的态势，前三季度实现地区生产总值1011.39亿元，增长10.7%，增速比上半年回落0.2个百分点；完成一般预算收入59.38亿元，增长23.4%。同时，完成年度目标任务压力大，实现赶超进位形势严峻，要进一步增强履职意识，强化倒逼责任，全力抓进度。会议要求，一是要加强经济的精细化管理，抓好财税工作、经济户口清理、实施企业培育计划、统计规模（限额）以下企业等重点工作。二是要加倍努力，乘势而上，在2010年实现赶超进位目标提升3位的基础上进一步扩大成果，奋力实现2011年赶超进位目标。三是要全力以赴加快重点项目建设。梳理2011年计划开工但尚未开工项目，查找原因，采取措施，争取尽快开工。要把特区30周年庆典活动签约、奠基的一大批项目逐个跟踪好、服务好。四是要提前谋划推进一批产业项目、2012年各项经济指标安排和10件民生实事。

（林玩雄）

市政府重大决策

【审议通过的规章】2011年1月29日，汕头市政府常务会议审议通过《战略性新兴产业倍增计划》、《传统优势产业提升计划》和《现代服务业提速计划》。

2月24日，市政府常务会议审议通过《汕头市人民防空管理办法》和《汕头经济特区外地驻汕办事机构管理办法》。

4月1日，市政府常务会议审议通过《汕头市行政程序规定》。

4月25日，市政府常务会议决定建立健全低收入群体临时价格补贴与物价上涨挂钩的联动机制。

4月28日，市政府常务会议审议通过《汕头市现代服务业发展规划（2011—2020）》。

6月10日，市政府常务会议审议通过《汕头市城乡居民基本医疗保险办法》和《汕头市房屋登记办法》。

7月26日，市政府常务会议审议通过《汕头经济特区出租汽车管理规定》、《汕头经济特区道路交通安全条例》、《汕头市经济适用住房管理办法》和《汕头经济特区促进和保障濠江区行政体制综合改革规定》。

8月18日，市政府常务会议审议通过《中心城区保障性住房建设工作方案》、《汕头市农村部分计划生育家庭节育奖励办法》、《汕头市突发事件总体应急预案》。

9月23日，市政府常务会议审议通过《汕头市珠港新城总部经济园区（一期）控制性详细规划》、《汕头市金融改革发展“十二五”规划》、《汕头经济特区节约能源条例》和《汕头经济特区消防条例》。

12月26日，市政府常务会议审议通过《汕头市环境保护和生态建设“十二五”规划》、《汕头市“十二五”节能规划》、《汕头市老龄事业发展“十二五”规划》和《汕头市生态景观林带建设规划（2011-2020）》。

【原则通过的规章】2011年1月29日，汕头市政府常务会议原则通过《汕头市国民经济和社会发展第十二个五年规划纲要》和《关于进一步鼓励和引导民间投资，促进民营经济发展上水平的实施意见》。

4月25日，市政府常务会议审议并原则通过《汕头市绿道网规划建设实施方案》。

8月18日，市政府常务会议原则通过《第三批市级非物质文化遗产名录》及《申报第四批省级非物质文化遗产名录项目》。

【专项研究】2011年10月10日，汕头市政府常务会议研究部署创建国家电子商务示范城市有关工作。

11月18日，市政府常务会议研究《汕头市城市发展战略规划》设计竞赛有关工作，为汕头经济特区范围扩大至全市域背景下进一步理清城市发展定位和战略、修改城市总体规划奠定基础。

（林玩雄）

市政府重要活动

【市长调研】2011年1月28日，市长蔡宗泽登门慰问市正厅级以上离、退休干部，致以新春的亲切问候和美好祝愿。

4月12日，副省长雷于蓝率领调研组到汕头市调研医药卫生事业建设和医改工作。市长蔡宗泽、副市长郭大钦陪同调研。

4月12日至13日，副省长招玉芳一行莅汕调研外经贸、旅游等工作。市长蔡宗泽、常务副市长郑人豪、副市长余健明陪同调研。

5月11日，清远市委书记陈家记、市长葛长伟率领的清远市党政代表团莅汕参观考察。市长蔡宗泽、常务副市长郑人豪陪同考察。

5月11日，省委常委、副省长肖志恒一行莅汕调研。市长蔡宗泽、副市长余健明陪同调研。

5月16日，由省卫生厅党组成员、省爱卫会委员黄晓军率领的省国家卫生城市复查团莅汕，对汕头市巩固发展国家卫生城市工作情况进行复查。市长蔡宗泽、副市长郭大钦、林梃陪同检查。

5月16日，市长蔡宗泽带领市财政、卫生、民政等部门负责人到市残疾人康复中心和汕头大学精神卫生中心，看望教职员工、残疾儿童以及精神病患者，并向他们致以全国助残日的问候。

5月19日，省委委员、候补委员第八专题组一行60多人莅汕，针对如何推进全国海洋经济发展试点地区建设进行专项视察。市长蔡宗泽，常务副市长郑人豪陪同视察。

5月23日至24日，由省国土资源厅、农业厅、监察厅、土地开发储备局等省有关部门组成的省政府考核检查组莅汕，对汕头市2010年度耕地保护责任目标履行情况进行考核检查。市长蔡宗泽、常务副市长郑人豪陪同检查。

6月7日，省委副书记、省长黄华华一行莅汕调研。市长蔡宗泽陪同调研。

6月9日，市长蔡宗泽带队检查度汛期间堤围在建工程建设进展情况并召开现场会研究解决有关工作。

6月9日，市长蔡宗泽带队对城市综合管理情况进行督查，协调解决城市管理存在有关问题。

7月21日，市长蔡宗泽带队到广州军区广州总医院看望慰问该院心脏外科中心医务人员和全市住院的先天性心脏病患儿。

7月28日，市长蔡宗泽率市“八一”拥军慰问团到汕头警备区、汕头警备区干休所、市军休所和战斗英雄李培江家中开展慰问活动。

8月2日，市长蔡宗泽带队到大学路实地查看安居工程94亩项目情况并召开现场会研究确定项目相关问题。

9月5日，代市长郑人豪带队到市区检查节前市场供应情况。

9月6日，代市长郑人豪带队到汕头职业技术学院、达濠民生学校慰问广大教职员工，向老师们致以教师节的问候和祝福。

9月9日，代市长郑人豪带队到澄海区调研。

9月20日，省委书记汪洋率省委常委会民生问题集体调研组第一组到汕头调研。代市长郑人豪陪同调研。

9月26日和29日，代市长郑人豪率队先后赴潮州、揭阳市，共商推进汕潮揭一体化进程事宜。

9月27日至29日，省委宣传部副部长、省文明办主任顾作义带队对汕头市创文工作开展检查。代市长郑人豪陪同检查。

10月18日，代市长郑人豪率队对汕头经济特区建立30周年庆祝活动场馆和环境氛围布置等各项工作筹备情况进行检查。

10月22日，代市长郑人豪率队对礐石风景区绿道网、锦峰潮汕美食城等民生项目开展调研。

11月10日，国土资源部党组成员、中纪委驻部纪检组组长王寿祥、监察部驻国土资源部监察局副局长苏振林一行莅汕调研。代市长郑人豪、副市长赵红陪同调研。

11月21日，省委常委、常务副省长肖志恒莅汕调研汕头市平价商店运营管理现状和稳价惠民情况。代市长郑人豪、副市长余健明陪同调研。

11月28日至29日，副省长陈云贤带领调研组莅汕，就汕头市产业转移工作情况开展调研。代市长郑人豪、副市长林梃陪同调研。

12月5日，代市长郑人豪带队到潮阳区调研，研究部署推进国家、省督办的重大民生工程项目。

12月10日，代市长郑人豪带队察看潮汕路改造和汕揭高速公路建设情况，并参观潮汕机场，协调解决建设中碰到的问题以及机场转场运营有关工作。

12月31日，代市长郑人豪带队到市财政大楼，看望慰问正在年终结算的市财政局工作人员，并向他们致以新年的问候。

【市长会见】2011年1月17日至18日，公安部消防局局长陈伟明带领的督导组一行莅汕检查指导汕头市消防安全管理工作。在汕期间，市长蔡宗泽会见陈伟明一行。

1月24日和25日，市长蔡宗泽带队拜会海关总署广东分署和广东出入境检验检疫局有关领导。

2月22日，省委常委、常务副省长朱小丹一行莅汕调研我市扶贫开发“规划到户、责任到人”工作。市长蔡宗泽拜会朱小丹一行。

2月22日至23日，日本驻广州总领事馆总领事田尻和宏及副领事小林大吾莅汕访问。市长蔡宗泽会见田尻和宏一行。

2月23日至24日，国土资源部副部长徐德明一行莅汕调研。市长蔡宗泽拜会徐德明一行。

2月24日，汕头市与中国空间技术研究院签订战略合作框架协议。市长蔡宗泽与中国空间技术研究院党委书记、中国东方红卫星股份有限公司董事长李开民代表合作双方签字。

3月21日至22日，中国红十字会副会长王海京一行莅汕调研汕头市红十字工作。在汕期间，市长蔡宗泽会见王海京一行。

4月22日至23日，香港潮州商会青年委员会主任陈光明先生率领访问团一行莅汕访问。市长蔡宗会见访问团一行。

4月28日，市政府与厦门大学签订战略合作协议。市长蔡宗泽代表市政府签字。

5月20日，市政府与中国电信广东公司举行“加快转型升级，建设幸福汕头”十二五信息化战略合作框架协议签约仪式，市长蔡宗泽在仪式上致辞，常务副市长郑人豪代表市政府签字。

5月24日至27日，国家统计局投资司副司长赵培亚率领国家统计局企业核查组一行莅汕检查工作。市长蔡宗泽会见核查组一行。

5月27日，市政府与中科院广州分院签订战略合作协议，市长蔡宗泽代表市政府签字。

5月28日，省委宣传部副部长、省文明办主任顾作义率领省委调研组一行莅汕开展专题调研。市长蔡宗泽会见调研组一行。

6月15日，国家文物局局长单霁翔率领检查指导组一行，看望慰问参与汕头“南澳Ⅰ号”水下考古的工作人员。在汕期间，市长蔡宗泽拜会检查指导组一行。

6月20日，中央委员、中国残联党组书记、理事长王新宪一行莅汕出席21日将在汕头市召开的“十二五”精神残疾康复工作研讨会。市长蔡宗泽拜会王新宪一行。

6月24日，市政府与世界500强企业中国五矿集团签订战略合作框架协议。市长蔡宗泽代表市政府签字。

7月7日，省委常委、副省长肖志恒带队莅汕调研汕头市物价、社保等工作。市长蔡宗泽拜见肖志恒一行。

9月2日，代市长郑人豪会见莅汕考察的中国卫星股份有限公司总裁闫忠文一行。

9月3日，广州军区副政委兼南海舰队政委黄嘉祥中将一行莅汕考察。代市长郑人豪会见黄嘉祥一行。

9月6日，广东海事管理机构与香港海事处定期第十九次会议在汕头开幕。代市长郑人豪会见莅汕出席会议的广东海事局局长梁建伟一行。

9月13日至15日，中国有色金属工业再生资源有限公司总裁姜松一行莅汕考察贵屿循环经济产业园区合作项目。代市长郑人豪会见姜松一行。

9月15日至16日，省住建厅副厅长陈英松率领的省督查组一行莅汕对汕头市住房保障工作进行督查。在汕期间，代市长郑人豪会见督查组一行。

9月21日至25日，泰国泰中促进投资贸易商会荣誉主席李景河率领的泰国知名企业家访问团一行莅汕访问。代市长郑人豪会见李景河一行。

9月30日，代市长郑人豪会见莅汕考察的中远太平洋有限公司副主席兼董事总经理王兴如率领的代表团一行。

10月9日，代市长郑人豪会见莅汕考察的中国五矿集团公司副总裁、中国五矿股份有限公司副董事长孙晓民率领的考察团一行。

10月13日至14日，代市长郑人豪赴京拜会中国核工业集团公司、中国远洋运输（集团）总公司和中国五矿集团的高层领导。

10月14日至15日，香港招商局集团副总裁胡政率团莅汕考察。代市长郑人豪会见胡政一行。

10月15日，代市长郑人豪会见国家发改委小城镇发展研究中心副主任邱爱军带领的世界银行专家评审团一行。

10月17日，潮州市党政代表团莅汕就进一步加强交流合作与汕头市党政领导进行座谈。代市长郑人豪会见潮州党政代表团一行。

10月19日，代市长郑人豪会见应邀莅汕参加汕头经济特区建立30周年庆典的越南芹苴市人民委员会主席阮青山率领的代表团一行。

10月20日，代市长郑人豪会见华电国际电力股份有限公司副总经理彭国泉、邢世邦一行。

10月20日，代市长郑人豪会见莅汕访问的日本岸和田市市长野口圣一行。

10月21日，代市长郑人豪会见应邀莅汕参加汕头经济特区建立30周年庆典的中国诚通控股集团有限公司董事、党委副书记李耀强一行。

10月29日至31日，全国政协副主席、台盟中央主席林文漪率领台盟中央海西调研组莅汕开展专题调研。在汕期间，代市长郑人豪拜会林文漪一行。

11月24日，省水利厅厅长黄柏青带队莅汕督导检查汕头市农村饮水安全工作。代市长郑人豪会见黄柏青一行。

11月29日，代市长郑人豪会见ABB全球中压事业部总监、ABB集团副总裁梅勒司。

12月5日，代市长郑人豪会见南方广播影视传媒集团总裁、南方影视传媒控股有限公司董事长张惠建一行。

12月6日，代市长郑人豪会见以原信息产业部副部长杨贤足等为荣誉团长、北京潮人商会会长张章笋为团长的北京潮人商会访问团一行。

12月6日，代市长郑人豪会见中信集团总经理田国立一行。

12月19日，美国CEO俱乐部深圳分部组织20多位企业家莅汕考察汕头市投资环境。代市长郑人豪会见考察团一行。

（林玩雄）

市行政服务中心

【市行政服务中心】2011年，汕头市行政服务中心（下称“中心”）创新服务方式，拓展服务功能，提高审批效率。年内，“中心”共进驻单位54个、进驻事项732项。全年，“中心”共受理业务58.5万件，全部按时办结，月办件量近5万件。在进驻事项中，即到即办事项187项，占27%；五个工作日内办结的项目增至243项，占35%，其他事项274项，占38%；全年即办件47万件，占全年受理业务总量80%。实行工程建设项目并联审批，时限从法定316－386个工作日压缩为66

个工作日。电子口岸办事环节从原9个环节减少到2个环节，办理时限从10个工作日减少到2个工作日。启动“同城通办”、“税务登记两证合一”等涉税服务，进一步方便纳税人；率先在全市推行重点（重大）投资项目全程无偿代办服务，变“企业跑路”为“干部跑腿”，已促成苏宁电器、百脑汇等8个项目提前动工建设。加强企业投诉中心平台建设，受理企业情况反映件11宗，全部办结，较好地维护企业的合法权益。“中心”全年收到锦旗40面，表扬信72封，继续保持政府服务“第一窗口”品牌形象。

2010年，“中心”被评为市“文明单位”；多个窗口先后获得了市“工人先锋号”、“巾帼建功立业标兵岗”、“文明示范窗口”等多项荣誉。

（王冰）

应急工作

【概况】2011年，汕头市应急管理工作紧紧围绕“无急可应、有急能应”的终极目标，按照“抓基层、打基础，抓落实、求发展”的工作思路，牢固树立科学发展理念，开拓进取，扎实工作，认真贯彻执行《广东省突发事件应对条例》各项规定，积极抓好全市应急管理各项工作，为建设幸福汕头做出积极的贡献。

【应急预案体系】2011年，发出《关于做好应急预案修订工作的通知》，启动全市各类应急预案的全面修订工作。重新修订《汕头市突发事件总体应急预案》，修订后的总体应急预案涵盖对自然灾害、事故灾难、突发公共卫生和社会安全事件的应急管理和处置，对突发事件的预测、预警、信息报送、应急响应、应急处置、恢复重建及调查评估等机制作出明确的规定，是全市应急管理工作的总纲。

【应急救援机制】2011年，汕头市应急办坚持专业化与社会化相结合、军民结合、专兼结合、平战结合，贴近实际、务求实用、立足实战，全面加强应急力量体系建设。年内，成立以市公安消防部队为主体的综合应急救援队伍，建立市、区（县）二级综合性应急救援队伍8支约240人，建立镇（街道）、村（社区）等基层综合应急队伍542支约37174人。

【应急预测预防】7月6日，汕头市与省政府及省内其他4个地级市同步举行广东应急气象频道开播启动仪式。仪式上，市政府应急办、市气象局、省广播电视网络公司汕头分公司代表签订战略合作框架协议。4月13日，市政府应急办牵头有关单位召开会议，研究突发事件预警信息发布程序相关问题，对《汕头市突发事件预警信息发布管理办法（试行）》中由市级负责发布的突发事件三级预警信息的发布程序作进一步规范和说明，并建立联系人制度，畅通预警信息发布渠道，提高预警信息发布效率。3月，日本大地震引发的核泄露事故发生后，社会传言由海水生产的食盐可能受核辐射污染，汕头市部分地区出现群众抢购食盐的现象。针对这种情况，发出《关于加强舆论引导，采取措施确保我市粮食和食盐市场供应正常的通知》，各有关部门迅速采取有效措施稳定市场。市政府应急办第一时间启动预警信息发布机制，通过手机短信平台和新闻媒体向全市民众发出辟谣信息，确保粮食和食盐供应正常，维护全市社会大局稳定。

【“清剿火患”战役】2011年，汕头市政府在全市范围内打响“清剿火患”战役，以既有建筑、“三小”场所、高层地下建筑、公众聚集场所等为重点，深入排查和消除社会单位、社区、农村火灾隐患，大大改善社会消防安全环境。全市共排查社区182个，排查行政村121个，检查单位49312家，发现火灾隐患68640处，督促整改火灾隐患68223处，查封234家，“三停”204家。

【风险评估】2011年，汕头市政府每季度召开一次突发事件隐患评估与防范会商会，总结上季度突发事件情况，对下一季度突发事件发生趋势进行分析、预测，提出防范对策，并在《应急管理工作情况》上刊出，对有效防范突发事件的发生起到很大促进作用。年内，汕头市建立重大事项社会稳定风险评估机制，对重大事项实施过程中可能引发的社会不稳定因素进行先期预测、先期研判、先期介入、先期化解，从源头上预防和减少社会矛盾，维护社会稳定。市政府应急办建立突发事件统计分析月报制度，收集、归纳、整理全市突发事件信息，会同市政府有关部门和各区县加强突发事件趋势与实际发生情况对比分析，及时提出不同区域、不同时段防范和应对突发事件的重点，为各级政府防范和应对各类突发事件提拱决策依据。

【应急宣教培训】2011年，汕头市政府始终把应急管理宣教培训工作作为提升全市应急管理基层基础工作的重要抓手来安排部署、积极推进。通过挖掘新方法、寻找新路子，多方位、多角度有针对性地宣传普及应急知识。借助微博这一新型媒体，开展应急知识宣教育工作。年内，市政府应急办率先在新浪、搜狐、腾讯等主流门户网站注册开通“汕头市政府应急办”实名官方微博，发布应急逃生知识。以贯彻落实《广东省突发事件应对条例》（以下简称《条例》）为契机，积极推进全市应急管理法制建设。市政府应急办在全市各区县应急办主任座谈会上对贯彻执行《条例》的具体工作进行部署。全市各地迅速行动，掀起学习宣传《条例》的热潮。3月17日，邀请省政府应急办主任纪家琪为市委理论学习中心组作《条例》专题报告，市委、市人大、市政府、市政协、市纪委领导，市、区有关单位和中央、省驻汕有关单位负责同志共280人出席报告会。市、区两级把《条例》纳入干部培训和普法教育内容，共举办45场次的学习培训活动。年内，举办为期3天的领导干部应急管理法制建设培训班，邀请暨南大学卢文刚教授、市直有关单位负责同志为市应急委成员单位、各区县政府及区县应急办、各镇（街道）负责同志共120多人授课辅导。通过积极开展《条例》的宣传、学习和培训工作，切实增强全市各级领导干部的应急管理法制意识，在全社会形成学法懂法用法的良好氛围。积极开展应急知识进学校、进社区、进农村、进企业、进家庭“五进”活动，形成应急知识全民普及、社会广泛参与的良好氛围，不断提高社会成员预防、自救和互救能力。市政府应急办与市路桥收费管理处合作，利用礐石大桥收费站前LED大显示屏，滚动播放应急管理宣传标语，提醒过往收费站的群众提高应急管理意识，增强防护知识。7月27日至8月3日，省“百人百场”应急知识宣讲队，深入全市街道、社区、学校、企业开展7场宣讲活动，向民众讲授应急避险常识和防灾减灾技能。

【应急平台建设】数字化、信息化、智能化的应急指挥平台是科学应对突发事件，有效减少损失的有力武器。2011年，汕头市委、市政府对此高度重视，从人力、财力、物力上全力保证应急平台建设需要。市政府应急平台被省政府列为全省应急平台建设试点单位，二期工程正在稳步推进，按计划实现与省联网联通。

【应急保障中心】汕头市区域性战勤保障中心承担着汕头、潮州、揭阳三市的消防战勤保障服务工作，是全省 7 个保障中心之一。该中心占地面积26.9亩，总投资5200多万元。战勤保障中心将储备油料、生活物资、灭火药剂等大批救援保障物资，并建有应急救援模拟训练基地，投入使用后将大大提高粤东地区的综合应急救援能力。

【应急信息报送】2011年，继续对信息报送抓紧抓实，巩固这项“龙头”工作。根据《汕头市突发事件信息报告情况考核通报试行办法》，坚持对各地、各有关部门突发事件信息报告工作进行量化考核，并按月进行通报。重新修订《突发事件信息处理办法》，对突发事件的报送范围、核报要求、报送程序、报送方式、督查反馈等方面作了进一步规定。11月17日，市政府召开全市政府系统突发事件信息报送工作会议，传达贯彻全省政府系统突发事件信息报送工作现场会精神，对进一步提高信息报送水平作了部署。年内，市政府应急办共处理各类突发事件1011宗，其中较大以上事件20宗，向省政府上报《突发事件信息专报》51期，刊发《应急管理工作情况》26期、《值班信息》49期。

【应急演练】2011年，全市举行各种应急演练38场次，参演人数达42000多人次。其中，比较大型的演练有危险化学品安全事故应急综合救援演练、莲花山尾矿库溃坝事故应急救援演练、全市地震应急避险疏散演练等。各项应急演练均从实战出发，以练备战，积累经验，锻炼队伍，提高应急救援能力，增强群众的公共安全意识和社会责任意识。

【第二届突发事件应急管理专家组专家聘任仪式】2011年，认真开展应急管理专家换届遴选工作，成立市第二届应急管理专家组。7月1日，市政府举行汕头市第二届突发事件应急管理专家组专家聘任仪式。会议总结汕头市第一届突发事件应急管理专家组的工作，并提出对新一届专家组的工作展望。副市长张应杰为新一届专家颁发了聘书。

【应急管理示范区建设】2011年，出台《汕头市应急管理示范区建设试行标准》，确定龙湖区、濠江区作为市级应急管理示范区，并提出具体的建设标准，使示范区建设有章可循、有规可依。龙湖、濠江区两个示范区的试点培育工作进展顺利。

（王军平）

政协汕头市委员会

综述

【概况】2011年，汕头市政协及其常委会坚持以中国特色社会主义理论为指导，深入贯彻落实科学发展观，高举爱国主义、社会主义伟大旗帜，牢牢把握团结和民主两大主题，围绕中心、服务大局，认真履行政治协商、民主监督、参政议政职能，为推动全市经济社会发展和民主政治建设作出了积极贡献。

【政治协商】2011年，市政协抓住《中共汕头市委政治协商规程（试行）》（以下简称《规程》）颁布实施机遇，积极开辟政协履行政治协商职能新平台，着力推进《规程》的贯彻落实，把政治协商工作推上一个新台阶。5月份，市政协组织“实施城乡一体化战略，推进统筹城乡综合配套改革”专题协商议政活动，分别围绕特区扩围后的体制机制创新、城乡规划一体化、破解土地使用难题、保障和改善民生等方面开展深入调研，提出加快推进城乡一体化战略的意见建议。市委首次举办了专题协商会，并形成《专题协商会纪要》，为进一步推进汕头市统筹城乡综合配套改革建言献策，做出积极贡献。8月份，市政协机关协助民主党派、工商联、侨联开展调研活动，并作为协商主体参加市委召开的开展“深化汕台交流合作，推进汕头经济社会发展”专题协商会，在会上就相关议题提出有建设性的意见建议，提供给市委、市政府决策参考。通过政协全会、专题协商会、政情通报会等多种形式，就事关全市发展大局和人民群众关心的重大问题开展协商议政，努力为汕头科学发展、和谐发展建言献策。年初召开市政协十一届五次会议之后，按照《规程》的规定，市政协向市委报送《关于政协汕头市第十一届委员会第五次会议的情况报告》；将会议期间委员通过大会发言、分组讨论、提交提案、反映社情民意信息等提出的意见建议进行分类、整理和归纳，形成《政协汕头市第十一届委员会第五次会议意见建议汇总》计138条报送市委、市政府，为党委政府决策提供参考依据。

【政协提案】2011年，认真贯彻落实《汕头市政协提案办理工作规程（试行）》以及《汕头市政协提案办理工作评价考核暂行办法》，不断完善、规范提案的征集、审查、交办、督办等工作程序，增强提案办理的实效性。注重引导委员加强调查研究，围绕党政中心工作和经济社会热点撰写提案，着力提高提案的针对性、可操作性，进一步提高提案质量。注重改进提案督办方式，做好督办前的学习、视察、调研工作，采取现场督办、舆论监督、商请承办部门登门说明情况等方式，努力实现提案办理由“答复型”向“落实型”转变。同时，继续大力推动重点提案督办工作，2011年党政主要领导分别领衔督办一个重点提案，市委书记牵头督办《关于进一步推进我市扶贫开发“双到”工作的建议》的重点提案，市长牵头督办《关于提高低收入群体生活保障水平的建议》的重点提案。全年，市政协十一届五次全会收到提案203件，立案150件，提案办理满意率达到100%。

【团结联谊】把握两大主题，加强团结联谊工作。2011年，汕头市政协努力营造团结、民主的良好氛围，重视与各民主党派、无党派和工商联、人民团体以及各界人士的联系沟通，通过举办各种活动促进爱国统一战线的大团结、大联合。举办纪念辛亥革命100周年系列活动，开展征文活动，组织优秀作品在报刊上发表；召开专题座谈会、与有关单位联合举办研讨会等，引导各党派团体、各族各界人士深刻认识人民政协和多党合作制度产生发展的历史必然性，更加自觉地高举爱国主义和社会主义旗帜，不断巩固壮大最广泛的爱国统一战线。

加强对下属学术社团的指导。协助潮汕历史文化研究中心举办成立20周年纪念活动；主办岭海翰墨社成立25周年书画大展；协助岭海诗社解决历史遗留问题。进一步加强和各界人士的联系和交流，扩大了团结面。

加强同各民主党派、无党派和工商联的联系。努力营造团结、民主的良好氛围，重视与各民主党派、无党派和工商联、人民团体以及各界人士的联系沟通，促进爱国统一战线的大团结、大联合。在开展专题议政、视察调研、提案、大会发言等工作中，注重发挥民主党派和无党派人士的作用，听取和吸纳各民主党派、工商联的意见和建议，加强联系沟通，促进合作共事。

加强同港澳台侨人士的联系。进一步发挥港澳委员的影响力和作用，加强与港澳同胞、台胞和海外侨胞的联系交流，做好凝聚侨心、汇聚侨智、发挥侨力的工作。主席会议成员多次带队赴香港、澳门进行联谊交流，走访港澳委员在汕企业，密切与港澳各界的联系。组织潮汕三市政协港澳委员视察捐建的市政协办公室扶贫村小学的正文教学楼。

【庆祝汕头特区建立30周年系列活动】2011年，举办“经济特区发展与民主政治建设”理论报告会，邀请专家学者深入总结汕头经济特区30年的建设历程和宝贵经验，探索新形势下如何加快汕头经济特区发展，推动民主政治建设。以主席会议建议案的方式提出在华侨公园设立杰出潮籍侨领庄世平先生塑像的建议，得到市委、市政府的大力支持，该项工作成为纪念特区建立三十周年的庆典项目之一。

市政协及其常委会会议

【市政协十一届五次会议】2011年2月21日至23日，中国人民政治协商会议广东省汕头市第十一届委员会第五次会议在汕头市区举行。会议审议通过罗仰鹏主席代表市政协常委会所作的工作报告、林依民副主席代表市政协常委会所作的提案工作情况报告。委员们列席汕头市第十二届人民代表大会第六次会议，听取并讨论蔡宗泽市长所作的政府工作报告，讨论《汕头市国民经济和社会发展第十二个五年规划纲要（草案）》(以下简称《纲要》)以及其他报告。会议选举林合坤同志为市政协副主席，增补常务委员会部分组成人员，圆满完成各项议程。

会议赞同汕头市市长蔡宗泽所作的政府工作报告。会议认为，“十一五”时期是汕头市经济社会保持持续平稳较快发展、改革开放和现代化建设取得新的成就的五年。市委、市政府坚持以科学发展观统揽全局，全面贯彻落实省委、省政府“三年打基础、五年大变化、十年大发展”的决策部署，带领全市人民有效应对国际金融危机冲击，团结拼搏，开拓进取，顺利完成“十一五”规划确定的主要目标任务，在推动科学发展、促进社会和谐的进程中迈出了坚实的步伐，为“十二五”时期的进一步发展打下良好基础。

会议认为，《纲要》从战略全局和汕头实际出发，明确了“十二五”时期汕头市的核心任务和主要目标，为汕头未来发展绘就了美好蓝图。《纲要》指导思想明确，目标鼓舞人心，措施切实可行，符合汕头市转型发展、创新发展、跨越发展的内在要求，顺应人民群众对建设幸福汕头的热切期盼，为汕头市未来五年发展明确了方向，提供了行动指南。

会议对市政协2010年的工作予以充分肯定。一致认为，2010年是市人民政协事业在新起点上实现新发展的重要一年。在中共汕头市委的正确领导下，市政协高举中国特色社会主义伟大旗帜，牢牢把握团结和民主两大主题，围绕中心、服务大局，把推动汕头全面科学发展作为履行职能的首要任务，把加快幸福汕头建设作为开展工作的着力点，以奋发有为的精神状态和求真务实的工作作风，切实履行政治协商、民主监督和参政议政职能，在服务科学发展和实现自身科学发展上取得新的进展，为汕头市的经济社会发展作出了应有的贡献。

会议期间，委员们以高度的使命感和饱满的政治热情，紧紧围绕“全力推动科学发展，加快建设幸福汕头”这一主题，围绕弘扬特区精神、勇于先行先试、加快转变经济发展方式、保障和改善民生、深化对台交流合作、统筹城乡一体化发展、加快建设区域中心城市等重大课题，共商科学发展大计，共谋幸福和谐良策，为市委、市政府科学决策、民主决策提供了参考依据。

会议强调，2011年是中国共产党成立90周年、汕头经济特区建立30周年，也是“十二五”规划的开局之年。做好2011年的工作，对于汕头实现赶超进位、跨越发展具有重要的意义。市政协要认真贯彻落实中共十七届五中全会、中共广东省委十届八次全会和中共汕头市委九届十次全会精神，深入贯彻落实科学发展观，积极履行政治协商、民主监督和参政议政职能，充分发挥协调关系、汇聚力量、建言献策、服务大局的作用，在服务科学发展大局上有新成效，在实现人民政协自身科学发展上有新气象，在推动幸福汕头建设中有新作为，为开创汕头市“十二五”时期发展新局面贡献智慧和力量。

会议号召，全市各级政协组织、各参加单位和广大政协委员，要更加紧密地团结在以胡锦涛同志为总书记的中共中央周围，在中共汕头市委的领导下，高举中国特色社会主义伟大旗帜，巩固和壮大最广泛的爱国统一战线，同心同德、群策群力，开拓进取、奋力拼搏，为“十二五”开好局起好步，为实现“五年大变化”、加快建设幸福汕头而努力奋斗！

【常委会议】2011年，汕头市政协常委会共举行会议4次（即市十一届政协22次至25次常委会议）。

2011年1月10日，市政协召开十一届22次常委会议。会议听取市政府工作报告（征求意见稿）的说明并讨论市政府工作报告；听取市政府关于办理2010年政协提案、建议案工作情况的通报；听取市纪委关于2010年工作情况的通报；审议政协汕头市第十一届委员会第五次会议日期、议程和日程安排（草案）。市政府副市长郭大钦、秘书长陈少宏到会听取意见，市政府办公室副主任庄怀就政府工作报告的起草情况向大家作说明。

2011年2月12日，市政协召开十一届23次常委会议。各区县政协主席，市政协机关的负责同志和各专委会专职副主任列席了会议。会议审议政协汕头市第十一届委员会常务委员会工作报告（草案）；审议政协汕头市第十一届委员会常务委员会关于十一届四次会议以来提案工作情况的报告（草案）；听取市中级人民法院2010年主要工作情况通报；听取市人民检察院2010年主要工作情况通报；审议市政协各专门委员会2010年工作报告（书面）；审议有关人事问题。

2011年7月13日，市政协召开十一届24次常委会议。市委常委、常务副市长郑人豪以及有关部门的负责人应邀出席会议，各区县政协主席、市政协机关负责同志、专委会专职副主任和参加民主评议的有关委员列席了会议。会议对市发改局关于全市重点项目审批、协调、服务工作、市民政局社会救助体系建设情况进行了民主评议。

2011年12月20日，市政协召开十一届25次常委会议。各区县政协主席，市政协机关的负责同志和各专委会专职副主任列席了常委会议。会议听取市政府工作报告（征求意见稿）的说明并讨论市政府工作报告；协商决定政协汕头市第十二届委员会第一次会议日期、议程和日程安排；协商决定有关人事问题；审议市政协各专门委员会工作报告（书面）；听取市政府负责同志作关于政府部门2011年办理政协提案、建议案情况通报；审议政协汕头市第十一届常委会工作报告（草案）；审议政协汕头市第十一届常委会提案工作情况的报告（草案）。市委常委、市政府党组副书记郑通声、市政府办公室副主任庄怀到会听取意见，市政府秘书长邱奕辉作关于办理2011年政协提案、建议案工作情况的通报。

民主监督

【**民主评议**】继续深化民主评议工作，不断提高民主监督实效。2011年，市政协对市民政局推进全市社会救助工作和市发改局在市重点项目审批、协调和服务工作分别进行民主评议。市政协常委会成立2个民主评议小组，负责对评议内容进行深入摸查、分析情况，收集材料。在充分调查研究的基础上，7月13日，市政协召开常委会议，对市发改局在市重点项目审批、协调和服务工作、市民政局推进全市社会救助工作进行民主评议，常委和委员充分发表意见和建议。会后形成《关于对市发改局有关我市重点项目审批协调服务工作的民主评议意见》、《关于对市民政局推动我市社会救助工作的民主评议意见》提交市发展和改革局以及市民政局研究落实。2份民主评议意见还分别报送市委、市政府，以及党政主要领导。市民政局、市发展和改革局对民主评议意见作出了积极回应，有力促进全市社会救助工作和重点项目审批、协调和服务工作的加快推进。

【**主席会议建议案**】注重发挥建议案作用，对重大问题、急需协调解决问题，采取主席会议建议案的方式，直接向市委提出意见建议。2011年，市政协主席会议先后向市委提出《关于在华侨公园为庄世平先生立塑像的建议案》和《关于保留汕头海关钟楼南面正门与海滨路之间的空地，进一步保护和利用好汕头海关钟楼的建议案》。2个建议案得到市委的高度重视，市委主要领导均作了重要批示，在华侨公园为庄世平先生立塑像建议迅速得以落实，庄世平先生塑像揭幕仪式还被列为庆祝汕头经济特区建立三十周年庆典活动之一。市政协委员充分发挥直通车优势，对民众关注热点问题采取委员直通车方式，直接向党政主要领导提出意见建议。年内，市政协教文委员会部分委员以直通车形式，向党政主要领导提出关于把原规划“海滨文化公园”更名规划成“潮人码头文化公园”的建议，市政府领导高度重视，提出的意见建议得到采纳。

【**拓展民主监督渠道**】充分发挥自身联系广泛、地位独特的优势，探索民主监督的新方式、新渠道，拓展坚强民主监督的力度和广度。与汕头日报社联合办好《民意版》，积极反映社情民意，发挥新闻媒体的民主监督作用。2011年，《汕头日报•民意版》共刊发50多期，自《民意版》创办10多年来，累计刊发了近1000期。积极推荐政协委员担任“特邀四员”，支持政协委员积极参加司法部门和行政执法部门的情况通报会、座谈会、行风评议等活动，在广泛参与中发挥政协委员的民主监督作用。市政协常委会每年定期听取市政府、市纪委、市中级人民法院、市人民检察院的工作通报，提出改进工作的意见建议，在交流互动中进一步发挥民主监督的作用。

视察调研

【**常委会视察调研**】2011年，汕头市政协常委会共组织5次专题视察调研。

4月份，组织关于汕头市实施城乡一体化战略，推进统筹城乡综合配套改革的专题调研。以汕头特区建立30周年和经济特区扩大范围为契机，重点选取城乡规划一体化建设、法制一体化建设和公共交通一体化建设等方面专题，通过视察、召开座谈会、个别访谈等方式深入调查研究，并综合形成书面的建议案，为市委、市政府推进城乡综合配套改革提供决策参考。

5月份，组织对韩江流域水资源保护的专项考察调研。报请省政协环资委牵头组织，汕头、梅州、潮州三市政协参与，对韩江流域水资源的保护和利用进行考察，提出意见建议，在省一级层面上推动对韩江水资源的保护。

5月份，组织对市部分重点项目建设情况开展视察，通过对部分重点投资项目、汕洽会、侨博会和海博会签约项目以及服务性建设项目的视察，提出推进重点项目建设的意见建议。

7月份，开展“深化汕台交流合作，推进汕头经济社会发展”专题调研。以市政协十一届五次会议期间召开的专题座谈会为基础，重点选取能够与台湾进行产业对接和文化交往的轻工机械、塑料化工、港口对接、兰花产业化、民俗文化等方面课题组织调研，提出有前瞻性、针对性和操作性强的意见建议，供作市委、市政府决策参考。

8月份，组织对市部分新兴产业的发展情况进行专题视察。选取若干个在全市有一定发展基础和良好发展前景的新兴产业，以常委会名义开展视察调研，为进一步促进汕头市新兴产业提出有针对性的意见建议。

【**专委会视察调研**】2011年，汕头市政协各专委会共组织4次专题视察调研。

市政协社会和法制委员会开展关于汕头市青少年心理健康状况专题调研，并向市委办呈报了《汕头市青少年心理健康状况专题调研报告》。

市政协城市建设和环境资源委

员会调研组，就“我市城乡部分公共资源管理运营情况”开展专题调研，在广泛深入调研的基础上，形成《关于我市城乡部分公共资源管理运营情况的调研报告》呈送市政府领导。

市政协经济科技委员会和港澳台侨外事委员会组成联合调研组，就我市LED产业发展情况进行专题调研，在深入调研基础上，形成《关于我市LED产业发展情况的调研报告》呈送市政府领导。

市政协港澳台侨外事委员会、学习和文史委员会与致公党市委会、市侨联组成联合调研组，开展关于汕头市侨乡文化建设情况的调研视察，部分港澳委员也参加了调研视察。活动形成《弘扬侨乡文化特色，促进旅游经济发展——关于我市侨乡文化建设的调研报告》，并呈送市政府领导阅示。

（吕晓洁）

中共汕头市纪委

【概况】2011年，汕头市共设有副处级以上纪检监察机构31个，配备纪检监察干部410人。全市各级纪检监察机关认真贯彻落实党的十七届五中、六中全会和中纪委、省纪委全会精神，开拓创新，锐意进取，全面履行党章赋予的职责，狠抓反腐倡廉各项任务的落实，为维护汕头改革发展稳定大局提供坚强的纪律保证。

【中共汕头市纪委九届六次全会】2月12日，中共汕头市纪委九届六次全会在鮀岛影剧院召开。出席会议的市纪委委员29人，市纪委常委会主持会议。会议学习贯彻中纪委十七届六次全会、省纪委十届五次全会和市委九届十次全会精神，回顾总结2010年汕头市党风廉政建设和反腐败工作情况，研究部署2011年的工作任务，审议通过市委常委、市纪委书记孙光辉代表市纪委常委会作的《坚持以人为本执政为民理念 努力取得党风廉政建设和反腐败斗争新成效》的工作报告。市委书记李锋出席全会第二次大会并作重要讲话。李锋在会上强调，全市各级各部门要深入贯彻落实科学发展观，求真务实、开拓创新，真正把以人为本、执政为民的理念变成广大干部的行为准则和思想基础，成为指导党风廉政建设和各项工作的根本要求，落实到具体工作中去，以党风廉政建设和反腐败斗争的实际成效取信于民。市委、市人大、市政府、市政协班子成员以及市中院、市检察院、汕头大学、汕头海关有关领导出席会议，各区（县）主要负责同志和市直副处级以上干部共1100多人参加大会。

【中共汕头市纪委十届一次全会】11月30日下午，中共汕头市纪委十届一次全会在市委西会议厅召开。会议由市委常委邢太安主持，出席会议的市纪委委员34名。全会选举产生新一届中共汕头市纪律检查委员会常务委员会委员和书记、副书记。选举结果经市委十届一次全会通过，邢太安当选为市纪委书记，宋荣生、黄辉忠、蔡永明当选为市纪委副书记，曾罗耀、李坚平、蔡武坚、林光梅（女）、郑玩熊当选为市纪委常委。

【监督检查工作】2011年，汕头市各级纪检监察机关紧紧围绕市委市政府中心工作和经济社会发展大局，认真履行监督检查职能，严明党的纪律，确保政令畅通。突出做好对换届工作的监督检查，组建3个督查组，组织开展区（县）换届纪律专项督查，加强廉政审核，严明换届纪律，严肃查处违纪违规行为，努力营造风清气正的换届环境。重点开展对“加快转型升级、建设幸福汕头”工作的监督检查。会同有关部门，对各区（县）和市直有关部门节能减排工作进行专项督查，确保全年节能工作任务顺利完成。开展“环境保护执法监察月”活动，对2011年省挂牌督办的重点环境问题进行督办，督促有关部门组织对高耗能、高污染行业开展专项检查并落实整改。继续开展对违法违规用地整改工作的督促检查，落实土地管理共同责任制度，坚决纠正违法违规用地行为。加强对市政道路建设、汕头大围6个应急堤段、金山中学小磬石校区、海门中心渔港、厦深铁路、绿道网等一批重点建设项目的动态跟踪，促进项目建设顺利进行。组织实施《汕头市落实住房保障、稳定房价和个人住房信息系统建设工作约谈问责暂行办法》，加快推进全市9169套保障性住房建设，超额完成省下达的年度开工任务。认真开展党员干部违法生育清理工作，共处理违法人员70人。加强对安全生产责任事故的查处，对22名领导干部进行问责。对迎接国家环保模范城市和国家卫生城市复检工作落实情况开展督查。督促有关部门建立健全长效管理机制，确保中央、省、市各项重大决策部署有效落实。

【查处案件工作】2011年，全市各级纪检监察机关共受理群众来信来访和电话举报2350件（次）；初核违纪线索699件，立案249件325人，其中大案要案99件；给予党政纪处分278人，其中县（处）级干部4人，科级干部22人。通过办案直接为国家和集体挽回经济损失2600多万元，为505名党员干部澄清了是非。重点查处市国土资源局原局长郑镇青、副局长郑楚强涉嫌受贿案，市委原副秘书长吴宜佳、市政府金融工作局原副局长卓坤城、市城乡规划局原局长朱家栋等人严重违纪案，汕头经济特区对外商业（集团）公司法人代表蔡团坚违反财经纪律案，金平区东墩街道党工委书记赵文平严重违反选举纪律案，龙湖区法院民三庭副庭长郑明、执行局副局长罗朝辉严重失职等一批大案要案。治理商业贿赂专项工作取得明显成效，全年共查处商业贿赂案件13宗16人，涉案金额277.68万元，涉及党员干部11人，其中副厅级干部1人，处级干部3人，科级干部1人。进一步拓宽信访举报渠道，强化信访监督。加强案件审理和案件监督管理工作，严格依纪依法、安全文明办案。开展案件剖析和警示教育，惩治和预防腐败的综合效应更加明显。

【反腐倡廉宣传教育】2011年，开展以“以人为本、执政为民”为主题的纪律教育学习月活动，以廉政公益广告、征文、研讨、潮剧等形式开展反腐倡廉宣传教育，大力推进廉政文化建设。重点举办“反腐倡廉之路”大型图片展，展出正反典型图片200多张，文字解说12.3万字，组织全市15.9万名党员干部参观学习，各级领导干部撰写观后感391篇。

【领导干部廉洁自律】2011年，切实加强党内监督，全市7个区（县）和市直103个单位一把手进行党风廉政责任制落实情况书面述责。贯彻落实《廉政准则》，执行《关于领导干部报告个人有关事项的规定》和《关于对配偶子女均已移居国（境）外的国家工作人员加强管理的暂行规定》，对全市领导干部配偶、子女在国（境）外定居等有关事项进行全面清理和集中登记。认真抓好领导干部违反规定收送现金、有价证券和支付凭证、在企业兼职、配偶或子女违反规定经商办企业、利用婚丧嫁娶等事宜收钱敛财的专项整治，全市25名党员干部主动上缴现金、有价证券、支付凭证共17.4万元。落实国有企业领导干部廉洁自律工作。领导干部经济责任审计、民主生活会、党员民主评议、诫勉谈话、行政过错责任追究等制度得到有效落实，监督机制进一步健全，党员领导干部从政行为更加规范。

【从源头防治腐败】2011年，认真开展第四轮行政审批制度改革，清理取消行政审批事项82项，减幅达32%。推动市直部门优化审批流程，狠抓行政审批大提速，全面实现“三四三”提速目标。推进财政管理体制改革，全面落实“收支两条线”管理，扩大国库集中支付覆盖面，加强对政府非税收入的监管，部门预算改革、财政支出绩效评价和规范公务员津贴补贴等工作进一步铺开。会同有关部门，积极稳妥推进司法体制改革、干部人事制度改革和党的基层组织党务公开工作。“四个要素”市场进一步完善，全市共办理工程招投标112项，中标金额24.81亿元，节省投资约1.39亿元；招拍挂出让土地1425.13亩，成交金额7.71亿元；政府采购预算金额3.5亿元，实际采购金额3.14亿元，节约资金3618万元；市产权交易中心成交14宗，成交金额1245.6万元。全面推进惩治和预防腐败体系建设，狠抓中央《工作规划》、省委《实施办法》和市委《实施意见》所部署各项任务的落实，全市惩防体系建设141项任务基本完成54项，反腐倡廉建设制度化、规范化水平进一步提高。

【机关作风建设】2011年，在全市开展“治贪、治庸、治懒、治散”专项整治行动，加强宣传教育，开展明查暗访，认真处理举报投诉，查找剖析典型案例，推动工作责任落实，努力营造清正廉洁、干净干事、勤政高效的政务环境。在全市10个具有行政执法职能的政府部门开展民主评议政风行风活动，对14家市直公立医疗机构开展行风评议，受理和解决群众反映的问题230个。贯彻落实《广东省行政效能监察工作暂行办法》，加强明查暗访，严肃查处影响机关效能、损害群众利益、破坏投资软环境的行为，共接待来访群众358人（次），受理群众投诉113件，办结率100%，追责问责10宗33人。加强对会风会纪的监督检查，责令44名违反会风会纪的干部作出书面说明或检讨。深入开展党政机关厉行节约专项整治，会同有关部门清理整顿党政机关楼堂馆所建设项目32个。全面开展党政机关公务用车专项治理，对618个单位、3323辆公务用车进行登记，清理违规车辆450辆。扎实开展“小金库”专项治理工作，发现、纠正和处理“小金库”5个，涉及金额125.11万元，建立健全规章制度3870项。全市公务购车和用车经费、会议经费、公务接待费用、党政机关出国（境）费用、办公经费预算“五个零增长”和由财政出资或党政机关主办的开放性晚会、展览、庆典、论坛“四个减半”的目标全面实现。

【纠正损害群众利益的不正之风】2011年，继续办好“民声热线”节目，实现广播、电视、报刊和政府门户网站多媒体联动，组织39个单位上线，直播36期，受理群众反映的问题5813件，已解决4766件，推动6000多户群众房产确权发证等历史遗留问题的解决。深入开展教育乱收费专项治理，对419所中小学校进行收费检查，清退违规收费金额56.6万元，处理责任人9名。在社会医疗机构中开展非法行医和收受医药回扣专项治理工作，共收到医药回扣退款57.32万元，查处收受“红包”、开单提成及各种形式乱收费问题6宗，处理责任人9名。认真落实药品阳光采购制度，全市医疗机构集中采购药品14.42亿元，惠民让利总金额1.4亿元。扎实开展治理公路“三乱”行动，受理投诉11宗，现场纠正执法不规范行为15宗，立案处理6宗，处理责任人4名。深化对社保基金、住房公积金、扶贫资金、救灾资金“四类资金”及强农惠农政策落实情况的检查督促。开展食品药品安全、农产品质量安全专项整治，查处食品药品安全案件79件，行政罚款40多万元。开展市场中介组织防治腐败专项工作，取缔无证照经营中介组织22户，查处“两虚一抽”（虚报注册资金、虚假出资及抽逃出资）案件2宗，罚没60万元，坚决整治“黑中介”、“官中介”违法违规行为，推动中介市场公平健康有序发展。

【纪检监察干部队伍建设】2011年，深入开展“做党的忠诚卫士、当群众的贴心人”主题实践活动和创先争优活动，提高纪检监察干部的政治理论素养，增强服务促进保障科学发展的能力。坚持抓能力、强素质，加大干部培训力度，顺利完成对市纪委机关干部两年轮训一遍的目标任务。扎实推进纪检监察工作体制改革，市、区（县）两级纪检监察机构统一派驻工作全面完成，市纪委纠风室、监察综合室分设，市小汽车定编办和查禁公路“三乱”督察队整体划入市纪委监察局。加强队伍管理，完善激励机制。市纪委机关共选调33名年轻干部，提拔任用12人，交流轮岗10人。隆重表彰在查办“8.25”市公安局系列案和完成市委反腐败协调小组协调查处腐败案件中表现突出的先进集体、先进个人，向从事纪检监察工作时间长、成绩突出的362名同志颁发荣誉纪念章，增强了纪检监察干部的职业荣誉感、归属感和成就感。

（许爽）

民主党派和工商联

各民主党派

【民革汕头市委会】辛亥百年系列纪念活动。2011年1月，联合市政协办公室、汕头日报编辑部举办“辛亥百年”主题征文，在106篇应征稿件中精选43篇予以刊登，并结集成《辛亥百年征文集》。6月、9月分别开展两场“观故居，走多党合作之路”活动，组织民革党员参观辛亥革命旧址、民革前辈故居。9月，联合市政协学习和文史委等单位举办以“辛亥革命与潮汕”为主题的座谈会，征集到论文16篇，其中3篇入选省委宣传部等单位举办的纪念辛亥革命100周年理论研讨会。10月，联合市老干部书画研究会等单位举办书画展，共展出书画作品125幅。12月，向民革汕头市委会全体党员赠送《辛亥百年》纪念卡册。

组织建设。9月13日，民革汕头市委会第十二次党员大会召开。会议选举产生民革汕头市第十二届委员会，方展伟为主委、余少玲为副主委。十二届市委会在保持参政议政、思想建设、祖国统一3个专委会的基础上，拓宽原法制建设工作委员会的工作范围，改为社会法制工作委员会，强化社会服务的职能。专委会及组宣工作的负责人均由民革汕头市委委员担任。2011年，市委会被省民革授予“学习践行社会主义核心价值体系先进组织”，市直四支部被评为“民革广东省先进基层组织”，2位支部主委被评为“民革广东省基层组织工作先进个人”。17位党员被评为“汕头民革先进个人”并获得表彰。全年共吸收新党员7名，现有民革党员182名。

参政议政。市“两会”期间，在市政协大会上作《“幸福汕头”，从政府做起》的大会发言；就社区建设等问题提交组织提案3件，其中，《关于完善我市城乡一体化公共交通服务体系的建议》被列为重点提案，并被评为优秀提案。民革界别的市政协委员提交提案19件；省、市两级人大代表分别提交4件建议案。民革主要领导、人大代表、政协委员在有关场合对市第十次党代会报告、城市绿化等问题进行议政。以组织名义提出的“争取汕头口岸成为台胞落地签证点”的建议被采纳，成为市第十次党代会报告中建设幸福汕头战略举措的一个组成部分。主委方展伟在省、市“两会”期间对“韩江水源地保护”的持续呼吁得到重视，促成省政协率领汕头、潮州、梅州三市政协联合视察韩江。

社会服务。民革法律服务所继续提供电话义务法律咨询服务。民革汕头市委会心理援助志愿队和部分法律工作者，坚持在省妇女维权与信息服务站（汕头站）提供义务心理及法律咨询，志愿队和党员苏伟群分别被中国心理学会心理学普及工作委员会授予“心理学普及工作先进集体”和“心理教育工作先进个人”称号。党员谢丰凯被聘为“广东同心•律师服务团”南澳分团团长。党员曾欣奉继续助学，接收一批云南贫困学生到其学校上学。

祖国统一事业。祖统工作基本实现重心向参政议政转变、主题向和平发展转变、渠道向多元化转变。民革界别的市政协委员提出“开放台湾法律业进入南澳实验区”、加强汕台民间交流等建议、提案；市人大法制委委员参加涉台条例的立法调研及条例草案稿的审议；分管领导就深化对台合作提出的新思路通过信息上报省委统战部。利用纪念辛亥百年开展祖统工作，征文活动刊登3篇涉台文章，其中1篇获奖。本会有关领导参与市台办主办的“南澳论坛”活动，并提交论文1篇。

（陈晔）

【民盟汕头市委会】思想建设。2011年，召开“庆祝中国民主同盟成立70周年暨广东民盟组织成立69周年大会”，表彰20个先进集体和75名优秀盟员；举办“李德纲同志追思会”，利用身边人身边事开展传统教育；举办新盟员学习班；在青年盟员中开展主题征文活动；学习胡锦涛总书记“七一”讲话精神和中共十七届六中全会精神，开展薪火相传政治交接思想教育工作，推动盟员参与各方举办的纪念辛亥革命100周年和庆祝汕头经济特区建立30周年等活动，激励盟员继承和发扬民盟优良传统，增强多党合作意识，自觉接受中国共产党领导。

组织建设。9月9日，召开民盟汕头市第十四次代表大会，汕头大学商学院院长徐宗玲当选为主委，刘彦彧、罗晓红、林运轼、王伟深当选为副主委，完成市委会主要领导的新老交替。换届后，市委会根据个人的特点和专长及时对各工委的成员进行调整，吸收一些学历高、工作能力强、热心盟务的年轻盟员，为各工委会带来活力，也为民盟市委会后备干部队伍储备了人才。全年共发展18位新盟员，至12月底，共有盟员584人。

参政议政。钟展南主委向省人大提交《加强我省集体建设用地市场管理，构建城乡统一土地市场》的议案。市人大代表向市人大提交1件议案和2件建议，孔抗美提交的《关于建立汕头市低收入群体补贴与物价上涨应对机制的议案》被确定为一号议案，市政府根据该议案的建议，制定一系列措施应对市场价格特别是农副产品价格过快上涨对群众生活带来的不良影响，减轻低收入群体的生活负担。在市政协会议期间，民盟市委会提交《建好汕头大特区，抓住机遇实现新跨越》、《增加市、区财政部门财政预算，开辟中小学教学设备和信息化建设资金渠道》2份大会发言材料，《关于推动汕头市“率先建设粤台经贸合作试验区”的若干建议》等7份党派提案和《关于加快汕头西部片区规划建设的建议》等10份委员提案，内容涉及经济、教育、环保、医疗、社会管理、交通管理和发展旅游业等方面。在参与调研和专题议政工作方面，钟展南主委带领市人大有关部门及人员开展对韩江流域上游水源水质保护和利用、非物质文化遗产保护、特区扩围后如何更好发挥人大职能作用等方面的调研活动。徐宗玲、吴锡锦、罗晓红、李广辉等参加市政协举办的专题协商议政会、调研及民主评议活动。鄞镇凯参加全国文联开展的共建大文联工作格局调研活动，并出席市委宣传部等举办的论坛。民盟市委会新当选的区一级人大代表、政协委员的盟员合计32人，其中区人大代表4人、常委1人，区政协委员19人、常委4人。副主委王伟深当选为澄海区人民政府副区长，陈钢峰、郑少燕分别当选为龙湖区、潮阳区人大副主任，陈海龙、陈俊豪、林敦开分别当选为金平区、潮阳区、潮南区政协副主席。

社会服务。妇女工委为全体女盟员举行女性健康保健知识讲座，提高女盟员自我保健意识。潮阳、澄海、龙湖总支开展“农村教育烛光行动”，为潮阳、澄海、饶平等农村中小学捐书捐款，开展高考应试指导、公开课、座谈会等，受训师生逾1500人次。盟内特级教师、市优秀拔尖人才林一平、黄福生、刘彦彧、马鸣参与“中小学特级教师教学支援行动计划”，到农村中小学讲学。在“广东扶贫济困日”活动中，民盟市委会书画家创作国画进行义卖，盟员参加所在单位捐款活动，共捐款1万3千多元。多位盟员书画家参加各地各部门举办的纪念中国共产党90华诞活动。王兰若、柯鑫城先后举办个人画展，王兰若还把百岁新作捐赠给广东美术馆珍藏。

建功立业。2011年教师节，盟员梁晖、刘奕奎、陈溯晓、李统萱荣获“汕头市优秀教师”称号，另有5位盟员受到各区委区政府的表彰。王兰若获2010年度“汕头文艺奖成就奖”。郭海获市委宣传部颁发的2010年度“汕头新闻奖特别奖”二、三等奖。李广辉荣获“汕头市先进社会科学工作者”称号。在盟中央、盟省委开展的纪念建盟70周年庆祝活动中，民盟汕头市委会被民盟中央评为“先进集体”，钟展南主委被评为“先进个人”；盟省委授予汕头民盟“盟务工作优等奖”称号，徐宗玲、刘彦彧、林运轼、黄福生被评为“民盟广东省委先进个人”，吴锡锦被评为“优秀盟务工作者”。

（谢平）

【民建汕头市委会】思想建设。2011年，组织会员认真学习中共十七届六中全会、省委十届九次全会、市第十次党代会精神，学习民建中央第一副主席张榕明莅汕调研座谈讲话精神。参与民建中央、省委会“纪念民建成立65周年”征文活动，其中3篇获评省民建“优秀作品奖”，市委会荣获省民建“优秀组织奖”。积极开展思想理论研究，其中《民建优良传统与社会主义核心价值体系的内在联系》荣获民建中央“全国重点理论研究课题优秀成果”二等奖；《新时期民主党派成员思想态势浅析》获“市政协好新闻”纪念奖和社会发展研究院“2011年优秀成果”一等奖。此外，会领导、后备干部、基层干部、机关专干还参加各类培训班、学习报告会、文化讲座等。

组织建设。9月17日，召开民建汕头市第十三次代表大会，选举产生民建汕头市第十二届委员会，余健明为主任委员；蔡苗、陈小海、刘辉、吴燕珊为副主任委员。上半年全面完成基层组织换届，现有1个总支，20个支部。全年共发展会员23人，新会员平均年龄38.7岁，大专以上22人。截至12月底，会员总数

425人。积极做好新一届人大代表、政协委员人选的考察推荐工作。有8位会员当选为区人大代表；22位会员被推选为区政协委员。1名副主委入选“汕头市科学技术专家库专家”；2名会员任汕头市工商联（总商会）副主席、4名任常委，5名任执委；录用1名机关工作者。

参政议政。民建市委会领导多次应邀参加中共汕头市委、市政府、市政协及统战部举行的专题座谈会、协商会等，就汕头市经济发展、国计民生等重大问题发表意见、建议，发挥参政党作用。民建市委会各级人大代表、政协委员、特邀人员积极履行参政党职能，参加视察、考察、专题调研、专题座谈会和行风评议活动，针对省、市经济建设、城市建设、政风行风和社会生活中的热、难点问题，提出建议、议案和提案。在2011年市“两会”期间，民建市委会提交集体提案2件；市委会人大代表参与联名提交议案5件；政协委员个人或联名提交提案23件。市委会提交的《关于进一步加强我市职业技术教育全局性科学规划的建议》和《关于进一步推进城镇居民医保工作，共建健康和谐社会的提案》荣获市政协十一届三次至五次会议优秀提案；民建潮阳区支部提交的《关于提升纺织服装整体水平，应对金融危机挑战的提案》获区政协优秀提案。民建市委会与市政协常委会分别就“关于我市实施城乡一体化战略，推进统筹城乡综合配套改革”和“深化汕台交流合作”联合开展专题调研，为执政党决策提供科学的参考依据。

社会服务。民建市委会心系民生，多形式多渠道开展助学、扶贫、帮困献爱心等活动，2011年初，市委会主委了解到濠江区磊口居委1位五保户，居住的房屋狭小且残破不堪，每逢台风就得转移。即发动民建濠江区支部的会员和部分企业家共捐款18000多元，帮其修缮房屋、扩大居住面积至近10平方米，并购买生活必需品，解决其实际困难。2010年粤东高级技校重大交通事故中遇难的1位教师的家属，因思致病困，市委会主委得知情况后，动员会内企业家捐款，与市妇联联合各捐2万元，缓解其经济压力。春节前夕，支部到贫困社区开展“扶贫帮困送温暖”和“送春联下乡”活动，捐款捐物3万多元；有的会员为市、区、街道五保户捐赠价值2万元的粮油等。此外，市委会主委带领机关干部及部分会员积极参与“绿色义工”活动，每年坚持义务植树；有的企业坚持办班推广国学，并免费提供住宿、学习；有的会员还参加“蓝天义工”公益活动，奉献爱心，为建设幸福汕头做出贡献。会员在本职岗位和社会活动中做出成绩，受到表彰：1位会员获民建中央“全国社会服务先进个人”荣誉称号；1个会员企业被司法部、中华律师协会评为“全国优秀律师事务所”，1名会员被省律师协会评为“优秀秘书长”。

（辛佩芝）

【民进汕头市委会】思想建设。2011年3月，召开六届二十三次委员扩大会议，学习全国“两会”精神，布置市委会各工作委员会、各总支部开展“我为幸福汕头建功业”活动事项。4月初，各基层采取多形式学习培训，开展“加快转型升级，促进经济社会又好又快发展”调研活动。6月15日，举办新会员（2009年后入会）学习班，冯丽娜作学习辅导。11月，召开委员扩大会议，学习中共十七届六中全会精神。11月，会员郭俊浩的论文《充分发挥统一战线积极作用，助推建设幸福广东》获第十一届广东省高校统战理论研究会优秀论文奖。

组织建设。年内，吸收新会员7名，平均年龄36岁。其中大学本科以上学历6名。至12月底，共有会员358人。其中女会员172人；高、中级职称253人，占70.6%；教育界成员占78.7%。6月和9月，长厦小学支部、经济界支部先后换届。至12月底，基层组织有金平区、汕头大学和市直教育3个总支部，共有26个支部和2个小组。9月3日，中国民主促进会汕头市第七次代表大会召开。谢铿受第六届委员会委托，向大会作《团结一致，开拓进取，为建设幸福汕头做出新贡献》的工作报告。会议选举马清亮等17名同志组成民进汕头市第七届委员会。在七届一次会议上，谢铿当选主任委员，冯丽娜（专职）、杨金耀当选副主任委员。

参政议政。1月，省政协十届四次会议召开，谢铿代表民进广东省委会作《加快成本监审制度立法，强化垄断行业价格监管》的大会发言。向大会提交《关于推进粤东经济一体化、实现粤东板块整体崛起的建议》等3件提案。2月，在市政协十一届五次会议上，冯丽娜代表市委会作《加强政府执行力，增加民生投入，建设幸福汕头》的大会发言。以市委会名义提交《关于加快发展汕头现代金融服务业的建议》等7件提案，委员个人提交《关于积极构建我市特区扩大后一体化治安管理新机制的建议》等4件提案。其中《关于降低我市电价，实行省内同网同价的建议》被定为市政协重点督办提案。6月起，对“做大做强兰花产业，推动汕台交流合作”和“开展汕台职教交流合作，培养更多高素质技能型人才”进行调研，9月初形成调研报告，在市政治协商会上作议政发言。12月，市委会与民进省委社法委联合完成的提案《推动成本监审制度立法，强化垄断行业价格监管》获2011年民进广东省委优秀提案一等奖；与揭阳市委会联合完成的提案《抓住先行先试的政策契机，推进“三旧”科学改造》获三等奖。

社会服务。1月，市委会联手

龙湖区支部援建龙湖区金辉小学图书室，龙湖支部出资2万元购置图书室设施、材料，会员卢力生设计书架、书台并指导制作，唐大壮为图书室题匾，全体会员捐书1000余册。5月至6月，开展送法律进校园系列活动，在市海棠中学、玉兰中学等学校举行法制讲座，律师会员还与学生进行互动问答。6月底，响应“广东省扶贫济困日”活动，市委会机关带头捐款2000元，全体会员捐款约33000元。9月，会员熊晓萍被评为“汕头市优秀教师”，吕伟彬、李伟光被市律协授予“汕头市优秀律师”称号。11月，马少平、蔡宏如、陈远浩、詹锡雄等获“民进广东省社会服务工作先进个人”称号。

(詹锡雄)

【农工党汕头市委会】思想建设。2011年，组织党员认真学习胡锦涛总书记在各民主党派工商联中央领导人迎春座谈会上重要讲话精神。在内刊登载纪念中国共产党成立90周年及辛亥革命100周年文章，开展主题鲜明的思想教育和宣传活动。编印纪念农工党建党80周年纪念专辑——《沐浴着新世纪的曙光前进》，并隆重举行首发式。通过学习和贯彻“治贪治庸治懒治散”大会精神，加强思想作风建设。郑子敏获农工党中央授予的“2008——2011年度中国环境与健康宣传周先进个人”荣誉称号。

组织建设。9月8日，召开农工党汕头市第十二次代表大会,大会选举产生农工党汕头市第十二届委员会，许瑞明当选为主委，郑子敏、吴淑卿、杨燕忠当选副主委。除龙湖区支委会外，所有基层组织均已顺利完成换届工作。2011年发展党员14名，截至年底，共有农工党员422名。

参政议政。党员参加省政协十届四次会议，联名提交《关于恳请省政府加大支持力度，推动厦深铁路进汕头联络线工程加快建设的提案》。在市政协十一届五次会议上，市委会作题为《精心打造汕头西部门户，完善区域中心城市功能》的发言，与市政协教文卫体委联合作题为《从源头抓起，进一步推动我市无偿献血工作》的发言。市委会提交提案5件，农工党政协委员领衔提交提案14件，其中《关于成立汕头市红十字会无偿献血志愿者服务队的提案》等3件提案已落实，其余提案正在落实当中。在市十二届人大六次会议上，农工党代表领衔提交7件建议，参与联名建议5件。2011年，党员中担任省政协委员2名，市政协副主席1名、常委2名、委员10名，市人大常委1名，市人大代表6名；市级医院副院长2名，市福利院副院长1名，副区长1名，中小学副校长4名。年内，与市政协经济科技专委会联合调研，形成《关于协调解决市通用物流市场发展涉及若干问题建议》交市政府，得到市政府领导重视。市委会领导多次出席中共汕头市委和政府召开的民主协商会、座谈会，参加市的重要会议和活动。收集和整理报送社情民意，全年向中共市委统战部报送信息15条。

社会服务。继续开展“中国环境与健康宣传周”活动。举办学生废物再利用手工制作比赛、现场挂盘装饰画比赛和手抄报比赛。到社区开展“宣传周”咨询义诊活动。定点扶持金平区福利院，为福利院老人体检；向福利院捐款捐物，价值约5000元。继续开展送医送药活动，前往潮南区新寮门村为村民义诊。参与“暖心的感觉”2011少儿公益明灯活动，为少儿提供心理和健康咨询服务。2011年，市委会被农工党中央授予“2008——2011年度中国环境与健康宣传周先进集体”荣誉称号。

（周子其）

【致公党汕头市委会】思想建设。2011年，学习胡锦涛同志“七•一”讲话精神、中共及本党上级组织有关会议精神、党史、多党合作和政治协商制度理论等。副主委黄玉海当选金平区副区长，参加全省党外县处级干部培训班学习。选派党员参加本党省委培训班学习。结合中共成立90周年、辛亥革命100周年主题加强爱国主义和革命传统教育。组织参观黄埔军校旧址纪念馆，举办新党员座谈会，参加市各民主党派暑期座谈会等。

组织建设。9月4日，召开第六次党员大会选举产生新一届领导班子。王桂元当选市委主委，李从铸、陈瑾、黄玉海当选副主委，全年发展新党员8名，截至年底，共有党员247人。

参政议政。2011年“两会”期间，市委会和党员中的人大代表、政协委员提交大会发言、议案、提案共36件。团体提案《关于促进我市港澳侨台资企业健康发展的建议》获市政协优秀提案奖。王桂元主委提交省政协提案《实施人才强省战略应注意引进俄罗斯高端科技人才》受到重视，由该提案改编的信息被中央统战部、全国政协、致公党中央和省委统战部采用。熊金才的《完善广东城镇低收入群体住房保障制度的政策建议》被本党省委采纳为提交省政协大会团体提案。参加本党省委参政议政课题招标活动，陈瑾副主委的《关于加快电子政务建设，构建阳光政府的建议》、熊金才的《构建广东城乡一体化未成年人救助机制的建议》、胡敏的《关于落实〈海峡西岸经济区发展规划〉，推动粤东经济发展的建议》被省委会立项，两个课题被采纳为提交2012年省政协大会团体提案。王桂元主委、陈瑾副主委的《落实海西发展规划，促进粤东加快发展》和熊金才的《关于完善城镇低收入群体住房保障制度的建议》等得到本党上级组织及统战部门采用。关注新农村建设和发展，

《保护农村生态环境 发展乡村生态旅游——广东莲华镇生态环境型乡村旅游发展模式调研》文章发表在《中国发展》；中共汕头市委在信息专报报道“致公党汕头市委会力促澄海莲华镇成为国家4A级景区”。陈瑾副主委《关于推进信息化建设新农村的建议》被本党中央和省委《建言策》采用，《信息化建设给东华村带来丰硕成果——广东省汕头市东华村农村信息化建设调研报告》入选本党中央《乡村发展模式调研报告汇编》。继续推动海西建设，提交提案《关于用足用好ECFA政策，促进汕台经贸发展的建议》；申报课题《关于落实〈海峡西岸经济区发展规划〉，推动粤东经济发展的建议》；参加“深化汕台交流合作，推进汕头经济社会发展”专题协商会，作《落实海西发展规划 深化汕台交流合作》发言；协助本党福建省委莅汕调研促进海峡西岸城市文化协同发展研究课题等。参与“我为幸福广东建功业”系列行动。开展“我为汕头经济社会发展献一计活动”。

社会服务。开展慰问活动、妇女节活动、老人节茶话会，给党员寄送节日贺卡等。发动党员参加全省扶贫济困日、妇联“姐妹情深10元捐”和本党中央“联系贫困学生、结对帮扶送温暖”活动。党员通过各种渠道捐款105，800元。

海外联谊。充分发挥“侨海”特色和优势，加强与“五侨”单位联系。积极参加市侨界迎春联欢会、海外联谊会、海外交流协会和各级侨联活动。鼓励党员通过“请进来、走出去”等方式和渠道开展海外联谊工作。

（罗艳）

【九三学社汕头市委会】思想建设。2011年，通过召开主委会议、市委会委员（扩大）会议，各基层组织召开组织生活会等不同形式，认真学习领会各级党代会、全会精神。组织新老委员、各基层组织主要负责人等15人赴韶关市参观学习。年内，共发送资料和信息61条；编辑出版《汕头九三》社刊1期和第六次代表大会专刊1辑；参加社省委、市政协举行的各类征文和理论研讨活动，报送8篇理论文章。

组织建设。社市委会顺利进行换届。6月前，社市委会对尚未换届的金平基层委员会和汕大基层委员会进行换届，为社市委会的换届做好准备。6月底，启动社市委会的换届工作，主要是制定《换届工作方案》、进行新一届委员和领导班子的民主推荐和候选人的考察工作、准备代表大会的有关文件和材料、安排会议的日程和议程。9月1日，九三学社汕头市第六次代表大会举行，会议听取并审议第五届委员会工作报告，选举产生第六届委员会委员和出席九三学社广东省第七次代表大会代表，并通过大会决议。罗文鸿当选九三学社汕头市第六届委员会主任委员，王伟忠、杨忠强当选副主任委员。全年发展新社员15人，其中高级职称5人，博士3人，硕士1人,平均年龄39.93岁。截至12月底，共有社员261人，其中高级职称157人，占60.1%，博士生导师6人，博士39人，硕士35人，社员平均年龄约53.36岁。

参政议政。罗文鸿主委参加省政协十届四次会议，提交1个提案。王伟忠、崔诚代表参加市十二届人大六次会议，王伟忠代表提交3个（建）议案。另有3位社员旁听市政府和市人大工作报告，陈泽毅同志参加旁听人员座谈会并发言。罗文鸿、杨忠强、余永明、王泽方、郑锦鸿、叶镇鹏、王怀英、杨蓉8位委员参加市政协十一届五次会议，提交集体提案6件、联名提案11件。罗文鸿主委在政协大会上作《科学谋划、加大投入，强化汕头粤东医疗中心的地位》的大会发言；郑锦鸿委员在大会中作即席发言。社市委会提案《关于提高低收入群体生活保障水平的建议》被列为市长督办提案，并获得市政协优秀提案。另外，郑锦鸿委员的1个提案也获得优秀提案奖。在区县人大政协换届中，社员中当选为区县人大代表3人，其中1人为区人大副主任，1人为人大常委；当选为政协委员16人，其中6人为政协常委。11月25日，社市委会召开参政议政会议，集中讨论和广泛征求市政协十二届一次大会专题发言的选题及议（提）案等事项。社市委会领导参加市委、市政府、市委统战部召开的民主协商会、征求意见会、暑期座谈会等活动，向党委和政府提出建议和意见。

社会服务。社市委会到潮南区雷岭镇双新小学助学，捐款3000元帮助其添置教学用品。在第22届国际科学与和平周期间，社市委会到市聿怀中学开展助学活动，邀请汕头大学隗苪教授作题为《人•中国人•聿怀仁》的专题报告，并向5位品学兼优的贫困生发放5000元助学金。在广东省扶贫济困日活动中，广大社员以组织的名义捐款共计11166元，在姐妹情深10元捐活动捐款320元。

（郑仲胜）

【台盟汕头市支部】思想建设。2011年，在纪念台湾人民“二•二八”起义64周年之际，支部组织全体盟员前往以彭湃同志为首的共产党人领导海陆丰人民建立的第一个苏维埃政权革命活动场所——海丰县红宫红场、澎湃故居纪念馆等地参观爱国主义教育基地。举行纪念辛亥革命100周年暨孙中山诞辰145周年座谈会，深切怀念领导辛亥革命的伟大民主革命先行者孙中山先生和为推翻帝制、创建共和国的烈士。举行庆祝台盟成立64周年活动，学习盟章、回顾盟史，缅怀台盟革命老前辈。

组织建设。9月2日召开第八次盟员会议，会议民主选举产生台盟汕头市第八届支部委员会，谢丽玲当选为主委，余东刚当选为副主委。至年底支部共有盟员27人。

参政议政。省政协委员谢丽玲向省政协提交《关于“确保韩江下游跨市水源水质安全”的提案》等2件提案；支部向市政协提交大会发言1件，专题发言1件，集体提案《关于“加快我市保障性住房建设改善困难家庭居住条件”的建议》等6件。市人大代表陈月笙撰写的《关于加快完善周边城区的道路和路灯设施建设的议案》，相关路灯配套已落实。与台联联合向市政协提交提案《关于组织我市第一代老台胞赴台探亲的建议》，得到承办部门的高度重视，已得到落实。

社会服务。年初，购买一批文具用品寄往盟省委集中捐给边远的学校；资助本市7名贫困学生每人1000元完成学业；在寒冬来临之际，为市区一批孤寡老人购买棉被送温暖。在第二届“广东扶贫济困日”、市妇联举办的“姐妹情深10元捐”活动中，支部和盟员踊跃捐款。

对台联络。5月和10月，台盟中央调研组分别在台盟中央副主席黄志贤和台盟中央主席林文漪的带领下，两次赴粤东就粤东地区社会经济发展状况、进一步推动粤东融入海峡西岸经济区等开展专题调研。7月，谢丽玲主委参加汕头市党政领导到台湾访问考察，到澎湖县与国民党开展党对党交流活动、与高雄港口举行合作签约仪式等一系列参访活动，加深对做好台湾人民工作的认识。9月初，台盟中央妇委会和台盟福建省委会联合举办“海峡两岸妇女终身教育研讨会”，谢丽玲主委撰写2篇论文提交会议，支部原副主委杨铭出席会议，为推动海峡两岸妇女终身教育事业共同发展献计出力。

（龙晓潭）

汕头市工商业联合会

【组织建设】2011年，汕头市工商业联合会（总商会）会员数为6162家，各区县都有工商联组织，直属商（协）会和团体会员17家，市工商联代管的潮商大会秘书联系着国内近70家潮汕商会。在工商联会员中，省、市级人大代表27人、政协委员53人。10月26日，汕头市工商业联合会、总商会召开第十四次会员代表大会及第一次执委会议，推选出以黄茂强为主席的新一届工商联（总商会）领导班子，新一届执委311人，其中常委151人，主席、副主席、会长共39人。市工商联坚持把“一个结合，两个载体”做为组织建设的工作思路，即把做好本地民营企业家的工作与做好海内外潮商的工作结合起来，共同服务于汕头经济振兴；把发展本地商会组织与发展各地潮商组织，形成内外“两个载体”。坚持每季度召开一次工作会议，交流工作情况、讲评、通报信息、部署工作。商协会工作委员会和直属会员工作委员会加大对直属商协会和会员的指导力度，各商协会工作开展扎实、有序，较好发挥基层商协会在联系和服务会员的作用，商（协）会的影响力和凝聚力不断得到了提升。年内，通过召开区县工商联工作会议、主席会议和商协会秘书长会议，继续对《中共中央国务院关于加强和改进新形势下工商联工作的意见》文件精神进行传达学习。积极参与市委制订贯彻落实《关于加强和改进新形势下工商联工作的意见》（下称“《意见》”）。为抓好《意见》的贯彻落实，工商联党组高度重视，深入基层调查研究，广泛征求非公人士和执委会领导班子成员的意见建议，为市委、市政府出台落实《意见》（汕发〔2011〕27号）提供参考。

【参政议政】2011年，汕头市人大、政协“两会”召开前夕，以“汕头市工商联系统人大代表、政协委员座谈会”形式，汕头市工商业联合会组织工商届人大代表、政治委员交流“两会”议案、提案和热点问题，邀请市政协经科委主任方木宏就提案的有关注意事项进行辅导，市政协副主席、市委统战部部长张泽华出席会议并讲话。2月28日，与市政协经科委联合组织部分工商界市政协委员，对市企业投资管理服务中心为企业服务情况进行调研。年内，工商联更加注重调查研究，不仅积极做好市委市政府和省工商联布置的调研课题，而且还能紧扣热点问题，主动开展调研活动。通过深入企业开展走访、座谈，问卷调查等形式，广泛收集企业的生产经营、投融资、企业用工、劳动关系和企业诉求等情况，及时向各相关部门上报《汕头市非公有制经济领域劳动关系矛盾和解决方案课题调研报告》、《非公有制经济领域劳动关系矛盾和解决方案课题调研表》、《非公有制经济领域劳动关系矛盾和解决方案课题调研调查问卷》、《市工商联加强和改善对会员企业服务的情况》、《汕头市工商联关于泛珠三角区域商会合作与交流的情况》、《关于加强对台经贸合作的几点意见建议》等调研报告。向市政府上报“抓住机遇 开拓创新 促进我市民营经济健康快速发展”、“大力吸引海内外潮商回乡投资兴业，设立潮汕发展投资基金，建设潮商总部经济区，打造潮商总部基地，变汕头人经济为汕头经济”等工作建议，为市委市政府制订发展规划提供依据。为深入贯彻落实中共中央政治局委员、省委书记汪洋关于“加强人文关怀,改善用工环境”的重要指示精神。工商联与市委统战部组成联合调研组，深入各区、县广泛开展非公有制企业构建和谐劳动关系专题调研活动，发掘了一批在人文关怀做得比较好的企业。

有汕头市永桂宝石工艺有限公司、黑牛食品股份有限公司、西陇化工股份有限公司、广东粮丰集团、宜华企业（集团）有限公司、广东南洋电缆集团股份有限公司等企业，由于注重以人为本、规范管理，因此劳动关系比较融洽，为推动全市非公有制经济持续、健康、和谐发展，树立较好的典型示范作用。

【拓展服务】2011年，汕头市工商业联合会针对企业反映的用工难问题，与市人社局、市总工会、市教育局等部门联合举办的“汕头民营企业招聘周”和“汕头市高校毕业生就业服务周”等活动，拓宽企业招聘渠道。发挥工商联作为市人才工作协调小组成员单位的优势，建立市工商联执常委和重点企业人才档案库，积极向市拔尖人才评选委员会推荐会员企业中的优秀专业人才，通过对优秀拔尖人才的推选，以此来引导企业做好对人才的重视、培养、使用和留住工作。年初，在全市工商联系统中开展“访百家企业，促转型升级”专题调研活动。工商联领导和机关人员深入企业，向企业家们宣解“十二五”规划和国家产业政策，鼓励和引导企业增强转型升级意识，立足依靠技术和管理创新，提高核心竞争力。与汕头电视台联合，对在技术创新和产业升级方面取得显著效果的广东金玉兰包装机械有限公司、汕头华兴冶金设备股份有限公司、汕头大洋地毯机械设备厂有限公司和汕头大洋地毯实业有限公司等企业进行专题宣传报道，力求以点带面，推动企业加快转型升级步伐。先后组织部分企业家参加北京潮人商会2011年会暨潮商发展论坛、英德市潮人经济文化促进会成立两周年成立庆典暨英德市政府招商大会。发挥《海峡西岸20城市商会合作框架协议》的作用，加强与“海西”主要城市的沟通、联系，引导企业主动融入海西经济圈建设，寻找发展商机。与市知识产权局知识产权维权援助中心、汕头市仲裁委员会等部门分别走访企业、召开座谈会，制定维权援助工作方案和2011年工商联系统知识产权培训计划等相关事宜；与中级人民法院就行业商协会与基层法院建立诉权联调机制。全年，向省工商联、市委、市政府信息部门报送信息专报18篇、采编信息85篇，更新汕头市工商联信息网站信息91条，出版发行《汕头工商联》会刊3期，及时做好会务工作、企业维权和经济信息的宣传报道。

（曾汉昌）

【非公企业党建】2011年，先后成立广东卓越精化实业有限公司党支部、汕头市浙江温州商会党支部；发展新党员26名，批准16名预备党员转为正式党员；一批积极分子被列为发展对象。截止年底，非公企业工委直接管理的党组织共有48个（其中党委7个、总支5个、独立支部33个、联合支部3个），党员总数1343人。以纪念建党90周年为契机，各企业党组织积极开展丰富多彩、特色鲜明的主题宣传和教育活动，进一步加强非公企业党的思想建设。组织各企业党组织负责人、新党员和部分入党积极分子代表110多人，到红场革命老区进行革命传统教育和举行新党员宣誓活动，参观大南山革命根据地纪念馆，深入了解潮汕地区革命斗争的光辉事迹，向烈士纪念碑敬献花圈，庄严宣誓。同时还组织党务骨干参观南京大屠杀纪念馆和中山陵等，重温党的辉煌历史，提高思想认识，牢记党的宗旨，增强作为共产党员的使命感和光荣感。抓住汕头经济特区成立30周年的契机，结合创先争优活动，让全体党员、广大员工及企业主加强特区精神教育。加强形势教育，切实把党员、职工的思想和行动统一到中央和省委、市委的决策部署上来，统一到市第十次党代会精神上来，进一步提高非公企业党建工作服务科学发展的水平。以“三关爱、四服务、促进企业科学发展”品牌创建工作为抓手，深入推动创先争优活动，全力推动科学发展，加快建设幸福汕头。重点抓好“五个好”、“五带头”，积极创新活动内容和方式，精心设计符合企业特色、务实可行的活动载体，开展形式多样、丰富多彩的活动，努力促进企业科学发展。与此同时，各非公企业党组织注重推动企业积极履行社会义务，多办实事好事，切实为党员和职工群众排忧解难，解决他们在工作、生活中碰到的实际困难和问题，努力为企业和谐发展营造良好氛围，进一步增强党组织的凝聚力、向心力，树立非公企业良好的社会形象。年内，广东金东海集团有限公司党委被评为广东省先进基层党组织，好易联党支部被评为汕头市先进基层党支部，周壬旭等4人被公推直选为市第十次党代会代表，郭境峰被选为省第十一次党代会代表。

（黄峰）

【沟通联络】2011年，汕头市工商业联合会加强与潮汕三市工商联和各地潮汕商会的协调沟通，进一步完善潮商大会组织机构。潮商大会秘书处指导、协助乌鲁木齐、黑龙江、西安等地成立潮汕商会，扩大潮商大会的覆盖范围。坚持“走出去，请进来”方针，大力为企业拓宽交流合作的渠道。年内，先后接待福建龙岩市广东商会、上海潮汕商会、义乌潮汕商会、英德潮人经济文化促进会、菲律宾广东侨团总会、广西潮人商会、北京市东城区工商联、上海潮汕商会投资考察团、黑龙江省潮汕商会、厦门市塑料橡胶同业商会、宁波市海曙区工商联、南京潮汕商会等友好工商社团。协调、参与市政府做好接待郴州市党政代表团、上海潮汕商会、广西潮人商会和北京潮人商会投资考察团来汕考察各项相关工作。组团出席义乌潮汕商会第二届理事会就职庆典、北京潮人商会2011年会、英德市潮人经济文化促进会成立两周年成立庆典、云南潮汕总商会成立十五周年暨第五届会董就职庆典、广东省揭阳商会成立庆典等各项活动。12月18日至21日，汕头市委常委、统战部部长马逸丽带领市工商联新一届领导班子访问团一行23人赴香港、澳门、珠海访问，访问团先后拜访市总商会荣誉主席陈伟南先生、陈有庆先生、马介璋先生、许世元先生，名誉主席欧阳成潮先生、蔡衍涛先生、唐宏洲先生、黄成林先生、余洁依女士、刘艺良先生、丘金海先生、袁松山先生、李莱德先生、黄祯钊先生等，并拜会香港汕头商会、香港潮州商会、香港潮属社团总会、澳门潮州同乡会、澳门潮汕总商会和珠海潮人总商会。承担联系、邀请和接待北京、上海、山东、深圳、珠海等20多家潮汕商会嘉宾出席汕头经济特区建立三十周年庆祝活动等任务。

【社会服务】2011年，汕头市工商业联合会按“爱国、敬业、诚信、守法、贡献”的要求，积极引导会员弘扬中华民族传统美德，致富思源、富而思进，积极承担社会责任，热心公益事业，投身光彩事业等活动。年初，向各区县工商联、各商协会转发《关于做好2010年度民营企业参与光彩事业统计工作的通知》和关于印发《关于开展感恩行动的工作方案》的通知。5月31日，与市外经贸局、市工商局联合在汕头宾馆召开“汕头市外资、民营、个体私营企业捐赠活动座谈会”， 副市长周镇松作动员讲话。发动各地潮汕商会和工商联会员企业积极参与第二届“广东省扶贫济困日”活动，由市工商联和深圳、北京、广东、上海潮汕商会共同发起成立汕头市慈善总会潮商公益基金会，收到捐款2.2亿元。做好“规划到户、责任到人”扶贫开发工作任务，2011年，被市委市政府评为扶贫开发“规划到户、责任到人”先进单位。

【机关建设】2011年，汕头市工商业联合会坚持把加强机关建设做为关系到工商联工作的“合力、活力、影响力和凝聚力”的大事，常抓不懈。开展“讲团结、守纪律、树正气、强素质”教育活动和深入学习实践科学发展观教育活动。加强党员干部的思想政治建设，增强了党性信念。加强业务知识学习，建立健全学习制度，以理论学习中心组的学习，带动机关干部的学习，不断提高工作人员的工作能力、业务水平和服务意识；加强班子建设。坚持民主集中制的原则，充分发挥集体领导的作用，加强班子成员之间的沟通，并正确处理好驻会领导和兼职会长的关系，促进了总商会各项工作的顺利开展。按照《干部任用条例》要求，做好机关的人事工作，全年新提拔调整了8名机关干部，配强部室领导和业务骨干，较好地调动了全体机关干部的工作积极性，提高机关办事效率和工作执行力。

（曾汉昌）

人民团体

汕头市总工会

【概况】2011年，汕头市各级工会认真贯彻落实市委九届十次、十一次全会和省总十二届四次全委会精神，围绕“全力推动科学发展，加快建设幸福汕头”这一核心，坚持为职工服务、为党政分忧、为企业和谐、为经济加油，立足岗位创先争优，广泛开展“当好主力军、建功‘十二五’”主题劳动竞赛活动，团结动员广大职工为汕头经济社会加快发展作贡献；切实维护职工合法权益，提升职工的幸福感；大力推进“两个普遍”，发展和谐劳动关系；以改革创新精神加强工会建设，发挥工会组织在社会管理中的作用。

【省领导莅汕开展春节送温暖慰问活动】1月12日，省委常委、常务副省长朱小丹带着省委、省政府的殷切关怀，率慰问团莅汕开展送温暖慰问活动,分别走访看望汕头市的困难残疾人、困难老党员、困难职工以及贫困农户，并与市公交总工会的干部职工座谈，为企业发展解困把脉支招。

【帮困助学活动】1月10日，汕头市总工会举行以“心系职工•情暖鮀城”为主题的2011年元旦春节送温暖活动仪式，市领导陈茸、刘远珍和基层工会代表、捐资单位代表、困难职工代表共180多人参加活动仪式。本次活动共筹集资金150万元，活动以发放购物卡、救助款的形式，慰问、救助困难职工、困难农民工7000多户，覆盖企业502家。8月16日，市总工会举行“金秋助学”活动座谈会暨助学金发放仪式，参加会议的有受助学生代表、学生家长代表以及基层工会干部代表近100人，市总工会副主席周波出席会议并为受助学生代表颁发助学金。全年全市工会共筹集资金49.5 万元，帮扶300多名困难职工子女上大学，其中，对考上大学本科和大学专科的困难职工家庭学生，分别给予每人2000元和1500元的助学金。12月26日，市总工会举行以“心系职工群众，情暖千家万户”为主题的2012年元旦春节送温暖活动仪式。市领导孙光辉、刘远珍和热心出资单位代表、基层工会代表、困难职工代表参加活动仪式。本次活动共筹集资金182万元，以发放困难职工生活帮扶金、医疗帮扶金、购物卡、救助款的形式慰问、救助困难职工、困难农民工7000多户，覆盖企业502家。

【组织劳模参观重点企业】1月10日，汕头市总工会组织全市100名劳模参观华能海门电厂，使劳模们不仅对环境友好型企业有全新的认识，而且也对该厂职工良好的精神风貌、完善先进的生产设备、追求“双重效益”的环保产业留下深刻印象。市总工会在随后举行的劳模“三金”发放仪式暨劳模代表迎春座谈会，为生活困难的劳模发放生活困难补助金、特殊困难帮扶金和春节慰问金共计48万多元。

【市总工会第十六届四次全委（扩大）会议】3月22日，市总工会第十六届四次全委（扩大）会议召开。本届全体委员和经审委员、各区(县)总工会主席、市直各局、（集团）公司、各产业工会及部分基层工会的主席、市总工会机关全体同志和市总直属企事业单位负责人参加会议。会议总结回顾2010年工会工作，部署2011年工会工作，表决通过《汕头市总工会关于组织动员广大职工为实现“十二五”规划目标任务创先争优建功立业的决议》。

【汕头工会网正式开通】3月18日，“汕头工会网”（www.stgh.org.cn）正式开通。网站作为工会对外发布信息和为职工群众提供在线服务的窗口，设置有“工会概况”、“鮀城工运”、“工作简讯”、“服务窗口”、“资料中心”、“时代风采”、“在线调查”等版块，能够为工会干部和职工群众提供即时性和电子化的工会资讯及工作指导。

【庆祝“五一”国际劳动节大会暨“建设者之歌”歌咏表演】4月28日，汕头市举行庆祝五一国际劳动节大会，向荣获全国五一劳动奖状、五一劳动奖章和省五一劳动奖章的先进集体和优秀个人颁奖，市委书记李锋作重要讲话。随后，举行“特区建设者之歌”歌咏大会，由汕头各个行业职工组成的四个歌咏方阵演唱《咱们工人有力量》、《永远跟着党走》等5首中外经典歌曲。

【市劳模协会会员代表大会】4月27日，汕头市劳动模范协会举行第三届第一次会员代表大会。会议听取和审议汕头市劳模协会第二届理事会工作报告、财务收支情况报告和《汕头市劳动模范协会章程》修改草案，选举产生马武雄等63位同志为汕头市劳模协会第三届理事会成员；聘请市人大常委会副主任、市总工会主席刘远珍，市人大常委会原副主任吴为烈为名誉会长；通过选举，产生新一届领导机构，庄大军为协会会长、高耿浩为常务副会长、方水裕等16位同志为副会长，黄少龙兼任秘书长。

【市金融系统职工运动会】4月29日，由汕头市总工会、中国人民银行汕头市中心支行、中国银行业监督管理委员会汕头监管分局、中国保险监督管理委员会汕头监管分局共同举办的汕头市金融系统职工运动会顺利结束全部赛事。本次汕头市金融系统职工运动会共有银行、保险及银监会汕头监管分局、保监会汕头监管分局15个单位组队，约200名运动员参加了羽毛球混合团体，乒乓球团体，羽毛球、乒乓球男女单打，中国象棋个人赛等7项比赛。

【“幸福汕头公众论坛”职工专场】6月2日，汕头市委宣传部、市总工会、团市委、市妇联、汕头经济特区报社、市广播电视台主办的“幸福汕头公众论坛”正式启动，并在广东电网汕头供电局举行主题为“说身边事、谈幸福感”的首场论坛。本场论坛为职工专场，由市总工会承办，广东电网汕头供电局协办。参加论坛的有100多位职工代表，他们发表了自己对幸福的理解，为幸福汕头建言献策。在论坛上，市政协常委蔡述彪、市委党校副教授刘勇作为特邀嘉宾与汕头供电局的职工代表交流互动，从食品安全、饮水安全、道路交通、低碳生活等公众身边的话题共同探讨，并结合实际评说自身的生活变化，交流幸福体验。7月16日，在汕头华建电子有限公司还举办“幸福汕头公众论坛”之农民工专场。

【缴纳特殊工会会员费】6月至7月间，市总工会向全市工会组织下发通知，倡议全市工会会员积极参与广东扶贫济困日活动，捐献一个月特殊工会会员费，掀起“人人奉献爱心，共建幸福家园”的热潮。汕头各级工会和会员积极参加，贡献爱心，至活动结束，市总工会共接受全市工会会员捐款304206.05元，并已汇缴省总工会。

【工资集体协商专题培训班】6月30日至7月1日，市总工会联合市人力资源和社会保障局举办工资集体协商专题培训班，为来自区（县）、街道（镇）工会和劳动行政部门干部以及部分基层工会主席268人工资集体协商工作专项业务培训。这是市总工会强力推进汕头工资集体协商工作的重要举措之一。市人大常委会副主任、市总工会主席作了开班动员。省总党组成员、巡视员孔祥鸿讲授以《当前劳动关系变化趋势与工会应对措施》为题，从大视野、大事件切入，理论联系实际，着重论述了推行工资集体协商，通过协商取得劳资“双赢”的重要性和必然性，引起了全场的共鸣。省人社厅劳动关系专家吴潇雯、市总工会法工部王晓南分别就《企业工资集体协商政策及协商技巧》和

《工资集体协商实务操作》等内容为与会者进行深入浅出的讲解。市总工会副主席陈菲为培训班作小结。

【“关爱行动”系列帮扶】6月13日至15日，由省总工会委托省第二工人医院派出医疗车和医疗人员，深入到汕头市华南矢崎汽车配件有限公司、濠江广澳街道、市海员俱乐部等3个点开展健康体检工作，免费为1200名女职工、女农民工进行“两癌”（乳腺、宫颈癌）检查，深受女职工的欢迎。

【职业培训】7月12至15日，市总工会联合市住建局举办燃气行业和水产养殖行业职工（农民工）两个技术培训班，共培训职工、农民工200多人。“汕头市燃气行业职工（农民工）特种工种培训班”在汕头尚属首次，来自中心城区的100名送气工人参加培训，主要学习内容有：《城镇燃气管理条例》、液化气的基本知识、瓶装液化气安全使用常识、管道燃气安全知识、客户服务、供气营销员基本业务等。经考核鉴定成绩合格的学员，由省住建厅、劳动厅联合核发《供气营销员职业资格证（初级）》。

【工会基层组织建设】2011年，汕头市各级工会凭借自身密切联系职工群众的优势，积极参与社会建设，提升职工群众的幸福感。不断推动企业普遍开展工资集体协商，实现企业共商共建。市总工会把工资集体协商工作作为工会组织参与社会建设的重要内容，积极加以推进，从构筑工作格局、强化制度约束、提高队伍素质和找准工作方式入手，不断夯实工作基础，到年底，全市已组建工会的企业建立工资集体协商制度的比例达到60%。不断推动企业普遍建立工会组织，夯实党的执政基础。坚持党建带动工建、工建服务党建，积极探索适应新形势要求的工会组织形式、组建方式，着力推动组建工作持续健康发展，到年底，全市共有工会组织39479个，其中基层工会委员会9798个，基层工会涵盖单位29681个，工会会员799037人，农民工会员403953人。

【职工帮扶】2011年，汕头市不断完善工会困难职工帮扶中心（站）建设，构筑服务职工、农民工综合平台。多方筹集资金，为职工、农民工多方开展筹集帮扶资金近900万元，为3.2万人次困难职工和农民工提供生活救助、大病救助、子女助学、技能培训、职业介绍、工伤探视、追讨欠薪、法律援助和政策咨询等多全方位、多广度的帮扶。

【职工消防安全技能竞赛】2011年，汕头市总工会、市安监局、市公安消防局在“11.9”消防宣传月期间联合举办2011年全市职工消防安全技能竞赛活动。竞赛内容有60米麻袋扑灭油桶火、一人两盘水带65毫米内扣水带连接操、100米智力灭火操。由各区和华能海门电厂、汕头航空公司、广东移动汕头分公司、省第二建筑工程公司、汕头港务集团公司、金海湾大酒店等单位组织的12支参赛队伍、36名职工参加，经角逐，濠江区代表队获得一等奖，华能海门电厂、中国移动汕头分公司获得二等奖，潮阳区代表、汕头港务集团有限公司、澄海区代表队获得三等奖。林跃彬等9名选手分别获得三个比赛项目的一、二、三等奖。竞赛结束后，市公安消防局特勤大队的消防官兵在现场进行消防演示。

【出租车司机心理健康讲座】11月23日，市总工会、市交通运输局、市交通运输协会出租车分会联合在市公交所举办出租车司机心理健康讲座，邀请汕头大学医学院心理学教授、硕士研究生导师，汕头市政协常委赖小林为出租车司机朋友们讲授一堂主题为《和谐心灵、幸福人生之心理秘笈》的心理健康辅导课。课堂上，赖教授根据出租车行业的职业特点，联系出租车司机生活期望值与社会现实的落差造成的困惑，指导出租车司机调整心态，在规范经营、文明服务的同时，实现自身价值和人生幸福。

【全市会员评议职工之家工作交流会】11月24日至25日，汕头市总工会召开全市会员评议职工之家工作交流会议。会上，汕头一中、汕头市海事局工会2个会员评家试点单位作经验介绍，市总工会布置2012年全市建设职工之家及会员评家工作，并下发《关于进一步加强建设合格职工之家及会员评议职工之家工作的通知》（汕工组〔2011〕20号），要求开展会员评家的单位职工入会率要达到85%以上，评议满意率达到80%以上，今后评选模范、先进职工之家和申报合格职工之家的，都要经过会员评家的程序，把群众的满意程度作为评价工会工作的基本标准，有计划分步骤地扩大会员评家工作的覆盖面。

（陈宇）

共青团汕头市委员会

【概况】2011年，汕头市有团委222个，团总支336个，团支部5221个；选配专兼职团干部共8345人，团员数为203969人。各级团组织紧密结合本地区的实际，创造性地开展工作，努力推动汕头团工作上水平，较好地履行了团组织的职能。

【共青团汕头市第十四次代表大会】12月20日至21日，共青团汕头市第十四次代表大会在市委会议中心召开。大会全面总结汕头市第十三次团代会以来的工作，部署今后五年的任务，选举产生共青团汕头市第十四届委员会，进一步团结带领全市团员青年为推动科学发展、建设幸福汕头作出新的贡献。团省委副书记陈宏宇，市领导郑通声、庄大军、林合坤出席了开幕式，来自各条战线上的300多名团员青年代表参加了会议。大会上，陈玩雪代表共青团汕头市第十三届委员会在大会上作《抓住新机遇 开启新征程 团结和带领全市团员青年为建设幸福汕头而努力奋斗》的工作报告，就团思想引导、服务党政、打造品牌、服务青年、夯实基础等方面对六年来全市团的工作进行回顾总结，并提出今后五年汕头市团工作的发展思路和主要任务。大会通过共青团汕头市第十三次代表大会工作报告的决议，选举产生共青团汕头市第十四届委员会。新一届委员会设委员29名，候补委员14名。新一届委员会召开共青团汕头市第十四届委员会第一次全体会议，陈玩雪等9人当选为常委，选举产生新一届团市委常委会。陈玩雪当选为书记，许廷贤、赖恒辉、王江锋当选为副书记。

【市青联九届三次常委会】1月10日，汕头市青年联合会九届三次常委会在汕头帝豪酒店召开，会议回顾总结2010年市青联的工作，研究部署2011年的工作任务，审议通过市青联主席周崇凝所作的《凝聚青年力量 奏响时代强音 团结带领各界青年为建设幸福汕头而努力奋斗》的工作报告，增补、卸免、增选部分委员、常委。

【李锋书记致信全市少年儿童】5月30日，市委书记李峰致信《潮汕少年周刊》及全市少年儿童。向全市少年儿童致以节日的祝贺和亲切的慰问，与小记者们交流关于建设幸福汕头的想法，勉励少年儿童要奋发向上、练就过硬的本领、强健的体魄和顽强的意志，放飞梦想、全面发展，积极准备接好建设幸福汕头的接力棒，并希望少年儿童继承和弘扬潮汕优秀传统文化，刻苦钻研科学文化知识，积极参加社会实践活动，不断增强学习能力和实践本领，做到德、智、体、美、劳全面发展，为将来担当好社会主义现代会建设的重任积累才学，奠定基础。6月3日，团市委、市少工委在金平区金龙小学举办全市少年儿童学习李锋书记《致<潮汕少年周刊>小记者暨全市少年儿童的一封信》精神座谈会。来自全市各区(县)团委、少工委负责同志、少先队辅导员代表、市部分少先队重点联系学校校长、少先队员代表及《潮汕少年周刊》编辑、小记者们共120人参加座谈会。

【“两进三同”】2月18日至19日，团省委统战联络部长、省青联秘书长张硕率领团省委机关干部到位于汕头市澄海区莲下镇的广东宜华企业（集团）有限公司，与新生代产业工人“同劳动、同学习、同生活”，并在宜华集团总部4楼召开团省委统战联络部“两进三同”（即“走进基层，走进青年”与青年“同劳动、同学习、同生活”）汕头地区座谈会，团市委、各区县团委、广东宜华企业有限公司团总支部分别在会上汇报汕头市各级团委开展“两进三同”工作的阶段性成果。团市委有关领导参加劳动，用实际行动践行共青团的“两进三同”工作制度。3月10日，团市委组织各区（县）、汕大、海关、港务集团、高新区等基层团委及团市委机关各部室（所）负责人到潮阳区谷饶镇开展创先争优“两进三同”工作交流会。会上，开通“汕头市青少年网上综合服务平台”。会后，还到汕头市时佳实业有限公司、汕头市宏丹纺织有限公司开展“两进三同”活动。

【陈伟南先生专题报告会】2月23日，团市委、市外事侨务局、市学联在汕头市第一中学举行“人生哲理”—爱国侨领陈伟南先生专题报告会。会上，陈先生演讲主题为“人生哲理”的报告，进一步引导全市青少年坚定理想、学好本领、立足各自岗位，以更高的热情、更强的信心、更大的动力、更足的干劲，为祖国的富强、民族的振兴和建设幸福汕头作出更大的贡献。

【共青团与人大代表、政协委员面对面主题活动】2月24日，围绕建设幸福汕头、创建文明城市的战略目标，团市委、市人大法工委、市政协社法委联合在团市委会议厅举办“2011年共青团与人大代表、政协委员面对面”活动。市人大代表、政协委员，市辖各区县团委、市直各有关单位和学校的青年代表们近40人出席活动。会上聘请马寿民等10位市人大代表、政协委员担任汕头市青少年成长导师。12月30日，围绕建设幸福汕头、构建和谐社会的战略目标，团市委、市青联联合举办“2012年共青团与人大代表、政协委员面对面”活动。来自全市各界的人大代表、政协委员新生代产业工人和青年代表们近50人出席活动。

【青年志愿服务活动】3月4日，团市委、市青年志愿者协会向全市下发《关于在全市集中开展青年志愿者注册登记工作的通知》，根据任务安排下发50万份《汕头市注册青年志愿者申请登记表》和28万份“汕头市青年志愿者服务证”。4月8日，团市委在市委会议中心召开汕头市团员青年投身创建广东省文明城市誓师大会。市委领导，团市委、市青联有关领导，各级团干及青年志愿者代表约330人参加会议。会上，团市委、市青年志愿者协会还就筹集的206万元设立青年志愿者事业发展基金，向汕头市青年文明宣讲团成员颁发了聘书，并为汕头市青年文明服务队授旗。6月30日，团市委、市青年志愿者协会联合市卫生局、汕大医学院等单位迅速组建3支市级青年医疗卫生志愿示范服务队和省级广州市中医院志愿示范服务队一起，于“630”广东扶贫济困日赴汕头市4个示范点开展志愿服务活动。

【圆梦计划】3月12日，由团省委联合北京大学、新华网、南方报业传媒集团、中国电信广东公司共同发起的“圆梦计划•北大100”项目在广州、东莞、深圳、珠海、佛山、中山、江门、汕头等8个地市统一组织的入学考试，汕头考点在市青少年活动中心举行，该考点共有近30名新生代农民工参加考试。12月12日，团市委在会议厅举行“圆梦计划”2011年广东万名新生代农民工入学典礼汕头分会场活动，全市约20名参加圆梦计划的新生代农民工参加活动。

【纪念五四运动92周年大会暨“永远跟党走”文艺晚会】4月28日晚上，共青团汕头市委、汕头市青年联合会在汕头电视台演播中心隆重举行纪念五四运动92周年大会暨“永远跟党走”文艺晚会。动员全市团员青年继承和发扬五四光荣传统，振奋精神，拼搏进取，积极投身我市创建省文明城市行动，为建设幸福汕头、和谐汕头做出新的贡献。来自全市各条战线、各行各业的共青团员和青年代表500多人参加活动。

【“党在我心中”演讲活动】6月23日，团市委在汕头迎宾馆七号楼多功能厅举行“党在我心中”演讲活动。来自全市区县团委和各市直单位、各大中专学校的14名参赛选手结合自身实际，以“党在我心中”为主题，用丰富的内容、生动的语言、真挚的情感，满怀激情地回溯过往，放眼未来。演讲比赛集中展现当代团员青年对党和社会主义祖国的热爱和赞美及永远跟党走的坚定信念，充分展示全市广大青年在党的领导下爱岗敬业、无私奉献、积极投身幸福汕头建设的良好精神风貌。通过激烈的比赛，来自潮南区陇田镇茆巷小学教师陈晓璇夺得此次演讲比赛的第一名。

【基层组织建设】截至6月30日，全市37个街道的团组织格局创新工作的团干部全部选配完毕，并完成数据库的录入工作，实现了6月底前完成街道组织格局创新工作的目标。全市共选配街道团干部371名，来源覆盖机关、社区、学校、非公企业、新社会组织等各类型团组织，其中，本科及以上学历共有206人（研究生2人），占总人数55.6%。7月30日，团汕头市委、市青联在北京隆重举行团汕头市委驻北京工作委员会、汕头青联北京委员会成立大会，这是广东省地级市首个驻京团工委和青联委员会。

【扶贫助学】6月24日，由团市委发起的“一元捐”活动启动仪式在汕头市青少年活动中心举行。8月25日，2011年汕头市特困学生助学工程助学金发放仪式在市委会议中心举行。会上总结2011年助学工程工作，颁发本年度助学工程助学金。截至2011年已有3.2万名寒门学子获得助学工程的资助，累积资助金额约2500万元。市领导、捐助单位和受助学生代表和部分学生家长、老师等300多人出席了发放仪式。大会还新增设立“潮星爱心助学金”、优秀外来务工贫困家庭子女助学等项目。

【第十七届汕头市成人节成人宣誓仪式】9月30日，第十七届汕头市成人节在汕头市聿怀中学（大洋校区）设立宣誓仪式主会场，600多名成人青年代表全市5万多18岁青年，在国旗下庄严宣誓，用铮铮誓言做出18岁的承诺。宣誓仪式结束后，部分18岁青年代表还前往“国际潮青林”参加“我与树木同成长”植树活动。

【“优秀青少年维权岗”命名大会】10月14日，团市委、市预防办联合在龙湖区人民法院第一审判庭举行汕头市“优秀青少年维权岗”命名大会，龙湖区人民法院介绍创建汕头市优秀青少年维权岗的工作经验，有关领导为汕头市优秀青少年维权岗授牌，为汕头市青少年维权工作宣讲团讲师颁发聘书。

【第16届国际潮团联谊年会】10月31至11月6日，第16届国际潮团联谊年会在马来西亚召开，团市委副书记、市青联副主席赖恒辉带领市部分青联委员参加。在马来期间，委员们先后出席第16届国际潮团联谊年会开幕式、“国际潮联，全球潮起”文化汇演、欢迎晚宴、国际潮青联合会第四届第一次常务理事会议暨2011年度周年大会、马来西亚潮人书画邀请展开幕礼、经贸座谈会以及“潮音采韵”晚会、闭幕式、闭幕晚宴等一系列活动。

（郑煜）

汕头市妇女联合会

【概况】2011年，汕头市共有区（县）妇联7个，街道（乡镇）妇联69个，村妇代会560个，社区妇联508个。全市各级妇联以特区扩围为契机，牢牢把握建设“坚强阵地”和“温暖之家”的根本要求，积极参与社会管理，在党政所急上做文章，在妇女所需上下功夫，在妇联所能上创特色，团结带动全市妇女在建设幸福汕头中发挥积极作用。

【维权服务】2011年，汕头市妇联加强广东省妇女维权与信息服务站（汕头站）平台建设，增强参与社会管理和公共服务的能力，不断拓展服务项目，在维护妇女合法权益的同时为弱势妇女提供必要的生存帮助。扶持区县妇联设立7个“妇女维权与信息服务站”，全部开通“12338”咨询热线，使维权服务工作不断向基层延伸，取得较好的社会效益。广东省妇女维权与信息服务站（汕头站）全年共接访749件1041人次，办结747件，办结率99.73％。在省妇联的首期项目总结验收中，获得多项表彰。

【基层妇女组织建设】2011年，汕头市妇联推进强基固本工程，为妇联更好参与社会管理和公共服务打下基础。全市村（社区）共建立“妇女之家”1070个并挂牌，培育澄海凤翔街道东湖社区等7个省级示范点。创建“广东省儿童友好特色社区”1个，7个市级、12个区级“儿童友好示范社区”。金平区石炮台街道和龙湖区新溪镇西南村等7个村（社区）分别被授予第二批全国妇联基层组织建设示范街道和示范村（社区）。

【法制宣传活动】2011年，汕头市各级妇联积极参与社会治安综合治理，协助相关部门，共同维护汕头的和谐稳定。继续推进“平安家庭”创建，举办“构建幸福家庭 共创和谐社会”普法宣传活动，推动“平安家庭”创建活动深入社区。金平区金厦街道、潮阳区文光街道桃园社区分别被授予广东省“平安家庭”创建活动先进示范街道、先进示范社区。积极参与禁毒宣传，与相关部门联合举办“禁毒知识进万家 幸福汕头靠大家”——2011年国际禁毒日宣传活动等，在广大家庭成员特别是基层妇女群众中普及禁毒知识。

【妇女群体素质培训】2011年，汕头市妇联举办纪念“三八”国际劳动妇女节101周年暨“新百年、新女性、新发展”论坛、“书香女人”专题访谈、“女性大讲堂”讲座及远程学习教育，帮助妇女学习新知识；加大对农村妇女的培训力度，开办水产养殖、果蔬栽培等农科培训班，把“科技直通车”开到田头，为女能手、女农户传授科技知识，培养一批有文化、懂技术、会经营的新型女农民；推动相关职业技术学校和企业联合办学，鼓励农村女青年工学结合，提高从业技能。

【妇女自主创业】2011年，汕头市妇联培育一批“巾帼创业示范基地”，其中濠江区巾帼森林固沙防风生态林等省级3个、南澳后花园村巾帼优质茶叶生产示范基地等市级10个。举办“春风送岗位”——汕头市妇女创业就业信息咨询暨专场招聘会、家政服务就业介绍等，提供适合女性从事的岗位1万多个，有5000多名妇女参加招聘会，多渠道为妇女提供创业就业机会。全年，实现农村妇女劳动力转移就业44376人。指导城乡妇女利用小额担保贷款发展生产和自主创业。全市共有20名妇女成功申请到136万元的贴息贷款投入扩大生产和经营。

【“巾帼建功”活动】2011年，汕头市妇联以纪念汕头经济特区建立30周年和开展“巾帼建功”活动20周年为契机，与市总工会联合召开市“巾帼文明岗”建功风采展示会。市妇联在广大妇女中开展“巾帼建新功，岗位争优秀”活动，促进妇女立足岗位、创先争优，为27个全国“巾帼文明岗”授予“巾帼文明先锋队”称号；推荐授予国家级“巾帼文明岗”3个、省级13个、市级51个。

【第十六届家庭文化节】2011年，汕头市妇联以“文明生活进我家”为主题，举办第十六届家庭文化节系列活动。通过举办“和睦家庭 幸福人生”、“弘扬传统文化 共建幸福社区”、“你我有缘，一生相伴”等群众论坛；开展“家家扬美德，人人讲文明”——“齐心”杯家庭读书读报知识有奖竞赛和“文明家庭欢乐行”等活动，弘扬尊老爱幼的家庭美德，倡导健康、低碳、环保的生活方式，推动汕头创建文明城市活动的深入开展。在全市开展“五好文明家庭”创建活动，评选表彰22户市“五好文明家庭”；10名市民被省妇联授予“广东百名现代好丈夫、好妻子”荣誉称号；庄宜生的妻子蔡端吟被授予“广东十大现代好妻子”荣誉称号；黄青一家被评为广东省“十大优秀书香之家”。

【开展主题活动】2011年“三八”节期间，汕头市妇联开展“新百年 新女性 新发展”论文征集活动，引发社会各界对妇女发展问题的思考；举办女子乒乓球比赛和登山活动，引领百万妇女奔健康。母亲节期间，联合汕头经济特区报社策划“感恩母亲，共享幸福”——2011年母亲节大型游园活动，4万多群众踊跃参与，众多商家积极参与为贫困母亲捐款义卖活动。市妇联还慰问了84名烈士母亲；组织6支巾帼志愿者队伍参与公共文明使者志愿服务活动；举办6期“活力青年”联谊活动，为1000多名单身青年搭建交友平台。

【家教知识传播】2011年，汕头市妇联做好家庭教育“十一五”规划终期评估，并在全市启动“家庭教育大讲堂进社区（乡村）项目”，共举办各级各类家庭教育讲座、报告会、现场咨询等225场次。联合中国人寿汕头分公司举办“爱的艺术”亲子教育大型专题讲座；组织家教讲师团到各区县巡回讲课；排练以“做e时代的好父母”为题材的情景剧巡回演出；开展家教课题研究，以市儿童福利会第三幼儿园为试点，在市妇联直属幼儿园设立

“心成长”教育示范基地，普及现代家庭教育理念和科学家庭教育的方法。办好“汕头儿童e家网”网上家长学校。

【妇女参政议政】2011年，在市、区（县）、镇、村四级换届调整中，汕头市妇联提前介入，多方筹措，采取措施，促使一批女干部得到提拔和交流使用。在村（社区）“两委”换届时，推动各级党政把女性进“两委”工作纳入配备计划。同时加大有关法规政策及先进典型的宣传，鼓励引导优秀妇女积极参选参政。在全市1061个村（社区）中，女性进“两委”比例取得突破性提高，比上届提高7.1%和5.2%，实现“村（社区）两委至少有一名女性成员”的目标，女委员的年龄和文化结构呈年轻化、知识化。

【“两个规划”实施】2011年，汕头市妇联发挥各级妇儿工委办公室的作用，以实施《汕头市妇女发展规划(2001－2010年)》和《汕头市儿童发展规划(2001－2010年)》终期监测统计评估工作为重点,加大协调力度，圆满完成市、区县两级终期评估督导检查工作。针对汕头提高孕产妇和儿童保健管理等重难点问题，推动政府有关部门做好项目实施。参与市政府《关于我市贯彻落实〈中华人民共和国妇女保障法〉情况的报告》的调研起草，使妇女权益保障工作进一步得到重视。

【妇女帮扶工作】2011年，汕头市妇联继续推进单亲特困母亲家庭“四援助”工作，至年底，各级妇联共援建“单亲特困母亲安居房”323套。积极争取省“粉红春天基金”和“救助先天性心脏病孤贫患儿”的专项支持，有27名患病困难妇女及10名先心病患儿得到资助。帮助278名贫困母亲发展生产。在继续开展“两癌”普查的基础上，举办“关爱妇女健康 共享幸福汕头”大型义医义诊公益活动，为一批低保户等困难妇女免费体检，并对病情严重的困难患者实行相关救助。全市各级妇联共筹集142万元，组织4万多名妇女进行妇科疾病和“两癌”检查，并为26人提供了患病救助。组织“健康直通车”4次深入乡村为妇女群众开展义医义诊、送医送药。

【关爱困境儿童】2011年，召开汕头市庆祝“六一”国际儿童节大会并同台举行“给力儿童 幸福汕头”——“中国人寿杯”少儿文艺演出；开展“优生、优育、优教”咨询义诊活动和主题征文活动；联合市邮政局开展以“汇聚爱心•关爱儿童”为主题的爱心幸运册发行活动；第一期共筹集到帮扶“困境儿童”善款13万多元；召开“爱心父母”牵手困境儿童大联盟行动推进会；联合中国人寿汕头分公司举行“爱的启明灯”爱心捐赠仪式；发放一批“困境儿童”助学助困款。全市各级妇联共资助5271名困境儿童和829名特困大学生，共发放助学助困款近400万元。

【创先争优活动】2011年，汕头市各级妇联深入开展创先争优活动。建立市妇联领导干部“创先争优”联系点。重视妇联机关党组织建设、作风建设和党风廉政建设，在党员干部中开展主题实践、纪律教育、纪念“七一”等活动，组织有关专题讲座、参观学习、文体活动，引导激励党员干部树立求真务实、开拓创新、廉洁高效、干事创业的良好作风，立足岗位创先争优走在前。市妇联分别被评定为全国妇联系统先进集体和市学习型党组织示范点。

【妇干队伍建设】2011年，汕头市妇联围绕全市经济社会发展对干部素质的要求，加强妇女干部队伍建设，着力提高中青年妇女干部综合素质，提高新形势下群众工作的本领和水平。联合举办第十五期中青年女干部培训班，有44名女干部参加培训。协助全国妇联、李嘉诚基金会在汕头大学举办启璞计划——村“两委”女干部培训班，进一步提高基层妇女干部的素质和能力。

【组织阵地建设】2011年，汕头市加强各级妇联组织建设，重视发挥机关事业单位妇委会团结引领和关心服务机关妇女的积极作用。加强团体会员的联谊与工作指导，发挥各团体会员资源优势，为带动广大妇女进步与发展、服务妇女和服务社会作出贡献。市女企业家协会筹集捐款20万元援建红场镇潘岱村茶叶加工场，帮扶老区人民发展生产。市妇联以办特色、创品牌、出效益为目标，加强直属幼儿园、托儿所、妇女儿童活动中心等服务实体的建设和管理，促进软硬环境全面发展，成为市幼教工作的示范园所和精神文明建设阵地。

【对外联谊交流】2011年，汕头市妇联积极配合省妇联举办的粤港澳台各界妇女友好交流活动，承办港澳台妇女交流团80多人莅汕参观考察工作，增进两岸四地妇女相互了解和友谊。组织维权工作志愿者和妇联干部到姐妹市考察学习维权和社会工作经验，开阔了视野，进一步拓宽工作思路。

【“双到”扶贫工作】2011年，汕头市妇联认真履行“双到”扶贫开发工作牵头单位职责，积极筹集扶贫资金帮扶潘岱村发展生产项目，完善公共基础设施，切实解决村民实际困难。全年投入帮扶资金182.36万元，种植茶叶100亩，落实3个鱼塘投苗养殖，完成农田水利基础设施改造建设，并加强对2010年茶叶、杨梅、养牛等帮扶项目的监管；建成茶叶加工场及村委办公楼、村文化广场并配建体育健身器材一批；安装村道路灯20盏，建造垃圾处理点5个，整治村容村貌环境卫生；实施村民饮用水引水改造项目建设，改善村民用水难题；资助村小学改善教学条件，资助贫困学生60名；为部分特困户缴交农村合作医疗款实现100%参保，促进贫困户稳步脱贫。加强村“两委”班子建设，确保换届后“两委”班子能更好地带领村民走脱贫致富路。

（李楠）

汕头市文学艺术联合会

【概况】汕头市文学艺术界联合会（简称汕头市文联）是中共汕头市委领导的，由全市性的文艺家协会、各区县文学艺术界联合会组成的人民团体。内设：办公室、综合工作部。下属单位有：汕头市文学艺术讲习所、潮声杂志社、汕头市新闻图片社。现有作家、戏剧家、美术家、书法家、摄影家、音乐家、舞蹈家、曲艺家、民间文艺家9个协会，区县文联7个和汕头市残疾人文学艺术联合会等团体会员17个；国家级会员187人，省级会员949人，市级会员约4800人。

【重要活动】1月1日，由汕头市文联、汕头市广播电视台、汕头市美术家协会等主办的“时光回声——张伟民小幅油画展”在市长江路思云阁展出。1月1日至2日，汕头市文联、汕头市广告协会、汕头市房地产协会在龙湖翰苑展厅举办“城迹——IDA华文传播机构作品展”。1月10日，由汕头市文联、汕头市教育局、中国移动汕头分公司、汕头特区晚报、汕头市作家协会等单位联合举办的“文化鮀城 幸福汕头”网络文学创业大赛颁奖典礼暨网络文学研讨会在金海湾大酒店举行，市有关领导及来自社会各界人士300多人出席研讨会。1月16日，由汕头市文联、汕头市摄影家协会、汕头市民间文艺家协会、汕头市民俗摄影协会联合主办的《潮汕乡土建筑》首发式暨蔡海松摄影展在汕头市图书馆展览厅举行，来自潮汕地区的100多位摄影家、民间艺术家和文艺爱好者参加活动开幕式。1月18日，汕头市文联、汕头市博物馆、岭东美术馆和岭东雕塑院在汕头艺苑广场举办“纪念十万山人孙星阁诞辰113周年特展”以及“十万山人孙星阁艺术研讨会”。市有关领导、市有关单位和部门的领导以及美术界的人士共数百人出席了开幕式，本次展览展出孙星阁先生在不同时期的代表作100多件。1月21日，由广东省美协、广东美术馆、汕头市文联、汕头市美术家协会、汕头画院等单位联合举办的“王兰若百岁新作暨捐赠广东美术馆珍藏作品展”在广东美术馆举行开幕式，展出百岁老艺术家王兰若的新作和广东美术馆珍藏王兰若不同时期的经典作品，市领导以及广东省、汕头市的美术界人士出席了开幕式。7月25日，由汕头市委宣传部、汕头市文联、汕头市援建草坡乡工作组、汶川县草坡乡人民政府共同主办的“我们汶川、我们草坡”——汕头市对口支援汶川县草坡乡灾后恢复重建纪实展览在汕头市林百欣图书馆开幕。市领导陈茸、张应杰、谢铿以及汶川县感恩代表团和草坡乡群众代表一行出席开幕式。展览共展出260多幅照片和若干书画作品。7月23日，汕头市文联、汕头市美术家协会在市图书馆举办“《中国近现代名家画集·陈政明》首发式暨向市图书馆赠书仪式”。8月13日，由汕头市委宣传部、中国美术家协会河山画会、汕头市文联、汕头画院主办的“榕颂·杜应强国画展”在汕头艺苑文化广场举行开幕仪式，共展出中国当代画坛画榕“独树一帜”的著名画家杜应强先生近年来创作的150多幅水墨国画，香港潮属社团总会创会主席、香港潮州商会永远名誉会长陈伟南先生，市领导王芸、陈茸、谢泽生、钟展南、庄大军、郑家汉、郭大钦、谢铿、蔡婵英等出席开幕式，来自新加坡、马来西亚、香港的潮籍乡亲，澄海区和市直有关部门负责人，潮汕三市画界同行和各界人士800多人参加了开幕式。8月24日，由中国美术家协会、中国国家画院、中国友联画院、广东省美术家协会、汕头市人民政府主办的“水墨光影 民族情韵——陈政明中国画展”在北京中国美术馆展出。展出著名画家陈政明近年来新作，以及各个时期的重要作品110件。全国政协副主席罗富和，中国文联副主席、中国美协主席刘大为，中国国家画院院长、中国美协副主席杨晓阳，中国致公党副主席、全国政协常委李卓彬，汕头市领导郭大钦、谢铿以及国内知名画家等领导嘉宾出席展览开幕式。9月30日，水墨光影·民族情韵陈政明中国画展汕头巡回展在汕头艺苑文化广场开幕，省政协原副主席林兴胜，市领导陈茸、钟展南、廖文松、郭大钦、谢铿、张泽华出席画展开幕式，汕头巡回展展出后，还将在广州和珠海举办展览。9月20日，为纪念已故的市优秀青年作曲家徐东升，汕头市文联、汕头市广播电视台、汕头市音乐家协会等共同举办“生命是一个奇迹——徐东升广播电视获奖作品音乐会”在市广播电视台综合剧场举行，国内知名歌手、徐东升生前的好友李尤、李绍继、马旭成、马海生、黄堃专程从全国各地赶来参加音乐会，现场献唱他生前的音乐作品。11月19日至26日，汕头市文联、汕头市美术家协会、汕头市书法家协会在长江路思云阁举办洪琦炉书画展。

【理论研究与交流】1月13日，汕头市文联召开2011年汕头市文艺界迎春座谈会，市领导及全市的文艺家代表共100多人参加会议。7月1日，汕头市委宣传部、汕头市文联、岭南美术出版社、汕头经济特区报社在金海湾大酒店举办《潮汕地方文化读本》编写研讨会，来自广州、汕头、潮州等地的文化专家、学者们就《广东省地方文化读本》潮汕卷即《潮汕地方文化读本》丛书的编写内容、体例、架构等开展深入研究探讨。9月21日，汕头市文联、汕头市文化馆、汕头市民间文艺家协会在市文化馆举行汕头市民间艺术传承与发展座谈会，市政协副主席、文联主席谢铿出席座谈会并讲话，市工艺美术师、省级非物质文化遗产传承人等参加了会议。9月，陈跃子长篇小说《针路图》由广东人民出版社出版发行；12月2日，《针路图》研讨会在澄海举行，市领导及广东省作家协会副主席、著名评论家郭小东，广东文学院院长熊育群以及来自广州市、汕头市、潮州市等地文学评论界人士近百人参加会议。该书以澄海红头船与潮人下南洋的历史为背景，描绘潮汕百年风云，是一部反映潮人“红头船”精神的长篇力作。12月22日，汕头市文联在汕头金海湾大酒店隆重举办2012年汕头市文艺界迎春团拜会，市领导及全市文艺家共180多人参加团拜会。同日，汕头市文联六届四次全委会暨文艺界建设“文化强市、幸福汕头”座谈会召开，汕头市委常委、副市长、市委宣传部部长周镇松出席座谈会并讲话，汕头市政协副主席、文联主席谢铿出席会议，汕头市文联六届委员，汕头大学长江艺术与设计学院院长、教授王受之，国家级工艺美术大师王芝文等文艺家代表参加会议。

【文艺惠民】1月19日，汕头市文联领导带领市文联党支部的党员和市书法家协会的书法家一行10多人到澄海区莲下镇窖西村开展双联共建及迎新春、送春联活动。7月29日，汕头市文联、汕头市美术家协会等组织市知名画家陈政明、陈延、卢中见、许川如、王种玉、詹伟明、余树泽、郑鹤芝、方声涛、丁旭先到空军某部开展拥军活动。

【中国文联副主席廖奔莅汕调研】4月11日至12日，中国文联副主席、党组成员、书记处书记廖奔，中国文联离退休干部局局长王守明等一行4人莅汕调研，与汕头市文艺界的代表50多人在金海湾大酒店举行座谈会。

（赖 斌 黄木科）

汕头市社会科学界联合会

【概况】2011年，汕头市社会科学界联合会有下属学会、研究会和协会23个，团体会员18个。年内，制定汕头市哲学社会科学“十二五”发展规划的主要任务和保障措施。组织开展汕头市2011年社会科学规划课题申报,有23项课题准予立项，22项成果准予结项。完成所属各社团的管理和年检工作，新成立市时尚家居服产业发展研究院和市立群心理研究院等2个学会。市金融学会、钱币学会、会计学会、海关学会、台港澳经济研究会、税务学会、侨史学会、教育学会等多个学会均按时做好换届工作。提高《汕头社科》办刊质量，全年共出版4期，刊登学术论文40篇。

【学术活动】2011年，汕头市社科联组织开展一系列学术活动。5月10日，市社科联、汕头日报编辑部、市税务学会联合举办“抓住特区扩围机遇，加快建设幸福汕头”座谈会，来自全市党政机关、高等院校及社科界的40多名专家学者就特区扩围给汕头带来的新机遇，如何借鉴其他特区成功经验和选准科学发展的突破口等问题进行探讨。6月28日，市委宣传部、市社科联等单位联合召开汕头市纪念中国共产党成立90周年理论研讨会，来自市直有关部门的负责同志、社科界的专家学者和各行各业的实际工作者围绕主题，共同回顾党的光辉历程，总结历史经验，探讨推动科学发展、建设幸福汕头的思路和对策，入选的52篇文章编印成论文集进行交流。7月15日，市社科联、市中国特色社会主义理论体系研究会联合举办汕头市社科理论界学习胡锦涛总书记“七一”重要讲话座谈会，与会的30多位专家学者就如何进一步发挥社科界的“思想库”和“智囊团”作用进行深入探讨。8月起，市委宣传部、市社科联联合在全市范围内开展“创新特区优势，建设幸福汕头”——纪念汕头特区建立30周年征文活动，共评出优秀论文45篇编辑出版成论文集，并在汕头日报理论版分期刊登。9月16日，民革汕头市委、市政协学习和文史委、市社科联、潮汕历史文化研究中心联合举办“纪念辛亥革命一百周年座谈会”，有关单位领导和专家学者共60多人出席会议，围绕潮汕大地发生的辛亥革命相关人与事、辛亥革命与潮汕华侨、辛亥革命对潮汕地区发展的影响等问题进行交流探讨。12月14日，市社科联、市名优企业协会联合举办汕头经济特区论坛（第九届）——“加强社会建设 创新社会管理”理论研讨会，来自全市党政机关、高等院校及社科界的专家学者共50多人，围绕构建新型社会管理体制机制、推进社会建设和管理创新、加快幸福汕头建设进程提出意见和建议，入选的40篇优秀文章编印成论文集进行交流。

【社会科学研究获奖成果】汕头大学有4项成果获得广东省2008-2009年度哲学社会科学优秀成果奖,其中，王伟廉的著作《高等学校课程研究导论》获得一等奖，姚明安、孔莹的《财务杠杆对企业投资的影响——股权背景下的经验研究》获得二等奖，邓剑光的《论政府信息真实性争议及其解决机制的完善——“华南虎照风波”引发的行政法学思考》和彭小燕的《遭遇虚无与沉潜虚无——存在主义视野下的“沉默鲁迅”（1909-1917）》等3篇论文获得三等奖。

【社会科学普及活动】4月28日至5月4日，市委宣传部、市文明办、潮汕历史文化研究中心、市文联、市社科联、鸿欣书城联合举办潮汕文化书展，展出潮汕历史文化研究图书、潮汕籍作家出版的图书以及汕头社科理论图书等三类图书，进一步弘扬优秀潮汕文化。5月，参与省社科联开展的“广东省公民人文素质调查”工作，组织访问人员到金平区、潮南区有关街道居民、农村居民家中开展问卷调查活动，共发放“调查问卷”440份。市委宣传部、市社科联、汕头特区晚报、中国移动汕头分公司联合举办汕头经济特区建立30周年（汕头移动杯）有奖知识竞赛，重温特区历史。11月1日至15日，市委宣传部、市社科联联合举办“2011汕头市社会科学普及周活动”，围绕“幸福文化和幸福生活”的主题，开展形式多样的社科普及活动。11月9日，与市委宣传部、市检察官协会联合举办科普周开幕式暨人文社科知识咨询活动，市委常委、宣传部长陈茸为“广东省人文社会科学普及基地”授牌，市政协副主席谢铿为广东省先进基层社会科学普及工作者颁发荣誉证书，并为“汕头移动杯”汕头经济特区建立30周年有奖知识竞赛获奖者代表颁奖。会后，举行人文社科知识大型咨询活动，为市民和学生开展有关法律、金融、钱币、科学理财、心理咨询、社会建设、企业文化、潮汕文化知识的咨询和宣传普及教育活动；在市青少年活动中心展厅举办由省委宣传部、省社科联编制的“辉煌的成就，伟大的历程”大型图片展；参与“省市联动”系列活动，与市摄影家协会联合开展“我眼中的幸福”摄影作品征集活动和以“我心中的幸福”为主题的短信征集活动；邀请汕头大学徐宗玲教授作题为《大特区时代的机遇与挑战——汕头经济特区竞争力分析》的专题讲座。

（林方娜）

汕头市科学技术协会

【概况】2011年，汕头市科协所属市级学会38个，个人会员1万余人；各类科普教育基地49个。有8个学会完成换届工作，35个学会通过年检。年内，扎实推进“三个服务、一个加强”工作的落实，科协的各项工作和事业都取得新发展。围绕“节约能源资源、保护生态环境、保障安全健康”等主题，共举办科普宣传教育活动450场次，大型综合性科普集市50场次，科技下乡活动48场次，科普图片展览136场次，科技素质培训班210场次，发送科技资料、科普书籍共100多种33万份（册），利用各种媒体举办专题报道951场次（大篷车电视栏目309场次）。参与活动的科技人员4500多人，受众人数达59万多人次。向市委市政府提出合理化建议16条。完成全国科技工作者状况调查点的有关工作，受到省科协的表彰奖励。组织开展“全国优秀科技工作者”和“潮汕星河国瑞科技创新奖”等推荐工作，由市科协推荐的市农科所副所长、市科协副主席许大熊荣获“全国优秀科技工作者”称号；张铭志等9名科技工作者荣获潮汕星河国瑞科技创新奖，每人奖励4万元。市科协还推荐许大熊、余京鹏、王惠群、郑鸿医等4位科技工作者参选广东省丁颖科技奖和中国青年科技奖。加强网站建设，《汕头科普网》内容经常更新，提升观众关注度，年点击率达到72万人次。澄海区、潮阳区、潮南区科协与中国科协声像中心签定协议，继续在3个区电视台开辟固定电视栏目《科普大篷车》，每周播出一期，向市民观众普及科普知识，观众收视率达72%。

省级科普示范社区、基地、特色学校一览表

示范特色名称	成立时间	称　号
潮阳区和平镇和舖社区	2010.12.31	广东省科普示范社区
龙湖区金霞街道金海社区	2010.12.31	广东省科普示范社区
金平区鮀莲街道新辽社区居委会	2011.11.22	广东省科普示范社区
金平区大华街道集成社区	2011.11.22	广东省科普示范社区
龙湖区金霞街道丹霞社区	2011.11.22	广东省科普示范社区
濠江区礐石街道珠浦社区	2011.11.22	广东省科普示范社区
广东南澎列岛海洋生态省级自然保护区	2011.11.22	广东省科普教育基地
汕头科技馆	2011.11.22	广东省科普教育基地
汕头市金平区长厦小学	2011.4.8	广东省科学教育特色学校
汕头市金山中学	2011.4.8	广东省科学教育特色学校

【学术交流】在2011年世界气象日、环保日、护士节、质量月和科技活动月中，汕头市科协所属气象、环保、心理、护理、预防、医学、遗传等学会，举办各种学术交流、学术研讨、科技下乡等活动，为广大科技工作者提供服务交流平台。全年全市各级科协组织和市级学会共举办学术交流活动196场次，受众人数达22337人次。

【实施《全民科学素质行动计划纲要》】7月8日，汕头市召开全民科学素质实施工作会议，总结“十一五”期间全市全民科学素质纲要实施工作情况，提出“十二五”《纲要》实施工作建议和2011年全市全民科学素质实施工作要点。市科协把《纲要》任务分解落实到各区县，推动《纲要》的贯彻落实。组织开展《纲要》优秀案例征集活动，总结推广澄海区、潮阳区、金平区和市直有关部门的经验做法。开展全民科学素质行动计划纲要实施工作先进集体和先进个人评选表彰工作，推荐上报全国、省先进集体、个人。市委宣传部、澄海区科协被省评为《纲要》实施工作先进集体；陈琳莹和洪祥武、李扬、李辉钦分别荣获全国、省先进个人称号。潮阳区科协举办的“在共建共享中推进科普‘站栏员’建设”被省评为实施《纲要》优秀10个案例之一。市科协也对金平区金海社区居委会等41个科普工作先进集体、姚文安等38名科普工作先进工作者给予表彰。

【创建全国科普示范区】2011年，市科协把创建全国科普示范区工作列为重点工作，不断促进创建工作进一步落实。2月15日，市科协在潮阳区召开全市创建全国科普示范区工作座谈会，听取金平区、澄海区和潮阳区创建工作情况汇报，交流创建工作经验，并提出下一步工作措施。3月14日至19日，受中国科协委托，省科协党组成员、秘书长杨豪标率省检查验收组一行6人，对金平区、澄海区、潮阳区创建2011-2015年度全国科普示范区工作进行检查验收。8月份，金平区、澄海区、潮阳区被中国科协命名为全国科普示范区。9月28日，在广东省全民科学素质行动实施工作会议上，对2011-2015年度全国科普示范县（市、区）29个创建单位进行授牌，同时对29个创建单位命名为2011-2015年度广东省科普示范县（市、区）并授牌，示范期为5年。

【农培工作】2011年，市科协与市委组织部联合继续开展农培工作，并充分发挥农村科技服务团、农村科普讲师团和农村科普带头人的作用。年初，市委组织部从党费中安排培训补助经费3万元，由市科协统筹配置有关电教化器材和购置有关教材和书籍，送给各区县开展全市农村党员、基层干部科技素质培训工作，进一步完善农村基层科教设备，加强对农民实用技术的培训工作。市科协还定期对各地、各部门开展培训工作进行调研检查和指导，确保“十二五”科技素质培训工作顺利开展。全年各级科协组织和组织部门联合开展各类科技素质、技能、新型农民培训班共210场次，培训人员28757人。

【科普活动】2011年，汕头市科协在“全国科技活动周”、“全省科技进步活动月”和“全国科普日”举行重大科普活动，开展科普宣传工作。1月份，市科协、金平区科协和金砂街道开展科普进社区大型迎春活动，发动市、区15家单位和科普志愿者参与。5月12日，由市政府主办，市委宣传部、市科协等18个单位在市林百欣会展中心广场举行“5.12”国家防灾减灾日宣传活动暨应急演练，市科协发放大批的防灾减灾科普知识、简易自救常识、火灾应急自救、常见传染病预防等10多种科普资料，同时举办防灾减灾专题科普图片展。在科技进步活动月期间，市科协编印汕头市第十一届科技周、第二十届科技进步月活动指南，收集活动项目178项，发放《科学防辐射科普》挂图、科学防灾应急手册科普图书、地震简报等科普资料书籍2万份。6月15日，市科协、金平区科协、同益街道办事处联合举办“2011年科技进步活动月”大型科普宣传活动。认真组织评审，促进科普惠农兴村工作的落实。年内，市、各区县科协、财政局坚持“以评促建、以奖带补、以点带面”的原则，认真贯彻上级科协和财政部门，落实“科普惠农兴村计划”实施办法。组织有关人员重点对农技协、科普基地、科普带头人申报工作的检查、筛选、评审工作，广东绍河珍珠有限公司谢绍河被评为中国科协、财政部的“科普惠农兴村计划”带头人，南澳县深澳镇海藻养殖协会、汕头市白沙禽畜原种研究所农村科普示范基地被评为省科协、财政厅的“科普惠农兴村计划”先进单位，共获得35万元奖励。9月28日，在全省“科普惠农兴村计划”工作经验交流会上，汕头市科学技术协会、汕头市金平区科学技术协会姚小明、汕头市澄海区科学技术协会许澄生分别获得广东省“科普惠农兴村计划”实施工作先进集体和先进个人的表彰。开展科普工作系列专题调研活动，先后开展县级科协科普工作测评、“十一五”期间开展全民科学素质行动计划纲要的总结及落实情况进行实地督查的工作方案、省科协系统科普人员调查、“十一五”期间开展“科普惠农兴村计划”的总结和获奖单位和个人的回访调研、检查评价和绩效总结工作、科普资源的需求调查等基本情况调查，并形成调研意见向上级反映。

【青少年科普工作】2010年12月底，市科协、市教育局和市青少年科技教育协会举办第26届汕头市青少年科技创新大赛，经项目展评、现场问辩和组织专家评比等三个环节，共评出项目作品一等奖21个、二等奖32个、三等奖38个；科技实践活动一等奖5个、二等奖5个、三等奖9个；科幻画一等奖20幅、二等奖38幅、三等奖34幅。4月，组织50多名选手和辅导员参加第26届广东省青少年科技创新大赛，选送作品26件、科幻画20幅，获得一等奖2个、二等奖16个、三等奖6个，科幻画二等奖1幅、三等奖1幅。其中，市东厦小学魏向颖的《摄影机及摄像机吸盘脚架》获专利申请奖；汕头市第一中学、汕头市金山中学分别获得优秀组织奖；市林百欣科技中专陈丽素获得优秀科技技辅导员称号。在第63届德国纽伦堡发明展（IENA）上，汕头金山中学老师吴全如、学生黄晓丹的2件参赛作品获金、银奖各1项。4月份，市科协和市教育局等联合主办“汕头市2011年中小学智能机器人竞赛”，新乡小学机器人灭火队等15个参赛队获得一等奖，东厦小学机器人灭火队等19个参赛队获得二等奖，长厦小学机器人灭火队等17个参赛队获得三等奖。4月下旬，汕头市共组织11个代表队、22名选手参加广东省科协主办的第十一届广东省青少年机器人竞赛，夺得一等奖7个、二等奖4个和三等奖7个。7月，龙湖实验学校基本技能队参加全国比赛中荣获二等奖。8月份，在第26届全国青少年科技创新大赛中，市第一中学的优秀科技实践活动项目“革故维新 颂环保 满园劲吹低碳风”为广东省夺得活动项目唯一的十佳优秀科技实践活动称号。在潮汕星河奖评审中，有34项集体（个人）被评上星河奖（科技奖）。

（张文德 刘瑞明 林万绿 陈琳莹）

汕头市归国华侨联合会

【概况】2011年，汕头市有归侨1700多人，侨眷200多万人。全市6区1县和汕头大学均成立侨联组织，街道（镇）侨联组织59个，占全市所有街道（镇）的85.5%，已成立侨联组织的村（居）490个，比5年前翻了近两翻。市侨联属下有泰国归侨联谊会、新马归侨联谊会等26个团体，同40多个国家和地区的120多个社团建立了联系。全市各级侨联组织坚持以科学发展观为统领，强化优势，突出特色，紧紧围绕汕头科学发展、社会和谐和幸福汕头建设的工作大局，努力推动全市侨联工作稳步发展。认真学习贯彻中国侨联《关于动员广大归侨侨眷和海外侨胞为实现“十二五”时期目标任务贡献力量的决议》，通过召开座谈会、学习会，让广大归侨侨眷和海外侨胞了解“十二五”规划的任务和目标、领会规划的部署和安排。举办“潮汕华侨与辛亥革命”座谈会，纪念辛亥革命100周年。年内，市侨联侨声合唱团参加“好歌献给党——广东省第十届‘百歌颂中华’歌咏活动”合唱总决赛获B组银奖，举行“侨声飞扬”音乐会庆祝建团10周年，并获评首批广东省侨联“侨界文化交流基地”。全年，各种新闻媒体共登载100多篇次关于汕头侨联工作的报道。

【参政议政】2011年，汕头市侨联做好新一届侨界人大代表、侨联界政协委员的推荐提名工作，在“两会”召开前夕，组织部分侨联界市政协委员到市博物馆参观《潮汕华侨历史文化图片》展览，为政协提案做准备。两会期间，汕头市侨联界提出《关于抓住机遇，深化汕台经贸合作的议案》等4个议案和《关于举办潮汕华侨历史文化图片长期展的建议》等2个提案。侨联界的省、市政协委员还参加市政协组织的“加快发展我市半导体照明（LED）产业”专题调研活动、新兴产业视察活动和“经济特区发展与民主政治建设”理论报告会等。共推荐新一届市政协委员8名和市人大代表1名。

【为侨服务】2011年，汕头市侨联组织开展送温暖慰问活动，在春节、中秋前夕，共筹资近10万元慰问220户困难归侨侨眷，为50户患病归侨侨眷发放医疗补助金2.5万元，为6名侨界困难学生发放苏崇爱助学金，为100名侨界困难群众进行免费健康检查，并配合省侨联慰问组开展慰问活动。6月份，与市委统战部等部门联合召开港澳台同胞、海外侨胞爱心人士捐资扶贫座谈会，发动海内外乡亲参与“扶贫济困日”活动，现场认捐款额近100万元。

【联络联谊】2011年，汕头市侨联做好来汕头参加庆祝经济特区建立30周年活动的侨胞的联络、接待和服务工作。市侨联领导先后随市代表团赴澳门参加澳门潮州同乡会成立26周年庆典活动、赴泰国参加第六届世界广东同乡联谊大会、赴马来西亚参加第16届国际潮团联谊年会等，出席汕头市和马来西亚柔佛州首府新山市缔结友好交流关系签约仪式，拜会马来西亚柔佛潮州八邑会馆等。年内，接待来汕访问有香港汕头商会访问团、巴西巴中工商文化总会监事长黄雄先生、比利时潮州同乡会会长郑焕昭先生和厄瓜多尔华侨华人联合会会长潘坤平先生等侨团侨胞，进一步密切与海外侨胞侨团的联系。先后同江西省赣州市、广东省肇庆市和辽宁省等地侨联进行交流学习。市侨联印尼归侨联谊会和留学生家属联谊会联合举办“仲夏之夜”联欢会；市侨联新马归侨联谊会组织参加“党旗引领成长志愿服务基层”活动等，进一步团结全市侨界，促进了和谐稳定。

【市侨史学会第六次会员大会】2011年9月，汕头市侨史学会召开第六次会员大会，来自全市的侨史专家学者、热心侨史研究的侨务工作者以及侨史学会顾问等60多人参加会议，选举产生新一届理事会，并对今后五年的侨史工作进行安排部署，经民主选举沈冰虹同志连任会长。

（陈旭鹏）

汕头市残疾人联合会

【概况】2011年，汕头市全面贯彻落实省委组织部、省残联等6部门《关于加强残疾人组织建设的意见》，重点解决残疾人专职委员选聘和基层残疾人组织建设问题，推动基层组织建设规范化，解决机构设置、人员待遇问题。全市配有残疾人专职委员的社区716个，占总数85%。1月，召开全市残联系统干部暨专职委员培训大会，专门邀请省残联副理事长张永安莅汕授课，1200名残疾人工作者参加培训。加大市残联干部培养力度，提拔任用7名中层干部，完成下属事业单位岗位设置及首次人员聘用工作。截至12月31日，全市核发第二代残疾人证31157本，持证率14.26%。协调市统计局、民政局、卫生局，认真组织实施，做好金平、潮南2个区监测点的监测工作，按时保质完成监测任务。研究制定《汕头市残疾人事业“十二五”发展规划纲要》，全面开展汕头市残疾人事业“十二五”发展规划调研、编制、论证工作。该纲要经十三届第1次市政府常务会议审议通过，以汕府办[2012]9号文件印发贯彻执行。

【康复工作】5月，汕头市出台《汕头市残疾人医疗康复救助基金实施意见》（汕府办[2011]73号），在完善精防救助基金基础上，率先设立“残疾人医疗康复救助基金”，将救助项目由原来单纯对贫困精神病患者实施医疗救助扩大到贫困0–6周岁残童抢救性康复、白内障患者免费施术、辅助器具适配，资助罹患重病的残疾人及民办康复机构等6大项目，基本涵盖残疾人康复各项主要业务。通过建立健全残疾人医疗康复长效救助保障机制，使市贫困残疾人基本实现“人人享有康复服务”的目标。全年共筹措基金859万元，为贫困重性精神病患者提供免费住院医疗救助达1155人（次），为4181名病情稳定的精神病患者提供社区免费方便优质服药治疗。全市接受白内障复明手术5527例，其中1592名贫困患者得到免费救治。463名残童接受康复训练，其中191名0—6岁残童得到抢救性康复救助。开展“畅行无障碍”救助行动，为41名残疾人免费装配假肢。供应残疾人辅助器具达2150件。规范对5家民办康复机构的管理，探索完善政府购买服务机制，实名制资助40名贫困孤独症儿童在民办康复机构接受康复。市残疾人康复中心扩大场地增设孤独症儿童康复部，收训儿童58名，目前在训儿童222名；增加15个技术人员编制；聘请香港协康会、中国残联康复中心多名专家专门为50名残疾人康复工作者进行职业资格培训。澄海区建立肢体残疾（脑瘫）儿童康复部，实现汕头市区级残疾人康复机构建设“零”的突破；潮南区残疾人康复活动中心获省2011年残疾人服务设施项目专项资金300万元，推进14个社区康复网络建设。全市康复机构在岗人员273名；社区康复协调员530名，接受社区康复服务的残疾人23006名。

【精神病防治工作】2011年，全市接受医疗救助的贫困精神病人6099名，其中1155名重症病人得到免费住院治疗救助；4181名每月在社区精神病防治点获得免费服药诊治。开展“春风关爱——贫困精神病患者救助行动”，组织人员深入基层送政策上门，收治精神病患者143名。规范精神病防治点建设，努力把50个社区精神病防治点办成50个专家门诊，每月由专业医生为精神病人免费发药，实现社区精神病人监护全覆盖。监护精神病人数26413名，监护率94.5%，显好率77.7%，参与率64.3%，肇祸率0.11%，大部分精神病患者的病情得到有效控制，肇事肇祸事件明显减少，取得明显社会成效，各项指标明显优于全国平均水平。6月，“十二五”精神残疾康复工作研讨会在汕头召开，中国残联王新宪理事长会同公安部、民政部、卫生部及剑桥大学等国内外一批专家学者莅汕参加。9月，汪洋书记莅汕调研，对汕头市精神病防治工作取得社会效益给予积极评价，称具有“较成熟的治疗理念和管理模式。”

【助残扶贫】2011年，汕头市残联认真落实省、市政府下达的各项助残扶贫任务。实施阳光家园计划及落实残疾人机动轮椅车燃油补贴。为900名一级视力残疾人发放居家托养补贴，每人600元；为1187名残疾人机动轮椅车发放燃油补贴，每人260元。全力推进14个康园网络建设，招收残疾人从事简单的手工工作。结合扶贫开发“双到”工作对口扶贫村实际，联合市食品药品监督管理局、市地震局共同确定帮扶项目及措施，落实挂户责任人，将23户可扶持的贫困户挂钩到帮扶干部。推进雷岭镇双新村整村残疾人脱贫工作，落实帮扶资金，开展扶残助学、辅具适配及访贫慰问活动。在全国助残日、春节等重大节日期间，广泛开展走访慰问活动。

【办好事实事】2011年，汕头市继续加大力度为残疾人办好事实事，全年共投入资金2000多万元，为残疾人办16件实事，资金投入数额为历年之最。其中，为农村特困残疾人危（无）房户修建住房69户；为特困残疾人家庭发放特殊困难补助

200户；为盲人提供按摩技能、定向行走、电脑及盲文基础知识培训58人次。开展贫困残疾人家庭状况调查，将符合条件的残疾人（家庭人均年收入低于1500元）全部纳入城乡最低生活保障范围，实现应保尽保。5月份，下发《转发汕头市极重度残疾人困难专项补助实施办法的通知》汕府办〔2011〕64号，从2011年1月开始，对全市极重度（一级）残疾人全覆盖实施重残补助制度。由市、区、街道三级财政按比例拨付专款，为辖区内极重度残疾人发放每人100元/月生活补助，惠及残疾人6405名。澄海区将补助对象扩大至二级残疾人，2077名残疾人得到专项补助。另外，还包括对贫困残疾人生活保障、康复医疗、文化教育等多方面困难实施救助。

【扶残助学】2011年，汕头市残联积极做好扶残助学工作，采取措施鼓励残疾学生及贫困残疾人家庭的子女克服困难，继续求学；为被高等院校录取的残疾考生发放入学资助金；推荐残疾学生报读广东省培英职业技术学校和粤东高级技工学校；配合做好普通高考、单考单招的残疾学生的考前登记、录取工作，全年高考上线的残疾考生23名（其中：本科生4名，大专生19名）。全年对全市所有在学的高等院校残疾学生及残疾人低保家庭的子女共149名发放助学金37.6万元。其中本科78名，大专71名（资助标准是：本科生每名3000元、大专生每名2000元）。为400名接受义务教育及高中教育的贫困残疾学生主残疾人家庭子女发放生活补助。举办首期明慧盲童基础教育学习班，实现童盲义务教育“零”的突破。积极、主动协调有关职能部门，坚持不懈推进市特殊教育学校建设，破解了困扰多年的建设用地界定、旧建筑物清理、建设资金紧缺等难题，完成筹建工作。

【残疾人就业】2011年，汕头市残联全力推进残疾人就业保障金征收工作，强化与相关职能部门的联系与沟通，整合地税、财政、法制等部门的行政执法力量，合力做好保障金的征收。全年共征收残疾人就业保障金2584万元，同比增加约50.3%。强化培训力度，提升残疾人就业能力。举办各类残疾人职业技能培训班，共有734名残疾人接受各类职业培训。搭建就业平台，通过举办残疾人就业招聘会专场、建立残疾人就业信息数据库、加强就业指导、主动与保障金年审用人单位推介残疾待业者等多种形式，实施残疾人就业援助服务。本年度新增就业人数594名，同比增长25%。

【信访维权】2011年，汕头市充分发挥市残联信访室在维稳、维权方面的作用，落实专人负责接待、协调解决残疾人信访问题，全年共受理残疾人反映问题345件，来信来访603人次。不定期出版残疾人《信访简报》，对残疾人信访反映的问题进行定期分析。在全市交通整治专项行动中，积极协调交警部门，妥善解决残疾人机动三轮车营运问题，3月、5月份分别组织人员走访慰问残疾人营运者家庭，上门宣讲政策，并帮助解决其教育、医疗、就业等具体困难。为尽快推动关于残疾人驾驶汽车的有关文件精神，维护和保障残疾人驾驶汽车的法定权利，积极协调有关部门，举办首期残疾人驾车技能培训班，并对30名特殊困难残疾人予以补贴，每人补贴1600元，促进残疾人申请报考C1、C2、C5驾照工作在全市全面铺开，有152人领取驾照。做好残疾人轮椅机动车数量等情况的摸查和残疾人机动轮椅车燃油补贴的发放，使全市城乡每一位使用残疾人机动轮椅车的下肢残疾人，都能享受国家的燃油补贴，保障残疾人的合法权益。

【残疾人事业宣传】2011年，汕头市残联全方位做好残疾人事业的宣传工作，充分利用各种媒体深入宣传报道，共有4篇反映汕头市残疾人工作的报道在新华社、中央电视台等中央媒体刊播。组织开展“汕头市2011年度残疾人事业好新闻”评选活动，来自全市残联系统和各媒体单位选送的作品近100件参加，共评出优秀作品30余件，其中9件作品推荐参加广东省残疾人事业好新闻奖的评比，汕头广播电台记者蔡岱佳、郑煜坤采写的作品《聋哑女孩史淑吟：无声世界里的舞精灵》被评为电视类二等奖，汕头特区晚报记者周敏采写的《汕头“聋哑天使”闪耀亚残运会开闭幕式》获得文字类三等奖，其它作品获优秀奖。《汕头日报》民生专版专门推出“牵手残疾人共建幸福汕头”专题，介绍各项残疾人工作及各种政策链接、助残提示，引起社会广泛的关注。录制由残疾人陈尔尔作词的汕头市助残主题歌曲《别样的精彩》，“助残日”期间在汕头电视台黄金时段反复播出，为广大市民所关注。

【“全国助残日”活动】5月15日是第二十一次“全国助残日”，围绕“改善残疾人民生，保障残疾人权益”主题，汕头市残联提出“点滴关怀，帮助身边的残障朋友”的指导思想，以残疾人切实受益为目标，以为残疾人办实事为主要内容，组织开展“全国助残日”活动。助残日期间，汕头市以2011年为残疾人办实事内容为主要载体，大规模开展为残疾人办实事活动。市领导蔡宗泽、郭大钦等深入残疾人康复机构，慰问教职员工及残疾人康复者。在《汕头日报》等媒体刊登“关于加大孤独症儿童抢救性康复救助力度的通告”、将符合条件的残疾人全部纳入低保、免费举办盲人技能培训、免费适配辅助器具、资助申请人工耳蜗项目等系列公告信息，切实做到为残疾人办好事，做实事。

【**残疾人文体活动**】2011年，汕头市残联通过举办各类文体活动展示残疾人自强不息风采，感召社会。开展广东省首届残疾人文化节汕头市系列活动；组织参加第二届全省残疾人地方曲艺比赛、第六届全省特教学校学生艺术汇演，获2个一等奖、3个二等奖和1个三等奖，市残联获组织奖；市残疾人文联出版文学作品集《生命的呼唤》，举办“路路通”残健同行书画邀请展。加强残疾人体育培训基地和市残疾人体育协会建设，坚持业余训练与集中强化训练相结合模式，开展田径、游泳、举重、乒乓球、羽毛球、聋人篮球等项目训练。有12名运动员代表广东省出征第八届全国残疾人运动会，夺得3枚金牌2枚银牌6枚铜牌；省残疾人羽毛球队汕头基地运动员夺得4金1银1铜，圆满完成省下达的任务。

【**残疾人无障碍设施建设**】2011年，汕头市根据创建全国无障碍建设城市的工作标准，制订出各成员单位的工作要求及工作分工，健全制度，明确职责，进一步规范无障碍设施的建设、保护和管理。全年全市无障碍设施建设取得新进展，开设人行道坡道口350处，新建设的马路基本都铺设盲道，人民广场、时代广场、东方公园、中山公园、华侨公园、金环路龙湖沟绿带（建南花园—金湖路）、星湖公园、火车客站广场地下通道基本上都进行无障碍改造或建设，新开设的城市公共交通线路配置残疾人座位，不少大型公共建筑、高层住宅和居住区的建设项目均设置残疾人无障碍设施，新建改建无障碍一类公厕25座。在信息交流方面，市电视台开办聋人手语节目，市广播电台开办残疾人专题节目，市图书馆设置有声读物室，市电信部门在部分路段和公共场所设置低位卡式公用电话设施。

（鲁飞）

汕头市台湾同胞联谊会

【**概况**】2011年，汕头市台湾同胞联谊会牢牢把握两岸关系和平发展主题，紧跟两岸形势发展，凝聚力量，围绕中心，服务科学发展，忠实履行职能，奋发有为，为促进汕台交流交往和全市经济发展作出了新的贡献。年内，市台联结合市统一战线“我为幸福汕头建功业”系列行动工作的开展，通过定期召开会长工作会议等，及时交流工作情况，排查梳理影响台联工作科学发展存在的问题，研究解决的办法、措施并认真落实。组织机关干部进行集中学习，加强人员的思想教育工作，通过召开会机关工作会议，及时传达市委市政府的工作部署和上级有关重要会议的精神，交流好的工作经验，把人员的思想统一到全市的工作大局中来，切实提高人员的政策理论水平和服务能力；开展重点理论课题研究工作，积极组织进行专题调研，形成有参考价值的调研报告。结合工作实际，积极撰写综合性的参考信息报送全国台联和市委统战部，反映市台联的工作情况和台胞动态，反映社情民意。全年，共向上级报送信息稿件6期，其中，被全国台联《台联通讯》采录3篇，被省委统战部《统战信息》的采录1篇。

【**思想建设**】2011年，汕头市台联加强台胞政策理论学习，做好宣传教育工作。组织出版《台联换届专刊》并向台胞发放，通过刊物向广大台胞宣传党的对台方针、政策，宣传市委九届九次全会、十次全会重要精神，增强台胞维护祖国统一、促进汕台交流发展的使命感和责任感，激发他们自觉参与到加快推动全市科学发展，建设“幸福汕头”的工作大局中来。年底，市台联举办台情报告会，专门邀请市委台办领导为台胞讲课，分析岛内形势和两岸关系最新发展，帮助台胞更准确地把握党的对台方针政策。在组织台胞进行交流联谊活动方面，市台联始终牢牢把握宣传教育这一主题，利用春节、三八节、中秋节、老人节等传统节日，组织台胞开展集中学习、进行参观游览、联欢茶叙等活动，将宣传教育工作与开展联谊活动结合起来，不断提高台胞队伍的素质。

【**参政议政**】2011年，汕头市台联充分履行参政议政职能，组织开展专题调研，提出建设性的意见建议和向市“两会”提交提案、议案。全年共向有关部门提交提案、议案3件，专题发言3篇，形成专题调研报告1篇。其中，关于组织汕头市第一代老台胞赴台探亲、交流的专题议案，得到了有关部门的重视和采纳。

【**社会服务**】2011年，汕头市台联继续做好台胞服务工作，增强凝聚力。年初，市台联针对生活困难台胞的特殊情况，向1949年10月1日前出生的老台胞、回大陆定居老兵和困难台胞发放生活扶助金，及时为困难台胞排忧解难，受到台胞们的一致好评。全年共有44名老龄台胞、14名困难台胞和2名困难台籍学生得到补助，发放困难补助金共计10万余元。年内，经过市台联多方反映、积极协调，汕头市台商协会资助市台籍困难学生徐峰2000元的升学补助金，给他送去及时的帮助。做好综合维稳工作，及时走访慰问生病、孤寡台胞，积极帮助他们解决一些实际困难，让他们真切体会到台联“台胞之家”的温暖，增强向心力和凝聚力。发挥台联自身优势，做好乡情联谊服务工作，做好台胞、台商来汕旅游、探亲、投资等接待工作。利用“春节”、“中秋节”、“老人节”等传统节日，组织开展联谊活动，对台胞进行台情和形势教育之余，又增进乡情联谊，增加交流沟通，增强向心力和凝聚力。

（林玉珊）

汕头市红十字会

【概况】2011年，汕头市红十字会有会员 4374 人，其中成人会员 987 人，青少年会员 3350 人，团体会员 37 个。1月13日，市红十字会召开理事扩大会议，提出建立和完善市红十字会灾害应急救助管理体系，更好地开展备灾救灾工作，争取早日建成广东省红十字会粤东片备灾救灾中心。

【红十字温暖送万家活动】1月21日，汕头市红十字会在市人民广场举行“汕头市红十字温暖送万家”活动。副市长、市红十字会会长郭大钦接受众业达电气股份有限公司捐款，并为南澳县、濠江区、澄海区红十字会发放款物,向龙湖区、金平区贫困群众发放慰问物资。市红十字会在省红会拨给物资的基础上，主动筹集部分善款购买物资举行“红十字温暖送万家活动”。活动当天，汕头市红十字会将棉被、家庭包、大米和食用油在内的物资全部发放给贫困户，共慰问贫困家庭近1000户。

【“第64个世界红十字日”活动】5月8日是第64个世界红十字日，4月29日晚，汕头市红十字会与中国人民财产保险股份有限公司汕头分公司、汕头市中心血站联合在南国商城前广场举行主题纪念活动，大力宣传“人道、博爱、奉献”的红十字精神，广东省红十字会常务副会长冯玲冒雨莅会指导并亲切慰问在场工作人员，市民群众积极参与造血干细胞捐献登记及无偿献血。本次活动共发放宣传材料4000份，很好的宣传红十字会法、造血干细胞捐献、无偿献血、防灾减灾、自救互救等知识，使群众对红十字事业有更为深入的了解。

【“扶贫助医”活动】2011年，汕头市红十字会根据省红十字会关于开展“扶贫助医”活动的通知精神，制定开展“扶贫助医”活动方案，对活动帮扶点的选择、活动方式、帮扶对象以及活动的监督检查工作作了规定。澄海区、潮南区及南澳县各一家医院确定作为帮扶活动点，共获得省红十字会捐赠的价值124万元的药品，每个医院将捐赠药品价值的20%以上用于开展帮扶贫疾农民各100户。帮扶的对象为医院所在镇的贫困农民家庭（包括低保户、五保户、残疾人士等），帮扶对象的确定由当地民政部门和医院调查加以核实后确定。具体帮扶方式为受帮扶的对象每户发给由省、市红十字会制作的“红十字爱心医疗救助卡”，每卡可免医药费500元。家庭成员持卡到医院就诊，可享受医药费减免优惠。市、区两级红十字会对活动的全过程进行监督，确保药品真正用于贫疾农民、帮扶活动真正取得实效。

【无偿献血志愿工作者服务队成立】6月12日，在“6•14世界献血者日”到来之际，汕头市卫生局、汕头市红十字会、汕头市献血办公室、汕头市中心血站在市区人民广场东侧联合举办主题为“捐献更多血液，挽救更多性命”的纪念活动，汕头市红十字会无偿献血志愿工作者服务队正式成立。服务队中的志愿者来自社会各个行业，有高校学生、公司职员，也有义工成员、自由职业者等，服务队下设1个办公室和 10个分队，服务范围包括人道传播、活动组织等，已有登记注册队员300余名。

【卫生救护培训】2011年，汕头市红十字会不断拓展卫生救护培训行业，由开展普及性群众性救护知识培训到有针对性的与企业生产、安全生产相结合，开展青少年红十字与高危人群卫生救护培训，在企业单位和学校多次举办卫生救护培训班，分批次、有步骤地开展对全市青少年、工业企业员工的救护培训工作，全年共举办培训班20期，参加培训近2000人次。

（陈晓书）

外事 台湾事务 侨务 宗教

外事・港澳事务

【概况】2011年，汕头市外事侨务局（市港澳事务局）贯彻落实党和国家外事、侨务、港澳工作方针政策，紧紧围绕市委、市政府的中心工作，团结拼搏、开拓创新，各项工作取得新进展，为建设幸福汕头贡献力量。12月15日至17日，第四届粤东侨博会在汕尾市召开。汕头市制定《广东省第四届粤东侨博会暨深汕特别合作区招商会工作方案》，确保第四届粤东侨博会取得圆满成功，邀请并接待60位前来参加第四届粤东侨博会的海外嘉宾。开幕大会举行隆重的重点项目签约和电子开工仪式，粤东四市共达成签约项目221个，投资总额达1226.2亿元。

【对外接待】2011年，汕头市共接待外事、港澳团组和重要客人104批，2010人次。其中较重要的团组或客人有香港特首曾荫权一行、中国驻泰王国管木大使、新加坡中国商会考察团、著名侨领吴宏丰、李景河、陈汉士、刘锦庭、李桂雄、吴福泰，中国侨联副主席陈有庆等。做好对外接待工作，密切与海外、港澳人士的交往，扩大汕头良好的国际影响，推进汕头对外交流与合作。3月底，香港特区行政长官曾荫权先生私人访汕；5月中旬，由潘国驹教授率领的新加坡中国商会潮汕考察团访问汕头。考察团深入考察南澳岛并与市发展和改革局、市对外贸易经济合作局、汕头大学等单位的领导进行交流座谈，就投资开发南澳岛、推动汕大医学院和新加坡国立大学医学院的交流与合作、借助新加坡中国商品国际批发市场的平台，拓展汕头市对东南亚国家出口的市场以及发展教育培训合作等方面进行探讨。6月份，美国夏威夷水仙花皇后华裔青年访问团访汕。7月下旬，协助香港驻粤经贸办来汕头举办大型活动——“立足香港，迈向国际”汕头市企业家商务晚宴，组织、邀请150多名汕头知名企业家出席晚宴。9月份，马来西亚著名大法官、潮裔后代丹斯里LC Vohrah兄弟一行访汕。

【对外联谊】2011年，汕头市共组织出访12批81人次，访问日本、新加坡、马来西亚、泰国、柬埔寨、老挝、香港、澳门等国家和地区。6月8日至17日，市委书记李锋率团访问泰国、马来西亚和新加坡，先后走访中国驻新、马、泰三国大使馆、马来西亚财政部、新加坡市区重建局、新加坡星桥国际公司等一些政府机构和公司以及泰国中华总商会、泰国潮州会馆、泰国华人青年商会、马来西亚潮州公会联合会及其属下雪隆潮州会馆、马六甲潮州会馆和柔佛潮州八邑会馆、马来西亚中华总商会以及新加坡潮州八邑会馆、新加坡中国商会等社团，拜会谢国民、李景河、吴宏丰、陈汉士、李绍祝、陈郑伊梨、李桂雄、张泗清、钟廷森、陈来金、吴南祥、吴福泰、潘国驹等一大批著名侨领和大企业家。访问团每到一处，除了表达汕头人民对海外乡亲的亲切问候和衷心感谢之外，重点宣传汕头特区扩围之后所面临的新形势、新机遇，与广大海外乡亲分享家乡社会经济发展的新成果。8月12日至14日，副市长周镇松率汕头代表团一行12人赴泰国出席第六届世界广东同乡联谊大会。全球各地的150多个社团近3000名广东籍乡亲欢聚一堂，畅叙乡情，敦睦乡谊，共谋发展。11月1日至3日，第16届国际潮团联谊年会在马来西亚吉隆坡举行。本届年会有来自世界五大洲25个国家和地区80个社团的3500多名潮人代表出席。副市长周镇松率领的汕头市代表团共50人，其中政府人员14人，企业家代表30多人，包括汕头服装、化工、食品、包装、贸易、广告等行业的佼佼者和中国银行汕头分行行长杨育智等金融界代表，访问团与全球潮籍社团、著名潮商广泛接触、结识新老朋友，收获友谊的同时，也寻求发展商机，企业家们踊跃参与到各项活动中，与全球潮籍乡亲思想大碰撞，共商合作大计，共谋互惠双赢的好局面。11月5至10日，市长助理、市外侨局局长余金富带队访问柬埔寨和老挝，并出席在老挝万象举行的“世界越柬寮华人团体联合会第五届会员代表大会”，与老挝政府副总理兼外长通伦、中国驻老挝大使布建国等政要以及来自世界各地17个国家地区近2000名华人代表沟通乡情，增进友谊。春节前夕，市长蔡宗泽率团赴香港、澳门举办港澳迎春座谈会，并先后拜访李嘉诚先生、澳门特首崔世安先生、全国政协副主席何厚铧等巨商政要。

【汕头海交会】2011年，发挥海外交流协会的灵活性和独特的凝聚力，努力拓宽对外交往的渠道。密切保持与海交会顾问和理事的联系，定期召开海交会理事会会议，通报海交会工作情况。组织海交会有关理事参与香港投资推广署主办的“立足香港，迈向国际”汕头市企业家商务晚宴、出席第16届国际潮团联谊年会等活动。编印《汕头海交会简讯》，及时向会员传递会务动态。

【对外友好友城工作】5月份，由省人民对外友好协会、日本业余健美操联盟主办，市人民对外友好协会协办，汕头大学承办的“中日健美操艺术交流大会”在汕头大学举行（日方约40人参加）。市友协理事单位代表以及部分在汕头日资企业的日本友人应邀出席了活动。10月20日至22日，日本岸和田市市长野口圣率领代表团一行8人应邀莅汕参加庆祝汕头经济特区建立30周年活动。访汕期间，代表团参加“特区建立30周年”的相关庆典活动，参观和考察汕头市的基础设施和企业并与有关部门进行座谈，共同探讨深化友城交流的有关事宜。10月19日至22日，越南芹苴市人委会主席阮青山（即市长）率领4人的代表团莅汕参加建立特区30周年庆典活动。11月4日，副市长周镇松率领汕头市友好代表团访问马来西亚柔佛州新山市，并代表市政府与新山市市长哈吉•波罕•宾•艾敏签署两市建立友好交流关系协议书。此次汕头市与新山建立友好交流关系，双方将建立常态性的合作关系，在经贸、科技、教育、文化、旅游等各领域开展合作，通过互派考察团、共同举行经贸研讨会、旅游推介会等，深化交流与合作。

【对外宣传】2月21日至23日，汕头市外事侨务局接待南方报业集团采访团来汕进行有关侨房保护和侨物历史的专题采访。借汕头特区建立30周年庆祝活动之机，全力策划宣传特区建立30周年以来市外事侨务工作成果及贡献，积极配合本地媒体，报道汕头经济特区成立30年来贯彻落实侨房政策情况，9月28日和10月14日，市长助理、市外侨局局长余金富先后接受汕头电视台《潮汕风》和《汕头新闻》栏目组记者的专访，并在《汕头新闻》、《广东卫视新闻》节目播出。提供文字素材20000多字、图片66幅在汕头日报10月20日第12–13版大篇幅报道特区建立30周年以来市外事侨务工作情况和海外华侨、华人、港澳同胞支持家乡、建设家乡的情况；配合特区建立30周年庆祝活动筹备组做好宣传工作，先后为《幸福汕头•魅力特区——汕头经济特区建立30周年展览》等提供了文字素材7000多字、图片220幅、荣誉市民金钥匙样品图片1份。在《潮人》杂志开辟专栏，宣传汕头特区建立30周年庆祝活动盛况。精心采编《潮人》杂志稿件，出版、发行4期共11000册；协同《汕头日报》、《汕头特区晚报》、汕头广播电视台进行专题报道10场。联合市委宣传部开展对外宣传专题报道3场。全年外宣供稿文字28万字，图片617张。春节前夕，市领导通过中国国际广播电台华语台向广大的海外潮籍华人华侨、港澳同胞、各界友好人士、各位新老朋友拜年，恭贺新春。

【文化寻根活动】2011年，组织策划潮汕之旅系列活动，弘扬潮汕文化。3月下旬，澳门生产力暨科技转移中心中式厨艺界潮汕交流团一行40多人访汕。4月份，由泰国侨领陈汉全先生率领的泰国知音合唱团与汕头归侨合唱团联手，在汕头举办一场名为“侨声会知音”的大型演唱会。4月8日，由马来西亚广东会馆联合会组织的马来西亚广东省寻根考察访问团一行112人来汕头开展寻根考察访问活动。访问团参观考察市城乡规划厅和市容市貌，并与市外事侨务局、市对外贸易经济合作局举行交流座谈会。4月22日至25日，由省侨办、市外侨局、澄海区外侨局、澳门潮州同乡会合作主办的澳门青少年“寻根之旅•相约澄海”夏令营在澄海区开营，40名旅澳潮汕籍华裔青少年深入地感受故乡的文化、习俗、发展以及祖辈们出海开拓的历史，澄海区外侨局精心策划、安排了“故乡同龄”交流、参观“故乡古城”、重温“祖先足迹”、体验“故乡农趣”、认识“今日故乡”等一系列主题鲜明、针对性强的活动。整个活动邀请汕头特区晚报、汕头电视台新闻中心、《潮汕风》栏目组进行宣传报道。7月份，推荐1名海外青年参加由中华华文教育基金会在粤举办的“南粤文化行•禅武文化学习班”。

【因公出访管理与涉外签证服务】2011年，汕头市外事侨务局坚持把因公出国审核审批工作与加强因公出国(境)管理、制止公款出国（境）旅游专项工作紧密结合起来，采取各项措施认真贯彻落实党的十七届四中全会提出的关于“严格控制出国(境)团组数量和规模”和上级有关文件要求，使全市党政干部因公出国团组规模和人数控制在较低水平。认真落实2011年党风廉政建设和反腐败工作部署分工，严格控制出国(境)团组数量和规模，保持党政干部因公出国总人数“零增长”，建立健全禁止公款出国(境)旅游长效机制。继续严格执行因公出国（境）管理各项规定，有保有压，优化出访结构，保持因公出访工作健康有序地开展，更好地服务国家总体外交，服务地方经济社会发展。坚持“总量控制、计划管理”，落实因公出国（境）的计划报批制度、建立量化管理机制、出访经费预算预审等规定。组织全市各有关单位研究制定好年度因公出国计划，并对各有关单位报送的计划进行汇总并提出初审意见，呈送市委外事工作领导小组领导审定，并按要求报省外办、省纪委、省委组织部、省政府办公厅、省财政厅备案。推出出访公示新举措。要求全市各因公出国团组从2011年6月1日起、回国后一周内，须将团组的出访任务、出访人员、行程等情况，通过本单位内部局域网或其他便于本单位人员知晓的方式进行公示，接受干部职工监督，并在提交出访报告时一并报告落实公示要求的情况。检查出访公示制度落实情况，11月，向省委外事工作领导小组办公室作专项汇报。继续加强教育提醒和护照收缴与核查工作。按上级的要求做好党政干部因公出国情况统计和有关表格报送工作。及时传达贯彻省港澳办召开的全省因公赴港澳审批办证工作会议精神。对原有的审批办证要求和通行证管理等制度进行修订，制订和印发《关于进一步加强因公赴港澳审批办证管理的通知》和《关于加强〈因公往来香港、澳门特别行政区通行证〉管理的通知》，强化因公赴港澳审批办证规范管理。加强驻市行政服务中心办事窗口建设。以创建永久优秀办事窗口为目标深入开展创先争优活动，全年共受理因公出国、赴港澳和邀请外国人来华审核确认以及颁发护照、通行证、签证、签注、核发《邀请确认函》近12000人次件，全部按时办结，兑现了对外公布的服务承诺。执行外交部《邀请外国人来华暂行管理办法》，做好从原核发签证通知调整为审发《邀请函》、《邀请确认函》的有关工作。在服从服务国家总体外交、依规严格把关、配合驻外使领馆把好国门的同时，积极服务“请进来”、“引智”工作和对外经贸合作，本着多来一位外国客商就多一次商机的寻求发展心态，积极履行外事部门的职能作用，为地方发展多做贡献。进一步利用外事资源，为企业“走出去”提供更多的便利，2011年新办奥飞动漫等5家企业18名高管的亚太地区商务旅行卡，全市已有32名民营企业管理人员成功办理商务旅行卡。认真做好涉外安全工作，重新修订《汕头市涉外突发事件应急预案》，构建涉外安全应急机制。在深圳大运会举办期间，认真做好涉外安保的联络保障工作；在日本发生地震灾难之后，及时与市大型日资企业、汕头大学和旅游部门联系，了解赴日本人员的安全状况并表达慰问，提醒有关企业密切注意在日人员的情况，保障人身安全。同时，认真调查收集汕头市公民在日本受灾严重地区的情况，逐日统计上报省外办，为外交部汇总中国公民受灾情况，统一部署救援工作提供重要的决策依据。

（吴旭东 胡汉川）

台湾事务

【概况】2011年，汕头市紧紧围绕中央对台工作大局和全市经济社会发展全局，更加充分地挖掘对台优势，积极参与海西经济区区域合作，率先建设粤台经贸合作试验区，全力拓展汕台两地全方位交流合作，汕台经济文化交流与人员往来日趋频繁，汕头市已成为海西经济区中心城市之一和两岸交流热点地区。

【汕台经贸合作】2011年3月，国务院批准实施的《海峡西岸经济区发展规划》，把汕头定位为与厦门并重的海西经济区龙头城市，重点建设以汕头为龙头的“汕头-潮州-揭阳-梅州-龙岩-赣州发展轴”，培育“以汕头中心城市为龙头，以潮州、揭阳为两翼，推进汕潮揭同城化发展”的粤东沿海发展区；并进一步明确港口布局、重点项目和享有先行先试政策等具体内容。市台办及有关部门积极跟踪落实2010年8月市长蔡宗泽带队赴台参加省政府“台湾•广东周”以来达成的合作成果、意向。全力推进台湾蓝天电脑十一街区东商业综合体、海霸王冷藏物流及农副水产品加工基地、潮南区台湾农民创业园基础设施等2011年涉台重点项目建设。其中，6月，作为汕头市在中心城区首批规划的城市商业综合体之一的蓝天电脑汕头百脑汇数码广场项目正式奠基开工，总体建筑面积约15.3万平方米，拟投资人民币约8亿元，计划于2013年投入运营。由海霸王集团计划投资6亿元在汕头建设的国内最大、最先进的冷藏物流加工基地已进入运作阶段。积极做好海西对台政策的研究、转化和运用工作，以及率先建设粤台经贸合作试验区总体框架、基本思路的研究工作。部份意见建议被市委市政府采用，列入市委常委会工作要点、市委市政府立项重点督办事项等，摆上重要议事日程。经市台办积极争取，国台办、省台办对汕头市主动融入海西、参与海西建设，率先建设粤台经贸合作试验区，建立汕台两地更紧密的经贸合作关系等发展思路，给予充分肯定和支持。截至12月，全市历年累计批准注册台资企业641家，合同投资总额17.18亿美元，实际利用台资额12.01亿美元。台资作为汕头外向型经济重要组成部分的地位进一步巩固。

【汕台基层政党交流】2011年7月8日至14日，以市委副书记邓大荣为团长，副市长张应杰为副团长，有关区县、市直部门、企业单位负责人组成的汕头市党政交流团，赴台进行考察访问活动。在台期间，交流团与中国国民党澎湖县委员会就进一步加强政党交流，促进汕头与澎湖两地旅游经贸等多领域的务实交流与合作进行深入的沟通对接；进一步加强汕头港与高雄港的交流合作，签订两港战略合作意向书等。本次赴台参访活动，引起台湾各界尤其是澎湖县的高度关注，《澎湖日报》、《澎湖时报》等当地主要媒体对本次交流活动予以全程报道，并充分肯定本次活动的成效。目前，汕头与澎湖两地基层政党交流机制已逐步健全和巩固，汕头市借助这一重要平台，以党务搭桥、经贸唱戏，多次邀请组织台湾行业公会、工商企业届代表、社会知名人士来汕考察，促进汕台两地社会各界，尤其是青少年、妇女、民间团体以及行业协会等的交流互访。

【2011’南澳论坛】2011年12月8日至9日，由市政府、国台办《两岸关系》杂志社主办，市台办、市台港澳经济研究会、汕大台研所、市两岸交流促进会承办的“2011南澳论坛”在汕头市举行。本届论坛以“百载商埠 创新发展”为主题，来自海峡两岸120多名专家学者就汕头开埠150年以及汕头经济特区建立30周年发生的巨大变化、汕头经济特区列入海西经济区的机遇以及如何加强汕台两地交流合作、参与海西经济区协作，促进汕头经济发展等问题进行广泛、深入地研讨和交流。通过深入研讨，论坛达成以下共识：一是发展是硬道理。二是改革开放是推动汕头实现科学跨越发展的根本动力。三是文化是立人强市之魂。四是凝聚侨心侨力、台资台力，共建美好幸福汕头。五是发挥汕头对台独特区位优势和工作基础，进一步推动汕台经贸交流合作。南澳论坛至2011年已举办十届，2010年至2011年连续两届南澳论坛都被国台办列为全国对台交流重点项目。

【台湾中南部青年学生潮汕文化体验营】2011年8月9日，2011台湾中南部青年学生潮汕文化体验营在市金禧中学开营，37名来自台湾中南部少数民族地区的青年学生与汕头市中学生欢聚一堂，通过与金禧中学学生结对子、到潮汕家庭体验潮汕家居文化、开展潮汕剪纸、灯谜活动，举行“汕台美食大荟萃”烹饪比赛等丰富多彩的交流活动，增进汕台学生的了解和友谊，使两地学生更好地在潮汕文化熏陶中拓宽视野和思维空间。截至2011年，汕头市已连续成功举办三届台湾青年学生潮汕文化体验营活动，该活动每届都被国台办确定为全国对台交流重点项目，已成为粤台教育和青少年交流的重要品牌。结合本次活动，在市金禧中学设立汕台青年学生交流基地；市台办还积极发动全市中学生参加国台办组织的“两岸大交流 你我共参与”大型网络作品大赛，共收到高质量的“交流故事”14个、“精彩瞬间”照片25张。经评审，全市有2位中学生入围30佳“交流故事”、“精彩瞬间”，其中1位中学生的“精彩瞬间”照片被评为一等奖，并被主办方邀请赴北京参加颁奖晚会。

【涉台法规政策体系建设】2011年，制订《汕头经济特区台湾同胞投资权益保障条例》，内容涵盖“投资范围与方式”、“优惠与保障”、“入出境便利”、“市民待遇”、“投诉受理”等方面。该条例已经市人大常委会表决通过，自2011年10月1日起施行。9月，市台办举行学习贯彻该《条例》座谈会，邀请市人大常委会副主任钟展南、市有关部门负责人、市台商协会骨干、台商、台资企业代表交流学习贯彻体会，营造全市学习贯彻该《条例》的良好氛围。市台办牵头制订《汕头市增创对台工作优势工作细则》。汇编《汕头市台湾同胞投资优惠政策指南》，为台商投资发展以及各区县、各有关部门进一步落实惠台政策发挥了政策指引作用。

【服务台胞台商】2011年，汕头市台办健全联系服务台资企业工作机制，以及落实协调处理涉台突发事件和台胞、台商投资投诉案件工作体制和运行机制，依法维护台胞台商合法权益，积极主动为台胞台商排忧解难。重点做好台商、台资企业转型升级的政策指导，协调有关部门帮助台资企业积极应对用工难、生产成本上升、客户订单减少、产品价位偏低等传统劳动密集型产业转型升级过程中必须面对的问题，促进企业健康稳定发展。掌握在汕台资企业和台商的发展动态，研究引入台资第三产业推动在汕台资企业转型升级的对策措施；推动有条件的台资企业进行股份制转型并争取股票上市，进一步扩大经营规模；积极反映台商、台资企业关于加强社会治安综合治理以及配套公共基础设施建设的诉求，协调有关部门为台资企业营造安心、舒心的发展环境等。2011年，市台办台商投资投诉中心共受理台商投诉24宗，其中由国台办、海协会等转来的重点督办案件7宗，全部办结。其中，2011年备受各界关注的“10•25”台商协会创会会长叶先生被害案件，在市委市政府的高度重视下，得以高效率侦破。市台办积极配合做好有关工作，整个事件前后，没有发现恶意炒作。叶家属对市委市政府的高度重视，公安机关的高效率侦破以及台办以人为本的善后工作深表感谢，并送来锦旗、牌匾，充分肯定市委市政府及各有关部门为此事所付出的努力。

（施伟滨）

侨务

【侨政侨房】依法维护侨益，真诚服务侨胞。2011年共受理涉侨信访信件22宗，接待港胞、侨胞来访140批。依法调查处理多宗落实侨房使用权、侵犯华侨权益等案件。全年全市共归还侨房产权、使用权600多平方米，发还侨房补偿款约13万元，维护了侨胞合法权益。3月底，报请省侨办批准，在濠江区葛洲村、澄海区建阳村及潮阳区海门镇北新社区等3处设立示范点。其中，葛洲村获得国侨办颁发的“侨爱新村”牌匾，海门新北社区、澄海建阳村分别获得省侨办“侨爱新村”牌匾。在省侨办及市政府的支持下，共筹集并拨付给各区外侨局扶贫慰问款、危旧侨房围堵专款等专项资金20余万元，帮助基层侨务部门做好慰问贫困归侨、维护危旧侨房及救助受灾侨胞等工作，慰问贫困归侨310人、百岁老人39人。将全市220名贫困归侨纳入低保范围，帮助解决这些贫困归侨、侨眷的生活困难。继续推进“万侨助万村”工作。

【侨务经济】加强对侨捐工作的指导和管理，协调督促各区（县）做好侨捐项目监管工作。2011年，加强对侨捐工作的指导和管理，协调督促各区（县）做好侨捐项目监管工作。全年共有侨捐项目63个，总金额超过3亿元。动员鼓励海外侨胞、港澳同胞踊跃参与市第二届“广东扶贫济困日”活动，共筹集扶贫资金50万元。邀请海外侨胞、港澳同胞出席“海外侨胞聚焦灾后重建美好新四川活动”。筹集50万元侨资参与潮南后安村扶贫项目建设，推进村基础设施建设和发展生产及就业援助。全力推进潮阳区总投入700万元的“中寨王赛明中学”侨捐项目的建设工作，顺利完成移交收尾；推荐马介璋先生作为“2011南方华人慈善盛典”候选人。推荐李嘉诚、周泽荣、吴宏丰、周松墙4位海外人士参与“汕头爱心慈善奖”评选。推荐林少毅先生参加省“感恩侨爱，海外慈善人士广东行”活动。

【荣誉市民授荣工作】2011年，经过严格筛选，汕头市授予马伟强等17位海内外知名人士“汕头市荣誉市民”称号，表彰他们长期以来在汕头的经济建设、社会发展和对外交往等方面作出的突出奉献，并在汕头经济特区30周年庆祝大会上举行授荣仪式。

【建立庄世平塑像】4月份，经市

政协提议，市政府决定在华侨公园为庄世平先生建塑像，以此宣扬、纪念庄世平先生爱国爱乡的丰功伟绩。此事由市外事侨务局承担申报工作。经努力，成功为庄世平先生在华侨公园侨苑建立了塑像，并在庆祝汕头特区建立30周年之际举行了揭幕仪式。共有140多位海内外嘉宾参加揭幕仪式。

（吴旭东 胡汉川）

民族·宗教

【概况】2011年，汕头市少数民族常住人口达2万多人，涉及51个民族成份；外来少数民族流动人口约300多人，最多时近700人；市中心区域共有清真饮食餐馆14家。汕头市有佛教、道教、伊斯兰教、天主教、基督教5大宗教，全市宗教活动场所446处，其中佛教活动场所317处，道教活动场所5处，天主教活动场所48处，基督教活动场所76处。全市教徒总人数9.9万余人，其中佛教教徒约3.7万人，道教教徒约300人，伊斯兰教教徒约240人，天主教教徒约2万人，基督教教徒约4万人。全市教职人员607人，其中佛教僧尼503人，道教乾道、坤道14人，天主教主教1人、神甫6人、修女5人，基督教牧师19人、教师5人、长老10人、传道44人。全市宗教团体18个，其中市直宗教团体有汕头市佛教协会、汕头市天主教爱国会、汕头市基督教三自爱国会和汕头市基督教协会4个。年内，市佛教协会总道场、青云禅寺、灵山寺、宝峰禅寺、报福庵被省民族宗教委授予广东省宗教界“十百千”扶贫济困工程先进集体，释法性法师、释弘养法师、释昌德法师、释达隆法师被授予广东省宗教界“十百千”扶贫济困工程先进个人，市佛教协会和市存心念佛堂负责人蔡木通被市政府授予“最具爱心慈善行为楷模”。

【民族工作】2011年，汕头市民族宗教事务局认真贯彻落实党和国家民族政策，对近年来民族工作领域发生的新情况、新变化进行调研，探索如何进一步做好新形势下城市民族工作，进一步明晰工作思路和对策，完善工作措施和预案，增强工作的前瞻性和主动性，提升管理服务水平。继续做好穆斯林朝觐有关工作。4月，积极协调市招生办，认真宣传、贯彻和落实少数民族考生有关政策，及时把有关文件精神传达到各区县民族、招生部门和有关学校，并落实专人认真做好少数民族考生参加中考、高考资格审核等工作，共为14名符合条件的少数民族考生出具民族证明。7月，组织开展城市民族工作摸查调研，在总结过去城市民族工作经验的基础上，认真摸查外来少数民族人员情况并造册备案，积极排查、解决涉及外来少数民族人员的矛盾纠纷，经摸查，汕头市有清真餐馆36家，回族从业人员145人，在汕头经商维族人员10多人，主要经营烧烤摊档和销售哈密瓜、葡萄干等新疆特色农产品。9月，开展民族团结进步宣传月活动，通过编印《基层民族宗教工作手册》400本、编印民族团结进步宣传提纲2000份、网络平台宣传和走访慰问外来少数民族群众等形式，营造民族团结进步氛围，进一步提高基层民族宗教工作干部的民族政策理论水平和协调民族关系的工作能力，进一步提高广大干部群众的民族观念和维护民族团结的自觉性，进一步与外来少数民族群众的增进了理解、增进了感情、增进了信任。

【宗教活动】2月8日，汕头教区薛晓彬执事和曾庆要、陈自发、王飞京3位修士由厦门教区蔡炳瑞主教分别晋铎为神甫、执事。4月13日、14日汕头市基督教召开第九次代表会议，参加会议代表171名、特邀代表1名、列席代表16名。会议修改通过《汕头市基督教三自爱国会章程》、《汕头市基督教协会章程》，选举产生黄志仁同工为汕头市基督教三自爱国会主席、詹海烈牧师为市基督教协会会长的市基督教“两会”新一届领导班子。5月11日，来自潮汕四市的天主教代表投票选举天主教汕头教区新一任主教，经选举，中国天主教爱国会副主席、广东省天主教爱国会主席、汕头市天主教爱国会主席黄炳章成为汕头教区候任主教。7月14日，在天主教汕头教区主教座堂隆重举行天主教汕头教区黄炳章主教祝圣典礼，主教祝圣仪式按照中国天主教主教团关于选圣主教的规定进行，宣读了中国天主教主教团的批准书，中国天主教爱国会主席、山东省临沂教区主教房兴耀担任主礼主教，中国天主教爱国会副主席、江苏省海门教区主教沈斌，江西教区主教李稣光，重庆市万州教区主教何泽清，省广州教区主教甘俊邱、梅州教区主教廖宏清、江门教区主教梁建森、湛江教区主教苏永大等7人担任襄礼主教，中国天主教爱国会、中国天主教主教团、广东省天主教爱国会、广东省天主教教务委员会有关负责人，汕头教区及省内外30多位神父、20多位修女和1000多位教友参加祝圣典礼。10月13日至15日，市宝峰禅寺举办首届观音文化节，文化节举办观音圣像开光典礼、名家禅文化书画展、艺术名家现场笔会、禅文化音乐会、禅茶文化演示、传灯法会和“观音圣诞”祈福消灾法会。10月27日，汕头教区曾庆要、陈自发、王飞京3位执事由江苏海门教区沈斌主教晋铎为神甫。12月17日，汕头市基督教“两会”在仁爱堂举行圣职按立典礼仪式，按立13位牧师和3位长老，此次圣职按立经过民主推荐，严格按照国务院《宗教事务条例》、国家宗教局《宗教教职人员备案办法》以及《广东省基督教按立牧师、长老条例》中规定的圣职人员资格及按立手续进行，来宾和信教群众约2000多人参加了按牧观礼，至此，汕头市共有牧师32位、长老13位。12月20日，金平区佛教协会成立，办公地点位于桑浦山龙泉岩铁林禅寺，市佛教协会副秘书长、铁林禅寺住持释海慧任会长，释祖明、释演宗、释净芳、蔡木通、陈新安、李河道任副会长。

【依法管理】4月11日，国家宗教事务局副局长蒋坚永一行莅临汕头濠江区青云禅寺就和谐寺观教堂创建工作视察调研，蒋坚永副局长一行视察青云禅寺的规划建设情况，听取省佛教协会副会长、市佛教协会会长释法性法师和省佛教协会副会长、市佛教协会副会长、青云禅寺方丈释弘养法师的工作汇报，并结合和谐寺观教堂创建工作对汕头宗教工作提出了要求。市宗教管理部门按照“每两年轮训一遍”的规划，加强宗教工作“三支队伍”的培训，不断提高宗教工作“三支队伍”的素质，举办宗教团体和宗教活动场所负责人安全消防培训班2期，市、区（县）两级佛教协会班子成员培训班1期，天主教牧灵培训班1期等，共培训600多人次。认真抓好宗教活动场所财务监督管理试点工作，开展形式多样的宣传学习活动，挑选4个财务管理基础较好的宗教活动场所作为试点，针对不同类型场所的实际情况，帮助场所建立完善财务管理详规，规范账目账本，明确管理规定和工作程序，有效地提高场所财务制度化、规范化管理水平。整理、分析、归类，建立相应的人员资料库，做好全市宗教教职人员认定工作，其中佛教教职人员共503人，天主教主教1人、神甫6人、修女5名。继续在全市宗教活动场所中开展全国“和谐寺观教堂”创建活动，经过考评评比，全市66个宗教活动场所成为第二批达标和谐寺观教堂。

【服务社会】2011年，汕头宗教界努力实行“同心同行”系列活动，积极捐款扶贫济困，全年累计服务社会资金1500多万元。继续开展“百寺扶千户”活动，共有98个佛教寺庙结对帮扶139户贫困家庭，至2011年已连续开展3年，投入帮扶资金230万元，其中25个成绩突出的佛教活动场所受到表彰。加大对口帮扶村的帮扶力度，先后在春节、中秋前夕组织佛教、天主教、基督教筹集大米、食用油、方便面等物资到潮阳河溪湖东村和潮南红场虎空村进行扶贫慰问，解决两村的实际困难。3月，汕头宗教界在植树节前后，抓住有利时机，因地制宜，开展形式多样的植树护绿、保护生态活动，1800人次参加活动，投入资金80多万元，植树1.5万多棵，至2011年汕头宗教界植树护林活动已连续开展3年，累计植树近6万棵，投入资金超240万元，参加人数约5500人次，其中，铁林禅寺、巨峰寺结合自身特点和优势，突出以种植桃花为主，铁林禅寺种植桃花面积达12亩，巨峰寺桃花种植数量2万多棵，至2011年巨峰寺已成功举办三届桃花节。6月30日“广东扶贫济困日”，汕头宗教界积极开展扶贫捐赠活动，共募集善款65万元，其中，市佛教协会捐资10万用以少数民族山区发展，市基督教“两会”、市天主教爱国会分别捐款17.8万元和3万元，用以扶贫济困。7月10日至8月21日，铁林禅寺举办首届学生武术夏令营，67名中小学生参加为期40天的封闭式训练。9月，宗教界积极开展扶贫助学活动，市佛教协会、市天主教爱国会、市基督教“两会”分别举行贫困学生助学金发放仪式，市佛教协会捐款20万元，100多名学生受益，市天主教爱国会向22名贫困大学生发放助学善款4.4万元，市基督教“两会”向42名贫困大学生资助3.8万元。

【宗教房产】5月底，汕头市基督教喜乐堂动工兴建，喜乐堂用地是汕头市委、市政府落实解决宗教房产历史遗留问题，易地补偿教会“三牧楼”的教产，位于金平区珠厦小区，补偿教会用地计2.045亩，喜乐堂经报省民族宗教委批准，由市基督教“两会”筹资兴建，建筑面积2609余平方米，建成后可容纳约1000人同时礼拜。7月5日，在市政协和宗教、房产、财政等部门的协调和支持下，位于外马路131号的“民主楼”正式由房管部门移交给市天主教爱国会使用，从而妥善解决爱国宗教团体自1958年成立以来长期没有办公场地的问题，该楼为三层建筑物，面积约1000平方米。

【维护稳定】2011年，汕头市民族宗教事务局加大民族宗教领域矛盾纠纷排查调处力度，妥善调处涉及民族宗教的矛盾纠纷，积极帮助少数民族群众和信教群众排忧解难，努力把矛盾纠纷化解在基层，化解在萌芽状态，促进了民族团结，增进了宗教和睦。保持高度的政治敏感性，坚持“是什么性质就按什么性质处理”的原则，防止把一些社会治安、民事纠纷等问题提升为民族宗教问题或事件。在敏感时段和春节、五一、国庆等节假日，以及深圳大运会、伊斯兰教斋月、开斋节、库尔邦节等期间，全力维护民族宗教领域的安全稳定。

【宗教交往】2月27日，泰国陈国辉牧师应汕头市基督教“两会”之邀访问教会，并在基督教市西堂、恩典堂讲道。5月26日，美国“中国伙伴”林铭立牧师一行4人，应邀来汕访问市基督教“两会”。6月5日，香港黄冠名牧师、美国黄诚忠博士，应市基督教“两会”之邀访问教会，并在基督教恩典堂、东区聚会所讲道。6月6日至13日，市基督教“两会”林献毅、吴敏虹、汪祥云3位牧师参加广东省基督教“两会”组织的赴港研习交流活动。7月

24日，美国陈慎礼牧师应市基督教“两会”之邀访问教会，并在基督教恩典堂讲道。10月23日，泰国杜慈良牧师应市基督教“两会”之邀访问教会，并在基督教市西堂、恩典堂讲道。12月2日至5日，新加坡周贤正大主教和香港李志刚牧师应市基督教“两会”之邀访问教会，并在基督教市西堂、恩典堂、东区聚会所讲道。12月9日至11日，浙江省杭州市基督教协会会长顾约瑟牧师应市基督教“两会”之邀访问教会，并在基督教市西堂、恩典堂、东区聚会所讲道。

（姚健平）

地方军事

【部队思想政治建设】2011年，汕头警备区始终坚持用党的创新理论武装官兵，注重在铸牢军魂、强化精神支柱上下功夫。党委中心组理论学习，坚持“五个一”，开办理论夜校，编印“口袋书”，建立学习档案，开展理论成果调讲，学习质量不断提高。坚持课题式、系统式、开放式、实践式学习和建立“四种机制”，实现学习常态化的做法，在省军区作了介绍。基层理论武装，按照基层干部分专题、士兵设课程的办法组织实施，实现了建连育人目标。以“坚定理想信念、忠实履行使命”为主的“三项教育”深入扎实，深化培育当代革命军人核心价值观主题教育，试点先行经验被省军区转发。组织参观全国检察机关惩治和预防渎职侵权犯罪巡展、省军区预防犯罪成果和汕头市纪委“反腐倡廉之路”图片展。用人、用车、用钱以及出租和闲置营房专项清理整治成效显著。广泛开展“牢记入党誓言、葆本色作表率”宣誓签名、“高举旗帜跟党走”主题晚会和“幸福歌声献给党”歌咏比赛等纪念建党90周年系列活动。胡锦涛主席“七一”重要讲话和党的十七届六中全会精神学习贯彻深入扎实，受到总政机关充分肯定。新闻宣传工作成果丰硕，被省军区评为标兵单位。

【民兵预备役重点工作部署会召开】2011年3月17日，汕头警备区和汕头市政府联合召开2011年民兵预备役重点工作部署会，研究推动全省海防民兵哨所建设现场观摩会、民兵报废弹药销毁处理、民兵武器装备仓库综合整治、汕头市国防综合保障中心建设、民兵营（连）“四个基本”建设达标、国防后备力量整组等工作落实的措施。汕头市政府、警备区、各区县政府和人武部共80余人参加会议。

【广州军区退休干部安置移交工作军地协调会在汕头召开】2011年4月20日至21日，广州军区退休干部安置移交工作军地协调会在汕头召开，来自中南五省（区）军休安置部门和驻地各部队干部部门代表共65人参加会议，军区政治部副主任韩伟少将、省军区副司令员李欣剑少将出席会议并作讲话。会议听取驻中南五省（区）各部队移交准备工作汇报和各地军休安置部门关于接收军队退休干部工作安排的介绍，研究讨论安置移交工作中面临的矛盾和问题，商定相应的对策措施。

【民兵轻舟大队骨干业务技能培训】2011年5月13日至22日，汕头警备区组织民兵轻舟大队120名骨干进行冲锋舟安装操作、蛇形航行、翘机航行、360度旋转、解救（受困）落水群众等5项技能训练，并进行专业技能考核竞赛。通过训练竞赛，大大提高民兵轻舟分队快速反应能力和遂行抢险救灾任务能力。

【广东省海防民兵哨所建设现场观摩会】2011年5月24日至25日，省政府和省军区联合在汕头市举行全省海防民兵哨所建设现场会和观摩活动，总结全省海防哨所建设的经验做法，研究部署下一阶段工作重点。总部、广州军区、省政府、省军区及14个沿海地级以上市政府、军分区（警备区）和哨所驻地县（市、区）的有关领导共150人参加此次现场观摩会。会议表彰一批先进民兵哨所、优秀哨员和老哨员。活动期间，与会代表参观汕头市濠江区马耳角海防民兵哨所，现场观摩民兵的勤务演练和战斗演习；并听取有关军分区、警备区的工作汇报和汕头警备区等单位的经验介绍。

【“解放南澎岛革命烈士群雕”和“万国楼”陈列室揭幕典礼】2011年5月26日，汕头市委、市政府和警备区在南澎岛上隆重举行“解放南澎岛革命烈士群雕”和“万国楼”陈列室揭幕典礼。中共中央政治局原委员、中央军委原副主席张万年上将亲笔为群雕题名。省军区领导蔡多文、王培利，汕头市领导邓大荣、谢泽生和汕头警备区领导、汕头市各区县主要领导和烈士亲属代表共100人出席典礼。

【汕头市第一家非公有制企业武装部】2011年7月28日，汕头市第一家非公有制企业武装部——宜华企业（集团）有限公司人民武装部成立大会暨授牌仪式在宜华（集团）有限公司举行。宜华（集团）有限公司是一家集木业、地产、投资为一体的大型综合现代化民营企业集团，现有员工10000余人、党员160人、复退军人400余人。宜华集团武装部在木业股份本部、木业城、濠江分厂、宜华地产设立四个民兵营；每个民兵营设一个民兵连；每个民兵连设两个民兵排；每个排设三个班。每个营设营长、教导员、副营长。

【参加大运会安保】2011年8月25日，汕头警备区分两批次共派出执勤官兵37名，执勤车辆2台，参加大运会安保环粤、环深军车检查站执勤。大运会期间，深圳方向的21名战士参与环深19个军车检查站的执勤任务，主要负责对军车真伪的辨别工作，执勤官兵严格按照省军区安排执行任务，工作作风扎实，工作成绩突出，得到上级首长和各检查站的充分肯定。潮州方向的16名官兵严格执行上级规定，24小时不间断执勤，共检查过往军车56台、检查过往军人61名、查扣假冒军车3辆、违章军车2辆、协助地方公安机关抓捕犯罪嫌疑人83名，潮州市公安局专门赠送锦旗，充分肯定执勤官兵的突出成绩。执行任务期间，没有发生一起事故案件和军警民纠纷。

【民兵防空兵分队专业骨干集训】2011年10月9日至19日，汕头警备区在市国防教育训练基地组织全市民兵防空兵分队专业骨干集训，共有98人参加。集训主要围绕武器装备的理论知识、基本操作、协同训练、射击组织与实施等内容展开。集训期间，邀请郑州防空兵指挥学院教授辅导授课和全程指导，重庆152厂和湖北238厂技术工程师全面检测维修武器装备和讲解维修维护技能，有效提高集训的教学层次和保障效果。通过正规施训、灵活组训，参训人员考核全部合格，培养一批专业技术精、组训能力强的专业骨干，为开展民兵防空兵分队专业训练打下坚实基础。

【“双到”扶贫和双拥共建工作】2011年，警备区积极开展“双到”扶贫工作，捐资20多万元支援贫困山区、援建“希望小学”；建立10个扶贫挂钩点，50名团以上干部确立“一帮一”帮扶对象；发动党员干部、民兵骨干与贫困户结成118对帮扶对子，广泛开展“三定两帮一包”活动；警备区挂钩的潮南区井都镇平湖新村被省确定为“插红旗村”，受到省长朱小丹的高度评价；警备区和所属75403部队被市政府评为“最具爱心慈善行为楷模”。注重发挥民兵预备役在抢险救灾、完成急难险重任务中的突击作用，组建由森林防火救灾、反恐应急救援、医疗救护救援、核生化应急救援5种类型、10支620人的市级应急专业力量。8月1日，举办“铸牢军魂跟党走”庆八一文艺晚会。

（党智）

民主法制建设

DEMOCRACY AND LEGAL SYSTEM CONSTRUCTION

- ◆依法治市
- ◆政府法制
- ◆政法工作
- ◆公安工作
- ◆检察工作
- ◆审判工作
- ◆司法工作

依法治市

【《法治汕头建设五年规划（2011-2015年）》】2011年7月20日，市委印发《法治汕头建设五年规划（2011-2015年）》。《五年规划》对今后五年依法治市工作提出的具体规范和要求，为法治汕头建设提供可行有力的政策依据，是“十二五”时期法治汕头建设的纲领性文件。其主要内容包括法治汕头建设的指导思想和总体目标、基本原则、主要任务及加强法治汕头建设的组织保障。《五年规划》是汕头市依法治市工作和民主法治进程中的重大事件，《五年规划》的实施，为法治汕头打下坚实的基础，对今后五年的依法治市工作起到重要的引领和推动作用，对于加快科学发展、建设幸福汕头具有十分重要的意义。

【市依法治市工作领导小组扩大会议】2011年4月13日，省委召开全省依法治省工作会议，中共中央政治局委员、广东省委书记汪洋和广东省省长黄华华在会上作重要讲话，对实施《法治广东建设五年规划（2011-2015年）》进行全面动员和部署。汕头市以及各区(县)党委、人大、政府、政协主要负责同志，依法治市（区、县）工作领导小组成员、市（区、县）有关单位主要负责同志和各镇 (街道)党政主要负责同志在全市各分会场收看会议实况。随后，市委召开市依法治市工作领导小组扩大会议，市委副书记、市长、市依法治市工作领导小组副组长蔡宗泽要求全市各级各部门要认真贯彻落实省会议精神，进一步推进法治汕头建设，为汕头市全面实施“十二五”规划，推动科学发展，建设幸福汕头提供坚强的法治保障。

【全市依法治市工作会议】2011年5月13日，汕头市依法治市工作领导小组召开全市依法治市工作会议，部署汕头市依法治市工作。市中级人民法院、市人民检察院、市法制局及各依法治区（县）办公室负责同志在会上作工作汇报。市人大常委会副主任、市依法治市工作领导小组副组长廖文松出席会议并讲话。会议认为，2010年汕头市的科学执政、民主立法、依法行政、公正司法的水平和能力普遍提高，法治规范和监督得到不断改善，法治宣传教育不断深化，法治城市、法治区（县）创建活动、“阳光法治、法治惠民”主题实践活动和法治文化建设取得显著成效，为加快法治汕头建设，提升特区法治水平打下坚实的基础。会议提出，要全面贯彻实施《法治广东建设五年规划》，充分发挥特区法治优势和保障作用，加快依法治市进程，在法治层面上切实解决好特区扩围后的突出问题，为大特区发展提供法治保障。

【《法治广东建设五年规划》专题宣讲报告会】2011年8月16日，汕头市依法治市办公室举办《法治广东建设五年规划》专题宣讲报告会，邀请省委党校法学教研部主任宋儒亮教授作专题报告。宋教授介绍了法治广东建设五年规划（2011－2015年）的起草背景、过程、意义和规划的主要内容和特点以及实施规划的要求，对汕头推进依法治市工作提供具体建议。市委副书记邓大荣主持报告会，市领导郑人豪、郑通声、钟展南、陈香兰、陈友烈、刘远珍、廖文松、郑家汉、林梃、张应杰、王桂元、谢铿、蔡婵英，汕头海关关长孟杨，市中级人民法院院长林平、市人民检察院检察长赖德贵，市纪委副书记宋荣生等到场聆听报告。

【12•4法治宣传教育周活动】2011年12月4日，市委宣传部、市依法治市办公室、市司法局和市普法办公室在市区人民广场举行汕头市“12•4”法治宣传周启动仪式暨法治文化集市活动。省依法治省工作领导小组办公室常务副主任张宇航，省司法厅副厅长刘芳，市领导罗仰鹏、王芸、廖文松出席。中央和省驻汕单位、市直单位，各依法治区（县）办公室，各区（县）司法局、普法办的干部职工以及部分青少年学生共600多人参加。本次活动旨在宣传宪法法律、建设和谐平安幸福汕头，重在加强宣传法制、提供法律服务，以满足市民的法治需求，共享法治惠民成果。活动以法治文化集市为载体展开，运用美术、摄影、书法、灯谜、楹联、剪纸以及视频动漫、图片展示、案例讲解、现场咨询等方式，开展劳动仲裁、土地纠纷、安全生产、食品质量、医疗卫生、行政复议、妇女维权、外来工维权等方面的法制宣传和法律服务活动，宣传宪法和法律法规。本次活动内容丰富、贴近民生，宣传氛围浓厚，吸引大批民众驻足参加，是历年来同类活动规模最大、档次最高、影响力最强的一次。出席活动的省、市领导检阅了法治文化集市，对活动给予高度评价。

【法治工作联络员制度】2011年6月，汕头市依法治市办公室为全面推进法治汕头建设，加强各部门的联络沟通，增进法治工作的交流合作，形成法治工作网络，建立法治工作联络员制度。市直法治工作联络员队伍由市直机关和中央、省驻汕有关单位的法制工作部门负责人组成。法治工作联络员的职责包括依据依法治市工作部署，向本单位领导提出法治工作建议，参与制定本单位法治工作规划和实施方案；协助本单位领导抓好法治工作的督促检查、指导落实；收集、整理本单位的法治工作情况，提供动态信息、调研成果、典型经验和综合材料等。同时，各区县也建立法治工作联络员工作网络。

（许昭煜）

政府法制

【政府立法】2011年，汕头市政府共提请市人大常委会审议法规草案5件，颁发政府规章14件，市政府规范性文件14件。市法制局根据市人大常委会和市政府年度立法计划，严格按照立法权限和立法程序，加强组织领导，确保立法工作有序进行；完善立法机制体制，扩大公众有序有效参与立法的广度和深度，引进政府立法专家论证制度，注意发挥法制部门在立法过程中的主导协调作用，从实体和程序上杜绝立法中的部门利益倾向；创新立法形式，完成规章委托立法项目《汕头市行政程序规定》，开创全国地级市和特区城市中行政程序立法的先河；突出政府立法重点，着力保障和改善民生，提请市人大常委会审议《汕头经济特区道路交通安全条例（草案）》等；抓住汕头经济特区扩大范围和纳入海西经济区的有利时机，充分利用特区立法权和较大市立法权，大胆创新立法思路，组织起草并提请市政府审议出台《汕头经济特区促进和保障濠江区行政体制综合改革规定》，为濠江区开展“大部门”体制提供有力法律支撑，以立法促改革、促发展、促稳定；提请市政府审议出台《汕头经济特区现代产业用地使用权出让办法》，创新用地供应操作机制，为市委、市政府解决好项目拿不到地的问题提供制度支撑；坚持“立、改、废”相结合，集中开展6次规章和规范性文件清理工作。

【行政执法监督检查】2011年，汕头市法制局围绕市委、市政府中心工作，开展创卫、创模督导工作，牵头市机关效能投诉中心、汕头电视台成立“双创”工作督导机动小组，对各区城市综合管理情况进行明查暗访；深入推行行政执法责任制，结合汕头市新一轮机构改革，组织开展行政执法职权核准界定公告工作，进一步划清权力边界，防止执法推诿扯皮，提高依法行政水平；开展行政执法案卷评查工作，在各执法单位自评自查的基础上，突出重点对6个市直执法部门进行抽查评查，逐步实现法制监督和自我规范的有效统一。认真办理政府法制监督案件，全部办结行政执法投诉7宗，有效维护管理相对人的合法权益；办理重大行政处罚备案审查11件，行政执法委托书备案审查2件；组织法律培训3期共488人；审核申领行政执法证人员材料922份，已核发行政执法证758份、行政执法督察证13份，审核上报开通、变更广东省人民政府《行政执法证》系统用户13家，规范执法队伍管理，开展执法队伍审批公告工作，已对各区县文化市场综合执法队伍进行公告。

【行政复议和应诉】2011年，汕头市法制局大力推进行政复议委员会试点工作，发挥复议机制在化解行政争议、构建和谐社会中的重要作用。不断完善行政复议办案体制机制，严格依法办案，积极创新办案机制，确保案件办理质量；注重做好调解工作，把调解贯穿于办案的全过程甚至是结案后，促成当事人达成和解，对于不服或者不理解行政复议决定的，耐心细致做好当事人的解释和说服工作，力争做到“案结事了人和”；加大复议试点工作的宣传力度，通过组织召开全市行政复议委员会试点工作座谈会，广泛向社会各界发放《行政复议指南》宣传彩页等方式，拓宽复议案源；积极与各级复议机构向法院行政庭联系沟通，强化复议和行政应诉的监督指导。2011年全市各级行政机关共收到行政复议申请47宗（其中复议机关为市政府本级19宗），受理41宗，不予受理1宗，转送有关机关处理1宗，告知向有关机关申请1宗，其他处理3宗。通过依法办理行政复议案件，有效维护管理相对人的合法权益，更好地维护和谐稳定社会秩序。2011年全市行政机关一审行政应诉案件共29宗，其中市政府应诉案件1宗。同时，市政府作为被申请人参加行政复议案件3宗，继续保持应诉应议案件零败诉。

【行政机关规范性文件管理】2011年，汕头市法制局进一步强化规范性文件的管理工作，认真办理、审核市政府规范性文件，审查区县政府和市直部门的规范性文件，涉及内容包括物业服务费，残疾人医疗康复救助基金，城镇居民医疗保险，住房公积金归集、提取和贷款管理等；报请市政府出台《关于进一步贯彻实施〈汕头市行政机关规范性文件管理规定〉的意见》，明确建立市政府规范性文件有效期制度；组织开展全市行政机关规范性文件的清理工作；进一步规范全市规范性文件管理工作。2011年，市法制局办理市政府规范性文件报备案14件；审查市政府部门提请法律审查的规范性文件23件；审查各区县政府报备的规范性文件12件，保证法制统一和政令畅通，从源头上保障公民权利，促进依法行政。

【行政决策法律审查】2011年，汕头市法制局忠实履行职责，积极参与政府重大行政决策，认真分析评估政府决策事项的合法性、合理性，为政府决策提供优质法律服务，进一步发挥市法制部门在政府法律事务方面的高级参谋、得力助手和合格顾问作用。积极参与城乡居民基本医疗保险一体化改革、中心城区道路交通综合整治等涉及重大民生决策事项的法律论证和审查；对粤东物流新城、东海岸新城、海滨路潮人码头等政府重大投资项目，濠江大部制改革、富县强镇、简政强镇等重大行政体制改革决策事项，市法制局也全程参与，审慎把好法律审查关；对一些涉及市政府或国有资产处置、影响经济发展和社会稳定的历史遗留问题也积极参与，提出应对措施和解决办法供市政府领导决策参考。2011年共出具各类审查意见497件。

（曹　昱）

政法工作

【概况】2011年，汕头市设市、区（县）两级政法委机关8个，其中地级市政法委1个；县级以上人民法院8个，人民法庭24个，其中中级人民法院1个；县级以上人民检察院8个，其中地级市人民检察院1个；市、区（县）两级公安机关8个，派出所（边防）99个，其中地级市公安局1个；市、区（县）两级司法行政机关8个，司法所69个，其中地级市司法局1个。2011年，全市政法机关坚持政治建警、素质强警、从严治警、文化育警，大力加强政法队伍建设。以政法信息化建设为抓手，大力推进警务、检务以及司法体制改革，规范办事流程，提升办事效率，促进严格、公正、文明、廉洁执法；健全信访工作机制，认真解决涉法涉诉方面存在问题,年内共受理来信来访33件（次），转政法各机关纪检监察部门和督查室查办29件，自查4件，已办结4件，办结率100%。加强对政法机关执法办案的监督工作，积极组织开展案件评查，进一步建立健全执法过错、违纪违法责任追究制度；开展“以人为本、执政为民”为主题的纪律教育月学习活动，建立健全机关作风明查暗访长效机制，加大对工作人员违规违章行为的监督、纠察力度，切实纠正执法不规范、不严格、不文明等现象。加强政法文化建设，举办主题为“永远跟党走”的汕头政法系统文艺汇演等形式多样的文体活动。积极开展创先争优，重视发挥文化引领和典型激励功能，涌现出庄宜生等一大批先进典型，受到中央和省的表彰奖励；2011年获中央有关部门表彰奖励（记功）的16个集体、40位同志，获省委省政府及有关部门表彰奖励（记功）的115个集体、269位同志。

【维护社会和谐稳定】2011年，汕头市政法机关始终坚持稳定压倒一切的方针，把维护社会稳定作为建设幸福汕头的重要组成部分，切实加强组织领导，努力构建矛盾纠纷排查深入细致、情报信息开发及时准确、维稳责任落实到位、化解工作妥善有效的维稳工作格局。建立健全处置群体性事件和大规模暴力犯罪事件应急机制和重大事项社会稳定风险评估机制，着力解决维护稳定的源头性、根本性、基础性问题。组织开展拉网式、全方位的大排查大调处活动，对排查出来的各种不稳定因素进行分析评估，逐一落实领导包案，逐一制订工作措施，逐一认真妥善化解，最大限度地解决影响社会稳定的突出问题，促进社会和谐稳定。全力做好村、社区换届选举维稳工作，加强与基层党政相关职能部门的密切配合，加强动态信息掌握，加强对选举中出现的矛盾纠纷的化解和调处，没有发生因换届选举引发大的越级上访和重大群体性事件。坚持抓稳定促发展，全力做好重点工程建设项目维稳工作，加强指导督促，协调处置重点工程中出现的不稳定问题。有效推进重点项目无障碍落地、无障碍推进。加强建党90周年、深圳大运会和汕头经济特区成立30周年庆典等特别防护期社会稳控工作，保持社会政治大局的持续稳定。

【开展禁毒人民战争】2011年，汕头市政法机关结合社会管理创新，不断完善禁毒宣传教育长效工作机制，深化全民禁毒宣传教育。开展系列禁毒宣传教育“进社区”活动，全市共组织大型宣传教育活动200场次、发放禁毒宣传资料50多万份、放映禁毒电影（影视）1000场次、举办禁毒文艺演出6场次，刊播禁毒新闻200多条。搞好社区戒毒（康复）工作，积极探索社区戒毒（康复）工作模式、方法。开展专项整治行动，先后组成检查组多次对特殊药品原料药使用单位和重点企业的麻醉药品、精神药品经营管理进行专项检查。加强禁毒与公安行动技术、治安、网监、交警、监管、边防和海关等相关部门的协作，建立“大查控”体系，实施“大灭罪计划”，对重点地区、重点部位进行重点整治，保持对制贩毒集团、网络、毒枭的主动进攻和严打高压态势。深入推进“大收戒行动”，开展吸毒人员集中排查登记和管控行动，保持强制隔离戒毒场所满员收戒，继续推进社区戒毒（康复）和美沙酮药物维持治疗。按照“谁主管、谁负责”的原则，加强对易制毒化学品生产、经营、购买、运输以及进口、出口的监督检查。强化监管力度，严厉打击易制毒化学品违法犯罪活动，最大限度地遏制易制毒化学品流入非法渠道。

【加强社会治安综合治理】2011年，汕头市政法机关深入推进“社会治安突出问题和重点地区排查整治、治安视频监控系统建设、流动人口和出租屋管理”三项重点工作，加强社会治安综合治理基层基础工作。开展争创先进综治信访维稳中心（县级中心、镇（街）中心、诉前联调室）、优秀综治信访维稳中心主任、优秀综治督导员、优秀调解员、优秀案例等三级平台“五个百佳”争创活动。发挥三级平台在矛盾综合化解、治安综合治理、社会综合管理中的作用，形成“以屋管人、以证管人、以业管人”的良性局面。狠抓校园安保和周边治安整治工作，建立健全集人防、技防、物防为一体的三结合防范体系,在全市范围内联合开展为期50天的校车安全专项整治行动。抓好对未成年人的教育管理，加强对青少年犯罪的预防和教育转化工作，加强对特殊青少年的服务教育。创新刑释解教人员安置帮教机制，市刑释解教安置工作领导小组办公室会同揭阳监狱建立安置帮教无缝对接工作机制。创新社区矫正工作举措，全市69个镇（街）的矫正对象做到“有人有档”，“见人不见档”的社区矫正对象也已全部纳入监管，三级社区矫正工作组织网络基本建立；强化对社区服刑人员的监督管理和教育矫正力度，社区服刑人员全部纳入监管，社区矫正对象重新犯罪率为零。加强对互联网“虚拟社会”的管理和网上舆论引导,推进网络警察、网评队伍和网络安全信息员队伍建设。排查整治社会治安重点地区和突出问题,健全治安突出问题和重点地区排查整治工作长效机制。推进治安严打整治和打黑除恶专项斗争，严厉依法打击各类违法犯罪分子。推进“平安汕头”社会治安视频监控系统建设，目前全市共完善、建设各类监控摄像头13万个。推进扁平化指挥机制和网格化巡逻机制。大力推进以110报警服务台为龙头的公安机关快速指挥反应机制，深化“三台合一”机制建设。

【执法督查工作】2011年，汕头市委政法委加强对重大疑难案件和群众反映强烈的执法问题的协调督办，推动案件依法及时查处，督促政法机关严格公正执法，对上级交办、领导批办、群众反映强烈和社会影响较大的案件，通过发督办函、到办案单位检查等形式进行督办，全年共督办案件111宗，协调案件事项29件。牵头公检法各家专门召开会议，就如何建立醉酒驾驶机动车刑事案件快速办理机制问题展开讨论和研究并形成会议纪要。化解涉法涉诉信访矛盾，维护群众合法权益，共接待群众569人（次），处理群众来信约312件。与市司法局公职律师事务所建立处理群众来信来访联动机制。做好涉法涉诉司法救助工作，共接受司法救助申请9宗，发放司法救助金9宗，合计发放司法救助金23.18万元，其中刑事附带民事赔偿4宗，交通事故人身损害赔偿3宗，其他2宗。做好涉军维权工作，依法妥善处理涉及国防建设和军人军属合法权益的矛盾纠纷，为维护驻地部队和社会和谐稳定尽职尽责。开展调研专题活动，形成《关于防止羁押场所被羁押人员因病死亡和判刑确定的罪犯因病暂不收监情况的调研报告》。

【政法信息网建设】2011年，汕头市委政法委加强全市政法信息网运行维护保障工作,落实应急处置措施和专人值班制度，做好处置应急情况准备工作，做好深圳大运会期间我省政法基础通信网和视频会议系统维护保障工作，确保网络安全稳定地运行。加强汕头政法门户网站信息发布工作, 对汕头政法门户网站进行改版并增加网站功能,汕头政法门户网站全年发布信息1122篇，平均每天更新5篇。编制2012年汕头市政法信息网建设项目预算报告，收集掌握市直政法各单位信息化建设情况，进行地级市的信息共享平台建设调研、设计。向市公安局移交管理中心机房，将设在市公安指挥大楼12层的汕头市政法信息网管理中心现有设备、设施和办公场地移交市公安局，由市公安局负责政法网管理中心运行管理维护工作。按照国家档案管理规范整理规范全市政法信息网工程建设档案。

【奖励表彰见义勇为】2011年，汕头市见义勇为基金会对在维护社会治安工作中作出积极贡献的先进个人和见义勇为积极分子给予表彰奖励，年内共表彰奖励积极分子9名，发给荣誉证书和奖金1.48万元，弘扬正气，鼓舞斗志。继续为全市的见义勇为人员投保人身意外伤害综合保险，共投保25万元，为见义勇为受伤人员办理保险理赔，理赔金22万元，使他们得到应有的救助；对勇于同违法犯罪分子作斗争而光荣负伤的干警和群众不定期进行慰问，共慰问维护治安、勇斗歹徒牺牲群众家属和受伤人员15人次，发放慰问金、补助金3.03万元，帮助他们解决生活困难和后顾之忧。在见义勇为中牺牲或负伤致残者的子女，市教育局按其户口所在地优先安排就近入学就读（小学、初中一年级），并在子女入学时给予最低控制分数线再降20-30分（标准分）照顾录取（进入高中一年级就读），市工商、卫生等单位也继续履行奖励承诺，给予见义勇为人员在工商管理、卫生医疗等方面的照顾和优惠，通过一系列措施发挥基金会社团的积极作用，激励更多的群众义无反顾地加入到弘扬社会正气的行列中来。

【纪检监察工作】2011年，汕头市委政法委坚持“标本兼治、综合治理、惩防并举、注重预防”的方针，开展“以人为本、执政为民”为主题的纪律教育月学习活动,加强理想信念和廉洁从政教育,开展以“完善制度抓落实，转变作风做表率”的专项活动，加强经费支出管理，提高资金使用效益，深入推进节约型机关建设。建立健全廉洁自律规章制度。健全信访工作机制，认真解决涉法涉诉方面存在问题,一年来共受理来信来访33件（次），转政法各机关纪检监察部门和督查室查办的29件，自查的4件，已办结4件，办结率100%。加强对政法机关执法办案的监督工作，积极组织开展案件评查，进一步建立健全执法过错、违纪违法责任追究制度，健全监控机制，强化对重点执法岗位、执法环节、执法人员的监督。积极邀请人大、政协、政府法制、监察、律师、新闻媒体等部门代表进行监督。建立健全机关作风明查暗访长效机制，加大对工作人员违规违章行为的监督、纠察力度，切实纠正执法不规范、不严格、不文明等现象。

【打黑除恶】2011年，汕头市成立由市委李锋书记任组长的市委打黑除恶专项斗争领导小组。牵头起草《汕头市打黑除恶专项斗争工作方案》，制订《粤东四市打黑除恶联合行动工作方案》、《汕头市打黑除恶联席会议制度》。加大线索摸排力度，对容易滋生黑恶势力的场所、行业开展排查、走访、暗访，全方位、多渠道深挖各类有价值的涉黑涉恶线索,设立举报电话、举报箱，并在市政府门户网站设立举报网站。对人民群众的举报线索，坚持将“件件有办理，事事有回音”作为工作原则和努力达成的目标。成立若干督导组，检查督导打黑除恶工作。主动加强与粤东三市的交流沟通，与三市各部门领导共同商议建立完善粤东四市打黑除恶联合行动机制有关问题，包括建立粤东四市打黑办联络制度、粤东四市打黑除恶联席会议制度及轮流牵头制度。并初步确定粤东四市市级层面每季度开展一次联合行动、各区县每月开展一次专项行动，四市各毗邻派出所要经常互动、开展摸查打击行动。建立全市打黑除恶专项斗争联络员制度。对群众举报的线索，全部逐一造册列表，对涉黑涉恶的线索，按属地管辖原则和案件性质交由有关公安部门核查办理；对不属于涉黑涉恶的则转交有关单位部门研处。目前全市共打掉涉黑涉恶犯罪团伙22个，侦破故意杀人、故意伤害、抢劫、敲诈勒索、寻衅滋事、非法持有枪支弹药、强迫交易、聚众赌博等案件一大批。

（黄晓明　周壮杰）

公安工作

【概况】2011年，汕头市公安局下设金平、龙湖、濠江、澄海、潮阳、潮南、南澳等7个分局，共87个派出所，在编民警6062人。2011年，汕头市各级公安机关坚持以科学发展观为统领，认真贯彻落实市委、市政府建设“幸福汕头“的工作部署，大力推进社会管理创新，全警动员，全力以赴开展“粤安11”、“创平安、迎大运、“断源”、“亮剑”行动和“清网行动”等一系列严打整治专项斗争。全市社会治安呈现“两降两升”的良好态势，治安形势持续好转，人民群众的安全感和满意度进一步提升。全市刑事发案件同比下降5.9%；人民群众关注的“两抢一盗”案情同比下降15.1%。全市命案破案率为96.2%，同比上升4个百分点；抓获网上逃犯人数大幅上升，同比上升一倍多。深入推进社会矛盾化解，全力维护社会大局稳定。大力开展不稳定因素排查化解和“大走访”开门评警活动；全力做好换届选举天主教汕头教区选圣祝圣及重点项目建设的维稳工作；加强网络信息监管和公安信访工作。深入推进治安排查整治，强力破案追逃打击犯罪。开展“粤安11”专项行动，确保“两节”、“两会”期间全市社会大局稳定；开展“创平安，迎大运”专项行动，确保深圳大运会期间汕头市社会大局稳定；开展“断源”行动，全力打击涉枪犯罪和侦破命案；开展“盗抢”类犯罪大会战，严厉打击“两抢一盗”违法犯罪；以打击知识产权犯罪“亮剑行动”为契机，重拳打击涉假经济犯罪；深入开展社会治安突出问题排查整治专项行动，努力扭转重点地区、重点镇（街道）的治安局面；开展“清网行动”等全警追逃行动，全力缉捕在逃犯罪嫌疑人；开展禁毒行动，强力打击涉毒犯罪；开展打黑除恶专项斗争；开展“平安汕头”专项行动。深入推进社会管理创新，着力提升驾驭社会治安形势的能力和水平。积极运筹，为社会管理创新提供有力保障；科技强警，强力推进社会管理创新。以源头治理为重点，深入推进社会安全管理，最大限度消除安全隐患。加强交通、消防、治安管理，最大限度消除安全隐患，确保交通顺畅，火患少发、治安稳定。加强队伍建设，全力提升汕头公安执法效能及水平。大力推进机构机制体制改革；简政放权，加快行政审批制度、机制改革；规范审批制度，限时办公，进一步提高市局机关的行政办事效率；开展“发扬传统、坚定信念、执法为民”主题教育实践活动；科学安排，全面抓好年度民警培训工作；组织开展表彰奖励，弘扬正气，鼓舞士气。以规范执法为核心，加强对权力运行和执法工作的监督；开展“治贪、治庸、治懒、治散”专项行动；加强文化阵地建设，丰富民警文体、精神生活。2011年，全市公安系统共有12个单位立二等功，56个单位立三等功；12名民警立一等功，45名民警立二等功；19个集体和1328个个人分别获集体、个人嘉奖。

【“粤安11”专项行动】2010年12月26日至2011年3月25日，汕头市公安机关在全市范围内开展以“创平安、迎新春”为主题的“粤安11”专项行动。行动中破获各类刑事案件1222起，抓获犯罪嫌疑人1180人，查处治安案件6099起4169人，查扣各类非法车辆5540辆；检查整顿出租屋、娱乐场所等重点部位13564处，收戒吸毒人员586人，整治重点街道（镇）12个，确保“两节”、“两会”期间全市社会大局稳定。

【“大走访”开门评警活动】2011年，汕头市公安机关围绕省公安厅的工作要求，敞开大门访民意，打开心扉听民声。各级领导积极深入基层、走访群众、接受评议、整改问题，强力推动开门评警活动的顺利开展，取得彰显成效。2011年1-6月，全市公安民警参与走访72867人次，走访群众75611人次，收集意见建议7190条，落实整改措施696条，开展各种警营开放日活动172场次；排查各种治安、交通、消防安全隐患670处，整改657处；创新推出便民利民措施253个；破获刑事案件2704起，破案率同比上升43.3%。实现“广大民警受教育、人民群众得实惠、公安工作上水平、警民关系更和谐”的总体目标，进一步密切警民和谐关系，提升人民群众的安全感和满意度。

【“创平安、迎大运”专项行动】2011年3月1日至8月31日，汕头市公安机关开展“创平安、迎大运”专项行动。全市公安机关紧密结合涉爆涉枪重点地区整治行动和大要案侦破新攻势“断源”专项行动、网上追逃专项督察“清网行动”，强力推进“创平安、迎大运”专项行动的全面开展。行动中全市刑事发案6252起，同比下降5.5%；侦破刑事案件3006起，同比上升44.9%；查处治安案件16917起；抓获各类违法嫌疑人14637人；缴获各类作案工具及赃款、赃物一大批，有效地维护社会政治大局的持续稳定，实现“平安大运”的工作目标。

【“亮剑行动”】2010年11月至2011年11月，汕头市各级公安机关经侦部门及各警种协同全市打假成员单位，开展打击侵犯知识产权和制售伪劣商品犯罪“亮剑”专项行动，有效遏制制售假冒伪劣商品犯罪的势头，得到公安部、广东省公安厅的充分肯定。行动中全市公安机关破获侵犯知识产权和制售伪劣商品犯罪案件176起（其中案值100万元以上的大要案件22宗，500万元以上的特大案件7宗），逮捕犯罪嫌疑人131名，捣毁制、售假犯罪窝点257个，打掉批发、销售侵权伪劣商品犯罪团伙52个，抓获网上在逃人员127名。“亮剑”行动最终绩效考核排名位居全省第三。

【“清网行动”】2011年5月26日至12月15日，汕头市各级公安机关成立“清网行动”工作领导小组，“一把手”亲自挂帅。汕头市公安局由督察部门牵头多警种协同作战，整合资源，深挖线索、领导包案、《通告》宣传、家属劝投、赴外追逃等超强措施和力度，克服网上逃犯基数大、追逃难度大、追逃经费紧缺的种种困难，积极推进“清网”行动的深入开展，取得丰硕战果，追逃成绩名列全省前茅，公安部和省厅多次给汕头市公安机关发《贺电》和《嘉奖令》，省委常委、公安厅厅长梁伟发同志多次作出重要批示给予表扬。“清网行动”工作期间，全市共抓获网上逃犯1420名，协助其他省市抓获逃犯359名。其中抓获公安部A级逃犯1名，公安部B级逃犯2名，部督捕逃犯1名，超额完成任务。汕头市公安局潮南区分局在“清网行动”中战绩斐然，先后抓获各类网上逃犯617名，民警人均抓获逃犯数在全省名列全茅，其中包括公安部A级逃犯陈某某。市局党委委员、潮南公安分局局长陈志伟同志被推荐参加全国公安机关“清网行动”先进事迹报告团到各地巡回报告。

【“打黑除恶”专项斗争】2011年，汕头市公安机关开展为期1年的“打黑除恶”专项斗争，制订专门工作方案，发动凌厉攻势，卓有成效地开展打黑除恶专项斗争，取得丰硕战果，全年共打掉并经省打黑办认定恶势力团伙26个，打黑综合成绩在全省21个地级市排名第五名，取得历年来最好成绩，受到省市各级领导的一致好评。粤东4市打黑除恶专项斗争开展以来通过摸排并被省公安厅列为目标任务的涉黑、涉恶、涉枪、涉毒案件线索24条，抓捕到案犯罪嫌疑人192名，打黑除恶专项斗争取得阶段性的良好成效。

【大案要案侦破工作】2011年，汕头市公安机关各有关部门紧密配合，协同作战，采取一系列行之有效的措施，狠狠地打击各类重大的犯罪分子，侦破了一系列大案要案，取得丰硕的战果。4月21日，澄海公安分局成功破获省厅督办的“20110416”持枪故意伤害（致死）案；5月30日，市公安局刑警支队和潮南公安分局联手侦破仙城“20110530”故意杀人案（致死2人）。深入组织开展“断源”专项行动，严打涉枪犯罪，破获涉枪涉爆案件85宗。5月11日，市公安局刑警支队成功打掉一个涉枪涉毒涉盗特大犯罪团伙，抓获团伙成员张某某等6名。不断增强对盗抢机动车犯罪的打击力度。4月27日，市公安局刑警支队成功打掉一个跨区域流窜作案的特大盗窃小汽车犯罪团伙，抓获团伙成员4人。大力开展打击涉毒犯罪活动。5月18日，金平公安分局成功破获一起被列为公安部毒品目标案件的非法买卖制毒物品案件，抓获涉案犯罪嫌疑人沈某某等5人，查获“麻黄素”约175公斤，案值近千万元。

【打击电信诈骗犯罪】2011年，汕头市公安局为有效遏制电信诈骗犯罪案件多发的态势，全市公安刑侦部门切实加强案件信息的分析研判，积极利用网上作战平台加强串并案工作，力争提高打击效能。在全市范围内组织开展形式多样的防范电信诈骗犯罪宣传教育活动，有效提高人民群众安全防范意识，最大限度防止群众上当受骗。2011年，全市公安机关共破获电信诈骗案件46宗，落实银行柜台转账提醒业务6260人次，在银行柜台及ATM机设置防骗提示2600多条。7月21日，市公安局捣毁一个电信诈骗团伙，抓获陈某某等犯罪团伙成员4名。

【“打拐”专项行动】2011年，汕头市各级公安机关认真组织，扎实推进，深入开展打拐行动，取得明显成效。年内，全市公安机关抓获拐卖儿童犯罪嫌疑人17名、解救被拐儿童7名。5月19日，市公安刑侦部门奋战7天，侦破“20110515”拐卖儿童案件，抓获拐卖犯罪嫌疑人陈某某、林某某和介绍买卖犯罪嫌疑人朱某某，成功解救出被拐儿童林某某。5月24日，市公安刑侦部门辗转四地，成功侦破“20110517”拐卖儿童案件，抓获犯罪嫌疑人两名，安全解救出被拐的一名2岁男童。6月14日，公安部打拐办专门向广东省公安厅打拐办和汕头市公安局发来贺电，祝贺汕头市迅速破获“20110515”、“20110517”2宗儿童被拐案。

【打击经济犯罪】2011年，汕头市公安机关围绕“打击经济犯罪，全力维护社会稳定”这一中心任务，结合“亮剑”行动、打击银行卡犯罪“天网2011”行动、清理积案等专项活动，开展防范和打击工作，全力维护汕头市经济安全和社会稳定。年内，全市公安经侦部门侦破各类经济案件2百多宗，涉案金额人民币6千万元，挽回经济损失4002万元；刑拘涉案犯罪嫌疑人432名，逮捕163名，为外省市和本省兄弟市协查各类经济案件228宗。

【禁毒工作】2011年，汕头市公安禁毒部门深入开展打击毒品犯罪，积极预防、禁吸收戒、堵源截流、严打整治、禁毒严管等工作，取得良好战果。全市公安机关破获毒品刑事案件同比上升33%；抓获毒品犯罪嫌疑人同比上升38.1%；收戒吸毒人员一批；缴获毒品海洛因及制贩毒工具、制毒原材料一批。

【缉枪治爆】2011年，汕头市公安治安部门认真组织开展治爆缉枪专项行动，围绕深圳大运安保、汕头特区成立30周年庆典保卫，努力创建良好的社会治安环境。年内，全市公安治安部门出动警力6593人（次），排查整治出租屋、个体机械加工厂、五金工具销售点、化工建材交易市场、物流运输等行业和涉枪涉爆涉危单位共1335处；在全市重点出入口、复杂路段设置流动卡哨58个；组织区域性行动28场（次），共立案查处涉枪涉爆违法犯罪案件26起，抓获犯罪嫌疑人45人，缴获各类枪支216支，乳化炸药115公斤，销酸铵复合肥料2595公斤，雷管13枚；查处制贩塑料仿真枪案件39宗，抓获违法人员49人，缴获塑料仿真枪106326支，半成品及配件一批。严格执行特区范围内禁止制造、贩运、销售、燃放烟花爆竹的地方法规，组织清理清查，扣押烟花爆竹2623箱。

【特种行业监管】2011年，汕头市公安治安部门紧紧围绕“汕安1号”、“大运安保”、“娱乐服务场所禁毒禁赌”、“整治收废旧行业”、“打击制贩假证件”等专项行动，认真履行职责，依法严格规范管理，强化监督与检查，重点打击在娱乐场所内贩卖吸食软性毒品、在游艺场所利用电子游戏机进行赌博的违法犯罪活动。全力推进治安信息应用平台建设，加大治安主要信息收集力度，确保情报信息全面、准确、鲜活，为提升公安机关治安防控能力提供信息、科技支持，实施行业网格化管理，全市旅馆业191家，旅馆式管理的出租屋197家，100%安装旅馆业治安管理系统；应安装从业人员自助登记系统的企业7091家，已安装6890家，人员信息采集总人数58340人。

【校园周边治安整治】2011年，汕头市各级公安机关深入贯彻落实公安部召开的全国校园安全工作经验交流现场会精神，积极争取市、区（县）二级党委、政府的支持，密切与教育、消防等部门的配合，深化校园及周边安全管理。突击抓好校车专项治理，严格校车和驾驶人管理，完善各项规章制度，强化校车安全监管；排查消除学校周边道路交通安全隐患，完善交通标志及交通安全设施，改善校园周边交通环境；督促指导学校、幼儿园落实内部人防、物防、技防措施，继续推进“平安校园”视频监控建设，完善校园内外治安防控网络建设；建立完善法制副校长（辅导员）教育宣传工作机制，落实校园安全“双落实双倒查”。2011年，全市各级公安机关共出动警力22160人（次），检查学校幼儿园9952间（次），排查整改隐患245处，查处涉校、涉师生刑事案件12宗，查处涉校治安案件9起，实现全市校园及周边治安环境稳定，师生安全感提升。

【户政管理】2011年，汕头市治安户政部门继续推行流动人口服务管理的“一证通”制度，年内共制发《广东省居住证》278041张。进一步完善人口信息系统的建设，开通旅业登记系统、流动人口自助申报平台等信息采集终端，加大对流动人口信息、出租屋信息的收集力度，全市有134家企业，8家出租屋安装流动人口自助申报平台软件系统，共采集录入流动人口信息289007条，出租屋信息25165条。开展户口登记管理、流动人口和出租屋专项清理整治行动，做好日常户口审批、户口管理、居民身份证管理等工作。截止2011年底，全市、中心城区（金平、龙湖和濠江区）常住人口分别是5294375人和1445672人，暂住人口分别是207349人和101225人。全年共办理各类入户2949人，其中毕业生分配入户520人，工作调动150人，转业、复退、随军406人，投、捐资入户216人，自谋职业75人，购房入户1293人，连续暂住七年入户289人，农民工积分制及其子女入户两年71人；累计换发二代身份证3987077张，解决居民身份号码重错号712张。同时根据国务院办公厅、广东省人民政府的有关要求，草拟《关于积极稳妥推进汕头市户籍管理制度改革的意见》，全面推进户籍管理制度改革，消除户籍管理的城乡二元结构，实行一元化管理。

【网络安全管理】2011年，汕头市公安网警部门积极深化管理创新，不断提升网络管控能力。推进网安警务室建设，布建网安警务室25个；强化阵地管控能力，确保网吧上网人员实名登记率达到100%；深化等级保护工作；全市有77家重要信息系统使用单位在公安机关备案，备案信息系统249个；推动全市网警队伍建设，在全市六区一县成立独立网警大队；深入组织“净网行动”、“打击网络黑市”等多个专项网络整治行动，共查处黑网吧21家，清理未备案网站4408家，关闭违法网站28家，关停网站栏目74个。

【特警工作】2011年，汕头市公安特警部门切实履行职责，提高快速反应能力，切实抓好突发性事件预防和处置工作，出色地完成各项安全保卫任务。年内，全市公安特警部门参与处置群体性事件54场次，出动警力4500人次；参与汕头经济特区成立30周年庆典等大型活动安全保卫7场次，首长警卫4场次，出动警力1025人次；成功参与指导、排除爆炸装置2场次；查获各类违法犯罪案件60宗，带破刑事案件88宗;抓获各类违法犯罪嫌疑人78名，缴获涉案摩托车50辆等赃款赃物一批。

【110接处警工作】2011年，汕头市公安110报警服务台通过及时接处警，共接受群众报警、举报、求助等184856起。其中，接报刑事警情13793起，治安警情21967起，通过快速接处警，协助处警单位查破各类案件3000多起，调解各类纠纷22413起，解决群众求助事项86922起，举报30679起，其它9082起。110报警服务台在省厅年度信息考核工作中全省并列排第6名，被市委评为2011年度信息工作先进单位；围绕“开门评警走进110”和“给力110一起保安宁”的主题，通过请进来、走出去、网上网下相结合等多种形式，110的“大走访”工作在省厅指挥系统被评为先进单位；连续14年被共青团中央、公安部授予“全国青年文明号”荣誉称号，成为全国公安系统唯一一个连续10年以上获此殊荣的集体。

【道路交通管理工作】2011年，汕头市公安机关交警部门围绕“抓安全、保畅通、促和谐”为主题，大力整治道路交通秩序，深入宣传教育交通安全，加强交通安全设施建设和推广应用交通科技，圆满完成特区成立三十周年庆典等重大活动的交通安全警卫任务。全年全市共发生道路交通事故436宗、死亡192人、受伤335人、直接经济损失1347709元，同比分别下降16.95%、2.04%、32.87%、31.17%；万台车死亡率2.42。全市机动车保有量827613辆，新增63524辆，驾驶人保有量894076人。按照公安部、公安厅的要求，驾驶人科目二考试系统于2011年4月1日建成并投入使用。至年底，通过智能系统考试的驾驶员129882人。有效预防交通事故。充分发挥主导作用，健全市、区、镇预防事故联席会议制度，加强与安监、交通运输等部门的联系和配合，排查治理事故危险路桥点段112处，全年交通事故事项指数全面下降，未发生一次死亡3人以上特大事故；开展“清网行动”，强化交通肇事逃逸追逃工作。全力整治交通秩序。开展整治客货运车辆、校车、危运车、非法机动车等重点车辆和整治“三超一疲劳”、酒后驾驶，机动车乱停放等一系列专项整治；2011年全年共查处机动车交通违法行为89.74万宗，纠正非法机动车、行人违法10.58万宗，拘留交通违法人员509人。大力优化城区交通。中心城区道路智能交通监控系统一期工程建成并投入使用；全年新建、改建、升级38个路口交通信号灯、增设交通标志300套（块）、隔离护栏2000幅6000米，施划、翻新交通标线5.8万平方米，新建、投入区间测速设备16套，电子警察设备128套；改造36个路口隔离设施，增加路口左转弯车道69条，进一步提高管理水平，优化交通流组织，规范交通行为。广泛宣传交通安全。推行“文明交通行动计划”，认真落实交通安全宣传进单位、进农村、进学校、进社区、进家庭的“五进”措施，开展“文明示范公路”创建、“安全文明驾驶员”评选等各类主题宣传活动；与各新闻媒体合作，改版、扩版各类专栏、专版，增加延长专题节目、公益广告播出次数和时间等，完善“车主服务”短信平台和“平安汕头”交警子网页，开辟户外LED宣传阵地，扩大交通安全宣传的普及面，扩大宣传影响。创新交通管理模式。推出机动车检验合格标志核发“一站式”服务，车管业务邮政送达告知，交通违法异地处理缴款，交通事故快处快赔、人民调解和交通巡回法庭等一系列便民措施；进一步推进提交身体条件证明“一站式”服务，联网医疗机构增至3家；在汽车品牌专营店、二手车交易市场设立的机动车登记服务站增至7家，方便群众就近办理车管、驾管业务。

【出入境管理】2011年，汕头市公安出入境管理部门以“回应人民群众新期待，满足人民群众新要求”为目标，积极推进社会管理创新工作。年内，全市公安出入境管理部门共审批签发、签注各类出入境证件501913份，同比增长26.57%。4月1日起，开始受理审批香港居民在内地超龄子女申请前往香港定居与父母团聚，取消全市居民大部分出入境证件受理区域限制；招募熟悉英语、日语、韩语、马来语、泰语、越南语和俄语等7个语种的28名外语人才组成“汕头市涉外翻译服务队”，在协助公安机关建立“三方通话”机制、更好地履行外国人管理工作的职能方面，发挥积极作用；以“平安大运”为目标，全力开展非法入境、非法居留、非法就业外国人清查行动，共查处“三非”外国人89人。

【警卫工作】2011年，汕头市公安警卫部门坚持把“安全第一”放在首位，以高度的政治敏感性，认真负责的工作态度，防微杜渐，防范未然，预先采取一系列安全防范警卫措施，确保每项警卫保卫任务安全、圆满地完成。全年全市公安警卫部门共完成各项安全警卫保卫任务113批7203人次，历时241天次，安全行车护卫14775公里。确保吴官正、汪洋、曾荫权、杨汝岱、许嘉璐、历无畏、张志辉、林文漪、李兆焯和省部级领导朱小丹、朱明国、肖志恒、梁伟发、徐少华、雷于蓝、刘昆、招玉芳、卢瑞华、汤炳权以及重要外宾、国际知名人士李嘉诚、陈汉士、马介璋、陈伟南等莅汕考察调研和参观访问的绝对安全，确保“全省深化体制改革会议”、“特区30周年庆典”、市人大政协会议等重要会议和重大活动的安全顺利和圆满成功。

【法制工作】2011年，汕头市公安法制部门紧紧围绕“粤安11”、“打黑除恶”、“三访三评”等公安中心工作，充分发挥组织、服务、监督、协调职能作用，高效完成各项工作。全年全市公安法制部门共审核刑事强制措施7056人、行政处罚7801人，收容教育12人、劳动教养108人、少年收容教养7人，办理行政复议案件16宗，参与重、特大案件研讨117场，办理市人大建议11件、市政协提案25件，答复各类规章征求意见稿150件。市公安法制部门牵头研发的执法实时监测系统并在全省推行；在全市各级公安机关实行法制员制度；组织举行汕头市公安机关人民警察首次基本级执法资格考试，全市6千多名公安民警参考；参与起草地方性法规《汕头经济特区道路交通安全条例》。

【预审监管工作】2011年，汕头市公安预审监管部门立足本职，狠抓案件的审理，强化审讯攻坚，快审快结，从严从快打击各类犯罪分子，全力支持和服务公安机关打击犯罪活动。年内，全市公安预审监管部门共受理案件122宗187人，其中，逮捕70宗99人,审结移送起诉99宗150人，受理“清网”行动案件43宗47人，已理结16宗17人,通过预审深挖扩破案件4宗，扩捕犯罪嫌疑人7名。坚持以“抓安全、重创新、树先进”的工作理念，扎实有效推动各项监管工作的深入开展，确保全市公安监管场所的稳定安全与和谐文明。全市公安各看守所共收押各类在押人员6千多人，处理出所近6千人；全市公安各强制隔离戒毒所、收容教育所、拘留所共收押9千多人，处理出所9383人。

【信访工作】2011年，汕头市公安信访部门认真开展“基层大接访”、“清理涉法涉诉信访矛盾纠纷”、“重点信访案件专项治理”等活动，不断排查化解信访突出问题，积极调处矛盾纠纷，全力以赴确保全国“两会”、深圳大运会期间等重要敏感时期全市社会大局稳定。全市公安信访部门共接受来信来访785件，其中来信453件，同比下降6.6%，办结445件，办结率98.2%；接待群众来访332起705人（次），同比下降10%，办结318起，办结率96.4%，其中初访135起349人次，重访197起356人次。接受上级交办信访事项146件，办结140件，办结率95.9%。信访总量及初信初访同比均有所下降。

【公安宣传】2011年，汕头市公安宣传部门紧密围绕公安中心工作，大力宣传公安机关开展“大走访”开门评警、“粤安11”等一系列专项行动取得的成效，及时应对媒体关注焦点问题，有效引导舆论方向，将负面影响减少到最低程度；加强《汕头警声》、“平安汕头”网站、新浪、腾讯微博等阵地建设，全力推进市局“服务措施一网办”的工作。全年全市公安机关在各媒体上发表的稿件3030篇，其中中央媒体233篇，省级媒体180篇，市级媒体2617篇。全年共召开新闻发布会、通报会60场，拍摄《汕头警声》专题片49期，配合市局有关业务部门制做工作电视专题40个,登录“平安汕头”网站浏览办理业务的网民492750人次，收集网民咨询等信息2089条，回复2083条，回复率达98%，在新浪网“平安汕头”微博和腾讯微博发贴2190篇，有粉丝1230208名。

【警务督察】2011年，汕头市公安机关警务督察部门着力开展网上督察、预警防范和维权工作，有效保障各项警务工作措施的落实，促进全市公安队伍的正规化建设。2011年，全市各级警务督察部门共出动警力6912人（次），组织专项督察活动92次，开展现场督察572场（次），组织开展警务暗访38场（次），督查单位1238个（次），督察民警3688人（次），上路检查各类车辆320辆（次），检查用枪单位823个（次），编发警务督察通报4期、督察信息30期。市公安局网上督察中心共开展网上督察2180小时，抽查督察单位3260个（次），发现问题450个，编写网上督察通报28期，情况汇报40篇，简报8期。受理人民群众警务投诉36宗，已查结31宗，对2名严重违反工作规定的民警采取停止执行职务，并转交纪检部门作进一步处理。

【公安信息】2011年，汕头市公安科技信通部门紧紧围绕公安中心工作，积极推动“五个一网”等信息化重点工程建设和信息通信基础建设，逐步完善信息化应用体系，使公安信息化应用领域不断拓展，公安信息化应用水平和能力不断提升。年内，全市公安科技信息部门全力打造平安“天网”，安装视频监控摄像头13.3万个；积极推动“五个一网”建设应用，搭建完成由重点对象管控子系统等系统组成的“大情报”体系架构，已建成的公安综合指挥系统，实现全市统一接处警和“三台合一”，110接处警系统与警综系统实现无缝对接；推出服务窗口办证缴费“一站式”服务、异地缴交交通违法罚款等一系列便民利民措施。

【警务保障】2011年，汕头市公安财务部门实行经费包干创新警务保障机制。有效提升后勤保障服务水平；设立启动后勤保障受理大厅，实现后勤保障业务的统一受理，加快处理报批流程，有效强化后勤保障服务；建立涉案物品管理中心并投入正常工作运转，有效规范涉案扣押物品的统一管理；圆满完成装备财务的各项日常工作，做好装备管理及保障工作等；汕头市公安局装备财务科荣获“2011年度全省公安装备财务统计先进单位”称号。

【公安队伍建设】2011年，汕头市公安政工部门认真落实《广东省公安机关创新队伍建设的意见》，着力做好公安队伍建设工作，为各项公安工作科学发展提供强有力的思想政治保障。通过归并职能、合理分工、精简机构、优化组合，盘活现有警力资源，使机构设置更加合理，警力设置更加科学。实现大部制设置、向机构改革要警力的目标。严格招警工作，严把报名、资格审查、笔试、体能测试、面试、体检和政审等环节，确保公平、公开、公正，年内实录85名不同专业知识的大专以上毕业生，充实到基层一线。积极做好先进典型表彰奖励工作。全年共131个集体和1071名受到表彰。庄宜生同志光荣当选第四届“我最喜爱的人民警察”和首届“感动汕头十大人物”。荣获“全国公安系统一级英雄模范”荣誉称号，被授予“全国五一劳动奖章”、“全国政法系统优秀党员干警”、“广东省模范共产党员”。扎实开展民警教育训练工作，全年有7312人次参加各类训练班。

【警察协会工作】2011年10月13日，市公安局召开汕头市警察协会理事会工作会议，会议选举市公安局党委副书记、副局长罗美胜同志为新一任警察协会会长，增聘李光洪、宋荣生两位同志为汕头市警察协会名誉会长；选举詹奕华、郭英杰、陈志伟、郑康宏四位同志为汕头市警察协会副会长；同时增补肖晓东等7位理事。出版《汕头警坛》4期，推出更多更好的理论研究成果。2011年4月21日，汕头市警察协会女警官分会正式成立。12月27日，召开新春慰问因公受伤等民警座谈会，并向受伤民警和参会家属发放民警医疗困难补助金。

【汕头警察历史馆】2011年10月13日开馆。该馆位于汕头市公安局主楼一楼中心位置，占地面积约800平方米，分为前言、机构沿革、历任领导、光辉历程、特色警种、英模英烈、警务交流、多媒体功能区等8个展区，收藏、展出各类照片1000余幅，实物510余件，涵盖汕头警察从清末、民国、日伪及新中国等各个历史时期的演变历程，真实再现了一代又一代汕头公安民警的英勇事迹和光辉形象，成为缅怀公安先烈和先辈、教育公安民警、激励后人、宣传人民公安革命传统和激发爱国主义情怀的基地，受到社会各界和公安民警的一致好评。

【办公环境建设】2011年，汕头市公安机关全力打造一个高标准的公安办公场所，为民警创建一个高效、清洁和舒适的办公环境。集中财力物力做好广东省公安厅刑事技术粤东（汕头）分中心工程、汕头市看守所专门监区工程、二驾驶人科目考试场地及配套工程建设；加紧市公安局机关大院配套及文化建设。同时，建成汕头市公安局文化驿站、警察协会办公室、警务保障服务大厅和警察历史馆。

【武警保卫工作】2011年，武警汕头市支队坚持科学发展，以转变基于信息系统的执勤处突体系能力建设为主线，以“迎大运百日强化大练兵”活动为契机，全力做好各项武警保卫工作。突出抓好官兵基础训练和体能、技能、智能训练，有效地提高武警官兵的综合素质；注重加强机动分队抢险救灾和反恐力量建设，突出首长机关组织指挥训练、战法研究和实战演练，支队官兵在潮州古巷、潮阳海门、深圳大运安保等临时处突任务中锤炼了实战能力，完成了任务，维护了驻地社会稳定；全力贯彻落实《建设现代化武警纲要》的要求，立足支队实际，投入专项经费完成支队“三个中心”建设和所属基层中队“三网一系统”建设，部队信息化建设水平大幅提升。坚持科学组勤、依法执勤，强力推进“四防一体化”建设，较好地完成中心任务。2011年，支队圆满完成多起警卫、押解、处置上访、武装巡逻。支队被武警党委表彰为“基层建设标兵支队”和“安全工作连续九年以上‘三无’单位”，被总队表彰为“先进党委”、“大运安保先进单位”和“执勤一级单位”。

【边防保卫】2011年，汕头市公安边防支队坚持科学发展，深化“爱民固边、爱兵固本”两项工程，超常规攻坚大运安保，派遣1艘公边艇和25名官兵开赴广东边防总队指定海域奋战18天执行大运安保勤务，确保赛区绝对安全；与民营企业党委共建，开创支队级以上党委层面警地联创联建先河；开展基层党务公开和听证咨询试点工作，首试“敏感问题大讨论、争议问题大票决”，探寻重大事项票决制的新途径，树立党委正气，提升部队士气，确保官兵服气；率先实现“将爱民固边战略纳入市级三大建设规划”目标，爱民固边战略上升为党政工程，东里所和3个模范村获市（县）命名表彰，2个模范村入选市级示范村；支队化解矛盾纠纷做法获孟建柱部长、孟宏伟副部长等领导批示肯定。“清网行动”撤网率91.38%，其中新溪、田心所撤网率100%，省厅、市局领导4次批示肯定，总队3次贺电褒奖、4次简报推介，媒体18次报道。2011年，边防管理辖区刑事发案343宗、同比下降15.7%，破案率同比上升4%；受理查处治安案件511起。抓获各类违法犯罪嫌疑人627人，查获走私案7宗，缴获成品油330.43吨，案值266多万元。东里所侦破省厅挂牌督办的“20111013”盗窃案，带破4宗盗窃案；新溪所打击涉枪违法犯罪；坝头所连破2宗拐卖儿童案件，均得到省公安厅领导的肯定。

【消防管理】2011年，汕头市公安消防支队立足本职，着力开展各项消防管理工作，取得显著成效。火灾隐患重点地区政府挂牌督办整治行动深入推进。推动市、区两级政府，对全市火灾隐患较为突出的街道（镇）进行挂牌督办，效果明显，至今整治地区实现火灾事故零伤亡。建立消防培训教育基地化模式。建成全省首个消防体验馆、首个职业技能培训处；依托区域性战勤保障中心，建设新型综合性消防培训教育基地。深入推进消防工作法制化进程。充分利用特区立法优势，及时修订《汕头市消防条例》，研究制定《汕头市“十二五”消防工作发展规划》。扎实开展“清剿火患”战役。社会面火灾防控工作开创新局面。全年全市共发生火灾234起，死亡7人，伤2人，死亡数和伤人数持续下降。每十万人口死亡数和直接经济损失数分别为0.132人和42.19万元，比2010年同期分别下降50%和19.3%，为历年来最好水平。部队建设攀登新台阶。建成汕头市区域性战勤保障中心和应急救援模拟训练基地，配套烟热训练、攀爬横渡、深井救援、燃烧室、地下工程火灾、坑道救援、消防自动化系统、火场逃生等模拟训练设施。同时，汕头市公安消防支队被广东省公安消防总队评为“先进支队级党委”、“三争优先进支队”等。

检察工作

【概况】2011年，汕头市检察机关紧紧围绕“强化法律监督，维护公平正义”检察工作主题，以强化法律监督、强化自身监督、强化高素质检察队伍建设为总体要求，认真组织开展“诉讼监督年”活动，全面履行各项检察职能，着力服务经济社会发展大局，为汕头市“十二五”发展实现良好开局提供有力的司法保障和法律服务。全市检察机关涌现出38个先进集体和37名先进个人，其中市院被授予“全国文明单位”、“广东省法制宣传教育工作先进集体”称号，市院法警支队被评为“全国检察机关司法警察编队管理示范单位”，澄海区院被评为“广东省文明单位”，市院民行科、金平区院和龙湖区院反贪局被评为“汕头市文明单位”。

【服务大局工作】2011年，汕头市检察机关紧紧围绕“推动科学发展、建设幸福汕头”这一核心任务，制定出台《汕头市人民检察院贯彻落实〈法治广东建设五年规划（2011-2015年）〉的工作意见》，提出26条服务大局的工作措施。围绕市委市政府部署的产业园区、重点项目工程和重大民生工程建设，创新专项预防模式，建立社会稳定风险评估、行贿犯罪档案查询、预警预测和警示警告等制度，推动和谐园区、廉洁工程建设。扎实推进扶贫开发“规划到户、责任到人”工作，帮助濠江区礐石街道松山社区完成多个民生工程建设，社区群众脱贫率达到95%，得到朱小丹省长的充分肯定。

【侦查监督工作】2011年，汕头市检察机关依法严厉打击各类刑事犯罪，共批捕各类犯罪嫌疑人4020人，其中“涉枪、涉毒、涉黑、涉黄、涉赌”犯罪嫌疑人636人，“两抢一盗”犯罪嫌疑人1533人。切实履行侦查监督职能，共开展立案监督21件，分别纠正侦查机关该立案而不立案的18件、不该立案而立案的3件；开展侦查活动监督404件；对事实不清、证据不足或情节轻微无逮捕必要的356名犯罪嫌疑人不批准逮捕。强化知识产权司法保护，组织开展打击侵犯知识产权和制售假冒伪劣商品专项行动，共批捕各类侵犯知识产权、制售假冒伪劣产品案件22件37人，涉案总金额21981.6万元。推进行政执法与刑事司法相衔接工作，与市监察局、公安局联合开展“行政执法机关移送涉嫌犯罪案件专项监督活动”，共抽查行政处罚案件678件，监督应当立案而不立案的案件23件。

【公诉工作】2011年，汕头市检察机关充分发挥指控犯罪职能作用，积极参与“涉枪涉爆”重点整治活动和打黑除恶等专项斗争，共提起公诉4198人，维护全市社会治安大局稳定。积极开展审判监督工作，全年共提出刑事抗诉9件。大力推进量刑规范化改革，全市公诉部门共提出量刑建议1047件1475人，其中已判决782件1056人，法院判决采纳量刑建议642件885人，采纳率为84%。贯彻宽严相济刑事司法政策，积极推行阳光公诉，健全轻微刑事案件和解、不抗诉不起诉说理工作机制，促进社会矛盾化解。在省院举办的检察文书说理评奖活动中，全市公诉部门有2篇不起诉说理书、2篇不抗诉说理书获奖。

【查办职务犯罪】2011年，汕头市检察机关始终保持惩治腐败高压态势，依法查办贪污贿赂和渎职侵权职务犯罪。全市检察机关共立案侦查贪污贿赂职务犯罪案件57件82人，立案人数同比上升1.23%。其中大要案53件75人，查处厅级干部1人，处级干部4人，科级干部13人。所立案件中，贪污案23件41人，贿赂案26件32人，挪用公款案7件8人，私分国有资产案1件1人；侦查终结54件76人（含积案），移送审查起诉49件71人，通过办案为国家和集体挽回经济损失人民币2172.2万元、港币140万元。立案侦查渎职侵权案件14件15人，其中玩忽职守案13件14人，滥用职权案1件1人；侦查终结20件20人（含积案）,移送审查起诉12件12人。结合政法机关开展的网上追逃专项督察“清网行动”，加大追逃工作力度，共抓获、规劝网上通缉的职务犯罪嫌疑人21人归案，清网人数居全省检察机关首位。

【预防职务犯罪】2011年，汕头市检察机关牢固树立打击是手段、预防为根本的观念，切实把预防职务犯罪作为抓源治本、功德无量的工作来抓。制定出台《汕头市检察机关服务和保障我市各级换届选举工作顺利进行专题预防实施方案》，积极开展宣传引导、矛盾调处、岗前教育等工作，为全市各级换届选举工作顺利进行营造良好的法治环境。成功举办全国检察机关惩治与预防渎职侵权犯罪展览汕头巡展，共有1100多个单位33000多人参观展览，现场发放宣传手册资料23000多份。积极开展预防调查、案件分析、预防建议、预防提示、预防宣传和警示教育等工作，共向有关单位提供预防咨询116次，开展行贿犯罪档案查询67次，提出预防建议34份，派员到工商、环保、规划、质监等行政执法单位上法制教育课53场，受教育18500多人次。

【控告申诉检察】2011年，汕头市检察机关坚持把化解矛盾贯穿于执法办案始终，建立健全执法办案风险评估预警、检调对接、刑事被害人救助等机制，继续完善检察长接待日制度和领导接访、下访、巡访等制度，深入推进“信访积案化解”、两级院领导干部“基层大接访”活动，全年共受理各类来信来访925件，其中集体访125批1099人。市院、澄海区院再次被评为“全国检察机关文明接待室”，龙湖、潮南区院被评为“全省检察机关文明接待室”。组织开展“加强渎职侵权检察工作，促进依法行政与公正司法”举报宣传周活动，激发群众举报热情；进一步规范举报线索管理工作，通过举报线索立案侦查63件83人，其中反贪部门立案侦查52件72人，反渎部门立案侦查11件11人。认真开展刑事申诉复查工作，共受理刑事申诉案件12件，立案复查5件，复查后向法院提出抗诉1件。

【监所检察】2011年，汕头市检察机关在全市监管场所组织开展安全管理、超期羁押、械具和禁闭使用情况等专项检察活动，共纠正看守所及各单位办案人员违纪违规现象55起，消除安全事故隐患27起，核查涉嫌超期羁押422人次，提出安全防范检察建议67件。加强对刑罚变更执行和社区矫正的法律监督，共审查监督拟减刑74人，考察监外执行罪犯667人次，监督公安机关对9名漏管、脱管罪犯落实监管。继续推行“检察官约见制度”，共接受在押人员约见90人次。大力推进驻所检察室规范化建设，澄海区院驻看守所检察室再次被高检院评为“一级规范化检察室”，并成为全省检察机关10个派驻监管场所示范检察室之一；设立派驻市看守所检察室、派驻市劳教所检察室，实现派驻监管场所检察室的“同级派驻”。

【民事行政检察】2011年，汕头市检察机关进一步明确民事行政检察工作的职能定位和基本要求，综合运用纠正违法、检察建议、违法行为调查等方式，积极构建以抗诉为中心的多元化监督格局。年内，全市检察机关共受理民行申诉案件88件，立案60件，提请和建议提请抗诉22件，抗诉4件；发出检察建议13份；开展违法行为调查5件，移送渎检部门审查4件4人，移送公安机关1件1人。积极开展民事督促起诉工作，帮助两个基层居委会收回集体资金1097万元，督促国土部门收缴被拖欠的土地出让金1400多万元。

【检察工作改革】2011年，汕头市检察机关加强反渎机构队伍建设，全市各基层院均设立反渎职侵权局，市院反渎职侵权局经市编委同意实现局领导高配。严格执行检察机关执法办案内部监督规定，落实职务犯罪审查逮捕上提一级等改革，推行办理职务犯罪案件“三书一制度”、执法过错责任追究等制度，对执法办案实行动态化管理和监督。高标准推进办案工作区建设，全市两级院共设置办案工作区9个，同时制定《办案工作区设置和使用管理规定》、《讯问职务犯罪嫌疑人全程同步录音录像规定》等办案安全防范制度，确保办案安全无事故。健全完善案件管理制度，制定出台案件管理系统权限、案件流程监控、收送案件等管理规定，进一步规范办案活动的流程管理和内部监督。全面推行人民监督员制度，原来本级检察院选任的人民监督员改由上一级检察院统一选任，并将查办职务犯罪案件中具有终局性的主要环节都纳入人民监督员的监督范围，2011年市院共选任44名人民监督员，自侦拟不诉案件18件29人全部接受人民监督员独立评议表决，其监督意见均被检委会采纳。建立申诉案件公开听证制度，对申诉人不服检察机关作出的不抗诉、不提请抗诉决定、多年缠诉不止的案件，在征得申诉人同意的情况下进行公开听证。积极稳妥推进派出检察室建设，在基层设立检察联络点、知识产权司法保护工作站、预防职务犯罪工作站等，进一步促进检力下沉。不断深化“阳光检务”，健全完善“检察开放日”、诉讼权利告知、案件办理情况查询等制度，大力开展检察官进社区、进农村、进企业、进学校等活动，增强检察工作透明度。

【队伍建设】2011年，汕头市检察机关坚持抓党建带队建，抓班子带队伍，努力打造高素质检察队伍。全面加强思想政治建设，认真组织开展“发扬传统、坚定信念、执法为民”主题教育实践活动，深入推进创先争优活动，市院机关党委被评为全市先进基层党组织，1名干警被评为全国政法系统优秀党员干警、广东省优秀共产党员。加大干部选任、交流和培养使用力度，积极配合地方党委做好基层检察长换届工作，并对市院9个正科、10个副科领导岗位分两批次进行竞争上岗。大规模推进全员培训、岗位练兵和业务竞赛，在广东省检察机关民行检察业务竞赛暨首届“优秀民行检察官”评选活动中，有3名干警荣获广东省“优秀民行检察官”称号。着力抓好纪律作风建设和自身反腐倡廉建设，组织开展“维护人民群众合法权益、解决反映强烈突出问题”专项检查活动，深入开展廉政风险点排查防控工作和检务督察工作，确保公正廉洁执法。

【检察文化建设】2011年，汕头市检察机关坚持把检察文化作为检察事业科学发展的内在动力，深入推进理念文化、素养文化、行为文化、业务文化、信息文化、制度文化等“六大工程”。举办“幸福检察”新春联欢晚会、首届元宵游艺活动，组织检察官合唱团参加全市庆祝中国共产党成立90周年“幸福歌声献给党”歌咏比赛，以总分第一名的成绩夺得金奖；选送快板表演唱节目参加广东省检察机关迎春文艺汇演，组织合唱节目参加全市“幸福歌声献给党”主题歌会，组织篮球队、围棋队、羽毛球队、乒乓球队参加汕头市第十二届运动会获得好成绩。市院机关工会被评为“广东省模范职工之家”、“广东省第十二届体育节先进单位”。

【基层基础建设】2011年，汕头市检察机关认真组织开展全市检察机关信息化应用年活动，大力推进检察信息化建设和信息化应用，全市完成三级网建设、机要通道建设和高清视频会议系统建设，综合办公信息系统、案件流程管理系统、检务保障信息系统等得到广泛应用。进一步完善和落实领导挂钩联系基层院、业务部门对口指导制度，完善基层院规范化建设考核办法，不断推进基层院执法规范化、队伍专业化、管理科学化和保障现代化建设，澄海区院、潮南区院被评为广东省先进基层检察院。

（翁崇武 郑瑞洲）

审判工作

【概况】2011年，汕头市中级人民法院辖7个基层人民法院、24个人民法庭。全市法院系统人在编人员1009人，其中具有审判职称556人。市中级法院在编人员299人，其中具有审判职称172人。2011年，全市两级法院及时出台提供司法保障和法律服务的意见和措施，参与“幸福汕头”建设，坚持审判工作为经济发展和社会稳定服务。出台审判指导意见，适当降低企业申请财产保全的担保门槛，积极采取诉前证据保全、财产保全和诉讼禁令等措施，服务经济发展。妥善处理涉及金融不良债权转让案件，注重对国有资产和职工合法权益的保护，妥善审理社会治安、劳资纠纷、城市管理等可能引发群体上访的案件。认真制订处置汕头市商业银行重整遗留问题涉及有关案件的工作方案，有效维护商业银行重组后的平稳过渡。依法妥善审理余桂常聚众扰乱社会秩序、黄茂廷等人聚众斗殴、邱礼广等人聚众扰乱交通秩序等3件群体性案件，确保汕头市社会稳定和基层自治组织顺利换届。2011年，市中级法院在全省法院排头兵达标竞赛活动中年终达标率为100%，18项指标实现全面达标。群众满意度问卷调查满意率为95.3%，高于全省法院整体工作人民群众满意率0.2个百分点，处于优秀水平。全市法院共受理各类案件13283件，办结12561件，结案率99.6%。其中，基层法院受理案件12100件，办结11461件；市中级法院受理案件1183件，办结1100件。有1个单位和个人受到国家级表彰，41个单位和个人受到省级表彰，163个单位和个人受到市级表彰。

【刑事审判】2011年，汕头市两级法院共审结刑事案件2928件，判处犯罪分子3986人。全面贯彻“宽严相济”的刑事政策，依法严厉打击故意杀人、故意伤害、抢劫、绑架、强奸等严重暴力性犯罪和抢夺、盗窃等多发性犯罪，共审结此类案件1303件，判处犯罪分子2076人；同时，对具有从轻、减轻或者免除处罚情节的被告人和未成年、老年被告人，依法予以从轻、减轻或者免除处罚；加强对未成年被告人的教育、感化和挽救工作。深入开展“打黑除恶”专项斗争，加强与公安、检察机关的沟通和协调，稳、准、狠地打击黑恶势力犯罪。

【民商事审判】2011年，汕头市两级法院坚持法律效果与社会效果的有机统一，积极调处矛盾纠纷、平衡利益关系、维护交易安全，共审结各类民事案件6014件，标的额30.17亿元。其中，审结婚姻家庭、继承、人身损害和财产侵权损害赔偿等民事纠纷案件2807件；审结买卖、运输、租赁、借贷、金融债权等合同纠纷案件3207件；审结涉及著作权、商标权、专利权、商业秘密等知识产权纠纷案件162件，审结各类涉外、涉港澳台民商事纠纷案件65件。

【行政审判】2011年，汕头市两级法院坚持保障与监督并举、支持与制约并重，稳妥处理“官民”纠纷，依法保护行政行为相对人的合法权益，支持和监督行政机关依法行政。共审结行政案件55件。依法配合和支持行政部门的执法工作，审查和执结非诉行政执行案件79件。

【执行工作】2011年，汕头市两级法院不断创新执行方式方法，成立执行指挥中心，加强立、审、执快速反应，共执结3475件，执结标的额15.77亿元。积极探索建立党委政法委组织协调、人民法院主办、有关部门联动、社会各界参与的执行工作长效机制建立执行联动机制。树立主动执行理念，积极推进主动执行工作，实行财产调查控制、悬赏举报、限制高消费、强制审计、限制或禁止被执行人融资、置产、出境等执行方法，尽最大努力实现债权人的合法权益。完善执行工作机制，建立执行结案率、执行标的到位率相结合的执行工作考核机制，金平区法院和濠江区法院实际执行率高达100%。加大执行案件和解力度，促使案件当事人和解。

【调解工作】2011年，汕头市两级法院在法院内部构建全方位的调解机制，使调解工作覆盖审判工作各领域、各阶段。全市法院案件调解撤诉率达76.92%。建立特邀调解员工作机制，调动社会力量化解矛盾纠纷。创新诉调对接机制，在全省率先就基层法院与综治信访维稳中心诉调对接工作做出规定。积极推进诉前联调工作，构建联合调解平台，统一诉前联调文书样式。年内，全市各基层法院共通过联调机构调解民商事纠纷112宗，达成调解协议98宗，其中，有67宗当事人向法院申请司法确认。

【审判管理】2011年，汕头市两级法院建立健全审判质量评估指标体系，对审判质量、效率和效果进行动态管理。全面推行改判、发回重审案件责任倒查、创设内部审限等制度，全市法院一审案件发改率仅为0.48%，法定审限结案率达99.91%。金平区法院、澄海区法院和潮阳区法院结案均衡度均高于80%；金平区法院一审简易程序适用率高达93.38%;潮南区法院一审服判息诉率高达96.57%；全市有6个基层法院法定审限内结案率为100%；有6个基层法院生效案件发改率为0；有6个基层法院一审服判息诉率高于90%。市中级法院审判部门法定审限内结案率都是100%，延长审限未结率均为0；4个民事审判庭和行政庭二审开庭审理率为100%；民二庭、民四庭和执一庭结案均衡度均高于80%；民三庭调解、撤诉率66.40%；刑二庭非监禁刑适用率较高52.29%，未成年人罪犯非监禁刑适用率达到100%；立案庭再审审查听证率为100%。

【延伸司法服务】2011年，汕头市两级法院围绕市委“创建国内一流的优质投资软环境”要求，抽调20名资深法官组成“法官服务团”，深入知名企业、龙头企业，主动送法上门，组织座谈会、专题法律讲座及法律咨询服务活动，在行业商会设立法律咨询联系点。建立知识产权案件审理、执行的快捷通道，实行快速立案、优先开庭、主动执行。将提供知识产权司法保护作为服务重点，及时审理汕头市知名企业品牌、商标被假冒案件。年内，受理知识产权案件170件，审结162件，同比分别上升153.73%和

149.23%。深入开展群众观念大讨论再教育活动，切实把司法为民宗旨落实到执法办案各个环节，提升司法服务水平和司法公信力。深入开展立案信访窗口司法作风评比活动，开展窗口微笑服务，全面提升司法服务水平，加强立案信访窗口建设。加强诉讼服务，为当事人提供引导、咨询、接待、预约、诉讼材料收转等服务。坚持日常接访与专项治理相结合，加强涉诉信访案件催办、督办、协调和反馈。全市法院来信来访件数和人数同比分别下降25.27%和37.06%。通过《打开案卷》、《汕头审判》、《法庭内外》、《法官说法》、“汕头市领导干部法制实践基地”、“青少年法律教育实践基地”等载体有效开展法制宣传教育，在全社会营造学法、守法、用法的氛围。不断提高司法建议数量和质量，主动服务社会管理创新。全年共发出司法建议56份，16件被采纳。其中，5件司法建议报送参评全省优秀司法建议，有1件司法建议获评为“全省10佳司法建议”，有2件司法建议获评为“全省优秀司法建议”。

【司法公开】2011年，汕头市两级法院实行办案流程网络公开、庭审过程网络直播公开、裁判文书上网公开、对重大复杂疑难案件听证公开、审判委员会委员讨论案件回避等措施。向当事人公开执行立案、财产查控、财产处置、执行结案等信息。对已生效裁判文书全部履行完毕而结案的执行案件，以及因法定原因需要延长执行期限的案件，及时书面告知当事人。组织开展“法院开放日”、“法庭开放日”等活动，增进公众对法院的了解。加大司法救助力度。为经济确有困难的诉讼当事人给予减、免、缓交诉讼费416.68万元，涉及案件500件。创新接受人大代表、政协委员监督的机制形式。深入开展“百场释法答疑”、“百场征求意见”等活动，邀请人大代表、政协委员围绕社会比较关注的醉驾和医患纠纷问题进行释法答疑，受到代表委员的充分肯定。建立法官与律师双向监督机制，建立市法官协会与市律师协会联席会议制度，对当事人意见分歧较大的信访案件通过联席会议得到妥善解决，当事人息诉罢访。

【队伍建设】2011年，汕头市两级法院深入开展社会主义法治理念再教育、“发扬传统、坚定信念、执法为民”等主题教育实践活动，不断增强干警的政治意识、大局意识、责任意识和服务意识。澄海区法院书记员谢昀被评为“全国巾帼建功标兵”，当选“感动汕头十大人物”。深入开展司法作风整治活动，加强明察暗访，严肃审判、执行工作纪律，整顿庭风、会风、警风。严格落实“四个一律”要求和“五个严禁”规定，强化廉政警示教育，做到警钟长鸣。开设“汕头法院廉政账户”，实行法院系统工作人员重大事项申报、司法委托工作廉政保证书、在审判、执行和涉人财物等重点部门设立廉政监察员等制度，扎实落实领导班子和领导干部党风廉政建设责任制，积极推进惩防体系建设。组织干警参加上级法院各类业务培训，更新业务知识。与国家法官学院、中国政法大学、汕头大学合作共建科研实践基地，通过法学研究和审判实务互动推动审判水平提升。组织庭审观摩、优秀裁判文书评比、调解能手评比等活动，加强岗位练兵。加强基层法院领导班子建设，配齐配强基层法院领导班子。出台基层法庭案件管辖办法，通过检查督办、下发审判指导文件等形式，加强对基层法院一审案件的指导，统一审判尺度。加强两级法院的业务沟通，凡是中院对一审法院改判、发回重审的，改判前、发回重审前，中院业务庭与一审法院进行沟通，一审法院有不同意见的，可以召开案件剖析会进行讨论，为基层干警创造了一个平等的“话语权”，确保案件裁判公平合理。进一步加强对基层干警的关心，推行选调基层法院的优秀人才到中院任职的制度。强力推进信息化建设，建成审判管理综合系统等信息化管理平台，在全市法院推进科技法庭建设，为加强审判管理提供科学规范的技术支撑。

（李　宁）

司法工作

【概况】2011年，汕头市司法局内设1个副处级处室（政治处）和办公室等8个科室，市劳教所、市法律援助处等4个直属单位，辖7个县区司法局。2011年，全市各级司法行政机关切实履行法制宣传、法律服务、人民调解等各项工作职能，组织实施汕头市“五五”普法工作，广泛开展群众性法治文化活动，增强法制宣传教育的吸引力和感染力。组织年度国家司法考试，简化报名操作流程，率先在全省使用金属探测仪。进一步规范人民调解与行政调解、司法调解衔接对接机制，在重要行业、领域组建人民调解组织。在律师协会设立全省首个“调解中心”和“诉前调解仲裁中心”，全市共有人民调解组织1559个，其中村（居）调解组织1069个，人民调解员5551人。全年共调处各类矛盾纠纷5938件，调解成功5827件，成功率98.1%。实现监狱刑罚执行与社区安置帮教无缝对接，妥善解决一批刑释解教人员就业问题。2011年接收安置帮教对象339名，安置帮教对象（今自谋职业）277名，安置率81.7%。设立法律援助分支机构，构建起纵向到底、横向到边的援助网络。全市69个镇（街道）建立法律援助工作站，全年共承办法律援助案件612宗，接受群众来电、来访咨询10971人次。全市司法行政系统共有85个单位、140名个人受到部、省、市各级各类表彰。

【法制宣传】2011年，汕头市司法局圆满完成“五五”普法各项目标任务，《汕头市关于在公民中开展法制宣传教育的第五个五年规划》各项纲目顺利推进实施，多项工作走在全省前列，得到上级部门特别是省司法厅领导的充分肯定和广大人民群众的普遍认可，涌现出一大批成绩突出的先进集体和先进个人。市委李锋书记在市第十次党代会所作报告中，充分肯定过去五年汕头市的普法教育和法律服务工作，并亲自主持召开大会总结表彰“五五”普法工作，部署启动“六五”普法工作。市委市政府批转《汕头市关于在公民中开展法制宣传教育的第六个五年规划》，市人大通过关于进一步加强法制宣传教育的决议，全面开启“六五”普法工作。加大力度宣传与广大民众生产、生活息息相关的各类法律法规，坚持法制教育与法治实践相结合，提高法制宣传教育的实际效果。坚持法律传播与法治文化建设相结合，深入开展“法治城市、法治区（县）”、“民主法治村（社区）”创建活动，继续推进法治文化“一区一品牌”建设，不断深化“法律六进”主题活动，广泛开展群众性法治文化活动，增强法制宣传教育的吸引力和感染力，培育地域特色的法治文化。澄海区被评为全国法治县（市、区）创建活动先进单位；潮南区深入开展“五个一”普法活动，推进村（居）“四民主二公开”的落实；南澳县深入开展“法律进渔港”活动，取得实效。及早主动在全市开展好换届选举法制宣传教育工作，为全市村、社区换届选举的顺利进行营造良好的法治氛围。高规格、高标准谋划“12•4”法制宣传日主题活动，与市委宣传部、市依法治市办室等单位联合，在人民广场开展由公安局、法院、检察院等20个中直、省直、市直单位及各区县司法局共同参与的“12•4法制宣传周启动仪式暨法治文化集市”大型现场活动，提供法律服务，共享法治惠民成果。认真组织实施《关于加强公务员学法用法工作的意见》，进一步巩固提升全市公务员学法用法水平。积极推进“法制副校长”工作，全市共有1018所中小学聘请法制副校长，定期到校为学生开展法制教育，在校青少年学生违法犯罪率明显下降；广泛开展“法律进企业”活动，深入企业宣传《劳动合同法》、《广东省安全生产条例》、《劳动争议调解仲裁法》等法律法规，有效提高外来务工人员的法律意识，外来务工人员违法犯罪率控制在其总人数的千分之0.05以内。为推动全市经济社会科学发展、建设幸福汕头营造和谐有序的法治环境。

【律师工作】2011年，汕头市律师积极参与涉法涉诉工作，参加领导大接访活动，及时介入重大敏感案件和群体性事件。推行法律服务走进信访，加强全市法援律师在信访部门的值班工作，为有关部门处理信访案件提供法律意见。抓紧抓好律师代理重大敏感案件，充分发挥重大敏感案件应急处理领导小组和敏感案件律师代理团的作用。市法律援助处派员参加汕头市应急专家组，为政府解决突发性事件提供法律意见和法律咨询，真正做到为党委、政府排忧解难，为维护社会稳定作出突出贡献。充分发挥公职律师机构的职能作用，律师机构与多个政府工作部门签订法律顾问协议，提供法律顾问服务。积极参与国家和地方经济社会发展的重要工作、重大活动和重点项目工作的法律论证会，为市政府相关工作提供法律依据。充分运用法律咨询、法律建议、法律分析论证，制定规范性文件、行政执法活动，提供综合性法律支持，协助政府运用法律手段管理经济和社会事务。

【公证工作】2011年，汕头市司法局有效介入发生在企业改制、征地拆迁、教育医疗、环境保护、安全生产、食品药品安全等领域的矛盾纠纷，积极做好企业在经济转型中遇到的产权确认、债权执行及工程合同等难点问题的强制执行公证，服务好中小企业融资难问题，服务好老市区改造后发放房产证遇到的历史遗留问题。市公证处与市房管部门积极沟通，使一些房产的继承、转让、确权问题得到解决，从根本上解决老市区住房改造房产证发证难的历史遗留问题。年内，全市共办理公证41990件，其中国内经济公证25041件，国内民事公证11161件，涉外公证4993件，涉台、港、澳公证850件。

【国家司法考试】2011年，汕头市司法局简化司考报名操作流程，缩短确认时间，为考生提供方便；严格按照规定做好试卷运送、存放等环节的保密工作，联合市公安局、市无线电管理局开展反作弊行动，采用无线电探测车和技术人员对考点进行全程信息监测，在考点设置监控探头实行全程录像，并率先在全省使用金属探测仪，对进场考生进行严格检查、杜绝作弊。同时，认真做好信访投诉、违纪案件查处和备案管理等工作，多措并举为考生创造一个公开、公平、公正的考试环境。2011年，692名报名参试的考生中共有139名通过考试，通过率达20%，居全省前列。

【法学理论研究】2011年，汕头市法学会召开四届二次理事会，选举产生新的会长和理事。为贯彻落实全国政法工作会议精神，进一步深化以“社会矛盾化解、社会管理创新、公正廉洁执法”为主题的法学理论研究，市法学会举办征文活动，全市法律工作者积极响应，共收到论文65篇，评出一等奖2篇，二等奖4篇，三等奖10篇，优秀奖49篇，评出优秀组织奖二名。市法学会荣获第5期中国法学青年论坛征文“优秀组织奖”。

【人民调解】2011年，汕头市司法局在完善三级调联动机制的基础上，加快推进“三衔接两结合”工作。加快专业性、行业性调委会建设，有计划地在500人规模以上企业、学校、医疗卫生系统、交通安全部门、工业园区、大型集贸市场等行业、领域组建人民调解组织。在龙湖区下蓬医院成立全省首个医疗纠纷和安置帮教实体人民调解委员会；在金平区辖内医患纠纷相对突出的中心医院、汕大医学院第一附属、第二附属医院所在地街道分别设立人民调解委员会医患纠纷调解工作室；在金平区东方街道金厦园小区成立全市首个物业人民调解委员会。进一步规范人民调解与行政调解、司法调解衔接对接机制。在龙湖区成立全市首个诉前联调人民调解委员会；在律师协会设立全省首个“调解中心”和“诉前调解仲裁中心”；在澄海区建立粤东首个“检调对接”工作机制；在潮南区建立诉前联调工作联席会议制度，制订出台《加强医疗纠纷人民调解工作的实施意见》，推动医疗纠纷人民调解工作的落实。积极推动市律师协会与法院法官协会建立联席会议制度，与市仲裁委建立“汕头仲裁委员会律师协会仲裁处”，预防化解矛盾纠纷的工作力度不断增强。全市共有人民调解组织1559个，其中村（居）调解组织1069个，在全市共建立企事业单位调委会146个，行业性、专业性调委会22个，在18个基层法院（庭）和24个劳动部门设立了调解工作室，在21个社区设立警民调解咨询点，人民调解员5551人。全年共调处各类矛盾纠纷 5938件，调解成功5827件，调解成功率 98.1 %。防止民转刑案件30宗62人，制止群体性械斗13宗369人。

【安置帮教】2011年，汕头市司法局与揭阳监狱建立安置帮教无缝对接工作机制，在全市范围启动服刑人员基本信息沟通、职业技能培训与刑释就业指导、监内与监外帮教、刑释人员回归、“三涉（涉法、涉访、涉诉）”事件沟通协调以及“三假”人员直接沟通反馈等六大项工作机制，实现监狱刑罚执行与汕头市社区安置帮教无缝对接，形成“高墙内外资源共享，监所社会双向互动”的新局面。濠江区司法局与4家企业达成安置刑释解教人员的过渡性工作协议，妥善解决一批刑释解教人员就业问题。2011年，全市有安置基地 1个，安置点 18个，全年接收安置帮教对象339 名，其中刑释 316 名，解教 23名，纳入帮教 328 名，帮教率达96.7%，安置帮教对象（含自谋职业）277名，安置率达81.7 %。

【社区矫正】2011年，汕头市司法局对全市社区服刑人员的基本情况进行全面摸查，全市69个镇街“有人有档”、“见人不见档”的社区矫正对象全部纳入监管，同时对重点人员落实跟踪帮教，有效杜绝脱管、漏管问题的发生。三级社区矫正工作组织网络基本建立，通过整合成员单位、社会组织、法律服务部门三种资源壮大基层社区矫正队伍力量，建立起一支“专兼结合”的社区矫正工作队伍。全市社区矫正工作队伍拥有专职工作者168人、社会工作者47人、志愿者2231人，为社区矫正工作深入开展提供有力保障。加大对基层队伍培训力度，组织各区县分管社区矫正工作的局领导和基层股长实施业务轮训，全面提升业务水平。全年举办业务培训15期（次），培训各级社区矫正工作者近2000人。潮阳区谷饶司法所建立社区服刑人员参加公益劳动基地、濠江区广澳司法所施行“五个一”教育监管新机制的做法都得到省厅的充分肯定。全市社区在册服刑人员671人，其中，管制11人，缓刑430人，假释109人，暂予监外执行34人，剥夺政治权利87人。

【劳教强戒】2011年，汕头市劳教所开展打黑除恶专项斗争，发起“交余罪、揭同伙、提线索”行动，力促劳教（强戒）人员与违法犯罪行为、团伙决裂，实现行为上、心理上彻底新生；开展“十查十整”隐患排查整治、百日安全等活动，在全所开展地毯式安全大检查，切实整治影响安全稳定的突出问题，坚决杜绝逃跑、非正常死亡、群体性事件、安全生产事故和其它恶性事故；以规范化管理年为契机，组织专人做好各项制度的立、改、废工作，进一步完善并整合了七方面48条内容的管理制度；深入开展“打帮派、整秩序、除隐患、保稳定”专项整顿活动，有效打击帮派苗头，确保管理秩序井然；加大安全生产管理力度，组织各职能科室每周1次深入各大队进行安全生产管理的检查、督导；开展安全工作“十问”讨论活动，让广大干警进一步认清当前场所的安全形势，进一步树立场所安全稳定无小事的理念；举办安全生产专题讲座及开展消防应急演练，有效提高干警应急处置能力；着力构建管制隔离戒毒工作的长效机制，进一步完善强制隔离戒毒内部运作机制、协调沟通机制和社会协同机制，强化对戒毒人员的日常管理，严格落实各项制度，坚决防止所内发生传吸毒、死亡、逃跑等安全事故，积极推进“5+1+1”、“脱瘾九训”等教育矫治模式，提高矫治质量，努力形成一套符合强制隔离戒毒人员特点的管理、治疗和康复模式。同时，加快劳教所新院区建设步伐，增强收容、辐射能力。所新院区建设一期工程全部完成。

【法律援助】2011年，汕头市司法局在全市69个镇（街道）建立法律援助工作站，1073个村（居）建立法律援助联络岗或配设法律援助联络员的有1070个。设立法律援助分支机构，构建起纵向到底、横向到边的援助网络。制订出台六项接访措施，让更多群众得到方便快捷的服务。在全市开展“法律援助为群众，公平正义促和谐”为主题的宣传维权月专项活动，为广大民众依法维权搭建平台。进一步降低受援门槛，对老人、残疾人、农民工等特殊群体实施侧重倾斜，对工伤和交通事故造成严重后果的案件放宽审查条件，全力做到“有求必应、应援尽援”。全年全市共承办法律援助案件612宗，其中民事法律援助案件261宗、刑事法律援助案件351宗，接受群众来电、来访咨询10971人次。

（邱非非）

教科文卫体

EDUCATION,SCIENCE,CULTURE,HEALTH AND SPORTS

◆教育

◆科学技术

◆文化

◆医疗卫生

◆体育

教 育

综 述

【概况】2011年，汕头市有普通中小学校1046所，其中，高级中学24所，完全中学64所，初级中学126所，九年一贯制学校45所，小学787所。在校中学生总数1029879人，其中高中、初中、小学在校生分别为：151113人、34894人、53962人。幼儿园797所，在园幼儿140425人；特教学校3所，在校生（含随班就读弱智生）1491人；中职学校22所，在校生 90540人；技工学校3所，在校生16239 人。全市有广东省一级以上学校33所，其中通过广东省国家级示范性普通高中验收确认的有9所学校。汕头市一级学校58所，广东省一级幼儿园9所，汕头市一级幼儿园22所。全国重点中等职业技术学校3所，广东省重点职业技术学校5所，省级示范性广播电视大学1所。

【教育督导】2011年，汕头市召开教育督导工作会议，组织教育督导人员进行业务学习与培训，提高全市教育督导队伍政策水平和业务水平。组织开展市对区县党政领导干部基础教育工作责任考核，督促区县党政领导切实履行教育责任。开展对2009、2010年全市教育发展情况的全面自查自评，做好接受省对市党政领导干部基础教育工作责任考核各项工作。成立普及高中阶段教育督导领导机构和工作机构，做好有关档案资料框架目录和申报材料要求等一系列准备工作，在区县开展普及高中阶段教育情况的自查自评基础上， 11月1日至10日，对全市七个区县的普及高中阶段教育情况进行全面督导验收和专项督查。12月，通过省督导组检查验收。制订《汕头市县域义务教育均衡发展规划表》，督促全市各区县政府切实推进义务教育规范化学校的建设规划和实施，督促各区县督导室按照省市对规范化学校验收程序和要求，分期分批落实规划验收，力促各区县逐年提高区域内义务教育规范化学校的达标比例。以创建广东省国家级示范性高中和省、市一级学校为抓手，利用各种评估标准办学的条件要求，努力推进全市高中阶段教育的建设与发展,不断扩大高中办学规模，满足人民群众对高中优质学位的需求。5月和12月，达濠华侨中学、汕头市东厦中学分别顺利通过省一级学校评估；11月，南澳中学顺利通过省教学水平评估。努力推动全市幼儿教育优质发展，积极鼓励推动较为规范的幼儿园创造条件申报上等级。严格执行等级幼儿园复评制度，加强对等级幼儿园的管理和指导，规范幼儿园办园行为，发挥示范园的示范带动作用。

【教育法制】2011年，汕头市制定《2011年汕头市教育局普法和依法治理工作要点》和《汕头市教育局实施<法治广东建设五年规划>的意见》，印发《汕头市教育局关于在全市教育系统开展法制宣传教育的第六个五年规划》等计划。组织全市教育系统进一步强化普法宣传教育，提高依法治教和依法治校水平。10月22日，市教育局举办“成长成才，与法同行”汕头市中学生演讲比赛，进一步加强对青少年“学法、守法、用法”的法制教育，有效实现普及法律知识和提高用法能力的目的。12月4日，组织参加在人民广场开展“12•4”法治宣传教育周启动仪式暨法治文化集市活动，做好相关教育法律政策的宣传。完成《汕头市中小学校教师条例（草案）》的起草并按程序上报。

【教师队伍建设】2011年，汕头市加强教师队伍思想建设和组织建设，建立健全新教师招聘机制，全年全市各学校共招聘新教师1315名。加强教师队伍培训力度，进一步完善师资培训机制，全年共选派18名中小学校长参加省级高研班学习，选派45名农村初中校长参加省中小学校长提高班学习；与市委组织部联合举办北师大汕头市校长教育理论创新研修班1期46人，举办华东师大汕头市中学骨干教师教育理论创新研修班1期48人。与国家教育行政学院合作举办汕头市第3期教育干部远程培训，培训教育干部503名。至3月底，全面解决中小学代课教师问题，共招录代转公教师4096人，解决转岗代课教师1518人。2011年，全市教师中被评为副高级职称以上370人（中职10人，中学344人，小学、幼儿园16人），中级职称2533人（高校15人，中职41人，中学1356人，小学、幼儿园1121人）。

【校园安全】2011年，汕头市教育部门高度重视校园安全工作，不断完善校园安全工作责任体系和长效机制，建立覆盖面较为广泛的校园安全工作责任体系。努力实现学校综治和安全工作“自我管理，自我教育，自我完善，自我提高”。各级各类学校进一步健全涉及校园安全、消防安全、食品安全、交通安全、网络安全和防灾自救等各种规章制度和应急预案，不断从法规层面、规章制度层面和操作层面上完善和强化各项安全管理，学校安全工作逐步走上法制化，规范化，科学化和制度化管理轨道。重视人防作用，提高技防水平，加大物防投入，建立健全集人防、技防、物防为一体的三结合校园安全防范体系。加大校舍及学校设备设施的检查力度，及时消除安全隐患。投入大量资金，使校舍安全隐患得到有效整改。适时开展学生防溺水、防火灾、防暴力、防交通事故、防自然灾害等各项专项教育活动。协同公安、综治、工商、交通等有关部门开展整治行动，逐步形成齐抓共管、横向到边、纵向到底、各负其责、群防群治的学校安全管理体系。

【招生考试】2011年，汕头市报考普通高等院校的考生共有40107人，占全省报考数的6.12%，同比增加3766人，增幅为10.36%。其中报考普通高考普通类的考生为38612人，同比增加4110人，增幅为11.91%。报考“3+证书”考试（高职类）1495人。全市普通高考考生考试成绩达到第一批招生院校录取分数线人数为3663人，达到第二批（A、B线）以上为16812人，达到第三批（A、B线）以上为31228人（不含体育、艺术类联考上线人数及艺术类院校单考上线数），上线人数同比增加263人。总上线率为81%，比全省总上线率高出8个百分点。全市普通类考生被高校录取人数为33624人，其中本科15549人，专科18075人,同比增加1900人,增幅为5.99%，全市录取率达到83.83%。全市被普通高校高职班录取人数为938人，录取率为62.7%。

【教育装备和教育信息化】2011年，汕头市制订“十二五”装备教育建设规划。配合省装备中心开展中小学教育装备水平专题调研活动。采取措施，努力完善中小学教学装备的采购、配置、管理和应用服务工作。全年组织参加省装备中心、电教馆等部门举办的实验设备、图书管理、信息技术等方面教师培训活动约200人次。组织开展常规实验研究，推广教育装备新产品新技术，指导学校教师进行自制教具制作，推荐优秀实验教师参加实验操作与创新技能竞赛活动，在“第四届全国中学理科实验教学及小学科学教研优秀论文”评选活动中，获得全国一等奖2篇、二等奖3篇。扩大学校网络接入宽带，近300所学校实现光纤接入。与中国电信、中国移动等营运商建立良好的协作关系，促进中小学“家校通”、“校讯通”、“平安校园”、“一卡通”等应用平台的建设，推动各类学校在校务管理、教育教学、家校互动等方面的信息化程度。组织师生参加“中小学生电脑作品评选活动”、“教师自制教育软件评审活动”、“中小学智能机器人竞赛”、“中学生信息学奥林匹克竞赛”、“中小学校优秀网站评比活动”等全国性竞赛活动，参与“阅读指导课优秀教学案例”、“化学多媒体作品评选活动”等活动，共获得全国一等奖5项，二等奖6项，三等奖3项；获得省级一等奖25项，二等奖42项，三等奖51项。在全国中小学校优秀网站评比活动中，市锦泰小学网站被评为全国优秀网站，3个学校网站被评为广东省中小学校最佳网站，8个学校网站被评为广东省中小学校优秀网站。继续与市科协联办的汕头市中小学智能机器人竞赛在参加全省竞赛中，市外马路第三小学“场地任务挑战赛”项目获得第一名，取得参加教育部组织的全国竞赛资格，并获得全国冠军。广东省“十一五”教育技术研究与教育信息化优秀成果评选，汕头市获省一等奖15件，二等奖43件，三等奖64件，优秀奖73件，市教育局荣获优秀组织奖。

【勤工俭学】2011年，汕头市组织开展勤工俭学和社会服务，加强对勤工俭学和劳动实践活动过程中学生安全工作的管理，层层抓落实，确保任务到位，组织到位，责任到位，措施到位。做好校服管理工作，组织对全市校服生产定点厂家的综合检查。配合省、市质量技术监督人员对全市中小学校校服厂家生产的校服进行产品质量专项监督抽检，抽检生产厂家的配套不同型号规格的校服产品均为合格。

（陈耀城）

普通教育

【概况】2011年，汕头市学前三年入园率90.46%(2010年90.45%)，小学适龄儿童入学率100%(2010年99.86%)，小学辍学率0.02%(2010年0%)，小学五年保留率100%(2010年100%)；初中教育毛入学率106.89%(2010年109.25%)，初中辍学率1.63%(2010年1.96%)，初中三年保留率95.52%(2010年91.88%);高中阶段教育毛入学率超过89.3%（2010年81.68%），普通高中毕业生升学率达88.02%(2010年87.56%)。

【幼儿教育】2011年，汕头市认真落实和指导各区县做好学前教育三年计划编制工作，着力破除制约学前教育科学发展的体制机制障碍，加大幼儿园规范办学推动力度，举办市首届幼儿园青年教师基本功比赛。由市财政安排学前教育专项资金100万元，专项支持规范化幼儿园建设，出台《汕头市学前教育三年行动计划（2011-2013年）》，努力构建覆盖城乡、布局合理的学前教育公共服务体系，不断提高学前教育保障水平。全市共有省一级幼儿园9所，市一级幼儿园22所，区县一级幼儿园46所，学前三年入园率达90.46%。

【特殊教育】2011年，汕头市加大力度推进特殊教育的发展，把残疾儿童少年教育纳入普及九年义务教育总体规划，组织残疾学生随班就读，加强普通学校特教辅读班和随班就读工作指导，提高特殊教育教学质量。至年底，全市特殊教育学校3所，其中，汕头市聋哑学校被命名为“全国特殊艺术人才培养基地”。

【义务教育】2011年，汕头市进一步落实“以县为主”管理体制，组织各区县做好义务教育均衡发展规划，推进学校布局调整，开展义务教育阶段学校规范办学行为的检查，抓好“防流控辍”工作，努力提高“普九”质量和水平。全年全市城乡享受免费义务教育学生总数79.27万人(农村学生61.57万人，城镇学生17.70万人)，427所义务教育阶段学校经验收达到“广东省义务教育规范化学校”的标准。贯彻落实义务教育阶段学校实行免试就近入学制度，出台“初中毕业生综合素质评价实施意见”、“初中毕业生学业考试与高中阶段招生工作意见”、“初中生物、地理学科学业考试和物理、化学、生物学科实验操作考查”等措施，强化组织入学检查、办学过程督查和教学质量监控工作力度，推动新课程改革，不断提高教育成效。全年全市小学学龄人口入学率100%，初中毛入学率106.89%，全市普九水平得到提高。

【普通高中教育】2011年，汕头市大力调整学校布局，通过合并、兼并、联合办学等布局调整和资源重组方式，充分挖掘、利用、优化、组合普通高中教育资源，加强学校建设。全市新建、扩建、改建的普通高中学校竣工交付使用7所，在建15所。加强学校建设，完善教育教学设施设备，努力扩大优质高中的办学规模。继续狠抓师资队伍建设，严把教育教学质量关，既扩大规模又提高教学质量。汕头市金山中学不断适应课程改革的需要，创新培训的方式方法，提供更多的学习、培训条件和机会，提高广大教师的专业化水平。本年度学校高考成绩仍然保持高分考生非常厚实、全省名列前茅的优势，76.1%的学生考上重点院校，一批重点上线人数691人，占全校参加考试总人数的76.1%，占汕头市一批上线总人数的18.9%。其中理科类一批重点上线人数517人，上线率77.2%；文科类一批重点上线人数174人，上线率73.1%。而文、理第二批A线上线率为98.4%。汕头市一中着力优化课堂教学主阵地，学校在开足各学科课程的基础上，把普及科学知识、科学方法、科学思想、科学精神作为学生科学教育的重要内容，贯串于各学科教学中。还着力创设科学实践园地，成立科学类社团10个，科技兴趣小组1158个，校外实践基地9个。并积极整合社会力量，依托大专院校、科研院所、科普教育基地和科技场馆作为学习和实践基地。定期开展科技活动，有效地培养学生的兴趣爱好和创新精神，发展学生的个性特长和实践能力。该校连续5年获“广东省青少年科技创新大赛优秀组织奖”，获广东省教育厅、广东省科学技术厅、广东省科学技术协会、授予“广东省青少年科技活动先进集体”等荣誉称号。汕头华侨中学狠抓校风校纪建设，加强法制教育。组织学生学习教育部颁布的《中小学生守则》、《中学生日常行为规范》和学校的《学生文明公约》，规范学生的日常言行，教育学生守法要从守校规开始，增强他们的法制观念，提高他们的法律意识。开展以《预防未成年人犯罪法》为主要内容的法制和纪律教育，加强学生日常行为规范的养成教育。充分利用校园网、电子版、黑板报、校刊等校内资源，进行广泛的学法、守法宣传，营造浓烈的法制氛围。组织为期四天的新生入学教育，重点组织新生们学习学校的各项规章制度，教育学生“学会做人”，将学生的礼仪教育作为教育的基点，提倡“外树形象、内强素质”。

【学校德育】2011年，汕头市各级各类学校以学生思想道德建设为核心，牢固树立“育人第一，德育为先”的指导思想，继续大力加强班主任队伍和德育骨干队伍的建设，创新德育工作方式，以主题教育、校园文化建设等活动为载体，开展丰富多彩的德育实践活动。继首批市级名班主任培养对象的结业工作之后，启动第二批市级名班主任培训计划并制定培养方案，在12月份集中培训37名老师。协助省跟进第三批省级名班主任培养对象的培养进程。加强德育课题实验研究，开展优秀德育论文评比，探索适合中小学教育的德育模式。组织全市中等职业学校德育课骨干教师参加德育课程改革培训，探索中等职业教育人才培养模式改革后中等职业学校德育工作的新路子。配合中等职业学校德育课程改革，对全市中等职业学校德育课教师进行中职德育课程任课培训。继续做好中小学心理健康教育师资培训工作，全年C证培训1008人，推荐参加A证培训7人、B证培训53人。组织全市各级各类学校实施《广东省创建“书香校园”实施方案》和《关于在全省中小学开展争当阅读之星活动的方案》，在中小学校积极倡导读书学习的文明风尚，培养广大中小学生“爱读书，读好书”的良好习惯，推动全市校园文化建设。开展“明理、立志、勤学、成才”、“中小学弘扬和培育民族精神月”、“文明风采”等宣传教育活动。

【学校体育】2011年，汕头市教育局稳妥推进学校体育新课标的实施，努力开齐开足体育课。各级各类学校积极开展“全国亿万学生阳光体育运动”，不断提高中小学生身体素质。全市落实一小时课外活动学校704所，占65.12%。注重发展学生体育运动的特长和兴趣,要求每个学生都能掌握两项以上体育运动技能。广泛开展体育竞赛活动，举办汕头市“可口可乐杯”中学生足球赛和汕头市第十四届中小学生围棋锦标赛。组织有关学校参加省举办的各相关比赛，取得较好成绩。在参加广东省“体育彩票杯”体育传统项目武术比赛暨全省中学生武术比赛中，市第十一中学获得甲组团体总分第二名，女子太极、男子南拳、男子棍术三项金牌；陈厝合小学获乙组团体总分第六名，男子剑术第一名、女子太极剑第二名、集体基本功第三名。2011年闽、粤、港、澳学界埠际乒乓球比赛，龙湖区组队（8人）代表广东省赴福州市参加，获得女子团体第一名、男子团体第二名，赵珺、童海苗分别获得女子单打第一名、第三名，王泳获得男子单打第三名。组织优秀论文参加第11届全国中运会暨全国第六届学校体育科学大会论文，获得二等奖1篇、三等奖2篇。

【学校卫生】2011年，汕头市教育局建立健全学校卫生和健康教育管理制度，开展健康教育活动，培养学生良好的卫生习惯。联合市卫生局做好学校食堂和食品安全检查工作，落实各项传染病和食品中毒的预防措施。与卫生部门配合，建立协作机制，共同做好托幼机构和学校卫生工作。开展儿童入托、入学预防接种证查验并做好填报。切实加强中小学学生视力保护工作。改进教学方法，有效交流推广健康教育学科教师的优秀教学案例，提高健康教育课堂教学质量。采取有效措施，降低中小学生近视眼新发率。举办汕头市中小学“爱眼护眼”教学设计比赛、召开近视眼防控研讨会，交流近视眼防控经验，提高防控水平。联合市食品药品监督管理局召开全市学校食堂食品安全规范管理现场会、开展食堂食品安全大检查。开展学校青春期健康教育系列活动，进一步推进和巩固全市学校青春期健康教育工作的健康发展，提高学校青春期健康教育课教学质量。

【学校艺术】2011年，汕头市教育局全面开展学校艺术教育活动，开展创建中华优秀文化艺术传承学校活动，引领青少年学生传承中华优秀文化艺术。丰富学校文艺生活，提高中小学生艺术素养。加强艺术教师队伍建设，加强艺术教育工作的实效性，扎实有效推进学校艺术教育工作的发展。10月18日，举办市第十一届中小学生合唱节，促进全市中小学艺术教育活动的普及，提高艺术教育声乐教学及中小学生合唱整体水平，东厦小学、金珠小学、澄海实验高级中学、澄海华侨中学、澄海职业技术学校等5支代表队荣获特等奖；桂花小学、汕头市金山中学等8支代表队荣获一等奖；澄海东里小学、达濠华侨中学等8支代表队荣获二等奖。

【教育教学科研】2011年，汕头市各级教育教研部门坚持以新课程改革实验为主线，以提高教育质量为核心，积极开展常规教研、高考备考、下校视导、教师培训等各项工作，全面推进素质教育，使全市各学科教师教学水平不断提高，在参加省级组织的课堂教学比赛、论文课例评比等各项活动中屡创佳绩。促进教学方式转变和课堂教学优化。加大全市高中教学指导的力度，确保高中教学的质量，努力实现规模和质量的双优发展。指导各校各学科有的放矢做好高考复习备考工作。2011年高考，全市普通类考生38566人，占全省考生数6%，一本上线3738人，一本上线率9.69%；本科上线17267人，净增1171人，本科率44.77%；三A线上线25090人，净增2197人，三A率65%；总上线人数32038人，净增长265人，总上线率83%。呈现尖子群突出、含金量高，本科及三A层厚实、喜获大面积丰收和各学科平均分均高于全省平均分三大特点。各学科召开区域性薄弱学校专题研讨会，举行“同课异构”教学观摩活动，积极探索符合薄弱学校实际的学科教学方法和复习备考的路子，提高薄弱学校教师参与教研的兴趣，提高教育水平。充分利用汕头市教育局教研信息交互平台，整合教学资源，实现资源共享，有序有效推进高中新课程改革。制定《汕头市教育科学“十二五”规划课题指南》，对今后5年的教育科研工作做了总体部署。做好对省、市教师工作室的组织管理工作，发挥名师工作室和科研实验基地的示范引领作用。特邀华南师范大学王红教授作“从中美比较看中国基础教育：聚焦教育教学目标与绿色教育”学术讲座。举办纪念陶行知诞辰120周年暨表彰先进、课题立项的大会，在大会上交流学习实践陶行知教育思想的经验和体会。承担教育部规划课题6项、省规划课题42项、市规划课题284项。通过结项验收的省级课题2项，市级课题29项目。7月，市教育学会召开主题为“加强教师专业化建设，促进学校内涵发展”学术年会，评选一等奖论文75 篇，二等奖论文320篇。

（陈耀城）

职业与成人教育

【概况】2011年，汕头市做好职业教育发展规划，推动全市职业教育发展。各区（县）各中职学校强化大局意识，明确目标任务，加大招生工作力度，推进中职非全日制教育，拓展招生范围形式，挖掘办学潜力，全市中职教育招生38237人，在校生123386人，普职比提高到55：45，基本实现普高与中职大体相当的目标。推进中职建校工程重点项目建设，汕头鮀滨职校180多亩新校区、汕头卫校109亩易地重建、金平职校200亩新校区、潮南职教中心200亩主校区、澄海职教中心二期100多亩项目、潮阳职教中心配套建设项目等工程进展顺利，基本完成年度预定目标任务。印发《关于进一步做好非全日制中等职业教育专业班管理工作的通知》和《关于开展非全日制中职教育办学情况检查的通知》等文件，加强对非全日制中职教育的指导、检查、督促工作，建立和完善非全日制中职教育的各种办学资料，进一步规范非全日制中职教育的办学过程。推动各学校发挥自身办学特点，围绕区域经济发展和产业结构需要，规划发展学校的特色专业和优势专业。2011年，澄海职校的计算机应用专业获省重点建设专业，汕头鮀滨职校的商务英语专业列为省课程改革试点专业。全市中职教育专业从原来的60多个增加到90多个。进一步推进中职教育改革课程结构，注重专业课程内容与相关职业岗位标准的对接，提高课程内容的实用性。汕头工艺美术学校、鮀滨职校、林百欣科技中专、澄海职校等学校列入省高中职衔接三二分段试点工作。推动各中职学校重视技能竞赛活动的开展，主动适应省、市推进中职学校技能竞赛制度化的要求，发挥学校的办学特色。组织选派学生参加省、市技能竞赛活动，在广东省中职技能大赛中有1人次获一等奖、5人次获二等奖。

（陈耀城）

【中等职业技术学校】汕头市卫生学校是广东省重点中等职业学校,前身创办于1971年的汕头地区人民医院卫生学校，1996年1月经广东省人民政府批准成为全日制普通中等职业学校，与成立于1985年的汕头职工医学专科学校实行“一套人马，两块牌子”大中专同时办学，统一管理。学校现位于汕头市磐石海旁路12号，占地面积51亩，校舍建筑面积16898平方米。2008年10月，市委、市政府批准学校易地重建。新校园规划建设108.907亩，首期建设用地101.688亩，二期建设用地面积7.219亩。建设项目有：教学楼、技能培训大楼、多功能礼堂、图书馆、学生宿舍、食堂等，建筑面积55047 平方米；配建400米跑道运动场等，总投资1.2亿元。建成后可容纳全日制学生4000人以上。2011年10月17日举行奠基典礼，并动工进行新校建设。学校推行以全日制中专学历教育为主，本、专科学历教育和继续教育、职业培训共同发展的办学模式。2000年开始，先后与汕头大学医学院、中山大学、南方医科大学、汕头职业技术学院合作开办普通专科、成人本科和专科层次的学历教育。2007年起，先后与广东聚盛药业集团、珠海维登公司、汕头市美容协会、汕头大参林药业有限公司、康泽药业有限公司开展合作办学。2008年，经省卫生厅批准成为汕头市“全科医学教育理论教学培训基地”；2009年，被市人事局确定为专业技术人员继续教育基地。学校现设有党政办公室、教务科、学生科、总务科、医学教育研究室等5个职能科室，还设有网络中心、计划财务室、实验训练中心、图书馆、招生就业与实习管理办公室等5个内部业务科室。中专层次开设有护理、助产、药剂、中药、农村医学、口腔修复工艺等专业。普通大专层次开设有药品经营与管理专业；成人大专层次开设有临床医学、护理学、药学、卫生事业管理等专业；成人本科层次开设有临床医学、护理学、护理学（护理管理）、药学、卫生事业管理等专业。现有全日制中专在校生2228人，成人大专、本科在校生843人。

汕头文化艺术学校、汕头戏曲学校是一所全日制国家艺术中专学校，1959年成立，学校二块牌子、一套人马，正处级建制事业单位。学校位于汕头市龙湖区万吉生活区，占地43亩，建筑面积23300平方米，分为综合区、教学区、实验区和生活区。2008年7月开工，2009年11月落成，拥有综合楼、教学楼、实验剧场、图书馆、运动场、宿舍楼、食堂等一系列现代办公、教学和生活设施，可容纳1000名学生。学校推行以全日制学历教育为主，成人、继续教育和职业培训共同发展的办学模式，2011年开设潮剧表演、潮州音乐、舞蹈表演、社会文艺等专业，学制为全日制三年、五年。其中潮剧表演、潮州音乐专业（包括：二弦、唢呐、椰胡、扬琴、琵琶、二胡、笛子、古筝、打击乐等）为全日制五年；舞蹈表演专业（包括：民族舞、民间舞、国标舞、拉丁舞等）为全日制五年、三年；社会文艺专业（包括：钢琴、声乐、文化事业管理方向）为全日制三年。实行秋季、春季招生，现在校全日制中专学生436人。与韩山师范学院联合举办成人音乐教育大专班、音乐学本科班，现在学大专、本科学生93人。同时接受部分潮汕地区和海外华人潮剧爱好者来学校进行潮剧专业知识培训学习。

汕头工艺美术学校是一所公办全日制艺术单科类省级重点中专学校，1974年创办，学校占地面积近40亩，建筑面积2万多平方米。现有专职教师75人（其中高中级职称37人），在校生1109人，其中非全日制学生200人。开设工艺美术（室内艺术设计与制作、装潢设计与制作、工艺美术品设计与制作）、美术设计与制作（美术影视与动画）、服装设计与工艺（成衣设计）、美术绘画四大专业（七大专业方向）；有30个教学班，每班拥有专业设计教室和写生教室，还有一批计算机实验室、多媒体教室、基础美术实训室、工艺美术实训室、创作设计实习室和仿真室；以及图书阅览室、美术作品展览厅、多功能礼堂、室内体育场等教学设施。学校坚持“以人为本，一专多能”的培养模式，认真开展专题德育工作，积极推进教育教学改革，大力探索校企合作新路，现与20多家企业合作办学，成立艺术实践基地、设立助学奖学基金，进一步促进学校教育教学工作，教学质量稳步提高。每年毕业生直接就业率98%以上。学校工艺美术专业学生连续多年代表汕头市参加广东省中等职业技术学校技能大赛，在大赛中争先创优、勇创佳绩，自2008年至今参赛的17名学生中，共获得一等奖1名、二等奖7名、三等奖8名；并获团体全省第三。学校现被列为广东省首批骨干示范中等职业学校建设项目，正建设粤东工艺美术技能实训中心，并朝着国家级重点中专学校的目标迈进。

汕头市鮀滨职业技术学校是由一所完全中学改制为职业高中，定名为汕头市鮀滨职业中学，1983年成立。1999年8月，与市外语中专、旅游中专合并。2004年9月，市贸易成人中专并入。2006年1月，更名为“汕头市鮀滨职业技术学校”。学校坚持“以服务为宗旨，以就业为导向，以能力为本位，以技能为核心，以素质为根本”的职业教育办学方向，确立并实践“基础+专业+特长”的三维人才培养模式，融中等职业教育的基础性、职业性和个性化于一体。先后被授予“全国职业技术教育先进单位”、“广东省教育系统先进集体”、汕头市“文明学校”、“贯彻实施《学校体育工作条例》优秀学校”、“法制教育先进单位”、“社会治安综合治理先进单位”、“篮球传统项目学校”、“健康教育示范学校”、“旅游教育培训先进单位”等荣誉称号。现有三个校区（汕樟校区、广厦校区和东湖校区（筹建中）），共占地227.27亩，建筑面积2.65万平方米；拥有包括计算机、商务英语、会计、市场营销、旅游服务与管理、学前教育等各类专业的实训室和多媒体教室共36间的配置。开设信息技术、外语商贸、财经旅游、公共基础四大类，共12个专业。学校现有全日制在校生3500多人。拥有一支结构日趋合理的由专业带头人、骨干教师、“双师型”教师和外聘教师组成的教学团队，现有教职工218人，其中专任教师183多人，中、高级职称152人。2011年，省教育厅批准汕头市鮀滨职业技术学校为“广东省高职院校对口自主招生三二分段试点中职学校”，学校的“商务英语”和“国际商务”专业与广东交通职业技术学院“国际贸易实务”专业对接。还与汕头超声仪器研究所有限公司协商，建立校企合作关系并组建冠名“汕头超声班”。

【高级职业技术教育】汕头职业技术学院是一所全日制普通高等学校，2002年3月29日经广东省人民政府批准设立。它的前身为广东汕头教育学院（1982–2002年）、汕头幼师（1956–2002年）、汕头商业供销学校（1964–2002年）、汕头机电学校（1976–2002年）。学院由院本部、金园校区、新津校区和东墩校区四个校区组成，占地1252亩（含规划用地619亩），其中院本部位于汕头市濠江区东湖山麓，占地1056亩；金园校区位于汕头市区金园路原汕头教育学院和汕头幼儿师范学校校址，占地56亩；新津校区位于汕头市龙湖区外充公，占地115亩；东墩校区位于汕头市党校路8号，占地25亩。学院总建筑面积23.5万平方米。学院推行以全日制学历教育为主，成人、继续教育和职业培训共同发展的办学模式。积极与国际先进教育接轨，2003年，与英国胡佛汉顿大学签订合作办学协议，三年专科生毕业后可直接进入英国胡佛汉顿大学攻读本科（一年）获得学士学位，并可继续攻读硕士、博士学位。此外，学院还与国内数所著名本科院校达成合作办学协议。学院坚持以服务为宗旨，以就业为导向，以提高岗位能力为重点，以高技术应用型人才培养模式为基本特征，以推行全面职业素质教育和创业教育为个性化特色，树立“以人为本、以职业素质培养为核心”，为地方经济建设与社会发展服务的教育理念，不断进行教育创新，提升学院的核心竞争力。校训为“知行合一、德技双馨”。学院设有计算机系、机电工程系、经济管理系、自然科学系、人文社科系、外语系、艺术体育系、学前教育系、中专部、思想政治理论课教学部、成人教育部、中小学教师继续教育中心、现代教育技术中心、图书馆、技能实训中心等15个教学、教辅部门。共开设57个大专专业（含方向）和10多个中职类专业。现有全日制大、中专在校生13234人；成人学历大专生、联合办学的本科班1828人。

【高级技工教育】广东省粤东高级技工学校（广东省粤东技师学院）是广东省人力资源和社会保障厅直属的第一所副厅级国家重点技工学校，1970年创立。前身是汕头地区技工学校、汕头市第一技工学校、汕头市高级技工学校。2005年，加挂技师学院牌子。2011年，省粤东技师学院正式通过复评，成为目前国内最高办学层次的技工院校。现为国家职业技能鉴定所、省级高技能人才实训基地、省潮菜烹调职业研发应用基地，是国家职业技术教育先进单位、省技工院校校企合作“优秀单位”。学校拥有北山湾和金新两个校区，占地面积400亩（另有预留用地228亩），建筑面积10万平方米，教职工380多人，在校生近万人。开设专业30多个，主要有：电气自动化设备安装与维修、数控加工、化工分析与检验、烹饪（中式烹调方向）、机械设备装配与自动控制、汽车维修等骨干专业，还开设玩具设计与制造、食品加工与检验等新专业。学校现与150多家企业开展不同程度合作，开设系列企业冠名班，采用“订单培养”、定向（委托）培养等多种培养形式，让学生自主选择适合自己的校企双制培养模式，毕业后学生能直接进入企业从事专业技术工作。毕业生就业率高达98.07%，学校获得省级以上综合类表彰47项，省级以上各种技能大赛奖励14项。

汕头市高级技工学校是潮汕地区最早创办的全日制技工学校，1963年11月21日成立。它的前身为汕头市技工学校（1963-1980年）、广东省汕头市技工学校（1980-1983年）、汕头市第二技工学校（1983-2009年），2009年3月，更名为汕头市高级技工学校，正处级单位。其中：1969年改为汕头机床厂，迁至饶平县，1975年秋复办，1993年被评为广东省一类技工学校，1998年3月晋升为广东省重点技工学校，2005年12月晋升为国家重点技工学校，2008年2月晋升为高级技工学校。学校主要社会任务是：培养中、高级技能人才，提高社会职业素质。承担技工学历教育，职工培训，就业培训。现占地总面积100.5亩，包括金新校区和西校区两大校区。办学层次包括中级技工、高级技工、高级技工大专双学历、预备技师大专双学历等，是汕头市唯一集技工学历教育、职业技能培训、就业培训和再就业培训、智力扶贫培训、技能鉴定和就业服务于一体的多层次、多元化综合职业教育基地。现在校学生5000多人，学生就业率达100%。学校坚持走校企合作、科研兴校之路，与上百家企业联合建立“高技能人才实训基地”，有50多项教学成果荣获省级、国家级教学成果奖。2011年学校开设专业有：机械设备装配与自动控制、数控编程、电气自动化设备安装与维修、计算机应用与维修、电子商务、模具设计、计算机网络应用、机械设备维修、数控加工、模具制造、电机电器装配与维修、制冷设备制造安装与维修、装饰装潢美术设计、会计、服装制作与营销、烹饪（潮菜）等专业。

【成人高中等学历教育】汕头市电大业大职大是一所规模大、层次多、校风好的成人高校。1983年，汕头广播电视大学创办；1995年9月，汕头广播电视大学和汕头市业余大学合并；1998年2月，汕头市职工业余大学并入汕头电大业大，实行三块牌子、一套班子。学校坚持社会主义办学方向，充分发挥开放办学和教学现代化优势，“严格管理、服务教学、提高质量”，依法治校，推进名师工程，积极探索人才培养新模式，努力构建终身教学体系。形成“积极发展大专教育，拓展本科教育，努力发展中专教育，大力发展非学历教育”的发展新思路，全方位服务和覆盖全市的办学网络和以“经济”见长、“外语”见优、“文理”协调发展的布局，先后开设30多个专业。先后荣获“广东省广播电视大学示范性学校”和“广东省成人高校先进学校”荣誉称号。现有教职员工160人，其中高、中级职称占60%以上；兼职教师50多人。学校十分重视教学现代化建设，建成实验资料中心和现代教育技术中心，在基本建成信息传输系统、教学播放系统、图书管理和办公自动化系统基础上，又新建成多媒体教室、视听室、电子阅览室、CAI课室，更新校园网服务器，增加VBI接收器，改造演播室，实现播放，摄像、制作一体化。学校现拥有各专业实验室23个，计算机630部，各类专业实验设备300多套，实验课开课率达100%，同时在汕头法学会、国际大酒店、汕头日报社等单位建立实践基地。学校重视教学科研，定期举行“开放教育和远距离教育研讨会”，开展培养人才模式改革和开放教育课题研究，鼓励教师参与学术活动和继续教育，出版《汕头电大业大职大论文选集》，教研成果较为突出，教师论文参加国际、全国学术交流，受到好评。学校重视提高校园文化品位，免费为下岗职工提供技能培训，努力为驻汕部队培养军地两用人才，取得物质文明和精神文明双丰收。现有在校生4100多人，其中电大系统3700多人，业大系列30多人，中专系列400多人；另外，非学历教育包括岗位培训、继续教育等，每年培训量达3000人次以上，取得良好的社会和经济效益。

汕头经济管理干部学校是由汕头市干部学校和汕头市工交干校合并组建，1986年2月成立，正处级单位。同年11月，学校承办汕头市经济管理中等专业学校(现改名为汕头市经贸职业技术学校)。学校位于汕头衡山路20号。占地面积23亩，总建筑面积近4万平方米。2011年，被确定为公益一类事业单位。学校承担各种类型的干部培训工作，举办中专学历教育，承办大专、本科学历远程教育和软件工程硕士教育，全市经济口干部教育培训和企业经营管理人员教育培训以及专业技术人员继续教育的主阵地；省中小企业培训示范基地、全国职业培训与资格认证工作站、汕头市军队转业干部培训基地、汕头市外汇核销员培训基地。2011年，学校提前完成全市5383名干部的干部信息能力提升工程培训考核任务；分别与市委组织部、市人社局、金平区委组织部、龙湖区委组织部等单位联合举办汕头市党务干部培训班、汕头市新聘任大学生村官岗前培训班、汕头市军转干部培训班等20期，参训干部近3000人次；全年共举办会计人员继续教育培训班26期，培训6600人次，专业技术人员继续教育公需课和专业课培训班9期，培训806人次；四川大学现代远程教育在校生971人，电子科技大学软件工程硕士在校生45人；中职教育现有在校生1159人。

汕头大学

【概况】2011年，汕头大学在校全目制学生9372人，其中博士生112人，硕士生1985人，本科生7275人。至年底，基础医学、药学博士后流动站累计招收博士后达180人，目前在站25人。现有一级学科博士点1个，含一级学科点覆盖数、共有二级学科博士学位授权点25个，全年招收博士生34人；现有一级学科硕士学位授权点10个，含一级学科点覆盖数、共有二级学科硕士学位授权点84个，全年招收硕士研究生584人；现有广东省名牌专业4个，36个本科专业面向全国招收本科生1750人。成人教育学院以函授、夜大等形式招收成人教育学生5500人，目前在册学生数达14609人。2011年毕业学生5146人，其中博士研究生27人，硕士研究生644人，普通本科生1727人，成人本、专科2748人。学校占地面积2106.11亩，建筑面积44.84万平方米。在编教职工1459人，其中正高职称200人，副高职称428人，专任教师701人。在专任教师中，博士330人，硕士224人。2011年，广东省将汕头大学列为自主办学综合改革试点单位，支持汕头大学建设成为国内先进国际知名的高水平大学。

【教学工作】2011年，汕头大学致力于“先进本科教育”体系建设，开设整合思维课程培养学生的整合思维能力；从专业设置、课程内容、培养模式等方面构建可适应性专业培养计划；围绕学校整体目标进行一体化人才培养模式改革；在学生评教机制、专业评估、课程教学质量分析等方面建立持续改进机制。机械设计制造及其自动化、电子信息工程、通讯工程、计算机科学与技术等专业开始实施卓越工程师教育培养计划。继续推进广东省大学生创新实验项目建设，共立项110项；建立省级高等学校实验教学示范中心1个、省级教学团队1个、省级人才培养模式创新实验区5个，增加省级特色专业2个和省级重点专业2个；有11个项目获得广东省高等教育教学成果奖培育项目。全年共获得广东省教学改革研究资助经费462万元。继续面向广东、广西、湖南、湖北、浙江、江苏、江西、福建、安徽、四川、河南、山东等12个省（区）招生，并首次在内蒙古、新疆招收高水平运动员。第一次投档率、第一志愿录取率及新生报到率均保持较高水平。录取境内本科新生1770人，普通类第一志愿率92.63%。校本部省内文理科第一次投档数占招生计划数95.31%，为历年来最高。录取境外本科新生16人，其中首次录取台湾免试生1人。境内新生报到率98.14%，继续保持较高水平；本科毕业生初次就业率居广东一本高校之首。

【科学研究】2011年，汕头大学整体科研整体竞争力持续提高，中国科学评价研究中心发布的《2012-2013年中国大学科技创新竞争力排行榜》显示，汕头大学在全国综合性高校中排名第19位、在全国所有高校中排名第64位；在《中国大学评价》课题组发布的2012中国大学排行榜中，汕头大学列全国高校第138名，其中教师水平列全国第61名，教师绩效列全国第70名。2011中国大学Nature & Science论文第一作者排行榜显示，汕头大学与浙江大学、四川大学、吉林大学等高校并列全国第11名，为广东省唯一入榜高校。在科研立项方面。全校科研经费总额达到7030.81万元，同比增长45.8%，其中国家自然科学基金和国家社科基金等各类国家级项目54项，批准经费达2754.7万元，国家级科研经费资助额增长60%以上。与英国Stirling大学水产研究院合作申报的“鱼类HUFA合成能力多样性的分子解释与调控机理研究”获得国家自然科学基金委重大国际（地区）合作与交流项目立项，资助金额270万，为历年获得国家自然科学基金项目资助额之最。省级科研项目申请也创下历史最好成绩：广东省自然科学基金和广东省社科基金分别获批34项和8项，立项总经费420万元，同比增长120%以上。生物系章跃陵教授获得教育部“新世纪优秀人才支持计划”的资助，资助经费50万元。在科研成果方面。2010年被科学引文索引扩展版（SCIE）收录论文236篇，收录数创历年之最；被SCI收录的期刊平均影响因子由2006年的1.65提高至2010年的2.44，为历年最高值；2005-2009年，共有323篇SCI收录论文被引用913次，在全国高校排名中列第76名。全年共获得广东省科学技术奖二等奖4项，三等奖3项。

【学生培养】2011年，汕头大学深入探索实施公益类课程，继续拓展服务学习模式实践探索，培养学生的责任感和奉献精神。开设潮汕弱势人群社会支持及健康教育服务、潮汕“妇女与社会”创意研习服务等6门公益课程。成立专门工作小组开展公益类课程试点工作，开展青年志愿者（义工）服务学习、旧物回收、慈善义卖以及绿色环保等系列活动。继续向学生提供朋辈互助学习支持。全年共开设117门学业问询服务课程，招收102位各院系学业表现优秀的学生担任导生，学业问询服务使用达到1754人（次），开设20个多媒体软件学习班为100位同学提供学习指导，为1299位同学提供计算机应用技能学习指导，2011年共有4990人（次）使用SLC小组讨论资源。推进学生社区X计划，以提升学生综合素质为重心，为各宿舍区同学们创造更多交流、学习机会，发展学生的积极性、独立性、创造性以及人际沟通、责任感、团队协作等素质和能力，帮助学生积累专业能力之外的“软技能”。在李嘉诚基金会的大力支持下开展“叱咤峰云”高级户外拓展项目,举行南澳岛野外求生拓展训练营、香格里拉高级训练营、海拔8012米的希夏邦马峰科考体验登山等活动，弘扬汕头大学师生勇于探索、敢于挑战、不断攀登和积极进取的精神。继续做好“海上学府”海外修学项目和交换生计划的组织工作，选拨学生到英国牛津大学、加拿大多伦多大学、明尼托巴大学、阿尔伯塔大学等国外有名大学及香港大学、香港中文大学、香港理工大学等进行短期学习或交流学习，拓宽学生视野。全年共发放各类奖学助学金933.53万元，奖助3720人次。至年底，与学校签订贷款合同2685人，申请贷款合同金额近5350万元，发放金额4370万元，2011年校本部在校本科生获国家助学贷款人数为842人，生源地信用助学贷款68人，发放贷款438.49万元，实现了应贷尽贷的目标。设立校友奖学金、助学基金、科研创新基金、校友应急援助金等一批项目，校友共捐款76.6481万元。学生竞争力持续增强，在省市各级比赛中夺得多项大奖，全年累计有171名学生的55个项目获得省级以上科技类奖项，95个个人（团队）在省级以上专业素质及才艺比赛中获奖。工学院学生与其他19所高校共同获得全国大学生工程训练综合能力竞赛一等奖；汕头大学赛扶团队获得赛扶中国创新公益大赛全国总决赛一等奖及嘉吉农村发展项目最具创新奖。

【服务地方】2011年，汕头大学继续协助全国妇联和李嘉诚基金会开展启璞计划—村“两委”女干部培训试点项目，2010年10月至2011年11月共承办10期培训班，参训学员共计342名。商学院牵头组建的“汕头大学粤台企业合作研究院”成功获批为广东省高校人文社科重点研究基地，汕头大学成为非珠三角地区唯一一个获得2个以上广东省人文社科重点研究基地的高校。医学院申报的潮汕食管癌剑桥合作研究平台成为汕头大学获得的首个广东省高校国际科技合作创新平台项目。依托新科研平台的建设，学校还获得一批经费超百万元的科研平台建设项目。积极推进与粤东乃至华南地区各市、各区县政府、企事业单位与科技管理部门的联系，搭建有效的信息互通平台，深入开展产学研合作和社会服务工作。先后与汕头市海洋渔业局签订科技合作协议，与广西壮族自治区海洋局签订科技合作框架协议，还与金发拉比、西北航空、拉芳国际、中美双骏生物等企业开展科技合作洽谈并达成实质性横向项目合作或产学研合作意向。参与政府决策咨询工作，先后承担《汕头经济特区统筹城乡一体化发展规划》、《汕头市“十二五”科技发展规划》以及汕头市金平区城市行政中心、科教文化中心、医疗卫生中心、商贸消费中心等一系列规划。全年学校的横向科技项目经费602.4万元，同比增长35%。累计向30家企业派出科技特派员30名，为地方经济与科技发展起到良好的推动作用。在李嘉诚基金会的支持下，学校学生志愿者活动蓬勃发展，参加“宁养计划”、“医疗扶贫”、“关心是潮流”、“重生行动”等各项医疗慈善活动，服务回馈社区，弘扬奉献精神。曙光助学大队的567名志愿者在红领巾路小学、光华小学、福平一小、百合园社区、红桥一小、大华街道、长安小学、外砂华侨中学、新福街道、同益街道等10个义教点，面向周边地区和市区的贫困家庭子女坚持开展长期义务助教和心灵关怀活动，共计开展义教7938人次，服务时数16056小时，辅导学生297名。“萤火虫”爱心行动大队的490名志愿者向揭东、普宁、梅州、潮州、潮阳等地5个麻风康复村以及汕头市边远地区的“薪火乡传”小学工作营、贫困街区等开展6004小时的无偿服务。“萤火虫”爱心基金会通过个人捐赠、旧物义卖等方式募集资金23834.3元，为校内贫困学生提供助学金及寒假路费补助，同时为康复村老人的生活和医疗提供救助和保障。

【党建和思想政治工作】2011年，汕头大学党委围绕学校中心任务，全面推进党的建设，充分发挥政治核心作用和监督保障作用，为学校和谐稳定发展提供保障。1月召开第四次党代会，率先提出建设“服务型高校党组织”的理念，以打造服务型高校党组织为党建目标，以“把握方向，做好服务”为党建工作理念，打造积极进取乐于奉献的校园文化，推动民主管理和依法治校。党委中心组共召开5次中心组理论学习扩大会，内容包括学习党的十七届五中全会文件精神、胡锦涛总书记7.1讲话精神等。为开创学校党建和思想政治教育工作新局面，开展“纪念中国共产党成立90周年建设服务型高校党组织”理论研讨系列活动；在基层组织和党员中深入开展创建先进基层党组织、争当优秀共产党员活动，举办纪念建党90周年暨七一表彰大会，表彰一批先进基层党组织、优秀共产党员和优秀党务工作者，进一步增强基层党组织的凝聚力和战斗力，充分发挥广大党员的先锋模范作用。

（汕头大学）

科学技术

综述

【概况】2011年，汕头市科技工作坚持“自主创新、重点跨越、支撑发展、引领未来”的工作方针，加快推进创新型汕头建设步伐，努力提高产业、企业的自主创新能力，积极推动农业、民生科技发展，科技在全市经济社会发展中的支撑和引领作用得到较好发挥，成效显著。全年全市共组织实施国家科技计划15项、获得扶持资金659万元，省科技计划项目146项、获得扶持资金9990万元。其中，列入省战略性新兴产业核心技术攻关和产业项目3项，获得扶持资金3000万元；列入省重大科技专项12项，获得扶持资金1840万元。全市共安排科技计划项目188项，计划总投资4.73亿，市财政科技三项经费投入2370万元。全市取得科技成果71项,其中"ZXJ29/1F贾卡钢丝多梳多功能经编机"等3项科技成果达到国际领先水平。全市荣获2011年度广东省科学技术奖励项目14项，其中广东绍河珍珠有限公司与广东海洋大学共同完成的"附壳造型珍珠和优质海水珍珠养殖及加工技术的研究与应用"项目获一等奖。评定2011年度汕头市科学技术奖获奖项目48项，其中一等奖18项、二等奖16项、三等奖14项。

（李扬 汤智勇）

【数据特区项目建设】10月21日，汕头市与万国数据科技控股有限公司签订《汕头市人民政府与万国数据科技控股有限公司共建"数据特区"项目战略合作协议书》，奠定项目建设的坚实基础；委托国家工信部电信规划研究院编制的《汕头"数据特区"项目建设规划》也已完成。

链接：

"数据特区"是指以大规模、高可用、新一代绿色数据中心为核心基础设施，实行特殊政策，专门为境外机构提供数据中心运营和应用服务的离岸服务外包园区。

汕头"数据特区"目标定位：汕头"数据特区"目标定位是成为国内外数据中心及相关产业聚集区。为此，汕头"数据特区"的产业规划为"三层布局"。第一层是以数据中心为核心基础设施，引入数据中心基础设施提供商和服务商，吸引亚太数据中心联盟进驻，打造数据中心基础设施产业；第二层是引入高度依赖数据中心、并以此为基础对外提供业务的相关企业，包括：金融后台企业、电子商务企业、动漫企业、呼叫中心企业，打造数据中心应用服务产业；第三层是引入为特区入驻企业提供生产生活配套服务的企业，包括：住宅、商务、娱乐休闲、医疗教育、餐饮等企业，打造特区服务配套产业。通过这样的产业布局，将实现特区三大功能：数据中心基础设施提供、数据中心应用服务提供、特区内各种配套服务提供。其中，数据中心基础设施提供和数据中心应用服务提供为特区主导产业，配套服务提供为特区配套产业。

（曾继标 唐国成 余馥娜）

【科技发展规划】2011年，汕头市科技局与汕头大学联合编制《汕头市"十二五"科技发展规划》，《规划》确定"十二五"期间全市科技发展的基本思路、主要目标及重点工作任务、政策措施，推动全市自主创新能力的提高；开展《汕头市传统产业的高新化研究报告》、《汕头市高新技术产业发展研究报告》、《汕头市产学研合作研究报告》、《汕头市农业科技发展研究报告》等4个子课题研究，成果正上报审定。

（陈秋忠 陈桌洧）

【科技进步考核】2011年5月，汕头市组建考核专家组，对所辖6区1县2009、2010年当地党委和政府推动科技进步的情况进行全面审核和综合评价，金平区、龙湖区、澄海区和南澳县通过考核，其中，金平区、龙湖区、澄海区被评为全国科技进步考核先进区。

（李扬 汤智勇）

科技管理

【科技型企业培育】2011年，汕头市开展科技型企业阶梯式培育发展，全年新增市级民营科技企业38家、省级民营科技企业12家，高新技术企业22家，省创新型试点企业2家、省创新型企业2家、国家创新型企业3家；开展科技型企业复核工作，有46家高新技术企业和163家省民营科技企业通过复核。截至年底，全市共有市级民营科技企业723家，省级民营科技企业206家，高新技术企业132家，省创新型企业12家，国家创新型企业3家。推荐企业一批技术档次高、市场前景广、具有自主知识产权的产品申报省自主创新产品和高新技术产品，新增22项省自主创新产品，推荐申报91项高新技术产品；推荐企业申报科技型中小企业技术创新基金，有17个项目获得省级创新基金专项扶持。

（李扬 汤智勇）

附表：2011年汕头市创新型企业（试点）名录

序号	企业名称	类别
1	西陇化工股份有限公司	国家级创新型企业
2	广东汕头超声电子股份有限公司	国家级创新型企业

3	广东光华科技股份有限公司	国家级创新型企业
4	广东东方锆业科技股份有限公司	广东省创新型企业
5	广东金刚玻璃科技股份有限公司	广东省创新型企业
6	汕头市超声仪器研究所有限公司	广东省创新型企业
7	广东南洋电缆集团股份有限公司	广东省创新型企业
8	广东太安堂药业股份有限公司	广东省创新型企业
9	黑牛食品股份有限公司	广东省创新型企业
10	广东金明塑胶设备有限公司	广东省创新型企业
11	广东粤东机械实业有限公司	广东省创新型企业
12	广东润科生物工程有限公司	广东省创新型企业
13	汕头市奇佳机械厂有限公司	广东省创新型企业试点
14	广东猛狮电源科技股份有限公司	广东省创新型企业试点
15	广东群兴玩具股份有限公司	广东省创新型企业试点
16	广东自动化电气集团有限公司	广东省创新型企业试点
17	广东宏景科技有限公司	广东省创新型企业试点
18	汕头华兴冶金设备股份有限公司	广东省创新型企业试点
19	广东高科达科技实业有限公司	广东省创新型企业试点

附表：2011年汕头市新增高新技术企业名录

序号	企业名称
1	广东南粤电气有限公司
2	广东绍河珍珠有限公司
3	汕头市金光高科有限公司
4	西电（汕头保税区）动力设备有限公司
5	广东奥林磁电实业有限公司
6	广东利浩信息科技有限公司
7	广东迈科医学科技有限公司
8	汕头高新区航宇电子技术有限公司
9	广东嘉达电子科技股份有限公司
10	汕头市高雄海包装机械有限公司
11	汕头市新青罐机有限公司
12	广东邦领塑模实业有限公司
13	汕头三辉无纺机械厂有限公司

14	汕头市双骏生物科技有限公司
15	正大康地（澄海）有限公司
16	汕头市微补植物营养科技有限公司
17	广东仙乐制药有限公司
18	广东晶华科技有限公司
19	汕头市安德利环保科技有限公司
20	汕头市信达彩印包装材料有限公司
21	广东树业环保科技股份有限公司

附表：2011年汕头市新增高新技术企业名录

序号	企业名称
1	汕头市新青罐机有限公司
2	汕头市品冠光电科技有限公司
3	汕头市甜甜乐糖果食品有限公司
4	汕头市华南机械有限公司
5	汕头市南墩机械有限公司
6	汕头市强宇包装材料有限公司
7	广东威能动力设备有限公司
8	广东大豪汽车零部件实业有限公司
9	汕头天阳模具有限公司
10	汕头市龙湖区华仑电子工具有限公司
11	汕头市黄氏装饰锻艺有限公司
12	广东信宇工艺玩具有限公司
13	广东奥斯尼玩具实业有限公司
14	汕头市澄海区万宝塑料玩具厂有限公司
15	广东小白龙动漫玩具实业有限公司
16	广东隆泰建设有限公司
17	汕头市紫色风包装制品有限公司
18	广东迅力人信息产业有限公司
19	汕头市星河电器有限公司
20	广东潮新科印刷材料实业有限公司
21	汕头市鼎安电子科技有限公司
22	汕头市庆丰塑胶制品有限公司

23	汕头市天地和食品有限公司
24	广东万年青制药有限公司
25	凯撒（中国）股份有限公司
26	广东仙乐制药有限公司
27	琪雅集团有限公司
28	汕头市信达彩印包装材料有限公司
29	汕头三辉无纺机械厂有限公司
30	汕头市欣源低碳木业有限公司
31	汕头市星达电子科技有限公司
32	汕头市贝斯特科技有限公司
33	汕头市澄海区超力微电机有限公司
34	汕头市澄海区启乐玩具有限公司
35	汕头市亨迪实业有限公司
36	广东美嘉欣玩具有限公司
37	广东金源科技股份有限公司
38	汕头市华天富工业发展有限公司

【科技发展计划】2011年，汕头市科学技术局组织实施各类科技发展计划项目349项，其中国家级15项、省级146项、市级188项。国家科技部和省科技厅拨款10649万元，市财政拨款2370万元，作为科技经费支持项目的研究和开发。列入国家科技计划项目15项，获得扶持资金659万元。列入省科技计划项目146项，获得扶持资金9990万元。列入市级科技发展计划项目包括工业高新技术、农业科技、民生科技和社会发展、医疗卫生科研、科技型中小企业技术创新和产学研合作等，重点支持发展LED产业、自动化成套设备、超声产业、培育高新技术企业上市、潮汕特色农产品等专题，共安排项目188项，下达科技三项经费2370万元。其中扶持高企上市培育项目5项，扶持资金150万元；产学研合作项目16项，扶持资金220万元；工业高新技术项目54项，扶持资金825万元；农业科技项目34项，扶持资金375万元；民生科技与社会发展项目39项，扶持资金500万元；科研院校项目15项，扶持资金116万元；专业镇产业转型升级平台建设3项，扶持资金30万元；科技型中小企业技术创新专项6项，扶持资金80万元；重点医疗卫生科研项目16项，扶持资金72万元。项目计划总投资4.73亿元，资金来源以企业自筹为主，其中市财政科技三项费用拨款2370万元。这批项目预计年新增产值可达45亿元，年利税7.12亿元，创节汇1.14亿美元。

附表：2011年汕头市承担国家级科技计划项目表

计划类别	项目名称	承担单位
农业科技成果转化资金项目	安全高效食品添加剂柠檬酸亚锡二钠产业化与推广	西陇化工股份有限公司
富民强县专项行动计划	大型海藻良种培育、高效栽培及深加工技术示范	南澳县人民政府
重点新产品计划	电子级高纯六水合硫酸镍	广东光华科技股份有限公司
	采用PVB封装的新型光伏建筑一体化化组件	广东金刚玻璃科技股份有限公司

重点新产品计划	高纯醇类试剂	西陇化工股份有限公司
星火计划	金观音王茶种植加工技术推广与示范	汕头市濠江区金寿茶厂有限公司
	金平农业科技信息网络平台建设	汕头市金平区生产力促进中心
火炬计划	过硫酸钠	西陇化工股份有限公司
中小企业技术创新基金项目	特种超声波压电陶瓷材料生产工艺的研究及应用	汕头市创新科技电子有限公司
	天然纤维加强复合材料汽车内饰件生产线	汕头市富力机器制造有限公司
	数字化控制热成型生产线	汕头市明发机械有限公司
	AJ系列气动液压千斤顶	汕头市通力机械制造有限公司
	高解像度高耐印力黄灯安全的紫激光银盐计算机直接制版材料	广东中科银实业有限公司
	全自动环保型焊缝粉末喷涂设备	广东韩江轻工机械有限公司
	e门通智能家居系统	汕头高新区领域科技有限公司

附表：2011年汕头市承担省级科技计划项目表

计划类别	项目名称	承担单位
促进科技服务业发展计划	潮南区专业镇多元化技术创新服务平台建设	潮南区科技局
	“机械装备产业”专利情报分析和战略研究服务能力建设	汕头市潮睿专利事务有限公司
	血浆信息管理系统的标准化建设与推广应用	广东迈科医学科技有限公司
	濠江区生产力促进中心提升工艺行业科技服务能力	汕头市濠江区生产力促进中心
	中小企业技术转移服务平台	汕头市泰斯博企业管理咨询有限公司
	中科院广州技术转移中心汕头分中心科技服务能力建设	汕头市大鲲鹏科技创业服务有限公司
高新技术产业化项目-工业攻关	3G手机视频直播系统	广东天盈信息技术有限公司
	高功率铅-碳超级电池	广东猛狮电源科技股份有限公司
	电子智能互联网交通信号系统	汕头市乐易得光电有限公司
高新区发展引导专项	汕头高新区孵化器创新服务体系建设	汕头高新技术产业开发区管理委员会
	高纯钛酸钡基低损耗高压陶瓷电容器产业化	汕头高新区松田实业有限公司
	电子化学品高纯硫酸铜绿色技术开发与产业化	西陇化工股份有限公司
	高精度PET光学片材挤出成套装备	广东达诚机械有限公司
	高性能全降解复合材料的制备技术及产业化研究	广东益德环保科技有限公司
	高细胞浓度海洋微藻培养年产千吨多烯脂肪酸	广东润科生物工程有限公司
	实用型公交客车低压制纯电驱动系统技术开发	汕头猛狮兆成电动车辆技术有限公司
	SA-SCL水处理自动化监控系统	广东自动化电气集团有限公司
	数字化控制储料式无纺布不停机印刷成套设备	广东汕樟轻工机械有限公司

	无氰电镀用高络合能力焦磷酸铜的开发	广东光华科技股份有限公司
	高铁动车组牵引电机精密铜件的研发与应用	汕头华兴冶金设备股份有限公司
广东农业科技园区	汕头市广东农业科技园区	汕头市科学技术局
广东省工程技术研究开发中心建设项目	广东省高分子功能母料与发泡材料工程技术研究开发中心	汕头市贝斯特科技有限公司
	广东省高低压开关设备工程技术研究开发中心	广东正超电气有限公司
	广东省科普教玩具工程技术研究开发中心	广东邦领塑模实业有限公司
	广东省功能性糖果工程技术研究开发中心	广东富味制果厂有限公司
	广东省输配电设备工程技术研究开发中心	众业达电气股份有限公司
广东省院士工作站建设项目	广东省光华科技电子化学品院士工作站	广东光华科技股份有限公司
广东省战略性新兴产业核心技术攻关	高精密智能挤出成型一体化成套装备	广东达诚机械有限公司
	大飞机金属刹车副制备关键技术研发及其产业化	汕头市西北航空用品有限公司
广东省中国科学院全面战略合作项目	SOD酶及其延缓头发衰老的研究和应用	广东拉芳日化有限公司
	低碳型多功能涂布复合设备的研发与应用	汕头市华鹰软包装设备总厂有限公司
广东省重大科技专项	高性能全自动气压热成型机组	广东达诚机械有限公司
	超净高纯氨水试剂的研发和产业化	西陇化工股份有限公司
	空客A320飞机国产碳/碳复合材料刹车盘	汕头市西北航空用品有限公司
	基于复合总线的智能家电一体化接口的设计与标准化	汕头市夏野电器有限公司
	复合结构法防静电BOPP薄膜的研制	汕头冠华薄膜工业有限公司
	高性能电子级高纯硫酸铜的开发	广东光华科技股份有限公司
	抗老化抗冲击单包型稀土功能材料的制备及应用关键技术	广东高科达科技实业有限公司
	无机粉体环保石头纸专用吹塑装备	广东金明精机股份有限公司
	多功能高速软包装封嘴充填旋盖减量化设备开发	广东粤东机械实业有限公司
	高方阻浅结高效太阳电池及光伏组件关键技术	广东金刚玻璃科技股份有限公司
	填充式半刚性无缝路面材料与应用研究	广东龙湖科技有限公司
	太阳能光敏膜涂布复合成套设备研发及产业化	汕头市华鹰软包装设备总厂有限公司
健康农业科技示范基地	广东省鸿泰公司高位池对虾养殖健康农业科技示范基地	汕头市鸿泰科技养殖有限公司
	广东省汕头市澄海和平农业果苗基地青枣设施栽培健康农业科技示范基地	汕头市澄海区和平农业果苗基地
结转项目	粤闽台乌龙茶星火技术产业带	汕头市科学技术局
科技基础条件建设项目	台湾相思良种选育	汕头市林业科学研究所
	汕头市潮南区科技信息交流平台建设	潮南区科技局
民营科技企业创新项目	民营科技企业技术创新工程试点建设	广东高科达科技实业有限公司
	安全注射器具研发自主创新工程试点	汕头华尔怡医疗器械有限公司
民营科技园建设项目	龙湖民科园印刷包装产业信息网络平台	广东省龙湖民营科技园管理委员会办公室

	金平民科园人才服务创新平台体系建设	金平区科技局
	民营科技园和轻工机械专业镇自主创新联动建设	汕头市金平区石炮台街道办事处
	龙湖省级民营科技园技术创新共享服务平台	汕头市龙湖省级民营科技园技术创新中心
农业攻关	生猪生态健康养殖关键技术装备集成与示范	汕头市德兴种养实业有限公司
	乌龙茶新产品、新工艺技术研发	汕头市林业科学研究所
	改良砂糖橘之叶面肥技术研发	汕头市微补植物营养科技有限公司
	金观音王新品种种植技术研究与示范	汕头市濠江区金寿茶厂有限公司
	芒果产业推进关键技术研究与示范	汕头市绿园农业科技发展有限公司
	抗病、高产、优质杂交一代苦瓜新品种的选育	汕头市白沙蔬菜原种研究所
	无公害蔬菜栽培综合控制技术研究与示范	汕头市恒茂农业科技有限公司
	优质瘦肉型猪新品种选育与产业化开发	汕头市智业畜禽养殖有限公司
	高产多抗优质油用型花生新品种选育研究	汕头市农业科学研究所
农业科技创新中心	广东省绍河珍珠农业科技创新中心	广东绍河珍珠有限公司
	广东省澳士兰公司安全高效牛奶农业科技创新中心	汕头经济特区澳士兰牧场有限公司
	广东省南澳县金汕公司海水生态养殖农业科技创新中心	南澳县和亨科技开发有限公司
软科学	农业标准化示范方法及实践研究	南澳县鸿成种养有限公司
社会发展	固肾育胎外敷贴的生态疗法与生态药物学机制研究	汕头市中医医院
	全胸腔镜解剖性肺叶切除术治疗非小细胞肺癌的免疫功能保护与远期疗效	汕头市中心医院
	消防应急指挥综合信息系统	广东省汕头市公安消防局
	ω-3鱼油脂肪乳剂对肠梗阻患者肠粘膜通透性及细菌移位的影响	汕头市中心医院
	医用诊断X射线机高频高压发生器	汕头市超声仪器研究所有限公司
	海水产品深加工废弃物虾蟹壳高值化利用技术的研究与产业化	汕头市雅壳生物科技有限公司
	印染废水深度处理与高效回用技术研究	汕头市科立环保实业有限公司
	新型污水处理循环利用综合技术研发	汕头市汕港科技实业有限公司
	南澳近海海洋生态系统保护与修复技术研究	南澳县环保监测站
	潮汕地区农村安全合理用药干预措施评价研究	汕头潮南民生医院
省部产学研结合科技创新平台	食品安全精深加工科技创新平台—汕头市天悦食品工业技术研究院有限公司建设	汕头市天悦食品工业技术研究院有限公司
	软包装印刷设备制造业共性技术创新平台	汕头轻工装备研究院

省部产学研结合示范基地	汕头市龙湖区省部产学研结合示范区	汕头市龙湖区人民政府
省部产学研结合项目	高介高压交流陶瓷电容器	汕头高新区松田实业有限公司
	南美白对虾养殖加工产品质量安全风险评估技术研究与应用	汕头市龙胜水产食品有限公司
	易川营销管控软件平台	汕头市科健软件有限公司
	具有智能自修复功能涂料的研制	紫荆花制漆（汕头）有限公司
	无线视频玩具与育婴监控产品的研发及产业化	广东飞轮科技实业有限公司
	全自动伺服控制高进彩色医药塑管胶印机关键技术及其产业化研究	汕头市东源轻工机械厂有限公司
	紫外光固化转印保护膜及胶粘剂的制备与应用	汕头市东田转印有限公司
	自释放负离子纳米电气石/功能保健理疗织物的研制	汕头市时佳实业有限公司
	数控文件夹分类卡制造与包装一体化设备研发	汕头市东和机械有限公司
	环保型热塑性氯化聚乙烯绝缘电缆的研制	汕头市天方达新材料科技有限公司
	环保型智能开关柜RN8-24	广东金晖隆开关有限公司
	屋面太阳能专用建材型光伏光热构件制造技术与装备开发	广东金刚玻璃科技股份有限公司
	高效节膜定位冷烫设备	广东金玉兰包装机械有限公司
	中小尺寸LVLC-LCD研发	汕头市锐科电子有限公司
	水性油墨凹印关键技术的研究与开发	广东汕樟轻工机械有限公司
	虚拟存储备份系统的研发及在中小企业的应用	广东天盈信息技术有限公司
	用于广电网络实现三网融合的区域综合信息接入系统	广东东研网络科技有限公司
	基于顾客体验的B2C电子商务业务流程管理系统	广东领域集团有限公司
	OGTBM系列高精密涂布生产线（机）	汕头市欧格包装机械有限公司
	新型绿色热稳定剂关键技术及其柔性生产系统示范	广东高科达科技实业有限公司
	绿色超净高纯甲醇的研发与产业化	西陇化工股份有限公司
	碳/碳复合材料航空刹车盘产业化	汕头市西北航空用品有限公司
	高强高导铜合金及其高精度零件的研制和产业化	汕头华兴冶金设备股份有限公司
	高性能电子级高纯氧化铜的研制开发及应用	广东光华科技股份有限公司
	基于芯片级信息密集的智能大型轻工装备的研制	广东达诚机械有限公司
	无水转移纺织印染印花新材料与装备的研发产业链	汕头市新协特种纸科技有限公司
	复杂条件下大型风力机控制系统研究及产业化	众业达电气股份有限公司

	基于GPRS信息化人行信号控制系统	汕头市乐易得光电有限公司
	印刷品全自动零速接纸技术及装备	汕头轻工装备研究院
	低碳绿色工艺生产新型功能性糖果的关键技术及其产业化研究	广东好心情食品有限公司
省国际合作项目	现代兰花栽培技术研究开发	汕头市澄海区远东国兰有限公司
	中小尺寸可定制工控液晶显示模组的研制	汕头市锐科电子有限公司
	高速不停机储料式环保型印刷机	广东汕樟轻工机械有限公司
	“养猪—沼气—锦鲤”立体农业生态循环综合技术开发示范	汕头市德兴种养实业有限公司
	四通航模飞机	广东飞轮科技实业有限公司
	微电脑控制辅助翻身波动式褥疮防治床垫	广东粤华医疗器械厂有限公司
省科技成果转化启动项目	过硫酸钠绿色关键技术产业化（广东省高纯精细化学品生产技术企业重点实验室）	西陇化工股份有限公司
省科技型中小企业技术创新资金项目	微藻DHA在食品领域中的推广应用	广东润科生物工程有限公司
	网络血站信息系统区域应用平台	广东迈科医学科技有限公司
	OG-CIFLEX系列高精度宽幅卫星式柔版印刷生产线（机）	汕头市欧格包装机械有限公司
	高热力学性能碳/碳复合摩擦材料	汕头市西北航空用品有限公司
	采用新型添加剂的惰气保护负压血样采集器	汕头市金丰医疗器械科技有限公司
	优质液晶模组智能化可定制技术研发	汕头市锐科电子有限公司
	工业用微电脑变频电磁加热装置	汕头高新区贝多电磁科技有限公司
	环保耐候型多用途随角异色多层光学变色材料	汕头市龙华珠光颜料有限公司
	PASS安全输血标准化系统	汕头市穿越计算机软件有限公司
	ZCF-自动化高性能铝盒包装成套装备	广东粤东机械实业有限公司
	污泥高效回收的再生造纸废水处理系统	汕头市科立环保实业有限公司
	数字化袋中袋全自动包装生产线	汕头市金海湾包装机械有限公司
	第四代新光源自由曲面车用灯具	广东骑光车灯工业有限公司
	环保安全型氢氧发生机	汕头市信一塑机制造有限公司
	酷联厨电精准控制芯片	汕头市夏野电器科技有限公司
	通用图档管理信息系统	广东毅科数码科技有限公司
	数字电子高压开关柜	广东金颖电气设备有限公司
	淀粉基生物全降解材料及产品制备	广东益德环保科技有限公司

	新型环保TPE密封条	广东金源科技股份有限公司
	基于语义Web和云计算的信息资源搜索管理系统	汕头市汉核网络科技有限公司
	模内UV转移膜	汕头市东田转印有限公司
	环保型树脂基复合材料基片双面涂布机	广东金通实业有限公司
	无拉力热分切底封制袋机	汕头市龙华包装机械有限公司
	宽幅高频起绒针刺机	汕头三辉无纺机械厂有限公司
省战略性新兴产业专项资金LED产业项目	应用于LED的高光学折射率长寿命硅胶的研发	汕头市骏码凯撒有限公司
星火计划	水稻栽培新技术综合示范	汕头市潮阳区农业科学研究所
粤港关键领域重点突破项目	电力电器行业技术创新服务与支持平台	汕头市龙湖区珠池街道办事处
	轻工机械专业公共服务平台创新提升建设	汕头市金平区石炮台街道办事处
专业镇建设项目	轻工机械专业镇产业培育与升级发展规划及应用	汕头市金平区石炮台街道办事处

（陈秋忠 陈桌洧）

【科技创新平台】2011年，汕头市依托行业优势企业组建工程技术研究开发中心，以广东省金叶烟草薄片技术开发有限公司为依托单位组建“国家特种薄片材料工程技术研究中心”通过可行性论证，有望成为全市第一家成功组建的国家级工程技术研究中心。新增输配电设备、高分子功能母料与发泡材料、高低压开关设备、科普教玩具、应用信息系统、卫星应用等7家省级工程技术研究开发中心。组织认定14家市级工程技术研究开发中心。至年底，全市省、市工程中心分别达47家和97家。组织实施创新型企业院线提升计划。引导全市创新型企业积极整合创新资源，制定创新发展战略，组建及发展企业研究开发院，探索企业创新路线图的制定与实施，大幅提升企业创新软实力和自主创新能力，使创新型企业发展成为拥有自主知识产权核心技术、具有较强国际竞争力的龙头创新型企业，示范和带动更多科技型企业发展成长为创新型企业，为加快转变经济发展方式和建设创新型汕头作出积极贡献。年内，广东光华科技股份有限公司和汕头市超声仪器研究所有限公司组建研究开发院，列入省创新型企业实施技术创新工程试点项目。

（陈秋忠 陈桌洧 李扬 汤智勇）

【汕头软件园】2011年，汕头软件园组织认定第二十批软件园入园企业，汕头市东方超声科技有限公司、汕头市精英计算机有限公司、汕头市安科伟业电子有限公司、汕头高新区九鼎科技有限公司和广东迅力人信息产业有限公司等5家企业被认定为入园企业，入园企业总数达到80家，聚集效应进一步凸现。组织实施一批科技计划项目，广东天亿马信息产业有限公司联合承担的粤东现代信息服务业集聚基地支撑公共服务平台、广东毅科数码科技有限公司承担的智能化图档管理系统和汕头市易动通信科技有限公司联合广东天盈信息技术有限公司承担的“盈动力”云计算服务平台等3个项目列入广东省现代信息服务业招标计划，获得财政扶持资金610万元；航宇电子的“基于虚拟现实的台风灾难仿真与决策支持系统”项目等14个信息技术项目列入市科技计划项目，获得财政扶持资金167万元。提升产业竞争力，组织认定汕头市穿越计算机软件有限公司、广东毅科数码科技有限公司、广东迈科医学科技有限公司、汕头市汕达科技有限公司、汕头市巨力科技有限公司、广东天亿马信息产业有限公司、汕头市一帆信息科技有限公司、汕头金税科技有限公司、广东自动化电气集团有限公司、汕头高新区航宇电子技术有限公司、广东天盈信息技术有限公司、汕头市领域安防系统设备有限公司、汕头市通达科技有限公司、广东利浩信息科技有限公司和广东蓝凌科技有限公司等15家省级软件企业；组织认定软件产品19项，总数达到163项；取得著作权登记证93项，总数达到286项。推进平台建设，粤东软件技术共享服务平台投入运行，成效明显，为产业发展提供一个良好技术支撑环境。推动重大项目建设，航天产业基地正式落户汕头开始建设，利用中国卫星现有成熟的卫星遥感技术，卫星通信技术、北斗导航定位技术、数字化仿真技术等辅助城市公共安全管理和防灾减灾工作取得新进展。

（曾继标 唐国成 余馥娜）

【**科技成果**】2011年，汕头市取得科技成果71项,其中“ZXJ29/1F贾卡钢丝多梳多功能经编机”等3项科技成果达到国际领先水平，“波音737-700/800型飞机刹车副制造技术和材料研究及产业化”、“电容式多指触控模组研制及产业化”等13项科技成果达到国际先进水平，“基于酶膜耦合机制的功能性大豆肽新型制备技术”、“海洛因成瘾神经精神病理机制的研究”等27项科技成果达到国内领先水平，“Adobe Photoshop和AutoCAD制图软件在汕头林业调查规划中的应用研究”、“智能化高速曲面印刷机”等28项科技成果达到国内先进水平。

【**科学技术奖**】2011年，汕头市获广东省科学技术奖励项目14项，其中：广东绍河珍珠有限公司与广东海洋大学共同完成的“附壳造型珍珠和优质海水珍珠养殖及加工技术的研究与应用”项目获一等奖；汕头市西北航空用品有限公司的“波音737-700/800型飞机刹车副制造技术和材料研究及产业化”、汕头大学医学院第一附属医院的“临床试验的灰关联方法学研究”等5个项目获二等奖；汕头三辉无纺机械厂有限公司的“宽幅高频提花起绒针刺机”、广东金明精机股份有限公司的“M3B-1300Q无机粉体环保石头纸专用吹塑设备”等8个项目获三等奖。获汕头市科学技术奖获奖项目48项，其中：一等奖18项，二等奖16项，三等奖14项。获奖项目技术水平达到国际领先水平2项，国际先进水平14项，国内领先水平21项，国内先进水平10项，省内领先水平1项。

【**技术市场**】2011年共受理、登记技术合同29项，技术交易额1817.72万元。

附表：2011年度汕头市获广东省科学技术奖项目

奖励等级	项目名称	主要完成单位
一等奖	附壳造型珍珠和优质海水珍珠养殖及加工技术的研究与应用	广东海洋大学 广东绍河珍珠有限公司 三亚海润珠宝有限公司 湛江龙之珍珠有限公司 广东岸华集团有限公司
二等奖	波音737-700/800型飞机刹车副制造技术和材料研究及产业化	汕头市西北航空用品有限公司
	特种玻璃幕墙专用防火精密冷弯型钢生产技术与产品开发	广东金刚玻璃科技股份有限公司 北京科技大学
	解析函数空间及相关算子理论研究	汕头大学
	临床试验的灰关联方法学研究	汕头大学医学院第一附属医院 华中科技大学
	人脐带华尔通胶和脐血来源的间充质干细胞分化为神经细胞研究	汕头大学医学院第二附属医院 潮州市中心医院 汕头大学医学院 汕头大学医学院第一附属医院

三等奖	宽幅高频提花起绒针刺机	汕头三辉无纺机械厂有限公司
	M3B-1300Q无机粉体环保石头纸专用吹塑设备	广东金明精机股份有限公司
	硅溶胶改性核壳结构ACR抗冲改性剂新工艺	广东高科达科技实业有限公司 广东工业大学
	电子级高纯六水合硫酸镍	广东光华科技股份有限公司 华南理工大学
	潮州柑新品种（汕优蕉柑）及标准化栽培技术集成推广	汕头市果树研究中心 广东省农业科学院果树研究所
	粤东农村地区青少年近视防治规律的战略性研究（原名：中国农村地区青少年近视防治规律的战略性研究）	汕头大学香港中文大学联合 汕头国际眼科中心
	生物器官体积和组织密度检测及其体积密度仪的研发应用	汕头大学 四川大学
	尾加压素II促进心肌重塑和血管重塑的作用和机制研究	汕头大学医学院第一附属医院 北京大学第一医院

附表：2011年度汕头市科学技术奖项目

奖励等级	项 目 名 称	主要完成单位
一等奖	波音737-700/800型飞机刹车副制造技术和材料研究及产业化	汕头市西北航空用品有限公司
	电容式多指触控模组研制及产业化	广东汕头超声电子股份有限公司、
	便携式触控无线全数字彩色多普勒超声诊断系统	汕头市超声仪器研究所有限公司
	制备过硫酸钠的绿色关键技术	西陇化工股份有限公司
	提花起绒针刺机	汕头三辉无纺机械厂有限公司
	硅溶胶改性核壳结构ACR抗冲改性剂新工艺	广东高科达科技实业有限公司
	高性能数字化五层共挤片材机组	广东达诚机械有限公司
	M3B-1300Q无机粉体环保石头纸专用吹塑装备	广东金明精机股份有限公司
	无版缝全息防伪膜	汕头市鑫瑞纸品有限公司
	不饱和树脂复合材料在欧式古典家具制作中的研究及产业化	汕头市华莎驰家具家饰有限公司
	智能控制系统煎药机的研制	汕头市夏野电器有限公司
	医院血库联网信息系统	广东迈科医学科技有限公司
	附壳造型珍珠技术研究与应用	广东绍河珍珠有限公司
	潮汕沿海地区食管癌发生发展分子机制的研究	汕头大学医学院
	海洛因成瘾神经精神病理机制的研究	汕头大学医学院第一附属医院
	人脐带华尔通胶和脐血来源的间充质干细胞分化为神经细胞研究	汕头大学医学院第二附属医院

	基层医院白内障手术质量控制评价体系的构建及研究	汕头大学·香港中文大学联合汕头国际眼科中心
	M2型丙酮酸激酶在良性和恶性胸腔积液的表达及其临床价值	汕头市中心医院
二等奖	超声相控阵成像检测仪	汕头市超声仪器研究所有限公司
	激光全息转印防伪印刷品	汕头东风印刷股份有限公司
	高效节能车载电热杯的研制	汕头市夏野电器有限公司
	氧化锌基高电位梯度压敏电阻器	汕头高新区松田实业有限公司
	高介高压交流陶瓷电容器	汕头高新区松田实业有限公司
	木塑基/实木复合地板	汕头市欣源低碳木业有限公司
	超静音柴油发电机组	西电（汕头保税区）动力设备有限公司
	钢板粘贴加固桥梁钢筋混凝土构件施工技术	汕头公路桥梁工程总公司
	白沙双丰1号肉丝瓜品种的选育及应用	汕头市白沙蔬菜原种研究所
	入境集装箱携带有害生物和有毒有害物质输入性风险评估及防控技术研究	汕头出入境检验检疫局
	汕头市主要园林绿化树种害虫调查研究	汕头市林业科学研究所
	尾加压素Ⅱ促进心肌重塑和血管重塑的作用和机制研究	汕头大学医学院第一附属医院
	喉癌功能保全性手术的临床系列研究	汕头市中心医院
	结核病快速诊断技术的应用和推广	汕头市结核病防治所
	精索静脉曲张精索静脉血性激素水平的研究及术式改进的综合评价	汕头大学医学院第一附属医院
	不同麻醉方法对胸科肿瘤患者围术期T淋巴细胞亚群影响的研究	汕头市第二人民医院
三等奖	环保智能型电磁炉产品制造的关键技术	汕头市夏野电器有限公司
	基于外协厂商人员信息安全管理的软件开发测试中心	广东电网公司汕头供电局
	直流额定电压750、1500V软电缆	广东南洋电缆集团股份有限公司
	新型纤维与其他纤维混纺产品定性鉴别及定量分析方法的研究	汕头出入境检验检疫局
	聚氯乙烯（PVC）塑料中邻苯二甲酸酯类增塑剂快速测定方法研究	汕头出入境检验检疫局
	110 kV交联聚乙烯绝缘电力电缆（YJLW03 64/110 1×1600）	广东南洋超高压电缆有限公司
	白羽狮头鹅的培育	汕头市白沙禽畜原种研究所
	河口区池塘卵形鲳鲹生态混养技术研究与推广	广东省养殖技术推广总站汕头中心站
	经皮穿刺微创综合疗法治疗颈、腰椎间盘突出症的临床研究	汕头市第二人民医院
	临床护理路径在髋关节置换术的应用研究	汕头市中心医院
	CNS炎症患儿脑脊液和血清S-100B的变化及其对预后评估价值的研究	汕头潮南民生医院
	心脏直视术后持续正压通气拔气管插管技术的临床研究	汕头市第二人民医院
	颈髓损伤并四肢瘫痪患者的社会支持、心理状态与生活质量的相关性研究	汕头市中心医院
	“肾康Ⅰ方”对气阴虚型糖尿病肾病U-MA的干预作用	汕头市中医医院

（黄文波 胡敏文）

【农业农村科技】2011年，汕头市获得国家科技部立项农业科技项目4个，经费支持229万元。其中南澳县政府承担的国家富民强县专项行动计划项目“大型海藻良种繁育、高效栽培技深加工技术示范”经费79万元，西陇化工股份有限公司承担的国家农业科技成果转化资金项目“安全高效食品添加剂柠檬亚锡二钠产业化与推广”经费100万元，濠江区金寿茶厂有限公司承担的国家星火计划项目“金观音王茶种植技术推广与示范”30万元，金平区科技局承担的国家星火计划项目“金平农业科技信息平台建设”20万元。获得广东省科技厅立项的农业科技重点项目2个，分别是汕头市科技局组织的“汕头市广东农业科技园区”项目经费100万元，潮南区德兴种养实业有限公司承担的“生猪生态健康养殖关键技术装备集成与示范”项目经费50万元。全年新增省农业科技创新中心3个，分别是广东绍河珍珠有限公司、南澳县金山科技开发有限公司以及汕头经济特区澳士兰牧场有限公司；新增省健康农业科技示范基地1个，即：汕头市鸿泰科技养殖有限公司。获省科技厅立项农业科技项目17个，项目经费329万元；市级立项农业科技项目34个，下拨科技经费375万元。

（蔡乐林 张少龙）

【科技装备动员】2011年，汕头市科学技术局（汕头市科技装备动员办公室）增设科技装备动员科，正式承担市科技装备动员办公室的日常工作。围绕《2015年前科技装备和信息动员准备实施计划》，按照着眼新形势下国防动员工作的新任务，新要求，真抓实干，注重成效的原则，积极落实市国防动员委员会的工作部署。积极配合省科技装备动员办公室部署，推荐汕头高新区航宇电子技术有限公司的“数字沙盘”和汕头大学的“利用风光互补清洁能源进行海岛海水淡化的技术研究及应用示范”作为全省军民两用优秀项目成果，总结推动科技装备动员工作。积极实施科技装备动员计划项目，推动国防建设步伐。汕头市利莱精细化工原料有限公司的“军地两用木塑材料研发与应用”目被列为广东省科技装备动员项目计划，获得50万元的资金扶持。配合省科技装备动员办公室组织对广东猛狮电源股份有限公司的“氢-空燃料电池项目”和广东光华化学厂有限公司的“高性能纳米颗粒复合非晶化学镀镀层研制项目”进行验收。对广东东方锆业科技股份有限公司的“年产1000吨核级海绵锆生产项目”等3个科技项目进行中期检查。

（曾继标 唐国成 余馥娜）

科技合作与交流

【产学研合作】2011年，汕头市继续推进产学研合作工作，成立全市首个省部产学研结合院士工作站——光华科技电子化学品院士工作站。龙湖区被省科技厅评选为“龙湖区产学研结合示范区”。全市列入省部产学研合作项目35项，其中：省部产学研结合重点项目7项，省部产学研合作项目21项，省部产学研结合示范基地1项，省院全面战略合作项目3项，省部产学研结合创新平台2项，省部产学研结合院士工作站1项，共获得资金扶持1880万元。

（黄文波 胡敏文）

【对外科技交流与合作】2011年，汕头市获省科技厅立项的省国际科技合作项目6个，科技经费214万元。立项项目分别是广东汕樟轻工机械有限公司承担的“高速不停机储料式环保型印刷机”项目，汕头市德兴种养实业有限公司承担的“养猪—沼气—锦鲤立体农业生态循环综合技术开发示范”项目，广东飞轮科技实业有限公司承担的“四通航模飞机”项目，汕头市澄海区远东国兰有限公司承担的“现代兰花栽培技术研究开发”项目，汕头市锐科电子有限公司承担的“中小尺寸可定制工控液晶显示模组的研制”，以及广东粤华医疗器械厂有限公司承担的“微电脑控制辅助翻身波动式褥疮防治床垫”项目。12月2日至3日，科技部合作司副司长马林英与中国-乌克兰巴顿焊接研究院技术负责人莅汕考察，就汕头与中-乌巴顿研究院开展战略合作，建立国际科技合作平台，完善企业价值产业链开展研讨。

（蔡乐林 张少龙）

【科技咨询研究】2011年，汕头市科技局开展的科技咨询服务工作主要有：完成“LED磊晶芯片制造”项目投资分析报告”等课题的调研；与广东省技术经济研究发展中心农村所合作完成广东省科技计划项目“汕头农业科技发展模式研究”。全年共出版、发行《汕头科技》4期。

【科技培训】2011年，汕头市科技局组织开展科技培训工作，来自企业的技术人员参加培训。7月26日，汕头生产力促进中心举办高新技术企业认定和复审申报辅导培训，全市有80多人参加培训。11月16日，汕头生产力促进中心、北京数码大方科技有限公司联合举办“CAXA”神州行——三维创新设计培训，来自粤东的近30家企业60多位技术人员参加培训。

【全省科技统计工作会议在汕召开】11月17日至18日，全省科技统计工作会议在汕头市召开，来自全省各地的135位统计工作人员参加会议。

（朱庆洪）

知识产权

【**概况**】2011年，汕头市新增专利申请12671件、专利授权4371件、有效注册商标11684件、作品版权登记80件；新确定市知识产权优势企业8家，市知识产权优势培育企业8家，市专利技术实施计划项目7个；有1家企业被认定为省知识产权示范企业，3家企业被认定为省知识产权优势企业，2个项目列入省专利技术实施计划；有2件专利分别获得中国专利优秀奖和中国外观设计优秀奖，4件专利分别获得广东专利优秀奖，2件商标被认定为中国驰名商标，21件商标被认定为广东省著名商标，67件商标被延续认定为广东省著名商标。8月份，汕头市金平区被广东省知识产权局确定为省知识产权试点区域。

【**知识产权政策体系建设**】2011年4月8日，汕头市政府印发《汕头市关于实施商标战略促进经济发展的意见》，出台商标培育工作保障措施，对商标工作三年规划提出具体工作目标和任务。4月25日，出台《汕头市实施知识产权战略纲要2011-2012年度工作意见》，明确实施知识产权战略纲要的阶段性工作重点、主要任务和责任部门，进一步推进实施知识产权战略纲要工作；同日，还印发《汕头市关于进一步做好政府机关使用正版软件工作实施方案》，明确政府机关使用正版化软件工作目标、职责分工，建立日常监管和督促检查、年度报告制度等。7月1日，汕头市政府转发汕头市知识产权局关于《汕头市2011年推动专利产出工作措施》，以推动全市专利创造。

【**知识产权协调机制建设**】2010年12月9日，汕头市知识产权办公会议更名为汕头市政府知识产权办公会议，增加汕头市检察院为特邀单位；2011年3月29日，金平区政府建立知识产权办公会议制度。

【**专利申请**】2011年，汕头市专利申请12671件，同比增长32.10%；发明专利申请1423件，同比增长110.81%；专利授权4371件，同比增长-23.56%；专利申请总量、发明专利申请量和专利授权总量分别居全省第六、第六和第七位；新增有效注册商标11684件，同比增长-19%；新增广东群兴玩具实业有限公司的“QUNXING及图”、黑牛食品股份有限公司的“黑牛”2件中国驰名商标；南澳牡蛎通过国家质检总局的专家评审获得地理标志产品保护；市版权局办理作品版权登记80件。2011年9月，国家工商总局向汕头市澄海玩具礼品国际品牌发展中心颁发“澄海玩具”集体商标注册证。截至年底，汕头市累计专利申请量58923件、专利授权量34293件，拥有有效注册商标76765件，其中中国驰名商标17件、广东省著名商标223件。

【**专利获奖成果**】2011年，汕头参加第十三届中国专利奖评选项目：广东绍河珍珠有限公司的“03140187.2—一种造形附壳珍珠的养殖方法及其使用的造形珠核”获中国专利优秀奖，汕头市华莎驰家具家饰有限公司的“200930264014.4组合电视柜（47100）”获中国外观设计优秀奖；参加广东专利奖评选项目：广东粤华磁电实业有限公司的“200810218478.6可录式光盘生产线”、汕头市东和机械有限公司的“200820046075.3塑料薄膜或塑料板材生产设备的风刀装置”、西陇化工股份有限公司的“200610122688.6一种超净高纯醇类试剂的制备方法”、广东天际电器有限公司的“200830054755.5　中药煲（BJH-350A/B/C）”等4项均获2011年广东专利优秀奖。截止年底，汕头市累计获得中国专利金奖1项，中国专利优秀奖8项，中国外观设计优秀奖3项，广东专利金奖3项，广东专利优秀奖13项。

【**专利技术实施**】2011年，汕头市知识产权局确定市专利技术实施孵化项目7个，分别为：广东光华科技股份有限公司的“200710027851.5高性能电子级高纯六水合硫酸镍的开发”、汕头华尔怡医疗器械有限公司的“200810096785.1全自动回缩型安全自毁式注射器”、汕头市远东轻化装备有限公司的“200910138879.5蓄热式热氧化炉在涂布、印刷机组有机废气处理技术的应用示范”、汕头市大千高新科技研究中心有限公司的“200510036795.2环保型绿色农药新体系的研发”、汕头市微补植物营养科技有限公司的“201010590299.2改良柑桔之叶面肥技术研发”、广东八达制药有限公司的“200410046419.7注射用长春西汀”、广东华杰实业有限公司的“200620062619.6一种带弹压夹的文件盒”。汕头广东粤华磁电实业有限公司的“可录式光盘生产线”被广东省知识产权局确定为省专利技术实施计划重大项目，广东粤东机械实业有限公司的“塑料连杯成型贴标充填封口机关键技术研发及产业化”被确定为省专利技术实施计划重点项目。

【**知识产权行政保护**】2011年，汕头市知识产权局立案处理专利侵权纠纷案件22宗（其中涉外案件14宗）；查处假冒专利案件7宗，结案7宗，移送外地处理专利侵权纠纷和假冒专利案件3宗。汕头市工商行政管理系统查处各类商标违法案件135宗，罚款金额102.5万元。汕头市文化市场执法队伍出动17506人次，检查文化经营单位6238多家次，立案查处违规经营的书店7家、印刷企业16家、音像店7家，打掉非法音像制品窝点4个、非法教材教辅窝点1个，取缔非法出版物地摊473

个，收缴各类非法出版物631349张（本）。汕头市各级公安经侦部门立各类侵犯知识产权案件及涉假案件146宗，破案119宗，拘留逮捕犯罪嫌疑人354人，捣毁制假窝点116个，查获制假机械121台套。汕头海关采取知识产权海关保护措施41次，涉及进出口货物130多万件，货值1800多万元，查获侵权案件13宗、侵权货物16万件，案值约62万元。

【知识产权司法保护】2010年12月至2011年12月，汕头市两级检察机关共批准逮捕各类侵犯知识产权的刑事犯罪案件38宗84人，其中，假冒注册商标案件10件11人，销售假冒注册商标的商品案件3件4人，制造、销售非法制造的注册商标标识案件21件62人，侵犯著作权案件1件3人，侵犯商业秘密案件3件4人。2011年，汕头市中级人民法院共受理各类知识产权一审民事案件140件（其中，申请诉前临时措施案件18件），审结133件（其中，申请诉前临时措施案件18件），结案率95%；其中调解撤诉案件85件，调解撤诉率63%；龙湖法院共受理诉讼标的额在200万元以下的第一审一般知识产权民事案件3件，审结3件。

【知识产权保护专项行动】2010年10月至2011年6月，汕头市开展打击侵犯知识产权和制售假冒伪劣商品专项（简称“双打”）行动。汕头市知识产权办公会议成员单位和特邀单位组成专项行动领导小组，统一领导和组织协调“双打”专项行动；市“双打”专项行动领导小组办公室设在市知识产权局，负责“双打”专项行动日常工作。期间，汕头市组织联合执法17次，出动执法人员近3万人次，整治重点市场27个，查办案件408宗，查处重大案件19宗，其中案值100万元以上的大要案件19宗，500万元以上的特大案件7宗，抓获并逮捕犯罪嫌疑人87名，打掉批发、销售侵权伪劣商品的犯罪团伙30个，抓获网上追逃人员39名，批准逮捕侵犯知识产权案件24件70人，受理侵犯知识产权和制售假冒伪劣商品刑事案件15件涉案金额1440万元，依法对22名犯罪分子追究了刑事责任。

【知识产权优势企业培育】2011年，汕头市知识产权局确定广东华盛塑料有限公司、汕头市甜甜乐糖果食品有限公司、广东壮丽彩印股份有限公司、汕头市南帆电器有限公司、广东银润实业有限公司、汕头市紫色风包装制品有限公司、汕头市鳌源机械有限公司、汕头市康百实业有限公司等8家市知识产权优势培育企业，认定汕头市华兴冶金备件厂有限公司、广东太安堂药业股份有限公司、汕头市粤东机械厂有限公司、汕头自动化电气集团有限公司、汕头市锦兴塑胶有限公司、广东骑光车灯工业有限公司、广东星辉塑胶实业有限公司、汕头市澄海区锦江玩具实业有限公司等8家为第三批市知识产权优势企业；汕头华兴冶金设备股份有限公司被广东省知识产权局认定为省知识产权示范企业，汕头市夏野电器科技有限公司、广东星辉车模股份有限公司、广东金万年文具有限公司等3家企业被认定为省知识产权优势企业。

【知识产权服务体系建设】2011年6月22日，经国家知识产权局批准，汕头市南粤专利商标事务所（特殊普通合伙）正式设立。截止年底，汕头有汕头市潮睿专利事务有限公司、汕头市高科专利事务所、汕头市新星专利事务所、汕头市南粤专利商标事务所（特殊普通合伙）和广州三环专利代理有限公司汕头分公司、广州粤高专利商标代理有限公司汕头分公司等六家专利代理服务中介机构。

【知识产权维权援助服务】2011年，汕头（中国）知识产权维权援助中心受理知识产权维权援助咨询服务135宗，办理维权援助案件40宗，与6家单位建立维权援助服务合作关系。5月27日，在金平区石炮台街道、永祥街道和潮南区工商联设立知识产权维权援助工作联络站。截止年底，中国（汕头）知识产权维权援助服务网络合作单位已有16家。

【知识产权宣传】2010年10月至2011年6月，汕头市组织开展打击侵犯知识产权和制售假冒伪劣商品专项行动宣传活动50多场次，在电视台播放公益广告共2906次，在电视、报纸等媒体报道“双打”动态84篇次，其中在中央电视台报道4次、全国性报纸报道7次。4月20日至26日，汕头市政府知识产权办公会议在全市组织开展“2011年保护知识产权宣传周”活动，市政府召开“2010年汕头市知识产权保护状况情况通报会”，汕头海关举行“知识产权海关保护新闻发布会”，市经侦支队领导做客“平安汕头网”与网民就“保知打假”进行沟通交流，市各级知识产权职能部门出动执法人员开展“双打”专项执法检查行动等。

【知识产权教育】2011年，汕头市知识产权局承办国家知识产权局和广东省知识产权局主办的“粤东五市专利电子申请宣讲与使用培训班”、广东省知识产权研究与发展中心主办的“粤东三市企业专利信息管理及应用培训班”，还邀请北京路浩知识产权代理有限公司专家莅汕举办“专利保护与运用实务讲座”，先后组织开展市重点培育企业知识产权提升工程培训活动50场次，培训省市知识产权优势企业、承担省市专利技术项目企业等重点培育企业负责人、知识产权管理人员、科研人员约400人。4月21日，市知识产权局、市教育局、团市委和市少工委在市龙湖小学联合举办省中小学知识产权教育示范学校揭牌、市第二批中小学知识产权教育试点学校授牌仪式暨中小学知识产权教学示范课观摩活动。5月至6月，汕头市知识产权粤东高级技工学校培训基地在09级机电一体化（电气方向）和工业分析与检验班中开展知识产权基础知识和实务培训，有117名学员通过考核获得广东省知识产权局颁发放的知识产权培训结业证书。

【闽粤沿海十二城市保护知识产权工作第八次联席会议】2011年10月26日，闽粤沿海十二城市保护知识产权工作第八次联席会议在汕头举行，联席会议成员福州市、厦门市、泉州市、漳州市、莆田市、宁德市、广州市、深圳市、珠海市、汕头市、佛山市、湛江市的知识产权主管部门共同签署《闽粤沿海十二城市专利侵权纠纷案件移送合作备忘录》，建立闽粤沿海城市专利侵权案件移送机制。

（袁富国　柯宁）

科学普及

【概况】2011年，汕头市科普工作主要针对全市科技和经济社会发展的热点以及群众的实际需求，重点做好科技服务经济发展、提高公民科学素质以及科技惠及民生等系列活动。5月中旬至6月中旬，市科技局联合市科协等部门开展以“携手建设创新型汕头”为主题的“科技进步活动月”活动。加强科普阵地建设，着力提升科普工作成效，新增广东龙湖快畅智能机器人省级青少年科技教育基地和4家省科普示范社区。这些科普基地充分发挥科普功能，成为全市科普宣传和科技实践的主要平台。

（李扬　汤智勇）

【汕头科技馆】2011年，汕头科技馆被广东省科学技术协会命名为“广东省科普教育基地”，被广东省科技馆研究会选任为第一届理事会常务理事单位。在汕头经济特区建立三十周年庆典之际，由中国空间技术研究院和中国东方红卫星股份有限公司赠送给市委、市政府的礼品、全国唯一1：10比例的“中国载人空间站”、“天宫一号”飞行器模型设立在汕头科技馆，丰富了汕头科技馆的科普展品。建立引进企业捐建科普展室机制，得到汕头市快畅计算机有限公司的大力支持，完成捐赠“智能机器人实践室”的建设，并常年免费接受青少年学生实践。完成汕头科技馆网站的建设（网址：www.ststm.cn），扩大科技馆与社会公众及其它科普教育机构的沟通和交流，推进科普教育数字化。5月16日至22日，由广东科学馆与汕头科技馆联合举办“节能减排•全民行动科普图片展”在汕头科技馆举行，全市各大中小学及广大市民约1.5万余人参观展览。8月10日至10月10日，由中国科技馆主办、中国科协科普部支持、中国质量认证中心协办的“食品安全主题科普展览全国巡展”在汕头科技馆举行，全市各大中小学及广大市民约2万余人免费参观展览。充分利用已建成的九大科普展室的资源，积极组织学校学生利用寒暑假、节假日、双休日的有利时间，免费参观科技馆，全年辅导公众参观、体验、实践人数约22万人次。全年共承办各种报告会、讲座、论坛、技术演示等40场次。

（郭耀光）

防震减灾

【概况】2011年，汕头市地震局紧扣防震减灾三大工作体系建设主题，在突出提升防震减灾基础能力等各方面工作取得了成效。强化工程抗震设防要求管理，参与20多个重点建设工程项目设计方案的评审，评估论证抗震措施，把住抗震设防关。组织对20多个工程项目进行场地地震安全性评价，审核抗震设防要求，督促采取抗震措施。完成省局下达的全市主要建筑物抗震性能1亿平方米的普查工作量，基础数据录入全部完成。完成6个农居地震安全示范村建设，至12月份，全市14个农居示范村全部通过验收。结合3.11日本9.0级大地震，着力做好防震减灾科普宣教“五进”活动。全年共举办讲座、报告会、咨询、图片巡展等宣传活动60多场次，发送自编宣传资料20多万份。举办农村建筑工匠、管理干部抗震培训班6场次。完成2所市级防震减灾示范学校创建工作，并举行挂牌仪式。牵头编制完成《汕头市防灾减灾十二五规划》，已呈报市政府审批。编制完成《汕头市防震减灾十二五规划》，并报主管部门审批颁布执行。年内，参加全省防震减灾综合评比获二等奖。

【地震监测】2011年，汕头市数字地震遥测子台、强震台、前兆观测站工作运行正常，产出观测成果被省局采用，年度观测任务较好完成。加强对区域地震活动趋势的分析研判，完成年中和2012年粤东四市一台地震趋势分析研究报告。11月11日，2011年闽粤区域地震跟踪工作协调会在汕头市召开，会议听取广东省地震局和福建省地震局关于闽粤交界及近海区域2011年度震情跟踪工作、2012年度地震趋势研究和地震监测预报及会商改革思路探讨的多个报告，并就预报科学新理论、新方法及闽粤两省地震监测预报联动工作机制进行深入探讨并达成共识。11月17日，2011年度闽粤防震减灾联防协作区工作会议在汕头市召开，会议对粤东闽南地震趋势进行会商，提出2012年度粤东闽南区域地震趋势研判意见。年内，市局地震前兆观测站仪器严重老化，在省地震局支持下及时更换数据采集器，并派专家调试仪器设备，使其正常工作。市政府同意增加2个地下流体观测站，拟布设在澄海和南澳，已开展前期基础工作。

【**地震应急**】2011年，汕头市调整充实市防震抗震救灾领导小组。修订《汕头市地震应急预案》。基本形成市、区（县）、街道（镇）地震应急预案体系。大部分学校、医院，部分企业制订地震应急预案。各区县地震局利用网络开通了地震速报系统。市地震局完成震情值班室建设并投入使用，配合省应急速报系统的使用，保障地震应急会商、震情信息服务和市民咨询地震知识的需要。11月9日，市政府召开汕头市演练动员会议。会后，全市各地各单位按照市政府布置部署和《汕头市地震应急避险疏散演练方案》，精心组织、广泛宣传发动，并就演练程序内容，方法方式以及应急避险疏散要点、注意事项等制定切实可行的演练实施方案。市电视台、报社分别播、刊发市政府有关举行地震应急避险疏散演练的公告，制作地震应急避险、疏散撤离专题片进行宣传。市电信、移动、联通等电信运营企业分别向所有用户发送市应急办、市地震局有关地震应急避险疏散演练的提示短信。11月24日上午，市政府在金平、龙湖区举行汕头市地震应急避险疏散演练。辖区内党政机关、企事业单位、社区居委、学校医院全员参加紧急避震、疏散撤离两个科目的演练活动。年内，全市各地各单位特别是社区、企业和工厂自行组织地震应急演练达30场次，取得良好的社会效益。做好市应急办调研应急平台建设的各项工作，构建移动应急指挥平台。移动指挥平台除具备地震应急指挥中心所必须的四大功能外，还具备现场震情、灾情、社情等信息的汇集、整理、公告和传输等功能，实现与市地震应急指挥中心的互联互通。完善市地震信息网，确保其正常运行。保障地震及灾情信息及时汇集、统计和发布。实现与市应急办及省地震局网络互通对接、资源共享。依靠各区（县）地震工作部门，以防震减灾助理员、地震灾情速报员为依托建立全市应急工作联络网；建设包含预案法规、物资储备动态和抢险救灾队伍等内容的地震应急基础数据库。2011年，在14个农村民居地震安全示范村设置14个应急避难场所。

【**震情**】据广东省地震台网测定，2011年度潮汕三市及近海共发生M_L1.0级以上地震295次，其中$M_L\geq1.0$级271次，$M_L\geq2.0$级23次，$M_L\geq3.0$级1次，2011年度粤东地区震级最大的地震是5月13日揭阳市揭东县发生的3.2级地震。本年度区域内的地震活动特征是：震中主要分布在南海海域，陆地较少；与2010年度相比，地震频次有所增加，地震强度有所增强，地震活动维持低水平状态。

（林绵裕）

文　化

综　述

【**概况**】2011年，汕头市文化艺术工作认真贯彻落实市委九届十次全会精神和市委、市政府关于建设文化强市的意见，积极推动文艺精品创作、广泛开展文化惠民工程、切实做好文物保护工作、稳妥推进文化体制改革工作、加快发展壮大文化产业，让广大市民群众共享文化发展成果的同时，提升全市文化软实力，为加快打造区域中心城市、建设幸福汕头、建设文化强市提供良好的文化条件。

【**文艺精品创作**】2011年，汕头市组织做好2010年度汕头文艺奖的评选活动；举办精品书画展；举行《幸福广东》新歌发布会；扶持艺术精品创作生产，积极争取省委宣传部重点文艺创作资金的扶持，推动潮剧艺术生产，积极协调潮剧《雅娘》和《红头船》的创作编排，推荐参加省十一届艺术节展演，并取得优秀成绩。做好省第四批重点文艺项目申报参评工作，推荐潮剧《濠城风云》、动画片《龙神密码》等项目列入省重点文艺项目等。

【**文化惠民活动**】2011年，汕头市宣传文化部门采取有力措施，全面推进全市公共文化服务体系建设。着手对全市范围内文化馆（站）进行评估定级。其中龙湖区新溪镇文化站、金霞街道文化站、澄海区东里镇文化站以及濠江区石街道文化站、玉新街道文化站等5个文化站被评为“广东省特级文化站”。提前完成农家书屋“十二五”规划建设任务，实现“十二五”期间全市农家书屋工程的全覆盖。坚持面向群众，打造“文化新潮风”文艺传播品牌，策划开展“幸福汕头”文艺展演系列活动。围绕重要节庆日举行丰富多彩的节庆群众文艺活动，营造浓烈的节日氛围，主要有：“幸福歌声献给党”汕头市纪念中国共产党成立90周年系列活动、“庆祝中华人民共和国成立62周年——2011年汕头市群众音乐舞蹈花会”等；积极承办主题文艺活动，有庆祝汕头经济特区建立30周年系列活动等；引导发动社会力量参与举办群众文化活动，为文化惠民增彩。

【**文物保护工作**】2011年，汕头市在粤东地区中第一个完成第三次全国文物普查第三阶段普查数据修改核定工作，最终确定市上报国家三普办登录普查数据为合计核定802处文物点，其中，复查文物点243处，新发现文物点503处，消失文物点56处。全年全市还落实第六批省级文物保护单位(共3处)、第四批市级文保单位(共30处)“四有”基础性规范化工作。3处省级文保单位基本完成“四有”建设。第四批市级文保单位30处，已完成“四有”工作约65%。2011年度“南澳Ⅰ号”水下考古发掘工作取得了重大进展，共出水文物8000余件。汕头市推荐的陶瓷微书、潮式月饼制作技艺、潮州歌册、潮南英歌、广德泰药酒酿制技艺等5个项目入选广东省第四批省级非物质文化遗产名录。

【文化体制改革】2011年，汕头市加强组织领导，加强指导监督，加强政策扶持，狠抓工作落实和工作成效，促进一批改革重点任务的顺利完成。年底前，澄海区、潮阳区、濠江区、南澳县电影公司完成转企改制工作。12月底，全市所有新华书店按要求全面完成转企改制重组工作，成为全省第一个全区域完成新华书店改制重组任务的地级市。年底，汕头市新华书店、潮阳区新华书店、南澳县新华书店3家新华书店分别与省新华发行集团签订重组协议。

【文化产业】2011年全市文化产业继续呈现良好的发展势头，不断壮大发展并取得了可喜的成绩。政府部门积极主动做好服务工作，为文化企业发展营造良好的环境。组织文化企业参与第七届中国（深圳）国际文化产品博览交易会、第四届海峡两岸文化产业交易博览会等各类各级别活动，为企业搭建交流的平台。同时，采取多种措施，争取文化企业的资金扶持，组织文化项目参加广东省文艺精品扶持资金等各种项目的申报和评审工作，汕头东风印刷股份有限公司、广东南美集团有限公司、汕头市东田转印有限公司，已通过层层审查，获准进入新闻出版改革发展项目库，有望获得国家专项资金支持，大力支持文化产业的发展壮大。

（江琳）

文 化

【概况】2011年，汕头市共有文艺团体30个，其中潮剧团18个，其它文艺团体12个，演出公司下属文艺团体10个。民办非企业组织39家，文艺类民非组织15家。市直属歌舞团、话剧团、杂技团、曲艺团共有在编和自聘人员168人。艺术门类包括潮剧表演、歌舞、音乐、戏剧类、杂技魔术等。电影放映单位28个，电影院17座，座位13500个；博物馆9家，公共图书馆7个，文化馆8个，文化站69个，文化室583个，农家书屋612家。全市有省级文保单位15个，市县保级文保单位165个；非物质文化遗产项目33个，其中9项入选国家非物质文化遗产项目，21项入选省级非物质文化遗产项目；有市级民族民间艺术之乡25个，省级民族民间艺术之乡7个，潮阳区被命名为中国民间艺术之乡（潮阳英歌、潮阳民间剪纸、潮阳笛套音乐），澄海区被命名为中国民间艺术之乡（灯谜、版画）。还有128家歌舞娱乐场所，51家游艺娱乐场所和1家演出场所。全市有新闻出版单位7家，其中报社1家，期刊社5家，出版社1家。

【文艺团体体制改革】2011年7月，汕头市文广新局起草上报《汕头市国有文艺院团改革总体方案(征求意见稿)》，启动全市国有文艺院团的转企改制工作。12月6日，召开汕头市文艺团体体制改革工作会议，部署市文广新局直属文艺团体体制改革工作。随后，市文广新局和广东潮剧院分别上报《汕头市文化广电新闻出版局直属国有文艺院团改革总体方案》、《广东潮剧院体制改革方案》。

【重要文艺活动】2011年，汕头市相继组织举办一系列重要文艺活动。9月16日、30日晚，配合汕头市第十二届市运会开幕式和闭幕式，分别在潮汕体育馆举办文艺演出，动用演职人员1100多人，其中包括国内知名演员和省顶级演艺团队。中国共产党90华诞前夕，汕头市举办“庆祝建党90周年文艺巡演”，巡演以庆祝建党90周年为主线，通过歌舞、曲艺小品、诗歌朗诵等综艺形式，由汕头市直属文艺团体为基本队伍，与各区县有关部门紧密合作，形成一台适合广场及舞台演出的大型综艺节目，深入基层巡回演出6场。继续开展“潮剧、潮艺进市区”专场演出活动，全年演出20场，观众达2万多人次，让城市群众共享潮剧发展和改革的成果。与市纪委联合举办纪律教育月潮剧演出专场。12月28日晚，市文广新局与汕头广播电视台、汕头市合唱团联合举办“2012年新年音乐会”。

【文艺创作】2011年，广东潮剧院创作的《雅娘》、澄海潮剧二团创作的《红头船》等两部精品剧目入选省第十一届艺术节参评剧目，其中潮剧《雅娘》获得优秀剧目特别奖、表演奖、优秀音乐创作奖、优秀舞台美术奖舞台设计、灯光设计、服装设计、新秀奖等7个奖项；澄海区潮剧二团选送《红头船》获得优秀剧目奖、表演奖、音乐创作奖等3个奖项。广东潮剧院新创作具有地方本土传统文化地域特色的潮剧《濠城风云》，经多番修改提高，作为精品进行投排。汕头市艺术研究室郑暹发担任总编剧、汕头电视台投拍的集地方题材与现实题材于一身的100集潮语系列剧《厝边头尾》，2011年继续组织创作，已完成101—200集并投入拍摄；陈继平编创的大型潮剧《风雨红头船》被列入省委宣传部第三批重点剧目并在《广东艺术》发表；王培瑜等编著的《潮汕传统弦诗五百首》、

《潮汕民歌》2部专著出版。全市获得2010年度全省群众文艺作品评选二等奖1个、三等奖2个。2010年度全市群众文艺作品评选获奖作品16件，其中一等奖3个、二等奖6个、三等奖7个。

【文物保护】2011年，汕头市文广新局组织编制文物保护项目及经费需求“十二五”规划，明确未来五年文物保护指导思想、总体思路和总体目标，最终审核通过28个项目上报省；45个项目上报国家文物局，其中32个项目4994万元被国家文物局核定列入国家十二五文物保护专项经费项目库。9月，在市、县级文保单位中遴选腾辉塔、万人冢、四序堂、东岩、宋大峰禅师遗迹、蓬沙书院等6处单位上报省文物局申报省级文物保护单位。落实第六批省级文物保护单位(共3处)、第四批市级文保单位(共30处)“四有”基础性规范化工作。3处省级文保单位基本完成“四有”建设；第四批市级文保单位30处，已完成“四有”工作约65%，其中：划定保护范围和建设控制地带6处，树立标志牌说明牌10处，建立记录档案6处，设置专门机构或专人负责管理28处。启动省文保单位南昌起义南下部队指挥部旧址全面修缮工程，完成省文化厅文保工程审批程序和市发改立项、环评程序；市级文保单位永平酒楼旧址全面修缮、县级文保单位“蓬沙书院”抢救性维修已经完成工程勘察、方案设计，进入报批程序。省级文保单位“广东东江各属行政委员公署旧址”由文保专业单位进行勘察并制定初步抢救性维修方案。“国民革命军东征军总指挥部政治部旧址”、“南昌起义南下部队指挥部旧址”、“广东东江各属行政委员公署旧址”等3处省级文保单位争取到省考古研究所支持，免费制定文物保护单位规划保护大纲。

【公共文化服务】至2011年底，全市免费开放的博物馆、陈列馆6家，吸引观众26.8余万人次。圆满完成“中国文化遗产日”、“5•18国际博物馆日”的有关活动宣传纪念活动。各博物馆和部分文物保护单位纷纷开展各种形式的活动，通过悬挂横幅、张贴海报、开展咨询、发放宣传材料、举办展览和非物质文化展示、展演及文物遗产知识讲座等丰富多彩的活动，宣传和纪念文化遗产日，取得了极好的社会效益。“文化遗产日”活动期间，全市共举办各种主题活动和展览12项，吸引约数万名观众参与，社会反响强烈。对市博物馆、潮阳区博物馆、南澳县海防史博物馆、汕头开埠文化陈列馆、汕头海关关史陈列馆等5个国有博物馆进行馆藏文物巡回鉴定，共鉴定可移动文物2096件(套)，钱币3426枚，经鉴定，其中一级珍贵文物1件，名称为清光绪金漆“羊城八景”图屏；二级珍贵文物4件(套)；三级珍贵文物154件(套)。汕头开埠文化陈列馆、汕头海关关史陈列馆首次进行馆藏文物专业性全面鉴定，首次确定馆藏文物上级，分别有3件和2件三级珍贵文物。

【“南澳Ⅰ号”水下考古】4月27日，全国首个入选2010年全国六大考古新发现、粤东地区唯一获此殊荣的水下考古项目“南澳Ⅰ号”水下考古发掘工作正式开始。5月22日至31日，中央电视台连续第二年对汕头“南澳Ⅰ号”水下考古发掘活动进行长时间、高规格、高密度的大型直播，在全社会引起巨大的反响。至7月19日共出水文物8000余件。出水文物以瓷器为主，包括盘、碗、杯、瓷罐、碟、钵、盖盒、黑釉瓷壶、瓶等，陶器包括陶罐、陶瓮、陶罐盖等，还有棋子、铜板、铜构件、铜弹簧、铁锅、铁铳、铜钱等等。瓷器占出水文物总数的97%以上，其中福建漳州窑系瓷器占约70%，还有江西景德镇窑系瓷器和其他窑系。出现青花鲤鱼跃龙门图盘、堆塑龙纹四系题“玉”字陶罐、疑似兽面铜件等新品文物。

【文物普查】3月21日，汕头市召开第三次全国文物普查不可移动文物电子数据修改完善验收工作会议，省三普办专家组对汕头市登记的文物电子数据进行修改、合并、复核和确认，删除明显不符合本次普查不可移动文物认定要求的记录73处，最终确定汕头市上报国家三普办登录普查数据为合计核定802处文物点，其中复查文物点243处，新发现文物点503处，消失文物点56处。普查登记文物点746处，其中古遗址95处，古墓葬106处，古建筑297处，石窟寺及石刻52处，近现代重要史迹及代表性建筑195处，其他1处。7月13日至15日，在南澳县举办汕头市第三次全国文物普查工作报告编制名录培训班，邀请文物专家授课。10月底，全市7个区县普查办上报普查工作报告初稿(澄海区三普工作报告为略稿)。12月，在征求14个普查领导小组成员单位的修改意见后，完成市三普工作报告。

【文化交流】2011年，汕头市实施对外和对台港澳文化交流22批次，交流人数达890人，演出194场。其中，赴香港和澳门进行文化交流的项目达到12个，交流人数569人，演出100场；赴泰国、印尼、新加坡等国家文化交流项目6个，交流人数245人，演出49场。汕头文化艺术学校艺术团派出1批共88人赴香港演出，广东潮剧院共派出4批287人次赴新加坡、泰国、香港献演经典潮剧剧目。全年共有12批来自日本、马来西亚和台港澳地区演艺人员到汕头演出。12月9日至15日，受国家文化部委托，应泰国国家旅游局邀请，省纪委驻文化厅纪检组长、监察专员凌曲刚率领汕头歌舞杂技团一行27人，赴泰国参加庆祝泰国大城府入选世界文化遗产20周年庆典活动，在大城府广场连演5场集歌舞、杂技及潮曲于一体的综合文艺晚会，在大城府引起轰动。省文化厅专门发文对汕头市赴泰歌舞杂技团进行表彰。

【文化馆、站评估定级】2011年，汕头市文广新局在全市范围内开展文化馆、文化站的评估定级工作。全市文化馆除潮南区文化馆租用办公场地不能达标外，其他各文化馆均达到国家三级馆以上标准。龙湖区新溪镇文化站、金霞街道文化站、澄海区东里镇文化站以及濠江区礐石街道文化站、玉新街道文化站等5个文化站被评为“广东省特级文化站”；龙湖区新津街道文化站、珠池街道文化站被评为“广东省一级文化站”；澄海区盐鸿镇文化站等13个文化站被评为“广东省二级文化站”；濠江区达濠街道文化站等35个文化站被评为“广东省三级文化站”。

【文化志愿者】7月，全市有5名志愿者获首届广东省社区文化节“优秀志愿者”称号。8月，市图书馆成立市图书馆文化志愿者服务队。在潮南区农民读书月期间，潮南区成立文化义工服务队，有240人参加。

【群众音乐舞蹈花会】9月，汕头市举办“庆祝中华人民共和国成立62周年——2011年汕头市群众音乐舞蹈花会”，有18个节目参加比赛，通过比赛决出金奖6个、银奖12个。并推荐9个优秀节目参加广东省第五届群众音乐舞蹈花会，经选拔有5个节目入选省花会比赛。11月24日至28日，经选拔的5个节目参加广东省第五届群众音乐舞蹈花会比赛，获金奖1个、银奖4个；市文广新局获优秀组织奖。

【非物质文化遗产保护】8月11日，汕头市正式公布第三批市级非物质文化遗产名录，《水墨蚂蚁》等11个项目入选。至此，市级非物质文化遗产名录共有33项。9月20日，市文广新局下发《关于推荐第二批市级非物质文化遗产项目代表性传承人的通知》。10月18日，汕头市首个以艺术家名字设立的艺术馆“王芝文陶瓷微书艺术馆”正式挂牌成立。10月20日，第四批省级非物质文化遗产名录项目公示，汕头市的陶瓷微书、潮式月饼制作技艺、潮州歌册、潮南英歌、广德泰药酒酿制技艺等5个项目入选公示名单。至年底，全市拥有潮剧艺术博物馆、后溪英歌队保护传承基地、潮阳笛套音乐保护传承基地、王芝文陶瓷微书艺术馆、蜈蚣舞保护传承基地、大寮嵌瓷展览馆、太安堂中医药博物馆等一批非物质文化遗产保护传承基地。

【非物质文化遗产展示】5月13日至16日，汕头市组织太安堂中药文化项目参加第七届中国（深圳）国际文化产业博览交易会。7月14日至16日，潮阳后溪英歌队参加“岭南风情”首届广东省农民文艺大汇演并获得银奖。10月21日至23日，组织石雕项目参加首届广东(云浮)石艺精品展，市文广新局获得优秀组织奖。10月27日至29日，组织陶瓷微书、太安堂中药文化等项目参加第四届海峡两岸文化产业交易博览会。11月2日至6日，组织蜈蚣舞参加2011广东国际旅游文化节嘉年华活动。11月26日至27日，澄海西门蜈蚣舞队应邀参加东莞市长安镇第四届文化艺术节开幕式及文艺巡游表演。举办庆祝中国共产党成立九十周年潮剧传统折子戏专场演出晚会暨姚璇秋同志获省艺术终身成就奖颁奖仪式，广东潮剧院青年演员精彩演唱10个传统剧目。市文化馆举办汕头市工夫茶茶艺表演和茶文化讲座、潮州音乐欣赏会。

【文化惠民工程】2011年，汕头市继续推出一系列文化惠民措施。全市农村公益电影放映6753场次，超额完成6492场的年度目标任务。4月，广东一帆影视文化有限公司市区南国影院(“一帆影城”)正式试业，让市民看电影实现“即到即看”。市艺都大剧院、鮀岛影剧院和一帆影城等3家影院被列为广电总局“十二五”规划重点项目试点单位，参加“全国电影票务综合信息管理系统(新平台)试运行”和“电影数字拷贝传输和播放技术研究和示范”，加快汕头市电影行业与发达地区接轨。年底前，澄海区、濠江区、潮阳区和南澳县加快推进县级电影公司转制工作，全面完成改制任务。汕头市利用行政村村委会、文化室、学校等公共设施，结合实际选址农家书屋，提前完成农家书屋“十二五”规划建设任务，实现“十二五”期间全市农家书屋工程的全覆盖。按规划，市“十二五”期间全市要再建211家“农家书屋”，到2015年在全市539个行政村总共建成597家“农家书屋”。11月25日，汕头市“岭南流动书香车百车下乡惠民活动”启动。汕头市“书香飘万家”系列读书活动正式启动，主题为“文明生活幸福阅读”，内容包括潮汕文化书展、出版经典潮剧老唱片，重点开展全市阅读动员、机关阅读活动、企业阅读活动、学校阅读活动、农村阅读活动、社区阅读活动、“书惠万家”系列活动、“南国书香节·书香汕头”系列活动等重点活动。

【文化产业】2011年，汕头市文化产业继续呈现良好的发展势头，取得可喜的成绩。在2011年广东省公布数字看：2010年汕头市文化产业增加值105.96亿元，排在全省第六位，占全省文化产业增加值2524亿元的4.2%；文化产业增加值占全市GDP比重8.76%，排在全省第一位，比全省平均水平的5.6%高出3个多百分点、比全国平均水平的2.75%高出6个多百分点。全市八大支柱产业中印刷包装、音像制品、工艺玩具等文化产业稳占三项。澄海区被省命名为“广东省动漫(玩具)创意产业集群”，金平区被省命名为“广东省火炬计划包装特色产业基地”。汕头东风印刷股份有限公司成功上市。至此，汕头上市文化企业共有即奥飞动漫、星辉车模、骅威玩具、群兴玩具、东风印刷等5家。经省文化厅挑选，汕头市粤升乐器实业有限公司的“一种带止音及电声装置的扬琴”及广东骅威玩具工艺股份有限公司的“成长娃娃”系列产品入选2011年深圳文博会广东团展品，并被编入文化创意精品目录册，对外发送。广东飞轮科技实业有限公司、广东小白龙动漫玩具实业有限公司2家企业申报认定2011年动漫企业。汕头东风印刷股份有限公司、广东南美集团有限公司、汕头市东田转印有限公司，已通过层层审查，获准进入新闻出版改革发展项目库，有望获得国家专项资金支持。年内，汕头市在产光盘企业8家，可录类生产线新增加10条，光盘生产线共达到171条430头，生产能力继续保持稳步发展。

【文化市场管理】2011年，汕头市共有KTV等娱乐场所128家，游艺机经营场所52家，网吧296家(其中连锁企业5家49个门店)。市文化市场综合执法队伍扎实开展“双打”(打击侵犯知识产权和制售假冒伪劣产品)等文化市场专项整治行动，全年共出动17506人次，检查文化经营单位6238多家次，立案查处违规经营的游艺娱乐场所28家、歌舞娱乐场所工2家、网吧24家、书店7家、印刷企业工6家、音像店7家，打掉非法音像制品窝点4个、非法教材教辅窝点工个，取缔非法出版物地摊473个，收缴各类非法出版物631349张(本)。市文化市场综合执法考评在2011年获全省第四名，文化市场综合执法大队查办的“4•12”非法经营侵权盗版音像制品案、“2•22”非法经营境外音像制品案分别被评为全国文化市场十大案件和全省文化市场十大案件，受到文化部和省执法局的通报表彰。加大广播电视节目监听监看工作力度，全年共受理广告投诉举报7宗，都及时处理并答复。开展驻汕报刊记者站专项治理行动，重点纠正6个方面的违规问题。组织网吧和娱乐场所从业人员法律法规培训各1次，参训人数近1000人。

【文化行政审批制度改革】2011年，汕头市文广新局分两批向各区县局下放行政审批事项共8项。配合推进汕头市濠江区行政体制综合改革，市文广新局把“互联网上网服务营业场所经营单位设立许可”和“市级文物保护单位的修缮许可”下放给濠江区文化广电新闻出版局。对经省政府令142号下放的由市文广新局审批的行政审批事项，市文广新局积极向省文化厅、新闻出版局反映情况，并报送《关于扩大濠江区文化广电新闻出版局管理权限的请示》。经批复，省文化厅同意下放“设立博物馆审批(冠以‘中国’、‘中华’、‘国家’、‘广东’等需由省级以上有关行政主管部门审核同意的除外)”、“设立演出经纪机构审批”、“营业性涉外演出增加演出地备案”等3项行政管理权给濠江区文化广电新闻出版局。

【政府机关使用正版软件工作】2011年8月，汕头市召开市政府机关使用正版软件工作协调会。11月，省推进政府机关使用正版软件工作督查组对汕头市、区(县)6个单位就落实国务院关于政府机关使用正版软件工作情况进行督查，充分肯定汕头市在推进政府机关使用正版软件的工作。

【数字电视整转】5月，汕头市中心城区有线数字电视整转正式启动，从原规划建设单向数字电视服务平台改为建设高标准、高起点的标清双向互动数字电视服务平台，实现有线电视数字化整体平移。整转后，市民将收看到138套数字电视节目(其中数字标清基本节60套，标清付费节目68套，数字高清节目10套)，并提供宽带接入。至年底已整转完成4.2万户。

（李冠杰 陈华栋）

文学艺术

【迎春文艺系列活动】2011年春节期间，市委宣传部在全市开展“幸福春天”迎春文艺巡演活动，活跃节日期间全市城乡文化生活。1月26日晚，由市委宣传部、市文化广电新闻出版局和市广播电视台联合主办的《2011年“玉兔呈祥幸福年”春节联欢文艺晚会》在市广播电视台综合剧场举行，2月3日（正月初一）晚在汕头电视台播出。2月3日至17日在各区县举行丰富多彩的迎春文艺活动。2月11日晚由市委宣传部主办，市音乐家协会、市音乐家协会声乐分会和奇林文化艺术传播有限公司协办的“‘幸福汕头•和唱鸣春’潮语歌曲经典作品音乐会”在市艺都大剧院举行。2月18日晚由市委宣传部、市文联主办，市音乐家协会、市爱乐合唱团、市爱乐民乐团协办的“‘幸福汕头•乐韵颂春’郭亨基优秀作品音乐会”在市林百欣国际会展中心剧场举行。

【“文化新潮风”市民文化广场】2011年，由市委宣传部主办的“文化新潮风”市民文化广场活动共演出近15场次，吸引了十几万观众到场观看，展示城市魅力，传播文化知识，让市民群众共享文化成果。主要有：2月3日、4日下午，在市人民广场举行“文化新潮风”市民文化广场迎春文艺表演表演活动。9月30日晚，在市人民广场举行“幸福家园”——“文化新潮风”市民文化广场国庆综艺晚会。

【"红色影片南粤行 万场百部下基层"活动】2月28日，由市委宣传部主办、市文化广电新闻出版局、濠江区委宣传部、濠江区文化广电新闻出版局承办、汕头影艺总公司、国仁文化传播有限公司协办的"红色影片南粤行 万场百部下基层"电影放映活动汕头分会场启动仪式在濠江区珠浦文化广场举行。

【2010年度汕头文艺奖】从3月份开始，市委宣传部组织2010年度汕头文艺奖评选活动。经评选，向散文《黑白间》等20项作品颁发精品奖；向潮阳笛套音乐《双忠赞》等2项目作品颁发创意奖；向王兰若颁发成就奖。

【"幸福歌声献给党"——汕头市纪念中国共产党成立90周年系列活动】3月30日，市委组织部与市委宣传部联合发文《关于开展"幸福歌声献给党"汕头市纪念中国共产党成立90周年歌咏活动的通知》启动该活动，并在各区县开展歌咏比赛初赛。5月12、23日，歌咏比赛（独唱比赛）半决赛在龙湖翰苑举行。5月26、27日，歌咏比赛（合唱比赛）半决赛在市人民广场举行。6月24日，歌咏比赛决赛在市林百欣国际会展中心举行。最终张瑜等4人（组合）获得独唱（组合）比赛金奖，汕头市合唱团获得合唱比赛特别奖，汕头市检察官合唱团等三个合唱团获得合唱比赛金奖。6月29日，由汕头市委组织部与市委宣传部联合主办的"幸福歌声献给党"汕头市纪念中国共产党成立90周年主题歌会在汕头市体育馆举行。

【好歌献给党——广东省第十届"百歌颂中华"歌咏活动】6月2日至3日，由广东省委宣传部牵头联合八家省直单位主办的"好歌献给党——广东省第十届'百歌颂中华'歌咏活动"（包括歌咏比赛和群众歌会两个系列）汕头赛区半决赛在汕头市龙湖翰苑和林百欣国际会展中心剧场举行，其中歌咏比赛半决赛共有来自粤东五市的15支合唱队伍和20位歌手（组合）参加，群众歌会分区决赛共有9支合唱团队参加，最终汕头合唱团进入合唱A组决赛，汕头市侨联侨声合唱团进入合唱B组决赛，汕头选手张瑜和男声四重唱（余良羚、黄梅城、申明升、陈怀一）进入歌手决赛，汕头市爱乐合唱团、汕头市第二中学分别获得群众歌会（汕头赛区）分区决赛金奖和铜奖。6月15日至17日，"好歌献给党——广东省第十届'百歌颂中华'歌咏活动"总决赛分别在广东电视台和星海音乐厅举行。最终汕头市合唱团获得合唱A组比赛金奖（第一名），汕头市侨联侨声合唱团获得合唱B组比赛银奖，汕头选手张瑜和男声四重唱（余良羚等）分获歌手比赛铜奖，汕头市委宣传部获得组织奖。

【赵吴之后、独见陈君——陈大羽百年艺术大展】6月21日至28日，由市委宣传部、中国国家画院、中国美协中国画艺委会等主办，市文化广电新闻出版局局协办，汕头三联商务文化中心、三联文化传播（香港）有限公司和市博物馆承办的《赵吴之后、独见陈君——陈大羽百年艺术大展》及学术研讨会在市博物馆举行。江苏省文化厅副厅长高云、广东省政协原副主席林兴胜；汕头市有关领导出席开幕式。市委常委、宣传部部长陈茸为开幕式鸣锣。

【"爱心永恒"——汕头市第二届"广东扶贫济困日"募捐文艺晚会】6月30日，由市委、市政府主办，市委宣传部承办，市民政局、市扶贫办、市文化广电新闻出版局局、市广播电视台、市慈善总会协办的"爱心永恒"——汕头市第二届"广东扶贫济困日"募捐文艺晚会在市广播电视台中心综合剧场举行。

【庆祝汕头经济特区建立30周年系列活动】10月20日，由市委、市政府主办，市委宣传部承办，广东省宜华木业股份有限公司协办的"勇立潮头"庆祝汕头经济特区建立30周年大型主题文艺晚会在市林百欣国际会展中心剧场举行。省人大常委会副主任王宁生，全国侨联副主席朱奕龙，国家司法部原部长邹瑜；全国侨联副主席、香港亚洲金融集团主席陈有庆；汕头市领导李锋、郑人豪等和嘉宾共同欣赏这台精彩文化盛宴。10月21日，由市委宣传部主办，汕头画院承办，宜华地产股份有限公式、市书法家协会协办的"汕头经济特区建立三十周年美术书法大展"在市博物馆举行。市委常委、宣传部部长陈茸和省美术家协会专职副主席王永为书画展揭幕，副市长郭大钦主持了开幕式。新华社总编室值班室主任陈玩娟、国际广播电台世界潮声总监李均、市政协副主席林依民等出席了开幕式。10月21日至23日，由市委宣传部主办，广东潮剧院承办，宜华地产股份有限公司协办的"庆祝汕头经济特区建立三十周年潮剧精品展演"一连3天在市艺都大剧院举行。省政协原副主席林兴胜、市有关领导观看了展演首晚演出。

【《幸福广东》新歌发布会】12月28日，由市委宣传部主办的《幸福广东》新歌发布会在汕头市委会议中心金凤厅举行。当晚，由市委宣传部、市文化广电新闻出版局、市广播电视台联合主办，市合唱团演出的"金色旋律"2012年新年（影视名曲）合唱音乐会上首唱该原创歌曲。

【文学】1月3日，汕头市作家协会全体理事会议在汕头迎宾馆召开，会议选举产生了新的领导班子：董建伟为主席，杜国光、林渊液、陈跃子、陈坤达、辛瑞玲为副主席，郭勤亮为秘书长。6月4日，汕头市作家协会在濠江区丹樱生态园举行辛卯诗人节。6月16日，汕头市作家协会被市禁毒委授予“十一五”禁毒工作先进单位称号。2011年度汕头市创作出版的文学作品及获奖情况：林渊液的散文《黑白间》获广东省作家协会主办的广东省首届“九江龙”散文奖金奖；林颖辉的报告文学《生命的守护》获广东省“金盾”公安文学奖等。

【戏剧】8月，在广东省戏剧家协会代表大会上，张怡凰当选为省剧协副主席。张怡凰、郑暹发、詹少君、郭丹虹、范莎侠、孙小华、林初发等7人当选为省剧协理事。年内，郑健英、张怡凰、林小丹等出版潮剧唱腔专辑。杨友爱创作的28集电视连续剧《七十二家房客》第三部作为贺岁片在省电视台播出。陈继平创作的潮剧《风雨红头船》发表于《广东艺术》，该刊同期发表其创作谈《寻找地方题材戏曲创作的切入点》。

【美术】2月12日至18日，汕头画院举办“举墨共襄纳风华——汕头画院成立三十周年海内外名家贺画展”，并出版《举墨共襄纳风华——汕头画院成立三十周年海内外名家贺画集》。4月1日至18日，“王兰若百岁新作展”在汕头画院展览馆举办。7月28日至8月1日“行•墨•境——王聪中国画写生作品展”在广东画院二楼展览馆展出，其中中国画作品《深山何处钟》被广东画院收藏。8月，在广东省美术家协会代表大会上，陈政明等9人当选为省美术家协会理事。12月，汕头市美术家协会出版画集《汕头美术》，记录2003年至2011年汕头美术发展概况。12月25日，汕头市美术家协会第四次会员代表大会在汕头金海湾大酒店举行，市领导和省美协副主席、秘书长王永以及会员代表近200人参加会议，会议选举产生新一届领导班子，许自敬当选为主席，林月光、卢中见、李小澄、郑鹤芝、刘清华、杨培江、王聪、方声涛、吴伟波当选为副主席。2011年度汕头市美术家参加的主要展览有：陈政明的国画《烈日当空》入展中国文联、中国美协主办的天山南北——中国当代美术作品展；陈政明的国画《高原风》入展中国美协主办的庆祝西藏解放60周年主题展；赵澄襄的现代套色剪纸《过年》获中国年俗剪纸大赛金剪刀奖等。

【书法】1月26日至2月6日，汕头市书法家协会在汕头市图书馆举办在汕中国书协会员、广东省书协会员迎春书法作品展。4月17日，汕头市书法家协会在汕头市龙湖区政府办公大楼多功能会议厅召开第四次会员代表大会，选举产生新一届理事会和领导班子，陈锡镇为主席，谢佳华、黄青、陈奇峰、李永杰为副主席，谢佳华兼秘书长，并开通汕头市书法家协会网站。2011年度汕头市书法家获得的主要奖项有：汕头市书法家协会被中国书协评为2010年“中国书法进万家”先进单位；彭小鹏被中国书协评为2011年“中国书法进万家”先进个人；汕头市书法家协会被广东省书协授予组织贡献奖。谢佳华、许润东、张晓东入展全国首届手卷展；方创然入展中国书法家协会会员百人精品展；郑少渠获全国十届书法篆刻作品展优秀奖等。

【摄影】7月23日，汕头市摄影家协会第七次会员代表大会在龙湖翰苑礼堂隆重召开。中国摄协副主席、省摄会主席李伟坤，市领导以及会员代表约300人出席大会。大会通过选举产生第七届领导班子，马卡当选为主席，林少华、全南海、韩荣华、谢琳、翁志雄、陈培秋、蔡卓强、陈兴发、黄伟雄当选为副主席，陈培秋当选为秘书长。11月5日，由南澳县人民政府、汕头市摄影家协会主办，汕头市华业地产有限公司协办的《林少华•林晶华•翁志雄南澳岛风光摄影展》开幕式暨《南澳岛》摄影集首发式在市图书馆展厅隆重举行。原中国文联副主席、著名摄影家吕厚民，中国摄影家协会副主席朱宪民，汕头、潮州等市领导及众多影友嘉宾出席仪式。11月6日至8日，在广东省摄影家协会第九次会员代表大会上，马卡等5人当选为理事。2011年度汕头市摄影家获得的主要奖项有：谢琳、张楚翔、曾建平3人论文入选第十届全国摄影理论研讨会优秀论文；许育彪、陈焕庭获国际摄影艺术展览优秀奖；陈焕庭的《我生命轨迹的微积分》铜质收藏奖；高伦双的《边缘化的汕头旧城》和《生活物语》荣获优秀奖。

【音乐】4月21日，汕头市音乐家协会举行首场“潮语歌曲沙龙”，对弘扬潮汕音乐文化，发掘音乐人才有积极意义。6月6日，由林乔、林钟主编，人民音乐出版社出版的《锦上添花——林毛根潮州筝曲精选》正式发行。7月23日，由市音乐家协会主办的郭家和小提琴独奏•重奏音乐会在林百欣会展中心举行。8月初，在广东省音乐家协会代表大会上，刘雨声、陈纤2人当选为省音乐家协会理事。9月24日至30日，汕头市音乐家协会举办第三届音乐周，主要活动有：在龙湖区翰苑剧场举行弦诺•室内乐之夜；在汕头市图书馆举行潮筝、古琴音乐会；在龙湖区翰苑剧场举行“难忘的旋律”怀旧外国歌曲音乐会；在汕头大学大礼堂举行“民歌知多少”中国民歌欣赏会；在汕头市图书馆举行“清韵”杨青琵琶专场音乐会；在龙湖区翰苑剧场举行潮语歌曲音乐会；在林百欣国际会展中心剧场举行“金秋的咏叹”郑丹虹独唱音乐会等7项音乐活动。2011年汕头市音乐家们主要奖项有：蒋声欣、何家伟、李立群、李水泉荣获2010年度广东省优秀音乐家，李葆霖、吴茜、黄丽玲 卢丹丹、万之获广东省第五届群众音乐舞蹈花会金奖等。

【舞蹈】3月27日，汕头市舞蹈家协会在龙湖宾馆召开第四届会员代表大会，省文联副主席、省舞蹈家协会主席谢晓泳，市领导以及市舞蹈家代表100多人参加了会议，大会选举产生以王建兵为主席，余端嵘、陈洁菲为副主席，曾慧攀为秘书长的新一届领导班子。8月，在广东省舞蹈家协会会员代表大会上，谢丽华、王建兵2人当选为省舞蹈家协会理事。与中国舞协、广东省舞协开展合作，举办汕头市第一届中国舞教师资格认证。2011年度在国内获奖的主要舞蹈作品有：陈洁菲编排的《那一夜的月亮》和《平沙落雁》分获广东省音乐舞蹈花会金奖和银奖。市聋哑学校的舞蹈《哑妹逗年》获广东省第五届群众音乐舞蹈花会金奖和广东省第六届特殊学校学生艺术汇演获舞蹈类一等奖等。

【曲艺】8月初，在省曲艺家协会代表大会上，马烈泳当选为省曲艺家协会副主席，马烈泳、杨展明、许曼等3人当选为省曲艺家协会理事。同时，在省杂技家协会代表大会上，市曲协副主席李松钦当选为省杂技家协会副主席。12月，在珠海举行的第二届广东省曲艺大赛总决赛上，市曲协获优秀组织奖，作品潮曲表演唱《深情一片出心田》、潮曲清唱《马老师细语谈古人》、潮曲清唱《为什么不能共享太平》等分获各大奖项。

【民间文艺】8月7日，市民间文艺家协会在金海湾大酒店举行的第四次会员代表大会。市有关领导及广东省民间文艺家协会主席罗学光等领导出席了大会，大会选举产生了新一届理事会和领导班子，黄南鹏当选为协会新一届主席，纪汉裕、曾广锡、姚望新、陈斯涛、林琳当选为副主席，陈照濠当选为秘书长。11月7日，在广东省民间文艺家协会第七次会员代表大会上，黄南鹏当选广东省民间文艺家协会副主席，黄南鹏、纪汉裕、姚望新、鄞镇凯当选省民协第七届理事；杨群勇被聘为省民协顾问。2011年度在国内获奖的主要作品有：天怡舞蹈艺术中心的潮汕童谣《打羔仔》、《手捶牛肉丸》、《红壳桃》获第十届CCTV少儿艺术电视大赛电视节目类银奖、铜奖；后溪英歌队获“岭南风情”全省农民文艺大汇演银奖；何汉林的木雕《百鸟朝凤》获中国轻工业联合会、中国工艺美术学会主办的2011年中国工艺美术百花奖金奖；陈建全的微雕插屏《山水·汉代赋选》、黄荣浩的翠玉雕摆件《农家乐》等2件作品分别在第七届中国（深圳）国际文博会上获“中国工艺美术文化创意奖”金奖等。

（江琳　赖斌）

潮　剧

【概况】2011年，广东潮剧院内设有：人事秘书科、行政科、艺术室、研究室、老艺人管理科。属下单位有：广东潮剧院一团、广东潮剧院二团、广东潮剧院三团、广东潮剧院舞台美术制作厂、广东潮剧院潮剧艺术交流服务中心、广东潮剧院影视制作中心。广东潮剧院总人数229人，其中一团62人，二团63，三团43人，院部52人，舞台美术制作厂9人。11月，广东潮剧院创作和演出的潮剧精品剧目《雅娘》获第11届广东省艺术节“优秀剧目特别奖”和“表演奖”、“优秀音乐创作奖”、“优秀舞台美术奖”、“新秀奖”等7个单项奖。12月，广东潮剧院副院长、一团团长张怡凰被广东省委宣传部、省文化厅、省文联评选为“首届广东省中青年德艺双馨艺术家”。12月，广东潮剧院编的《潮剧艺术博物馆——馆藏书画选展》一书出版，由原中共广东省委书记、广东省政协主席吴南生题书名。

【新加坡作家蓉子向潮剧艺术博物馆捐赠剧本】1月8日，新加坡著名作家蓉子将自己珍藏的40多年前在东南亚出版、有历史价值的41本潮剧剧本无偿捐赠给潮剧艺术博物馆。广东潮剧院院长蔡少铭为蓉子颁发捐赠纪念证书，并表示潮剧院一定会把这些珍贵的史料保护好、继承好、研究好。

【省文化厅副厅长杨树带队莅汕调研】4月11日下午，省文化厅副厅长杨树带队对广东潮剧院对外对港澳台文化交流工作开展情况进行调研。杨树一行参观潮剧艺术博物馆和2010年被省文化厅命名为首批“粤港澳文化交流合作示范点”的谢慧如潮剧艺术中心，并听取广东潮剧院负责人关于潮剧对外交流演出的情况汇报。

【广东潮剧院举行祝贺姚璇秋同志获广东省首届文艺终身成就奖座谈会】6月10日上午，广东潮剧院举行祝贺姚璇秋同志获广东省首届文艺终身成就奖座谈会，对著名潮剧表演艺术家、国家级非物质文化遗产项目代表性传承人姚璇秋进行表彰奖励，宣扬她高尚的艺术品质和精神。副市长郭大钦出席并代表市委、市政府为姚璇秋颁奖。

【“迎国庆·传乡情”第二届汕港潮剧名家同台献演】9月23日，由汕头市委宣传部、汕头市文广新局主办，香港潮商互助社、广东潮剧院承办的“迎国庆·传乡情”第二届汕港潮剧名家同台献演活动在汕头市谢慧如潮剧艺术中心举行。

【潮剧《雅娘》参加第11届广东省

艺术节】11月22日，广东潮剧院创作演出的潮剧《雅娘》，在广州友谊剧院参加第11届广东省艺术节演出。

【潮剧艺术博物馆——馆藏书画选展】12月10日至30日，广东潮剧院应新加坡醉花林俱乐部之邀，在新加坡醉花林俱乐部大厦落成、醉花林俱乐部成立166周年庆典之时，特将广东潮剧院潮剧艺术博物馆馆藏部分珍贵书画及广东潮剧院名誉院长、一级舞台美术设计师管善裕，原广东潮剧院副院长、国家一级导演郭楠，国家级非物质文化遗产项目潮剧代表性传承人、国家一级演员方展荣作的一批书画隆重举办《潮剧艺术博物馆——馆藏书画选展》。汕头市政协副主席、文联主席谢铿，广东潮剧院院长蔡少铭，中国驻新加坡大使馆文化参赞陈疆，新加坡醉花林俱乐部总理陈喜南，新加坡醉花林俱乐部第三副总理潘国驹教授等出席开幕式并为其剪彩。

【演出】2011年，广东潮剧院共演出528场。其中一团在城镇演出15场，乡村演出194场，海外演出10场；二团在城镇演出15场，乡村演出129场，海外演出5场；三团在城镇演出2场，乡村演出138场，海外演出20场。2月21日，为庆祝市“两会”召开，活跃“两会”期间文化生活，广东潮剧院一团在艺都大剧院上演优秀古装潮剧《赵氏孤儿》。3月12日至13日，由市文化广电新闻出版局、省潮剧发展与改革基金会主办，市演出公司承办的“潮剧潮艺进市区”演出活动在艺都大剧院举行。广东潮剧院一团演出新编大型古装潮剧《延春救主》上下集。4月1日至8日，应泰国中华总商会的邀请，广东潮剧院二团赴泰国访演。献演的优秀剧目有：《龙凤宝烛》、《后蜀贤妃》、《连升三级》、《樊梨花归唐》和《薛仁贵征西》，演出受到泰国潮籍乡亲、侨领、社团高度赞赏。泰国新中原报、京华中原联合早报、亚洲日报等中文报纸对演出进行报道。期间，中国驻泰国大使管木在会见此次演出团名誉团长翁小庆一行。6月5日至7日，广东潮剧院为迎接国家第六个文化遗产日，在汕头市谢慧如潮剧艺术中心举办“迎接国家第六个文化遗产日潮剧传承展演”，由青年演员、全新面貌演绎《闹开封》、《程咬金宿店》、《串戏定亲》、《打花鼓》、《桂枝告状》、《活捉孙富》、《梅亭雪》、《泼水成亲》、《铁弓缘》、《周不错》等10个传统折子戏。6月10日，广东潮剧院在艺都大剧院举办“庆祝中国共产党成立90周年——潮剧折子戏传承展演晚会”，由广东潮剧院青年演员演绎的《串戏定亲》、《打花鼓》、《周不错》、《闹开封》等4个传统折子戏，这也是广东潮剧院为迎接国家第六个文化遗产日的一项活动。6月24日至26日，广东潮剧院一团在潮州文化艺术中心大剧院公演，剧目有:《大义巾帼》、《陆文龙归宋》、《东吴郡主》。6月29日至7月1日，应香港特区政府康乐及文化事务署的邀请，广东潮剧院一团赴港参加由香港特区政府康乐及文化事务署主办的“中国戏曲节2011”演出活动。期间，29日至30日在香港上环文娱中心献演《潮剧折子戏专场》和《大义巾帼》；7月1日在香港高山剧场献演《告亲夫》，潮剧名角张怡凰、林初发等知名演员倾情演出。9月4日至7日，应深圳潮商会之邀，广东潮剧院一团赴深圳蛇口风华大剧院作为期4天的潮剧专场演出。广东潮剧院一团以强大阵容复排了潮剧优秀红色经典剧目《江姐》作为首演。本次复排特邀著名导演吴兹明执导，广东潮剧院副院长、一团团长、一级演员、梅花奖得主张怡凰领衔主演江姐。5、6日晚演出大型古装潮剧《延春救主》上下集，7日晚演出经典折子戏《活捉孙富》、《穆桂英招亲》、《周不错》、《闹开封》，主要演员有：陈秦梦、陈幸希、林初发等一批优秀演员。观看演出的有：省政协原副主席李统书、深圳市原人大常委会副主任庄礼祥、深圳潮商会领导以及广大潮籍乡亲等。9月17日至10月6日，广东潮剧院三团应邀赴新加坡作为期20场的演出，剧目有：《红鬃烈马》、《平贵登基》等传统剧目和新编潮剧。10月4日至7日，应深圳市保安区福永潮商联谊会之邀，广东潮剧院一团为福永潮籍乡亲倾情演绎潮剧优秀经典剧目《大义巾帼》、《红鬃烈马》上下集、《青虹剑》。10月21日至23日，为庆祝汕头经济特区建立30周年，由市委宣传部主办、广东潮剧院承办的“潮剧精品展演”，广东潮剧院二团在艺都大剧院演出新编大型古装剧《濠城风云》，“精彩潮剧折子戏专场”《泼水成亲》、《送郎》、《掷娇媚》、《刺梁骥》，大型古装潮剧《连升三级》等。11月9日至11日，应珠海潮人海外联谊会之邀，广东潮剧院一团在珠海市大会堂隆重演出潮剧优秀经典剧目《延春救主》上下集、《玉堂春》。12月7日至17日，广东潮剧院一团应邀赴新加坡牛车水人民剧场、醉花林俱乐部献演经典潮剧。演出优秀经典剧目《大义巾帼》、《赵氏孤儿》等，潮剧传统传承剧目《活捉孙富》、《周不错》等，还有在广东省戏剧演艺大赛中获得金奖的剧目《刺梁冀》、《典妻》等。市政协副主席谢铿、中国驻新加坡大使馆文化参赞陈疆先生、新加坡潮州八邑会馆会长吴南祥及新加坡醉花林俱乐部负责人等观看演出并上台谢幕。12月29日晚，广东潮剧院在谢慧如潮剧艺术中心举行“庆祝元旦暨潮剧获奖剧目《雅娘》汇报演出”，再一次展现喜获第11届广东省艺术节“优秀剧目特别奖”的优秀潮剧剧目《雅娘》的风采。广东省政协原副主席林兴胜、市有关领导观看演出。

（陈玉盛）

广播电视

【概况】汕头市广播电视台内设有广播节目中心、电视节目中心、新闻中心、技术中心、广告经营中心、后勤服务中心共6个不定级别的业务（服务）中心（各中心下设若干部室），和办公室、人事科、计划财务科、总编室、研究室、科技发展科、经营管理部、保卫科、监察室等9个职能科室以及工会委员会、共青团委员会，另设汕头广播电视报社、汕头微波站、汕头广播电视网站3个正科级直属单位。经过历次改革，目前“汕头人民广播电台”和“汕头电视台”已不再作为独立的单位设置，仅保留其对外的“呼号”。辖区内设有澄海、潮阳、潮南、南澳4个区县广播电视台，共有从业人员378人。汕头市广播电视台自办“经济广播新闻资讯之声”、“音乐广播”、“综合广播交通之声”三套广播节目，三套广播节目以四个频率（3个调频和1个中波）播出，均实现24小时播音；自办“新闻综合频道”、“生活经济频道”、“影视文艺频道”三套电视节目，三套电视节目每天共播出60小时（其中新闻综合频道同时用闭路传送和开路发射，24小时播出）。广播电视区划覆盖率99%，有效覆盖半径70公里，信号覆盖潮汕三市和福建南部地区，总覆盖人口约1600万。另外办有一张报纸（广播电视周报）和一个网站（汕头一潮网），形成以声、屏为主，报、网为延伸和补充的宣传体系和事业发展格局。

【重要宣传与专题报道】“推动科学发展，建设幸福汕头”宣传报道。2011年11月起，汕头电视台《汕头新闻》推出《贯彻全会精神，建设幸福汕头》、《抓落实，促发展》、《奋战300天，掀起大干快上新热潮》、《创先争优，科学发展》等新闻专栏。《今日视线》根据自己的节目定位，加强主题策划，将相关内容主动融入到日常的报道中，不断创新报道形式和内容策划，8月29日，推出《感动汕头人物》系列专题，获得较好的社会传播效果。同时，通过推出《幸福汕头公众论坛》，在“汕头一潮网”开辟“一湾两岸，珠港新城”大家谈专题和举办“幸福汕头”摄影大赛等系列活动，营造奋力争先促发展、加快建设幸福汕头的良好氛围。

庆祝特区建立30周年报道。2011年5月1日，国务院批准汕头经济特区范围扩大至全市开始实施，汕头电视台在当天推出长达2个小时的特别节目，通过新闻动态、专题分析、精编电视片等形式，对特区扩围的深远意义进行深入详细报道。在庆祝汕头特区建立30周年活动的宣传中，汕头电视台策划推出《天下潮人共贺特区建立30周年》、《新起点，新征程》、《闪光的足迹》、《三十而立，汕头再出发》、《汕头骄傲》、《亲历话变化》等10个新闻专栏，制作播出《我们在成长》、《汕头—迈进大特区时代论坛》、《吴南生：经济特区的由来》、《镜头写历史，特区展新颜》等电视专题节目和12集大型系列专题片《天下潮商》、30集系列专题片《汕头经济特区30年影像志》，制作城市形象片《幸福请柬—汕头欢迎您》，汕头人民广播电台推出《我的特区我的家》等广播系列专题节目，制作《三十年成果》等网络专题，汕头广播电视周报推出《图说30年》大型特刊，以及对特区建立30周年庆祝大会和文艺晚会进行广播、电视和网络现场直播，浓墨重彩地宣传报道特区30年发展成就和建设幸福汕头的伟大征程，为庆祝活动营造浓烈的氛围。整个报道历时7个月，报道规模为历年重大新闻宣传战役之最。

庆祝建党90周年报道。2011年6月中旬，汕头电视台在新闻节目中策划推出《闪光的足迹》、《建国英模》、《共产党人》等新闻专栏，在专题节目中推出《江山如此多娇》8集系列专题片。电视节目中心等协助市委有关部门摄制播出30集电视系列片《红色记忆——汕头革命遗址的故事》、录制播出《锤炼坚强党性教育》大型电视论坛和《幸福歌声献给党》晚会。汕头人民广播电台推出“红歌汇”节目，开展征文活动并播出获奖作品的配乐朗诵。汕头广播电视周报、一潮网开辟特刊等，为庆祝党的生日营造隆重、热烈、喜庆的氛围。

市第十次党代会和“两会”宣传报道。汕头市第十次党代会召开前，汕头电视台在《汕头新闻》推出《喜迎党代会》专栏，全面深入报道九届市委领导下汕头社会经济发展取得的成就，派出记者深入基层，采访播出展现党代表风采的节目，为大会召开营造浓烈氛围。在党代会召开期间，做到当天新闻当天发，每天下午的动态消息采取多组记者接力、微波传送、一线记者和后期编辑互相协助等方式，确保当天下午7点前结束的活动，能够在当晚准时播出，快速及时地传递大会盛况和有关信息。同时，每天推出《报告解读》和《聚焦党代会》深度报道，结合实例，从不同侧面对幸福汕头的目标进行解读。还采取会内会外相结合，代表、市民互动的方式，深化报道主题。在党代会结束之后，推出《推动科学发展建设幸福汕头》专栏，全面深入系统解读党代会报告，结合实际报道各地各部门贯彻落实党代会精神的新思路、新举措。2011年2月21日至25日，汕头市召开市政协十一届五次会议、市十二届人大六次会议，在此期间，汕头电视台在《汕头新闻》特别开辟《玲玲跑两会》节目，深入浅出解读“两会”信息，得到各方好评。汕头人民广播电台首次对“两会”开幕式进行现场直播，取得很好效果。

热点问题专题报道。2011年，汕头电视台在《今日视线》节目中推出“城管人员处罚小贩竟开白条”、“离婚手续为何难办？”等专题报道，有力地配合市纪委机关效能投诉中心的工作，直接促成政府相关部门和单位整顿工作作风。对“‘谣盐’风波”新闻事件的及时采访播出，在第一时间平息群众恐慌情绪，稳定了市场秩序。密切配合全市创建文明城市和整治交通秩序行动，连续推出有关破坏绿化、污染环境、油烟噪声扰民、随处倾倒垃圾等各类报道约100篇，以及开辟《交通陋习，立此存照》栏目等，均发挥强有力的舆论监督作用。广播节目《民声热线》根据市纪委、市政府纠风办的安排，全年共邀请几十个市、区职能部门和窗口服务单位上线节目。上线时通过热线电话、短信平台、市政府门户网站收到的群众咨询、投诉的具体个案数百个，其中，群众政策咨询类问题，解答率100%，重点督办问题解决率达到85%。在日常节目运作期间，还收到群众日常咨询信息、问题反映、求助等共几千个，其中90%的问题经节目组采访有关职能部门，并通过热线电话和节目中实时解答等方式，及时对群众进行回应、解答，受到广泛好评。

【新闻公益活动】2011年，汕头广播电视台开展青少年心理健康教育公益行动，与心理志愿者一起把心理健康公益讲座送进城乡校园，并推出20集青少年心理健康情景系列短片《青春心语》，获得社会高度评价。派出记者远赴青海玉树，追踪《今日视线》发起的“格桑花行动”大型公益活动筹到的140多万元善款使用情况，了解当地福利院重建进程，同时发动更多的市民捐款捐物，继续援助灾区。开展第六次“援建乡村图书室”大型捐书活动，共募集爱心图书3万多册，帮助六所乡村小学配套爱心图书室。推出“我们都是义工”系列活动，利用节假日组织市民深入农村和社区基层开展志愿服务活动。与市有关部门联合开展“爱绿护绿”植树活动、文明交通公益宣传作品征集活动、第四届爱心送考活动、公益助学活动等。广播栏目《爱心桥》坚持关扶社会弱势群体，通过采访报道，共资助250多人，资助金额50多万元。配合市委市政府开展扶贫济困活动，参与策划、制作并直播《汕头市第二届“广东扶贫济困日”募捐晚会》。

【对外宣传】2011年，汕头广播电视台结合全市重大活动报道和主题宣传，加大力度向上级台传送稿件播出，大力宣传汕头新形象。5月1日汕头特区扩围当晚，广东卫视在全省新闻联播以较大篇幅对汕头特区扩围进行报道。当天上午，中央电视台新闻频道对汕头特区扩围进行长达5分钟的报道。在特区建立30周年庆祝活动期间，广东卫视在全省新闻联播中连续4天对汕头特区30年来在先行先试，改革创新等方面取得的成就进行系列报道。加强与省内外兄弟台交流，传送一批新闻报道在厦门台、潮州台、揭阳台、汕尾台播出。全年在广东电视台播出稿件270篇次，比2010年增加36篇次，在中央电视台播出稿件近100篇次。广播新闻平均每月被省电台采纳稿件达50条，全年被采用稿件总数位居全省城市台第二名。《潮汕风》向广东电视台珠江频道海外版等平台输送70多部电视专题片向海内外播出，成为珠江频道外宣栏目《潮坊》的供片主力军。

【节目改革创新】2011年，汕头广播电视台继续贯彻“三贴近”原则，坚持本土化方向，着眼于提高内容生产力，加大节目调整改革和开发创新力度，取得新的进展。2011年元旦，电视一套实现24小时播出，自办三个电视频道的总播出时间增加到每天60小时。每天自制电视节目量超过3小时，自制广播节目量超过30小时。由于受调查公司单方面改变收视调查样本影响，2011年电视节目全天收视率、市场份额在省内城市台中排名第三；广播节目的收听率、市场份额与潮州台并列处于全省第一位。全年有17件作品获“广东省广播电视节目奖”，57件作品获2010年度“汕头广播电视新闻奖（汕头新闻奖）”，13件作品获2010年度汕头新闻特别奖，5件作品获2010年度（第19届）汕头市人大新闻奖。在“潮汕地区播音主持委员会”播音主持作品、论文评选中，有10个播音主持作品和4篇播音主持专业论文获奖。汕头首届网络春晚被人民网和中华网评为2011年中国十大网络春晚。电视新闻节目方面，对《潮汕新闻联播》节目进行调整、扩版，增加“汕尾新闻”内容。《今日视线》开辟《民生点击》版块，选取国内民生新闻热点进行点评，拓展报道视野；开辟《真情汕头》版块，将各种好人好事以及求助信息结合起来，进一步强化节目的公益服务功能；推出《潮汕俗语》专栏，钩沉潮汕民俗文化，推动潮汕文化传承和发展。电视专题节目、文艺节目和电视剧方面，为纪念辛亥革命100周年，策划制作电视片《丁未惊雷》。续拍潮语室内情景剧《厝边头尾》100集。推出大型娱乐节目《谁是大赢家》和生活服务类节目《养生有道》。制作电视散文系列片《梦里潮汕》。努力开拓电视剧购片渠道，争取南方台支持供片，同时对第三套夜间电视剧进行类型调整和编排调整，还尝试将电视剧用潮汕话配音后播出，取得了较好的收视效果。年内，电视一套的电视剧市场份额在全省采用测量仪调查的14个城市台、30多个频道中名列第三。广播节目方面，993“新闻资讯之声”加大对《今日视线》广播版影响力的延伸，延长《今日评说》的播出时间，并邀请特约评论员参与节目，提升节目的权威性，深受市民欢迎，收听率突破2.0。推出全新的网络加广播的晚间节目《咱们网络有力量》，打造夜间收听高峰。1025“生活之声”节目调整后生活服务类节目收听有明显提升。1072“交通之声”不断强化频道整体力量，为吸引品牌广告投放打下良好的节目框架基础，成为广播节目中最具吸引广告创收的频道。三个频道按照广电总局的要求，重新调整规范播出频率和呼号，进行新的节目定位。电视周报的内容和版面全面改版，在保持广播电视服务本色的同时，突出以生活消费类的服务资讯为主体，努力为市民提供一份日常消费的指导手册。策划举办跨地区的大型活动，电视方面举办“歌台争霸2011汕头市广播电视歌手赛”、“香飘万家烹饪大赛”，广播举办“汕头电台元旦听众日活动”、“闽粤赣十三市广播联盟共享平台启动”、“粤东三市潮剧票友演唱大赛”、“粤东首届校园歌手（原创）大赛、“《民声热线》五周年系列活动”，“汕头一潮网”举办“汕头首届车生活大会”和“第二届网络春晚”等活动，全年共完成各种晚会、活动录制55场。“汕头一潮网”对外合作初显效果，网站流量稳定在每天5万次，会员超过8万名。

【事业和技术建设】继2010年底红场转播台建成投入使用后，2011年开始试行转播汕头台的三套广播节目和一套电视节目，扩大节目覆盖，同时转播中央人民广播电台“中国之声”和中央电视台第一套、第七套节目，进一步丰富潮阳、潮南山区群众的精神文化生活。电视第一套节目在饶平三饶一带的部分有线站落地，增加入户数达1万多户。投资建设媒资系统，为全面实施节目的媒资化管理，推动节目源共享，提高节目制播效率提供重要的技术支撑。建设3G新闻传输系统，为新闻节目快速回传，提高播出时效提供新的技术手段。着手开展高清电视技术研讨，初步拟订高清电视发展规划，组织购买一批高清摄录设备和一辆高清直播车，以便尽快开展高清节目摄录和播出试验。积极开发应用新媒体业务，通过南方广播影视传媒集团与中国联通合作开展手机电视直播业务（悦TV），使汕头电视台第一套节目通过手机终端播出，拓展节目传播空间；与南方广播影视传媒集团签订IPTV、手机电视、网络视频等项目的合作框架协议；与中国联通洽谈手机报合作项目。通过落实责任，完善包括广播播出部双低压供电回路改造、电视播出部双UPS供电回路改造，增加广播播出部监控系统、发射台信号源接入UPS等六项改造在内的技术系统，组织检查整改，开展演练，启动应急预案，加强值班工作等措施，确保“两会”、“五一”、纪念“汶川大地震”三周年、庆祝建党90周年、深圳大运会、国庆、庆祝汕头经济特区建立30周年等重要保障期广播电视节目的安全优质播出。

（黄楚平）

报　业

【概况】汕头经济特区报社是中国报业协会理事单位、广东省报业协会副会长单位。2011年，汕头经济特区报社辖有《汕头日报》、《汕头特区晚报》、《汕头都市报》、《特区青年报》、《潮汕少年周刊》、《潮商》杂志、大华网、汕头手机报。还与国外主流中文媒体美国《国际日报》、泰国《京华中原联合日报》合作创办“中国新闻”版块，全年共传送出版外宣版面2304个，传送报道汕头的稿件16100篇。截至年底，汕头经济特区报社有在职干部职489人，已评聘各类专业技术人员302人，其中正、副高级职称33人。7月1日，投资逾千万元的“塔型印报设备生产线”正式投产。年内，举办“记者学习论坛”活动，以传、帮、带推动采编队伍的业务学习。首次举办纪教月反腐倡廉教育片“观后感”征文活动，共收到作品数十篇。一批新闻作品获得省、市新闻奖。首次组队参加四年一届的汕头市运动会并获得围棋团体和个人冠军。

【重大主题宣传】2011年，汕头经济特区报社属下各报围绕贯彻落实胡锦涛总书记“七一”讲话精神、落实中央五部委发起的“走基层、转作风、改文风”统一部署，纪念中国共产党成立90周年、特区扩围、庆祝特区建立30周年，市第十次党代会和人大政协“两会”等重大主题宣传，充分发挥优势，精心策划报道，营造昂扬向上、开拓创新的良好舆论氛围。在加快建设幸福汕头主题宣传中，新春伊始汕头日报连续策划迎春、贺春、闹春系列活动，紧扣“幸福汕头”主题，向海内外潮人发出新春慰问信，呼吁天下潮人共建幸福汕头，得到市委书记李锋的肯定。特区青年报精心策划“跟小学生一起寻找幸福”系列活动，并争取到市委书记李锋给全市少年儿童一封近2000字的回信，当作“接受小记者的书面采访”，在全市中小学生读者中引发一场声势浩大的“感悟幸福”大讨论。在庆祝汕头经济特区建立30周年主题宣传中，汕头日报策划“潮人足迹”、“高端访谈”和“三十而立 奋进汕头”系列报道，组织“我是特区人”系列区县公众论坛，编撰由岭南美术出版社出版发行的《三十而立》一书，策划30版全彩的“幸福乐章”特刊和“祝福汕头”号外。汕头特区晚报、汕头都市报先后推出一系列特别报道专版，多侧面、多角度反映汕头特区30年改革开放成就。报社还策划组织汕头厦门新闻媒体的交流联动等，各种宣传报道形式形成庆祝汕头特区建立30周年大合唱。在宣传报道市第十次党代会中，报社各报充分发挥主流媒体的作用，通过多种报道形式，形成宣传贯彻党代会精神的热潮，创下历届党代会持续报道量和时间的最高记录。

【民生新闻报道】2011年，汕头经济特区报社以深化“走、转、改”活动为契机，属下各报进一步强化民生新闻报道，让越来越多的编辑记者到基层“接地气”，去实地“抓活鱼”，为读者奉上越来越多散发着泥土清香的新闻作品。汕头特区晚报全面启动“记者进社区”活动，每位记者各挂钩2个镇（街道），深入第一线采写生动活泼的民生新闻。汕头都市报适时进行版面重大改革和调整，突出信息服务，特别是把每天的二版改为《民生数码》和《焦点新闻》，以数字为主要表现手法解读民生新闻和生活信息，形成更加鲜明的特色；同时把新闻版面增加到每周98个，本地新闻更是保持每天不少于5个版的容量，以充分的版面支撑把群众喜闻乐见的新闻题材做大做足。报社还以党报特有的权威性和影响力，紧紧围绕群众反映强烈的热点难点问题，积极有序稳妥开展舆论监督，推动一批老百姓反映强烈问题的解决。汕头特区晚报对澄海残疾人张如炮被撞骨折、被出院、被送回事发地的事件进行连续报道，最终促使受伤的残疾老汉得到妥善医治，当事执法人员被停职；汕头都市报连续曝光新津河入海口段违章“高脚屋”林立的乱象，引起相关部门的重视，违章建筑先后被拆除。由报社承办的《汕头内参》全年共刊发7期，内容涵盖党风、政风、社风和民生民意，发挥“千里眼”、“顺风耳”的作用，党政“智库”功能初见成效。继续做好“规划到户、责任到人”扶贫开发工作，借助新闻平台优势，多次发动社会力量捐款捐物，共筹集帮扶资金10多万元及图书等物资一批，对口帮扶潮南区雷岭镇济美村。汕头特区晚报在组织“关注菜价”宣传报道的同时，推出新闻支农行动，联系商场进菜田，吸引多家商场超市加入支农行动；继续发动“爱心助圆大学梦”活动，筹集善款逾150万元，资助177名贫困家庭子女上大学。

【报道形式】2011年，汕头经济特区报社推进“新媒体建设工程”，向省申报文化产业发展专项资金的项目成功获得补助金250万元，为报社新媒体工程建设提供有力支撑。7月1日，作为探索传统媒体转型数字化的重大尝试，“粤东多媒体传播与电子商务平台”建设正式启动，重点发展各种多媒体数字终端、载体和手段以及电子商务系统，以提高报社在数字时代的新闻宣传传播能力、文化品牌盈利能力，确立报业在汕头乃至粤东地区新兴文化产业的引领地位。《潮商》杂志精心推出“感动潮汕”、“特色潮商”、“慈善潮商”等专题策划，聚焦商域动态，广受海内外潮人及各地读者关注；充分利用微博、网站等网络媒体以及各地潮商会等有利资源，多渠道进行宣传和推广；与中行合作推出第一张面向全球潮商客户设计开发的信用卡“潮商卡”，进一步提升杂志的知名度和影响力。7月1日，“岭南美术出版社粤东编辑出版中心”挂牌成立，进一步拓宽经营渠道，延伸报业产业链条，为汕头新闻出版事业和文化产业的发展“添砖加瓦”。举办“繁荣特区文化，建设幸福汕头”为主题的报社第13届读者活动日。与市妇联联合举办“感恩母亲 共享幸福”汕头市2011年母亲节大型游园活动。还承接澄海玩博会会刊专版编辑出版等活动。大华网继续开办新闻短信和手机报业务，完成手机报彩信版改版，成功推出手机报电信版。

（林奕群）

潮汕历史文化研究

【概况】2011年，汕头市潮汕历史文化中心（以下简称研究中心）是运用海内外热心人士的捐赠，由一批离退休老同志、老学者义务参与的具有法人资格的非营利性的民间学术团体。研究中心实行理事会制，理事会是研究中心的领导机构，同时聘请一批海内外知名人士为顾问。内设办事机构根据每个时期的任务而设置，2011年研究中心设办公室、学术组编室、资料征管室，下设侨批文物馆、潮汕图书文档资料库和潮汕书画音像资料库。研究中心开拓创新，在潮学研究、侨批文化、潮汕文化传播与交流等各方面工作开展顺利，取得一定的成绩。研究中心创会理事长刘峰著作《回顾与反思》一书，由中央文献出版社出版。研究中心理事长王炜中荣获汕头市委宣传部授予“汕头市先进社会科学工作者”荣誉称号。研究中心被省委宣传部、省社科联授予“广东省人文社科普及基地”称号。

【举办研究中心成立20周年纪念活动】8月12日上午，潮汕历史文化研究中心成立20周年纪念会在龙湖区举行。汕头市领导罗仰鹏、陈茸、钟展南、郭大钦、方展伟、谢铿、蔡婵英，汕头市政协名誉主席、香港潮属社团总会创会主席陈伟南，揭阳市政协主席欧汉波，潮汕三市有关部门领导和海内外专家学者共100多人莅会祝贺，共商繁荣潮汕文化。大家满怀信心，表示要以20岁"生日"为新的起点，运用长期积累下来的成功经验，充分发挥本土、人缘、品牌的优势，把侨批文化作为深化潮学研究的突破点，在潮汕侨批成功列入《国家档案文献遗产名录》的基础上，向申报"世界记忆遗产"的更高目标不懈努力，使潮汕优秀的传统文化薪火相传，历久而弥新。新华社、中新社、羊城晚报、香港文汇报、星暹日报、千岛日报、中国国际广播电台、香港潮声卫视、香港电台电视部以及潮汕三市报社、电视台等海内外新闻媒体对研究中心成立20周年作了报道；研究中心编辑出版《潮学殿堂探胜》、《潮汕文化履痕》2本书，对研究中心20周年的发展历程进行总结。

【侨批文化研究】7月22日，国家档案局批复同意将"侨批档案"作为申报《世界记忆亚太地区名录》的候选项目。为迎接《世界记忆遗产名录》评审专家组前来检查，侨批文物馆将存放潮汕侨批原件的珍藏室从原来的10平方米扩大至30平方米，运用国家、省档案局下拨的扶助资金，增加照明设备，添置樟木收藏柜，修复破损的侨批原件3690封，并对全部原件进行消毒灭虫处理。请潮汕（包括梅州市）的侨批收藏者对各自收藏的侨批文献和文物档案整理、筛选出有价值部分，交由研究中心编辑、出版《潮汕档案文献丛编（侨批业）》共7册；编辑、印刷中英文版《潮汕侨批文化图片巡览》和《侨批文物馆简介》；继续出版《潮汕侨批集成》第37-72分册（与广西大学出版社合作）。在资金紧缺的情况下，斥资数万元收购清光绪年间的侨批原件100多封，还接受热心人士赠送的一批回批原件，至此，研究中心现馆藏各类侨批已达12万封，为全省之最。10月中旬，"侨批档案世界意义研讨会"在澄海召开，探讨侨批在国家关系上的历史贡献和世界影响，为侨批申报"世遗"作先期准备。12月8日，研究中心派理事长王炜中、副理事长陈焕溪等赴广州参加"广东省侨批档案宣传推介会"。"侨批档案馆"重新布展，对外开放，参观者包括国家档案局副局长李明华、联合国科教文组织世界记忆亚太地区主席、世界记忆咨询委员会委员埃德蒙森、亚太地区名录评委会主席如加亚、原汕头特区北京顾问巫志远将军、厦门市委常委、宣传部长洪碧玲、广东省档案局局长徐大章、省政府参事室副主任余庆安等，均对研究中心收藏、研究侨批工作高度赞扬。全年编辑出版《侨批文化》2期。

【潮学研究】年内，研究中心集中力量从广州中山图书馆及汕头、潮州、揭阳三市图书馆，广泛收集有关潮学古籍文献资料目录，经过对比筛选，整理出1911年以前潮汕古籍文献目录，共收录401种，为潮学研究者开展进一步研究提供索引。研究中心安排专人收集潮汕先贤温丹铭的诗文作品，进行校点，为出版《温丹铭先生诗文集》做好准备。3月份，在汕头市召开中青年特约研究员座谈会，倾听呼声和建议，了解潮学研究中存在的问题，并就如何进一步开展潮学研究进行探讨。年初，在潮州市召开特约研究员代表座谈会，就潮学研究题目、如何促进潮学发展等问题进行探讨。9月24日至25日，第九届潮学国际研讨会在马来西亚槟城举行，研究中心派出顾问陈德鸿、副理事长陈汉初、康业丰、常务理事王汉武出席。全年共编辑出版《潮学通讯》2期。

【传播与文化交流】为进一步普及潮汕文化知识，将获得省社科普及读物奖的《潮汕历史小丛书》（原40册）精选出有代表性和内容多样化的20册，分为两辑重新印刷出版，分送至全市各有关单位、学校。与《汕头特区晚报》联合主办的"潮汕文化"版全年出版25期，共刊发文章211篇，约20万字，介绍了潮汕文化知识，起到传播、普及的作用，对这个专版，还加强了编辑力量，由专人负责与作者的通联工作，对重点作品、重点作者进行约稿，保证稿件质量，并评出好稿35篇，给予适当的奖励。《汕头日报》"潮学论坛"刊载理论文章6篇，这些文章配合市委、市政府不同时期的中心工作，从潮汕文化与现实结合的角度撰文，使潮汕文化中心的优良传统得以传承和发扬。《潮人网》共刊载文章80多篇，做到经常报道研究中心动态，提高研究中心知名度，同时选登有份量的潮学论文，促进潮学的研究。"潮汕文化进校园"活动得到省社科联的肯定，并拨给活动经费，支持研究中心组建青年讲师队伍，为各校开展活动举办讲座辅导，继续在汕头市四中、实验学校等开展活动，同时，还为潮州市社科联、高级实验中学、昌黎学校等介绍汕头市四中开展活动的经验，与他们开展"潮汕文化进校园"活动提供借鉴。向各区、学校图书馆开展赠书活动，以实际行动促进文化强市建设，10月中旬，首次举行赠书仪式，将3600多册图书（包括珍贵的《四库全书》）捐赠给龙湖区图书馆，以此向汕头特区成立30周年表示祝贺。此外，还陆续向潮州市有关潮学研究机构、学校以及汕头市给学校赠送研究中心出版的书刊。2011年，研究中心工作人员赴各地参加相关的研讨会，加强与周边地域的交流，进一步扩大潮汕文化的影响。其中，王炜中、王汉武参加福建泉州举办的"饶宗颐与华学"国际学术研讨会；陈汉初参加厦门举办的第三届民间历史文献论坛；王汉武参加云南玉溪举办的中国艺术人类学国际学术研讨会，以及赴佛山参加广东省岭南舞蹈与岭南文化研讨会，介绍潮汕英歌的流布、传承发展情况及其在潮汕乃至岭南文化中的作用。全年，潮汕历史文化资料库共接待读者400多人次，读者有来自美国、新加坡、泰国、马来西亚、香港等地；同时，也成为汕大、汕头职业技术学院学生撰写毕业论文的资料库，发挥了很好的社会效益。2011年，还征集潮汕历史文献资料图书、杂志700多册、DVD45片、老唱片4块、录相带及老照片、书画集一批。历时3年，基本完成与汕头大学图书馆共建的潮汕文献库数据录入工作，共录入书目9393种、14221册，以及《潮州歌册》1270册。

【研究中心第五届第一次会员大会】6月28日，研究中心第五届第一次会员大会召开。参加大会的有创会理事长刘峰、历届理事会吴勤生、李衍平、王炜中，以及顾问组成员和会员共40多人，汕头市民政局民间组织管理局科长李妩出席了大会。第四届理事长王炜中代表第四届理事会作工作报告，副理事长兼秘书长陈焕溪报告财务收支情况。大会选举王汉武等11人为第五届理事会理事，王炜中等8人为常务理事，王炜中为第五届理事会理事长，陈焕溪、康业丰、陈汉初为副理事长，陈焕溪兼秘书长。

（陈义平）

地方志

【概况】2011年，汕头市地方志工作继续围绕编修第二轮志书这个中心，在服务全市工作大局、方志编修、年鉴编纂、地情网站建设、地方志理论研究方面取得新成绩。3月份，广东省人民政府地方志办公室调研组来汕头市及金平区、龙湖区、濠江区、潮阳区、潮南区调研，详细了解汕头市地方志书编修工作进度，对汕头市地方志工作提出了具体的指导意见，要求在年底前基本完成市志及各区县志书的初审、复审、终审程序。3月22日，汕头市召开全市地方志工作电视电话会议，强调要认真谋划好“十二五”时期全市地方志工作，全力以赴完成第二轮修志任务，精心组织好汕头年鉴组稿工作。

【地方志书编纂】2011年，汕头市地方志办公室采取编修任务包干责任制和目标倒追机制等办法，全力推进志书的编修，取得较大进展。1月份，《汕头市志》聘请全国地方志专家陈泽泓对志稿进行总纂，实行专家一边总纂，编辑人员同步进行修改的方法，至4月，形成评议稿并召开志稿评议会。随后，根据评议会专家意见，结合实际进行实质性修改，形成修改稿，相继完成初审、复审等程序。11月，《汕头市志》送省地方志办公室复核。至年底，6部区县志中的《南澳县志》已送广东人民出版社出版；《澄海市志》已送中国方志出版社出版；《汕头市金平区志》、《汕头市龙湖区志》、《潮阳市志》完成终审；《汕头市濠江区志》正在终审。

【综合年鉴编纂】2011年，《汕头年鉴》继续采用分类编辑法，主体内容实行条目化设计，框架结构分为篇目、类目、分目、条目四个层次。全书设特辑、重要报道、汕头大事记、汕头概况、经济、政治、民主法制建设、教科文卫体、社会生活、区县、人物、社会经济统计资料、文献法规选编13篇，共70个类目，176个分目，1433个条目，40个统计表。宣传彩页79版，图片228幅。在保持基本框架相对稳定的前提下，结合年度特征和汕头特点，进一步调整、充实《汕头年鉴》的内容，扩大信息量、提高实用性、增强可读性。“汕头概况”篇的“基本概况”类目增设环境质量、组织机构及负责人名录2个分目。“经济”篇的“综合经济管理”类目增设发展规划管理分目。“政治”篇的“中共汕头市委”类目增设综述、市委全委会会议及其他重要会议、市委重要决策、市委重要活动、机构编制等5个分目；“汕头市人民政府”类目增设综述、市政府重要会议、市政府重大决策、市政府重要活动、应急工作等5个分目；“政协汕头市委员会”类目增设综述、市政协及其常委会会议、民主监督、调研工作等4个类目。“群众团体”类目改为“人民团体”，下设市总工会、共青团市委、市妇联、市文联、市社科联、市科协、市侨联、市残联、市台联、市红十字会等10个类目；将外事、台湾事务、侨务和宗教合并为“外事•台湾事务•侨务•宗教”类目。“教科文卫体”篇的“科学技术”类目下调整设立综述、科技管理、科技合作与交流、知识产权、科学普及、防震减灾等6个分目；“医疗卫生”类目增设综述、医药卫生体制改革、公共卫生、卫生监督、医政管理等5个分目；“体育”类目下调整设立综述、群众体育、竞技体育、体育产业等4个类目。“社会生活”篇调整设立人民生活、人力资源•社会保障、基层政权和社区建设、民政工作•社会事务、慈善事业、人口与计划生育等6个类目，下设相应的分目。“人物”篇增设国家级非物质文化遗产继承人。为全面提升《汕头年鉴》编校质量，对有关资料进行精选精编，并采用插图的方式对篇目和栏目后20个空白处进行补白，使年鉴的整体布局更加合理、结构更加美观。同时，采取边编纂边排版边校对的方式，先后对全书文稿进行4次校改，从而降低全书差错率，提高年鉴书稿的质量。11月，《汕头年鉴》正式出版发行。是年，《澄海年鉴》正式出版。

【地情网站建设】2011年，继续依托省地方志办省情信息库，做好汕头市及区县地情网站的建设，全年共上传地方志书及各种资料200多万字，其中，汕头市地情网上传大事要览、方志动态等资料共20多万字；潮阳区地情网上传综合志书1部、地情书2部、图片5幅等资料共160多万字；澄海区地情网上传《澄海大事记》、《澄海县志》等资料共几十万字；潮南区地情网上传文章32篇、图片35幅。金平、濠江、南澳完成网站初建，初步实现了地情资料的数字化和网络化，向社会提供全方位的地情信息服务。

（陈琦）

档案工作

【概况】2011年，汕头市有国家综合档案馆7个（市档案馆以及除潮南区外的6个区、县馆）、部门档案馆1个（市房地产档案馆）、专门档案馆1个（市城市建设档案馆），全市档案馆藏有987个全宗，357388卷又1163169件，录音录像带895盘，照片22586张；其中有列为全国重点档案的民国档案12637卷。市档案馆馆藏档案430个全宗，139337卷又2516件；馆藏资料29011册。潮汕侨批档案馆收藏侨批11.7万封，其中原件3.24万封，光盘刻录8.4万封，扫描复制件600余封。市委、市政府一直高度重视和支持档案事业的发展，把档案工作摆上重要的议事日程，纳入国民经济和社会发展规划，保证全市档案事业的健康发展。

【档案资源建设】2011年，汕头市各级档案部门通过制定档案接收计划、组织人员上门催交和加强对档案移交单位的业务指导，切实做好档案接收征集工作，馆藏结构有所改善，专门档案数量明显增加。全年共接收档案7965卷又30113件，其中，市档案馆共接收进馆档案1014卷又720件、资料129册以及市政府办公室礼品档案392件。南澳县新增两类专门档案364卷。潮汕侨批档案馆向全球征集侨批资料得到热烈响应，印章、完整的水客资料、成对侨批封等一批侨批资料得以进馆，填补“潮汕侨批”的空白。

【档案利用开发】2011年，汕头市各级档案部门共向社会开放档案31295卷。全市综合档案馆查阅利用总数为21570人次，提供利用档案资料共13623卷（件）。市档案馆接待利用4089人次，调阅档案资料3586卷（册），利用档案资料2894卷（册）。市房地产档案馆坚持实行服务承诺制度和绿色通道相结合，不断提高查询速度，按时保质办结查询业务，全年办理档案查询15285人次。各级档案部门还围绕全市工作大局，深入挖掘档案信息资源，充分发挥档案资政、育人作用。市档案馆编印《档案资政参考》4期。龙湖区档案馆完成《龙湖区地方志·档案管理部分》的修改审定工作。市城市建设档案馆参与《潮汕新农居》的编撰出版工作。南澳县档案馆编制《建国后南澳县下辖区、镇、乡（居）设置及沿革》。

【重大活动档案】2011年，汕头市档案馆参与完成中央、省领导莅汕考察指导、调研工作，汕头经济特区建立30周年庆祝活动，省体改工作会议在汕头市召开以及市委主要领导同志公务活动等的拍摄任务，全年共参加重大活动拍摄240次，整理照片650 张，形成相片档案12册、光盘12 张并进馆。同时，参与承办“幸福汕头·魅力特区——汕头经济特区建立30周年展览”，多角度展示改革开放30年特区取得的成就和经验。

【档案管理规范化】2011年，汕头市各级档案部门始终把推行档案工作规范化管理作为促进全市档案业务建设发展的有效措施，以目标管理、年度评估为手段，通过抓典型，做示范，树样本的模式，档案规范化管理建设成绩喜人。全市共有7个单位达省一级以上综合水平，其中，省特级5个，省一级2个。市档案局对档案工作目标管理达标满5年的市检察院等20个达标单位进行复查，巩固了档案目标管理升级成果。市档案教育中心采取多种形式对机关企事业单位档案专、兼职人员共600多人进行了培训，其中，岗位培训184人。

【档案安全体系建设】2011年，汕头市档案局切实抓好各级各类档案馆档案安全工作，组织检查组对全市各类档案馆进行专项检查，使档案安全工作得到进一步落实。龙湖区档案馆修订《龙湖区档案馆灾害应急预案》，建立和完善档案安全应急管理机制。金平区档案馆建立健全档案安全管理责任制，增设楼梯防盗门，恢复设置档案馆办公楼保卫岗。濠江区档案馆、澄海区档案馆、潮阳区档案馆安装监控和报警装置，为档案的安全提供了保障。

【民生档案】2011年，汕头市档案局印发《建立民生幸福档案，促进幸福汕头建设主题实践活动方案》，在全市档案系统开展民生幸福档案主题实践活动，取得良好效果。积极开展民生档案工作调研，为进一步健全民生档案工作体系，规范民生档案工作做好准备；把抓好社保档案规范化管理纳入服务民生的重中之重，与市社保局密切配合，大力推进社保档案规范化管理，全市已规范整理社保业务档案21962卷。同时，把推进社保系统档案综合管理作为提升服务水平重要举措，重点指导市及龙湖、金平、濠江区社保局开展档案综合管理升级达标工作，全市社保系统档案综合管理水平得到进一步提高。

【集体林权制度改革档案管理】 2011年，汕头市档案局把集体林权改制档案管理工作列为新农村建设档案工作的重中之重，在相关区、县职能部门的密切配合下，做到提前介入，全程跟踪、做好监督指导工作。在广泛调研和征求意见的基础上，及时制订《汕头市集体林权制度改革档案归档范围和保管期限表》印发到各镇、村，确保林改档案的齐全完整。4月，及时召开全市林权改制档案工作会议，就加强林改档案管理提出意见，并对林权改革档案的收集、分类、整理、保管、移交等业务问题作了专题辅导。与市林业局组成联合督查组，对28个镇、56个村林改工作及档案管理开展了专项检查，推进林改档案工作落实。12月，省林改验收组对林权改革重点潮阳区、潮南区、南澳县进行全面验收，全部达到优秀等次。

【“侨批档案”正式申报世界记忆亚太地区名录】 6月，国家档案局正式批复同意申报世界记忆亚太地区名录，如顺利通过，将于2013年申报联合国教科文组织的世界记忆名录。12月，市档案局、澄海区档案局、潮汕侨批档案馆全力以赴配合省档案局组织的“侨批档案宣传推介会”，得到联合国教科文组织“亚太地区名录世界记忆”评审专家和国家档案局有关领导、专家的充分肯定。

（黄祖煜）

医疗卫生

综　述

【概况】 至2011年底，汕头市拥有医疗卫生机构976个，其中医院34个，妇幼保健机构4个，专科疾病防治机构6个，卫生院34个，村卫生室582个，社区卫生服务中心（站）35个，私立或由企业开设的诊所、卫生所、医务室238个，其他医疗卫生机构43个；实有病床13057张；卫生工作人员22009人，其中卫生技术人员17238人（含执业医师及执业助理医师7556人、注册护士5780人、药师/士1107人）。2011年全市医院门诊诊疗总量857.3万人次，比2010年增长6.4%；出院人数40.1万人次，比2010年增长9.6%。

医药卫生体制改革

【新型农村合作医疗】 2011年，汕头市新农合参合人数达到350万人，参合率99.86%，人均筹资标准达到230元，全市筹资总额达8.05亿元，基本实现农村居民人人享有医疗保障的目标。2011年全市实现新农合定点医院住院即时补偿，镇（街道）卫生院、县级医院、县外医院住院费用补偿比例统一调整到75%、65%、50%以上，封顶线达到10万元以上，特殊病种门诊补偿封顶线提高到2万元，将重性精神疾病患者医疗费用纳入门诊统筹或门诊特殊病种费用支付范围。同时，将9类残疾人康复项目纳入新农合支付的范围。年内，全市参合农民因病住院总费用12.59亿元，享受住院补偿金额4.88亿元；门诊统筹和家庭帐户补偿金额4417万元，特殊病种大额门诊补偿金额750万元，较好地发挥合作医疗基金的作用，有效地减轻农民的医疗费用负担。

【实施基本药物制度】 至9月底，全市所有政府办的城乡基层医疗卫生机构都实施基本药物制度，基层医疗机构按照《国家基本药物目录（基层医疗卫生机构配备使用部分）》及《广东省基本药物增补品种》规定配备和使用基本药物，基本药物实施零差率销售，并全部纳入基本医疗保障药品报销目录。加快推进基层医疗卫生机构综合改革。各基层医疗单位实施基本药物制度后，门急诊次均费用、住院次均费用均有不同程度的下降，城乡居民看病就医负担进一步减轻。

【基层医疗卫生服务体系】 2011年，汕头市将“全民低成本健康工程”纳入十大民生工程，全市完成32个基层医疗单位的建设任务，进一步改善基层医疗机构的检验检查能力。2011年全市有6所乡镇卫生院和29所社区卫生服务中心列入广东省经济欠发达地区乡镇卫生院及社区卫生服务中心改造建设补助范围。6所乡镇卫生院共补助600万元，29所社区卫生服务中心共补助701万元。全市共有城市社区卫生服务机构40个（中心24个、站16个），覆盖全市37个街道中的33个街道，覆盖率达89.19%。全市32个镇均设有政府举办的卫生院，覆盖率达100%。

【基本公共卫生服务】 2011年，汕头市5项重大和11项基本公共卫生服务项目在全市范围内铺开，按项目为城乡居民统一免费提供基本公共卫生服务，全市年人均基本公共卫生服务经费达到25元；城乡居民健康档案规范化电子建档率达49.94%，0-6岁儿童健康管理人数达353899人，孕产妇健康管理人数达82823人，65岁以上老年人健康管理人数达297021人，高血压规范管理人数达176996人，糖尿病规范管理人数达51536人，重性精神疾病患者管理人数达15418人。15岁以下人群补种乙肝疫苗人数达283129人，免费为贫困白内障患者开展复明手术1000例，农村住院分娩补助29249人，增补叶酸预防神经管缺陷服用人数达40217人，9000户无害化卫生户厕建设任务顺利完成，农村居民生活环境得到有效改善。

【**公立医院改革**】2011年，全市卫生事业单位实施分类改革和岗位设置、人员聘用工作，建立公共卫生和基层医疗卫生机构绩效工资制度。市中心医院、二医院、汕大医学院第一、第二附属医院、汕大医学院眼科中心等5家医院积极探索建立适合临床工作实际的临床路径管理制度、工作模式、运行机制和持续改进体系。全面推广医疗机构电话预约和网上预约服务，优化诊疗流程，缩短群众看病候诊时间，进一步方便群众。

公共卫生

【**公共卫生应急**】2011年，汕头市及时修订《汕头市突发公共卫生事件应急预案》、《汕头市人禽流感防治应急预案》等预案，调整充实卫生应急管理专家组成员，进一步建立健全卫生应急管理体系。全市所有乡镇卫生院及二级以上医疗卫生单位全部实现传染病疫情和突发公共卫生事件网络直报，形成“横向到边，纵向到底”的信息报告网络。加强应急队伍建设，组建汕头市卫生应急志愿服务分队。开展“疫情应急模拟演练”、“120网络医院应急拉练”等应急演练，不断增强卫生应急能力。科学处置布鲁氏菌病、流行性出血热等突发公共卫生事件，保障人民群众的生命安全。

【**艾滋病防治**】2011年，全市新增艾滋病检测筛查实验室2个（南澳县人民医院设立艾滋病筛查实验室，濠江区人民医院设立艾滋病检测点），全年各筛查实验室共进行艾滋病抗体检测20.7万人次。全市在强制戒毒所、劳教所、看守所、拘留所和皮肤性病门诊等设立各类艾滋病监测哨点11个（其中国家哨点5个），开展哨点高危人群监测5190人次。市四医院美沙酮维持治疗门诊累计301人入组治疗，在治人数116人，保持率为78.2%。潮南区陈店镇卫生院新开设1个美沙酮维持治疗门诊。“四免一关怀”政策进一步落实。市中心医院为艾滋病病人提供抗病毒治疗服务，累计接受抗病毒治疗66人。全年全市共接受艾滋病自愿咨询检测413人次，随访管理艾滋病感染者及病人145例。龙湖区艾滋病综合防治示范区共建有1个艾滋病筛查实验室，5个艾滋病检测点，3个VCT门诊，建立3支红丝带志愿者服务队伍。

【**疾病监测与防控**】2011年，全市法定报告传染病总发病率为463.15/10万，其中甲乙类传染病总发病率为174.61/10万。手足口病防控工作做到早准备、早部署、早落实，重点加强5岁以下散居儿童、学校、托幼机构等的疫情监测与防控工作，全年共报告10825例手足口病病例，保持较低的发病率（200.8/10万）。国家、省、市等8个流感监测点全年共登记病例总数217103人，其中流感样病例2157人(占0.98%)，肺炎病例数951人，未发生流感样暴发疫情。年内，各医院门诊监测不明原因肺炎就诊病人319400例，入院病人54542例，无报告不明原因肺炎病例。全年全市共开展霍乱查源监测5513份，没有检出霍乱弧菌阳性样本；开展登革热媒介监测调查15614户（阳性786户），调查容器34300个（阳性890个）；开展发热病人登革热血清学监测35例，未检出阳性病例。各级疾控中心接诊狂犬病暴露人群11391例，全程免疫接种9612例，免疫接种率占84.39%。全市霍乱、登革热、狂犬病继续保持在低流行水平。

【**麻疹防控**】2011年，汕头市潮阳区个别乡镇发生麻疹聚集性病例后，各级、各有关单位高度重视，市卫生局、市疾控中心多次组织专家现场指导疫情处置，潮阳区成立疫情应急处理领导小组和督导组，组织开展查漏补种，疫情防控工作取得明显成效。全年全市麻疹监测系统报告疑似病例110例（其中血清学确诊49例、临床诊断12例），发病率为11.94/100万。

【**性病、麻风病防治**】2011年，全市共报告各类性病1229例（其中梅毒363例，淋病206例，生殖道衣原体感染385例，尖锐湿疣226例，生殖器疱疹49例），较2010年同期上升3.45%。实施广东省母婴梅毒控制项目，指定潮阳区铜盂卫生院为项目执行单位，对育龄妇女、孕产妇进行快速梅毒血清筛查，项目实施期间共筛查例数1003例，无发现梅毒抗体阳性病例。2011年新发现麻风病人7例，复发病例5例，均得到妥善处理；对新发现的麻风病人同时开展其家属检查、线索调查。至年底，全市现症麻风病人33例，患病率0.61/10万，继续巩固“基本消灭麻风病”成果。

【**国家扩大免疫规划**】至2011年底，汕头市纳入国家扩大免疫规划的11种一类疫苗已按国家规定免疫程序针次全数供应各区县，在全市范围内全面实施免费接种。常规免疫各疫苗继续保持高接种率，各疫苗上报接种率为：卡介苗99.63%，脊灰疫苗99.76%，百白破疫苗99.76%，麻疹疫苗99.65%，乙肝疫苗99.75%，乙脑疫苗99.73%，乙肝疫苗首针及时接种率94.36%。全年各级预防接种门诊累计为全市适龄儿童接种常规免疫疫苗约197万剂次。继续巩固无脊灰状态，连续17年未发现野病毒株引起的脊灰病例；新生儿破伤风、乙脑发病率稳步下降。

【**精神病防治**】2011年，汕头市贯彻落实卫生部《重性精神病病人管理治疗工作规范》，各级精防机构和基层医疗单位将全市重性精神疾病患者纳入“广东省精神疾病管理信息系统”进行管理。市四医院全年共收容“三无”精神病人86人，管理治疗滞留“三无”精神病人97人。2011年，全市共录入登记重性精神疾病患者15418名。继续实施《汕头市精神病防治康复救助基金实施方案（试行草案）》和《汕头市瑞海医疗救助慈善金实施方案（试行）》，做好贫困重性精神病人救助治疗工作。2011年，全市共救助收治病人1396人。积极开展社区精防工作，继续在部分街道、镇设置社区精神病防治点，定期派出医务人员深入社区，为精神病人提供诊疗、咨询和免费发放药物等服务。

【妇幼卫生和健康教育】2011年，汕头市继续深入推进妇幼安康工程，全面推广妇幼保健适宜技术。加强出生缺陷干预，倡导自然分娩，提高住院分娩率和孕产妇保健管理率。加快汕头市新生儿遗传代谢性疾病筛查中心的建设步伐。积极开展健康教育和健康促进行动，加大健康知识宣传普及，积极筹建“汕头市健康教育讲师团”，编制《汕头居民健康素养100条》，全市无烟医疗卫生系统创建工作取得一定成效。2011年，孕产妇死亡率4.78/10万，婴儿死亡率1.49‰，孕产妇保健管理率98.86%，7岁以下儿童保健管理率96.77%，有效保障广大妇女和儿童的身体健康。

【爱国卫生运动】2011年，省爱卫办和全国爱卫办组织对汕头市国家卫生城市进行复查。全市上下一心，全力以赴，以巩固发展创卫成果为目标，以保牌为重点，深入开展“爱卫月”、城乡环境卫生整洁行动等一系列爱国卫生运动，加大健康知识宣传力度，不断完善卫生基础设施，美化、绿化市容市貌，营造整洁的生活环境。年底，汕头市顺利通过省和国家复审，再次被确认为“国家卫生城市”。此外，申报的12个省级卫生村顺利通过省爱卫办审核验收，全市省级卫生村累计达78个。

卫生监督与法制建设

【公共场所卫生监督】2011年，汕头市卫生局组织开展全市游泳场所专项监督检查，对市管辖的游泳场所开展卫生监督量化分级评定和监督抽检，共抽检游泳场所42家，合格率76.2%。对39家有证游泳场所进行量化分级评定，评定为A级游泳场所的有6家，B级和C级分别有19家和6家。

【生活饮用水卫生监督】2011年，汕头市全年监测集中式供水单位7户，监测水源水14份，合格14份，合格率100%；监测出厂水17份，合格16份，合格率94.1%。管网末梢设采样点21个，共监测管网末梢水271份，合格268份，合格率98.9%。二次供水监测水质763份，合格677份，合格率88.7%。监督抽检二次供水单位30户次，合格26户次，合格率为86.7%；监督抽检水质60份，合格56份，合格率为93.3%。

【职业卫生监督管理】2011年，汕头市制订实施作业场所职业卫生申报办法，理顺监管职责，落实申报制度。积极落实职业卫生审查“三同时”制度，做好建设项目职业危害防护设施控评和验收。全年共出动监督员256人次，监督检查用人单位51户次，调查生产企业395户。开展全市职业健康状况调查和全市木质家具制造企业职业危害专项治理工作。在全市范围内开展职业健康状况调查，发放调查信函及调查表10000多份，组织现场调查组到各工业园区或工厂集中的区域，对未填写《职业健康状况调查表》的用人单位进行现场调查、核实，现场完成调查表的填写，已经通过网络录入申报企业740多家；完成近10年职业病报告数据统计分析，10年来共报告职业病38例，分别是尘肺11例（其中矽肺9例、滑石尘肺1例、电焊工尘肺1例）、慢性轻度铅中毒14例、急性轻度甲苯中毒1例、急性轻度四氯化碳中毒12例。

【放射卫生监督管理】2011年，汕头市落实放射诊疗单位从业人员健康体检工作，全市体检669人；开展放射诊疗单位职业危害的预评价和控制效果评价工作，完成汕头市中心医院、结防所、汕大医学院第一附属医院、汕大医学院附属肿瘤医院、潮南民生医院等医疗机构CT、X光机职业危害预评、控评工作。

【卫生行政许可审批】2011年，汕头市进一步清理卫生行政审批事项，做好省下放行政审批事项的衔接，按照第四轮清理结果，完成行政服务中心窗口受理事项的资料更新、调整；恢复市卫生局供水单位卫生许可项目。落实网上审批大厅建设工作，开通网上审批业务。简化行政审批程序，实现行政许可全面提速。全年共受理卫生许可证300家，办结率100%。

【卫生法制建设】2011年，汕头市启动卫生系统“六五”普法工作，落实法制教育责任制，将普法工作列入院（所、站、校）长任期目标管理责任书中，加强各级领导干部学法制度化建设。加大卫生法制宣传教育，广泛宣传《传染病防治法》、《职业病防治法》、《公共场所卫生管理条例》等法律法规。做好行政处罚自由裁量权量化标准的制定工作，对市卫生局负责实施的行政处罚裁量权进行规范、细化、量化，制定《汕头市卫生局行政处罚自由裁量权量化标准（试行）》，提请市法制局法制审查，进一步规范市卫生局的行政处罚行为。

【打击非法行医】2011年，汕头市以联合整治和相关部门各自履行职能的形式组织开展打击非法行医专项行动，协调有关部门对25宗投诉非法行医行为进行查处，有力地打击非法行医的嚣张气焰，社会医疗服务市场秩序进一步改善。

医政管理

【医疗服务管理】2011年，汕头市深入开展“三好一满意”、“医疗质量万里行”和抗菌药物专项整治活动，规范医疗服务行为，建立医院管理综合评估与专科医疗质量控制相结合的长效机制。实施优质护理服务示范工程，护理工作得到加强，全年有2家医院被评为省级优质护理服务示范医院，2个科室分别被卫生部和省卫生厅评为优质护理服务示范科室。进一步加强血液管理，全市临床用血保持100%来自无偿献血。规范医院经济运行，继续实施“总量控制，结构调整”政策，组织医疗机构参加全省药品网上阳光采购工作，抓好医疗机构“三项费用”（每门诊费用、每床日费用、人均住院总费用）监管，努力减轻群众医药费用负担。金平区建立医患纠纷调解工作室试点，积极探索第三方医疗纠纷调解机制，着力构建和谐医患关系。

【医学科教】2011年，汕头市卫生局组织开展继续医学教育工作，全年完成国家级继续医学教育项目2项；省级28项；市级197项，较好地满足全市卫技人员的继教需要。677名全科医生和716名社区护士的转岗培训工作顺利完成，统考成绩名列全省前茅；2011年全市获得省级医学科研基金立项课题3项，市级87项；获得省级科技进步奖二等奖2项，三等奖2项；市级科技进步奖一等奖5项，二等奖5项，三等奖6项。住院医师规范化培训工作在全市二级以上医疗机构全面开展。

【中医药事业】2011年，汕头市以开展中医药强市建设为中心，以“开展中医药管理年”为契机，以加强中医特色专科建设为重点，以“三名两进”工程为抓手，进一步加强各级中医医院内涵建设，规范医院内部管理，提升中医服务水平。全市各级中医医院大力发挥中医药特色和优势，以“名院、名科、名医”建设为龙头，带动全市中医服务水平的提高。全市5个中医医院不断深化中医“治未病”健康工程内涵，积极探索中医特色预防、保健、养生、康复和医疗健康服务新模式，顺利通过省中医药局组织的中医医院管理年督查。市中医医院不孕不育专科、糖尿病专科成为省中医重点专科。金平区第一中医院、潮南区陇田镇中心卫生院成为省基层中医药特色示范单位。2011年，全市有6个科研课题申报省建设中医药强省科研课题。

（陈壮濠）

体　育

综　述

【概况】2011年，汕头市体育工作以建设“幸福汕头”为目标，以完善社区体育设施、办好第十二届市运会为重点，大力开展全民健身活动，突出抓好群众体育。着力加强青少年业余训练，努力推进群众体育、竞技体育和体育产业协调发展。举办多项国际、国内大赛，规范体育市场管理，群众参与健身热情日益高涨，促进汕头体育事业又好又快发展。全年共派出503名运动员参加省青少年锦标赛的田径、游泳、体操等21个项目的比赛；组团代表中国参加第25届“泰王杯”帆船赛，取得第三名佳绩；跟踪做好市优秀运动员在国家和省训练情况的服务工作。全市运动员共获得世界大赛冠军3人次，全国冠军（含青少年）26人次。加强体育社团管理，做好市体育总会的换届，健全市武术、信鸽、乒乓、钓鱼、野外运动等协会。

【队伍培训建设】2011年，汕头市体育局共组织派出18名教练员参加国家体育总局、省体育局举办的各项目教练员培训班学习。结合承办全国各项赛事和举办第十二届市运会的机会，举办游泳、篮球、乒乓球等项目的裁判员培训班，发展二级裁判员37人。加大力度开展社会体育指导员培训，全年全市共培训三级社会体育指导员3000多人，是往年培训人数的3倍。

【第12届市运会】9月16日，汕头市第12届运动会在潮汕体育馆开幕，市委书记李锋宣布市运会开幕，市委副书记、代市长郑人豪致开幕辞，副市长郭大钦主持开幕式。市运会四年一届，本届市运会共设竞技体育和群众体育两个部分：其中竞技体育部分设14个青少年组比赛项目，群众体育部分设6个群体项目，各区、县7个代表团（青少年组）以及79个企事业单位组队参加（成年群体组），参赛运动员约2000人。9月30日晚，汕头市第12届运动会闭幕。本届市运会分别在18个比赛场馆举行，经过15天的角逐，龙湖、澄海、金平代表团分别获得市运会奖牌榜的前3名，龙湖、金平、澄海代表团分别获得市运会总分榜的前3名。汕头电视台现场直播开幕式、录播闭幕式。开、闭幕式后分别举行富有汕头特色和时代旋律的文艺演出。

【全国中等城市体育协作会第24届年会】10月10日至13日，全国中等城市体育协作会第24届（汕头）年会在汕头市南澳岛召开，共有19个成员单位85人参加。会议就“十二五”时期中等城市体育事业面临的热点、难点问题进行深入探讨和交流；围绕全民健身，构筑全民健身服务体系，提高公共体育服务水平这一主题，广泛进行交流和讨论，在相互学习中，形成共识，进一步明确开创中等城市体育工作新局面的奋斗目标和措施。

群众体育

【群体品牌活动】2011年，汕头市继续组织迎新年万人长跑、元旦冬泳赛、迎春长跑比赛、韩江徒步节、体育节、爱我汕头登山节、千家万人乒乓球赛、重阳节登山、“体彩杯”足球赛等传统“品牌活动”。6月30日，举行汕头市第二届“广东扶贫济困日”活动启动仪式暨“扶贫济困万人行”活动。8月8日，“全民健身日”绿道行活动在濠江区滨海休闲绿道举行。10月21日至28日，广东省第二届农民运动会在江门举行，市体育局与市农业局联合组团参加，参赛6个项目，获得7项第一。11月1日至2日，参加省“体育进社区”社会体育指导员技能展示大赛；11月11日至17日，参加首届世界华人运动大会；两项比赛均获得好成绩。全年全市共举行各类体育活动100余项，参加活动的群众累计达200余万人。

【社区体育工作】2011年，汕头市以“创先”工作为手段，推进社区体育工作。组织评选汕头市第十二届“体育节”先进单位、城市体育先进社区（居委），命名汕头市全民健身活动站、开展汕头市优秀社会体育指导员评先等活动，全市共有9个社区获得省体育局授予的“广东省城市体育先进社区（居委）”称号。

【农民体育设施建设】2011年，汕头市加大公共体育设施投入，积极开展乡镇农民体育健身工程，不断完善公共体育设施。组织制定《汕头市乡镇农民体育健身工程规划（2011-2015年）》，全市共有3个乡镇顺利完成。组织实施完成省下拨2010年农民体育健身工程122套室外乒乓球台和10副篮球架的安装。

【学校体育】2011年，汕头市通过评估命名工作、活动、比赛来推动传统项目学校、体育特色项目学校、青少年体育俱乐部等工作的开展，保证学生每天1小时的体育活动时间。全市共有7所学校被命名为（2010—2012年度）省级体育传统项目学校，并对9所国家级青少年俱乐部进行检查。汕头市东厦中学被命名为国家青少年体育俱乐部，市青少年业余体校和澄海区青少年业余体校申报省级青少年体育俱乐部。市体育局与市教育局联合举办田径、乒乓球、篮球、游泳等赛事，活跃学校体育。

【国民体质监测】8月至11月上旬，汕头市对城市非体力劳动者开展体质监测工作，测试人数1000多人，按质、按时完成省的任务。配合广东省国民体质监测万里行检测车来汕进行体质检测，对市委大院干部职工进行体质综合测试并为受测者提供运动处方。

竞技体育

【备战第十四届省运会】2011年，汕头市制订《关于备战第十四届省运会工作方案》（草案）、《汕头市参加第十四届省运会各训练单位、项目任务目标》（草案）、《汕头市参加第十四届省运会奖励方案》（草案）等工作方案，下发到直属各训练单位、项目进行研讨。

【承办国际泳联10公里马拉松游泳世界杯赛（汕头站）】9月25日，国际泳联10公里马拉松游泳世界杯赛（汕头站）在新津河举行，共有来自中国、美国、德国、日本、哈萨克斯坦、以色列、希腊、南非、比利时、香港等10个国家和地区的44名运动员参加比赛。经国家体育总局批准，2012年至2013年汕头市将继续举办该项赛事。

【举办全国重点单位（学校）乒乓球赛】11月1日至6日，全国重点单位（学校）乒乓球赛在汕头市举行，共有来自汕头、广州、成都等39个单位的330名少年乒乓球好手参加。比赛设置男子团体、男子单打、女子团体、女子单打四个项目。

体育产业

【体育市场管理】2011年，汕头市继续贯彻《广东省高危性体育项目经营活动管理规定》，从严核发行政《许可证》，公开申办《广东省高危性体育项目经营活动许可证》的条件、标准、程序、结果，集中在市政服务中心窗口办理。全年共审批游泳场5家、轮滑2家、攀岩1家。加强培训鉴定工作，共培训鉴定游泳救生员80人。5月至9月，先后组织300多人次对全市游泳场所进行地毯式检查。

【体育彩票销售】2011年，汕头市共销售体育彩票3.8亿元，完成省下达的销售任务，再创销售历史新高，被省体育局授予2011年广东省体育彩票工作突出贡献奖。全年新增彩票销售点62个，全市销售点总数已达473个。

【**公共场馆服务**】2011年，汕头市体育局加大力度推进公共体育场馆的大众化服务，潮汕体育馆除承办全市性体育比赛外，还组织开展暑期游泳、羽毛球、篮球、乒乓球等多项体育培训班，先后接待团体活动人数约3.15万人次，对外开放接待体育活动人数约13.2万人次，各项培训班人数约1.24万人次，全年没有发生任何安全事故。游泳跳水馆成功承办华能广东汕头分公司职工游泳赛、广东电网公司职工游泳赛等系列赛事和活动。

（李谊武）

社会生活

SOCIAL LIFE

◆人民生活

◆人力资源·社会保障

◆基层政权和社区建设

◆民政工作·社会事务

◆慈善事业

◆人口与计划生育

人民生活

【中心城区居民收入与消费】2011年，随着一系列扩大内需、促进消费政策的实施，汕头市居民收入较快增长，消费有了实质性支撑，整体生活水平提高，消费结构出现新变化。中心城区居民家庭人均可支配收入17474元，比上年同期增长15.1%，增长速度比全省高出2.5个百分点，人民生活得到进一步改善。

居民收入情况主要呈现以下特点：一是工资性收入大幅增长，是居民家庭收入的主要来源。2011年人均工资性收入13952元，比上年同期增长15.4%，工资性收入占居民家庭总收入的比重为74.0%，对家庭总收入增长贡献率为70.3%，拉动总收入增长11.5个百分点，工资性收入是居民收入增长的决定性因素。工资性收入增长原因，从四月份起，汕头市提高机关事业单位人员工资津贴，使工资标准大幅提高。部分效益好的企业参照标准提高员工工资。汕头市从三月份起最低工资从810元升到950元，增长17.3%，“用工荒”以及物价因素促使企业为职工加薪，使工资性收入同比大幅增长。二是经营净收入快速增长，已成为居民收入的重要来源。随着汕头市经济的不断发展，越来越多的城市居民加入到个体经营的行列，经营收入已成为居民收入的重要来源。2011年中心城区居民人均经营净收入为1664元，比上年同期增长20.1%，占居民家庭总收入的比重为8.8%，对收入增长贡献率为10.6%，拉动总收入增长1.7个百分点。经营净收入增长得益于经济环境的持续好转和促进民营经济发展系列政策的实施，从而有力地推动了个体民营经济较快发展。另一方面部分商品价格大幅上涨，个体经营利润收益空间放大，从而拉动个体经营收入大幅增加。三是租房收入是财产性收入的主要来源。2011年居民人均财产性收入为178元，比上年同期增长64.7%，占居民家庭总收入的比重为0.9%，对收入增长贡献率为2.7%，拉动总收入增长0.4个百分点。房地产价格的持续上涨带动房租增长，出租房收入成为财产性收入的主要来源。另外，利息收入增长较快，主要原因是2011年股市疲软，市民投资股市欲望降低，而央行几次加息，引起银行储蓄和储蓄性保险二项支出增长较大。四是转移性收入增长较快。2011年,居民人均转移性收入3063元,同比增长16.6%，占居民家庭总收入的比重为16.3%，对收入增长贡献率为16.4%，拉动总收入增长2.7个百分点。其主要原因是汕头调整企业离退休人员的基本养老金,人均每月增加146元，养老金的提高是转移性收入增长的主要因素。

居民消费呈现如下特点：2011年居民人均消费性支出15746元，同比增长19.1%。八大类消费支出同比均出现上升格局。一是物价上涨带动食品消费支出增长。2011年，由于物价上涨幅度较大，尤其是食品价格涨幅高达9.4%，使居民食品支出同步增长，人均食品支出为7065元,同比增长9.4%。其中增幅较大的粮油类消费支出增长16.7%，干鲜瓜果增长17.0%，糕点、奶及奶制品增长27.6%。二是衣着类支出增长加快，增幅居“八大类”支出首位。随着生活水平不断提高，民众更加注重仪容仪表，衣着、鞋类支出在总支出中所占比重逐步上升。2011年,居民衣着类人均支出为1107元,增长44.1%。衣着类支出占消费性支出的比重为7.0%，比去年同期上升1.2个百分点。三是居住类消费稳步增长。居住类消费人均支出1605元，增长14.9%。其中增长较快的有租赁房房租支出，主要原因是近年汕头房价有较大幅度上升，带动出租房租金同步上升。四是家庭设备更新加快。随着国家实行家电以旧换新政策在年底结束，以及商家各种降价促销手段不断出现，居民加快家电的更新换代，购置耐用品支出不断增加。家庭设备类人均支出1183元，增长26.5%。其中，耐用消费品支出233元，增长46.8%，每百户居民家庭耐用品拥有量达到：空调器190台、彩色电视机151台、洗衣机101台、电冰箱100台、家用电脑81台。五是医疗保健类支出持续增长。随着生活质量的不断提升，居民更注重保养身体，家庭用于医疗保健器具和滋补保健品支出日益增多。2011年居民医疗保健类支出567元，比上年同期增长19.5%。其中，滋补保健品支出增长较快，而药品费支出占该项大头，市民喜欢看中医、喝中药，而近年来中药材价格大幅上升，使药品费支出也随着增长。六是交通和通信类支出持续增长。居民人均交通和通信类支出为2177元，增长28.2%。其中，交通类支出增长较快，人均达1225元，增长55.6%。居民收入水平不断提高，私家车逐渐进入寻常百姓家。到2011年末，每百户居民家用汽车拥有量为20台，比上年同期有所上升，车用燃料及各种交通服务支出随着增加。七是教育文化娱乐服务支出增长较大。居民人均娱乐文化教育类支出为1313元，增长36.2%。2011年的天气整体较好，适合市民外出旅游、娱乐，使文化娱乐服务支出增长较大，人均支出达616元。另外，居民人均教育类支出为399元，增长46.0%。教育类支出较快的原因，主要是受成人教育（包括汽车驾驶培训班）、托幼费、家教费这几项支出拉动。八是其它商品和服务支出增长较快。由于居民收入水平的稳步提高，享受型消费越来越受青睐。居民人均其它商品和服务消费支出729元，增长38.8%。

其中，增长较快的美容费和化妆品类，分别增长132.9%和117.7%。

（马义伟）

【农村居民收入与消费】2011年，汕头市坚定不移贯彻中央和省委省政府有关政策，把“三农”发展放在重中之重的位置，加大财政惠农力度，采取各种有效措施发展农业生产，加强农村劳动力培训，全面铺开农村合作医疗，推行农村新型养老保险体系建设，实施“规划到户，责任到人”的扶贫开发，拓宽增收渠道，促进农村居民收入稳步增长。2011年，汕头市农村居民人均纯收入7893元，比上年增长21.1%，增速比上年提高4.5个百分点，比全省快2.4个百分点，同期中心城区居民人均可支配收入增速15.1%，农民人均纯收入增速比城镇居民人均可支配收入高出6个百分点；2011年汕头城乡收入比为2.21，比2010年汕头城乡收入比2.33缩小0.12个百分点,城乡收入差距略有缩小。

农村居民实现增收的主要特点有：工资性收入大幅增长。2011年人均工资性收入5317元，增长32.6%，占纯收入增长的贡献率89.2%，工资性收入成为农村居民收入的主体。工资性收入呈现持续大幅增长的趋势，体现了大量的农村剩余劳动力转移到非农就业，非农就业是解决农村劳动力就业，增加农民收入的关键。各区县中：工资性收入占纯收入的比重高于全市的有濠江区、龙湖区、潮阳区、潮南区，分别为82.4%、76.5%、74.8%、73.1%；工资性收入占纯收入的比重低于全市的有金平区、澄海区、南澳县，分别为58%、48.2%、37.5%。其他各项收入平稳增长。从收入构成看，家庭经营收入、财产性收入、转移性收入等各项收入保持良好增收态势。其中家庭经营作为各地特色在收入增长中起到一定的作用，转移性收入和财产性收入成为农村居民增收的重要补充。家庭经营收入。2011年农民家庭经营人均纯收入2282元，同比增长4.4%；家庭经营人均纯收入中第一、二、三产业收入分别为1033元、311元和938元，同比分别增长1.9%、10.3%、13.7%。全市家庭经营人均纯收入占纯收入的28.9%。其中：澄海区、南澳县等家庭经营人均纯收入占纯收入分别为46.3%、50.4%，高于全市平均水平。财产性收入。随着农村社会经济持续稳步发展，集体经济逐年好转，村集体分红、租金、土地征用补偿增加。农村居民人均财产性收入136元，比增1.7%。其中，集体分配股息和红利33元，增长50%；租金收入95元，增长48%。农民人均财产性收入占纯收入的1.7%。转移性收入。随着农村新型合作医疗全面铺开、农村基本养老保障和最低生活保障制度的实施，粮食生产补贴、农机补贴各种惠农政策的落实到位，农民转移性收入持续增长。农村居民人均转移性收入258元，同比增长3.3%。农民人均转移性收入占纯收入的比重3.3%。

2000～2012年汕头市城乡居民收入与消费

单位：元/人

年份	中心城区居民人均可支配收入	农村居民人均纯收入	中心城区居民人均消费性支出	农村居民人均生活消费支出	城乡居民收入比	城乡居民消费比
2000	8707.68	4343	7494.12	3643	2.01 :1	2.06 :1
2001	8953.08	4090	7583.64	3605	2.19 :1	2.10 :1
2002	8740.44	3894	7334.64	3415	2.24 :1	2.15 :1
2003	9104.76	4064	7874.11	3248	2.24 :1	2.42 :1
2004	9929.88	4089	8393.40	3478	2.43 :1	2.41 :1
2005	10629.72	4321	8809.92	3763	2.46 :1	2.34 : 1
2006	10949.88	4405	9292.20	3717	2.48 :1	2.50 : 1
2007	11716.27	4581	9987.40	3830	2.56 :1	2.61 : 1
2008	12542.12	4885	10764.95	4421	2.57 :1	2.43 : 1
2009	13650.89	5260	11659.47	4277	2.60 :1	2.73 : 1
2010	15178.59	6518	13218.23	5960	2.33 :1	2.22 : 1
2011	17474.00	7893	15746.00	6586	2.21 ：1	2.39 ：1

随着收入增多，汕头市农村居民的生活消费结构逐步优化，生活水平不断提高。据抽样调查，2011年汕头市农村居民人均生活消费支出占人均纯收入的83.44%，人均八大类消费额分别为食品类支出3188元、衣着类344元、居住类1046元、设备用品类329元、医疗保健类317元、交通通讯类608元、文教娱乐类243元、其他类513元，支出结构分别为：食品占48.41%、衣着5.22%、居住15.88%、设备用品5.00%、医疗保健4.81%、交通通讯类9.23%、文教娱乐3.69%、其他7.76%。各类与上年比较分别提高0.51个百分点、下降0.81个百分点、下降2.86个百分点、提高0.49个百分点、提高0.13个百分点、提高1.08个百分点、提高0.75个百分点和0.72个百分点。从2011年度的消费结构看，农村居民的食品、设备用品、医疗保健、交通通讯、文教娱乐等消费成本各有不同程度提高，恩格尔系数高于城镇3.54个百分点。当年农村居民在外饮食人均达到227元，占食品消费支出的7.12%。

从消费层次分组情况看，高收入组的人均生活消费支出占全市农村居民总水平的142.36%。其中食品消费占131.87%、在外饮食占114.54%，衣着占167.73%、居住占141.87%、家庭设备用品占191.49%、医疗保健占129.34%、交通通讯占182.07%、文教娱乐和其他各占118.93%与131.97%。低收入组只占64.70%。其中食品消费占73.68%、在外饮食占5.73%、衣着占41.86%、居住占57.27%、家庭设备用品占60.79%、医疗保健占50.16%、交通通讯占45.23%、文教娱乐和其他各占93.83%与60.43%。2011年高收入组恩格尔系数为44.84%，而低收入组则达到55.13%，全市是48.41%。

（陈署虹）

人力资源·社会保障

【概况】2011年，汕头市人力资源和社会保障局积极优化人才发展环境，大力加强高层次人才管理服务工作。全市共引进本科或中级职称以上各类人才近6千人，其中硕士以上467人。扎实推进事业单位人事制度改革工作，在全省率先出台《汕头市事业单位工作人员竞聘上岗暂行办法》，进一步规范事业单位内部选人用人行为。大力实施积极就业政策，提升公共就业服务，全市新增城镇就业岗位8.3万个，城镇登记失业率为2.43%。组织农村劳动力技能培训2.25万人，农村劳动力转移就业7.9万人。坚持政策引导、强化执法检查等措施多管齐下，着力维护劳动关系的和谐稳定。致力构建覆盖城乡一体化的社会保障体系，坚持推进社保扩面征缴与制度建设两手抓，社会保险覆盖面进一步扩大，社会保险待遇水平进一步提高，社保政策体系和运行机制进一步完善。健全地税全责征收机制，全市社保基金征收33.6 亿元，比增 23.3%。大力增强人社事业发展后劲，狠抓队伍建设，转变机关作风，公共服务能力进一步提高。积极组织开展民生热线上线工作，及时回应群众关切的热点难点问题。开展机关作风明查暗访和完成重点工作任务的督查工作。大力开展创先争优和创建优质文明窗口活动，市职业介绍服务中心党总支部被省委授予“先进基层党组织”称号。加大力度推进人力资源和社会保障信息化建设，率先在全省发放加载金融功能的社会保障卡，地税全责征收明细到账系统成功上线，医保信息管理系统成为省内较早实现医保异地联网结算的城市之一。

人力资源

【公务员队伍建设】2011年，汕头市人力资源和社会保障局出台《汕头市市直党政机关公开遴选公务员暂行办法》，规范市直党政机关从基层调进公务员工作。积极开展公务员法执行情况检查和公务员全员培训工作，共组织公务员培训班52期。顺利完成2011年公务员招录和登记工作，全市共招录公务员552人，登记229人。

【事业单位人事制度改革】2011年，汕头市人力资源和社会保障局在全省率先出台《汕头市事业单位工作人员竞聘上岗暂行办法》，进一步规范事业单位内部选人用人行为。事业单位首次岗位设置和人员聘用工作基本完成，全市共核准岗位设置方案2476家，完成率98.3%；认定事业单位工作人员7.42万名，完成率90.5%。事业单位公开招聘工作步入正轨，全市共有133家事业单位面向社会公开招聘人员1584人，其中专业技术岗位占99%。认真推行事业单位绩效工资实施工作。

【军转干部安置】2011年，汕头市人力资源和社会保障局完善考试考核、积分选岗制、双向选择安置制度，圆满完成省下达汕头市105名军转干部安置任务。扎实做好部分企业军转干部解困和稳定工作，认真落实自主择业军转干部管理服务工作。

【人才引进培养】2011年，汕头市人力资源和社会保障局积极优化人才发展环境，大力加强高层次人才管理服务工作。做好博士后科研工作站的管理服务，组织企业参加首届中国（广东）博士后人才交流与科研项目洽谈会。发挥人才引进政策调控和导向作用，简化事业单位公开招聘硕士以上和“国家211工程”院校本科毕业生的考试环节。全市共引进本科或中级职称以上各类人才近6千人，其中硕士以上467

人。加强专业技术人才队伍建设。出台《省外来汕人员中、初级专业技术资格确认暂行办法》，畅通来汕工作人才职称确认渠道。顺利完成2011年度专业技术资格评审工作，全市共受理中级专业技术资格评审3365人，评审通过2795人，推荐送评高级专业技术资格1320人。组织全市9.5万人次专业技术人员参加继续教育公需科目和专业科目培训。完成各类专业资格、执业资格报名考试工作38项，报考人数8156人。

劳动就业

【**人才招聘**】2011年，汕头市人力资源和社会保障局大力实施更加积极的就业政策，提升公共就业服务，促进就业工作成效明显，全市新增城镇就业岗位8.3万个，城镇登记失业率为2.43%。通过公开招录（聘）公务员、事业单位工作人员，开展“三支一扶”计划，举办高校毕业生就业洽谈会、就业服务月和“南粤春暖”、“带企业下基层，送岗位进乡村”等活动，促进高校毕业生和农民工等重点人群就业。全市共举办各类招聘会561场，提供岗位14.1万个，求职人员与用人单位达成招聘意向7.2万人。

【**职业技能培训**】2011年，汕头市人力资源和社会保障局出台《关于加强职业培训促进就业的实施意见》，全市组织职业技能培训26.2万人次。组织开展争当岗位技术能手活动，82人被评为市级标兵，9人被评为省级标兵。加强和促进技工教育发展，市直技校招生2953人，超额完成招生计划。

【**职业技能鉴定**】2011年，汕头市人力资源和社会保障局新增设4所职业技能鉴定所，职业技能鉴定工作力量进一步加强，共组织职业技能鉴定1.96万人。积极开发具有地方特色职业（工种），指导澄海区、潮阳区开展“布绒玩具制作”及“内衣设计”等工种的专项能力开发。

【**就业困难群体援助**】2011年，汕头市人力资源和社会保障局积极开展就业援助工作，帮助就业困难人员实现就业3518人。搭建就业平台，开展就业扶持，加强技能培训，强化就业服务等方面，大力促进退出经营三轮车从业人员顺利实现就业，着力维护社会稳定大局。落实特困职工基本生活优待政策，全市共有3198户9386人享受九项优待。

【**推进劳动者创业培训**】2011年，汕头市人力资源和社会保障局大力推进龙湖、濠江区创业型城区建设。金平区同益市场被省认定为“高校毕业生创业孵化基地”，全市有2名创业先进个人受到省表彰。发挥小额担保贷款促进创业的积极作用，全市共发放小额担保贷款319.2万元。加快推进农村劳动力转移培训工作。全市组织农村劳动力技能培训2.25万人，农村劳动力转移就业7.9万人，农村劳动力培训转移就业工作受到省考评组的肯定。

【**农民工管理服务**】2011年，汕头市各级劳动保障部门狠抓劳动合同管理，稳步推进劳动合同制度实施，切实维护职工权益。全市农民工劳动合同签订人数为13.8万人，劳动合同签订率86.3%。认真做好农民工积分制入户工作，全市共办理农民工入户城镇6768人。

【**劳动关系协调机制建设**】2011年，汕头市各级劳动保障部门坚持政策引导、强化执法检查等措施多管齐下，着力维护劳动关系的和谐稳定。深入宣传《社会保险法》、新修订《工伤保险条例》等法律法规，举办工资集体协商专题培训班。及时调整汕头市2011年企业职工最低工资标准，制定和公布2011年企业工资指导线及人力资源市场工资指导价位。深入推进创建和谐劳动关系示范区工程。

【**劳动执法监察**】2011年，汕头市各级劳动保障部门大力推进监察执法机构建设，开展清理整顿人力资源市场秩序、企业工资支付情况和贯彻《社会保险法》等专项检查行动。全市共检查企业4008家，涉及劳动者23.9万人，为劳动者追回被拖欠工资607.3万元。进一步强化信访维稳机制，完善12333电话咨询服务系统建设，及时妥善处理各类群体性事件。

【**劳动人事争议仲裁**】2011年，汕头市各级劳动保障部门坚持“预防为主、基层为主、调解为主”的工作方针，开辟集体劳动争议案件“绿色通道”，促进劳资纠纷和谐解决。全市共受理劳动人事争议案件1526宗，办结1410宗，其中调解994宗，调解率70.5%。积极推进劳动人事争议仲裁实体化建设，顺利完成省下达的仲裁院建设任务。

社会保障

【**社保扩面征缴工作**】2011年，汕头市人力资源和社会保障局致力构建覆盖城乡一体化的社会保障体系，坚持推进社保扩面征缴与制度建设两手抓，社会保险覆盖面进一步扩大，社会保险待遇水平进一步提高，社保政策体系和运行机制进一步完善。健全地税全责征收机制，全市社保基金征收33.6 亿元，比增 23.3%。企业养老保险、职工医保、失业保险、工伤保险、生育保险、城镇居民医保参保人数分别为 68.9 万人（包括历年中断缴费17.1万人）、45.3万人、58.2万人、56.9万人、55.1万人、100.1万人。

【医疗保险】2011年，汕头市人力资源和社会保障局全力推进城乡一体化医疗保障制度建设。市委、市政府出台《关于推进我市城乡一体化基本医疗保障制度建设的意见》和《汕头市城乡居民基本医疗保险办法》，整合城镇居民基本医疗保险、新型农村合作医疗、职工基本医疗保险、城乡基本医疗救助、重点优抚对象医疗补助、残疾人康复医疗救助制度，建立“一站式”统一经办服务机制，引进商业保险参与补充医疗保险和医疗监管工作，初步形成城乡一体化基本医疗保障制度。完成全市6.9万名困难企业退休职工参加医保工作。加大力度推进人力资源和社会保障信息化建设，率先在全省发放加载金融功能的社会保障卡，地税全责征收明细到账系统成功上线，汕头市医保信息管理系统成为省内较早实现医保异地联网结算的城市之一。

【养老保险】2011年，汕头市人力资源和社会保障局及时做好2011年企业离退休人员养老金调整工作，人均月养老待遇达到1122元。稳步推进城乡社会养老保险全覆盖工作。出台《汕头市新型农村社会养老保险三年全覆盖工作实施方案》，抓好龙湖、澄海、潮阳、潮南区农民参保工作，全市参加新农保人数67.55万人。认真做好城镇居民社会养老保险各项准备工作。出台政策解决早期离开机关事业单位人员、未参保集体企业人员、企业未参保人员等养老保险历史遗留问题。全市纳入社会化管理的企业退休人员13.7万人，社区管理率70.9%。

【社保基金清理回收】2011年，汕头市人力资源和社会保障局强化社保基金动态管理和社保经办内控检查制度。加大力度做好对汕头市历史上被挤占挪用和其他违规违纪使用的社会保险基金清理回收工作，共收回基金2713万元。

（黄锡坚）

基层政权和社区建设

【村、社区“两委”换届选举】根据省委、省政府的统一部署，汕头市自2010年11月启动试点、12月正式铺开村、社区党组织和第五届村委会、第四届社区居委会换届选举工作。各级党委、政府高度重视，把做好村、社区“两委”换届选举作为加快建设幸福汕头的重要工作来抓好，作为打好县镇换届基础的关键一仗来谋划，高标准要求，高质量推进，实行一把手亲自抓负总责，级级成立最高规格的村、社区“两委”换届选举工作领导小组，层层落实党政班子挂钩联系责任制；各级组织、民政部门积极开展调研和试点工作，及时制订工作方案，反映工作情况，当好党委、政府的决策参谋和助手，并切实加强综合协调和检查督促，建立重难点村、社区排查整顿、重大事项报告、工作督查、责任追究等8项制度，扎实深入开展检查、指导、督促，坚持“一村、社区一策”推进重难点村、社区矛盾排查调处和选举工作；纪检监察部门强化对换届选举的纪律监督，严肃选风选纪；宣传部门积极协调各新闻媒体加强对换届选举工作的正面宣传，形成正确舆论导向；政法维稳、公安部门提前介入，加强对选举工作的监控，严防宗族势力、老板势力、黑恶势力和不法分子干扰破坏选举工作。国土、财政、农业、计生、信访等部门也各司其职、密切配合，形成齐抓共管、共同推进的良好工作局面，使换届选举工作扎实、稳妥、有序推进。至2011年5月19日，全市1061个村、社区全面完成“两委”换届选举任务；共选举产生新一届村、社区“两委”成员7405人，其中村、社区党组织委员4636人，村（居）委会成员4808人，交叉任职2039人，交叉比例为27.5%；书记主任“一肩挑”438人，“一肩挑”比例为41.3%；妇女成员1576人，占21.3%，每个村、社区都配备一名以上的妇女成员。在换届选举工作基本结束时，汕头市及时组织开展检查验收工作，进一步查漏补缺，规范村、社区工作交接、建章立制等后续工作。同时，根据市委书记李锋的批示精神，认真组织开展以“查工作责任落实情况，看领导是否真正重视；查带头人队伍建设情况，看班子是否真正加强；查影响和谐稳定因素，看问题是否真正解决；查民主管理情况，看工作是否真正规范；查宣誓承诺情况，看群众是否真正满意”等为主要内容的“回头看”活动，进一步推动新一届村、社区“两委”班子履行职责，兑现承诺，推进村、社区基层组织规范化建设，巩固换届选举工作成果。汕头市开展换届选举“回头看”的做法得到省的充分肯定，并在省《选举简报》和省民政网站上做经验介绍。市选举办还收集换届选举相关资料，编印《汕头市2011年村、社区“两委”换届选举工作汇编》发放到各相关单位，供各地学习。

【城乡社区建设】2011年，汕头市继续深化“六好”平安和谐社区建设工作，同时认真实施省民政厅“双强双促”计划、推进全国和谐示范社区创建工作，提升城乡社区建设水平。超额完成“广东省‘六好’平安和谐社区”的创建工作任务。切实加强指导、检查、督促，认真抓好最后一批“六好”平安和谐社区创建和申报工作，全市共有120个社区获省命名为2010年度“六好”平安和谐社区，使全市“六好”平安和谐社区数量达到

370个，占72%，超额完成省下达的“十一五”全市有60%的社区达到“六好”要求的任务要求。认真组织实施“双强双促”计划。根据省民政厅关于开展“双强双促”计划的有关要求，围绕民政部全国和谐社区建设示范单位标准，切实指导2010年接受省、市、区（县）资助的10个社区、12个村按申报项目开展建设，22个村、社区共接受省、市、区县三级补助资金320万元，带动投入资金4262万元，总建设项目85个，建设社区综合服务中心、社区服务站、社区健身广场、文化广场等一批社区服务设施，较好满足村（居）民群众的生产生活需求。同时，在各区县申报的基础上严格标准，认真筛选，确定12个社区、12个村为2011年度实施“双强双促”计划资助项目。推进农村社区建设实验工作。在2010年开展农村社区建设实验工作经验的基础上，认真指导2011年的12个实验村按照“党建好、自治好、服务好、治安好、环境好、风尚好”的“六好”要求开展好今年度的农村社区建设实验工作，促进城乡社区建设共同发展。

【村（居）务公开民主管理】2011年，汕头市在圆满完成全市村、社区“两委”换届选举的基础上，切实采取扎实措施，积极推进村（居）务公开民主管理工作的发展，巩固换届选举所取得的成果。结合村、社区“两委”换届选举的契机，推进村（居）务公开民主管理的规范化建设。及时指导新一届村（居）委会及时召开村（居）民代表会议，讨论制订完善村（居）民自治章程、村（居）民公约和村（居）民会议、代表会议、民主理财、财务管理、档案管理、计生管理等各项制度，并按上级的有关要求指导各地及时推选产生村（居）务监督委员会，负责村（居）务公开和民主理财等制度的落实，切实落实好村务公开“十项公开”、“五个有”和实现网上公开的工作要求。同时，认真部署对新当选村、社区“两委”干部的培训工作，把村（居）务公开民主管理工作培训作为培训的重要内容，帮助新当选村、社区“两委”干部进一步提高思想认识，掌握开展村（居）务公开民主管理的工作方法、要求，增强实际操作能力。积极开展示范创建活动，推进村（居）务公开民主管理工作的深化。按照省民政厅《关于开展广东省村（居）务公开民主管理示范创建活动的通知》的要求，及时部署各地开展广东省村（居）务公开民主管理示范创建活动，并切实抓好2011年度示范村（社区）的创建、验收和申报工作，广泛听取各方意见，严格把关，对个别条件不成熟的申报村（社区）经进一步审核后给予暂缓申报，保证申报质量。全市有96个村、128个社区共224个村（社区）获命名为“广东省村（居）务公开民主管理示范创建达标村（社区）”称号，占全市村（社区）总数的21.1%，顺利完成2011年度的创建工作目标。继续抓好村务公开民主管理“难点村”治理工作。结合村、社区“两委”换届选举的契机，继续抓好潮阳区铜盂镇深玲村、潮南区红场镇苏明村、审者村3个未销号“难点村”的治理整顿工作，有针对性地采取措施，指导帮助其健全班子、完善管理，加大力度解决存在突出问题，取得较好成效，经验收给予销号。

（许彦恭 赵伊斯 韩德荣）

民政工作·社会事务

优抚安置

【抚恤优待工作】2011年，汕头市全面落实优抚政策，切实维护优抚对象的合法权益。全面兑现优抚对象抚恤补助和优待待遇。全年各级财政投入抚恤补助资金1.25亿元，比增21%，共惠及2.2万名重点优抚对象。城镇义务兵家庭及烈士遗属、红军失散人员、孤老复员军人优待金标准每人年从3200元提高到3400元，农村义务兵优待按所在区县上年度农村人均纯收入发给。全市各级投入优待资金1397万元，比增19%，惠及4599名优待对象。另外，全市向130名2009年冬季高原服役义务兵发放特殊优待金520万元。优抚对象医疗保障工作进一步完善。出台《关于推进我市城乡一体化基本医疗保障制度建设的意见》和《关于印发〈汕头市城乡居民基本医疗救助和重点优抚对象医疗补助实施办法〉的通知》两个医疗政策文件，为重点优抚对象能得到及时有效医治提供条件，重点优抚对象可以在全市54家定点医院享受“一站式”医疗费用结算服务。全市一至六级残疾军人全部纳入城镇职工基本医疗保险范围，其他抚恤补助对象全部纳入城镇居民医疗保险和新型农村合作医疗保障范围。全年各级财政共投入医疗补助资金1379万元。组织对新增优抚对象类别的认定工作。全市共确认60岁以上农村籍退役士兵7550名、参与铀矿开采军队退役人员53名、部分烈士（含错杀被平反人员）子女50名。组织开展拥军优属走访慰问活动。元旦、春节和八一期间，市领导带队深入部分英雄模范、残疾军人、烈士遗属、老复员军人家中走访慰问。全市组织对住在光荣院老人、一级至四级残疾军人、孤老烈属、孤老复员军人等给予重点慰问，每人分别发给600－2000元的慰问金。节日期间，全市各地上门慰问重点优抚对象2.7万多人次，发放慰问金（含实物折款）883.5万元，为1630户新入伍义务兵家庭挂“光荣军属”牌。积极做好优抚对象解困工作。全年累计向市直困难企业部分军队退役人员发放生活补助239.7万元，享受困难生活补助人数304人。为及时缓解价格上涨对定补定恤优抚对象基本生活的影响，汕头市及时下拨省、市财政给予重点优抚对象每人130元至150元临时性价格补贴，共计218.3万元。加强烈士纪念设施建设管理保护力度。启动烈士纪念设施普查工作，制定《汕头市零散烈士纪念设施建设管理保护工作实施方案》，全市共有10处县级以上管理保护烈士纪念设施，有48处纪念设施未列入县级以上管理，零散烈士墓184穴。从市福利公益金中筹集30万元支持市烈士陵园和南澳县烈士陵园维修改造。组织开展祭奠革命先烈活动。清明节期间，认真开展各类纪念教育活动，做好接待服务工作，为祭奠群众提供优质服务，确保清明期间祭奠活动安全有序。2011年清明节期间，全市参加祭奠革命先烈活动4万多人次。

（黄顺生 郑创泉）

【**退伍安置**】2011年，汕头市接收退役士兵1546人，其中城镇入伍330人，农村入伍942人，转业士官62人，符合城镇安置628人。接收省厅下达残疾士兵4名。首次实施城镇退役士兵自谋职业一次性安置补助金标准动态管理。中心城区城镇退伍义务兵、初级复员士官基本补助金标准由1.2万元提高至2万元，转业士官基本补助金标准由2万元提高至3万元，从服满义务兵年限后第一年算起，每多服役一年，另增加2千元。全年全市共发放一次性安置补助金1185万元，一次性安置补助标准基本金增幅为67%。落实高原服役义务兵优待政策。根据市政府2009年冬季对高原服役义务兵优待政策规定，对2011年退伍的130名高原服役义务兵，每人发放一次性安置补助金2万元，共计260万元。鼓励动员退役士兵参加职业技能培训。全市有89人报考高等职业技术院校，有127人报读中等职业技术学校。

（钟岳峰 丁 江）

【**军休服务**】2011年，汕头市各军休服务管理单位以强化服务为手段，以落实待遇为保障，确保军休系统和谐稳定。坚持军休干部定期开展政治学习制度，开展"和谐军休家园、和谐军休家庭"创建活动，澄海区军休所军休干部林镇贤被省厅评为"和谐军休家庭"。军休干部生活待遇相关政策全面落实，按时足额发放军休干部和无军籍职工的工资、生活费和各项津补贴，汕头市从福利彩票公益金拨款25万元帮助市军休所改造门球场，为市军休所购置汽车一台。积极落实军休干部房改工作，及时上报52名军休干部房改的汇总材料。做好军休人员数据更新录入工作，按要求收集上报178位军休干部及104位无军籍职工数据资料。

（钟岳峰 黄顺生）

【**军供保障**】2011年，汕头军供站坚持"优质、快速、准确、安全、保密"的宗旨，圆满完成过往部队的饮食饮水供应保障任务。汕头铁路军供站综合大楼通过中间验收。

（丁 江 李庭润）

双拥工作

【**拥军慰问**】2011年，汕头各级党委政府和驻汕部队高度重视双拥工作，把双拥工作作为重要的政治任务来抓，纳入党政军议事日程和地方经济社会发展总体规划，不断推进经济社会建设和国防建设协调发展，拥军慰问活动扎实有效。节日期间，市委书记、市长等领导分别带领市拥军慰问团，走访慰问广州军区、南海舰队、广州军区空军和省军区，驻汕陆、海、空、武警部队官兵、海训部队以及部分军队离退休干部、战斗英雄、优抚对象和困难企业军转干部，捎去市委、市政府和全市人民的深情厚谊和良好祝愿。汕头市公路局莱长渡口所、南澳县军粮供应站被评为广东省爱国拥军模范单位。汕头市双拥办副主任、市民政局纪检组长江文忠和汕头市联宏工艺电子有限公司董事长蔡启昌被授予广东省爱国拥军模范称号。

【**宣传教育**】2011年，汕头市各地各部队结合纪念中国共产党成立90周年、中国人民解放军建军84周年和汕头经济特区建立30周年，广泛开展以爱国主义为核心的国防和双拥宣传教育活动，不断增强广大军民的双拥和国防意识。全市各地举办双拥和国防教育活动共470多场次，接受国防教育人员达23万多人次，军训学生12.48万人次。

【**拥军工作**】2011年，汕头市投入资金6100多万元，帮助部队解决军事训练、战备执勤、装备购置、改造营房、修建道路等方面遇到的问题，为部队开展各项建设提供较好的资金支持。积极支持75220部队进驻汕头海训，配合演习部队做好协调进驻、禁渔禁航、交通管制、群众疏散、损失补偿等工作，帮助部队解决演习训练等方面遇到的困难。圆满完成部队演习、海训、打靶、过往、新老兵转运和民兵预备役训练等4万多人次的饮食饮水供应保障任务；全面落实拥军优抚安置政策，积极帮助部队解决后顾之忧，对在未就业期间的随军家属给予每人每月发放基本生活补助金。汕头市第五次蝉联全国双拥模范城，第七次蝉联省双拥模范城；南澳县第二次获得全国双拥模范县。南澳县、金平区、龙湖区、澄海区也再次荣获广东省双拥模范城（县）称号。汕头市公路局莱长渡口所、南澳县军粮供应站被评为广东省爱国拥军模范单位。汕头市双拥办副主任、市民政局纪检组长江文忠和汕头市联宏工艺电子有限公司董事长蔡启昌被授予广东省爱国拥军模范称号。

【军民共建】2011年，汕头市各级党委、政府和驻汕部队高度重视军民共建社会主义精神文明活动，坚持把军民共建工作作为加强社会主义精神文明建设和建设幸福汕头的重要内容来抓，不断拓展双拥新领域，使军民共建活动不断向深度和广度发展。各单位和各行业，以及非公经济组织和社会组织，以军民共建形式为载体，积极开展文化、科技、法律拥军活动，在春节、八一、中秋等重大节日或新兵入伍、老兵退伍等重点时节，组织开展拥军慰问、联欢晚会、茶话会、篮球友谊赛、拔河比赛等文体活动。部队也积极为驻地群众和共建单位做好事实事，帮助学校和企事业单位开展军训、上国防教育课、参观军营和国防教育基地、教授消防安全知识、慰问军烈属和孤老残童等等。目前，全市共有军民共建点254多个，非公有制经济组织共建点40个，社区共建点119个。

【爱民行动】2011年，驻汕部队在圆满完成战备、训练、执勤和军事演习等各项任务的同时，发扬拥政爱民的光荣传统，大力支持和参与汕头市的经济建设，积极参加公益事业、抢险救灾、扶贫帮困、维护社会治安、社会主义新农村建设、军民共建和创建文明城市、国家卫生城市、双拥模范城（县）等活动，为汕头市经济社会发展和建设幸福汕头作出积极的贡献。2011年，驻汕军警部队共出动官兵4万多人次，投入劳动日2700多个，车辆机械6400多台次，支援和参加各项重大经济建设项目28个，为地方挽回经济损失9000多万元，开展扶贫帮困和支教助学活动，共捐款280多万元，资助贫困学生419名，受到人民群众的称赞和肯定。

（肖奕初）

救灾和社会救助

【救灾救济】2011年，汕头市的自然灾害主要是旱灾。自然灾害给群众生活安排带来了一定影响。全市受灾人口17.87万人；倒塌居民住房7户，8间；农作物受灾面积433公顷。全市因灾直接经济损失1500万元。为安排好春荒、冬令期间困难群众的生活，省、市财政共下拨救灾救济款820.2万元（其中省补助资金634.2万元、本级财政资金186万元），帮助17万多困难灾民安排好基本生活，确保灾区的社会稳定。2011年元旦、春节期间，各地积极组织开展“扶贫济困送温暖”活动，帮助困难群众解决过冬和过节问题。市委书记李锋、市长郑人豪等党政领导带队，会同各区县党政领导和民政部门，走村串巷，登门慰问五保户、特困户，百岁老人，优抚对象。各区、县党政领导分别带队深入基层，为救济对象送去节日慰问金、大米、油和棉被、寒衣。春节期间全市共组织慰问团走访7所福利院、37所敬老院，慰问农村五保户、困难灾民、低保户共16多万人（次），共发送慰问款物2116.3万元，其中实物折款1084.8万元。

【五保供养】2011年，汕头市认真贯彻落实国家《农村五保供养工作条例》和《汕头市农村五保户供养工作意见》，确保全市五保户的基本生活权益，促进五保供养工作的落实。全市有五保对象3510户、3513人，其中分散供养对象2852户、2855人，集中供养对象658户、658人，集中供养对象占总供养对象的18.7%。五保分散供养标准由人年3000元提高到3600元，集中供养标准由人年3600元提高到4200元，提高部分资金由市财政负担，全年各级财政共计支出五保供养资金1286万元。

（沈立伟 谢晓玲）

【救助管理】2011年，汕头市救助管理工作以两个规范化建设为中心，通过加强检查指导、健全制度、落实责任、完善设施等措施扎实有效地开展对汕头市流浪乞讨人员的救助管理。2月21日，根据省厅等部门的统一部署，组织市救助管理站和各区县民政局，与公安、城管、卫生等部门一起，在全市范围内联合开展流浪乞讨未成年人救助保护专项行动。5月底，汕头市流浪未成年人救助保护中心建设改造项目顺利竣工并通过验收。6月21日，市政协副主席王桂元带领市政协评议组到市救助站，调查了解流浪乞讨救助工作情况。9月21日，在市政府召开的有关未成年人救助的电视电话会议上，副市长周镇松要求重点解决当前长期滞留在各救助站的流浪乞讨人员安置问题。此外，在庆祝汕头特区成立30周年活动期间，各救助机构和有关部门，加大街头主动救助力度，劝导、引导街头流浪乞讨人员到救助站接受救助，确保全市各项庆典活动顺利进行。全年共救助生活无着的流浪乞讨人员2808人，其中未成年人145人，老年人175人，残疾人员187人，长期滞留各救助站的受助人员55人。

（郑丹忠）

【城乡低保补助】2011年，金平、龙湖、濠江、澄海、潮南等5个区分别提高城乡低保标准，并相应提高低保对象补助水平。截至12月份，全市人均月低保标准为城镇254元、农村227元，比上年分别提高35元和34元；低保人均月补差为城镇158元、农村96元，比2010年分别提高21元和12元。将家庭年人均收入低于1500元的困难群众全部纳入低保范围。2011年，全市新纳入低保救济的对象有2800多户、5900多人，并对3400多名不符合条件的低保对象实施停保。至年底，全市共有低保对象46517户、111919人，比2010年底增加2510人。其中城镇11552户、25453人，农村34965户、86466人。全年共支出低保资金1.68亿元，比2010年增加4600多万元。建立低收入群众临时价格补贴与价格上涨联动机制，社会救助体系进一步完善。2011年，全市累计向低保对象、五保对象、重点优抚对象等低收入群众发放价格补贴资金近6000万元（包括中央和省的一次性生活补贴和临时价格补贴），受惠群众达80多万人次，有效缓解物价上涨对困难群众基本生活的影响。

【城乡医疗救助】2011年，汕头市共支出医疗救助金1727.3万元，比2010年增加394.9万元。其中，为城乡困难群众提供直接医疗救助4800多人次，发放医疗救助金1363.2万元；资助农村低保、五保对象参加新型农村合作医疗90183人，资助金额270.5万元；资助城镇低保对象等困难居民参加城镇居民医疗保险16541人，资助金额93.6万元。较好地缓解城乡困难群众“看病难”问题。2011年，汕头市继续与省民政厅、省慈善总会、广州军区广州总医院联合，开展救助贫困家庭心脏病儿童活动。年内共资助340多名低保家庭和低收入家庭先天性心脏病患者接受手术治疗，手术成功率达到98%以上。患者手术治疗的费用，除定点医院减免、省慈善总会资助、居民医疗保险按政策报销外，市、区（县）民政部门再给予大部分资助。2011年，全市各级民政部门共支出救助资金约480万元。通过各级减免、报销和资助后，患者家庭自负医疗费用约40万元，人均仅1000多元，大大减轻他们的经济负担，取得良好的社会效益。

【农村低保住房帮建】2011年，汕头市各级民政部门认真贯彻落实市政府有关工作部署，切实组织实施好帮助农村住房难低保户修建住房工作，按期保质完成帮建任务。全市各级共投入资金500万元，按每户2.5万元的补助标准，帮助200户农村低保户修建200套住房。金平区、澄海区除完成市里下达的帮建任务外，还自筹资金，增加帮建名额，另外帮助64户农村特困群众解决住房困难。

（沈立伟 谢晓玲 卢式毅）

社会福利

【重生行动】2011年，汕头市继续做好“重生行动”工作，积极推进这项大型公益项目，通过简化手续，及时救治，为贫困家庭患有唇腭裂症的儿童提供免费手术、康复治疗，帮助解除疾患、健康成长。2011年，全市申报“重生行动”康复手术的唇腭裂儿童113名，接受手术治疗的唇腭裂儿童132名。自2008年以来，全市累计申报532名，已接受手术治疗511名，取得明显治疗效果，社会反映良好。

【明天计划】2011年，汕头市继续施行“残疾孤儿手术康复明天计划”工作，确保新进入社会福利机构的残疾孤儿得到及时有效的手术治疗和康复训练。及时掌握残疾孤儿健康状况，严格手术申报程序，加强与定点医院沟通联系，尽快安排做好残疾孤儿手术康复治疗。2011年全市福利机构共有18名儿童进行18次手术治疗，其中五官科手术9人，心脏病手术6人，消化系统手术3人，均取得明显的手术康复治疗效果。

（吴维佳 徐志南）

【儿童福利】2011年，为保障全市孤儿基本生活需求，建立起孤儿基本生活保障制度，市政府出台《关于加强孤儿保障工作的实施意见》，从制度上保障孤儿的基本生活需求，实行城乡一体，标准统一的保障机制，即在院孤儿养育标准为1000元/月，社会散居孤儿养育标准为600元/月，从2011年6月1日起实施。2011年，全市享受基本生活保障的孤儿共有608名，其中：福利机构供养孤儿220人，社会散居孤儿388人。同时，加强孤残儿童管理信息系统管理工作，将全市孤儿信息全部录入“孤残儿童信息管理系统”，实行全省联网进行动态管理。

（刘松明 吴维佳）

【居家养老】2011年，汕头市积极稳妥推进居家养老服务工作，通过加大力度，投入资金，组建队伍，购买服务，为越来越多的老年人提供免费上门服务。2011年，全市累计有服务人员272名、为400位老人提供免费上门服务。同时，为更好发挥养老服务功能，汕头市选择在辖区老人多、基础好的金平区金厦街道进行试点，筹建以生活照料、日间托养、家政服务、精神慰藉、医疗保健、紧急救援等为一体的居家养老示范中心，进行先行先试，积累经验，探索养老新模式。该中心占地520平方米，室外活动场地2000平方米，投资总额300多万元。示范中心以创新服务理念，关爱老人、提高老人生活质量为宗旨，努力为辖区老年人营造安享晚年的温馨乐园。中心配设图书馆、康复训练室、心里咨询室、档案室、娱乐室、书画室、健身室、住养休息室、配餐室等。还与中国移动公司汕头分公司合作，开通“亲情通”信息服务，首批为10位孤寡老人免费配备手机，开展紧急呼援服务以及24小时不间断服务。同时，将辖区2000名老人资料录入信息管理系统，为老年人提供各类应急求助服务。在此基础上，积极创造条件，扩大服务项目，因地制宜地开展医疗保健、精神慰籍、文化娱乐等服务，满足居家老年人多层次的服务需求，切实改善和提高居家老年人的生活质量。

（林雄盛）

【**福利基金**】2011年11月11日，市政府副市长周镇松主持召开汕头市社会福利基金项目评审委员会成员会议，听取市社会福利基金项目评审委员会办公室有关市级社会福利公益金2010年度预算执行情况和2011年度预算安排意见的汇报，会议研究通过2011年度市级社会福利公益金项目评审及资金预算安排等有关问题。经预算，2011年全市安排市本级社会福利公益金3433万元，资助重点包括城乡医疗救助、社会福利事业、殡葬公益事业和残疾人事业等87个项目。会议还决定将2010年度市级福利彩票公益金落实情况向社会公布，取信于民，接受社会监督。市社会福利基金项目评审委员会成员单位市民政局、财政局、审计局、监察局等有关负责同志和人员参加会议。

（林雄盛）

【**福利企业**】2011年，汕头市围挠“抓发展、保安全、促稳定”的工作思路，认真抓好福利企业的稳定、安全和发展，定期召开生产分析会，按规定开展福利企业年度检查工作。同时加强协调税务等部门，逐个理顺关系，完善相关手续，尽力协助福利企业办理减免税。2011年，全市7家社会福利企业创产值（含营业额）5452万元，获税利338 万元。

（林文波）

【**福利彩票**】2011年，汕头市福彩发行工作认真贯彻落实《彩票管理条例》,坚持“安全运行、健康发展”的工作方针，围绕中心，服务大局，多措并举、扎实工作，全市福利彩票发行量保持平稳健康的发展势头，各票种协调发展，销售总量较快增长，全年共发行销售福利彩票5.945亿元，超额完成省中心下达汕头市销售任务的23.9%，同比增加9350万元，增长19.5%；其中电脑票共销售4.4亿元，占总销售量74%，同比增加4905多万元，增长12.5%；即开票销售4422万元，占总销售量7.4%，同比增加1580万元，增长56 %；“中福在线”（含开乐彩）1.1亿余元，占总销售量18.5%，同比增加2792万元，增长34%。全市共筹集公益金7400万元，其中市级公益金安排3433万元，资助福利大项公益项目87个。2011年全市中一等奖11注,分别落于5位幸运者,最高奖金是一人中5注一等奖共3529万元。全年福彩发行共为汕头市创税收2140万元。

（洪瑞沣 苏英杰 吴洪生）

社会事务

【**婚姻登记**】2011年，汕头市婚姻登记机关着力推进婚姻登记规范化建设，推动婚姻登记机关等级评定工作的有序开展。先后转发《省民政厅关于贯彻落实全国婚姻登记规范化建设“十一五”总结工作视频会议精神的通知》和《省民政厅关于开展婚姻登记机关等级评定工作的通知》，要求各地积极创造条件，继续加快推进婚姻登记机关规范化建设，有计划、有步骤地开展婚姻登记机关等级评定申报工作。7月下旬，市民政局、市婚协组织各区县民政局分管领导及各级婚姻登记员，赴广州市越秀区、云浮市云城区和韶关市武江区学习婚姻登记规范化建设。同时争取从市级福利彩票公益金中安排专项资金资助全市7个区县婚姻登记机关规范化建设。开展婚姻管理工作的专项调研。为全面了解掌握汕头市婚姻登记管理工作的现状，6月中旬至8月上旬，市民政局组织对全市婚姻登记管理工作开展专项调研，并就如何规范婚姻管理提高机关规范水平、更好执行政策法规、确保健康有序发展提出意见和建议。认真办理市人大代表建议案。针对今年3月份市十二届人大六次会议转来王伟忠等6位代表《关于重视公安户籍信息与民政等部门婚姻状态信息互通的建议》（第20110020号)案，市民政局高度重视，主动上门、广泛征求有关部门、区县民政局意见，探讨办理议案的办法和措施。在此基础上，根据上级的政策规定，结合汕头市的实际情况，提出落实办理的具体措施及建议，并主动上门与该建议案的领衔人面对面沟通交流。圆满完成市婚姻协会换届工作。7月22日，召开市婚姻协会第六届会员大会，选举产生市婚姻协会新一届领导班子，协会聘请王良源局长、张云良副书记为名誉会长。结合协会换届，专程邀请省厅领导为全体会员专题授课。坚持依法登记，热情服务。2011年，全市共办理结婚登记48454对，离婚登记2055对，补领结婚、离婚登记证1124宗。认真做好2011年11月11日这一特殊日子的婚姻登记工作，各级民政部门提早准备，积极应对，制定工作预案，加强一线工作力量，延长工作时间，启动预约登记服务，提高工作效率，确保当天的婚姻登记安全、稳妥、有序开展，受到群众好评。当天全市共办理婚姻登记1135对，登记量是平时的7倍多，仅金平区就达308对。

（詹 纯 刘勤裕）

【**殡葬改革**】2011年，汕头市殡葬管理工作按照省、市殡葬事业发展“十二五”规划和《汕头市殡葬管理目标责任书》规定的任务要求，抓住巩固提高火化率这一重点，着力推进殡葬惠民政策的落实，不断完善殡葬设施建设，强化行风建设。3月29日上午，市政府在汕头迎宾馆召开全市殡葬改革工作会议，副市长周镇松出席会议并提出具体要求,市纪委副书记许景峰出席会议，市民政局局长王良源总结部署全市殡改工作,会议由市政府副秘书长马逸丽主持。市殡改领导小组全体成员、各区县长和分管民政工作的副区县长，各区县民政局长、分管副局长，事务股长、各殡葬管理所长、殡葬执法队长，各经营性公墓负责人；2010年度潮阳、潮南区火化率低于100%的镇（街道）主要负责人共90多人参加会议。会上，市政府授予南澳县、龙湖区、澄海区、金平区、濠江区为2010年度“汕头市殡葬管理工作先进单位”称号，并给予4万元奖励。对2009年度受到市政府“提醒注意”的潮阳区和平镇、潮南区两英镇，给予摘掉“提醒注意”的牌子。对2010年度火化率排名落后的潮阳区贵屿镇、潮南区红场镇及濠江区马窖街道，由市政府予以“提醒注意”，并列入重点管理单位。会上，潮阳区贵屿镇、潮南区红场镇及濠江区马窖街道上台作表态发言，会议印发潮阳区和平镇、潮南区两英镇抓殡改的经验做法。9月14日，市政府在龙湖区召开全市殡改工作现场经验交流会，总结交流汕头市殡葬改革工作中的典型做法和成功经验。市政府副秘书长马逸丽主持会议，市民政局局长王良源总结部署全市殡改工作。市政府周镇松副市长作重要讲话。会上，龙湖、澄海和南澳县分别从落实殡葬惠民政策、清理整治城中坟、积极倡导骨灰海葬以及如何创建省等级殡仪馆等方面，从不同的角度介绍经验和做法。会议还组织参观龙湖区新溪镇清理整治城中坟、综合开发利用、变“死地”为“宝地”的现场。市领导庄大军、市纪委副书记许景峰出席全市殡改工作现场经验交流会。市民政局党组书记陈镇坤参加会议，各区县分管副区县长、市殡葬领导小组全体成员，各区县民政局有关负责人参加会议。10月18–19日，市纪委、市委组织部、市人社局、市林业局、市民政局等单位组成殡改督查组，深入到被市政府列入重点管理的潮阳区贵屿镇、潮南区红场镇、濠江区马窖街道，以及火化率排名靠后的濠江区礐石街道、潮阳区谷饶镇和潮南区井都镇，进行检查督促，帮助分析原因，查找差距，加温鼓劲，力促扭转落后局面。2011年，全市共强制起棺火化165宗，其中潮阳区110宗，濠江区29宗，潮南区26宗。全市有57名镇、村（居）干部因殡改工作不力受到撤职、免职、党内警告或诫勉谈话等责任追究，其中潮阳区37名、潮南区20名。9月，市政府出台《汕头市贯彻落实广东省政府关于强化殡葬基本公共服务的实施意见》，对全市特殊群体基本殡葬服务费用的减免对象、减免项目、减免程序以及资金解决渠道作出规定,同时明确有关推行辖区居民基本殡葬服务全免费，统一由政府买单的普惠型殡葬惠民政策的任务要求和时间安排。2011年起，市民报名参加的骨灰集体海葬活动实行全免费，由政府统一买单，推动殡葬惠民政策向广度和深度推进。2011年4月1日起龙湖区率先在全省落实“普惠型”的殡葬惠民政策，对辖区户籍死亡人员火化综合服务费实行全免，统一由政府买单。2011年，龙湖区为1104名丧属减免104万元的火化基本服务费。4月8日和12月23日下午，汕头市举办第22次和第23次由政府统一买单的骨灰集体海葬活动，共有2973份骨灰撒向大海，有1000多名群众参与骨灰撒海活动，为参加23次骨灰集体海葬活动的家属免费颁发《海葬纪念证书》。澄海区的骨灰撒海量占全年火化总数的69%。南澳县也积极鼓励群众参与骨灰海葬活动。汕头市骨灰海葬的经验做法，在9月份省民政厅召开的有关会议上作了专题介绍，得到省民政厅领导和兄弟市的高度评价和一致肯定。针对2011年清明节群众祭扫车流、人流高度集中等问题，全市各地高度重视，全力以赴，积极应对。成立机构，制订方案，认真进行动员部署，深入开展检查督促，确保清明祭祀活动安全、文明、有序、和谐。全市共火化遗体26662具，其中火化本地户口遗体25271具，外地户口遗体1391具，按公安部门提供的当年实际注销死亡数统计，全市的火化率基本达标。2011年，全市各地累计减免丧葬费用 742万元，其中龙湖区减免87万元，澄海区减免123.8万元，潮阳区减免354.5万元，潮南区减免14.7万元，南澳县减免30.7万元，市殡葬管理所减免 162.66 万元。同时，潮阳区、南澳县继续以创建省等级馆为动力，专程邀请省华南科研所专家对火化炉尾气二恶英等污染物进行检测。各地“三道两区”旧坟墓继续得到综合开发利用。

（刘勤裕 詹 纯）

【收养登记】2011年，根据《汕头市人民政府第四轮行政审批事项调整目录》的要求，汕头市民政局将原受理的中心市区国内公民收养登记工作权限下放，金平、龙湖、濠江区民政局分别设立“收养登记机关”，开展国内公民收养登记业务工作。同时，认真贯彻落实国家有关收养政策规定，加强检查、督促、指导，规范收养登记规程，推动全市收养登记工作健康发展。2011年全市共办理收养登记21宗，其中：国内居民收养18宗；港澳台华侨收养3宗。此外，市福利院涉外送养儿童10名。

（刘松明 吴维佳）

【老龄工作】2011年，汕头市投入离休人员医疗费、生活费7821万元，提高市直机关事业单位离退休干部养老待遇专项补助9010万元，安排市直困难企业退休人员参加基本医疗保险资金1818万元。全市老年人养老保障工作得到进一步加强：离退休人员养老金进一步提高，企业退休人员月人均养老金增加到1122.06元，人均增加145.31元，增幅15%；新农保试点工作扎实推进，全市农村居民参加新农保人数39.22万人，已有11.23万名60岁以上的农村老年人领到每月55元的新农保基础养老金；社会保障历史遗留问题得到积极解决，出台政策解决未参保集体企业人员、企业未参保人员养老保险历史遗留问题。全市养老服务设施建设进一步推进：全市有养老福利服务机构50家，床位数2300张，市社会福利中心正抓紧做好征地等相关手续；探索多元化的资金投入模式，倡导和支持社会力量兴办社会福利事业，扶持民办社会福利机构发展，推进社会福利社会化，全市民办社会福利机构2家，共设置老人养老床位168张；深化推进居家养老工作，通过政府购买服务等形式，为辖区老年人提供上门服务，截至2011年全市累计为居家养老服务投入资金近900万元，其中市本级福利彩票公益金投入791多万元，组建一支274名社工人员的为老服务队伍，为400位老人提供免费的居家养老护理服务，投资300多万元的金平区金厦街道居家养老示范中心建成；积极争取福利彩票公益金投入农村老年人活动场所改扩建，2011年市级福利彩票公益金投入300万元，资助30个村居开展老年人活动场所改扩建工程，由此带动各级和社会各界投入资金约1000万元，建成一批供农村老年人学习、娱乐、休闲的场所，大大改善农村老年人开展文体活动的基础条件。按时足额为100周岁以上老年人发放每人每月300元的长寿保健金，年发放长寿保健金93.2万元；积极贯彻落实中央、省委提高老干部待遇政策，年内为1名离休干部提高享受省（部）长级标准报销医疗费待遇，为1715名离休干部每人每年增发一个月的基本离休费，为821名抗日战争时期参加革命工作的离休干部提高政治、生活待遇，为13名特殊困难的离退休干部发放困难补助金。2010年10月市人大常委会组织对全市贯彻实施《老年人权益保障法》情况的专项检查，2011年11月组织对全市贯彻实施《保障法》“回头看”执法检查，有效维护汕头市老年人的合法权益，有力推动全市老龄工作的开展。各级法律援助中心充分发挥作用，为老年人开展法律宣传和法律援助服务；各级妇联充分发挥各级老年维权组织作用，认真做好接待和处理老龄妇女来信来访来电工作，为老龄妇女提供法律咨询和心理疏导；各传媒机构充分发挥媒体舆论监督作用，努力营造尊老敬老氛围。“敬老月”活动期间，市政府副市长周镇松带队慰问百岁老人和高龄特困老人，向他们送上节日的祝福，并赠送慰问金。市政府拨出10万元专款慰问中心城区的百岁老人和特困老人。市老龄委、市民政局、市福利院联合举办老人节和迎春慰老座谈会，动员社会各界关心福利机构的老人。重阳节当天，市老龄委、老干部局、体育局、老年体协等7个单位在潮阳风吹岩举办“重阳”敬老登山活动，500多名离退休老同志参加活动，展现了老同志老当益壮的精神风貌。

（陈德岳　刘鸿琨）

社会工作

【社会组织登记管理】2011年，汕头市民政局较好完成社会组织登记管理的日常工作和各项重大专项任务，在推动社会组织培育发展和规范管理进程中，取得一些新的突破和成效。各级登记管理部门依法行政，共受理社会组织行政许可审批件243个，其中批准筹备成立173个、变更58个、注销12个。全市新成立社会团体50个，其中市级11个。新成立的民办非企业单位73个，龙湖区36个、澄海区10个、潮阳区8个。截止12月底，全市社会组织总量为1373个，其中市级367个、区（县）级1006个。同时，市民政局坚持培育发展与监督管理并重的方针，认真做好社会组织年检等规范管理工作。2011年度全市应接受年检的社会组织共计1266个，参加年检的社会组织860个，年检率68%。其中应参加年检市级社团252个，已参加年检238个，年检率占94.4%；年检合格199个，合格率83.6%，基本合格25个，不合格14个；应参加年检民办非企业单位96个，已年检民办非企业单位81个，年检率84.4%，年检合格72个，合格率75.8%，年检基本合格5个，年检不合格4个。未参加年检社会团体14个，占5.5%；未参加年检民办非企业单位15个，占15.6%。

认真贯彻落实《关于加强社会建设的决定》，以及全省体制改革会议和市第十次党代会精神，认真组织配合市委、市政府、市人大、市政协、市政法委、市社工委和省政府政研室、省民间局等开展的一系列社会组织工作专项调研活动。通过认真梳理总结工作经验，查找存在问题和不足，制定出台措施，向上级提出解决办法和意见，一些经验做法和措施受到上级的充分肯定，一些问题、困难和意见建议得到市委、市政府及主要领导的高度重视，一定程度上提升社会组织工作地位，全市社会组织工作争取到了新的机遇和动力。

紧随形势发展变化，抓住加强社会建设、深化体制改革机遇，多次组织召开全市社会组织专项工作会议，出台多项措施，推动社会组织培育发展和规范管理。2011年5月12日、8月24日、10月24日，市民政局分别以行业协会商会等级评估授牌、为社会组织优秀党团组织、个人颁奖和“东莞坤叔事件”等为契机，召开3次全市社会组织专项工作会议，市政府分管领导莅临会议并作指示。3次会议在统一思想认识、科学谋划部署和加强组织领导等方面做出具体安排和部署，较好推动全市社会组织工作发展进程。

深化社会组织等级评估。市民政局成立社会组织等级评估指导小组，深入市区（县）进行调研指导，对确定评估的社会组织评估材料进行认真细致的初评。10月25—29日，省社会组织评估中心专家组对汕头市勘察设计咨询业协会、濠江区工艺行业协会、金平区机电商会、潮南区装饰行业协会等市区7家行业协会商会进行实地考察评估，后经市社会组织评估委员会最终确认，参评的7家行业协会商会，有4家被评为5A、2家评为4A、1家评为3A等级。

以“小金库”专项治理工作为抓手，进一步落实党风廉政建设，在2010年完成全市社会团体“小金库”专项治理的基础上，按照复查、督导抽查、整改落实、机制建设、总结验收5个阶段，完成无业务主管单位行业协会商会的“小金库”专项治理工作，围绕社会组织依法办会、自律建设、财务制度建设等内容，制定印发《汕头市防治社会团体“小金库”长效机制建设工作方案》，为社会组织开展反腐倡廉建设探索出新的途径和方法。在省“小金库”专项治理督导组对汕头市进行专项工作检查和调研中，市社会团体“小金库”专项治理工作做法得到上级的肯定。

围绕中国共产党员建党90周年，按照省厅和市委的部署，把评选社会组织“五四红旗团支部”，“优秀团干部”、“优秀共青团员”和“先进党组织”、“优秀党务工作者”和“优秀共产党员”活动作为促进社会组织党建工作和争先创优活动的重要任务来抓，一批社会组织、专职人员被评为广东身社会组织优秀党团组织、先进个人，激发了广大社会组织青年团员和党员参与争先创优的热情，促进了全市社会组织党建工作的开展。市第十次党代会将成立市区县社会组织党工委提上工作日程，市民政局主动与市有关部门协调沟通，2011年12月31日，市委组织部批准民政局成立社会组织党工委，促进全市社会组织党建工作进程。

紧密关注全市社会组织发展工作进程，积极组织采写各类社会组织工作通讯、消息和图片，先后在新华社、《中国社会报》、《羊城晚报》等20多家媒体发表各类通讯、消息、图片200多篇幅，有2篇通讯被市委宣传部评为2011年度新闻特别奖三等奖。同时，积极做好《社团管理研究》杂志和《中国社会组织周刊》宣传订阅工作，有30多个社会组织订阅《中国社会组织周刊》和《社团管理研究》杂志。

（胡进辉 李 妩）

【社会工作人才队伍建设】2011年4月12日，汕头市民政局发出《关于调整市民政局社会工作人才队伍建设工作领导小组成员的通知》，对市民政局社会工作人才队伍建设领导小组成员进行调整和充实。深入推进试点工作，调整民政系统试点工作部署。7月29日，市民政局发出《关于继续推进我市民政系统社会工作人才队伍建设试点工作的通知》，要求原定的试点区和试点单位继续开展试点工作，并将试点时间延长至2015年底。加大社会工作业务骨干的教育培训力度。先后派出7名业务骨干（含助理社会工作师4人、社会工作师2名）参加上级部门在广州、深圳、云南、河北等地开展的社会工作专题培训，帮助业务骨干提升开展社会工作的能力。开发一批社会工作专业岗位。结合事业单位分类改革，在市军队离休退休干部休养所、汕头中华永久墓园管理处、市救灾捐赠物资接收储备站等单位共开发设置6个社会工作专业岗位。增加试点资金的投入。从2011年度市级福利彩票公益金中安排85万元支持社会工作人才队伍建设，其中50万元用于试点区民政局（试点单位）开展社会工作人才队伍建设试点工作。开展网上自主登记。7月28日，市民政局发出《关于做好社会工作者自主登记工作的通知》，对全市在2009年和2010年获得社会工作者职业水平证书的8名人员（助理社会工作师3名，社会工作师5名）进行登记，并将审核材料报送省厅。统计社会工作人才资源。9月2日至10月20日，市民政局根据省民政厅及市委组织部的要求，在全市开展首次社会工作人才资源统计工作。全市共有社会工作专业人才50名，社会工作从业人员32903名。加强社工报考宣传。2011年全市共有87名社会工作从业人员报名参加社会工作者职业水平考试（53名报考助理社会工作师、34名报考社会工作师）。经考试，全市有8名通过考试（助理社会工作师6名、社会工作师2名）取得社会工作者职业水平证书。

（谢章仟）

慈善事业

【扶贫济困日活动】2011年，汕头市认真开展第二届“广东扶贫济困日”活动。5月26日，市委、市政府召开全市扶贫济困日活动动员会，市长蔡宗泽就如何开展“扶贫济困日”活动进行动员部署。要求各地要明确任务，突出重点，精心组织，在全市掀起扶贫济困活动热潮，把扶贫济困这一顺民意、得民心的实事、好事，办实、办好。6月30日上午，在市人民广场隆重举行汕头市第二届“广东扶贫济困日”活动启动仪式暨“扶贫济困慈善万人行”活动。来自驻汕部队和武警官兵，汕头市各部门、各单位的近万名干部职工以及热心群众组成的万人行队伍从人民广场起步，沿海滨路步行至华侨公园结束，全长约4公里。沿途，近50名蓝天义工志愿者手捧30个募捐箱接收热心市民的捐款。6月30日晚，市委、市政府在市电视台举办“爱心永恒——汕头市第二届‘广东扶贫济困日’募捐文艺晚会”，并进行现场直播。李锋书记等市四套班子主要领导及各界热心人士300多人出席，现场进行慈善表彰并接受举牌认捐以及电话热线募捐，截止晚会结束全市共募集善款2.65亿元。同时，还向海内外华人华侨、港澳台同胞、社会团体积发出108份邀请函，诚邀他们继续为家乡慈善事业做出贡献，奉献爱心。另外，还认真组织开展“汕头爱心慈善奖”评选表彰活动，全市共有57个单位和个人受到市政府的通报表彰。截至12月31日，全市共接受认捐款38316.08万元，到帐金额16521.49万元。

（刘松明 林雄盛）

【市慈善总会】2011年，汕头市慈善总会始终坚持“扶老、助残、救孤、济困、赈灾”的服务宗旨，加强管理，规范监督，及时向社会公布捐赠款物的使用情况，切实提高慈善组织公信力，不断创新募捐形式，筹集更多的善款，为维护社会稳定，构建和谐社会做出了积极的贡献。2010年度，被汕头市委、市政府评为“最具爱心慈善行为楷模”。

“6.30”扶贫济困日活动期间，市慈善总会按照市委、市政府的工作部署，积极配合做好募捐款工作。截至2011年12月31日，共接收社会捐款110595263.1元（含购物卡6300元），其中单位捐款103880612.04元（含购物卡6300元）；单位汇集个人捐款3678433.06元；社会热心人士捐款3036218元。对定向捐款106374189.1元，及时按照捐款人的意愿拨付给受助方；对属非定向捐款4221074元，也按照市政府的要求拨付到受助单位，做到管好、用好每一分善款。

2011年，市慈善总会先后与广东联泰集团有限公司、汕头妇产医院、深圳市潮汕商会、北大EMBA同学会和广东锦峰地产有限公司联合，分别在市慈善总会设立“联泰公益基金”、“关爱女性健康基金”、“潮商公益基金”、“潮善公益基金”和“锦峰慈善基金”等慈善组织，拓展了慈善公益平台，增强活力，募集更多善款，主要用于扶贫济困、安老助残、助学助医等多项社会救助活动，为汕头慈善事业的发展作出积极贡献。

元旦、春节前夕，市慈善总会与苏宁电器有限公司联合开展“慈善情暖万家”活动，由苏宁出资50万元，总会投入20万元，合购一批大米、食用油及面制品等物资，慰问全市4600多户困难群众、残疾人和孤寡老人。同时，市慈善总会还做好经常性接访救助工作，2011年共接待求助困难群众116人次，救助金额22.57万元；另外，做好常年捐款接收和小捐赠箱资金的清理回收工作。2011年，共接收常年捐款71人次、资金491249.48元；回收小捐赠箱捐款36个次，资金33420.9元，资金全部用于总会常年救助项目。

（丁海荣）

【市存心慈善会】2011年，汕头市存心慈善会在办好特教学校、养老院、残疾人托养中心、慈善诊所、业余文武学校、免费快餐厅、物资救助站、存心残疾人康复工疗站等一系列慈善项目的基础上，开办《存心公报》，及时向会员、社会各届公开实物及账务收支情况，提高公信力。同时，为丰富会员精神生活，成立存心艺术团，艺术团由锣鼓队、潮乐社、腰鼓队、秧歌队、合唱团组成，聘请名师指导授教，在各种大型民俗活动中渐显风采。2011年底，组建存心足球球艺俱乐部，丰富、活跃社区民众的业余文体生活。

2011年度，市存心慈善会接收社会捐赠的现金总收入为2218万元，接收实物折合人民币为413万元，合计2631多万元，其中发放社会救助资金（含实物）为1899万元，本会的基建、购置支出为246万元，会员福利支出资金为176万元。

2011年，市存心慈善会除坚持日常突发事件救助和扶贫助困工作外，对南澳县进行四次大型救助活动，为当地贫困户发放面、米、油、棉被、救助金等。在濠江区、潮南区红场镇革命老区等地，进行3次扶贫救助活动。2011年，市存心慈善会的义工组织发挥较大的社会作用，每周日坚持在市人民广场、龙泉禅寺开展清洁活动，备受广大民众的好评。特别是全市性的大型公益活动等，都有存心义工的身影，在民众中形成良好的口碑。

（市存心慈善会）

【市公益基金会】2011年，汕头市公益基金会坚持以科学发展观统揽全局，认真贯彻国务院颁布的《基金会管理条例》，继续遵循办会宗旨，以天坛花园为依托和服务窗口，提高和打响旅游服务品牌，广泛动员海内外力量，筹措资金，加快天坛花园建设，加大慈善公益扶贫济困的力度。全年共收入近764万元，公益支出达435.9万元。

在天坛花园建设方面：围绕2011年春节、国庆旅游黄金周和传统节日，加快建设、装修、配套工作，提升和打造旅游服务品牌。同时，加强职工队伍建设，完善内部管理，提升服务质量，倡导幸福、和谐、文明、活力天坛，使天坛花园成为汕头市开展对外活动的一个文明窗口、宗教旅游的理想场所和社会公益的服务平台。

在慈善公益活动方面：春节前夕，市公益基金会与市蓝天义工协会在金东花园联合举办“2011年迎新春送温暖活动”，向750户特困户发放节日慰问金和米、油、面等节日物资。6月30日，市公益基金会积极响应市委市政府号召，参与“第二届广东省扶贫济困日”慈善捐赠活动，捐款101.5万元。7月31日，市公益基金会捐建潮南区雷岭镇济美村店前小学图书室5万元，帮助修缮及配置书柜、阅览台、折合椅以及购置书籍等。在“中秋”节来临之际，市公益基金会积极发动热心企业和爱心人士，募集资金25.94万元，购买大米62吨，全部发放给龙湖、金平、濠江区和南澳县2000户特困户和市福利院、市残疾人康复中心等。10月22—26日，市公益基金会、蓝天义工协会和市电视台《今日视线》栏目再次联合发起继续援建玉树孤儿院的“格桑花行动”，继续开展募捐和募集御寒衣物救助孤儿院行动，共接收善款79225.4元，全额送交当地怀德孤儿院。2011年，共向社会发放扶贫济困和助学资金近150万元。

（汕头市公益基金会）

【市蓝天义工协会】2011年，蓝天义工协会总收入129.89万元（含会费12025元），共接受捐款128.55万元。全年公益支出111.49万元。截至2011年底，协会共有注册义工754人，社会服务总时间近10万小时，长期帮扶的困难家庭为681户，服务范围几乎遍布整个汕头市区。

开展常态化活动：义工成员利用闲暇时间上门探访困难个案，了解其生活近况和变化，尽可能为他们排忧解难。针对孤寡独居老人和重点关注个案，从起居生活等方面提供持续性的关注和帮助；协会积极搭建助学平台，继续为贫困学子筹集学费，2011年累计发放52万元助学款，有效缓解困难家庭的经济压力。通过协会搭台，大中专院校学生助教的形式，每周日在市区8个助学辅导站开展帮教活动，为300名学生提供“一对一”的学习指导，建立学生成长档案，引导他们健康自信地对待生活。在每年寒、暑假期间，开展大型爱心游活动，带孩子们到企业参观、到人文景区游玩，让孩子们在户外活动中开拓视野、增长见识；每周日上午，协会在人民广场开展“同在蓝天下之一日义工，万人环保”活动，发动广大市民参与城市清洁工作，号召大家爱护卫生、保护环境，用实际行动传播现代文明。

开展特色化活动：2011年3月26日，协会联合市环保局及新闻媒体开展“地球一小时”熄灯活动，近千名市民、学生、企业员工参加熄灯仪式，共同响应“低碳生活”；重阳节前夕，协会举办第四届“百叟宴”活动，邀请协会的帮扶老人和福利院孤寡老人到莲华素菜馆品尝斋菜，共享快乐时光；积极发动社会力量援助玉树灾区，将募集的善款和一批御寒衣物对口支援当地的怀德孤儿院，为灾区孤儿重建温暖的家。

（市蓝天义工协会）

人口与计划生育

【概况】2011年，汕头市各级党政坚持以科学发展观为指导，紧紧围绕赶超进位任务，切实加大统筹解决人口问题力度，较好地完成省下达的各项人口计划指标，金平、龙湖、澄海区被评为“省人口计生先进单位”并获得省委、省政府表彰，龙湖区继金平、澄海区之后跻身“国家人口计生优质服务区”行列。2010年10月至2011年9月，全市户籍人口出生率为9.36‰，自然增长率4.66‰，政策生育率为97.79%，分别比上年度下降0.18个千分点、0.11个千分点和提高1.34个百分点。出生人口性别比为105.7，保持在正常值范围内。

【加强组织领导】2011年，汕头市委、市政府先后召开全市三级干部大会、党政联席会、计生领导小组工作例会等一系列会议，就加强全市人口计生工作进行专题研究和部署。5月，市委、市政府召开人口计生工作帮扶会议，传达学习胡锦涛总书记在中共中央政治局第28次集体学习时的重要讲话精神以及中央、省领导就粤东人口计生问题的重要批示精神，针对后进地区存在严重超生等一系列突出问题，就如何扭转被动局面进行再部署。市委把人口计生工作列为一把手工程来抓，强调一把手要亲自抓、负总责，一把手抓一把手，一级抓一级，层层抓落实。各级计生兼职单位进一步落实责任，严把计划生育关，出台有利于人口计生工作的工作措施。全市人口计生工作形成党政重视、责任明确、齐抓共管的良好氛围。

【稳步推进“两无”活动】2011年，汕头市委、市政府部署“三个一批”（即突破一批纯二女户结扎，强制执行一批拒不缴交社会抚养费的超生对象，查处一批违法生育党员干部）工作，突出抓好工作后进、工作滑坡等重点地区和流动人口、农村人口等重点人群，从关键管理节点遏制农村和城镇各种政策外违法生育行为，全面推动“两无”创建活动。各地加强集中服务月、集中服务旬、集中服务周和流动人口计生专项清理等突击行动，狠抓农村纯二女户结扎、流动人口管理、征收社会抚养费和“三查一服务”等重难点工作，及时扫清库存和计生死角。部分区县完善定点结扎和月清月结等措施，在关键环节上防止政策外生育和弄虚作假现象的发生。据报表显示，全市共落实“四术”41381例，其中结扎19228例（纯二女户结扎6350例），放环21550例，采取补救措施603例。全市实现无政策外多孩出生的镇街26个，实现无政策外出生的村居764个。市纪委牵头相关部门，对机关、事业单位公职人员和村居“两委”党员干部违法生育情况进行全面清理清查，共清理查处历年违法超生尚未落实党政纪处理党员干部70人。各地加大社会抚养费法院强制执行力度，征收社会抚养费5609人，征收金额4254万元，其中，法院强制执行13宗。

【开展后进地区帮扶整治】5月，市委召开常委扩大会议，8月市政府召开全市后进地区人口计生工作会议，专题部署转化升类工作，延长帮扶时间2年，启动“三级帮扶、四级联动”帮扶机制，实施后进地区综合整治。市委书记、市长和分管副市长分别挂钩潮阳、潮南和濠江区人口计生工作，市、区党政班子领导成员和市、区单位分别挂钩后进镇街，自上而下形成整治合力，强力推进后进转化。后进地区党政也切实把后进转化工作摆上更加突出位置，加大工作力度。潮阳区继续开展区镇领导挂钩帮扶和“百局帮百村”活动，实施专项督查、四术验收、半年考评和年终考核“四个一”工作制度，加大帮促力度。潮南区各套班子领导成员每人挂钩一个后进村居，并派出22个工作组进驻后进村居，筹集63万元帮助基层解决经费不足问题。濠江区组建60支工作队，全脱产帮扶，特别是实施卫生、公安、民政、人社、教育、建设、工商7个重点兼职部门计生证件核查制度、计生信息通报制度、计生联手制度等多项综合治理制度，有力地推动人口计生综合治理工作。省卫生厅、省食品药品监督管理局、省工商局、省广电局等省直挂钩帮扶单位领导和市党政领导也多次深入挂钩帮扶点调研指导，推动基层落实整改，提升水平。

【完善计生例会制度】2011年，汕头市各级计生部门将部门工作例会上升为党政工作例会，加强和完善区、镇、村三级人口计生例会制度，把干部完成包干任务的情况与干部的面子、票子、位子挂钩，推动层级动态管理责任制的深入落实，初步构建“党政主持、强行入轨、奖罚有力、重心下移”的例会工作新格局。濠江、潮阳、潮南区创新机制，出台层级动态管理标准化、镇村干部包干量化管理等措施，进一步强化对镇街、村居的管理和考核，促进基层例会制度的完善和层级动态管理责任制的落实。先后有17个镇街和857名镇村包干干部因未能按时完成任务而受到通报批评。

【利益导向机制建设】2011年，汕头市在继续抓好省、市各项节育奖励制度实施的基础上，全面执行《汕头市城镇独生子女父母计划生育奖励实施意见》，分批落实对33643个独生子女家庭的奖励金发放。市级财政共下拨各项计生奖励金2760万元，其中城镇独生子女家庭奖励资金1890万元，全市“三结合”项目累计达62个，资金规模达750万元，直接扶持计生户约3000户。同时，做好各种惠民政策与计生节育政策的衔接，从子女入托入学、分配宅基地、就业、医保等方面给予计生家庭优先照顾补助，多形式、多层次扩大计划生育家庭的受惠面。濠江区出台《农村部分绝育家庭奖励实施意见》，为本辖区农村纯二女结扎家庭设立扎后月补助、子女助学和夫妻商业保险制度。

【坚持依法行政】2011年，汕头市各级计生部门认真开展文明执法活动，落实便民维权措施，严格执行人口计生群众工作纪律，全市没有出现因计划生育行政违法引起的不稳定事件。积极开展网络问政活动，多形式畅通群众咨询和投诉渠道，累计受理和及时办结群众来信来访4863件。梳理和界定人口计生行政处罚、行政许可和行政检查等执法职能25项，量化、细化行政处罚项目自由裁量标准14项，进一步规范行政执法行为。简化和优化办事程序，计生技术服务机构和技术服务人员执业许可审批工作提质提速。

【升级优质服务设施】2011年，金平、龙湖、澄海、潮南四个区的计生服务站完成“六统一”和“三室”达标建设；濠江区和南澳县服务站的新（改）建工程开工建设。潮阳区谷饶镇、潮南区两英镇等9个定点结扎服务机构完成“三室”、“六统一”的建筑外观标准化建设。去年以来，全市共投入1200多万元，配置全自动生化分析仪、微波治疗仪、红外乳腺检查仪、心电图和大型B超机等一批设备，改善技术服务条件。同时，各级积极开展育龄对象婚前和孕前期健康教育指导，接受免费优生服务的育龄对象有3.25万名。金平、龙湖区启动优生促进工程，开展宣传倡导、健康促进、优生咨询、高危人群指导、孕前实验室筛查和均衡营养工作，关口前移，有效降低出生婴儿缺陷率。

【流动人口计生服务管理】2011年，汕头市计生部门进一步完善管理制度，强化服务手段，优化工作流程，深入开展“一盘棋”活动。全市区、镇两级全面实现PADIS流动人口子系统的应用管理，加强现孕、未办理婚育证明、未采取长效避孕节育措施等重点对象的信息协查工作，信息反馈率达90.16%。金平区启动民营科技园流动人口计生管理“个十百千万”工程，依托区流动人口计划生育服务中心辐射带动，创新解决老市区“空挂户”和人口流动性强等突出问题。深化与深圳、珠海、佛山、东莞、广州等区域的交流协作，完成与珠三角等地区信息交换5万多条，落实93例长期外逃对象的节育措施（其中结扎76例，放环17例），征收社会抚养费357人共计151.07万元。与珠三角、浙江、广西、福建和湖南等重点区域建立流动人口的计生协作机制。完成新津街道国家流动人口计生动态管理监测点信息登记录入工作。

【管理服务网络建设上新台阶】2011年，汕头各级计生部门积极推动人口管理信息系统的软件升级和村级网络终端延伸，市级财政投入890万元配套基层网络和计算机设备，实现省、市、区、镇、村五级信息互联。各地加强人口计生队伍建设，进一步完善基层计生专干的聘任制度和业务建设，濠江区提升村级计生专干工资待遇近四成。8月份，汕头市承担省在粤东片区的信息化应用培训工作，提高基层信息化应用水平。基层群众自治工作稳步推进，金平区石炮台街道、龙湖区环境卫生管理局流动人口计生协等5个基层计生协荣获全国计生协先进单位。市和各区县党校成立人口理论教育基地，村（居）“一校一会二室三栏”进一步规范，生殖健康咨询师培训工作全面铺开，各级计生管理服务能力进一步提升。

【加大宣传教育力度】2011年，汕头市计生部门坚持“推进新型家庭人口文化建设”和“加快转型升级，建设幸福汕头”的宣传导向，依托大型宣传示范单位、人口文化中心和生育文明示范村等宣传文化阵地，结合计生协活动日等重大节假日举办老年人扇舞、少儿舞蹈、文化义工和板画展示等形式多样的文化活动，丰富社区生育文化。开展婚育新风进万家、进社区、进企业活动。市计生局、市文明办等10个部门联合举办汕头市首届“幸福生产力——人文关怀主题活动”，宜华集团荣获“广东省人文关怀示范企业”称号。各地加大人口计生新闻报道力度，向省、市主流媒体投稿的数量比往年增加近一倍，中心城区大型户外电子屏轮番播放计划生育公益广告，为全市上下大抓计生工作营造浓烈氛围。

（张木海）

各区县

THE DISTRICTS AND COUNTIES

◆金平区

◆龙湖区

◆澄海区

◆濠江区

◆潮阳区

◆潮南区

◆南澳县

金平区

【概况】汕头市金平区位于汕头市北岸中西部，东与龙湖区接壤，南至与潮阳、濠江交界的浔洄村，西连揭阳市地都镇，北邻潮州市潮安县。2003年经国务院批准组建，现辖17个街道办事处，168个社区居委会。区人民政府驻金砂路50号。

金平区地处汕头中心城区，人流、物流、商流、资金流等优势突出，工业基础扎实，商贸服务业活跃，科教文卫发达，是汕头市政治、经济、文化、商业中心和重要的工业、科技基地。区域总面积108.71平方公里。境内地形以平原为主，气候温和。有漫长的海岸线和天然良港，海陆优势兼备。2011年，全区常住人口81.08万人，户籍人口75.94万人，人口自然增长率1.61‰。

作为汕头“百载商埠”的发祥地，金平区历史文化底蕴深厚。辖区内拥有包括“广东东江各属行政委员公署”旧址、“八•一南昌起义军总指挥部”旧址等省市文物保护单位在内的文化遗址20多处，是汕头水陆交通枢纽的重要门户。汕头汽车总站、西郊货运站等汕头市客运、货运中心坐落辖内。随着潮汕机场，汕揭梅高速公路和夏深铁路等重大基础设施的建设，金平区与潮州、揭阳构成的“三角”地带在未来的发展中优势十分明显。

【工业】全年完成工业总产值485.8亿元，同同比增长长14.7%。规模以上工业企业305家，规模以上企业完成工业产值378.77亿元，占全区工业总产值的70%以上，形成印刷包装、机电机械、化工塑料、食品医药、新型材料等特色优势产业。5月17日，组织区内22家机械、塑胶企业参加中国国际橡塑展会。9月22日至25日，组织区内22家企业参加第八届中国国际企业博览会暨中泰中小企业博览会。全区共拥有中国驰名商标2件，中国名牌产品2个，省著名商标52件，省级名牌产品23个，拥有东风印务、金时印刷、金威啤酒、金刚玻璃、太安堂、西陇化工、黑牛食品、光华科技、天际电器、奇佳机械、华兴冶金、壮丽印刷和“金味”、“海霸王”、“东龙”、“吴氏”等一批有实力的知名企业和名牌产品。黑牛食品、太安堂、金刚玻璃、西陇化工4家企业在深圳证券交易所成功上市，东风印刷2011年底已通过证监会审核。

【商业】全区年商贸营业额限额以上企业达183家,其中销售超亿元29家。商业网点有香江家居、卜蜂莲花金平店、苏宁电器、新华都购物广场、康宁超市、新大众超市、广场服装城等一批大、中型商场和机动车、服装、布匹、五金电器、日用百货、家私、水果、水产、茶叶、农贸、工业原辅料、旧货等专业市场，以及安平路、利安路、华侨新村路、月眉路、摩罗街等商业步行街、金园路品牌一条街和广场早市，“金园路—金新路—长平路—金环路”形成汕头商业的繁荣街区。年内，新大众购物中心成功置换旧大众购物中心，陆续开11家分店；金环路“366购物商城”建成开业，海逸汇景项目已完成酒店主体工程，即将完工；新华都、德邦物流、新大众购物中心等企业均在辖区建立区域或企业总部。卜蜂莲花金平店、新华都购物广场、华侨新村路步行街成为市区商业的新亮点。19个“家电以旧换新”销售网点累计销售各类以旧换新产品 3.23万台，销售金额约1.15亿元。全年完成商品销售总额613亿元，增长20.5%。

【市场】区内有47个集贸市场、38个商场、26个超市；中山童服市场完成扩建；2011年新登记注册企业827户、个体工商户4336户；引导个体户升级为企业23户，扶持国家、集体企业改组改制14户；辖区企业登记冠市级名称232户；截至12月底，全区拥有各类市场主体3.83万户，其中企业1.08万户、个体工商户2.75万户。社会消费品零售总额331.04亿元，增长18.2%。全区“守合同重信用”企业146家，其中连续10年以上62家；区个私协会入会个私企业1.78万户；有8家食品店被评为市首批“食品安全示范店”。全年清理无照经营3192户，其中补办营业执照2380户，取缔392户；查处各类经济案件562宗，罚没入库134.8万元；受理调处消费者投诉举报679宗。

【外经贸】全区外贸进出口总额10.82亿美元，同同比增长长24.6%；其中外贸出口6.68亿美元，同同比增长长16.4%;外贸进口4.14亿美元，同同比增长长25%。全区出口额达200万美元以上的出口大户有98家；其中龙胜水产、瑞源实业、丝绸进出口、宝丰塑胶、迪士嘉玩具、万亚食品、金刚玻璃、美联化工、新盛织染9家企业的出口额超过1000万美元。全区进口额达800万美元以上的进口大户有13家。新批外商投资项目及增资扩产项目8宗，合同外资金额866万美元；实际利用外资1514万美元。有5家外资企业增资扩产，增资额达551万美元。有14家外经贸企业被评为“省出口名牌”；金刚玻璃、天际电器、迪士嘉玩具、宝丰塑胶、澳利坚建筑五金公司5家企业获得省外经贸厅加工转型升级自主品牌项目奖。组织7家企业赴俄罗斯、8家企业赴越南及印尼、8家企业赴台湾开展经贸活动；组织136家企业参加第109届、110届广交会，两次广交会参展企业分别实现出口成交额6450万美元和5406万美元。

【农业】全年农作物总播种面积3.87万亩，其中粮食面积2.38万亩、蔬菜1.37万亩。完成农业总产值4.6亿元，同比增长4.3 %。引进新的养殖大户，涌现月浦狮头鹅、玉井大白鸭、大井村鲜花、蓬洲东兰花、福岛村香蕉、浔洄村西洋菜等一批特色村；2万亩养殖面积的牛田洋青蟹，3000亩种植面积的玉井、月浦、赤窖无公害蔬菜，2000亩南美白对虾，500亩罗非鱼，400亩番石榴，50亩香蕉等种养基地初具规模；全区核定为省级生态公益林面积1.95万亩；全区农业龙头企业11家无公害生产基地11个，无公害产品产地及标准化示范基地3个，较大水产养殖企业4家。已在鮀莲街道划出800-1000亩土地新创办农产品加工创业园。与汕头大学合作建立牛田洋水产养殖研发中心，牛田洋现代农业生态示范区被确定为“全国农产品加工创业基地”。整治农田2750亩；封山育林1700亩。完成牛田洋红树林建设工程首期工程51.4亩种植任务。全面完成2011年全区20个居委“万村绿”造林绿化任务。

【建筑业】全年完成建筑业总产值85.37亿元，同比增长10.1%。实现商品房投资额9.8亿元, 施工面积125万平方米, 新开工面积21.7万平方米, 竣工面积29万平方米, 销售面积24万平方米，销售额14.9亿元。顺达建筑公司位于外马路的信逸雅园项目5栋6万平方米住宅楼已竣工并进入销售阶段。汕头市建华建筑有限公司承建的汕头君悦春江花园1、2、3幢和汕头市南华建筑有限公司承建的海港花园二期AB区获市安全文明“双优工地”。有36家企业获得安全生产许可证。一批有实力、有发展前景的企业向多资质和高一级资质方向冲刺。顺达建筑有限公司和华泰钢构有限公司从三级资质晋升为二级资质，粤丽建筑有限公司晋升为施工总承包二级资质；新成立的广东金太阳光电建筑有限公司正在申报幕墙设计施工一体化资质。积极开拓外地建筑市场，发展新的外地施工点。南华建筑有限公司在海南省、金海建筑有限公司在上海市、晶莹装饰安装工程公司在贵州市新注册分公司开展业务。

【科技】年内，荣获“‘十一五’国家科技计划优秀组织奖”、“2011-2015年度全国科普示范区”、“广东省轻工装备产业集群升级示范区”和“广东省知识产权试点区”。全年共申报省科技计划99项，其中国家级科技计划5项；“金平农业科技信息网络平台建设项目”列入国家星火计划；有7个项目被批准为省级重大项目；推荐申报民科园建设项目4个、省级自主创新产品11个；4个科普项目通过结题验收，8个省级项目通过验收，2个项目通过省级鉴定；新增国家火炬计划重点高新技术企业3家、高新技术企业6家；获得省科技奖3项，市科技奖7项。全年共申请各类专利3092件，其中发明专利245件，实用新型专利440件。全区拥有国家级高新技术企业47家，国家级创新型试点企业2家、省级6家，省级研发中心12家、市级28家。华莎驰1件专利获第13届中国专利外观设计优秀奖，东和机械等3家企业的专利项目获省专利优秀奖。12月22日，全省首批设立、粤东地区唯一一家院士工作站——“广东省光华科技电子化学品院士工作站”在广东光华科技股份有限公司正式揭牌。

【园区建设】金平工业区是金平制造业发展的重要平台。占地1.05万亩的金平民营科技园，经几次扩大，形成印刷业、印刷与包装机械装备制造业、食品业、输配电控制设备制造业和精细化工业五大特色支柱，是目前粤东地区规模最大、创新能力最强、经济和社会效益最好的园区，被评为“全国先进科技产业园”、省民营科技园、省知识产权试点园区和省级开发区；园区85%以上的民营科技企业建立不同层次的技术研究开发机构，其中省级工程技术研究开发中心10家。园区的道路、排水、供水、供电、通讯、有线电视、供热、路灯照明、环境绿化等配套设施日臻完善，产业结构不断优化，工业产业向集群化、高端化发展，入园规模以上企业达到169家，实现产值258亿元；鼓励、支持企业进行“厂区二次开发”，本年度共新建、改（扩）建项目15个，建筑面积约16万平方米。职工大食堂已竣工，文体活动中心场地平整工程已完成，正在办理用地手续。

【旧城改造】全年旧城改造新开工项目2个，楼房8幢，建筑面积90152万平方米。实施拆迁、建设的项目有15个，其中改造规模较大的片区有小公园旧城改造项目和海滨路西段片区。金环路东方中学西片区、广厦片区城市商业综合体已完成拆迁和“三通一平”，金湖路与东厦路交叉东北角正在试桩，汕头茶厂改造项目已开工建设。一批旧城改造项目竣工，其中，“金湖路与金新北路东北转角”（金凤雅居）、“浮东村改造项目（一期之六）”已交付使用，“汕樟路16号及周边范围”、“小公园片区一期范围”28.2亩用地项目进入配套建设收尾阶段。“金砂西路北侧片”、“中山路—汕樟路西南转角A幢”已封顶。另外，“杏花旅社片”、“泰华工业城东片”、下涂坪（二、三期）、“浮东村改造项目（一期之七）”等项目的建设进度加快。全年全区竣工新楼21幢，建筑面积25.79亿平方米,回迁居民123户。

【财税】全区有154个行政事业单位纳入国库集中支付管理。积极实施经济发展目标管理责任制量化考核办法，调动各级协税护税的积极性。财政总收入15.26亿元，其中：一般预算收入7.42亿元，增长20.07%；税收收入4.78亿元，增长9.27%；财政总支出14.50亿元，其中：一般预算支出14.32亿元。全年投入民生民安经费达到10亿元。其中：教育支出5亿元，医疗卫生支出1.39亿元，社会保障和就业支出1.48亿元，城乡社区事务支出1.2亿元。全区年纳税额100万元以上的企业达到377家，其中纳税额1000万元以上的企业49家。抓好金融服务与管理，充分发挥汇天小额贷款公司的作用，拓宽企业融资渠道，全年共发放贷款215笔，累计放贷金额2.58亿元，缓解中小企业融资困难。

【教育】全区现有中小学校 117 所，在校学生 13.32万名，其中小学生 6.89万名，初中生 4.22万名，高中生 2.21万名。全区在编公办中小学教师 6437 人。其中，中学教师3461人；职校教师 109人，小学教师2867人。聿怀中学为国家级示范性高中学校，现有省一级中学3所、市一级中学 13所；省一级小学4所、市一级小学12所；通过引进社会资金合作办学，占地15亩，投入2900多万元的东厦中学北校区建设项目已经全面完工并投入使用。聿怀中学大洋校区实验楼续建工程也已封顶，开始进入内部装修阶段。金禧中学教学楼扩建项目也已经完成工程招投标，即将开工建设。占地近200亩，总投资约2.75亿元的金平职校新校区也已经完成大部分前期工作。全区参加中、高考成绩稳步攀升，高考各批次上线人数及上线率保持在全市各区县前列，上线率达到 84.3%。中考平均分居全市各区县之首。2011年12月评选出10名金平区师德标兵。

【文化】汕头开埠文化陈列馆成为市历史文化旅游的一个标志性景点和城市文化名片。共建立街道文化站17个、社区文化室75个、社区图书室（农家书屋）18个、文化广场27个；区图书馆被评为“国家二级图书馆”。群众的业余文体活动活跃，海升潮剧团、寨头社区潮乐队、红荔弦乐组、云露骆驼舞队、广厦太极扇舞队等经常开展文娱活动。组织挑选4个节目参加汕头市“歌声献给党-庆祝建党90周年歌唱比赛，获银铜奖。成立金平区非物质文化遗产保护中心，对辖区内的非物质文化遗产线索进行收集、汇总、上报。区内有不可移动文物点160处。月浦街道沟南社区“赛龙舟”和广厦街道浮西社区“南枝醒狮”被命名为第一批汕头市民族民间艺术之乡；“太安堂中医药文化”列入汕头市第二批市级非物质文化遗产名录；“潮式月饼”等8个项目列为金平区第一批区级非物质文化遗产名录。《金平区志》通过终审，全书约160多万字。

【体育】先后建设一批体育传统项目学校，有新乡小学的乒乓球和武术、存心小学的武术、外马二小的体操、外马三小的游泳、金砂小学的体操等。派出288名运动员参加汕头市第十二届运动会，共参加游泳、体操、乒乓球、男子篮球、柔道、田径、举重、跳水、女子篮球、射击、击剑、摔跤等12个项目的比赛，取得总分5480分的成绩，列全市第二名，金牌共获得214枚，居全市第三，还被组委会授予“体育道德风尚奖”。组织开展乒乓球、门球、篮球和太极拳四季主题活动，举办金平区干部职工游泳比赛、迎国庆干部职工羽毛球比赛、第二届“老小同乐”棋类比赛、第三届老年运动会等。充分利用学校活动场地，举办多层次多形式的学生体育竞赛活动，增强学生体质。举办金平区中小学踢毽子比赛；6月份上旬举办金平区第二届学生智力棋类比赛。12月份举办金平区学生棋王赛。

【旅游业】区内旅游资源丰富，历史文化底蕴深厚，拥有包括“广东东江各属行政委员公署”旧址、“八•一南昌起义军总指挥部”旧址等省市文物保护单位在内的文化遗址20多处。有以汕头大学、龙泉岩“翁公书院”、七日红公园、北回归线标志塔为主体的汕头新八景之一的“桑浦清晖”、老妈宫、金凤坛、小公园、中山公园、金砂公园、石砲台公园、东方公园、人民广场、海滨长廊、汕头博物馆、汕头海关关史陈列馆和“全国农业旅游示范点”——农业科技园；还有蓬州古城、沟南许地民俗生态旅游区一批名胜古迹和景区景点。位于永平路1号的汕头开埠文化陈列馆开馆建成对外开放后，已接待包括香港特首曾荫权等政要在内的4万多名参观者。新引进的海逸酒店正在建设。2011年全区星级酒店接待过夜游客63.06万人次，实现旅游收入6.04亿元。编制出版金平区旅游攻略工具书——《跟我逛金平》。

【卫生、计划生育】全年区内各卫生系统总诊疗人次达到60.9万人次，出院人数达到1.87万人；医疗卫生业务总收入达到9200万元，同比增长10%。全区已设置社区卫生服务中心（站）16家，除原有8家区属新农合定点医院外，区与12家市级医院和4家省级医疗机构均签订住院费用即时补偿协议。全本参加新农合制度的农民10.58万人，累计补偿各类参合农民1.45万人次，补偿金额约1563万元。金平区人民医院扩建住院大楼，增加病床100张，医疗服务环境明显改善。年内，区计划生育工作获得“2011年度全省人口计生宣教创新项目奖”、“广东省人口与计划生育先进单位”称号，石炮台街道被评为“全国计划生育协会乡级先进单位”，海安街道获“全国人口和计划生育依法行政示范乡镇（街道）”称号。实施人口计生管理服务“个十百千万”工程，继续稳定低生育水平。全区有16个街道实现无政策外多孩，有92个社区实现无政策外出生。全区共落实“四术”3837例，其中结扎463例，纯二女扎65例，放环3329例。全区人口出生率6.33‰，自然增长率1.55‰，计划生育率97.22%。

【民生民安】全区纳入低保7642户1.71万人，共发放低保金3424万元；春节前发放各种生活补贴、物价补贴和救济物资超过900万元。筹资21万元，为辖区内16户低保户修缮住房；筹集资金13.8万元，赞助59名考上大中专、高中的低保户子女上学。筹集资金24.68万元、大米3.63万斤、食用油2860斤、衣被等日用品276件，对1184户重点优抚对象进行慰问。解决贫困家庭突发性困难，临时救助865户次共97万元；走访慰问了1.36万户困难群众，每月定时定点为600多名精神病患者提供免费药品救助；先后组织输送50多名贫困白内障患者接受免费手术报名；为1955名极重度残疾人实施困难专项补助，共投入专项资金234.6万元。依托存心善堂，开设特殊教育学校，成立首个残疾人工疗康复站，有60名智力残疾儿童就学和30名孤残老人入住。推进民安社区创建，2011年全区共创建100个民安社区。

【侨务】金平是著名的侨乡，现有归侨、侨眷近15万人，港澳同胞、海外侨胞30多万人，分别侨居世界36个国家和地区。莅区参观考察的海内外嘉宾2批25人次。辖区拥有港资企业208家，投资总额11.838亿美元。区侨联会倡议与龙湖、澄海三区合作交流，建设和发展友好合作关系，签订合作协议。区侨联会积极为患病归侨侨眷申请临时医疗补助金，帮助特困归侨侨眷申报居民最低生活保障金，帮助下岗失业归侨侨眷提供免费电脑培训，帮助困难归侨侨眷子女再就业，共筹资4.5万多元资助区内特困归侨侨眷子女能继续学业；慰问208户特困归侨侨眷。金禧花园金榆苑设立“归侨侨眷健康咨询站”，为辖内归侨侨眷发放诊疗优惠卡。

【石砲台街道】辖区面积3.28平方公里，共有常住居民1.70万户6.54万人。下设平东、平西、平原、新华、长厦、长平、中平、滨厦、新湖、新陵、饶平、石砲台、滨港13个社区居委会。街道是“全国和谐社区建设示范街道”、“全国计划生育协会乡级先进单位”，也是广东省轻工机械专业镇技术创新试点单位。街道有工业企业200多家，规模以上企业24家，有金时印刷、华兴冶金备件、荣诚食品、达诚机械、陵海吸塑、柏亚化妆品、海利水产品、正迪网络科技、开达实业、韵星化纤制品、瑞康物业、金玉兰包装机械、橄榄枝制药、新陵塑胶等和冷冻水产食品、平远贸易等外贸企业。街道新增限额以上商贸企业9家；铭杰品牌策划有限公司、汕头市汉核网络科技有限公司在金平区设立总部；汕头市凹凸包装机械有限公司投资1500万元，投资建成厂房1万平方米；广东柏亚化妆品有限公司投入2800万元，建设洗衣粉生产线；2011年，全街道完成规模以上工业产值39.97亿元、批零住餐营业额46.01亿元、外贸出口6053万美元。

【金砂街道】辖区总面积2.567平方公里，现有居民1.69万户5.99万人。下设金新、金陵、金华、金韩、东门、西门、南门、北门、大窖、金丰10个社区居委会。全年新增限额以上商贸企业5家；金新路、新厦路、金园路、东厦路逐步形成品牌专卖区域。街道拥有工业企业350多家，规模以上企业19家，有粤东机械实业、龙锋食品、八记食品、澳利坚建筑五金、新奥燃气、乔艺塑胶、江南包装材料、雅固钢业、德旺机械制造、奇乐丝网实业、大视野家纺、金桥电缆、国彩印刷等和立信塑胶制品、同德塑料网具制品、信粤贸易等外贸出口企业。新增省级名牌产品4个，国家重点新产品3个、省级10个，著名商标31个，专利2项，通过ISO9001认证8个。金砂经联社与深源房地产开发公司合作的金湖路115号与东厦路105号交界处房地产开发项目，总投资6095万元，已开工建设。2011年，街道完成规模以上工业产值20.49亿元、批零住餐营业额50.05亿元、外贸出口3771万美元。

【金厦街道】辖区面积1.2平方公里，现有居民1.52万户5.77万人。下设玫瑰、海棠、月季、石榴、玉蓉、水仙、牡丹、百合、杏园、龙北、东福、杏园东12个社区居委会。街道下属企业共有290多家，新增规模以上工业企业3家、限额以上商贸企业8家；规模以上工业企业22家，有超声印制板、超声仪器研究所、邦领塑模实业、超声显示器、华山电子器件、信益塑料机械、创美中药饮片、宏浩实业、新维港包装彩印、顺达彩印、盈动电气、日烽吸塑包装实业、新业花纸印刷、金光实业、泓利鞋业、荣威制衣等和盈晖贸易、丸善食品、电机厂进出口贸易、花之蒂鞋业等外贸出口企业；百合园民安社区是区民安社区的先行点，正在建居家养老服务示范中心，该中心投入使用后将为辖区老年人提供生活照料、医疗护理、心理疏导、康复训练、文化娱乐、体育健身等多项服务。2011年街道完成规模以上工业产值39.56亿元、批零住餐营业额57.59亿元、外贸出口1578万美元。

【东方街道】辖区面积3.36平方公里，共有常住居民2.12万户8.06万人。下设龙华、东龙、东华、金环、聚龙、金苑、梅翠、滨海、榕松、浔洄、金海11个社区居委会。

街道现有工业区3个，厂房2.20万平方米。全年新增规模以上工业企业3家、限额以上商贸企业2家；规模以上工业企业19家，有黑牛食品、新道编织、大洋冷冻工贸、龙华珠光颜料、太古可口可乐、龙华印务、粤嘉速冻果蔬、和胜机械实业、威龙动力设备、邦益塑胶、恒立印务等和联信企业、新丰利渔具实业、正华科工发展等外贸出口企业；黑牛公司成功上市后，增资扩产进程加快，在岐山北工业区02号建占地45.9亩的营养麦片生产线（一期）项目，该项目累计完成投资2069.7万元，计划于2012年5月竣工投入使用。2011年全街道完成规模以上工业产值15.14亿元，批零住餐营业额52.63亿元、外贸出口2217万美元。

【大华街道】辖区面积2.59平方公里，居民2.06万户7.36万人。下设竞长、福长、爱华、华坞、炽昌、联兴、康乐、迎春、华新、集成、葱陇、乔林12个社区居委会。街道是省塑胶制品技术创新专业镇试点单位；引进增资扩产项目共48个，总投资额3.16亿元，引进新的生产线和设备499台套。新增协税护税企业18家，新增规模以上工业企业5家，限额以上商业企业9家；现有工业企业140多家，规模以上工业企业16家，有美联新材料科技、汕樟轻工机械实业、宏基混凝土、新侨药用包装、永泰塑胶实业、港联实业、华兴机械厂、粤华医疗器械、汕乾塑胶制品、汇景包装材料、佳诚日用品、崎碌电器厂、双丰机械等；广东汕樟轻工机械有限公司精心经营并获市级立项的SGF-S水性油墨凹版印刷机项目，使产品整体性能有了明显提高，产品竞争能力不断增强。街道2011年完成规模以上工业产值16.47亿元、批零住餐营业额58.58亿元、外贸出口2351万美元。

【同益街道】辖区面积0.749平方公里。下辖福明、盐埕、永同、红亭、桂馥、志成、联韩7个社区居委会，常住人口8534户2.78万人。街道被省科技厅授予食品技术创新专业镇试点单位。新增规模上工业企业和限额以上商业企业各6家；规模以上工业企业22家，有太安堂药业股份、汝斯芬内衣、一芙化妆品、雅图包装印刷、沪汕裕华粘胶制品、集味村食品、强宇包装材料、宝马工艺、中兴塑料纸类印刷、金兴机械、中兴电器开关、吴氏集团、都乐五金实业、东利尼龙、南和机械、中兴五金皮塑、科露雅香料、鑫源五金塑胶等；广东太安堂药业股份有限公司投资3.3亿元，引进三条生产线，其中全自动软膏剂GMP生产线和全自动GMP丸剂生产线已投产；广东吴氏集团有限公司投资7170万元，在升平第二工业区建新厂区，上环保窗帘—“C依C”智能遮阳产品项目。2011年街道完成规模以工业产值17.47亿元、批零住餐营业额36.40亿元、外贸出口2782万美元。

【光华街道】辖区面积3.522平方公里，下辖西港、明珠、大学路上、建华、厦岭、杏花、潮汕路、新乡、光华9个社区居委会。常住人口1.11万户3.85万人。街道现有规模以上工业企业18家，有光华科技股份、天信投资、华盛塑料、新源丰餐具、金源米业、轻工机械、鑫源化工、辉煌塑胶、光华机械实业、华美塑料模具实业、粤钿光电、第一轴承厂、国台彩印、新华钢结构实业，金海湾包装机械等。广东华盛塑料有限公司被中国塑料加工工业协会授予“中国环保型塑料包装容器研发生产基地”荣誉称号；广东光华科技股份有限公司被评选为2011年国家重点高新技术企业，其“电子级高纯六水合硫酸镍”被列入2011年度国家重点新产品计划立项项目。光华机械实业有限公司的卫星式柔版印刷机荣获市专利优秀奖。粤钿化工有限公司被省中小企业局确认为省中小企业创新产业化示范基地。2011年街道完成规模以上工业产值18.63亿元、批零住餐营业额23.18亿元、外贸出口2491万美元。

【东墩街道】辖区面积2.46平方公里，现有居民9856户3.68万人。下设南墩、金凤、北墩、金誉、桃园、金墩6个社区居委会。街道现有工业企业100多家，新增规模以上工业企业1家；规模以上工业企业17家，有金威啤酒、金兴塑胶实业、粤兴企业、永达印务、盟星包装机械、神榜五金塑料制品、金基有限公司、东兴客车配件、盟信塑料厂、时代窗帘用品厂、东兴糖机制泵、东兴包装彩印、正味食品、和裕塑胶、新洋模具等和长佳贸易、亚太贸易、义诚贸易等外贸企业；南墩经联社、汕头市富佳投资有限公司与浙江温州商会合作改建的汕头市366购物城已建成三层框架结构，建筑面积共1万平方米，配套停车场5500平方米，第一层时装、饰品购物区已于10月1日试业。年内街道有4个“三旧”改造项目包括汕头市茶厂及周边（牛奶场）地块、金湖—东厦路交叉东北角片区、金环路东方中学西片及东厦路100号一期之（一）进入实质性实施阶段；2011年街道完成规模以上工业产值13.46亿元、批零住餐营业额25.09亿元、外贸出口4393万美元。

【广厦街道】辖区面积4.03平方公里，现有居民1.65万户5.93万人。下设浮东、浮西、荷花、葵花、红荔、樱花、杜鹃、珠厦、金禧、金桐、嘉顿11个社区居委会和浮东、浮西2个经联社。街道现有工业企业250多家，新增规模以上工业企业4家；规模以上企业15家，主要骨干企业有金恒丰建设、新协特种纸科技、宝丰塑胶工业、集诚妇幼用品、东方纸塑包装、热电一厂、浮西漂染、东兴喷涂工艺、兴技兄弟食品、宏翔电子、永翊塑胶工艺、东华木器工艺、品冠光电科技等和旺得福贸易、韩江食品、东升实业等外贸企业。街道纳入税务登记管理企业62户，其中国税35户，地税27户；现有“重合同守信用”企业45家，完成ISO9001认证38家，ISO-14000认证2家，新增注册商标85个，新增专利技术119项。10月20日，广厦商贸城建设项目奠基。项目已完成建设用地的全面拆迁、地质勘探和总体规划工作。2011年街道完成规模以上工业产值11.65亿元、批零住餐营业额24.31亿元、外贸出口3954万美元。

【海安街道】辖区面积0.7平方公里，常住人口9920户3.32万人，辖下有利安、跃进、南海、海悦、万安、德安、怀安七个社区居委会。历史上“四安一镇邦”的大部分街段在本辖区内。街道现有工业企业100多家，其中规模以上企业19家；骨干企业有东风印务、鑫瑞纸品、好心情食品、依明机械股份、金辉实业、艺达人造花、新万安动力机械、合彩印刷、万安塑料工艺、祥雄科学器材实业、庆丰塑胶制品、南方汽车配件、升平恒利实业和祥利织造、金源昌投资集团、星际商贸等。辖内居平“鞋岛”已逐步发展为粤东鞋业中转站；全年新增规模以上企业2家，限额以上企业6家，协税护税企业26家，其中优秀企业包括广东华澍地产投资有限公司、联宝贸易有限公司、金柏能新材料有限公司，汕头市丰能石化有限公司等。街道被省科技厅认定为医药化工专业镇试点单位。2011年街道完成规模以上工业产值32.82亿元、批零住餐营业额22.55亿元、外贸出口1309万美元。

【新福街道】辖区面积0.57平方公里，下辖金凤、福祥、荣华、寿山、福安、金福、荣隆、潮安8个社区居委会。常住人口9667户3.09万人。五福路、金山直街一带向来是市区蔬菜、水果的集散地。福合市场周边形成干鲜果、水产品批发市场。“福合埕食街”完成食街水泥路面铺设，并对食街进行包装宣传。街道现有规模以上工业企业10家，骨干企业有金发妇幼用品、祥发渔具、华鹰软包装设备总厂、裕生食品工业、昂斯鞋材、瑞源实业、隆生彩印、国平纸品、融通机械实业、华海船厂等。全年新引进企业28家，其中工业2家、商贸业17家、服务业9家。重点企业金发妇幼用品有限公司婴儿纸尿裤生产线项目已经启动厂房改造及扩建。2011年街道完成规模以上工业产值14.60亿元、批零住餐营业额35.86亿元、外贸出口4656万美元。

【乌桥街道】辖区面积0.78平方公里。下辖火车头、振兴、焕金、二马、享祠5个社区居委会，常住人口6187户2.03万人。历史上是汕头工业的发源地。街道被省科技厅评定为电力电子科技专业镇。现有工业企业160多家，其中规模以上工业企业19家；骨干企业有海霸王汕头食品、华莎驰家具家饰、虹桥包装实业、晶莹建筑装饰公司、三业渔需用品、一家人食品、食品厂、金南方电器实业、安平食品包装机械、虹桥印务、金福电器厂、集祥传动机械、通达塑胶材料、裕达印刷实业、北海包装材料等。晶莹建筑装饰工程有限公司被国家建设部认定为一类装饰资质的装饰企业。预计投资4.5亿元的市级重点建设项目海霸王冷藏物流及农副水产品加工基地项目顺利通过规划审批，正式进入地质勘探、设计阶段，预计明年能开工建设；广东金南方电器实业有限公司新厂房及华莎驰新古典欧式家具家饰生产线项目已顺利投产开工，整体生产运营情况良好。2011年全街道共完成规模以上工业产值20亿元、批零住餐营业额16.28亿元、外贸出口1335万美元。

【岐山街道】辖区面积9.8平方公里，现有居民4652户2.03万人。下设西陇、陇头、马西、大路、中宫、沟湖、寨头、南楼、下岐、岐山10个社区居委会。街道是省科技厅批准的技术创新纸塑制造专业镇。2011年全街道共完成规模以上工业产值39.24亿元、批零住餐营业额33.12亿元、外贸出口4125万美元。街道有工业企业400多家，其中规模以上企业30家；骨干企业有西陇化工股份、奇佳机械、乐凯胶片、万年青制药、万丰热电、富味制果厂、益发塑胶实业、你口四洲、海洋第一聚酯薄膜、和兴音像、汕樟机械制造、华尔怡医疗器械、联达包装材料、盈业塑胶、大川机械、信力制罐设备、亚联药业等。西陇化工股份有限公司6月初在深交所正式挂牌上市。奇佳机械厂有限公司自行研制开发的具有九项专利技术组成的“玉米淀粉降解材料挤出片材机组”系列成套生产线，其技术处于国内领先水平，达到国际同类产品的先进水平，是国家级重点新产品。

【永祥街道】辖区面积0.38平方公里。下辖西堤、德志、新潮、海平、永兴、永安、永和7个社区居委会，现有常住人口8307户2.64万人。永兴街、永泰街、永和街、永安街、升平路史称“四永一升平”。街道现有工业企业169家，新增规模以上工业企业1家；规模以上企业22家；骨干企业有南粤电气、天际电器、粤东印刷厂、宏宇包装材料、方大印刷包装科技、润和生物医药科技、茂发食品、吉祥装璜工艺、新大成包装材料、东升食品、金祥食品、汕泰胶粘带厂、吉祥印刷厂、佳艺彩印实业、信益塑料机械、甜甜乐糖果食品、升平五洲印铁制罐厂、大洋地毯实业等；街道是省科技厅授予的包装印刷专业镇技术创新试点单位；本年度街道被市知识产权维权援助中心定为“知识产权维权援助工作联络站”；南粤电气、茂发食品、大洋地毯被认定为广东省著名商标。老市区西堤路形成“海鲜饮食文化一条街”。2011年全街道共完成规模以上工业产值14.40亿元、批零住餐营业额33.30亿元、外贸出口3435万美元。

【鮀莲街道】辖区面积34平方公里，下辖玉井、大井、天港、大场、赖厝、两丰、双丰、莲荣、莲华、莲凤、莲光、莲美、新辽、福岛、新隆、胜隆16个社区居委会。常住人口1.38万户5.37万人。辖内的土地、旅游、矿产等资源丰富，有“北回归线标志塔”、“牛田洋绿道”等旅游景点。街道是省科技厅认定的水产养殖技术创新专业镇试点单位。全年实施经济社会发展项目27个，其中园区综合开发1个，农业项目8个，工业项目4个，商业项目1个。莲塘工业区已完成首期375亩用地征地工作；莲塘物流园区正在加紧招商引资工作。成功举办“2011汕头第四届牛田洋青蟹节”。街道现有工业企业40多家，其中规模以上企业12家，主要骨干企业有金刚玻璃、金味食品工业、龙胜水产食品、东方包装工业、雅威机电实业、瑞祥模具、彩虹塑料纤维母粒、兆龙纸塑实业、世纪源饮水、海尊水产品等；2011年全街道共完成规模以上工业产值20.98亿元、批零住餐营业额5.50亿元、外贸出口6034万美元。

【鮀江街道】辖区面积21.25平方公里，下辖云露、木坑、桥头、夏趾、沙浦、蓬洲东、蓬洲南、蓬洲西、蓬洲北、溪东、港美、金陇、山兜、举登14个涉农社区居委和鮀都、乐业、安居3个社区居委。常住人口1.54万户4.54万人。街道现有工业企业100多家；规模以上企业18家，主要有飘合纸业、滨海家俱、西北航空用品、万亚食品、紫荆花制漆、新昌纺织印染厂、明发机械、东源食品、强升海棉制品、柏瑞纸品包装厂、华兴粘胶制品、广大印刷材料实业、五星油墨实业、新侨药用防粘纸科技、华兴塑料制品、柏瑞纸品包装、新力胶粘制品等；新增省民营科技企业9家、市级民营科技企业11家，新增注册商标33个，外观设计专利82个，实用新型专利65个，飘合纸业有限公司“波斯猫”商标和广东万亚食品厂有限公司“万亚”商标被评为省著名商标；辖内旅游资源丰富，正在整合龙泉岩周边旅游资源，大力发展旅游业。2011年全街道共完成规模以上工业产值20.23亿元、批零住餐营业额20.33亿元、外贸出口3434万美元。

【月浦街道】辖区面积10平方公里，现有居民5834户2.44万人。下设月浦、湖头、沟南、赤窖、华新城5个社区居委会。辖内的沟南许地自然景色迷人，是闻名远近的民俗生态旅游区。本年度新增规模上工业企业4家，限额以上批零企业3家，新增协税护税企业11家；街道现有工业企业180多家，其中规模以上企业15家；骨干企业有壮丽彩印股份、升达混凝土、嘉信包装材料、宝瑞食品、添利冷冻食品、迪士嘉玩具、维思奇食品、利民食品包装、精工东捷制版、庄氏星光玻璃彩珠厂、住友塑料膜业、江宏包装材料、金光高科、海信发展和联通食品等外贸企业；街道以潮汕路工业经济带为依托，借助正在建设的汕揭梅高速公路带来的交通区位优势，大力发展辖区仓储运输及现代物流行业。多家企业进行增资扩产，扩大生产规模，累计投资达到2.97亿元。2011年全街道共完成规模以上工业产值19.85亿元、批零住餐营业额30.39亿元、外贸出口2486万美元。

（陈成人）

附1：2011年金平区党委、人大、政府、政协和纪委主要负责人名单

区委书记：谢晓东
区人大主任：谢晓东
区　　长：张胜光（至8月）　黄　蘅（8月起）
区政协主席：黄自强（至3月）　李伟佳（3月起）
区纪委书记：黄一桦（至8月）　方彦雄（8月起）

附2：　2011年金平区国民经济发展情况表

项目 单位	人口（人）	规模以上工业产值		批零住餐营业额		出口额	
		实绩（万元）	比上年增长%	实绩（万元）	比上年增长%	实绩（万美元）	比上年增长%
合　计	755935	3787651	19.6	6342176	20.5	66786	16.4

区　直		37942		830474		10382	
石炮台街道	65421	399715	42.4	460128		6053	31.7
金砂街道	59915	204941	72.4	500492		3771	42.7
金厦街道	57680	395552	17.7	575942		1578	70.8
东方街道	80610	151443	46.8	526273		2217	105.8
大华街道	73550	164676		585770		2351	48.6
同益街道	27825	174712	71.2	364030		2782	18.1
光华街道	38536	186297	46.5	231800		2491	91.2
东墩街道	36800	134577	45.4	250935		4393	154.8
广厦街道	59259	116488	52.4	243148		3954	51.5
海安街道	33216	328225	27	225504		1309	19
新福街道	30917	146049	12.5	358605		4656	51.1
乌桥街道	20259	200072	52	162800		1335	39.4
岐山街道	20262	392350	38.4	331152		4125	193
永祥街道	26411	143965		332956		3435	95.5
鮀莲街道	53742	209800	131	54950		6034	142
鮀江街道	45380	202346	48.4	203325		3434	41.1
月浦街道	24428	198501	67	303892		2486	85

龙湖区

【概况】龙湖区位于韩江三角洲南端，汕头市中心城区东北部。始建于1991年11月，是在汕头经济特区扩大范围时，以特区龙湖片为基础，划入原汕头市郊区的下蓬镇组建而成的新区。2003年3月，龙湖行政区划再次调整，原属澄海市的外砂、新溪两镇划归龙湖区管辖。至此，龙湖区辖珠池、金霞、新津、龙祥、鸥汀5个街道办事处，外砂、新溪2个镇，79个社区居委会、32个村委会。区域面积103.13平方公里。2011年，全区常住人口53.87万人，户籍人口40.36万人。其中，农业人口17.11万人，非农业人口23.26万人。

龙湖区是汕头市重要交通枢纽和金融、商贸、餐饮、汽车销售中心。辖区内有汕头机场,广梅汕铁路汕头客（货）运站，汕头汽车客（货）运中心站,汕头珠池深水港区,深汕、汕汾高速公路汕头站等重大交通设施;有人民银行、工商银行、建设银行、中国银行、农业发展银行等市级分行和外资盘谷银行、华侨商业银行等金融机构;有汕头海关、汕头出入境检验检疫局等联检机构;有林百欣国际会展中心、国家一级文化馆龙湖文化馆、国家二级图书馆龙湖图书馆等大型文化设施;有五星级的帝豪、金海湾大酒店，有卜蜂莲花、沃尔玛、南国商城、新世纪等大型商场;有时代广场、华侨公园、蓝水星方特乐园等游乐场所;有腾辉塔、蓬沙书院等省级文物保护单位，有妈屿岛风景区，有证果寺、准亲庵、长寿庵、王天性纪念馆、密林文艺研究社等名胜古迹，是理想的投资置业宝地。

2011年，全区实现生产总值（GDP）223.60亿元，比上年（下同）增长14.4%，增速居全市各区县首位。工业总产值478.01亿元，增长13.2%；其中规模以上工业企业303户，产值396.49亿元，增长14.8%。建筑业完成施工产值47.59元，增长10.5%。全社会固定资产投资额64.82亿元，增长54.3%。固定资产投资建设项目225个；其中投资额在1000万元以上的项目有98个，投资额在2000万元以上的项目63个，投资额在4000万元以上的项目有16个。累计引进外资项目19宗，增长90.0%。协议投资总额6009万美元，增长37.8%。外商直接投资8333万美元，增长39.0%。批发零售业实现商品销售总额382.78亿元，增长30.0%；社会消费品零售总额148.93亿元，增长16.1%。民营企业零售额116.13亿元，占全区社会消费品零售总额的80.0%。外贸进出口总额24.29亿美元，增长15.8%。农业总产值9.74亿元，增长3.8%。农作物总播种面积126913亩，粮食作物播种面积42480亩。财政总收入46.03亿元，增长19.2%；工商税收收入44.02亿元，增长17.8%；地方一般收入8.16亿元，增长22.8%。三大产业比重调整为2.44：56.49：41.07。中心城区居民人均可支配收入17473.9元增长15.1%，农村居民人均纯收入8846元，增长24.0%。

【发展规划】年内，龙湖区完成“十二五”规划编制工作，提出“强化中心、东拓北延，优化布局、拓展空间”的发展思路，即在强化龙湖乐园和珠港新城及周边城市商业中心龙头地位的基础上，把未来的发展重点放在沿金砂东路、中山东路、海滨路向东拓展和沿新津河两岸、泰山路向北延伸上，向东推进外砂、新溪建设，向北开发建设鸥汀片区；大力构筑文化创意产业、珠津高新技术产业“两大园区”，打造以南国商场为主体的商业购物、以蓝水星乐园为主体的休闲娱乐、以粤东物流新城为主体的现代物流等“三大中心”，规划东海岸新城、珠港新城、粤东物流新城、沿河新城“四大新城”，建设苏宁电器、百脑汇电器、红星美凯龙家居、星湖城、长江路北和龙湖乐园“六大商业广场”的空间布局。

【科技创新】2011年，区财政科技经费投入150万元，增长25%。区内60多家企业与汕头大学、华南理工大学、西安电子科技大学等40多所高校院所建主产学研合作关系，新组建省、市级工程技术研究开发中心9家和技术联盟8家。拥有省级民科企业59家，高新技术企业39家，省级创新型企业3家，市级民科企业102家。拥有省知识产权优势企业5家，全国知识产权试点单位1家。专利申请量2623件，增长32.6%，授权量575件。其中，发明申请量303件，增长158.97%，授权量29件。获得国家、省级基金立项17家，占全市56%，扶持资金645万元。获省级以上科技计划立项45个，扶持资金2913万元；获市级科技计划项目33项，扶持资金418万元。获市科技奖8项，科技成果鉴定4个。出台《传统优势产业转型升级行动计划》和《战略性新兴产业倍增发展行动计划》，大力发展高端新型电子信息、智能输配电、生物医药、新材料、节能环保等战略性新兴产业，纺织服装、化工医药、机械装备、食品加工、电子产品、印刷包装六大产业集群发展水平得到提升。新津、外砂等5个专业街道（镇）特色产业不断发展壮大。龙湖区被评为“全国科技进步考核先进区”和“广东省省部产学研结合示范区”。

【重点项目】2011年，龙湖区共引进大中型企业185家，成功引进苏宁、百脑汇、红星美凯龙等大型企业开发5个商业广场，世界500强企业ABB(中国)有限公司与众业达电器合作项目落户万吉工业区，大型央企中石油公司入股得源能源股份公司，中国五矿集团合作开发粤东物流新城，吸引阿里巴巴、中远物流、中国南航、微软中国等8家大型物流企业入驻物流园。全年全社会固定资产投资64.82亿元，增长54.3%。其中，工业投资21.63亿元，增长17.1%；服务业投资38.89亿元，增长81.8%；房地产开发投资29.76亿元，增长62.5%。全年竣工项目33项，累计完成投资24.17亿元；在建项目62项，累计完成投资59.39亿元；新开工项目142个。重点项目建设顺利推进，列入市22个重点建设项目和区106个重点项目分别完成投资14.05亿元和2.5亿。汕揭高速公路、汕头大围龙湖段达标加固工程大力推进，益得环保等10大工业项目如期投产，龙光喜来登酒店等10大服务项目进展顺利，粤东物流新城、新津河沿岸新城、文化创意产业园、高新技术产业园规划进展顺利。

【民生工程】年内，全区共投入资金1.72亿元，实施农民增收、农村水改、城乡环境、防灾减灾、校舍安全、全民健康、治安防控、关爱老人、文化建设、社会保障等10项民生项目。投入500万元用于农业技术创新、农田水利设施和农业信息化等9个项目建设，全区44个涉农村居自来水直抄到户改造已完成37个，31街区排水管网改造、丹霞小区步道改造项目竣工启用。中山东路绿道网示范段建成开通，龙湖沟、星湖公园绿道开工建设。在全市率先出台老年人10大优待办法，开展60岁以上老年人免费体检活动，实行新生儿疾病免费筛查、幼儿学前3年学费补助和助学育才。投资1200万元建设社会治安视频监控网络。对在龙湖户籍人口死亡火化基本费全额补助，启动区福利院规划建设，全面实施新型农村社会养老保险，推进社会救助工作。

【社会事业】年内，在全区开展整治城市“六乱”行为，共查处各类违章案件210宗，罚款35万元。巩固“门前三包”责任制，加强城乡卫生管理和绿化工作，环境卫生不断优化。制订“十二五”期间淘汰落后产能计划，落实年度节能目标任务，淘汰落后造纸生产线2条，产能3万吨，关闭服装洗水企业2家，生产总值综合能耗降低率3.4%。义务教育毛入学率保持在100%以上，高中阶段毛入学率达99.02%，居全市各区县首位。蓬鸥中学新校区一期工程建成启动，林百欣中学综合楼开工建设。全区参加国内外重大体育比赛，共获奖牌496枚。全区7个街道（镇）文化站达标率100%，村居、社区累计建成农家书屋49家。《汕头市龙湖区志》通过复审、终审，进入复核和出版阶段。征集四保基金3.34亿元，增长19.3%。全区参加新农保7.97万人，累计缴纳养老保险费1139万元，发放养老金1736万元。全区参加职工医保13.72万人，参加居民医保6.42万人，参加新农合23.12万人。全年补偿住院农民医药费3220.3万元。全年实现新增就业1.01万人，下岗失业人员再就业6540人，就业困难对象再就业456人，农村劳动力转移就业7423人，开发公益性岗位323个，城镇登记失业率控制在2.5%以内。完成全国基层残疾人组织规范化达标建设，顺利通过全国殡葬管理示范单位评审。开展第二届“广东扶贫济困日”活动，共募集资金513.81万元，实到账263.81万元。发放助学金86.6万元、奖学金23.1万元。发放救济金1275万元。全面完成市下达的各项计生指标任务，人口出生率为8.21‰，政策生育率为97.63%，自然增长率为3.83‰。龙湖区被省委省政授予“2010年底人口与计划生育先进单位”，通过省、国家验收成为全国计划生育优质服务先进单位。

【珠池街道】珠池街道位于韩江三角洲南端，龙湖区的东南部。西起天山路接金霞街道，东隔新津河与新溪镇交界，北接珠池路与新津街道为邻。下辖内充公、永安、妈屿、广兴、丹华、金涛、中泰、世贸、春泽、蓝田、天山、珠樟、珠南、珠东、金晖、丰泽等16个社区居委。面积13.6平方公里，户籍人口8万多人。珠池于明朝惠宗至正年间(1341～1368)开始建制，至改革开放前一直为海阳县、澄海县、汕头市郊区、汕头经济特区所辖。1986年12月17日，汕头市政府撤销下蓬区公所设置下蓬镇和珠池街道办事处。1991年9月14日，珠池街道划入龙湖区，1992年7月27日，市政府重新调整设置珠池街道，1993年1月挂牌办公。是汕头市、龙湖区重要交通枢纽及商住、购物、旅游胜地。辖区内有汕头港珠池港区、国际集装箱码头、海湾大桥、疏港铁路等重大基础设施，有阳光海岸、柏嘉半岛等高尚住宅区，有新城市广场、卜蜂莲花、电脑城等大型商贸中心以及帝豪大酒店、皇城大酒楼、新富华海鲜城、快活海鲜苑、成兴渔舫和三和休闲娱乐中心等餐饮、休闲项目，有星湖公园、蓝水星方特乐园、艺苑文化广场等旅游点，有位于妈屿岛风景区的“观海亭”、“妈祖宫”、“南海观音像”、东海普陀山寺、英国领事馆旧址等文物古迹，还有天然海滨泳场、渔村等自然景观。2011年全年共完成社会总产值110.63亿元。其中，工业产值34.06亿元，规模以上工业产值28.7亿元。零售、住宿餐饮业产值53.8亿元。农业产值2258万元。固定资产投资4.93亿元。税收入库10.07亿元，一般预算收入1.53亿元。是年，街道被市评为人口与计划生育先进单位，广兴社区评为“广东省文明社区”、广兴社区党支部被市委评为“优秀基层党组织”、林经荣被市委、市政府评为感动汕头“十大人物”。

（李伟俊）

【金霞街道】金霞街道地处龙湖区西南部，是区政府驻地所在。1992年7月27日，辖地分别成立龙湖、金霞街道办事处。2001年12月，合并成金霞街道办事处。下辖金海、碧霞、丹霞、丹苑、金兴、金珠、金谷、春湖、玉湖、碧湖、南湖、练江、金阳13个社区居委。面积6.87平方公里，常住人口4.5万人，暂住人口3万人。2010年，街道经济平稳持续增长，喜来登酒店、百脑汇、苏宁电器总部等先后落户辖区。全年完成规模以上工业产值116.05亿元，同比增长23.6%。实现税收11.26亿元。其中，国税5.15亿元，地税6.11亿元。实现一般预算收入1.58亿元。新办企业85家。其中，规模以上企业8家。固定资产投资3.57亿元，同比增长25.7%。社区管理服务网络不断完善，全年共接市“12319”城市管理服务热线投诉226宗，办结226宗，办结率100%。查处存在重点安全隐患的小作坊、小档口30家，“三合一”企业4家，查封小作坊企业5家。落实四术203例，人口出生率、自增率分别控制在6.60‰和3.76‰，政策生育率达到98.32%。调解纠纷34宗，调解率100%，成功率96.7%。筹措资金202万元（其中区拨款175万元，村居自筹27万元），完成龙湖北路西段步道、玉湖街改造等6项民生工程。发放低保金42万元、优抚金34万元，慰问困难群众583人，发出慰问金10万元。年内，在全区率先完成社区换届选举，组建6家“两新”党组织，培养入党积子40名，发展党员10名。建立社区统战工作网络，做好电子行政监察和党风廉政信息公开的网上录入工作，把“四治”专项整治与党务、政务公开结合起来，建立自查自纠的长效机制。2011年，街道机关党总支被市委评为2011年“先进基层党组织”，街道团工委被省团委评为2010－2011年度省“五四”红旗团委，街道被评为汕头市2011年度人口与计划生育“先进单位”、汕头市“第六次全国人口普查先进集体”、“2011年度市城市管理先进基层单位”。金海社区被评为2011年“广东优秀文化社区”，金珠社区获2009-2010年度“汕头市文明社区”称号，“2009－2010年度汕头市精神文明建设先进集体”，丹霞社区被评为2011年“省科普示范社区”，南湖社区被省民政厅命名为2010年“六好”社区，金阳社区被省民政厅命名为2010年“六好”社区。

（王焕明）

【新津街道】新津街道位于汕头市东部，龙湖区中心地带。西起天山路与金霞街道为邻，东临新津河与新溪镇隔河相望，南毗珠池街道以珠池路为界，北接龙祥街道以黄河路为界。下辖南碧埠、东新、佳和、东和、南和、金和、东龙、珠津、金龙、金泰、金津、金港、高埕、泽湖、金凤、绿茵、紫云、丽水、丽东、翠英、紫茵、华晖、华新等23个社区居委会。面积7.22平方公里，总人口7.9万，其中常住人口4.9万人，流动人口3万人。2011年，街道实现规模以上工业产值113.21亿元，同比增长24%，规模以上工业企业增至75家，限额以上企业25家。固定资产投资总额2.78亿元，同比增长43.1%。实现限额以上社会消费品零售总额38.92亿元，同比增长28.4%。实现税收收入7.21亿元，完成一般预算收入9289万元，同比增长4.41%。全年辖区共受理调处的案件共249宗，调处成功247宗，调处率99.2%。街道维稳中心获评省百个先进综治信访维稳中心，市人民调解工作先进单位。在全市率先试点建设以社区为场所，家庭为依托，企业为基地，医院为支撑，集生活、管控、教育、救助、安置和戒毒康复于一体的综合性开放式戒毒康复场所。街道获评市“十一五”禁毒工作先进单位。年内，投入资金235万元，建设民生工程项目7项。全年新农合参合人数1.89万多人，保持参合率100%，合作医疗受益596人次，合计补偿报销及救助金额190.94万元。全年城镇居民医保参保人数1889人，完成新型农村社会养老投保人数7500人。新增就业人数1050人，下岗失业人员就业655人，开发公益性岗位45个，农村富余劳动力转移就业数650人。做好273户低保户的低保金和五保户的保障金发放工作，发动涉农居委2494户居民全部参加农房保险，投保率100%。常住人口落实“四术”232例。出生率8.04‰，自增率5.46‰，计划生育率97.58%。推进水改工程和排污干管建设。辛厝寮片区9个居委的水改工作已完成，陈厝合片区的水改工作也已进入收尾阶段。辖区已列入2010年和2011年年度计划“三旧改造”项目共有15宗，正在申报列入2012年年度计划“三旧改造”项目有7宗。其中，金和、南和、东和三个社区居委会旧村改造共拆除搭建物438户，占拆迁户数的90%。检查整治各类场所1434家，一般隐患1368处。其中，开具执法文书95份，处罚存在严重隐患企业2家。已建成“星光老年之家”7个、文化广场8个、农家书屋6个、图书室9个、文化活动室22个、篮球场8个、户外健身场所15个。街道文化站被评为省一级文化站。高埕居委获“市先进体育社区”称号。年内，顺利完成社区“两委”换届。22个社区共产生新一届两委班子148人，平均年龄41岁。其中，女性委员41人，占“两委”干部27%；高中以上文化层度114人。选举产生了新津街道出席中共汕头市龙湖区第五次党员代表大会代表25名和出席汕头市龙湖区人民代表大会第五届第一次会议人大代表27名。街道党委被市委评为先进基层党组织。

（蔡菽）

【龙祥街道】龙祥街道地处龙湖区东北部。2002年1月由原龙祥、龙津两个街道合并而成。东起新津河，西至乐山路，北起汕樟路，南至黄河路。下辖周厝塭、夏桂埔、洋滨、如龙、泰龙、新兴6个涉农居委和衡山、祥和2个城区居委。面积9.66平方公里，户籍人口2.5万人，流动人口2万人。2011年，街道实现工业总产值61.27亿元，增长20%。其中规模以上企业完成工业产值54.81亿元，增长22.4%。限额以上批零销售额和住宿餐饮业营业额69.55亿元，增长34%。固定资产投资5.19亿元，增长40%。全年共引进企业15家。其中，工业企业8家，其他类型企业7家。完成税收收入6.097亿元，增长34.4%（其中国税收入3.262亿元，增长27.2%；地税收入2.835亿元，增长43.7%）。地方一般预算收入8543万元，增长27%。完成农业总产值8689.44万元，增长18.26%。年内，开展粤东物流新城展厅建设，汕樟北路续建工程征地拆迁，汕头大围开工建设，周厝塭新联中路开工建设、泰龙社区下园南路路面及下水道建设以及创建新兴居委宜居村居等民生工程。发放低保金155万元，救助突发困难群众78人次41.6万元，发放抚恤金和各项补贴共35.82万元。全年参保总人数21715人，报销金额110.35万元。新增就业837人，农村劳动力转移就业765人，城镇下岗失业人员再就业660人。投入50多万元用于城管配套设施建设和环境卫生整治。顺利铺开祥和片区和衡山亚洲花园片区的水改直抄到户工作。接受群众来电2次，来信1次，来访9批次，共计151人，受理矛盾纠纷13宗，成功调处12宗。整合2个派出所及各社区治保会的力量，开展“打黑除恶”专项整治工作。先后开展7次人口计生专项整治行动，顺利完成区下达的年度人口与计划生育目标任务。街道文化站按省二级文化站的达标要求进行建设，泰龙、新兴、洋滨、周厝塭四个居委实现了“一居一文化广场”。年内，顺利完成社区换届选举。8个社区共选出“两委”52名，平均年龄45.3岁。其中，35岁以下5名，占总数9.6%；女干部10名，占总数19.2%；大专以上学历7名，占总数13.5%。推荐1名区出席市第十次党代会代表，3名区政协委员，产生16名出席区第五次党代会代表，13名区五届人大代表。发展新党员10名，发展入党积极分子22名，新成立非公党支部5个。开展庆祝汕头特区建立30周年、建党90周年宣传活动，并在龙湖区“心歌献给党”歌咏比赛中获得金奖。部署“四治”专项整治工作，提出38项整治内容和8项要求。2011年，街道先后被评为“广东省第七批城市体育先进社区”，被市委、市政府授予“人口与计划生育先进单位”，街道武装部被市政府、汕头警备区评为“先进基层武装部”。被区评为“殡葬管理工作先进单位”、“征兵工作先进单位”、“法制宣传教育先进集体”、“‘五五’普法工作先进集体”。

（陈可妍）

【鸥汀街道】鸥汀街道位于汕头市东北部。2002年1月由原鸥汀街道和渔洲街道合并而成。下辖鸥上、鸥下、西畔、吉贝、万石、龙美、草池、延陵、金洲、金鸥、旦家园、陈厝寨、蔡社、铁洲、溪西、旧地、新地、流美等18个社区居委，其中涉农社区17个。区域面积15平方公里。常住人口12643户，42846人。鸥汀，昔时是韩江出海口之一，南宋理宗年间始建鸥汀背寨，距今已有700多年历史。古有“证果谈禅、腾辉倒影、蓬鸥书声、龟桥似月、新兴红树、南薰纳凉、西宁晚泊、庙前白鹭”八大胜景。现存省级文物保护单位腾辉塔，市级文物保护单位证果寺以及辛氏大宗祠、许氏宗祠和天后宫、密林文艺研究社旧址等市文物保护点。“潮剧头盔制作技艺”被列为龙湖区首个非遗项目。“鸥汀老鹅头”、“旦家园竹笋”远近闻名。鸥汀历史人材辈出，有明代进士陈昌言、明朝书法家袁鉴，清代翰林余志贞、进士郭绍宗，现代美术家李澄之，旅港书画收藏家张树人等。2011年，街道共实现工业产值72.28亿元,同比增长16.4%。其中，规模上工业产值56.91亿元，同比增长25.1%。批零和住宿餐饮营业额18.61亿元。固定资产4.72亿元，同比增长39.26%。新增规模以上工业企业4家，规模以上工业企业达30家，创引新企业22家。农业总产值1.51亿元，同比增长16%。实现税收入库2.65亿元，同比增长33.86%；一般预算收入3437万元，同比增长33.57%。全年受理来信来访65件，办结率达95.3%；调解各类民间矛盾纠纷103宗，受理率及调解成功率均达到100%；街道综治信访维稳中心共受理矛盾纠纷案件9宗，成功调处化解25宗，调处成功率达100%。顺利完成“两委”换届。配合汕揭高速公路、汕樟北路和嵩山北路扩建，以及汕头大围达标加固工程等市重点项目建设。共投入237万元修建2600米的主干道，修筑石篱350立方米。投入30万元做好金洲和草池居委鱼池分界填埋及石篱修筑。17个涉农居委中已有14个完成水改，实现供水直抄到户，完工率达82.35%。2011年，街道及辖区鸥上、鸥下社区被评为龙湖区第六次全国人口普查工作先进单位，铁洲社区党支部被评为汕头市先进基层党组织。街道被区评为第三次全国文物普查先进单位。

（陈洁）

【外砂镇】外砂镇位于汕头市龙湖区东北部。原属澄海市管辖，2003年3月，区划调整后划入龙湖区。辖凤窖、南社、大衙、东溪、富砂、金洲、内陇、李厝、林厝、仁和里、五香溪、蓬中、下蔡、龙头、凤美、华埠、华新17个村，面积29.35平方公里，常住人口84273人，农业人口73970人，海外侨胞5万余人。2011年，外砂镇全年实现工业产值72.95亿元，同比增长12.03%。农业产值2.93亿元，同比增长17.2%。总税收入1.3亿元，同比增长13.04%。本级财政收入1987万元，同比增长12.79%。全镇现有省级企业6家、省著名商标6个。规模上企业产值21.02亿元，同比增长11.95%。新增生产性项目48个。投入资金1377万元，对农田水利设施实施建设和管养。全镇蔬菜种植面积3万亩，创值1.78亿元；生猪饲养量2.5万头，家禽饲养量120万只，畜牧业产值8740万元。锦骏花园三期住宅区完成建设，蓬中市场四期改造商住楼工程顺利实施。年内，投入资金200万元，完善各中小学的教学设施。做好省级文物保护单位蓬沙书院的修缮，实现17个村“农家书屋”全覆盖。殡改工作连续9年被区评为殡改工作先进单位。及时处理“12319”城管热线电话投诉案件143宗，办结率100%。加强环境保护和水资源保护，龙喉洲、东溪洲整治工作稳妥推进。蓬中村的旧村改造工程正在着手施工。汕头大围建设和“汕揭”高速公路等重点项目扎实推进。投入500万元完成五香溪村村道等13个民生项目建设。投入150多万元，启动江景公园、周边道路及相关配套设施建设。投入400多万元，完成外砂卫生院门诊楼的配套建设。新型农村合作医疗覆盖率96%，农村社会保险参保率43%。发放各种社会救济资金673万元及物品一大批。蓬中村筹集600多万元，在全市率先登记成立村级慈善会。筹集资金37.9万元帮助困难学生。

全镇30户对象户中已有24户实现脱贫，为138户低收入困难户修缮住房。全年共排查社会隐患37宗，均得到妥善解决。及时处理劳资纠纷9宗。继续开展“打黑除恶”、打击“双抢”、盗抢机动车辆等专项行动。2011年，全镇共破获刑事案件84宗，查处治安案件1208宗。抓好流动人口的管理服务，办理居住证800份。狠抓生产性场所消防安全专项整治。投入资金2000多万元，排查、执法、整治各类场所1742家，专项整治工作顺利通过省验收。

（镇党政办）

【新溪镇】新溪镇位于新津河和外砂河出海口，南临南海。原属澄海市管辖，2003年3月，区划调整后划入龙湖区。下辖北中、上头合、中头合、下头合、上三合、中三合、下三合、新合、七合、八合、东南、大兴、东升、六份、西南、十一合等17个村(居)。面积27.4平方公里，海岸线长9.8公里，人口6.7万。新溪镇地理位置优越，金鸿公路穿越全境。距汕头火车站5公里，汕头深水港5公里，澄海莱芜码头4公里。随着东海岸新城的加快建设，南澳大桥和黄河路东延的立项建设，新溪将步入一个全新的发展阶段。2011年，全镇完成工农业总产值26.3亿元，其中，工业总产值22.2亿元。农业总产值4.1亿元。实现税收总收入1.07亿元，地方一般预算收入1656万元。社会消费品零售总额6.12亿元。固定资产投资1.93亿元。全镇累计拥有企业467家。其中，产值2000万规模以上工业企业5家，形成了以机械制造、印刷、工艺、服装毛织为主的工业发展格局。有注册商标48个，专利93个，拥有国家星火或火炬计划项目7个，拥有省、市级科技计划项目或重点新项目18个，省著名商标2个。全镇现有无公害蔬菜基地2000亩。引进水稻、蔬菜新品种20多个。绍河珍珠养殖有限公司被评为“国家级标准化生产示范基地”。年内，共筹措资金1000万元实施一系列民心工程，进一步完善教育、文化、卫生、道路、水利、治安、消防等基础设施配套，建成“五纵九横”的镇性主干道网。自来水厂日供水量达3万吨。东南220KV变电站建设顺利推进。向社会筹款32万元，奖励资助学子61人。举办“走进新溪”潮汕三市潮剧票友演唱会、“祝福新溪”专场摄影图片展，开展“祝福新溪”征文活动，组织乒乓球、书画展、灯谜会等活动和大型文艺汇演，镇文化活动中心被评为省特级文化站，图书馆被评为市“十佳基层文化室”，村级“农家书屋”覆盖全镇，西南村获评“全国妇女基层组织建设示范村”，中三合村获评省卫生村、市文明村。

（镇党政办）

附1：2011年龙湖区党委、人大、政府、政协和纪委主要负责人名单

区委书记：　李耿坚
区人大主任：李耿坚
区　　长：　黄建固
区政协主席：黄巧凤（至3月）　黄敬辉（3至11月）　黄绿溪（11月起）
区纪委书记：王卫平（至9月）　吴立新（9月起）

附2：2011年龙湖区国民经济发展情况表

项目	单位	2011年实绩	比2010年±%
年末户籍人口	人	403627	1.81
其中非农业人口	人	232560	2.27
地区生产总值	亿元	223.6	14.4
工业总产值	亿元	478.01	13.2

农业总产值	亿元	9.74	3.8
出口总值	亿美元	13.91	24.6
进口总值	亿美元	13.38	5.8
社会消费品零售额	亿元	148.93	16.1
固定资产投资总额	亿元	64.82	16.47
建筑业产值	亿元	47.59	10.5
财政总收入	亿元	46.03	19.2
地方一般预算收入	亿元	8.16	22.2
累计引进外资项目	项	19	90
协议投产总额	万美元	6009	37.8

澄海区

【概况】2011年，澄海区辖8个镇和3个街道办事处，共182村（居），总面积345.23平方公里，总人口75万人，海外侨胞70万人，是广东省著名侨乡，全国闻名的玩具工艺、毛织服装生产基地，先后荣获“中国玩具礼品城”、“中国工艺毛衫名城”称号，被评为“全国科技进步先进区”、“全国科普示范区”和“国家火炬计划澄海智能玩具创意设计与制造特色产业基地”，被确认为“中国玩具礼品出口基地”和“广东省五金制品出口基地”，被广东省列为“产业集群升级示范区”、“玩具设计与制造特色产业基地”和“动漫玩具创意产业集群”。教育、卫生、文化等各项事业全面发展，先后被评为“双基教育”工作先进区、“全国农村学校艺术教育实验区”、“全国民族民间艺术灯谜之乡”、“全国民族民间艺术版画之乡”、“全国计划免疫先进县（区）”和“广东省卫生城市”。2011年，全区地区生产总值280.33亿元，同比增长13.2%；财政一般预算收入13.16亿元，增长22.2%。

【重点项目建设】年内，区设立支持战略性新兴产业和重大投资项目发展专项资金，安排超亿元支持重大项目建设。全力推动企业上市融资，群兴玩具成功上市，东方锆业顺利增发。加大金融支持实体经济力度，澄海潮商村镇银行和农信社小企业专营中心开业运营，农信社完成统一法人产权改革，兴信小额贷款公司成功增资，第十三批银企合作活动投放信贷资金13.4亿元。同时，全面落实区领导挂钩重点项目责任制，有力推进重点项目建设。全年完成固定资产投资总额45.8亿元，增长40.3%；其中68个重点建设项目完成投资19亿元，增长22%。澄海国际玩具商贸物流城、宜华木业总部大楼开工建设，东方锆业选矿厂首期工程、奥飞动漫、星辉车模一期等25个重点项目按期投建投产，经济发展后劲进一步增强。

【产业转型升级】实施科教兴区战略，26个科技计划项目获市以上批准立项，新增市级以上民营科技企业10家。区被评为“全国科技进步考核先进区”、“全国科普示范区”，科技富民强县专项行动计划项目通过科技部验收，“汕头•中国锆城”被定为广东省重大产业集聚区，锆产业被列入省市共建战略性新兴产业。实施品牌带动战略，全年新增注册商标1432件、省著名商标4件、省名牌产品9个、中国驰名商标1件，成功注册“澄海玩具”集体商标。实施质量强区战略，设立国家玩具质检中心、省纺织服装检验站澄海办事处，与市质监局共建澄海玩具产业标准化示范区。成功举办首届中国澄海杯艺术毛衫设计大赛、纺织服装产业发展论坛。全区新增一般纳税人196户、规模以上工业企业30家、限额以上企业17家。全区规模以上工业产值462.45亿元，增长21.9%；玩具礼品和纺织服装年产值分别为239亿元和106亿元，增长15%和13%。

【外贸出口】年内，区安排专项资金500万元，争取外贸公共服务平台建设资金等扶持资金1500万元，支持企业开拓国内外市场。成功举办第十三届中国澄海玩具礼品博览会，办好澄海玩具迪拜展示中心，组织近1000家（次）企业参加广交会和上海、广州、香港、纽伦堡玩具展。我区被确认为“中国玩具礼品出口基地”和“广东省五金制品出口基地”。全年外贸出口总额13.47亿美元，增长18.4%。

【城乡建设】扎实推进基础设施建设，基本完成国道324线澄城路段和澄江公路改造工程，完成环城南路改造和莱皇桥等5座危桥改造工程，动工建设莲鸿路、金樟路和樟东客运站。基本完成全区城乡水利防灾减灾工程和莲阳桥闸重建及下游两岸景观工程建设。110千伏湾头输变电站竣工，220千伏坝头、110千伏厦岛输变电站建设顺利推进。深入开展创文、创模、创卫活动，在城区实行环卫管理新体制，增加3000多万元用于市容环境综合整治。开征城市生活垃圾处理费，动工建设洁源环保发电厂和城区截污管网首期B段工程。建成一批新型住宅小区，商品房开发面积143万平方米。开展土地卫片执法，加强饮用水源保护，重拳打击偷采河砂和钨矿行为，整治莲花山废矿区和造纸、电镀行业污染，全面完成节能减排任务。东里镇利用世行贷款建设经济综合开发示范镇项目通过审批，莲华镇成为国家4A级旅游景区。

【农业经济】出台《关于整体推进社会主义新农村建设的实施意见》等3个文件，全力推进农业农村改革发展。投入冬修水利资金1931万元，整治围内水利渠系83公里。投入2125万元实施国家立项的农业综合开发项目、市级标准农田示范区建设项目，改造中低产田2万亩。发放油价补贴、种粮直补、农资综合直补、农机购置补贴和农作物良种补贴资金4774万元，提高农民种粮积极性。启动隆都台湾优稀水果产业园区建设项目，新增省级农业龙头企业1家、农民专业合作社4个，配套建设11个镇级畜牧兽医站，区农产品质量安全检测站建成投入使用。全年农业总产值45亿元，增长4.1%；农民人均纯收入5360元，增长12.6%。

【民生工程】全区民生领域财政支出达15.4亿元，占财政总支出的69.4 %。全面完成十件民生实事，积极推进其它民生工程。投入4457万元实施校舍安全工程和义务教育阶段学校规范化建设，动工建设澄海职业技术学校、实验高中、凤翔中学、澄华中学教学楼和宿舍楼，东里中学教学楼建成投入使用。普及高中阶段教育通过省督导验收，澄海职业技术学校晋级广东省重点中职学校，实验高中通过广东省国家级示范性高中验收。全面实施义务教育学校绩效工资，录用“代转公”教师284名和“代转岗”人员61名。加强文化设施建设，新建扩建9个镇级文化服务中心，改造澄城影剧院，建成区博物馆新馆，区文化馆晋升为国家二级馆，首次出版《澄海年鉴》。深入开展群众性体育活动，获市第十二届运动会金牌总数第二名、团体总分第三名。推进医疗卫生体制改革，实施国家基本药物制度，莲下中心卫生院住院楼和莲下湾头卫生院门诊综合楼建设顺利推进。加强就业再就业工作，城镇新增就业1.43万人，转移农村富余劳动力9075人。新农保参保23.6万人，60周岁以上领取养老待遇6.94万人，新农合参合率达99.9%。实施困难群众关怀活动，新建城镇保障房323套，为100户农村低保户和375户贫困户修建住房，有6239户17055人纳入低保对象，扶贫“双到”活动帮扶222户贫困户发展生产。健全人口计生利益导向机制，奖励扶助1.78万户计生户，顺利通过“全国计划生育优质服务先进区”的考核验收。积极稳妥推进城信系统退市工作，加强生猪屠宰管理，整治食品药品市场，被定为“广东省平价商店建设示范区”。社会各项事业全面进步，被评为“全国五五法制宣传教育先进单位”、“广东省双拥模范区”。

【群兴玩具成功登陆A股市场】4月22日，“群兴玩具”在深圳证券交易所正式挂牌上市交易，这是澄海区继奥飞动漫、星辉车模、骅威股份后第4家上市的玩具科技企业，也是澄海区第7家上市企业，全区累计融资总额71.18亿元。广东群兴玩具股份有限公司是国内最大的自主品牌电子电动玩具企业之一，被评为“广东省制造业百强企业”和“2009-2010年度中国童车外销优秀生产企业”。其生产的儿童玩具手机全球销售量和儿童电瓶车国内销售量名列前茅。“群兴玩具”拥有的“QUNXING”品牌被认定为广东省著名商标。此次“群兴玩具”公开发行A股的数量为3380万股，发行价20元/股，募集资金拟投入新建电子电动塑料玩具生产基地及研发检测中心等项目。

（林东生 王铿）

【东里镇】东里镇地处汕头市东北区域中心，韩江支流出海口，潮、澄、饶、澳四市县（区）交界，总面积35.82平方公里，辖22个村（居）委会。2011年，全镇完成地区生产总值24.4亿元，同比增长19%；工业总产值58.73亿元，同比增长15%，其中规模以上工业总产值31.27亿元，同比增长14.1%；农业总产值3.96亿元，同比增长17.6%；农民人均纯收入5746元，同比增长12%；实现本级财政一般预算收入3068万元，同比增长28.7%，获得区财政收入增长达标三等奖。经济发展提速增效。“汕头•中国锆城”起步项目于2011年底奠基，基本具备正式投建条件；利用世行贷款建设经济综合示范镇项目获省发改委正式批准，省国土厅已下达专项用地机会指标；完成金樟工业区控规工作，基础设施建设用地预审获得批准；美艺工业园项目用地获得批准，“三通一平”等前期工作基本完成。全镇现有纳税200万元以上企业7家，纳税50万元以上企业22家；全年清理取缔无照经营352户，个体转为企业15户，纳入一般纳税人管理15户，新增规模上企业4家；新增“特普王”五金工具和“茂记”食品两个省著名商标。投资460万元的“叶厝园片”农业综合开发国家级项目和投资80万元的“鼎内片”农田水利基本建设省级项目全面完成。城乡建设成效显著。全年镇性投资 2160万元，完成文化路大修改造工程、金樟路素土路面工程、长安路部分路面的硬底化工程和明德堤头、青窗前、搬运前等道路工程；樟林古港整治工程已完成总工程量的82%，首期工程通过验收，景观工程已动工；集镇垃圾处理转运系统和给排水系统建设稳步推进，头冲河地籍详查基本完成，完成澄海第二消防站主体工程；各村（居）共投入800万元进行村道建设、改水改厕和村庄绿化，全镇交通条件和村容村貌明显改善；基本完成城乡防减灾工程，累计投资3000多万元；投入200万元实施区、镇性水利建设，清理排灌渠系；投入120万元完成五孔桥加固及涌涵修缮工程，解决金东片区养殖用水及交通安全问题。社会建设扎实推进。投资 500万元的东里中学新教学楼投入使用，完成塘西小学塑胶运动场建设；东里中学成为区直属普通高中，高中招生规模进一步扩大；侨乡文化建设成效显著，秦牧故居、水仙古寺等历史古迹得到修缮、保护，澄海潮剧二团编创的潮剧《红头船》参加省文艺汇演获优秀奖。

（党政办）

【盐鸿镇】盐鸿镇位于澄海区东北部，潮、澄、饶三市县（区）交界地带，总面积37.71平方公里，现辖9个村（居）委会。2011年，全镇实现地区生产总值82080万元，同比增长19.6%；工业总产值171807万元，同比增长13.9%，其中规模以上工业产值92402万元，同比增长25.6%；农业总产值45190.65万元，同比增长17.26%；税收总收入4874万元，同比增长30%；本级财政一般预算收入1544万元，同比增长28%；农民人均纯收入4691.83元，同比增长12.43%。工业经济不断发展壮大。工业企业固定资产投资达到22994万元，同比增长112.9%。新增新力现代包装有限公司等规模以上企业4家，累计达到15家；全力推进招商引资，引进本科化学工业有限公司，预计投资达1.8亿元，年创产值8亿元。农业基础设施不断完善。启动对鸿沟利合、七合片区、港头胶啶脚、坛头围仔内等2560亩农田的综合建设；投入280万元对前后干渠、公围灌沟、莲花山专线排污沟和十道排渠等水利沟渠进行清淤、修缮，优化小型农田水利设施建设。城镇化进程不断推进。完成《汕头市澄海区盐鸿镇总体规划（2010-2030）》编制工作；投入60多万元，完成了脚库港电排工程建设；争取区资金支持，积极推进关埔坑建设和小流域治理、六合关桥闸重建工程的前期准备工作；加强鸿沟海底片区电网规划建设协调工作，完成首期4公里塔位建设。社会事业稳定发展。加强农村文化阵地建设，新增“农家书屋”2家，全镇农家书屋达到8家；落实各项惠民政策，全年完成种粮直补9.3万元，良种补贴17.4万元，农资综合直补64.9万元，摩托车、汽车补贴24.9万元；全年为458户低保户发放低保金140多万元；完成对口帮扶贫困户20户，改造困难户、低保户危房33户；城乡一体化居民基本医疗保险参保人数45195人，参保率达到99.4%，参加新型农村社会养老保险14779人。

（党政办）

【莲华镇】莲华镇位于汕头市澄海区东北部，北倚莲花山，南临韩江北溪，东连东里镇，西接潮州市铁铺镇,是潮州、澄海、饶平的“黄金三角点”。全镇总面积19.91平方公里，现有人口27209人，辖19个行政村，是“二战”时期革命老区镇，全镇有15个村是“二战”时期革命老区村。2011年全镇地区生产总值22092万元，同比增长11.7%；农业总产值19027万元，同比增长16.9%；工业总产值30900万元，同比增长6%；税收总收入543.92万元，本级财政收入224万元；农民人均纯收入3344元，同比增长12%。获得“广东省文明镇”称号。农业方面：加快推进花卉和食用菌二大农业园区建设；新增投资约300万元，扩建花卉园区大棚面积20亩；新增投资70万元，扩建食用菌园区大棚面积20亩；投入120万元，完成三洲老涵至西港涵长3.5公里的水利工程建设、隆城楼下桥改建、中学前支渠石石离建设；争取上级扶持资金120万元，对隆城关实施重建。工业方面：绿源复合肥有限公司“高塔喷浆造粒复合肥”项目（市级重点项目）建设完成；广龙塑胶建设项目（区重点工业项目）也已全面投产；认真做好中国锆城辅服务区的规划工作，积极服务中国锆城的建设。旅游方面：精心组织莲华乡村旅游区建设项目，代表汕头市参加广东省大型旅游扶贫项目PK活动，以总分第2名的佳绩成功入选；成功举办了国家AAAA景区揭牌仪式暨汕头首届中国旅游日、第四届莲华乡村旅游节。全年全镇各旅游景点共接待游客50万人次，实现旅游收入4000万元。村镇建设方面：完成《莲华镇2010—2030年总体规划》和《莲华镇旅游产业发展规划》编制工作。加快道路设施建设。争取上级扶持资金220多万元,完成东铁路水泥路面扩建工程及地下排污管道、路灯等配套工程；投入23万元，推进上长宁村道建设，实现全镇村村通水泥路；投入16万元,铺设镇主干道路面交通安全标志线，改善道路交通安全环境。生态建设方面：投入25万元，整治农村“六乱”问题，对主干道路进行植绿补绿；加强“生态文明村”创建，后浦村被评为汕头市生态示范村。

（党政办）

【**溪南镇**】溪南镇位于澄海区中部腹地，北倚韩江，东临南海，地理位置优越。现辖21个村委会，总面积40.66平方公里，总人口6.7万人，耕地面积28500亩。2011年全镇实现地区生产总值23.8亿元，同比增长15.5%；工业总产值54.22亿元，同比增长17.1%，全镇29家规模上工业企业实现产值38.5亿元，占工业总产值的71%，同比增长36.9%；农业总产值7.65亿元，同比增长16.9%；工商总税6091万元，同比增长5.2%；财政一般预算收入2245万元，同比增长4.6%；外贸出口额3653万美元，同比增长36.8%；农村人均纯收入5762元，同比增长13.5%。农业进一步做强。建设无公害蔬菜、草莓、观光农业三大园区，打造蔬菜、草莓、水稻三大品牌，强化农田设施、农民培训、服务三农三大基础。完善基础建设。投入资金300多万元扩建和美化南美路商业街，配套茂南中学前排污沟并实施路面水泥化工程，规划重建银北面前湖桥，建设福祥路排水沟砌石工程，修整金南南路、茂南路、金山路、工业一横路、凤东路、面前湖路、新沟尾路、银东三横路等素土路；完成全镇道路绿化总长1500米；洁源垃圾发电厂完成投资7624万元，并已整治和配套建设周边乡村环境；银东、莲南工业区基础设施进一步优化，华达茂实业有限公司完成投资3070万元，安装新生产线4条，华易塑胶有限公司完成投资1550万元。推进农业现代化。深化国家级水稻万亩高产片、省级下岱美村无公害蔬菜生产基地、省农业机械化示范基地、董坑草莓生产基地、狮头鹅良种核心群基地和六合围水产养殖基地建设，壮大农业经济总量；狠抓江海二堤建设任务，完成苏溪围江堤建设项目并通过上级验收；争取省级农业综合开发项目资金404万元和小型农田水利建设示范镇项目资金近1000万元，用于3500亩中低产田的改良，解决个别片区农田食水难问题。着力做好民生实事。关注困难群体，做好扶贫“双到”、社会救助、救济和优抚安置工作，共发放各类民政救济439万元；争取资金帮助37户困难户进行危房改造，投入35.5万元完成16户贫困家庭的对口帮扶；组织党员积极参与“广东扶贫济困日”活动，落实各项扶贫帮扶措施，总计发放资金43万余元，扶持贫困户发展生产，帮助22个贫困户子女完成学业；全镇共有63914人参加新型农村合作医疗，参合率达到99%。加强文化引领。全镇现已规划建设了17个农民休闲公园、2公里长的休闲长廊及各式休闲小广场。2011年溪南中学被评为区一级学校，西社村被评为全国文明村，北社村被评为省级卫生村、市级生态示范村。

（党政办）

【**莲上镇**】莲上镇位于澄海区中部，国道324线、省道安澄公路穿境而过，交通便利，现辖8个村委会，面积29.5平方公里。2011年，全镇实现地区生产总值14.1亿元，工农业总产值39.08亿元，财政一般预算收入1997.29万元，分别同比增长11%、11.5%、11.7%。工业经济稳步增长。澄海国际玩具商贸物流城建设取得实质性进展，项目各项工作稳步推进；广东光明发塑胶有限公司的卫浴配件被评为广东省名牌产品、“GMF”商标被评为广东省著名商标；支持辖区内南金企业开拓内销网络，南金产品已在珠三角、东北、上海等地占据较高的市场份额；莲南工业区三联龙潭片的开发取得实质性进展，首期73.5亩已取得农地转用指标。效益农业得到发展。农业科技园的作用进一步发挥，引进水稻新组合6个，蔬菜新品种6个，加强农科新技术的推广培训，培训种养专业户1000多人次，培养农业科技示范户400户；争取省物价调节基金和市级农田标准化示范区等项目，改善农业的生产条件。帮扶弱势群体效果显著。发放各类物资和救助金，为困难群众解决生产生活中的问题，累计发放各类救助金100多万元。扎实推进扶贫开发“双到”活动，共发放扶助金20.66万元；全面实施27户低收入住房困难户的危房改造；认真做好深建投资发展有限公司投资5000万元捐建的永新小学、敬老院、综合农贸市场三个公益项目服务工作。依法开展人口与计划生育工作。上巷村被评为国家和省“人口与计划生育基层群众自治示范村”。

（党政办）

【莲下镇】莲下镇毗邻澄海城区，南靠韩江支流莲阳河，东临南海，西倚凤鸣山，面积56.09平方公里，现辖30个行政村，人口11.03万人。2011年，全镇实现地区生产总值44.74亿元，同比增长14.9%；工农业总产值174.41亿元，同比增长13.4%，其中，工业总产值167.56亿元，同比增长13.2%，全镇65家规模以上企业实现产值147亿元，占工业总产值87.3%；木制品、日用化工、塑料玩具、工艺服装、印刷包装五大支柱产业产销分别增长13.1%和13.2%；实现农业总产值6.85亿元，同比增长16.9%；农村经济总收入13.54亿元，同比增长12.3%；农民人均纯收入6055元，同比增长12.3%；镇级财政一般预算收入1.16亿元；实现外贸出口总额4.51亿美元，同比增长7.1%；完成固定资产投资3.77亿元。全年新增授权专利235件，新获国际、国家各类质量体系认证企业8家，宝供物流城项目进入实质性投建。农业方面：全镇蔬菜种植面积4.9万亩，产值3.09亿元，占农业总产值44.9%；投资198万元，实施围内水利渠系清淤整治；投资45万元，完成利丰排渠下村至建阳气库渠段改造工程；发放种粮、柴油等各项农业专项补贴278万元，受益农户18476户；6个信用村有141户享受小额信用贷款550万元。基础设施建设方面：镇、村二级筹资2300万元，铺设镇性道路6条（段）1.98公里，村级道路23条（段）8.79公里；莲鸿路完成路基工程1.9公里；投资360万元，延伸铺设镇域输水干管1.93公里；完成南澳应急供水工程建设。社会管理方面：全年取缔无照经营户1217户，新登记个体户693户，个体户规范登记为企业52 户，新纳入小规模纳税人企业124户，新认定一般纳税人57户，查补税款320多万元；全年拆除违章搭建物476处3.64万平方米，及时制止违法用地241宗。民生投入方面：全年落实扶贫资金共56.79万元；发放各类救助款688万元，受助3520人次；发放新农合住院报销及救助金1450万元，受益农民4517人次；筹资310万元，完成莲阳中学和莲东中学运动场改造建设，新配置中小学电教平台76套；完成莲下中心卫生院住院部主体工程建设。莲阳中学顺利通过市一级学校评定。

（党政办）

【隆都镇】隆都镇位于澄海区西北部，与潮州市毗邻，面积34平方公里，人口7.8万人，是广东省中心镇。2011年全镇实现国内生产总值7.8亿元，工业总产值10.5 亿元，农业总产值3.7亿元，财税总收入3573万元，镇级一般预算收入1240万元，农村人均纯收入4236元。鸿祺塑胶电子公司的“鸿祺”商标被认定为广东省著名商标。和平农场成功注册“广美”商标，实现水果标识上市。樟籍、后沟、南溪3个村被列为“省村务公开民主管理示范单位”。社会建设方面：投资600多万元，实施后沟、前美、福洋、冠美等4个经联社1100多亩造地项目；投资100多万元，修建后埔村以及后蔡、乔梓里、白沙宫、贡余、堤兜、古宅、田边、下欧、云路、龙溪等10个经联社的办公场所；投资400多万元，实施隆南路后沟段路基填筑工程，铺设后埔、前沟、樟籍、东山、后溪、前美、店市等7个村村道；投资400多万元，建设廉租房41套；投资50多万元，建设西灵片区增压泵房，实施鹊巷村水改工程；投资180多万元，兴建前美、上西、关脚等3个经联社的农民休闲广场，建设后溪、前沟、陇下、龙溪等4个经联社老年人活动中心；投资100多万，建设镇垃圾转运站及整修镇垃圾场；投资20多万元，改建新建无害化公厕8座。前美村被定为市级名村示范村。2011年11月，中共中央政治局委员、广东省委书记汪洋亲临陈慈黉故居考察，对隆都镇悠久的潮侨文化和独特的古建筑群给予高度赞许。

（党政办）

【上华镇】上华镇位于澄海区西北侧，土地面积21.37平方公里，辖18个行政村，属于革命老区和纯农镇。2011年全镇完成地区生产总值4.58亿元，同比增长19.2%；工业总产值9.155亿元，同比增长7.7%，农业总产值1.844亿元，同比增长16%；农村人均纯收入3537元，同比增长14%；税收总收入3857.4万元，同比增长29.9 %，其中财政一般预算收入1533万元，同比增长26.5%，获区2011年度“财政收入增长达标奖”和“精神文明建设先进单位”称号。工业经济持续健康发展。全镇新立项工业项目10个，其中建成投产项目3个，在建项目2个；新增规模以上工业企业1家，累计7家，实现产值2.6亿元，同比增长40%；市性重点项目，星辉车模股份有限公司一期工程建成投产，二期已完成主体工程建设。特色农业已初显成效。重点抓好特色品种的发展和推广，珍珠番茄已成为全镇农业发展的支柱，全年种植面积达到1500亩，总收入约1500万元。全力改善农田耕作条件。全镇投入200多万元实施农田水利基础设施建设和镇中心排灌渠整治，投资40万元完成上华中南片水利整治，各村也积极筹集资金整修围内水利设施，提高农田抗旱防涝能力。积极开展各项民心工程建设。投资25万元完成澄江公路上华路段路灯改造工程；投资680多万元完成夏岛路1.6公里路段扩建工程，并建设石石离化路肩，铺设绿化带，配套地下排污管、架设路灯及路肩植树；大力推进防灾减灾二期工程建设，完成全线10.258公里建设范围内的青苗清理和拆迁等清障工作，主体工程建设也接近完成。各项社会事业健康发展。全年共投入239万元改善各中小学的办学条件；发放资金231.58万元，用于民政优抚和扶贫济困工作。安全生产、土地林地管理、计生、维稳等工作有序开展，社会和谐稳定。

（党政办）

【凤翔街道】凤翔街道位于汕头市东北部，西南面紧接汕头中心城区，东面与莱芜岛相连，与南澳岛隔海相望，现辖19个社区居委会。2011年，街道实现地区生产总值56.4亿元，同比增长20.9%；工农业生产总值146.86亿元，同比增长9.1%；财政一般预算收入1.39亿元，同比增长30.8%；外贸出口总额2.07亿美元，自营进出口额1.37亿美元。经济发展质量明显提升。街道被列为汕头市玩具专业镇产业升级平台科技建设单位，群兴玩具商标被认定为中国驰名商标，嘉达电子商标被认定为广东省著名商标、企业被评为省民营科技企业；群兴玩具成功上市，东方锆业顺利增发，兴信小额贷款公司大幅增资；街道现有规模以上工业企业101家，全年实现工业产值82.5亿元，占全街道工业总产值的59%。区域发展后劲充沛。岭海工业区、凤新工业区、荣福工业区、恒达工业区、莲花心工业区等工业园区投资环境进一步优化，产业集聚作用明显，共有26个重点项目投产投建，累计完成投资额5.6亿元；农业基础设施建设得到加强，共投入资金约250万元，整治改造围内沟渠163公里，加固临溪临海涵闸14座；基本完成江堤10.5公里和海堤老八孔至塔岗山堤段2.98公里的建设任务。民生福祉大幅改善。发放渔船油差补贴2170.6万元、休渔补助5.67万元；发放种粮补贴、家电摩托下乡补贴近400万元；推进新农保和城乡居民医疗保险一体化工作，全年农民医疗保险报销金额1031.66万元，受惠人数3322人；解决农村经济发展资金问题，8个信用村共获得支农信用贷款900多万元；建立劳动服务平台9个，新增就业岗位2100多个，安置下岗失业人员350名，转移农村就业人口850名，培训农村青年和农民工270名；接收企业定向捐赠资金240万元，支持社区公共福利事业建设和扶贫工作；共投入资金约1200万元，改造社区水、电、路，修建社区老年人活动中心，建设社区生活市场，整合东西片敬老院等公益设施，改善人民群众生活质量。精神文明建设成果丰硕。建设农村文化广场2个，设立“农家书屋”6间，活跃民众的文化生活；全力推进文化站免费开放、送书下乡、送医下乡、送戏下乡活动，活跃繁荣社区文化。街道被授予“广东省创建和谐劳动关系示范区”；莱美工业区被评为“广东省模范劳动关系和谐工业园区”；武装工作取得新成绩，被评为“广东省党管武装先进单位”。

（党政办）

【澄华街道】澄华街道地处澄海中心城区，是澄海区的政治、经济、文化中心，下辖10个社区居委会。2011年，街道工业总产值首超100亿元大关，达到100.8亿元，同比增长8.38%；规模以上工业产值63.56亿元，同比增长63.1%；农业总产值1.62亿元，同比增长17.4%；农村人均纯收入6177元，同比增长13.9%；财税总收入4.07亿元，同比增长50.7%；财政一般预算收入1.4773亿元，同比增长42.7%。税收总量、本级财政收入总量及增长幅度等均居全区各镇（街道）首位。全年新增规模以上工业企业3家，总数达71家；全年完成外贸出口创汇22930万美元，同比增长23%；累计取得自营进出口权的企业24家；新增广东省著名商标1个，新获得授权专利514件，累计获得授权专利达3620件。民生保障持续改善。率先在全区试行环卫管理新体制，启动实施环卫作业市场化运作、网格化管理，全年累计投入资金1300多万元；加快推进基础设施配套建设，支持西门、上窖等一批社区居委实施主干道路的新建、扩建工程和给排水系统改造等基础设施配套建设；坚持教育优先发展，争取省级奖补资金700万元，并自筹资金56万元，投入实施中小学规范化建设；骅威股份被全国工会评为“职工书屋”建设先进单位；全年街道发放各类社救资金162.8万元，受资助人数达350余人次。社会大局持续稳定。街道综治信访维稳中心的工作得到省的肯定，西门社区被命名为广东省“六好”平安和谐社区，城西社区被命名为广东省“强居促和谐，强村促稳定”活动示范社区，人口计生工作顺利通过省的考核。党的建设持续加强。西门、城西2个社区被省评为“居务公开民主管理示范社区”。

（党政办）

【广益街道】广益街道位于澄海城区东北部，辖区面积16.32平方千米，辖11个社区居委会，人口4.1万人。2011年，街道实现地区生产总值21.1亿元，同比增长17.1%；固定资产投资总额2.3亿元；工业总产值67.48亿元，同比增长23.85%；规模以上工业产值52.55亿元，同比增长21.97%；外贸出口总额1.9449亿美元，同比增长20.69%；农业总产值2.07亿元，同比增长16%；农村人均纯收入5859元，同比增长12.2%；财税总收入3.31亿元；财政一般预算收入1.21亿元，同比增长42.95%。2011年，广益街道荣获澄海区财政收入增长达标二等奖。经济发展势头强劲。星辉车模获得奔驰、宝马、奥迪、兰博基尼、路虎等24个世界知名汽车品牌的授权，重点发展高附加值的车模产品；猛狮电源与厦门新能源公司合作，研发生产新能源纯电动大客车；小白龙的猪猪侠、三国、积木系列产品，荣获第十届玩具创“星”大赛银奖和铜奖；雄业织造被认定为“广东省名牌产品”；小白龙、星辉两家公司被授予“广东省优势传统产业转型升级示范企业”称号；猛狮、星辉、灿辉3家企业被认定为省民营科技企业；全年街道共新增2家规模以上工业企业，总数达到53家，街道现有自营进出口企业32家。第三产业保持强劲发展势头。积极扶持发展房地产业，扎实推进新城区的开发建设，宜嘉名都、中信金城、星城豪园等楼盘顺利投建，凤凰花园、金信房地产等项目正加紧规划建设，房地产业成为街道经济增长的亮点；华南通、艳阳春、粤海酒店等商贸服务业做强做大，进一步带动辖区现代服务经济的快速发展，区域产业结构逐步优化。全年街道第三产业上缴税收达1.2亿元，超过财税总收入的三分之一。基础设施建设取得新突破。积极配合有关部门全力推进澄江公路改扩建工程、城乡水利防灾减灾工程、国道324线改造工程等项目的建设；完成广益路延伸工程（玉潭路至怀汉路路段）水泥路面的铺设，实施登峰路延伸工程（环翠路至华东路路段）水泥路面的建设；启动象鼻山下垃圾压缩站建设，建成宁川东路垃圾转运站一座；龙田社区居委会投入资金1500多万元，建设占地面积40.04亩、建筑面积20509平方米的龙江生活市场。民生民安进一步改善。开展访贫扶贫、社会救济工作，发放大米、食用油、棉被等慰问、救济物资一批，发放慰问金、救助金合计63万元，为289户低保户发放低保金109.2万元；大力推进新型农村合作医疗工作，全街道参合覆盖率继续保持100％，参合人数29919人，全年报销补偿总金额约176.7万元；积极开展新型农村养老保险工作，农村养老保险参保人数11406人；全年共发放种粮直补资金56.8万元，摩托车、汽车补贴12万元，家电补贴8.5万元。

（党政办）

附1：2011年澄海区党委、人大、政府、政协和纪委主要负责人名单

区委书记：　郑家汉（至4月）　陈向光（4月起）
区人大主任：郑家汉（至5月）
代 主 任：　陈镇扬（5至11月）　陈向光（11月起）
区　　长：　陈少麟（至8月）
代 区 长：　柯　茂（8至11月）
区　　长：　柯　茂（11月起）
区政协主席：曾为民
区纪委书记：黄辉忠（至8月）　胡克敏（8月起）

附2：2011年澄海区国民经济发展情况表

项目	单位	2011年指标
年末户籍人口	万人	75.11
其中非农业人口	万人	17
规模以上工业总产值	亿元	462.45
农业总产值	亿元	44.8
外贸出口总值	亿美元	13.47
外贸进口总值	亿美元	2.18
社会消费品零售总额	亿元	105.04

固定资产投资	亿元	45.8
地方财政一般预算收入	亿元	13.16
地方财政一般预算出去	亿元	22.21
合同利用外资	万美元	969
实际利用外资	万美元	908

濠江区

【概况】濠江区位于汕头经济特区中心城区南部，西与潮阳区接壤，北隔汕头港与金平区、龙湖区相望，东、南濒临南海。辖达濠、礐石、广澳、马滘、河浦、玉新、滨海等7个街道共60个社区居委会（其中涉农社区54个）。区委、区政府驻达濠街道府前路。全区总面积169.08平方公里,海岸线长92.8公里。2011年末，辖区户籍人口286110人，其中农业人口162394人，非农人口123716人。濠江区人口密度1984人/平方公里。

汕头礐石大桥、海湾大桥横跨南海湾，324线国道和磊广公路、南滨路、达广大道、河浦大道等主干道形成纵横交错、方便快捷的公路交通网络。辖区内拥有“海国风光第一山”之誉的青云岩风景区和礐石风景区、达濠古城、双泉寺、天坛花园、巨峰寺等山青水绿、风景宜人的旅游景点；有海悦度假村、北山湾泳场以及国家4A级旅游风景区龙虎滩和全市唯一的涉外星级园林酒店中信度假村酒店。一年一度汕头市濠江桃花节、中信中秋文化节广受游客欢迎。濠江素有“民间艺术之乡”的美誉，区内有潮乐、书画、灯谜、楹联等丰富多彩的非物质文化遗产。传统手工艺产品有抽纱、金线、木雕、嵌瓷、石雕等。濠江出产达濠鱼丸等多品牌的水产制品，美食名闻遐迩。

华能汕头电厂、汕头保税区、广澳深水港等一批部、市属企业，汕头市委党校和汕头职业技术学院、粤东高级技工学校和汕头市第三人民医院等落户区内。

【国民经济】2011年，濠江区全区生产总值76.6亿元，比上年增长11.6%。其中，第一产业增加值6.54亿元，比增11.52%，第二产业增加值56.68亿元，比增16.29%，第三产业增加值13.39亿元，比增23.85%。建安产值64.58亿元，增长29.5%，上缴税收3.18亿元，其中建筑外税转移1.16亿元，增长57.2%。财政总收入11.46亿元，增长7.6%，其中，地方财政一般预算收入3.23亿元，增长28.2%。农业总产值2.33亿元，增长16.1%。全社会固定资产投资额52亿元，增长137%，增速位居全省第一位。社会消费品零售总额29.4亿元，增长17.8%。外贸进出口总额4亿美元，增长20%。出口总额2.84亿美元，增长19.32%；进口总额1.17亿美元，增长30.99%。城镇居民人均可支配收入17473元，增长12.98%，农村居民人均纯收入7697元，增长21.31%。

【工业生产】全区工业总产值147.86亿元，比上年增长13.2%，其中，规模以上企业84家，工业总产值126亿元，增长13.8%。占全区工业总产值的85.21%。规模以下企业208家，工业总产值21.62亿元，增长9.3%。占全区工业总产值的14.62%。外商及港、澳、台投资企业27家，工业总产值67.9亿元，占全区工业总产值的45.92%。增长4.8%。各行业生产大幅增长。2011年，工艺工业完成产值11.17亿元，比上年增长22.29%；建材工业完成产值15.68亿元，增长39.2%；塑料工业完成产值11.93亿元，增长28%；食品工业完成产值5.73亿元，增长29.92%；服装行业完成工业产值2.64亿元，增长109.8%。一批工业项目投产发挥效益。华润水泥、华润风能、宜华家具、英联易拉盖等新落户企业，2011年新增产值11.05亿元。

【濠江新城】2011年10月22日，投资总额约500亿元的汕头濠江中信滨海新城暨苏埃通道建设正式启动。从2008年开始，濠江初步形成整合茂州片区相关地块，整体推进建设一个新城区的初步思路，规划面积约4.7公里。2009年随着合作伙伴中信房地产股份有限公司的加入，新城开发片区增扩至濠江一江两岸，总区域约20平方公里。随着市委、市政府关于打造“一湾两岸”城市发展格局，给濠江区加快城乡建设带来契机，2010年12月8日，濠江区政府和中信房地产股份有限公司签订开发中信海滨新城的战略协议，将在濠江区168平方公里的土地上全力打造“生态型的汕头南岸新城、现代服务业发达的粤东首邑、亚太高端文化商务休闲之都”。年内，首期启动南滨片区12平方公里土地开发。总投资约50亿元的苏埃通道项目已顺利完成初测外业和地质详勘工作，并获省发改委初审立项，正着手进行隧道设计和施工招投标工作。

【园区建设】2011年，汕头市产业转移工业园（濠江电子电路工业园）完成园区的基础设施建设。濠江电子电路工业园以“河浦中心工业园”和“台商投资工业园”的规划范围为基础整合而成，以深汕高速公路为界，分东、西两个片区，总面积约6700亩，是全国三大印刷电路板生产基地之一。年内，东片区已有金明塑料、华印印染、农业公司进园落户投产，上源、正迪、机械联盟等10多家企业落户该园。西片区已有宜华木业投产发挥效益，宏俐电子、南永油脂、楠成化工、永成油墨、高科达、龙琦、永美、隆辉等10多家企业已办理用地手续，进入厂房设计建设阶段。

年内，大三联工业区已有13家企业入园兴业，计划投资约8亿元。该工业区分南、北区，占地面积2615亩，先后引进高科技电子、不锈钢型材、生物制品等项目。已进驻北区企业有粤华不锈钢型材、微补植物营养液、润达印务、锅炉设备、华天富感光材料、万安纸业、龙澳企业、博大家电、松田电子、华昌电子等11家企业。南片区（过溪洋片区）引进东珠科技有限公司用地面积85.446亩，宝贝儿实用地面积60亩已进场建设。

区内广澳物流园区、滨海工业区、珠浦工业区完成规划编制工作；南山湾科技园道路、供水、供电等基础设施建设加快推进；南山湾6.8公里滨海休闲绿道建成。

【行政体制综合改革】2011年3月，濠江区召开行政体制综合改革动员大会以及新闻通气暨专家媒体见面会，正式启动改革工作。根据《中共广东省省委办公厅、广东省人民政府办公厅印发〈关于推广顺德经验在全省部分县（市、区）深化行政管理体制改革的指导意见〉的通知》（粤办发[2010]34号）精神，2010年省、市将濠江区确定为推广顺德经验深化县级行政体制改革的试点和省编制办行政体制综合改革的联系点。在省编办的直接指导和市编办的协助下，濠江区制定《汕头市濠江区行政体制综合改革方案》，并报省委、省政府主要领导同意和省编委备案，经市委、市政府批准组织实施。

本次改革，实行“部门同类项合并”、“职能同类项合并”。区党政机构由原来28个（其中，党委工作部门6个、政府工作部门22个）整合为21个（其中党委工作部门7个，政府工作部门14个）。

汕头市濠江区设置党委工作部门7个，设置政府工作部门14个。区政府办公室与区委办公室合署办公，挂区信访局、区委机要局、区法制局、区决策咨询和政策研究室牌子。区政务监察和审计局与区纪律检查委员会机关合署办公。区委老干部局与区委组织部合署办公。区文化广电新闻出版局与区委宣传部合署办公。区民族宗教事务局、外事侨务局与区委统一战线工作部合署办公。区委统一战线工作部挂区台湾工作办公室牌子。区社会工作委员会与区委政法委合署办公。区发展规划局挂区物价局牌子。区文化广电新闻出版局挂区体育局牌子。区城市建设管理和环境保护局挂区人民防空办公室牌子。行政体制综合改革使濠江区依法享有区发展规划局挂区物价局牌子。区文化广电新闻出版局挂区体育局牌子。区城市建设管理和环境保护局挂区人民防空办公室牌子。行政体制综合改革使濠江区依法享有准“地级市”的管理权限。除党委、纪检、监察、法院、检察院、公安、统计系统、社保基金及住房公积金等各项市级统筹基金现行管理体制和汕头市城市总体规划、分区规划维持不变外，市直其他所有经济社会管理和行政执法权限以市人大、市政府及各部门通过立法赋权、行政授权、行政委托等方式将市346项事权下放给濠江区行使。省历次行政审批制度改革已下放给地级以上市的行政审批、许可权，放权或委托给濠江区；国家和省规定经市审核后报省审批的行政审批、许可事项，汕头市各有关部门要采取灵活便捷的方式，改为实际由区直报省审批。除转发省的文件外，市有关部门不再就已下放事权的相关事务向濠江区行文和部署工作任务，濠江区相应承担相关行政责任。并规定非经法定程序，不得随意调整事权范围或管理权限。同时明确濠江区2011年9月1日起，全面行使市赋予的相当于地级市的经济社会管理和行政执法权限。在综合执法领域开展新的探索，组建区城市综合执法和安监局，实行综合执法，切实加大协调和协作力度，有效解决多头执法、重复执法、执法扰民、执法扰企等问题。同时配套推进财政管理体制改革，通过调整市、区的财税分成比例和增加财政转移支付来提高财力保障；联动推进以加强社会建设为核心的街道行政体制综合改革，街道社会管理和公共服务职能得到强化，基层工作力量得到进一步充实；全面推进事业单位分类改革，实现了“总体设计、分步实施、稳步推进、科学分类”的目标；建立健全政府决策咨询制度，提升决策咨询和民意吸纳水平，规范区委和政府权力公开透明运行工作，强化对权力的监督，从源头上预防腐败；探索由纪检监察部门牵头，社会力量广泛参与的部门绩效评估机制，更好地评估各部门履行市级事权和开展各项工作的绩效情况；进一步创新领导干部考核评估机制，提高考核工作的科学化水平；按照一窗式受理、一站式办结、一条龙服务的要求，分步建设区、街综合政务服务平台。

汕头市濠江区党政机构设置表

中共濠江区委员会	工作部门	濠江区人民政府	工作部门	工作部门
	区纪律检查委员会机关		区政府办公室★	区城市建设管理和环境保护局
	区委办公室		区发展规划局	区农林水务局
	区委组织部		区经济和信息化局	区文化广电新闻出版局★
	区委宣传部		区教育局	区卫生局
	区委统一战线工作部		区民族宗教事务局★	区人口和计划生育局
	区委政法委员会		区政务监察和审计局★	区统计局
	区机构编制委员会办公室		区民政局	区海洋与渔业局
			区司法局	区外事侨务局★
			区财政局	区城市综合执法和安监局
			区人力资源和社会保障局	

★　与党委部门合署办公的政府工作机构，列入区政府工作部门序列，不计入区政府机构数。

【民生工作】2011年，区内社会民生工作持续发展。共组织实施51个涉农社区水改工程，完成49个涉农社区供水直抄到户改造，累计完成投资6921.6万元，实现直抄到户3.67万户，受益人口18.4万人；投资820万元，完成12条农村公路改造，实现村村通水泥路目标；实施“农村劳动力全员培训计划”，成功转移就业3850人，培训就业率达到92%；城镇登记失业率控制在2.4%以内；筹资3780万元新建、扩建华侨中学、达濠二中等校舍；新增高中学位2100个，高中阶段教育毛入学率达到85%；义务教育规范化学校达到56%；建成达濠、广澳两个街道中心幼儿园；完善以基本养老、基本医疗、最低生活保障为重点的社会保障体系，城镇居民医疗保险覆盖面达到98.77%，农村参合覆盖率达到99.92%；对全区50周岁以上的中老年人以及低保、五保户等特定人群免费健康体检；推进“规划到户、责任到人”扶贫开发工作，动员社会力量帮扶困难群众。

【社区整治】年内，全区投入近3亿元，开展340多场次环境卫生“三清”（清垃圾、清淤泥、清路障）整治，完成361项“八个一”（建一个休闲小公园、一个文体活动场所、一个老人活动场所、一个公厕、一个垃圾转运站、一条进村大道、一个公共候车亭、一个村道巷道亮灯）工程建设项目。进一步推动全区开展“卫生村、文明村、示范村”的创建工作，使城乡面貌发生实质性的变化。全区7个街道60个社区中，有14个社区全面完成“八个一”工程、19个社区基本完成其中的“七个一”工程、14个社区完成其中的“六个一”工程；基层文化阵地基本实现全覆盖。

【首届民俗文化节】2011年2月14日，潮汕（濠江）首届民俗文化节暨迎春文艺系列活动在濠江区礐石街道珠浦社区举行。潮汕大锣鼓、英歌舞、麒麟舞、布马舞、高空桩狮、醒狮舞、扮土戏、踩高跷等极具潮汕特色的民俗文化节目在珠浦文化广场进行集中展演。当晚，还举行了“珠浦之夜”大型综艺晚会和濠江区2011年焰火晚会。首届潮汕（濠江）民俗文化节的举行，有效提升濠江文化旅游的内涵和品位，展示了潮汕民俗文化旺盛的生命力。

【达濠街道】位于濠江区中北部，为濠江区委、区政府所在地，是区的政治、经济和文化中心。东与汕头保税区毗邻，西到深汕高速公路达濠路段，南濒濠江，北接海湾大桥。总面积23平方公里，人口7.4万人，有旅外侨胞、港澳台同胞近3万人。辖濠滨、达濠、赤港、达埠、青篮、赤隆、青林、青盐、葛洲、西墩10个居委和包帆、放钓、蚝业3个渔业经济联社。深汕高速公路穿过境内，主要公路干线磊广公路连接324国道，濠江大桥沟通潮阳等地，水陆交通方便。街道办事处驻达濠府前路。区内有青云岩风景区、达濠古城、金兰观、西山古寺、双泉寺及市爱国主义教育基地“万人冢”等名胜景点。有达濠鱼丸、达濠米润、达濠糖葱、葛洲“朴仔”（番石榴）、葛洲杨桃等名产特产。“彩蛋”、首饰纸盒等手工艺品蜚声海内外。辖区内中学

2、小学7所，幼儿园17所。有濠城影剧院、工人文化宫、图书馆等文化场所。还成立潮乐社、书画社，是省体育先进街道，市民族民间艺术之乡。

2011年，规模以上工业产值18.05亿元，比上年增长25.55%；社会固定投资额6亿元，比增3倍多；社会零售总额9.4亿元，比增15.55%；农业产值4732万元；渔业产值17891万元，建安产值1.3亿元，创税2800万元；实现工商总税收入7793万元，其中，国税收入1293万元、地税收入6500万元（其中区级库1559.3万元），比增2.65%；出口总额7800万美元，比增13.86%；农村居民人均纯收入5751元，比增8.75%。汕头市润源塑料制品有限公司投资3000多万元在葛洲新建的27.78亩厂房已完工并于9月份开业试产，年创值8000多万元，创税200多万元；汕头帝远海运有限公司投资建造的5万吨级船舶“帝坤”轮已投入生产运营；放钓渔业社筹资4000多万元新建钢质渔船，12月进入投建阶段。

【礐石街道】位于濠江区西北部。东连濠城，西、南面濠江，与河浦、玉新等街道毗邻，北临汕头港。总面积35.9平方公里，总人口5万多人。辖珠浦、葛陈、葛朱、茂南、茂北、头村、中村、尾村、礐石、红光、红旗、红星、磊口、棉花、松山、澳头16个社区居委会。区域内有国家4A级礐石风景区、市级巨峰风景区、澳头天然次生红树林生态区、天坛花园和茂洲岩等名胜景点，有英国领事馆等多处文物史迹，有砂浦酥糖、澳头膏蟹、红光杨桃、红星金笋等名产特产。为广东省“城镇化技术集成应用试点”单位和省技术创新建筑专业镇。辖区内的广东卫伦生物制药有限公司是广东省著名商标、国家高新技术企业。

2011年，规模以上工业产值16.48亿元，比增16.2%；农业产值14266万元，比增6.4%；社会固定资产投资5亿元，比增31.5%；社会商品零售总额75808万元，比增18.5%；上缴工商税收9500万元，其中区级税收入库1800万元，同比增长28%；农村人均纯收入5955元，比增12.61%。年内，得源燃气、珍福化工、隆源实业、濠星印刷、松田电子等建设项目5个顺利完成；卫伦技改、华昌电子、博大实业、民英工艺、新圣创伤骨科医院、保源技术改造、礐石赛马场等项目12个顺利推进；启动巨峰风景名胜区规划以及扩建工作。大三联工业区开发建设加快推进，初步完成塔头园区道路、管廊、排水等配套设施建设。全年新增规模以上工业企业2家，全街道共有工业规上企业29家。澳头片区的华润水泥、南方水煤浆、中业粉煤灰，珠浦片区的卫伦生物、隆源实业，红光片区的保源建材，磊口片区的中石化（昆仑）液化气、珍福石化等企业发挥较好的经济社会效益。

【广澳街道】位于濠江区东南部，东、南濒临南海，西以濠江为界，北与达濠街道接壤，总面积约26.7平方公里，海岸线长23公里，域地大多为山地或荒沙地。磊广公路、省道337线和广达大道纵横境内，具有得天独厚的地理优势。辖广澳、东湖、埭头、三遼、溪头、大蔚、河渡等7个居委会，总人口3.3万人，其中农业人口1万多人。汕头保税区、广澳深水港区、南区污水处理厂、华润风能、柯士达商贸有限公司、中石化汕头塑化物流项目、汕头市委党校以及汕头职业技术学院、粤东高级技工学校等重点单位坐落境内。自然资源和海滨旅游资源优势明显。广澳湾临近国际航海线，水深域阔，是汕头市唯一可营建10万吨级以上深水码头的天然良港。海区有广阔的渔场，盛产各种优质鱼类和贝壳类。近海和海滩涂适宜海水养殖，东湖紫菜为特色物产。辖区内河渡天然海滩、海悦度假村是市民垂钓、游泳、观澜听涛和休闲度假的好去处；河渡营盘山的宋代威武寨、建于清康熙年间的莲澳炮台、广澳炮台、河渡炮台等历史遗迹，妙法寺等颇具特色的庙宇以及广澳大山表角风车群等，构成广澳独特的人文景观。

2011年规模以上企业工业产值17.8亿元，比去年增长18%；农业产值3766万元，比增1.4%，渔业产值1.16亿元，比增5%；固定资产投资总额10.0亿元，比增150%；社会零售总额3.5亿元，比增57%；税收总额3200万元，其中区级库税收670万元，比增34%。农村人均纯收入5950元，比增12.58%。年内，配合推进鮀滨职业技术学校新校区建设，开展征地协调工作，承建新校区进校临时道路、机耕路和排水沟等配套工程；配合推进疏港大道濠江大桥建设，完成工程清障工作；开展受影响养殖户赔补偿和相关海域网箱养殖迁移转产等协调工作；推进广澳港防波堤工程建设，积极与市港口管理局配合，完成海域养殖、作业等的赔补偿估算工作。

【马滘街道】位于濠江区南部，东临濠江，南濒南海，总面积7.8平方公里。总人口近3万人，6100多户。辖海星、海光、海明、和社、马滘、凤岗、南山7个社区居委。现有耕地面积1600亩、盐田1.6万公亩、海滩塗2000多亩、堤围长近8公里。马滘片区的传统产业结构为“耕三渔七”，群众主要经济收入靠盐业、捕捞业、养殖业。基础设施建设日臻完善，已完成“一桥三路”建设，即濠江大桥和达南路、大众路、河中路（马滘段），形成了马滘交通循环网络。辖区内文化旅游资源丰富，渡江亭和炉柜寺为老潮汕八景之一。南山湾风景旖旎，沙滩洁白，海水洁净，是发展休闲观光旅游的好地方，也是2010年濠江区十大人文景观评选入选项目之一；“凤岗妈”等民俗活动独具特色。

2011年，全街道完成工农业总产值4.66亿元，比去年同期增长7.37%，其中工业产值4.9亿元，比增6.5%；出口总额2.27亿元人民币;规模以上企业总产值2.52亿元,比增8.3%,农业产值5727万元，比增11.55%；全年工商总税收入2439.41万元，比增67.31%，其中，区级库税收382.68万元，比增27.58%，全社会商品零售总额17521.3万元，农村人均纯收入5295元,比增13.41%。年内，南山湾工业园和疏港大道、南山湾休闲绿道等市、区重大项目在辖区铺开建设，工业园区新落户项目建设顺利开展，已有广东添乐化妆品有限公司厂房、仓库、办公楼、候工楼主体装修已全面竣工完成年度计划投资1956万元，进入设备调试阶段；汕头市英联易拉罐有限公司计划追加固定资产投资5000万元，已完成2000万元；市南山湾产业园基础设施工程已完成投资114160万元。

【**河浦街道**】位于濠江区西部，总面积30平方公里，人口3.9万人。辖河东、河南、河北、楼下、肚桥5个社区居委会。街道属纯农地区，历史悠久，人文底蕴深厚，有叠石山等富有特色的旅游景点，传承着河浦剪纸、河浦英歌等潮汕民间文化艺术；中信高尔夫球场坐落于境内。现有农田保护区3700多亩,耕地1000多亩，主要以种植水稻及薯类作物、养殖虾蟹等为经济来源，三屿围养殖面积达6885亩，外围塭田1200亩。

2011年规模以上工业总产值16652万元，比增26%；农业总产值7756万元，比增10.51%；社会商品零售总额28014万元，下降5%；固定资产投资额 15030万元，比增24.3%；本级一般预算收入438万元，比增45.51%。年内，汕头市悦泰经贸公司浓缩茶生产项目的厂房建设已进入装修阶段，2012年可投入生产。

【**玉新街道**】位于濠江区西南部。东接马滘街道，西与潮阳区、河浦街道接壤，南界滨海街道，北临濠江。总面积13平方公里。辖玉石、岗背、燎原、灯塔、黎明、下衙6个社区，总人口2.1万人。为珠宝市级技术创新专业镇和省无公害农产品生产基地。

2011年，街道工农业总产值72488.16万元，比去年同期增长31.84%；其中，工业总产值65733万元，比增35%，其中规模以上企业工业总产值65733万元，比增35%；农业总产值6755.16万元，比增5.4%；社会商品零售总额17017万元，同比下降14.5%；全社会固定资产投资总额82000万元，比增193%;工商税收2130.09万元，比增31.35%,其中，区级库392万元， 比增30.78%;农村人均纯收入5156元,比增13.49%。年内，宏俐电子、博通电子两个重点项目工程用地顺利完成招拍挂手续。宏俐电子、南永油脂、楠成化工、永成油墨、宏杰内衣、兴达公司、东欧制罐、冠海水产等项目正在进行厂房建设，柏富丽、博通电子、龙琦工贸等项目正在抓紧办理相关手续，争取尽快动工建设。新引进鑫源化工、金源科技、东欧制罐、黄金身段、博通科技等项目，完成招商引资4.895亿元。

【**滨海街道**】位于濠江区西南部，处濠江西岸、南海之滨。海岸线长12.7公里。东与马滘、玉新街道接壤，西与潮阳区海门镇毗邻。辖华新、华里、钱塘、东陇、上店、五一、里前、上头、林后9个社区居委会，总面积19.2平方公里，总人口3.2万人，是一个农业人口占95%以上的涉农街道。汕头市仅有的4A级涉外园林式中信度假村酒店坐落于境内龙虎滩。

2011年街道共完成规模以上工业产值15.22亿元，比去年同期增长0.70%；农业总产值4353万元, 比增1.4%；社会商品零售总额37243万元，比增23%；固定资产投资总额24473万元，比增1.4%；税收总收入8022万元，比增15.6%,其中：国税收入4051万元，地税收入3971万元；其中区级库收入1168.03万元, 比增27.7%。农村人均纯收入5262元,比增13.1%。10月13日，完成区与上头社区签订位于上头工业园区范围内土地268亩征地协议。将街道综合配套服务商住区安海路北片区纳入2011年“三旧”改造计划。

（林梓桐）

附1：2011年濠江区党委、人大、政府、政协和纪委主要负责人名单

区委书记： 林广华
区人大主任：林广华
区　　长： 邓夏思
区政协主席：邱曼丽（2月离任）　黄世进（2-11月任职）　陈木鹏（11月就任）
区纪委书记：陈跃文

附2：2011年濠江区国民经济发展情况表

项目	单位	2011年指标
年末户籍人口	人	286110
其中非农业人口	人	123716
年末常住人口	人	269011
地区生产总值	亿元	76.63
工业总产值	亿元	147.86
农业总产值	亿元	2.33
建发产值	亿元	64.58
固定资产投资总额	亿元	52
社会消费品零售总额	亿元	29.41
出口总额	万美元	2.85
财政总收入	亿元	11.46
地方一般预算收入	亿元	3.23
中心城区居民人均可支配收入	元	17474
农村居民人均纯收入	元	7697

潮阳区

【**概况**】潮阳东晋隆安元年（公元397年）置县，1993年撤县设市（县级），2003年撤市分设潮阳区、潮南区，划归汕头市管辖。潮阳区现辖文光、城南、棉北、金浦4个街道和海门、和平、谷饶、贵屿、铜盂、河溪、西胪、关埠、金灶9个镇，共272个村（社区），区域面积674.67平方公里，总人口167.68万，旅外华侨和港澳台同胞120多万人，是全国著名侨乡。

潮阳区位于广东省东南部，濒临南海，紧靠北回归线，属亚热带海洋性气候，夏无酷暑，冬无严寒，年平均温度21.5℃。全区地貌以丘陵、平原为主，有练江、榕江两大水系，水资源丰富。交通便利，有324国道、深汕高速公路、234和

237省道以及正在规划建设的厦深铁路、汕揭、揭惠和潮惠三条高速公路穿境而过。基本农田保护面积11552公顷，常用耕地面积13877.27公顷，林地面积17002.38公顷；有矿泉水、花岗岩、石矿场等资源矿种；有香蕉、三捻橄榄、乌酥杨梅、玻璃油甘、珍珠鲍鱼、膏蟹等特色农渔产品。海岸线长84.6公里，其中外海岸线21.3公里，内海岸线63.3公里；海淡水养殖面积3124公顷，年产量达4.03万吨。拥有国家一类口岸潮阳港、国家级中心渔港海门港和内河良港关埠港。

潮阳文化积淀丰厚，素有“海滨邹鲁”之称。全区有旅游景点100多处，重点文物保护单位4处，莲花峰风景区、大峰风景区、灵山寺、文光塔等名胜古迹远近闻名。英歌舞、剪纸、笛套音乐是潮阳文化艺术的“三瑰宝”，列入首批国家级、省级“非物质文化遗产”保护项目。潮剧、木雕、石雕等传统工艺和贵屿“街路棚”等民俗文化活动,在海内外享有盛誉。荣获“中国民间文化艺术之乡”称号，棉北后溪英歌队参加省农民文艺大汇演获银奖。

潮阳人文荟萃，千百年来孕育出许多名人志士。有潮州后七贤之一的萧端蒙，为中国电影事业做出积极贡献的著名导演蔡楚生，在国内外享有很高声誉的当代著名书画艺术家陈大羽，获首届陈岱孙经济学奖的著名经济学家萧灼基，声学简正振动方式理论奠基人、中国科学院院士马大猷等。

2011年，全区完成地区生产总值210.37亿元，增长13.7%。完成工业总产值529.42亿元，增长18.8%；规模以上工业产值401.82亿元，增长22.1%；农业总产值32.06亿元，增长3.3%；社会固定资产投资总额84.06亿元，增长99%；本级一般预算收入10.53亿元，增长21.04%；外贸出口总额7.25亿美元，增长28%；批零销售额和住宿餐饮营业额264.66亿元，增长24.04%；港口货物吞吐量705万吨，增长33%；农民人均纯收入5033元，增长13.5%。

【工业】全区拥有工业企业1361家，规模以上工业企业325家，拥有省著名商标41件。谷饶镇是“中国针织内衣名镇”，贵屿镇是全国主要的废弃机电产品拆解利用基地，是国家第一批循环经济试点单位之一，初步形成以针织服装、音像制品、纸品文具、机电制造和建筑安装等为支柱的产业格局。针织服装、音像制品两大传统支柱产业加快转型升级，12家音像企业投资近2亿元转产兼营发展新行业，29家纺织企业投入5.2亿元引进先进设备240台套，产值分别增长19.8%和24.1%。纸品文具、机电制造和建筑安装等行业规模进一步扩大，生物制药、LED半导体照明等新兴产业加快发展。技改创新步伐加快，新增1个省民营企业创新产业化示范基地、3家省优势传统产业转型升级示范企业。

【农业】全区粮食生产保持稳定，播种面积39.54万亩，总产量17.03万吨，华星粮油储备库实业有限公司被国家粮食局认定为中央储备粮代储企业。扶农措施扎实有效，种粮直补、农机购置补贴等惠农政策全面落实。农业现代化、产业化水平不断提高，已形成粮食、蔬菜、禽畜、水果、水产五大支柱农业产业。拥有关埠、西胪2个万亩优质水稻生产基地和11家农业龙头企业、18个省级无公害生产基地、4个省级标准化示范区、21个农业部认证无公害农产品以及“金玉三捻橄榄”、“西胪乌酥杨梅”两个国家地理标志保护产品。

【城乡建设】积极融入汕头市“一核多组团”的城市发展新格局和“一湾两岸”的城市形态，全面启动《汕头市潮阳区分区规划（2010—2020）》编制工作。高起点、高标准规划厦深铁路潮阳站站前广场、进站路及周边配套设施。推进城市网格化管理，大力整治重点区域“脏乱差”现象，“创卫”、“创模”成果得到巩固，“创文”工作取得新成效，河溪镇西陇村获省文明村称号。植树造林和绿地建设有效开展，新增绿地面积2.5万平方米，森林覆盖率34.2%，西胪镇青山村获市生态示范村称号。完成新农村公路建设项目112个116.2公里，公路危桥改造项目23个，农村客运候车亭161个。继续推动老区山区建设，发展环境得到有效改善。

【项目建设】积极推进区22个重点项目和山洽会、侨博会18个项目的建设进程。引韩供水工程正在积极进行优化方案的第三方论证。贵屿循环经济新城一期第一批园区用地已完成挂牌出让，与TCL集团等企业合作进展顺利。海门中心渔港项目全面竣工并通过交工验收，码头后方配套项目建设基本完成。城区四路改造前期工作顺利开展，新华东路完成招投标并开工建设。汕揭、揭惠、潮惠高速公路潮阳路段建设前期工作进展顺利。海门、贵屿、谷饶镇污水处理厂和区生活垃圾处理场等项目前期工作扎实有序推进。

【社会管理】加强社会治安综合整治，重拳打击各类违法犯罪活动，全年查破刑事案件805宗，社会治安状况明显好转。安全生产“一岗双责”有效落实，重点地区和重点领域火灾隐患排查整治持续深化。高度重视信访维稳工作，及时处置化解“12•20”海门不稳定因素，全力维护社会稳定。开展打击侵犯知识产权和制售假冒伪劣商品专项行动，查处各类案件28宗。组织开展环境综合整治大行动，拆除一批酸洗、提取贵重金属、焚烧高压包等工场和作坊，控污减排工作扎实推进。集体林权制度改革顺利通过省验收，并获评优秀等次。巩固扩大人口计生工作成果，开展“两无”创建活动，人口出生率10.33‰，同比下降0.51个千分点；政策生育率97.96%，同比提高1.61个百分点。落实殡葬管理目标责任制，加大殡改执法力度，火化率得到巩固和提高，全年推算火化率为96.4%。

【社会事业】扎实推进基层医疗卫生机构综合改革，积极实施基本公共卫生服务项目，传染病防控工作得到加强，卫生保障能力不断提高。“普九”成果巩固提高,防流控辍工作富有成效，普及高中阶段教育全面实施，毛入学率达到85%。加强教师队伍建设，新招录教师444名，“代转岗”考试招录职工851名。素质教育扎实推进，高考再创佳绩，各批上线率均超过省、市平均水平。开展形式多样的群众性文艺活动，举办“幸福潮阳”民族交响音乐会和国庆群众歌会，组织“潮之春”迎春文化节等系列活动，得到广泛好评。科普事业取得新突破，荣获“2011-2015年全国科普示范区”称号。不断加大旅游宣传推介力度，组织乡村旅游节系列活动，培育发展特色农业生态旅游。体育健身设施建设不断完善，群众体育广泛开展。

【民生实事】积极推进民生实事建设，不断改善和提高民生福祉。投资2000万元完成海门安居工程一期174套廉租住房建设。全区城镇实现新增就业12400人，下岗失业人员再就业3625人，转移农村劳动力24828人。19个新、改、扩建校舍项目全面启动，投入1.87亿元完成项目15个。投入帮扶资金3305万元，落实项目60多个，超额完成45%贫困户脱贫任务。504名农村“五保对象”纳入区财政供养；将城乡低收入特殊困难对象全部列入城乡医疗救助范围并提高救助标准。全区基本医疗保险覆盖率达95.56 %，其中新型农村合作医疗参合率达99.8%。13所基层医疗卫生院全部实施国家基本药物制度，实行零差率销售。金关围和练江堤防工程基本完成，海门湾桥闸和练江水闸等项目前期工作扎实推进，城乡水利防灾减灾工程配套电排项目正式开工建设。投入8010万元建设54个村（居）饮水安全工程，解决18.35万人的饮水安全问题。护城河南北段两岸景观工程建设基本完成。投入780万元，完成埔谷线谷饶段4.46公里路面建设。

（叶世荣）

【文光街道】文光街道位于潮阳城区中心地带，是潮阳区党政机关所在地，面积15.1平方公里，辖10个社区居委会。街道按照经济转型升级的要求，抓住特区扩围的有利契机，切实把转方式调结构摆上重要位置，突出抓好产业结构调整，加大招商引资力度，推动经济转型，社会经济呈现持续、健康、科学发展良好势头。全年完成工业产值16.31亿元，同比增长21.59%；农业产值4020万元，同比增长6.72%；社会固定资产投资3.52亿元，同比增长34.94%；本级一般预算收入3375万元，同比增长13.29%。坚持投资拉动，新河湾花园改造项目首期安居工程落成暨阳柳大型综合商业广场奠基，成为汕头经济特区建立30周年献礼项目之一。坚持统筹兼顾，突出重点，切实抓好计划生育、殡葬管理、安全生产、人口普查、信访维稳、社会治安、环境保护、国土管理等工作，提升社会管理水平。按照上级的统一部署，认真开展“打黑除恶”专项整治行动，重拳打击各类违法犯罪活动，保一方平安，共破获各类刑事案件97宗，查结治安行政案件210起，抓获各类违法犯罪嫌疑人252名，发案率明显下降，社会治安明显好转。多渠道筹集资金和物资合计折款330多万元，帮助783名贫困学生解决入学难问题，慰问五保户、困难户、残疾人共3711户，扶持14户贫困户脱贫，帮助59户农村低收入住房困难户进行住房改造建设，为33户社区五保老人提供养老服务。加快社区基础设施建设步伐，多方筹措资金516万元，动工建设桃园凤肚公园二期工程、新建双望农贸综合市场、增设平和东小区路灯、桃园社区主要路口视频监控摄像头、新铺设双望双竹大道、老一新新华西路。

（党政办）

【城南街道】城南街道位于潮阳区南部，面积29.8平方公里，辖14个社区居委会。全年完成工业总产值11.45亿元，同比增长25.5 %；农业总产值6050万元，同比增长7.19%；工商各税1996万元，同比增长37.28%。扎实做好社会管理工作，狠抓措施落实，计生各项基础工作得到进一步夯实，殡改工作逐步走上规范化轨道。社会治安、安全生产、国土管理、环境卫生等各项工作取得较好成效。积极推进基础设施建设，紧抓特区扩围的机遇，配合区政府做好东部新城规划和新华东路改造建设。服务业发展水平不断提升，上马建设一批房地产开发项目，潮阳区首家五星级酒店裕通国际大酒店建成开业。东岩风景区和萧氏四序堂被评为省文物保护单位。

（姚伟青）

【棉北街道】棉北街道位于潮阳城区北部，面积32.22平方公里，辖9个社区居委会。全年完成工业总产值21亿元；固定资产投资总额3.8亿元；本级一般预算收入3000万元。年内，加强街道基础设施建设。投入城市卫生建设和管理经费100多万元，清理辖区内卫生死角、清运垃圾废土、疏通排污管道等；正式启用位于东家宫社区的潮阳城区建筑废土堆填场，落实24小时专人管理；安装和更换路灯和照明线路2条；平南、平北社区筹集资金200多万元，安装路灯、建设绿化带，完善社区道路建设网络。加强水利设施建设。筹资100多万元加强潮水溪整治、清理五吼排洪沟，维修加固三屿围涵闸、新光闸和蝴蝶居委环山排洪渠，为农业生产和村内排洪排涝打下坚实的基础。加强民生事业建设。落实街道584户1208人办理贫困家庭低保救助；落实医疗保险制度，城乡医疗保险参保40395人，参保率达99.4%。加强信访维稳建设。成功调处“明华花园住宅区部分住户饮用水难问题”、“柳厝园住宅区部分住户出入行路难问题”等涉及民生纠纷以及其他信访事件10多宗，妥善处置涉及换届选举纪律、涉军社保、知青社保、企业下岗职工社保、征地项目等社会稳定问题。

（赵海荣）

【金浦街道】金浦街道地处潮阳城区西侧，面积44.16平方公里，辖1个涉村社区和4个行政村。全年完成工业总产值8.97亿元，同比增长20.42%；农业总产值 1.21亿元，同比增长6%；社会固定资产投资总额3.3亿元，同比增长26.9%；一般预算收入1578万元，同比增长70.04%，增长幅度排全区第一位，创造历史最好成绩。街道以再生造纸企业污染专项整治工作为契机，引导纸品企业进行技术改造和增资扩产，纸类制品业共完成产值5.2亿元，同比增长32.2%，进一步巩固纸品业在粤东的龙头地位。重点项目建设步伐加快，投资2.8亿元的广东省金叶烟草薄片技术开发有限公司二期工程，正在抓紧建设中。各项社会事业取得新进步。投资600多万元完善三堡社区公交路等一批村政基础设施建设。林场路路口、工交路路口与324国道交界处的交通信号灯建成投入使用。将北港渠综合整治工作摆上重要议事日程，以解决长期困扰梅花片区群众的内涝问题，现工程设计工作正在抓紧进行。成立金浦历史文化促进会、梅花潮乐社，进一步传承和发扬民间文化艺术。落实各村（居）投入约60万元加大综治硬件建设。

（陈棉欢）

【和平镇】和平镇地处练江下游，面积51.9平方公里，辖行政村21个，人口173698人，旅外乡亲10万余人，是潮阳区人口大镇、经济强镇和重点侨乡之一。先后被省、市评定为实施固本强基工作省级示范点、省中心镇、专业镇，市工业名镇等。全年完成工农业总产值175.06亿元，同比增长23.2%；工商各税7267万元，同比增长25%；社会固定资产投资总额21.1亿元，同比增长37.6%；外贸出口4.35亿美元，同比增长28.4%；用电总量6.37亿千瓦时，同比增长8.18%。全镇现有工业企业554家，其中规模以上企业121家，个体工商户1700户，拥有工业厂房200万平方米，从业人员5万多人。累计拥有省著名商标12个，省名牌产品3个，省高新技术产品5个，省高新技术企业8家。20个工业重点建设项目如期进行，投入资金4.6亿元，新上马贴片LED、经编、无缝内衣、无纺布等新型项目一批，新建厂房15万平方米，新增产值5亿元。有30多家企业到上海、北京、杭州等地参加各种展销活动，成交金额5.6亿元。侨博会项目签约金额达7.5亿元。基础设施建设日臻完善。发动企业捐资100多万元完成新和惠路全长2.5公里路灯的改造架设；发动社会贤达人士捐资600多万元整治下寨前山溪，砌石篱约900米，培土加高加固约1000米。积极推动教育事业发展，由香港力嘉集团董事长马伟武先生及其兄弟捐资3000多万元建设的南侨中学分校力嘉中学主体工程已完成，配套设施正在积极筹建中，力争2012年秋季开学交付使用。全镇累计投资2550万元，先后对中寨、新和、新龙、和铺、五和、和平、练北、白石等中小学校校舍进行修缮和配套。

（徐秀君）

【贵屿镇】贵屿镇地处潮阳区西部，地处潮阳、潮南、普宁三地交界，面积52平方公里，辖27个行政村。全年完成工业总产值41.28亿元，同比增长27.5%；农业总产值1.54亿元，同比增长5.6%；社会固定资产投资总额13.64亿元，同比增长46.4%；人年均纯收入5477元，同比增长19%；工商各税收入2761万元，同比增长8.4%。循环经济试点工作取得重大进展。园区首期第一批建设项目占地500亩用地手续得到省国土厅批准，完成“招、拍、挂”，园区“三通一平”工作大部分完成，与TCL集团等企业合作进展顺利，汕头市TCL德庆环保发展有限公司拆解项目动工建设。新型现代化农业稳步发展，全镇粮食播种面积5.2万亩，申报种粮补贴面积3.5万亩，发放种粮补贴资金505.7万元。基础设施建设有序推进。加快推进“一路二桥”建设，北港桥已经完成立项申报、规划测设、质量论证、环评等工作。积极推进中小学校舍安全工程建设，抓好贵屿中学二期危房改建，新厝小学、南安小学和泗美小学易地重建。完成“村村通”水改工程10个村（居）主管道及入户管网的铺设；启动“引普入贵”抗旱应急抢险水改工程。社会管理工作逐步加强。严肃查处违法违规用地行为和违规土葬，铁腕扭转了殡改落后局面。筹备成立南阳社会治安协会，启动南阳治安联防队，安装视频探头5千多个，完成联堤、华美等地段16个治安卡口车辆识别系统建设，全力维护社会治安稳定。

（卢佳喜）

【谷饶镇】谷饶镇位于潮阳区西北部，处于“潮阳、揭阳、普宁”三区（市）交界处，面积71.8平方公里，辖27个行政村。全年完成工业总产值153.68亿元，同比增长27.43%；农业总产值1.55亿元，同比增长7.62%；外贸出口总额1.325亿美元，同比增长15.42%；工商各税1.74亿元，同比增长20%；社会固定资产投资总额17.09亿元，同比增长43.01%；农民人均纯收入6750元，同比增长18%。年内，积极鼓励企业加大资金、技术投入，着力引导、帮助重点企业和重点项目的建设，茂兴实业集团、东升实业有限公司等企业投入资金近5亿元，启动多个基本建设投资项目。全镇拥有先进生产设备1万多台（套），企业2692家，2011年又有2个商标获得省著名商标，累计拥有省著名商标17个、国家免检产品2个和一批知名品牌。不断完善基础设施建设。积极配合有关部门做好厦深铁路潮阳站站前广场、进站路及周边配套设施规划，全力加强对火车站周边片区土地的控制和管理，积极实施埔谷公路、东谷公路等主要过境道路的改造建设。同时，加快推进污水处理厂、消防营房、谷饶内衣商贸城、华光社区村民住宅楼等项目的筹建步伐。加强对印染业整治，不断强化各项社会管理工作。加强日常监管巡查，防止关停的土染厂出现反复。整治环境卫生，清理道路两侧及河道垃圾杂物，改善镇容村貌。切实加强对国土、计生、殡改等工作的规范管理，使各项社会管理工作逐步走向规范化轨道。

（党政办）

【铜盂镇】铜盂镇地处潮阳区练江中游北岸，面积42.4平方公里。全年完成工业总产值31.85亿元，同比增长15.8%；规模以上工业产值18.5亿元，同比增长23%;农业总产值1.7亿元，同比增长6%；农民人均纯收入5377元，同比增长13%;固定资产投资总额7.52亿元，同比增长47%；外贸出口总额1680万美元，同比增长4%；社会消费品零售总额23.89亿元，同比增长120%;本级一般预算收入1452万元，同比增长36.3%。全镇年产值2000万元以上工业企业16家，拥有驰名商标企业1家，省著名商标企业2家。传统产业加快转型升级，汕头市亿威泰实业有限公司、海燕织造厂、泽诚实业有限公司等多家企业进行增资扩产，扩建厂房并投资3亿多元引进先进设备56台套。纺织服装和文具办公用品两大支柱产业继续发挥主导作用，以汕头市文具办公用品科技创新专业镇为推动力，强力推进现有企业特别是文具用品制造企业通过自主创新上规模、上水平，打造品牌专业镇。

（党政办）

【海门镇】海门镇地处练江出海口，是潮阳区唯一的临海城镇，总面积38.5平方公里，海岸线长20多公里，下辖8个农业村，8个居委会，是潮阳区渔业大镇。全年完成工业总产值9.25亿元，农业总产值5.29亿元，国税收入127万元，地税收入764万元，华能海门电厂国税收入2.46亿元，地税收入1822万元，农村人均年收入3298元。海门国家中心渔港潮阳辖区工程全面竣工并通过交工验收。新大华石化码头项目正在加紧做好各项前期工作。南区污水处理厂海门分厂已完成征地工作。投入2000多万元，完成全镇供水主管工程以及北新、北门、竞海、和睦等村（社区）供水管网建设。筹措资金2100多万元，修筑莲峰叠石路、东兴路，拓宽改造莲峰中路，新建了疏港路东门坑桥、东兴桥；筹措资金1000多万元，建设海门聚善馆和老年人活动中心。筹资400多万元，在海门中学建设一幢占地1400平方米、建筑面积2500平方米的高中部教学楼，并配套教学设施。区廉租住房海门安居工程首期项目和建筑面积6000平方米、总投资1000多万元的转产转业渔民安居工程首期项目也即将竣工。

（党政办）

【河溪镇】河溪镇地处榕江下游出海口，面积64.5平方公里，辖12个行政村，是纯农镇。围绕建设“生态河溪、特色河溪、幸福河溪”的目标，着力调整产业结构，强化社会管理，全镇经济社会各项事业不断发展。全年完成农业总产值2.09亿元，同比增长9%；工业总产值2720万元，同比增长77%；一般预算收入396万元，同比增长24.13%；社会固定资产投资1.037亿元，同比增长40%；农民人均年纯收入2729元，同比增长13%。特色效益农业进一步发展，在继续抓好“五个千亩”生产基地建设的基础上，着力提升本地特色农产品姜茨、甘蔗、莲藕、香芋的影响力，打造“河溪姜茨”等特色名优农产品品牌。进一步扶持水产养殖龙头企业，加强水产养殖示范基地建设，做大做强水产养殖业。招商引资工作取得新进展，出台《关于加强招商引资工作的意见》等一系列招商引资优惠措施和目标管理文件，扶持西田诗海内衣加工厂发展，加快西陇村饲料厂有关手续的报批工作，争取项目尽快建设投产。社会事业取得新进步，完成华阳中学教学楼建设，农村新型合作医疗参合率达98%以上，群众“五难一保”问题得到有效解决。基础设施建设不断完善。推进华阳中心路拓宽改造工程和“凤兜岭”路段改造工程建设；完成西陇、新乡、南田、湖东、西田等5个村饮水安全工程的建设；加强一批农田水利设施建设和除险加固，改善农业生产条件。

（党政办）

【关埠镇】关埠镇位于潮阳区西北部，潮阳区三个中心镇之一，面积57.1平方公里，榕江岸线长达24.2公里，下辖30个村（居）委会。全年完成农业产值3.5亿元，工业产值

1.23亿元，工商税收520万元，固定资产投资总额2.14亿元，农村人均年纯收入4204元，同比增长13%。镇“三高”农业示范区建设扎实推进，粮食生产稳产增收，其中水稻年亩产达1050公斤，农业部创建水稻高产示范片年亩产达1080公斤。“优质稻、优质果、花卉苗木”三大生态农业基地已初具规模，农业效益逐步提高。农田水利基本建设扎实推进，投入1050万元完成2010年度国家级农业综合开发项目8900亩中低产田的改造。申报获得2011年度国家级农业综合开发建设、2010年度潮阳区关埠镇福仓居委粮食基础能力建设和省级2012年小型农田水利示范镇建设三个建设项目。招商引资工作有新进展。积极做好外引内联，新引进福仓社区纺织加工厂和万泰花园酒店两个投资项目。同时，积极做好全镇总体规划评审的有关工作和相关村（居）控制性详规的修编工作，科学合理布局各功能区，重点做好关埠工业园区的选址规划工作，园区地点已选定，有关工作正在扎实推进中。

（党政办）

【西胪镇】西胪镇地处榕江下游西岸，榕江出海口，依山傍海，区域面积109.2平方公里，下辖27个行政村。全年完成农业总产值4.9亿元，工业总产值1.27亿元，工商税收367.4万元，人均纯收入4422元。特色农村经济稳步发展。大力发展特色“三高”农业，推进万亩优质水稻生产基地、农业综合开发等项目建设，扩大乌酥杨梅、姜薯、竹笋等名优特品种的种植，完成集体林权和“西胪乌酥杨梅”国家地理标志产品保护的申报工作。规划西胪工业园区，为发展工业做好用地储备。依托周边地区纺织服装业发达的优势，规划建设潮阳服装专业市场。第四届杨梅节的内容不断丰富，特色乡村旅游品牌知名度不断提高。社会管理持续加强。重视维稳信访工作，排查化解矛盾纠纷，化解2宗边界纠纷。加强社会治安、计生、殡葬、安全生产、国土等社会管理工作，社会大局保持稳定。民生事业稳步推进。完成14个村的农村安全饮水工程，解决4.6万人的饮水安全问题；积极推动竹林农民公寓项目建设；深入开展“双到”扶贫工作，落实帮扶资金700多万元；完成400多户农村低收入困难群众危房改造，推进水利、道路等基础设施建设；启动新型农村养老保险工作，居民基本医疗保障范围不断扩大；深入开展环境整治，改革传统环境卫生管理制度，农村居住生产环境不断改善。

（党政办）

【金灶镇】金灶镇地处潮阳区西北部，榕江中游南岸，背山面江，东接潮阳区关埠镇，西界普宁市麒麟镇，与揭阳市渔湖开发试验区隔江相望，区域面积78.9平方公里,下辖46个行政村。积极推动高效农业项目建设，抓紧“金灶鲜果”集体商标申报工作，国家商标局已受理商标申报。探索在波头村规划700亩用地，建设首期工业园区；鼓励培植企业改造升级，增产扩资；探索发展桑椹深度加工业，柿钱等水果加工业效益明显。进一步开发生态旅游业，活跃农村商贸经济，推动农业增效、农民增收。基础设施日益完善，全力推进“金关围”堤段的达标加固工作，实施潮水溪清淤清障工程。投资400多万元改造镇内高低压线路、更换变压器台和农网改造工程。投资548万元，完成前洋、金沟等小学危房改造，总建筑面积2560平方米。投资1810万元完成18个村（居）饮水安全工程建设；发动民资民力筹集资金495万元，大力整顿村容村貌。投资328万元改造8.2公里村道；投资290万元建设4宗桥梁。社会管理不断强化。加强社会治安综合治理，抓好全镇治安视频监控系统建设，完善维稳机制，及时消除和化解各种不稳定因素。人口计生工作不断加强，深入开展创建“两无”活动，有效稳定低生育水平，扎实推进殡改工作向纵深发展，火化率保持100%。严格执行“一岗双责”，清理整治消防安全隐患。科教兴镇战略深入实施，科教事业健康发展。和谐社会建设扎实推进，新农村文明新风进一步树立。

（党政办）

【潮阳经济开发试验区】潮阳经济开发试验区于1993年7月设立，1999年1月与海门镇合署办公。开发区规划面积320公顷，征地面积320公顷，实际开发面积87.5公顷。开发区内投资额超过1000万元的项目有日本亚贺克株式会社，该公司计划投资8000万元，主要生产花边、松紧带等。计划总投资300亿元，占地约100公顷的华能汕头海门电厂的3、4号发电机组正在申报中。计划投资8000万元的飞达制罐项目和计划投资3000万元的锦泰冷冻厂已动工建设。在全面清理清核开发区的土地和债权债务状况的基础上，积极配合区有关部门做好试验区土地统征的各项前期工作,力促开发区土地统征工作顺利开展。以海门镇的临海优势和试验区的土地资源优势，积极探索，加大招商引资力度，转变机关职能，提供高效优质服务，吸引更多的大项目落户，逐步把试验区建设成基础设施配套齐全，生产技术水平较高，管理先进，辐射力强，以高新技术工业为重点，外向型经济为主导，融旅游、商业、贸易、金融于一体的多功能海滨工业新城区。

（海门镇党政办）

附1：2011年潮阳区党委、人大、政府、政协和纪委主要负责人名单

区委书记：　陈壮生（至7月）　陈新造（7月起）
区人大主任：陈壮生（至11月）　陈新造（11月起）
区　　长：　林伟雄（至8月）
代理区长：　杜怀丹（8月起）
区　　长：　杜怀丹（11月起）
区政协主席：李逸珊（至11月）　黄克坚（11月起）
区纪委书记：黄克坚（至9月）　吴　军（9月起）

附2：2011年潮阳区国民经济发展情况表

项目	单位	2011年指标
年末户籍人口	人	1676846
其中非农业人口	人	375734
地区生产总值（不含华能）	亿元	210.37
工业总产值	亿元	529.42
规模以上工业总产值	亿元	401.82
农业生产总值	亿元	32.06
外贸出口总值	亿美元	7.25
批零销售额和住宿餐饮营业额	亿元	264.66
固定资产投资总额（不含华能）	亿元	84.06
财政总收入	亿元	27.7
其中一般预算收入	亿元	10.53
农民人均纯收入	元	5033

潮南区

【概况】潮南区位于汕头西南部，东临南海，西接普宁，南邻惠来，北与潮阳接壤。2003年1月经国务院批准设立，全区总面积596.42平方公里，总人口134.68万人，辖峡山1个街道，陈店、司马浦、胪岗、两英、仙城、红场、雷岭、陇田、成田、井都10个镇共232个村（居），其中革命老区村177个、山区村107个。区委、区政府驻峡山街道朝阳路1号。

潮南依山傍海，山水交融，全区山地面积38.23万亩，占汕头市山地总面积的40.28%；耕地面积20.82万亩，占汕头市耕地总面积的29%；海岸线长14.7公里，海域面积4000多平方公里。

2011年，完成地区生产总值212.1亿元，同比增长13.5%；地方财政一般预算收入7.37亿元，增长24.3%。全年完成财政总收入15.5亿元，增长24.8%；一般预算收入7.37亿元，增长24.3%，增幅列全市各区（县）第3名；完成增值税7.29亿元，增长21.6%；地方及共享各税5.17亿元，增长18.7%；非税收入2.66亿元，增长59.8%。全年完成外贸出口总值7.48亿美元，增长20%；批零销售额和住宿餐饮营业额226.5亿元，增长23.5%。

【工业】全年完成工业总产值538.1亿元、增长17.5%，其中规模以上工业总产值316.2亿元、增长24.6%。全区新增投资额1000万元以上的工业项目55个，新增规模以上工业企业35家；实施技术改造项目9个，总投资13亿元；争取省、市科技立项32项，建立省市工程技术研发中心18个，新增专利申请量1596件、授权量490件，新增广东省著名商标1件、广东省名牌产品2件。工业用电量16.7亿千瓦时，增长5.4%。

【农业】全区5个粮食高产示范点平衡增产。17个省级无公害农产品生产基地和8个特色农业生产基地不断扩大。海门中心渔港井都港区防波堤和渔业码头建成投入使用。全年水产品总产量达到2.4万吨，渔业总产值2亿元。全区投入生态林业建设资金478万元，完成造林补植面积达1万亩、封山育林面积4000亩。全年完成农业总产值20.9亿元，增长4.7%。

【重点项目建设】全年完成全社会固定资产投资总额73.3亿元，增长89.4%。全区41个扩大内需项目中有39个竣工投入使用；12个市重点建设项目完成投资额名列全市前茅；120个区重点项目中有89个开工建设，有42个竣工投入使用，完成投资22.76亿元。

【园区建设】产业转移园区进园一路等9个配套设施项目通过竣工验收；全力推进台湾农民创业园路网、电网、林网等配套设施的规划建设，有4个项目竣工投产。

【基础设施】区党政综合办公用房项目已经顺利奠基；两铜线路面大修、和惠公路大修首期工程竣工通车；潮南城防工程、大龙溪二级等四宗中型水库除险加固工程已完工销号。供电体制问题得到根本解决，农电改造遗留问题得到妥善化解，区供电局获批准设立，电力设施建设稳步推进。

【社会管理】年内，开展编制行政中心片区控制性详细规划，编制完成《陈沙公路沿线地区功能结构框架规划》。依法在北环大道、陈沙公路两侧统征集体土地500多亩。加大对违法用地、涉土案件的查处力度。增加解决专项用地指标400多亩，解决了村村通自来水、垃圾处理设施、峡山内涝整治、供电设施等重点项目用地问题。以户外广告、交通秩序、乱摆乱卖和垃圾清运为重点，依法拆除国道324沿线违章广告牌2000多块，组织开展环境卫生整治、乡村景观改造和美化绿化建设。大力推进排污企业整治和节能减排工作，依法关停污染企业90家。建立“平安潮南”四级视频监控网络和违法犯罪车辆网络化追踪系统，侦破“两抢一盗”案件649宗、破案率增长12.57%。侦破刑事案件1309宗、破案率增长13.61%。加强流动人员计生管理，落实结扎7415例，巩固发展了省计生二类地区工作成果。严查占地毁林造坟和违规土葬行为，全区火化率达93.9%。深化火灾隐患排查整治，检查生产经营单位1354家，排查各类安全隐患2313处，落实整改2043处。立案查处制假贩假案件157宗，抓获涉假分子108人。“制贩假重点地区”、“社会治安整治突出地区”、“打拐重点地区”等全部摘牌。

【民生事业】全区财政预算用于民生事业项目支出7.29亿元，同比增长17.2%，占本级一般预算支出73.9%。落实帮扶资金8179.25万元，新增扶持项目209个，组织贫困户参加劳动技能培训11706人次，12780户贫困家庭实现脱贫。投入资金3663万元，新建扩建校舍5所，全区新增优质学位4000个，高考上线率创历史新高，代课老是招录转岗问题得到有效解决。区人民医院住院综合楼建设已完成征地等前期工作，陇田中心医院急诊楼完成主体工程建设，4所镇级卫生院启动改造建设，成田卫生院和区残疾人康复中心动工建设。投入新型农村合作医疗配套资金2.48亿元，新农合参合率达99.9%。新建农家书屋58家，累计达166家。完成111处文物点的调查登记工作，有3处被公布为市文物保护单位，6个项目分别列入国家、省、市非物质文化遗产名录。新增城镇就业岗位4368个，转移农村劳动力26986人，城镇登记失业率为2.5%。城乡一体化基本医疗保险参保123.3万人，城镇职工参加社会保险6.7万人。新型农村社会养老保险参保22.4万人，65918位60岁以上老人开始逐月领取养老金。发动社会各界认捐1988万元。向全区11157户低保对象和1155名重度残疾人逐月发放补助金，建设保障性住房803套。

【政府自身建设】加强公务员培

训、招录、教育和管理，全年招录公务员97名。深入开展“四治”综合整治行动，努力解决干部队伍存在的问题。向全区公职人员发放特区津贴，大幅度提高农村干部岗位补贴，建立离任村干部补偿制度和贫困村办公经费补助制度。强化审计监督，实施审计项目36项，查处违规资金1447万元，追缴和挽回财政资金324万元。自觉接受区人大、区政协和社会各界的监督，办理议案和建议9件、提案2件，办结率均为100%。

（罗建华）

【峡山街道】2011年，街道实现地方生产总值59.7484亿元，工农业总产值173.51亿元，工商各税4.58亿元。年内，加快重点项目建设进度。街道列入全区重点工业项目10个，计划总投资2.56亿元，至年底已完成投资1.815亿元，其中9个项目全部完成。鼓励企业增资扩产，开展技改创新，力促做强做大。共有10家企业新建、扩建厂房7.6万多平方米，佳友织业、志发针织等2家企业申报技术改造项目2项，投资3600万元。实施质量强街战略，引导企业争创名牌。有“钊盛”、“雪妮芳”2件商标获得“广东省著名商标”，街道累计有“中国驰名商标”4件，“广东省著名商标”23件，“广东省名牌产品”6个。全年完成工业产值171.7亿元，同比增长12.9%。引导企业拓展国内外市场。引导鼓励晶华、威豹、华隆等40多家企业积极寻找商机，通过召开企业订货会和参加各类展销会，共签订购销合同总额近12亿元；鼓励符合条件企业利用政府扩大内需的优惠政策开拓海外市场，全年外贸出口额达36582万美元，同比增长22.4%。

社会事业健康发展。投资450万元的峡晖中学教学楼及消防水池竣工交付使用；投资480万元的晓升中学教师宿舍楼主体工程已完成；峡山、上东浦等10个村（居）共投入资金约1200万元修缮和扩建校舍设施，办学环境进一步改善。加快城区基础设施建设。完成投资160多万元三乡桥、投资140多万元的南港桥的改造建设；投资150多万元实施对五洲桥改建。完善沿河西路改造工程的建设；着手抓好丹凤路改造工程前期准备工作，争取及早上马建设；工程总造价约3.55亿的北环大道新建工程已完成可研报告和申报市发改局立项，并正在办理和完善施工前期有关手续。投资110万元整修电排站机组和其它配套设施；投资100多万元对峡山大溪和义英桥至三乡桥河道进行浚深、清淤；组织各村（居）对内溪河淤泥及垃圾杂物的清理，确保排涝畅通。此外，社会治安综合治理、消防安全、计生、打假、殡改等社会管理工作步上规范化管理轨道。

（李汉远　林贤海）

【陈店镇】2011年，全镇完成地区生产总值29.165亿元，工业增加值18.3152亿元，规模以上企业产值41.196亿元，农业产值1.67亿元，工商各税17039万元，固定资产投资9.229亿元，外贸出口6984万美元，农村人均纯收入6010元，农村集体经济总收入5487万元。各家银行存款24.71亿元，贷款3.1亿元。年内，区工业企业引进先进生产设备50台套，折值2000万元，研制开发新产品260件，广东科信实业有限公司研制LED照明灯具，达到国际先进水平。新办企业18家，累计369家，新办个体经营户722户，累计5034户，新办注册商标50件，累计1480件，其中省著名商标9家，省高新科技企业5家，陈店西市场被评为“广东省创建文明集市示范单位”、汕头市乔妮舒内衣有限公司被评为全国“优秀职工之家”。

投资环境不断改善。沟湖社区和新溪西村投资1200万元铺筑村道。投资2000万元架接南湖变电站输出线路10千伏高压线路4对长12公里，改造低压线路35公里，增设变压器35台，年供用电量5.5亿千瓦/时，全镇投入1080万元开展内涝整治，增加宽带用户3500户，累计18500户。社会管理不断规范。拆除违章广告牌780块，违章横联标语360条，铲除牛皮癣367处。筹资300多万元，设立社会治安综合视频监控中心，升级改造视频探头104个，新增6个高清视频卡口，单位、企业、商户设立自控自录视频4177台套。精神文明建设不断加强。投资650万元扩建改建汕柄、陈围2个校舍，洋老村投入250万元建设文化广场，新建港后、洋新等7个“农家书屋”累计20家。有线电视投入500万元，实行光纤传输，开通104个频道，节假日开展健身舞、文艺表演、灯谜、乒乓球、篮球、文艺游行等形式多样的文艺体育活动，活跃节日群众文化生活。

（黄楚澄）

【司马浦镇】2011年，全镇完成地区生产总值27.48亿元，同比增长23.4%；完成工业总产值79.7亿元，同比增长30%；完成工商各税14420万元，同比增长6.8%。全年投入农业基础建设资金170万元，整修排灌渠系7.4公里；实施农业综合开发，继续抓好华里西村、溪美朱村省级基本农田示范区和港美村橙园建设。全年工业外贸出口总额11870万美元，同比增长18.5%。增资扩产工业项目22宗，已投资6.06亿元。新建厂房面积50万平方米，引进先进技术设备234台套。新增规模以上企业8家，累计55家。全镇新增个体工商户328户，累计2672户；新增国税税务登记75户，累计925户；新增地税税务登记107户，累计1212户。村容镇貌明显改观。投入资金1900多万元，新建美西工业路、下方永益路、港美工业大道，华里西广华路、西顾庵面前路等5条主干道；投入资金300多万元，在全镇范围内率先建成美西村垃圾压缩站；敦促13家污染企业投入资金3000万元配套治污设备；新建扩建港美生态公园、小西洋休闲公园等景观景点。全年共落实计生四术2038例，结扎886例，其中纯二女扎17例；征收社会抚养费1002人次，金额173.4万元。全年落实遗体火化525具，殡改工作在全区排名第一。全年侦破刑事案件117宗，查处治安案件562宗，调处民事纠纷1126宗，抓获各类违法犯罪嫌疑人770名。全镇享受免费政策的农村中小学生19830名，补助金325万元；高考上线率81.8%；全年共有4500人次住院得到医药费补偿，报销金额达1600万元；全镇共有24598人参加了新型农村养老保险；发放救助金、供养金共5.7万元，受益贫困户700多户；广泛发动社会力量开展扶贫济困送温暖活动，发放慰问金8.3万元及物资一批，慰问帮扶对象共2309户；投入资金100多万元，开挖深水井40多口；各村（社区）全年累计投入资金3400万元，兴办各类好事实事30宗。

（陈伟生）

【胪岗镇】2011年，全镇完成地区生产总值23.11亿元，工业总产值60.83亿元，农业总产值1.8亿元。完成工商税收12768万元，同比增长23.32%，其中增值税8618万元，地方税4150万元。工业经济发展较快。四海集团（香港）有限公司等新办经济项目6宗，通艺拉链厂等增资扩建项目7宗，计划投资额3.5亿元，扩建厂房面积12万多平方米，引进生产线5条，生产设备500多台（套）。美莱顺（国际）内衣城等7个重点投资项目计划投资总额14.14亿元，已动工建设项目6个，3个竣工。农业效益提高。利用退柑还田之机，引导农户扩大粮食种植面积，粮食种植再获丰收；争取利用国家专项基金改造溪尾农田建设；充分利用扶贫资金，引进名贵药材金银花种植项目落户五丰村。加大投入1000多万元，大兴农田水利设施建设，完成“溪头古沟”改造工程，整修泗黄村农用水泵站、启动中港胪溪段排涝第一期工程、新联村后溪整治第一期工程。全年投资470多万元，新建2所幼儿园，配套完善各中小学校的硬软件建设。教育再获佳绩，中考成绩名列全区第二。侨领泰国中华总商会吴宏丰主席捐资续建汕头市潮南区吴宏丰医院投入使用。新建“农家书屋”4间，投资300多万元兴建泗黄和后安两所老年人活动中心，投资10多万元建设上厝居委计生文化公园，多方筹集资金3500多万元，改造修建胪岗居委中学路、胪溪工业园区主干道、上厝工业园区主干道、新联宅尾路、新中村门仔路、新民宫前路和溪尾迷魂桥等路桥建设。投资330万完成府前路（溪和路）东段的改造工程，投资2100万元改造港头公路已经启动。改造工程投资2500多万元完善以泗水河为中心和吕厝内河两岸为中心的环境绿化综合整治，配套完善三岛景点，修建泗和村排污沟，对泗水河、中港河和港头后溪河进行清污清障、浚深河床及两岸加护栏；修建吕厝风景走廊、铺设吕厝生活污水排污管道，开展农贸市场环境综合整治、农村环境集中连片整治和旧厕池拆除改造等，配备环卫队伍，配套环卫车辆、工具。2011年共受理信访案件30宗，办结26宗，成功化解信访积案1宗；调解民事纠纷165宗，成功调解158宗，调解成功率95.7%。深刻吸取“2011•1•08”上厝火灾事故血的教训，对既有建筑和小作坊进行全面再清理、再整治，发现安全隐患317处，落实整改307处，整改率96%。全镇保持平稳发展，社会大局和谐稳定。

（马春晖）

【两英镇】2011年，全镇完成地区生产总值36.25亿元，工业产值119.13亿元，农业产值1.64亿元，外贸出口总额7620万美元，社会固定资产投资12.74亿元，工商各税1.77亿元，农民人均年收入5970元。打响中国针织名镇区域品牌，培育针织服装支柱产业，延长机、纱、布、衣产业链条。新办企业14家，企业增资扩产25家，新增专利32项，新增注册商标355件，组建省级技术研发中心1家，市级技术研发中心4家。新建两英针织服装商贸城和皇都大酒店娱乐城等重点项目。认真落实强农惠农政策，因地制宜兴办种养基地，落实惠农资金72万元。积极推进林权制度改革，发放、补办林权证38份。加强农田水利设施建设，整修农田排灌沟（渠）25条28公里。开展经济户口清理，新增经济户口368户，新增一般纳税人86户、累计308户。加强统计工作，82家规模企业按时联网直报。全面铺开“千村整治”行动，以创建文明示范路司神公路高堂至龙岭路段为重点，以深化两英大溪整治为突破口，扎实推进市容环境卫生综合整治，使城乡环境焕然一新。狠抓节能减排，两英污水处理厂建成投产，发挥效益。加大巡查监管力度，确保印染企业污水达标排放。高质量建设两禾线改造工程，并高起点配套步道临、路灯等设施。多方筹措资金，铺筑主次干道15.8公里。建立矛盾排查化解机制，落实领导包案，依法依规处理信访突出问题，共排查化解矛盾35宗，维护社会大局稳定。深入开展“三打两建”专项行动，查获了一批假货，有效规范了市场经济秩序。开展计生升类创优活动，落实殡改管理责任，加强国土巡查监管，各项工作逐步走上规范化轨道。抓好“普九”教育、校安工程和校园、校车安全工作。推进城乡一体化医疗制度，全镇农民参保16.2万人，参保率达99.5%，全镇农民参加新农合医疗报销达2057万元。实施文化惠民工程，新建9家农家书屋和1家职工书屋。推行新型农村社会养老保险制度，实现“老有所养”。致力做好就业、再就业工作，解决农村富余劳动力。开展扶贫“双到”活动，落实帮扶项目9个，帮扶资金230万元。

（蓝利明）

【仙城镇】2011年，全镇完成地区生产总值6.47亿元，增长12.6%；工业增加值2.59亿元，增长10%；完成农林牧渔总产值1.4亿元；固定资产投资17500万元，增长33.1%；完成外贸出口总额860万美元，增长6%；完成工商各税1420万元，增长25.2%，（其中国税829万元，增长28.1%；地税591万元，增长21.35%）；农村人均纯收入4465元。全年共接处警63宗，侦破刑事案件53宗，行政拘留125人，抓获网上逃犯39名，查处治安案件287宗，收戒吸毒人员35名，查处赌博案件60宗144人；在各重点路段安装视频监控摄像头296个，维护了全镇社会治安大局的稳定。全年共完成结扎748例，放环1024例，收取社会抚养费140多万元。全年共火化388具，累计占年完成任务的89.81%。加强对林业管理工作人员的管理和山林巡查监管力度，出台骨灰存放楼的管理措施等办法，及时有效查处打击毁林造坟、违规丧葬违法行为。全年城乡医疗一体化参保人数为107086人，住院补偿报销共有1312人次982多万元。新型农村社会养老保险参保人数11626人。全年投入资金490万元，铺筑利陂、深溪、梅径、仙门城等村（居）15公里的水泥路面。在已完成的投资近2000万元、涉及10个村（居）的饮水安全工程建设的基础上，继续投入资金80多万元加强红墩、榕堂二个村的自来水巷管建设，全面解决了群众饮水难的问题。九年义务教育学生巩固率和高中毛入学率分别达到99%和73%。加快中小学基础建设和配套设施建设，筹资二十多万元为部分学校修理和购置新课桌一批，投资300多万元的榕堂小学综合楼和围墙建设目前正在紧张筹备中，即将动工建设。

（郑佳鑫）

【红场镇】2011年，全镇共完成地区生产总值11075万元，工农业总产值10275万元，其中工业产值2768万元，农业产值7507万元，工商税收189万元。继续做强做老区特色农业，对原有青梅、茶叶等种植品种进行改良，提升山区传统种植业规模和档次，“大粒杨梅”、优质茶、油茶等山区特色产品种植面积继续进一步扩大，继续推广和扩种速生丰产林，大力发展商品林生产，取得较好的经济效益和生态效益。全镇20个贫困村共落实省、市、区各级和社会募捐扶贫资金共1750万元，完成农业经济发展项目32个；已实施各类基础设施建设46项；开展种养技能培训5期，培养各类技能2000多人次，有力地加快了挂扶贫困村、贫困户的脱贫奔富步伐。开发红色资源。聘请潮州市建筑设计院完成对镇的革命迹地和文物设施的全面踏勘，形成规划和修缮整体方案。投入20万元，完成阅兵台、阅兵亭、纪念亭的修缮，并对部分革命石刻标语进行刷新及卫生环境整治。全面开展经济户口清理整顿和工商业户产能核查，全年新增工商登记8户、地税登记25户、国税登记116户。并对126户工商业户进行产能核查，堵塞征管漏洞，挖掘增收潜力，使财税收入稳步增加。加快基础设施建设。完成苏明村道延长线、四溪通普宁线道路的基础工程建设、水头村主村道、大夆村、四溪村、虎空村等村道、巷道硬底化建设和改路工程，完成仙田危桥改造建设。已经完成了对红场镇中心小学规划建设和选址定点工作。计划投资100万元的镇卫生院门诊大楼建设，已于近期动工建设，争取2012年底前建成，投入使用。同时，全面完成18个村（居）及镇区的水改建设，较好的解决了老区人民饮水难问题。

（罗钊华 陈佳玲）

【雷岭镇】2011年，全镇共完成地区生产总值1.7亿元，工农业总产值1.5318亿元，工商税收142万元。山区工业有新突破。以荔宝酿酒有限公司为龙头，扶持引导全镇50多家服装、丝花、手袋等手工作坊做强做大，提高民营经济在农村经济中的比例，改善农村劳动力就业结构。以扶贫开发“双到”工作为契机，加大对农民文化知识、劳动技能的培训力度，促进富余劳动力转移。继续做强做优荔枝产业，通过举办培训班和《农科简讯》的方式，提高果农种植技术和管理水平，走现代科学管理路子，有效地促进荔枝生产。全镇经国家级、省级认证的无公害荔枝生产基地达23800亩，标准化示范区1000亩，出口生产基地2000亩，2011年无公害农产品雷岭荔枝产量达5000吨，“雷岭荔枝”实现连续7年出口美国。跟踪推进鹅地温泉度假村的开发工作；成功举办2011汕头•潮南荔枝旅游节，进一步提高了雷岭知名度，并整合“特色、绿色、红色”等资源优势，大力宣传推介雷岭“农家游”、“生态游”、“休闲观光游”等旅游项目。完成赤松路、鹅洋路以及双霞桥改造工程；完成东老、麻埔等村饮用水安全工程等建设项目；抓紧推进镇综合市场、汽车总站等公共设施建设；跟踪推进省道司神公路雷岭镇区路段改造工程，将其纳入省道235线司神公路改造大修项目中；跟踪推进雷岭河小流域综合治理工程，加强山塘水库、排灌渠等农田水利设施的整修和除险加固，不断优化山区生产环境。社会管理不断规范。以纯二女结扎和社会抚养费征收为突破点，计生工作扎实推进；全面开展自查、巡查、整治，着力推进殡改工作；加强土地巡查监管，抓好卫片执法，保护和利用好土地资源；深入开展安全生产大检查大整治行动，安全生产管理逐步规范；整合力量，群防群治，抓好社会治安综合治理和信访维稳工作；加大环境卫生综合整治力度，美化山区环境；认真抓好新农合工作，做到100%参合，到镇报销463人次，总金额157.58万元；多措并举，积极推进新型农村社会养老保险。

（余俊生）

【陇田镇】2011年，全镇完成地区生产总值14.0729亿元，同比增长10.8%；完成工业生产总值17.8029亿元，同比增长14.1%；完成国税1974万元，同比增长23.45%；完成地税1473万元，同比增长13.75%；完成固定资产投资2.87亿元，同比增长17.52%。年内，先后为2家重点企业解决项目用地11亩；改造和新增设备1050台（套）；新建、扩建厂房14000平方米；引导5家企业申请ISO9002质量认证和商标注册。全镇申请通过ISO9002质量认证企业7家，获省著名商标企业1家。年产值2000万元以上企业11家，产值6.02亿元，同比增长10.66%。全镇水稻种植面积23593亩，申报种粮补贴资金近160万元，申报农机补贴3台，补贴近5万元。2011年全镇共投入资金516.78万元，消灭绿色丢荒、改造低产田455亩，整修排灌渠系10条共15.7公里，新建、维修电动排灌站6座、涵闸9座。动员组织社会贤达成立华古岩风景区理事会，对华古岩风景区竣工项目进行结算，同时争取旅居香港陇田籍乡贤郑廷辉先生捐赠款40万港币。牵头华辉园海滨浴场与深圳万豪大酒店对接，寻求深度开发，拟建成集旅游、度假、休闲于一体的海滨度假村。全镇共投入城建资金近 679.5 万元，新修筑村道8条 7.8公里，新建桥梁 2座；配合上级部门完成和惠公路第一期拓宽大修工程；启动陇田镇龙溪水厂建设，第一期征地手续已上报，选址、规划、设计也正在抓紧推进中，并已投入资金60万元整修更换自来水管道8.8公里。深入开展“千村整治”活动，加大环境卫生整治力度，重点对和惠公路陇田路段的进行清理整治，取得了初步成效。同时，加大农厕改造力度，新建公厕5座，填平旧厕池100多个，辖区内环境卫生大为改善。年内，争取上级支持，恢复田心中学高中编制，发动陇田籍在外企业家陈一丹先生捐赠1300万元建设田心中学高中部慈英楼，工程已开工建设。积极申办东波小学、茆港小学为九年一贯制学校，调整优化初中布局。抓住机遇争取支持，有效化解沙陇中学、田心中学和面上6所小学的教育债务近800万元。全镇还投入资金约287万元，用于扩建、修缮校舍。镇中心卫生院急诊楼已完成主体建设，并投入资金70多万元购置飞利浦HD彩超一台，进一步满足广大群众就医检查需求。全镇31个村居共有127532人参加城乡一体化医疗保险,参合率达 95.9 %，投保额近383 万元，报销2013人次，报销金额达1210万元。争取上级扶贫资金185万元，帮助贫困村改善基础设施和生产生活条件。积极推行新型农村养老保险工作，全镇31个村居有23824人参加农村养老保险。动员在外热心乡贤捐款捐物30万元，共慰问全镇1500户贫困户。

（郭兴荣）

【成田镇】2011年，全镇共实现地区生产总值9.62亿元，社会固定资产投资总额3.53亿元，工业增加值3.9715亿元，外贸出口总额1000万美元，国税1923万元，地方税1205万元。全镇粮食种植面积达2.126万亩，完成农业生产总值13601万元。年内，投入资金2300多万元，对长达8.5公里的南港溪河进行整治，工程历时近两年，已顺利竣工，清除河道淤泥杂物，受益居民5万多人。投资1500多万元、占面积地7.07亩的成田卫生院改建工程于年底启动建设，预计于2012年底竣工。位于大寮村、计划投资250多万元、建设占地600平方米、总建筑面积约1000多平方米的成田镇第二骨灰停放楼，以及投资近100万元的污水处理池也已动工建设。投入资金800多万元，对简朴、家美、西岐、大寮等村（社区）辖区内长近6公里的村道进行硬底化，有效地改善了交通条件。全镇社会治安防控体系进一步健全，安全生产、环境保护、人口与计生管理、国土管理、殡改等社会管理工作逐步走上规范化管理轨道。2011年，全镇人口出生率10.56‰，自然增长率5.78‰，计划生育率98.02%，死亡率4.78 ‰。2011年，全镇共发放社会救济金43.2万多元，大米13.71万斤。扶贫“双到”工作取得较大成效，千山村油茶基地、沙陂村养牛协会等一批帮扶项目得到很好落实。医保“城乡一体化”、新社保、新农合等惠民工作也深入开展。镇被推荐参评省、市两级林改工作先进单位。大寮嵌瓷工艺社被省文化厅定为“广东省大寮嵌瓷培训基地”，镇组织开设嵌瓷培训班，普及技艺，培养接班人，弘扬民间艺术。依法依规完成镇、村二级换届选举工作。创先争优取得成效，简朴村党总支部被区委定为创先争优示范点。

（刘乐毅）

【井都镇】2011年，全年实现地方生产总值7.7亿元，增长17.6%；农业总产值4.55亿元，增长11.8%；工业增加值1.697亿元，增长 16.6%；外贸出口3236万美元，增长115%；完成工商各税1355万元，增长42.6%；实现农民人均纯收入3950元，增长12.8%。年内，投资170多万元的上南蔬菜转运场建成投入使用，进一步完善蔬菜生产示范区的配套建设；完成省级投资土地开发项目工作，开发耕地936.67亩；积极推广高密度、深水位的鱼虾混养模式等先进技术，水产养殖效益有了明显的提高。侨丰集团通过扩大生产基地，转变经营方式，拓宽销售渠道，出口交易量有了明显提高。德兴种养实业有限公司积极实施"生态良种猪苗繁育场"项目，完成首期投资4200 万元，第一条生产线已经投产。招商引资工作有新突破，侨丰集团有限公司与漳州市富海食品有限公司合作投资2000万元建设2000吨鱼罐头自动化加工项目，已达成合作意向。全年共投入资金1130万元，解决一批民生热点难点问题。投资245万元完成上南、神山、平湖新、凤光等7个村（居）11.5公里村道的路基、水泥路面的建设。投资290万元完成和丰小学的校舍配套设施建设和古埕、新明、平湖西、连丰小学等4所学校整修绿化工程。投资325万元整治井田公路两侧和神山、和丰、上南、平湖西、诗家等7个村（居）的环境卫生状况，美化环境。投资310万元建设平湖西生态公园、平湖新北欣片区体育健身广场、新明村和平湖东村老年人活动中心等文化休闲设施。就业再就业工作积极推进，培训员工1000人，新增转移农村劳动力就业2003人，新增城镇就业岗位40人。新型农村社会养老保险工作顺利铺开,参保15130人，其中已享受养老金待遇4770人。城乡一体化医保和卫生事业持续发展，全镇参加医保78200人，全年医保报销了1115万元。加强社会综合治理。严厉打击各类违法犯罪活动，全年没有发生路面"双抢"案件。做好信访和维稳工作，个别村（居）涉土涉财涉法涉诉案件等矛盾逐步得到化解，全镇社会大局稳定。加大打假打私工作力度，联合上级有关部门捣毁2处制假窝点。加大排查整治火灾隐患力度,全年没有发生火灾伤亡事故。计生、殡改、国土、村务公开和民主管理等工作也有条不紊推进，各项社会管理逐步走上规范化管理的轨道。

（陈再添　姚文雄）

附1：2011年潮南区党委、人大、政府、政协和纪委主要负责人名单

区委书记：　林合坤（至4月）　陈武南（4月起）
区人大主任：林合坤（至4月）
代 主 任：　庄明耀（4至11月）　陈武南（11月起）
区　　长：　王槐峰（至8月）　刘永铭（8月起）
区政协主席：林欣跃
区纪委书记：蔡永明（至8月）　杨应雁（8月起）

附2：2011年潮南区国民经济发展情况表

项目	单位	2011年实绩	比2010年＋%
地区生产总值	亿元	212.1	13.5
工业总产值	亿元	538.1	17.5
农业总产值	亿元	20.9	4.7
批零销售额和住宿餐饮营业额	亿元	226.5	23.5
全社会固定资产投资	亿元	73.3	89.4
财政总收入	亿元	15.5	24.8
一般预算收入	亿元	7.37	24.3
完成增值税	亿元	7.29	21.6

地方及共享各税	亿元	5.17	18.7
非税收入	亿元	2.66	59.8
外贸出口	亿美元	7.48	20
农村人均纯收入	元	5076	12.7

南澳县

【概况】南澳县位于广东省东部沿海。明万历三年（1575）南澳设镇。分左营和右营。左营为福建营，右营为广东营，清雍正十年（1732）5月，设南澳海防厅同知，照州县之例建置。民国元年（1912）2月，改南澳同知为民政长，同年7月改南澳厅为南澳县。民国三年（1914）10月，云、青两澳由福建划归广东，结束了南澳由两省共管的历史。2011年，南澳县辖3个镇、2个区。行政区域面积111.52平方公里，由23个大小岛屿组成，海岸线长99.22公里。其中主岛面积104.04平方公里。2011年末常住人口6.03万人，户籍人口7.4228万人。

南澳县土地面积11216.6公顷。其中已利用土地9689.8公顷，土里利用率为86.4%。耕地面积515.1公顷。有林地面积11.26万亩，活林木总蓄积11.31万立方米，森林覆盖率72.4%。南澳县物产丰富，拥有近海鱼类471种，分隶为25纲131科284属。贝类375种，分隶为5纲106科225属。藻类85种，分别为绿藻门22种，褐藻门22种，红藻门40种，兰藻门1种。南澳县历史悠久，文物众多，名胜古迹名闻遐迩，辟有海洋生态旅游、森林生态旅游、滨海度假旅游等多条线路；辟有文物古迹“宋井”、“总兵府”，“成台陵”等历史景点；辟有以“黄花山国家森林公园”、“国际候鸟天堂”乌屿岛为主轴的环保景区以及青澳湾休闲度假景区。南澳县地处台湾海峡喇叭口，风力资源丰富，年平均风速在8.5米/秒上下，风力发电已成为南澳的一大产业，同时又成为观光旅游景区。

南澳县人文历史积淀深厚，曾是古代“海上丝绸之路”的重要中转站。南宋末年，宋帝兵败逃经南澳。明清两代设镇海防。郑成功、施琅曾在南澳招兵练兵收复台湾。戚继光曾领兵至南澳抵御倭寇，剿灭贼窝。刘永福曾在南澳担任总兵。明清两代共有173任正副总兵到任。

南澳县先后获国家AAAA级旅游区，全国科技兴海示范基地，全国绿化模范县，全国生态示范区，全国双拥模范县，广东省最美丽的海岛，广东省林业生态县，广东省可持续发展实验区，广东省旅游特色县。

2011年，全县生产总值11.25亿元，比上年增长12.8%；第一产业增加值3.27亿元，增长4.1%；第二产业增加值4.27亿元，增长15.3%；第三产业增加值3.71亿元，增长18.5%。地方财政一般收入1.25亿元，增长102.8%，增幅列全省第一。社会消费品零售总额14.46亿元，同比增长18.7%。外贸出口总额88万美元，同比增长37.5%。人均纯收入6017元。

【重点项目建设】南澳大桥累计投资11亿元，完成土建总工程量的80%。南澳岛供水工程投资2亿元，完成总投资量的52.8%。抗旱应急引水工程建成投入使用，有效缓解旱情。云澳国家中心渔港累计投资4000万元，完成基建工程量的80%。县人民医院改扩建、保障性住房、南澳中学学生宿舍楼和多功能礼堂等工程顺利推进。县城地下停车场、钱阁路、西竹路等工程完成前期工作。公路安保、县法院审判综合楼等项目建成投入使用。填海造地、南澳幸福新城、现代物流中心等项目前期工作按计划有序推进。

【特色产业】“南澳游”知名度不断提高，全年进岛游客74万人次，同比增长6.9%，综合收入2.6亿元，同比增长11.6%。生态种养取得较好效益，全年粮食播种8258亩，总产量4662吨；水产品总量15.9万吨，总产值10.3亿元，其中，养殖产量8.7万吨，同比增长6%。南澳牡蛎被国家质监总局批准为“国家地理标志保护产品”。集体林权制度改革工作在省的验收考核中得到高度好评。南澎列岛保护区升格为国家级自然保护区。风电工业发展步伐加快，南亚风电改造项目完成总投资的48.4%；风力发电量3.71亿千瓦时，同比增长38.1%。

【招商引资】招商引资工作进一步加强，全年上岛洽谈项目的客户120多批次，新开办公司40家，注册资金4.15亿元。经济项目完成投资总额5.3亿元。中环碧海蓝天、恒通观海阁公寓、蓝海豪景等项目加快推进。全县房产建筑施工面积36万平方米，竣工面积3.4万平方米，有效拉动经济持续增长。

【城乡建设】加大规划力度，引进一批国内外知名机构参与南澳规划工作，编制完成“南澳县总体规划”等16项规划，龙门湾填海造地等9项规划正在加紧编制。“三旧”改造和资源盘活取得新进展，苦桃井片区改造项目开始拆迁和规划建设。全年共清理闲置土地12宗307亩；收回闲置土地使用权4宗94.8亩。节能减排完成“十一五”目标任务。积极探索城市“网格化”管理，市容市貌逐步改观。

【社会事业】教育水平进一步提高，高考屡创佳绩，录入专科以上高等院校586人，高考录取率达93.6%，高中阶段毛入学率达到90%，通过省、市督导验收。完成国家基本药物制度试点工作。实行城乡居民一体化基本医疗保障制度，保障标准进一步提高，基本实现全覆盖目标。科技创新有所突破，全年专利申请量达到32件。民生问题有效改善。制定出台《加强社会建设的决定》，民生发展目标更加明晰。群众生活水平进一步提高，农村人均纯收入6017元，同比增长20.8%，首次实现两位数增长。全年实现农村劳动力转移就业1007人,城镇新增就业1060人次,城镇登记失业率控制在2.9%以内。各项社会保险金按时足额发放。扶贫“双到”工作较好完成省下达的任务。最低生活保障制度全面落实，建立了低收入群众临时价格补贴与物价上涨联动机制。投入17.5万元，完成低保帮建房7户。发放种粮补贴29.24万元，渔民柴油补贴8248.77万元。社会管理有效加强。安全生产和社会治安管理力度加大，“打黑除恶”专项斗争取得阶段性成效。市场经济秩序进一步规范，食品药品监管措施较好落实。农村综合改革顺利推进，羊屿村、后花园村列入市第一批名村建设。南澳县再次荣获“全国双拥模范县”称号，连续五次蝉联“省双拥模范县”；连续十二年获得市“殡改先进县”称号。

【文化建设】积极推进文化强县建设，《南澳岛故事》系列丛书编撰出版。“南澳Ⅰ号”列为国家水下文化遗产保护“一号工程”，考古发掘工作取得重大成果，央视直播影响广泛。完成《南澳县志（1979–2000）》编纂工作；完成《南澳年鉴2010》编纂工作。

【政府自身建设】认真执行县人大及其常委会决议，自觉接受人大、政协的监督，共办理人大代表议案、建议和政协委员提案23件。完善行政首长问责制，实行重大行政决策法律审查制度和公示制度。政府系统效能建设和廉政建设得到加强，“治贪、治庸、治懒、治散”专项整治行动扎实开展，部门服务意识和办事效率进一步提高。依法治县工作有效推进，支持司法机关依法独立行使审判权和检察权。加强执法监督，司法公正得到较好保障。启动“六五”普法工作，全民法律意识进一步提高。

（李涛）

【后宅镇】后宅镇是南澳县的县城镇，位于南澳岛中部，总面积43平方公里，辖17个村（居）委会，人口4.3万人，是全县政治、经济、文化中心。2011年，全镇工农业总产值70206万元，人均纯收入5289元。渔业是该镇的传统产业，全镇9个渔村共有船只500多艘，总吨数7万吨，盛产优质高档鱼类、宅鱿、虾类等海产品；立足海洋资源优势，大力推进渔业产业化，创办特色加工项目，巩固发展鱼松、鱿鱼膏、微虾膏、烤鱼片、鱿鱼丝、保鲜鱿鱼、保鲜鱼虾、海柳工艺品等多个具有海岛特色的加工企业；大力发展海水养殖业，全镇共有海水养殖面积1万多亩，主要品种有珍珠、扇贝、鲍鱼、波纹巴非蛤、玻璃蚝、龙须菜、东方螺、太平洋牡蛎等。全镇农田1832亩，分三个生产片区，是全县无公害生产基地，通过推广节水、节肥、节药等技术，农业生态经济较快发展；茶果种植面积1569亩，有优质茶、柑、桔、龙眼、荔枝、芒果、橘红等产品；盐田总面积8435亩，盛产优质海盐，去年年产量8100吨。2011年后宅镇民生保障得到加强。通过台账管理、跟踪落实，切实抓好民生保障和惠农工作。共投入社会保障资金50多万元，对18户受灾困难户实施临时救助，对28人次重病低保户实施医疗救助。农村低保户、五保户救济工作正常开展，全镇享受低保户数已占总户数的2.7%。积极配合市、县实施低保户帮建及重建家园工程，帮建了3户低保住房和1户特危住房。在“扶贫双到”政策的扶持和各级的共同努力下，全镇省级贫困村贫困户脱贫135户，脱贫率超过70%；面上村脱贫52户，脱贫率60%，超额完成年度指标。切实落实省“2011年度农村低收入住房困难户住房改建工程”，共有2个省级贫困村15户、10个面上贫困村17户享受这项政策。对惠农补贴“一卡通”跟踪落实，确保财政惠农补贴资金落实到位，至11月底已兑现“汽车家电下乡”、“种粮直补”等各项惠农补贴资金35.2万元。严格执行中央“2011年能繁母猪补贴计划”，初步统计全镇共有150养殖户1191只母猪符合计划要求，涉及惠农资金119100元。实施积极就业政策，扩大就业和再就业。积极开拓劳务输出新渠道，先后组织了200多人次的农村失业人员就业培训，并成功推荐了60多人外出就业；强化贫困助学工作，帮助70多名贫困学生到汕头、广州等地免费就读。2011年，顺利完成全镇17个行政村、社区的村（居）委会换届工作。建立健全村（居）行政调解组织，全年25宗矛盾纠纷中，有20宗在村居维稳工作站完成调解；深入开展“五五”普法工作和搞好送科技、送法律、送文化“三下乡”活动。投入资金20多万元修建镇文化站新址，综合整治卫生死角40多处。投入教育事业经费1001万元，落实科教人才强县战略。全镇城镇医保参保人数11077人，农村新医合参保人数26818人，医保覆盖率达99%以上，兑付农村医疗补助1026人次共300多万元。截止9月全镇出生率8.34‰，计划生育率97.26%，落实好现有人口计生奖励政策，全镇共有9人享受计生特别扶助奖，160人享受省计生家庭奖励金，416人享受市计生家庭节育奖。投入“双拥”配套资金1万多元。殡葬管理工作已进入常规性管理，火化率保持100%。

【云澳镇】2011年，全镇工农业总产值实现5.34亿元，渔业总产值实现4.33亿元，农村人均纯收入4787元，同比增长18%；财政一般预算收入398万元。2011年云澳镇以推进滨海旅游产业园区建设为主线，进一步强化旅游主导地位。以宋井景区、国家中心渔港为中轴线，规划建设环云澳湾现代滨海旅游经济带，完善集旅游、观光、海钓于一体的配套服务设施，包括以“渔家乐”为重点的餐饮项目，以“矶钓服务”为亮点的旅游项目，以“南澳Ⅰ号”古沉船为据点，提升地方旅游文化底蕴，扩大了云澳在国内外的知名度。2011年，宋井接待游客超过9万人次。特色种养业不断发展壮大，至年底，龙须菜、紫菜、鲍鱼等品种实际养殖面积达到3100亩。投入84万多元的东洋片区农田水利基础设施改造工程投入使用；投入26万元整治云澳大溪，基本满足镇域近1000亩农田灌溉需求。向上级部门申报“广东省小型农田水利工程示范镇”建设项目已获上级批准同意实施。全面推进以十件实事为重点的基础设施建设。云澳澳前海堤重建工程投入使用、云澳制水厂改造项目开工建设、港边西路路桥改造工程等一批集镇主要道路和村道改造建设。并完善路灯配套和集镇环卫设施改造和环境整治。落实多项支农惠农强农政策，确保粮补、油补等补贴按时发放；扶贫工作扎实开展。全年共投入走访慰问困难群众资金20多万元，农村社会救济资金12.4万元，社保金配套7.5万元。完成2011年度贫困户扶贫任务；投入22.5万元帮助15户农户完成危房改造，为全镇3430户农户全额出资办理住房保险。投入10.2万元加强中心卫生院建设，使乡镇医疗条件不断完善；年度城乡居民基本医疗保险参保人员（除职工保险）达到14852人,常住人口参保率达到95%以上，政府配套医疗保障资金45.6万元。2011年全镇人口自然增长率为3.43‰，出生率为9.6‰，年度计生工作顺利通过市人口与计生责任制考核。全年共发放优抚金21.4万元。全年投入教育经费465万元，占全年政府总支出的38.8%。文化建设日臻完善，2011年举办首届“据槌”争霸赛。2011年，镇综治信访维稳中心接受群众来信来访案件10宗，办结10宗，办结率100%；村（居）工作站调解矛盾纠纷成功率达95%。2011年云澳镇被授予省级“文明镇”的荣誉称号，2011年被授予省“第六次全国人口普查先进集体”，2011年云澳镇党委被授予县“先进基层党组织”荣誉称号。

【深澳镇】2011年，深澳镇大力发展山区、海洋和旅游资源的综合开发，全年实现工农业总产值1.8亿元，比去年同期增长11.3%，其中：工业产值4772万元，增长16.1%，农业产值1.3亿元，增长9.7%，财政一般预算收入约300万元，完成县下达任务数445万元的67.4%；盐场产盐约4000吨，产值130多万元，产量产值均创历史新高。年内，狠抓基础设施建设，推进深澳镇农田水利设施改造工程建设，建成东门田中央排灌沟、桃花洞排灌沟、台狗溪排灌沟及机耕路、西门洋机耕路带沟；对深澳四厝仔蓄水陂工程及相应的灌渠等农田水利设施进行改造，并新建四厝仔坑下游蓄水陂头，有效的提高了农业的抗旱能力。做好后花园“宋茶”现代农业园区和松岭“金薯”标准化种植示范区建设，增强农业园区对现代农业发展的辐射带动功能。做好林权改革工作。深澳镇的林改工作已基本完成，采用“均股均利”形式将集体林地所得部分按林改实施方案均分给每个村民，股权证现已分发给村民。通过加快海水养殖业和海洋捕捞业为基础，大力实施“科技兴海”战略。全年全镇的海水养殖面积2万多亩，占全县海水养殖面积的60%以上，龙须菜7000亩，太平洋牡蛎7000亩，网箱鱼类养殖180个，已有3246.8亩贝藻类养殖和1023格鱼类养殖办理了海域使用许可证。大力实施“旅游兴镇”战略，以总兵府观光为龙头，以招商引资、项目建设为抓手，着力宣传好宗教、历史人文等旅游特色资源。加强了对景区、景点环境卫生清理和配套设施建设，有效地净化了辖区内旅游环境。以开发生态特色的乡村旅游为重点，加快建成了“渔家乐”、后花园生态农业园和松岭山庄等旅游项目，进一步推动深澳旅游业的发展。狠抓增收节支，确保财政正常运转。2011年财政一般预算收入约300万元，完成县下达任务数445万元的67.4%，比去年全年280.5万元约同比增长7%。多方筹集资金，共投入资金380.7万元，着力解决一批民生民安问题。落实扶贫开发工作。省市扶贫单位通过加大扶贫力度，使面上村41户贫困户全部实现脱贫，同时完成了17户贫困户的危房改造工程。狠抓计划生育工作，9月底全镇共出生75人，计划生育率98.7%，完成“四术”56例，办理计划生育奖励17人，全年应“三查”1061人次，“三查”率为99%。

【青澳旅游度假区管委会】 青澳管委会下辖五个自然村和一个旅游度假区，辖区面积18平方公里。五个自然村合并后为四个村级建制单位分别是：溪兰村、后窑村、山岗村、六都村，总人口约2841人，743户。青澳湾旅游度假区位于南澳岛的最东端，天生丽质、旅游资源十分丰富。三面环山，一面临海，自然环境保护良好，具有得天独厚的天然资源，是国家4A级旅游区。青澳湾湾长2400米，沙滩岸线1800米，具有“湾美、坡缓、水清、林绿”的特点，素有“东方夏威夷”和“泳者天池”之美称。周围还有南宋宰相陆秀夫墓、宰相石、骑龙公尽头龙等名胜古迹。北回归线在此穿过，环境幽雅，气候宜人，夏无酷暑，冬无严寒，是广东省仅有的两个A级海滨浴场之一、国内首屈一指的天然海滨浴场、是全省最早看到日出的地方。管委加大生态旅游开发力度，筹备开办吃住农家乐2家。后兰村绿岛怡然农庄已初具规模。2011年管委会工农业总产值达3959万元，其中农业总产值3544万元，工业总产值415万元；比2010年增长22%；财政一般收入409.25万元，出色完成年度任务数的190.87%，完成县下达的财税任务。年内，在五个自然村全力培育种植业和海水养殖业，引导山岗村富余劳动力从事浅海捕捞加工、鲍鱼培苗养殖；引导后窑村重点发展粉蕉种植，引进5000多株粉蕉培苗，打响青澳米蕉品牌；溪兰村重点发展茶叶，引进优良茶叶品种，扩大种植面积，改进加工工艺，推动打造“溪兰香”特色品牌的进程；六都村发展的柑桔、荔枝，目前果树种植面积已达1000多亩，并形成了西坑尾、龟仔坑果林场等几个具有种养规模的茶果林场。2011年度，青澳管委加大对教育和卫生医疗的投入。为辖区内65岁以上的常住居民建立健康档案363份；全年完成计划生育四术任务19例，放环7例，结扎12例，完成率达100%，人口出生率8.4‰；新型农村合作医疗参合率达91%以上；享受农村最低生活保障对象有48户130人，月发放低保金16575元；溪兰村、六都村两个省级贫困村，山岗、后窑两个村贫困户通过上级扶贫挂钩单位帮助实现全面脱贫。

【黄花山国家森林公园】 南澳海岛国家森林公园是全国首个海岛国家级森林公园，位于南澳岛西部，总面积2.06万亩，三面临海，北回归线从中部贯穿而过。森林覆盖率92.3%，拥有活植物102科1400多种，动物130种，其中植物以台湾相思、马尾松为主，有珊瑚树、榕树、樟树等乡土树种，中华楠木、竹柏等国家级树种；动物有蟒蛇国家一类保护动物，金钱龟、猎鹰、蜥蜴等国家二类保护动物。黄花山冬暖夏凉，空气清新，生态保护良好，旅游资源丰富。山光海色交相辉映，景观独特。翠林中巨石嶙峋，形态各异，鹰石、补天石等天然石景惟妙惟肖。主峰大尖山是汕头最高峰，海拔588.1米。登峰远眺，山峦叠翠，烟波浩渺，令人心旷神怡。北宋大潭石刻、明代烟墩和清代长山尾炮台等历史人文景观相得益彰。龟埕景区是公园的中心区域，主要景点有鹰石山摩崖石刻区，镌刻名家书法1300余幅，规模宏大，观景凉亭点缀其中，幽幽石径穿绕林间。建成了龟文化主题公园，占地面积500亩，规划建设大小石龟雕塑99只，其中主龟石雕长8米，宽6.5米，高2.8米，重80吨，是目前全国最大的石龟雕塑。年内，森林公园发掘和使用富含历史底蕴的明代烟墩遗址；完成了环龟湖游步道建设，配套完善乡村旅馆，实现景区住宿;修缮和保护县级文物保护单位—抗日纪念馆;继续开发建设大尖山茶叶基地，注册“黄花山生态茶”商标；完善建设九尖山风景区，拓展景区空间；建设黄花山水库坝至前烟墩路段节能灯照明工程，提高公园的旅游品位；建设西角山2公里防火林带和龙颈山0.6公里防火林带；完善崩顶线客仔斜公路；加大林相改造力度，大力推进景区景观林建设进程。2011年，公园农业总值为728万元，完成全年任务的100.55%，同比增长9.47%。其中种植业220万元，林业225万元,牧业105万元，渔业178万元。全年共投入资金292.1万元进行风景区配套建设。

附1：2011年南澳县党委、人大、政府、政协和纪委主要负责人名单

县委书记： 吴健彦
县人大主任：吴健彦
县　　长： 林定亮
县政协主席：刘瑞华
县纪委书记：姚玳勇

附2：2011年南澳县国民经济发展情况表

项目	单位	2011年指标
国民生产总值	万元	112507
工业总产值	万元	94249
农业总产值	万元	124763
全社会固定资产投资额	万元	100755
社会消费品零售总额	万元	144596
财政一般预算收入	万元	12506
农村人均纯收入	元	6017

人　物

FIGURES

- ◆政治人物
- ◆模范人物
- ◆优秀人物
- ◆荣誉市民
- ◆2011年感动汕头十大人物
- ◆获国家级奖励的集体和个人

人 物

政治人物

【张应杰】男，1968年4月生，福建福州人，汉族，1991年7月参加工作，1997年2月加入中国共产党，学历大学(南京大学法律系经济法专业)，法律硕士。1987年9月后，在南京大学法律系经济法专业学习；1991年7月后，任汕头市中级人民法院书记员；1994年12月后，任汕头市中级人民法院助理审判员；1997年8月后，任汕头市中级人民法院研究室副主任，1998年7月任审判员；1999年6月后，任汕头市中级人民法院研究室主任、审判委员会委员；2002年1月后，任汕头市委政策研究室（市经济体制改革办公室）副主任（2003.12获华东政法学院法律硕士学位）；2005年8月后，任汕头市政府副秘书长；2007年1月后，任汕头市委副秘书长，同年7月兼任办公室主任（2007.09－2007.12在省委党校中青年领导干部培训一班学习）；2008年8月后，任汕头市市长助理、市政府党组成员，副厅级干部，对口支援四川省汶川县草坡乡恢复重建工作小组组长（2008.08－2009.04兼任市委副秘书长、办公室主任）；2011年2月后，任汕头市副市长、市政府党组成员；2011年11月后，任汕头市委常委、副市长，同年12月兼任市委秘书长、办公室主任，市社会工作委员会副主任；2012年1月后，任汕头市委常委、秘书长、办公室主任，市社会工作委员会副主任。

【邢太安】男，1964年7月生，海南文昌人，汉族，1987年7月参加工作，1985年11月加入中国共产党，学历大学(湛江水产学院海洋捕捞专业)，公共管理硕士，讲师。1983年9月后，在湛江水产学院海洋捕捞专业学习；1987年7月后，任湛江水产学院海洋渔业系办公室科员；1990年7月后，任湛江水产学院团委副书记（副科级）；1993年4月后，任湛江水产学院团委副书记（正科级）；1994年11月后，任湛江水产学院团委书记（正科级）；1995年11月后，任湛江水产学院（湛江海洋大学）团委书记（副处级）；1998年4月后，任湛江海洋大学团委书记（正处级，1997.12－1999.10挂职锻炼任雷州市副市长）；1999年10月后，任湛江市霞山区委副书记（正处级）；2000年10月后，任湛江市坡头区委副书记、代区长、区长；2003年1月后，任廉江市委副书记、代市长、市长；2007年2月后，任湛江市霞山区委书记、区人大常委会主任；2008年7月后，任吴川市委书记、市人大常委会主任；2010年1月后，任茂名市检察院检察长、党组书记（2011.07获北京大学公共管理硕士学位）；2011年10月后，任汕头市委常委，2011年11月任市纪委书记。

【马逸丽】女，1957年2月生，汕头潮阳人，汉族，1975年12月参加工作，1984年12月加入中国共产党，学历省委党校研究生(省委党校在职研究生班经济学专业)。1975年12月后，揭西县化工机械厂职工；1977年12月后，汕头地区建筑设计室描图员；1980年9月后，在广东省建筑工程学校建筑学专业学习；1983年8月后，汕头市建筑设计院技术员；1984年7月后，任汕头市建筑设计院团总支副书记、团委副书记；1988年6月后，任汕头市建筑设计院人事教育科副科长兼团委副书记；1989年6月后，任汕头市建筑设计院团委书记、党委秘书；1992年10月后，任汕头市建筑设计院纪委书记、党委委员；1994年8月后，任汕头市妇联副主席、党组成员，1996年12月兼任纪检组长；1999年2月后，任汕头市妇联主席、党组书记（1998.09－2001.07在省委党校在职研究生班经济学专业学习，2006.05－2006.08在省第八期高级公务员公共行政管理知识专题研究班学习,1999.02－2006.09兼任纪检组长）；2006年11月后，任汕头市委统战部副部长（正处级）；2007年4月后，任汕头市外事侨务局党组书记，同年6月任局长；2010年12月后，任汕头市政府副秘书长；2011年11月后，任汕头市委常委，同年12月任统战部部长。

【江楷鑫】男，1965年4月生，广东普宁人，汉族，1986年9月参加工作，1996年9月加入中国共产党，学历中央党校研究生（中央党校法学专业）。1986年9月后，先后在普宁县流沙镇服装工艺厂、普宁市龙马电器工业公司、揭阳市侨联工贸公司工作；1995年6月后，在揭阳市公安局东山分局工作；1996年11月后，任揭阳市公安局普华分局党组成员、刑警大队大队长（1997.02－1997.12在沈阳中国刑警学院学习）；1999年6月后，先后任揭阳市公安局刑警支队毒品案件侦察科教导员、九科副科长、行动技术支队支队长（1998.08－2000.12在中央党校函授学院政法专业本科班学习）；2004年12月后，任揭阳市公安局行动技术支队支队长（副处级）；2006年4月后，任揭阳市公安局副局长、党委委员；2007年12月后，任揭阳市公安局副局长、党委副书记（正处级，2005.09－2008.06在中央党校法学专业学习）；2011年10月后，任汕头市副市长、市政府党组成员，市公安局局长、党委书记，2011年12月兼任市委政法委副书记、市社会工作委员会副主任，2012年2月兼任市公安局督察长。

【赵红】女，1971年4月生，辽宁义县人，汉族，1992年7月参加工作，1989年1月加入中国共产党，学历省委党校大学（省委党校经济管理专业）。1989年9月后，在南京审计学院外资外贸审计专业学习；1992年7月后，任省国土厅审计室科员、监察室副主任科员（1992.07－1993.02在东莞市国土局锻炼，1996.09－1998.12在省委党校经济管理专业学习）；2001年8月后，任省国土资源厅监察室、执法监察处主任科员；2005年9月后，任省国土资源厅财务处副处长（2006.09－2006.12在省委党校中青班学习）；2009年11月后，任省国土资源厅测绘管理处处长；2011年10月后，任汕头市副市长、市政府党组成员。

【郑家汉】男，1954年6月生，汕头澄海人，汉族，1971年9月参加工作，1975年8月加入中国共产党，学历大专(汕头市委党校党政干部大专班)。1971年9月后，澄海县东里镇小学教师；1972年7月后，澄海县东里镇东里居委会治安文书；1973年2月后，澄海县东里镇党委办公室交通员、资料员；1981年1月后，澄海县政府办公室资料员（1983.09－1985.12在汕头市委党校党政干部大专班学习）；1986年2月后，任澄海县政府办公室资料组组长；1987年4月后，任澄海县政府办公室副主任；1987年7月后，任澄海县莲上镇党委书记；1991年10月后，任澄海县建委主任；1993年3月后，任澄海县（市）副县（市）长，1995年8月兼任澄城镇党委书记；1995年10月后，任澄海市委常委兼澄城镇党委书记；1996年2月后，任南澳县委副书记，同年3月任县长；2001年6月后，任汕头市建设局党组书记，同年7月任局长；2006年5月后，任汕头市澄海区委书记，同年11月任区人大常委会主任；2011年2月后，任汕头市人大常委会副主任、党组成员。

【林合坤】男，1953年10月生，汕头濠江人，汉族，1971年7月参加工作，1975年5月加入中国共产党，学历中央党校研究生(中央党校在职研究生班经济管理专业)。1971年7月后，潮阳县河浦公社钱塘管理区文书；1972年12月后，海军工程兵建设第十团战士、文书、排长，海军北海舰队后勤部政治部干部科干事，海军青岛基地干部处正营职干事（1983.09－1986.06在青岛教育学院中文专业学习）；1987年5月后，任海军第二工区政治部干部科副科长；1987年10月后，任海军第二工区政治部干部科科长（副团职）；1989年2月后，部队转业待安置；1989年11月后，任汕头市同平区委组织部副部长；1991年11月后，任汕头市升平区委组织部副部长；1994年5月后，任汕头市升平区新风街道党委副书记、办事处主任；1995年2月后，任南澳县委常委、组织部部长；1998年4月后，任南澳县委副书记、组织部部长，2000年12月兼任县委党校校长；2001年8月后，任南澳县委副书记，副县长、代县长，县委组织部部长、党校校长；2002年4月后，任南澳县委副书记、县长；2003年2月后，任南澳县委书记，同年5月任县人大常委会主任（2004.03－2006.01在中央党校在职研究生班经济管理专业学习）；2007年1月后，任汕头市潮南区委书记，同年2月任区人大常委会主任；2011年2月后，任汕头市政协副主席、党组成员。

（市委组织部供）

模范人物

【庄宜生】男，1967出生，广东汕头人，学历高中，中共党员，汕头市公安局巡警支队三大队副主任科员。参加公安工作以来，该同志一直战斗在维护社会治安的第一线。2000年10月，他积劳成疾，患上慢性肾功能衰竭等多种疾病，只能依靠每周三次的血液透析维持生命。在病痛的折磨和死亡的威胁面前，他以非凡的意志挑战生命的极限，始终牢记全心全意为人民服务的宗旨，争分夺秒地阻吓、抓获数量惊人的盗抢嫌疑人。仅2009年至2010年两年间，庄宜生共抓获各类违法犯罪嫌疑人约52名，阻吓、制止盗窃、抢夺等违法犯罪行为140多次、320多人，为群众做好事、实事180多件。他先后荣立个人一等功2次、三等功5次，被评为汕头市文明市民、广东省首届优秀青年卫士、广东省优秀人民警察、首届南粤十佳卫士，2003年被评为全国优秀人民警察。2009年12月被授予全国公安系统二级英雄模范，2010年被评为第三届广东省“人民满意的公务员”和全国公安机关爱民模范。最近，庄宜生还被省公安厅以第一候选人的身份推荐参加公安部与中央电视台联合举办的第四届“我最喜爱的人民警察”评选活动。中央、省、市等新闻媒体相继报道了庄宜生身患重病恪尽职守、舍生忘死勇擒贼匪的先进事迹上百次，在社会各界引起强烈反响，受到人民群众的高度赞扬。2011年荣获全国“五一”劳动奖章称号。

【马武雄】男，1956年6月出生，广东汕头人，1974年8月参加工作，大学本科，中共党员，现任广东电网汕头潮阳供电局局长，2006年被评为汕头市“劳动模范”、2007年荣获广东省“五一”劳动奖章获得者，2008年被汕头市委评为“优秀党务工作者”，2010年被广东电网公司评为年度安全生产先进个人。马武雄同志自2002年任潮阳供电局长以来，认真贯彻落实科学发展观，以身作则、模范带头、勤政廉洁、开拓创新、外树电力形象、内强队伍素质，带领全局干部职工艰苦奋斗、奋力拼搏，取得优异成绩，九年累计投入电网基础设施建设及改造资金近40亿元，建设了一大批重点电网建设工程，保证了大潮阳社会经济发展和人民生活的电力供应，实现了城乡用电同网同价，购电量一年上一个台阶，2010年购售电量双超50亿千瓦时，成为潮阳、潮南两区唯一年上缴税费超亿元的纳税大户，实现利润总额累计9.59亿元，固定资产总额从2002年的5.89亿元到2010年17.8亿元，增长了11.91亿元。连年来，潮阳供电局屡获殊荣，多次被国家、省、市、区上级公司评为先进集体，精神文明建设先进单位，光荣纳税大户，文明示范窗口等各种荣誉。没有轰轰烈烈，只有点点滴滴，马武雄同志用自己的心血和汗水，无怨无悔地浇铸着"人民电力为人民"的丰碑。2011年荣获全国"五一"劳动奖章称号。

【王东】男，1968年出生，广东汕头人，学历本科，中共党员，中国建设银行股份有限公司汕头市分行人力资源部经理，大学本科学历，中共党员，工程师职称，通过国家统一考试获得全国注册资产评估师、全国注册房地产评估师、全国注册造价工程师以及建行系统四级以上客户经理、理财师等资格；经该分行1000多名员工无记名投票，王东同志2008、2009年连续两年荣获建行汕头市分行"十大杰出员工"；多次被建行广东省分行、汕头市分行评为优秀行员。2010年荣获广东省五一劳动奖章。王东同志作为建行汕头市分行人力资源管理的"主推手"，在创建和谐劳动关系，提升员工队伍素质、促进业务发展方面科学规划，大胆创新，扎实工作，促使建行汕头市分行的员工队伍从技术技能、团队精神、整体素质等方面有了根本性地提升。在王东的推动下，该分行有超过700名员工获得了国际、国内认证的专业技术资格，占全行员工的70%；创建出了6个建行总行级先进团队，76个建行广东省分行级先进团队，另有26个团队获得广东省及汕头市的各项荣誉；全行员工未出现违法违纪现象。建行汕头市分行这支和谐奋进的员工队伍活跃在汕头经济的各个领域，占据全市贷款新增的半壁江山，为汕头经济的大变化提供了强有力的金融支持，建行汕头市分行成为全国建行系统100家中心城市行之一，并被授予"汕头市最可信赖的金融机构"，先后荣获全国五一劳动奖状、广东省、汕头市文明单位。2011年荣获全国"五一"劳动奖章称号。

（陈 宇）

优秀人物

2011年汕头籍运动员参加全国以上各类比赛冠军一览表

姓名	比赛名称	项目	名次
马琳	国际乒联总决赛	双打	1
	国际乒联巡回赛阿联酋站	双打	1
	乒乓球世界杯团体赛	团体	1
	中国乒乓球公开赛	双打	1
		单打	1
	全国乒乓球锦标赛	男双	1
谢思埸	全国青年跳水冠军赛暨七城会预赛	10米台双人	1
	第七届全国城市运动会	男子全能	1
		男子跳台双人	1
		男子团体	1
	全国跳水冠军赛	团体	1

陈静文	亚洲田径大奖赛（嘉兴）	400米	1
	全国田径锦标赛	400米	1
		4×400米	1
纪练深	全国青年体操锦标赛	单杠	1
		双杠	1
		团体	1
	全国城运会	单杠	1
		双杠	1
		全能	1
黄良财	世界大学生运动会	花剑团体	1
	全国冠军赛总决赛	男花剑团体	1
	全国击剑锦标赛	男花剑团体	1
黄洋子	全国花样游泳冠军赛	集体自由自选	1
黄文仪	全国春季赛艇锦标赛	女轻2000米单双	1
		女轻8000米单双	1
		全能	1
	全国锦标赛	女轻双双	1
赵细荣	全国春季赛艇锦标赛	双桨全能	1
郑曼佳	全国帆板冠军赛	女子NP板	1
	全国翻波板锦标赛		1
羊杰	全国翻波板锦标赛	RSX级场地赛	1
林瑞英	全国帆板锦标赛	女子米氏板	1
	全国冠军赛		1
李玲欢	全国城运会	女子40发气步枪团体	1
黄浩佳	全国少年儿童跳水锦标赛	儿童男子甲A组三米板	1
林秋煌	全国少年、儿童跳水冠军赛	儿童甲C组女子五米板	1
陈丽淳	第二届全国智力运动会	象棋专业女子团体	1
		女子快棋赛	1
黄家淳	全国少年儿童国际跳棋赛	国际跳棋（10岁组）	1
赵泽权	全国少年儿童国际跳棋赛	国际跳棋（18岁组）	1

荣誉市民

【概况】2011年8月29日，汕头市第十二届人民代表大会常务委员会第三十五次会议根据汕头市人民政府的提请，经审议决定，授予马伟强、马泽琪（女）、马馀雄、许瑞良、张沈文、张植炜、萧晖荣、陈文华、郑合明、郑志才、洪健民、顾佩华、黄炳文、黄楚祺、新道忠志、詹榆、廖烈智等17人“汕头市荣誉市民”称号。（按姓氏笔画排序）

【马伟强】男，1962年出生，香港同胞，祖籍广东省汕头市，现任广东骋望地产集团有限公司董事长、汕头市百得装饰工程有限公司董事长、汕头市政协委员。先后向潮汕星河奖基金会、潮南区成田家美学校、金山中学等捐资，为汕头市教育和社会公益事业做出突出贡献。

【马泽琪】女，1955年出生，祖籍广东省汕头市，现任深圳冠懋房地产集团有限公司董事长。多次出资在家乡修桥筑路、奖教奖学，并捐资用于潮南区成田高级中学的建设，为汕头市教育和社会公益事业做出突出贡献。

【马馀雄】男，1949年出生，香港同胞，祖籍广东省汕头市，现任香港力嘉国际集团有限公司董事总经理。与其兄马伟武捐建汕头市潮阳区力嘉中学，并捐善款，为汕头市教育和慈善事业做出了突出贡献。

【许瑞良】男，1947年出生，香港同胞，祖籍广东省汕头市，现任香港良和珠片有限公司董事长、香港潮侨塑胶厂商会会长、香港潮属社团总会副主席、汕头市濠江区政协常委。在濠江区捐资兴建教育、医疗、文化等社会公益项目；发挥在香港诸多社团担任重要职务的优势，致力于利国、利港、利家乡的事业，为汕头市社会公益事业做出突出贡献，在促进汕头市对外交往等方面也有特殊贡献。

【张沈文】男，1967年出生，香港同胞，祖籍辽宁省庄河市，1994年加入华润，2010年7月起，任华润电力控股有限公司执行董事、华润新能源控股有限公司董事总经理。华润新能源控股有限公司在汕头投资建设风力发电项目，先后成立华润电力风能（汕头）有限公司、华润电力风能（汕头潮南）有限公司、华润电力风能（汕头濠江）有限公司，对促进汕头社会经济发展做出重大的贡献。

【张植炜】男，1969年出生，香港同胞，祖籍广东省汕头市，现任汕头市骏荣纺织有限公司董事长。在潮阳区投资创办汕头市骏荣纺织有限公司，公司被授予汕头市“优秀侨资企业”和潮阳区“纳税大户”，为汕头市经济和社会公益事业做出突出贡献。

【萧晖荣】男，1946年出生，香港同胞，祖籍广东省汕头市，现任香港艺苑集团有限公司董事长、汕头市政协委员。投资创办汕头经济特区艺苑文化广场开发有限公司等项目，捐资及捐赠书画一批，为汕头市文化建设和社会公益事业做出特殊贡献。

【陈文华】男，1959年出生，祖籍广东省汕头市，现任珠海市米兰集团有限公司董事长、珠海市民营企业商会常务副会长、汕头市政协委员、濠江区政协常委。捐资在濠江区兴建文华学校等，为汕头市教育、文化及社会公益事业做出突出贡献。

【郑合明】男，1958年出生,香港同胞，祖籍广东省普宁市，现任凯撒（中国）股份公司董事长、广东省政协常委、广东省总商会副会长。投资创办凯撒(中国)股份有限公司，企业多次被评为“汕头市50强企业”、“重合同守信用企业”，是汕头市的纳税大户，为汕头市经济和社会公益事业做出突出贡献。

【郑志才】男，1955年出生，澳大利亚籍华人，祖籍广东省汕头市，现任澳洲金海置业有限公司董事长、珠海市政协委员。捐资兴建潮阳城南中学训仁教学楼和运动场等，为汕头市教育和社会公益事业做出突出贡献。

【洪健民】男，1951年出生，澳大利亚籍华人，祖籍广东省普宁市，现任汕头经济特区新昌纺织印染厂有限公司董事长。投资创办汕头经济特区新昌纺织印染厂有限公司，企业多次荣获全国“双优”外商投资企业、汕头市重点工业企业、汕头市出口创汇大户等称号，为汕头市经济和社会公益事业做出突出贡献。

【顾佩华】男，1953年出生，加拿大籍华人，祖籍天津市，现任汕头大学执行校长、加拿大工程院院士。积极推动汕头大学系统改革，促使汕头大学在制度建设、人才引进、教学科研、地方服务等方面取得显著成绩；特别是结合海洋水产、轻工装备等产业，大力开展产学研工作，使汕头轻工装备研究院、牛田洋水产研发中心等产学研平台的建设稳步推进，在推动汕大为地方服务、促进地方经济发展等方面有特殊贡献。

【黄炳文】男，1954年出生，香港同胞，祖籍广东省汕头市，现任汕头东风印刷股份有限公司董事、汕头市万裕物资有限公司董事长。

投资创办汕头东风印刷股份有限公司等企业，企业曾获得“重合同守信用企业”、“广东省模范纳税户”、“最具爱心慈善捐赠单位”等称号，为汕头市经济和社会公益事业做出了突出贡献。

【黄楚祺】男，1957年出生，英国籍华人，祖籍广东省普宁市，现任汕头卜高通美实业有限公司董事长。投资在汕头保税区兴建“汕头卜高通美环保科技园”，从事可再生资源的开发研究及相关产业的转化发展等业务。该企业被中国塑料加工工业协会定为“中国塑料循环利用示范基地”，为汕头市经济和社会公益事业做出了突出贡献。

【新道忠志】男，1942年出生，日本国籍，现任汕头新道编织有限公司董事长。1993年在市投资兴建汕头新道编织有限公司，并进行增资和对厂房进行扩建，为汕头市经济社会建设做出突出贡献。

【詹榆】男，1983年出生，加拿大籍华人，祖籍广东省潮州市，现任海洋投资国际有限公司董事长。在承接其父亲詹伟山创办的汕头经济特区雄伟塑料包装材料有限公司基础上，再投资创办汕头市伟涛塑料包装材料有限公司、汕头市晟涛印刷有限公司。企业获得汕头市龙湖区政府颁发的“产值大户奖”、“纳税大户奖”等荣誉称号，为汕头市经济和社会公益事业做出突出贡献。

【廖烈智】男，1939年出生，香港同胞，祖籍广东省汕头市，现任创兴银行有限公司董事总经理兼行政总裁。于1993年主导促进创兴银行在汕头市投资成立分行，企业坚持立足汕头、投资中国，并不断发展壮大，成为汕头市第一家获准经营人民币业务的外资银行，为汕头市经济和社会公益事业做出了突出贡献。

（吴旭东　胡汉川供）

2011年感动汕头十大人物

【概况】2011年5月，汕头市文明委、中共汕头市委宣传部联合汕头经济特区报社、汕头广播电视台在全市开展“感动汕头十大人物”评选活动。在市直有关单位、各区（县）党委宣传部推荐、市民自荐的基础上，经评委会实地考察、专家评审，征求相关单位意见，并经媒体公示，市民网络投票，2011年9月，市文明委决定授予汕头市热心市民关微为“感动汕头十大人物”特别奖；授予汕头市公安局巡警支队三大队副主任科员庄宜生、汕头市澄海区人民法院凤东人民法庭书记员谢昀、中国人民解放军75403部队79分队政治指导员宾军、中国移动通信集团广东有限公司汕头分公司客户经理、潮阳区“心连心”志愿者代表卢泽辉、汕头市飞厦中学教师谢銮珊、汕头市粤安建筑有限公司第一工程处负责人余汉藩、汕头市龙湖区鸥汀街道居民、职业技术学院学生石泽萍、汕头市濠江区马滘街道村民邱礼禹、汕头市龙湖区珠池街道办事处干部林经荣、汕头市金平区永祥街道居民陈映芳等10人为“感动汕头十大人物”称号。

【关微】他是汕头市的一名普通市民，多年来他化名“关微”为广东“希望工程”捐款近百万元，同时通过新闻媒体资助困境儿童和贫困患者，爱心足迹遍及全国各地，累计捐款约200万元。时至今日，“关微”的善举不胜枚举，接受过他帮助的人也数不清，他的事迹登上央视，他的“善”陪伴在15岁的南澳女孩林雯雯、汕头残疾作家吴游、江西保姆阿秀、潮阳金灶镇谭小华夫妇等许多需要帮助的人们身边。他的爱心足迹，不仅留在汕头，还留在广州、韶关、河源等地，在广东希望工程甚至是宁夏共青团的助学活动中，都出现他的“身影”：从2002年起，在“希望工程羊城会亲活动”中，“关先生”以不留名的方式，几乎每一次都参与捐款，数次一次性捐款20万元援建希望小学。在宁夏，“关先生”与宁夏青少年发展基金会联合发起设立“关微助学基金”……他获广东省实施希望工程十五周年个人突出贡献奖，当选2007年度“广东十大新闻人物”，中共中央政治局委员、省委书记汪洋对“关微精神”给予充分肯定。“关先生”也成为一个爱心符号和精神象征。

【庄宜生】男，44岁，汕头市公安局巡警支队三大队副主任科员。从警17年来，他是同事们眼中的“擒贼王”，他是时常在社区街巷中穿梭走访的“流动报警台”。2000年10月，年仅33岁的他积劳成疾，患上慢性肾功能衰竭等多种疾病，只能依靠每周三次的血液透析维持生命。由于毒素的长期入侵，他的左眼已经全盲，左臂上则做了一个“瘘管”将动脉、静脉接在一起，一旦用力便将危及生命……在死亡一次又一次的威胁面前，庄宜生始终坚守在维护治安第一线，而这一坚持已经10年！10年来他共抓获各类违法犯罪嫌疑人230人。他荣立个人一等功2次、三等功5次，先后荣获全国公安系统二级英雄模范、全国五一劳动奖章、全国公安机关爱民模范、全国优秀人民警察、广东省人民满意的公务员、南粤十佳卫士。2001年6月，他当选为第四届“我最喜爱的人民警察”（全国公安系统共评10人），获全国公安系统一级英雄模范荣誉称号。

【**谢昀**】女，43岁，汕头市澄海区人民法院凤东人民法庭书记员。1994年，谢昀被诊患有“系统性红斑狼疮”，系统性的治疗长达6年，6年里，她从未中断对自己热爱的事业的学习，为病愈后重返工作岗位做准备。治疗完成后留下了股骨头坏死和肾功能严重受损等多种后遗症。多年来，谢昀病情反复，但她每天坚持上班从未间断，后因长期服用激素，致双侧股骨头坏死，2007年到广州手术，术后她要求庭长按正常考核标准给她安排工作，还主动做好装订案卷、整理内务、文件管理等工作，积极协助法官审查立案，为诉讼群众提供各种便利服务……常年重病缠身、家庭经济不宽裕的谢昀，却默默帮助贫困学生交学费。她被广东省高级人民法院记个人二等功，先后被评为广东省“巾帼建功”先进个人、广东省“三八”红旗手、第五届“南粤巾帼十杰”提名奖、第二届“汕头市十大青年文明标兵”、“全国巾帼建功标兵”。

【**宾军**】男，27岁，中国人民解放军75403部队79分队政治指导员。他的单位驻扎在面积只有0.34平方公里的小岛上，距汕头40海里，自然条件恶劣，交通极其不便，但他没有抱怨，而是把大量的精力用在提高自身的业务水平上，他先后系统学习《科学发展观基层军官读本》等理论书籍，4年多来共写下80多万字的读书心得笔记。当得知官兵求学成才愿望强烈的情况后，他创造性地组织开办“小岛烛光夜校”，深受官兵欢迎。近几年来，单位先后有3名干部考上硕士、博士研究生，9名官兵通过自学获取大学文凭。他主动利用岛上的红色资源组织开展当代革命军人核心价值观大讨论和在解放南澎岛战斗遗迹前宣誓等活动，带领官兵修建升旗广场、谈心亭；搭建农副业生产文化长廊，保障官兵在能吃上新鲜蔬菜的同时受到文化熏陶……他是官兵心目中的“热心伯乐”。2011年，他的连队党支部被评为“全国先进基层党组织”。

【**卢泽辉**】男，34岁，中国移动通信集团广东有限公司汕头分公司客户经理。潮阳“心连心”志愿者协会的创始人之一。2007年10月，他因为帮助身患“兽皮痣”女孩小沛慧从社会募集善款而受到中央电视台的关注，中央电视台于2008年6月12日播出题为《痣善治美》的专题报道。2009年，潮南区晓升中学初三年级学生胡杰武同学身患白血病，他第一时间筹备募捐和义卖活动，引发一段“汕佛义工联手救援重病青年”的佳话……他倡导身边的同事每月从工资中捐出10元钱建立爱心基金库。

【**谢銮珊**】女，47岁，汕头市飞厦中学美术教师。自2003年以来，她9年如一日，坚持利用业余时间到市福利院义教，被残疾孤儿称为“爱心妈妈”。2009年起，她还坚持每周到栖霞精舍义教12位孤儿学漫画。她把孤残儿童当作自己的儿女一样关心教育，孤儿们和她建立了深厚的感情。她的画室成了义教助学的教学点，不仅她自己帮助邻里孩子义务学画，还带领飞厦中学的学生在这里办起社区义教助学基地，免费辅导贫困好学生。这些年，100多名失去亲人的孩子在她身上感受到亲人般的爱。她多次被评为国家级美术类“优秀辅导老师”。

【**余汉藩**】男，51岁，汕头市粤安建筑有限公司第一工程处负责人。他十多年如一日，每年都坚持为困难群众送油送米；共捐款超过500万元设立教育基金，捐资助学受益人达数千人。2007年4月，他出资15万成立由100多人组成的“除癣队”义务清理城市“牛皮癣”在汕头引起轰动时，媒体四处寻访但他却一直“隐身”。在2008年“5•12”汶川大地震发生后，他又毅然自掏腰包购买了30多万元救灾物资，并冒着余震不断的危险，跋山涉水亲自送往四川灾区，其感人事迹曾出现在汕头市中考政治科考题中。

【**石泽萍**】女，20岁，汕头市龙湖区鸥汀街道万石社区居民、市职业技术学院学生。她勇救落水儿童发生在2010年5月1日，当时她正在家中复习功课，隐约听到喊救人的声音，她放下手中书本急速向鱼塘方向跑去，眼见两个小孩在鱼塘中很快就要被淹没了，这时石泽萍不假思索地跳入鱼塘，向孩子游去，此时孩子已经下沉，她拼命向鱼塘中间游去，先奋力抓住其中一个，将孩子拖到鱼塘边，她不敢作片刻停留，马上转身，向第二个落水者游去，虽然此时她已全身乏力，但她还是奋力将第二个孩子救起。在救人的过程中，她义无反顾。2010年，她获“潮汕星河奖品德奖一等奖”，被评为“龙湖区道德模范”。

【**邱礼禹**】男，40岁，濠江区马滘街道村民。2009年11月12日凌晨，位于马滘街道风岗小学旁的中国移动公司基站内的12个备用电池被盗，价值8000多元。盗贼在逃离过程中被邱礼禹发现，他立即和窃贼扭打起来，窃贼的另两个同伙也过来援助。这个过程中，濠江区马滘街道另一村民邱国森也加入勇斗窃贼的行列，被石头击中头部晕了过去，手臂也被插进利器。邱礼禹也被窃贼用铅制水管和木棍殴击。一名犯罪嫌疑人要开装载有赃物的后三轮摩托车时被邱国森死死拉住，只好弃车逃跑。邱礼禹等为保护他人财物，面对持有凶器的歹徒毫不畏惧，敢于同歹徒进行殊死搏斗，英勇负伤。邱礼禹被送往中心医院施行颅内手术。

【林经荣】男，59岁，汕头市龙湖区珠池街道干部。26年来，他无怨无悔照顾截瘫长期卧床妻子，独力抚养二个儿女长大。1985年，他的爱人在外务工时受重伤导致瘫痪在床，上有年迈的双亲，下有尚幼儿女，他以常人难以想象的顽强信念支撑着自己担起这特殊家庭的重担。遭受打击的妻子几度产生厌世情绪，但林经荣给她耐心的开导与抚慰，鼓励她顽强与病魔抗争。妻子长期卧床导致了褥疮和下肢糜烂，林经荣争取时间学习医护知识，每天帮妻子活动筋骨，几次从死神身边抢回妻子的生命。他对生病的爱人不抛弃、不嫌弃、不放弃，患难与共。他被评为龙湖区道德模范，他的一家被评为“市文明模范家庭”。

【陈映芳】女，48岁，汕头市金平区肢残协会主席、“爱心亭”书报刊经营者。她年少时生病不幸致残，又历经下岗、坎坷求职、丈夫车祸。多年来，她在自己身患残疾的情况下，长期悉心照料因车祸致残的丈夫，不离不弃、患难与共。1999年初在市残联和邮政部门的支持下办了汕头市首个“爱心亭”，从此每天一清早来不及吃早饭就匆匆前往报刊发行点采购一摞摞书报，然后到“爱心亭”开始一天忙碌紧张的工作。她关心孤寡和贫疾老人，乐善好施，积极回报社会。如今，她仍在为残疾人赢得就业的机会而不辞辛劳多方奔走，赢得群众广泛好评。她的一家被评为“市文明模范家庭”、“市五好文明家庭”。

（陈　群）

获国家级奖励的集体和个人

【全国工人先锋号】
广东电网公司汕头供电局变电巡维部继电保护一班

【全国五一巾帼标兵岗】
汕头海事局政务中心
澄海海关通关科

【全国模范职工之家】
广东东方锆业科技股份有限公司工会委员会
汕头市乔妮舒内衣有限公司工会委员会
中国建设银行汕头市分行工会委员会
汕头大学医学院第二附属医院工会委员会
广东省机场管理集团公司汕头机场公司工会委员会

【全国妇联系统先进集体】
汕头市妇联

【全国“巾帼文明岗”】
广东汕汾高速公路有限公司
广东联合电子收费股份有限公司汕头粤通卡客户服务中心
中国联通汕头分公司信德华营业厅

【全国文明村镇】
汕头市澄海区溪南镇西社村

【全国文明单位】
汕头市人民检察院
中国移动通信集团汕头分公司
澄海海关

【2010年全国全民健身活动先进单位】
汕头海关

【全国检察机关司法警察编队管理示范单位】
汕头市人民检察院司法警察支队

【全国检察机关文明接待室】
汕头市人民检察院控告申诉科
澄海区人民检察院

【全国检察机关派驻监管场所一级规范化检察室】
澄海区人民检察院驻看守所检察室

【2010-2011年度全国农产品成本调查工作优秀集体】
汕头市价格成本调查队

【全国优秀工会工作者】
林子龙　沃尔玛深国投百货有限公司汕头南国分店工会主席
蔡英姿　汕头市金平区石炮台街道党工委副书记、工会主席
洪　滨　汕头海关工会主席

【全国五一巾帼标兵】
许如苏　汕头出入境检验检疫局高级兽医师
杜　媛　华能国际电力股份有限公司汕头电厂检修部电气二次专工

【全国三八红旗手】
董佳兰　潮阳区海门镇城关社区党支部书记

【全国巾帼建功标兵】
谢　昀　澄海区法院凤东法庭书记员

【全国巾帼建功活动先进工作者】
陈波芸　澄海区妇联主席

【全国实施妇女儿童发展纲要先进个人】
黄淑莉　汕头市妇女儿童工作委员会办公室主任

【2011年全国县（市）科技进步考核先进个人】
陈向光　澄海区
柯　茂　澄海区
刘诗雄　澄海区

【汶川地震灾后恢复重建先进个人】
杨焕新

【青海玉树抗震救灾优秀志愿者】
陆晖斐　汕头市广播电视台

【全国纪检监察系统嘉奖】
杨应雁　汕头市纪委、监察局

【全国法院办案标兵】
余洛丰　澄海区人民法院

【全国卷烟打假工作先进个人】
余克梧　澄海区烟草专卖局

【全国政法系统优秀党员干警】
翁崇武　汕头市人民检察院

【全国模范司法所长】
纪荣文　汕头市龙湖区司法局鸥汀司法所

【全国党员律师标兵】
林美君　汕头市法律援助处
陈国翔　广东腾翔律师事务所
郑耀阳　广东盈信律师事务所
彭子建　广东振华威律师事务所
许伟强　汕头市澄海区法律援助处

【国家中医药局中医基本现状调查工作先进个人】
翁素冰

【全国价格监督检查办案能手】
李　键　　市物价局

【全国价格监督检查统计工作先进个人】
翁惠青　市物价局

【2010-2011年度全国农产品成本调查工作优秀个人】
林存华　潮南区物价局

【2010年度查处侵权盗版案件有功个人】
蔡奕俊　汕头市文化市场综合执法大队

【全国住房城乡建设系统纪检监察先进工作者】
张　雁　　汕头市住建局

【全国科协系统先进工作者】
洪子敏　汕头市科学技术协会

【十一五国家星火计划工作先进个人】
张平　汕头市科学技术局

【2010年度中国银行个人金融优秀风险经理】
林建华　中国银行汕头分行

【2010年度中国银行个人金融优秀客户经理】
刘明灵　中国银行汕头分行

【全国社会服务工作先进个人】
林锐群　汕头锐科电子有限公司，广东群发织造有限公司董事长

【全国安全生产监管监察系统先进工作者】
项德启　汕头市龙湖区安监局

【全国安全生产监管监察系统先进个人】
吴先宏　市安监局
郑武林　龙湖区安监局
余潮炎　澄海区安监局
肖铭耿　潮阳区安监局宣教中心

（年鉴编辑部）

社会经济统计资料

FILES OF SOCIAL ECONOMIC STATISTICS

国民经济主要指标

项　　目	单　　位	2011年	2010年
一、年末总人口	万人	529.44	524.11
二、年末职工人数	万人	35.89	32.28
#国有单位职工	万人	17.69	17.06
集体单位职工	万人	8.82	5.93
三、地区生产总值	亿元	1275.74	1208.97
#第一产业	亿元	73.76	64.53
第二产业	亿元	649.7	678.22
第三产业	亿元	552.28	466.22
四、工农业总产值	亿元	2781.56	2770.06
#农林牧渔业总产值	亿元	134.52	117.76
工业总产值	亿元	2647.04	2652.3
#轻工业	亿元	1665.75	1716.5
重工业	亿元	981.29	935.8
五、运输、邮电			
货物周转量	万吨公里	1340651	1019789
#公路	万吨公里	313321	256363
水路	万吨公里	1025435	761550
旅客周转量	万人公里	860222	741937
#公路	万人公里	617992	516705
水路	万人公里	0	0
港口货物吞吐量	万吨	4005	3509
邮电业务收入	亿元	50.45	47.36
六、固定资产投资			
全社会固定资产投资额	亿元	438.74	303.54
城镇单位	亿元	362.62	257.69
#房地产	亿元	74.06	49.31
农村单位	亿元	76.12	45.85
内资	亿元	410.07	273.84
港、澳、台商与外商	亿元	28.67	29.7

国民经济主要指标（续）

项　　目	单　　位	2011年	2010年
七、国内商业			
社会消费品零售总额	亿元	972.21	825.31
市区商品零售价格总指数	%	105.3	103.7
八、对外贸易、利用外资			
进出口总额	亿美元	87.88	73.64
# 出口总额	亿美元	59.54	49.35
进口总额	亿美元	28.35	24.3
实际吸收外商直接投资额	亿美元	3.46	2.56
九、财政、金融			
地方财政一般预算收入	亿元	85.58	72.65
地方财政一般预算支出	亿元	151.66	121.71
金融机构本外币(含外资)存款余额	亿元	1967.24	1852.36
金融机构本外币(含外资)贷款余额	亿元	706.06	637.75
十、人民生活			
职工工资总额	亿元	115.16	89.56
职工平均工资	元／人	32844	27918
城市居民人均可支配收入	元	17473.89	15178.59
农民人均纯收入	元	7893	6517.94
城乡居民储蓄存款余额（本外币）	亿元	1370.97	1292.33
十一、教育			
高等学校在校学生数	人	9383	9300
中等职业技术学校在校学生数	人	118155	105420
普通中学在校学生数	万人	49.89	49.35
小学在校学生数	万人	53.1	56.77
十二、卫生			
医院床位	张	13057	12173
专业卫生技术人员数	人	17238	16170
# 医生	人	5822	5352

各区县户数

单位：户

	总户数		平均每户人数（人）	
	2011年	2010年	2011年	2010年
合　计	1185980	1158865	4.52	4.52
金平区	210691	209644	3.60	3.60
龙湖区	108544	106440	3.75	3.72
澄海区	184130	182705	4.10	4.08
濠江区	67732	66818	4.25	4.23
潮阳区	348215	334219	4.91	4.96
潮南区	244828	237310	5.59	5.60
南澳县	21840	21729	3.41	3.39

各区县人口

单位：人

	总人口		按性别分			
			男		女	
	2011年	2010年	2011年	2010年	2011年	2010年
合　计	5294375	5241143	2653466	2625211	2640909	2615932
金平区	755935	753923	373341	373127	382594	380796
龙湖区	403627	396435	200369	197113	203258	199322
澄海区	751149	746103	371784	369852	379365	376251
濠江区	286110	282869	144032	142685	142078	140184
潮阳区	1676846	1659365	848895	838878	827951	820487
潮南区	1346480	1328745	677818	666422	668662	662323
南澳县	74228	73703	37227	37134	37001	36569

农林牧渔业总产值

单位：万元、%

项　　目	现行价		2011年缩减指数	可比价产值	2011年比2010年增减%
	2011年	2010年			
合　计	1345202	1177642	110.9	1223052	103.9
一、农业产值	653189	565788	109.2	600978	106.2
#粮食作物	188043	152218	120.9	155536	102.2
蔬菜	407235	364792	102.9	395758	108.5
水果	50386	41168	118.1	42664	103.6
二、林业产值	3738	3706	103.3	3625	97.8
三、牧业产值	295132	249310	120	246607	98.9
#生猪	88167	113172	132.2	111413	98.4
大牲畜	2847	3016	104.4	2727	90.4
家禽饲养	144256	132501	109.4	131861	99.5
禽产品	10110	9293	106.9	9457	101.8
四、渔业产值	371349	335995	105.8	351164	104.5
#海水产品	336426	262288	106	270741	103.2
淡水产品	84364	73707	104.9	80423	109.1
五、农林牧渔服务业产值	21794	22843	105.4	20678	90.5

注：粮食作物包括大豆。

各区县农林牧渔业总产值

（2011年，按现行价计算）

单位：万元

地　区	合　计	农业产值	林业产值	牧业产值	渔业产值	农林牧渔服务业产值
全市合计	1345202	653189	3738	295132	371349	21794
金平区	45952	16535	2	17488	11673	253
龙湖区	97708	51184	10	38408	5819	2288
澄海区	448024	233195	340	113907	99671	910
濠江区	88871	23349	115	10292	54861	254
潮阳区	321246	176589	692	63180	78085	2700
潮南区	209404	143071	1650	42542	19951	2189
南澳县	124763	8860	968	9321	102414	3200

农作物播种面积和产量

（2011年）

项　　目	计量单位	合　计	项　　目	计量单位	合　计
全年粮食播种面积	亩	1071660	薯类播种面积	亩	272112
亩产	公斤	433	亩产	公斤	441
总产	吨	464329	总产	吨	120033
全年水稻播种面积	亩	757312	大豆播种面积	亩	3917
亩产	公斤	434	亩产	公斤	141
总产	吨	329013	总产	吨	551
早造面积	亩	384716	甘蔗播种面积	亩	661
亩产	公斤	441	亩产	公斤	6511
总产	吨	169636	总产	吨	4304
晚造面积	亩	372596	花生播种面积	亩	19782
亩产	公斤	428	亩产	公斤	177
总产	吨	159377	总产	吨	3510
旱粮播种面积	亩	38319	蔬菜播种面积	亩	674674
亩产	公斤	384	亩产	公斤	2325
总产	吨	14732	总产	吨	1568318

畜牧业生产情况

（2011年）

项　　目	单　位	合　计	项　　目	单　位	合　计
一、牛年末总头数	头	9572	九、当年出售和自宰家禽	万只	2879.45
1. 役用牛	头	4443	# 鸡	万只	1431.2
2. 肉用牛	头	4109	鸭	万只	759.29
3. 奶牛	头	1020	鹅	万只	584.61
二、山羊年末只数	只	2942	十、当年出售和自宰的兔	只	0
三、生猪全年饲养量	头	1296177	十一、当年肉类总产量	吨	116543
生猪年末存栏量	头	460588	猪肉产量	吨	61717
四、三鸟全年饲养量	万只	37841544	牛肉产量	吨	429
鸡	万只	1811.61	羊肉产量	吨	69
鸭	万只	981.34	禽肉产量	吨	54249
鹅	万只	807.76	兔肉产量	吨	0
五、兔全年饲养量	只	0	十二、奶类产量	吨	4083
六、当年生猪出栏量	头	835589	十三、蜂蜜产量	吨	275
七、当年出售和自宰肉用牛	头	3412	十四、禽蛋产量	吨	9566
八、当年出售和自宰肉用羊	只	2909			

渔业、水果、茶叶生产情况

（2011年）

项　　目	单　位	全市合计	项　　目	单　位	全市合计
水产品总产量	吨	408467	水果年末实有面积	亩	191541
一、海水产品	吨	336426	总产	吨	167298
鱼类	吨	146788	#柑桔实有面积	亩	12572
优质鱼	吨	29137	总产	吨	18467
其他鱼类	吨	117651	香（大）蕉实有面积	亩	35098
虾蟹类	吨	44171	总产	吨	66614
贝类	吨	85139	菠萝实有面积	亩	1058
藻类	吨	43846	总产	吨	828
其他类	吨	16482	荔枝实有面积	亩	37948
二、淡水产品	吨	72041	总产	吨	5668
鱼类	吨	53751	龙眼实有面积	亩	5610
优质鱼	吨	21140	总产	吨	3160
其他鱼类	吨	32611	杂果实有面积	亩	71404
#四大家鱼	吨	24322	总产	吨	33546
贝类	吨	2052	茶叶年末实有面积	亩	5314
虾蟹类	吨	13363	总产	吨	280
其他类	吨	2875			

全部工业总产值

（2011年按现行价计算）

单位：万元

项　　目	全市合计	金平区	龙湖区	澄海区	濠江区
合　计	26470373	4421493	3867608	5803564	1044112
一、规模以上工业	18922603	3350879	3052457	3914323	827935
按登记注册类型分					
内资企业	14214536	2310899	1391685	3565473	574448
国有企业	1607921	22641	81242	193065	-
集体企业	174161	123979	18873	30903	406
股份合作企业	156239	62160	18102	8736	2298
联营企业	12225	-	12151	-	74
有限责任公司	4567364	1540907	573377	1147998	156199
股份有限公司	1364223	229080	375501	316712	333176
私营企业	5910437	263030	208538	1816139	69205
其他企业	421966	69101	103901	51919	13090
港澳台商投资企业	2124906	646559	688928	224970	90213
外商投资企业	2583161	393421	971844	123881	163274
按轻、重工业分					
轻工业	11491154	2154278	1656847	2661925	231843
重工业	7431449	1196601	1395610	1252398	596093
按生产规模分					
大型企业	3375381	71555	623915	1300520	70941
中型企业	4932247	1180737	803950	605860	420579
小型企业	10292779	2062022	1608614	1821062	325862
微型企业	322196	36566	15977	186881	10554
二、规模以下工业(含个体)	7547770	1070615	815151	1889241	216176

全部工业总产值（续）

（2011年按现行价计算）

单位：万元

项　　目	潮阳区	潮南区	南澳区	直属企业
合　　计	5079806	4800048	87646	1366096
一、规模以上工业	3803799	2581434	31084	1360692
按登记注册类型分				
内资企业	2987078	2261240	14130	1109583
国有企业	362017	–	14109	934847
集体企业	–	–	–	–
股份合作企业	7001	57942	–	–
联营企业	–	–	–	–
有限责任公司	245597	839463	–	63823
股份有限公司	14522	22671	–	72561
私营企业	2319726	1210670	22	23107
其他企业	38216	130493	–	15246
港澳台商投资企业	54499	295583	5353	118801
外商投资企业	762221	24611	11600	132309
按轻、重工业分				
轻工业	2207724	2339380	22	239135
重工业	1596075	242054	31062	1121556
按生产规模分				
大型企业	357879	40959	–	909612
中型企业	1248177	475669	–	197275
小型企业	2193729	2013578	14109	253803
小型企业	4014	51229	16975	–
二、规模以下工业(含个体)	1276008	2218614	56562	5403

规模以上工业分行业现价工业总产值

（2011年）

单位：万元

项　　目	总产值	项　　目	总产值
合　　计	18922603	17. 橡胶和塑料制品业	2042414
1. 非金属矿采选业	508	18. 非金属矿物制品业	283266
2. 农副食品加工业	723936	19. 黑色金属冶练及压延加工业	2737
3. 食品制造业	361687	20. 有色金属冶练及压延加工业	223344
4. 酒、饮料和精制茶制造业	97009	21. 金属制品业	256603
5. 烟草制品业	22783	22. 通用设备制造业	174332
6. 纺织业	1245811	23. 专用设备制造业	326420
7. 纺织服装、服饰业	2594532	24. 汽车制造业	414039
8. 皮革、毛皮、羽绒及其制品业	153709	25. 铁路、船舶、航空航天和其他运输设备制造业	31028
9. 木材加工及木、竹、藤、棕、草制品业	724485	26. 电气机械及器材制造业	847194
10. 家具制造业	80504	27. 计算机、通信和及其他电子设备制造业	477718
11. 造纸及纸制品业	556680	28. 仪器仪表及文化、办公用机械制造业	103222
12. 印刷业和记录媒介的复制	989124	29. 其他制造业	17535
13. 文教、工美、体育和娱乐用品制造业	2179317	30. 金属制品、机械和设备修理业	38999
14. 化学原料及化学制品制造业	1155471	31. 电力、热力生产和供应业	2467713
15. 医药制造业	248171	32. 燃气生产和供应业	19700
16. 化学纤维制造业	17409	33. 水的生产和供应业	45202

规模以上工业主要经济指标

（2011年）

单位：万元

项　目	全市合计	项　目	全市合计
企业单位数（个）	1877	主营业务收入	18197769
#亏损企业	107	主营业务成本	15195181
流动资产合计	6280448	主营业务税金及附加	94814
#存货	1812598	销售费用	474336
#产成品	699102	管理费用	625603
流动资产年平均余额	–	#税金	29957
固定资产合计	6110967	财务费用	178463
固定资产原价合计	9000049	盈利企业盈利总额	1425738
累计折旧	3431919	亏损企业亏损总额	27227
固定资产净值年平均余额	–	盈亏相抵后利润总额	1398511
资产总计	13917534	利税总额	1956402
流动负债合计	4311315	应交所得税	198687
负债合计	5278620	本年应缴增值税	454734
所有者权益合计	8608423	全部从业人员年平均人数（人）	349523

规模以上国有控股工业企业主要经济指标

（2011年）

单位：万元

项　　目	全市合计	项　　目	全市合计
企业单位数（个）	28	主营业务收入	2865234
#亏损企业	8	主营业务成本	2469537
流动资产合计	598530	主营业务税金及附加	12035
#存货	102458	销售费用	12889
#产成品	24590	管理费用	50990
流动资产年平均余额		#税金	4258
固定资产合计	2767086	财务费用	68918
固定资产原价合计	4048610	盈利企业盈利总额	273748
累计折旧	1440729	亏损企业亏损总额	6289
固定资产净值年平均余额		盈亏相抵后利润总额	267460
资产总计	3728628	利税总额	394002
流动负债合计	823921	应交所得税	60667
长期负债合计		本年应缴增值税	109577
负债合计	1331378	全部从业人员年平均人数（人）	17177
所有者权益合计	2397249		

主要工业产品产量

（2011年）

项　　目	单　位	全市合计	项　　目	单　位	全市合计
发电量	万千瓦时	2344180	中成药	吨	1913
#火力	万千瓦时	2294519	塑料制品	吨	390240
风电	万千瓦时	49661	塑料薄膜	吨	81550
大米	吨	224624	农用薄膜	吨	28409
饲料	吨	458383	泡沫塑料	吨	14986
配合饲料	吨	153455	日用塑料制品	吨	15311
冷冻水产品	吨	27549	水泥	吨	1676849
啤酒	吨	115359	商品混凝土	立方米	193987
软饮料	吨	50500	钢化玻璃	平方米	844126
碳酸饮料类汽水	吨	446	夹层玻璃	平方米	559883
纱	吨	1985	玻璃包装容器	吨	7877
布	万米	202	铝材	吨	3229
印染布	万米	26996	日用不锈钢制品	吨	6230
人造板表面装饰板	万平方米	935	金属切削机床	台	305
服装	万件	25832	包装专用设备（包装）台	台	316
梭织服装	万件	4013	塑料加工专用设备	台	11767
针织服装	万件	21819	印刷机专用设备	吨	86
皮革鞋靴	万双	125	变压器	千伏安	341
家具	万件	121	高压开关板	面	3935
木质家具	万件	115	低压开关板	面	11001
机制纸及纸板	吨	198634	通信及电子网络用电缆	对千米	24806
纸制品	吨	175815	光缆	芯千米	3474754
瓦楞纸箱	吨	121347	灯具及照明装置	套、台、个	641727
多色印刷品	对开色令	10278590	半导体分立器件	万只	48870
玩具	万元	1287542	电子元件	万只	8900
涂料	吨	4509	自来水生产量	万立方米	27278
初级形态的塑料	吨	137842	印制电路板	万立方米	118
化学试剂	吨	71340	超声波仪器	台	8407
合成洗涤剂	吨	7639	液晶显示器	台	20
化学原料药	吨	6105			

客货运输量

项　　目	单位	2011年	2010年
一、货运量	万吨	3577.51	3088.59
1. 公路	万吨	2770	2413
2. 水运	万吨	805.8	674
3. “南航”汕头有限公司	万吨	1.71	1.59
二、货物周转量	万吨公里	1340651	1019789
1. 公 路	万吨公里	313321	256363
2. 水 运	万吨公里	1025435	761550
3. “南航”汕头有限公司	万吨公里	1895	1876
三、客运量	万人	3161.5	2759.11
1. 公 路	万人	2925	2539
2. 水 运	万人	0	0
3. “南航”汕头有限公司	万人	236.5	220.11
四、旅客周转量	万人公里	860222	741937
1. 公路	万人公里	617992	516705
2. 水运	万人公里	0	0
3. “南航”汕头有限公司	万人公里	242230	225232

主要港口货物吞吐量

（2011年）

单位：万吨

项　　目	合计	出港			进港		
		小计	外贸	内贸	小计	外贸	内贸
合　计	4005.0	484.9	238.9	246.0	3520.1	796.5	2723.6
汕头港务集团有限公司	2388.2	469.1	233.4	235.7	1919.1	454.7	1464.4
汕头市珠池港有限公司	24.5	0.3	–	0.3	24.2	–	24.2
汕头市航运总公司	53.9	1.3	1.3	–	52.6	1.5	51.1
汕头市永泰港务公司	1.5	0.2	0.2	–	1.3	1.3	–
汕头特区龙华企业有限公司	–	–	–	–	–	–	–
汕头大洋储运公司	25.0	–	–	–	25.0	–	25.0
汕头特区海通货柜码头有限公司	12.0	4.0	4.0	–	8.0	8.0	–
汕头市莱芜港务有限公司	0.3	–	–	–	0.3	0.3	–
潮阳榕江港区	19.2	0.5	–	0.5	18.7	–	18.7
潮阳海门港区	1068.8	–	–	–	1068.8	327.2	741.6
潮阳棉城港区	–	–	–	–	–	–	–
南澳港区	86.0	1.4	–	1.4	84.6	–	84.6
汕头市油料总公司（重油码头）	–	–	–	–	–	–	–
广东省石油企业集团粤东公司（汉山、马山码头）	37.7	–	–	–	37.7	–	37.7
雪佛龙海洋燃气能源有限公司	3.5	–	–	–	3.5	3.5	–
红光运输服务公司	92.1	–	–	–	92.1	–	92.1
东海港务有限公司	22.8	8.1	–	8.1	14.7	–	14.7
东区粮食港口公司	23.6	–	–	–	23.6	–	23.6
水泥有限公司	130.0	–	–	–	130.0	–	130.0
广州海威海上救助技术服务中心汕头分中心	–	–	–	–	–	–	–
其　他	15.9	–	–	–	15.9	–	15.9

注：（1）港务集团公司统计数字包括国际集装箱码头、海洋码头、东区粮食码头、粤长码头等。
（2）汕头航运总公司统计数字包括西堤港、西港、四码头、船厂码头。

电信、邮政业务总收入及业务量

项　目	单位	2011年	2010年
电信业务收入	万元	485613	453436.50
全市固定电话用户（含大、小灵通）	户	1401788	1403896
公用电话	部	45813	51144
全市移动电话用户	万户	587.00	506.08
互联网络用户（不含非注册用户）	户	787497	688840
邮政业务总量	万元	18927.13	16458.37
邮政营销网点	处	70	71
邮政信筒、信箱	个	152	169
投递段道总数	条	451	301
投递路线总长度（单程）	公里	15322	7984
邮储市场占有率	%	6.31	5.25
设有邮政局所的乡镇	个	29	30
已通邮的行政村	个	542	542
开办邮储业务的乡镇	个	22	23
全市局所平均服务平径	平方公里	3.2	3.04
全市住宅固定电话普及率	户/百户	93.38	98.51
全市移动电话普及率	户/百人	110.93	96.56
国际互联网用户普及率	户/百户	66.4	59.44
公用电话 普及率	部/千人	8.65	9.76

各区县社会消费品零售总额

（2011年）

单位：万元

项目	汕头市	金平区	龙湖区	澄海区	濠江区	潮阳区	潮南区	南澳区
合计	9722119	3310389	1489319	1050404	294132	1757399	1627742	144596
1. 按销售地区分								
城镇	6864310	3310389	1488020	596237	281344	599119	434066	106997
乡村	2857809		1299	454167	12788	1158280	1193676	37599
2. 按行业分								
批发业	407945	44960	81861	15832	17496	219091	21488	7217
零售业	8646668	3091114	1296986	986472	259986	1387294	1478045	117134
住宿业	70245	7814	13072	3402	1136	18475	19010	7336
餐饮业	597261	166501	97400	44698	15514	132539	109199	12909

批发零售贸易业商品销售总额

（2011年）

单位：万元

项　　目	销售总额	批发额	零售额
总　　计	17537688	8483074	9054614
一、按规模分			
（一）限额以上企业	6447054	5067934	1379120
内资企业	6183638	4999851	1183787
国有企业	621879	482201	139678
集体企业	43459	24607	18852
股份合作企业	190531	172519	18012
联营企业	317069	307819	9250
有限责任公司	2480588	1989370	491218
股份有限公司	857011	695998	161013
私营企业	1661695	1327337	334358
其他企业	11406	0	11406
港澳台同胞	104482	33972	70510
外商投资企业	158934	34111	124823
（二）限额以下企业			
法人企业及个体户	11090634	3415140	7675494
二、按地区分			
金平区	6137213	3001139	3136074
龙湖区	3827801	2448955	1378846
澄海区	1965745	963441	1002304
濠江区	788947	511464	277483
潮阳区	2471697	865312	1606385
潮南区	2110200	610667	1499533
南澳县	184688	60336	124352

注：批发业限额标准：年销售额2000万元及以上。
零售业限额标准：年销售额500万元及以上。

汕头市区居民消费价格分类指数

（2011年，以上年价格为100）

类　　别	按全社会综合平均价格计算	类　　别	按全社会综合平均价格计算
居民消费价格总指数	105.3	茶及饮料	102.1
一、食品	109.4	茶叶	101.1
粮食	111.3	饮料	104.1
大米	113.7	干鲜瓜果	116.8
粮食制品	107.7	鲜瓜果	119.3
淀粉及制品	104.6	干（坚）果	109.8
干豆类及豆制品	98.7	糕点饼干面	102
油脂	109.7	液体乳及乳制品	104.1
肉禽及其制品	114.7	在外用膳食品	107.7
食用畜肉及副产品	120.7	其他食品	102.8
禽	106.3	二、烟酒及用品	102.2
加工肉禽	108	烟草	99.6
蛋	112.3	酒	108.1
水产品	109.3	吸烟饮酒用品	0.0
菜	101.3	三、衣着	102.5
鲜菜	100.6	服装	102.1
干菜及菜制品	101.8	衣着材料	101.2
薯类	120.8	鞋袜帽	102.1
调味品	102.2	衣着加工服务费	113.6
糖	108.3	四、家庭设备用品及维修服务	103.3

汕头市区居民消费价格分类指数（续）

（2011年，以上年价格为100）

类　　别	按全社会综合平均价格计算	类　　别	按全社会综合平均价格计算
耐用消费品	99.9	市区公共交通费	101.0
家具	102.9	城市间交通费	106.7
家庭设备	98.8	通信	94.3
室内装饰品	105.9	通信工具	83.6
床上用品	107.8	通信服务	95.7
家庭日用杂品	99.9	七、娱乐教育文化用品及服务	102.2
家庭服务及加工维修服务	112	文娱用耐用消费品及服务	96.3
五、医疗保健和个人用品	103.8	教育	101.5
医疗保健	105.2	教材及参考书	97.4
医疗器具及用品	101.8	学杂托幼费	102
中药材及中成药	109.5	文化娱乐类	102.4
西药	101.7	文化娱乐用品	102.1
医疗保健服务	100.0	书报杂志	101.2
个人用品及服务	101.6	文娱费	103.5
六、交通和通讯	98.8	旅游	109.2
交通	103.2	八、居住	106.4
交通工具	97.8	建房及装修材料	105.6
车用燃料及零配件	109.6	自有住房	108.2
车辆使用及维修费	102.6	水、电、燃料	105.1

分地区对外贸易出口总额

单位：万美元

地　　区	出口总额		#一般贸易出口		#加工贸易	
	2011年	2010年	2011年	2010年	2011年	2010年
全市合计	595357	493450	438049	357238	155570	134734
金平区	66786	53621	57429	47740	6052	5881
龙湖区	139105	111956	77370	67826	60383	44128
澄海区	134692	113245	114389	98847	20304	14398
濠江区	28360	23815	15513	13157	10344	10658
潮阳区	72544	56807	53652	36753	18892	20054
潮南区	74790	62181	64529	52398	10261	9783
南澳县	80	64	80	64	0	0
市直属	56816	54840	44771	32267	19207	22561

分地区进口总额

单位：万美元

地　　区	进口总额		1.一般贸易		2.加工贸易		3.其他贸易	
	2011年	2010年	2011年	2010年	2011年	2010年	2011年	2010年
全市合计	283467	243043	157839	147345	157839	84192	24285	11506
金平区	41406	37070	37487	29523	37487	3191	754	4356
龙湖区	103837	98139	62591	63519	62591	32174	5888	2446
澄海区	21755	18093	5044	5385	5044	12227	112	481
濠江区	11654	9737	5634	2826	5634	6124	149	287
潮阳区	17815	18363	5971	6138	5971	12016	591	209
潮南区	7724	8244	2500	2760	2500	5291	114	193
南澳县	528	1002	528	1002	528	0	0	0
市直属	59033	38790	35022	31512	35022	7278	6200	2687

全市利用外资基本情况

单位：宗、万美元

项　　目	新签协议（合同）数		实际利用外资额	
	2011年	2010年	2011年	2010年
客商直接投资	46	35	34563	25553
合资经营	22	6	3271	2273
合作经营	1	0	877	1983
独资经营	23	29	23893	20997
外商股份制	0	0	6522	300

旅游业情况

项　　目	单位	2011年	2010年
一、接待过夜游客人数	人	9038399	7822027
（一）国内旅客	人	8897767	7688170
（二）国际旅游者	人	140632	133857
1.外国人	人	87252	82017
2.港澳同胞	人	44253	42802
3.台湾同胞	人	9127	9038
二、旅游收入	亿元	104.39	88.47
#外汇收入	万美元	5071.18	5015.77

星级宾馆概况

（2011年）

项　目	单位	合计	星级宾馆小　计	五星级	四星级	三星级	二星级	一星级	无星级宾馆
宾馆数	座	38	38	3	7	19	8	1	0
房间数	个	6805	6805	1261	1792	3122	534	96	0
床位数	张	11150	11150	1800	2932	5264	966	188	0

全社会固定资产投资额和房地产开发经营情况

（2011年）

项　　目	单位	全市	项　　目	单位	全市
一、完成投资额总计	万元	4387146	#住 宅	万元	558957
按城乡划分：城镇单位	万元	3626221	资金来源合计	万元	749449
#房地产开发	万元	740571	上年末结余资金	万元	23180
农村单位	万元	761195	本年资金来源小计	万元	726269
按登记注册类分：内资	万元	4100719	#国内贷款	万元	70328
港、澳、台商与外商	万元	286697	利用外资	万元	24606
按三次产业分：第一产业	万元	38224	自筹资金	万元	522877
第二产业	万元	2339459	房屋建筑面积（万平方米）		
第三产业	万元	2009733	施工面积	万米^2	943.6
投资资金来源	万元	4465572	#住 宅	万米^2	701.47
上年末结余资金	万元	115335	商业营业用房	万米^2	48.31
本年资金来源小计	万元	4350237	竣工面积	万米^2	192.61
国家预算资金	万元	245670	#住 宅	万米^2	147.85
国内贷款	万元	288501	商业营业用房	万米^2	10.92
债券	万元	13675	本年新开工面积	万米^2	416.85
利用外资	万元	68051	#住 宅	万米^2	313.21
自筹资金	万元	3534100	商业营业用房	万米^2	18.67
其他资金	万元	200240	商品房销售面积	万米^2	165.29
二、房地产开发主要指标			#住 宅	万米^2	143.64
土地购置情况					
本年购置土地面积	万米^2	97.79	商业营业用房	万米^2	10.48
本年土地成交价款	万元	140562	商品房销售额	万元	846632
本年完成投资额	万元	740571	商品房待售面积	万米^2	134.29

汕头市城市建设情况

（2011年）

项　　目	单　位	
一、市区面积	平方公里	1966
#建成区面积	平方公里	185
二、市政设施情况		
实有道路长度（不含宽3.5米以下道路）	公里	1318.7
城市道路面积	万平方米	2493
城市桥梁数	座	142
防洪堤长度	公里	486
城市下水道总长度	公里	1640
三、城市公共交通情况		
年底全社会营运公共汽车	标台/辆	1284
年底营运线路网	公里	1720
全年运客总数	万人次	11309
公共轮渡	艘	9
全年轮渡客运总量	万人次	368
年底出租小汽车营运车辆	辆	1544
四、城市园林绿化情况		
园林绿地总面积	公顷	7433
#公园绿地	公顷	3137
建成区绿化覆盖面积	公顷	7607
绿化覆盖率	%	41.22
公园个数	个	28
公园面积	公顷	1198
全年植树	万株	248.91

汕头市城市建设情况（续）

（2011年）

项　　目	单位	
五、城市环境卫生情况		
清扫面积	万平方米	1437
全年完成清运垃圾	万吨	69.77
环卫专用车辆设备数	辆	373
公厕数量	座	652
六、城市住房情况		
人均住房建筑面积	平方米	14792
人均居住面积（含厅及配套）	平方米	22.67
年底水厂个数	个	19
年底水厂综合生产能力	万吨/日	131.2
年底供水管道总长度	公里	2292.08
全年供水总量	万吨	27527.42
#生产用水	万吨	6555.53
生活用水	万吨	12731.08
用水人口	万人	230.55
人均生活用水量	升/天	183.29
七、城市供电情况		
全年用电量	亿千瓦时	149.69
#工业用电	亿千瓦时	91.2
生活用电	亿千瓦时	32.45
八、城市供燃气情况		
全年供液化气量	吨	185000
#家庭用量	吨	185000
家庭燃气普及率	%	98.06

汕头市区环境保护状况

（2011年）

项　　目	单位	
一、废水排放总量	万吨	25892.57
二、工业废水排放量	万吨	6307.74
#符合排放标准的	万吨	0
三、生活污水排放量	万吨	19577.01
#经过处理的	万吨	16407.88
四、工业废气排放总量	万标立方米	9840795
1. 燃料燃烧过程中废气排放量	万标立方米	0
2. 生产工艺过程中废气排放量	万标立方米	0
五、工业二氧化硫排放量	吨	26868.22
六、工业固体废物产生量	万吨	120.58
工业固体废物处置量	万吨	0.81
工业固体废物综合利用量	万吨	110.24
七、工业锅炉	台/蒸吨	526/15978.0
#烟尘排放达标	台/蒸吨	0
八、工业炉窑	座	20
#烟尘排放达标	座	0
九、二氧化硫日平均值达标率	%	100
十、降尘量	吨/月平方公里	5.85
十一、市区交通噪声（等效声级Leq）	分贝	68.8
十二、区域环境噪声（等效声级Leq）	分贝	55.7
十三、环境噪声达标面积	平方公里	0

全市财政收支情况

单位：万元

项　　目	2011年	2010年
地方财政一般预算收入	855829	726452
1. 税收收入	557835	517723
#增值税	155954	140614
营业税	95590	92387
企业所得税	65840	79067
个人所得税	21175	20754
土地增值税	19060	14513
房产税	32856	28198
城市维护建设税	53603	33895
契税	40529	39865
2. 非税收入	297994	208729
#国有资本经营收入	36878	20896
行政性收费收入	94976	74411
罚没收入	28387	28055
专项收入	34174	22097
其他收入	96481	53137
地方财政一般预算支出	1516613	1217123
#一般公共服务	197881	186095
公共安全	121247	110196
教育	397934	303068
科学技术	24858	14491
社会保障和就业	160792	96353
医疗卫生	165386	117364
环境保护	40000	45089
城乡社区事务	70501	67614
农林水事务	141811	80423

各区县财政收支情况

单位：万元

项　　目	金平区		龙湖区		澄海区		濠江区	
	2011年	2010年	2011年	2010年	2011年	2010年	2011年	2010年
地方财政一般预算收入	74180	61781	81625	66769	131595	107669	32316	25205
1. 税收收入	47790	43735	58704	52865	82348	81196	17432	16493
#增值税	13773	11333	15066	14781	28513	26809	3964	3975
营业税	9180	9591	13956	12721	13458	12321	3158	2830
企业所得税	6825	7921	7882	7643	8972	15535	2076	2352
个人所得税	3301	3245	2668	2601	2219	2294	280	275
土地增值税	1972	1088	3326	3267	3586	1684	261	132
房产税	4291	3629	4075	3627	3800	2979	493	424
城市维护建设税	5235	3265	6521	3552	8162	6740	1497	584
契税	0	0	0	0	4733	5022	0	0
2. 非税收入	26390	18046	22921	13904	49247	26473	14884	8712
#国有资本经营收入	0	0	11680	9080	0	0	4223	814
行政性收费收入	3847	5265	2400	2915	9728	7760	1147	741
罚没收入	346	234	845	211	3845	3178	213	117
专项收入	2235	1398	2784	1521	4654	3721	652	254
其他收入	19804	11091	4908	0	30868	11720	8435	6730
地方财政一般预算支出	143159	108254	150616	94310	222144	172900	68633	46161
#一般公共服务	27524	24149	29117	23689	35347	33456	7178	7107
公共安全	3563	3133	4960	3750	14851	13195	1954	1667
教育	50207	39727	50420	34764	61409	45997	20253	12939
科学技术	7967	3754	3681	2159	3688	2318	654	556
社会保障和就业	14752	7947	11155	7546	21722	16790	5604	3030
医疗卫生	13932	9539	12423	7365	22522	16254	8025	4462
环境保护	137	487	235	285	7498	4529	348	200
城乡社区事务	11971	11903	9275	6313	9818	4514	10721	4875
农林水事务	4699	2934	19686	3881	21413	15557	7638	3545

各区县财政收支情况（续）

单位：万元

项　　目	潮阳区		潮南区		南澳县		市直属	
	2011年	2010年	2011年	2010年	2011年	2010年	2011年	2010年
地方财政一般预算收入	105301	87000	73667	59287	12506	6166	344639	312575
1. 税收收入	62246	60177	47025	42611	11700	5007	230590	215639
# 增值税	22014	17963	18237	15002	802	681	53585	50070
营业税	8140	7913	5252	6206	1976	1416	40470	39389
企业所得税	8712	13922	3787	3442	855	456	26731	27796
个人所得税	1432	1347	1416	1356	204	113	9655	9523
土地增值税	779	862	265	516	524	196	8347	6768
房产税	2849	2361	3437	3013	145	203	13766	11962
城市维护建设税	6311	5048	4382	2894	452	221	21043	11591
契税	3436	2988	919	1035	1425	382	30016	30442
2. 非税收入	43055	26823	26642	16676	806	1159	114049	96936
# 国有资本经营收入	17848	2809	0	300	0	0	3127	7893
行政性收费收入	16917	11523	17482	8908	237	345	43218	36945
罚没收入	3488	3614	5936	5092	89	591	13625	15018
专项收入	3442	2563	2770	2119	348	164	17289	10357
其他收入	1109	2	370	0	0	0	30987	23594
地方财政一般预算支出	249273	190871	186152	142617	57262	30704	439374	431306
# 一般公共服务	20501	17938	21762	17173	9789	5168	46663	57412
公共安全	10947	12234	10398	10053	3776	3274	70798	62890
教育	91245	73351	64472	49467	4886	3846	55042	42977
科学技术	303	424	389	522	374	230	7802	4528
社会保障和就业	28697	12409	18104	9435	1517	1422	59241	37774
医疗卫生	37021	25551	30966	20659	3112	3863	37385	29671
环境保护	2799	1117	1391	2829	508	818	27084	34824
城乡社区事务	5600	12681	2766	1421	3417	417	16933	25490
农林水事务	30862	14783	23335	18112	18638	6422	15540	15189

金融机构人民币存贷款年末余额及现金收支情况

单位：万元

指　　标	2011年	2010年
年末存款余额	19672366	18523601
中资全国性四家银行	12521915	12362215
股份制商业银行	3103497	2931479
邮储银行	1004784	794964
农信联社	2215996	1927317
外资银行	216749	32235
存款余额中：企事业单位存款	5197631	3185366
储蓄存款	13709684	12923291
年末贷款余额	7060625	6377532
中资全国性四家银行	3879957	3493824
股份制商业银行	1323198	1263582
邮储银行	58409	23718
农信联社	1600939	1415934
外资银行	114688	98447
存款余额中：中长期贷款	4265371	3762006
#个人贷款	1284756	1074195
#个人消费贷款	856835	732293
单位贷款	2884020	2557974
#经营贷款	673890	673272
固定资产贷款	2210130	1825586
普通并购贷款	2961	3761
银团贷款	93634	126076
票据融资	37866	35656
短期贷款	2745382	2578563
#个人贷款及透支	549854	459884
#个人消费贷款	25522	21644
单位贷款及透支	2085253	2047865
#经营贷款	2049851	1988607
固定资产贷款	35400	13090
贸易融资	110275	70814

中心城区居民人均现金收支情况

单位：元

项　　目	2011年	2010年	2011年比2010年增减%
一、期初手存现金	1989.09	1232.63	61.4
二、家庭总收入	18856.16	16216.09	16.3
#可支配收入	17473.89	15178.59	15.1
1.工资性收入	13952.14	12095.30	15.4
2.经营性收入	1663.67	1385.20	20.1
3.财产性收入	177.76	107.92	64.7
4.转移性收入	3062.60	2627.68	16.6
#养老金或离退休金	2058.95	1778.38	16.1
赡养、捐赠收入	825.81	677.11	22.0
三、借贷收入	2687.19	595.55	351.2
#提取储蓄存款	2181.80	490.19	345.1
四、家庭总支出	19614.5	15117.15	29.7
1. 消费性支出	15746.22	13218.23	19.1
食品	7064.54	6455.87	9.4
衣着	1106.63	767.94	44.1
#服装	837.89	574.56	45.8
家庭设备用品及服务	1182.52	943.51	26.5
#耐用消费品	233.47	159.09	46.8

中心城区居民人均现金收支情况（续）

单位：元

项　　目	2011年	2010年	2011年比2010年增减%
床上用品	87.67	72.49	20.90
家庭日用杂品	713.6	590.28	20.90
医疗保健	567.02	474.48	19.50
交通和通讯	2177.4	1699.10	28.20
# 交通	1224.87	787.36	55.60
通讯	952.53	911.74	4.50
教育娱乐文化服务	1313.46	964.38	36.20
# 文化娱乐用品	298.29	209.47	42.40
教育	399.16	273.47	46.00
文化娱乐服务	616.01	481.44	28.00
居住	1605.18	1396.58	14.90
# 住房	79.66	35.39	125.10
水电燃料及其它	1408.4	1279.18	10.10
其它商品和服务	729.47	525.37	38.80
2. 非消费性支出	3868.28	1898.92	103.70
五、借贷支出	1299.51	614.90	111.30
# 存入储蓄款	1060.21	477.60	122.00
六、期末手存现金	2588.40	2324.74	11.30

调查农户平均每人收入和支出

项　　目	单位	2011年数值	2010年数值
一、农村居民人均总收入	元	9169	7551
（一）工资性收入	元	5317	4010
#外出务工收入	元	1278	1185
（二）家庭经营收入	元	3368	3108
农林牧渔业收入	元	1578	1630
工业建筑业收入	元	429	358
其他行业收入	元	1361	1120
（三）财产性收入	元	136	101
（四）转移性收入	元	348	332
# 家庭常住人口寄回或带回	元	117	55
二、人均可支配收入	元	7785	6388
三、人均纯收入	元	7893	6518
四、农村居民人均总支出	元	7626	7090
（一）家庭经营费用支出	元	1126	869
农林牧渔业支出	元	620	529
工业建筑业支出	元	113	72
其他行业支出	元	393	268
（二）购置生产性固定资产	元	19	15
（三）税收支出	元	5	6

调查农户平均每人收入和支出（续）

项　　目	单位	2011年数值	2010年数值
（四）生活消费支出	元	6281	5960
1. 食品	元	3188	2855
2. 衣着	元	344	360
3. 居住	元	1046	1117
4. 家庭设备用品及服务	元	329	269
5. 医疗保健	元	317	279
6. 交通和通讯	元	608	486
7. 文教娱乐用品及服务	元	243	175
8. 其它商品和服务	元	513	420
（五）财产性支出	元	13	19
（六）转移性支出	元	182	220

各区县单位从业人员人数、工资总额及人平工资

（2011年）

项　　目	单位	全市合计	金平区	龙湖区	澄海区
一、从业人员年末人数	人	355887	111198	68397	26842
国有单位	人	176929	49955	18933	21055
城镇集体单位	人	88228	44458	2188	3997
其他单位	人	90730	16785	47276	1790
二、平均人数	人	350617	110717	66859	26730
国有单位	人	175498	49894	18889	20957
城镇集体单位	人	86545	44173	2311	3970
其他单位	人	88574	16650	45659	1803
三、工资总额	万元	1151559	315281	210207	115522
国有单位	万元	695819	205033	90003	101020
城镇集体单位	万元	167112	66117	5497	9804
其他单位	万元	288628	44131	114707	4698
四、人平工资	元	32844	28476	31440	43218
国有单位	元	39648	41094	47648	48204
城镇集体单位	元	19309	14968	23784	24696
其他单位	元	32586	26505	25031	26054
五、在岗职工人平工资	元	32788	28445	30779	43078
国有单位	元	39789	41665	48122	48248
城镇集体单位	元	19327	14986	25140	24696
其他单位	元	32409	26505	24196	26054

各区县单位从业人员人数、工资总额及人平工资（续）

（2011年）

项　　目	单位	濠江区	潮阳区	潮南区	南澳县	其他
一、从业人员年末人数	人	28523	69675	21034	4919	25299
国有单位	人	15240	36660	19184	4255	11647
城镇集体单位	人	5069	31246	409	211	650
其他单位	人	8214	1769	1441	453	13002
二、平均人数	人	28422	67562	20775	4817	24735
国有单位	人	15317	36036	18953	4153	11299
城镇集体单位	人	5166	29711	409	183	622
其他单位	人	7939	1815	1413	481	12814
三、工资总额	万元	98561	186016	55154	12866	157951
国有单位	万元	60254	106140	48765	11342	73263
城镇集体单位	万元	11463	70528	292	554	2857
其他单位	万元	26845	9349	6097	970	81832
四、人平工资	元	34678	27533	26548	26710	63857
国有单位	元	39338	29454	25730	27310	64840
城镇集体单位	元	22189	23738	7149	30301	45931
其他单位	元	33813	51507	43147	20166	63861
五、在岗职工人平工资	元	34712	27319	26548	26818	66465
国有单位	元	39338	29092	25730	27440	64941
城镇集体单位	元	22189	23739	7149	30301	45931
其他单位	元	33831	51507	43147	20166	69288

各类学校基本情况

（2011年）

项　　目	学校数（所）	本年毕业生数（人）	本年招生数（人）	在校学生数（人）	教职工数（人）	专任教师
一、汕头大学	1	2398	2368	9383	1459	701
二、汕头职业技术学院	1	4398	4550	13234	733	558
三、汕头电大、职大、业大	3	2157	2056	4039	152	100
四、中等职业技术学校	24	19477	36352	118155	2559	1839
#技工学校	2	3452	5647	13681	415	324
五、普通中学	263	152348	163352	498917	29513	23849
#高　中	92	39352	52421	151113	–	8161
初　中	171	112996	110931	347804	–	15688
六、小　学	787	118789	82103	530962	25323	22316
七、幼儿园	797	40652	61413	140425	11165	7134
八、特殊教育	3	90	195	1491	89	74
#聋哑学校	1	17	50	321	60	53

各区县普通中学情况

（2011年）

	学校数（所）	本年毕业生数（人）	本年招生数（人）	在校学生数（人）	教职工数（人）	
						专任教师
全市合计	263	152348	163352	498917	29513	23849
金平区	38	21691	20874	65065	4414	3706
龙湖区	21	11758	10967	34097	2449	2037
澄海区	31	19772	17978	57607	4039	3379
濠江区	13	8214	9094	27572	1443	1247
潮阳区	82	49928	56074	169392	9201	7308
潮南区	63	33350	40146	119644	5973	4568
南澳县	6	1887	1375	4771	440	383
市直属	9	5748	6844	20769	1554	1221

各区县小学情况

（2011年）

	学校数（所）	本年毕业生数（人）	本年招生数（人）	在校学生数（人）	教职工数（人）	
						专任教师
全市合计	787	118789	82103	530962	25323	22316
金平区	73	13316	11442	68828	3225	2920
龙湖区	71	8610	8532	47701	2377	2093
澄海区	109	10941	11313	57942	3150	2508
濠江区	43	5849	3222	22220	1306	1203
潮阳区	247	44319	24218	176389	8884	8121
潮南区	232	34619	22865	153878	5953	5134
南澳县	12	726	479	2886	410	320
市直属		409	32	1118	18	17

全市卫生事业基本情况

（2011年）

项　　目	单位	合计	项　　目	单位	合计
一、机构数	个	976	四、出院病人数	万人次	40.1
1. 医院	个	34	五、病床使用率	%	81.4
#综合医院	个	19	六、病床周转次数	次	32.8
中医医院	个	4	七、卫生工作人员数	人	22009
专科医院	个	11	1. 卫生技术人员	人	17238
2. 卫生院	个	34	执业（助理）医师	人	7556
#街道卫生院	个	1	#执业医师	人	5822
乡镇卫生院	个	33	注册护士	人	5780
3. 诊所、卫生所、医务室	个	238	药师（士）人员	人	1107
4. 妇幼保健院（所、站）	个	4	技师（士）人员	人	791
5. 专科疾病防治院（所、站）	个	6	其他	人	2004
6. 其他卫生事业机构	个	43	2. 其他技术人员	人	965
7. 村卫生室	个	582	3. 管理人员	人	788
二、实有床位数	张	13057	4. 工勤技能人员	人	2134
三、医院门诊诊疗总人次数	万人次	875.3	5. 乡村医生和卫生员	人	884

文献法规选编

DOCUMENTS,LAWS AND REGULATIONS

◆文献专载

◆文件法规目录

文献专载

在中国共产党汕头市第十次代表大会上的报告

（2011年11月27日）

李　锋

同志们：

现在，我代表中国共产党汕头市第九届委员会向大会作报告。

中国共产党汕头市第十次代表大会，是在汕头经济特区建立三十周年的重要时刻召开的一次承前启后、继往开来的重要会议。大会的主要任务是：高举中国特色社会主义伟大旗帜，以中国特色社会主义理论体系为指导，认真总结过去五年工作，研究部署今后五年任务，回顾过去，展望未来，动员团结全市人民，坚持改革创新，推动科学发展，为加快建设幸福汕头而努力奋斗。

一、过去工作回顾

过去五年，市委认真贯彻党的十七大和省第十次党代会精神，深入落实中央和省的决策部署，按照省粤东工作会议的要求，团结带领全市广大党员和干部群众，振奋精神、共克时艰，加快发展、赶超进位，圆满完成市第九次党代会确定的各项任务，基本实现“五年大变化”的目标要求，各项工作取得显著成绩。

一是着力推动经济又好又快发展，综合实力迈上新台阶。积极应对国际金融危机以及各种困难挑战，努力保持经济平稳较快发展。五年来全市GDP年均增长12.2%，超过省“五年大变化”的考核目标；2009年GDP跨越千亿元大关，预计今年达到1400亿元以上，增长13%左右。人均GDP年均增长10.3%。地方财政一般预算收入年均增长20%，预计今年达到87亿元左右，是2006年的2.5倍，财政得益率从4.9%提高到6%。

二是着力转变经济发展方式，产业转型升级迈出新步伐。积极推进现代产业体系建设，实施现代服务业提速计划、战略性新兴产业倍增计划、传统优势产业提升计划和海洋综合开发计划。成功引进中信、中核、中交、中远、中航、中国五矿、华润等一批大型央企开展战略合作。制定工业产业发展和布局规划，推动产业向集群化、高端化发展。成功获批省示范性产业转移工业园，建成4个国家级和4个省级产业基地。工业总产值预计今年达到3000亿元，五年翻了一番多。工业增加值比重去年达到52.1%，超过省的考核指标。新增上市企业15家，上市企业总数达到18家，列全省前茅。自主知识产权拥有量居全省前列，高新技术产业产值年均增长21.8%。荣获“中国品牌经济城市”、“国家知识产权工作示范城市”和“国家电子商务示范城市”称号。金融生态环境逐步改善，汕头商行成功重组。节能减排取得明显成效，顺利实现“十一五”节能减排目标。农业现代化建设和产业化经营有新成效。

三是着力提升现代城市发展理念，城市规划建设管理呈现新变化。高标准规划建设特区城市，以“多规融合”启动新一轮全市总体规划修编，加快建设“一核多组团”的城市发展新格局和“一湾两岸”的城市形态。全力推动珠港新城、东海岸新城、濠江新城、西部生态新城、中国锆城、粤东物流新城等的规划建设，广澳港区、海门港区、南澳跨海大桥、厦深铁路汕头段、汕头至揭阳高速公路、华能海门电厂、汕头大围等一批重大交通、能源、水利、环保基础设施项目扎实推进。五年累计完成固定资产投资1552亿元，年均增长19.4%。积极推进城乡一体化示范点建设和“三旧”改造，城市绿化覆盖率40.7%，汕头海岸湿地成为联合国确认的国内首个国际湿地示范区，荣获“国家园林城市”称号。生态滨海旅游示范区建设顺利推进。

四是着力深化改革扩大开放，重点领域改革取得新突破。汕头经济特区范围扩大到全市，纳入全国主体功能区规划重点开发区域和海西经济区规划，打开了更为广阔的发展空间。积极探索统筹城乡综合配套改革，濠江区行政体制综合改革取得重大突破，扎实推进行政管理、社会保障、城市管理、公共财政、收入分配、户籍等制度改革，在全省率先建立城乡一体化基本医疗保障制度，发行具有金融功能的社会保障卡。事业单位分类改革取得新进展。在全国地市级率先出台《行政程序规定》，启动网上行政审批系统，实现行政电子监察系统四级联网。对台直航取得突破性进展，广澳港区通过国家一类口岸验收，汕头机场获准对东南亚国家和港澳地区航空公司飞机开放。大力实施“走出去”发展战略，五年进出口总额增长60.7%，港口货物和集装箱吞吐量年均增长14.7%和

18.8%。牵头建立粤东四市经济社会协作机制，积极参与海西经济区建设，推动闽粤赣十三市协作发展。

五是着力加强社会建设管理，民生事业建设取得新进展。制定实施《关于加强社会建设的决定》，编制“幸福汕头”指标评价体系和“十二五”民生发展规划，全力办好十件民生实事，切实解决群众关心的劳动就业、社会保障、社会救助、医疗卫生、文化教育、住房保障和公共交通等问题。市级财政对民生和公共服务领域的投入占一般预算支出由2006年的50.3%提高到2011年的70%左右。高中阶段教育毛入学率预计达到85%以上，教育质量进一步提升。建立市、区（县）两级价格调节基金，实行临时价格调节补贴机制。实施“全民低成本健康”工程，提升基层医疗卫生机构服务能力，在全国率先设立“精神病防治康复救助基金”，健全残疾人医疗康复救助体系和保障体系。扶贫开发“双到”工作超额完成省下达的年度指标。人口自然增长率7.62%。加强社会治安综合治理，扎实推进“平安汕头”建设。建立健全综治信访维稳三级平台运作管理机制。应急管理、安全生产、食品药品安全、防灾减灾等工作进一步加强，宜居城乡建设加快推进。全面完成对口援建汶川草坡乡任务。

六是着力推动文化强市建设，城市软实力得到新提升。大力弘扬解放思想、改革开放的时代文化精神，以国家标准积极创建文明城市，群众性精神文明创建活动蓬勃开展。文化事业建设取得新进展，文化遗产保护、潮汕历史文化研究成效显著，实施“南澳Ⅰ号”古沉船水下抢救性发掘，一批项目入选国家非物质文化和档案文献遗产名录，一批文艺精品获得国家和省的奖励。文化产业加快发展，对外文化交流合作不断扩大，社科理论研究逐步加强。公共文化服务体系不断完善，一批公共文化设施建成投入使用。竞技体育和群众性体育活动扎实开展。第4次荣获全国双拥模范城、第6次荣获省双拥模范城称号。

七是着力加强民主法制建设，法治环境有新改善。坚持和完善人民代表大会制度，强化人大及其常委会依法履行职责，依法监督工作不断加强，人大代表作用进一步发挥。创新立法形式，推进依法治市，开展行政复议委员会试点工作，依法行政水平进一步提升，普法教育和法律服务工作扎实开展。坚持中国共产党领导的多党合作和政治协商制度，制定出台《政治协商规程》，把政治协商纳入决策程序，支持人民政协积极履行政治协商、民主监督、参政议政职能。认真做好统战工作，民族、宗教、侨务、外事等工作取得新进展。工会、共青团、妇联等群众团体的工作取得新成效。基层民主政治建设得到加强，村居自治功能逐步强化。

八是着力提高党建工作科学化水平，党的建设取得新成效。制定实施我市关于加强和改进新形势下党的建设若干问题的意见。制定完善市委集体议事规则。深入学习实践科学发展观活动、解放思想学习讨论活动、创先争优活动、创建好班子活动等取得明显成效。积极创建学习型党组织，全方位多形式大规模培训干部。认真抓好各级领导班子集中换届工作，区（县）、镇（街道）、村（社区）三级班子换届顺利完成。积极推进干部人事制度改革，竞争性选拔干部工作取得突破性进展。创新非公有制经济组织和社会组织党建工作方式，基层组织建设水平整体提升，党员队伍不断壮大。设立全省首个市级党内关爱扶助金，建立健全党内激励关爱帮扶机制。以完善惩治和预防腐败体系为重点，进一步加强党风廉政建设。健全党风廉政建设责任制和行政过错问责制，查处一批违法违纪案件，反腐败工作取得明显成效。

同志们！过去五年取得的成绩，是党中央、国务院和省委、省政府正确领导的结果，是全市广大党员干部和人民群众团结奋斗的结果，是各民主党派、人民团体和无党派人士同舟共济的结果，是驻汕部队、武警官兵、港澳台同胞、海内外乡亲关心支持的结果，也是历届市委打下良好基础的结果。在此，我谨代表中共汕头市第九届委员会，向所有参与、关心、支持汕头现代化建设事业的同志们、朋友们和乡亲们，表示衷心的感谢和崇高的敬意！

在充分肯定成绩的同时，我们也要清醒地看到，对照经济特区的要求，对照区域中心城市的定位，对照人民群众的期盼，我市还存在明显的差距和不足，面临不少困难和问题。一是经济实力依然薄弱。粗放型发展模式还没有得到根本转变，经济增长速度慢，总量小，质量和效益不高。全市GDP占全省比重从2006年的2.9%下降到2010年的2.6%，人均GDP只有全省的50.9%，财政一般预算收入得益率低于全省平均水平约4个百分点。二是产业整体水平不高、结构性矛盾突出。现代服务业发展滞后，自主创新能力较弱，高新技术产业发育缓慢，集聚辐射能力不强。今年第三产业增加值比重预计占39%左右，未达到省43%的考核目标要求，不但远低于深圳、珠海、厦门经济特区，而且低于全国全省平均水平。三是人民生活总体水平不高。城乡发展不协调，城镇化率只有68.5%，离省73%的考核目标有一定差距。过去五年城镇居民人均可支配收入和农民人均纯收入，仅为全省平均水平的63.5%和82.6%。四是社会事业发展滞后。一些群众关注的热点难点问题还没得到根本解决，社会事业发展和民生需求矛盾仍较突出。学生平均公共教育经费低于全省平均水平，城乡卫生资源配置不均衡，公交车拥有量偏低，社会保障水平和覆盖率较低，群众权益保障机制不健全，社会治安形势依然严峻。社区治理结构建设滞后，社区服务体系尚未建立，社会组织亟待培育发展。五是干部作风亟待改进。一些干部宗旨意识减弱，服务意识较差，法制观念淡薄，办事拖拉推诿，存在权力利益化、利益部门化现象，腐败案件多发，造成很坏影响，等等。这些问题的主要根源在于思想观念、发展理念、精神状态、工作作风、法制建设等方面还不能适应新形势新任务的需要，开放性和兼容性不够，创新意识不强，发展的优势和潜力远没有得到充分发挥，发展环境亟待改善提升。对于存在的问题和矛盾，我们必须高度重视，切实加以解决。

今年是汕头经济特区建立三十周年。在这个重要历史节点上，认真思考汕头特区改革发展历程，对于在新形势下进一步凝聚全市人民的智慧和力量，开创发展新局面，具有重大而深远的意义。过去三十年，在中央和省的正确领导下，历届市委团结带领全市人民，率先解放思想，突破传统体制束缚，实行对外开放，经济社会发展取得巨大进步。全市GDP增长47倍，人均GDP增长25.6倍，地方财政收入增长62倍，城乡人均住房面积由4平方米增加到23平方米。实现了从计划经济向社会主义市场经济转变，从以农业经济为主向现代化工业、服务业综合发展转变，从封闭半封闭状态向开放繁荣的现代海滨城市转变，从根本上改变了贫困落后的面貌，为全国的改革开放和现代化建设事业作出了积极贡献。三十年的建设发展成就，是历代建设者艰苦奋斗、开拓进取的结晶，人民和历史永远不会忘记他们！

汕头经济特区在探索中前进、在改革中发展、在挫折中奋起的不平凡发展历程，使我们深刻认识到：

——不坚持解放思想，特区的创新发展就失去了灵魂。汕头经济特区的创立发展，没有现成的经验可供借鉴，没有现成的模式可以照搬。广大特区建设者靠解放思想探路，“摸着石头过河”，在一片荒滩上建起了一座现代化新城，这是解放思想、更新观念的生动写照。随着全国全方位改革开放格局的逐步形成，在日趋激烈的区域竞争中，我们未能与时俱进，未能以世界眼光和战略思维谋划发展，在低水平、低速度、低效益基础上徘徊了十多年。解放思想永无止境。只有不断解放思想，更新观念，坚持把创新作为特区的灵魂和生命，才能立足新起点，把握新趋势，建立新机制，增创新优势，开创新局面。

——不坚持改革开放，特区的创新发展就失去了动力。汕头经济特区得改革开放风气之先，以“杀出一条血路”的气概，大胆改革，创造了多个“全国率先”的成功经验；大胆引进侨资、台资、外资，引进先进技术和管理经验，走出一条外向型经济发展之路，发挥了“试验田”和“窗口”作用。随着全国改革开放不断深化，我们的改革缺乏韧性和力度，许多改革成果得不到巩固发展，甚至出现体制回归现象，影响了生产要素的集聚发展。改革开放是推动特区建设发展的强大动力。只有坚持改革开放，以改革促发展、以开放拓空间，才能不断增强发展的动力和活力。

——不坚持抢抓机遇，特区的创新发展就失去了先机。汕头经济特区建立发展时期，广大建设者勇立潮头，紧紧抓住以加工制造为特征的国际产业转移契机，外引内联，大力发展非公有制经济，促进外资企业、内联企业、民营企业竞相发展，逐步形成了八大优势传统产业，奠定了汕头经济发展的基础。随着以资本、技术和信息化为特征的国际产业加速转移，我国加入世贸组织，我们没有很好地抓住发展机遇，错失了加快发展的先机。成功的发展历程必然是善于抓住机遇的发展历程。只有树立强烈的机遇意识，善于发现机遇、抓住机遇、用好机遇，才能从容应对挑战，抢占发展先机，推动跨越发展。

——不坚持改善环境，特区的创新发展就失去了竞争力。汕头经济特区初创时期精简高效的工作作风和效率，鼓励创新创业的良好环境，孕育出“海纳百川、自强不息”的汕头精神，吸纳了一批又一批来自四面八方、充满激情的建设者，极大地促进了汕头经济社会的快速发展。随着事业的不断发展壮大，一些干部的思想作风逐步滋生了不良倾向，办事讲关系讲人情，使汕头逐步失去吸引力、凝聚力、向心力。良好的发展环境是城市综合竞争力的具体体现。只有倾力打造高效廉洁的政务环境、公平公正的法治环境、开放兼容的人文环境和诚信文明的社会环境，才能吸引集聚人才、资金、技术等要素资源，不断增强综合竞争力，为未来长远发展提供不竭源泉。

——不坚持遵循规律，特区的创新发展就失去了方向。在工业化初期，广大建设者准确把握了经济社会发展规律，逐步建立了社会主义市场经济的基本框架，成功实现了经济社会的转型发展。随着工业化、城市化步伐加快，利益格局急剧调整，我们没有很好把握市场规律，经济管理不到位，市场准入不规范，缺少市场化运行机制和平台，使发展走了弯路。市场经济是法制经济。只有遵循经济社会发展规律，坚持正确的指导思想，才能沿着科学发展的正确方向，健康快速可持续发展。

——不坚持改善民生，特区的创新发展就失去了目标。汕头自然环境优美，是适宜居住生活的好地方。据居民幸福感调查，老百姓对目前的生活状况、公共服务、社会治理、生态环境、人际关系等满意度不高，对和谐幸福生活充满期待。保障和改善民生是发展的根本目的。只有始终树立以人为本的执政理念，把保障和改善民生作为一切工作的出发点和落脚点，实现经济、社会、政治、文化、生态的全面改善与进步，才能让人民群众共享改革发展的成果，提高民众幸福感。

这些认识和体会，是我们在新起点上探索科学发展新路、建设幸福汕头的宝贵财富。只有认真总结经验，始终坚持党的领导，不断加强和改进党的建设，充分发挥党的领导核心作用，才能克服困难、战胜挑战，为特区事业持续健康发展提供根本保证。

二、建设幸福汕头的战略目标

站在汕头经济特区建立三十周年的新起点上，汕头进入了一个全新的大特区发展时期，历史再一次将汕头推向新一轮改革开放的最前沿。我们必须牢记，汕头是全国首批经济特区之一，当好推动科学发展、促进社会和谐的排头兵，是我们义不容辞的光荣使命。我们必须适应国内外形势新变化、按照国家发展新要求、顺应人民群众新期待，在继承中创新，在创新中发展，以更宽的视野、更高的境界、更大的气魄，勇于突破传统发展模式的束缚，推动科学发展新跨越，努力闯出建设幸福汕头新路子。

幸福汕头，就是一个经济殷实、精神富足、文化多彩、环境优美、民主法治、社会和谐的全面小康城乡；就是广大百姓对生存状态感到满意，对学习、工作和生活环境感到满意，对公平正义、和谐稳定的社会氛围感到满意，对干部作风和机关效能感到满意，对尊重和保障公民权利感到满意。具有物质富足感、精神愉悦感、利益公平感、人身安全感、心灵归属感和主人翁自豪感。

幸福汕头是一个有着丰富内涵的有机整体。物质生活是基础要素，精神文化是内在要求，改善民生是核心内容，民主法治是保障条件，党的领导是根本保证。建设幸福汕头是一个长期奋斗的过程，需要正确认识和处理好五个关系：一是经济发展与民生福祉的关系。经济发展提供物质基础，没有基础，幸福就成为无源之水、无本之木；百姓福祉是经济发展的最终目标。经济发展保障民生改善，民生需求倒逼经济发展，经济与民生相互促进，同步提升。二是物质需求与精神需求的关系。人民群众在物质生活需求基本满足后，精神文化层面会产生更高的需求，而精神层面的提升，也会反过来促进物质消费水平的不断提高。既要物质小康，也要身心健康，使幸福汕头具有更强大的感召力、亲和力和凝聚力。三是民主建设与依法治市的关系。民主是法治的前提和基础，法治是民主的体现和保障。民主建设确保群众的合理诉求得到畅通表达和有效解决，保障人民的知情权、参与权、表达权、监督权；依法治市不断推进科学立法、严格执法、依法行政、公正司法、全民守法。民主法治保障人民群众工作生活得更体面、有尊严。四是个人幸福与社会幸福的关系。个人幸福与社会幸福息息相关，社会幸福是个人幸福的基础，个人幸福是社会幸福的表现。既要着力解决和保障人民群众切身利益问题，尊重个人幸福；更要注重社会幸福，突出大多数人得实惠。五是创造幸福与获得幸福的关系。幸福不会从天而降，要靠劳动去创造。只有在不断劳动创造、探索创新的过程中，才能真正体验幸福、感受幸福、获得幸福。幸福汕头要靠汕头人民共同创建，让汕头人民共同享有。建设幸福汕头人人有责，是共建共享的过程。

提出幸福汕头的战略构想，是深刻理解、全面把握科学发展观的科学内涵和精神实质，总结汕头改革开放三十年的经验，适应大特区发展新要求的重大决策，体现了以人为本、为民谋幸福的执政理念、执政取向和执政目标。经过一年多来的讨论实践，得到了广大人民群众的认同和拥护，成为我市“十二五”乃至今后更长时期的战略目标和核心任务。建设幸福汕头，要在“幸福广东”指标体系指导下，将居民消费、居住环境、社会保障、公共安全、社会治理、公平正义、文化内涵、民众健康等八方面的民生指标纳入政绩考核体系，发挥指标体系的目标导向功能、检测诊断功能、考核评价功能，形成倒逼机制，促进各级各部门以增强群众幸福感为工作导向和自觉行动，从制度上督促各项工作落到实处，为幸福汕头创造一个良好条件，搭建一个运行平台，形成一个工作机制，营造一个热烈氛围。引导全社会不断深化对幸福的认识，形成合理的生活预期和积极健康的社会心态，凝聚共识，激发热情，让争取幸福、创造幸福成为社会的主流风气。幸福不幸福，群众说了算。每年要举行一次居民幸福感测评，让广大百姓对生产生活状况和政府工作作出评判。真正体现问需于民、问计于民、问政于民、问绩于民，使民意成为决策的依据和考核的主体。

站在新的历史起点上，建设幸福汕头，机遇与挑战并存、希望与困难同在。当前，世界各国普遍更加重视国民幸福指数，给我们带来了许多深刻启示。我国正处在全面建设小康社会的关键时期，保障和改善民生摆上更加突出的位置。建设幸福广东已成为我省的核心任务。党中央、国务院和省委、省政府对汕头经济特区寄予厚望。胡锦涛总书记强调，中央将一如既往支持经济特区大胆探索、先行先试、发挥作用。中共中央政治局委员、广东省委书记汪洋同志指出，经济特区要用更加宽广的视野和更为超前的理念，科学谋划未来发展，以排头兵之为，立排头兵之位。五天前在汕头召开的全省深化体制改革工作会议，对汕头经济特区的改革发展提出了更高更新的要求。汕头经过三十年的改革开放，已经积累了较为丰厚的物质文化基础，现在又一次被提升到国家和省新一轮发展战略的层面，特区范围扩大到全市，纳入国家主体功能区规划的重点开发区域，成为海西经济区中心城市、建设海洋强省试点城市和汕潮揭一体化牵头市。这为汕头新一轮改革发展注入了强大动力，提供了更为广阔的发展空间。广大干部群众不甘落后，求新求快求变的愿望十分强烈，内生动力空前增强。同时，随着我市全面进入经济社会发展转型期，在经济体制深刻变革、利益格局深刻调整、社会结构深刻变动、思想观念深刻变化的过程中，各种社会矛盾将更加凸显。在新一轮改革发展进程中，汕头承受的区域竞争压力也将越来越大。我们一定要审时度势，紧紧抓住国家支持经济特区创新发展的宝贵机遇，以当年"杀出一条血路"的勇气和胆略，奋力闯出一条幸福汕头新路。

今后五年，是实现"十二五"规划目标，推动科学发展、建设幸福汕头的关键时期。全市工作的指导思想是：**坚持以中国特色社会主义理论体系为指导，以科学发展为主题，以转变经济发展方式为主线，以建设幸福汕头为目标，立足新起点，把握新趋势，建立新机制，增创新优势，进一步发挥改革开放的"窗口"和"试验田"作用，走集约化、内涵式发展道路，逐步建立以创新为内在驱动力的发展模式，全面推进经济、政治、文化、社会、生态文明和党的建设协调发展，加快建设创新型特区和区域中心城市，努力走出具有汕头特色的科学发展新路。**

今后五年全市经济社会发展的主要奋斗目标是：在全面完成"十二五"规划的基础上，到2016年，全市GDP达到4000亿元，年均增长20%左右；人均GDP达到71000元，年均增长19%左右；地方财政一般预算收入达到280亿元，年均增长26%，一般预算收入得益率力争达到全省平均水平，大幅度提高税收收入占一般预算收入的比重，经济社会发展总体上赶超全省平均水平，全面实现"十年大发展"目标任务。力争成为实践科学发展模式的试验区，深化体制机制综合改革的先行区，扩大对外开放的示范区，探索粤台紧密合作的模范区，构筑战略性新兴产业的聚集区，为加快建设幸福汕头打下具有决定性意义的基础。

为实现上述目标要求，要切实做到"六新六大"：

一是激发特区发展新活力，努力实现思想观念大转变。大力弘扬特区精神，坚决克服思想僵化、观念老化的倾向，以思想大解放、观念大转变激发发展新活力，推动工作新突破，实现发展提速、质量提升、效益提高，干出推动科学发展、建设幸福汕头的新天地。

二是按照集约化、内涵式发展新要求，努力实现经济发展大飞跃。大力实施产业转型升级发展战略，加快转变经济发展方式，逐步建立以创新为内在驱动力的发展模式，加快构筑以战略性新兴产业为引领，现代服务业和先进制造业为主体，蓝色海洋产业为新亮点，具有较强核心竞争力的现代产业体系，强化区域中心城市的集聚服务功能。

三是充分挖掘先行先试新内涵，努力实现体制机制大转型。大力实施创新型城市发展战略，形成人人拥护改革、人人想改革、人人参与改革的氛围，在建设幸福汕头的探索中大胆地闯、大胆地试，以体制机制的大转型为科学发展破题探路、提供新的动力源泉。

四是探索统筹城乡发展新路子，努力实现城乡面貌大变样。大力实施城乡一体化发展战略，推进城乡规划布局、产业发展、基础设施、公共服务、管理体制、社会保障一体化，形成城乡互动融合的生动局面，推动城乡共同繁荣发展，力争成为统筹城乡一体化发展的典范。

五是发挥侨乡和对台新优势，努力实现开放水平大提高。大力实施扩大开放发展战略，创新引进侨资侨力、台资台力新模式，深入挖掘侨力、潮商资源，形成侨乡发展新优势，力争成为全国全省扩大对外交流合作的重要基地，为推动粤东地区又好又快发展、促进海峡两岸合作交流作出新的贡献。

六是不断满足群众精神生活新期待，努力实现文化软实力大提升。大力实施文化强市发展战略，着力推动社会主义精神文明和物质文明全面发展，不断使文化创造力持续迸发、社会文化生活更加丰富多彩、基本文化权益得到更好保障、思想道德素质和科学文化素质全面提高，建设汕头共同的精神家园，为建设幸福汕头提供强大精神力量。

三、建设幸福汕头的战略举措

实现建设幸福汕头的战略目标，必须追求"好"、力争"快"、坚持"特"、突出"新"、立足"干"，重点是加大力度推进实施十大战略举措。

（一）大力推进体制机制综合配套改革，加快建立幸福汕头的战略性制度体系。改革创新是特区发展的灵魂和生命。要以经济特区立法权为依托，以科学发展、民生需求为导向，努力构建充分激发发展活力和内生动力的体制机制，打造新时期综合配套改革的先行区。一是增强改革创新的系统配套性。

树立全局眼光，增强系统思维，敢破敢立、善破善立，尽快制定实施我市“十二五”改革规划及配套政策措施。立足城市战略转型统筹城乡综合配套改革；立足产业转型升级完善市场经济体制改革；立足民生福祉推进公共服务体制改革；立足转变政府职能推进行政管理体制改革；立足构建和谐社会推进社会管理体制改革。二是增强改革创新的先行示范性。用好用足经济特区试验权，主动争取国家和省的改革试点。抓紧进行民生精神文化需求顶层设计研究和实践探索，尽快制定开展群众性文化体育活动工作方案、群众生活类社团组织建设的指导意见、切合汕头实际的公租房制度、加强宜居社区建设的指导意见、新型医保模式改革方案、逐步提高城乡低保标准和“五保”供养标准方案、城乡困难群体生活补贴工作方案、加快外来务工人员有效融入汕头的工作方案、打击涉及食品安全案件的工作方案、为民办事问民意的试行办法、汕头市社会荣誉奖实施办法、推进农村综合改革实施意见等，各项改革争取走在全省前列，为全国全省创造新经验。三是增强改革创新的科学实效性。充分尊重基层群众的首创精神，综合协调、分类指导、因地制宜，防止因推进改革导致群众合法权益受损。认真总结推广濠江区行政体制综合改革试点经验，深化改革，努力在社会信用体系、市场法治化建设、制度防腐反腐以及土地制度、户籍制度、收入分配制度、住房保障制度、社会保障体制、投融资体制等重点领域和关键环节的改革取得新突破，带动各项改革全面协调推进。

（二）大力推进经济发展方式转变，加快实现城市综合实力的战略性跨越。产业转型升级是加快转变经济发展方式的实现途径。要坚持走内涵式、集约化发展道路，促进低端产业向高端产业转型。一是加快调整优化产业结构。注重发挥国内外大中型企业、本地民资和海内外潮商“三种资源”的作用，大力发展现代服务业、战略性新兴产业，提升传统优势产业，推进海洋综合开发和现代特色农业发展。到2016年，三次产业增加值比例力争达到2∶50∶48，实现产业发展大突破。二是加快提升自主创新能力。建立以创新为内在驱动力的发展模式，加强源头创新、技术创新、管理创新和商业模式创新。完善自主创新体系，大力扶持各类工程技术中心、质量检验检测中心等科技服务平台建设。加大科技研发投入，加强知识产权保护，进一步推进电子商务建设，优化创新创业环境，推动政产学研合作发展，促进技术联盟、产业联盟和标准联盟，推动科研成果产业化。到2016年，高新技术产品产值占规模以上工业总产值比重达到31%以上。三是加快推进重大项目建设。实施大项目带动战略，以大项目带动大建设、推动大发展。全力推进“汕头数据特区”项目建设，抢占国际现代服务业产业链高端地位；全力推进“中国锆城”建设，加快打造产值超千亿元的核级锆材料研发、生产、销售、服务的世界级锆业基地；全力推进“濠江新城”建设，加快打造全国全省新城建设和城乡一体化发展的典范；全力推进“珠港新城”建设，加快打造粤东地区金融商贸和潮商总部基地；全力推进“东海岸新城”建设，加快打造国际有名、国内一流的海滨新城；全力推进“西部生态新城”建设，加快打造集高新产业、现代服务业、国际湿地保护区为一体的生态示范区；全力推进“粤东物流新城”建设，加快打造大规模的现代物流基地；全力推进“贵屿新城”建设，加快打造集生产、信息、研发、物流、销售、培训、生活为一体的现代化循环经济新城；加快推进南方航天技术基地、新能源汽车产业基地、粤东煤炭中转基地、城市管道燃气以及一批城市商业综合体建设。积极寻找战略合作伙伴，高起点做好南澳岛的规划建设。四是加快做大做强民营经济。创造公平竞争的发展环境，在产业政策、技术服务、土地利用、环保门槛等方面，积极支持民营企业加快转型升级、增资扩产、品牌培育和上市融资，推动传统产业高端化、新兴产业规模化。五是加快推动产业集聚发展。进一步整合资源，优化保税区、高新区、产业转移工业园和各类产业园区规划布局，高起点推动产业园区集聚发展，加快形成主导产业突出、同类行业集聚、配套企业完备的产业集群，构建完善的园区建设发展体系。

（三）大力推进城乡一体化发展，加快城市发展空间和功能布局的战略性优化。统筹城乡发展是建设幸福汕头的内在要求。要紧紧抓住特区扩围的历史机遇，积极推进城乡一体化发展，加快构建城乡体制机制接轨、产业相互融合、社会协调发展、公共服务均等的发展新格局，为全国全省统筹城乡发展探索新路子。一是创新城乡规划模式。尽快编制统筹城乡一体化发展规划，推进城乡总体规划、经济社会发展规划、土地利用规划、海洋功能区规划和一系列专项规划“多规融合”，形成完备的城乡规划体系，通过特区立法形成刚性约束，保证城乡统筹发展有序推进。二是建立城乡统筹发展制度体系。抓紧出台统筹城乡发展的政策措施，形成促进城乡统筹发展的长效机制。引导鼓励农民以出租、互换、转让、股份合作等形式流转土地承包经营权，促进土地向规模经营集中、工业向园区集中、人口向新型社区集中，有序转变农民的生产生活方式，有效推进城乡互动融合发展。三是高标准规划建设“一核多组团”的城市发展新格局。按照城市组团式发展思路，精心打造“一湾两岸”的城市形态，全力构筑融山、海、江、城等自然景观和现代化城市景观于一体的城市核心圈。大力推动澄海、潮阳、潮南、南澳的现代化城市化进程，增强集聚服务功能，加快建设城市组团，形成城乡协调发展的大特区城市新格局。四是加快基础设施建设。构筑若干投融资平台，强力推进一批交通、能源、水利、信息、环保等民生基础项目建设。按时保质完成汕揭高速公路、南澳跨海大桥等在建交通项目，加快苏埃通道和汕湛、揭惠、潮惠、潮汕二环线等高速公路建设，加快建设厦深铁路进汕头联络线和潮阳站，积极推进阜鹰汕铁路梅州到汕头段、疏港铁路、粤东轻轨铁路等，形成以高速公路、干线公路、铁路、环市快速通道为主体的交通综合运输体系。大力推进与中远集团等大型企业的战略合作，全面加快广澳港区建设，力争建成亿吨深水大港。加快城区道路和“三旧”改造，加快推进南澳、潮阳、潮南引韩供水工程等民生水利和城乡电网建设。

（四）大力推进民生事业建设，加快促进民生福祉的战略性改善。民生事业是建设幸福汕头的基础工程。要坚持把民生福祉作为一切工作的指挥棒，建立民生需求倒逼机制，切实保障和改善民生。一是加大财政对民生事业的投入。出台实施民生“十二五”规划，把改善民生作为公共财政改革优先方向，逐年增加对民生事业和公共服务的投入，力争民生投入占财政支出的80%左右。每年都要实施十项民生工程，切实解决百姓的养老、医疗、教育、住房、就业、公共交通等问题。各地各部门要制订相应的民生事业路线图，细化目标任务，确保工作落实。二是千方百计增加居民收入。建立与经济社会发展及物价增长联动的工资标准调整机制，逐步提高最低工资标准和社会保障标准，切实提高城乡居民尤其是中低收入者收入水平，努力实现城乡居民收入与经济发展同步增长。到2016年，城乡居民收入力争达到全省平均水平，居民消费价格指数增幅控制在全省平均水平以下。三是实施积极就业政策。逐步统一城乡就业政策，探索设立创业带动就业专项基金，加强职业技能培训，建立健全劳动力转移长效机制。力争城镇登记失业率控制在3.3%以内。四是优先发展教育。推进义务教育均衡发展。着力加强学前教育。提高普及高中阶段教育水平。着力发展职业技术教育，建成粤东职教基地。支持汕头大学加快建成国际知名、国内先进的高水平大学。积极争取再建设一所普通高等院校，完善国民教育体系。到2016年，教育财政性经费力争超过一般预算支出的30%。五是完善医疗卫生服务体系。进一步优化医疗卫生规划布局和资源配置，完善公共卫生服务和基层医疗卫生服务体系建设，构建功能齐全、布局合理、覆盖城乡的基层医疗卫生服务网络。六是提高社会保障水平。以基本医疗保障制度建设为突破口，建立健全商业保险与社会保险、医疗保险、新型农村合作医疗、社会救助等有机结合的社会保障体系，实现社会保障“一卡通”，覆盖全市城乡居民。加快发展社会帮扶、社会优抚、社会救助、儿童和老年人福利等社会福利事业。加快建设廉租房、公租房等保障性安居工程。加大革命老区和山区扶贫开发力度。实行贫困人口动态管理，实现应保尽保，确保完成“规划到户、责任到人”扶贫开发任务。支持设立各类慈善基金和救助基金，发展社会慈善事业。

（五）大力加强社会建设和管理创新，加快和谐汕头的战略性推进。加强社会建设、创新社会管理，是建设幸福汕头的重要战略任务。要加快实施《关于加强社会建设的决定》，提高社会管理服务科学化水平。一是改革城乡社区管理方式。积极探索城乡社区服务管理新模式，从纵向上调整职能，突出市、区（县）、街道（镇）三级的职责重点，从横向上整合资源，形成社区党组织、居委会、公共服务机构“三位一体”的社区管理服务体制。强化街道（镇）的社会管理和公共服务职能，实现城市社区管理规范化、农村管理服务社区化。二是培育发展和规范管理社会组织。围绕政府转变职能这个核心，加大向市场和社会简政力度，制定改进社会组织登记管理、政府购买服务等实施办法。明年上半年出台市政府转移职能目录和购买服务目录。充分发挥社会组织的协同、自治、自律、互律作用，形成政府调控与社会协调互联、政府行政功能与社会自治功能互补、政府管理力量与社会调节力量互动的社会治理新模式。三是创新城市管理新模式。大力推行精细化管理、人性化服务、多元化参与、信息化支撑的城市网格化管理新模式，推动城市管理与治安管理、市场管理、行业管理、社区管理等有机结合，使政府的社会管理朝着优质、高效服务转变。四是加强社会秩序管理。加大打黑除恶力度，完善社会治安防控体系，推进平安汕头建设，使群众的安全感居于全国全省前列。进一步完善信访维稳、矛盾排查调处、群众利益诉求表达等机制，努力从源头上预防和减少不稳定因素。加快公共应急体系建设，积极预防和妥善处置各类突发事件，提高舆情监控和应急管理能力。严格落实安全生产责任制，加强食品药品监管。加强价格调控监管，维护市场秩序稳定。加强人口计生和殡葬工作，促进人口长期均衡发展。加强和完善外来工、流动人口的规范化管理服务工作。加强网络虚拟社会管理，努力营造和谐稳定的社会环境。

（六）大力加强民主法制建

设，加快法治环境的战略性转变。民主法治是幸福汕头的重要基石。要大胆创新特区立法，进一步促进依法行政和司法公正，推动人情社会加快向法治社会转型。一是进一步创新特区立法。适应特区扩围需要，加强经济发展、社会建设、民生事业等领域的立法，以改革创新精神推动科学立法、民主立法、开门立法。完善立法程序和立法机制，建立立法回应机制，加大立法公开性，切实提高立法质量和水平，把特区立法优势转化为发展优势。二是进一步推进依法行政。加强政府行政规程建设，加快建立权责统一、规范合理、决策科学、执行顺畅、监督有力、运行透明的现代行政体制。建立依法行政评议考核机制，推行行政执法责任制，规范执法程序，推进电子政务建设，加快建设廉洁、高效、法治、服务政府。三是进一步促进公正司法。积极推进“阳光审判”、“阳光检务”、“阳光执法”、“阳光警务”，规范司法行为，减少司法偏差，预防和遏制司法腐败。完善法律服务、法律援助和司法救助。推进司法调解与人民调解、行政调解等紧密结合，保障群众合法权益。四是进一步加强公民法制宣传教育。按照“六五”普法规划要求，深入开展法制宣传教育，增强公民崇尚法律观念，形成遵守法律、依法办事的社会风尚。深化法律进机关、进乡村、进社区、进学校、进企业、进单位的主题活动，不断提高公民的法治观念和素质，塑造现代化法治公民，提高社会法治化管理水平。五是进一步拓展健全社会主义民主新途径。依法实行民主选举、民主决策、民主管理、民主监督。强化人大及其常委会依法履行职能，积极探索和创新对“一府两院”进行监督的有效途径。坚持把政治协商纳入决策程序，完善公民有序政治参与的平台建设，推进社会主义民主政治。巩固发展新时期爱国统一战线，加强与民主党派合作共事，积极为民主党派开展工作创造有利条件。做好民族、宗教、台港澳和侨务工作，充分发挥工青妇等群团组织的重要作用。继续加强全民国防教育，巩固扩大“双拥”成果。

（七）大力推进文化强市建设，加快文化软实力的战略性提升。文化是凝聚力和创造力的重要源泉。要深入贯彻落实党的十七届六中全会精神，进一步完善建设文化强市的目标任务，努力建设具有中国气派、特区风格、汕头特色的现代文化体系。一是创新文化体制机制。建立健全党委领导、政府管理、行业自律、社会监督、企事业单位依法运营的文化管理体制和富有活力的文化产品生产经营机制。整合文化资源，推动文化行业政企分开、管办分离。鼓励设立文化发展基金，采取贷款贴息、项目补助、股权投资等形式，引导社会资本投入文化建设。加强文化队伍建设，用新的体制机制促进文化繁荣发展。二是大力建设文化基础设施。以实现城乡居民基本公共文化服务均等化为目标，深入实施文化惠民工程和文化设施达标工程，逐步增加公共财政对文化的投入，统筹规划和探索研究公共文化基础设施建设的新模式。坚持城市建设与文化遗产保护并重。三是做大做强文化产业。加大对文化产业的扶持，鼓励文化企业和社会资本对接，发展壮大出版发行、印刷包装、音像出版、广告会展等传统文化产业，加快发展文化创意、移动多媒体、动漫游戏等新兴文化产业。推动文化产业与旅游、体育、信息、物流、建筑等产业融合发展，努力使文化产业成为新的支柱产业。四是积极创建文明城市。把创建文明城市作为提升城市综合竞争力、加快建设幸福汕头的有效抓手，改善民生民安，提高百姓“幸福指数”。大力开展群众性精神文明创建活动，努力完善城市功能，提升城市品位，力争跨入全国全省文明城市行列。五是重视社科理论研究。更好发挥社会科学认识世界、传承文明、创新理论、咨政育人、服务社会的重要功能。整合社科资源，发挥高校、党校、社科联、潮汕历史文化研究中心等机构的积极作用，加强社科基础研究和应用研究，促进社科工作更好服务党政决策。六是构建汕头共同的精神家园。建设科学的幸福文化，以社会主义核心价值体系引领社会思潮，形成积极向上的精神追求和健康文明的生活方式。推进学习型社会建设，广泛开展全民读书活动和科普教育，全面提高城乡居民综合文化素质和思想道德素质。重视多元文化的交流汇聚、多元文明的融合发展，打造开放兼容的特区文化特质。

（八）大力扩大对内对外开放，加快推动开放形式的战略性突破。积极探索扩大开放新路子，是建设幸福汕头的必由之路。要充分发挥特区、侨乡、对台、港口等优势和潜力，立足粤东，面向广东，放眼全国，融入世界，不断创新开放新途径、提高开放新水平。一是推动汕潮揭一体化发展。按照省的总体部署，汕头作为汕潮揭一体化牵头市，要站在大粤东发展的战略高度，加快协商制定汕潮揭一体化基本框架，构建多层次的交流平台，以民生事业为切入点，在城乡规划、基础设施、产业、文化、教育、医疗、社保、环保、旅游、社会治安等领域开展全方位深入合作，推进同城化发展。二是提升区域协作水平。从更高层次、更大范围配置资源，构建多层次区域合作体系，主动融入珠三角改革发展，积极加入海西经济区建设，广泛参与粤港澳紧密合作，大力拓展中国－东盟自由贸易区合作渠道，力争成为广东省扩大对外交流合作的桥头堡。三是拓宽内外经贸交流合作领域。创新招商引资模式。积极引导海内外潮商设立潮汕投资发展基金、潮汕文化发展基金等，以现代经营管理制度，参与基础设施、产业、民生项目的开发建设，发展潮商总部经济。积极引进高端服务业和先进制造业。争取设立华侨银行和华侨投资基金，开展对台金融合作试点，让符合条件的金融机构在汕设立分支机构，参股区域内金融机构，推进汕头保险创新试验区建设，开展两岸跨境贸易结算，启动粤台贸易人民币结算业务；争取汕头口岸成为台胞落地签证点；争取台资、侨资投资经营旅游业，投资建设学校、医院等民生设施。

（九）大力推进生态文明建设，加快生态环境的战略性转型。生态环境是现实竞争力。要倡导绿色、低碳发展理念，推动经济与社会、人与自然综合协调发展。一是高水平打造宜居环境。从统筹城乡全面协调可持续发展的战略高度，加快打造一批安居、康居、乐居，具有滨海特色和潮汕风格的名镇名村。到2016年，各区（县）都要建成一批生产发展、生活富裕、生态良好、文化繁荣、社会和谐、幸福感强的宜居城镇、村庄和社区，成为全省宜居城乡建设先进市。二是发展经济与保护生态并重。引进项目要严把环保审批关，坚决淘汰工艺技术落后的高污染项目和落后产能。完善耕地保护补偿机制，探索建立生态补偿机制，加快推进造林绿化和城市绿地、绿道网建设。大力开展环境综合治理，推动练江流域综合整治。城市生活污水处理率、城市生活垃圾无害化处理率、工业废水排放达标率和近岸海域环境功能区达标率等均保持全省领先水平，营造优良生活环境。三是坚持集约节约。大力发展循环经济和环保产业，促进社会生产的低消耗、低排放、高效益，努力使单位产出占用土地明显下降、资源消耗增长相对经济增长明显下降、经济增长对环境的污染程度明显下降，循环经济和清洁生产的贡献率明显提高。全面推进节能减排工作，完成省下达的目标任务，实现资源环境和经济社会协调可持续发展。

（十）大力实施人才发展战略，加快推动高端优质人才的战略性集聚。人才是建设幸福汕头的第一资源。要高度重视人才建设，深入实施《汕头市中长期人才发展规划纲要》，努力打造培育吸引聚集各类高素质人才的战略高地。一是加强人才载体建设。深化与国内外科研机构、高等院校、大型高新企业的战略合作，扶持建设博士后科研基地、留学生创业园、行业企业人才培养基地、技术创新中心、研发中心等人才载体，搭建创新型人才发挥才能的广阔平台，促进人才资源向我市集聚流动。到2016年，人才资本投入占GDP比重达到16%，人才资本对经济增长贡献率达到34%。二是创新人才工作机制。着力破除束缚人才发展的陈旧观念，坚决打破身份、地域界限，建立有利于人才聚集发展的新型管理体制和运行机制，最大限度地释放人才创新创造的激情活力，形成竞争力强的人才服务体系。三是制定实施人才政策。尽快出台各项人才激励政策，鼓励引导社会、用人单位、个人以建立人才发展基金等多种方式加大投入，形成合理的人才回报机制。整合人才市场，出台政策措施，为各类人才在安家落户、配偶随迁就业、子女入托入学等方面提供优惠条件，在工资福利、医疗社会保险、收益分配等方面给予充分保障，在职称评聘、成果评奖等方面优先办理，努力营造培育人才、吸引人才、使用人才的政策和社会环境。

四、建设幸福汕头的根本保证

汕头是一座有着光荣革命传统的城市。建党九十年来，汕头各级党组织为党的事业做出了重要贡献。在新起点上推动科学发展、建设幸福汕头，关键在党，关键在干部。必须坚持以改革创新精神全面加强和改进党的建设，不断提高党的建设科学化水平，开创汕头现代化事业新局面。

（一）切实加强思想建设，始终保持奋发有为的精神状态。精神状态影响发展力，良好的精神状态可以增强工作动力，激发创造力。各级领导班子和领导干部要保持高昂斗志，以建设幸福汕头为己任，殚精竭虑谋思路，千方百计找出路，满腔热情干工作，为广大干部群众作表率、树标杆，始终保持蓬勃朝气、昂扬锐气和浩然正气，以奋发进取的精神风貌，开创工作新局面。按照建设学习型党组织的要求，用中国特色社会主义理论体系武装头脑，在全社会营造学以立德、学以增智、学以创业的浓厚氛围。深入开展推动科学发展、建设幸福汕头大讨论，统一思想，振奋精神，鼓舞士气，提振信心，激发广大干部群众干事创业的激情和活力，力求各个地区、各个部门、各个行业，在某些领域成为全国全省的先进，形成个个争当发展标兵、人人都是幸福使者的良好局面。

（二）切实加强领导班子和干部队伍建设，提升落实工作的执行力。执行力是党的执政能力的具体体现。提升执行力，必须瞄准战略目标，狠抓工作落实。建设幸福汕头是站在全市发展全局和战略高度寻求创新发展的"顶层设计"，要使这一重大发展战略变为现实，必须加强"顶层设计"与"基层设计"的有机结合，通过"基层设计"创造性地执行和推进，使建设幸福汕头这一重大发展战略从基层率先得到突破。切实抓好领导班子换届后续工作，建立健全领导班子工作机制和运行方式。以等不起的紧迫感、慢不得的危机感、坐不住的责任感，切实在提高执行力上下功夫。建立健全目标管理责任制、奖惩和责任追究制度，以工作目标倒逼工作落实。坚持德才兼备、以德为先的用人导向，把经受住考验、表现突出的优秀干部选拔到领导岗位上，让想干事、干好事、会干事、干成事、不出事的人受到重用。提高选人用人的科学性和公信度，激发干部队伍活力，提高各级班子战斗力。

（三）切实加强基层组织建设，创新固本强基的工作机制。创新是基层组织建设的生命力。发挥特区党建工作优势，通过制度规范、载体创新、方向引导、机制驱动等途径，夯实幸福汕头的基层基础。创新基层党建工作模式，打破依据地域、单位设置基层党组织的原有形式，逐步建立以块为主、条块结合、优势互补、共建共管的基层区域化党建新格局。推广新经济组织、新社会组织、产业链上和来汕务工人员相对集中点建立党组织等做法。今年内市建立社会组织党工委，明年各区（县）也要建立社会组织党工委，做到哪里有社会组织，哪里就有党的基层组织。同时，积极推动在社会组织中建立工青妇组织。探索制订在“两新”组织中建立党组织的特区法规，努力实现党的组织、党的工作和发挥作用全覆盖。继续深入开展创建先进基层党组织、争做优秀共产党员活动。继续推进大规模干部培训，不断创新培训形式，拓宽培训领域。继续开展“一年一领域一主题”基层党组织建设年活动，积极探索“村村联建”、“村企联建”、“村居联建”党组织等模式，探索城乡基层社区党组织建设新方式，探索流动党员服务管理新方法，探索运用信息化手段加强基层组织建设和党员服务管理的新途径。加强基层干部人才队伍建设，把基层党组织建设成为推动发展、促进和谐的坚强战斗堡垒。

（四）切实加强作风建设，形成干事创业的良好氛围。作风是形象、是纪律，是执行力的体现。把作风建设摆上更加重要的位置，以优良的作风凝聚民心，以良好的形象感召群众。要积极发扬党内民主，坚持和完善民主集中制，完善全委会、常委会议事规则和决策程序，健全决策纠错机制和责任追究制度，坚决克服独断专行和软弱涣散现象。进一步完善党代表大会制度和党内选举制度。不断推进党务公开，保障党员主体地位和民主权利。进一步推进机关效能建设，强化责任追究和绩效考评制度，开展“治贪、治庸、治懒、治散”专项行动，切实改变机关作风，改善投资软环境。

（五）切实加强反腐倡廉建设，营造风清气正的良好环境。反腐倡廉建设，关系到建设幸福汕头的成败。充分认识反腐败斗争的长期性、复杂性和艰巨性，以更加坚定的信心、更加坚决的态度、更加有力的举措推进反腐倡廉工作，以反腐倡廉的实际成效取信于民，以铁的纪律创造良好的发展环境。认真总结经验教训，强化对各级各部门“一把手”的监督，建立健全监督机制。严格落实领导干部述职述廉、报告个人有关事项等制度规定。加强对权力运行的制度约束和监督，形成决策权、执行权、监督权既相互制约又相互协调的权力运行机制。进一步加强党内监督、群众监督、舆论监督。加强廉政文化建设，树立正确的政绩观、权力观、幸福观。经常性地开展廉政教育，增强反腐倡廉教育实效，筑牢预防腐败的思想道德防线。建立健全谈心提醒、诫勉谈话等预防机制，做到常吹“廉政风”、常敲“警示钟”、常打“预防针”。始终保持惩治腐败的高压态势，坚决查办违纪违法案件，坚定不移开展反腐败斗争，营造风清气正的良好环境。

同志们，宏伟的目标鼓舞着我们，艰巨的任务鞭策着我们，崇高的使命激励着我们。让我们更加紧密地团结在以胡锦涛同志为总书记的党中央周围，在广东省委的坚强领导下，抢抓机遇，扎实工作，努力推动科学发展，合力谱写幸福汕头的美好新篇章！

在中共汕头市委九届十次全会上的报告

（2011年1月16日）

李　锋

这次全会的主要任务是，学习贯彻党的十七届五中全会、中央经济工作会议和省委十届八次全会精神，回顾总结我市去年及"十一五"时期的工作，部署今年及"十二五"发展主要目标任务，审议《中共汕头市委关于制定国民经济和社会发展第十二个五年规划的建议》，进一步动员全市干部群众弘扬特区精神，擦亮特区牌子，勇于改革，开拓创新，奋力拼搏，努力推动科学发展，加快建设幸福汕头。

下面，我代表市委常委会向全会作报告，请同志们审议。

一、深入学习贯彻党的十七届五中全会和省委十届八次全会精神，努力开创"十二五"发展新局面

党的十七届五中全会、中央经济工作会议和省委十届八次全会，是在全国全省胜利完成"十一五"规划，昂首迈进"十二五"时期召开的重要会议。中央和省委站在历史的新高度，从战略全局出发，明确提出了全国、全省"十二五"规划的指导思想、基本要求、奋斗目标、主要任务和重大举措，为我们准确把握"十二五"发展的主题主线，科学制定"十二五"规划，推动转型发展、创新发展、跨越发展，加快建设幸福汕头指明了前进方向，提供了重要的理论指导和工作指引。省委全会明确提出，把"加快转型升级、建设幸福广东"作为我省落实中央关于"十二五"发展主题主线的核心任务，这是广东在经过三十多年改革开放后取得巨大经济建设成就的基础上，顺应社会经济发展转型的内在要求，其核心就是不断提高人民物质文化生活水平，促进人的全面发展，让人民群众共享改革发展的成果，过上幸福美满的生活。这是广东站在新的历史起点上发出新一轮改革发展的号角，对汕头尤其具有针对性和指导性。我们要认真学习、深刻领会这一核心任务的科学内涵和基本要求，把广大干部群众的思想和行动统一到中央和省委的决策部署上来，把各方面的智慧和力量凝聚到加快建设幸福汕头的实践中来，更加奋发有为地推进科学发展、促进社会和谐，为全面建设幸福汕头打下具有决定性意义的基础。

科学谋划汕头市"十二五"规划，必须对汕头当前发展现状进行认真分析和评估。"十一五"时期，在党中央、国务院和省委、省政府的坚强领导下，汕头市委、市政府带领全市人民，团结拼搏、开拓进取，有效应对国际金融危机冲击，各项工作取得了新进展，经济社会发展总体上完成了预期目标任务。**一是经济实力迈上新台阶。**全市GDP跨过千亿元大关，去年GDP完成1203.25亿元，增长13.7%，五年年均增长11.9%，实现"十一五"规划年均增长10%以上的预期目标；人均GDP预计达到23150元，增长11.5%，五年年均增长10.8%，比2000年翻一番；地方财政一般预算收入72.65亿元，增长24.1%，五年年均增长19.8%。**二是基础设施建设取得新进展。**广澳深水港、南澳跨海大桥等一批交通、能源、港口、污水处理、防灾减灾和城市道路、绿化美化项目扎实推进，城市建成区面积175平方公里，城镇化率达到70%。国家沿海枢纽港地位逐步建立，对台"三通"取得突破性进展，港口货物吞吐量从2000万吨增加到3510万吨，五年年均增长15.1%。**三是社会建设管理得到新提升。**行政服务中心建设有效推进，行政审批服务体系逐步建立，城市管理机制逐步改善，社会大局总体保持和谐稳定。荣获国家园林城市、中国品牌经济城市和国家知识产权工作示范城市称号。**四是人民生活水平得到新提高。**教育、医疗、卫生、社会保障等民生民安问题得到逐步解决，城镇居民人均可支配收入15179元，五年年均增长7.4%，农民人均纯收入6210元，五年年均增长6.2%，城镇人口登记失业率、新型农村合作医疗覆盖率、高中阶段教育毛入学率等指标，都顺利完成了"十一五"规划发展目标。**五是党的建设和民主法治建设取得新成效。**在基层党组织和党员中广泛开展创先争优活动，积极创建学习型党组织，干部竞争性选拔工作取得突破性进展。反腐倡廉工作进一步推进。地方立法工作得到加强，民主法治示范村等基层民主法治建设有效推进。

刚刚过去的2010年，特别是市委九届九次全会以来，我们深入学习贯彻胡锦涛总书记视察广东以及在深圳经济特区建立30周年庆祝大会上的重要讲话精神，深入学习贯彻汪洋书记一系列重要指示精神，坚决贯彻落实党中央、国务院和省委、省政府的决策部署，结合汕头实际，继续解放思想，提升发展理念，完善发展思路，破解发展难题，着力提神提速，奋力赶超进位，经济社会保持平稳较快发展，各项主要经济指标均实现两位数增长，圆满完成了全年预期目标。各方面工作取得了新进展，呈现可喜的发展势头，为建设幸福汕头奠定了良好的思想基础。这是在历届市委、市政府打下的良好基础上，全市广大党员干部和人民群众团结奋斗的结果，是各民主党派、人民团体和社会各界人士和衷共济的结果，是广大离退休老干部、老同志关心支持的结果，是驻汕单位、驻汕部队、武警官兵、港澳台同胞、海外侨胞、海内外乡亲真诚帮助的结果。在此，我谨代表中共汕头市委，向所有支持、帮助、关心汕头现代化建设事业的同志们、朋友们和乡亲们，表示衷心的感谢和崇高的敬意！

在肯定成绩的同时，我们还要清醒地认识到，对照国家对经济特区的要求，对照省委、省政府对粤东区域中心城市的定位，对照人民群众的期待，汕头的发展还存在明显的差距和不足。

第一，经济增长速度慢，发展水平明显落后于全省。表现在一些主要经济指标增速低于全省平均水平，在全省的比重呈明显下降趋势。比如，“十一五”时期前四年汕头市GDP年均递增11.4%，不仅落后全省1个百分点，而且比揭阳、潮州和汕尾分别少了4.8、1.5和5.2个百分点。经济总量虽然在粤东各市仍然最大，但增长速度最慢，已没什么优势可言，甚至有可能被超越。1999年汕头人口占全省6.2%，GDP占全省4.8%，列第6位，2009年人口占全省比例基本不变，但GDP仅占全省的2.6%，位次退至第11位。财政收入和外贸出口也分别从占全省的2.3%和3.5%下降到1.6%和1.1%。应该说，汕头历史上也曾经历快速发展阶段，“八五”时期GDP年均增长21.7%，最高年份的1995年达到25%。“九五”时期GDP年均增长12.3%，仍高于全省11%的平均水平。但“十五”时期GDP年均增长6.9%，低于全省平均水平6.4个百分点。十年来，汕头作为特区城市和区域中心城市，经济总量在全省的比重和位次呈下降和后移趋势，值得我们深思。

第二，发展质量和效益低，结构性矛盾突出。“十一五”前四年，汕头地方财政一般预算收入得益率虽然提高了2个百分点，但也仅为5.7%，远远低于全省9.2%的水平，比深圳、珠海、厦门分别低了5、4.1和8.1个百分点。人均可支配财力仅为全省平均水平的30.3%。去年地方财政一般预算收入中税收收入只占71.3%，分别比深圳、珠海少了18.2和11.5个百分点。2009年，第三产业比重仅为39.5%，比全省低了6.2个百分点，比深圳、珠海、厦门分别低了13.7、5.2和12.1个百分点，未能完成“十一五”45%的预期目标。这说明汕头市经济发展质量和效益较低，产业结构不合理，尤其是现代服务业发展水平不高。

第三，固定资产投资率低，发展后劲严重不足。在快速发展时期，汕头的投资率一直比较高，1995年达到48%。但自1998年以后，一直徘徊在30%以内，低于同期全国、全省平均水平10个百分点以上，成为制约汕头发展的重要因素。“十一五”时期我市重点项目仅完成投资计划的54.56%。去年投资额预计增长23.9%，比揭阳、汕尾低了19.7和2.1个百分点，绝对值比揭阳少了203亿元，也被汕尾市超过。投资率长期在低位徘徊，城市和产业发展严重缺乏后劲，区域中心城市地位面临严峻挑战。

第四，市场要素大量外流，集聚服务功能逐渐弱化。去年汕头金融机构本外币存款余额1873亿元，但贷款余额仅661.5亿元，存贷比仅为35.3%。“十一五”时期存贷比均低于40%，比全省低了20多个百分点，大量本地资金外流。作为粤东枢纽港的汕头港，每年仅吞吐潮汕地区集装箱生成量不到四成，六成以上货物外流深圳或厦门口岸出口。外向型经济是经济特区的主要标志之一，但汕头的外向型经济规模很小，2009年外贸依存度仅为39.7%，远远低于深圳、珠海和厦门的225%、246.4%和182.2%。这说明汕头的开放度还比较低，金融生态环境还比较差，集聚服务能力还比较弱，要素市场还不健全完善。

第五，民生社会事业发展相对滞后，城乡居民收入水平偏低。汕头是一个老地级市，历来是粤东科技、教育、文化、医疗中心，但近年来社会事业发展较慢，居民出行难、上学难、看病难、住房难等问题日趋突出。每万人公交车辆拥有量仅为3.51标台，公交站场缺口达10.55公顷，交通拥堵混乱。各项财政性教育经费投入指标均低于全省平均水平，新建学校用地问题突出，全市中小学教师缺口约1万人。医疗卫生资源配置不均衡，医疗机构布局不合理，新设区缺少大型医院，每万人口医师数低于全省平均水平。改善困难家庭居住问题进展不平衡。城镇职工养老保险、医疗保险参保率未能完成“十一五”规划目标。城镇居民人均收入、农民纯收入分别比GDP增长速度低3.4和4.6个百分点，2009年城乡人均收入只有全省平均水平的63.3%和76.2%。

导致汕头当前发展的落后状况，原因是多方面的，既有主观原因，也有客观原因。概括来说，主要有如下几个因素的影响。

首先是思想观念跟不上时代发展的步伐。汕头经济特区创办以来，总体上经历了初期发展、快速增长、整顿低潮和恢复增长四个阶段。在特区创立和发展初期，特区创业者在艰苦的条件下，勇当改革开放的排头兵，创造了多个“全国率先”，为全国全省改革开放和现代化建设事业作出了积极贡献。但随着全国全方位改革开放的全面发展，在日趋激烈的竞争中，我们未能树立与时俱进的思想观念，认知水平、思维方式没有很好适应形势发展变化的需要，缺乏世界眼光和战略思维，习惯于用老眼光看待新事物，用旧思维解决新问题，存在小富即安、小进则满的思想意识，发展理念远远落后于先进地区。敢闯敢试的精神不断退化，明哲保身的观念相当浓厚，不敢负责的作风普遍存在。未能形成优秀人才脱颖而出的环境和氛围，各类人才配置不合理。比如，领导干部年龄结构老化，专业知识结构局限，各区（县）和市直领导班子平均年龄47.5岁，管理专业人才仅占8.1%，一把手中55岁以上占33%；专业技术人才中高级职称仅占4.9%，高技能人才仅占8.2%，高层次人才严重匮乏。

其次是城市规划发展理念未能适应形势发展的需要。2003年新一轮行政区划调整后，未能及时树立大城市的规划发展理念，仍长期把潮阳、潮南和澄海区视同县域，城市规划未能统一和全覆盖，城市化进程缓慢，城乡二元结构矛盾突出。已有的规划缺乏刚性约束，规划建设“两张皮”现象严重。城市规模虽然较大，但功能区分不突出，城乡规划建设力度和水平亟需加强和提升。

第三是体制机制改革滞后。汕头经济特区成立之后，曾经是体制机制改革的先锋。但由于欠缺改革的韧劲和力度，许多改革成果得不到巩固，新的改革举措不多，阻碍生产力发展的体制机制因素仍较突出，深层次矛盾得不到有效解决。如特区早期建立的“小政府、大社会”管理模式，在特区第二次扩围后逐渐消失，甚至出现体制回归的现象，行政机构日益膨胀，政府职能未能根本转变，社会组织的作用得不到充分发挥，没有很好发挥市场在资源配置中的基础性作用，计划经济的味道依然浓厚，生产要素市场化程度不高，政府资源、社会资源得不到有效整合运用，国有企业改革步伐缓慢，财政压力越来越大，已经远远超过风险警戒线。

第四是粗放型的发展模式没有得到根本转变。汕头一个显著特点是小特区带着大片农村，农村面积占了四分之三，农村人口占总人口的三分之二。全市人口密度高达每平方公里2474人，约为全省的5倍。人均耕地只有0.16亩，仅为全省平均值的三分之一。全市79.7万亩耕地中基本农田保护区面积超过96%。这说明汕头的建设用地本来就不多。但我们在推进工业化、城市化进程中，发展方式长期比较粗放，缺乏整体规划和功能布局，没有做好土地使用这篇文章，造成目前全市工业园区分散，用地规模偏小，功能布局模糊，产业特色不突出，土地利用率低，开发强度不高，土地投入产出率远远低于珠三角地区，而且不同程度上存在土地闲置现象，严重制约了汕头城市和产业的发展。一些企业苦于项目没法落地，不得不到外地寻找发展空间。粗放型发展模式已经成为汕头加快发展的一大瓶颈。

第五是投资发展环境不如人意。汕头人有着自强不息、诚实守信、合群团结、勇于拼搏、重商务实等优秀传统文化精神，但一定程度上也存在着轻法治重人情的局限性，办事讲人情、讲关系，欠缺法律法规意识。人重感情本来是一种美德，但不能把感情作为办事的前提，甚至把职位当成一种商业资源去经营，不给好处不办事，给了好处乱办事。政府出台的一些优惠政策和扶持措施，也往往在执行当中大打折扣。服务意识差、办事效率低。这些现象不但本地群众不满意，海内外潮商不满意，而且让外来人员感到难以融入当地社会，外来投资者望而却步，严重阻碍外部要素资源的流入和积累。据不完全统计，目前汕头外来人口仅21.4万人，仅为户籍人口的1/25。近十年来回汕就业的大中专毕业生人数逐年下降，从2000年的75.5%降至去年的69.5%。这显示汕头的开放性、包容性和发展环境亟需改善和提高。

所有这些原因，归结到根本的一点，就是经济特区改革创新精神退化，导致错失了许多加快发展的良机。分析这些问题和原因，主要目的是要使广大干部保持更加清醒的头脑，面对现实，振奋精神，以强烈的危机感、紧迫感和责任感，认真思考汕头未来的发展方向、发展目标和发展举措。可以说，汕头在低水平、低速度、低效益基础上发展，已经持续了10多年时间，汕头已经没有任何退路，已经到了必须做点“特”事来擦亮特区招牌的时候了。

“十二五”时期是汕头实现赶超进位、跨越发展的关键时期，也是建设幸福汕头可以大有作为的重要战略机遇期。总的来看，我们既面临发展的新机遇，也面临着新的挑战。经济全球化深入发展，世界经济进入后国际金融危机时期，新一轮产业革命和科技革命加快推进，有利于我们更好地发挥开放优势，进一步承接国际产业转移；我国工业化、信息化、城镇化、市场化、国际化向纵深发展，扩大内需政策深入实施，经济结构转型加快，新一轮产业振兴计划特别是战略性新兴产业规划的实施，为汕头经济发展和产业转型升级提供了广阔的发展空间；汕头被列入国家主体功能区重点开发区域、海峡西岸经济区和广东省建设海洋强省试点城市，为汕头融入区域发展与合作迎来难得的机遇。特别是当前汕头广大干部群众不甘落后，求新求快求变的愿望十分强烈，这是我们加快发展、建设幸福汕头的强大动力。同时，我们也要看到，国际金融危机影响深远，世界经济格局深度调整，围绕市场、资源、人才、技术、标准等的竞争更加激烈，各种形式的保护主义抬头，必定对我市外贸出口形成较大影响；国内区域经济发展格局正在发生深刻变化，地区之间综合竞争更趋激烈，国家实施新的财政货币政策，我们加快发展的难度和压力加大；汕头当前自身调整经济结构、实现跨越发展的任务十分艰巨，保障和改善民生的任务十分繁重，驾驭经济、抵御风险、管理社会的能力面临新的考验。对此，我们要有充分的思想准备和工作准备。

“十二五”时期工作总的要求是：**高举中国特色社会主义伟大旗帜，以邓小平理论和“三个代表”重要思想为指导，深入贯彻落实科学发展观，进一步解放思想，弘扬特区精神，勇于先行先试，以科学发展为主题，以加快转变经济发展方式为主线，以改革创新为动力，以建设幸福汕头为目标，积极探索统筹城乡一体化发展新路子，在加快建设区域中心城市上取得新进展、实现新突破、迈上新台阶，充分彰显特区城市的引领作用。**

发展是手段，让老百姓过上幸福生活才是根本目的。我们要紧紧围绕建设幸福汕头这个核心，把建设幸福汕头作为一切工作的指挥棒，做到“**四个同步**”：

一是经济发展与民生事业同步跨越。到2015年，全市生产总值达到3400亿元以上，五年年均递增20%左右；人均生产总值达61100元，年均增长19%左右，地方财政收入达到240亿元，年均递增29%，一般预算收入得益率达到全省平均水平，税收收入占一般预算收入比重达到90%左右。大幅提高一般预算支出中用于民生事业支出的比重，基本建立覆盖城乡的就业服务与社会保障制度和公共教育、公共医疗卫生、公共安全、公共交通、全民健身体系，实现基本公共服务均等化。城乡居民收入年均递增20%左右，人民生活质量和水平大幅度提高，让广大人民群众共享发展成果，过上好日子，增强幸福感。

二是城市化进程与生态环境同步推进。在加快城市化进程中高度重视保护生态环境，不断提升人居质量。大力实施城乡一体化发展战略，使城市规划成为城市建设、管理的纲领和法定依据，城市化水平实现大变化大提高，区域中心城市集聚服务功能全面增强。宜居城乡建设不断推进，形成富有海湾特色的城市绿色生态系统，建成国家生态城市，群众生活环境和质量明显提升。

三是民主法治水平与市民文明程度同步提高。加大特区立法工作，全面落实依法治市，形成公正透明、廉洁高效、运转协调、行为规范的行政管理体制，文明法治、稳定和谐、宽容诚信的社会环境和公平正义的法治环境，问需于民、问政于民、问计于民，言路畅通。解放思想、改革开放的时代文化精神深入人心，以民生幸福为根本出发点的核心价值体系基本建立，形成幸福汕头的道德行为规范，市民素质和城市文明程度大幅提升，成为全国全省文明城市，使建设幸福汕头的过程，成为全体市民共建幸福、共享幸福、提升幸福的过程。

四是产业结构与创新能力同步提升。一、二、三产业协调发展。现代服务业快速发展，形成门类齐全、功能完善的综合服务体系，战略性新兴产业体系初步建立，传统优势产业转型升级，形成以战略性新兴产业为先导，传统优势产业为主体，园区经济为支撑的新型工业体系。二、三产业增加值实现两相当。大力实施自主创新战略，完善自主创新的体制机制，自主研究开发新产品和高新技术产品产值比重大幅提高，管理创新和商业模式创新有效推进，城市创新能力不断加强，成为全国全省创新型城市。

能否实现上述目标要求，主要取决于广大干部思想解放的高度、观念创新的程度、改革突破的力度和发展推进的速度。为此，必须做到“五个大力创新”：

——大力创新社会发展理念。更加注重经济与社会发展的均衡性、协调性，以满足人民幸福需求为第一选择，大力保障和改善民生，促进社会发展与经济发展、幸福指数与GDP同步提高。

——大力创新城市发展模式。高标准规划建设特区城市，加大投资拉动力度，加快城市空间和功能的战略性优化，促进城市发展模式由粗放型向集约型转变。

——大力创新产业发展路径。充分发挥央企和国内外大型企业、本地民资和海内外潮商“三种资源”的作用，重点发展战略性新兴产业和现代服务业，提升产业集群和产业集聚能力，加快产业转型升级，强化区域中心城市的集聚服务功能，与周边城市实现错位发展和差异化发展。

——大力创新城乡统筹方式。将汕头经济特区范围扩大到全市，大力推进城乡规划、产业发展、基础设施、公共服务、社会保障等一体化发展，促进城乡由二元分割向城乡一体化、城市现代化转变，为全国全省统筹城乡发展探索新路子。

——大力创新改革开放形式。激发广大干部群众改革创新的勇气和智慧，把改革创新作为全局性的工作和全市上下的共同责任，形成人人思改革、人人参与改革、人人拥护改革的良好氛围；努力营造高效廉洁的政务环境、公平公正的法治环境和开放兼容的人文环境，增强改革发展的内生动力和活力。

二、以建设幸福汕头新理念为引领，创新发展模式，推动跨越发展

建设幸福汕头，是我市“十二五”发展的核心任务。抓住这一核心，就突出了我市“十二五”发展的主攻方向，就把握了我市科学发展的行动指南。要以建设幸福汕头为总纲，提升发展理念，完善发展思路，明确发展目标，落实发展任务。以民生事业和人民群众幸福感为依归，形成倒逼机制，以民生需求倒逼思想观念加快转变，倒逼经济发展方式加快转变，倒逼体制机制加快创新，倒逼政府职能加快转变，倒逼投资发展环境加快改善，推动汕头赶超进位、跨越发展，实现人民生活水平和质量大变化大提高。重点推进以下几个方面工作：

（一）以统筹城乡综合配套改革为着力点，全力推进体制机制创新。争取将经济特区范围扩大到全市，大力实施城乡一体化发展战略，解决“一市两法”、城乡二元分割和城市发展空间狭小等问题，积极推进统筹城乡综合配套改革，力争成为全国全省统筹城乡综合配套改革试验区，探索新型城市化和城乡一体化发展新路子。

第一，大力推进城乡规划模式创新。以国务院同意汕头市总体规划重新修编为契机，结合汕头经济特区扩大范围，整合全市规划资源，将经济社会发展规划与城乡总体规划、土地利用总体规划、海洋功能区规划，以及交通、教育、卫生医疗、旅游、文化等专项规划“多规融合”，推进城乡规划一体化、产业发展一体化、市场体制一体化、基础设施一体化、公共服务一体化、管理体制一体化，优化配置城乡资源要素，一步到位把规划覆盖到全市，并进一步编制法定图则，为城市和产业发展提供法定依据。努力探索发展导向明确、功能定位清晰、城乡协调发展的现代城市发展新模式。

第二，大力推进土地制度改革。紧紧抓住扩大特区范围的重大机遇，抓紧做好土地规划修编，科学合理调整建设用地和农保地，保证城市和产业发展用地需求。积极推进农村土地流转、城乡建设用地制度衔接等方面的改革探索。认真开展农村集体建设用地改革试点，设立农村土地交易平台，推进土地承包经营权流转，鼓励农户把集体资产所有权、土地承包经营权、宅基地置换成股份股权、城市社会保障和城镇住房，推动工业企业向园区集中、农业用地向规模经营集中、农民居住向新型社区集中，切实转变农民生产生活方式，解决工业布局分散、农村公共配套欠缺、农地零碎低效等问题，实现城乡资源要素双向流动。

第三，大力推进户籍制度改革。创新阻碍城市化进程的现行户籍制度，实行一元化管理，实现公民地位平等。要充分保障农民利益，充分考虑城镇承受能力，逐步推开试点，完善标准，让符合条件的农民和农民工有序转变为城市居民，让农民享有与城镇居民一样的权利和发展机会，使农民不再是一种身份，而是一种职业，形成统筹城乡发展的户籍制度体系。

第四，大力推进社会保障体系改革。以信息化为手段，探索建立商业保险与社会保险、城镇居民医疗保险、新型农村合作医疗、社会救助、就业再就业、住房保障等有机结合的社会保障体系。整合社会保障资源，实现社会保障制度统一和管理统一，使城乡居民享有同等社会公共服务，在全覆盖和底线均等的基础上，逐步提高保障水平。积极鼓励和发动民间成立各种民生事业基金会或慈善组织，作为社会保障的有益补充。探索推行公共服务“一卡通”制度，居民凭卡享受包括劳动保障、卫生医疗、教育文化、民政救济、公共交通等基本公共服务。争取到2015年，初步建成比较完善、保障有力、覆盖城乡的社会保障体系。

第五，大力推进行政管理体制改革。将大部制机构改革、政府职能转变、创新工作流程和管理方式有机结合起来，全方位推进行政管理体制改革，努力建立起一个与市场经济发展相适应、与城乡一体化发展相协调的行政管理体制和工作机制。优化政府组织结构，将相同或相近的职能进行整合，形成决策、执行、监督职能既相互协调又相互制约的运行机制。引入市场竞争机制和管理方法，推行电子政务，实行大部门并联审批制和网上审批办结制，简化行政流程，提高行政效率，规范部门自由裁量权，杜绝权力寻租空间，实现高效规范管理。

第六，大力推进社会管理体制改革。整合行政资源和社会力量，按照属地管理和责权一致的原则，构建“大综治维稳”、“大综合执法”、“大公共事业”和“大服务”工作格局。加快推进城市管理体制改革，缩短管理链条，实行城市管理重心下移和管理事权下放，建立职责明确、高效运行的“网格化”城市管理新模式。放开公益性社会组织登记，培育和扶持一批行业协会和公益性社会组织，加强规范管理，逐步将行业协调管理、社会服务和技术服务等职能分离出去，通过向社会组织“购买服务”的方式，解决政府“缺位、越位、错位”问题，形成政府、市场、社会三方面协调发展的新型社会管理结构。

第七，大力推进财政金融体制改革。按照统筹城乡发展的要求，完善基本财力保障机制，推进基本公共服务均等化。按照财力与事权相匹配的要求，进一步理顺市、区（县）二级财税分配关系，健全统一、规范、透明的财政转移支付制度，提高转移支付资金使用效益。调整财政收支结构，除增人、增资等刚性支出外，坚决压缩一般行政支出，大幅提高一般预算支出中用于民生事业支出的比重。投入基础设施建设的财政性资金，必须发挥引导、应急和“四两拨千斤”的杠杆作用，引导社会资金投入基本建设。引入市场竞争机制和资本运营理念，推进投融资体制改革，整合盘活政府各种有形资产和无形资产，加强与金融机构、财团的合作联系，强化金融服务，化解财政风险，发挥金融促进经济发展的重要作用。

第八，大力推进收入分配制度改革。合理调整收入分配结构，提高居民劳动报酬在初次分配中的比重，调节二次分配，缩小贫富差距。努力扭转收入差距扩大趋势，促进低收入者收入明显增加，中等收入群体发展壮大，逐步形成中等收入者占多数的“橄榄型”收入分配格局。完善与经济增长相适应的工资增长机制，增加从业人员的工资性收入，逐步改善公务员工资福利待遇，深化事业单位收入分配制度改革。建立企业职工工资正常增长机制和支付保障机制，加强对企业工资的调控和指导，全面推进劳动合同制度和工资协商制度。

（二）调整优化城市功能布局，构筑粤东大城市发展新格局。加快城市空间和功能的战略性优化，是实现城市发展模式由粗放向集约转变的必然要求，是增强区域中心城市集聚辐射功能的关键环节。

第一，高标准规划建设特区城市。着力引进战略投资者，实施强有力的投资拉动，精心打造“一核多组团”的城市发展新格局。“一核”就是环汕头内海湾“一湾两岸”的城市核心区。北区要调整功能布局，“优二进三、退二进三”，重点发展现代服务业和总部经济，南区重点建设濠江新城。“多组团”就是按照城市组团发展的思路和各具特色的发展定位，将澄海、潮阳、潮南、南澳三区一县统一纳入全市总体规划，以区（县）治所为中心，全面提升集聚服务功能，打造紧密相联的城市发展组团。“十二五”时期力争投入超1000亿元，全面加快各区（县）的城市化进程，构筑大汕头城市发展格局。

根据城市功能调整和布局优化的要求，**金平区**要发挥老城区百载商埠的优势，重点发展高端服务业和科技研发，增强综合服务功能，强化集聚辐射能力，打造城市行政中心和区域科教文化、商贸消费、医疗卫生中心；**龙湖区**要发挥改革开放排头兵作用，重点发展高新技术产业和现代服务业，发展总部经济、会展经济、金融商务和研发基地，打造城市中央商务区；**濠江区**要发挥后发优势，大力提升城市功能，重点发展先进制造业、临港产业和现代服务业，加快建设生态型南岸新城，努力打造现代化新型城市和城乡一体化示范区；**澄海区**要全力提升传统优势产业，重点发展战略性新兴产业和第三产业，加快打造国际玩具、毛衫名城和新兴产业基地；**潮阳区**要着力推动产业园区集聚发展，加快新型工业化、城市化进程，打造国家发展循环经济示范区和粤东能源基地；**潮南区**重点要加强基础设施和公共服务设施建设，加快城市化建设步伐，打造国内外知名的轻工产品生产基地和特色商品集散地；**南澳县**要在保护中开发，注重生态保护和环境承载能力，建设海洋经济科学发展示范区，打造以高端旅游业、会展业为主导产业的国际知名海岛。

第二，精心打造“一湾两岸”的城市形态。全力构筑融山、水、桥、过海隧道和现代化城市景观于一体的环汕头湾城市核心圈，实现城市形态的根本性改观。北岸重点建设珠港新城、东海岸新城和西部生态新城。**珠港新城**，就是整合珠池港区和各类小港口资源，整体置换到广澳深水港，调整功能，整体布局，盘活现有4000多亩土地，投资800多亿元，重点发展总部经济和高端服务业，打造粤东地区金融商贸和潮商总部基地。**东海岸新城**，就是深化与中交集团的战略合作，以一体化投资建设、土地收益共享的模式，由中交集团出资150多亿元，全力加快建设开发步伐，今年上半年完成海堤建设工程，年底前完成20平方公里陆域吹填工程，全面开展市政基础设施建设，努力打造国际有名、国内一流的海滨新城。**西部生态新城**，就是依托汕头大学建设现代化新城区，引进战略投资者投资200多亿元，以高新产业、综合服务业、国际湿地保护区和生态示范区建设为重点，带动现代先进产业集聚发展，并与潮汕机场、厦深高铁潮汕站相连接，发挥空港经济区的功能效应。南岸重点规划建设**濠江新城**，引进中信集团，通过国际招标高标准整体规划建设濠江区，并投入约500亿元进行土地一级开发，首期建设苏埃通道、市政设施和南滨片区、北山湾片区、濠江两岸新城区，项目启动后可望拉动1000多亿元的投资，带动广澳港区、保税区和南岸各类产业园区加快发展，一步到位推进城市化，力争成为全国全省新城建设的典范。

第三，加快建设亿吨深水大港。创新港口建设机制，着力引进香港和黄集团、中远集团等国内外航运龙头企业作为战略投资伙伴，全面参与开发建设广澳深水港，投入150多亿元建设大型深水港区。加快建设海门煤炭中转基地。加快建设港口集疏运体系，大力开辟和发展国内外航线，畅通港口与周边城市的连接通道，优化通关环境，实现港口货运总量、设施等级、布局结构和综合服务环境等大提升，吸引粤东北、赣东南、闽西南乃至湘南等地货源，实现亿吨深水大港目标。

第四，完善现代交通综合运输体系。“十二五”时期争取投资500多亿元建设一批重大交通项目，加快完善陆海空立体交通网络。加快以高速公路、干线公路、快速通道、区街路和铁路为主体的路网建设，形成快速度、大容量、多方式交通体系。加快规划建设连接六区一县的快速环路。加快建设汕揭高速公路和汕头候机楼，确保与潮汕机场同步投入使用。汕湛高速公路、揭惠高速公路、潮惠高速公路汕头段，2014年务必建成通车。厦深铁路进汕头站联络线和潮阳（谷饶）站及进出站通道，要与高铁同步建成投入使用。积极推进阜鹰汕铁路梅州至汕头段、疏港铁路等一批项目的工作进度，争取“十二五”期间建成通车。启动规划建设汕头市域轻轨铁路，进而升级形成汕潮揭城际轻轨网络。

第五，加强能源、水利、环保、信息等基础设施建设。“十二五”时期计划投资近800亿元，加强能源、水利、环保、信息等基础设施建设。加快推进华能海门电厂3、4、5、6号机组，汕头大围六个应急堤段达标加固工程等重点项目建设。全面推进国民经济和社会信息化，重点建设电子政务系统、电子商务系统、信息资源库、数字档案馆、3G通信网络、有线数字广播电视网络、高清互动数字电视等工程，完善覆盖全市的宽带化、智能化、个性化的信息网络，建设“智慧汕头”，形成功能齐全、服务高效的区域信息网络体系。

（三）加大转方式调结构力度，推动产业集聚发展。调整优化经济结构是转变经济发展方式的主攻方向。要大力推动产业集聚和优化升级，建设具有较强核心竞争力的现代产业体系。

第一，实施现代服务业提速计划。“十二五”时期投资700多亿元，重点发展现代物流、金融保险、信息服务、商务会展、服务外包、文化创意等生产性服务业和教育、医疗等生活性服务业，加快促进现代服务业发展成为主导产业之一，努力打造粤东现代物流中心、金融保险中心、信息服务中心、商务会展中心和教育医疗文化中心，推动产业结构合理化。比如，依托国际最大容量光纤海缆在汕头登陆的优势，引进知名网络企业建设粤东云计算中心，建设区域性乃至国际性数据中心。依托方便快捷的交通网络和特色产业优势，打造一批大型综合展贸市场。加快与香港华润集团、台湾蓝天电脑集团、泰国正大集团、苏宁电器集团、红星美凯龙集团等大型企业的合作进程，启动建设一批大型城市商业综合体。引进中信银行等知名金融机构在汕头设立区域性分行。深化与深圳先进技术研究院等各类国家级、省级科研院所和重点实验室的合作，构建各类公共服务平台。大力发展旅游业，以大旅游理念为指导，深度挖掘各种旅游资源，坚持景区建设与城市整体性产品建设并重，培育旅游发展的整体动力和发展环境，发展具有特色的文化、休闲、度假、观光以及会展、特色园区等旅游，在南澳规划建设国际邮轮码头，形成旅游业的品牌化、信息化、集约化经营格局，推动旅游业成为最具活力的先导产业之一。

第二，实施战略性新兴产业倍增计划。努力打造一批产值超百亿、上千亿的产业集群，推动新兴产业规模化，形成有自己特色、高科技含量和高附加值的战略性新兴产业体系。重点培育新材料、新能源、生物医药、高端新型电子信息、海洋生物、环保低碳等战略性新兴产业，强力推动重点企业与央企或海内外大型企业的战略合作。比如，引进中核集团投资规划建设“汕头•中国锆城”，打造以核级锆材料为龙头的锆系列产品研发、生产、销售、服务产业集群，成为产值超千亿元的世界级锆业基地。引进创维集团，建设消费类电子、网络通讯、安防产品的研发、生产基地。引进大型电动汽车制造厂商，建设国家电动汽车检测试验中心和新能源汽车产业基地。引进空间技术研究机构和光电技术研发机构，建设LED产业园和新兴产业科研、生产、营销基地。力争到2015年新兴产业产值比2010年翻两番，成为经济发展新的支柱产业。

第三，实施传统优势产业提升计划。按照产业优化发展的思路，对传统产业实施分类指导，促进转型升级，推动传统产业高端化。重点发展装备制造、超声仪器、动漫玩具、纺织服装、医药制药、印刷包装、高档家具、精细化工等传统优势产业，转型发展电子信息、食品和文化制品等传统产业，推动传统产业集群发展。比如，推动印刷企业与中科院建立战略合作，提高技术档次，建设纳米印刷产业化基地。大力发展现代效益农业。加快建设面向国内外的现代农业产业体系，因地制宜发展生态观光农业、农产品加工和流通等高效农业，加快建设台湾农民创业园，培育一批农业知名品牌，大力发展绿色食品、有机食品和无公害农产品。

第四，实施海洋综合开发计划。培育发展新一代海洋生物技术的研发基地和产业化基地，推动“蓝色崛起”。以开展建设国家海洋综合开发试验区试点工作为契机，把保护与开发有机结合起来，加快海洋资源的综合利用，重点发展海洋生物制药、海洋化工、海上风能开发、海水淡化和综合利用等海洋战略性新兴产业，抢占海洋科技制高点，推动海洋经济加快发展。提升发展现代海洋渔业，“十二五”时期建成海门、云澳、达濠三个国家级现代渔港经济区。支持南澳县加快建设广东省海洋经济科学发展综合试验示范区，支持濠江区加快建设粤台海洋经济合作示范区，努力把汕头建成全省海洋生态文明建设的先行区，成为提升全省海洋经济国际竞争力的核心区。

第五，推动产业向园区集聚发展。按照产业结构优化、功能布局合理、基础设施和生活配套完善的思路，与城市空间布局调整相衔接，全面调整理顺各个产业功能区布局。“十二五”时期投入300多亿元，加快高新区、保税区、产业转移园区和各类工业园区建设，推动产业向各类园区集聚，培育一批各具特色、具有较强竞争力的产业集群。“十二五”期间，高新区要建成国家级高新区，成为粤东高新技术产业化基地和科技人才创业基地；保税区要加快区港联动，建成综合保税区，成为辐射服务粤东的大物流中心。努力提升自主创新能力，强化企业创新主体地位，大力引导和鼓励企业加大研发投入，创新政产学研合作发展模式，促进政府、企业和高等院校、科研机构建立技术联盟和产业联盟，推动科研成果产业化，加快“汕头制造”向“汕头创造”转变。

第六，充分发挥“三种资源”的作用。要高度重视发挥央企和国内外大型企业、本地民资和海内外潮商“三种资源”的作用，引导国有资本和民间资本优势互补、完美结合，合力推动汕头发展。千方百计引进实力雄厚的央企和国内外大型企业集团作为战略投资者，全面参与我市基础设施、民生公益和大型工业、现代服务业项目建设。大力吸引海内外潮商回家乡投资兴业，建设潮商总部经济区，打造潮商总部基地，变汕头人经济为汕头经济。比如，积极引导海内外潮商，共同发起设立潮汕投资发展基金，力争首期募集资金超过200亿元，实行现代管理制度和运作方式，规划投资经营一批有发展前景、符合城市发展方向的项目，实现共赢。制订出台贯彻落实国家和省促进民营经济发展的实施意见，从政策、服务等方面加大对民营经济的扶持力度，重点扶持发展方式集约、高成长性的民营企业。旗帜鲜明保护民营企业合法权益。鼓励和引导民间资本进入战略性新兴产业，参与发展民生社会事业。引导和支持民营企业实施重点技术改造升级，鼓励有条件的民营企业加快建立现代企业制度，上市融资，做大做强，做精做专。

（四）积极扩大对内对外开放，全面提高开放合作水平。扩大开放是汕头实现跨越发展的强大动力。要更好地发挥特区、侨乡、对台、港口、商贸等综合优势，提高开放型经济水平，以开放促改革、促创新、促发展。

第一，增创对台合作新优势。率先建设粤台经贸合作试验区，力争成为海峡两岸产业合作重要基地。抓住汕头被列为海峡西岸经济区的契机，争取《海峡两岸经济合作框架协议》在汕头先行先试。主动对接台资光电、电子信息、生物技术等先进制造业和高新技术产业，加快推动台湾现代服务业进入汕头。重点打造粤台合作南山湾科技园、粤台物流园区、粤台海洋产业园区和南澳实验区等载体，推动汕台直航持续发展，成为广东省扩大对台交流合作的桥头堡和重要通道。

第二，推进区域经济社会协作。主动融入珠三角改革发展，加快推进产业与劳动力“双转移”，实现珠三角地区人才、资金、市场份额向我市梯度转移，构建与珠三角地区错位发展、优势互补、充满活力的开放型经济体系。积极参与海峡西岸经济区建设，争取享受海西经济区各项优惠政策，加强与海峡西岸地区城市交流合作，进一步提升闽粤赣十三市合作水平，建立规划衔接、分工明确、布局合理、资源共享、优势互补、市场统一、要素自由流动的经济共同体。努力推动粤东区域一体化，扩展粤东四市经济社会协作范围，构建优势互补、协调发展的粤东城市联盟。积极推动汕潮揭同城化进程，打造汕潮揭都市圈。

第三，加强与港澳、东南亚等地交流合作。充分利用潮籍华侨众多、人脉资源丰富的优势，加强与东盟国家的合作往来。积极落实CEPA下国家批准的服务业对香港、澳门开放在广东先行先试的政策，借助港澳拓展国际市场，积极吸引港澳台高端服务业来汕投资发展。借助国际潮团联谊年会、粤东侨博会、潮商大会、国际潮青联谊年会等平台，加强与潮籍海内外乡亲特别是新生代的联系沟通，涵养侨务资源，增创侨乡新优势。

第四，促进内外需协调发展。加快外贸增长方式转型升级，努力优化商品、市场和贸易结构，大力开拓新兴市场。推动加工贸易转型升级，引导加工贸易向产业链高端发展。大力发展进口贸易，建设区域性进口商品集散地。创新招商引资机制，提升外资利用质量。贯彻落实国家、省扩大内需战略，积极扩大消费需求，拉动即期经济增长。找准投资与消费的结合点，增强最终消费能力。深度挖掘汕货内销市场，不断提高“汕货”在国内市场的占有率和覆盖率。

（五）切实保障和改善民生，促进社会和谐共享。民生幸福是建设幸福汕头的核心内容。要将解决民生问题作为改革发展的出发点和落脚点，集中有限财力保障民生，大幅度提高人民生活的幸福指数。

第一，大力推进基本公共服务均等化。建立健全公共财政体系，逐年增加对公共服务的投入，并向农村、基层、落后地区和困难群体倾斜。围绕提升公共服务水平，加快构建幸福汕头指标评价体系，并向社会公开，采用政府考核和群众评价相结合的方法，改变见物不见人、看上不看下的思维定势，从解决群众身边的问题开始，切实保障群众权利，让广大人民群众共建共享幸福汕头的成果。

第二，千方百计增加城乡居民收入。逐步提高最低工资标准和社会保障标准，创造条件让更多的群众拥有财产性收入和转移性收入，促使城乡居民尤其是中低收入者增加收入。重点解决好农民、农民工和渔民等群体收入增长较慢的问题，提高其职业技能和创收能力。

居民消费价格总指数增幅控制在全省平均水平以下，确保城乡居民收入与GDP同步增长。

第三，坚持教育优先发展。加快教育改革发展，力争到2015年，教育财政性经费占一般预算支出的30%左右，教育发展经费保障能力进一步增强。全市学前教育毛入学率达到90%以上，实现义务教育均衡发展。改善外来务工人员子女的就学条件。各区（县）全面普及高中阶段教育。确保中小学教师福利待遇“两相当”。发展壮大职业教育，建设一批职业技术教育学校，基本构建起满足区域要求、适应现代化产业体系、具有汕头特色的现代职业教育体系。提升高等教育水平，到2015年，接受高等教育人数达到省内先进城市水平。支持汕头大学建成综合实力居国内同类学校前列的研究型综合大学，在继续办好汕头职业技术学院、粤东高级技校的基础上，着手规划建设1－2所普通高等院校，打造区域教育高地，提升教育现代化水平和综合实力。

第四，完善医疗卫生体系。建立健全专业公共卫生服务网络，加强各类公共卫生机构基础设施建设。加强重大疾病防治，提升突发公共卫生事件预测预警和处置能力。建立健全各级卫生监督网络和食品安全协调机制、技术支撑体系。完善职业病防治机制。进一步完善城乡医疗卫生机构对口支援制度，积极引导民资和外资进入医疗卫生领域，逐步形成以公有制为主体、多元化、适度开放的医疗卫生体系。提升区域医疗服务中心水平，加快市中医院等易地重建，规划建设东区、西区和澄海、潮阳、潮南大型综合医院，支持汕大医学院附属肿瘤医院办成国际有名、国内一流的肿瘤医院，建设粤东最好的医院，更好地服务本市和周边地区群众就医就诊。切实加强人口计生工作，狠抓潮阳、潮南计生转化升类工作。

第五，努力营造畅通的交通环境。加快出台公交建设发展管理法规，依法确保公交优先发展。全面整合城市公共交通资源，引进战略投资者全面参与我市公交规划营运。比如，引进深圳广聚能源公司投资16亿元，争取三年内投放2500台新能源公交车。加快发展市域公共交通网络，推进澄海、潮阳、潮南和南澳公交服务与中心城区对接，努力构建全市域一体化的公共交通体系，“十二五”期末实现每万人拥有公交车辆数15标台的目标，实现城市公交事业跨越发展。有计划有步骤综合整治中心城区摩托车，最大限度确保交通安全畅通。

第六，改善提升人民生活居住环境。强化对“三旧”项目改造指引，调整功能布局，提高土地利用率，加快保障性住房建设。引进战略投资者参与旧城改造，开展城市商业综合体建设运营。全面规划建设城市燃气管道，整合原有分散的燃气企业，改变燃气管道建设落后局面。加强对小公园历史街区的修缮和保护性改造，建成集旅游、购物、民俗展示、居住为一体的特色街区，成为汕头历史文化的永恒记忆。加快城市主出入口、城中村的改造，让利于民，充分调动居民、企业的积极性，把城市主出入口、城中村建成形象大气、环境优美、特色鲜明的新城区和新社区，提升汕头形象。落实解决城镇低收入家庭住房困难目标管理责任制，加快形成住房保障制度和政策体系，“十二五”时期建成约6000套廉租住房、经济适用住房和政策性租赁住房，切实解决中低收入群体的住房问题。按照城乡一体化的要求，全面开展全市村居改为新型社区的规划建设，建成一批配套完善、文明整洁、管理规范的新型社区。推进供水直抄到户，加快潮阳、潮南、南澳引韩供水工程建设，在全省率先解决群众饮水安全问题。全面落实安全生产责任制，加强防灾减灾能力建设，加强药品、食品监控，为人民群众提供安全舒适的生产生活环境。

第七，实施积极就业政策和帮扶工作。大力推动积极就业政策普惠化和实效化，构建和谐劳动关系。逐步统一城乡就业政策，将城乡全体劳动者纳入统一管理。加强人力资源市场信息网络及相关设施建设，扩展和完善公共服务功能。加强农村劳动力的职业技能培训，建立健全农村劳动力转移长效机制。“十二五”时期要组织农村劳动力技能培训10万人次以上，每年新增就业6万人、下岗失业人员再就业2万人，新增转移农村劳动力5万人以上，城镇登记失业率控制在3.3%以内。要加快发展社会帮扶、社会优抚、临时救助、儿童福利、残疾人救助等社会福利事业，鼓励社会组织、慈善团体参与投入民生事业。继续加强扶贫开发“规划到户、责任到人”工作，加大革命老区和山区扶贫开发力度，力争2012年前全面完成贫困村、贫困户脱贫任务。

第八，营造公平公正的法治环境。加强民主法制建设，贯彻落实《法治广东建设五年规划（2011－2015）》。进一步加强特区立法工作。勇于先行先试，民主立法、科学立法，提高立法质量，真正把特区立法权优势转变为发展优势。拓宽多元化的法规起草渠道，可以通过第三方购买服务进行立法，防止以部门利益为主的立法，用立法形式巩固幸福汕头建设成果。支持人大、政协、司法机关和工会、共青团、妇联等人民团体依照法律和规章开展工作。切实做好民族和宗教工作，巩固和壮大最广泛的爱国统一战线。创新执法监督机制，开展经常性执法检查，推动法规的有效贯彻实施。加强法制工作，提高依法行政水平。创新综治、信访、维稳工作新机制，拓宽群众利益诉求渠道，不断提高社会矛盾化解能力，不断提升依法处理非正常性上访的能力，加强与上访群众的情感交流，将以往群众在拆迁、征地等事件中与政府、开发商的对立局面转化为共赢局面，不断提高处置群体性突发性事件的能力和水平。严厉打击严重刑事犯罪和多发性犯罪，坚决整治社会治安突出问题，提高人民群众的安全感。

第九，加快建设生态文明城市。认真处理好产业发展与生态保护的关系，进一步淘汰落后产能，积极探索建立生态补偿机制，高水平打造宜居环境，使汕头成为全省乃至全国生态最好的地区之一。扎实推进绿色低碳城市建设和节能减排工作。全面加强与TCL集团合作，建设集拆解、科研、物流、环保于一体的国家级循环经济产业园区，走出一条规范化、规模化、专业化、无害化的新路子，成为全国发展循环经济的示范点。继续加强与省广业集团的合作，全面完成污水处理厂建设任务。大力推动风景名胜区、森林公园、湿地自然保护区和各种保护小区的建设，努力推进绿道网和城市绿地建设，创建国家生态城市，实现资源环境与经济建设协调发展。

第十，大力建设文化强市。建设幸福汕头不仅是政府行为，也是社会行为，是一个社会系统工程，要以民生幸福为社会价值取向，着力建设幸福汕头核心价值体系，开展幸福社区、幸福企业、幸福家庭创建活动，激发全社会参与幸福汕头建设的热情，全面提升市民素质，让广大市民领悟幸福、探索幸福、创造幸福、分享幸福。大力推进公共文化服务体系建设，推动文化大发展大繁荣。加强潮汕历史文化资源保护。继续做好“南澳Ⅰ号”水下考古抢救性发掘和研究，建设省级水下遗产保护中心。推进博物馆、纪念馆、陈列馆、档案馆馆藏资源数字化和网络化建设。高标准规划建设城市文化地标，不断提升城市形象和文化品位。加强社科队伍建设，提高理论研究水平。扎实推进广东省文明城市创建活动，争取进入全国文明城市行列。推动“双拥”工作继续领先于全省、全国。发展体育产业，建设体育强市。

三、提振信心，攻坚克难，为建设幸福汕头打下坚实基础

今年是我们党建党90周年，也是汕头经济特区成立30周年，又是全面实施“十二五”规划的开局之年，如何开好局、起好步，关系重大。做好今年工作，必须紧紧围绕建设幸福汕头这个核心，坚持增投资、快增长、调结构、扩消费、惠民生、促改革、抓落实。如果说去年是理清思路、调整方式、扩大招商之年，那么今年就是振奋精神、强化责任、攻坚克难，集中优势兵力打“歼灭战”之年。关于今年工作特别是经济工作，蔡宗泽同志还将做全面部署，这里主要强调几个问题。

（一）振奋精神，凝心聚力，推动幸福汕头的共建共享。做好今年工作，精神状态至关重要，良好的精神状态是加快发展的基本前提。各级领导干部要面对现实，丢掉包袱，提振信心，进一步焕发蓬勃朝气、昂扬锐气，以高目标激发强动力，以强动力引领快发展。各地各单位都要开展创先争优竞赛活动，通过自己的努力工作，争取本地区、本部门进入全省乃至全国同行业的先进行列。我们要清醒地认识到，建设幸福汕头的主体力量、根本力量是汕头的广大干部群众。上级的支持、大型央企和海内外大企业与我市开展战略合作，只是汕头实现赶超进位、跨越发展的外部因素，外因能否真正发挥作用，取决于我们内在努力的程度。我们一定要通过自己的努力拼搏，以想干快干、敢干能干、雷厉风行的工作作风取信于民，充分调动广大党员干部和人民群众的主观能动性，充分调动本地民营企业的创造性，充分调动海外侨胞、国内各地潮籍乡亲建设家乡的积极性，目标一致，齐心协力，形成大干快上、干事创业的良好氛围。为此，我们要牢固树立正确的群众观念，从源头上解决群众最关心最直接最现实的利益问题。坚持把为人民群众谋幸福作为各项工作的出发点和落脚点，把保障和改善民生，作为建设幸福汕头的“重头戏”，不断增强人们群众的幸福感，以此赢得广大人民群众的拥护和支持。今年市政府以及各区（县），要在扶贫开发、增加就业、公共教育、医疗卫生、社会保险、社会救助、住房保障、改善环境等民生领域，选择10个人民群众最关心关注的热点难点问题，开展为民办实事活动。今后，每年都要推出改善民生10件实事，形成制度长期坚持，并向社会作出公开承诺。对于这些民心工程，市、区（县）分管领导同志和相关部门要制定工作方案，明确责任人和工作进度，并将工作进展情况通过媒体公布，动员人民群众参与，接受人民群众监督和评价，使建设幸福汕头成为人民群众的内在要求和自觉行动。市委常委会将对改善民生开展专题调研，并将召开市委全会专题研究部署加强社会建设工作。

（二）突出重点，强化责任，集中优势兵力打好事关全局的“歼灭战”。各地各单位要认真学习广州市在短期内推动城市建设大提速、城市形象大提升、整体实力和竞争力实现新飞跃的经验做法，利用汕头经济特区建立30周年、创建广东省文明城市等重大机遇，形成倒逼机制，压任务打硬仗，突出重点，集中力量，组织突破，带动全局。从目前形势分析，我市“十二五”时期的发展速度，将会是一个前低后高的走势，前一、二年是打基础阶段，后三年则可望进入高速发展阶段。打基础的重中之重就是加大投资拉动力度。全市各有关部门、各区（县）要积极主动争取中央各部委和省的大力支持，力争将更多的项目列入国家和省的规划笼子，今年要确保社会固定资产投资额达到500亿元以上，力争达到1000亿元。要集中优势兵力打“歼灭战”，把能啃硬骨头、善打硬仗的精兵强将安排在重点工作上，在全市掀起一场打攻坚战的热潮。**一是切实抓好大型投资项目的落实。**去年引进的几个大型央企投资项目，以及潮汕投资发展基金、汕头大学协调发展、广澳深水港建设和珠池港区置换等重大工作，都要组成相应工作班子，由一名市领导负责，专人跟踪服务，确保今年上半年全面动工建设。同时要全面清理中央、省、市原定投资但尚未完成或动工的建设项目，以及去年“山洽会”、“侨博会”、“海博会”的签约项目，形成抓落实的工作机制，一个项目一个领导负责，一个工作班子跟踪抓落实，同样要确保在今年上半年动工建设，有条件的要争取提前动工，加快建设进度。**二是扎实推进项目建设进度。**所有项目都要采取图上作业的办法，制订具体工作计划，倒排工期，每一个项目都要梳理出存在什么问题，由谁去解决，什么时间解决，解决不了要怎么办，对于项目存在的土地问题、法律问题、技术问题、政策问题，都要明确解决的时间进度，按照各个工作节点推进，确保各个重点项目都能取得实实在在的成效。**三是全力做好创建省文明城市的迎检工作。**创建文明城市是加快建设幸福汕头的有效抓手，是全面推动经济、社会、政治、文化、党建和生态文明建设的重要载体。要按照创建全国文明城市的高标准制定迎检创建方案和指标，实实在在推动各项工作赶超进位。尤其要突破群众反映比较强烈的环境卫生、交通秩序、社会治安等城市管理热点难点问题，打破各自为政的城市管理体制，解决好市区两级城管体制机制问题，以块为主、条块结合，下放财力、权力，使权、责、利相一致，创建新的城市管理模式。要打破小团体利益的的保洁格局，通过政府购买服务的方式，运用先进的理念和市场运作机制进行管理。要充分用好现有警力，科学排兵布阵，把全市的道路“网格化”，提高路面见警率和管事率。要在全市大张旗鼓铺开创建活动，纵向到底，横向到边，做到家喻户晓，实现文明创建活动的全覆盖。要认真开展文明指数测评活动，各项指标都必须达到测评体系的要求，绝不允许丢分，把城市文明程度提高到国内先进水平。**四是建立倒逼机制。**将创建省文明城市的测评指标和各项重点工作的考核指标，分解落实到市的每一位班子成员，分解落实到各个区（县）和市直各部门，分解落实到每一个具体责任人，实行目标管理责任制，以目标倒逼工作进度，并对社会公布，作出公开承诺，以舆论监督倒逼工作落实。通过压任务打硬仗的办法，激发广大干部干事创业的热情和干劲。市委、市政府要加强督查督办，组织市委委员和党代表、人大代表、政协委员开展专题调研视察活动，帮助解决问题，促进增速提效，实现赶超进位。

（三）迎难而上，改革创新，着力破解阻碍发展的难题。面对当前的困难和挑战，我们要突破传统的思维方式，打破习惯的思维定势，解放思想，更新观念，找到解决问题的思路、方法和手段，在改革创新上实现突破。**一是争取汕头经济特区扩大范围尽快得到批准。**目前，汕头经济特区扩大范围的申报工作进展比较顺利，国家有关部委都表示支持，国务院调研组今天已经莅汕开展专题调研。我们要顺势而上，组成强有力的工作班子，采取强有力的工作措施，抓紧推进相关工作，力争尽快得到国家批准，为下一步推进城乡一体化综合配套改革创造条件。**二是加快推进大部制改革试点。**今年要以濠江区为试点，借鉴顺德等先进地区的改革经验，大胆改革创新行政管理体制和社会管理体制，着力解决政府部门职责交叉、推诿扯皮、权责脱节等问题，建立起职能有机统一的大部门体制，在取得经验后，逐步在全市推开。**三是搭建投融资平台。**今年要抓紧建立若干个投融资平台，整合盘活城市各种优质资源，通过市场融资渠道解决城市建设资金问题，形成多元化城市建设投资主体，实现城市建设良性循环发展，逐步缓解财政压力，化解财政风险。**四是推进城市化和城乡一体化试点。**城市化和城乡一体化规划要一步到位，实现全覆盖，要集中力量建设一批城乡一体化和城市化示范点。今年各区（县）都要选择1至2个社区（村居）作为试点，规划建设一批特色鲜明、环境优美、管理民主、风气文明的样板社区，为全面推进城市化和城乡一体化积累经验。

（四）加强各级领导班子和干部队伍建设，为建设幸福汕头提供坚强组织保障。推动科学发展、建设幸福汕头，关键在党，关键在各级领导班子和干部队伍。领导干部是各级组织的“主心骨”，是各项工作的发动者和实践者，能否充分发挥模范带头作用，关系一个群体，影响一方发展，责任十分重大。**一要进一步提高领导班子的整体合力和政治引领力。**发挥领导干部率先垂范的作用，带动全市干部队伍建设。坚持正确用人导向，完善干部选拔任用和考核评价机制，做好市、区（县）、街道（镇）、村（社区）四级换届工作，严肃选风选纪，配强配优各级班子。加快市委党校建设步伐，加强干部培训。严明政治纪律，提高执行力，确保市委、市政府重大决策部署不折不扣贯彻执行。要发扬党的群众工作的优良传统和政治优势，保持同人民群众的血肉联系，始终得到人民群众的拥护，又要学会并善于做群众工作，不断提高执政能力。**二要切实加强基层组织建设。**党的基层组织是党全部工作和战斗力的基础。结合庆祝建党90周年，突出重点、把握节奏、务实创新，深入开展争优创先活动，扎实推进基层组织建设，进一步优化基层组织班子结构，提升班子整体素质，增强班子的凝聚力和战斗力，健全基层管理和服务体制，使基层党组织的领导核心作用得到充分发挥，进一步巩固党的执政基础。**三要重视加强人才工作。**人才是强市之基、富民之本、发展之源，是建设幸福汕头的第一资源、第一优势和第一推动力。要深入贯彻落实全省人才工作会议精神，抓紧制订出台人才激励政策和《汕头市中长期人才发展规划纲要》，着力破除一切束缚人才发展的陈旧观念，创造良好的人才需求空间和环境，统筹推进人才队伍建设协调发展，建设富有活力和创造力的人才特区。今年要下决心公开招聘和引进一批懂管理、能创新专业人才和团队，要面向全国公开选拔一批优秀博士生担任市直副处级领导职务，选拔一批优秀硕士毕业生担任镇（街道）副职或副科级领导职务，进一步推进我市干部队伍的年轻化和知识化。**四要大力加强党风廉政建设。**以"正"为要，弘扬正气，进一步端正党风、政风，切实转变机关作风，促进廉政勤政。加强责任追究和工作问责，今后凡对市委、市政府重大决策部署落实不力、执行不到位，凡发现利用权力"吃拿卡要"问题，一经查实，首先对该单位一把手进行问责，再严肃处理当事人。对于自行发现自行严格处理并及时上报的，可以从宽处理，对那些发现不及时、处理不到位的，要严肃处理，追究责任。要把严肃查处发生在基层的损害群众利益的案件作为重点，切实维护群众利益，以反腐倡廉的实际成效取信于民，为建设幸福汕头提供坚强纪律保障。

同志们，推动科学发展，建设幸福汕头，是历史赋予我们光荣而神圣的使命。我们一定要励精图治，奋发图强，开拓创新，锐意进取，努力实现赶超进位、跨越发展，以优异成绩向中国共产党建立90周年和汕头经济特区成立30周年献礼！

在中共汕头市委九届十一次全会上的报告

（2011年7月18日）

李　锋

这次全会的主要任务是，深入贯彻党的十七大、十七届五中全会和胡锦涛总书记在庆祝中国共产党成立90周年大会上的重要讲话精神，全面落实省委十届九次全会的战略部署，审议市委、市政府《关于加强社会建设的决定》，明确社会建设的目标任务，着力推进社会建设和管理创新，进一步推动科学发展、促进社会和谐，加快幸福汕头建设进程。

下面，我代表市委常委会向全会作报告，请审议。

一、推进社会建设和管理创新，是推动科学发展、建设幸福汕头的重大战略任务

社会建设是中国特色社会主义事业总体布局的重要组成部分。党的十七大提出了加快推进以改善民生为重点的社会建设。胡锦涛总书记在"七一"讲话中指出，必须从维护最广大人民根本利益和实现国家长治久安的战略高度抓好社会建设，这为我们搞好社会建设指明了方向。汪洋书记在刚刚闭幕的省委十届九次全会上的主题报告，精辟论述了加强社会建设、创新社会管理，是新时期当好推动科学发展、促进社会和谐排头兵，建设幸福广东的重大历史使命，明确提出了我省新时期加强社会建设的指导思想、总体目标和重点任务，深刻阐述了处理好经济建设与社会建设、继承借鉴与创新发展、统筹兼顾与重点突破、明确方向与探索实践等重大关系，深入揭示了社会建设的内在规律，是指导当前和今后一个时期全省社会建设的纲领性文件。黄华华省长在总结讲话中，提出了加强社会建设的具体工作要求，具有很强的针对性和指导性。我们一定要认真学习领会省委全会精神，坚决贯彻落实省委、省政府《关于加强社会建设的决定》，深刻认识新形势下加强社会建设、创新社会管理的重要性和紧迫性，把社会建设摆在更加突出的战略位置，准确把握社会建设规律，提高社会管理科学化水平，推动我市科学发展迈上新台阶，努力开创幸福汕头新局面。

（一）加强社会建设是夯实执政基础、提高执政能力的本质要求

全心全意为人民服务，是我们党的根本宗旨。紧紧依靠人民、相信人民，着眼人民根本利益，是我们党的全部执政基础。加强社会建设，是为人民谋幸福的重要途径，对于夯实执政基础、提高执政能力至关重要。

我市经过30年的改革开放，经济社会已经发展到一定水平，市民的利益诉求呈现多样化、复杂化，社会政治参与、个人价值追求、精神生活需求等更加迫切。但是，我市目前社会建设和社会管理的状况还难以适应形势发展的需要，党的政治优势特别是群众路线、群众工作在社会管理中还有待进一步加强。基层组织建设还比较薄弱，社会服务管理水平不高，社会工作人才缺乏，社会工作者队伍发展缓慢，社会组织亟待培育发展，政府部门对社会组织参与社会管理事务仍然存在不放心、不放手、不放权的现象，越位、错位、缺位普遍存在。社会管理体制机制不顺畅，市、区（县）、街道（镇）在人、财、物的权责划分上不够科学合理，政府一些部门之间职能交叉、资源分散，未能形成合力推进社会建设；公民参与社会管理的渠道不够畅通，群众利益协调机制、诉求表达机制、矛盾调处机制、权益保障机制还不健全；社区治理结构建设滞后，管理不民主、服务不到位，手段落后，信息不灵等等，由此引发的社会治安、劳资纠纷、征地拆迁、医疗纠纷、城市管理等问题而集体上访的事件时有发生。对外来工和流动人口服务管理也存在不少问题，比如，我市去年人口普查的外来流动人口有44.8万人，但根据有关部门估算，实际人数可能超过100万，差距之大，反映了我们在服务管理上存在着方式、手段、体制、机制等方面的很大漏洞，隐藏着许多影响社会稳定的复杂因素。近期在周边城市发生的因劳资纠纷而引发的社会冲突事件，给我们敲响了警钟。这些社会矛盾在汕头也不同程度地存在，有些问题还比较严重，如果我们不能及时处理好这些社会问题，矛盾随时有可能被激化。我们要从中吸取深刻的经验教训，充分认识和分析新生代外来务工人员在利益诉求、价值观念、维权意识、生存发展心态等方面的变化，更好地服务和管理这个群体，这就需要我们进一步加强社会建设和管理创新，坚持以人为本的执政理念。

基础不牢，地动山摇。人类社会发展的规律告诉我们，如果不注意解决经济发展过程中产生的社会问题，社会就会动荡不安。可以说，当前我们面临的各种社会挑战比以往更多、更严峻，社会建设任务比以往任何一个时候都要艰巨复杂，需要更加高超的智慧和勇气，来夯实我们的执政基础，提高我们的执政能力。

（二）加强社会建设是构建和

谐社会、建设幸福汕头的迫切要求

建设幸福汕头，就是要为汕头人民提供一种生活宽裕、精神富足、文化多彩、环境优美、社会和谐的环境，让汕头人民心情舒畅，健康快乐。要把这一美好蓝图变成现实，必须以社会的全面进步为基础，以社会建设为保障。社会建设与幸福汕头相伴相生，与民生福祉如影相随。社会建设必将在建设幸福汕头的过程中成为举足轻重的重大任务。

但是，我们必须清醒地看到，我市的社会建设离幸福汕头的目标要求，还存在相当大的差距。最近，我们委托第三方机构开展居民幸福感调查，从生活状况、公共服务、社会治理、生态环境、人际关系、婚恋家庭、自我状态、汕头未来等八个方面，一共提了114个问题，调查结果显示，广大市民对目前的社会生活条件满意度远远低于对个人生活状况满意度，市民最不满意的是社会管理和公共服务，主要涉及物价、廉租房、收入分配、医疗、教育、交通、公民权利保障、司法公正、城市管理、社会治安、食品安全和政府办事效率等问题。从调查中了解到，我市的社会事业明显滞后，就业结构性矛盾较为突出，目前三次产业的就业结构为29.1：44.3：26.6，一、二、三产业劳动力比例失调，仍然停留在工业化初期阶段的水平，与汕头经济发展总体水平不相适应，就业难与招工难并存。城乡居民收入结构不合理，低收入群体占大多数，去年我市城镇居民人均可支配收入15179元，仅为全省平均水平的63.5%；农村居民人均纯收入6518元，仅为全省平均水平的82.6%。教育发展不均衡，比如，高中阶段毛入学率各区（县）差距很大，最低的区仅为45.5%。医疗卫生条件有待改善，优质医疗资源主要集中在中心城区，大医院病床使用压力较大，农村卫生机构服务能力不强，人均卫生资源量低于全国全省平均水平。社会保障体系不健全，覆盖面较低。比如，我市参加企业养老保险人数仅占企业职工总数的42%，在职参保人员与离退休人员赡养比例只有2.2:1，与正常赡养比例4:1的要求有较大的差距等等。对此，必须引起我们的高度重视。在建设幸福汕头的进程中，我们既要抓好经济发展，为幸福汕头夯实物质基础，又要抓好社会建设，切实解决好为谁发展的问题。否则，经济越发展，社会问题越严重，群众越不满意，幸福汕头就将成为一句空话。

（三）加强社会建设是推动社会转型、化解社会矛盾的必然要求

经过30年的改革开放，应该说汕头的经济发展取得了很大成绩，与全国各地一样已经进入了社会转型的重要阶段。去年汕头人均GDP突破3000美元，开始进入中等收入发展阶段。这既是一个转型升级、科学发展的重要战略机遇期，又是各种社会矛盾、社会问题的凸显期，各种社会利益关系盘根错节，社会建设和社会管理的难度不断加大，出现一个“中等收入陷阱”。从国际发展经验看，有两条道路两种结果给予我们深刻的启示。在人均GDP达到3000美元之后，东亚的新加坡、韩国，既重视产业转型升级，更注重社会变革与建设，形成了中等收入人群占绝大多数的社会结构，顺利跨入了现代化国家的行列；而拉美一些国家既不重视产业转型升级，更不重视社会的建设与治理，呈现低收入人群占绝大多数的社会结构，引发众多的社会矛盾和问题，导致政局动荡，经济发展长期停滞不前。这些国家的经验和教训启示我们：没有经济结构的转型升级，社会结构的优化调整就失去了基础；没有社会结构的优化调整，经济发展也难以持续。

今年汕头经济特区范围扩大到全市，统筹城乡一体化发展已经是摆在我们面前的紧迫任务，这必将加快全市城市化、现代化进程，推动我市从城乡二元结构向城乡一体化转型，大量群众的生产生活方式和人际关系将发生深刻变化，由此带来社会结构日趋多样，价值取向日趋多元，利益诉求日趋复杂，长期积累的各种社会问题也日益凸显，各种社会矛盾易发多发，触点多、燃点低，有的可能演化为群体性事件，危及公众安全和社会稳定。

处在这个承前启后、继往开来的转型时期，加强社会建设、创新社会管理的要求更加迫切、任务更加繁重。我们只有深刻认识加强社会建设、创新社会管理的重要性和迫切性，切实增强紧迫感、责任感和使命感，妥善解决各种不协调、不平衡的社会问题，不断化解各类社会矛盾，有效应对各种社会风险，推进各项改革协调共进，才能团结带领全市人民，扎实有效推动科学发展、促进社会和谐，加快幸福汕头建设进程。

二、明确目标、扎实推进，努力打造社会建设新格局

社会建设是一个庞大的系统工程，加强社会建设是一场深刻的社会变革，要充分认识它的艰巨性、复杂性、长期性，加强战略规划，注重顶层设计，明确目标，突出重点，分阶段分领域逐步推进。这次全会审议的市委、市政府《关于加强社会建设的决定》，对我市当前和今后一个时期社会建设的总体要求、目标任务和主要举措，进行了全面阐述。总的指导思想是：**坚持以中国特色社会主义理论体系为指导，贯彻落实省委十届九次全会精神，紧紧围绕加快科学发展、建设幸福汕头这个目标，抓住特区扩围的历史机遇，以统筹城乡为突破口，以改革创新为动力，以保障和改善民生为重点，以完善社会服务为基础，以促进公平正义为导向，以社会管理及其创新为特色，大力构建新型社会管理体制机制，**

积极探索切合汕头实际、体现时代特征、彰显特区风貌的社会发展模式，努力开创社会建设新局面。按照这一要求，全市各级各部门要认真贯彻市委、市政府的决定，抓好落实，扎实推进，推动社会建设在建设幸福汕头的进程中迈大步、见成效。

（一）大胆探索实践，努力构建共商共建共治共享的制度体系，激发社会建设活力

深化体制机制改革，构建新型社会管理制度体系，是社会建设的关键。在社会建设领域，虽然我们缺乏丰富的经验，但我们可以学习借鉴国内外的先进经验，只要方向明确，就要大胆探索实践。就像过去抓经济建设一样，解放思想，改革创新，先行先试，做好科学制度的综合配套、有机衔接，以共商体现决策的民主化，以共建体现权利、责任、义务的统一，以共治体现人民群众广泛参与社会治理，以共享体现以人为本、执政为民，客观准确划分政府、市场、社会的权利义务，着力完善公共权力运作机制，创新公共服务提供方式和社会建设动员模式，拓展市民参与社会建设的载体和平台，努力形成社会服务管理人人参与、社会建设成果人人共享的良好局面。

一方面，要深化行政体制改革，创新政府公共服务和管理机制。要认真总结濠江区行政体制综合改革试点经验，围绕行政综合配套改革、政府职能转变、工作流程和管理方式创新三个重点，大胆突破社会建设和社会管理的体制机制性障碍，逐步建立健全统筹城乡的社会制度体系。要强化政府社会建设的职能，加快服务型政府建设，推动“万能政府”向“有限政府”转变；政府主要承担创造平台、制订政策和对直接管理者进行管理和服务的工作。要加快政府职能转变、事业单位改革、社会组织改革等重点领域和关键环节的改革步伐，加大向社会简政放权的力度，推进政企分开、政事分开、政资分开、政府与市场中介组织分开，将公民、法人和其他社会组织能够自主解决、市场机制能够自行调节的事项转移出去，通过政府购买服务的方式，将可以不由政府承担的社会管理和服务的一些职能，转由社会组织或其他机构来承担。要完善政府决策咨询、公示、听证制度，健全民主决策程序，防止因决策不当引发社会问题。

另一方面，要建立健全社会建设和管理创新的体制机制，提高社会管理的科学化水平。要创新理念，把共商共建共治共享贯穿社会建设的全过程。要创新思路，在党委领导下，创新政府与社会、市民的协商对话机制，创新领导接访、信访工作、听证咨询、信息公开、政务公开、举报人保护等制度，创新群众利益诉求表达机制和社会矛盾化解机制，使群众真正拥有知情权、参与权、表达权、监督权，推进政府、社会、市民相互融合，良性互动。要建立健全利益协调机制，加快推进户籍制度、公共服务制度、社会保障制度、土地制度等涉及群众切身利益领域的改革进程，逐步在全市实现无差别基本公共服务和社会管理模式。比如，加快完善失地农民社会保障制度，提高失地农民的生活水平。要建立健全群众权益维护机制，建立群众诉求回应机制，健全人民调解、行政调解、司法调解相衔接的工作机制，切实维护群众合法权益。要建立健全社会组织服务监管机制。探索公益项目招投标制度，形成社会组织自我发展、自我管理、自我教育、自我约束的运行机制。放宽慈善基金登记制度，完善慈善公益宣传和慈善荣誉制度，出台引导和鼓励发展慈善事业的相关政策等等。总之，要认真研究，在加强社会建设、创新社会管理的制度设计上下功夫，努力创建符合汕头实际的新型社会管理体制机制，探索出一个有汕头特色的社会发展新模式。

与此同时，要加快推进社会领域立法进程。用好用足经济特区立法权，对在社会建设的探索实践中证明行之有效的体制机制，要用法律法规的形式固定下来，并在不断的实践中逐步完善，为我市加强社会建设提供法制保障。

（二）大力加强以改善民生为重点的社会建设，努力构建全覆盖的社会保障和公共服务体系，使发展的成果惠及全体人民

民生事业是社会建设的基础工程，是建设幸福汕头的重要着力点。解决好民生问题，是社会管理源头治理的根本。坚持走以民生为重点的社会建设发展道路，全面整合各种社会保险、社会保障、社会福利、社会救助资源，实现制度统一和管理统一，使城乡居民享有同等的社会公共服务；充分利用各种社会资源，创新公共服务提供方式，形成社会公益事业主体多元化，实现社会保障和公共服务全覆盖。最近，我们正在编制《汕头市民生“十二五”规划建议》，谋划民生事业的总体架构，为系统解决群众关注的民生热点问题提供决策参考。各有关单位要认真配合，制订切实可行的工作计划，实现经济发展和社会进步相互促进，全面提升人民群众的满意度和幸福感。

发展民生事业永无止境，需要长期不懈努力。要认真搞好“基本民生”，加快建立人人可及的基本公共服务体系；要保障“底线民生”，更加关心困难群体的生产生活；要关注“热点民生”，着力解决群众反映强烈的热点难点问题。特别是要建立健全公共财政体制，调整公共服务范围和标准，理顺各级政府之间基本公共服务事权和支出关系，加强对农村、落后地区发展基本民生事业的财力支持。健全社会保障体系，实现各类基本保障覆盖全市城乡居民，并向外来常住人员延伸。要加大收入分配制度改革力度，合理调整收入分配结构，提高劳动报酬在初次分配中的比重，调整二次、三次分配，确保居民收入与经济增长相适应。要关心弱势群体和困难群众的生产生活，建立健全社会救助体系，采取政府资助、社会募集、福利金出资相结合的方式，在市、区（县）二级建立综合帮扶基金，对困难群体、家庭和个人开展帮扶。要大力发展慈善事业，吸引更多的海内外潮人、潮商参与到家乡的慈善公益事业中来。

同时，要加快推进教育均衡发展。着力加强学前教育，推进义务教育均衡发展，提高普及高中阶段教育水平，建设粤东职业技术教育基地，支持汕头大学加快建设成为综合实力居国内同类学校前列的研究型综合大学，推动我市从人力资源大市向人力资源强市转变。实施更加积极的就业政策，重视对特殊困难群体的就业援助。优化医疗卫生布局和资源配置，广辟资金渠道，在龙湖、澄海、潮阳、潮南区新建或扩建1所三级医院，在中心城区推行社区首诊和“双向转诊”制度，健全以区（县）级医院为龙头、街道（镇）卫生院和村居卫生站为基础的三级医疗卫生服务网络，全面推行全民低成本健康工程。要完善城市生活配套设施建设，着力改善人居环境。继续加快公共交通规划建设，推进三区一县公交服务与中心城区对接。推进公共文化建设，增加公共文化产品和服务供给，完善以镇村为重点的普惠型公共文化服务体系。建设一批宜居城镇、宜居社区和宜居村庄。

（三）强化城乡社区服务功能，努力构建人性化的社区管理体系，夯实社会和谐的基层基础

社区是社会的基本单元，是人民群众的聚集区、社会资源的承载体、利益关系的交织处、社会组织的落脚点，也是社会服务和管理的重心，社会和谐稳定的根基。我们必须以社区的服务管理作为加强社会建设的切入点，积极探索、创新城乡社区服务和管理新模式，把人力、物力、财力更多投到基层，强化基层的服务管理功能，实现城市社区规范化、农村管理服务社区化，把基层社区建设成为管理有序、服务全面、文明祥和的社会生活共同体。

要强化街道（镇）的社会管理和公共服务职能。按照管理、服务、执法“三位一体”的思路，整合机构、人员和场地，在街道（镇）形成“三中心一队伍”的基层社会管理体制。将具有行政管理职责的城市管理、社会事务、人口和计划生育、出租屋管理、劳动和社会保障、再就业等职能整合，组建综合管理中心；将政府面向社会提供的公益性家庭服务、居家养老、残疾康复、特殊人群关爱、就业辅导、文体活动等职能整合，组建综合服务中心；将负责辖区内综治维稳和信访工作的综治办、信访办、司法所等职能整合，组建综治信访维稳中心；将依法履行或承接区（县）职能部门委托的相关执法职能的城市管理、安全生产、劳动监察、文化市场管理、人口计生管理等职能整合，组建综合执法队伍，推动社会管理和服务重心下移到街道（镇）。从纵向上调整职能，突出市、区（县）、街道（镇）三级的职责重点，逐步形成市主要抓规划、政策、监督，区（县）主要抓经济社会发展，街道（镇）主要抓社会管理和公共服务的政府职能分层管理新体系。

要强化社区服务功能。积极探索在社区设立公共服务机构，作为政府在社区层面设立的公共服务平台，承担政府在社区的行政管理和公共服务事务，让居委会依法开展自治活动。从横向上整合资源，形成社区党组织、居委会、公共服务机构“三位一体”的社区管理服务体制，并鼓励支持社区居委会和业主委员会协调互动。逐步废止政府与居委会签订的行政责任书，对确需居委会协助办理的，改为购买服务的方式。逐步建立健全在社区党组织领导下政府派驻的公共服务机构，与居委会职责分明，密切配合，实现政府管理与社区居民自治有效对接、良性互动。

要推行网格化管理。网格化管理是当前城乡社区管理模式的一种创新，可以利用当前的网络数字技术，使政府的社会管理朝着优质、高效和服务职能转变，是实现城市有效管理的发展方向。要结合我市实际，制定切实可行的实施方案，分阶段在全市城乡社区实施网格化管理，力争用两年时间，形成条块结合、以块为主，职责明确、协调配合，统分结合、高效运行的网格化城市管理模式，实现社会管理的网格化、精细化。

要推进农村社区化进程。健全以村委会、村民会议、村民代表会议等为主体的村民自治组织体系，正确处理好村委会与村党组织、镇政府之间的关系，增强自治能力和整体合力。适应城乡一体化发展、城镇化水平不断提升、大量农民变成城镇居民的需要，把城市社区的各种服务设施和服务功能延伸到广大农村，加快城乡一体化进程。

（四）充分发挥人民群众的主体作用，努力构建枢纽型社会组织体系，扩大公众参与社会建设的平台和载体

社会组织是发挥人民群众在社会建设中主体作用的着力点和突破口。社会组织的健康发展和发挥积极作用，是现代社会发展的一个重要特征。要积极培育和依法管理社会组织，建立健全以党委和政府为主导的枢纽型社会组织体系，提高社会群体自我管理、自我服务的能力，促进党委、政府与社会力量互联、互补、互动，形成各方共同参与社会建设和管理的生动局面。

要积极探索社会组织枢纽式服务管理模式。加快推进社会组织健康有序发展，运用社会组织整合社会力量、协调社会关系，发挥社会组织提供服务、反映诉求、规范行为、配置资源、加强协调、化解矛盾的积极作用。重点培育发展公益性、服务性、互助性社会组织和专业经济协会，支持和引导科、教、文、卫、体以及随着人民生活水平的提高而逐渐涌现的新型社会组织。利用特区立法权优势，坚持培育发展和管理监督并重，尽快修改、制订社会团体、行业协会等登记管理的法律法规，推进公益慈善类、社会福利类、社会服务类、工商经济类社会组织直接登记，完善社会组织退出机制，推进社会组织规范化建设，引导社会组织有序承接政府公共服务职能。要充分发挥工会、青年团、妇联、工商联等人民团体和科协、社科联、残联等群众团体的引领作用，团结、联系、吸纳更多同类的社会组织，形成有汕头特色的枢纽式服务管理新模式，更好地满足群众社会活动需求。

要着力拓宽公众参与社会建设的活动载体。社会建设与人民生活息息相关，人民群众对于参与社会建设、搞好社会建设，有自己的切身利益，主观上很愿意积极参与。我们要充分调动人民群众参与社会建设的积极性和主动性，力争让每一个市民在社会建设中都能有位置、有作为、有贡献，都有尊严和体面。比如，前段时间我们委托第三方机构开展幸福汕头客观指标评价体系编制工作，在媒体上公开征求民众意见，广大市民纷纷通过网络、邮寄等方式，提出他们的意见建议，其中有相当部分意见建议是非常有见地的。我们应当因势利导，充分相信群众，放手发动群众，让“群众的问题首先由群众解决，群众的矛盾首先由群众化解”，提高群众自己管理自己的能力。

要建立健全社会建设信息互动平台。在继续办好现有各种与市民沟通的平台建设基础上，进一步利用信息网络手段，打造方便群众参与的服务平台，建立完善方便、快捷、高效的网上信访大厅，注重运用信息技术更快更广地反映群众诉求，充分倾听群众呼声。要推进各职能部门、各区（县）、街道（镇）、社区（居委）网上投诉平台建设。比如，金平区石炮台街道利用网络，创建了“谋科学发展、创人本家园”QQ讨论群，及时收集群众反映的热点难点问题，掌握第一手材料，及时解决群众诉求的做法，就值得推广。

要在与群众的良性互动中寻求政府的善治。坚持从善如流、知错即改，从倾听民众的诉求中改善治理，在回应舆论的质疑中寻求进步，实现党委政府与社会、群众之间的良性互动。时刻关注民意的温度和方向，以公开透明化解疑虑，以闻过则喜树立公信，以真诚维护群众利益赢得民心，在良性互动中促进社会共识、完善公共治理。

（五）高度重视人民群众生命财产安全，努力构建全方位的公共安全体系，促进社会和谐稳定

公共安全是经济社会发展的重要条件，是人民安居乐业和建设和谐社会的基本保证。必须着力从源头治理、动态协调和应急处置三个层面，构建相互联系、相互支持的公共安全体系，最大限度减少社会问题，及时化解社会矛盾，果断处置社会冲突和社会对抗，使社会处于动态平衡、动态优化、井然有序、健康运行的状态。

要完善社会治安防控体系。坚持打防结合、预防为主，专群结合、依靠群众的方针，以深化平安汕头创建活动为载体，建立健全点线面结合、人防物防技防结合、打防管控结合、网上网下结合的立体化治安防控体系。要整合全市视频信息资源，提高全市技防监控覆盖面，推进建立扁平化指挥模式和区域警务协作机制，实现治安防控的全覆盖和无缝对接。加强对重点地区的治理，强化对重点行业和复杂场所的动态监管，建立健全社会治安防控长效机制，提高对治安局势的控制力。

要加强排查、预警和应急工作。建立矛盾纠纷滚动排查机制，针对社会管理中的热点、重点和难点问题，进行经常性的分析排查。加强对重点地区、重点工程、特殊群体、敏感时期的监控和排查，建立矛盾纠纷情报信息预警机制。按照“见微知著、抢得先机、争取主动、防止激化”的要求，及时解决排查出来的问题。加强各级各类应急管理机构建设，整合信息接报平台，完善应急指挥协同机制，落实风险和突发事件隐患排查监控责任，提高突发事件处置能力，实现对各类风险隐患治理的制度化、规范化、常态化。

要强化各类安全监管。推进安全生产管理重心下移、关口前移，实行定片区、定人员、定职责和全方位、全过程、全覆盖的安全网格管理。进一步完善消防工作责任制，积极改善公共消防设施和消防装备，着力提高全社会防控灾难能力。整顿交通秩序，减少交通事故。严格食品、药品准入制度，规范企业经营行为，建立健全举报投诉、信息监测平台，构建长效监管机制，保障人民群众身心健康。

要加强网络虚拟社会管理。要把虚拟社会和现实社会作为一个整体来把握，建立网上动态管理机制，加强对网络的实时动态管控，严厉打击网络违法犯罪行为。促进建立网络媒体自律公约，推动网站自我约束、自我管理。健全网上舆情引导处置机制，及时跟踪舆情动态、研判舆情走势、评估舆情影响，积极主动地引导网上舆论。

要加强外来人员服务管理。要

从创新社会管理、突破体制障碍、完善制度设计等根本性问题上，改进、加强和完善外来人员服务管理工作。集中深入开展劳动关系不稳定因素大排查、外来人员集中居住地与本地人矛盾纠纷大排查、涉少数民族外来人员不稳定因素大排查、涉外来工不稳定隐患网上舆情大排查和涉外来工不稳定行业大排查活动，切实抓好外来人员的稳定工作。要树立一体服务、动态服务的理念，从制度上加强对外来务工人员的服务和管理，以地籍为系统加强在汕外来人员的党组织建设，并纳入属地党委管理范围；规范外来务工人员各类协会、商会组织，引导优秀外来人员合理有序地参与社会管理；加快推进农民工积分制入户城镇的步伐，从制度上打通外来务工人员融入我市的渠道，增强外来务工人员的归属感和融洽度；重视从优秀外来务工人员中招收公务员，把外来务工人员纳入基本公共服务的范畴。加快推进居住证"一证通"工作，构建以屋管人、以业管人、以证管人和凭证服务的外来人员服务管理新格局。

（六）着力提升市民素质，努力构建新时期思想道德体系，为社会建设提供强大的精神支撑

社会建设是全社会共建共享的过程，经济发展的成果要做到人人分享，社会建设的任务同样也要做到人人有责。而市民素质是社会建设的重要条件，加强思想道德建设是建设和谐社会的基础性工作。要以社会主义核心价值观引领社会思潮，以增强诚信意识为重点，加强社会公德、职业道德、家庭美德、个人品德建设，构建起新时期思想道德体系，提升汕头文化软实力。

要积极推进社会主义核心价值体系建设。构建传承潮汕传统美德、符合社会主义精神文明要求、适应幸福汕头建设需要的道德和行为规范，形成全市人民奋发向上的精神力量和团结和睦的精神纽带。大力弘扬先行先试、敢闯敢干、敢为天下先的特区精神，在全社会培育家园意识，用现代人文精神凝聚人心，努力培养海纳百川、自强不息、开放包容的城市品格。要加强中国特色社会主义理论研究和建设，增强党的思想理论工作的创造力、说服力、感召力。在全社会开展思想道德建设，形成知荣辱、讲正气、促和谐的风尚。加强政务诚信、商务诚信、社会诚信建设，增强全社会诚实守信意识。

要广泛开展幸福文明创建活动。要着眼于增强市民、企业、各种组织的社会责任，把积极开展"幸福社区"、"幸福企业"、"幸福家庭"等创建活动，同创建文明城市和各类群众性精神文明创建活动有机结合起来，激发全社会建设幸福汕头的热情。大力倡导科学理性的幸福文化，全面提升市民素质。加强人文关怀和心理疏导，引导人民群众正确对待个人、他人和社会，正确对待困难、挫折和荣誉。加强心理健康教育，健全心理咨询网络，塑造自尊自信、理性平和、积极向上的社会心态。

要营造健康向上的舆论氛围。正确的舆论导向是加强社会建设的重要因素。新闻媒体要增强社会责任感，积极宣传党的主张，弘扬社会正气，通达社情民意，引导社会热点，疏导公众情绪，搞好舆论监督。要加强对互联网的应用和管理，理顺管理体制，倡导文明办网、文明上网，使各类新兴媒体成为加强社会建设的重要阵地。社科理论研究要坚持以中国特色社会主义理论体系为指导，以幸福汕头建设中的重大现实问题研究为主攻方向，发挥认识世界、传承文明、创新理论、咨政育人、服务社会的作用。文学艺术工作者要大力弘扬真善美，创作生产更多陶冶情操、愉悦身心的优秀作品，丰富群众文化生活。

要夯实社会建设的法治基础。充分发挥特区立法权优势，坚持科学立法、民主立法，完善发展民主政治、保障公民权利、推进社会事业、健全社会保障、规范社会组织、加强社会管理等方面的法律法规，全面推进依法行政，加强法律援助工作，营造公平正义的法制环境。要加强对权力运行的制约和监督，坚决铲除司法腐败，维护司法廉洁公正。要深入开展反腐倡廉建设，防止权力寻租，严厉打击人民群众深恶痛绝的腐败行为。

三、加强领导、落实责任，合力谱写社会建设新篇章

社会建设事关幸福汕头建设全局，有很多新问题需要我们去认识、解决和突破。必须进一步加强领导，明确任务，狠抓落实，一步一个脚印地扎实推进。

（一）要加强组织领导。为全面推进我市社会建设工作，按照建立健全"党委领导、政府负责、社会协同、公众参与"的社会管理新格局的要求，市委决定设立社会建设工作委员会，同时作为市政府社会建设协调机构，两块牌子一套人马，整合分散在各有关部门的社会建设职能，理顺社会建设工作管理体制和运行机制。各区（县）也要建立相应的工作机构，承担起社会建设的领导责任。

（二）要完善责任考核。加强社会建设，各级党政一把手是第一责任人，要切实负起责任，加强统筹协调，定期召开社会形势分析会，及时研究解决社会建设和社会管理问题。要建立健全条块结合、以块为主的社会建设责任机制，落实目标任务，加强督促检查。各地各部门要按照市委、市政府的部署，进一步加强研究，制定规划，分解任务，细化目标，明确责任，出台政策，逐一制定具体的工作路线图和时间表，一个阶段一个阶段、一个领域一个领域地扎实推进。尤其是各区（县）和市发改、财税、社保、民政、规划、国土、住建、科技、教育、卫生、交通、环保、工商、金融等单位部门，要拿出过硬举措，确保实现任务目标。市编办要做好社会建设工作机构设计和编制安排，统计局要建立健全社会建设统计指标体系，宣传部门要营造良好氛围，工、青、妇要大胆创新工作方式方法。要把社会建设工作纳入各级领导班子和领导干部考核体系，将社会建设考核放在与经济建设考核同等重要的位置，加强动态督查和责任追究制度，把考核结果作为各级领导班子考核和领导干部选拔任用的重要依据。人大、政协要加强对社会建设目标任务落实情况的检查、监督。

（三）要加大投入力度。社会建设既是当前的重大任务，又是长期的战略任务；既要立足当前，又要着眼长远。要进一步完善公共财政体制，优化财政支出结构，建立健全社会建设资金保障机制，确保社会建设支出增长高于财政一般预算收入增长。尤其是用于保障和改善民生的财政支出要有大幅度增长。要探索实行财政、贷款等优惠政策，对提供社会服务的非营利性社会组织和机构，给予适当资助或贷款贴息。要动员社会资源、吸引社会资金参与社会建设，通过慈善、捐助、志愿服务等形式加大社会建设投入。这方面汕头很有优势和潜力，要认真培育扶持和规范发展。

（四）要加强队伍建设。市委理论学习中心组要邀请社科领域知名专家莅汕开展社会建设专题辅导。市委党校要把社会建设作为重点内容，分期分批对各级领导干部进行专题培训。要健全完善专家咨询制度，社科联要经常性组织专家开展社会建设理论研讨，为提高我市社会建设科学化水平提供理论指导。要加强社会工作人才队伍建设，抓紧制订出台有关加强社会工作人才队伍建设的政策，加大对社会工作人才培养、引进、使用力度，建设一支结构合理、服务民生、社会认同、符合汕头实际的社会工作者队伍。要建立健全激励政策、职业规范和从业标准，拓宽服务领域，改善工作条件，提高工作待遇，推进社会工作者专业化和职业化。要建立健全志愿者管理机制，推进志愿者服务常态化和规范化。汕头职业技术学院和各中等职业学校，要适时开设相关专业，发挥培养社会工作人才的重要作用。

（五）要创新工作方法。新形势下加强社会建设，信息化是重要手段。要大力推进社会管理服务信息化建设，在电子政务建设、城市网格化管理、社区服务等领域，广泛应用现代信息技术手段，加快实现社会服务管理的精细化、数字化和动态化，全面提高社会综合管理和服务水平。要最大限度提高信息资源共享，努力实现行政审批系统和公共服务综合信息系统并网运行，把全市网上办公、并联审批、电子监察、公共服务汇集于统一的电子政务网络平台，借助网络和信息化手段，进一步更新服务观念，转变政府职能，改进管理方式，提高行政效率，加强群众监督，把社会建设和社会管理提高到一个新水平。

同志们，建设幸福汕头是民心所向，利在当代，功在千秋。我们要从建设幸福汕头的全局出发，全面加强社会建设，创新社会管理，努力开创社会建设新局面，为建设幸福汕头做出新贡献！

政府工作报告

——2012年1月6日在汕头市第十三届人民代表大会第一次会议上

汕头市代市长 郑人豪

各位代表：

现在，我代表汕头市人民政府，向大会报告工作，请予审议，并请各位政协委员和其他列席人员提出意见。

一、工作回顾

过去五年，全市人民在省委、省政府和市委的正确领导下，坚持以科学发展观统揽全局，全面贯彻落实省粤东工作会议的决策部署，积极应对国际金融危机的严重冲击和各种挑战，经济社会保持平稳较快发展，顺利完成市第十二届人代会提出的主要目标任务。预计2011年全市生产总值1425亿元，同比增长13%，五年间年均增长12.2%；人均生产总值26300元，年均增长10.3%；来源于我市的财政收入216.07亿元，比增26.7%，年均增长22.6%，其中一般预算收入85.58亿元，比增17.8%（按可比口径比增25.1%），年均增长19.6%，经济总体实力跃上新台阶。固定资产投资额420亿元，比增38.4%，年均增长19.2%，出现新一轮投资建设大热潮。进出口总额87亿美元，比增18.7%。港口货物吞吐量突破4000万吨，集装箱吞吐量突破100万标箱，其中对台直航航线开通以来集装箱量年均增长35%，港口发展步入快车道。城镇居民人均可支配收入17400元，农村居民人均纯收入7700元，年均分别增长9.7%、10.5%；城镇登记失业率从5年前的3.1%下降到2.4%；高中阶段教育毛入学率超过85%，民生民安逐步改善。节能减排完成“十一五”目标任务。我市又新增了“国家园林城市”、“中国城市信息化50强”、“国家知识产权工作示范城市”、“国家电子商务示范城市”等城市名片，“国家卫生城市”再次通过复审确认。

特别是2010年以来，根据中央和省委对汕头发展的新要求，在中共汕头市委的正确领导下，市政府进一步树立科学发展理念，努力探索科学发展新模式，团结带领全市人民，抢抓特区扩围和发展新机遇，坚定信心，砥砺奋进，成功实现赶超进位，2010年全省落实科学发展观考核排位比2009年上升了3位，经济社会发展呈现新气象。

城市发展有新格局。积极谋求汕头在国家层面的发展定位，先后被确定为国家主体功能区重点开发区域、海峡西岸经济区中心城市、国家海洋经济发展试点地区，区域中心城市地位进一步显现。完成市、区、镇三级土地利用规划修编，为拓展城市发展空间提供用地保障。加大城市规划力度，以“多规融合”启动新一轮城市总体规划修编，高标准规划“一核多组团”的城市发展新格局和“一湾两岸”的城市形态，城市规划的战略性、前瞻性不断增强。启动市场运作、资本运营机制，整合盘活城市优质资源，加强与中信、中交等大型央企的战略合作，重点打造濠江新城、东海岸新城、珠港新城和西部生态新城，城市空间结构不断优化。濠江新城首期南滨片区和苏埃湾过海隧道项目奠基启动，东海岸新城已形成陆域面积约7平方公里，珠港新城完成整体规划设计，西部生态新城金凤西路一期工程开工建设。围绕区域交通一体化，积极谋划一批交通基础设施项目，全力推进港口、铁路、高速路网建设，主动与周边城市对接，城市交通功能不断提升。

产业发展有新举措。积极推进现代产业体系建设，编制实施战略性新兴产业倍增计划、现代服务业提速计划、传统优势产业提升计划和海洋综合开发计划。积极引进一批世界500强企业和大型央企参与产业发展。出台《现代产业用地使用权出让办法》、《加强总部经济发展的若干意见》等措施，推进产业集聚、高端发展，产业转型升级迈出新步伐。加快建设国家玩具质量监督检验中心（汕头）等一批公共服务平台，促进企业自主创新能力的提升。形成17个产业集群，澄海玩具礼品、龙湖工艺毛织服装、龙湖输配电设备列入省级产业集群升级示范区，成为国家玩具礼品、化妆品、包装装潢印刷产业重要生产基地。鼓励扶持企业上市，现有上市企业19家，名列全省前茅。2011年新登记各类企业3218户，其中124户注册资本超过1000万元，投资创业呈现良好势头。

重点领域改革有新突破。创新机制，加强对国有资源的监管整合运营，严肃规范国土、规划管理，整体推进国企改革和资产盘活，成功吸引一批现代产业项目落户发展。大力推动行政管理体制改革创新，启动濠江区行政体制综合配套改革，下放471项管理权限，实行大部制，政府部门由22个整合为14个，率先以特区立法形式明确市、区责权划分和调整程序。加快地方金融改革步伐，汕头商行重组成功；广东澄海潮商村镇银行挂牌开业，成为粤东首家村镇银行；潮阳、澄海、南澳3家农信社完成统一法人产权改革；成立9家小额贷款公司，金融服务体系不断健全，金融生态环境逐步改善。

增进民生福祉有新成效。制定出台《加强社会建设的决定》，编制幸福汕头客观指标评价体系和“十二五”民生发展规划，并纳入政绩考核体系，民生发展目标更加明晰。全市财政投入民生领域支出96.24亿元，占一般预算支出的68.3%。开展社会治安综合治理，扎实推进平安汕头建设。设立市、区两级价格调节基金，建立低收入群众临时价格补贴与物价上涨联动机制。教育、文化、医疗卫生等社会事业加快发展。去年确定的十件民生实事按时完成年度任务：提前一年完成省下达的80%以上贫困户脱贫任务，城镇居民基本医疗保险和新型农村合作医疗保险实现全覆盖，年人均收入低于1500元的困难家庭全部纳入低保，新增就业8.3万人，解决农村68.1万人饮水安全问题，实施校安工程项目52个，新增公共汽车307部，增加视频监控点5.9万个，建设保障性住房9169套。

依法行政水平有新提升。认真执行市人大及其常委会决议，自觉接受人大的法律监督、工作监督和市人民政协的民主监督。在全国地级市率先出台《行政程序规定》，率先开展行政复议委员会试点工作。进一步优化市行政服务中心服务流程，实施市级建设工程并联审批，配套试行重点（重大）项目全程无偿代办服务制，建立行政电子监察系统，实现省、市、区县、镇街四级联网。按照第四轮行政审批制度改革要求，削减和调整32%的审批事项。启动建设全市统一的行政审批和公共服务综合信息系统，开通网上行政审批大厅，方便企业和群众办事，政务公开和电子政务建设进一步推进。

各位代表！过去五年，我们所取得的成绩和进步，是省委、省政府和市委坚强领导的结果，凝聚了全市人民的辛勤劳动。在此，我代表汕头市人民政府，向奋斗在各条战线的全市广大干部群众、海内外乡亲及外地来汕建设者，向给予我们支持的人大代表、政协委员、各民主党派、工商联和社会各界人士，向中央和省驻汕单位，向驻汕解放军、武警官兵，向所有关心和支持汕头发展的港澳台同胞、海外侨胞和国际友人表示崇高的敬意和衷心的感谢！

我们也清醒地认识到，与中央和省的要求相比，与人民群众、海内外潮人的期盼相比，我们的工作还有不少问题和不足，经济社会发展还存在不少困难和挑战：一是产业结构调整优化任务艰巨，资源环境约束趋紧，经济发展质量效益不高。二是区域发展不平衡，非中心城区基础设施、环保设施、市政管理、公共服务欠帐较多，促进城乡一体化发展需要付出巨大努力。三是政府历史债务沉重，财税得益率一直偏低，财力薄弱，民生事业投入力不从心，一些民生难题迫切需要解决，相当一部分群众仍存在就业难、住房难、看病难等问题。四是经济管理水平不高，政府资源经营不善，国企改革严重滞后，影响科学发展的体制机制瓶颈依然不少，深层次的改革攻坚任务十分繁重。五是社会管理不到位，交通秩序、治安形势、市容市貌尚未根本改观，群众反映强烈。六是政府职能转变缓慢，有些政府部门工作落实不力，相互间协调配合不够，形式主义、官僚主义不同程度存在；有些公务员公仆意识不强，为纳税人服务观念淡薄，甚至违法违纪、贪污腐败。我们必须直面人民群众的期待，直面自身工作中存在的问题，勇于担当，坚决改进，切实解决。

二、今后五年的目标任务

各位代表，前不久，我们隆重庆祝汕头经济特区建立三十周年，胜利召开中共汕头市第十次代表大会，确定了建设幸福汕头的重大发展战略。今后五年，对汕头的发展至关重要。我们欣喜地看到，汕头经济特区的发展再一次上升为国家战略，我市正迎来新一轮大发展的重大历史机遇；不少重大发展项目紧锣密鼓、全面地推进，为汕头的发展提供强大的动力；更加可喜的是，全市上下人人思发展、个个想振兴，社会各界求新求快求变的愿望十分强烈，干事创业的氛围日渐浓厚。尽管世界经济环境更为严峻复杂，国内经济发展中不平衡、不协调、不可持续问题仍很突出，区域竞争日趋激烈，我市在前进道路上仍面临诸多挑战，但只要我们振奋精神，坚定信心，自加压力，敢于担当，锐意改革创新，奋力攻坚克难，就一定能够推进汕头经济社会跨越发展，就一定能够夺取建设幸福汕头的丰硕成果。

今后五年，我市经济社会发展的主要奋斗目标是：在全面完成“十二五”规划的基础上，到2016年，全市生产总值达到4000亿元，年均增长20%左右；人均生产总值达到71000元，年均增长19%左右；地方财政一般预算收入达到280亿元，年均增长26%，力争经济社会发展总体上赶超全省平均水平，全面实现“十年大发展”目标。

实现上述目标，市政府必须奋力推进市第十次党代会提出的建设幸福汕头十大战略举措的落实，突出做到“四个更加注重”：

更加注重擦亮特区牌子，全力深化改革开放。要立足新起点，把握新机遇，充分发挥国家层面赋予汕头的政策和定位优势，以敢闯敢试、敢为人先的精神，积极推进体制机制创新，建设法治、阳光、服务政府，以体制机制大转型为科学发展破题探路。坚持与时俱进、海纳百川，以更加开放包容的心态，创造一个公开公平公正的投资创业环境，凝聚海内外各种资源，形成推动汕头跨越式发展的强大合力。

更加注重统筹城乡发展，全力加快城乡一体化步伐。要按照“一核多组团”的大特区城市发展新格局，整合全市规划资源，优化提升城市功能，加快推进城乡规划布局、产业发展、市场体制、基础设施、公共服务、管理体制一体化，促进城乡均衡发展、协调发展、可持续发展，不断增强区域中心城市的辐射带动功能。

更加注重保障和改善民生，全力提高人民群众的幸福感。要坚持以人为本、执政为民，按照基本公共服务均等化的要求，加大民生投入，顺应民情，纾解民困，全面提高居民收入、公共服务和社会福利水平，努力使全市人民学有所教、劳有所得、病有所医、老有所养、住有所居，实现社会公平正义，提高人民群众的幸福感。

更加注重构筑现代产业体系，全力夯实幸福汕头的物质基础。要深入贯彻落实科学发展观，按照集约化、内涵式发展的新要求，以加快建设现代产业体系为着力点，推动产业结构调整和转型升级，优化产业空间布局，全力推动招商引资和产业培育，催生一批产值超百亿元的行业龙头企业，打造一批产值超千亿元的产业集群和产业园区，促进产业规模与效益同步提升。

我们有决心有信心，经过五年的艰苦奋斗，把汕头建设成为实践科学发展、深化改革开放、各种发展活力竞相迸发、各种发展资源充分涌流的创新型特区，成为城乡统筹协调发展、服务辐射能力增强、生活舒适安全、滨海生态怡人、潮汕特色彰显、时代气息浓厚的区域中心城市，为加快建设经济殷实、精神富足、文化多彩、环境优美、民主法治、社会和谐、宜居宜业的幸福汕头打下具有决定性意义的基础。

三、2012年工作安排

今年政府工作的总体要求是：认真落实省委十届十一次全会、市第十次党代会精神，以科学发展为主题，以建设幸福汕头为目标，擦亮特区牌子，深化改革开放，全面统筹城乡发展，加快推进大特区城市建设和产业转型升级，加强社会管理创新，切实保障和改善民生，推动经济社会发展迈上新台阶。

今年经济社会发展的预期目标是：地区生产总值增长15%，工业增加值增长15.4%，第三产业增加值增长15.5%，地方财政一般预算收入增长18%，工业总产值增长15.4%，农业总产值增长3.5%，社会消费品零售总额增长20%，外贸出口总额增长16%，外贸进口总额增长18%，固定资产投资额增长30%，实际吸收外商投资总额增长25%，人口自然增长率控制在7.5‰以内，城镇登记失业率控制在2.5%以内，居民消费价格指数涨幅控制在4%左右，城镇居民人均可支配收入增长14.5%，农村居民人均纯收入增长15%。节能减排指标完成省下达的控制目标任务。

实现全年目标任务，各级政府及各职能部门要充分发挥主观能动性，认真履行职责，积极创先争优，在此基础上，集中力量重点抓好六方面工作：

（一）加快构建区域中心城市现代综合交通体系，提升集聚辐射服务功能

完善发达的交通基础设施，对汕头实现跨越式发展至关重要。在全国各地交通大发展的黄金时期，汕头没有与时俱进、抓住机遇，未能形成畅通的对内对外互联成网的立体交通网络，特别是深水港建设滞后，严重制约了经济的快速发展。基于此，从今年开始，必须集中资源、集中力量攻坚克难，加快启动对内对外通道建设，完善现代综合交通运输体系，进一步增强城市集聚辐射和服务功能，让更多的人流、物流、资金流、信息流汇集，在服务和辐射周边中提升区域中心城市的地位。

港口方面。加快促成中远集团等大型码头运营商、航运龙头企业全面参与汕头港基础设施建设，整合港口资源，发展物流业务及船舶运输服务业务。启动广澳港区10万吨级集装箱码头、2万吨级石化码头、海门港区等一批重点项目的建设和项目核准。全力推进广澳港区防波堤工程建设，推动粤东煤炭中转基地尽快正式营运。加大力度优化大通关环境，保持进出口稳定增长，培育提升汕头港作为区域性大宗物资和原材料进口港的地位。做强做大对台直航航线。

高速公路和干线公路方面。要根据特区扩围和区域中心城市的新要求，围绕对接潮汕机场和厦深高铁等重大交通枢纽，着力做好交通规划，加快完成汕头至揭阳高速公路（机场路）汕头段建设，确保2013年全线完工；开工建设汕头至揭西、潮州至惠州、揭阳至惠来高速公路汕头段，完成潮汕二环高速公路工程可行性研究前期工作，并力争列入省“十二五”立项开工项目，实现汕潮揭公路互联成网，为推进区域一体化、同城化创造条件。加速完成省道潮汕路路面大修，启动国道206线大学路段改造工程，更新提升通往新机场的快速通道，实现与潮汕机场的高效对接。完成国道324线澄海路段、和惠路段大修工程，金凤路桥黄河路段改造、陈沙公路西延段工程；启动国道324线潮阳潮南路段改造、省道司神线陈沙公路至惠来段路面大修工程、泰山北路跨梅溪河桥建设。力争南澳大桥年底合龙建成。

铁路方面。全力配合厦深高铁汕头段建设，争取铁路部门尽早启动厦深高铁进汕头站联络线工程建设。加快推进汕头港疏港铁路、阜鹰汕铁路梅州至汕头段前期工作。积极配合省编制粤东城际轨道交通网络规划。

（二）强化产业引导扶持和规范管理，促进产业集聚发展转型升级

推进产业集聚发展和转型升级，是实现集约化、内涵式发展的必由之路，是夯实幸福汕头物质基础的迫切需要。要加强产业规划引导和政策扶持，加大招商引资力度，充分发挥侨乡、海峡西岸和特区开放优势，策划、包装、推介一批重大产业合作项目，吸引国内外大中型企业、本地民资和海内外潮商“三种资源”投资落户汕头，同时，扶持本土企业做大做强、做专做精，推动产业集聚发展、转型升级。

加强产业规划和园区建设。实施《南部沿海产业带产业布局调整优化的意见》和《工业产业发展布局规划》，明确各类园区的产业定位布局，严格产业准入，突出主导产业，推动形成布局合理、特点鲜明、配套完善的产业集群。研究出台鼓励企业进园区集聚的政策措施，在园区准入、土地供应、费用减免、融资、财政扶持等方面加大力度，引导企业向园区集中。通过园区配套共建、资源共享、污染共治，降低企业投资成本，完善产业链条。充分发挥高新区在政策鼓励、科技服务平台建设上的优势，重点扶持一批科技创新型项目扩大规模，发挥效益。加快创建综合保税区，推动保税区与广澳港港区联动。抓住入选省十大产业转移重点园区的契机，全力加快濠江电子电路工业园、南山湾科技园、潮南产业转移工业园、广澳片、海门片园区基础设施建设，重点招引高端制造业和高新技术产业项目进园发展，推动形成新的经济增长极。整合现有工业园区土地资源，完善园区基础设施配套，抓好园区二次开发。

提升传统优势产业。认真贯彻落实国家和省《鼓励进口产品和技术目录》进口贴息政策，支持企业扩大先进技术、关键装备的进口。加快国家精细化工质量监督检验中心（汕头）、中国检验检疫科学研究院（粤东）玩具安全研究中心、国家家用纺织品安全检测重点实验室、国家玩具检测重点实验室、广东出口玩具与礼品公共技术服务平台、粤东云计算中心等的建设，为传统产业改造提升搭建公共服务平台。创造政产学研合作发展条件，促进政府、企业与大型央企、高等院校、科研机构建立技术联盟、产业联盟和标准联盟，推进科研成果产业化。加强农业科技创新，加快发展都市精品农业，提高农业综合素质和效益。积极推进遍布各地的传统建筑业转型升级，打造全国“建筑之乡”。

加快发展现代服务业。结合城市总体规划和产业规划，利用“三旧改造”政策，加速推进城区“优二进三”，鼓励采取土地置换、土地使用权调整、改变土地用途等方式盘活存量建设用地，有效拓展现代服务业发展空间。着力改造提升传统商贸、餐饮等传统服务业，充分利用中心城区商贸流通业发达、高端商业写字楼集聚的优势，进一步加强商业网点规划布局，加快推进百脑汇、苏宁电器、红星美凯龙、星湖城、龙湖乐园、华润万家、长江路北、广厦正大广场等一批城市商业综合体建设，增强大城市商业集聚辐射功能，推动综合百货超市、文化娱乐购物中心等高端服务业态迅速发展。实施《加强总部经济发展的若干意见》，启动珠港新城总部园区建设，优先安排上市企业总部进驻。着力发展现代金融服务业，积极引进金融机构，支持鼓励金融改革创新，加快发展村镇银行、创业（风险）投资、小额贷款、融资担保等各类机构，促进金融与实体经济的良性互动发展。大力推动企业改制上市，争取新增上市企业4家以上。加快澄海国际玩具商贸物流城、广澳物流园区、粤东物流新城、谷饶国际针织内衣商贸城、峡山现代物流中心建设，筹划建设区域性进口商品交易中心。大力推进“国家电子商务示范城市”建设，启动“汕头数据特区”项目。

培育发展战略性新兴产业。加快出台促进战略性新兴产业发展的政策措施，在土地保障、资金引导、项目建设、技术攻关、市场拓展、人才支持、政府服务等方面加大扶持，破解制约新兴产业发展的难题。统筹安排中央、省、市的扶持资金，采用竞争性扶持形式，重点扶持战略性新兴产业、装备制造业、文化创意产业做大做强。强化投资引导，重点发展新能源、新材料等新兴产业。推动重点企业与央企或海内外大型企业战略合作，启动建设“中国锆城”东里片区、汕头卫星应用产业园区、电容式触摸屏产业等项目。加快推进合成云母产业化基地、数字化超声仪器生产基地、益德环保新型包装材料、西北航空科技飞机刹车片、鑫瑞新型防伪包装材料、猛狮纯电动汽车研发等项目建设。

实施海洋旅游综合开发。充分发挥海湾和海岛生态资源优势，规划国际邮轮码头、游艇基地、帆板基地、直升机场和文化、体育比赛集训场所，开发无居民海岛，发展海上运动、海岛冬季阳光旅游等旅游项目，引进战略合作伙伴，争取把南澳打造成为集休闲、商务、会展、观光、度假为一体的高端滨海休闲旅游度假岛。加快开发南山湾、北山湾、海门湾，引进品牌酒店，打造高端休闲度假区。

规范市场主体经营管理。坚持“以清理促规范，以规范促发展”的原则，持续不断地开展经济户口清理，强化各类市场主体经营管理，依法规范所有经营商户生产经营证照，严肃税收征管，推行“阳光税务”，落实税负公平，引导企业自觉承担社会义务和社会责任，共同营造共赢可持续发展环境。加强部门间信息共享，推进征信体系建设。在规范清理中强化企业安全生产主体责任，加大对生产、仓储、生活“三合一”单位安全生产的专项整治，有效防止恶性安全事故发生。加大力度打击制假售假违法行为，建立健全打假长效机制。进一步推广清洁生产技术，加快高效节能产品的研发和应用，扎实推进节能减排工作。

（三）全力推进新型城市化建设管理，推动城乡区域协调发展

加强城乡统筹，树立城市转型发展新理念，走符合汕头实际的文明、宜居、承载力和可持续发展能力强的城市化道路，打造粤东城市群，提升综合竞争力，是汕头人民的共同期盼，也是建设幸福汕头的内在要求。

树立现代化城市建设发展理念，加快推进大特区城市建设。要以绿色、智慧、包容、人本的现代城市建设发展理念，进一步强化规划对统筹配置空间资源的基础性、先导性和规范性作用，全面开展覆盖城乡规划编制工作，不断推动城市化布局、形态、风貌有新突破。要深化与战略投资者的合作，加速推进“一湾两岸”城市核心圈建设，精心打造“一核多组团”的大特区城市新格局。濠江新城项目要加快南滨片区12平方公里土地开发和基础设施建设，开工建设苏埃湾过海隧道。珠港新城要抓紧完成控制性详细规划编制，整合盘活土地资源，尽快启动珠港新城总部经济园区建设。东海岸新城完成围内土地吹填约15平方公里，完成新津、新溪、塔岗围三个片区海堤抛石工程，启动市政基础设施配套建设。西部生态新城要抓紧引入战略合作伙伴，发挥依托汕头大学和连接潮汕机场、厦深高铁站的优势，共同规划打造以高新产业、文化产业、现代服务业为重点的生态低碳智慧新城，今年要加快金凤西路一期工程，尽快启动金凤西路二期项目建设和土地储备运营开发。加快潮阳东部新城、潮南行政新区、厦深高铁潮阳站（谷饶）物流新城、澄海“中国锆城”等一批项目的战略合作开发。同时，按照省委、省政府的要求，牵头推动汕潮揭同城化发展，近期以便民惠民为切入点，先行推进交通基础设施建设、车辆通行便利化、电视信号互相落地、电话同网同费、医疗卫生协作等合作事项。

创新城乡发展投融资机制，推动城乡综合运营开发。发挥政府资金引导作用，充分利用各种金融杠杆和市场融资功能，改革创新城市投融资建设运营体制，建立可持续发展的城乡建设投融资机制和平台，着力解决城乡建设、城市更新的资金瓶颈。开放市政公用事业、城乡基础设施建设市场和运营市场，积极引进战略投资者，实施综合运营开发。加强监管和搞活并举，加快国企改革步伐，整合盘活国有资产和资源。加强土地管理，大力清理闲置土地，完善土地储备管理经营机制，实现土地有效盘活和节约高效利用。争取第一季度完成发行城投债一期13亿元，精心策划一批条件成熟、带有全局性、利于滚动开发、良性循环的城市开发项目，最大限度发挥资金使用效率。

加强城市综合管理，力促城市面貌有新改观。提高城市管理法制化、精细化和信息化水平，建立城市管理长效机制。按照责权利相统一的原则，构建专业管理相对集中、综合管理重心下移、符合市情的网格化管理模式，提升管理效能，增强防灾减灾应急能力。从今年开始，每年实施一批市政基础设施整饰美化工程和街区形象提升工程，完善城市标识系统，推进样板路、严管路、文明路建设，确保一年见成效、三年大变样。积极推动西片旧城区整体策划、规划和改造，传承和挖掘城市历史文化内涵，保护彰显历史文化特色街区。认真处置历史遗留问题，在保护中改造小公园历史文化街区。启动老港区改造，建设融合邮轮码头、潮汕文化展示、亲水休闲、保留历史印记的潮人码头历史文化公园。推进一批破损道路、“水浸街”等基础设施更新改造，逐步改变西片区城市破旧面貌，改善城市主出入口形象。科学规划市区交通路网，梳理优化道路“微循环”，重点改造市区主要交通拥堵点，打通一批断头路和瓶颈路，规划建设一批公交车停靠站，分时段分路段实施不同的交通流组织形式，缓解中心城区交通拥堵现状。持之以恒开展交通秩序综合整治，大力推进机关警力下沉，提高路面“见警率”和“管事率”，严肃查处各种交通违法行为，坚决取缔无牌无证、假牌假证机动车辆，严格出租车营运管理。坚持公交优先发展战略，发展绿色低碳公交，加快提升城市公交服务水平，为广大人民群众提供便捷、安全、舒适的公交服务。

实施城乡环境卫生整治工程，着力改善生态环境。汕头依山傍海，生态良好，宜居环境一直是我们为之自豪的城市名片，但是，公共基础设施建设滞后，环保投入不足，生活垃圾、工业废水正在偷偷侵蚀这一幅如画美景。特别是广大农村环境卫生，事关汕头的形象、农民的幸福感。没有农村环境卫生的整洁，就没有幸福农村，也就不可能建成幸福汕头。今年要在全市1064个村（居）全面开展千村环境卫生整治行动，重点支持农村和涉农社区整治垃圾脏乱问题，提高农村绿化美化水平，逐步改善农村生产、生活环境。同时加快名镇名村示范村建设，每年创建2个名镇、市级名村和示范村（社区）。加快推进绿道网和生态景观林带建设。引导发展循环经济，全力推动贵屿废弃电器电子产品集中处理，加快首期500亩园区建设，争取尽快成为国家级现代循环经济产业园。加强城乡环境保护和监控执法力度，积极推进环保电厂、污水处理厂及配套管网建设，提高城镇生活垃圾无害化处理率及污水收集率。加大印染、造纸、电镀等高污染行业的专项整治力度，争取国家、省和社会资本共同开展练江流域综合整治。大力推进农田水利基础设施建设，完成汕头大围等一批重点水利工程。

（四）创新社会管理和公共服务，增强人民群众的安全感幸福感

建设幸福汕头，核心就是提高人民群众的幸福感。必须回归政府职责本位，积极回应群众的期待和诉求，大力加强以民生为重点的社会管理和公共服务，着力解决就业、教育、社会保障、住房、安全、社会治安等民生问题，全力增强人民群众的安全感幸福感。

采取切实举措维护社会和谐稳定，提高人民群众安全感。要牢记宗旨，敢于直面和妥善解决长期积累的深层次矛盾，积极完善畅通群众依法表达诉求的有效渠道，以最大诚意、最大决心及时解决好群众合理、合法利益诉求。同时，坚持法律为上，彰扬法治，坚决维护经济社会发展安定环境。要加快社会治安视频监控系统建设，构建全方位的城乡一体化社会治安防控体系，实现对全市社会治安的多层次、全方位、全时空有效覆盖。深入开展打黑除恶专项行动，做到“黑恶必除，除恶务尽”。加大打击路面“双抢”力度，确保发案率下降10%以上。加大食品药品安全专项整治力度，规范市场秩序，逐步建立长效监管机制，切实保障人民群众的饮食用药安全。全面落实安全生产“一岗双责”，深化安全生产检查整治活动，严厉打击非法违法生产经营建设行为专项行动，切实减少各类事故总量，严防较大以上事故发生。

着力解决群众饮用水问题。水资源是城市发展战略资源，必须全方位加强水环境治理和保护。强化韩江流域联防联治，加大饮用水源水质监控监测力度，严厉查处和打击河道非法采砂、堤围乱搭建乱开垦行为。优化潮阳引韩供水工程方案，创新投融资方式，上半年全面启动工程建设，切实办好这项十年前省委、省政府确定的民心工程。确保南澳引韩供水工程竣工投产。启动村村通自来水工作，改建扩建新建一批水厂，整合供水管网，建设应急供水工程，彻底扭转农村“靠天喝水”的被动局面，提高供水保证率和供水安全性。全面完成中心城区“城中村”和涉农社区供水直抄到户改造任务，推进多层住宅小区二次供水改造。创新水务投融资平台，重组涉水国有优质资产，赋予其开展水务投融资和建设、运营、管理职能，形成政府主导、企业参与、市场化运作的投融资模式。改革城乡水务监管体制机制，改善农村供水经营管理方式，强力整治层层转包、加价等现象。

完善多层次的社会保障体系。按照“大社保、大经办、大服务”和“惠民、利民、便民”的要求，大力整合各种社会保障资源，加快推进城乡一体化社会保障制度建设，全面发放城乡居民人手一张的社会保障卡，实现城乡居民全覆盖的基本保障。从今年开始，每年安排50个岗位，通过政府购买服务的方式，将服务期满、考核合格的大学生村官择优选聘到街道（镇）从事社会管理和公共服务工作，提高基层服务水平。进一步完善城乡一体化基本医疗保障制度，引入商业保险公司参与居民补充医疗保险，居民可选择按30元和120元两个档次参加基本医疗保险，年度最高可报金额分别达到10万元和12万元，力争参保率达到95%以上。建立城乡一体化居民养老保险制度，力争参保率达到60%。保持对粮油肉菜等重点农产品价格的密切监测，做好价格异动预案，规范市场价格秩序，推动新一轮“菜篮子”工程建设，加强重要生活物资储备，确保市场供给。完善城乡低保标准与价格上涨联动机制和低保标准动态调整机制，提高低保补助水平。完善社会福利和慈善体系，大力发展养老服务事业，整合资源，鼓励社会资金开办各类养老服务机构，着力推广居家养老服务示范点，打造社区养老服务精品。建立高龄老人津贴制度，80周岁以上低保、五保老人按每人每月30元的标准发放高龄补（津）贴。继续实施社会救助，加大对孤儿、残障儿童、贫困精神病患者等特殊群体救助力度。创新保障房建设的投入机制、分配管理制度和规划建设机制，探索建立符合汕头实际的公租房制度。进一步推进殡改工作，逐步实施普惠型殡葬惠民政策。

切实改善医疗卫生公共服务。围绕全市医疗资源均衡布局，尽快在西片区启动汕头大学医学院附属肿瘤医院易地重建，在南滨片区启动市中医院南区分院建设，在城市东区规划一家综合医院。中心医院门急诊医技综合楼投入使用。加强现有医疗卫生服务资源的合理整合，加大基层卫生投入力度，完善基层医疗卫生服务网络，健全医疗卫生机构城市对口支援基层制度，扩建3家区级人民医院，改造5家镇卫生院，易地重建4家社区卫生服务中心。动员社会资源发展医疗服务，特别是在医疗资源相对缺乏的区域兴办医疗机构，增加医疗机构床位供给。深化医疗卫生体制改革，全面实施国家基本药物制度，积极推进公立医院改革试点。加强人口计生服务，稳定低生育水平。

加大投入推进教育事业均衡发展。加快学前教育事业发展，全面实施学前教育三年行动计划，70%农村乡镇建成普惠性规范化中心幼儿园。推动义务教育均衡发展，加大对农村、革命老区、贫困山区和薄弱学校的扶持和政策倾斜，加快义务教育规范化学校建设步伐，力争全市超过60%的义务教育学校达到规范化标准。建成市特殊教育学校新校区。全面提高普及高中阶段教育的整体水平和社会效应，突出发展中等职业技术教育，完成市鮀滨职校、卫生学校、高级技工学校和金平区、潮南区职教中心新校区建设，全面完成省下达的44所普通高中提升办学水平项目任务，全市高中阶段教育毛入学率冲击90%的目标。加强教师队伍建设，建立革命老区、贫困山区农村小学教师生活补贴制度，继续做好特级教师送教下乡工作，优化农村师资队伍素质。加强学校安全工作，落实校车整治和校园安保措施，切实保障广大师生的生命和财产安全。

加快推进文化强市建设。加大财政投入，支持成立文化发展基金，鼓励和吸引社会资金投入公益性文化项目，形成多渠道、多层次的文化投入格局。深入实施文化惠民工程和文化设施达标工程，广泛开展群众性文化体育活动，丰富群众精神文化生活。尽快完成市博物馆新馆配套，早日正式开放。加快发展文化创意、新闻出版、广播影视等文化产业。加强文化遗产保护，修缮一批红色纪念馆。深入发掘特区文化、华侨文化、海洋文化和潮汕传统文化的丰富内涵，大力弘扬开放兼容的人文精神。

（五）扎实办好十大民生实事，让广大群众得到真正的实惠

1、实施千村环境卫生整治。市财政投入1.75亿元，重点支持澄海、潮阳、潮南、南澳和中心城区涉农社区共863个村对生活垃圾脏乱、生活污水乱排放、农村畜禽污物污染、农村厕所卫生设施进行全面整治，重点是建立垃圾收集运输系统，完善垃圾收集清运设施和建设区县生活垃圾集中处理场所，逐步改善农村生态环境，提高农村宜居水平，提升农民幸福感。

2、发放贫困地区农村小学教师生活补贴。对全市非中心城区253所革命老区、贫困山区农村小学的在编教师按每人每月300元的标准发放生活补贴，进一步稳定贫困边远地区教师队伍。

3、缓解群众出行难、停车难。一是投放100台小型公共汽车，解决小区间和其他道路条件限制等公交服务不足问题，进一步缓解群众出行难；二是实现中心城区一票制公交车出行“一卡通”，为市民乘坐公交车提供分类优惠；三是科学规划、调整和增设中心城区道路停车泊位，全面清理停车设施挪用、占用现象，尽快规划建设一批专业停车场所，缓解群众停车难。

4、推进稳价惠民项目建设。新建50家平价商店和一批蔬菜大棚、冷藏设施，保障生产和市场供应，保持农副产品价格基本稳定；适时启动低收入群众临时价格补贴与价格上涨联动机制，发放临时价格补贴，保障低收入群众的基本生活。

5、建立城乡一体化社会保障制度。一是对全市60周岁以上未定期领取退休养老金的居民，按每人每月55元的标准发放基础养老金。二是完成全市“一卡通”社会保障卡50%的发放量，2013年底前基本完成发放。三是建设69个街道（镇）基层社会保障服务平台，为群众提供方便、快捷的社会保障服务。

6、免费开放中心城区公园。从2012年春节起，中心城区所有公园免收门票，对群众开放。

7、全面启动城区燃气管网建设。完善燃气管道及配套建设，提高我市管道燃气普及率，方便市民安全使用燃气。

8、全力推进潮阳引韩供水工程建设，启动村村通自来水工程。支持农村社区铺开村村通自来水工程，重点扶持竞争获得省示范区建设的区县。

9、建设一批文体设施。在全市建设11个综合文化站、338个行政村（社区）文化室；免费开放中泰立交桥下5个篮球场、2个网球场，在南滨路游泳跳水馆西侧建设10个标准篮球场和4个小型足球场，并向群众免费开放。

10、继续推进城乡保障性住房建设。筹建4710套城镇保障性住房，改造农村低收入困难群众危房2711户，逐步解决群众住房难问题。

（六）提高行政效能和政府执行力，打造阳光法治服务政府

打造公开透明、高效廉洁的政务环境，是建设幸福汕头的重要保障。各级政府及其职能部门必须自觉接受人大及其常委会的法律监督和政协的民主监督，主动听取各民主党派、人民团体和社会各界的意见建议，问需于民，问计于民，问政于民。要以转变政府职能，规范权力运行和行政行为为突破口，推进体制机制创新，加快电子政务建设，努力打造阳光政府、法治政府、服务政府，进一步改善提升投资创业软环境。

推动行政管理创新，继续深化行政体制综合配套改革。各地区各部门都要敢于创新，创先争优，力求每个地区、每个部门至少都有一项工作成为全省乃至全国的先进典型。用好用足特区立法权，加大特区立法力度，为体制机制创新提供有力的法制保障。将大部制机构改革、政府职能转变、创新工作流程和管理方式有机结合起来，全方位推进行政管理体制改革，努力建立一个与市场经济发展相适应、与城乡一体化发展相协调的行政管理体制和工作机制。强化街道（镇）社会管理职能，创新城乡社区管理方式，开展城区基层管理扁平化改革试点，进一步整合街道（镇）、社区行政资源，推进社会管理和公共服务重心下移，努力在基层构建“大服务”、“大公共事业”、“大综合执法”、“大综治维稳”

工作格局，逐步实现城乡基层公共服务便民、均等、高效。

大力简政放权，积极培育和发展社会组织。扎实推进“富县强镇”事权改革，积极推动行政审批事项下放或委托工作，进一步扩大区县、镇级政府行政事务管理和处置权限，增强基层经济社会发展活力。编制政府向社会组织转移职能目录，建立公益事业招投标制度，逐步将事务性、服务性和部分社会管理工作委托相关社会组织承担，促进政府职能转变。改革社会组织登记管理体制，按照宽进严管的原则，放开工商经济类、公益慈善类、社会服务类、群众生活类社会组织的登记注册。按照“一事一法”的方式，开展特区立法，先行启动公益慈善类、社会服务类社会组织立法，推行“去行政化”和“去垄断化”改革，落实优惠扶持政策，鼓励企业、民间自发成立社会组织，形成新的社会服务主体。鼓励支持社会组织从事养老助残、慈善帮困、法律捐助、医卫文体等与民生密切相关的社会服务，构建与市场经济相适应的社会治理结构。

打造优良的政务环境，形成廉洁高效、干事创业良好政风。开展“治贪、治庸、治懒、治散”专项整治行动，严肃问责制度，提升执行力，切实改进工作作风。推动《行政程序规定》贯彻实施，对市直各部门和区县政府主要负责人进行系统培训，提高落实《规定》的自觉性。抓紧制订贯彻落实《规定》的配套措施，进一步规范行政程序，保障和监督行政机关程序正当公正。高效行使行政职权，保护公民、法人和其他组织的合法权益。完善网上行政审批大厅审批事项和服务功能，建立健全电子政务的长效管理机制和运行机制，启动市行政审批和公共服务综合信息系统应用，优化行政流程，提高行政效率，规范部门自由裁量权，杜绝权力寻租空间，塑造高效廉洁、公正为民的服务政府。

各位代表，汕头跨越式发展的大特区时代已经来临，经济特区新一轮建设征程已经扬帆启航。新时期赋予我们特区人的使命艰巨而光荣。让我们高举中国特色社会主义伟大旗帜，深入贯彻落实科学发展观，凝聚海内外潮人的智慧和力量，在市委的坚强领导下，团结带领全市人民，解放思想，改革创新，勇立潮头，开拓进取，为潮汕大地的振兴崛起，为建设幸福汕头而努力奋斗！

文件法规目录

2011年度汕头市地方法规目录

序号	文件文号	制定机关	标　　题
1	市第十二届人大常委会公告第23号	市人大常委会	汕头市人民代表大会常务委员会关于2011年5月1日前制定的经济特区法规在扩大后的经济特区适用的决定
2	市第十二届人大常委会公告第24号	市人大常委会	汕头市人民代表大会常务委员会关于促进和保障濠江区行政体制综合改革的决定
3	市第十二届人大常委会公告第25号	市人大常委会	汕头市港口条例
4	市第十二届人大常委会公告第26号	市人大常委会	汕头经济特区森林防火条例
5	市第十二届人大常委会公告第27号	市人大常委会	汕头经济特区台湾同胞投资保障条例
6	市第十二届人大常委会公告第28号	市人大常委会	汕头经济特区城市绿化条例

2011年度汕头市人民政府规章目录

序号	文件文号	制定机关	标　　题
1	汕头市人民政府令第121号	汕头市人民政府	汕头市土地登记办法
2	汕头市人民政府令第122号	汕头市人民政府	汕头市人民防空管理办法
3	汕头市人民政府令第123号	汕头市人民政府	汕头经济特区外地驻汕办事机构管理办法
4	汕头市人民政府令第124号	汕头市人民政府	汕头市行政程序规定
5	汕头市人民政府令第125号	汕头市人民政府	关于汕头经济特区扩大范围涉及经济特区规章和经济特区规范性文件有关事项的决定
6	汕头市人民政府令第126号	汕头市人民政府	汕头市房屋登记办法
7	汕头市人民政府令第127号	汕头市人民政府	汕头经济特区出租汽车管理规定
8	汕头市人民政府令第128号	汕头市人民政府	汕头经济特区促进和保障濠江区行政体制综合改革规定
9	汕头市人民政府令第129号	汕头市人民政府	汕头经济特区城市建设用地使用性质和容积率规划管理办法
10	汕头市人民政府令第130号	汕头市人民政府	汕头经济特区机动车辆路桥通行费征收管理规定
11	汕头市人民政府令第131号	汕头市人民政府	汕头经济特区现代产业用地使用权出让办法
12	汕头市人民政府令第132号	汕头市人民政府	汕头市人民政府关于修改《汕头市实施城市管理相对集中行政处罚权规定》的决定
13	汕头市人民政府令第133号	汕头市人民政府	汕头市人民政府关于废止《汕头经济特区实施〈城市绿化条例〉办法》的决定
14	汕头市人民政府令第134号	汕头市人民政府	汕头市人民政府关于废止《汕头经济特区建设工程墙体材料管理规定》等3件规章的决定

2011年度汕头市人民政府规范性文件目录

序号	文件文号	制定机关	标　题
1	汕府〔2011〕1号	汕头市人民政府	关于对练江流域汕头段实行建设项目环保限批的通知
2	汕府〔2011〕42号	汕头市人民政府	公告（中心城区对人力三轮车实行交通管制）
3	汕府〔2011〕49号	汕头市人民政府	关于印发《汕头市基本农田保护补贴资金管理办法（暂行）》的通知
4	汕府〔2011〕70号	汕头市人民政府	印发《汕头市城乡居民基本医疗保险办法》的通知
5	汕府〔2011〕87号	汕头市人民政府	印发《汕头市经济适用住房管理办法》的通知
6	汕府〔2011〕96号	汕头市人民政府	关于加强潮汕机场安全环境保护的通告
7	汕府〔2011〕99号	汕头市人民政府	印发《汕头市农村计划生育节育奖励办法》的通知
8	汕府〔2011〕151号	汕头市人民政府	关于全面推广使用符合国家标准车用柴油的通告
9	汕府〔2011〕164号	汕头市人民政府	印发《汕头市地价管理规定》的通知
10	汕府办〔2011〕47号	汕头市人民政府办公室	关于印发汕头市中心城区“三旧”改造项目公共服务设施配套规划实施细则（试行）等四个配套文件的通知
11	汕府办〔2011〕49号	汕头市人民政府办公室	关于调整2011年下半年城镇居民基本医疗保险缴费标准有关问题的通知
12	汕府办〔2011〕126号	汕头市人民政府办公室	印发关于进一步加强我市政府投资建设工程施工招标投标管理的意见的通知
13	汕府办〔2011〕148号	汕头市人民政府办公室	关于印发汕头市“三旧”改造项目完善历史用地手续操作办法的通知
14	汕府办〔2011〕173号	汕头市人民政府办公室	关于调整我市城镇职工基本医疗保险结算年度等有关问题的通知

附　录

APPENDIX

- ◆汕头市公安局办事指南
- ◆汕头市国家税务局、汕头市地方税务局联合办理税务登记指南
- ◆汕头市工商局办理企业登记指南
- ◆社会保险办事指南
- ◆职工住房公积金办理指南

汕头市公安局办事指南

一、申请港澳地区个人旅游须知

一、申请条件：

我市常住户口的居民个人赴香港或澳门旅游。

二、申请材料：

1、填写完整的《广东省居民个人赴香港旅游申请表》或《广东省居民个人赴澳门旅游申请表》1份，出入境检测相片及回执各1张。

2、申请人身份证明。内地居民交验居民户口簿、居民身份证原件（申请人未满16周岁，只需交验居民户口簿；军人只需交验身份证明），并提交复印件。

3、申请人所在单位意见。已向公安机关通报的出境登记备案人员，须按干部人事管理权限出具意见并加盖公章。

4、持有有效往来港澳通行证的，须提交往来港澳通行证。

二、申请赴港澳其他签注须知

一、申请条件：

1、因治病、奔丧、诉讼、应试、处理产业、学术交流等特殊事由的我市常住户口居民申请赴香港或者澳门。

2、在澳门就学、就业的我市常住户口居民申请赴香港。

3、定居国外的中国公民来内地后因治病、奔丧、诉讼、应试、处理产业、学术交流等事由申请往来港澳。

二、申请材料：

1、填写完整的《内地居民往来港澳地区申请表》1份，出入境检测相片及回执各1张。

2、申请人身份证明。内地居民交验居民户口簿、居民身份证原件（申请人未满16周岁，只需交验居民户口簿；军人只需交验身份证明），并提交复印件。

3、与申请事由相应的证明材料。（1）因治病、奔丧、诉讼、应试、处理产业、学术交流等特殊事由申请赴香港或者澳门，需交验与申请事由相应证明材料原件，并提交复印件。（2）在澳门就学、就业的内地居民申请赴香港，须交验往来港澳通行证及逗留签注原件，并提交复印件。在澳门就业的人员，还须提交在澳门就业单位的赴香港证明。（3）、定居国外的中国公民因治病、奔丧、诉讼、应试、处理产业、学术交流、等事由申请赴港澳，须交验与申请事由相应证明材料。

4、申请人所在单位意见。已向公安机关登记备案的国家工作人员，须按干部人事管理权限加具意见。

5、持有有效往来港澳通行证，须提交往来港澳通行证。

三、申请赴港澳逗留签注须知

一、申请条件：

经香港或澳门有关部门批准在香港或者澳门就学、就业、培训的人员及其亲属。

二、申请材料：

1、填写完整的《内地居民往来港澳地区申请表》1份，出入境检测相片及回执各1张。

2、申请人身份证明。内地居民交验居民户口簿、居民身份证原件（申请人未满16周岁，只需交验居民户口簿；军人只需交验身份证明），并提交复印件。

3、与申请事由相应的证明材料。（1）赴香港就学、就业、培训人员及其亲属，交验香港入境事务处出具的相应进入许可原件，并提交复印件。如逗留签注有效期届满需申请继续逗留的，须交验香港入境事务处出具的延期许可原件，并提交复印件。（2）赴澳门就学，须交验澳门高等教育辅助办公室出具的《确认录取证明书》及澳门高等院校录取通知书原件，并提交复印件。如逗留签注有效期届满需申请继续逗留的，须提交澳门高等院校的在学证明。（3）赴澳门就业，须交验澳门治安警察局出入境事务厅出具的《申办非本地劳工身份咭名单》或者澳门社会文化司或者经济财政司人力资源办公室出具有申请人姓名的批准文件原件，并提交复印件。赴澳门就业人员的家属，须交验澳门治安警察局出入境事务厅出具的批准通知书原件，并提交复印件。如逗留签注有效期届满需申请继续逗留的，须交验经澳门治安警察局出入境事务厅核准的有申请人姓名的续期名单表或者澳门社会文化司或者经济财政司人力资源办公室出具的有申请人姓名的批准文件原件，并提交复印件。在澳门就业人员的亲属，须交验澳门治安警察局出入境事务厅出具的批准通知书原件，并提交复印件。（4）通过劳务经营公司申请赴香港或者澳门就业，还须提交商务部《对香港、澳门特别行政区劳务合作项目审批表》复印件。

4、申请人所在单位意见。已向公安机关登记备案的国家工作人员，须按干部管理权限加具意见。

5、持有有效往来港澳通行证，须提交往来港澳通行证。

四、赴港澳地区探亲申请须知

一、申请条件：

探望在香港或者澳门定居、就学或者就业的亲属。“亲属”是指：配偶，父母或者配偶的父母，子女，兄弟姐妹。申请人的配偶、子女可随同申请。关于“申请人的配偶、子女可随同申请”的规定，我省明确为：

1、申请人的配偶、子女须随同申请人本人一起同时到出入境管理部门申请。申请人本人没提交申请的，其配偶、子女即不符合此规定，不予受理。

2、申请人的配偶、子女须与申请人本人属同一户口所在地，才可以一同受理。

3、申请人的子女限定为未满18周岁的子女。

4、对申请人的配偶、子女签发与申请人本人相同的探亲签注。

二、申请材料：

1、填写完整的《内地居民往来港澳地区申请表》1份，出入境检测相片及回执各1张。

2、申请人身份证明。内地居民交验居民户口簿、居民身份证原件（申请人未满16周岁，只需交验居民户口簿；军人只需交验身份证明），并提交复印件。

3、与申请事由相应的证明材料。须交验能够证实亲属关系的证明材料原件，并提交复印件，以及被探望亲属的香港或者澳门居民身份证或者在香港或者在澳门就业、就学证明复印件。探望在香港或者澳门定居的亲属，1年内再次申请赴香港或者澳门探望同一亲属免交关系证明。

4、工作单位或者公安派出所意见。已向公安机关登记备案的国家工作人员，按干部人事管理权限加具意见。

5、持有有效往来港澳通行证者，须提交往来港澳通行证。

五、赴港澳地区商务签注申请须知

一、申请条件

1、受单位派遣赴香港或者澳门商务。“单位”是指：经国家工商管理部门登记注册，具有独立法人资格的企业及其分支机构，或者在国家税务部门办理了税务登记且有生产经营的单位以及境外企业常驻内地代表机构。

2、个体工商户经营者赴香港或者澳门商务。

3、驾驶往返内地与香港或者澳门专用交通工具人员。

二、申请材料

1、填写完整的《内地居民往来港澳地区申请表》1份，出入境检测相片及回执各1张。

2、申请人身份证明。内地居民交验居民户口簿、居民身份证原件（申请人未满16周岁，只需交验居民户口簿；军人只需交验身份证明），并提交复印件。

3、与申请事由相应的证明材料。（1）受单位派遣赴香港或澳门商务，已办理登记备案的单位人员,须提交登记备案证明和派遣函;未办理登记备案的单位人员,须交验经年检的工商营业执照副本或者有关登记证书和税务登记证书、社会保险凭证原件,并提交复印件和派遣函。（2）个体工商户经营者申请赴香港或澳门商务，须交验经年检的工商营业执照副本和税务登记证书原件，并提交复印件。（3）驾驶往返内地与香港或者澳门专用交通工具人员，提交有效的《广东省公安厅车辆及驾驶员驾车入出境批准通知书》复印件，交验原件。

4、工作单位意见。已向公安机关登记备案的国家工作人员，须按干部管理权限加具意见。

5、持有有效往来港澳通行证者，须提交往来港澳通行证。

三、商务签注登记

企业（或经营单位）登记手续

1、交《广东省企业申办非公务(往来港澳通行证)登记审批表》(简称登记审批表)和《申办非公务<往来港澳通行证>人员登记名单表》(简称登记名单表)。

2、企业营业执照、税务登记证复印件，交验原件；

3、提交本企业上(本)年度纳税证明或创汇证明，属减免税企业的提交主管部门批准减免税的证明文件，属高新科技企业的，提交当地政府重点扶持企业批准文件或相关证明，驻华机构办事处可免交纳税和创汇证明。

上(本)年度纳税证明由税务部门开具，年纳税额计算为单位缴纳的国税加地税之和。

上(本)年度创汇额以备案单位提交的《出口收汇核销单》为准。

4、法人代表(负责人)、办证员的身份证明，交验原件。

登记人员必须是在申请登记单位任职的全职人员，临时聘用或兼职人员不予登记。登记人员属非本市户口人员的，须符合在暂住地和应聘企业连续暂住并工作满半年以上的条件，并提交暂住证和劳动合同复印件一份，并交验原件。

六、赴港澳地区定居申请须知

一、申请条件

1、夫妻一方定居香港、澳门的（经批准赴港澳地区定居的，可携带内地十八周岁(生日当天)以下的婚生子女同行）；

2、定居香港、澳门的父母年老体弱，必须由内地子女前往照料的（父母双方或一方定居港澳，年均满六十周岁，身边确无子女照顾，内地子女需年满十八周岁、未满六十周岁）；

3、内地六十周岁以上无依靠老人，内地无子女，须投靠定居香港、澳门的直系亲属或者近亲属的；

4、内地十八岁(含生日当天)以下无依靠小孩（包括被收养子女），父母均不在内地定居或父母双亡，须投靠定居香港、澳门的直系亲属或者近亲属的；

5、香港、澳门居民的遗产无人继承，必须由内地直系亲属去定居才能继承的；

6、其他特殊情况、必须去香港、澳门定居的；

（注：符合多种定居申请条件的内地居民，只能选择其中一种条件申请）

二、申请资料

（一）提交填写完整的《内地居民前往香港或澳门定居申请表》一份(用钢笔或签字笔填写，不得使用圆珠笔)。出入境检测相片及回执各1张。

（二）申请人居民身份证、户口薄或其他户籍证明的复印件，交验原件 。

（三）定居港澳地区亲属的香港或澳门身份证、港澳同胞回乡证或港澳居民来往内地通行证的复印件，交验原件；亲属关系证明。

（四）申请人所在单位或派出所的意见(意见直接签署在申请表单位意见栏上并签名盖章)。

（五）与申请事由相关的证明为：

1、夫妻团聚的，为结婚证明。

2、照顾父母的，为父母身边确无子女的证明材料和亲属关系证明。

3、无依靠小孩投靠父母的，为出生医学证明，父母结婚证明。

4、孤儿投靠直系亲属或近亲属的，为父母死亡证明书或载明父母已死亡的户口簿，与被投靠人直系亲属或近亲属关系证明。

5、投靠、照顾养父母的，申请时须提交以下证明材料：(1)身份证、出生证以及其他户籍资料：(2)养父母的香港、澳门身份证； (3)养父母的港澳居民来往内地通行证或港澳同胞回乡证或其它有效旅行证件； (4)收养关系证明。

6、无依靠老人投靠的，为证明内地确无子女和与被投靠人直系亲属或近亲属的关系证明材料。

7、申请去港澳继承财产的，为被继承人死亡证明，在港澳无继承人的证明以及申请人继承权证明，港澳地区遗产管理机关出具的法律文书和交纳遗产税凭单。

（六）公安机关认为确有必要的其他证明

七、因私普通护照申请须知

一、申请条件：我市常住户口的居民

二、申请材料：

（一）填写完整的《中国公民因私出国（境）申请表》，近期免冠蓝底彩色光学照片一张及照相馆打印的相片回执。

（二）申请人居民身份证、户口簿及复印件；在居民身份证领取、换领、补领期间，可以提交临时居民身份证。

（三）申请人所在单位意见。已向公安机关通报的出境登记备案人员，须按干部人事管理权限出具意见并加盖公章。

三、特殊情形：

1、未满16周岁的，申请时由其监护人陪同，提交其监护人出具的同意出境的意见、监护人的居民身份证或者户口簿、护照及复印件。

2、属于登记备案国家工作人员，需提交本人所属工作单位或者上级主管单位按照人事管理权限审批后出具的同意出境的证明。

3、现役军人申请普通护照的，由其所属部队驻地的县（区）级公安机关出入境管理部门受理，不需提交户口簿，需提交本人的身份证件、所属工作单位或者上级主管单位按照人事管理权限审批后出具的同意出境的证明。

四、不予签发护照情形：根据《中华人民共和国护照法》的规定，有下列情形之一，出入境管理部门将不予签发普通护照：

（一）不具有中华人民共和国国籍的；

（二）无法证明身份的；

（三）在申请过程中弄虚作假的；

（四）被判处刑罚正在服刑的；正在被劳动教养的；

（五）人民法院通知有未了结民事案件不能出境的；

（六）属于刑事案件的被告人或者犯罪嫌疑人的；

（七）国务院有关主管部门认为出境后将对国家安全造成危害或者对国家利益造成重大损失的。

（八）公民因妨害国（边）境管理受到刑事处罚或者因非法出境、非法居留、非法就业被遣返回国的，公安机关出入境管理部门自其刑罚执行完毕或者被遣返回国之日起六个月至三年以内不予签发普通护照。

八、大陆居民赴台旅游申请须知

一、申请条件：我市常住户口居民，并已向有资格组团赴台旅游的旅行社报名参团。

二、受理单位：由申请人向户口所在地地级以上市公安局出入境管理部门提交申请。

三、申请材料：

（一）提交填写完整的《大陆居民往来台湾地区申请审批表》、出入境检测相片及回执各1张。

（二）交验有效居民身份证（未满16周岁的除外）、户口簿原件，并提交复印件；已持有有效《大陆居民往来台湾通行证》的，还须提交《大陆居民往来台湾通行证》。

（三）交验有资格组团赴台湾旅游的旅行社出具的收费票据原件，并提交复印件。

（四）申请人所在单位意见。已向公安机关通报的出境登记备案人员，须按人事管理权限出具意见并加盖公章。

四、特殊情况：

16周岁以下、70周岁以上的申请人可由其监护人或直系亲属代办。

九、大陆居民往来台湾地（其他事由）申请须知

一、申请条件:

（一）因私赴台。

1、大陆居民因私事前往台湾旅游、探亲、定居、访友、接受和处理财产、处理婚丧及其他私人事务（以下简称因私事前往台湾）；

2、大陆居民前往台湾进行本企业经贸交流活动的。

（二）应邀赴台

大陆居民申请应邀前往台湾进行经济、文化、科技、体育、学术等活动或者参加会议、进行两岸事务性商谈、采访，以及执行海峡两岸直航航运任务等（以下简称应邀前往台湾）。

二、申请材料:

（一）提交填写完整的《大陆公民往来台湾地区申请审批表》一份(用钢笔或签字笔填写)，出入境检测相片及回执各1张。

（二）提交申请人居民身份证、户口簿或其他户籍证明的复印件，交验原件。定居国外的中国公民提交本人有效的《中华人民共和国护照》或《中华人民共和国旅行证》、定居国外的证明复印件，交验原件。未满16周岁和70周岁以上的大陆居民申请因私事前往台湾，可以由其直系亲属或其他监护人代办。应邀前往台湾，可以由组团单位集中代办。代办的，提交代办人居民身份证件复印件，交验原件。

（三）前往台湾探亲、定居、访友、接受和处理财产、处理婚丧及其他私人事务的，须提交入台许可证明或经确认能够进入台湾地区的有关证明复印件，交验原件；

（四）已持有有效《大陆居民往来台湾通行证》的，提交《大陆居民往来台湾通行证》。

（五）申请人所在单位意见。

1、已向公安机关登记备案的国家工作人员(下称“登记备案人员”)，须按干部管理权限加具意见。

2、其他人员，无须提交单位或派出所意见；

3、持国务院台办“赴台批件”人员申请前往台湾，无须提交所在工作单位意见。

（六）提交与申请事由相关的证明。

1、经国务院台办经济局审核立项前往台湾进行经贸交流活动的，提交国务院台办经济局“关于应邀往来台湾立项批复”原件。

2、应邀前往台湾的，提交国务院台办“赴台批件”原件，或经省、自治区、直辖市政府台办确认盖章的复印件。在非常住户口所在地申请的，提交工作证明，交验暂住证原件，提交复印件。由组团单位代办的，代办人须提交单位介绍信。

3、参加赴台团队旅游的，提供具有组团资格的旅行社发票复印件，交验原件。

汕头市国家税务局、汕头市地方税务局联合办理税务登记指南

联合办证是指汕头市国家税务局和汕头市地方税务局联合对全市共同管辖的纳税人办理税务登记，按照属地征管的原则，实现在同一行政区划内的国、地税任意一个窗口受理、纳税人报送一套资料、税务机关发放一份税务登记证件、编制同一纳税人识别号、违章行为一次处罚。

联合办证流程及附送资料：

（一）设立登记

纳税人可按属地征管的原则向国地税任一办税服务厅联合税务登记窗口申请办理。纳税人申报办理税务登记时，领取《税务登记表》一式三份（区别单位纳税人、个体工商

户、临时经营纳税人发放），并如实填写。

单位纳税人附送以下资料(复印件一式两份)：

1、工商营业执照或其他核准执业证件及复印件；
2、有关合同、章程、协议书复印件；
3、组织机构统一代码证书及复印件；
4、法定代表人（负责人）居民身份证、护照或其他证明身份的合法证件原件及其复印件；
5、注册地址及生产、经营地址证明（产权证、租赁协议）原件及其复印件；如为自有房产，请提供产权证或买卖契约等合法的产权证明原件及其复印件；如为租赁的场所，请提供租赁协议原件及其复印件，出租人为自然人的还须提供产权
证明的复印件；如生产、经营地址与注册地址不一致，分别提供相应证明；
6、验资报告或评估报告原件及其复印件
7、纳税人跨县（市）设立的分支机构办理税务登记时，还须提供总机构的税务登记证（国、地税）副本复印件；
8、外商投资企业还需提供商务部门批复设立证书原件及复印件；
9、改组改制企业还须提供有关改组改制的批文原件及其复印件。
10、财务人员、办税人员、经办人的身份证原件及复印件、股东有关证件的复印件（若为自然人提供身份证；若为法人提供组织机构代码证、营业执照等）；
11、税务机关要求提供的其他证件资料。

个体经营附送以下资料(复印件一式两份)：

1、工商营业执照或其他核准执业证件原件及复印件；
2、业主身份证原件及其复印件（个体）；
3、负责人居民身份证、护照或其他证明身份的合法证件原件及其复印件（个人合伙企业）；
4、房产证明（产权证、租赁协议）原件及其复印件；如为自有房产，请提供产权证或买卖契约等合法的产权证明原件及其复印件；如为租赁的场所，请提供租赁协议原件及其复印件，出租人为自然人的还须提供产权证明的复印件；
5、组织机构代码证书副本原件及复印件（个体加油站、个人合伙企业及已办理组织机构代码证的个体工商户）。
6、税务机关要求提供的其他证件资料。

临时税务登记纳税人附送以下资料（复印件一式两份）：

1、法定代表人（负责人）居民身份证、护照或其他证明身份的合法证件原件及其复印件；
2、工商营业执照或其他核准执业证件的复印件；
3、税务机关要求提供的其他证件资料。
注1：符合以下条件的纳税人需办理临时税务登记：
（1）从事生产、经营的纳税人领取临时工商营业执照的，应当自领取工商营业执照之日起30日内申报办理税务登记，税务机关核发临时税务登记证及副本；
（2）有独立的生产经营权、在财务上独立核算并定期向发包人或者出租人上交承包费或租金的承包承租人，应当自承包承租合同签订之日起30日内，向其承包承租业务发生地税务机关申报办理税务登记，税务机关核发临时税务登记证及副本；
（3）境外企业在中国境内承包建筑、安装、装配、勘探工程和提供劳务的，应当自项目合同或协议签订之日起30日内，向项目所在地税务机关申报办理税务登记，税务机关核发临时税务登记证及副本；
（4）从事生产、经营的纳税人，应办而未办工商营业执照，或不需要、办理工商营业执照而需经有关部门批准设立但未经有关部门批准的，应当自纳税义务发生之日起30日内申报办理税务登记。税务机关对无照户纳税人核发临时税务登记证；
（5）对非正常户纳税人的法定代表人或经营者申报办理新的税务登记的。
注2：证件（书）原件用于审核，复印件应由纳税人注明“此件与原件相符”，并由税务登记窗口经办人审核后留存备查。

（二）变更登记

纳税人可按属地征管的原则向国地税任一办税服务厅联合税务登记窗口申请办理。
工商登记发生变更的，如实填写《变更税务登记表》，并同时提供下列有关证件、资料（复印件一式两份）：
1、工商营业执照原件及复印件；
2、税务机关发放的原税务登记证件（登记证正、副本和《税务登记表》）；
3、变更项目及所附证明：变更企业名称的，须加送组织机构代码证（原件及复印件）；变更法人代表的，须加送法人代表身份证（原件及复印件）；变更注册经营地址的，须加送有关经营场所证明（原件及复印件）。
4、税务机关要求提供的其他证件资料。
注3：证件（书）原件用于审核，复印件应由纳税人注明“此件与原件相符”，并由税务登记窗口经办人审核后留存备查。
工商登记没有变更，或者其变更内容与工商登记内容无关的，如实填写《变更税务登记表》，并同时提供下列有关证件、资料：
1、纳税人变更登记内容的有关证明文件（证件、资料）及复印件；
2、税务机关发放的原税务登记证件（登记证正本、副本和《税务登记表》）；
3、税务机关要求提供的其他证件资料。

（三）遗失补办税务登记证

纳税人遗失联合税务登记证件的，凭税务机关认可的报刊刊登的遗失声明向任一联合办证窗口申请补证。申请补发税务登记证件应附送以下资料：
1、纳税人补办税务登记证申请报告、填写好的《税务证件挂失报告表》一式两份（国税适用）、或《税务登记证遗失声明》刊出申报表一式两份（地税适用）；
2、持营业执照副本查验；
3、在《中国税务报》或本地地级市以上报刊刊登遗失声明的报头或者刊头及所刊登的遗失声明。

汕头市工商局办理企业登记指南

内资股份有限责任公司设立登记

承办部门
市工商局登记注册科
联系电话
市工商局88560936、88560696.
办事地址
汕头市工商局 市行政服务中心三楼东厅。
服务时间
周一至周五上午8：00－12：00
下午2：30－5：30
办事依据
《中华人民共和国公司法》、《公司登记管理条例》、《企业名称登记管理规定》、《企业名称登记管理实施办法》、《企业登记程序规定》
办事条件
（一）发起人符合法定人数；
设立股份有限公司，应当有2人以上200以下为发起人，其中须有半数以上的发起人在中国境内有住所。
（二）发起人认购和募集的股本达到法定资本最低限额；
股份有限公司注册资本的最低限额为人民币500万元。法律、行政法规对股份有限公司注册资本的最低限额有较高规定的，从其规定。
采取发起设立方式设立的，注册资本为在公司登记机关登记的全体发起人认购的股本总额。公司全体发起人的首次出资额不得低于注册资本的百分之二十，其余部分由发起人自公司成立之日起两年内缴足；其中，投资公司可以在五年内缴足。在缴足前，不得向他人募集股份。
采取募集方式设立的，注册资本为在公司登记机关登记的实收股本总额。
（三）股份发行、筹办事项符合法律规定；
（四）发起人制订公司章程，采用募集方式设立的经创立大会通过；
（五）有公司名称，建立符合股份有限公司要求的组织机构；
（六）有公司住所。
申报材料
股份有限公司设立登记提交材料规范：
1、公司法定代表人签署的《公司设立登记申请书》；
2、董事会签署的《指定代表或者共同委托代理人的证明》（由全体董事签字）及指定代表或委托代理人的身份证件复印件；
应标明指定代表或者共同委托代理人的办理事项、权限、授权期限。
3、由发起人签署或由会议主持人和出席会议的董事签字的股东大会或者创立大会会议记录（募集设立的提交）
4、全体发起人签署或者全体董事签字的公司章程；
5、发起人的主体资格证明或者自然人身份证件复印件；
发起人为企业的，提交营业执照副本复印件；发起人为事业法人的，提交事业法人登记证书复印件；发起人股东为社团法人的，提交社团法人登记证复印件；发起人为民办非企业单位的，提交民办非企业单位证书复印件；发起人为自然人的，提交身份证件复印件；其他发起人提交有关法律法规规定的资格证明。
6、依法设立的验资机构出具的验资证明；
7、发起人首次出资是非货币财产的，提交已办理财产权转移手续的证明文件；
8、以股权出资的，提交《股权认缴出资承诺书》；
9、董事、监事和经理的任职文件及身份证件复印件；
依据《公司法》和公司章程的规定和程序，提交由发起人签署或由会议主持人和出席会议的董事签署的股东大会决议（募集设立的提交创立大会的会议记录）、董事会决议或其他相关材料。股东大会决议（创立大会会议记录）可以于第3项合并提交；董事会决议由董事签字。
10、法定代表人任职文件及身份证件复印件；
依据《公司法》和公司章程的规定和程序，任职文件提交董事会决议，董事会决议由董事签字。
11、住所使用证明；

自有房产提交房屋产权证复印件；租赁房屋提交租赁协议复印件以及出租方的房屋产权证复印件。有关房屋未取得房屋产权证的，属城镇房屋的，提交房地产管理部门的证明或者竣工验收证明、购房合同及房屋销售许可证复印件；属非城镇房屋的，提交当地政府规定的相关证明。出租方为宾馆、饭店的，提交宾馆、饭店的营业执照复印件。使用军队房产作为住所的，提交《军队房地产租赁许可证》复印件。

将住宅改变为经营性用房的，属城镇房屋的，还应提交《登记附表－住所（经营场所）登记表》及所在地居民委员会（或业主委员会）出具的有利害关系的业主同意将住宅改变为经营性用房的证明文件；属非城镇房屋的，提交当地政府规定的相关证明。

12、《企业名称预先核准通知书》；

13、募集设立的股份有限公司公开发行股票的还应提交国务院证券监督管理机构的核准文件；

14、公司申请登记的经营范围中有法律、行政法规和国务院决定规定必须在登记前报经批准的项目，提交有关的批准文件或者许可证书复印件或许可证明；

15、法律、行政法规和国务院决定规定设立股份有限公司必须报经批准的，提交有关的批准文件或者许可证书复印件。

注：

1、依照《公司法》、《公司登记管理条例》设立的股份有限公司申请设立登记适用本规范。

2、《公司设立登记申请书》、《指定代表或者共同委托代理人的证明》、《登记附表－股权认缴出资承诺书》、《登记附表－住所（经营场所）登记表》可以通过国家工商行政管理总局《中国企业登记网》（http://qyj.saic.gov.cn）下载或者到工商行政管理机关领取。

3、提交的申请书与其它申请材料应当使用A4型纸。

以上各项未注明提交复印件的，应当提交原件；提交复印件的，应当注明“与原件一致”，并由发起人签署，或者由发起人指定的代表或委托的代理人加盖公章或者签字。

4、以上涉及发起人签署的，自然人发起人由本人签字；自然人以外的发起人加盖公章。

办事期限

申请人直接到登记场所提交行政许可申请，材料齐全、符合法定形式的，登记机关当场作出登记决定，并在10个工作日内核发营业执照或其他登记证明；不能当场作出决定的，5日内作出审查决定。

办事程序

领取《企业名称预先核准申请书》→备齐有关文件，申请名称预先核准→领取《企业名称预先核准通知书》，同时领取《公司设立登记申请书》→备齐有关文件，申请设立登记→缴纳登记费，领取营业执照

收费标准

设立登记费按注册资本总额的0.8‰缴纳；注册资本超过一千万元的，超过部分按0.4‰缴纳；注册资本超过一亿元的，超过部分不再缴纳。设立登记费最低额为50元。

收费依据

收费许可证:粤费汕行字＊265-1号

社会保险办事指南

办理养老保险待遇业务须知

一、办理退休养老待遇

（一）用人单位申报职工退休养老待遇应于职工达到法定退休年龄当月1-5日（干部于批准退休三天内）报送，并提供以下材料：

1、职工个人档案；

2、《职工养老保险手册》；

3、身份证原件、复印件(经校验后退回原件)；

4、填写《职工退休养老保险待遇审定表》一份；

5、申报退休的职工如属孤寡人员，应同时附上所在街道办事处证明和户口簿原件及复印件(经校验后退回原件)。

（二）领取档案和办理银行拨付：

1、凡材料完整，符合规定，经核准的退休人员，用人单位于申报当月24-26日领取《减员通知单》。减员结算业务办妥当月30日领回档案，并填报《养老保险待遇拨付月报表》一式二份。

2、职工本人应自行在中行或工行（或社保机构指定的金融机构）开设个人结算帐户，在领取《减员通知单》的同时将银行存折复印件（账号）报送社保机构。

3、职工养老待遇从核准的第二个月15日起通过银行逐月发放（第一次发放补发待遇核准次月的养老待遇）。

二、办理离退休人员死亡待遇

（一）申报死亡待遇时，应填写《离退休职工死亡待遇申报表》并报送：

1、殡葬管理机构开具的火化收费收据原件；

2、火化证原件及复印件；

3、有供养直系亲属的，如供养对象不属于劳动年龄的(16

周岁以下，男60周岁以上，女50周岁以上)，由户口所在地的街道办事处(或镇政府)出具供养对象无生活来源的证明书；供养对象属死者的孩子，年龄在16周岁以上、18周岁以下的在校普通中学生，须提供在校证明书。

4、户口簿及复印件。

（二）领取办法：

死亡待遇于申报手续办妥的次月15日拨付至该退休人员在银行开设的养老金发放账户。

办理职工医疗保险待遇业务须知

一、职工住院就医申报程序

职工患病需住院治疗的，在全面发放社会保险卡前，须持《医疗保险手册》任选汕头市1家定点医院办理入院记帐手续。3日内(公休日顺延)由就诊的定点医院确认(属机动车事故伤害的病人，其住院基本医疗费用由患者个人先垫付，3日内由所在用人单位书面报告市社会保险基金管理局，并附门诊病历、交警处理意见书)。出院时，由就诊的定点医院计算出全部住院医疗费用中的自付部分，经患者或家属签名确认后由个人支付，其余部分由市社会保险基金管理局按规定与定点医院结算。

二、办理职工转院诊治申报及待遇标准

职工因病情须转往汕头市外上级医院就医的，由我市三级定点医院(或社保指定的市级专科医疗机构)副主任以上医师提出申请，经医务科长和院长二级审核，报市社会保险基金管理局核准，原则上转往省内的上一级医疗机构，转诊住院时间一般不超过30天，最长为60天。特殊情况超过60天的，须凭住院病情简介和疾病诊断证明，向市社会保险基金管理局申办延期手续。

三、办理职工特殊病种门诊申报

参保职工患特殊病种的，每次在门诊就诊时必须在《医疗保险手册》详细记录，其基本医疗药品可在定点医院购药或持定点医院处方到定点药店购药。

特殊病种门诊每半年报销一次，由参保单位于每年7月和次年1月1-10日持参保职工当期(1—6月份或7—12月份)就诊的完整门诊病历、特殊门诊疾病鉴定表、收费收据、医疗费用明细清单(或处方副方药物单项估价)、检查报告单等凭证到医疗待遇核发科申报。

四、异地就医申报程序及待遇标准

（一）常住异地(连续1年以上)的职工或异地定居的退休人员在异地就医的，须按规定选择当地1－3家医疗保险定点医院作为约定医院，若未实施医疗保险的地区，可就近选择1－3家非营利性医疗机构作为约定医院，报市社会保险基金管理局备案；经批准异地居住住院就医的，其基本医疗待遇标准与汕头市相同。

（二）参保职工患病在异地急诊住院的，须在7日内向市社会保险基金管理局书面报告备案，其住院医疗费用先由个人垫支。出院后在30日内由单位持《住院医疗待遇审批表》，并附《医保住院备案确认表》、医疗费用结算单、医疗费用明细清单、疾病证明、住院入院记录、出院办结等凭证到医疗待遇核发科申报。

经审核，符合急诊救治救治的，按规定报销。

五、办理业务时间

每月5日至25日的工作日接受用人单位各项业务申报。

六、服务承诺

（一）经批准转汕头市外住院治疗手续齐全的，自受理申报后20个工作日内完成审核工作（高额保险理赔时限另计）。

（二）经鉴定符合特殊病种门诊手续的，自申报受理后30个工作日内完成审核工作。

（三）常住异地住院或符合规定异地住院的，自受理申报后30个工作日内完成审核工作（高额保险理赔时限另计）。

七、办事管辖

参保单位和职工办理上述业务，统一在市社保基金管理局医疗待遇核发科。

业务咨询电话：88522057

职工住房公积金办理指南

职工住房公积金提取业务办理指引

一、办事程序

1、职工在管理中心网站（www.stfcj.gov.cn）下载或到管理中心现场填写《汕头市职工住房公积金提取业务审核表》一式二份。

2、职工凭《汕头市职工住房公积金提取业务审核表》及下列证明材料，到管理中心申请提取住房公积金业务，对于非本人办理住房公积金提取手续的，须提供申请人的住房公积金专用存折。

3、经管理中心审核同意后，职工持《汕头市职工住房公积金提取业务审核表》、身份证件、住房公积金专用存折到受托银行柜台办理取款手续。

二、申请办理事项须提交的相关资料原件和复印件（用A4纸）

（一）购买自住住房，未使用住房贷款，符合提取条件的（职工应在购房合同办理交易鉴证后的一年内，一次或者分次申请提取）：

1、首次提取的

⑴ 购买一手住房的，应提供房地产权证或经房地产行政主管部门备案登记的购房合同、购房发票原件及复印件；

⑵ 购买二手住房的，应提供房地产权证或经房地产行政主管部门交易转移登记的购房合同、契税完税凭证原件及复印件；

⑶ 申请人身份证原件及复印件；

⑷ 房地产权所有人的配偶提出申请的，须提交夫妻关系证明材料原件及复印件。

2、同一购房行为，非首次提取的

⑴ 购买一手住房的，应提供房地产权证或经房地产行政主管部门备案登记的购房合同、购房发票原件；

⑵ 购买二手住房的，应提供房地产权证或经房地产行政主管部门交易转移登记的购房合同、契税完税凭证原件；

⑶ 申请人身份证原件及复印件；

⑷ 房地产权所有人的配偶提出申请的，须提交夫妻关系证明材料原件及复印件。

（二）职工的直系亲属（父母、子女）首次购买普通住房且未使用住房贷款的（职工应在购房合同办理交易鉴证后的一年内，一次或者分次申请提取，提取总额不能超过该房的购房总价款）：

1、申请人及房产产权人身份证原件及复印件；

2、房地产权证或经土地房产交易所登记确认的房屋买卖合同书原件及复印件；

3、房产所在地房产交易管理部门出具的该套房产为当事人首次购买且为普通住房的证明原件及复印件；

4、申请人与房产产权人为直系亲属（父母、子女）的有效证明材料（如户口簿或户籍管理部门出具的证明或公证部门出具的直系亲属关系证明书等有效证明）原件及复印件。

（三）建造、翻建自住住房的：

1、建设管理部门批准建造、翻建的证明材料原件及复印件；

2、工程预结算依据及付款凭证原件及复印件；

3、申请人身份证原件及复印件；

4、房地产权所有人的配偶提出申请的，须提交夫妻关系证明材料原件及复印件。

（四）大修自住住房的：

1、房地产权证原件及复印件；

2、提交由具有房屋质量鉴定资质机构出具的房屋严重损坏的房屋质量鉴定证明书、工程预决算依据和支付费用凭证原件及复印件；

3、申请人身份证原件及复印件；

4、房地产权所有人的配偶提出申请的，须提交夫妻关系证明材料原件及复印件。

（五）离休、退休的：

1、离、退休证原件及复印件；

2、申请人身份证原件及复印件。

（六）死亡的（由其合法继承人或受遗赠人提出申请）：

1、已注销户口的户口簿，如果未办理户口注销的，须提交死亡证明书或者火化证明书原件及复印件；

2、申请人身份证原件及复印件；

3、继承公证书原件及复印件。

（七）完全丧失劳动能力，并与单位终止劳动关系的：

1、终止劳动关系有效证明材料原件及复印件；

2、劳动鉴定委员会出具的完全丧失劳动能力鉴定证明材料或区县级以上医院出具的完全丧失劳动能力证明材料原件及复印件；

3、申请人身份证原件及复印件。

（八）出境定居的：

1、与单位终止劳动关系或劳动管理部门终止劳动合同证明材料原件及复印件；

2、经批准出境定居的通知书及护照或所在国的有效身份证明原件及复印件。

（九）偿还购房贷款本息的（职工本人及其配偶可按规定提取个人住房公积金，夫妻双方每次合计提取额不得超过当期已还款额。提前还款的，在一年内提交提前还款凭证及下列资料办理申请，提取额不得超过提前还款额）：

1、首次提取的，个人住房抵押贷款合同原件及复印件；非首次提取的，个人住房抵押贷款合同原件；

2、本息还款存折（须打印到申请日止的还贷明细）或银行有效的本息还贷记录原件及复印件（汕头市住房公积金贷款还贷部份可不用提交）；

3、申请人身份证原件及复印件；

4、房地产权所有人的配偶提出申请的，须提交夫妻关系证明材料原件及复印件。

（十）房租超出家庭工资收入的15%的：

1、夫妇双方失业证或夫妇双方月收入证明材料原件及复印件；
2、经房屋租赁管理部门登记备案的房屋租赁合同原件及复印件；
3、夫妻关系证明材料原件及复印件；
4、申请人身份证原件及复印件；
5、房租的收据或相关证明材料原件及复印件；
6、由房产管理部门出具的职工家庭没有自住住房的证明原件及复印件。

（十一）职工享受城镇最低生活保障的：
1、享受城镇最低生活保障的有效证件原件及复印件；
2、申请人身份证原件及复印件。

（十二）男满50周岁，女满45周岁的失业职工的：
1、劳动部门失业就业登记手册原件及复印件；
2、申请人身份证原件及复印件。

（十三）职工因突发事故或重大疾病造成家庭生活严重困难的：
1、申请人身份证原件及复印件；
2、突发事故或重大疾病造成家庭生活严重困难的证明材料原件及复印件；
3、职工本人的书面说明。

（十四）农村户籍职工与单位解除劳动关系后回原籍务农的：
1、申请人身份证原件和复印件；
2、申请人回原籍务农的声明书；
3、与所在单位终止劳动关系证明原件和复印件。

三、办事时限：三个工作日（标准件立等办理）

主题索引

INDEX

◆ 说 明 ◆

1、本索引按照主题词首字汉字拼音字母顺序排列。

2、本期的特辑、重要报道、大事记、统计资料、文献、附录等内容未作索引。

3、索引的主题词后面的数字表示内容所在页码，数字后面的拉丁字母（a、b、c）表示该页自左向右的栏别。

4、同一主题的内容在文中多次出现的，在主题词后用不同的页码标明。

A

B

C

D

E

F

G

H

J

K

L

M

N

O

P

Q

R

S

T

W

X

Y

Z